최신개정판

국가재정

이론과 실제

김춘순 지음

도서출판 북마을

네 번째 개정판에 부쳐

2018년에 세 번째 개정판을 낸 후 6년의 세월이 흘렀다. 이 기간에 필자 신상에도 많은 변화가 있었다. 2019년 국회예산정책처장의 소임을 끝으로 30여 년간의 공직생활을 마감하고 대학교수로서 새로운 길을 걷게 되었다. 커리큘럼 개발과 연구활동, 대학 교무위원으로서의 보직활동 등 필자에게는 다소 생소한 분야에서 맡은 바 책무를 다하다 보니 1년의 세월이 화살처럼 지나갔다.

그러던 즈음, 국가재정을 처음 집필할 때의 다짐, 즉 '재정정보와 통계자료로 가득 찬 졸저의 생명력을 유지하기 위해서 힘이 닿는 한 적기에 개정판을 발간하리라'는 그 다짐이 다시 마음을 무겁게 했다. 그동안 시간과 비용을 아끼지 않고 3차까지 개정판을 출간했던 이유이기도 했다. 하지만 공직을 떠나 새로이 개정작업을 하는 일은 쉽지 않았다. 재정자료 접근에 대한 어려움과 시간적 제약이 늘 걸림돌이 되곤 했다. 그럼에도 집필 작업을 시작한 지 5년여 만에 탈고의 기쁨을 맞이할 수 있게 된 것은, 국회, 정부 그리고 학계 지인들의 꾸준한 집필 요청과 응원 덕분이었다. 이분들의 성원이 집필의 중단 위기 때마다 무뎌진 펜 끝에 활력을 불어넣어 주었고 사명감이라는 초심을 일깨워줬다.

책의 집필 방향은 국가재정의 역사적 맥락을 다시 되짚으며 각 장의 체계를 더욱 유기적으로 엮고, 우리가 당면한 재정의 현실과 문제를 풀어내는 쪽으로 잡았다. 무엇보다 국회의 재정입법과 예산 과정을 통해 경험했던 재정정책의 역할과 기능이 변화하는 실제 모습을 독자들과 공유하고자 하였다. 이 과정은 예상보다 훨씬 더디고 어려운 작업이었는데, 글로벌 금융위기 이후 어느 정도 구축되어 있던 경제성장 및 정부 재정정책에 대한 컨센서스가 무너졌기 때문이다. 재정건전성 관리를 위한 예산 기법들이 새로운 시대에는 한계가 있다는 앨런 쉬크(Allen Schick)의 지적은 정부와 재정의 역할에 대한 고민을 더욱 깊게 만들었다. 게다가 중요한 시기에 사행산업통합감독위원회 위원장직을 수행하고, 공공기관 경영평가 업무에 계속 참여하게 된 것도 집필에 매진하지 못한 배경이 되었다. 이제 와서 돌아보면 그저 핑계일 뿐이었지만 말이다.

2018년 이후 현재까지 중앙정부의 총지출은 226조 원이 늘었고, GDP 대비 국가채무는 15.1%p 증가하여 어느덧 51%를 넘어섰다. 우리가 경험하고 있는 급격한 고령화와 저출생 추이, 저성장 기조, 이념과 진영에 따른 복지논쟁, 서울을 중심으로 한 수도권으로의 끝없는 집중, 여기에 글로벌 부채가 누적된 상황에서의 인플레이션 발생 등 복합적 위험까지 고려하면 건전한 재정운용 과제는 이제 결코 녹록지 않은 이슈이다. 복지서비스가 증가하고 이 재원을 마련하기 위한 세대 간 갈등이 빚어지는 'Not Out Of My Pocket(눔프)' 현상도 국민연금 개혁을 두고 점점 심각해지고 있다. 재정의 지속가능성을 유지하면서도 변화하는 정책 환경에 부합하는 새로운 정책 수요를 반영하고 미래 위험에 대비하는 투자와 재정여력을 확보하는 것은 이전보다 더 지난해진 과제가 되었다.

새 책에서는 이전과 달라진 외부 환경과 그에 따른 재정의 역할과 기능에 대한 고민을 담기 위해 노력하였다. 변화된 재정제도와 그 내용을 빠짐없이 포함하는 것은 물론, 재정지표 및 통계자료들의 변화와 그 안에 담긴 정치·경제적 의미에 대한 기술도 보완하였다. 달라진 내용을 몇 가지 요약해 본다.

우선, 포스트 코로나·복합위기 시대의 도래와 새롭게 재편되는 세계 질서 속에서 재정의 역할과 기능에 대한 새로운 시각을 논의하였다. 이러한 논의의 현실 적합성을 높이기 위해 OECD 34개 국가의 최신 예산제도를 의회·정부 간 역학관계를 중심으로 계량화해 비교·분석하고 그 함의를 소개하였다.

둘째, 공공기관에 대한 내용을 보다 확장하면서 공공기관의 서비스 혁신 등 역할과 기능 변화를 강조하였다. 특히 공공기관 관리의 핵심인 경영평가제도를 추가하고, 다년간의 평가 경험을 바탕으로 평가체계 및 지표 설계의 실제 쟁점과 개선 방향을 담았다.

셋째, 최근 몇 년간 논란이 되어 온 세수추계 정확도에 대해 오류의 원인과 이에 따른 재정운용상의 제약을 다루었다. 실제 사례로 2023회계연도에 발생한 대규모 세수 결손에 대한 정부 대응을 기술하고 평가하였다.

넷째, 재정건전성과 재정민주주의에 대한 내용을 보강하였다. 각국의 예산안 심의제도를 최근 현황을 중심으로 보완하고, 우리나라 재정소요점검(scorekeeping)제도 및 재정준칙 도입을 위한 주요과제를 심도 있게 모색하였다. 또한, 재정민주주의 고양을 위한 의회와 정부 간 재정권한의 균형적 배분에 관하여 다양한 논의를 소개하였다.

국가를 보전하고 풍요롭게 하는 것은 우리 모두의 책무이자 바람이며, 무엇보다 재정의 뒷받침 없이는 불가능한 일이다. 이 책이 국가재정의 역사와 현재, 운영 원칙에 대한 이해를 도와 더 나은 대안을 도출하는 디딤돌이 되기를 희망한다.

끝으로 책을 집필하는 긴 여정 동안 많은 분들이 보내주신 지지와 응원을 잊을 수 없다. 먼저, 이 책의 주요 독자인 많은 국회의원과 공직자들께서 재정운용에 대한 통찰적 제언을 꾸준히 보내주셨고, 그러한 고견들이 책 곳곳에 스며들어 글을 생기 있게 해주었다. 이 책이 나올 수 있도록 따뜻한 격려와 지지를 보내주신 동은학원 서교일 이사장님과 순천향대학교 교직원 여러분께 깊은 감사의 인사를 올린다. 대학 강의 시간에 다양한 질문을 던져준 행정학과 학생들로부터 신선한 논점을 얻기도 하였는데, 그들의 열정적 학습자세에 감사한다. 아울러 최신 재정통계 자료와 분석·평가보고서, 실제 사례를 제공해 준 기획재정부와 국회예산정책처 관계관들에게 삼배의 예를 표한다. 정성을 다해 윤문과 교정 작업을 진행하며 책의 완성도를 높여주신 도서출판 북마을의 임직원 여러분께도 고마움을 전한다. 마지막으로, 부족한 자식이 사회에서 쓸모 있기를 염원해 주시는 부모님과 늘 같은 자리에서 변함없는 사랑과 지지를 보내주는 아내와 두 아들에게 감사의 마음을 전하며, 대한민국의 재정이 항상 건전하고 지속 가능하게 운용되기를 기원하는 모든 분에게 이 책을 바친다.

2024년 7월

아산 연구실에서

저자 씀

전정판을 발간하며

“시대 흐름에 맞는 정책을 펼쳐야 백성이 편안하다”라는 성현의 가르침은 재정학을 탐구하는 후학에게 깊고 큰울림이 되어 다가온다. 나라 곳간을 든든하게 채우면서 적시적소(適時適所)에 열고 닫는 재정 운용이야말로 국민들이 잘 살 수 있도록 책임 있게 이끄는 국정의 원동력이라 여겨진다.

2012년 이 책이 처음으로 세상에 선보인 이래 우리나라의 재정 상황과 제도에 많은 변화가 있었다. 당시 325조원이던 중앙정부 총지출은 6년이 지난 2018년 현재 430조원 규모로 100조원 이상 규모가 커졌다. 달라진 것은 재정규모만이 아니다. 관행처럼 되풀이되어 온 국회의 예산심의 교착상태에 대한 반성은 ‘예산안 본회의 자동부의제도’ 같은 중대한 제도적이며 절차적인 변화를 가져왔다. 또한, 보수와 진보 정권이 교차하며 성장과 분배라는 두 축 아래 다양한 모습의 재정정책이 펼쳐지기도 하였다. 이러한 시대 흐름에 따른 재정의 변화는 알렌 쉬크(Allen Schick)가 말하였듯이, 정치(politics), 정책(policy), 그리고 절차(process)의 복합적 산물이다. 이 세 요소를 두루 살펴야 재정이 가는 길과 가야할 길을 적확하게 가늠할 수 있다.

저자는 이처럼 변화하는 재정의 실체와 흐름을 체계적으로 파악하고, 시대적 요구에 부응하는 정책 실현을 위하여 국가 재정이 나아갈 방향은 무엇인지에 대한 답을 얻고자 이번 전정판을 집필하게 되었다. 30년의 공직생활 동안 끊임없이 자문했던 “예산과정의 구성요소와 변화를 주도하는 요인은 무엇인가?”, 그리고 “복잡한 예산제도와 재정 현상을 어떻게 알기 쉽고 체계적으로 설명할 수 있을까?”라는 화두(話頭)에 대한 나름의 통찰을 새 책에 담으려고 노력하였다.

774쪽으로 구성된 전정판은 그간 변화된 재정제도와 내용을 포괄하기 위해 다양한 재정 절차와 과정을 망라하면서 해외 사례도 자세하게 소개하였다. 또한, 재정제도 운영에 따른 실상을 정확하게 파악할 수 있도록 300여개의 최신 통계표를 추가하거나 보완하였다. 다년 간에 걸친 제도 운영 경과를 정치(精緻)하게 파악하는 일은 제도의 이론적 기초와 실질적인 적용 사이에 존재하는 간극을 좁히는 밑거름이 될 것으로 확신한다.

새 책에서 달라진 주요 내용을 소개하면, 다음과 같다.

첫째, 조세제도 부분을 대폭 보강하였다. 조세지출에 대한 논의를 새로 추가하였고, 지난 20년간 발의된 세법개정안들의 정책목표가 시대 흐름에 따라 어떤 특징을 가지고 어떻게 변화해 왔는지를 요소별로 구분하여 소개하였다. 둘째, 국회 예산심의제도 중 2014년에 도입된 ‘예산안 본회의 자동부의제도’를 세출예산안과 세입예산안 부수법률안으로 구분하여 제도의 논리적 토대, 도입 효과와 쟁점을 깊이 있게 논의하였다. 추경예산제도에 관해서는 추경의 요건을 상세하게 논하면서 해외 사례를 대폭 보완하였다. 셋째, 재정 운용의 한 축을 담당하는 300여 개 공공기관의 운영과 예산제도를 새로 추가하였고, 중앙과 지방 간의 재정관계에 대해서는 지방재정조정제도에 대한 최근의 쟁점을 심도 있게 다루었다. 넷째, 법률안 비용추계와 중장기 재정 전망에 대한 절차와 방법을 외국 사례를 곁들여 소개하였고, 글로벌 금융위기 이후 다수 국가에서 주목되는 독립재정전문기관(Independent Fiscal Institutions)의 확산 현상을 최신 정보로 보강하였다. 다섯째, 개헌과 관련하여 그간 논의되어 왔던 헌법 상의 재정조항에 대한 논의를 추가하면서, 예산법률주의를 도입한 외국 사례와 이를 실제로 도입할 때, 검토해야 할 요소들을 쟁점별로 정리하였다.

이 책을 통해 독자들이 여러 유형의 재정 제도와 절차가 유기적으로 작동하면서 만들어내는 다양한 재정 현상을 보다 쉽게 이해하게 되기를 바라며, 동시에 재정 운용의 민주성과 효율성을 제고할 수 있는 길을 함께 고민하여 국민경제와 국민생활 향상에 기여할 수 있기를 기대한다.

끝으로, 책을 완성하기까지 긴 기간 동안 여러분이 도움을 주셨다. 먼저, 책의구성과 집필 방향에 대해 조언을 아끼지 않은 박인화 박사, 정문종 실장, 이양성 부이사관에게 감사의 마음을 전한다. 또한, 집필 과정 내내 따뜻한 관심과 응원을 보내준 조용복 실장을 비롯한 NABO 직원 여러분의 고마움을 잊을 수 없다. 특히, 임명현, 임종수, 박혜진, 심혜정 과장의 전문적 조언과 심지헌, 윤동한, 이동엽, 김세화, 최민영 서기관의 재정통계에 대한 검토는 논의의 정확도를 한층 더해 주었다. 초안을 꼼꼼히 교정하여 다듬어 준 권순진, 황수환 비서관과 디자인 아이디어를 제공해 준 황록연 주무관의 노고 또한 컸다. 글에 생명을 불어넣어 멋진 책으로 탄생시켜 주신 도서출판 동연 김영호 사장님께도 사의(謝意)를 표하며, 무엇보다 공직의 길을 바르게 걷도록 인도해 주신 부모님께 존경과 감사의 배(拜)를 올린다. 끝으로, 늘 부족하고 여유 없는 저자를 변함없이 지지하고 포용해 준 아내 영미와 두 아들 동준, 동휘에게 무한한 고마움을 전하면서, 건전재정과 더 나은 국민의 삶을 위해 분투하는 모든 분들께 이 글을 바친다.

2018년 5월

신록처럼 푸르른 대한민국의 미래를 염원하며

저 자 씀

개정판을 발간하며

“나라의 곳간을 무엇으로 채우고, 누구에게 열 것인가?”라는 질문은 재정학의 핵심주제일 뿐만 아니라 재정운용과정에서 끊임없이 성찰해야 할 과제이다. 이 질문에 대해 재정주체들이 어떻게 응답하느냐에 따라 국민생활에 미치는 영향도 다르게 나타난다. 따라서 재정에 대한 올바른 이해는 정책입안가와 학자는 물론 같은 시대를 살아가는 모든 이에게 필요한 부분이 되었다. 저자가 이 책을 처음 집필하기로 마음먹었던 것도 이처럼 일상생활에 밀접하면서도 복잡한 재정현상들을 쉽고 체계적으로 설명하기 위함이었다.

초판 발간 이후 우리나라의 재정 상황과 제도에 많은 변화가 있었다. 만성적인 세수부족 문제가 이슈로 부각되기 시작하였고, 국회 예산심의제도의 개선을 위한 예산·재정개혁특별위원회가 설치·운영되었으며, 재정의 기본법인 국가재정법이 수차례 개정되는 등 재정관련 제도에도 주요한 변화가 있었다. 최근들어 저자는 국회예산결산특별위원회와 예산·재정제도개혁특별위원회의 수석전문위원으로서 예산안 심사와 재정개혁 활동을 포함한 국회 안팎에서 일어나는 다양한 재정활동에 참여하면서, 현장에서 생생하게 느끼고 고민했던 재정에 관한 이야기들을 이 개정판에 담았다.

개정판의 전체적 특색으로는, 재정이론과 실제를 연계하여 논의를 전개함으로써 제도의 현실적합성에 대한 성찰의 기회를 제공하고자 하였다. 또한, 제도와 권한간의 역동적 상호작용과 이에 부수되는 현상들을 다양한 통계치와 해외사례를 대폭 보강하여 분석하였다. 예를 들면, 얼마 전 저자가 발간한 「비교예산제도론」의 연구내용을 이 개정판에 반영함으로써 다양한 국가의 예산제도를 연구하는 분들에게 유용한 참고자료가 될 수 있도록 하였다.

개정된 주요내용들을 구체적으로 살펴보면, 첫째, 재정수입의 기초가 되는 조세분야에 대한 내용을 대폭 보완하였다. 조세의 체계, 주요 세목, 최근 조세정책의 변화 등을 일목요연하게 정리하여 조세제도에 대한 독자의 이해를 높이고자 노력하였다. 둘째, 예산과정 중 예산안의 심의 부분에 풍부한 설명을 덧붙임으로써 국회에서 예산안이 실제로 어떻게 심의되고 확정되는지를 일반 독자들이 쉽게 이해할 수 있도록 하였다. 셋째, 최근에 이루어진 각종 재정제도의 변화 추이와 관련 논의 내용을 빠짐없이 소개하였다. 국가재정법과 같은 재정법률의 최근 변화와 국회법의 개정 내용, 예산·재정제도개혁특별위원회의 활동내용 등을 상세히 소개함으로써 예산을 담는 그릇이라고 할 수 있는 재정제도의 변화 양상을 이 책을 통하여 간편하게 파악할 수 있도록 하였다. 2014년 기준으로 재정통계를 업데이트

하는 한편, 재정제도를 둘러싼 다양한 변화의 맥락까지도 개정판에 집대성하여 독자들이 시시각각 변하는 재정의 최신경향을 놓치지 않도록 하고, 재정분야의 기본적인 지식과 정보를 이 한권의 책만으로도 쉽게 파악할 수 있도록 하였다.

개정판을 집필하면서 저자가 가장 주의를 기울였던 부분은 독자들이 이 책의 내용을 스스로 이해하는데 어려움이 없도록 하는 것이었다. 각종 용어를 보다 정확하게 사용하고 쉽게 풀어쓰고자 고심에 고심을 거듭하였음을 밝힌다. 이 책을 통해 독자들이 재정제도와 현상을 정확히 이해하고, 재정의 민주성과 효율성을 동시에 제고할 수 있는 길에 대해 함께 고민하고 토론하는 계기가 되기를 희망한다.

끝으로, 이 책의 출간은 많은 분들의 도움과 응원에 힘입은 바 크다. 먼저, 책이 나올 수 있도록 관심과 격려를 보내주신 홍문표 예산결산특별위원장님, 임병규 국회사무총장(직대)님과 국경복 예산정책처장님께 감사의 말씀을 전한다. 그리고 지적 호기심으로 충만한 국회예산결산특별위원회와 예산정책처 직원 여러분의 응원은 글쓰는 동안 주된 에너지원이 돼 주었다. 특히, 정문종·박선춘 부이사관, 이강혁·심지헌 서기관은 발군의 전문성을 바탕으로 책의 깊이를 더해 주었고, 이종구·김세화·박미정·이동엽 입법조사관은 현안에 대한 소중한 의견을 나누어 주었다. 편집과 교정을 꼼꼼히 챙겨 멋진 책으로 만들어준 메이의 윤광영 대리와 개정판의 출간을 흔쾌히 허락해 주신 학연문화사의 권혁재 사장님께도 깊은 사의(謝意)를 표한다. 끝으로, 힘든 병영생활중에도 변하지 않는 신뢰를 보내준 동준·동휘, 항상 긍정적 자세로 응원하고 지지해준 아내와 부족한 아들을 위해 항상 기도하시는 부모님께 명사(銘謝)의 마음을 전하며, 국가재정의 건전한 운용을 바라는 모든 분들을 위해 이 책을 바친다.

2014년 8월

눈부신 햇살과 여울져 흐르는 한강을 바라보며

저 자 씀

책을 발간하며

국회에 들어와 공직생활을 한 지 올해로 24년이 되었다. 그 동안 상임위원회 입법조사관, 예산결산특별위원회 전문위원, 국회예산정책처 예산분석실장 등을 거치면서 예산안 및 결산을 심사하는 생생한 현장에서 배우고 고민했던 우리나라 국가재정에 관한 많은 이야기들을 이 한 권의 책에 담았다.

이 책을 집필하기로 맨 처음 마음먹었던 것이 예산결산특별위원회 전문위원으로서 2008회계연도 결산심사 업무를 총괄했던 2009년 여름 무렵이다. 예산안과 결산심사의 최종 향배를 가르는 예결위에서 300조원에 가까운 우리나라 재정 전체를 조망하고, 8천개가 넘는 세부사업을 일일이 파악하고 분석하는 일은 필자에겐 너무나 크고 무거운 도전이었다. 그래서 필자는 대학시절 학생의 자세로 돌아가 각종 재정제도와 재정사업, 주요 재정통계와 재정이슈 등을 매일 두꺼운 대학노트에 정리하고 항상 휴대하면서 공부했던 기억이 지금도 생생하다. 이렇게 틈틈이 정리한 3권 분량의 대학노트가 이 책의 뿌리가 되었다.

이 책을 집필하면서 줄곧 필자의 머릿속을 떠나지 않은 생각은 '재정제도'와 '재정권한'의 역동적 상호작용을 어떻게 하면 "보다 이해하기 쉽고 정확하게 설명할 수 있을까"하는 것이었다. 국가재정에 대해 다루고 있는 기존 교과서들은 외국 학자의 이론을 단순히 소개하거나 행정부 중심의 재정제도와 절차만을 설명하는 데 그치고 있기 때문이다. 따라서 이 책의 집필과정에서 독자들이 균형 잡힌 시각에서 국가재정 전반을 이해하고 파악할 수 있도록 다양한 재정 제도와 절차를 충실하게 다루면서도 기존 교과서에서 미진한 국회관련 부분을 대폭 보완하였고, 실제 재정을 다루는 과정에서 발생하는 재정현상과 최신 재정통계를 상세히 담기 위해 노력하였다.

이 책은 총 네 부분으로 구성되어 있다. 제1부' 재정의 이해'는 재정의 개념, 재정의 범위, 재정의 기능과 우리나라의 재정에 대해서 설명하고 있는데, 여기서는 올해에 생성된 최신의 재정통계를 충실히 소개하였다. '예산의 기초이론'에 대해서 설명하고 있는 2부에서는 예산의 개념, 예산의 종류 및 예산의 구성이라는 소제목으로 실제 정부가 제출하고 국회가 심의하는 예산을 독자들이 보다 쉽게 이해할 수 있도록 다양한 실례를 활용하여 설명하였다. 이 책의 중심 내용을 이루는 제3부에서는 예산안의 편성과 심의, 예산의 집행 및 결산으로 이루어지는 재정절차를 각각의 장으로 나눈 후, 이들 각각의 재정절차와 관련된 다양한 재정제도를 상세하게 설명하고 최신의 재정통계와 이론적 논의를 덧붙였다. 그리고 이 책의 마지막인 제4부에서는 '재정민주주의와 재정제도'라는 제목으로 재정민주주의의 개념, 재정제도와 재정민주주의와의 관계 등에 대해 논의하면서, 제도적 관점에서 재정민주주의 실현의 양대 축이라고 할 수 있는 사전예산제도와 예산법률주의에 대해서 설명하였다.

이 책을 통해 많은 분들이 한국의 재정제도와 현상을 제대로 이해하고, 나아가 재정의 민주성과 효과성을 동시에 높일 수 있는 길에 대해 함께 고민하고 토론할 수 있는 계기가 되기를 희망한다.

끝으로, 이 책이 나오기까지 도움을 준 많은 분들께 감사드린다. 우선, 이 책을 세상에 내놓기까지 주영진 국회예산정책처장님의 격려와 조언이 큰 원동력이 되었음을 밝히며, 주 처장님께 감사의 마음을 전한다. 성균관대 국정관리대학원의 권기헌 원장님과 박형준 교수님의 세심한 조언 또한 글을 완성하는 데 큰 힘이 되었다. 또한, 재정에 대한 남다른 전문성을 바탕으로 책의 구성과 집필 방향에 대해 좋은 아이디어를 제공해 주신 국회예산정책처 박인화 예산분석심의관과 박선춘 부이사관에게 깊은 감사를 표한다. 국회 국토해양위 임병규 수석전문위원, 문방위의 김부년 전문위원, 예결위의 홍형선 부이사관, 그리고 예산정책처의 손석창 기획관리관은 책의 세부내용이 알차지도록 조언을 아끼지 않았다. 이 책의 내용에 대한 검토·교정 과정에서 세세한 노력을 기울여 준 예산분석실의 김경호, 서세욱, 문종열, 정문종, 정영진 과장과 김양혜, 최철민, 연훈수, 이강혁, 김태완, 문지은 분석관에게도 고마움을 전한다.

그리고 집필과정을 말없이 지원하고 응원해 준 아내와 동준·동휘에게 고마움을 표하며, 항상 부족한 아들 때문에 걱정이 많으신 부모님의 행복을 염원하는 뜻을 담아 두 분께 이 책을 바친다.

2012년 6월

저 자 씀

Contents

제2부 예산의 기초 이론

Contents

제2장 재정제도 일반

Contents

제4장 예산안 심의와 재정제도

Contents

Contents

제4부 재정민주주의와 재정제도

제1부

재정의 이해

제1장

재정의 의의

제1절 재정의 개념에 대한 다양한 논의

재정(財政, public finance, public financing)이라는 용어는 여러 가지 의미로 사용되고 있어 개념적으로 혼란을 야기한다. 과거에는 예산을 재정과 혼동하여 사용하거나 양자를 개념적으로 명확하게 구분하지 않고 사용하였던 경향이 있다. 심지어 정부에 있어서 재정(public finance)이나 예산(public budget)은 실질적으로는 동일한 내용이라고 주장하기도 한다(배득종 외, 2014: 16).

이 밖에도 나라살림의 크기를 의미하는 재정규모, 총재정, 예산규모, 예산총계, 예산순계, 다양한 용어가 혼용되고 있다. 이는 기본적으로 나라살림을 운영하는 그릇이 한 개가 아니라 여러 개로 이루어져 있고, 그 형태 또한 매우 다양하기 때문이다(정해방, 2023).

사실 「예산회계법」과 「기금관리법」을 통합한 「국가재정법」이 제정[1]되기 전까지는 '예산'이라는 용어가 보편적으로 사용되어 왔고, 재정과 예산을 굳이 명확하게 구분하여 사용하지도 않았다. 그러나 1997년 외환위기를 겪고 나서부터는 예산·기금·결산·성과관리·재정수지·재정계획 및 재정건전성 등을 포함하는 공공부문의 경제활동 전반을 지칭하는 개념으로서 '재정[2]'이라는 용어가 본격적으로 사용되기 시작하였다.

우명동(2022)은 재정이 나라의 살림살이를 위한 '국가(정부)의 경제행위'라고 할 때, 정부의 살림살이는 반드시 어디에 얼마를 걷어서 어떻게 쓸 것인지에 대한 계획을 세워서 꾸려

1) 2006년 10월 4일 법률 제8050호로 제정되었다.

2) 재정은 경우에 따라 '재정활동', '재정행위' 또는 '재정현상' 등으로 불리기도 한다(우명동, 2022). '재정활동', '재정행위'라 부르는 경우에는 행위 주체 의지의 맥락에 초점을 두고 있는 것으로 볼 수 있는 데 비해, '재정현상'은 존재하는 현실에 맞춘 것으로 볼 수 있다. 이에 비해 '재정'은 이들을 포괄하는 보다 일반적 용어라고 볼 수도 있다.

가게 되어있는데, 이때 살림살이의 총괄적 계산표를 '예산'이라고 보았다. '예산'의 관점에서 재정은 '예산을 편성하고 심의·의결하고 집행, 결산하는 행위'라고도 볼 수 있다. 즉 예산과정의 측면에서 재정활동을 다루는 경우 예산과정과 관련된 절차적 내지 제도적 내용에 초점을 두게 된다.

「국가재정법」 제1조 역시 "이 법은 국가의 예산·기금·결산·성과관리 및 국가채무 등 재정에 관한 사항을 정함으로써 효율적이고 성과지향적이며 투명한 재정운용과 건전재정의 기틀을 확립하고 재정운용의 공공성을 증진하는 것을 목적으로 한다"라고 규정함으로써, 재정은 예산을 포괄하는 보다 광의의 개념이라는 것을 명확히 하고 있다.[3)]

재정과 예산의 관계에 대한 다양한 논의를 소개하면 다음과 같다. 배득종(2014)은 재정과 예산이 내용적으로는 동일하다고 전제하면서도, 재정은 재정적자라든지 수지균형을 더 중요시하기 때문에 정부의 수입을 확보하는 측면이 더 강조되고, 예산은 지출에 대한 계획으로서 "사업계획"이라는 측면을 더 중요시하기 때문에 지출 측면이 더 강조된다고 설명한다.

반면 박영희·김종희(2017)는 예산(budget)과 재정(public finance)을 다른 개념으로 보면서도, 본질적으로 서로가 구분되는 것이 아니라, 그 포괄범위에 있어서 재정은 예산보다 더 넓은 개념이라고 설명한다. 즉, 재정은 국가재정(중앙정부)과 지방재정(각급 지방자치단체)으로 구분되며, 이들은 각기 일반회계예산·특별회계예산·기금으로 구성되므로 재정은 정부가 갖고 있는 모든 예산을 망라한다는 것이다. 따라서 정부는 조세(국세와 지방세), 세외수입, 기금수입 등을 주요재원으로 경제활동을 하게 되며, 지방정부는 자체수입(지방세와 세외수입), 의존수입(지방교부세, 국고보조금 등) 지방채 발행수입 등으로 경제활동을 수행한다[4)].

예산 역시 개념적으로 매우 다양한 정의가 존재하고, 어떻게 정의하느냐에 따라 그 포괄범위가 달라지기는 하지만, 재정은 예산을 포괄하는 더 넓은 개념이라는 것에는 학자들 사

3) 정부가 국회에 제출(2004. 10. 19)한 「국가재정법안」에서는 동 법안의 제안이유를 "재정운용여건의 급속한 변화에 부응하여 새로운 재정운용의 틀을 마련하기 위하여 예산회계법 및 기금관리기본법을 발전적으로 통합하여 국가 재정운용의 기본법을 제정함으로써, 국가재정운용계획, 예산총액배분·자율편성, 성과관리 등 재정개혁과제들의 효율적 추진을 뒷받침하여 재정의 효율성·건전성 및 투명성을 높이려는 것"이라고 적시하고 있다.

4) 중앙정부의 재정수입은 소득세, 법인세, 부가가치세 등을 기반으로 하는 국세수입과 경상이전수입(벌금·가산금 등), 재산수입(출자배당수입 등), 공기업매각수입 등의 세외수입, 그리고 사회보장기여금 등의 기금수입으로 구성되어 있다. 지방교육재정은 국가재정으로부터는 지방교육재정교부금과 국고보조금을 지원받고, 지방자치단체로부터는 법정전입금과 비법정전입금을 지원받는다. 국가(교육부)로부터 교부되는 지방교육재정교부금과 시·도로부터 전입되는 법정전입금이 시·도교육청의 주요 세입 재원이 된다.

이에서 이견이 없는 것으로 보인다.「국가재정법」제1조의 규정에서 알 수 있듯이, 재정은 예산·기금, 결산은 물론, 각종 재정절차 및 재정제도 등을 포함하는 상당히 넓은 개념이다. 다만 재정의 범위에 관해서는 학자들 사이에서도 다소 견해가 엇갈리고 있다.

먼저 우명동(2022)은 재정을 정부가 공공수요 충족을 위해 필요한 재화 또는 용역을 획득·관리·처분하는 경제행위로 정의하면서, 다만 정부의 경제행위와 관련하여 오늘날 국가는 원칙적으로 소유권을 갖지 않고 있기 때문에, 소유권을 가진 민간의 생산활동 성과의 일부를 조세 등의 형태로 징수하여 그것을 관리하고 처분하는 활동을 한다는 점에서 민간의 경제활동과 차이를 갖는다고 설명한다.

이준구 외(2021)는 재정은 정부가 공공욕구를 충족시키기 위해 수행하는 모든 경제적 활동으로 정의하면서, 정부는 넓은 의미에서의 정부 즉, 중앙정부와 지방정부 및 공공기관을 포함한다고 설명한다.

한편 기획재정부(2024)는 재정을 "정부가 재원을 조달, 관리, 지출하는 모든 경제활동"으로 정의하였다. 국민경제를 구성하고 있는 주체를 가계와 기업, 정부라고 할 때 정부는 가계와 기업으로부터 거두어들인 조세수입 등을 기반으로 공공재와 공공서비스의 제공을 위해 지출을 하게 되는데, 이런 정부 부문의 경제활동을 통칭하여 재정이라고 보았다. 이에 따라 재정활동은 정부가 수행하는 경제활동으로서 화폐단위로 표시되는 정부의 수입과 지출활동이라고 보았다.

재정의 개념을 정의하면서 위와 같이 재정과 예산의 개념적 차이나 재정의 포괄범위에 대하여 논의하기보다는 재정학과 재무행정학 혹은 재무관리론에서 논의되는 재정의 개념이 서로 어떻게 다른지에 대하여 초점을 두는 경우도 있다.[5](윤광재, 2024; 강태혁, 2010) 한편 재정은 예산이나 재무관리 등의 개념과 구별되어 사용될 필요가 있다고 하면서, 재정을 논의함에 있어 공공서비스 경제개발, 사회복지 등을 제공하기 위한 지출활동과 재원조달에 초점을 두는 의견도 존재한다(한국조세재정연구원, 2024; 윤성식, 2003)[6]

5) H. S. Rosen과 T. Gayer는「Public Finance」(2014)에서 재정학(public finance)이라는 용어는 잘못 사용된 측면이 있는데, 그 이유는 근본적인 이슈는 재(財, 화폐)에 있지 않기 때문이라고 한다. 가장 중요한 문제는 실제 자원의 활용과 관련되는데, 이러한 이유로 일부 학자들은 오히려 공공경제학(public economics)이라고 부르는 것을 선호한다고 설명한다.

6) 윤성식(2003)은 수입에 더 중점을 두는가, 아니면 지출에 더 중점을 두는가를 재정과 예산을 구분하는 중요한 기준으로 삼고 있다. 즉, 그는 "재정학 교과서를 보면 조세 외 지출의 경제적 효과에 대한 논의가 주 내용임을 알 수 있다. 소득세, 재산세 등의 여러 가지 조세의 종류, 조세가 경제에 미치는 효과, 정부지출을 중심으로 정부의 기능과 역할을 연구하는 분야이다. 최근 선진국의 예산개혁을 재정개혁이라고 언급하기도 하는데 재정개혁의 측면보다는 예산개혁의 측면이 더 강하다"라고 설명하고 있다.

위에서 살펴본 바와 같이 기존의 재정학이나 재무행정학에서는 재정의 개념을 다양하게 파악하고 있다. 이것은 재원의 조달, 예산의 편성과 집행, 국고출납 및 결산, 감사, 구매, 국유자산 및 부채의 관리 등 재정의 다양한 과정(process) 중에서 어느 과정에 중점을 두고 재정을 파악하는가에 따라 재정의 개념이 달라지기 때문이다. 또한, 이처럼 다양한 재정활동이 이루어지는 영역을 중앙정부에 한정할 것인가, 아니면 공공기관에까지 그 범위를 확장할 것인가에 따라서도 재정의 개념은 달라지게 된다.

따라서 재정의 개념을 더 정확히 이해하기 위해서는 어디까지를 재정의 영역으로 볼 것인가에 대하여 먼저 논의할 필요가 있다. 이는 정부 또는 공공부문의 범위를 어떻게 설정할 것인지, 그리고 공공부문과 민간부문의 차이점은 무엇인지에 대한 논의로 이어지게 된다.

제2절 재정의 범위: 민간부문과 공공부문

흔히 재정이라고 하면 곧바로 국가의 재정을 떠올리게 된다. 물론 국가 개념이 포괄하는 범위가 어디까지인지도 다양하게 논의될 수 있겠지만, 정치학에서는 국가의 범위에 중앙정부와 지방정부를 포함시키고 공공기관은 제외하는 것이 일반적이다. 그러나 재정학이나 재무행정학에서는 '국가재정'이라는 용어 대신에, '공공재정', '정부재정' 또는 '재정'이라는 용어를 사용하면서, 재정 또는 정부의 범위에 공공기관을 포함시키기도 한다.7)

특히 재정학에서는 국가재정 또는 공공재정을 연구대상으로 삼고 있는데, 여기서 말하는 '국가' 또는 '공공'이라는 용어는 '정부'의 또 다른 표현으로 보는 것이 타당하다. 미시경제학에서는 국민경제를 구성하는 세 개의 경제주체 즉, 정부, 기업, 가계 중에서 가계와 기업의 선택행위에 분석의 초점을 맞추는 반면,8) 재정학은 정부의 경제적 활동을 주요한 분석대상으로 삼고 있기 때문이다.9)

이때 정부가 조세수입 등을 기반으로 한 활동영역을 '정부부문' 또는 '공공부문'이라고 부르고, 가계와 기업이 영위하는 활동영역을 '민간부문'으로 구분하면서, 전자의 활동을 따로 '재정'이라고 설명하기도 한다. 기획재정부(2024)도 국민경제를 구성하는 주체를 가계와 기업(민간부문), 정부(공공부문)로 보고, 재정활동은 정부(공공부문)가 민간부문으로부터의 조세수입 등을 기반으로 하는 경제활동 혹은 정부의 수입·지출활동이라고 보았다.

이러한 공공부문은 각국의 정치형태나 재정여건 등이 제각기 다름에도 불구하고, 국가의 안전과 질서를 유지하고, 국민들의 후생복지를 증진시키는 등의 공공욕구를 충족시키는 데에 그 존재 의의가 있다는 공통점이 있다. 중앙정부는 국가의 유지를 위한 국방·외교·치안활동, 연구·개발(R&D) 등 경제성장을 위한 기반조성 활동, 교육 및 사회복지 수요의 충족 등 공공부문의 역할을 수행하게 된다. 반면 지방정부는 주로 지방도로, 상하수도, 공원, 교

---

7) 「국가재정법」에서 사용되는 '국가재정'은 '중앙정부의 재정'이라는 개념으로 사용되고 있다. 마찬가지로 「지방재정법」 역시 제2조제1호에서 국가재정과 구별되는 개념으로서의 지방재정을 "지방자치단체의 수입·지출 활동과 지방자치단체의 자산 및 부채를 관리·처분하는 모든 활동"으로 정의하고 있다.

8) 가계는 임금으로 대변되는 가계소득을 이용하여 소비를 통해 국가의 경제에 영향을 미치고, 기업은 이윤으로 대변되는 기업소득을 이용하여 투자를 통해 국가의 경제에 영향을 미치며, 정부는 세금으로 대변되는 조세수입을 이용하여 정부지출을 통해 국가의 경제에 영향을 미치게 된다.

9) 이준구 외(2021)는 재정학을 미시경제학의 연장선 상에 있는 한 분야로 보면서, 미시경제학에서는 정부와 관련해서는 간단히 문제를 제기하는 정도에 그치기 때문에 정부의 경제적 행위를 주요한 분석대상으로 삼는 재정학은 미시경제학이 남긴 빈틈을 메워주는 역할을 하고 있다고 설명하고 있다.

육, 주민편의시설 등의 지역 공공재를 공급하는 역할을 담당하며, 중앙정부의 정책 실행을 지역의 특성을 반영하여 지원한다.

공공부문(정부)의 재정활동과 민간부문(가계·기업)의 수입·지출 활동은 다음과 같은 점에서 차이가 있다(KDI, 2024). 첫째, 수입의 원천이 다르다. 가계는 생산요소를 공급하고, 기업은 재화와 서비스를 생산하는 과정에서 수입을 얻지만, 정부는 가계나 기업으로부터 거두어들인 조세를 수입의 원천으로 삼는다. 둘째, 활동의 목적에서 차이가 있다. 가계와 기업의 목적은 효용과 이윤의 극대화이지만 정부는 공익추구를 목적으로 한다. 마지막으로 재정운영원칙에서 차이가 있다. 가계와 기업은 일반적으로 벌어들인 소득과 이윤을 바탕으로 지출 여부를 결정하지만, 정부는 먼저 지출을 계획하고 지출액에 따라 수입액을 결정한다[10].

정부와 공공기관이 어떠한 형태로 조직되고 운영되는가는 각국의 정치체제나 정치적·행정적 경험에 따라 제각기 다르지만, 일반적으로 공공부문(public sector)으로 부르며, 공공부문은 다시 일반정부(general government)와 공기업(public corporation)으로 나눌 수 있다. 여기서 일반정부는 공공부문 중 비영업적 활동을 하는 부문을 가리키며 중앙정부, 지방정부, 비영리공공기관이 여기에 속한다. 민간부문과 공공부문이 어떻게 구성되는지를 그림으로 설명하면 아래와 같다.

[그림 1] 민간부문과 공공부문의 구성

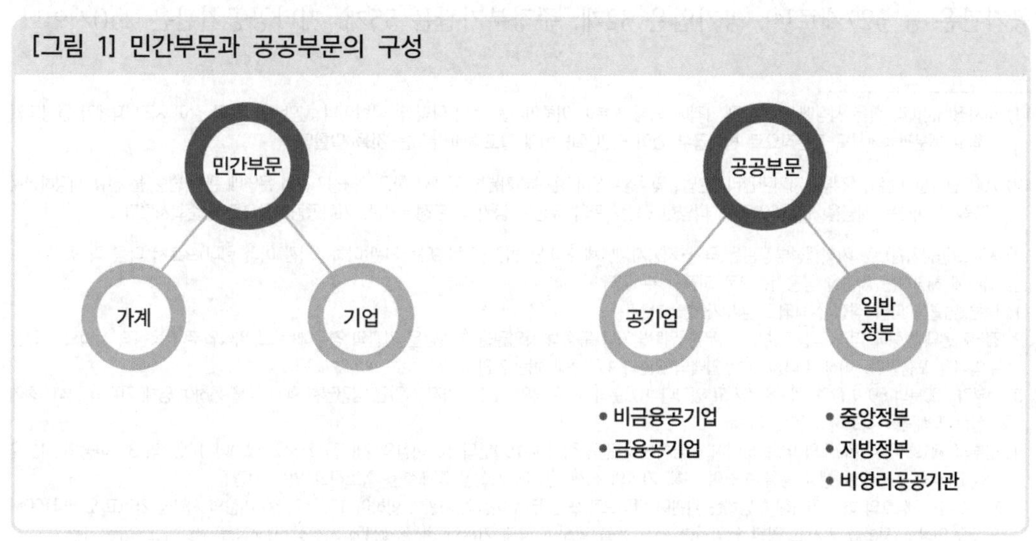

10) 이런 방식을 양출세입(量出制入)이라고 하는데, 나가는 것을 헤아려서 들어오는 것을 조절한다는 뜻이다.

이준구 외(2021)는 공공부문을 민간부문과 구별하는 기준으로 다음의 세 가지를 제시하고 있다. 첫 번째 기준으로 국민이 직접 선출한 사람이나 선출된 사람에 의해 임명된 사람들이 공공부문의 운영 책임을 맡고 있다는 것과, 두 번째 기준으로 국민에 대해 강제력을 가진다는 것, 세 번째 기준으로 정부에 의해 생산된 재화나 서비스가 주로 비시장배분(non-market rationing)의 방법[11]에 의해 국민에게 배분된다는 것을 들고 있다. 중앙정부와 지방정부는 위의 세 가지 기준을 모두 충족하는 반면, 공공기관의 경우는 첫 번째 기준만을 충족한다는 점에서 서로 구별된다. 인천국제공항공사를 예로 들면, 일반 국민에게 행사할 수 있는 강제력은 없고, 반대급부를 지불한 사람에 한하여 서비스를 제공하는 전형적인 시장배분 방식을 사용하고 있다는 점에서 좁은 의미의 정부에서는 공공기관이 제외된다.

한편, 공공부문을 국가 또는 지방자치단체가 순수한 정부활동으로서 공공서비스의 제공, 소득·부의 재분배, 경제 안정·성장 유지 등 순수한 정부활동이 이루어지는 영역으로 보고, 이 외의 영역을 민간부문으로 보는 견해도 있다(공정거래위원회, 2024).

「공공기관의 운영에 관한 법률」[12]은 공공기관에 대한 정의를 법률에 직접 규정하고 있다. 동 법률에 의하면, 공공기관이란 정부의 투자, 출자 또는 정부의 재정지원 등으로 설립, 운영되는 기관으로서 「공공기관의 운영에 관한 법률」 제4조제1항 각 호의 요건[13]에 해당되어 기획재정부장관이 지정한 기관을 의미한다. 2024년 기준으로 기획재정부장관이 지정한 공공기관은 총 327개로[14], 공기업은 32개, 준정부기관은 55개, 기타공공기관은 240개이다.

---

11) 비시장배분이라 함은 시장에서 형성된 가격에 의해 배분이 이루어지는 것이 아니라, 국방이나 치안 서비스와 같이 시장 자체가 형성되기 어렵고 배분과정에서도 기본적으로 반대급부 없이 국민 일반에게 골고루 배분되는 것을 말한다.

12) 2007년 4월 기존의 「정부투자기관관리기본법」 및 「정부산하기관관리기본법」을 폐지하고, 「공공기관의 운영에 관한 법률」을 신규 제정하면서 '공공기관'이라는 개념을 도입하였으며, 다양한 공공기관의 유형을 공기업, 준정부기관, 기타공공기관으로 단순화시켰다.

13) 제4조(공공기관) ① 기획재정부장관은 국가·지방자치단체가 아닌 법인·단체 또는 기관(이하 "기관"이라 한다)으로서 다음 각 호의 어느 하나에 해당하는 기관을 공공기관으로 지정할 수 있다.

1. 다른 법률에 따라 직접 설립되고 정부가 출연한 기관
2. 정부지원액(법령에 따라 직접 정부의 업무를 위탁받거나 독점적 사업권을 부여받은 기관의 경우에는 그 위탁업무나 독점적 사업으로 인한 수입액을 포함한다. 이하 같다)이 총수입액의 2분의 1을 초과하는 기관
3. 정부가 100분의 50 이상의 지분을 가지고 있거나 100분의 30 이상의 지분을 가지고 임원 임명권한 행사 등을 통하여 당해 기관의 정책결정에 사실상 지배력을 확보하고 있는 기관
4. 정부와 제1호 내지 제3호의 어느 하나에 해당하는 기관이 합하여 100분의 50 이상의 지분을 가지고 있거나 100분의 30 이상의 지분을 가지고 임원 임명권한 행사 등을 통하여 당해 기관의 정책 결정에 사실상 지배력을 확보하고 있는 기관
5. 제1호 내지 제4호의 어느 하나에 해당하는 기관이 단독으로 또는 두개 이상의 기관이 합하여 100분의 50 이상의 지분을 가지고 있거나100분의 30 이상의 지분을 가지고 임원 임명권한 행사 등을 통하여 당해 기관의 정책 결정에 사실상 지배력을 확보하고 있는 기관
6. 제1호 내지 제4호의 어느 하나에 해당하는 기관이 설립하고, 정부 또는 설립 기관이 출연한 기관 ②-③ (생 략)

14) 공공기관의 수는 2012년 286개, 2013년 295개, 2014년 304개, 2015년 316개, 2016년 323개, 2017년 330개, 2018년 338개, 2019년 339개, 2020년 340개, 2021년 350개, 2022년 350개, 2023년 347개, 2024년 327개로 매년 그 숫자가 변동되고 있는데,

[표 1] 2024년 공공기관 지정현황 및 분류

유형		분류기준	기관 예시	운영방향
공기업 (32개)	시장형 (14개)	• 자산규모 2조원 이상 • 자체수입이 총수입의 85% 이상	한국가스공사 한국석유공사 인천국제공항공사	• 민간기업 수준 자율보장 • 내부견제시스템 강화
	준시장형 (18개)	• 자산규모 2조원 이상 • 자체수입이 총수입의 85% 미만	한국조폐공사 한국마사회 한국수자원공사	자율성 확대하되, 공공성 감안하여 외부감독 강화
준정부 기관 (55개)	기금관리형 (12개)	「국가재정법」에 따라 기금 관리 또는 위탁관리	신용보증기금 국민연금공단 중소벤처기업진흥공단	기금운용 이해관계자의 참여 보장
	위탁집행형 (43개)	정부업무의 위탁집행	한국가스안전공단 도로교통공단 한국관광공사	주무부처 정책과 연계성 확보
기타공공기관 (240개)		공기업과 준정부기관을 제외한 공공기관	정부출연연구기관 한국수출입은행 한국국제교류재단	성과관리, 업무효율성의 중시
총 327개				

자료: 기획재정부(2024) 및 「공공기관의 운영에 관한 법률」을 참고하여 재구성.

이처럼 공공부문은 넓은 의미의 정부와 좁은 의미의 정부로 구분할 수 있다. 넓은 의미의 정부는 일반정부(중앙정부+지방정부)와 공공기관을 포함하는 가장 광의의 개념이고, 좁은 의미의 정부는 중앙정부와 지방정부만을 포함하는 개념이다. 그러나 흔히 예산이라는 용어를 사용하여 재정을 논의할 때는 공공기관은 물론, 지방정부까지도 정부의 범위에서 제외하고 중앙정부만을 정부의 범위에 한정하여 논의를 진행하기도 한다. 따라서 정부는 광의의 정부(중앙정부+지방정부+공공기관), 협의의 정부(중앙정부+지방정부), 그리고 최협의의 정부(중앙정부)로 나눌 수 있다. 이 책은 중앙정부의 재정절차(예산안 편성과 심의, 예산집행, 결산)와 다양한 재정제도에 대하여 논의의 초점을 맞추고 있다. 그러나 지방정부나 공공기관에 관한 내용도 논의의 대상이 된다는 점에서 별도로 그 범위를 다시 정하지 않는 한 이하에서 사용하는 재정의 개념은 광의의 정부활동 즉, 공공기관까지도 포함하는 것으로 한다. 공공기관의 운영과 예산에 관한 세부적인 내용은 제3부에서 살펴본다.

공공기관 숫자의 변동사유로 민영화 추진, 타 법률의 제·개정, 새로운 공공기관의 지정 등을 들 수 있다.

제3절 재정과 예산

1. 재정의 개념

지금까지 살펴본 바와 같이, 재정은 예산과 구별되는 개념으로서 예산을 포괄하는 보다 넓은 의미로 이해된다. 그러나 재정의 영역과 범위를 어디까지로 볼 것인가에 따라 재정의 정의가 달라진다는 것도 알 수 있다.15)

재정의 범위를 가장 좁게 설정할 경우 중앙정부가 공공의 목적을 위해 수행하는 경제적 활동으로 정의할 수 있다. 이 경우 일반적으로 말하는 예산의 개념과 재정의 개념이 유사하게 된다. 사람들이 주로 관심을 갖는 것은 중앙정부의 재정이지만, 지방정부의 중요성이 점차 커지면서 지방재정16)에 대한 관심 또한 급격하게 높아지고 있다. 또한, 국민경제를 구성하고 있는 주체를 가계, 기업, 정부로 구분할 때 정부는 가계와 기업으로부터 거두어들인 조세수입 등을 기반으로 하여 공공재와 공공서비스 제공을 위해 지출활동을 하게 되는데, 이러한 정부 부문의 경제활동을 통칭하여 재정이라고 표현할 수 있다.

따라서 재정을 좁은 의미의 정부부문 즉, 중앙정부나 지방정부가 공공의 수요를 충족하기 위하여 필요한 재원을 조성하는 행위와 공공재와 공공서비스 등을 제공하는 지출행위, 그리고 재산을 관리·사용·처분하는 모든 행위로 보는 견해가 많다.

여기서 재정을 '재(財)'라는 관점에서 본다면, 공공부문의 활동에 필요한 재원을 조달하고 지출하는 재무적, 회계적 활동에 가깝고, '정(政)'이라는 관점에서 본다면 공공부문의 활동을 보다 효과적으로 수행하기 위한 다양한 정책적 활동과 관련된 것이라 할 수 있다. 결론적으로 광의의 정부부문 관점에서 보면, 재정이란 중앙정부와 지방정부 및 공공기관이 공공의 목적을 달성하기 위하여 수행하는 회계적, 재무적, 정책적 활동으로 정의할 수 있다. 이러한 맥락에서 기획재정부(2024)는 재정이란 정부가 재원을 조달, 관리, 지출하는 모든 경제활동을 의미하며, 재정활동은 정부가 수행하는 경제활동으로서 화폐단위로 표시되는 정부의 수

---

15) 예산과 회계는 서로 밀접하게 연관되면서도 동전의 양면과 같은 측면이 있기 때문에 양자를 잘 구별하지 못하고 서로 혼동하는 경향이 있다. 예산은 미래의 계획인 데 반하여 회계는 실제로 발생한 내용의 기록에서 연유한다. 예산은 집행되면서 대부분 회계기록을 남기는데 회계는 경제적 사건을 분석, 기록, 요약, 평가, 해석하고 그 결과를 이용자에게 보고하는 기술이다(윤성식, 2003: 33).

16) 지방재정은 지방자치단체가 관할구역 내의 지역발전과 주미의 복지증진을 위하여 필요한 공공재의 성격을 가진 재화나 공공서비스를 제공하기 위해 소요되는 재원을 조달·관리하고 사용하는 일련의 경제활동이다. 지방재정은 지방도로, 상하수도, 공원, 교육, 지역편의시설 등의 주민들에게 직접적인 영향을 줄 수 있는 지역 공공재를 공급한다는 점에서 중요성을 가진다(KDI, 2024).

입·지출 활동을 의미한다고 본다. 재정은 재원을 조달하는 '재정권력작용', 조달된 재원을 관리하는 '재정관리작용', 집행된 재정을 심사하고 감독하는 '재정감시작용'이 복합된 용어이다. 따라서 재정을 논의할 때는 중앙정부와 지방정부 및 공공기관의 '예산적 측면'과 '정책적 측면'을 종합적으로 고찰하는 것이 바람직하다.

2. 재정의 특징[17)]

개별 경제주체인 가계·기업·정부의 총합을 국민경제라 한다. 재정은 가계나 기업이 주체가 되는 민간경제(사경제)와 구별되는 개별 경제주체로서 정부부문 혹은 공공경제라고도 부른다. 재정은 그 활동을 통하여 국방 및 치안유지, 교육·복지 사업 등의 운영, 국토보존과 개발, 경제질서의 유지 및 경제성장의 촉진 등을 수행하고 있는데, 재정이 제공하는 이러한 서비스는 공공재로서 비경합성(non-rivalry)과 비배제성(non-excludability)을 갖는다.

또한, 재정이 이와 같은 각종 기능을 수행하기 위해서는 사경제와 마찬가지로 자원을 조달하고 사용해야 하는데, 자원을 조달하기 위하여 합법적인 강제력을 행사할 수 있다는 점에서 사경제와 구별된다. 즉 재정활동은 강제적으로 징수되는 조세 등을 기초로 한다.

이처럼 재정은 합법적인 강제력을 동원하여 재원을 조달하고, 이를 바탕으로 비경합성과 비배제성을 갖는 공공재라는 특수한 재화를 제공한다는 점에서 다음과 같이 사경제와 구별되는 일곱 가지 특성을 갖고 있다.

첫째, 민간재원(private finance)의 가장 큰 목적은 경제주체인 가계나 기업의 효용 또는 이윤의 극대화이다. 반면, 재정의 존재 의의는 사회 전체의 효용을 극대화하는 데 있다. 따라서 민간부문은 확실하고 많은 소득을 얻을 수 있는 영역에 지출을 집중하는 잉여원칙이 적용되지만, 재정은 공공의 목적과 필요에 의하여 이익이 기대되지 않는 영역에도 지출을 하는 정치원칙이 적용되는 경우가 상대적으로 많다.

둘째, 재정의 목적은 재화와 서비스의 '사용'으로 인한 효용의 극대화가 아니라 공공의

17) 예산은 재정과 개념적으로 구별된다고 하더라도, 예산은 재정활동에서 차지하는 비중이 가장 높고, 그 규모도 가장 많으며, 공공부문 또는 공공경제의 속성 내지 특징을 가장 전형적으로 띠고 있는 것이 예산이라는 점에서 재정의 특징은 예산의 특징과 동일한 내용으로 이해할 수 있다.

이익을 위한 재화와 서비스의 '제공' 그 자체에 있다. 민간부문의 경제활동은 효용의 극대화가 목표인 반면, 재정은 공공을 위한 서비스 또는 편익 제공을 극대화하는 것이 궁극적인 목표이다. 예컨대, 개인 소유인 정원에 산책로를 만든다면, 그것은 산책로를 이용함으로써 개인의 효용을 극대화하기 위한 것이지만, 정부가 도로를 개설하는 것은 국가가 도로를 이용하는 것이 아니라 공공재로서의 도로를 국민 일반이 이용하게 하기 위함이다.

셋째, 재정은 공공재를 제공하기 때문에 그 재화와 서비스에 대하여 대가를 치르지 않더라도 소비혜택에서 배제될 수 없다. 사경제는 급부와 반대급부가 직접 연결되는 개별보상원칙에 의해서 운영되지만, 재정은 일반보상원칙을 따른다. 예를 들면 사경제에서는 돈을 적게 내면 낮은 품질의 서비스를, 돈을 많이 내면 고품질의 서비스를 받게 된다. 하지만 재정영역에서는 부자나 가난한 사람이나 일반보상원칙에 근거하여 동일한 국방, 치안 서비스 등을 받게 된다.

넷째, 재정은 공권력을 통해 세금을 부과할 수 있다. 사경제는 수입이 정해져 있으므로 그 수입의 한도 내에서 지출을 억제해야 하는 양입제출(量入制出)이 기본원칙이다. 그러나 재정에서는 먼저 필요한 지출의 규모를 결정하고, 이에 상응하는 수입을 확보하는 양출제입(量出制入)을 원칙으로 하는 것이 가능하다.

다섯째, 재정은 강제성을 띤다. 사경제는 거래당사자 간의 계약이나 합의에 의한 임의원칙에 의하지만, 재정은 공공부문의 경제이기 때문에 공권력을 통한 강제력으로 재화나 서비스를 과징(課徵)하는 강제원칙을 바탕으로 운영된다. 예를 들면, 시장에서 물건이 마음에 들지 않으면 이를 구입하지 않아도 무방하지만, 국가에서 부과한 조세가 마음에 들지 않는다고 납부를 근본적으로 거부할 수는 없다.

여섯째, 재정은 그 운용에 관한 명확한 규율이 있다. 재정에 관한 규율은 주로 법령의 형식으로 유지되는데, 민간재원의 운용은 재정에 비해 훨씬 자유롭고 덜 구속적이다. 재정의 경우 규율을 준수하는지 여부에 관하여 엄격한 감시가 이루어지고 이를 위반하면 중한 처벌이 부과되는 반면, 민간재원의 경우 설령 규율이 존재한다고 하더라도 준수여부에 관한 감시나 위반 시 처벌의 정도는 재정에 크게 못 미친다.

마지막으로, 예산을 통해 구체화되는 재정은 정치적 성격을 갖고 있다. Wildavsky (1986)는 "예산과정은 국가와 사회세력 간의 이해관계가 얽혀있는 고도의 정치적인 과정"이라고 표현하고 있다.[18] 우리나라에서 예산안 편성은 행정부가 전담한다. 행정부는 국민으로부터 조세를 거두고 국민의 권익을 보호해야 하는 역할을 위임받았지만, 실제로 대리인인 행정부 관료들의 전문성으로 인해 주인인 국민이나 견제 권한을 위임받은 또 다른 대리인인 입법부가 감시를 행하기 쉽지 않다. 입법부 역시 경제적 합리성에 토대를 두고 재정권한을 행사하기도 하지만, 공공재의 과다 공급을 유발하거나, 공공의 편익이 높지 않은 분야 또는 정책에 대하여 재원을 배분하는 결정을 하기도 한다.

이상의 재정의 일반적인 특징과 비교하여 지방재정 특징은 다음과 같이 제시될 수 있다(KDI, 2024). 첫째, 지방재정은 그 활동의 주체가 복수이다. 중앙재정이 중앙정부라는 단일 주체의 재정인 데 비해 지방재정은 상호 독립된 모든 지방자치단체의 재정을 총칭한다. 2024년 현재 우리나라의 지방재정에는 243개 지방자치단체의 개별적인 지방재정 현상과 활동이 존재한다. 둘째, 지방재정은 복수의 활동주체로 인해 다양성이 존재한다. 지방자치단체는 각각 위치·지형 등 자연적 조건뿐만 아니라 인구규모, 산업구조, 소득수준 등 사회·경제적 조건이 서로 다르므로, 이에 따른 다양한 지방재정 활동을 수행한다. 셋째, 지방재정은 중앙정부의 간섭과 관여로 자율성이 제한적이고 종속적이다. 중앙정부는 지방세에 대한 통제, 보조금의 교부, 지방채발행 승인 등 여러 장치를 통해 지방자치단체의 재정활동에 관여하고 있다. 지방자치제가 발달할수록 지방재정에 대한 중앙정부의 통제는 낮아지고 지방재정의 자율성이 커진다.

18) Wildavsky에 의하면 예산은 "정치과정의 요체"라는 것이다. 또한, 예산은 합리적인 의사결정과정의 산물이라기보다는 사회집단 간의 타협과 조정의 산물이며, 사회집단의 다양한 이해관계를 반영해 주어야 하기 때문에 예산은 매년 조금씩 증가할 수밖에 없다고 한다(하연섭, 2022: 11).

참고문헌

강태혁. (2010). 「한국예산제도론」. 율곡출판사.

국회예산정책처. (2024). 「2024 대한민국 재정3」.

______________. (2024). 「2024 대한민국 공공기관」.

기획재정부. (2010). 「2010 한국의 재정」.

_________. "2024년도 공공기관 지정". 보도자료(2024. 1. 31).

김의섭. (2007). "공공선택론적 재정관."「재정정책논집」 제9집 제1호, 41-62.

박영희·김종희. (2017). 「신재무행정론」. 다산출판사.

배득종·유승원. (2014). 「신재무행정: 정부혁신과 재정개혁」. 박영사.

윤성식. (2003). 「예산론」. 나남출판.

이준구·조명환. (2021). 「재정학」. 문우사.

정해방. (2023). 예산규모 발표 통계의 변천 과정. 재정통계 BRIEF 10월호.

조수현. (2008). "합리성, 제도 그리고 예산개혁: 정책영역별 재원배분의 매커니즘을 중심으로."「정부학연구」 제14권 제2호, 187-213.

하연섭. (2022). 「정부예산과 재무행정(제4판)」. 다산출판사.

한국개발연구원(KDI). (2024). 클릭 경제교육. 발행물.

Brennan G. & J. M. Buchanan. (1980). The Power to Tax: Analytical Foundations of a Fiscal Constitution. Cambridge University Press.

Colm, G. (1960). "Reviewed works: The Theory of Public Finance: A Study in Public Economy. by Richard A. Musgrave."The Journal of Finance Vol.15. No.1, pp. 118-120.

Friedman, M. (1948)."A Monetary and Fiscal Framework for Economic Stability."American Economic Review. 38(3),pp. 245-264.

Keynes, J. M. (1936). The General Theory of Employment, Interest and Money. Cambridge. Harcourt. Brace and Company.

Mueller, D. (2003). Public Choice III. Cambridge University Press.

Musgrave, R. A. (1959), The Theory of Public Finance: A Study in Public Economy. New York. McGraw-Hill.

Niskanen, W. A. Jr. (1971). Bureaucracy and Representative Government. New York. Aldine. Atherton.

Rosen, H .S & Gayer, T. (2014). Public Finance. New York, McGraw-Hill Education.

Wildavsky, A. (1986). Budgeting: A Comparative Theory of Budgetary Processes. New Brunswick. Transaction Books.

제2장
재정의 기능

제1절 시장의 실패와 정부의 역할

재정[1]의 기능을 이해하기 위해서는 시장에 대한 정부의 개입을 정당화하는 시장의 실패와 이로부터 파생되는 정부의 실패에 대해 먼저 논의할 필요가 있다. 자유시장경제의 최대 장점은 개별 경제주체의 이기심 추구가 사회 전체의 이익에 기여하게 되고 자원배분이 효율적으로 이루어진다는 것이다. 이러한 가정에도 불구하고, 시장기능이 제대로 작동하지 못하기 때문에 정부가 시장에 개입하게 되는데, 이처럼 정부가 시장에 개입하여 재화와 용역을 생산하고 이를 분배하는 적극적 역할을 수행하는 경제체제를 가리켜 혼합경제체제라고 부른다. 따라서 혼합경제체제 하에서는 시장의 효율적인 자원배분 실패에 초점을 맞추어 재정의 개입을 정당화하고 있지만, 시장실패가 아닌 영역까지 개입하여 오히려 재원의 효율적 배분을 저해하고, 시장실패를 교정하지 못하거나 더 악화한 결과를 초래할 수도 있는데 이를 '정부실패'라고 한다.

1. 혼합경제

우리가 살고 있는 현실의 경제체제에서는 모든 것을 시장기능에 맡기는 순수시장경제나 이와는 반대되는 개념인 통제경제는 찾아보기 힘들다. 대신 현존하는 대부분의 국가는 기본적으로는 시장기능에 맡기면서도 재정을 통하여 시장에 개입하는 혼합경제(mixed

1) 제2장에서는 '재정'과 '정부'는 동일한 개념으로 사용된다. 즉 재정의 개입이 정부의 개입으로, 재정의 실패가 정부의 실패로, 재정의 기능이 정부의 기능으로 이해될 수 있다.

economy)체제를 채택하고 있다. 혼합경제란 정부부문이 국민경제 전체의 재화와 서비스 중 상당 부분을 생산하고 사용하며, 민간부문의 경제활동에 여러 가지 방식으로 개입하고 있는 경제를 뜻한다. 다시 말하면, 국민경제에서 정부부문 즉, 재정이 차지하는 비중이 높은 경제를 혼합경제라고 부르지만, 혼합경제를 채택하고 있는 각 나라마다 재정의 비중과 그 역할이 서로 다르기 때문에 구체적으로 얼마나 큰 비중을 차지해야만 혼합경제로 볼 수 있는지에 대한 객관적 기준은 존재하지 않는다(이준구 외, 2021: 9).[2)]

혼합경제에서는 모든 일을 시장의 완전한 자율에 맡겨 두지 않고, 정부가 개입해 제약을 가하기도 하며, 때로는 시장과 경쟁적인 관계에서 재화나 서비스를 생산하기도 한다. 기본적으로 시장의 자율적 작동시스템을 신뢰하면서도 이것이 갖고 있는 명백한 한계 때문에 정부가 때때로 방향을 바로잡아 주고 모자라는 점은 보충해 주어야 한다는 것이 혼합경제의 기본 아이디어라고 할 수 있다.

그렇다면 정부가 시장에 개입해야 할 필요가 생기는 구체적인 이유는 무엇일까? 법과 질서의 유지라는 전통적이고 소극적인 차원의 역할을 넘어 정부가 적극적으로 시장에 개입하게 된 이유를 재정학은 '시장의 실패(market failure)'에서 찾는다.[3)]

어떤 경제에서 효율적인 자원배분이 이루어지면, 그 경제의 구성원들은 주어진 자원으로부터 최대한의 효용을 얻을 수 있지만, 이는 미시경제학에서 주장하는 몇 가지 이상적 조건[4)]이 충족되었을 경우에만 가능한 것이다.

2. 시장실패

시장경제가 경제적으로 가장 효율적이라는 관념은 시장에 대한 정부개입의 필요성을 이야기할 때 매우 중요한 부분이다. 시장에 참여하는 개별 경제주체들은 자신의 이익추구를 위하여 가장 최선의 경제적 선택을 한다. 미시경제학에서는 몇 가지 이상적 조건이 충족될

2) 따라서 혼합경제라는 용어는 엄밀하게 정의될 수 있는 개념이라기보다는 순수시장경제나 통제경제와 구별되는 개념으로서 그 의의가 있다.

3) 시장의 실패는 자원배분, 소득분배, 경제안정과 성장이라는 세 가지 중 하나라도 달성하지 못할 경우를 의미하지만, 좁은 의미로는 효율적인 자원배분을 달성하지 못한 경우만을 시장실패라고 정의하는 경우도 있다(하연섭, 2022: 18).

4) 여기서 말하는 이상적 조건이란, 다수의 개인과 기업의 존재, 독과점의 부존재, 완전한 정보, 자원과 상품의 자유로운 이동, 완전생산과 완전소비 등을 말한다.

경우 시장기능을 통한 최적의 자원배분과 극대화된 사회후생(social welfare)의 실현이 가능하다고 설명한다. 사회후생을 평가하는 기준에는 여러 가지가 있는데, 그 중 가장 중요한 것으로 자원배분의 효율성(efficiency)과 분배의 공평성(equity)을 들 수 있다(이준구 외, 2021: 58). 자원배분의 효율성도 중요하지만 복지와 후생의 배분도 공평하게 이루어져야 한다. 따라서 자원배분의 효율성이 확보되지 않을 경우뿐만 아니라, 복지·후생의 배분이 불공평한 경우에도 정부의 시장개입이 정당화되는 이유로 작용할 수 있다.

가장 이상적인 상태로서 사회적 후생이 극대화되는 지점을 가리켜 파레토최적(Pareto optimality) 또는 파레토효율성(Pareto efficiency)[5]이라고 한다. 완전하게 작동하는 시장시스템은 파레토최적의 자원배분을 가져오게 되고, 이러한 상황에서 정부의 역할은 필요 없거나 필요 최소한의 개입만이 요구된다.

이론적으로는 정부가 수행하는 공적 기능까지도 시장에서 공급될 수 있지만, 시장이 그 기능을 만족스럽고도 효율적으로 수행하지 못하는 경우가 많다. 그 이유는 시장이 효율성을 유지하기 위해 필요한 여러 가지 이상적 조건이 현실에서 완전히 충족되기는 어렵기 때문이다. 이러한 이상적 조건이 충족되지 않는 경우 시장실패가 발생할 수 있다. 시장실패와 관련하여 시장을 제약하고 왜곡시키는 수많은 요인이 존재하는데, 독과점기업의 존재, 공공재, 외부성, 정보의 비대칭성 등이 그것이다.[6] 특히 공공재는 소비에 있어서의 비경합성이나 배제불가능성 등의 특성 때문에 시장의 자율적인 배분을 통해서는 바람직한 배분을 실현할 수 없다. 그 밖에 정보의 비대칭성으로 인하여 발생하는 도덕적 해이는 시장의 자동조절기능에 결함을 안겨주기도 한다(김상규 외, 2013: 168).

이와 같이 실제 경제에서는 독과점기업, 공공재, 외부효과, 도덕적 해이 등이 존재하므로 시장의 자율적인 기능에만 맡길 경우 자원은 비효율적으로 배분된다. 따라서 효율적인 자원배분을 위해서는 정부가 일정부분 시장에 개입하는 혼합경제체제가 요구되는 것이다.

---

5) 파레토최적이란, 하나의 자원배분상태가 있다고 할 때, 어느 한 사람의 후생을 감소시키지 않고서는 다른 사람의 후생을 증가시킬 수 없는 상태를 말한다. 현실적으로는 정부가 정치적, 사회적 이유 등으로 인하여 분배상태에 변화를 야기하는 정책을 시행할 경우가 있는데, 이러한 정부의 정책을 평가하는 기준을 캘도-힉스원칙(Kaldor Hicks Principle) 또는 파레토개선의 기준(potential Pareto improvement criterion)이라고 부른다. 만약 자원배분상태의 변동으로 후생이 증가한 사람이 후생이 감소한 사람에게 후생감소분 만큼 보상해 주고도 이전보다 후생이 증가하였다면 그 변화를 파레토개선(Pareto improving)이라고 한다.

6) 시장이 독과점적인 형태로 운영되고 있는 경우에는 두말할 나위도 없지만, 설사 완전경쟁체제로 운영되고 있다 할지라도 그 결과로서 나타나는 분배의 상태가 공평하리라는 보장이 없다. 나아가 시장기구는 경제가 안정적으로 성장해 나가게 만들 수 있느냐는 점에서도 명백한 한계를 갖는다. 시장경제에서 주기적으로 일어나는 경기변동은 시장기구가 갖고 있는 한계를 보여주는 좋은 예라고 할 수 있다.

3. 정부의 개입

앞의 논의로부터 이론적으로는 시장 자율에 의한 자원배분이 효율적이지만, 이것은 일련의 이상적인 조건이 충족되어 있음을 전제로 하고 있다는 것을 알 수 있다. 그렇지 못한 상황에서는 시장 메커니즘에 의한 자원배분이 비효율적일 수 있는데, 시장실패가 존재할 경우 정부의 개입이 정당화될 수 있다. 재정의 기능을 보다 정확하게 이해하기 위해서는 먼저 다음의 네 가지 사항에 대해 먼저 살펴볼 필요가 있다.[7)]

- ◆ 정부는 언제 시장에 개입해야 하는가?
- ◆ 정부는 어떤 방식으로 개입할 것인가?
- ◆ 정부개입 수단의 효과는 어떻게 평가할 것인가?
- ◆ 왜 정부의 개입방식은 다양한 것인가?

(1) 정부는 언제 시장에 개입해야 하는가?

만약 완전경쟁시장에서의 자원배분 결과가 효율적이라고 한다면, 정부는 시장의 일부작동과정에 개입해야 하는 것일까? 이에 대한 답은 시장의 실패와 자원의 재분배에 있다.

시장의 실패

정부가 시장경제에 개입하는 첫 번째 동기는 시장경제가 효율성을 극대화하지 못하도록 하는 시장의 실패에 있다. 미시경제학에서 배운 '보이지 않는 손(invisible hands)'의 작동을 저해하는 시장실패의 원인에 대해 논의하기 위해, Gruber(2022)는 미국의 의료보험시장을 예로 들고 있다.

우선, 의료보험시장은 경제학 교과서에서 말하는 표준적인 경쟁시장이라고 할 수 있다. 의료보험은 다수의 보험회사에 의해 공급되고, 수많은 가계(家計)가 의료보험을 필요로 한다. 수요와 공급이 일치되는 균형상태에서는 비용보다 의료보험의 가치가 더 크다고 생각하는 사람이라면 보험에 가입할 수 있다. 2007년 미국에서 의료보험을 갖고 있지 않은 사람은 4,500만 명에 달했는데, 이는 의료보호 프로그램(Medicare Program)[8)]에 의해 보장

7) 네 가지 고려사항에 대해서는 Gruber의 "Public Finance And Public Policy. Worth Pulbishers. (2022)" pp. 3-10을 주로 참고하였다.

8) Medicare Program은 연방정부에서 65세 이상 고령자를 대상으로 실시하는 고령자 의료보호 프로그램을 말한다.

(cover)되는 고령자를 제외한 인구의 17.2%에 해당하는 숫자다. 4,500만 명의 국민이 의료보험의 사각지대에 놓여 있는 이러한 균형상태가 사회적 효용이 가장 극대화된 상태라고는 할 수 없을 것이다.

이처럼 경쟁시장을 통해 효율성의 극대화를 달성하지 못한다면, 정부의 개입을 통한 효율성 제고의 잠재적 가능성이 존재하게 된다. 정부는 개인의 비용과 편익은 물론, 사회 전체의 비용과 편익 또한 고려할 수 있기 때문에 사회적 비용과 사회적 편익을 더욱 정확히 비교할 수 있고, 총편익이 총비용을 초과한다면 개인이 보험에 가입하도록 유도할 수 있을 것이다. 그러나 민간시장의 상황이 효율성이 극대화된 상태가 아니라는 사실이 정부의 개입으로 효율이 반드시 증진될 수 있다는 것을 의미하지는 않는다.

소득재분배

정부가 시장에 개입하게 되는 두 번째 이유는 소득재분배(redistribution)[9] 때문이다. 경제를 파이(pie)로 비유하자면, 해당 경제의 효율성은 파이의 크기로 결정된다. 만약 시장실패가 발생하지 않는다면, 수요와 공급이라는 시장경제의 힘으로 파이의 크기가 극대화될 것이고, 파이의 크기를 확대시키려는 정부개입의 잠재적 가능성도 없게 되는 것이다.

그러나 정부는 파이의 크기뿐만 아니라 그것의 분배, 즉 개개인에게 분배되는 파이조각의 크기에도 관심을 갖는다. 사회 구성원들이 시장경제에 의하여 이루어지는 파이의 분배가 불공평하다고 느끼게 되면, 정부는 파이의 분배방식과 분배되는 파이조각의 크기 자체를 변화시키는 재분배 작업에 착수할 수도 있다. 그러나 보통의 경우 한 그룹에서 다른 그룹으로 자원을 재분배하는 것은 효율성의 손실을 수반하게 된다. 이러한 손실은 소득재분배가 사람들의 행동 양식을 변화시킴으로써 효율이 극대화된 상태로부터 멀어지게 만들기 때문이다.[10] 이를 공평성과 효율성의 상충관계(equity-efficiency trade-off)라고 부른다. 따라서 정부는 파이의 크기가 줄어들지 않는 범위 내에서 파이를 분배하는 정책을 선택하게 된다.

---

9) 영어의 allocation, distribution은 '나눈다'라는 유사한 뜻을 가진 단어이지만, 경제학에서는 서로 다른 의미로 사용된다. allocation은 토지, 노동, 자본 등의 자원(=생산요소)을 재화나 용역을 생산하기 위해 나눌 때 사용된다. 우리나라 경제학자들은 이를 '배분(配分)'이라고 번역해 사용하고 있다. distribution은 생산된 생산물을 생산에 참여한 사람들(즉, 생산요소의 제공자들)이 기여한 몫만큼 가져간다는 의미로 사용된다. 우리나라 경제학자들은 이를 '분배(分配)'라고 번역해 사용하고 있다(안병근, 2005).

10) 예를 들면, 인위적인 소득재분배는 저소득계층으로 하여금 자신들의 행위보다 더 많은 돈을 벌게 해주고, 반대로 부자인 사람들은 자신들의 행위보다 더 적은 돈을 갖게 해줌으로써, 가난한 사람과 부자인 사람 모두 자신들의 노력을 충분히 발휘하지 않게 되고, 전체적인 효율성은 감소하게 된다.

(2) 정부는 어떤 방식으로 개입할 것인가?

정부는 어떻게 시장에 개입하는가에 대한 질문에 Gruber는 다음의 접근법을 제시한다.[11]

세금 또는 보조금

정부가 시장의 실패에 대응하는 하나의 방법은 가격 메커니즘을 사용하는 것으로, 정부는 세금이나 보조금을 통해서 재화의 가격에 영향을 줄 수 있다. 즉, 세금부과를 통해 과잉생산되는 재화의 가격을 인상시키거나, 보조금 지급을 통해 재화의 가격을 인하시키는 것이다. 예를 들면, 시장에서 생산되는 전기차의 판매를 촉진하기 위해 구입가격을 낮추는 방편으로, 전기차를 구입할 경우 전기차와 동급인 일반차량과의 가격차액의 일정 비율을 보조금으로 지급하는 정책 등이 있다.[12]

민간부문의 판매와 구입 제한 또는 강제

정부는 세금이나 보조금이라는 수단을 동원하는 대신에 민간부문에서 과잉생산되는 재화의 판매와 구입을 직접 제한하거나, 과소생산되는 재화의 판매와 구입을 강제할 수 있다. 예를 들면, 특허법 규정이나 각종 제재를 통해 지식재산권을 침해하는 상품의 생산·판매 및 구입을 금지하거나, 공동주택을 건설할 때 일정비율 이상은 공공주택을 의무적으로 건설하도록 하는 경우가 이에 해당한다.

정부의 직접 공급

정부가 시장에 개입하는 또 다른 수단은 사회복지를 극대화하는 소비수준을 얻기 위하여 정부가 직접 재화를 공급하는 것이다. 정부가 직접 사회취약계층의 주택을 개보수하는 것을 예로 들 수 있다. 국토교통부는 예산으로 기초생활수급자와 같은 저소득층이 소유하고 있는 노후화된 주택을 개보수하여 주거안정과 경제 활성화를 도모하는 사업을 시행하고 있다.

---

11) Ulbrich는 정부가 시장실패에 대응하는 방법으로 ① 보조금, ② 세금혜택, ③ 위험감소의 보장, ④ 세금, 벌금 등의 부과, ⑤ 생산과 소비의 강제, ⑥ 생산과 소비의 금지, ⑦ 직접생산, ⑧ 자금지원을 통한 시장생산의 8가지를 제시하고 있다(Ulbrich, 2011: 7-8).

12) 정부는 개인이 전기차를 구매할 때 차종별 배터리용량, 연비 등에 따라 최대 1,200만원에서 최저 1,017만원까지 보조금을 차등 지급한다고 발표했다(환경부 보도자료, 2018).

민간부문에 대한 재정지원을 통한 간접생산

마지막으로, 정부는 소비수준에 영향을 미치기를 원하지만 재화의 공급에 직접적으로 개입하는 것을 원치 않을 수 있다. 이러한 경우 정부는 민간부문에서 원하는 수준의 재화가 공급되도록 하기 위하여 민간부문에 자금을 지원할 수 있다. 예를 들면 정부는 스마트콘텐츠 산업을 육성하기 위하여 제작기술, 벤처기업 인큐베이팅, 홍보 등을 지원하고 있다.

위에서 살펴본 바와 같이, 정부는 시장에 개입할 수 있는 많은 옵션을 가지고 있는데, 그 이유는 무엇일까? 오직 시장실패를 완화하거나 자원의 적정한 배분을 담보하기 위해서만 시장에 개입하는 이상적인 정부를 일반화하기는 쉽지 않다. 정부는 국민이 무엇을 원하는지, 그리고 이러한 국민의 요구를 충족시킬 수 있는 정책을 어떻게 선택할지를 파악하는 것 역시 매우 어렵기 때문에, 시장실패가 존재하는 것처럼 정부의 부적절한 시장개입으로 인한 정부실패 역시 존재하는 것이다.

'언제', '어떻게' 정부가 시장에 개입해야 하는가라는 질문에 앞서, 정부가 개입하면 문제들이 해결되거나 감소될 것인가, 아니면 정부실패로 인해 문제가 더 악화되지는 않을 것인가에 대해 먼저 고민할 필요가 있다. 정부가 시장에 어떻게 개입할 것인가를 고려할 때는 최선의 정책을 선택하기 위해 여러 가지 대안의 효과성에 대하여 신중하게 평가하여야 한다. 이는 자연스럽게 정책수단의 효과성을 어떻게 평가할 것인가에 대한 질문과 연결된다.

(3) 정부개입 수단의 효과는 어떻게 평가할 것인가?

세 번째 질문에 대한 답을 위해서는 정책입안자들이 각각의 정책옵션(options)의 함의에 대해 충분히 이해하고 있어야 한다. 정책수단에 대한 평가는 실증적 재정학(empirical public finance)의 핵심인 가계와 기업이 정부개입에 어떻게 반응할 것인지를 파악하기 위한 데이터 수집이나 통계모형 개발을 내용으로 한다. 정부개입의 효과를 측정·평가하기 위해서 정책입안자들은 정책이 갖고 있는 직접효과와 간접효과를 모두 고려하여야 한다. 정책이 각 경제주체가 정부개입에 반응하는 행태를 변화시키느냐, 변화시키지 않느냐에 따라 직접효과와 간접효과로 구분할 수 있다.

직접효과

정부개입의 직접효과(direct effects)란 각 경제주체가 정부개입에 반응하는 행태를 변화시키지 않는 경우에 발생하는 효과를 말한다. 따라서 정부개입의 직접효과는 예측이 가능하다. 예를 들어, 정부가 청년층의 자립을 지원하고 적정 수준의 대학진학률을 유지하기 위하여 20~24세의 청년 중 대학에 진학하지 않는 청년에게 매월 100만원을 지급한다고 가정하자. 이로 인하여 대학진학률이 감소하고, 사교육비가 절감되며, 청년취업률이 높아짐으로써 발생하는 효과가 정부가 지출하는 예산보다 더 크다고 가정하면, 정부개입의 직접효과가 있는 것으로 평가되고 정부개입이 정당화될 수 있다.

간접효과

정부개입의 간접효과란 각 개인이 정부개입에 대응하여 그들의 행동을 변화시킴으로써 발생하는 효과를 말한다. 정부개입의 간접효과는 정책의 효과를 예측하기 어렵게 만들어 정부실패를 가져오는 원인이 될 수 있다. 간접효과를 이해하기 위해서 미국의 의료보장시스템을 예로 들 수 있다. 가령 사회 전체의 후생수준을 증가시키기 위하여 미국 정부가 개인의료보험에 가입하지 않는 사람에게 무상의료보호를 전면 실시하는 대신, 개인의료보험에 가입하는 사람에게 강력한 인센티브를 제공함으로써 무상의료보호대상자 수의 증가를 억제하는 정책을 도입한다고 가정하자. 이러한 미국 정부의 시장개입에 대한 경제주체의 반응은 정부의 예상과 다를 수 있다. 만약, 정부의 정책의도와 달리 기존의 개인의료보험 가입자들까지도 보험료 납입을 중단하고 국가가 제공하는 최소한의 무상의료보호혜택에 의존할 경우, 사회 전체의 후생수준은 오히려 감소하는데도 정부의 재정지출은 증가하는 결과를 초래할 수 있다.

Gruber는 이러한 문제점은 경험적인 문제라고 정의하면서, 정책입안자들이나 경제학자들은 개인들의 광범위한 행동변화를 정확히 측정하기 위하여 데이터를 추출하는 등의 실증적 방법을 활용하여 정부개입에 따른 효과를 사전에 측정하고 평가하여야 한다고 주장한다 (Gruber, 2022: 8-9).[13]

---

13) Gruber는 데이터 수집과 통계모형 사용의 중요성을 보여주는 좋은 예로 미국 의회예산처(the Congressional Budget Office: CBO)를 꼽고 있다. 그에 의하면, CBO는 정부정책에 대한 토론을 통하여 Scorekeeper로서의 비판적 역할을 계속 확대하고 있는데, 재정수반법안에 대한 비용추계를 통해 정책입안자들에게 사실상의 영향력을 행사하고 있다고 한다. 이러한 대표적 사례로서, 클린턴 정부의 의료보호 프로그램

(4) 왜 정부의 개입방식은 다양한 것인가?

오직 시장실패를 완화하거나 자원의 적정한 배분을 담보하기 위해서만 시장에 개입하는 이상적인 정부를 일반화하기는 쉽지 않다. 국민이 정부에 무엇을 원하는지, 그리고 이러한 국민의 요구를 충족시킬 수 있는 정책을 어떻게 선택할지를 파악하는 것 역시 정부의 큰 딜레마이다. 시장경제체제에서 복지가 극대화되는 것을 방해하는 시장실패의 원인이 있는 것과 마찬가지로, 정부의 부적절한 개입을 야기하는 정부실패의 원인 역시 존재한다.

의료보장정책 하나만 놓고 보더라도 정부는 효율성이나 자원의 재분배 이상의 것들을 고려하고 있다는 점을 알 필요가 있다. 즉, 왜 미국은 국경을 접하고 있는 캐나다와 달리 개인 의료보험에 의존하고 있는 것인지, 우리나라와 독일은 개인에게 의료보험가입을 강제하지만, 영국은 무상의료보호를 제공하는 것인지를 생각해봐야 한다.

'언제, 어떻게 정부가 개입해야 하는가'라는 질문에 앞서, 정부가 개입하면 문제들이 해결되거나 감소될 것인가, 아니면 정부실패로 인해 문제가 더 악화될 것인가에 대해 먼저 고민을 하여야 한다.

4. 정부실패

지금까지 시장의 실패가 일어나는 원인과 시장의 실패가 있을 경우 정부의 개입을 통해 시장의 부족한 점을 보완할 수 있다는 것을 살펴보았다. 그러나 정부의 개입이 항상 자원배분을 효율적으로 만들 수 있는 것은 아니다. 시장의 실패는 정부개입을 위한 필요조건이지 충분조건은 아니라는 것이다. 즉 시장의 실패가 일어났다고 하더라도 당연히 정부가 시장에 개입해야 함을 의미하는 것은 아니다.

정부실패는 보는 사람의 입장에 따라 다양하게 규정되는 다의적 개념이라고 할 수 있다(김현조, 2004). 자원의 배분과 관련하여 파레토최적의 실패를 정부실패로 정의하기도 하고, 국민들이 기대하는 것과 실제 정부가 제공하는 서비스 간의 차이를 정부실패로 보는 사람도 있다. 또한, Lindblom(1977)은 시장실패를 포함하여 사회적으로 바람직하지 못한 현

개혁안에 대해 CBO가 부정적인 가격표를 붙임으로써 개혁안이 좌절되는 핵심요인으로 작용하였다는 사실을 들 수 있다.

상까지도 정부의 책임으로 간주하기도 한다. Peirce(1981) 역시 정부실패를 국민들이 정부에 바라는 것과 실제 정부가 제공하는 것과의 차이라고 보고 있다. 이처럼 정부실패에 대한 개념정의가 다양하게 존재하고 있지만, 정부실패를 Lindblom이나 Peirce처럼 지나치게 넓게 해석할 경우 정부실패와 시장실패의 경계가 모호해지는 결과를 가져온다. 따라서 이 책에서는 정부가 시장의 실패를 해결하기 위해 시장에 개입할 경우, 해결 대상인 비효율과 불평등보다 훨씬 크거나 유사한 새로운 형태의 비효율과 불평등을 만들어 낼 때, 이를 정부의 실패(government failure)라고 정의하기로 한다.

정부의 개입은 나름대로의 효과가 있을 수 있지만, 반대로 시장의 자유로운 의사결정을 교란하여 오히려 자원배분의 효율성을 저하시키고 왜곡시키는 결과를 초래할 수 있으므로 개입여부를 신중하게 결정해야 한다. 잘 설계된 시스템을 갖춘 정부조차 정부실패를 만드는 데에는 공통적 특징이 있다. 구체적으로 공무원의 시장경제에 대한 이해부족, 공직의 안정성, 불완전한 지식과 정보, 규제수단의 비효율성, 규제의 경직성, 정치의 제약조건, 정부기구의 독점성, 시장반응 예측의 어려움 등을 정부실패의 주요한 원인으로 꼽을 수 있다. 이하에서는 Wolf(1988)와 Stiglitz(2015)가 제시한 정부실패의 원인에 대해 각각 살펴보기로 한다.

(1) Wolf의 정부실패 원인

Wolf는 정부실패(또는 비시장실패, nonmarket failure)라는 용어를 사용하면서, 정부실패의 원인은 정부생산물, 즉 공공재에 대한 수요와 공급의 특성 때문이라고 설명한다(Wolf, 1988: 39-50). 수요 측면에서 공공재의 특징은 첫째로 근래에 시장의 문제점에 대한 공중의 인식이 확산되어 이를 치유하기 위한 정부의 개입에 대한 수요가 증가하였고, 둘째로 정치·행정가들이 자신들의 이익을 극대화하기 위하여 정부개입 정책을 선택하게 되고, 단기간의 결과에 관심을 갖는 경향이 높다는 것이다.

공급 측면에서 공공재의 특징은, 첫째로 정부의 산출물은 실제에 있어서는 정의 또는 양적·질적 측정에 어려움이 많고, 둘째로 공공재는 경쟁부재의 결과로서 소비자의 반응이 약하고 유의미한 경제적 능률성의 평가도 어려우며, 셋째로 정부의 생산활동에 대해서는 성공과 실패에 대한 평가체계가 결여되어 있다는 점이다.

Wolf는 위에서 설명한 공공재에 대한 수요와 공급의 특성을 통해 정부실패의 원인을 다음과 같이 유형화하고 있다.

관료제의 내부성

종래의 정치학과 행정학에서는 관료를 선의의 공익추구자가 아닌 것으로 간주한다. 경제학에서 또한 관료를 사익추구자로서의 면모를 갖고 있는 것으로 가정하는 경향이 있다. 즉, 관료는 개인적 이익이나 부서의 규모 강화를 통해 권한 강화, 무조건적인 신기술 추구 등 공익 이외의 목적을 갖는 '내부성(internalities)'을 띠는 경향이 있다는 것이다. 과거 행정국가화 현상이 두드러진 시기와 같이 행정부에 대한 입법부의 통제가 약화되는 경우에 이러한 내부성은 더욱 강화되기 쉽다. Niskanen(1971)은 관료들이 사회의 최적수준대비 2배에 달하는 예산을 확보할 유인이 있음을 증명[14]한 바 있다.

파생적 외부효과

정부의 개입은 종종 의도하지 않은 부작용을 야기하는데, 이를 '파생적 외부효과(derived externalities)' 라고 한다. 이는 시장실패를 개선하려는 정부활동으로 나타난, 의도되지 않고 기대하지도 않은 부수적 결과를 가리킨다. 대표적인 예는 '정치적 경기순환론(PBC: political business cycle)'이다. 선거철에 득표를 위해 정치인들은 확장적 총수요관리정책을 추구하고 그 결과 단기적으로 실업률은 감소하지만, 얼마 후에는 확장적 재정운용의 결과 인플레이션이 발생한다. 이에 인플레이션을 잡기 위해 과도하게 긴축적 총수요관리정책을 선택하면 다음 선거 무렵에는 다시 의도하지 않게 실업률이 증가하게 되는 과정을 반복하게 되는 것이다.

정보의 비대칭성

정부는 민간경제주체의 정보를 잘 알 수 없다. 정보의 비대칭성은 시장에서 자율적 계약

14) Niskanen은 재화와 용역을 공급하는 관료의 행태를 설명하는 관료의 '예산극대화 모형'을 제시하고 있는데, 이 모형에서의 관료집단은 재화와 용역의 공급을 통하여 이윤을 추구하지도 않고, 그들이 제공하는 재화나 용역을 판매함으로써 수입을 얻으려 하지도 않는다. 대신에 관료들은 예산극대화를 추구하거나 재량으로 사용할 수 있는 잉여 예산의 극대화를 추구한다(정주택, 1992: 15-16). 즉, 예산극대화 모형에 의하면, 관료들은 예산의 효율성보다는 예산의 규모에 관심이 있다는 것이다.

자들 사이에서만 나타나는 것이 아니라, 공공재 공급자인 정부와 수요자인 민간 사이에서도 나타나게 된다.

편익과 비용의 괴리

시장에서는 원칙적으로 거래를 통해 편익을 얻는 자가 비용을 지불하므로 모든 경제주체는 순편익의 극대화를 위해 노력하고 이것이 사회적 순편익의 극대화로 이어지기 쉽다. 그러나 정부는 편익분야(공공재 조달)와 비용분야(조세)가 괴리되어 있어 각 정부조직은 순편익 극대화에 관심이 상대적으로 적고 순편익 극대화를 추구하기도 힘들다. 이 때문에 지출을 담당하는 정부부처는 수혜집단의 지지를 업고 지출극대화를 추구하는 경향이 있다.

권력으로 인한 분배적 불공평성

시장에서의 불공평은 소득과 부의 차이로 나타나는 반면, 정부활동과 관련해서 나타나는 불공평은 권력과 특권 측면에서 나타난다. 정부개입은 시장자율과 달리 '권력(강제력)'을 통해 정책의 비용과 편익이 배분되므로, 종종 공익이라는 명목 하에 불공평성이 나타날 가능성이 있다.

(2) Stiglitz의 정부실패 원인

제한된 정보

정부가 의사결정에 필요한 정보를 충분히 갖고 있지 못할 경우 잘못된 정책을 설계하고 집행하게 되어 오히려 사회후생 수준을 감소시키는 결과를 초래할 수 있다. 정부의 주택정책, 증시안정대책, 환율대책 등이 정부가 기대한 효과를 거두지 못하는 사례라든가, 정보의 부족과 대처 미흡으로 IMF 외환위기를 겪었던 경우가 제한된 지식과 정보로 인한 정부실패의 전형적인 예라고 할 수 있다.

시장 반응을 예측하기 어려움

정부가 시장에 개입하는 것은 정책을 통하여 시장 참여자들의 반응을 변화시킴으로써 바람직한 정책효과를 얻기 위함이다. 그러나 시장의 반응을 정확하게 예측하거나 통제하기가 어렵기 때문에 정부가 의도하지 않은 전혀 다른 결과를 낳게 되는 경우가 많은데, 이로 인하여 정부개입이 있기 전의 상태보다 자원배분상태를 오히려 악화시킬 수도 있다. 우리나라는 2008년 말 금융위기로 인하여 외환시장이 불안정해지자 금융당국이 외환시장개입을 골자로 하는 외환시장 안정화 조치를 수차례 발표했지만, 시장은 오히려 외환에 대한 투기적 수요로 반응하여 외환시장은 더욱 불안정해지고 외환보유고는 급감하는 정부실패를 경험한 바 있다.

공무원에 대한 통제의 어려움

정부의 시장개입은 공무원들을 통해서 이루어지는데, 공무원들은 시장의 경쟁체제에 익숙하지 않은 경우가 보통이고 민간부문의 노동자보다 높은 직업적 안정성을 확보하고 있기 때문에 고객을 만족시키고자 하는 유인을 덜 느끼게 된다. 공무원이 관리하는 정보가 국민들에게 충분히 공개되고 전달될 수 있다면, 그들에 대한 통제가 가능할 뿐만 아니라 공무원의 도덕적 해이도 막을 수 있을 것이다. 그러나 공무원에 대한 통제가 불완전하기 때문에 예산사업을 담당하는 공무원들 중에 사업의 우선순위나 시급성, 효과성 등을 고려하기 보다는 자신이 속한 부서의 예산을 극대화하거나 독점적 지위를 보전하려는 행태를 보이는 경우도 있다.

정치적 요인으로 인한 제약

정부의 시장개입은 정치적 환경 속에서 시행되는데 정부가 정책을 시행할 때 다양한 정치적 요인 때문에 제약을 받아 실패하기도 한다. 오늘날과 같이 대의민주주의에 의해서 국민의 의사가 표현되는 경우 모든 국민의 선호를 정부정책에 반영하기는 사실상 불가능하기 때문에 개인이나 집단의 의사가 서로 충돌할 경우에는 이해관계를 조절하는 과정에서 경제적 합리성이 희생될 수도 있다. 대통령선거나 국회의원 총선거를 앞두고 재정건전성이나 재정

여력을 고려하지 않은 채 많은 예산이 수반되는 정책을 각 정당이 경쟁적으로 제안하고 정부가 이를 정책으로 채택하는 경우를 예로 들 수 있다.

참고문헌

김상규·김용조·박상선·안병근. (2013). 「알기 쉬운 경제학」. 형설출판사.

김현조. (2004). "정부실패의 원인과 극복: 거시적 접근을 중심으로."「동의법정」 제21집, pp.135-163.

박승준·이강구. (2011). "재정의 경기안정화 효과 분석."국회예산정책처.

안병근. (2005). "초등학교 어린이 경제교육 어떻게 할 것인가?."씨마스.

이준구·조명환. (2021). 「재정학」. 문우사.

정주택. (1992). "정부의 실패: 실패의 원인을 중심으로."「행정논총」 vol. 4, 7-20.

하연섭. (2022). 「정부예산과 재무행정(제4판)」. 다산출판사.

환경부. (2018). 보도자료: "전기차 국고보조금, 차량에 따라 차등지급."

Gruber, J. (2011). Public Finance And Public Policy. Worth Pulbishers.

Musgrave, R. (1997). "Reconsidering the fiscal role of government."American Economic Review. vol. 87.

Niskanen, W. A. Jr. (1971). Bureaucracy and Representative Government. New York. Aldine. Atherton.

Rosen, H. S. & Gayer, T. (2013). Public Finance. 10th ed.. the McGraw-Hill series economics.

Stiglitz, J. E. (2015). Economics of the Public Sector. 4th ed., New York.

제2절 재정의 기능

1. 재정의 기능에 관한 견해

18~19세기 자유주의 경제하의 야경국가시대에는 재정이 국민 경제에 미치는 영향이 크지 않았으나, 국가의 적극적인 역할이 강조되는 현재의 혼합경제 하에서는 재정이 국민경제에 매우 큰 영향을 미치고 있다. 제1장 재정의 의의 Part에서 재정이란 개념이 내포하고 있는 복합적 의미에 대해 살펴보았다. 일반적으로 재정의 기능이란 재정이 지향하는 여러 가지 목표나 기대하는 효과를 의미한다(이영조 외, 2015: 65).[15] 재정의 기능 역시 재정의 성격만큼 다양하게 설명되고 있는데, 시대적 흐름이나 학자들의 학문적 배경에 따라 강조되는 측면이 서로 다르기 때문이다.

경제학자들은 예산이 거시경제에 미치는 효과를 강조하고, 정치행정학자들은 국가재원 배분을 위한 정치적 의사결정과정에 초점을 맞추어 재정의 기능을 논하는 경향이 있다. Keynes나 Hansen 등의 경제학자는 경기순환에 대한 대응수단으로 재정정책의 역할을 중요시하였고(강태혁, 2010: 23), 특히 Musgrave는 재정이 수행하는 기능을 ⅰ) 자원배분기능, ⅱ) 소득분배기능, ⅲ) 경제안정 및 성장 기능으로 정립하여 혼합경제에서 수행하는 재정의 경제적 기능에 주목하였다. 그리고 재무행정학자인 Wildavsky는 '예산은 정치적인 것'이라고 규정하여 예산과정의 정치적 성격을 강조하기도 하였다.

그 밖에 Neumark는 예산의 기능을 ⅰ) 재정정책적 기능, ⅱ) 재정통제적 기능, ⅲ) 입법부의 행정부에 대한 통제적 기능, ⅳ) 법적 기능으로 구분하고 있으며(이영조 외, 2015: 65), 재정에 대해 행정학적인 접근을 시도한 Shick(1966)은 예산제도의 발달과 관련하여 예산의 기능을 ⅰ) 통제적 기능, ⅱ) 관리적 기능, ⅲ) 계획적 기능으로 구분하고 있다.

또한, Hyde와 Shafritz는 ⅰ) 정치적 기능, ⅱ) 관리적 기능, ⅲ) 경제적 기능, ⅳ) 회계적 기능으로 유형화하고 있고, Axelrod는 예산기능을 계획·통제·경제안정·자원의 이용에 대한 책임확보·지출통제·자금조달·사업의 효율적 관리, 정부 간 자금이동으로 유형화하고 있다. Lynch와 Axelrod의 재정기능 분류는 정치학·경제학·행정학 측면에서 포괄적으로 접

15) 재정의 기능이란 용어는 학자들에 따라서 정부의 기능이나 예산의 기능으로 사용되기도 한다. 재정, 정부 및 예산이 내포하는 함의가 약간씩 차이가 있지만, 이 책에서도 재정의 기능은 정부의 기능 또는 예산의 기능과 동일한 의미로 사용한다.

근한 것이다(이영조 외, 2015: 65).

국내 학자들의 대부분은 재정의 경제적 기능에만 주목한 Musgrave의 전통적 분류방식을 채택하거나 경제적 기능 외에 정치적 기능, 행정적 기능, 법적 기능으로 구분하는 방식을 사용하고 있다.[16]

2. 재정의 기능

전술한 바와 같이 상당수의 재정학, 재무행정학 교과서에서 Musgrave의 3가지 관점으로 재정의 기능을 설명하고 있으나, 전통적인 이 방식은 경제적, 재정적 측면에 치우쳤다는 한계가 있다. 물론, 지금의 글로벌 경제시대라고 해서 '경제를 효율화하면서도 형평성을 제고'한다는 재정의 목표가 더 이상 중요하지 않게 되거나 그 우선순위가 바뀌는 것은 아니다.

Musgrave(1997)조차 기본적으로 재정은 외부효과로 인해 시장실패가 일어나는 영역에 재화를 공급하고 분배의 문제에 대응하며 거시경제정책을 수행할 필요가 있다고 전제하면서도, 재정이 환경의 변화와 새로운 정책수요에 대응할 필요가 있다고 강조하고 있다. 그러면서 Musgrave는 재정의 새로운 기능으로서 구조조정(downsizing), 권한의 이전(devolution), 세제개혁(federal tax reform), 재정균형(budget balance), 사회보험(social insurance)을 제시하고 있다.[17]

이하에서는 재정의 기능을 i) 정치적 기능, ii) 행정적 기능, iii) 경제적 기능의 세 가지로 나누어서 살펴보고자 한다.

(1) 정치적 기능

예산결정과정을 흔히 정치적 과정[18]이라고 하는 것에서 알 수 있듯이, 재정의 큰 틀과

16) 그 밖의 국내 학자 중에 윤성식(2003)은 경제적 기능, 정치적 기능, 통제기능, 관리기능 외에 커뮤니케이션 기능으로 구별하고 있고, 박영희·김종희(2017)는 예산의 재정정책적 기능에 주목하여 i) 공공재의 공급, ii) 최적 성장, iii) 고용, iv) 안정과 수요관리, v) 소득분배로 분류하고 있다. 한편 강승택(2010)은 21세기에 들어서면서 급속한 세계화 추세와 함께 전통적인 국가예산의 기능만으로는 해결할 수 없는 공공의 문제, 즉 IMF 외환위기, 2008년부터 촉발된 금융위기 등을 극복하기 위한 '국가위기에 대한 대응기능'을 강조하고 있다.

17) Musgrave가 재정의 기능을 재인식하고자 했던 것은 재정이 전통적 기능을 충실히 수행하면서도, 미국이 현재 경제·사회적으로 당면한 가장 큰 이슈들을 해결하는데 재정의 적극적 역할이 요구된다는 것을 강조한 것으로 보인다.

운용방향을 결정하는 가장 중요한 요소는 바로 정치구조나 정치환경의 변화라고 할 수 있다.

위에서 설명한 것처럼 시대와 환경이 변하더라도 자원의 효율적 배분을 통한 사회후생의 극대화 및 분배의 형평성 추구라는 이념이 재정을 지지하는 양대 축인 것은 명확하다. 그러나 매 5년마다 실시되는 대통령선거 결과에 따라 우리나라 재정의 운용방향이 큰 변화를 겪게 되고 재정기능의 중심이 크게 변모하기도 한다는 것을 경험적으로 알 수 있다. 또한, 정부의 재정운용을 감시하고 통제하는 국회의 입장에 따라 재정의 기능 역시 변화하게 된다.

이처럼 대통령이나 여당이 내세운 공약은 재정을 통해 실현되고, 재정운용의 결과는 선거를 통해 계속 유지되거나 바뀌게 되는 것이다. 따라서 민주주의체제에서는 재정의 운용방향과 기능을 설정할 때, 정부나 정당들이 국민의 선호와 요구를 반영하기 위해 노력하는 것은 매우 자연스러운 현상이고, 이러한 과정을 통해 재정은 다양한 이해관계를 조정하는 기능을 수행한다.

(2) 행정적 기능

재정의 '행정적 기능'을 '관리기능' 또는 '행정관리적 기능'이라고도 부른다. 재정의 행정적 기능은 Shick의 3대 기능(통제, 관리, 계획)을 중심으로 설명하기로 한다.

재정의 통제기능은 크게 두 가지 관점에서 살펴볼 필요가 있다. 하나는 예산이 당초 국회에서 확정된 내용대로 차질 없이 집행되도록 하는 것이고 다른 하나는 대의기관인 국회가 국민의 의사를 정부정책에 반영하기 위하여 재정권한을 행사하는 것이다. 오늘날에 와서 입법부에 의한 행정부의 통제라는 측면이 다소 완화되었다고 주장하는 견해도 있으나(유훈 외, 2012: 30), 실제로는 입법부인 국회의 재정권한이 강화되는 추세에 있다. 특히 「국가재정법」의 제정(2006년)으로 국회에 대한 정부의 보고 강화, 다양한 재정자료 제출의무의 명시, 감사요구권 등 감독권한의 강화 등을 통하여 국회의 재정통제기능은 이전보다 강화되었다.

행정적 기능 중 두 번째인 관리기능은 정부의 효율성과 성과를 관리하는 수단으로서의 역할을 수행하는 것을 말한다. 예를 들면 성과관리 예산제도의 도입목적은 각 재정사업의

---

18) Smith(1945)는 예산을 "의회나 행정부를 통하여 그들의 주장을 내세우는 정치적·경제적·사회적·제(諸)세력의 산물"이라고 하였고, Wildavsky(1964)는 "대통령, 정당, 국회의원, 공무원, 이익집단 및 이해관계를 갖고 있는 국민들이 서로 자기의 주장과 선호가 예산에 반영되기를 원하고, 이를 실현하는 과정에서 이들의 승리, 패배, 타협, 협상, 합의, 갈등이 모두 예산에 반영된다"고 하였다.

효과성과 효율성을 측정·평가하기 위한 것뿐만 아니라, 정부조직에 동기를 부여하거나 정부에 대한 책임확보의 수단으로 활용하려는 데에 있다. 따라서 관리기능은 통제기능이나 계획기능과도 불가분의 관계를 갖는다.

마지막으로, 계획기능은 계획예산제도(PPBS)에서 유래하는데, 재정은 국가적 목표를 달성하기 위한 세부계획이자 실행수단이라고 할 수 있다. 즉 재정은 목표와 수단을 합리적으로 연결시켜주는 일종의 매개체다. 재정은 본질적으로 계획적 속성을 갖게 되는데, 이러한 재정의 속성으로 인하여 자원배분이 보다 효율적으로 이루어질 수 있고 각종 정책목표가 보다 효과적으로 달성될 수 있다.

(3) 경제적 기능

재정의 경제적 기능은 자원배분, 재원조달, 소득재분배, 경기조절, 경제안정 및 성장 기능 등을 말한다. 기획재정부(2024)는 재정의 기능을 크게 효율적 자원배분, 소득 재분배, 경제 안정화로 나뉘며, 자원의 효율적 배분은 시장경제체제에서 자연스럽게 이루어 진다고 보았다. 한편 자원이 효율적으로 배분되더라도 국민의 소득까지 공정하게 분배되리라는 보장이 없기 때문에 정부는 재정을 통한 소득 재분배 기능을 수행하며 통화 금융정책과 재정정책을 이용해 경제의 안정화를 도모한다고 설명하고 있다.

자원배분기능

먼저 자원배분기능은 공공의 욕구에 부합하도록 필요한 자원을 배분하는 것이 목적이다. Musgrave(1959)에 따르면, 공공의 욕구는 주로 개인의 선호를 반영하는 사적 욕구(private wants)와 사회적 욕구(social wants)로 구성된다. 사적 욕구는 대체적으로 사회적 욕구와 일치하지만, 정보의 부족이나 합리적인 판단의 결여로 인해 사회적 욕구와 일치하지 않는 경우가 있다. 예컨대 주류의 과대 소비는 사적 욕구에는 부합하지만, 사회적 욕구와는 일치하지 않는다. 또한, 특정한 재화나 서비스를 다른 사람이 소비하게 함으로써 자신도 만족을 얻는 경우도 있다. 예컨대 저소득층에 대한 급식은 사적 욕구에도 부합하며, 사회적 욕구에도 부합한다. 이러한 경우에 시장의 기능에 맡겨두는 것보다 정부가 나서서 특정한 재화나 서비스를 강제하는 쪽이 사회 전체적으로 개인들의 선호를 보다 완벽하게 만족시켜 줄 수 있다. Musgrave는 의무교육이나 학교급식과 같은 사회적 욕구에 부합하여 정부에 의해 강제로 제공되는 서비스로 인해 채워지는 욕구를 가치욕구(merit wants)라고 불렀다. 재정은 자원배분기능을 통해 이 가치 욕구를 충족시키는 역할을 한다. 예컨대 정부는 주류나 담배, 사치품에 대해서는 세율을 인상하고 생필품에 대해서는 세율을 인하하여 사치품 생산에 이용되던 자원을 생필품의 생산에 돌리도록 유도할 수 있다. 또한, 가치욕구를 채워 줄 수 있는 특정 분야의 세출을 증대시켜 그 부분으로 자원배분을 유도하기도 한다. 의무교육이나 무상보육 등에 대한 정부 보조금의 지급이 그 사례이다.

소득재분배기능

소득재분배기능은 국민들 간의 지나친 소득 격차를 줄이는 역할을 한다. 노력한 만큼의 대가를 받는 것은 정당하다. 하지만 그 대가가 누적되어 기득권으로 작용하고 소득격차가 고착화 된다면 더 이상 정당화되기 어렵다.[19] 국가 재정은 이러한 소득 격차, 기회의 불균등을 줄여주는 역할을 한다. 재정수입 측면에서 개인 소득에 대해 누진세율을 적용하거나, 사치품에 대한 특별 소비세를 부과하여 부유한 계층과 저소득층 간의 소득 격차를 줄일 수 있다. 재정지출 측면에서 저소득층을 위한 사회보장비를 지출하고 실업수당을 지급하며 각종 무상복지서비스를 제공하기도 한다.

경제발전기능

경제발전기능은 산업 전반에 대한 영향력을 통해 국가의 지속적인 성장을 끌어내는 역할을 한다. 국가는 재정지출을 통해 각종 산업정책을 펼쳐 해당 산업을 활성화할 수 있다. 조세 감면 조치를 통해 기업의 투자의욕을 고취하고 재정투융자정책을 통해 자금을 공급하여 기업의 투자를 활성화시키기도 한다. 각종 조세혜택을 부여하여 가계저축의 증대를 유도하고 이것이 투자로 이어지도록 투자우대정책을 통해 지원한다. 국가는 재정을 통해 생산력 증대의 기반이 되는 사회간접자본(도로·통신망·항만시설·교량 등)을 건설하여 이를 뒷받침하기도 한다. 즉, 국가는 재정을 통해 유망한 경제부문 및 산업을 발전시키고 사양사업은 정체시키며 산업구조 및 경제구조를 변동시키는 역할을 수행한다.

---

19) 시장경제의 속성상 빈익빈 부익부는 어쩌면 당연한 현상이라고 할 수 있다. 하지만 축적된 부의 재투자 과정을 반복하면서 부는 더욱더 커지게 되고, 애당초 투자할 부가 없는 사람은 계속 경제적 약자에 머물 가능성이 높게 된다.

경제안정화기능

경제안정화기능은 지나친 경기변동으로 인한 국민 경제의 충격을 완화시키는 역할을 한다. 재정의 경제안정화기능은 두 가지 기제(mechanism)로 구분할 수 있다. 하나는 경기의 변동에 따라 재정지출과 수입이 자동적으로 작동되는 재정의 자동안정화 경로이고, 또 다른 하나는 이를 제외한 재량적 재정정책의 경로이다(박승준·이강구, 2011).

이를 경제학자의 말을 빌려 설명하면 다음과 같다. 먼저 Keynes(1936)에 따르면, 정부는 유효수요(effective demand)를 창출한다. 재정지출의 증가는 재정지출승수(spending multiplier)의 영향으로 그의 몇 배가 되는 국민소득의 증가를 가져오며, 재정수입의 증가는 재정수입승수(revenue multiplier)의 영향으로 그의 몇 배가 되는 국민소득의 감소를 가져온다. 따라서 재정수입과 지출을 조작함으로써 호황(booming)에는 유효수요를 삭감하고 불황(depression)에는 이를 증대시켜 경기변동의 영향을 줄일 수 있다.

Friedman(1948)에 따르면, 재정은 금융을 통해 경제안정화기능을 수행하기도 한다. 재정수입은 시장의 통화를 흡수하며, 재정지출은 시장에 통화를 공급한다. 호황에는 세입을 증가시키고, 불황에는 세출을 증가시킴으로써 시중의 화폐량을 조절하여 경기변동의 영향을 줄일 수 있다. 미국의 뉴딜정책으로 대변되는 경기침체기 극복방안은 재정지출을 늘림으로써 유효수요를 늘리고 시중에 화폐를 공급하여 소비를 활성화하는 것이었다. 예컨대, 최근에 있었던 전 세계적 규모의 금융위기에 맞서서 세계 각 국가들은 재정지출은 늘리고, 재정수입은 줄이는 것으로 대응한 바 있다. 대형 공공사업을 벌여 일자리를 마련해주고 임금을 지불함으로써 구매력을 증대시켜 소비를 활성화하는 것이 재정지출 확대의 효과이며, 감세정책을 통해 투자를 활성화하는 것이 재정수입 축소가 노리는 효과이다. 우리나라에서도 2009~2010년에 근로취약계층 지원을 위한 '희망근로프로젝트[20]' 사업을 실시한 바 있고, 청년일자리 창출을 위해 재정지출을 확대하였으며, 기업들에게 한시적인 감세혜택을 부여한 바 있다.

20) 현재는"지역공동체 일자리사업"이라는 명칭으로 시행되고 있다.

(4) 전통적 재정기능에 대한 고찰

전통적 관점에서 재정의 경제적 기능은 Musgrave(1959)가 제시한 자원배분기능, 소득분배기능, 경제안정화기능을 들 수 있다.

그러나 2020년 코로나19 팬데믹(Pandemic)으로 인해 소상공인·자영업자, 소외계층 등 경제적 약자를 지원하기 위한 사회복지지출의 증가 등 정부지출 규모의 증가는 재정의 3대 기능에 대한 기존 인식의 전환 필요성을 시사한다(옥동석, 2024).

한중간 갈등, 코로나19 팬데믹, 우크라이나 전쟁 등으로 세계화가 잠시 주춤하는 듯 했지만, 이는 세계화의 후퇴나 붕괴가 아니라 국가들이 더 안전한 지대를 찾는 '재세계화'의 시간이라고 볼 수 있다.[21] 특히, 코로나19 이후 나타난 다국적기업의 투자 활성화, 해외에서 개인들의 투자자 또는 소비자로서의 역할 증대와 같은 현상은 국제조세경쟁(tax competition)을 야기시키고, 자국의 조세수입 증가를 위해 다른 국가들에게 위해를 가하려는 소위 '유해조세경쟁(harmful tax competition)'으로 나타날 수 있다. 이러한 조세경쟁은 자국의 재정정책에서 적지 않은 영향을 미침으로써 정부는 재정의 역할과 기능에 대한 많은 변화를 요구받게 될 수 있다.

Post-코로나19 시대와 세계화에 의해 재정·조세 정책이 급변함에 따라 보다 통찰력 있는 정책을 마련하기 위해서는 전통적인 재정기능에 대한 새로운 접근이 필요하다고 볼 수 있다.

3. 우리나라 재정의 역할 변화

우리나라 재정운용의 역사를 통해 재정기능의 특징을 살펴보면 경제발전기능, 경제안정기능 및 정치기능이 두드러진 것으로 보인다. 우리나라의 재정은 산업화·민주화를 거치는 과정에서 경제발전을 위한 적극적 역할이 강조되었고, 1997년 외환위기와 2008년 금융위기를 극복할 수 있는 경제안정의 중심 축 역할을 수행하고 있으며, 재정의 정치적 성격이 지속적으로 뚜렷해지는 경향이 있다.

---

21) 대니 로드릭 하버드대(케네디스쿨) 교수는 월스트리트저널(WSJ)"우리가 목격하고 있는 건 세계화의 붕괴가 아닌 세계화의 재구성"이라고 진단하고, 다국적 기업은 글로벌 공급망을 포기하기에는 너무 많은 투자를 해왔기 때문에 세계화에 등을 돌린다면 손해를 감수해야 한다고 분석했다(WSJ, 2023. 1. 17)

우리나라에서 지난 70여 년 동안 재정이 수행해온 역할의 변화를 시기적으로 ① 원조경제시기, ② 경제개발시기, ③ 경제안정시기, ④ 재정위기시기, ⑤ 포스트 코로나(post Corona)·복합위기시기로 구분할 수 있다.

원조경제시기(1945~1950년대)

광복 직후 우리나라의 재정은 조세를 통해 재원을 조달하기 보다는 차입과 원조를 통해 유지되는 원조경제기라고 볼 수 있다. 1949년도 예산을 보면 전체 세입에서 조세의 비중은 10.8%에 불과하고, 원조자금이 13.9%, 차입금은 무려 46.4%에 달했다. 한국전쟁이 발발하자 재정상태는 더욱 악화되었고, 1950년에는 차입금을 통해 재원을 조달하기 위하여 7회에 걸친 추가경정예산을 편성하기도 하였다. 1954년에서 1961년까지의 외국원조자금은 총 20억 8,800만 달러로, 전체 재정수입에서 차지하는 비중이 평균 49.5%에 달했다(안일환, 2010: 33). 미국의 원조는 국내에 들어와서 대충자금으로 전환되어 대충자금특별회계로 관리되었다. 원조경제기의 재정기능은 국방, 치안 등의 최소한의 공공서비스를 제공하는 수준에 머물렀다고 볼 수 있다.

경제개발시기(1960~1980년대 중반)

경제개발기의 재정은 계획기능이 강조되던 시기로서, 군사정부는 정당성을 확보하기 위하여 경제기획원을 설립하고 1962년 제1차 경제개발 5개년 계획을 시작으로 본격적인 경제개발에 착수하였다. 경제개발계획을 통해 경제의 발전전략을 구체화하고 재정투자의 우선순위를 결정한 후, 사회간접자본(SOC: Social Overhead Capital)과 산업분야에 대한 재정투융자를 중점적으로 확대해 나갔다.

이 시기에 경제개발분야 외에 집중적으로 투자된 분야는 국방분야로서, 1960~1970년대에는 국방분야가 재정지출 전체에서 차지하는 비중이 28%에 달해 경제분야 27%, 복지분야 8%, 교육분야 15%를 훨씬 웃돌았다(안일환, 2010: 34).

정부는 적극적인 재정투자에 필요한 재원을 조달하기 위하여 「금융기관에 대한 임시조치법」 등에 근거하여 일반은행을 사실상 국유화하고, 1965년에는 금리현실화 조치를 단행하여 은행의 수신기능을 강화하는 한편, 1966년에는 국세청을 신설하여 적극적인 조세정책을 시행하였다. 그러나 두 번에 걸친 석유파동과 중동건설 붐, 중화학 공업에 대한 집중 투자 등으로 인플레이션이 계속되고, 실업증대, 국제수지 악화라는 3중고를 겪어야만 했다.

1980년대에 들어서는 경제안정화를 뒷받침하기 위해 건전재정의 원칙을 중시하여 재정을 보수적으로 운영하기 시작했다. 우선 1983년에는 제로베이스 예산편성 개념이 도입되었고, 1984년에는 예산을 편성할 때 예산규모를 동결하는 등의 재정안정화 조치와 세입확충 정책[22]을 편 결과 일반회계의 재정수지가 적자에서 흑자로 전환되었다. 그리고 1970년대 말 연 20~30%였던 심각한 인플레이션이 1983년 이후에는 연 5% 이내로 안정되었다. 세계경제의 환경도 우리나라의 경제여건을 호전시키는 데 일조했다. 1982년부터 국제유가가 하락하였고, 국제금리와 환율의 대외여건이 좋아짐에 따라 이른바 '3저 현상'이란 호재를 맞게 됐다(재경회·예우회, 2011: 131). 이에 따라 국제수지 적자폭도 1984년 14억 달러에서 1985년 9억 달러로 떨어지고 1986년에는 46억 달러의 경상수지 흑자를 기록하였다.

경제안정화시기(1980년대 중반~1990년대 중반)

1980년대 중반 이후부터는 물가 안정, 국제수지 개선, 재정수지 균형 회복에 재정운용의 초점이 맞추어졌으며, 재정의 안정기능이 강조되던 시기라고 할 수 있다. 1970년대에는 연평균 9.6%에 달하는 높은 성장률을 기록했지만, 무역수지와 외채의 급속한 증가, 소비자물가의 가파른 상승의 부작용을 가져왔고, 1979~1982년의 평균 경제성장률은 3.28%로 악화되기에 이르렀다.

22) 1970년대부터 추진한 조세개혁의 결과, 1987년 기준으로 총세입에서 조세수입이 차지하는 비중이 81.8%까지 증가하여 안정적인 재정운용의 기반이 조성되었다.

[표 1] 주요 경제지표의 비교: 수출, 성장, 물가, 실업 (단위: %, 백만달러)

	1976-1978년 평균	1979-1982년 평균
수출증가율	36.17	14.73
수입증가율	27.43	13.85
경제성장률	12.17	3.28
물가상승률	13.3	18.9
실 업 률	3.63	4.47
경 상 수 지	-462.17	-4,191.85

자료: 박규호(1994).

1988년 88서울국제올림픽 이후 민간부문의 가계소비 증가는 부동산 투기열풍으로 이어졌고, 외부 경제환경도 우리나라 경제에 불리하게 바뀌었다. 이른바 3저 호황기인 1986~1988년 3년 동안 평균 12%의 높은 성장률을 구가했던 우리 경제는 1990년부터 경기후퇴국면으로 빠져들었고, 사회간접자본 부족으로 물류유통의 문제까지 물가압력요인으로 작용했다(재경회·예우회, 2011: 136). 한편 이 시기에는 산업화의 후유증이 노정되기 시작하면서, 경제성장과 더불어 삶의 질을 높이고자 하는 사회적 요구도 점차 증가하기 시작하였다(안일환, 2010: 36). 이에 정부는 교육, 주택, 보건, 의료 등에 투입하는 사회지출을 확대해 나가기 시작하였다.

재정위기시기(1990년대 후반 ~ 2018)

1997년 우리 경제는 달러화 외화유동성 부족과 기업 및 금융기관의 지나친 외형성장과 차입경영으로 외환위기를 맞게 되었고, 2008년에는 미국을 포함한 주요 선진국의 금융시스템 붕괴 등 해외요인으로 인하여 글로벌 금융위기를 겪게 되었다. 이에 따라 적극적인 재정정책의 수립과 재정지출 확대를 통해 이러한 위기를 극복하거나 극복해나가는 과정에 있다. 그러나 외환위기 이후 기업 투자와 고용·임금 부진 등으로 가계소득이 부진하고, 비정규직 확대로 인한 고용의 질적 저하와 임금상승률 하락 등으로 인해 소득분배가 악화되는 문제가 발생하게 되었다.

따라서 재정위기시기에는 소득양극화를 해소하고, 사회안전망을 확대하기 위하여 사회복지지출을 증가시킴과 동시에 재정의 건전성과 투명성을 제고시키기 위한 각종 재정제도의 개혁이라는 두 가지 요구를 재정이 뒷받침해야 할 필요가 있었다. 특히 복지분야 지출에 대한 요구와 필요가 급격하게 증가하고 있어, 복지지출에 대한 적정한 관리가 필요한 시점이다. 복지분야 지출은 2009년 이후 2018년까지 10년간 연평균 6.7% 이상 증가하여 같은 기간 총지출 증가율(4.0%)을 훨씬 상회하는 것으로 나타나고 있다. 2014년에 사상 처음으로 복지분야 예산이 100조원을 돌파한 이래 2018년 144.7조원으로 총지출의 33.7%를 차지한다. 이 중 80% 이상이 의무지출인 것으로 파악된다. 의무지출의 경우 지출의 경직성이 상대적으로 높기 때문에 상당기간 복지지출 증가율이 총지출 증가율보다 높은 수준으로 유지될 것으로 전망되고 있다.

포스트 코로나(post Corona)·복합위기시기(2019년 ~ 현재)

2019년 코로나19 발생으로 유래없는 락다운(lockdown)조치가 시행되고 글로벌 경제가 사실상 중지됨에 따라 거시경제 수요·공급에 커다란 충격을 주었다. IMF(2020)는 2020년 당시 글로벌 경제 실질성장률을 -3.0%로 전망하기도 했다.

정부는 코로나19 위기대응의 핵심 정책수단으로 취약계층과 중소기업·소상공인의 경제적 기반유지를 위한 재정지원 정책을 실시하였다. 정부지출은 침체된 소비와 투자를 대신하여 총수요를 견인할 수 있는 유일한 정책수단이라는 점에서 재정지원을 통한 정부의 강력한 역할이 요구되었다.

우리나라는 코로나19 방역대책, 민생지원, 고용대책, 경기부양 등을 위해 2020년 네 차례에 걸친 66.8조(1차 11.7조, 2차 12.2조, 3차 35.1조, 4차 7.8조) 규모의 추가경정예산과, 2021년 두 차례에 걸쳐 49.8조(1차 14.9조, 2차 34.9조) 규모의 추가경정예산을 편성함으로써 코로나19 대응을 위한 강력한 재정정책을 추진하였다.

해외 주요국들도 코로나19에 대한 강력한 대응정책을 추진하였다. 미국은 역사상 처음 50개주 전역을 재난지역으로 선포하고 약 2조달러 규모의 경기부양책과 통화정책을 추진하였고, 일본은 긴급 경제대책을 위해 39조 5,000억엔 수준의 재정지출을 실시하였다. 독일 연방정부는 백신 및 치료개발 지원을 위해 500억 유로 규모의 재정지출을 추진하고, 프랑스는 기업 및 소상공인 지원을 위해 450억 유로 규모의 예산을 배정하는 등 세계 각국도 코로나19 위기대응을 위한 재정적 대응을 추진하였다(대외경제정책연구원, 2020). 코로나19 위기극복과 Post-코로나19 시대의 경제회복이라는 목표를 위해 '정부지출'의 확대는 불가피한 선택으로 받아들여지고 있고, 중장기적으로 고령화, 저성장, 양극화 대응을 위한 재정수요가 증가하는 상황에서 코로나19 시기 이전보다 훨씬 더 적극적이고 다각적인 재정의 역할이 요구되는 시대가 온 것이다.

한편, 세계경제는 코로나19 팬데믹과 함께 고물가-고금리와 금융 불안정, 미·중 갈등을 중심으로 한 초강대국들의 패권 경쟁과 그로 인한 정치경제적 불확실성 등이 가중된 '복합위기' 국면을 맞이하고 있다. 세계 주요국들은 공통적으로 복합위기 대응을 위해 위기에 취약한 분야와 계층에 대해 적극적 지원과 보조방안을 마련하고 있고, 위기에 영향을 받지 않거나 위기 속에서 이익을 보는 부문에 대해서는 지원을 축소하거나 과세를 강화하여 재원을 확충하는 정책 양상을 보이고 있다(주병기, 2023).

재정정책 기조의 변화를 요구받고 있는 Post-코로나와 복합위기 시대에 정부는 '재정의 효율성'과 '재정의 지속가능성' 모두를 충족시켜야 하는 과제에 직면하게 된 것이다.

재정지출의 효율성 확보를 위해 실질적인 편익을 거둘 수 있는 지출확대 방안을 고민해야 하며, 재정안정화를 위해 재정수지와 국가채무비율을 지속해서 적절하게 관리할 수 있는 정책적 검토도 함께 이루어져야 할 것이다. 또한, 에너지·디지털 전환 촉진을 위한 첨단기술과 인프라 투자 강화를 위한 중장기적 관점에서의 과감한 재정지원을 지속해서 추진해 나가야 할 것이다. 코로나19 팬데믹과 복합위기 시대가 새롭게 도래함에 따라 재정의 새로운 기능과 역할에 대한 새로운 성찰이 필요한 시점이라 할 수 있다.

참고문헌

강태혁. (2010). 「한국예산제도론」. 율곡출판사.

박규호. (1994). "1970년대 말 - 1980년대 초 불황에 관한 연구."(박사학위논문, 서울대학교).

박승준·이강구. (2011). "경기안정화 정책의 효과분석."국회예산정책처.

박영희·김종희. (2017). 「신재무행정론」. 다산출판사.

안일환. (2010). 「한국의 재정」. 기획재정부예산실 편.

옥동석. (2024). 재정의 3대 기능에 대한 재해석. 재정포럼.

유훈·조택·김재훈. (2012). 「재무행정론」. 법문사.

윤성식. (2003). 「예산론」. 나남출판사.

윤영진. (2014). 「새재무행정학 2.0」. 대영문화사.

이영조·문인수. (2015). 「재무행정론」. 대명출판사.

재경회·예우회. (2011). 「한국의 재정 60년: 건전재정의 길」. 매일경제신문사.

주병기. (2023). 복합위기의 시대, 한국 경제는 어떻게 대응해야 할까. 창작과 비평.

대외경제정책연구원. (2020). 세계 주요국 코로나19 대응 경제 정책.

IMF. (2020). World Economic Outlook, April 2020: The Great Lockdown

Keynes, J. M. (1936). The General Theory of Employment, Interest and Money. Cambridge. Harcourt. Brace and Company.

Musgrave, R. A. (1959), The Theory of Public Finance: A Study in Public Economy. New York. McGraw-Hill.

__________. (1997). "Reconsidering the fiscal role of government."American Economic Review. vol. 87.

Niskanen, W. A. (1971). Bureaucracy and Representative Government, Chicago: Aldine Atherton.

Rosen, H. S. & Gayer, T. (1959). The Theory of Public Finance. New York: McGraw-Hill.

__________. (2013). Public Finance. 10th ed.. the McGraw-Hill series economics.

Shick, A. (1966)."The Road to PPB: The Stages of Budget Refrom."Pulbic Administration Review. 26(4) (December).

Smith, H. D. (1945), Management of Your Government. New York: McGraw-Hill.

Wildavsky, A. (1964). The Politics of the Budgetary Process. Toronto: Little, Brown and Co

William. S. P. (1981). Bureaucratic failure and public expenditure. New York Academic. Pr,.

제3장

우리나라의 재정

이 책 제1장제1절에서 재정의 개념을 정의하면서 논의의 편의상 광의의 정부(중앙정부+지방정부+공공기관), 협의의 정부(중앙정부+지방정부), 그리고 최협의의 정부(중앙정부)로 그 범위를 구분한 바 있다. 이 책에서 재정에 관하여 논의할 때는 보통 광의의 정부 개념을 사용하지만, 본 장에서는 중앙정부와 지방정부 즉, 협의의 정부부문만을 재정의 범위에 포함시키고, 비영리공공기관은 제외하도록 한다.

제1절 재정과 예산

우리나라의 재정은 중앙정부의 재정과 지방정부의 재정으로 구성되어 있다. 중앙정부와 지방정부의 재정은 각각 예산과 기금으로 구성되며, 예산은 다시 일반회계와 특별회계로 나뉜다. 지방정부의 재정은 중앙정부와는 달리 교육재정이 지방의 일반재정에서 독립되어 있다. 이는 우리의 지방자치제도가 일반행정에 대한 자치와 교육자치로 구분되어 있기 때문이다. 따라서 지방재정의 전체규모는 일반재정[1]과 교육재정[2]을 합산하여 살펴보아야 한다.

---

1) 지방정부의 일반재정은 일반회계, 지방공기업특별회계, 기타특별회계, 기금으로 구성되어 있어 중앙정부와 유사한 구조를 가지고 있다. 일반회계는 각 지방자치단체가 기본적인 행정활동을 수행하기 위하여 설치·운영한다. 지방공기업특별회계는 지방자치단체가 독립채산제 운영을 위해 법률 또는 조례로 설치·운영한다. 기타특별회계는 특별자금이나 특정사업 운영을 위해 지방공기업특별회계와는 별도로 설치·운영된다.

2) 교육재정은 일반지방재정과 분리되어 「지방교육자치에 관한 법률」에 의해 설치·운영되는 교육·과학·체육 등에 관한 특별회계인 교육비특별회계로 운영된다.

우리나라의 재정구조를 그림으로 설명하면 아래와 같다.

[그림 1] 우리나라 재정의 구조

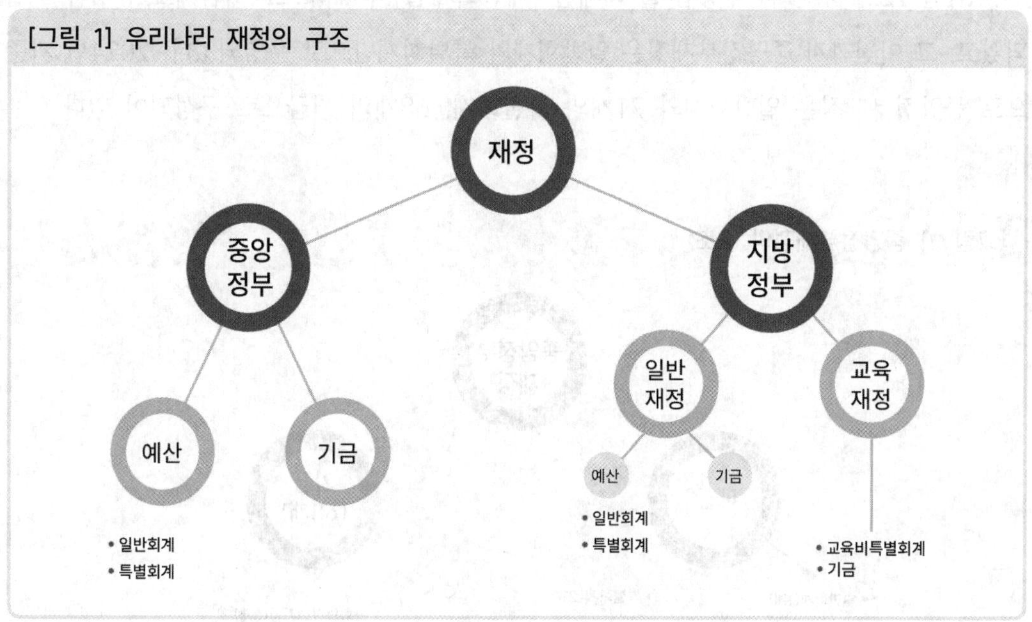

이하에서는 우리나라 재정의 구조를 중앙정부와 지방정부로 나누어 자세히 살펴보기로 한다.

1. 중앙정부

1961년 12월 종전의 「재정법」을 대체한 「예산회계법」의 제정으로 기금제도가 처음 도입되었고, 그 이전까지 중앙정부재정은 일반회계와 특별회계만으로 운영되었다. 2024년 기준으로 중앙정부재정은 일반회계와 21개의 특별회계, 68개의 기금으로 구성되어 있다.

[그림 2] 중앙정부재정의 구조

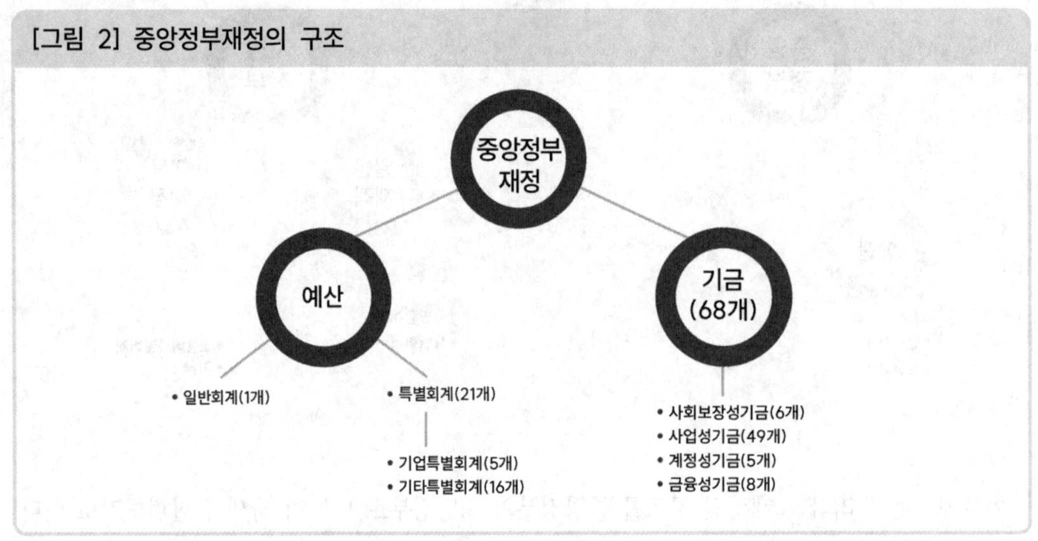

보통의 경우 예산이라고 하면 넓은 의미의 예산인 중앙정부의 재정(일반회계+특별회계+기금)을 의미하고, 기금과 대별되는 개념인 좁은 의미의 예산[3]으로서 일반회계와 특별회계만을 의미하기도 한다.[4] 일반회계, 특별회계 그리고 기금에 대한 각각의 정의와 내용에 대해 이해해야만 우리나라 재정의 체계와 구조, 규모 등을 올바르게 파악할 수 있다. 이하에서는 중앙정부의 재정을 예산(일반회계+특별회계)과 기금으로 구분하여 각각의 개념과 내용에 대해 살펴보고자 한다.

3) 좁은 의미의 예산은 법률적 의미의 예산이라고도 부르는데, 「국가재정법」에서는 중앙정부의 재정을 '예산'과 '기금'으로 구분하여 규정하고 있기 때문이다.

4) 하연섭(2022)은 예산을 가장 넓은 의미의 예산(일반회계+특별회계+기금), 일반적 의미의 예산(일반회계+특별회계), 가장 좁은 의미의 예산(일반회계)으로 구분하고 있으나, 일반회계만을 예산으로 지칭하는 경우는 찾아보기 어렵다는 점에서 넓은 의미의 예산과 좁은 의미의 예산만으로 구분하는 것이 타당할 것이다.

(1) 일반회계

일반회계는 조세수입 등을 주요재원으로 하여 국가의 일반적인 지출에 충당하기 위해 설치된 회계이다. 일반회계는 소득세·법인세·부가가치세 등의 국세수입과 정부출자기업의 배당·지분매각 수입 등의 세외수입으로 재원을 조성하여, 국방·외교·치안 등 국가의 안녕과 질서유지를 위한 기본 기능은 물론, 교육·주택·사회기반시설 투자, 사회복지 및 보건의료사업 등과 같은 핵심적인 국가기능을 수행하는 정부재정활동의 근간이라고 할 수 있다. 일반회계는 특별회계와 더불어 예산을 구성하게 되며, 예산의 재원조달은 세입으로, 지출은 세출로 부른다.

일반회계의 세입은 주된 재원인 국세수입과 세외수입으로 구성된다. 국세수입은 내국세(소득세, 법인세, 상속세, 증여세, 부가가치세, 주세, 인지세 등), 목적세(교통·에너지·환경세, 교육세, 농어촌특별세), 관세 등으로 이루어져 있다. 세외수입은 크게 경상세외수입과 공기업주식매각수입으로 나뉘는데, 경상세외수입은 재산수입, 경상이전수입, 재화 및 판매수입, 관유물매각대 등으로 구성된다(안일환, 2010: 46-47).

일반회계의 세출은 지출대상이 특정되는 특별회계나 기금과 달리 지출대상에 제한이 없다.

중앙정부의 일반회계는 국가재정의 근간이 되는 회계로서, 국가경제 규모가 커짐에 따라 그 규모 역시 매년 증가하는 추세에 있다. 중앙정부 일반회계의 총계규모는 1962년 733억원이었으나, 1990년에는 27조 4,000억원, 2018년에는 301조 4,000억원, 2024년에는 449조 5,000억원으로 급증하였다. 1962년도와 비교하면 2024년 일반회계 세출예산 규모가 6,000배 넘게 증가하였으니 정부 재정지출이 크게 확대되었음을 알 수 있다.

[표 1] 일반회계 세출예산 추이: 2015~2024년도 (단위: 조원)

2015	2016	2017	2018	2019	2020	2021	2022	2023	2024
258.6	268.4	275.0	301.4	334.6	389.1	424.4	495.2	446.2	449.5

주: 각 연도 본예산 총계기준
자료: 디지털예산회계시스템

(2) 특별회계

특별회계는 국가의 일반적인 세출사업이 아닌 특정한 사업을 시행하기 위하여 설치·운영되는 것[5]으로 2024년 기준 총 21개의 특별회계가 존재한다. 「국가재정법」 제4조는 국가가 ① 특정한 사업을 운영하고자 할 때, ② 특정한 자금을 보유하여 운용하고자 할 때, ③ 특정한 세입으로 특정한 세출에 충당함으로써 일반회계와 구분하여 계리할 필요가 있을 때에 법률로써 설치할 수 있도록 설치요건에 대하여 규정하고 있다.[6]

특별회계는 다시 기업특별회계와 기타특별회계로 구분된다. 기업특별회계는 총 5개인데, 「정부기업예산법」에 따라 설치된 조달, 양곡관리, 우편사업, 우체국예금특별회계와 「책임운영기관의 설치·운영에 관한 법률」에 따라 설치된 책임운영기관특별회계로 구성된다. 기타특별회계는 총 16개인데, 이들 특별회계는 각각의 개별 근거법률에 따라 설치·운영되고 있다.

5) 특별회계는 특정세입과 특정세출이 연계되어 있기 때문에 예산통일성의 원칙에서 볼 때 일반회계의 예외이다. 그러나 일반회계와 특별회계는 「국가재정법」이나 「국회법」 상의 예산을 구성하고 있으며, 확정 및 집행절차 등에서는 서로 큰 차이가 없다.

6) 특별회계 설치요건 중 두 번째의 "특정한 자금을 보유하여 운용하고자 할 때"라는 요건은 「국가재정법」 제정 당시 재정융자특별회계가 존재했기 때문에 동 회계의 설치 근거로서 의의가 있었으나, 현재는 재정융자특별회계가 공공자금관리기금으로 통폐합되었으므로 실제로는 특별회계의 설치요건으로서 기능하고 있지는 않다.

[표 2] 2024년 중앙정부 특별회계 현황

순번	구분	특별회계 명칭	소관부처	근거법률
1	기업형	양곡관리	농림축산식품부	정부기업예산법
2		조 달	조달청	정부기업예산법
3		우체국예금	과학기술정보통신부	정부기업예산법, 우정사업 운영에 관한 특례법
4		우편사업	과학기술정보통신부	정부기업예산법, 우정사업 운영에 관한 특례법
5		책임운영기관	기획재정부, 각 소관부처	책임운영기관의 설치·운영에 관한 법률
6	기타	농어촌구조개선	농림축산식품부	농어촌구조개선특별회계법
7		교통시설	국토교통부, 해양수산부	교통시설특별회계법
8		등 기	대법원	등기특별회계법
9		교도작업	법무부	교도작업의 운영 및 특별회계에 관한 법률
10		에너지 및 자원사업	산업통상자원부	에너지및자원사업특별회계법
11		환경개선	환경부	환경정책기본법
12		우체국보험	과학기술정보통신부	우체국보험특별회계법
13		지역균형발전[7]	기획재정부, 각 소관부처	지방자치분권 및 지역균형발전에 관한 특별법
14		주한미군기지이전	국방부	주한미군기지 이전에 따른 평택시 등의 지원 등에 관한 특별법
15		행정중심복합도시건설	행정중심복합도시건설청	신행정수도 후속대책을 위한 연기·공주지역 행정중심복합도시 건설을 위한 특별법
16		국방·군사시설이전	국방부	국방·군사시설이전특별회계법
17		혁신도시건설	국토교통부	혁신도시 조성 및 발전에 관한 특별법
18		아시아문화중심도시조성	문화체육관광부	아시아문화중심도시 조성에 관한 특별법
19		유아교육지원	교육부	유아교육지원특별회계법
20		소재부품장비경쟁력강화	산업통상자원부	소재·부품·장비산업 경쟁력강화를 위한 특별조치법
21		고등·평생교육지원	교육부	고등·평생교육지원특별회계법

자료: 「국가재정법」 및 각 법률 재구성

7) 「국가균형발전특별법」이 폐지(2023.6.9.)되고 「지방자치분권 및 지역균형발전에 관한 특별법」이 제정(2023.6.9.) 되면서 2023회계연도부터 국가균형발전특별회계에서 지역균형발전특별회계로 명칭이 변경되었다.

특별회계의 수입은 국세수입 중 주세, 농어촌특별세와 부담금, 융자원금회수금 등의 세외수입으로 구성된다. 특별회계의 사업에 필요한 재원은 해당 회계의 수입으로 충당되는 것이 원칙이다. 그러나 실제로는 환경개선특별회계, 아시아문화중심도시조성특별회계와 같이 특별회계의 수입이 안정적이지 못하여 일반회계의 전입금에 의존하는 경우가 많다.[8)]

[표 3] 특별회계 세출예산 추이(2015~2024) (단위: 억원)

	2015	2016	2017	2018	2019	2020	2021	2022	2023	2024
특별회계 (21개)	642,014	622,844	646,512	672,291	694,457	708,444	822,802	783,082	877,266	1,004,875

주: 본예산 및 총계 기준
자료: 대한민국정부, 「예산안」, 각연도; 대한민국국회, 「예산안에 대한 수정안」, 각연도

(3) 기금

기금제도의 이해

기금은 국가가 특정한 목적을 위하여 특정한 자금을 신축적으로 운용할 필요가 있을 때 개별 법률로써 설치·운영되는 것을 말한다(「국가재정법」 제5조). 기금제도는 1961년 예산회계법의 제정으로 처음 도입되었고, 1991년 「기금관리기본법」의 제정으로 그 틀을 갖추었다.

기금은 예산과는 달리 조세수입이 아닌 출연금·부담금 등을 재원으로 하며, 특정목적사업의 추진이므로 수입과 지출의 연계가 강하게 나타난다. 또한, 기금의 집행에 있어서 예산에 비해 보다 많은 자율성과 탄력성이 허용되고 있다. 「국가재정법」에서는 금융성기금의 경우 주요항목 지출금액의 30%, 기타 기금의 경우에는 20% 이내의 범위에서 국회의 의결 없이 변경할 수 있도록 하고 있다.

「국가재정법」은 제5조에서 기금의 설치는 법률에 의하도록 규정하면서, 제14조에서는 기금의 신설에 관한 심사제도를, 그리고 제15조에서는 기금의 통합과 폐지에 대해서 규정함으로써 기금의 무분별한 신설을 통제하고 있다. 이러한 「국가재정법」의 규정 취지는 기금이

---

8) 특별회계 또는 기금의 재원이 부족할 경우 일반회계의 재원으로 충당하게 되는데, 자체적인 재원이 심각하게 부족한 경우에도 특별회계로 계속 유지하게 함으로써 재정구조(또는 회계구조)를 복잡하게 만든다는 문제점이 있다. 재정구조가 복잡할수록 재정의 투명성이 저해되기 쉬우므로 불필요한 특별회계에 대해서는 이를 폐지하거나 일반회계에 포함시키는 것이 바람직하다.

예산에 비해 소관부처의 재량을 폭넓게 인정하므로 기금의 종류와 수가 필요 이상으로 늘어나지 않도록 통제하려는 데에 있다.

기금의 종류

일반적으로 기금은 설치목적에 따라 사업성기금, 금융성기금, 사회보험성기금, 계정성기금으로 분류할 수 있다.

먼저 사업성기금은 예산사업과 유사한 내용의 특정한 목적사업을 수행하는 데 필요한 자금을 관리·운영하는 기금이다. 사업성기금은 과학기술진흥기금, 국민주택기금, 정보통신진흥기금, 남북협력기금, 사학진흥기금 등 산업, 과학기술, 교육, 환경, 문화관광, 국방사업 등의 수행을 위해 2024년 현재 68개의 기금이 설치·운용되고 있다.

금융성기금은 직접적이고 독자적인 재정·금융활동을 수행하는 기금이 아니라, 특정사업에 수반하여 보증·보험 등의 보조적 역할을 수행하는 기금이다. 2024년 현재 금융성기금은 신용보증기금 등 5개 신용보증 관련 기금을 비롯한 8개가 설치·운용되고 있다.

사회보험성기금은 장래의 연금지출에 대비하여 보험료를 징수하여 연금급여 및 여유자금을 운용하는 연금성기금과 보험기능을 수행하는 보험성기금으로 구성되어 있다. 2024년 현재 국민연금기금, 사립학교교직원연금기금, 공무원연금기금, 군인연금기금, 고용보험기금, 산업재해보상보험및예방기금의 6개 기금이 운용되고 있다.

계정성기금은 기금관리주체와 사업집행주체가 다른 기금으로서 자금을 모아 사업을 집행하는 주체에게 전달하여 주는 역할을 수행하는 기금이다. 재정융자 등 공공목적에 필요한 자금을 확보·공급하기 위한 공공자금관리기금, 양곡증권의 원리금을 상환하기 위해 설치된 양곡증권정리기금과 외국환평형기금, 공적자금상환기금, 복권기금 등 5개의 계정성기금이 2024년 현재 운용되고 있다.

2024년도 기금운용계획에 따른 68개 기금을 설치목적에 따라 구분하면 다음과 같다.

[표 4] 기금의 종류

분류	기금명	소관부처	관리운용주체
사업성 기금 (49개)	범죄피해자보호기금	법무부	법무부
	사법서비스진흥기금	대법원	법원행정처
	보훈기금	국가보훈처	국가보훈처
	순국선열애국지사사업기금	국가보훈처	국가보훈처
	대외경제협력기금	기획재정부	기획재정부
	국유재산관리기금	기획재정부	기획재정부
	기후대응기금	기획재정부	기획재정부
	사학진흥기금	교육부	한국사학진흥재단
	과학기술진흥기금	과학기술정보통신부	과학기술정보통신부
	정보통신진흥기금	과학기술정보통신부	과학기술정보통신부
	방송통신발전기금	과학기술정보통신부방송통신위원회	과학기술정보통신부방송통신위원회
	원자력발전기금	과학기술정보통신부원자력안전위원회	과학기술정보통신부원자력안전위원회
	국제교류기금	외교부	한국국제교류재단
	국제질병퇴치기금	외교부	외교부
	남북협력기금	통일부	통일부
	군인복지기금	국방부	국방부
	관광진흥개발기금	문화체육관광부	문화체육관광부
	국민체육진흥기금	문화체육관광부	서울올림픽기념국민체육진흥공단, 사행산업통합감독위원회
	문화예술진흥기금	문화체육관광부	한국문화예술위원회
	언론진흥기금	문화체육관광부	한국언론진흥재단
	영화발전기금	문화체육관광부	영화진흥위원회
	지역신문발전기금	문화체육관광부	문화체육관광부
	문화재보호기금	문화재청	문화재청
	농산물가격안정기금	농림축산식품부	농림축산식품부
	농어업재해재보험기금	농림축산식품부	농림축산식품부
	농지관리기금	농림축산식품부	농림축산식품부
	농업농촌공익기능증진직접지불기금	농림축산식품부	농림축산식품부
	자유무역협정이행지원기금	농림축산식품부	농림축산식품부
	축산발전기금	농림축산식품부	농림축산식품부
	수산발전기금	해양수산부	해양수산부
	방사성폐기물관리기금	산업통상자원부	산업통상자원부
	전력산업기반기금	산업통상자원부	산업통상자원부
	산업기술진흥 및 사업화촉진기금	산업통상자원부	산업통상자원부
	중소벤처기업창업 및 진흥기금	중소벤처기업부	중소벤처기업진흥공단
	소상공인시장진흥기금	중소벤처기업부	중소벤처기업부

분류	기금명	소관부처	관리운용주체
사업성 기금 (49개)	국민건강증진기금	보건복지부	보건복지부
	응급의료기금	보건복지부	보건복지부
	금강수계관리기금	환경부	금강수계위원회
	낙동강수계관리기금	환경부	낙동강수계위원회
	영산강섬진강수계관리기금	환경부	영산강섬진강수계위원회
	한강수계관리기금	환경부	한강수계위원회
	석면피해구제기금	환경부	환경부
	근로복지진흥기금	고용노동부	근로복지공단
	임금채권보장기금	고용노동부	고용노동부
	장애인고용촉진 및 직업재활기금	고용노동부	고용노동부
	주택도시기금	국토교통부	국토교통부
	자동차사고피해지원기금	국토교통부	국토교통부
	양성평등기금	여성가족부	여성가족부
	청소년육성기금	여성가족부	여성가족부
금융성 기금 (8개)	농림수산업자신용보증기금	금융위원회	농협중앙회
	농어가목돈마련저축장려기금	금융위원회	금융위원회
	신용보증기금	금융위원회	신용보증기금
	예금보험기금채권상환기금	금융위원회	예금보험공사
	주택금융신용보증기금	금융위원회	한국주택금융공사
	산업기반신용보증기금	기획재정부	신용보증기금
	기술보증기금	중소벤처기업부	기술보증기금
	무역보험기금	산업통상자원부	한국무역보험공사
사회 보험성 기금 (6개)	사립학교교직원연금기금	교육부	사립학교교직원연금공단
	군인연금기금	국방부	국방부
	공무원연금기금	인사혁신처	공무원연금공단
	국민연금기금	보건복지부	보건복지부
	고용보험기금	고용노동부	고용노동부
	산업재해보상보험 및 예방기금	고용노동부	고용노동부
계정성 기금 (5개)	공적자금상환기금	금융위원회	금융위원회
	공공자금관리기금	기획재정부	기획재정부
	복권기금	기획재정부	복권위원회
	외국환평형기금	기획재정부	기획재정부
	양곡증권정리기금	농림축산식품부	농림축산식품부
합 계	총 68개 기금		

자료: 각 법률 및 2023년도 기금운용계획안

예산과 기금

법률상으로 예산이라고 할 때는 일반회계와 특별회계를 지칭하며, 기금은 제외된다. 종전 「예산회계법」에서는 기금은 세입세출예산 외로 운영된다고 규정하고 있었고, 국회의 심의대상에서 벗어나 있었다. 그러나 2002년 「기금관리기본법」 제정과 함께 기금의 경우도 예산과 동일하게 국회에 기금운용계획안을 제출하여 심의·의결을 받은 후에 집행하도록 하고 있다.

또한, 2006년 10월 제정된 「국가재정법」은 이러한 「예산회계법」과 「기금관리기본법」의 이원적 체계를 예산과 기금을 포괄하는 단일한 법체계로 통합함으로써, 기금이 국가 재정활동의 일부로서 예산과 함께 국회의 심의·의결을 받도록 하고 있다. 그러나 실제로 기금은 재원조달이나, 급부의 대가성, 운용계획의 변경 가능성 등에서 예산과 다른 점도 존재한다.

[표 5] 예산과 기금의 비교

구분	예산		기금
	일반회계	특별회계	
설치사유	국가고유의 일반적 재정활동	특정 세입으로 특정사업을 운영	특정 목적을 위해 자금을 운용
재원조달과 운용 형태	조세수입으로 무상급부 사업 수행	조세, 부담금 등의 수입으로 무상급부, 융자사업 등 수행	부담금, 출연금 등의 수입으로 융자사업 등 수행
확정 절차	• 정부의 예산안 편성 및 국회 제출 • 국회의 심의·의결로 확정		• 기금관리주체가 계획안 수립 • 기획재정부장관과의 협의·수립 • 국회의 심의·의결로 확정
집행 절차	합법성에 근거해 엄격히 통제		합목적성 차원에서 상대적으로 예산보다 집행의 자율성과 탄력성 보장
수입과 지출의 연계	특정 수입과 지출의 연계 배제	특정수입과 지출의 연계	특정수입과 지출의 연계
계획변경	추경예산 편경		• 금융성기금은 주요 항목지출 금액의 30%이상 변경 시 국회의 심의·의결 필요 • 비금융성기금은 주요항목 지출금액의 20% 이상 변경 시 국회의 심의·의결 필요
결산	국회의 결산 심의외 승인		좌동

2. 지방정부재정의 구조

(1) 지방정부재정의 의의

지방정부재정은 크게 지방재정과 지방교육재정으로 나뉜다. 중앙정부의 재정은 교육재정을 일반재정으로부터 별도로 구분하거나 독립하여 운용하지 않고 있다는 점에서, 지방교육재정의 존재는 중앙정부재정과 구별되는 지방정부재정의 가장 큰 특징이라 할 수 있다. 이처럼 지방정부재정을 지방재정과 지방교육재정으로 각각 구분하여 설치·운용하는 것은 우리나라의 지방자치제도가 지방자치와 지방교육자치로 구분하여 운용되고 있기 때문이다. 이를 이해하기 위해서 지방자치제도에 관한 법규정 체계를 간략하게 살펴보면 다음과 같다.

먼저 행정적 측면에서의 지방자치와 지방교육자치의 규정체계를 살펴보면, 지방자치에 관한 일반법이라 할 수 있는 「지방자치법」은 지방자치단체를 중심으로 한 지방자치행정에 관한 일반 사항을 규정하고 있고, 「지방교육자치에 관한 법률」은 지방자치단체의 일반사무 중에서 교육·과학·기술·체육 그 밖의 학예(이하 "교육·학예"라 함)에 관한 사무 등에 관하여 별도로 규정하고 있다. 다시 말하면, 「지방자치법」은 지방자치단체의 종류와 조직 및 운영에 관한 사항 등을 정하고 있는 반면, 「지방교육자치에 관한 법률」은 교육행정기관의 설치와 그 조직 및 운영 등에 관한 사항을 정하고 있다. 따라서 지방교육자치는 일반행정에 대한 교육행정의 특수성 즉, 교육의 자주성·전문성·정치적 중립성의 보장을 위하여 법적·제도적으로 보장받는 것이지, 지방자치와 대립되거나 별개의 독립적인 영역은 아니라는 점을 명확히 이해할 필요가 있다.[9]

다음으로 재정적 측면에서 지방재정과 지방교육재정의 규정체계를 살펴보면, 「지방재정법」에서 지방재정과 지방교육재정에 관한 사항을 모두 규정하고 있다. 이는 자치행정에 관한 사항을 「지방자치법」과 「지방교육자치에 관한 법률」로 각각 규정하고 있는 것과는 다른 규정 방식이다. 이를 자세히 살펴보면, 「지방재정법」 제2조제1호는 지방재정을 "지방자치단체의 수입·지출 활동과 지방자치단체의 자산 및 부채를 관리·처분하는 모든 활동을 말한다"

9) 헌법재판소 역시 지방교육자치제도의 헌법적 본질과 관련하여, "지방교육자치는 교육자치라는 영역적 자치와 지방자치라는 지역적 자치가 결합한 형태로서, 교육자치를 지방교육의 특수성을 살리기 위해 지방자치단체의 수준에서 행하는 것을 말한다고 할 것이다"라고 판시(헌법재판소, 2002. 3. 28. 자 200헌마 283·778(병합) 전원재판부)한 바 있다. 즉 헌법재판소는 지방교육자치는 교육자치와 지방자치가 서로 결합한 것으로 이해하고 있다.

라고 규정하면서, 동법 제10조에서 교육·과학 및 체육에 관한 사항 또는 교육비특별회계에 관하여는 '지방재정'을 '지방교육재정'으로 간주하는 것으로 규정하고 있다.

따라서 현행 법률의 규정형식이나 개념구분에 비추어 볼 때, 지방정부재정이라는 개념은 지방재정과 지방교육재정을 모두 포함하는 최상위의 개념으로 보는 것이 타당하다. 다만, 많은 학자들이나 문헌에서 '지방정부재정'을 '지방재정', '지방자치단체재정', '지방자치단체 예산' 등으로 부르고 있는데, 지방교육재정의 존재를 염두에 두고 개념적으로 구분하여 사용할 필요가 있다.

(2) 지방정부재정의 구조

2018년 2월 기준으로 우리나라의 지방정부, 즉 지방자치단체 수는 총 243개[10]이다. 이들 지방자치단체는 그 규모에 있어서는 큰 차이가 있지만, 공통적으로 [그림 3]의 재정구조를 근간으로 하고 있다. 즉, 지방재정은 예산과 기금으로 구성되고, 예산은 다시 일반회계와 특별회계로 나뉘며, 지방교육재정은 교육비특별회계로 이루어진다.

[그림 3] 지방정부 재정의 구조

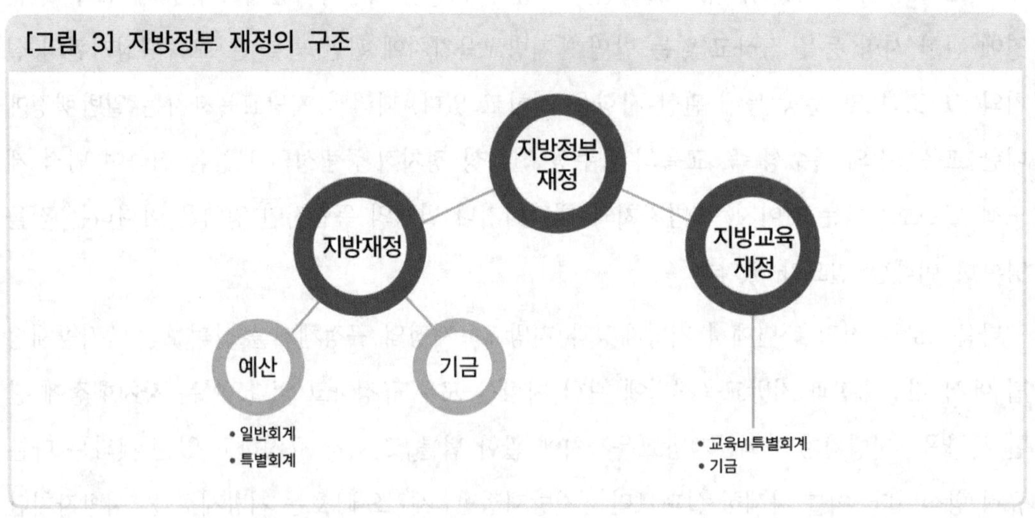

10) 2024년 4월 현재 우리나라 지방자치단체는 광역자치단체 17개(특별시 1개, 광역시 6개, 도 6개, 특별자치도 3개, 특별자치시 1개), 기초자치단체 226개(시 75개, 군 82개, 자치구 69개)로 구성되어 있다.

지방자치단체의 일반재정은 중앙정부와 유사하게 일반회계, 특별회계 및 기금으로 구성되는데, 특별회계는 지방공기업특별회계와 기타특별회계로 다시 나뉜다. 일반회계는 지방자치단체가 일반적인 지방행정서비스를 제공하기 위하여 설치된 회계를 말한다. 특별회계 중 지방공기업특별회계는 지방자치단체가 직접 설치·경영하거나, 법인을 설립하여 경영하는 기업의 운영을 위해 법률 또는 조례로 설치·운영되는 회계이고, 기타특별회계는 특별자금이나 특정사업 운영을 위해 지방공기업특별회계와는 별도로 설치·운영되는 회계를 말한다. 기금은 지방자치단체가 특정한 행정목적을 달성하기 위하여 법률에 따라 설치·운영하는 자금을 말한다.

지방교육재정의 교육비특별회계는 지방의 교육재정(교육·학예에 관한 경비의 수입과 지출)을 지방자치단체의 일반재정과 별도로 경리하기 위하여 설치·운영되고 있다. 교육비특별회계의 운영주체는 17개 시·도교육청이다. 기금은 시·도교육감이 특정한 행정목적을 달성하기 위하여 설치·운용하는 자금으로 통합재정안정화기금, 교육시설환경개선기금 등 모든 교육청에 설치되는 기금과 생태전환교육기금, 교육정보화기금 등 개별적으로 필요에 따라 설치되는 기금이 있다.

제2절 우리나라 재정의 규모와 추이

재정의 범위에 대하여 앞에서 논의한 바와 같이, 가장 광의의 재정은 중앙정부와 일반정부는 물론 공공기관까지 포함하지만, 가장 협의의 재정은 중앙정부만을 포함하고 있다. 따라서 재정의 규모에 대해 논의하기 위해서는 재정의 범위를 어디까지로 설정할 것인가를 먼저 결정하여야 한다. 물론 재정을 구성하는 각각의 요소인 중앙정부, 지방정부 및 공공기관의 재정을 각각 구분하여 살펴보는 것도 우리나라 재정의 규모를 파악하는 하나의 방법이 될 수 있을 것이다.

그러나 재정규모를 나타내는 지표(기준)에는 총계, 순계, 총지출, 통합재정, 일반정부총지출 등과 같이 재정규모를 산출하는 지표나 기준이 다양하기 때문에 어떤 지표를 사용하느냐에 따라 그 규모는 달라지게 된다.

본 절에서는 재정규모와 관련된 지표에 대해서 살펴본 후, 우리나라 재정의 전체 규모와 추이, 재정수입의 체계 등에 대하여 논의하기로 한다.

1. 총계와 총지출

재정규모를 산출하는 지표인 총계, 순계 및 총지출의 개념을 2024년도 중앙정부의 지출규모를 통해서 설명하기로 한다.

[표 1] 2024년도 중앙정부 지출규모(본예산 기준) (단위: 조원)

구 분	예산			기금	합계
	일반회계	특별회계	합계		
총 계	449.5	100.5	550.0	1,023.3	1,573.3
예산순계	449.5	91.5	541.0	785.8	1,326.8
총지출	356.5	81.7	438.2	218.4	656.6

자료: 디지털예산회계시스템

2024년도 중앙정부 예산총계[11]는 일반지출, 내부거래지출, 보전지출을 모두 합한 것이다.

예산총계 = 일반지출 + 내부거래지출 + 보전지출

일반지출이란, 국민경제에 직접 영향을 미치는 경상지출(인건비, 물건비 등), 자본지출(토지매입비, 건설비 등), 융자지출, 이전지출(지방자치단체 보조금 등)을 가리킨다. 내부거래지출이란, 한 회계나 기금이 다른 회계나 기금으로 넘겨주는 지출을 말하며, 여기에는 빌려주는 예탁과 무상으로 주는 전출이 포함된다. 그리고 보전지출이란, 한 회계나 기금이 민간에서 차입한 자금을 상환하거나(국채상환), 일반지출이나 내부거래지출로 사용하고 남은 자금을 금융기관에 예치(여유자금 운용)하는 것을 가리킨다.

총계기준으로 중앙정부재정을 산출하기 위해서는 서로 중복되는 지출을 상계처리하지 않고, 단순히 일반회계 총계, 특별회계 총계 및 기금 총계를 모두 합하면 된다. 따라서 2024년도 중앙정부재정의 총계규모는 본예산 기준 1,573.3조원으로, 이는 일반회계 총계 449.5조원, 특별회계 총계 100.5조원, 기금 총계 1,023.3조원 모두를 합산한 규모이다. 그러나 이러한 방식으로 단순 합산된 총계규모는 한 회계나 기금이 다른 회계나 기금으로 넘겨주는 지출인 내부거래나 국채상환, 여유자금 운용을 가리키는 보전지출까지도 포함하고 있어 실제 규모에 비해 재정의 규모를 과다하게 나타낸다는 문제점[12]이 있다.

총지출규모는 2005년부터 중앙정부가 활용하고 있는 재정통계로 중앙정부가 국민에 대해 재정적 측면에서 미치는 영향을 모두 지출로 보는 재정지표이다. 총지출은 일반회계의 총계, 특별회계의 총계, 기금의 총계를 모두 더한 뒤, 회계 간 내부거래지출, 기금 간 내부거래지출, 회계와 기금 간 내부거래지출, 각 회계와 기금의 보전지출을 차감한 것이다. 총지출규모는 예산과 기금 총계에서 회계·기금·계정 간 내부거래 및 보전지출을 제외하여 산출한다.

---

11) 총계개념과 같이 흔히 쓰이는 것이 순계개념이다. 순계는 가장 협의의 예산, 즉 기금을 제외한 중앙정부의 일반회계와 특별회계의 규모를 나타낼 때 사용되는 지표이다. 순계는 일반회계와 특별회계의 총계에서 회계 간 내부거래와 보전거래를 상계한 것을 말하며, 중앙정부의 예산총계에서 회계 간 내부거래와 보전거래를 차감하면 중앙정부의 예산순계가 산출된다. 참고로 중앙정부와 지방정부 간의 이전지출인 교부금(지방교부세, 지방교육재정교부금 등)의 경우 정부부문 전체(중앙정부+지방정부)의 관점에서는 내부거래로 볼 수 있으나, 중앙정부재정의 관점에서는 내부거래에 해당하지 않는다. 따라서 지방이전재원의 경우 중앙정부 지출로 계상된다. 정부부문 전체의 재정규모를 나타내는 지표로는 후술할 '통합재정규모'나 '일반정부 총지출' 등이 있다.

12) 예를 들어, 일반회계에서 1,000억원을 특별회계에 전출하고, 이를 수입으로 전입한 특별회계에서도 1,000억원을 지출한다면, 실질적 정부지출은 특별회계에서 지출된 1,000억원이지만 세출예산 총계는 일반회계의 1,000억원과 특별회계의 1,000억원을 각각 합산한 2,000억원이 되므로 정부지출 규모가 실제보다 1,000억원이 과다하게 산출된다.

총지출 = 총계(일반회계 + 특별회계 + 기금) - 내부거래 - 보전지출

보전거래는 국채발행 또는 상환, 차입 또는 차입금상환 등을 의미하는데 이는 실질적인 수입·지출의 확대보다는 재정수지를 보전해 주는 역할을 수행하므로 총지출규모는 이러한 보전거래를 제외하고 있다. 총지출 규모를 산출하는 것은 국민경제에 미치는 정부의 실질적인 재정활동을 파악하기 위한 개념이기 때문에 정부의 금융성 활동을 수행하는 신용보증기금 등의 금융성기금과 외국환평형기금은 포함되지 않는다. IMF의 1986년 재징통계편림(Government Finance Statistics Manual: GFSM)도 재정의 범위에서 이러한 기금을 제외하고 있다. 총지출 규모는 국민의 입장에서 느끼는 정부의 지출규모를 뜻하며, 2005년부터 재정운용계획 수립 시 우리 정부의 재정규모 통계로 사용하고 있다. 총지출 개념은 국제적으로 재정규모를 분석하기 위한 보조지표로 활용되고 있으며 국민의 입장에서 재정을 이해하기 쉽다는 점에서 도입하여 사용하고 있다. 즉, 정부가 국민에 대해 재정적 측면에서 미치는 영향을 여과 없이 전달할 수 있는 개념인 것이다.

총지출 규모는 통합재정규모가 순수한 재정활동 규모를 측정하기 위하여 융자거래와 기업특별회계를 순계 개념으로 파악하는 것과 달리 총계 개념으로 파악하므로 통합재정규모보다는 항상 규모가 크다.

일반정부 재정규모는 중앙정부·지방정부 및 비영리공공기관의 모든 재정활동을 포함하는 것으로 각국은 국민계정 작성기준(System of National Accounts)에 따라 작성하고 있다. 우리나라는 한국은행이 통계를 작성하고 있으며, OECD에서 각국의 공식적인 통계를 취합·발표하고 있다. 우리나라는 기존에 한국은행이 1993 SNA 기준에 따라 자체적으로 일반정부 통계를 작성해 왔으나, 재정통계 개편안을 마련(2011.9월 국무회의)하여 정부의 국제기구 제출용 재정통계와 한국은행 통계기준을 일치시켰다. 개편안에 따르면 정부 포괄범위는 일반정부가 기준이 되며, 제도단위 여부와 시장성 기준 등에 따라 정부기능을 수행하는 민간관리기금과 비영리공공기관이 포함된다.

한편 총지출에 대응하는 개념으로 총수입이 있다. 총수입은 일반회계의 총계, 특별회계의 총계, 기금의 총계를 모두 더한 뒤, 회계 간 내부거래수입,[13] 기금 간 내부거래수입, 회계와

13) 내부거래수입은 어느 회계나 기금이 다른 회계나 기금으로부터 넘겨받은 수입을 말한다. 넘겨받은 형태는 빌리는 경우(차입 또는 예수)가

기금 간 내부거래수입, 그리고 각 회계와 기금의 보전수입[14]을 차감한 것이다.[15] 재정수입은 회계·기금별로 독립적으로 설명할 수도 있고, 회계·기금을 모두 합한 총수입으로 설명할 수도 있다.

우리나라의 중앙재정은 1개의 일반회계, 5개의 기업특별회계, 16개의 기타특별회계 및 68개 기금으로 이루어져 있는데, 모든 회계와 기금의 수입을 단순 합산할 경우 회계 간 전출입 금액 등을 중복계상하여 실제의 재정수입 전체보다 커지는 문제가 발생한다. 따라서 총수입은 중앙 재정의 실제 수입규모를 파악하기 위해 회계·기금 간 내부거래 등을 제외하고 산출하는 것으로 사실상 IMF가 국제적 비교를 위한 공통 기준으로 제시하는 통합재정 작성방식과 거의 같은 개념이다.

총수입 = 일반회계수입 + 특별회계수입 + 기금수입 - 내부거래 - 보전거래

여러 기업으로 구성된 그룹이 그룹 전체의 규모를 파악하기 위해 기업 간 내부거래를 제외한 연결재무제표를 만드는 것과 유사하다고 이해할 수 있다. 즉, 각각의 회계, 기금을 개별기업의 재무제표로 본다면 총수입은 그룹 전체의 연결재무제표와 같다고 볼 수 있다. 내부거래 등을 제외하는 이유를 보다 상세히 설명하면 일반회계, 특별회계, 기금 수입을 단순합계할 경우, 정부 내부거래를 중복 계상하여 실제 수입보다 과대 계상된다. 예를 들면, 100원의 조세수입을 일반회계에 계상하고 이를 기금으로 전출하는 경우, 일반회계 세입은 100원, 기금 수입도 100원이지만 총수입은 내부거래(100원)를 제외한 100원만 계상하여야 실질적인 정부 수입을 정확히 나타낼 수가 있다. 또한, 국채발행 수입·차입금 등도 총수입 계산 시 제외된다. 국채발행 수입 등은 정부의 수입과 지출의 차(재정수지)를 보전해 주는 역할을 하는 것으로 실질적인 정부수입으로 보기 힘들기 때문이다.

있고 무상으로 얻는 경우(전입)가 있다.

14) 보전수입은 어느 회계나 기금 입장에서 자체수입이나 내부거래수입으로 조달하지 못해 그 밖의 방법으로 메우는 수입을 말한다. 여기서 '그 밖의 방법'이라는 것은 민간으로부터 빌리는 경우(국채발행 또는 차입)가 있고, 남는 돈을 민간에 빌려주었다가 회수하는 경우(여유자금 회수)가 있다.

15) 이렇게 산출된 수입규모는 일반회계의 자체수입, 특별회계의 자체수입, 기금의 자체수입을 모두 더한 값과 같다. 여기서 자체수입이란 각 회계나 기금이 스스로 순수하게 벌어들이는 수입이다.

2. 통합재정과 일반정부 총지출

정부 전체의 재정규모를 파악하기 위해서는 중앙정부와 지방정부의 재정규모를 합산할 필요가 있다. 그러나 중앙정부와 지방정부 간에는 지방교부세, 국고보조금, 지방교육재정교부금 등 내부거래와 차입금상환 등의 보전 지출이 존재하기 때문에 단순히 중앙정부와 지방정부의 재정규모를 합산하는 것만으로는 정확한 재정규모를 파악할 수 없다. 따라서 정부 전체의 재정규모를 파악하기 위한 별도의 지표가 필요하다.

우리나라 정부 전체의 재정규모를 나타내는 현행 지표로는 정부가 국제통화기금(IMF: International Monetary Fund)의 1986년 재정통계 작성기준(GFSM 1986: Government Finance Statistics Manual)을 기초로 현금주의 기준으로 작성하는 "통합재정" 규모와 2001년 재정통계 작성기준(GFSM 2001: Government Finance Statistics Manual)을 기초로 발생주의 기준으로 작성하는 "일반정부 재정통계"가 있다. 더불어 한국은행이 UN의 국민계정체계(SNA: System of National Accounts) 기준에 따라 작성하여 OECD에 제출하는 "일반정부(General Government) 총수입·총지출 규모" 등이 있다.

(1) 통합재정[16]

통합재정 개념의 필요성

현대국가의 국민경제에 있어서 재정활동(공공경제활동)이 차지하는 비중은 매우 크며 실로 다양한 형태로 운영되고 있다. 따라서 효율적인 재정정책의 수립을 위해서는 이러한 재정활동이 국민경제에 어떠한 효과를 미치는가에 대한 정확한 분석이 필요하다.

이를 위한 전제로서 실질적인 재정활동 즉, 통합재정의 포괄범위를 파악하여 일정한 기준에 따라 체계적으로 분류한 통계자료가 필요하다. 이러한 배경 하에서 탄생한 재정통계 작성기준이 IMF의 'GFS메뉴얼'이며 세계 각국은 IMF의 권고에 따라 매년 통합재정통계를 작성·제출[17]함으로써 각국 재정운용 결과의 국제적인 비교가 가능해졌다.

---

16) 통합재정보다 더 상위의 개념은 공공부문계정으로 통합재정의 범위인 일반정부(중앙정부+지방정부) 및 비금융공기업 외에 금융공기업까지를 포괄하고 있다. 공공부문계정에 대하여는 목차를 달리하여 별도로 설명한다.

17) 1974년 IMF에서 재정통계편람을 발간하고, 1977년 5월 내한한 IMF조사단이 통합재정통계 및 통합재정수지 작성을 권고하였다. 동 권고에 따라서 우리나라는 1979년 9월부터 통합재정수지 개념에 입각한 재정통계를 작성(1970년부터 소급 작성)하기 시작하였고, 매년 IMF의

통합재정의 포괄범위와 규모

통합재정규모는 1년 동안 정부부문이 수입 또는 지출(순융자 포함)하는 총체적인 재정규모를 의미한다. 현재 정부가 IMF의 GFSM 1986을 기초로 작성·발표하는 통합재정에는 중앙정부와 지방정부의 일반회계, 기타특별회계, 기금, 교육특별회계, 중앙정부 기업특별회계와 지방정부 공기업특별회계 및 '세입세출 외(세계잉여금 및 전대차관[18] 등)' 등이 포함된다. 다만, 중앙정부 기금 중 금융활동을 수행하는 신용보증기금 등 금융성기금과 외국환평형기금[19] 및 공공기관[20]은 통합재정의 포괄범위에서 제외되고 있으며, 기업특별회계와 공기업특별회계는 수입과 지출이 아닌 영업이익 또는 영업손실만을 기재하고 있다.

[그림 1] 우리나라 통합재정의 범위

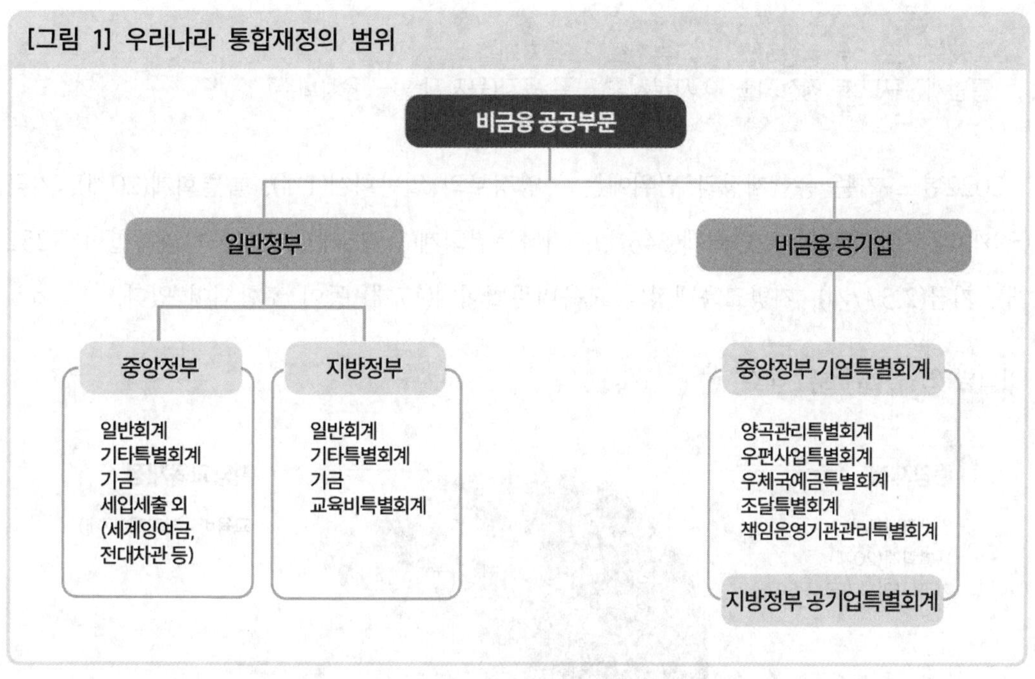

요청에 의하여 예산·결산 통계자료를 제출하고 있으며 이는 IMF가 연간 발행하는 GFS(Government Finance Statistics) Book에 수록된다.

18) 지방정부 전대차관의 경우에는 차관도입 시 예산 외로 처리되지만, 상환 시에는 공공자금관리기금을 거쳐 상환하게 되므로 차관도입액을 세입세출 외로 계상하여 통합재정에 포함시킨다.

19) 기금 중 외국환평형기금은 재정활동보다는 금융활동에 가까우므로 통합재정의 포괄범위에서 제외된다.

20) 중앙은행 등 공공금융기관은 기관의 성질상 공기업에 속하지만, 그 수행하는 활동은 엄밀한 의미에서 재정활동이 아닌 금융활동으로 보아야하므로 통합재정의 포괄범위에서 제외된다.

총지출규모와 통합재정 규모는 일반회계·특별회계의 기금의 포괄범위가 같고, 내부거래·보전거래를 상계한 지출의 순계규모를 의미한다는 점에서 공통점이 있다. 그러나 두 지표 사이에는 융자거래와 기업특별회계의 집계방식에서 차이가 있다. 먼저 융자거래와 관련해서 총지출은 융자지출 총계를 지출로 인식하는 반면, 통합재정에서는 융자지출에서 융자회수를 차감한 순융자만을 지출로 인식한다. 그리고 기업특별회계의 집계방식에서도 차이가 있는데, 총지출규모는 영업지출 총계규모를 계상하는 반면, 통합재정은 영업수입과 영업지출의 크기를 비교하여 순계금액을 통합재정수입 또는 통합재정지출로 계상한다. 즉, 영업수익이 영업지출보다 크면 영업수지를 통합재정수입으로, 영업수입이 영업지출보다 작으면 통합재정지출로 계상한다.

> 총지출규모 = 경상지출 + 자본지출 + 융자지출
> 통합재정규모 = 경상지출 + 자본지출 + 순융자(융자지출 − 융자회수)

2022년도 기준 통합재정의 범위에는 중앙정부의 일반회계(1개), 특별회계(20개), 기금(59개)과 지방정부의 일반회계(243개), 기타특별회계(1,715개), 직영공기업특별회계(252개), 기금(2,577개), 지방교육재정의 교육비특별회계(17개) 등이 포함되어 있다.

[그림 2] 통합재정의 구성

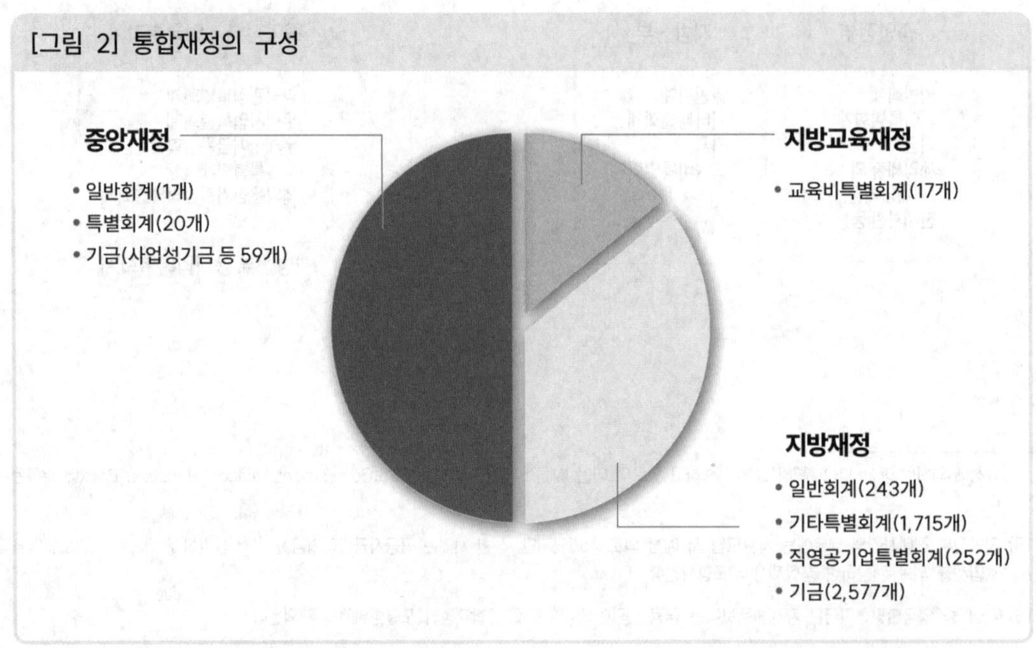

자료: 기획재정부, 『2022회계연도 한국통합재정수지』, 2024.

정부는 「국가재정법」 제9조(재정정보의 공포) 제1항에 근거하여 매년 '한국통합재정수지'를 발간하고 있다. 2017년도까지는 IMF의 '1986 GFSM'를 적용한 통합재정 규모(중앙정부 및 일반정부)와 '2001GFSM'를 적용한 '일반정부 재정규모(중앙정부 및 지방정부)'를 모두 산출하여 발표하였다. 그러나 2018년도부터 '1986 GFSM'에 따른 통합재정규모 산출 시 지방정부를 제외하고 중앙정부의 수치만을 발표하고 있다[21].

2024년 발표한 2022회계연도 중앙정부의 통합재정 수지는 64.6조 원 적자(GDP 대비 △3.0%)로, 통합재정수입은 588.3조 원(GDP 대비 27.2%)이고 통합재정지출은 652.9조 원(GDP 대비 30.2%)이다.

예산(일반회계·특별회계·세입세출외) 부문 수입은 421.9조 원이고 지출은 446.1조 원으로 24.2조 원 적자이며, 기금 부문 수입은 166.4조 원이고 지출은 206.8조 원으로 40.4조 원 적자이다. 각 부문별 수지는 일반회계 21.6조 원 흑자, 기타특별회계는 32.8조 원 적자, 기업특별회계 1.6조 원 적자, 기금 40.4조 원 적자, 세입세출외 11.3조 원 적자이다.

[표 2] 2022회계연도 중앙정부 통합재정수지 총괄

(단위: 십억원, %)

	수입(A)	지출(B)	통합재정수지(A-B)
합계 (GDP 대비, %)	588,332 (27.2)	652,902 (30.2)	△64,571 (△3.0)
일반회계	401,453	379,872	21,580
기타특별회계	17,716	50,564	△32,848
기업특별회계	2,443	4,045	△1,602
기금	166,417	206,816	△40,399
세입세출외	303	11,605	△11,302

※'22년 GDP규모 : 2,161.8조원(한국은행)
자료: 기획재정부 (2024) 「2022회계연도 한국통합재정수지」

2022회계연도 중앙정부 통합재정수입은 전년(537.6조 원) 대비 9.4% 증가한 588.3조 원(GDP 대비 27.2%)이다. 국세 수입은 개인소득세 및 법인세 증가(47.8조 원) 등으로 전년

21) 우리나라 정부 전체의 통합재정규모 및 수지 등을 파악하기 위해서는 지방정부의 통합재정규모에 대한 산출을 재개할 필요가 있다. 재정과정의 핵심이 되는 예·결산이 현금주의를 기본으로 작성·심사되고 있으며 국가재정에서 지방재정(일반 및 교육)이 차지하는 비중이 크기 때문이다(2024회계연도 예산 기준 중앙과 지방의 통합재정 사용액은 각각 51.8%, 48.2%임)

도보다 51.8조 원 증가하였다. 사회보장기여금 수입은 5.3조 원 증가, 세외수입은 6.9조 원 감소, 자본수입은 387억원 증가하였다.

[표 3] 중앙정부 통합재정수입-전년도 대비 수입원별 수입비교 (단위: 십억원, %)

	국세수입	사회보장 기여금	세외수입	자본수입	합계
2021년(A)	344,078	78,104	112,818	2,620	537,619
2022년(B)	395,940	83,444	105,941	3,007	588,332
증감액(B-A)	51,862	5,340	△6,877	387	50,713
(증감률)	(15.1)	(6.8)	(△6.1)	(14.8)	(9.4)

자료: 기획재정부 (2024)「2022회계연도 한국통합재정수지」

2022회계연도 중앙정부 통합재정지출은 전년(568.1조 원) 대비 14.9% 증가한 652.9조 원(GDP 대비 30.2%)이다. 일반회계는 경상지출 증가 등[22]의 영향으로 전년 대비 40.1조 원 증가하였고 기타특별회계는 0.3조, 기업특별회계는 1.0조 원 증가하였다. 기금도 경상지출 증가 등으로 34.3조 원 증가하였다.

[표 4] 중앙정부 통합재정지출-전년도 대비 회계·기금별 지출비교 (단위: 십억원, %)

	일반회계	기타 특별회계	기업 특별회계	기금	세입세출외	합계
2021년(A)	339,740	50,222	3,077	172,510	2,564	568,113
2022년(B)	379,872	50,564	4,045	206,816	11,605	652,902
증감액(B-A)	40,132	342	968	34,306	9,041	84,789
(증감률)	(11.8)	(0.7)	(31.5)	(19.9)	(352.6)	(14.9)

자료: 기획재정부 (2024)「2022회계연도 한국통합재정수지」

22) 경제적 성질별로 분류하면, 경상지출은 전년 대비 16.6% 증가한 585.6조 원, 자본지출은 4.4% 증가한 37.4조 원이며, 순 융자 규모는 0.6% 감소한 29.9조 원이다.

IMF의 「1986년 재정통계기준(GFSM)」과 「2001년 재정통계기준(GFSM)」

그동안 우리나라의 재정통계가 IMF의 재정통계기준(GFSM 1986)을 기초로 한 현금주의 방식으로 작성되어 오면서 그 포괄범위 및 작성방식이 우리나라와 다른 국가들과의 국제비교를 어렵게 하고 있다는 지적이 제기되어 왔다. 이에 따라 정부는 발생주의·복식부기 국가회계제도의 도입을 계기로 기존 국가채무를 비롯한 재정통계 작성을 개편하기 위한 작업에 착수하였고, 「2011회계연도 국가결산보고서」부터 개편된 재정통계 방식에 따라 작성하여 국회에 제출되고 있다. 적용되는 통계기준에 따라 산출되는 정부 재정의 규모가 달라지는데 회계기준과 포괄범위의 차이가 주된 이유이다. 우선, 출납시점에 거래를 기록하는 현금주의와 달리 발생주의는 자산·부채가 발생한 시점에 거래를 기록하고 있어서 연도별로 산출 규모에 차이가 발생한다. 다음으로 포괄범위를 비교하면 2001 GFSM에서 적용하는 제도단위가 1986 GFSM의 기능단위를 포함하고 있다. 제도단위는 자율적인 의사결정체계 및 독립적인 자금운용계정 보유 여부를 기준으로 시장성 여부[23]를 판단하게 되므로 정부기능을 수행하는 비영리 공공기관이 추가되기 때문이다.

정부 재정통계 개편의 기본 방향은 IMF의 GFSM 2001을 기본적인 기준으로 삼고 있는데,[24] 기존의 GFSM 1986과 비교하면 다음 표와 같다.

---

23) 원가보상률(판매액÷생산원가)이 50% 이하일 경우에는 일반정부로 50% 초과일 경우 공기업으로 분류한다. 원가보상률이 50%를 초과하더라도 정부판매비율(정부대상 판매액÷판매액)이 80% 이상이면 일반정부로 분류한다.

24) 정부는 GFSM 2001을 기본으로 삼고, 이와 함께 UN의 1993·2008 SNA, EU의 1995 ESA(European System of Accounts)기준 및 주요국들의 사례 등을 보조기준으로 활용하고 있다.

[표 5] 정부 재정통계 개편에 따른 주요 변화(2021년 기준)

구분			개편 전	개편 후
통계기준			GFSM 1986	GFSM 2001
회계기준			현금주의	발생주의
포괄범위			기능중심 (정부의 기능과 직접 관련이 있는 단위)	제도단위 (정부 단위 및 정부가 통제하는 비영리공공기관)
국제기구 제출용	일반 정부	중앙정부	• 일반회계 • 20개 특별회계 • 사업성 기금 등 59개	• 일반회계 • 20개 특별회계 • 68개 기금(금융성기금 및 외평기금 9개 추가)
		지방정부	• 일반회계, 특별회계, 기금	• 좌동
		공공기관	• 제외	• 「공공기관의 운영에 관한 법률」에 의한 비영리공공기관 포함(229개) • 지방공기업 중 비영리 공사·공단 포함(117개)
	공적연금 충당부채		• 고려 없음	• 공적연금 충당부채는 부채로 계상하지 않고 부기
	연금 보유국채		• 국민연금 등 연금보유 국채 국가채무에 포함	• 국민연금 보유 국채는 내부거래로 보아 국가채무에서 제외
예산			• 변화없음(현금주의 기준) • 「국가재정법」제91조에 의한 국가채무 규정(국채, 차입금, 국고채무부담행위 등) 그대로 적용	
결산			• 「국가회계법」제13조로부터 제16조까지에 따른 결산보고서 작성 • 2011회계연도 결산부터 국가결산보고서 상 재무제표(재정상태표, 재정운용표, 순자산변동표) 작성하여 국회에 제출	

주: 회계, 기금 등의 수치는 2022년 기준으로 수정함.
자료: 기획재정부(2024)「2022회계연도 한국통합재정수지」

(2) 일반정부 총지출

우리나라는 국제통화기금(IMF: International Monetary Fund)의 2001년 재정통계 작성기준(GFSM 2001: Government Finance Statistics Manual)을 기초로 발생주의 기준으로 일반정부 재정통계를 작성하고 있다.

정부가 2024년 발표한 2022회계연도 일반정부 재정수지는 1.1조원 흑자로, 각 정부별 재정수지는 중앙정부 40.6조 적자, 지방자치단체 및 지방교육자치단체를 포함한 지방정부는 41.7조 흑자이다.

[표 6] 2022회계연도 일반정부 재정수지

(단위: 조원, %)

	중앙정부	지방정부			일반정부
		지방재정	지방교육재정	합계	
재정수지	△40.6	22.1	19.6	41.7	1.1
(GDP 대비, %)	(△1.9)	(1.0)	(0.9)	(1.9)	(△0.1)

※'22년 GDP규모 : 2,161.8조원(한국은행)
자료: 기획재정부 (2024) 「2022회계연도 한국통합재정수지」

일반정부 재정지출은 총 841.2조원(GDP 대비 38.9%)으로, 중앙정부 740.9조원[25], 지방정부 367.3조원으로 지방정부는 재방재정 296.4조원, 지방교육재정 89.4조원, 내부거래 △18.6조원으로 구성되어 있다.

[표 7] 2022회계연도 일반정부 재정지출

(단위: 조원, %)

	일반정부	중앙정부	지방정부				내부거래
			지방재정	지방교육재정	내부거래	합계	
지출	841.2	740.9	296.4	89.4	△18.6	367.3	△267.1
(GDP대비 %)	(38.9)	(34.3)	(13.7)	(4.1)	(△0.9)	(17.0)	(△12.3)

※'22년 GDP규모 : 2,161.8조원(한국은행)
자료: 기획재정부 (2024) 「2022회계연도 한국통합재정수지」

25) 국가결산상 중앙정부 총지출 규모와 일반정부 내 중앙정부 총지출 규모가 상이한 것은, ① 2001 GFSM는 에 따라 2008 SNA에 따른 중앙정부 포괄범위에 공무원연금기금, 국민연금기금, 사학연금기금 등의 사회보장기금 12개가 제외되고, ② 일반정부 내 중앙정부, 지방정부의 총지출에는 비영리 공공기관이 포함되기 때문이다.

한편, 한국은행이 작성하여 OECD에 제출하는 '일반정부 총지출'은 UN의 '국민계정체계(System of National Account: 1993 SNA)' 에 따라 일반정부로 분류되는 부문의 지출총계를 의미한다. 일반정부는 중앙정부와 지방정부, 사회보장기금 및 공공비영리단체로 구분된다. 사회보장기금에는 국민연금기금·고용보험기금 등 사회보장기금을 운용하는 기관과 기금 자체가 포함되며, 공공비영리단체는 공공행정에 관한 조사연구 및 유사서비스를 제공하는 기관 등으로서 한국개발연구원이나 한국조세연구원 등이 포함된다. 중앙정부와 지방정부에는 일반회계와 대부분의 특별회계·기금이 포함되나, 시장적 서비스를 제공하거나 금융활동을 수행하는 조달·양곡관리 등 일부 특별회계와 금융성기금 등은 일반정부의 포괄범위에서 제외되고 있다[26].

[그림 3] 우리나라 일반정부의 포괄범위

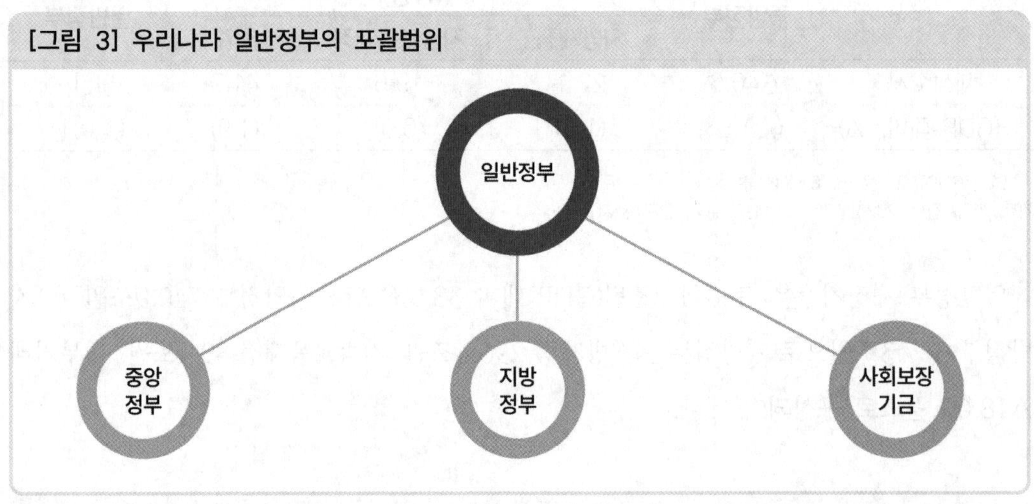

2022년 기준 우리나라의 일반정부 총지출은 883.0조원이며, 중앙정부 551.8조원[27], 지방정부 383.9조원, 사회보장기금 186.4조원으로 구성된다.

26) 반면 IMF GFSM 2001은 이들을 모두 포함하고 있는 점에서 포괄범위의 차이가 있다.

27) 국가결산상 중앙정부 총지출 규모와 일반정부 내 중앙정부 총지출 규모가 상이한 것은, ① 2008 SNA에 따른 중앙정부 포괄범위에 공무원연금기금, 국민연금기금, 사학연금기금 등의 사회보장기금 12개가 제외되고, ② 일반정부 내 중앙정부 총지출에는 금융성기금과 외평기금 및 공공비영리단체가 포함되기 때문이다.

[그림 4] 연도별 일반정부 총지출규모 (단위: 조원)

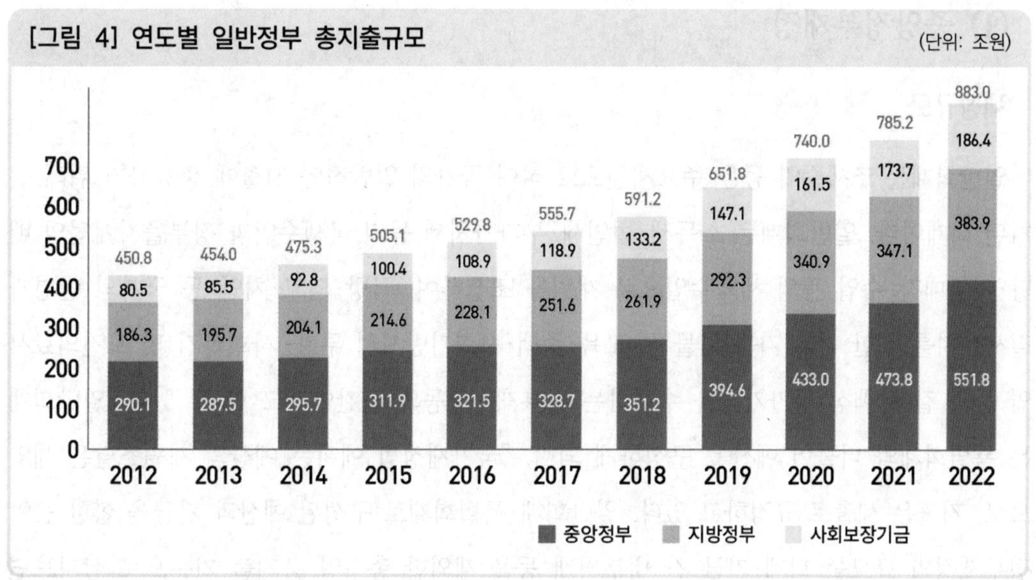

주: 총지출의 경우 정부간 내부거래 포함에 따라 부문의 합과 총합이 불일치
자료: 한국은행, 경제통계시스템(http://ecos.bok.or.kr)

2022년 기준 우리나라의 일반정부 총지출은 883.0조원이며, 중앙정부 551.8조원[28)], 지방정부 383.9조원, 사회보장기금 186.4조원으로 구성된다.

3. 우리나라 재정의 규모와 추이

앞에서 재정규모를 산출하는 지표인 총계, 순계, 총지출 등에 대해서 살펴보았다. 이와 함께 우리나라 전체의 재정규모를 파악하기 위하여 지방정부재정까지도 포함한 통합재정과 일반정부 총지출의 개념과 그 규모에 대해서도 살펴보았다. 여기서는 중앙정부재정과 지방정부재정으로 구분하여 각각의 독립된 규모를 알아본 후, 재정규모의 추이에 대해서도 논의하기로 한다.

28) 국가결산상 중앙정부 총지출 규모와 일반정부 내 중앙정부 총지출 규모가 상이한 것은, ① 2008 SNA에 따른 중앙정부 포괄범위에 공무원연금기금, 국민연금기금, 사학연금기금 등의 사회보장기금 12개가 제외되고, ② 일반정부 내 중앙정부 총지출에는 금융성기금과 외평기금 및 공공비영리단체가 포함되기 때문이다.

(1) 중앙정부재정

재정규모

일반회계는 조세수입 등을 주요재원으로 하여 국가의 일반적인 지출에 충당하기 위해 설치된 회계이다. 일반회계는 소득세·법인세·부가가치세 등의 국세수입과 정부출자기업의 배당·지분매각 수입 등의 세외수입으로 재원을 조성하여, 국방·외교·치안 등 국가의 안녕과 질서유지를 위한 기본 기능은 물론, 교육·주택·사회기반시설 투자, 사회복지 및 보건의료사업 등과 같은 핵심 국가기능을 수행하는 정부재정활동의 근간이라고 할 수 있다. 일반회계는 특별회계와 더불어 예산을 구성하게 되며, 「국가재정법」에서는 예산의 재원조달은 세입으로, 지출은 세출로 규정하고 있다. 일반회계·특별회계로 구성된 예산과 기금을 합한 중앙정부재정의 규모를 회계·기금 간 내부거래 등을 제외한 총수입·총지출 기준으로 살펴보면 다음과 같다.[29)]

[표 8] 2024년도 중앙정부재정의 규모(총수입·총지출 기준) (단위: 조원, %)

구분	2023 예산(A)	2024년		증감	
		예산안 (B)	확정예산 (C)	(C-A)	증감률 (C-A)/A
• 총 수 입	625.9	612.1	612.2	△13.5	△2.2
- 예 산	425.7	395.3	395.5	△29.9	△7.0
- 기 금	200.3	216.8	216.7	16.4	8.2
• 총 지 출	639.0	656.9	656.6	17.9	2.8
- 예 산	441.3	438.7	438.3	△2.8	△0.6
- 기 금	197.7	218.2	218.4	20.7	10.5

자료: 기획재정부 디지털예산회계시스템 자료를 바탕으로 재작성

29) 국민경제에 영향을 미치는 정부전체의 수입과 지출규모를 파악하기 위해서는 총수입과 총지출 개념을 활용하는 것이 실질적 재정규모에 가장 근접한 것이라 할 수 있다. 그러나 총수입이나 총지출 개념은 법적 용어가 아닐뿐더러, 기획재정부에서 발표(산출)하는 총수입과 총지출규모는 그 산출과정이나 내부거래, 보전지출에 무엇무엇이 포함되어 있어 차감된 것인지에 대해서 공개하지 않고 있다. 따라서 중앙정부와 지방정부의 재정규모를 설명할 때는 편의에 따라 총계, 순계 또는 총지출 지표를 달리 사용하였다.

예산과 기금을 합한 2024년도 중앙정부 총수입은 2023년도 예산 대비 2.2% 감소한 612.2조원 수준이다. 이중 예산수입은 전년대비 7.0% 감소한 395.5조원이고, 기금수입은 전년대비 8.2% 증가한 216.7조원이다.

예산수입의 주축이 되는 국세수입은 전년 대비 8.3% 감소한 367.3조원이다. 반면, 세외수입은 전년 대비 13.3% 증가한 28.2조원이다. 기금수입은 전년대비 8.2% 증가한 216.7조원이다.

[표 9] 2024년도 중앙정부 총수입 규모 (단위: 조원, %)

	2023 본예산(A)	2024 (B)	증감 B-A	증감률 (B-A)/A
• 총 수 입	625.7	612.2	△13.5	△2.2
예산수입	425.4	395.5	△29.9	△7.0
- 국세수입	400.5	367.3	△33.2	△8.3
- 세외수입	24.9	28.2	3.3	13.3
기금수입	200.3	216.7	16.4	8.2

자료: 기획재정부 디지털예산회계시스템 자료를 바탕으로 재작성

총지출 기준으로 중앙정부재정 규모의 변화 추이를 살펴보면, 정부가 공식 자료를 발표하기 시작한 2005년부터 2024년까지 지속적인 증가세를 보이고 있다.

[그림 5] 중앙정부재정 규모의 변화 추이(총지출 기준) (단위: 조원)

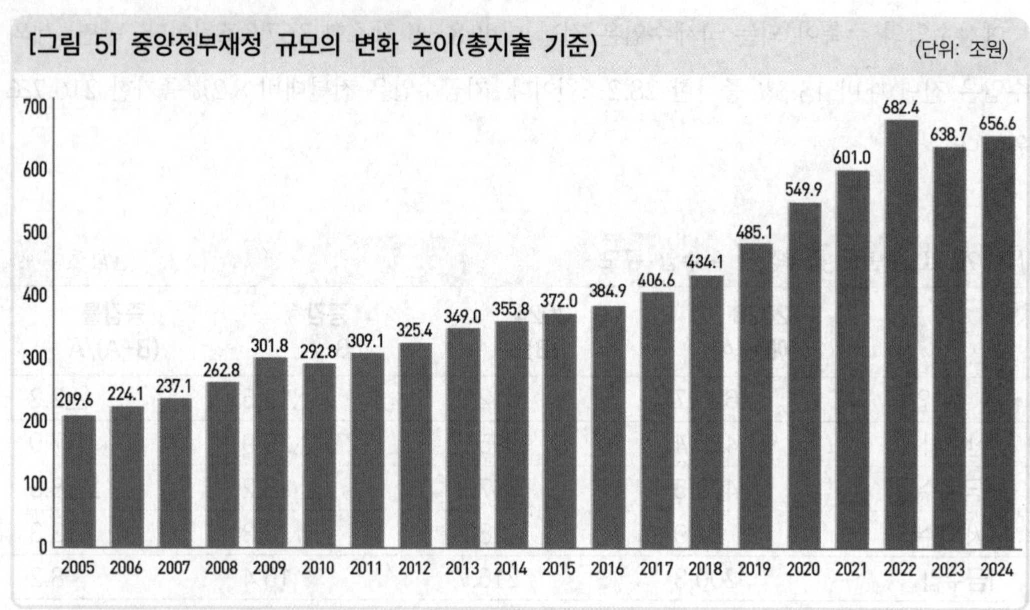

주: 2022년까지는 결산 기준, 2023년 이후는 예산 기준
자료: 기획재정부

재정규모의 추이

중앙정부의 일반회계 세출 규모는 총계기준으로 1962년 733억원이었으나, 2024년에는 449.5조원(본예산기준)으로 그 규모가 약 6,132배 증가하였다.

[그림 6] 중앙정부재정(일반회계) 규모의 변화 추이(총계 기준) (단위: 조원)

주: 2022년까지는 결산기준이며, 2023년 이후는 예산 기준

중앙정부 특별회계의 수와 총계규모를 살펴보면 아래의 [표 8]과 같다. 먼저 특별회계의 수를 보면, 1962년 17개에서 1970년 29개로 크게 증가하였다가, 1980년에는 18개로 다시 감소한 이후 2024년 현재 21개의 특별회계로 운영되고 있다. 특별회계의 예산규모를 보면, 1962년 801억원에 불과하였으나, 2000년에는 64.8조원으로 크게 증가하였고, 2024년에는 100.5조원에 달하고 있다. 하지만 일반회계 규모가 1962년에 733억원이었음을 감안하면, 당시 특별회계 규모(801억원)는 일반회계 보다도 재정에서 차지하는 비중이 더 컸음을 알 수 있다. 일반회계는 국민의 조세수입으로 구성되기 때문에 당시의 취약한 조세기반에 비추어 볼 때 나라의 기초 곳간인 일반회계가 빈곤했던 것은 어쩌면 당연한 것이었을지도 모른다. 대신 대외원조자금 등 조세 외적인 수입으로 구성된 대충(對充)자금특별회계[30] 등이 빈약한 곳간을 채우는 데 핵심적인 역할을 수행했다.

30) 대충자금특별회계(counterpart fund)는 미국 마셜플랜에 따라 한국에 제공된 원조물자를 팔아서 얻은 대금을 적립한 계정을 말한다. 동 회계는

[표 10] 연도별 중앙정부 특별회계의 수 및 규모 추이 (단위: 개, 조원)

구분	1962	1970	1980	1990	2000	2005	2006	2007	2008	2010	2011	2012
수	17	29	18	18	23	20	21	16	18	18	18	18
총계규모	0.08	0.5	4.2	11.0	64.8	58.2	56.0	42.6	47.4	51.5	51.5	54.1
구분	**2013**	**2014**	**2015**	**2016**	**2017**	**2018**	**2019**	**2020**	**2021**	**2022**	**2023**	**2024**
수	18	18	18	18	19	19	19	20	20	20	21	21
총계규모	56.9	55.2	61.5	58.2	64.4	64.6	66.4	68.6	79.1	78.3	87.7	100.5

주: 1. 2022년까지는 결산 기준이며, 2023년 이후는 예산 기준임
2. 기타특별회계 및 기업특별회계를 모두 포함

자료: 1. 대한민국정부, 「세입·세출 결산보고서」, 각 연도
2. 기획재정부 디지털예산회계시스템

중앙정부의 기금운용 규모를 총계기준으로 살펴보면 아래의 [표 9]와 같다. 1997년 기금운용규모가 82.3조원이던 것이, 2024년에 이르러서는 1023.3조원으로 약 12.4배가 증가하였다. 이처럼 기금운용규모가 크게 증가한 것은 기금의 여유자금운용 규모가 큰 폭으로 늘어난 데 주로 기인한다. 즉, 1997년에 19.3조원이었던 여유자금 규모가 2024년에는 313.5조원으로 16.2배나 증가하였다. 이처럼 여유자금 규모가 큰 폭으로 늘어난 주된 이유는 국민연금 등 사회보험기금의 기여금수입 등이 지속적으로 증가함에 따른 것이다.

2024년도 중앙정부의 기금운용규모(총계기준) 1,023.3조원 중 사업비는 199.2조원으로 19.5%를 점유하고, 기금운영비는 2.7조원으로 그 비중은 0.2%이다. 반면, 여유자금운용의 경우는 313.5조원으로 30.6%라는 높은 비중을 차지하고 있다.

[표 11] 중앙정부 기금 운용규모 (단위: 조원)

구분	1997	...	2015	2016	2017	2018	2019	2020	2021	2022	2023	2024
기금운용규모	82.3	...	504.7	620.0	615.3	594.9	633.2	724.8	773.7	756.3	893.1	1,023.3
- 사업비	39.3	...	128.7	135.5	138.2	143.5	129.3	148.9	169.8	181.1	180.6	199.2
- 기금운영비	0.5	...	2.2	2.3	2.3	2.4	2.5	2.6	2.6	2.7	2.7	2.7
- 여유자금운용	19.3	...	173.8	203.6	205.2	225.6	230.2	238.4	229.5	225.4	285.0	313.5
- 내부거래 등	23.1	...	200.1	278.6	269.6	223.4	271.2	334.9	371.7	347.1	424.9	507.9

주: 1. 당초계획액 기준2005년까지 실적치 기준
2. 사업비는 차입금이자상환을 포함함

자료: 기획재정부

1951년 설치되어 1968년까지 운용되었는데, 국가재정수입의 50%이상을 차지하기도 했을 정도로 당시 정부 재정지출의 주요원천이었다.

(2) 지방정부재정

지방재정수입

2023년도의 지방재정수입 규모는 순계기준 305.4조원이며, 이중 자체재원은 139.9조원(45.8%), 이전재원은 141.2조원(46.3%)이다. 이는 2000년 73.5조원 대비 약 4.1배 증가한 규모인데, 자체재원이 차지하는 비중을 보면 2000년 75.0%에서 2023년 45.8%로 오히려 크게 낮아졌다.

[표 12] 2023년도 지방재정 수입 규모 (단위: 억원, %)

	2021 최종예산	2022 당초예산 (A)	2022 최종예산	2023 당초예산 (B)	2023 구성비	증감 B-A	증감률 (B-A)/A
세입순계	3,275,869	2,883,083	3,515,950	3,054,109	100.0	171,026	5.9
자체수입	1,339,466	1,328,144	1,439,082	1,399,757	45.8	71,613	5.4
- 지방세	1,022,963	1,085,070	1,123,845	1,152,644	37.7	67,574	6.2
- 세외수입	316,533	243,075	315,237	247,113	8.1	4,038	1.7
이전수입	1,425,839	1,317,281	1,614,362	1,412,878	46.3	95,597	7.3
- 지방교부세	584,137	584,825	802,582	634,905	20.8	50,080	8.6
- 보조금	841,702	732,456	811,780	777,973	25.5	45,517	6.2
보전수입 등 및 내부거래	445,201	197,315	425,304	212,639	6.9	15,324	7.8
지방채	65,332	40,343	37,202	28,836	0.9	△11,507	△28.5

주: 순계예산기준
자료: 행정안전부, 「2023년도 지방자치단체 통합재정 개요」

지방재정지출

2023년을 기준으로 지방정부의 분야별 세출 순계예산 현황을 살펴보면 아래의 [표 11]과 같다. 2023년 지방정부 예산에서 가장 많은 비중을 차지하는 분야는 중앙정부와 마찬가지로 사회복지 분야로 전체의 31.5%인 96.3조 원이고, 다음으로 환경보호 분야가 전체의 9.6%인 29.3조원이다. 주목할 만한 것은 2018년 대비 2023년의 5년간 전체 예산증가율이 45.0%인데, 사회복지 분야의 예산증가율이 68.6%에 달한다는 점이다. 또한, 보건 분야의 경우도 전체 지방예산에서 차지하는 비중은 1.8%(5.3조원)에 불과하지만, 2018년 대비 2023년 예산증가율은 52.4%에 달하고 있다. 반면 2023년 과학기술 분야 예산은 2018년보다 18.4% 감소하였다. 이처럼 사회복지사업이 급증하는 이유는 이들 대부분이 중앙정부 국고보조금과 연계하여 이루어지기 때문이다.

[표 13] 2023년도 지방재정 분야별 세출예산 (단위: 억원, %)

	2018세출예산		2023세출예산		증감	증감률
	금액(A)	구성비	금액(B)	구성비	B-A	(B-A)/A
일반공공행정	126,003	6.0	166,086	5.4	40,083	31.8
공공질서 및 안전	37,318	1.8	58,568	1.9	21,250	56.9
교육	129,396	6.1	161,886	5.3	32,490	25.1
문화 및 관광	102,866	4.9	142,778	4.7	39,912	38.8
환경보호	208,324	9.9	293,022	9.6	84,698	40.7
사회복지	571,293	27.1	963,192	31.5	391,899	68.6
보건	35,217	1.7	53,674	1.8	18,457	52.4
농림해양수산	132,074	6.3	203,673	6.7	71,599	54.2
산업중소기업	45,237	2.1	83,312	2.7	38,075	84.2
수송및교통	182,878	8.7	246,100	8.1	63,222	34.6
국토및지역개발	141,816	6.7	171,657	5.6	29,841	21.0
과학기술	4,685	0.2	3,824	0.1	△861	△18.4
예비비	50,801	2.4	46,423	1.5	△4,378	△8.6
기타[1)]	338,875	16.1	459,914	15.1	121,039	35.7
세출총계	2,106,784	100.0	3,054,109	100.0	947,326	45.0

주: 각 연도 당초예산 순계기준임
1) 기타 = 인력운영비+기본경비등
자료: 행정안전부, 「2018년도 지방자치단체 통합재정 개요」 등

2023년도 시도별 예산현황(광역+시·군·구)을 살펴보면, 예산이 가장 많은 곳은 경기도로서 전체 지방정부 예산의 19.1%를 차지하는 58.1조원이며, 다음으로는 서울이 47조원(15.7%), 경북이 24.1조원(7.9%)이다.

2023년 전체 시도 예산은 전년보다 17.1조원 증가하였는데, 증가 규모로 보면 서울이 2.8조원으로 가장 크고, 그 다음이 경북(2.1조원)이며, 증가율 측면에서는 제주(10.0%), 경

북(9.9%) 순으로 높았다. 반면, 예산 증가폭이 가장 작은 자치단체는 경기와 광주로, 경기는 2.4%, 광주는 2.7% 증가하는 데 그쳤다.

[표 14] 시도별 예산 현황

(단위: 억원, %)

	2022 당초예산(A)	2023 당초예산(B)	증감 (B-A)	증감률 (B-A)/A
서울	449,186	478,118	28,932	6.4
부산	156,539	168,130	11,591	7.4
대구	109,238	116,282	7,044	6.4
인천	145,630	155,335	9,705	6.7
광주	73,513	75,522	2,009	2.7
대전	68,142	70,465	2,323	3.4
울산	52,869	56,447	3,578	6.8
세종	17,716	18,932	1,216	6.9
경기	568,536	581,975	13,439	2.4
강원	138,169	149,128	10,959	7.9
충북	112,747	120,501	7,754	6.9
충남	158,960	166,242	7,282	4.6
전북	151,297	161,488	10,191	6.7
전남	185,021	195,450	10,429	5.6
경북	219,983	241,723	21,740	9.9
경남	214,592	231,355	16,763	7.8
제주	60,944	67,015	6,071	10.0
합계	2,883,083	3,054,108	171,023	5.9

주: 각 연도 당초예산 순계기준, 시도별 예산규모는 「시도본청예산+시군구예산」임
자료: 행정안전부, 「2023년도 지방자치단체 통합재정 개요」, 2023

지방정부의 재정규모 추이

전체 지방정부의 재정규모는 당초예산 순계규모를 기준으로 1991년 19.9조원에서 민선 1기 지자체 선거 이후인 1995년에 36.7조원으로 1.8배 증가하였고, 가장 최근인 2023년에 이르러서는 지방재정규모가 305.4조원으로 크게 증가하였다.

[표 15] 연도별 지방재정 세입예산 순계 추이: 1991년~2017년 (단위: 억원, %)

구 분	민선이전	민선1기		민선2기		민선3기		민선4기	
	1991	1995	1997	1999	2001	2003	2005	2007	2009
합 계	199,035 (100.0)	366,671 (100.0)	507,649 (100.0)	537,724 (100.0)	718,085 (100.0)	781,530 (100.0)	923,673 (100.0)	1,119,864 (100.0)	1,375,349 (100.0)
지방세	80,350 (40.4)	153,169 (41.8)	184,977 (36.4)	185,685 (34.5)	266,397 (37.3)	288,165 (36.9)	336,952 (36.5)	380,732 (34.0)	470,670 (34.2)
세외수입	60,716 (30.5)	90,324 (24.6)	166,917 (32.9)	157,593 (29.3)	183,375 (25.6)	200,363 (25.6)	233,769 (25.3)	278,509 (24.9)	337,708 (24.6)
지방교부세[1]	34,524 (17.3)	56,713 (15.5)	70,298 (13.8)	69,187 (12.9)	123,499 (17.3)	115,196 (14.7)	172,047 (18.6)	214,083 (19.1)	265,081 (19.3)
지방양여금	5,570 (2.8)	18,701 (5.1)	28,763 (5.7)	29,061 (5.4)	46,281 (6.5)	48,504 (6.2)	–	–	–
보조금[2]	17,875 (9.0)	32,189 (8.8)	43,331 (8.5)	78,912 (14.7)	90,387 (12.6)	106,663 (13.6)	152,813 (16.5)	211,590 (18.9)	265,004 (19.3)
지방채	–	15,575 (4.2)	13,361 (2.6)	17,286 (3.2)	8,146 (1.1)	22,639 (2.9)	28,092 (3.0)	34,950 (3.1)	36,886 (2.7)
보전수입등 및 내부거래	–	–	–	–	–	–	–	–	–

구 분	민선5기		민선6기		민선7기		민선8기
	2011	2013	2015	2017	2019	2021	2023
합 계	1,410,393 (100.0)	1,568,887 (100.0)	1,732,590 (100.0)	1,931,532 (100.0)	2,310,152 (100.0)	2,630,917 (100.0)	3,054,109 (100.0)
지방세	497,434 (35.3)	537,470 (34.3)	594,523 (34.3)	711,892 (36.9)	818,267 (35.4)	926,047 (35.2)	1,152,644 (37.7)
세외수입	295,784 (21.0)	334,124 (21.3)	202,489 (11.7)	223,362 (11.6)	225,837 (9.8)	241,433 (9.2)	247,113 (8.1)
지방교부세	274,085 (19.4)	314,600 (20.1)	315,849 (18.2)	337,384 (17.5)	432,954 (18.7)	492,632 (18.7)	634,905 (20.8)
지방양여금	–	–	–	–	–	–	–
보조금	305,728 (21.7)	341,732 (21.8)	417,917 (24.1)	440,673 (22.8)	549,698 (23.8)	694,581 (26.4)	777,973 (25.5)
지방채	37,362 (2.6)	40,960 (2.6)	48,207 (2.8)	22,757 (1.2)	37,287 (1.6)	65,442 (2.5)	28,836 (0.9)
보전수입등 및 내부거래	153,605 (8.9)	195,465 (10.1)	153,605 (8.9)	195,465 (10.1)	246,108 (10.7)	210,783 (8.0)	212,639 (7.0)

주 : 1) 증액교부금도 포함
2) 2001년부터 조정교부금, 재정보전금 포함
3) 당초 순계예산 기준임

자료 : 행정안전부, 「지방재정연감」각연도 및 「지방자치단체예산개요」각연도, 「2023년도 지방자치단체 통합재정 개요」

시기별로 살펴보면, 민선 1기인 1995년 대비 민선 6기인 2017년의 지방재정 규모는 5.3배 증가했고, 이 기간 중 연평균 19.4%의 증가율을 나타내고 있다. 특히 민선 4기가 시작된 2006년은 지방재정의 총규모가 당초 예산 순계기준으로 101조원을 돌파해서 지방재정의 100조원 시대를 열었다.

지방재정 규모의 증가는 지방세 수입의 증가보다는 국고보조사업의 증가에 따른 국고보조금과 같은 중앙정부로부터의 이전재원 수입증가의 영향이 크다. 지방세 수입의 예산 총규모 대비 비중은 1991년 40.4%에서 1995년 41.8%로 증가하였다가 그 이후 지속적으로 감소추세를 보이고 있다. 2007년에는 지방세의 비중이 34.0%로 최저 수준이었고, 2017년의 경우에도 예산기준으로 36.9%에 그쳤다가 2023년에는 37.7%를 기록하였다. 지방교부세는 1991년 3.45조원이던 것이 2023년에는 63.5조원으로 18.4배 증가하였지만, 전체 지방재정에서 차지하는 비중을 보면, 1991년 17.3%, 2005년 18.6%, 2013년 20.1%까지 증가추세를 보이다가 이후 감소하여 2017년에 17.5% 수준에 머물렀으며, 이후 2021년 18.7%, 2023년 20.8%를 나타냈다.

반면 이전재원인 국고보조금은 1991년 1.79조원에서 2023년에는 77.79조원으로 43.5배 신장하여 같은 기간 지방재정 전체 세입예산 증가규모(15.3배)를 훨씬 웃돌았다. 국고보조금의 지방세입 비중은 1991년 9.0%에서 2001년 12.6%, 2011년 21.7%, 2017년 22.8%, 2023년 25.5% 수준까지 꾸준한 증가세를 나타내고 있다. 국고보조금이 증가한다는 의미는 국가의 재정부담이 커질 뿐만 아니라 각 지방자치단체의 대응지방비 부담 또한 함께 증가한다는 점에서 지방의 재정부담을 가중시키는 결과를 가져온다. 또한, 그동안 국고보조금 등 이전재원의 규모와 비중이 지속적으로 증가해왔다는 사실은 지방자치제도의 성숙에도 불구하고 재정의 중앙정부 의존율은 계속 증가하였다는 것을 나타낸다.

[그림 7] 연도별 지방재정 세입예산 순계 추이: 1991~2023년 (단위: 조원)

자료: 행정자치부, 「지방재정연감」 각연도 및 「지방자치단체예산개요」 각연도, 「2023년도 지방자치단체 통합재정 개요」

[표 16]은 연도별 자체수입과 이전수입이 전체 지방재정수입에서 차지하는 각각의 비중 추이를 나타내고 있다. 자체수입비중은 2002년 70.2%였던 것이 2005년 이후 줄곧 감소세를 나타내어 2017년에는 44.2%까지 하락하였고, 반면 이전수입 비중은 2002년 29.8%에 불과하였으나 2023년에는 46.2%로 대폭 증가하였다.

[표 16] 연도별 자체수입 규모 및 비중 추이 (단위: 조원, %)

	'02	'03	'04	'05	'06	'07	'08	'09	'10	'11	'12	'13	'14	'15	'16	'17
자체수입	73.9	86.2	90.5	87.8	93.1	100.4	105.2	86.4	85.2	87.2	94.4	87.2	80.3	89.8	95.1	100.8
이전수입	32.9	33.7	31.8	37.0	42.9	47.6	56.9	60.6	59.0	62.6	68.6	65.6	74.5	78.3	82.4	90.1
지방채	3.8	2.8	3.5	3.5	3.6	3.9	4.7	9.8	5.6	6.5	4.0	4.1	4.9	5.6	4.1	2.4
보전수입 등 및 내부거래	-	-	-	-	-	-	-	-	-	-	-	-	21.2	26.3	33.2	34.5
합계	110.5	122.7	125.8	128.3	139.5	151.9	166.8	156.7	149.8	156.3	167.0	156.9	180.9	200.0	214.8	227.8
자체수입비중	70.2	72.5	74.7	71.2	69.3	68.7	65.9	61.4	60.6	59.9	58.9	58.2	44.4	44.9	44.3	44.2
이전수입비중	29.8	27.5	25.3	28.8	30.7	31.3	34.1	38.6	39.4	40.1	41.1	41.8	41.2	39.2	38.4	39.6

	'18	'19	'20	'21	'22	'23
자체수입	106.0	111.5	124.2	133.9	143.9	139.9
이전수입	97.7	116.9	132.5	142.5	161.4	141.2
지방채	2.0	4.0	6.8	6.5	3.7	2.8
보전수입 등 및 내부거래	37.2	39.6	42.4	44.5	42.5	21.2
합계	243.1	272.0	306.1	327.5	351.5	305.4
자체수입비중	43.6	41.0	40.6	40.9	40.9	45.8
이전수입비중	40.2	42.9	43.3	43.5	45.9	46.2

주: 2008년까지는 결산액, 2009년부터 2022년까지는 최종예산액, 2023년은 당초예산액 기준임
※ '14년도 세입과목 개편에 따라 종전 세외수입(임시적세외수입)에 포함되던 이월금, 회계간 전입금, 예탁금및예수금 등의 보전수입 및 내부거래에 해당되는 과목을 세외수입에서 제외
자료: 행정안전부, 「지방재정연감」각연도 및 「지방자치단체예산개요」각연도, 「2023년도 지방자치단체 통합재정 개요」

(3) 지방교육재정

지방교육재정교부금을 주요재원으로 하는 지방교육재정은 「지방재정법」 상 지방자치단체 교육비특별회계로 구성되어 있다. 이러한 교육비특별회계의 수입 구성을 2022회계연도 결산기준으로 살펴보면, 전체 수입 총액 중 지방교육재정교부금, 국고보조금과 특별회계전입금을 합친 국고지원 비중이 78.9%로 중앙정부 의존율이 높은 상태이다.

[표 17] 교육비특별회계 수입 구성현황(2022년도 결산 기준) (단위: 조원, %)

교육비특별회계 수입총액	자체수입		국고지원			기 타
	시·도전입금	자체수입	교부금	국고보조금	특별회계전입금	
109.9	16.9	1.2	82.2	0.6	3.8	5.1
(100.0)	(15.4)	(1.1)	(74.8)	(0.6)	(3.5)	(4.6)

주: 1. 시·도 전입금 : 자치단체 일반회계 법정·비법정 전입금
2. 자체수입 : 교육비특별회계 자체수입(재산수입, 입학금 및 수업료 등)
3. 기타는 지방교육채, 민간이전수입, 자치단체간 이전수입, 전년도이월사업비, 국고 및 지방자치단체보조금 사용잔액 및 순세계잉여금 등 포함

자료: 한국교육개발원, 2023 지방교육재정분석 종합보고서

지방교육재정교부금은 교육의 균형 있는 발전을 도모하기 위해 중앙정부에서 지방자치단체로 재원을 이전하는 제도로서, 「지방교육재정교부금법」에 따라 지방자치단체의 교육기관 및 교육행정기관의 설치 및 경영에 필요한 재원을 조성하기 위해 국가가 필요재원의 전부 또는 일부를 교부하는 것이다. 지방교육재정교부금은 각 시·도교육청별로 운영되는 교육비특별회계의 주된 세입항목이 되고, 그 재원은 당해연도 내국세 총액의 20.79%[31]에 해당하는 내국세분과 「교육세법」에 의한 교육세분(교육세 총액)으로 조성된다. 지방교육재정교부금의 2023년도 예산은 전년 대비 16.4% 증가한 75조 7,606억원으로 여기에는 내국세분 74조 4,214억원과 교육세분 1조 3,392억원이 포함된다. 이처럼 2023년도 지방교육재정교부금 예산이 크게 증가한 이유는 법인세, 소득세 등 내국세수입의 증가가 예상되었기 때문이다.

31) 국세-지방세의 단계별 조정에 따라 2019년에는 축소되는 교부금 보전을 위해 내국세분 비율이 20.27%에서 0.19% 인상된 20.46%로, 2020년에는 20.79%로 조정되었다.(국회예산정책처, 2023)

[표 18] 2023년도 지방교육재정교부금 예산 현황 (단위: 억원, %)

구 분	2022년 예산 (A)	2023년 예산 (B)	증감 (B-A)	증감률 (B-A)/A
합 계	650,595	757,606	107,011	16.4
내국세분	615,648	744,214	128,566	20.9
교육세분	34,947	13,392	△21,555	△61.7

주: 2022, 2023년도 본예산 기준

공공부문계정

□ 공공부문계정은 일정기간 동안 이루어진 공공부문의 모든 경제적 활동을 체계적으로 기록한 통계로서 국민계정의 새로운 국제편제기준인 2008 SNA(System of National Accounts)에 의거하여 한국은행이 별도 작성한다.

* 공공부문 = 일반정부 + 비금융공기업 + 금융공기업

□ 2022년 공공부문의 총지출 규모는 1,199.8조원으로 2007년에 비해 741.6조원이 증가하였다. 이를 연도별로 보면, 글로벌 금융위기 직후인 2008~2009년 기간 중 137.2조원이 급증하였으나 2012년 이후에는 증가폭이 크게 둔화되었다. 이후 코로나19 팬데믹 기간인 2021~2022년 동안 증가폭이 크게 증가하였다.

[표 19] 공공부문 총수입/총지출 추이 (단위: 조원, %)

	2007	2008	2009	2010	2011	2012	2013	2014	2015
총수입	475.8	530.8	537.6	572.4	627.5	665.3	680.2	711.4	733.1
총지출	458.2	536.2	595.4	603.6	646.9	670.3	683.0	694.0	700.7
총지출증가율	-	17.0	11.0	1.4	7.2	3.6	1.9	1.6	0.9
	2016	**2017**	**2018**	**2019**	**2020**	**2021**	**2022**		
총수입	768.1	807.7	852.7	878.4	889.0	994.9	1,104.0		
총지출	720.9	753.7	799.6	863.8	947.4	1,022.2	1,199.8		
총지출증가율	2.9	4.5	6.1	8.0	9.7	7.9	17.4		

자료: 한국은행, 공공부문계정(잠정) 각 연도

□ 공공부문계정은 정부 재정운영 상황에 대한 포괄적 판단지표를 제공하고, 공공정책 평가를 위한 기초자료를 제공할 뿐만 아니라, 국민계정 부문·국가 간의 비교가능성을 제고시킬 수 있다는 점에서 의의가 있다.

제3절 재정수입의 체계

1. 재정수입의 구조

재정수입은 조세(국세와 지방세)·세외수입·기금수입 등으로 구성된다. 이를 재정주체별로 구분하면, 중앙정부 재정수입은 국세·세외수입·기금수입으로 구성되며, 지방정부의 재정수입은 지방세·지방세외수입·지방기금수입으로 구성된다.

[그림 1] 재정수입의 구조

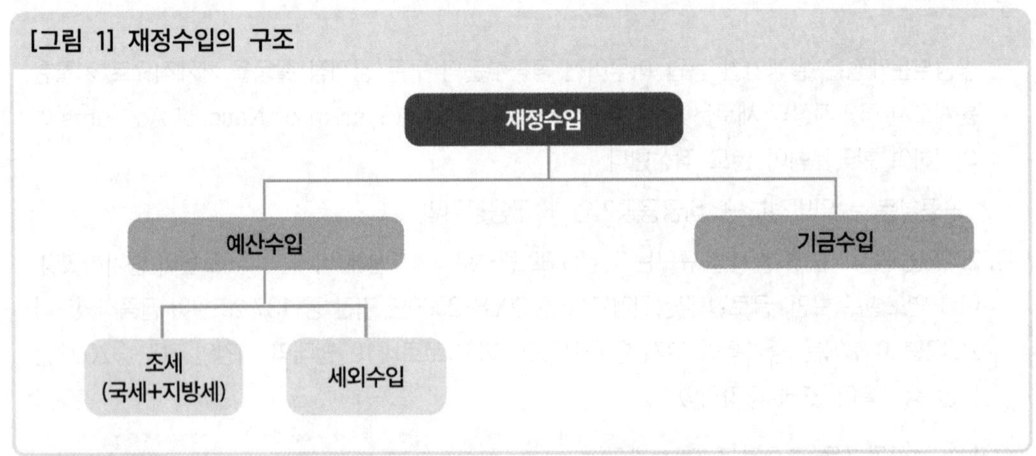

(1) 중앙정부의 재정수입

중앙정부의 재정수입은 예산수입(세입)과 기금수입으로 구성된다. 세입은 회계별로 일반회계 세입과 특별회계 세입으로, 세입원천별로 국세와 세외수입으로 각각 나누어 살펴볼 수 있다.

예산수입

예산수입은 회계별로 일반회계 세입, 특별회계 세입으로 나뉘고, 수입원천별로는 소득세·법인세·부가가치세 등 조세를 기반으로 하는 국세수입과 경상이전수입(벌금·가산금 등)·재산수입(출자배당수입 등)·공기업매각수입 등의 세외수입으로 구분할 수 있다.

일반회계 세입은 일반회계 국세수입과 일반회계 세외수입으로 구성된다. 2013년에는 경기침체로 인해 일반회계 국세수입 증가율이 △0.5%였으나, 2015년부터 세수실적이 개선되면서 2015년에는 전년 실적대비 6%, 2016년에는 11.3%, 2017년 9.4%의 높은 증가율을 보였다. 2024년에 일반회계 국세수입은 2023년 본예산 대비 8.7% 감소한 356.1조원 수준으로 전망된다. 최근 글로벌 고물가·고금리에 따른 대내외 경제여건의 악화, 글로벌 경기둔화 등으로 인한 자산시장 위축 등에 기인한다고 볼 수 있다. 당해연도의 세수규모가 당초 예상했던 규모와 차이가 발생하게 되는 경우에는 당초 계획에 따라 재정을 운용하는 데 차질을 초래할 수 있다. 세수 부족에도 불구하고 정부는 계획된 재정사업이 차질없이 집행될 수 있도록 가용재원 등을 활용해 대응해 나가야 할 것이다.

일반회계 세외수입은 정부보유주식 매각수입과 그 외 경상이전수입(벌금·가산금 등) 및 재산수입(출자배당수입 등) 등 경상세외수입으로 분류할 수 있다. 2024년 일반회계 세외수입은 2023년 본예산(9.7조원) 대비 15.2% 증가한 11.2조원으로 전망된다.

[표 1] 2024년도 일반회계 세입 전망 (단위: 조원, %)

	2023년 (A)	2024년 (B)	증감률 (B-A)/A
합계(I+II)	400.0	367.3	△8.2
국세(I)	390.3	356.1	△8.7
- 내국세	358.0	321.6	△10.2
- 관세	10.7	8.9	△16.9
- 교통·에너지·환경세	11.1	15.3	37.5
- 교육세	4.7	6.2	31.1
- 종합부동산세	5.7	4.1	△28.1
세외수입(II)	9.7	11.2	15.2

자료: 기획재정부 2024년, 2024년「나라살림 예산개요」

특별회계 세입은 주세·농어촌특별세 등 국세와 융자회수·부담금 등 자체세입으로 구성된다. 2024년 특별회계 세입 중 국세수입은 2023년 본예산 대비 9.7% 증가한 11.2조원으로 전망되며, 자체세입은 2023년 본예산 대비 11.6% 증가한 17.0조원으로 전망된다.

[표 2] 2024년도 특별회계 세입 전망 (단위: 조원, %)

	2023년 (A)	2024년 (B)	증감률 (B-A)/A
합계(I+II)	25.4	28.2	10.9
국세(I)	10.2	11.2	9.7
자체수입(II)	15.2	17.0	11.6

주: 국세는 주세, 농어촌특별세, 자체세입은 각종부담금(환경개선부담금 등), 융자회수, 수수료 등으로 구성.
자료: 기획재정부 「2024년 나라살림 예산개요」

기금수입

기금의 수입은 수입원천별로 사회보장기여금(국민연금·사학연금의 연금기여금과 고용·산재보험의 보험료로 구성), 융자원금 회수(중소기업 융자자금 등의 만기회수), 그리고 기타수입(자산운용과정에서 발생하는 이자수입 등)으로 구분된다. 2024년도 기금수입은 2023년 본예산 대비 8.2% 증가한 216.7조원 규모로 전망된다. 이 중에서 국민·사학연금의 연금기여금과 고용·산재보험 보험료로 구성되는 사회보장기여금은 국민연금 기여금 수입증가 등으로 인해 2023년 대비 7.2% 증가한 92.3조원으로 전망된다. 중소기업 등에 융자한 자금을 만기회수하는 융자원금 회수규모는 2023년 대비 5.4% 증가한 33.8조원으로 예상되며, 이자수입 등 기타수입은 자산운용 규모 증가 등으로 인해 2023년 대비 10.3% 증가한 90.6조원에 이를 전망이다.

[표 3] 2024년도 기금수입 전망 (단위: 조원, %)

	2023년 (A)	2024년 (B)	증감률 (B-A)/A
합계(I+II+III)	200.3	216.7	8.2
사회보장기여금(I)	86.1	92.3	7.2
융자원금 회수(II)	32.0	33.8	5.4
이자수입 등 기타(III)	82.1	90.6	10.3

자료: 기획재정부 「2024 나라살림 예산개요」

기금 유형별로는 사업성 기금은 주택도시기금 만기도래 융자원금회수 증가 및 국유재산 토지매각대 증가 등으로 2023년 대비 5.4% 증가한 58.0조원, 사회보험성 기금은 국민연금 기금의 기타재산이자수입 증가로 8.4% 증가한 146.6조원, 계정성 기금은 복권기금의 복권 판매수입 증가 등으로 21.2% 증가한 12.1조원 수준으로 전망된다

[표 4] 2024년도 기금유형별 수입 전망

(단위: 조원, %)

	2023년 (A)	2024년 (B)	증감률 (B-A)/A
합계(59개)	200.3	216.7	8.2
사업성 기금(49개)	55.1	58.0	5.4
사회보험성 기금(6개)	135.2	146.6	8.4
계정성 기금(4개)	10.0	12.1	21.2

주: 1. 사회보험성 기금: 국민연금기금, 사립학교교직원연금기금, 고용보험기금, 산업재해보상보험 및 예방기금, 공무원연금기금, 군인연금기금
2. 계정성 기금: 양곡증권정리기금, 공적자금상환기금, 복권기금, 공공자금관리기금
자료: 기획재정부 「2024년 나라살림 예산개요」

참고로 앞서 설명한 기금 수입 216.7조원은 통합재정 관점에서의 기금 수입으로서, 국회에서 확정된 68개 전체 기금의 수입(기금운용규모) 1,023.3조원과는 차이가 있다. 이러한 차이의 이유는 다음과 같다.

첫째, 기금운용계획상의 수입에는 회계·기금 등 정부 내부간 거래, 민간차입금, 이미 기금으로 전입되어 여유자금으로 운용되던 것을 회수하는 여유자금회수 등 실질적인 의미에서의 수입으로 보기 어려운 항목들이 포함되어 있으므로 이를 제외한 자체수입만을 반영한다.

둘째, 금융성 기금 및 외국환평형기금은 순수한 재정활동이라기보다는 금융활동으로 분류하는 것이 합리적이므로 통합재정 관점에서의 총수입에서는 제외한다.

따라서 통합재정 관점에서 예산과 기금을 합한 정부 전체의 총수입을 산정할 때에는 59개 기금의 자체수입만을 포함한다

(2) 지방정부의 재정수입

지방정부의 재정수입(교육재정 제외)[32]은 자체수입(지방세와 세외수입)과 의존수입(지방교부세, 국고보조금 등), 지방채 발행수입 등으로 구성되어 있다. 2023년도 지방재정의 수입 규모는 305.4조원이며, 이 중 자체재원은 지방세 115.2조원과 세외수입 24.7조원, 지방채 2.8조원 등 총 142.8조원(46.7%)이다. 이전재원은 141.2조원(46.3%)으로, 지방교부세는 63.4조원이고 국고보조금은 77.7조원이다.

[표 5] 2024년도 지방재정 수입 규모

(단위: 억원, %)

	2021	2022		2023		증감	
	최종예산	당초예산(A)	최종예산	당초예산(B)	구성비	B-A	증감률
세입순계	3,275,869	2,883,083	3,515,950	3,054,109	100.0	171,026	5.9
자체수입	1,339,466	1,328,144	1,439,082	1,399,757	45.8	71,613	5.4
- 지방세	1,022,963	1,085,070	1,123,845	1,152,644	37.7	67,574	6.2
- 세외수입	316,533	243,075	315,237	247,113	8.1	4,038	1.7
이전수입	1,425,839	1,317,281	1,614,362	1,412,878	46.3	95,597	7.3
- 지방교부세	584,137	584,825	802,582	634,905	20.8	50,080	8.6
- 보조금	841,702	732,456	811,780	777,973	25.5	45,517	6.2
보전수입등 및 내부거래	445,201	197,315	425,304	212,639	7.0	15,324	7.8
지방채	65,332	40,343	37,202	28,836	0.9	△11,507	△28.5

주: 순계예산기준
자료: 행정안전부, 「2023년도 지방자치단체 통합재정 개요」

(3) 일반정부 재정수입

정부가 2005회계연도 결산부터 IMF 기준에 따라 작성하고 있는 정부 전체의 통합재정통계에 따르면, 2021년도 기준으로 중앙정부재정과 지방정부재정(지방교육재정 포함)을 모두 포괄하는 일반정부 수입은 842.4조원(GDP대비 39.0%)이다. 재정주체별로는 중앙정부 재정수입이 700.3조원으로 전체 통합재정수입의 83.1%를 차지하고, 지방재정수입은 318.5조원으로 37.8%, 지방교육재정수입은 109.1원으로 12.9%를 각각 차지하고 있다.[33] 일반

32) 지방자치단체의 일반재정을 구성하는 일반회계와 특별회계를 대상으로 한다. 종종 논의되는 지방통합재정은 일반회계, 특별회계 및 기금과 지방공기업의 공기업특별회계를 포함하는 지방정부의 전체 재정활동으로 일반재정과는 산정대상과 방식이 다르다.

33) 총합이 100%와 일치하지 않는 것은 중앙정부에서 지방정부로 재배분되는 내부거래가 267.0조원을 차감하지 않았기 때문이다. 이러한

정부 수입을 각 항목별로 살펴보면 조세수입이 520.2조원(61.7%)이고 사회보험료 수입이 183.7조원(21.8%), 기타수익이 117.9조원(16.8%)이다.

[표 6] 2022회계연도 일반정부 수입 (단위: 조원, %)

	중앙정부	지방정부				내부거래	일반정부
		지방재정	지방교육재정	내부거래	합계		
수입 (GDP대비, %)	700.3 (32.4)	318.5 (14.7)	109.1 (5.0)	△18.6 (△0.9)	409.0 (18.9)	△267.0 (△12.3)	842.4 (39.0)
-조세수입	398.7	121.5	-	-	121.5	-	520.2
-사회보험료	183.7	-	-	-	-	-	183.7
-출연	8.5	167.0	102.9	△18.6	251.3	△259.8	0.0
-기타수익	109.4	30.1	6.2	-	36.2	△7.2	138.5

자료: 기획재정부, 「2022회계연도 한국통합재정수지」, 2024

한편, 한국은행이 작성하여 OECD에 제출하는 '일반정부 총수입'은 UN의 '국민계정체계(System of National Account: 1993 SNA)' 에 따라 일반정부로 분류되는 부문의 수입총계를 의미한다. 2022년 기준 우리나라의 일반정부 총수입은 843.2조원이며, 중앙정부 471.1조원, 지방정부 391.5조원, 사회보장기금 219.6조원으로 구성된다.

내부거래는 중앙정부 내국세 수입의 일정비율을 지방으로 이전하는 지방교부세, 지방교육재정교부금 등이 대부분을 차지한다.

[그림 2] 연도별 일반정부 총수입 규모

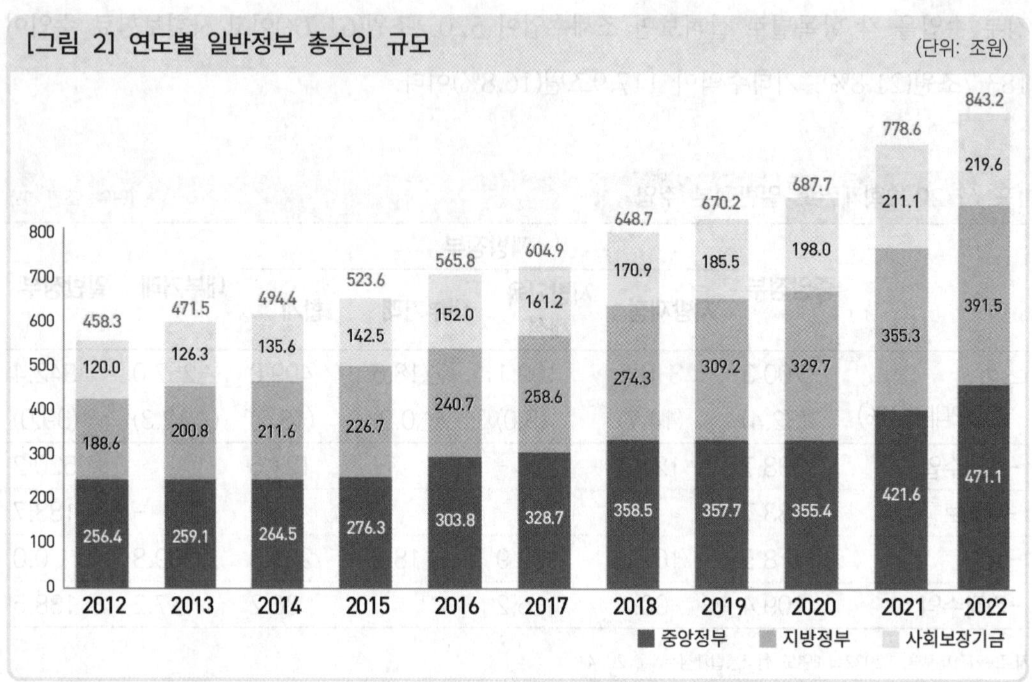

주: 총지출의 경우 정부간 내부거래 포함에 따라 부문의 합과 총합이 불일치
자료: 한국은행, 경제통계시스템(http://ecos.bok.or.kr)

2. 조세

(1) 조세의 원칙과 기능

우리나라의 세법에서는 조세를 정의하는 정의규정을 별도로 두고 있지 않다.[34] 일반적으로 조세는 국가나 지방자치단체가 고유의 목적을 수행하기 위하여 필요한 재정수요를 충당하기 위하여 법률에 규정된 모든 납세의무자에게 개별보상과 관계없이 부과하는 금품(또는 화폐)이라고 정의할 수 있다. 즉, 조세는 정부의 다양한 활동을 가능하게 하기 위한 자원을 민간부문으로부터 정부부문으로 강제로 이전하는 수단이며, 정부수입의 근간이 된다. 이러한 조세의 개념 속에 포함된 조세의 특징을 설명하면 다음과 같다.

첫째, 조세를 부과하는 주체(과세권자)는 중앙정부나 지방정부이다. 따라서 조세를 부과

34) 우리나라의 세법에서는 조세를 정의하는 규정을 별도로 두고 있지 않으며, 조세의 정의를 법률로 규정한 입법례로는 1977년에 제정된 독일의 조세기본법이 있다. 동법 제3조는 "조세는 특별급부에 대한 반대급부가 아니며, 공법상 단체가 수입을 얻기 위하여 법률로 당해 급부에 결부되는 요건사실을 충족한 모든 사람에게 과해지는 금전급부"로 정의하고 있다.(최명호, 2007)

하는 주체에 따라 중앙정부가 부과하는 국세, 지방정부가 부과하는 지방세로 구분할 수 있다.

둘째, 조세는 국가의 재정수요를 충당하기 위한 목적으로 부과되며, 이러한 조세의 목적은 주된 목적과 부수적 목적으로 구분하기도 한다.[35] 주된 목적이란 행정기관의 공무집행 과정에서 발생하는 일반적 경비를 충당하기 위한 목적을 말하며, 부수적 목적이란 소득분배의 형평성 확보, 경제의 안정적 성장을 위한 총수요 조절 등과 같은 사회·경제적 목적을 말한다.[36]

셋째, 조세는 법률에 규정된 모든 납세의무자에게 부과된다. 다만, 국민의 재산권을 보호하기 위하여 과세요건은 법률에 의해서 규정하도록 하고 있는데, 이를 조세법률주의라고 한다. 우리나라는 조세의 종목과 세율은 법률로 정하도록 하는 조세법률주의를 채택하고 있다.

넷째, 조세는 직접적인 반대급부 없이 부과되며 금전납부를 원칙[37]으로 한다. 조세는 자신이 개별적으로 납부한 세금에 비례하여 개별적으로 보상을 받는 것이 아니라는 점에서 특정한 행정서비스의 대가로 지급한 사용료나 수수료와 구별된다.

(2) 조세의 분류

조세는 납세의무자와 담세자의 일치여부, 부과 시 개인적인 부담능력을 고려하는지 여부, 조세전가 가능 여부, 조세수입의 용도지정 여부 등에 따라 다음과 같이 분류할 수 있다.

---

35) 바그너(A. Wagner)는 조세의 목적을 순재정적 목적과 사회정책적 목적으로 구분하였다.

36) 러너(A.P. Lerner)와 같은 기능재정론자는 조세의 본래적 목적보다는 국민경제에 미치는 효과, 특히 총수요조절의 목적을 강조하고 있으며, 현대자본주의에서 국가활동 자체가 다양화·다각화됨에 따라 조세의 목적 역시 사회·경제적 목적이 더욱 중요시되고 있다.

37) 다만, 소득세법, 법인세법, 상속세 및 증여세법 등은 예외적으로 물납(物納)을 인정하고 있다.

[표 7] 조세의 분류 기준과 종류

분류기준	종류	내용
납세의무자와 조세부담자의 일치 여부	직접세	법률상의 납세의무자와 경제상의 조세부담자가 일치하는 조세로 소득세, 법인세, 상속세, 증여세, 종합부동산세가 이에 해당
	간접세	조세부담이 경제거래를 통해 다른 경제주체에게 전가되므로 법률상의 납세의무자와 경제상의 조세부담자가 일치하지 않는 조세로, 부가가치세, 특별소비세, 주세, 증권거래세, 인지세 등이 이에 해당
개인적 부담능력 고려 여부	인세	납세자의 개인적 부담능력을 고려하여 부과하는 조세
	물세	납세자의 개인적 부담능력과 관계없이 재화의 거래, 재산의 보유 등에 부과하는 조세
과세표준	종량세	과세표준을 '수량·용적·증량' 건수의 물량에 의하여 표시하는 조세로, 교통·에너지·환경세, 개별소비세의 과세장소 입장행위 중 경마장, 골프장, 카지노 등과 주세 중 주정이 여기에 속함
	종가세	과세표준이 금액으로 표시되는 조세로, 대부분의 조세가 여기에 속함
세수의 용도 특정 여부	보통세	세수의 용도를 특정하지 않고 정부의 일반적인 지출재원을 조달하기 위하여 부과되는 조세로 대부분의 국세와 지방세가 해당
	목적세	특정한 지출목적에 사용하기 위하여 부과되는 조세로, 국세 중에서 교육세, 교통·에너지·환경세, 농어촌특별세가 해당되고, 지방세의 경우 지역자원시설세, 지방교육세가 해당
과세주체	국세	중앙정부가 부과하는 조세로 크게 내국세와 관세로 분류
	지방세	지방정부가 부과하는 조세로 도세와 시·군세로 분류
과세지역	내국세	국내에 부과되는 조세
	관세	재화가 경제적 국경을 통과할 때 부과되는 조세
다른 조세에 부가되는지 여부	독립세	독립적인 세원에 대하여 부과되는 조세
	부가세	다른 세목의 납세액을 기준으로 부과되는 조세로, 국세 중에는 교육세와 농어촌특별세가 해당되고, 지방세 중에는 주민세가 해당

한편, OECD에서는 과세물건을 기준으로 소득세, 재산세, 소비세, 기타과세로 분류하고 있다. 소득세는 수입 또는 소득을 얻고 있다는 사실에 담세능력을 인정하여 과세하는 조세를 말하고, 재산세는 재산을 소유한다는 사실에 담세능력을 인정하여 과세되는 조세를 말하며, 소비세는 납세자가 재화나 용역을 구입·소비하는 사실에 대해 간접적으로 담세능력을 인정하여 과세하는 조세를 말한다.

[표 8] OECD 조세 분류체계에 따른 우리나라 국세 분류

분류 기준	국세의 분류
소득(income and profits) 과세	소득세, 법인세, 농어촌특별세(소득세·법인세 감면분)
재산(property) 과세	상속·증여세, 증권거래세, 인지세, 종합부동산세, 농어촌특별세(증권거래세·종합부동산세분)
소비(consumption)	부가가치세, 주세, 교통·에너지·환경세, 개별소비세, 관세, 교육세(주세·교통세·개별소비세·금융보험업자 수입분), 농어촌특별세(개별소비세·관세 감면분)
기타(other taxes)	과년도 수입

자료: 기획재정부, 조세개요

(3) 우리나라의 조세체계

우리나라의 조세체계를 부과주체에 따라 중앙정부가 부과하는 국세와 지방정부가 부과하는 지방세로 구분하면, 2024년 기준 14개의 국세 세목과 11개의 지방세 세목으로 구성되어 있다.

국 세

국세는 국가의 재정수입을 위하여 국가가 부과·징수하는 조세이며, 중앙정부 재정의 근간이 된다. 따라서 중앙정부의 일반회계와 특별회계의 재원은 국세수입을 위주로 구성된다. 국세는 「국세기본법」이 정하는 바에 의하여 통관절차를 거치는 물품에 부과하는 관세, 목적세인 교통·에너지·환경세, 교육세, 농어촌특별세, 그리고 관세와 목적세를 제외한 조세인 내국세와 보유세인 종합부동산세로 구성된다. 내국세는 다시 소득세·법인세·상속세와 증여세 등의 직접세와 부가가치세·개별소비세·주세·인지세·증권거래세 등의 간접세로 구분된다. 이상 국세는 모두 14개의 세목으로 이루어져 있다.

국세 세입의 회계현황을 보면, 농림축산식품부 소관 농어촌구조개선특별회계의 세입 항목인 농어촌특별세, 기획재정부 소관의 지역균형발전특별회계[38]의 세입 항목인 주세를 제외한 나머지 12개의 국세는 모두 기획재정부 소관 일반회계의 세입으로 계상된다.

38) 2023회계연도부터 지역균형발전특별회계로 명칭이 변경되었다

[표 9] 국세 종류별 소관기관, 세입회계 및 수납액 (단위: 조원, %)

회계	소관	세목	2022년 실적(A)	2023년 예산(B)	증감액 (B-A)	증감률 (B-A)/A
일반회계	기획재정부	소득세	128.7	131.9	3.2	2.5
		법인세	103.6	105.0	1.4	1.4
		상속증여세	14.6	17.1	2.5	17.1
		부가가치세	81.6	83.2	1.6	2.0
		개별소비세	9.3	10.2	0.9	9.7
		관세	10.3	10.7	0.4	3.9
		인지세	0.8	0.8	0	0
		증권거래세	6.3	5.0	△1.3	△20.6
		종합부동산세	8.6	5.7	△2.9	△33.7
		교통·에너지·환경세	11.1	11.1	0	0
		교육세	4.6	4.7	0.1	2.2
		과년도수입	7.3	4.8	△2.5	△34.2
지역발전특별회계	기획재정부	주세	3.8	3.2	△0.6	△15.8
농어촌구조개선특별회계	농림축산식품부	농어촌특별세	7.0	7.0	0	0
-	-	합계	395.9	400.5	4.6	1.2

자료: 기획재정부

지방세

지방세는 지방자치단체에 의하여 부과·징수되며, 당해 지방자치단체의 재정수요에 충당된다는 점에서 국세와 다르다. 어떠한 조세를 국세 또는 지방세로 할 것인가에 대하여는 명확한 기준이 없으며, 세원의 규모와 분포, 재정의 여건, 행정의 편의 등을 다각적으로 고려하여 결정된다.

구 「지방세법」은 이러한 지방세의 기본적인 원리와 세목, 부과 및 징수절차 등을 단일법 체계로 규율하고 있었으나, 2010년 3월 「지방세법 전부개정법률안」이 국회를 통과(2011.1.1.시행)함에 따라 지방세법 체계가 전면적으로 개편되었다. 기존의 단일법체계는 3개의 관련법으로 분법(分法)되었는데, 지방세에 관한 공통적·총칙적인 사항을 정리한 「지방세기본법」, 지방세의 종류 및 세목체계를 규정하는 「지방세법」, 감면규정을 통합·정리한 「지방세특례제한법」으로 구성되었다.

[표 10] 지방세 분법 개요

	현행(1개 법률)		개선(3개 법률)
지방세법	제1장(총칙)	→	지방세기본법
	제2장(도세) 제3장(시군세) 제4장(목적세)	→	지방세법
	제5장(과세면제 및 경감)	→	지방세특례제한법

지방자치단체는 「지방세기본법」이 정하는 바에 의하여 지방세를 부과·징수할 수 있으며, 지방세는 재정수요의 용도에 따라 보통세와 목적세로 나뉜다. 보통세는 취득세, 등록면허세, 레저세, 지방소비세, 주민세, 재산세, 자동차세, 담배소비세, 지방소득세의 9개 세목으로 구성되며, 목적세는 지역자원시설세, 지방교육세 등 2개의 세목으로 이루어져 있다.

지방자치단체의 세목은 해당 자치단체의 사무에 따라 특별시세, 광역시세, 도세, 구세, 시·군세로 구분한다.

[그림 3] 우리나라의 현행 조세종류

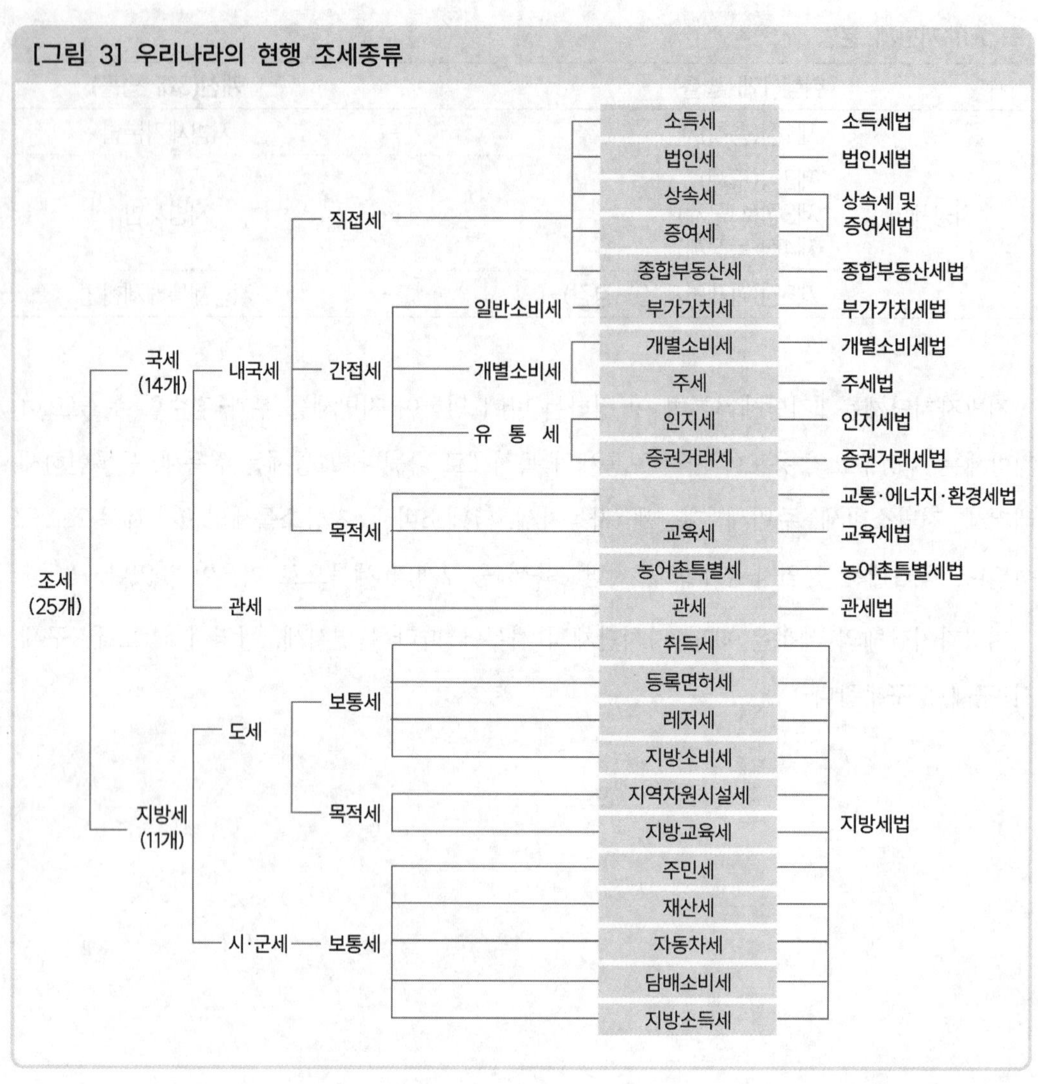

(4) 주요 조세지표 비교

① 조세부담률

조세부담률은 국민들이 어느 정도 수준의 조세를 부담하는지를 측정하는 지표로서, 국세 및 지방세를 합한 조세수입이 경상 GDP에서 차지하는 비중이다.

$$\text{조세부담률} = \frac{\text{국세} + \text{지방세}}{\text{GDP}} \times 100$$

최근 우리나라의 조세부담률을 살펴보면, 2014년 17.1%, 2017년 18.8%, 2020년 20.0%, 2022년 23.8%로 지속해서 상승하고 있다.

[표 11] 연도별 조세부담률 추이 (단위: 조원, %)

		2014	2015	2016	2017	2018	2019	2020	2021	2022
GDP		1,562.9	1,658.0	1,740.8	1,835.7	1,898.2	1,924.5	1,933.2	2,071.7	2,161.8
조세 규모	조세	267.2	288.9	318.1	345.8	377.9	383.9	387.6	456.9	514.5
	- 국세	205.5	217.9	242.6	265.4	293.6	293.5	285.5	344.1	395.9
	- 지방세	61.7	71.0	75.5	80.4	84.3	90.5	102.0	112.8	118.6
조세 부담률		17.1	17.4	18.3	18.8	19.9	19.9	20.0	22.1	23.8

자료: e-나라지표

2022년 OECD 회원국 38개국의 평균 조세부담률 25.2% 및 G7 평균 26.3%와 비교할 때 우리나라의 조세부담률은 상대적으로 낮은 수준이나, 우리나라의 조세부담률과 OECD 평균과의 차이는 2013년 6.8%p에서 2022년 1.4%p로 축소되었다.

[표 12] 최근 10년간 조세부담률 추이: 2013~2022년 (단위: %)

구 분	2013	2014	2015	2016	2017	2018	2019	2020	2021	2022
한국	17.0	17.1	17.4	18.3	18.8	19.9	19.9	20.0	22.0	23.8
G7 평균	24.4	24.6	24.8	24.9	25.1	25.0	25.0	25.2	25.9	26.3
OECD 평균	23.8	24.1	24.1	24.7	24.5	24.5	24.5	24.3	25.1	25.2

주 1. G7 평균은 자료 미제출 국가(일본과 호주)의 경우 전년도 수치를 인용하여 평균 계산한 값임
2. OECD 평균은 2022년 미발표국가(일본 호주)의 경우 전년도 수치를 인용하여 계산
자료: OECD. Revenue Statistics Database

OECD 주요국의 조세부담률 변동 추이와 비교할 때, 2001년 이후 2022년까지 총 6.0%p 상승하여 OECD 국가 평균 상승폭(0.9%p)에 비해 가파르게 상승 중이다.

[표 13] OECD 주요국 연도별 조세부담률 추이 (단위: %)

	한국	일본	미국	영국	프랑스	독일	스웨덴	OECD 평균
2001	17.8	16.5	20.5	27.2	27.2	21.1	33.5	24.8
2002	17.8	15.4	18.4	26.4	26.5	20.5	32.0	24.5
2003	18.2	15.1	17.9	25.7	26.2	20.6	32.6	24.4
2004	17.4	15.7	18.2	26.4	26.5	20.1	33.1	24.5
2005	17.8	16.6	19.6	26.8	26.9	20.4	34.1	25.0
2006	18.6	17.1	20.4	27.0	27.1	21.3	34.2	25.2
2007	19.6	17.5	20.4	27.1	26.7	22.1	33.2	25.3
2008	19.3	16.8	19.4	26.3	26.4	22.5	33.0	24.5
2009	18.2	15.3	16.8	25.4	25.1	22.2	33.2	23.5
2010	17.9	15.6	17.4	26.4	25.9	21.3	32.3	23.7
2011	18.4	16.1	18.4	27.3	26.9	21.9	32.6	24.0
2012	18.7	16.5	18.6	26.5	27.8	22.5	32.4	24.4
2013	17.0	16.9	19.4	26.0	28.6	23.0	32.6	23.9
2014	17.1	18.1	19.7	25.8	28.5	22.9	32.4	24.1
2015	17.4	18.3	20.0	25.9	28.6	23.2	33.1	24.1
2016	18.3	18.1	19.7	26.3	28.7	23.5	34.2	24.7
2017	18.8	18.6	20.6	26.6	29.3	23.4	34.5	24.5
2018	19.9	18.9	18.8	26.6	29.9	24.0	34.2	24.5
2019	19.9	18.5	18.9	26.3	30.1	24.0	33.7	24.5
2020	20.0	19.7	19.4	25.9	30.6	22.8	33.5	24.2
2021	22.1	20.8	20.4	27.6	30.4	24.5	33.8	25.7
2022	23.8	-	21.6	28.2	31.1	24.7	32.6	25.7

주: 1. 일본은 2022년 자료 미발표
2. OECD 평균은 2022년 미발표국가(일본 호주)의 경우 전년도 수치를 인용하여 계산
자료: OECD. Revenue Statistics Database

② 국민부담률

국민부담률은 조세부담률보다 국민들의 조세부담 정도를 포괄적으로 측정하는 지표로서, 국세 및 지방세를 합한 조세수입과 4대 공적연금[39]과 고용보험, 산업재해보상보험, 건강보험, 노인장기요양보험 등의 사회보장기여금이 경상 GDP에서 차지하는 비중을 가리킨다.

$$\text{국민부담률} = \frac{\text{국세} + \text{지방세} + \text{사회보장기여금}}{\text{GDP}} \times 100$$

우리나라의 국민부담률은 조세부담률과 마찬가지로 OECD 국가 평균에 비해 낮은 편으로, 2001년 21.8%에서 점차 높아지다가 2009년 금융위기 시점에 잠시 하락한 후 다시 서서히 증가하는 추세에 있다. 국민부담률은 OECD 국가들 내에서도 국가별로 큰 차이를 보인다. 최근 자료인 2022년 자료를 기준으로 보면, 스웨덴 등 북유럽 국가와 프랑스 등의 국민부담률이 40% 이상이다. OECD 평균(34.7%)을 밑도는 국가들로는 미국이 27.7% 수준이고, 한국도 32.0%를 나타내고 있다. 2022년 OECD 국가들의 평균 국민부담률은 34.7% 수준으로 2001년(33.4%)과 비교해서 정체된 수준을 보이는 반면, 한국의 국민부담률은 2001년(21.8%)보다 10.2%p나 급증한 것을 알 수 있다. 이는 복지수준의 진전과 인구고령화에 따라 국민들이 부담해야 하는 사회보장기여금이 꾸준히 증가한 데 따른 것으로 이러한 추세는 상당기간 계속될 것으로 전망된다.

39) 국민연금, 공무원연금, 사학연금, 군인연금

[표 14] OECD 주요국 연도별 국민부담률 추이

(단위: %)

	한국	일본	미국	영국	프랑스	독일	스웨덴	OECD 평균
2001	21.8	26.0	27.2	32.8	42.7	35.0	46.8	33.4
2002	22.0	24.9	24.9	31.8	42.1	34.4	45.2	33.2
2003	22.7	24.5	24.4	31.5	42.0	34.6	45.5	33.1
2004	22.0	25.2	24.6	32.5	42.2	33.9	45.6	33.0
2005	22.5	26.2	25.9	32.9	42.8	33.9	46.6	33.5
2006	23.6	27.0	26.7	33.1	43.1	34.5	46.0	33.6
2007	24.8	27.5	26.7	33.2	42.4	34.9	45.0	33.7
2008	24.6	27.4	25.7	32.6	42.2	35.4	44.0	33.0
2009	23.8	26.0	23.0	31.6	41.3	36.1	44.1	32.3
2010	23.4	26.5	23.5	32.6	42.0	35.0	43.2	32.5
2011	24.2	27.5	23.9	33.5	43.2	35.7	42.5	32.8
2012	24.8	28.2	24.1	32.8	44.3	36.4	42.6	33.3
2013	24.3	28.9	25.7	32.6	45.2	36.8	42.9	33.6
2014	23.4	30.0	25.9	31.7	45.4	36.8	42.2	32.9
2015	23.7	30.2	26.2	31.8	45.3	37.3	42.6	32.9
2016	24.7	30.3	25.9	32.4	45.4	37.8	44.1	33.6
2017	25.4	30.9	26.8	32.9	46.1	37.7	44.1	33.4
2018	26.7	31.6	24.9	32.9	45.9	38.4	43.8	33.5
2019	27.2	31.4	25.0	32.7	44.9	38.6	42.8	33.4
2020	27.9	33.2	25.5	32.8	45.4	37.9	42.3	33.6
2021	29.9	34.1	26.6	33.5	45.1	39.5	42.6	34.1
2022	32.0	-	27.7	35.3	46.1	39.3	41.3	34.7

주: 1. 일본은 2022년 자료 미발표
2. OECD 평균은 2022년 미발표국가(일본 호주)의 경우 전년도 수치를 인용하여 계산
자료: OECD. Revenue Statistics Database

[그림 4] 한국의 국민부담률 및 OECD 국가 평균치와의 격차 추이

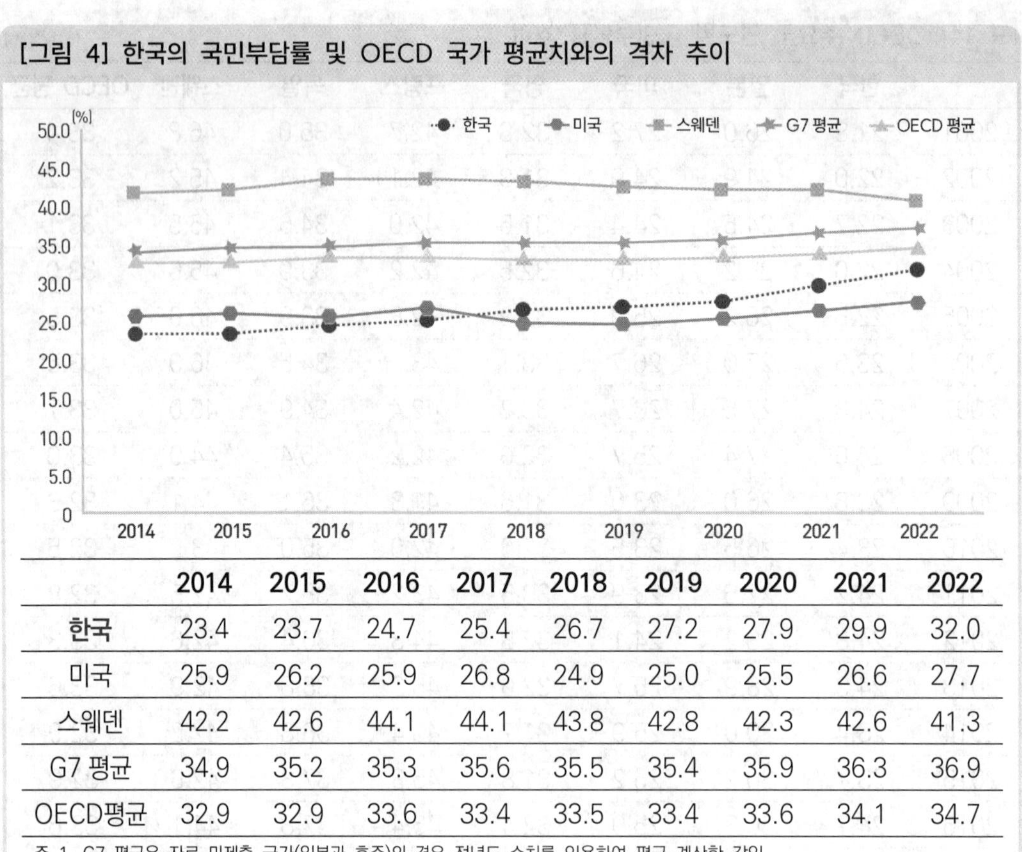

	2014	2015	2016	2017	2018	2019	2020	2021	2022
한국	23.4	23.7	24.7	25.4	26.7	27.2	27.9	29.9	32.0
미국	25.9	26.2	25.9	26.8	24.9	25.0	25.5	26.6	27.7
스웨덴	42.2	42.6	44.1	44.1	43.8	42.8	42.3	42.6	41.3
G7 평균	34.9	35.2	35.3	35.6	35.5	35.4	35.9	36.3	36.9
OECD평균	32.9	32.9	33.6	33.4	33.5	33.4	33.6	34.1	34.7

주 1. G7 평균은 자료 미제출 국가(일본과 호주)의 경우 전년도 수치를 인용하여 평균 계산한 값임
2. OECD 평균은 2022년 미발표국가(일본 호주)의 경우 전년도 수치를 인용하여 계산

자료: OECD. Revenue Statistics Database

(5) 우리나라의 주요 조세

① 소득세

소득세(individual income tax)는 개인의 소득을 과세대상으로 하여 부과되는 조세이다. 소득을 과세대상으로 한다는 점에서 법인세와 동일하지만, 법인세는 법인의 소득에 대하여 과세되는 반면, 소득세는 개인의 소득에 대하여 과세된다는 점에서 서로 구별된다. 우리나라의 소득세제는 원칙적으로 모든 종류의 소득을 합산하여 과세하는 종합과세방식을 채택하고 있으며, 소득세법에서 원천별로 구분하여 제한적으로 열거한 소득에 대해 개인 단위로 누진세율 체계를 적용하고 있다. 소득세법상 열거된 과세대상은 총 8개인데, 6개의 종합소득과 2개의 분류소득으로 구분할 수 있다. 종합소득은 이자·배당·사업·근로·연금·기타

소득으로 구성되며, 분류소득은 퇴직·양도 소득으로 구성된다.

우리나라의 소득세 부담은 OECD 국가에 비해 낮은 편이다. 2021년 GDP 대비 6.1%로, OECD 평균 8.3%에 비해서는 2.2%p 낮은 수준이며, G7 국가 평균 10.1%에 비해서는 4.0%p 낮은 수준이다. 우리나라의 GDP 대비 소득세 부담은 2012년 3.6%에서 2021년 6.1%로 상승추세에 있으며, 같은 기간 한국의 GDP 대비 세부담 상승폭은 약 2.5%p로 OECD 평균 0.8%p, G7 평균 1.0%p에 비해 높은 편이다. G7 국가 중 프랑스와 미국의 증가폭이 우리나라와 유사한 편으로, 각각 2.1%p, 2.0%p 상승하였다. 최고명목세율(지방소득세 포함)은 2022년 기준 한국이 49.5%로 OECD 평균 42.5%에 비해서는 높고, G7 평균(49.7%)과는 유사한 수준이다. 과세표준 구간의 개수는 한국은 8개로 OECD 평균(5.2개), G7 평균(5.1개)에 비해 많은 편이고, 최고 과세표준 구간의 문턱(평균임금의 배수) 또한 한국은 평균임금의 21.6배로 OECD 평균(7.4배), G7 평균(6.3배)에 비해 높은 편이다. 지난 10년 동안 우리나라의 소득세 최고 명목세율(지방소득세 포함)은 2013년 41.8% 에서 2022년 49.5%로 7.7%p 상승하였으며, 과세표준 구간 수도 2013년 5개에서 2022년 8개로 증가하였다.

② 법인세

법인세(corporation income tax)는 법인을 납세의무자로 하고, 법인의 소득을 과세대상으로 하는 조세를 말한다. 법인세는 법인을 납세의무자로 한다는 점에서 개인을 납세의무자로 하는 소득세와 다르며, 소득을 과세대상으로 한다는 점에서 재화 및 용역의 공급을 과세대상으로 하는 부가가치세와 구별된다. 법인세는 국가가 과세권자인 국세이고, 소득세와 같이 납세자와 담세자가 일치한다는 점에서 직접세이며, 소득세·상속세와 같이 초과누진세율이 적용된다는 점에서 누진세의 성격을 갖는다.

법인세의 과세대상은 '각 사업연도 소득', '토지 등 양도소득', '청산소득'의 3가지로 구분된다. 사업연도는 법령이나 법인의 정관 등에서 정하는 1회계기간으로 1년을 초과하지 못한다. 토지 등 양도소득에 대한 법인세는 부동산투기를 억제하기 위한 특별한 형태의 법인세로, 주택과 비사업용 토지는 전국에 소재한 것이 과세대상이나, 그 외의 부동산은 투기지역에 소재한 경우만 과세 대상이 된다. 청산소득은 법인이 해산·합병 또는 분할될 때 발생하는 소득으로, 이러한 점을 제외하고는 각 사업연도 소득과 성격이 유사하다.

우리나라의 법인세 부담은 GDP 및 총조세에서 차지하는 비중으로 평가할 때 OECD 회원국에 비해 높은 수준[40]인 것으로 나타난다.

③ 부가가치세

부가가치세(value added tax)[41]는 재화나 용역이 생산되거나 유통되는 모든 거래단계에서 생기는 부가가치를 과세대상으로 하는 조세를 말한다. 부가가치세는 세법이 규정하고 있는 면세대상을 제외하고는 재화나 용역의 모든 거래단계에서 과세되지만, 거래단계의 매출금액에 대하여 과세하는 것이 아니라 부가가치(매출액-매입액)에 대하여만 과세된다. 부가가치세는 '총생산형부가가치세', '소득형부가가치세', '소비형부가가치세'의 3가지 유형이 있는데, 우리나라는 소비형부가가치세 유형을 채택하고 있다.

부가가치세는 다음과 같은 특징을 갖고 있다. 첫째, 부가가치세는 부가가치세법상 면세로 규정하고 있는 것을 제외한 모든 재화와 용역에 대하여 과세하는 일반소비세이다. 둘째, 우리나라에서 채택하고 있는 부가가치세는 자본재지출에 대해서는 과세하지 아니하고 최종의 소비지출에 대해서만 과세하는 소비형부가가치세이다. 셋째, 재화나 용역의 제조단계, 도매단계, 소매단계 등의 부가가치가 창출되는 모든 단계에서 과세되는 다단계 거래세이다. 넷째, 부가가치세는 사업자가 납세의무자이지만 조세부담이 최종소비자에게 전가되는 간접세이다. 다섯째, 우리나라의 부가가치세는 세금계산서에 따라서 확인되는 매입세액만을 매출세액에서 공제하는 전단계 세액공제 방법을 채택하고 있다. 여섯째, 우리나라의 부가가치세는 수출에 대하여는 영세율을 적용하나, 수입품에 대하여는 과세한다.

④ 개별소비세

개별소비세는 일반소비세와 달리 특정한 물품의 소비사실·특정한 장소에의 입장·유흥음식행위 및 과세영업장소에서의 영업행위에 과세하는 소비세를 말한다. 개별소비세(구 특별

40) 2021년의 경우 GDP에서 차지하는 법인세 비중은 3.8%로 OECD 회원국 평균 3.1%에 비해 높은 수준이다.

41) 부가가치(value added)란 재화 또는 용역의 생산 또는 유통단계에서 새로이 창출된 가치를 말하는 것으로, 해당 기업에서 발생한 인건비·지대·이자·감가상각비·이윤 등으로 구성된다.

소비세)는 1977년 부가가치세 도입에 따른 조세부담의 역진성 완화와 사치성물품의 소비를 억제하기 위해 도입되었다.

개별소비세는 기본적으로 사치성이 있는 고가의 물품 또는 유흥행위에 고율로 과세함으로써 사치행위를 억제하는 성격을 지니고 있는 세목으로서, 부가가치세의 단순비례세율에 의한 역진적 부담을 보완하기 위하여 소비물품 또는 행위에 따라 차등비례세율을 적용한다. 또한, 경기조절 등을 위하여 30% 범위 내에서 인상 또는 인하할 수 있으며, 기술개발을 선도하거나 환경친화적인 물품에 대하여 잠정세율제도를 두고 있다.

(6) 조세지출

① 조세지출의 의의

조세분야에서 꼼꼼히 살펴서 이해해야 할 주제 중 하나로 조세지출(tax expenditure)을 꼽을 수 있다. 세금을 거둘 때 적용되는 일반적인 원칙이 적용되지 않기 때문이다. 통상 조세지출이라 함은 정부가 특정한 정책 목적을 달성하기 위하여 일반 과세원칙에서 벗어나 특정 납세자의 세부담을 경감시켜 주는 것을 말한다(박기영, 2014). 특정한 정책 목적이라 함은 투자촉진·기술개발·소득재분배 등과 같은 성장·분배를 장려하기 위한 경우를 말한다. 하지만 조세특례를 인정하기 위해서는 조세체계의 기본원칙을 이탈해야 하므로 조세지출이란 용어는 합법적 탈세(tax loophole) 또는 숨겨진 보조금(hidden subsidies) 등 부정적 의미를 동시에 내포하고 있다.

이처럼 조세지출은 규모가 명확한 재정사업과는 다르게 그 규모를 정확히 파악하기 힘들고 국가세입의 감소를 초래하게 되므로 엄격히 운용될 필요가 있다. 이를 위해 조세특례제한법, 국회법 등 관련 법률에서는 조세특례를 신설할 경우, 일몰규정을 두어 한시적으로 존치시키거나 신설 특례에 대한 평가서를 법안 발의 시 함께 국회에 제출하도록 하고 있다. 미국, 독일 등 대부분의 서구 선진국도 조세지출을 세출예산과 동일하게 파악하여 조세지출의 목록과 감면액 규모 등을 정리하여 예산서와 함께 의회에 보고하도록 의무화하고 있다.

② 조세지출제도의 연혁[42)]

우리나라 조세지출제도는 1960년대 본격적으로 도입된 후 그 규모가 지속적으로 확대되어 왔다. 조세지출 목적의 변화추이를 시기별로 살펴보면, 1960~70년대에는 경제성장을 추진하기 위한 투자재원 확보 및 특정 산업으로의 투자 유인 목적으로 활용된 성격이 짙었고, 1990년대에는 WTO체제 출범으로 특정 산업·기업 지원이 금지됨에 따라 연구개발 등의 조세지원이 강화되었으며, 2000년대에는 외국인투자 등에 대한 조세지원이 대폭 확대되었다. 격차해소가 주요이슈가 된 2010년 이후에는 근로장려세제(EITC)를 필두로 한 소득재분배를 겨냥한 조세지출 프로그램들이 많이 출현하였다.

한편, 조세지출예산제도는 1999년 외환위기 극복과정에서 국제통화기금(IMF)과 체결한 의향서(Letter of Intent)에 조세지출보고서를 작성하여 국회에 제출한다는 내용이 명시된 이후 조세지출보고서가 작성되기 시작하였다(김학수, 2017)[43)]. 1999년 9월 정부가 발표한 조세지출보고서는 소득세, 법인세, 상속·증여세 등 직접세만 포함되었으며, 총 112개 항목을 대상으로 기능별, 세목별로 작성되었다. 2007년에는 모든 국세를 포함하게 되었으며, 「국가재정법」에 따른 국세감면율을 포함하는 변화가 이루어졌다. 2010년부터는 「국가재정법」에 따라 직전 회계연도 실적과 당해 및 다음 회계연도의 추정금액을 기능별, 세목별로 분석한 보고서인 조세지출예산서를 작성하고 예산안의 첨부서류로 국회에 제출하고 있다.

③ 조세지출 운용 현황

우리나라 조세지출 규모는 국세 기준 2021년 57.0조원으로 조세지출 집계가 시작된 1998년 7.7조원 대비 약 6.4배 증가하였다. 1998년 7.7조원 규모이던 조세지출액은 2007년 23.0조원으로 꾸준히 증가하였으며, 2008~2009년에는 글로벌 금융위기에 대한 대응책 중 하나로 대규모 조세감면을 실시함에 따라 감면액이 크게 증가하였다. 2009년 31.1조원 규모이던 조세지출액은 기존에 집계되지 않던 4개 항목이 조세지출에 추가되는 등의 요인으로 인해 2012년에 33조원 규모를 초과하였고, 이후 지속적으로 증가하여 2022년도 63.5

42) 한국조세재정연구원의 「한국세제사 제2편 제3권: 지방세·재산과세·조세지원제도」(2012.12.)를 주로 참고하였다.

43) 1999년 이전에도 OECD 가입에 따른 투명하고 효율적인 국가재정운용의 필요성에 따라 세제당국은 대략적으로 비과세감면실적은 파악하고 있었다.

조원, 2023년도 69.3조원 규모로 추정된다. 지방세감면액 또한 1997년 2.0조원에서 2015년 13.0조원으로 증가하는 추세이다.

감면 이전의 국세수입 대비 국세감면액 비율을 나타내는 국세감면율[44]은 1998년 이래 지속적으로 상승해오는 추세였으나, 2009년 16.7%를 기점으로 점차 하락하는 추세로 2022년에는 13.0% 수준에 머물렀다. 국세감면액 규모 통제를 위해 국세감면율에 대한 법정한도[45] 제도가 시행중이며, 최근 국세감면율은 국세감면율 법정한도[46] 대비 낮은 수준을 유지하고 있다.

한편 2024도 조세지출 예산(77.1조원, 전망치)의 예산분야별 구성을 살펴보면, 사회복지(24.7%), 산업·중소기업·에너지(23.6%), 보건(11.1%), 농림수산(6.4%) 등의 순으로 비중이 크다. 조세지출액을 세목별로 분류하면, 2024년 기준(잠정치), 소득세가 57.2%로 가장 높고, 법인세 21.0%, 부가가치세가 16.3% 순으로 3개 세목의 국세감면액이 전체 국세감면액의 94.5%를 차지한다(국회예산정책처, 2024). 또한, 2024년 기준, 조세지출 항목은 총 276개로서 이중 규모가 큰 항목들을 살펴보면, 보험료 특별소득공제 및 특별세액공제(6.7조원), 통합투자세액공제(5.7조원), 근로장려금(5.1조원), 연구인력개발비에 대한 세액공제(4.8조원), 연금보험료 공제(4.3조원) 등을 들 수 있다. 이들 상위 5개 항목이 조세지출에서 차지하는 비중은 전체의 34.5%인 26.6조원에 이를 전망이다.

---

44) 국세감면율(%)={국세감면액/(국세수입+국세감면액)}×100

45) 국세감면율 법정한도(%) = 직전 3년 평균 국세감면율 + 0.5%p

46) 국세감면율 법정한도(%) 추이

'08	'09	'10	'11	'12	'13	'14	'15	'16	'17
13.7	14.2	15.3	16.3	16.0	15.1	14.8	14.8	14.8	14.5
'18	**'19**	**'20**	**'21**	**'22**	**'23**	**'24**			
14.0	13.3	13.6	14.3	14.6	14.3	14.0			

주: 2024년 국세감면율 법정한도는 잠정치

자료: 대한민국정부, 「조세지출예산서」, 각 연도

[표 15] 2024년 주요 조세지출액 상위 5개 항목 (단위: 억원)

	2022년 (실적)		2024년 (전망)	
1	보험료 특별소득공제 및 특별세액공제	54,607	보험료 특별소득공제 및 특별세액공제	67,202
2	근로장려금	45,036	통합투자세액공제	56,832
3	연금보험료공제	38,141	근로장려금	51,153
4	연구인력개발비에 대한 세액공제	37,231	연구인력개발비에 대한 세액공제	48,129
5	신용카드 등 사용금액에 대한 소득공제	31,675	연금보험료공제	43,679
	합 계 (전체 조세지출 대비)	206,690 (32.4%)		266,995 (34.5%)

자료: 대한민국정부, 2024년도 조세지출예산서

[그림 5] 국세감면액 및 지방세감면액 추이: 1998~2023년

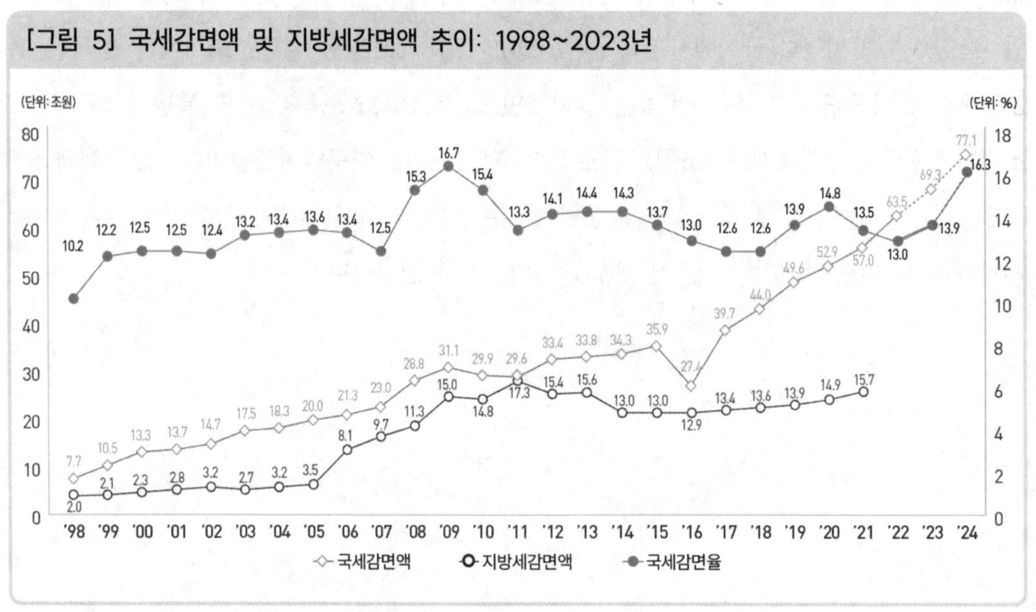

주: 2023년은 「2024년도 조세지출예산서」상 전망치를 토대로 산출
자료: 대한민국정부, 「조세지출예산서」 각 연도를 바탕으로 재작성

④ 주요국의 조세지출 현황

2021년 기준 우리나라 조세지출 규모는 69.3조원으로 GDP 대비 3.3% 수준이며, 미국, 캐나다, 영국 등 주요국과 비교할 때 낮은 수준으로 나타난다. 우리나라와 유사한 수준의 GDP 대비 조세지출 비중을 보이는 국가는 프랑스(3.58%)를 들 수 있고, 미국(6.05%), 호주(7.07%), 영국(8.23%), 캐나다(13.2%) 등의 조세지출 비중은 우리나라 보다 3~5배 높다. 이들 국가에서는 조세지출이 보다 적극적으로 정책수단의 하나로 활용되고 있음을 보여 준다

[표 16] 주요국의 GDP 대비 조세지출 비중 비교: 2021년 기준 (단위: 자국화폐, %)

국가	조세지출규모(A)[1]	GDP(B)[2]	GDP 대비 조세지출 비중 (A/B)
한국(억원)	693,155	20,801,985	3.33
미국(백만달러)	1,411,860	23,315,080.6	6.05
캐나다(백만CAD)	332,261	2,517,123.0	13.2
영국(백만£)	188,110	1,870,693	8.23
아일랜드(백만EUR)	5,072	434,069.7	1.17
프랑스(백만EUR)	89,586	2,502,118	3.58
호주(백만AUD)	164,885	2,333,221	7.07

자료: 1) 한국: 기획재정부, 『2023년도 조세지출예산서』, 2022
미국: 재무부, 『Tax Expenditures FY2023』, 2021
캐나다: 재무부 『Report on Federal Tax Expenditures』
영국, 프랑스, 호주: (GTED) https://gted.taxexpenditures.org/country-profile/
아일랜드: revenue.ie, 『cost of tax expenditures』, 2024
2) 한국은행 경제통계시스템, OECD 통계 및 해당국 재정통계 자료 참조하여 저자가 재구성

(7) 「2023년 개정세법」주요 내용 및 향후 논의과제[47]

① 「2023년 개정세법」 주요 내용

정부의 「2023년 세법개정안」과 의원발의 세법개정안이 2023년 12월 20일(지방세 관련 세법 5건), 12월 21일(국세 관련 세법 14건) 두 차례 국회 본회의 의결을 거쳐 확정되었다. 2024년부터 시행될 개정세법의 주요 내용을 살펴보면 다음과 같다.

첫째, 국가경제 활력 제고를 위해 영상콘텐츠 제작비용에 대한 세액공제율을 기본공제율 2~5% 수준으로 상향하고 추가공제율을 신설(10~15%)하였으며, 국가전략기술 대상분야를 확대(바이오의약품 분야)하였다. 또한, 해외자원개발투자의 세액공제를 재도입하였고, 해외 진출기업이 국내로 복귀할 경우 소득세·법인세 감면 기간 및 폭을 현행 '5년간 100% + 2년간 50%'에서 '7년간 100% + 3년간 50%'로 확대하였다(조세특례제한법 법인세 분야). 기업의 투자와 고용을 촉진하고 기업경쟁력을 높이기기 위해 상속세 및 증여세법에서 가업승계 증여세를 납부할 경우 연부연납 기간을 현행 5년에서 15년으로 연장하였다(상속세 및 증여세법).

둘째, 소상공인·중소기업 지원을 위해 연매출 4억원 이하 영세 개인 음식점에 대한 농산물 의제매입세액 우대공제율 적용기한을 3년 연장(2023년 말 → 2026년 말)하는 부가가치세법을 개정하였다. 맥주·탁주에 대한 주세 종량세율에 대한 물가연동제를 폐지하고, 기본세율(종량세 적용)의 ±30% 범위에서 탄력세율을 적용하도록 조정하는 등 주세법을 개정하였다.

셋째, 생산연령인구의 감소와 지역소멸위기 등 문제에 대응하기 위해 출산·양육비 부담을 완화하는 소득세법, 상속세 및 증여세법, 조세특례제한법을 개정하였다. 자녀세액공제의 대상 자녀를 거주자의 기본공제대상자에 해당하는 자녀(8세 이상)에서 자녀 및 손자녀(8세 이상)로 확대하고, 자녀세액공제금액을 둘째 자녀에 대해 현행 15만원에서 20만원으로 5만원 인상하였다. 출산 관련 급여 및 6세 이하 자녀 보육과 관련하여 받는 급여에 대한 비과세 한도를 근로자 1인당 월 10만원에서 월 20만원으로 2배 확대하였다(소득세법). 혼인 혹은 출산 시 직계존속으로부터 받은 금액에 대해 현행 자녀공제(5천만원) 이외에 1억원을 한도

47) 이 절의 내용은 『2023년 개정세법 심의 결과 및 주요 내용(국회예산정책처, 2023)』, 『2024 대한민국 조세(국회예산정책처, 2024)』를 토대로 작성하였다.

로 추가공제 받을 수 있도록 하였다(상속세 및 증여세법).한편 자녀장려금 신청 소득요건을 현행 총소득기준금액 4천만원에서 7천만원으로 완화하였고, 지급액을 현행 자녀 1인당 50~80만원에서 50~100만원으로 상향하였다(조세특례제한법 소득세 분야).

넷째, 국민의 납세편의와 합리성 제고를 위해 법인세법을 개정하였다. 수입배당금 중 법인세가 과세되지 않은 금액을 익금산입하도록 조정함으로써 이중과세 조정 취지에 맞도록 제도를 변경하는 방식으로 수입배당금 익금불산입 규정을 합리화하였다. 연결납세방식의 조기 포기 허용 예외사유를 신설하여, 예외적으로 2024.1.1.이후 개시하는 사업연도에 완전자법인이 아닌 법인이 연결납세대상에 포함된 경우 해당 사업연도에 포기를 허용하도록 개정되었다.

이밖에 출산·양육을 위한 주택취득에 대한 세제지원을 위해 자녀와 거주할 목적으로 취득하는 12억원 이하의 주택에 대한 취득세를 2025년 12월 31일까지 500만원 한도로 감면하는 지방세법을 개정하였다. 또한, 지방자치단체가 기회발전특구[48]에 입주하는 기업 등에 대한 취득세 및 재산세 감면을 신설할 수 있도록 하였다.

② 「2023년 개정세법」 주요 쟁점

국회 기획재정위원회의 2023년 세법개정안 심의에서 혼인·출산 증여재산 공제의 신설, 가업승계 과세특례 확대, 출산·보육수당 비과세 한도 확대 등의 사항이 쟁점으로 논의되었다.

첫째, 혼인·출산 증여재산 공제 신설에 대한 국회 심의에서 여야 모두 인구위기 극복을 위한 저출산 대책 등 정부 지원의 필요성에는 공감하였다. 청년들의 결혼비용 부담을 줄여줌으로써 혼인율 감소 완화에 일정 부분 기여할 수 있다는 긍정적 의견이 제기되었다. 반면 부의 무상이전을 통한 신혼부부간 자산격차를 확대시킬 수 있다는 우려도 제기됨에 따라 정부가 제출한 혼인 증여재산 공제대상에 혼인 외에 출산을 추가하도록 수정하여 의결되었다.

둘째, 가업승계 증여세 과세특례 확대와 관련한 논의에서는 가업승계세제 확대를 통해 원활한 가업승계를 지원함으로써 기업의 투자·고용의 지속성을 도모할 수 있다는 긍정적 의견이 제시되었다. 반면 가업승계세제 확대는 부의 대물림 수단, 부의 무상이전에 따른 조세회

48) 비수도권 및 수도권 내 인구감소지역·접경지역으로서 대규모 투자를 유치하기 위하여 지방시대위원회의 심의 · 의결을 거쳐 지정된 지역을 말한다.

피의 수단으로 악용될 수 있다는 우려도 제기되었다. 이에 원활한 가업승계에 대한 세제지원의 필요성에 대해서는 공감하면서도 부의 대물림에 따른 자산불평등 심화에 대한 우려 등을 감안하여 제안된 세제지원 확대안을 축소하는 방식으로 수정하여 의결되었다.

셋째, 출산·보육수당 비과세 한도 확대와 관련한 논의에서 우리나라의 낮은 출산율, 물가 상승 등을 감안할 때 출산·보육수당 비과세 한도 상향의 필요성은 인정되나, 동 제도의 효과성이 불확실한 상황에서 세수감소만 초래할 가능성이 있으며, 소규모의 조세지원보다는 대규모의 재정지원이 더 적절한 수단일 수 있다는 의견도 제기되었다. 이에 비과세 대상은 현행을 유지하면서, 비과세 한도만 현행 근로자 1인당 10만원에 서 20만원으로 상향하는 정부안대로 의결되었다.

넷째, 영상콘텐츠 제작비용에 대한 세액공제율 상향과 관련한 논의에서 K-콘텐츠를 통한 문화적·경제적 효과가 커짐에 따라 영상콘텐츠 제작 지원 확대의 필요성에 대해서는 공감대가 형성되었다. 그러나 지원방식에 있어 세액공제와 같은 조세지원보다는 재정· 금융 지원 정책이 더 적합하다는 의견이 제기되어 정부안에 따라 기본공제율을 2~5%p 인상하고, 국내 경제에 대한 높은 전·후방 효과가 기대되는 영상콘텐츠에 한해 10~15%의 추가공제율을 적용하는 정부안대로 의결되었다.

다섯째, 맥주·탁주 세율에 대한 물가연동 폐지와 관련한 논의에서 최근 물가 급등에 따른 맥주·탁주 주세 물가연동분의 인상과 이에 따른 주류 가격의 상승이 우려됨에 따라 물가연동제를 폐지해야 한다는 취지에는 공감대가 형성되었다. 납세자의 혼선을 야기할 수 있는 잦은 정책변화는 지양해야 한다는 의견도 제기됨에 따라 세율에 따른 물가연동을 폐지하는 정부안대로 의결되었다.

③ 향후 논의과제

2023년 세법개정안의 국회 심의과정을 통한 향후 논의과제를 살펴보면 다음과 같다.

첫째, 국가전략기술의 세제지원 분야 확대(바이오의약품 분야) 관련 개정안이 법률의 형식이 아닌 시행령 개정을 통해 추진되고자 하여 개정안에 대한 국회심의가 생략되는 문제가 발생할 수 있다. 개정을 통해 국민의 생활과 이해관계에 적지 않은 영향을 미치는 항목들은 사회적 숙의 과정과 국회 심의를 통해 추진될 필요가 있어 보인다. 또한, 국가 간 글로벌 경쟁에서의 우위를 위해 특정 산업(바이오의약품, 영상콘텐츠 제작 등)에 대한 지원은 필요하다고 볼 수 있으나, 다른 산업과의 정책적 형평성을 고려한 지원방안 마련도 검토될 필요가 있다.

둘째, 출산·자녀 양육 지원수단으로서 조세지원제도의 적절성에 대한 지속적인 검토가 필요하다. 우리나라의 합계출산율은 2022년 기준 0.78명으로 세계에서 가장 낮은 수준으로, 출산· 양육 관련 정부 지원의 필요성에는 모두 공감하나, 지원방식에 대해서는 여전히 이견이 있다. 향후 출산·양육 관련 각종 조세지출 및 재정지출 지원제도에 대해 각 제도의 필요성 및 적절성 등을 종합적으로 검토해야 할 것으로 보인다.

셋째, 최근 물가 상승으로 인한 주세 물가연동분의 인상과 주류가격 상승에 대한 우려로 정부는 맥주·탁주 주세율에 대한 물가연동제를 폐지하고 탄력세율 제도로 변경하는 세법개정안을 제안하였다. 개정안의 논의 과정에서 국산·수입 주류 간 과세형평성 등에 대한 우려도 함께 제기되었는데, 국산 주류와 수입 주류간 과제 차별에 따른 형평성 제고 방안으로 국산 주류의 기준판미배율 적용 등을 검토할 필요가 있다.

넷째, 국세감면율 법정한도 준수 관련 2024년 국세감면율(16.3%)이 법정한도(14.0%)를 2.3%p 초과할 것으로 예상되는 상황에서 다수의 비과세·감면 확대 및 일몰연장 법안 등으로 인해 국세감면율의 추가적인 상승에 대한 우려가 제기된다. 향후 세법개정에 따른 국세감면율의 추가적인 상승과 법정한도 초과를 막기 위한 방안으로, 국회의 심사과정에서 세법개정에 따른 조세지출 규모 총액을 집계하고 이에 따른 국세감면율을 재계산하여 검토하는 방식 등 사전적으로 견제할 수 있는 장치 마련이 필요하다.

다섯째, 상속세 과세체계 개편 관련 현재 우리나라는 상속세 부담이 높아 완화할 필요가 있다는 의견이 지속적으로 제기되고 있고, 이에 대한 반론으로 부의 대물림에 따른 자산불평등의 우려 또한 상존하고 있다. 향후 상속세 과세방식 전환, 세율 및 과세표준 조정, 공제제도 개편 등 상속세의 개편방안에 대한 검토가 이뤄져야 할 것으로 보인다.

(8) 조세정책의 방향

한국의 조세부담률은 2022년 기준, 23.8%로 OECD 평균 25.7%(2022년 기준)보다는 낮은 수준이다. 우리나라가 직면하고 있는 중장기 조세정책 여건은 성장잠재력, 인구구조, 기후·환경 변화, 경제·사회적 격차, 등과 같은 경제·사회적 구조의 관점에서 살펴볼 필요가 있다. 잠재성장률의 경우 저출산 고령화로 인해 노동투입 증가에 한계가 있고, 저축률하락에 따른 투자감소 등으로 잠재성장률이 추세적으로 하락[49]하고 있다. 성장률의 둔화 및 과표양성화가 상당 수준 진행되었기 때문에 과거의 고도성장시기에 비해 세수증가율 역시 점차 하락할 것으로 보인다.

저출산·고령화로 특징되는 우리의 인구구조 변화에 따른 재정여건을 살펴보면, 무상보육, 아동수당, 기초연금 등과 같이 대규모 재정이 수반되는 복지관련 수요가 함께 증가하게 되어 재정수지에 악영향을 미칠 것으로 예상된다. 그 밖에 신재생에너지에 대한 수요의 증가 등 에너지 수급 불확실성이 확대되고 온실가스 감축 등 기후변화에 대한 대응 필요성이 높아지고 있다.

이와 같은 경제·사회적 여건을 감안한 중장기 조세정책의 방향은 서민층과 사회취약계층에 대한 조세지원(조세지출)을 유지하되, 재정수요를 감당할 정도의 재정건전성을 유지하기 위하여 조세부담수준과 조세구조의 적정화, 조세지원의 효율화를 도모할 필요가 있다. 새로운 세목의 신설이나 세율의 대폭적인 인상과 같은 가파른 증세정책은 자칫하면 민간의 투자나 소비를 더욱 위축시켜 성장률을 하락시키고 일자리를 감소시킬 우려가 있으므로, 비과세·감면 정비 등 과세기반 확대를 우선적으로 추진할 필요가 있다. 특히 추가재원 필요시 사회적 공론화 과정을 거쳐 세입확충의 폭과 방법에 대한 국민적 합의를 먼저 도출하여야 한다. 과세 사각지대를 점차 해소하여 세원을 넓히고, 공제제도 정비를 통해 과세기반을 확대하여 소득수준에 따라 적정한 과세부담을 지우려는 노력이 필요하다. 조세지출제도는 투자와 고용확대 그리고 서민지원을 중심으로 재편하고, 일몰이 도래하는 조세지출제도는 원칙적으로 종료하도록 하고, 조세지출과 재정사업과의 연계성 강화를 통해 재원배분의 효율성을 제고하여야 한다.

49) 2018년 2월, IMF가 전망한 우리나라 잠재성장률은 2020년대 2% 초반, 2030년대는 2% 밑으로 하락할 것으로 추계되었다.

3. 세외수입

세외수입은 정부의 세입 가운데 조세 이외의 수입을 말하며, 아래와 같이 8개 요소로 구성된다.

세외수입 구분	내용
재산수입	관유물 대여료, 정부출자수입, 기타이자수입 및 재산수입 등
경상이전수입	벌금 및 몰수금 등
재화 및 용역판매수입	입장료·면허료·수수료 등
수입대체경비수입	입장료·면허료·수수료 등
관유물 매각대	고정자산 및 토지 등의 매각 수입
융자 및 전대차관 원금 회수	민간차입금, 유가증권 매각대
세계잉여금	초과세입, 세출불용액
부내부수입 및 기타	전입금, 예탁원금회수, 예수금, 예탁이자수입 등

[그림 6] 국세·지방세·세외수입

중앙정부와 지방정부의 중요한 세입원천으로는 국세와 지방세, 세외수입 등이 있다. 2023년 수입 실적을 기준으로 볼 때, 국세는 400.5조원, 지방세는 115.2조원, 세외수입은 25.0조원에 이르고 있다.

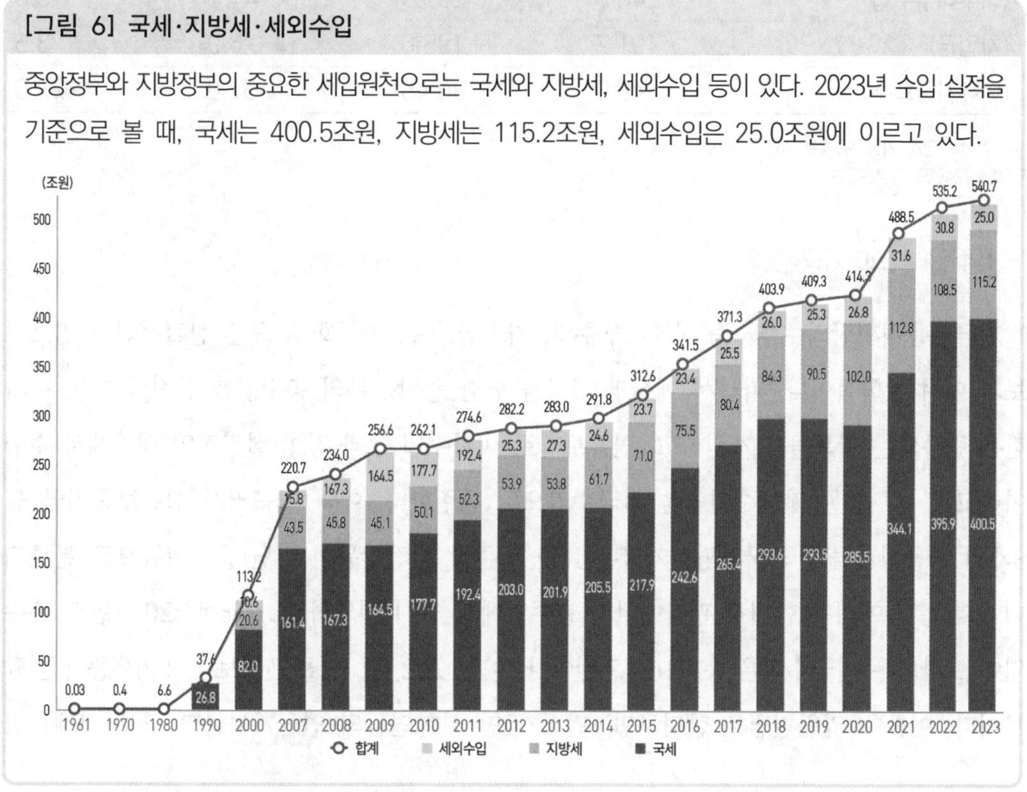

주: 국회예산정책처(2024) 등을 참고하여 저자가 재구성

4. 기금수입

기금운용계획상의 기금수입

중앙정부 기금운용계획상의 전체 기금수입을 살펴보면, 2024년 1,023.3조원으로 2023년 893.1조원 대비 14.6% 증가한 규모이다. 기금운용계획상의 전체 기금수입은 외형상 자금수입으로 계상되는 모든 항목을 합산한 것으로 자체수입뿐만 아니라 정부내부수입, 차입금, 여유자금회수 항목이 모두 포함된 총계기준의 집계이다.

[표 17] 기금수입(총계) - 2024년 (단위: 조원, %)

구분	2023(A)	2024(B)	증감 (C=B-A)	증감률 (C/A)
기금수입(총계)	893.1	1,023.3	130.2	14.6
(자체수입)	212.6	231.8	19.2	9.0
(정부내부수입)	240.8	287.9	47.1	19.6
(차입금)	191.7	198.6	6.9	3.6
(여유자금회수)	248.0	305.0	57.0	23.0

주: 각 연도 당초 기금운용계획 기준
자료: 2024년도 기금운용계획

총수입 상의 기금수입

기금운용계획상의 수입 중 정부내부수입, 차입금, 여유자금회수 등은 실질적인 수입으로 보기 어려운 항목이다. 따라서 예산과 기금을 합한 중앙정부의 총수입을 산정할 때는 이와 같은 중복되는 항목들을 제외하고, 연금보험료·이자수입 등과 같이 실질적인 의미에서 수입이라고 볼 수 있는 자체수입만을 기금수입으로 간주한다. 이와 아울러서 신용보증기금 등 8개의 금융성기금과 외국환평형기금은 IMF 기준상 재정활동이 아닌 금융활동으로 분류되어 있다는 점에서 통합재정 관점에서의 총수입에서 역시 제외하고 있다.[50] 2024년도 총수입에 포함되는 기금수입은 총 216.7조원이다. 이는 2023년 당초 계획보다 8.2% 증가한 규모이다. 이를 수입원천별로 살펴보면, 먼저 국민·사학연금의 연금기여금과 고용·산재보험

50) 따라서 예산과 기금을 합한 정부전체 총수입을 산정할 때에는 위와 같은 항목들을 제외하고, 60개 기금의 자체수입만을 총수입으로 본다.

보험료로 구성되는 사회보장기여금이 2023년 대비 7.2% 증가한 92.3조원으로 전망된다. 중소기업 등에 융자한 자금을 만기회수하는 융자원금 회수규모는 2023년보다 5.6% 증가한 33.8조원으로 예상되며, 재화 및 용역판매수입 등 기타수입은 2023년보다 9.1% 증가한 13.2조원에 이를 전망이다.

기금 유형별로 살펴보면, 사업성 기금은 2024년 대비 5.3% 증가한 58.0조원으로 전망되며, 사회보험성 기금은 국민연금기금, 고용보험기금 수입 증가 등으로 8.4% 증가한 146.6조원에 달할 것으로 예상되고, 계정성 기금은 복권기금의 복권판매수입 등으로 21.0% 증가한 12.1조원으로 전망된다.

[표 18] 2024년 수입원천·기금유형별 기금수입(총수입 기준) (단위: 조원, %)

구분	2023(A)	2024(B)	증감 (C=B-A)	증감률 (C/A)
기금수입	200.3	216.7	16.4	8.2
수입원천별				
- 사회보장기여금	86.1	92.3	6.2	7.2
- 경상이전수입	36.4	39.6	3.2	8.8
- 융자원금 회수	32.0	33.8	1.8	5.6
- 재산수입	33.7	37.8	4.1	12.2
- 재화 및 용역판매수입 등 기타	12.1	13.2	1.1	9.1
기금유형별				
- 사업성 기금(49개)	55.1	58.0	2.9	5.3
- 사회보험성 기금(6개)	135.2	146.6	11.4	8.4
- 계정성 기금(5개)	10.0	12.1	2.1	21.0

주: 각 연도 당초 기금운용계획 기준
자료: 기획재정부 「2024년 나라살림 예산개요」

5. 세수추계와 재정운용[51)]

세수추계의 의미

일반적으로 세수추계는 한 회계연도 동안 국가의 재정지출 재원으로 사용할 수 있는 국세수입의 전체 규모와 국세의 세목별 규모를 추정하는 작업을 말한다. 그러므로 세수추계는 국가 예산과정의 필수적인 요소이며, 국가의 예산편성은 국세수입 예측으로부터 시작한다고 할 수 있다(윤별아·홍수완, 2016). 또한, 정부는 단기 또는 중기적 시계에서 국가재정 운용방향에 대한 의사결정을 할 때, 관리재정수지·국가채무 등 재정총량지표에 대한 전망치를 기준으로 하는데 그 기초가 되는 것이 세수추계의 결과이다. 즉, 정확한 세수추계는 재정운용의 근간이자 출발점이다.

최근 세입전망의 오차가 커지면서 논란이 확대되어 세수추계에 관한 관심도 높아지고 있다. 2021년과 2022년에는 코로나19 위기 상황에도 불구하고 국세수입이 지나치게 과소 추계되어 예상치 못한 높은 초과세수가 발생하였다. 반면 2023년에는 국세수입에서 51.9조원의 대규모 세수결손이 발생하였다. 경기변동성 등을 감안할 때 어느 정도의 세수오차는 불가피한 재정운용의 범주로 용인될 수 있을 것이다. 그러나 세수오차의 정도가 지나치게 커지고 지속될 경우 정부정책에 대한 신뢰가 하락하고, 세수오차를 처리하는 재정운용 과정에서 여러 가지 부작용을 초래할 수 있다.

과거 정부의 세수오차는 별다른 문제로 인식되지 않았던 것이 사실이다. 이는 과거 지속적인 경제성장에 따른 세입증가로 세입부족 우려가 크지 않았던 데에서 일부 그 원인을 찾을 수 있다. 외환위기 이전까지 재정운용은 '양입제출' 원칙을 바탕으로 예상되는 수입보다 보수적으로 세입예산을 편성하고 초과세수는 세계잉여금으로 활용했다.

그러나 외환위기 이후 적자국채 발행을 통한 재원조달이 본격화되고 예산 과정에서 국회의 영향력이 확대됨에 따라 세입전망의 오류가 재정운용상 문제로 부각되기 시작했다. 정부의 세입전망과 지출예산과의 차이를 보전하기 위해 발행하는 국채의 발행 한도에 대해 국회의 심의가 강화되면서 대규모 세수오차는 재정운용상 중요한 문제로 인식되기 시작했다. 이에 더하여 조세구조의 변화 등 다양한 요인으로 인하여 경기변동에 따른 국세수입의 변화가

51) 국회예산정책처의 '세수오차의 원인과 개선과제(2023)', '2023회계연도 결산 총괄분석'의 내용을 바탕으로 작성하였다.

과거에 비해 보다 민감하게 반응하면서 정부의 전망에 대한 회의적 시각이 확대되고 있다.

세수추계의 오차 현황 분석

국회예산정책처(2023b)는 국세수입 실적과 국세수입 본예산 간의 차이의 정도를 세수오차율로 정의하고 1970년부터 2022년까지의 세수오차율을 연도별, 경기국면별, 시대별, 세목별로 구분하여 현황을 분석하였다.

연도별 세수추계 오차율을 살펴보면 전체 53개 연도 중에 31개 연도(58.5%)에서 과소추계로 인한 양(+)의 오차가, 22개 연도(41.5%)에서 과대추계로 인한 음(-)의 오차가 발생하여 양(+)의 오차 발생이 더 높은 경향성을 보인다.

[표 19] 연도별 세수오차율 (단위: %)

연도	오차율	연도	오차율	연도	오차율	연도	오차율	연도	오차율
1970	-2.8	1980	4.4	1990	16.4	2000	14.1	2010	4.1
1971	-4.0	1981	-1.3	1991	5.0	2001	-0.1	2011	2.5
1972	-15.7	1982	-10.3	1992	-3.4	2002	0.3	2012	-1.4
1973	5.4	1983	4.7	1993	-7.7	2003	0.8	2013	-7.2
1974	1.4	1984	1.8	1994	-0.4	2004	-3.6	2014	-5.3
1975	2.9	1985	-1.4	1995	2.1	2005	-2.4	2015	-1.5
1976	4.9	1986	1.1	1996	-0.7	2006	1.9	2016	8.1
1977	6.1	1987	7.4	1997	-8.1	2007	8.8	2017	8.7
1978	9.1	1988	13.7	1998	-13.3	2008	1.0	2018	8.7
1979	10.0	1989	11.2	1999	5.3	2009	-6.6	2019	-0.5
								2020	-2.3
								2021	17.8
								2022	13.3

주: 세수오차율은 [(실적 - 본예산)/실적]×100(%)로 산출
자료: 국회예산정책처(2023b)

경기국면별로 세수오차율을 살펴보는 이유는 경기침체기와 상승기를 유발하는 경기변동 요인이 세수오차를 발생시키는 원인이 될 수 있기 때문이다. 실제로 경기침체기에는 과대추계 오차율(음의 오차율) 발생 경향이 나타난 반면, 경기상승기에는 과소추계 오차율(양의 오차율) 경향성이 두드러지게 나타났다. 이러한 경향성은 1990년대까지의 정부 추계의 보수적 경향성과 2000년대 이후 조세구조의 누진도 강화 등으로 경기상승기의 조세부양성이 커진 결과로 해석된다.

[표 20] 경기국면별 주된(leading) 오차율 발생 빈도

	경기수축국면		경기상승국면	
음(-)의 오차	19개 연도	70.4%	3개 연도	12.0%
양(+)의 오차	8개 연도	29.6%	23개 연도	88.0%
계	27개 연도	100.0%	26개 연도	100.0%

자료: 국회예산정책처(2023b)

시대별로 세수오차율을 구분해 보면, 1970년대에서 1990년대까지 세수오차율의 절댓값 평균은 6% 내외 수준을 기록하였던 데 반해 2000년대~2010년대에는 4%대로 낮아졌다. 그러나 세수오차율의 절댓값 크기는 낮아지는 추세인 반면, 경기변동폭 둔화를 감안한 상대적 오차율은 2000년대 이후 상승한 것으로 볼 수 있다.

[표 21] 시대별 오차율 추이 (단위: %)

	실질GDP 표준편차(A)	경상GDP 표준편차(B)	세수오차율 (C)	상대적 오차율	
				C/A	C/B
1970년대	2.42	6.26	6.2	2.6	1.0
1980년대	4.37	4.00	5.7	1.3	1.4
1990년대	4.75	6.47	6.2	1.3	1.0
2000년대	2.36	2.24	4.0	1.7	1.8
2010년대	1.29	2.16	4.8	3.7	2.2
2010-2022년	1.62	2.31	6.2	3.8	2.7

자료: 국회예산정책처(2023b)

개별 세목의 세수규모와 연동해서 세목별 오차율 기여도를 분석해 보면 법인세와 양도소득세의 영향이 큰 것으로 나타났다. 분석 대상기간 동안 전체 오차율 기여도가 전반적으로 높은 법인세가 전체 세수 오차율을 주도하고 있으며, 이와 함께 변동성이 크고 세수 규모가 증대한 양도소득세의 세수오차율에 대한 기여도가 2015년 이후 급격히 높아졌다.

이상의 논의를 통해 세수오차의 주요한 특징을 살펴보면, 경기상승기의 오차율 크기와 빈도가 경기침체기에 비해 크다는 점, 세수오차율의 절댓값은 과거에 비해 커지지 않은 반면, 경기 변동성 완화를 감안한 상대적 세수오차율은 최근 커지고 있는 점, 최근 세수오차의 확대를 주도하는 세목은 법인세·양도소득세 등인 점으로 요약할 수 있다.

세수추계 오차의 발생원인

세수추계 오차의 발생원인은 다양한 관점에서 답을 구할 수 있는데, 국회예산정책처(2023b)는 경기지표의 변동, 경기변동과 세수의 관계성, 조세구조의 변화 등을 제시하고 있다.

우선, 평균 수준을 상회하는 큰 세수추계 오차는 대부분 경기순환국면이 급격히 전환되는 시점에 발생하게 되는데, 이는 당해연도뿐만 아니라 이후 2~3년간 지속되는 특징이 있다. 기준연도의 세수오차가 다음 해로 전이되는 현상은 이러한 오차의 원인을 정확하게 파악하지 못하고 동일한 추계방식으로 다음연도 세입을 전망하는 데 따른 오류일 가능성이 있다.

다음으로, 성장률과 국세수입의 방향성은 장기적인 관점에서 동행적으로 움직인다는 점(pro-cyclicality)에서 이론의 여지가 없다. 그런데 단기적으로는 각각의 방향성이 불일치하는 현상이 나타나고 있으며, 최근 그 정도가 심해지면서 세수추계를 더욱 어렵게 하는 요인이 되고 있다. 2000년대 이전에는 경상성장률과 국세수입 증가율이 대체로 동일한 방향성을 나타낸 반면, 2000년대 이후에는 양자가 불일치하는 현상이 증가하고 있다.

한편, 세수추계 오차 현황분석에서 살펴본 바와 같이 경기변동폭에 대비한 상대적 세수오차율이 최근 더 커지고 있는데 이는 국세수입이 경기상황에 더욱 민감하게 변동함을 의미한다. 법인세·소득세 등 소득과세와 자산 관련 세수의 비중이 증가하며 조세구조가 변화한 것이 큰 원인이다. 일례로 법인세는 경기에 민감한 세목으로 외환위기 이후 경제상황이 급변함에 따라 세수 변동폭이 다른 세목에 비해 크게 확대되었다. 더욱이 기업들의 조세전략 확대로 법인세 유효세율이 경기상황에 따라 더 탄력적으로 움직이면서 법인세수의 추정은 더욱 어려워졌다.

마지막으로, 소득·임금격차의 확대를 하나의 원인으로 지적할 수 있다. 기존의 세수추계 모형은 세입기반이 되는 임금·소비·소득 자료의 평균치나 총량적 수치를 세수추계의 변수로 활용하고 있다. 그런데 1990년대 이후 전 세계적으로 소득불균형이 심화하는 추세를 보이며, 전체 세수에서 고소득층·대기업의 세수가 차지하는 비중이 증가하고 있다. 특히, 우리나라는 세부담의 상위계층 집중도가 다른 국가에 비해 높은 것으로 평가된다.[52] 2021년 기준 소득 상위 1%가 부담하는 소득세수 비중은 42.0% 수준이다. 따라서 소득계층별 또는 기업 규모별 소득과 수익의 분포적 특성을 고려하지 않고 평균적인 소득증가율로 소득세수를 전망할 경우 오류 가능성이 커진다.

세수추계 오차가 재정운용에 미치는 영향

세수추계 오차는 전망이 실제와 달라서 발생하지만, 그 자체로 문제가 되지는 않는다. 그러나 세수추계 오차를 처리·보전하는 과정에서 재정운용상 왜곡으로 이어지거나 재정기능의 제약이 발생할 우려가 있으므로 주의가 필요하다. 세수추계 오차로 유발되는 문제는 크게 세 가지 관점에서 분석이 가능하다.

첫째, 대규모 세수오차는 정부정책에 대한 국민의 신뢰를 떨어뜨리고 재정운용의 투명성 및 효율성을 저해할 우려가 있으며, 특히 과대추계로 인한 세수결손을 처리하는 과정에서 현실화할 가능성이 크다. 정부의 대응방안은 크게 추가경정예산, 징세강화, 세출감액 및 지출구조조정으로 요약할 수 있다. 정부가 결손액 보전을 위하여 적자국채 발행에 의존하여 추경을 편성하게 된다면 재정건전성 악화에 대한 우려 등으로 정치적 부담이 커지게 된다. 또한 성장률 둔화, 과세정보 시스템의 발전 등으로 세입 추가확보 여력이 제한적인데, 무리한 징세행정은 그 이후 연도의 국가소송 패소 및 이에 따른 환급 및 가산금 증가로 이어질 가능성이 있다. 이외에 정부의 자체적인 세출감액 또는 지출효율화 노력도 결과적으로는 국회가 심의 · 확정한 예산과는 달리 집행하는 재량행위로서 그 규모가 커질수록 재정민주주의 측면에서 바람직하다고 보기 어려울 것이다.

---

52) 해외 주요국의 소득세 상위 1%의 세부담 비중은 영국 28.9%(2022/23회계연도), 미국 42.3%(2020회계연도), 독일 23.0%(2019회계연도) 등이다.

둘째, 세수오차(특히, 세수 호조에 따른 과소추계 오차)는 재정적자 편향(deficit bias)을 강화시킬 유인이 있다. 예상치 못한 초과세수가 시차를 두고 재정지출 증가로 이어져 재정적자에 반영되는 현상에 대해서는 다양한 선행연구53)가 존재한다. 국회예산정책처(2023b)는 실증분석을 통해 초과세입이 1%p 증가하면 추경예산의 규모가 0.7%p 증가하는 것으로 제시하였다. 결과적으로 전년도 세계잉여금이 증가하면 추경 규모도 커졌고, 조세수입이 예상보다 증가할 때도 추경예산의 규모가 증가했음을 알 수 있다. 따라서 둘 간의 관계는 재원이 발생하면 사용하려고 하는 재정의 팽창적 성격을 나타내는 하나의 증거가 될 수 있다.

[표 22] 초과세입 규모가 추경예산 규모에 미치는 영향 회귀분석 결과

	(1)[1]		(2)[2]	
	계수 값	z값	계수 값	z값
상수항(C)	1.038	(0.869)	0.381	(0.432)
초과세입(X)	0.748	(3.550)***	0.721	(6.762)***
관측 수	50		51	
분석 기간	1970~2020		1970~2020	

주: 1. ***, **, *는 각각 1%, 5%, 10%에서 유의함을 나타냄
1) X= (t-1연도의 세계잉여금 규모/t-1연도의 일반회계 세출결산 규모)×100,
2) X= [(t-1연도의 세계잉여금 규모/t-1 연도의 일반회계 세출결산 규모)×100] + (t연도의 세입증액 경정 규모/t연도의 일반회계 세출결산 규모×100)
자료: 국회예산정책처(2023b)

셋째, 재정의 경기대응성이 약화되어 거시경제 안정화를 저해할 수 있다. 재정정책이 경기변동의 진폭을 완화하려면 재정수입은 경기동행성(pro-cyclicality)을 갖고, 이와 더불어 재정지출은 경기역행성(counter-cyclicality)을 갖거나 최소한 경기중립성을 가져야 그 기능을 발휘할 수 있다. 그러나 살펴본 바와 같이 경기가 활성화되어 예상 외로 재정흑자가 발생하면 다음해 재정지출이 확대되는 경향은 재정지출이 오히려 경기동행적(pro-cyclical)으로 운영될 가능성이 있음을 시사한다. 한편, 과대추계로 인한 세수결손도 재정의 경기대응력을 저해할 수 있다. 당초 예상치 못했던 세수결손이 발생하는 경우 이를 보전하기 위한 대규모

53) 국회예산정책처(2023b), 심혜정(2015)의 연구에서 제시한 선행연구 중 일부를 발췌하면 다음과 같다. Lane and Tornell(1999), Talvi and Vegh(2005) 등은 초과세수가 재정건전성에 대한 관대화(fiscal leniency) 유인을 높이고 유권자들의 지대추구(rent-seeking activities)를 증가시켜 확장적 재정정책으로 이어짐을 주장한다. 한국채권연구원(2004)는 초과세수로 세계잉여금이 증가하면 추경예산의 규모도 증가한다고 주장했다.

세출감액 등은 재정수지의 급격한 전환으로 나타날 수 있기 때문이다.

2023회계연도 세수결손 및 정부대응 평가

2023회계연도 결산 결과 국세수입은 대내외 경제여건 악화에 따른 소득세, 법인세, 부가가치세 등의 실적 부진으로 2023년 예산액 400.5조원 대비 56.4조원 감소한 344.1조원이 수납되었으며, 국세수입, 세외수입, 기금 등을 합산한 총수입은 예산액 625.7조원 대비 51.8조원 적은 573.9조원이 수납되었다.

[표 23] 2023회계연도 총수입 결산

(단위: 조원, %)

구분	2022 실적(A)	2023		증감	
		예산(B)	실적(C)	예산 대비 (C-B)	전년 대비 (C-A)
총수입	617.8	625.7	573.9	△51.8	△43.9
국세수입	395.9	400.5	344.1	△56.4	△51.9
세외수입	30.8	25.0	28.5	3.5	△2.3
기금	190.8	200.3	201.1	0.8	10.3
기타	0.3	-	0.3	0.3	-

주: 기타는 세입세출외를 의미
자료: 2023회계연도 국가결산보고서

2023년 국세수입의 진도율은 1분기부터 과거 대비 부진하게 나타나면서 세수결손에 대한 우려가 연중 지속적으로 제기되었다. 세수결손으로 인해 당초 예상한 수준의 세입이 확보되지 않을 경우 지출을 절감하거나 이를 보전할 수 있는 대체 재원을 확보하여 대응할 필요가 있으며, 이를 위하여 세입경정, 지출 구조조정, 국고채 추가발행 등으로 구성된 추경을 편성하거나 기금운용계획 변경안을 국회에 제출하여 국회의 심의·의결을 거치는 방식이 일반적으로 활용된다.

그러나 정부는 2023년 9월 18일 「2023년 세수 재추계 결과 및 재정 대응방향」을 통해 2023년 국세수입을 341.4조원으로 재추계하고, 세입경정 등을 위한 추가경정예산안 편성 없이 세계잉여금, 기금 여유재원, 지방교부세·지방교육재정교부금 미교부, 통상적 불용 등을 통해 대응하였다.

국회의 심의·의결을 거치는 방식을 배제한다면 정부의 이러한 대응은 나름의 최선을 다한 것으로 판단된다. 다만, 정부는 대응과정에서 제기된 지방교부세 · 지방교육재정교부금 미지급에 따른 지방자치단체의 재정적 어려움 가중, 공자기금예수이자 미지급에 따른 가산이자 발생, 외국환평형기금 활용에 따른 국가채무의 질 악화(금융성 채무가 적자성 채무로 전환[54]), 사업별 지출계획의 조정에 따라 국회가 당초 심의 · 확정한 바와 다른 방향으로 예산집행이 이루어지는 문제 등은 재정운용의 투명성, 이해관계자의 예측가능성·수용성을 저해한다는 측면에서 주의 깊게 인식할 필요가 있다. 특히 이러한 문제가 추경예산 편성 등 국회의 재정과정을 통해 상당부분 해소된다는 점에서 정부는 재정운용에 있어 국회와의 논의를 강화할 필요가 있다.

54) 외평기금이 공자기금에 조기상환한 재원이 일반회계 적자보전을 위해 사용되었기 때문이다. 외평기금으로부터 예수받은 원금을 상환하고 공자기금이 이를 활용하여 국고채를 상환하는 경우 국가채무가 감소하지만, 공자기금이 해당 재원을 일반회계에 예탁함에 따라 국가채무 총량의 변화 없이 금융성 채무(외환시장 안정용 국채)가 적자성 채무(일반회계 적자보전용 국고채)로 전환된 것이다

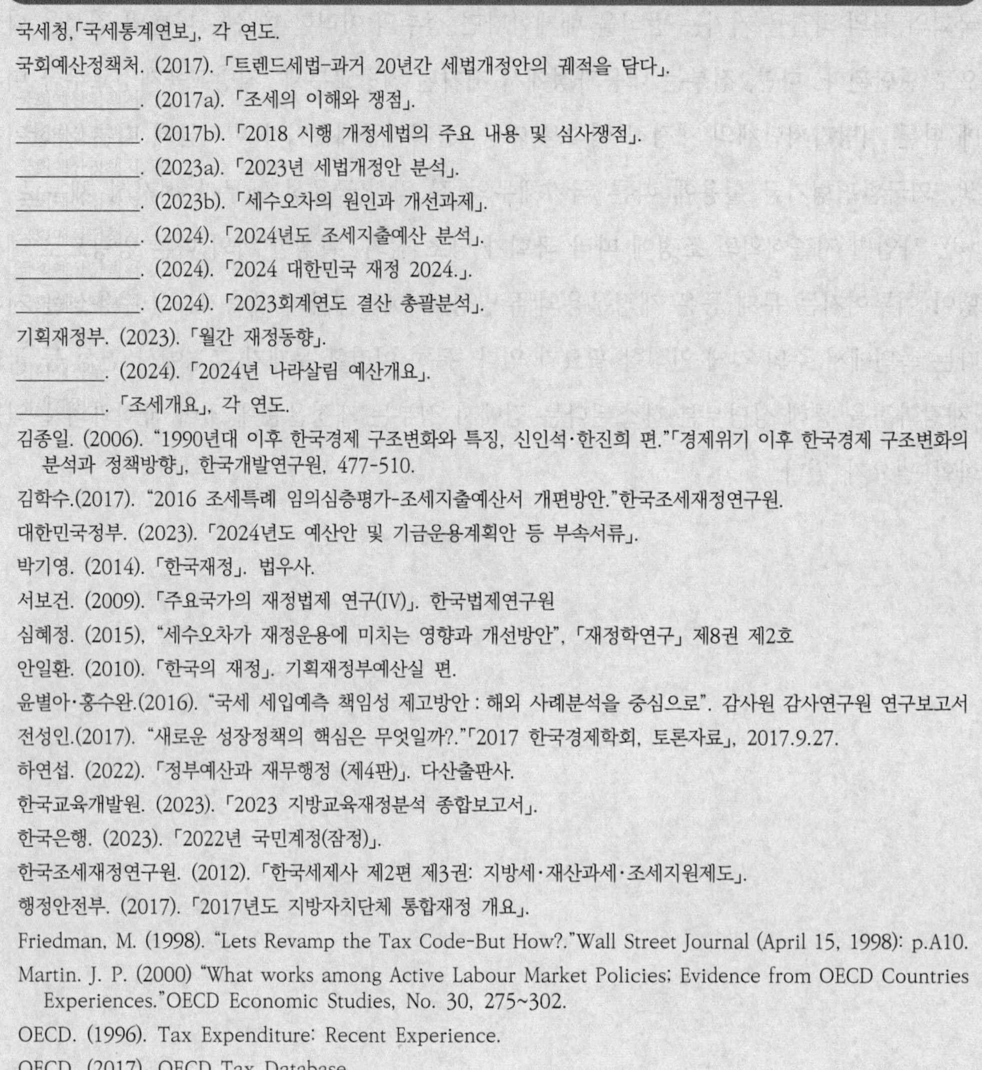

참고문헌

국세청,「국세통계연보」, 각 연도.

국회예산정책처. (2017).「트렌드세법-과거 20년간 세법개정안의 궤적을 담다」.

__________. (2017a).「조세의 이해와 쟁점」.

__________. (2017b).「2018 시행 개정세법의 주요 내용 및 심사쟁점」.

__________. (2023a).「2023년 세법개정안 분석」.

__________. (2023b).「세수오차의 원인과 개선과제」.

__________. (2024).「2024년도 조세지출예산 분석」.

__________. (2024).「2024 대한민국 재정 2024.」.

__________. (2024).「2023회계연도 결산 총괄분석」.

기획재정부. (2023).「월간 재정동향」.

________. (2024).「2024년 나라살림 예산개요」.

________.「조세개요」, 각 연도.

김종일. (2006). "1990년대 이후 한국경제 구조변화와 특징, 신인석·한진희 편."「경제위기 이후 한국경제 구조변화의 분석과 정책방향」, 한국개발연구원, 477-510.

김학수.(2017). "2016 조세특례 임의심층평가-조세지출예산서 개편방안."한국조세재정연구원.

대한민국정부. (2023).「2024년도 예산안 및 기금운용계획안 등 부속서류」.

박기영. (2014).「한국재정」. 법우사.

서보건. (2009).「주요국가의 재정법제 연구(IV)」. 한국법제연구원

심혜정. (2015), "세수오차가 재정운용에 미치는 영향과 개선방안",「재정학연구」제8권 제2호

안일환. (2010).「한국의 재정」. 기획재정부예산실 편.

윤별아·홍수완.(2016). "국세 세입예측 책임성 제고방안 : 해외 사례분석을 중심으로". 감사원 감사연구원 연구보고서

전성인.(2017). "새로운 성장정책의 핵심은 무엇일까?."「2017 한국경제학회, 토론자료」, 2017.9.27.

하연섭. (2022).「정부예산과 재무행정 (제4판)」. 다산출판사.

한국교육개발원. (2023).「2023 지방교육재정분석 종합보고서」.

한국은행. (2023).「2022년 국민계정(잠정)」.

한국조세재정연구원. (2012).「한국세제사 제2편 제3권: 지방세·재산과세·조세지원제도」.

행정안전부. (2017).「2017년도 지방자치단체 통합재정 개요」.

Friedman, M. (1998). "Lets Revamp the Tax Code-But How?."Wall Street Journal (April 15, 1998): p.A10.

Martin. J. P. (2000) "What works among Active Labour Market Policies; Evidence from OECD Countries Experiences."OECD Economic Studies, No. 30, 275~302.

OECD. (1996). Tax Expenditure: Recent Experience.

OECD. (2017). OECD Tax Database.

제4절 재정수지와 국가채무

1. 재정수지

재정수지(財政收支)는 당해연도의 순수한 수입에서 순수한 지출을 차감한 수치로서 재정활동의 건전성 파악을 위하여 사용되는 개념이다. 공공부문만이 아니라 가계의 경우에도 수지가 적자로 나타난다면 가계 구성원이 벌어들인 수입보다 지출이 많다는 것을 의미한다. 가계운영을 위해 모자라는 재원은 은행 등으로부터의 대출을 통해 보전하게 되는데, 이러한 차입금(보전수입)까지 감안할 경우 수입과 지출은 같아지지만, 가계의 수지는 적자로 표시된다.

재정도 마찬가지로 재정의 모든 수입(자체수입 + 내부거래수입 + 보전수입)과 모든 지출(일반지출 + 내부거래지출 + 보전지출)은 그 규모가 항상 일치하지만, 이를 두고 재정수지가 항상 균형을 이룬다고 하지는 않는다. 재정수지가 적자인지 아니면 흑자인지 여부는 보전거래가 제외된 총수입과 총지출만으로 계산하여야 한다. 우리나라에서 통용되는 재정수지의 종류에는 통합재정수지와 관리재정수지가 있다.

(1) 통합재정수지

통합재정수지란 일반회계·특별회계 및 기금을 모두 포함해 당해연도 총수입에서 총지출을 뺀 수치로 회계·기금 간 내부거래 및 차입·채무상환 등 보전거래를 제외한 실질적 의미의 수입·지출의 차이를 나타낸다. 통합재정수지는 재정의 적자 또는 흑자 규모를 의미하는 것이므로 재정적자의 보전 또는 흑자처분의 규모를 나타내는 보전재원과는 금액은 일치하고 부호만 반대로 표시된다.

통합재정수지 = 순수재정수입 - 순수재정지출
= (세입 + 융자회수) - (세출 + 융자지출)
= 세입(경상수입 + 자본수입) - 세출 및 순융자

통합재정수지는 중앙정부 및 지방정부부문의 재정규모를 파악할 수 있고, 내부거래와 보전거래를 차감한 순수 재정활동 규모를 파악할 수 있다는 점에서 유용하다. 또한, 통합재정수지는 재정적자 혹은 흑자에 대한 보전재원을 뺀 순수 재정활동으로 인한 재정수지를 나타내므로 당해연도 재정활동의 건전성을 파악할 수 있는 지표로도 활용된다.

보전재원[55] = 보전수입[56] - 보전지출[57]

통합재정수지 지표의 유용성

◆ 내부거래와 보전거래를 차감한 순수 재정활동 규모 파악에 유용

◆ 재정적자 또는 흑자에 대한 보전재원을 뺀 순수 재정활동으로 인한 재정수지를 파악하므로 당해연도 재정활동의 건전성 파악에 유용

◆ 재정이 실물부문에 미치는 영향 및 효과 파악에 유용

2024년 통합재정수지는 GDP 대비 1.9% 수준(44.4조원) 적자이며, 사회보장성기금수지(+47.2조)를 제외한 관리재정수지 또한 2024년 GDP 대비 △3.9%(△91.6조원) 적자로 예상된다.

2024년도 통합재정수지

(단위: 조원)

구분	2023(A)	2024		증감
		정부안 (B)	확정 (C)	(C-A)
통합재정수지(I)	△13.1	△44.8	△44.4	△31.7
(GDP 대비, %, %p)	(△0.6)	(△1.9)	(△1.9)	(△1.3)
사회보장성기금수지(II)	△45.4	△47.2	△47.2	△1.8
관리재정수지(I-II)	△58.2	△92.0	△91.6	△33.8
(GDP 대비, %)	(△2.6)	(△3.9)	(△3.9)	(△1.3)

자료: 국회예산정책처 「2024 대한민국재정」, 2024.

55) 보전재원은 재정적자의 보전, 흑자의 사용을 의미하는 것으로 유동성 목적의 상환성 수입지출거래와 당해연도 수입지출이 아닌 전년도 이월금 및 기금의 차기이월이 이에 포함된다. 통합재정수지는 재정의 적자 혹은 흑자규모를 의미하는 것이므로, 재정적자의 보전 또는 흑자의 처분규모를 나타내는 보전재원과 금액은 일치하고 부호(+, -)만 반대로 표기된다.

56) 보전수입 = 국채발행수입 + 차입금과 차관수입 + 전기이월(세계잉여금 등) + 내부거래수입(회계 간·기금 간)

57) 보전지출 = 국채원금상환 + 차입금과 차관상환 + 차기이월 + 내부거래지출(회계 간·기금 간)

(2) 관리재정수지

관리재정수지는 통합재정수지에서 사회보장성 기금과 공적자금상환기금 출연 원금 소요(2003년~2006년까지)를 제외한 것을 의미한다. 사회보장성 기금은 국민연금, 사학연금, 산업재해보상보험기금과 고용보험기금을 말하는데, 사회보장성 기금을 제외하는 이유는 이들 기금의 수입은 장래의 지출을 위한 것으로 해당연도의 재정활동으로 보기 어렵기 때문이다. 또한, 연금제도의 성숙도에 따라 사회보장성 기금에 대규모 흑자나 적자가 발생할 수 있기 때문에 해당연도 재정운용의 건전성을 정확히 판단하는 데 적절하지 않기 때문이다. 특히 우리나라의 경우 연금이나 보험의 지출보다 수입이 많기 때문에 이들 기금은 현재로서는 흑자를 보이고 있지만, 사회보장성 기금의 흑자는 장래에 지급될 것에 대비하여 적립하고 있는 것이므로, 재정건전성을 정확히 파악하기 위해서는 통합재정수지에서 이를 제외하여야 한다. 정부는 2002년부터 통합재정수지와 함께 관리재정수지를 발표하고 있다.

(3) 재정수지의 변동 추이

우리나라의 재정수지는 1980년대 중반까지 경제개발지원 등의 영향으로 적자기조가 지속되었으나, 1980년대 후반 이후 정부의 재정긴축 노력, 3저 호황 등으로 전반적인 균형기조에 진입하였고, 1987~1988년에는 통합재정수지가 작성된 이후 처음으로 흑자를 기록하였다. 이후 IMF 외환위기 직후 대규모의 재정수지 적자가 발생하였으나, 지출억제 노력과 재정수입 증가 등에 힘입어 2002년에는 5.1조원(GDP 대비 0.7%) 흑자를 기록하였다. 그러나 일시적으로 3.6조원의 흑자를 기록하였던 2007년을 제외하면 지속적으로 재정수지가 악화되었고, 특히 글로벌 금융위기 극복을 위하여 재정지출을 확대하였던 2008년과 2009년에는 대규모 적자가 발생하여 관리재정수지는 외환위기 이후 최대인 △43.2조원에 이르렀다. 이후 관리재정수지의 적자폭은 일시 완화되었으나, 2015년에 경기부진 등에 따른 세수부족과 경제활성화를 위한 추경지출 등으로 △38조원의 적자를 기록하였다. 2016년 이후는 세수실적이 예상보다 개선되는 추세를 보임에 따라 재정수지 적자 폭도 GDP 대비 △1.5% 전후를 유지하였으나, 2019년부터 다시 적자 폭이 확대되었다. [그림 1]은 최근 우리나라 중앙정부 재정수지의 변동 추이를 보여준다.

[그림 1] 우리나라 중앙정부의 재정수지 변동 추이

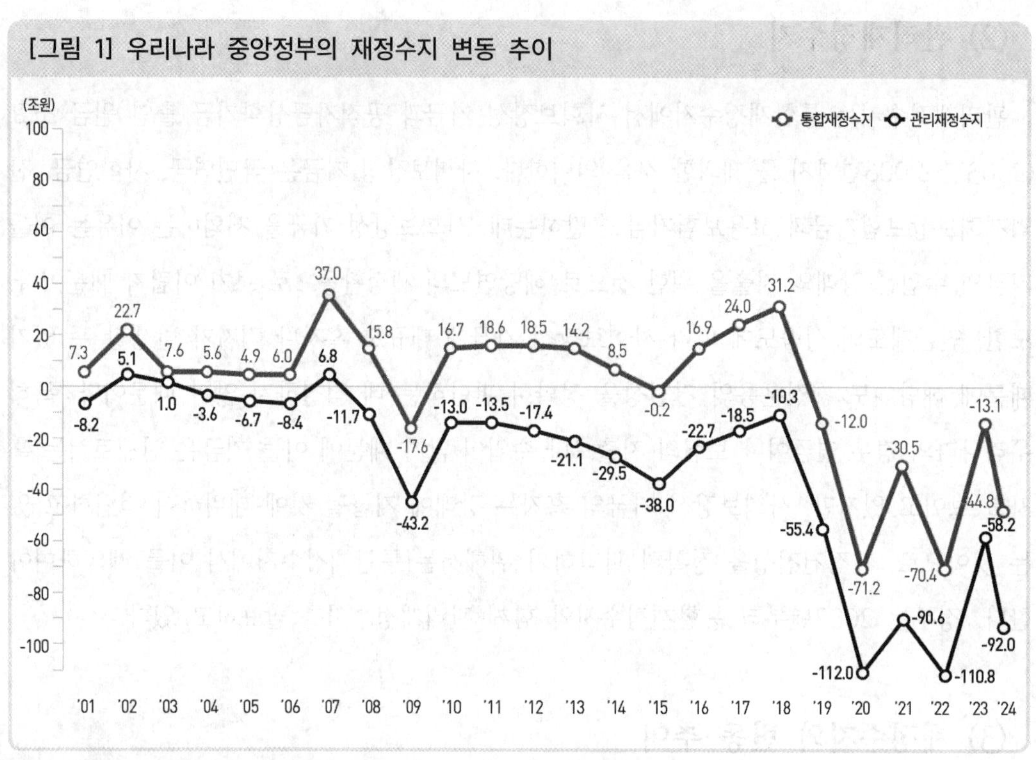

주: 2023년은 예산기준, 2024년은「2023~2027년 국가재정운용계획」의 전망치임
자료: 「2023~2027년 국가재정운용계획」 등의 자료를 바탕으로 재작성

(4) 재정수지의 국제 비교

OECD 통계에 따르면, 2018년 OECD 국가들의 평균 일반정부58) 재정수지(general government fiscal balances)는 GDP 대비 -2.9% 수준으로 예상되며, 2009년 -8.3% 이후 꾸준히 상승추세를 이어 왔다. 재정수지 개선추세가 계속되는 것은 2009년 글로벌 금융위기 이후 각국이 재정준칙 시행 등 재정건전성 강화를 위한 정책을 꾸준히 펼쳐 왔기 때문이다. 한국의 일반정부 재정수지는 2022년 GDP 대비 0.8% 흑자로 전망되며, 이는 같은 시기 일본(-6.68%), 미국(-4.06%), OECD 평균(-3.73%) 등보다 양호하게 나타나고 있다(OECD, 2022). 하지만 우리나라는 사회보장성기금의 수입이 지출보다 크다는 점을 고려할 필요가 있다.

58) OECD의 일반정부 범위에는 중앙정부, 지방정부외에 사회보장제도와 비영리공공기관이 포함된다.

[그림 2] OECD 주요 국가의 일반정부 재정수지와의 비교 (단위: GDP 대비 %)

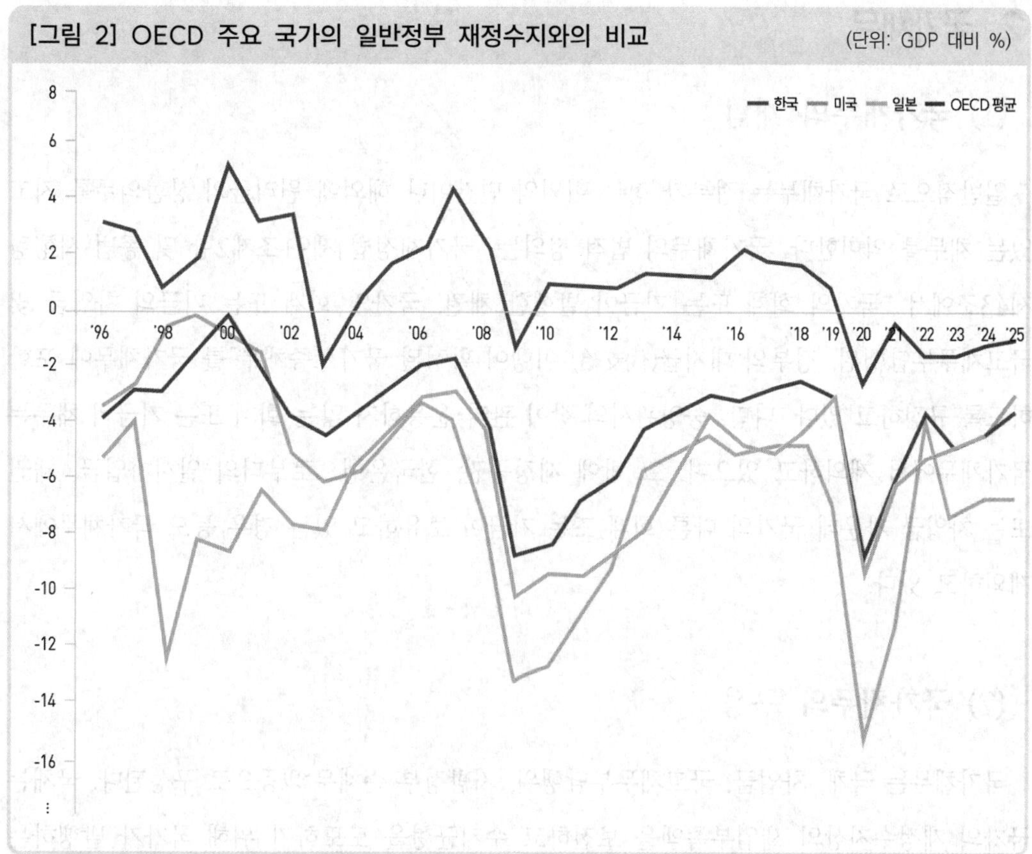

주: 2023년 이후는 OECD 전망치 기준임
자료: OECD Economic outlook, No. 114,(2023년 11월)

2. 국가채무

(1) 국가채무의 개념

일반적으로 국가채무는 정부가 정부 이외의 민간이나 해외에 원리금의 상환의무를 지고 있는 채무를 의미한다. 국가채무의 법적 정의는 「국가재정법」제91조제2항 및 동법 시행령 제43조에서 “국가의 회계 또는 기금이 발행한 채권, 국가의 회계 또는 기금의 차입금 및 국고채무부담행위, 정부의 대지급(代支給) 이행이 확정된 국가보증채무”를 국가채무에 포함하도록 규정하고 있다. 다만, 중앙관서의 장이 관리·운용하지 않는 회계 또는 기금의 채무는 국가채무에서 제외하고 있으며, 그 밖에 재정증권, 한국은행으로부터의 일시차입금, 채권 또는 차입금 가운데 국가의 다른 회계 또는 기금이 보유하고 있는 경우 등도 국가채무에서 제외하고 있다.

(2) 국가채무의 구성

국가채무는 국채, 차입금, 국고채무부담행위, 지방정부 순채무[59]등으로 구성된다. 국채는 국가의 재정수지상의 세입부족액을 보전하고 수지균형을 도모하기 위해 국가가 발행하는 채권이며, 2023년 말 현재 국채 잔액은 전년보다 94.5조원(10.1%) 증가한 1,031.5조원으로 중앙정부 국가채무 1,033.4조원의 대부분(99.8%)을 차지하고 있다. 현재 발행되고 있는 국채는 세 종류로서 국고채권, 국민주택채권(제1종, 제2종), 외화표시 외국환평형기금채권[60]으로 구분된다. 국고채권은 전년 대비 93.8조원(11.1%) 증가한 937.5조원으로 국채의 90.9%를 점유한다. 국민주택채권은 전년과 동일한 82.2조원, 외국환평형기금채권은 0.6조원 증가한 11.8조원이다. 출자재정증권 및 공공용지 보상채권은 제도상 발행은 가능하나, 각각 1971년, 2000년 이후 신규 발행 실적이 없다.

---

59) 국가채무관리보고서는 「국가재정법」에 따른 국가채무에 해당하지 않는다는 사유로 국가채무관리계획과 달리 지방정부 순채무를 국가채무에 포함시키고 있지 않다.

60) 원화표시 외국환평형기금채권은 2003년 11월부터 국고채권으로 통합 발행되고 있다.

[표 1] 국채의 종류별 발행조건 및 근거법령 (단위: 조원)

종류	2023년말 잔액	발행목적	발행방법	소관 회계·기금	근거법령
국고채권	937.5	재정자금조달	경쟁입찰	공공자금 관리기금 (기획재정부)	국채법, 공공자금관리기금법
국민주택채권	82.2	주택건설촉진 재원조달	첨가소화	주택도시기금 (국토교통부)	주택도시기금법
외국환평형 기금채권	11.8	한국경제홍보 등	경쟁입찰	외국환평형기금 (기획재정부)	외국환거래법
출자재정증권	–	국제금융기구 출자	–	일반회계 (기획재정부)	국제금융기구에의가입 조치에관한 법률
공공용지 보상채권	–	공공용지 수용비 지급	교부	일반회계, 교통시설특별회계	공익사업을위한토지등의 취득및보상에관한법률

자료: 대한민국 정부, 각 연도 국가채무관리보고서

차입금은 정부가 한국은행, 민간기금 또는 국제기구 등으로부터 법정 유가증권의 발행 없이 직접 차입한 금액을 의미한다. 차입대상에 따라 정부가 한국은행 등 국내 금융기관, 민간기금 등으로부터 차입하는 국내차입금과 IBRD, ADB 등 국제기구와 외국정부 등으로부터 차입하는 해외차입금으로 구분된다. 2023년 말 현재 차입금 규모는 1.2조원으로, 해외차입금을 2016년 전액 상환함에 따라 국내차입금이 100%를 차지하고 있다. 차입금(1.2조)의 구성을 보면, 국민체육진흥기금(1.0조)이 79.7%로 가장 많고 기술보증기금 등 2개 기금으로부터 차입한 규모가 0.3조원 수준이다. 전년과 비교했을 때 0.7조원이 감소했는데 이는 신용보증기금, 주택금융신용보증기금, 산업기반신용보증기금으로부터 차입한 금액을 상환함에 기인한다.

[표 2] 차입금 현황 (단위: 조원, %)

	2022결산		2023결산		2024예산		증감
	규모	비중	규모(A)	비중	규모(B)	구성비	(B−A)
차입금 총계	1.9	100.0	1.2	100.0	1.2	100.0	△0.03
국내차입금	1.9	100.0	1.2	100.0	1.2	100.0	△0.03
한은 일시차입금	−	−	−	−	−	−	−
국민체육진흥기금	0.9	46.2	1.0	79.7	0.9	73.2	△0.1
국제교류기금	−	−	−	−	0.1	6.0	0.07
신용보증기금	0.3	13.1	−	−	−	−	−
기술보증기금	0.2	10.2	0.2	16.2	0.2	16.6	−
근로복지진흥기금	−	−	0.1	4.1	0.1	4.3	−
주택금융신용보증기금	0.5	27.8	−	−	−	−	−
산업기반신용보증기금	0.1	2.6	−	−	−	−	−
해외차입금	−	−	−	−	−	−	−
공공자금관리기금차관계정	−	−	−	−	−	−	−

주: 1. 구성항목별 합계 및 차감금액은 소수점이하 단수조정으로 상이할 수 있음
2. 해외차입금은 2016년 전액 상환하여 현재 잔액은 없음

자료 : 대한민국정부, 「2023회계연도 국가채무관리보고서」, 기획재정부 자료

반면, 국가채무에 대한 이자비용은 2018년 18.7조원에서 2022년에는 21.1조원으로 12.8% 증가하였다. 국가채무이자의 대부분은 국채이자로, 이중 국고채권이 전체의 약 91.9%를 차지한다.

[표 3] 국가채무 이자비용 추이

(단위: 조원)

구분	2018년	2019년	2020년	2021년	2022년
국가채무이자	18.7	18.0	18.7	19.2	21.1
국채이자	18.6	18.0	18.6	19.2	21.0
(국채잔액 대비, %)	(2.9)	(2.6)	(2.3)	(2.0)	(2.0)
-국고채권	16.9	16.3	16.8	17.7	19.4
-국민주택채권	1.4	1.3	1.5	1.2	1.3
-외평채권(외화표시)	0.3	0.3	0.3	0.3	0.3
차입금이자	0.06	0.05	0.04	0.03	0.03
(치입금잔액대비, %)	(2.0)	(1.9)	(1.2)	(1.7)	(1.5)
-국내차입금	0.06	0.05	0.04	0.03	0.03

주: 1. 국가채무 이자: 지방정부를 제외한 중앙정부 채무 이자
2. 구성항목별 합계 및 차감금액은 소수점 이하 단수조정으로 상이할 수 있음
자료: 기획재정부, 「2023-2027 국가채무관리계획」, 2023

국고채무부담행위는 「국가재정법」제25조에 따라 국가가 법률에 따른 것과 세출예산금액 또는 계속비 총액 범위 내의 것을 제외한 채무를 부담하는 행위로서 사전에 국회의 의결을 받은 범위 내에서 이루어진다. 즉, 일반 예산사업들은 예산확보 후 사업을 집행하는 데 반해 국고채무부담행위는 예산확보 전에 국회의 승인을 얻은 범위 내에서 미리 지출원인행위(계약)를 하고 실제 지출은 다른 회계연도에 이루어지게 된다. 사전에 예산확보를 하기 어려운 함정건조 사업이나 재외공관 건축사업 등이 국고채무부담행위로 집행된 바 있다. 2021회계연도 결산 기준 국고채무부담행위 규모는 0.7조원으로 국가채무에서 차지하는 비중은 미미하며, 2022년 결산에는 0.1조원, 2023년 예산에는 0.2조원이 계상되어 그 규모도 점차 감소하는 추세이다.

지방정부 순채무는 지방정부의 지방채 및 지방교육채 잔액에서 중앙정부에 대한 채무잔액을 차감한 것으로서 「국가재정법」에 따른 국가채무의 범위에 속하지는 않지만, 국제비교 등을 위해 1997년 이후 매년 국가채무관리계획에 지방정부의 순채무 통계를 포함시키고 있다. 「2023~2027년 국가채무관리계획」에 따르면, 2022년 말 기준 지방정부 순채무 규모는 34.2조원이며, 2023년도에는 본예산 기준 32.6조원으로 계상되었다.

국가채무를 구성하는 각각의 항목별 2021 및 2022회계연도 결산 기준 잔액, 2023년도 본예산에 따른 규모를 살펴보면 다음 표와 같다.

[표 4] 국가채무 구성 내역 및 전망 (단위: 조원, %, %p)

	2021 결산	2022 결산(A)	2023 본예산(B)	전년대비 (B-A)
국가채무 총계	970.7	1,067.7	1,134.4	66.7
(GDP 대비)	(46.9)	(49.4)	(50.4)	(1.0%p)
중앙정부채무	939.1	1,033.4	1,101.7	68.3
• 국채	937.0	1031.5	1,100.3	68.9
- 국고채	843.7	937.5	999.0	61.5
- 국민주택채권	82.2	82.2	86.8	4.6
- 외평채	11.2	11.8	14.5	2.7
• 차입금	2.0	1.9	1.2	△0.7
- 국내차입금	2.0	1.9	1.2	△0.7
- 해외차입금	-	-	-	-
• 국고채무부담행위	0.7	0.1	0.2	0.1
지방정부순채무	31.5	34.2	32.6	△1.6

자료 : 기획재정부(2024), 「2023년 국가결산보고서」; 기획재정부(2024.2), 월간재정동향.

한편, 국가채무를 그 성질에 따라 향후 조세 등 실질적인 국민의 부담으로 상환해야 하는 채무인 적자성 채무와 대응자산으로 상환할 수 있는 채무인 금융성 채무로 구분하여 살펴보면, 적자성 채무는 2023년 721.3조원에서 2027년 968.6조원으로 연평균 7.6% 증가하고, 금융성 채무는 2023년 413.0조원에서 2027년 449.0조원으로 연평균 2.1% 증가할 것으로 전망된다. 적자성 채무 규모의 증가가 전망됨에 따라 효율적 재정운용의 필요성을 다시금 되새기게 한다.

[표 5] 국가채무 변화 추이

(단위: 조원, %)

	2023	2024	2025	2026	2027	'23~'27 연평균 증가율
국가채무	1,134.4	1,196.2	1,273.3	1,346.7	1,417.6	4.6
적자성 채무 (국가채무 중 비중)	721.3 (63.6)	792.4 (66.2)	849.8 (66.7)	910.4 (67.6)	968.6 (68.3)	7.6
금융성 채무 (국가채무 중 비중)	413.0 (36.4)	403.7 (33.7)	423.5 (33.3)	436.3 (32.4)	449.0 (31.7)	2.1

주: 1. 구성항목별 합계 및 차감금액은 소수점 이하 단수조정으로 상이할 수 있음
2. 2023년은 예산 기준, 2024~2027년은 「2023~2027년 국가재정운용계획」의 수치임

자료 : 대한민국 정부 「2023~2027년 국가재정운용계획」(2023.9.)

부채의 유형별 개념 및 활용

□ 정부가 발표하는 부채의 유형에는 ①국가채무(D1), ②일반정부 부채(D2), ③공공부문 부채(D3) 등이 있다. 국가채무(D1)는 국가재정운용계획 및 국가채무관리계획 등을 수립할 때 정부의 재정운용 목표지표로 활용되고 있고, 일반정부 부채(D2)는 국가간 재정건전성을 비교하는 데 주로 활용되고 있으며, 공공부문 부채(D3)는 비금융공기업 부채를 포함한 공공부문의 재정위험을 관리하는 지표로 활용하고 있다.

부채의 유형별 개념 및 활용

유형	연도	규모(GDP대비)	포괄범위	산출기준	활용
국가채무(D1)	2022	1067.4조원 (49.4%)	중앙 및 지방정부의 회계·기금	국가재정법, 현금주의	국가재정 운용계획
	2021	970.7조원 (46.7%)			
일반정부 부채(D2)	2022	1157.2조원 (53.5%)	D1 + 비영리공공기관	국제지침, 발생주의	국제비교 (IMF, OECD)
공공부문 부채(D3)	2022	1,588.7조원 (73.5%)	D2 + 비금융공기업	국제지침, 발생주의	공공부문 재정 건전성 관리

자료: 기획재정부, 「월간 재정동향 2월호」

공공부문 부채 포괄 범위

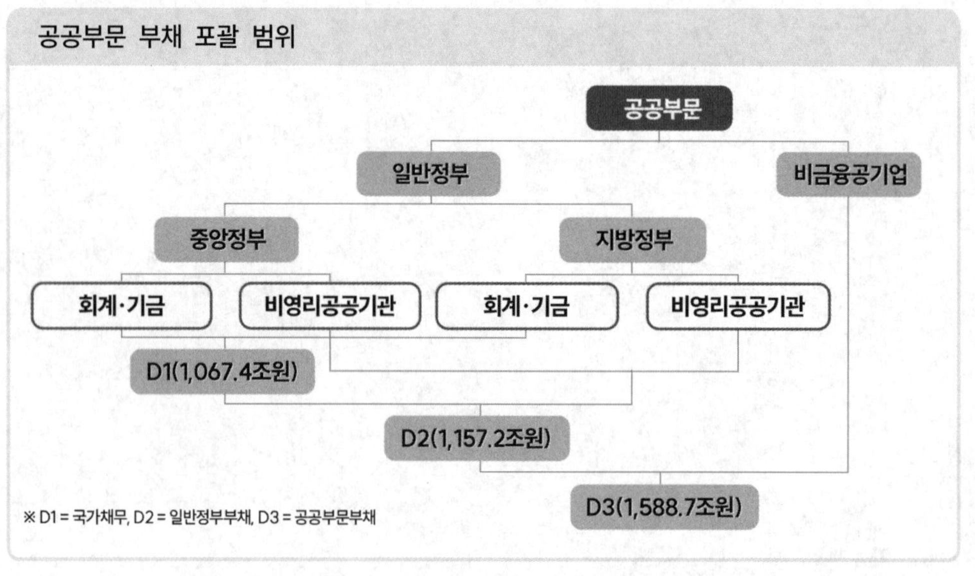

□ 재무제표상 부채는 중앙정부 결산의 결과로 발생주의 기준부채인 D2와 D3 등을 산출하기 위한 기초 데이터 등으로 활용된다.

(3) 국가채무의 변화 추이

최근 국가채무의 변화 추이를 살펴보면, 2009년에 전년대비 50.6조원, 2010년에 전년대비 33.2조원 증가하는 등 글로벌 금융위기 극복 과정에서 가파르게 증가하였으며, 그 결과 2008년 최초로 300조원을 돌파한 이후 2년만인 2010년에 400조원에 근접한 392.2조원 규모로 증가하였다. 그 이후 2018년에는 전년보다 20.3조원 증가한 680.5조원으로, 2019년에는 전년보다 42.7조원 증가한 723.2조원으로 증가폭이 커지는 추세이다. 2023년 본예산 기준 국가채무는 전년보다 41.3조원 늘어난 1,134.4조원에 이를 전망이다.

이에 따라 GDP 대비 국가채무 비율도 2010년 10.1%에 이르는 경상 GDP 성장으로 인하여 소폭 감소(△0.3%p)하기는 하였으나, 2011년 결산 기준 GDP 대비 31.6%의 국가채무 비율을 기록한 이후 지속적으로 그 비율이 상승하여 2014년은 GDP 대비 35.9%, 2015년 37.9% 2016년 38.2%, 2020년 43.6%를 기록했고, 2024년 본예산 기준 51.0%로 전망하고 있다.

2018년부터 2024년까지 국가채무 연평균 예상증가율은 9.9%이다. 이를 적자성 채무와 금융성 채무로 구분하여 살펴보면, 적자성 채무의 연평균 증가율은 13.1%, 금융성 채무는 5.0%로서 적자성 채무가 상대적으로 빠르게 증가하고 있음을 알 수 있다. 특히 일반회계 적자국채의 경우 같은 기간 연평균 증가율이 16.0%에 이르고 있음을 유의할 필요가 있다.

[표 6] 최근 국가채무 증감 현황

(단위: 조원, %)

	2018	2019	2020	2021	2022	2023 예산	2024 예산	연평균 증가율
국가채무 (GDP 대비 %)	680.5 (35.9)	723.2 (37.6)	846.6 (43.6)	970.7 (46.9)	1,067.4 (49.4)	1,134.4 (50.4)	1,195.8 (51.0)	9.9
• 적자성 채무	379.2	407.6	512.7	597.5	676.0	721.3	792.3	13.1
- 일반회계 적자보전	300.4	334.7	437.5	523.1	605.8	656.6	733.3	16.0
- 공적자금 국채전환 등	78.8	72.9	75.2	74.4	70.3	64.7	59.0	△4.7
• 금융성 채무	301.3	315.6	333.9	373.2	391.3	413.0	403.5	5.0
- 외환시장 안정용	234.9	247.2	256.4	263.8	265.7	278.7	253.4	1.3
- 서민주거 안정용 등 기타	66.4	68.5	77.5	109.3	125.6	134.4	150.1	14.6

주: 1. 구성항목별 합계 및 차감금액은 소수점 이하 단수조정으로 상이할 수 있음.
2. 2022년까지는 결산 기준, 2023년도와 2024년도는 예산 기준임
자료: 기획재정부 각년도 국가채무관리보고서, 「2023~2027년 국가채무관리계획」.

[그림 3] 국가채무 중 일반회계 적자국채와 외환시장 안정용 채무 추이

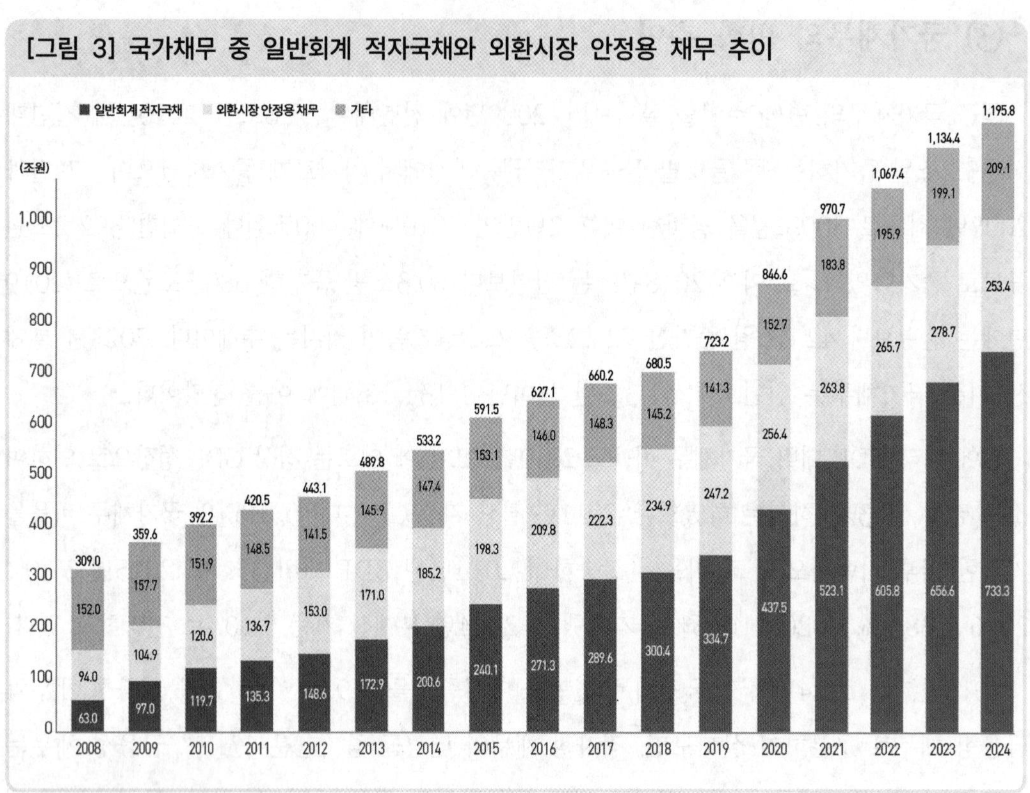

주: 2022년까지는 결산기준. 2023년, 2024년은 「2023-2027 국가채무관리계획」의 전망 기준
자료: 기획재정부, 각 연도 「2023~2027 국가채무관리계획」, 2023.9.

재정수지와 국가채무의 관계

재정수지 적자가 발생한다는 것은 재정수입이 재정지출보다 부족하다는 것을 의미하며, 이를 보전하기 위해 국채를 발행하게 되고 그만큼 국가채무는 증가하게 된다. 그러나 재정수지 적자규모만큼 국가채무가 증가하는 것이 아니고, 실제로는 재정수지 적자 규모보다 더 국가채무가 증가하게 된다. 즉, 재정수지 적자가 발생하면 이를 보전하기 위해 국채를 발행되게 되어 양자 간 높은 상관관계를 갖지만, 다음과 같은 이유에서 국가채무 증가분은 재정수지를 초과하게 된다.

첫째, 국고채무부담행위(2023년 0.1조원)는 재정수지에는 포함되지 않으나(예산 외 운용, 이자는 매년 재정수지에 반영), 원금은 국가채무에 포함되기 때문이다.

둘째, 기금·특별회계의 공공자금관리기금 예탁 규모에 따라 그 규모의 차이가 발생하기 때문이다. 예를 들면, A기금의 순수입(총수입-총지출)이 증가하는 경우 증가분만큼 재정수지가 개선되는데, 동 기금이 순수입 증가분 전액을 공공자금관리기금에 예탁할 경우 예탁규모만큼 공공자금관리기금에서 발행하는 국채발행 규모도 감소하게 되어 재정수지와 국가채무 증감 규모는 동일할 것이다. 그러나 실제에 있어서는 순수입이 발생하여도 전체를 여유자금으로 운용할 수도 있고, 일부만을 공공자금관리기금에 예탁할 수도 있으므로 기금의 운용상 차이가 발생할 수 있다.

(4) 국가채무의 산정 기준[61)]

국가채무의 산정 기준은 국가별로 상이하며, 현행 「국가재정법」에 따른 국가채무 기준도 OECD 등의 국가채무 기준과는 차이가 있다. 국가채무의 국제비교에는 OECD 및 IMF의 기준이 널리 사용되고 있다.

OECD 기준

OECD의 일반정부 총금융부채는 우리나라의 국가채무를 OECD 국가와 비교할 때 흔히 사용되는 통계이다. OECD 통계는 UN의 국민계정체계(System of National Accounts: SNA)에 기초하고 있다. 동 기준에 의할 경우 일반정부의 총금융부채(general government financial gross liabilities)란 UN의 국민계정체계에 따라 추정한[62)] 일반정부의 금융부채

61) 국회예산정책처의 「대한민국 재정」(2018)을 주로 참고하였다.

62) UN 기준은 국민소득계정 내에서 정부부문의 실물경제활동을 파악하는 데 주안점을 두고 있으며, 실적치가 아닌 산식에 의한 추정치를 통계로 제공하고 있다.

순부담의 누적액을 의미한다. 여기서 일반정부란 중앙정부·지방정부·사회보장제도를 포괄한 개념이며, 비영리공공기관[63]을 포함하고 있다. 우리나라는 한국은행에서 국민계정상 재정통계를 OECD에 제공하고 있다.

IMF 기준

IMF는 IMF의 「재정통계기준(GFSM: Government Finance Statistics Manual)」에 따라 작성된 189개 회원국의 재정통계 자료를 취합하여 매년 「연도별 정부재정통계(Government Finance Statistics Yearbook)」를 발간하고 있다[64]. IMF의 재정통계기준(GFSM 1986)에 의하면, 국가채무란 일반정부가 정부 이외(민간 또는 해외)에 진 직접적 채무의 총계로서, 내부거래, 금융당국의 부채, 지급이 확정되지 않은 잠재적 채무는 국가채무에서 제외하도록 규정되어 있다. IMF 기준(GFSM 1986)에 의할 경우, 일반정부는 정부기능을 수행하는 모든 단위(units)로 규정되어 있으며, 중앙정부·지방정부로 구성된다. 따라서 일반정부의 범위에 포함되지 않는 공기업(public enterprises) 채무, 통화정책을 수행하는 금융당국의 채무는 국가채무에 포함되지 않는다.

또한, 동 기준은 현금주의 회계기준을 채택하고 있어 국가채무는 이자지급 또는 원리금상환이라는 직접적인 상환의무를 부담하는 확정채무에 한정하고 있다. 따라서 IMF 기준에 의할 경우 보증채무는 이행청구를 받기 전까지는 국가채무에 포함되지 않으며, 사회보장제도의 암묵적 채무(준비금 부족액) 또한 국가채무에서 제외된다. 그러나 보증채무와 사회보장제도의 암묵적 부채는 정부가 그 규모를 인식하는 일이 매우 중요하기 때문에 부기사항으로 기록하도록 하고 있다.

63) 가계나 기업에 봉사하면서 정부에 의해 주로 자금이 조달되고 통제받는 기관으로 각종 공단(예: 근로복지공단, 산업안전공단)과 국책연구소(예: KDI) 등이 이에 포함된다.

64) 정부재정통계편람(GFSM)은 1974년 초안이 제정되었고, 각국의 정부, 중앙은행, 중앙통계기관 및 국제기구의 의견을 수렴하여 1986년에 GFSM 초판(이하 "GFSM 1986"이라 한다)이 발행되었다. 이후 2001년 1차 개정(GFSM 2001)을 통해 공기업채무와 금융당국 채무를 정부채무에 포함시켰고, 2014년 2차 개정(GFSM 2014)을 통해 UN SNA 등 다른 국제통계기준과의 일관성을 제고시켰다.

국제 기준과 현행 국가채무 기준과의 차이점

우리나라는 국가채무 및 통합재정 통계인 통합재정수지 작성 시 기본적으로 현금주의 회계기준인 IMF의 GFSM 1986을 기준으로 하고 있다. 그러나 우리나라 국가채무 포괄범위는 IMF 지침에 의한 정부부문을 모두 포함하고 있다고 보기 어렵다. 왜냐하면 우리나라 국가채무 통계는 정부의 모든 회계와 기금을 대상으로 하는 것이 아니라 중앙관서의 장이 관리하는 회계 및 기금만을 대상으로 삼고 있기 때문이다.[65]

[그림 4] 국가채무의 포괄 범위

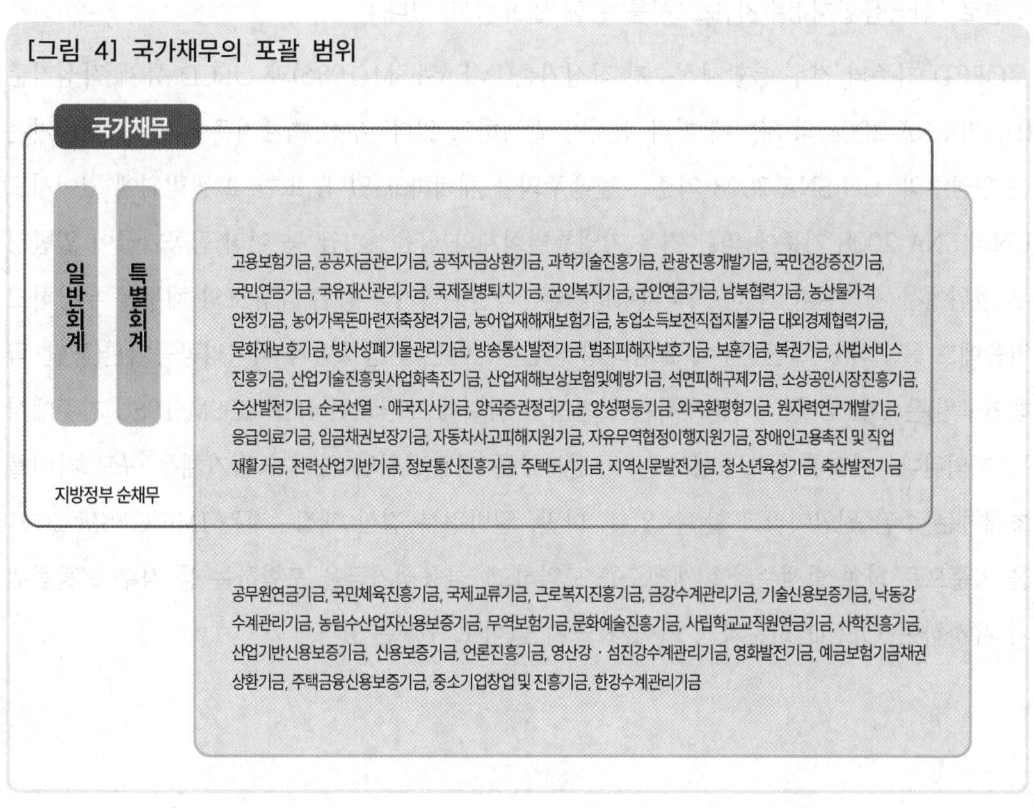

65) 「국가재정법」에 따른 국가채무 범위에 따르면 국가의 회계 또는 기금이 부담하는 금전채무에는 중앙관서의 장이 관리·운용하지 않는 회계 또는 기금은 제외한다고 규정되어 있다(「국가재정법」 시행령 제43조제2항).

정부는 이와 같은 문제점을 시정하고 국제통계기준에 맞는 재정통계 작성을 위하여, GFSM 2001에 따른 발생주의 회계제도를 2011회계연도 결산부터 도입하여 “일반정부 결산 재정수지”를 발표하고 있다. 일반정부 결산 재정수지에는 정부의 모든 회계와 기금을 발생주의 방식에 의하여 측정하므로, 중앙관서의 장이 관리·운용하지 않는 기금도 포함되며, 미지급금이나 예수금 등 발생예정인 부채도 포함된다. 아울러 지방재정도 비영리 공공기관을 포함하는 등 중앙정부와 동일한 기준으로 개편되었다. 정부는 GFSM 1986을 기준으로 하는 현금주의 국가채무통계와 GFSM 2001을 기준으로 하는 발생주의 국가채무통계를 연도별로 「한국통합재정수지」보고서를 통해 발표하고 있다.

OECD 기준의 경우 통합재정수지 작성기준(IMF GFSM 1986)과 OECD 통계 작성기준(UN의 SNA 2008)의 차이에 따라 편차가 발생하고 있다. 우선 회계기준에 있어 IMF 기준은 현금주의, UN SNA 2008 기준은 발생주의를 채택하고 있다. 또한, 포괄범위에 있어서도 UN의 SNA 2008 기준에 의할 경우 기업특별회계와 금융성기금 등 여러 공공기금이 일반정부 범위에서 제외된다. 특히 외국환평형기금, 국민주택기금 등은 대규모의 채무를 부담하고 있음에도 불구하고 일반정부에 포함되지 않는다. 반면 건강보험과 비영리공공기관(공단·국책연구원)은 OECD 통계기준에서는 일반정부 범위에 포함되나 IMF GFSM 1986 기준에서는 제외된다. 이러한 통계작성기준 및 정부부문 포괄범위의 차이가 국가채무 규모 차이를 초래하는 주된 원인이라고 할 수 있다. 다만, 일반정부 결산 재정수지는 IMF GFSM 2001을 기준으로 하여 발생주의 회계제도를 도입하고, 금융성기금을 포함하는 등 정부 포괄범위가 유사하여 OECD 기준과의 차이가 크지 않다고 할 수 있다.

[표 7] 재정통계 작성기준 비교

구분		정부재정통계 작성기준			OECD 기준 (한국은행 작성)
		국가채무	통합재정수지	일반정부 결산 재정수지	
적용기준		IMF GFSM 1986		IMF GFSM 2001	UN SNA 2008
회계기준		현금주의		발생주의	발생주의
정부 포괄범위기준		기능 기준 (민간관리 기금 제외)	기능 기준 (금융성 기금 제외)	제도단위 기준	제도단위 및 시장성 기준을 적용
포괄 범위	특별 회계 (21개)	21개 모두 포함			15개 (조달, 우정사업, 등기특별회계 제외)
	기금 (68개)	47개 정부기금 *공무원연금·사학연금 등 21개 민간기금 제외	60개 *신보·기보 등 8개 금융성기금 제외	68개 모두 포함	57개 *금융성·기업성기금 11개 제외 -외평·국민주택·공무원연금·사학연금·보증기금 등
	지방 정부	일반회계·특별회계	일반회계·특별회계·기금	일반회계·특별회계·기금	일반회계·특별회계·기금
	공공 기관	X		O(비영리)	O(비영리)

자료: 기획재정부 내부자료를 바탕으로 저자가 재구성.

(5) 공공부채에 대한 평가

2023년말 기준 국가채무(D1)는 1,067.4, 일반정부 부채(D2)는 1,157.2조원, 공공부문 부채(D3)는 1,588.7조원으로, 이 중 공공부문 부채는 GDP 대비 73.5%로 나타났다.

[표 8] 국가채무, 일반정부 부채, 공공부문 부채 비교 (단위: 조원)

분 류				국가채무(D1)	일반정부 부채(D2)	공공부문 부채(D3)
합 계				1,067.4	1,157.2	1,588.7
공공부문	일반정부	중앙정부 부채		1,033.4	1,104.2	1,104.2
		중앙정부	회계·기금	1,033.4	1,064.6	1,064.6
			비영리공공기관(229개)	-	55.0	55.0
			내부거래	-	△15.4	△15.4
		지방정부 부채		38.3	72.8	72.8
		지방정부	지방자치단체(243개)	38.3	66.6	66.6
			교육자치단체(17개)	-	4.0	4.0
			비영리공공기관(117개)	-	3.5	3.5
			내부거래	-	△1.3	△1.3
		중앙·지방·비영리 공공기관 간 내부거래		△4.4	△19.8	△19.8
	비금융공기업	비금융공기업 부채		-	-	517.4
		중앙 (116개)		-	-	481.4
		지방 (42개)		-	-	50.9
		내부거래			-	△14.9
	일반정부-비금융공기업 간 내부거래			-	-	△85.9

주: 2023년 말 기준
자료: 기획재정부, 월간 재정동향 2월호, 2024

정부가 2014년 초에 중앙정부, 지방정부 및 비금융공기업을 포함한 공공부문 부채 산출 결과를 발표한 적이 있는데, 이러한 정부의 공표는 재정투명성 제고 및 재정위험요인의 효과적 관리를 위한 기초자료를 제공한다는 점에서 의의가 있다. 유럽연합(EU)이 제시한 재정건전화 권고기준인 국내총생산(GDP) 대비 60%라는 기준에 비추어 볼 때, 우리나라 일반정부 부채(D2)의 GDP 대비 비율 53.5%(2023년 말 기준)는 낮은 수준인 것은 사실이다. 그러나 일반정부 부채만을 근거로 현재 우리나라 전체의 재정건전성이 양호하거나 건전하다고 평가하기에는 어려움이 있다. 예를 들면, 정부가 운영을 책임지고 있는 비금융공기업의 부채까지 포함할 경우, 공공부문 부채(D3)는 1,588.7조원으로 GDP 대비 73.5%로 유럽연합의 재정건전화 권고기준을 상회하고 있다. 더구나 공공부문 부채 1,588.7조원에는 미래에 정부가 지급해야 할 공무원연금과 군인연금 등을 나타낸 연금충당부채[66] 1,230.2조원(2023년 말 기준)과 국가보증채무 10.5조원(2023년 말 기준) 등의 보증채무가 포함되지 않았다.[67]

따라서 재정투명성 제고와 함께 재정위험요인을 효과적으로 관리하기 위한 노력이 필요하다. 정부가 국제기준에 따라 비금융공기업 부채 규모는 물론 공공부채에 포함시키지는 않았지만, 충당부채와 보증채무 규모까지 발표한 것은 미래의 재정위험을 적극적으로 관리하겠다는 적극적인 의지로 해석할 수 있다. 다만, 공공부채 통계에서 한국은행과 수출입은행 등 금융공기업부채와 주요 연기금이 보유한 국공채가 빠진 데 대해 미흡한 측면이 있다고 평가할 수 있다. 또한, 부채의 성격과 관련해서 보면, 정부가 빚을 내어 저소득층을 위한 복지 재원 등으로 사용하고 국민생활에 직결되는 공공서비스를 제공하는 공기업이 국민들에게 저렴한 가격으로 서비스를 공급하다가 적자가 발생했을 경우 이를 보충하는 것처럼 불가피한 경우도 있을 수 있다. 예를 들면, 국공립의료원에서 적자를 감수하고서도 서민들이 저렴한 비용으로 의료서비스를 이용할 수 있는 시설을 제공하는 경우이다. 이외에도 국민건강보험이나 전력, 가스, 우편, 철도 등이 대표적인 공공서비스로서, 공공부채의 규모 못지않

66) 현재 수급자 및 장래의 연금 수혜자들에게 장기간에 걸쳐 지급해야 할 연금액을 기대수명 등 조건에 따라 현재 가치로 산출한 부채를 말한다. 지출시기와 금액이 불확실한 잠재적 부채로서 국민 부담과 직접 연계되는 국가채무(차입부채)와는 성격이 다르다. 연금충당부채를 산출할 때 적용하는 가정변수로는 퇴직률, 사망률, 연금선택률, 물가상승률, 할인율 등이 있다. 매년 보험 수리적 가정의 변화에 따라 충당부채의 규모가 달라진다.

67) 한 가지 유의할 것은 1,230.2조원의 연금충당부채를 모두 국민이 세금으로 부담해야 하는 부채로 인식하여 우리나라의 재정건전성이 크게 악화되었다고 인식하는 것은 무리가 있다. 연금충당부채는 산정시점에서 미래에 발생할 수입을 고려하지 않고 미래에 지출해야 할 금액만을 추정하여 산정한 것이라는 점을 인식할 필요가 있다. 본래 연금의 지급은 공무원·군인의 기여금과 정부의 부담금으로 조성된 재원으로 충당하게 되므로 1,230.2조원 모두가 '나라 빚'이라고 할 수 없다는 점이다.

게 성격도 중요하다는 것이다. 특히 2000년대 이후 경제위기에 직면할 때마다 재정지출을 늘리는 것 이상으로 공기업을 통한 경기부양용 SOC사업을 추진함으로써 공기업부채가 큰 폭으로 증가하게 된 점을 상기할 필요가 있다. 감사원 자료에 따르면, 2007년부터 2011년까지 주요 공기업 부채 증가액이 115조원에 달하는데, 전체 증가액의 37%에 해당하는 43조원이 정부의 재정사업을 추진하는 과정에서 발생한 것이다.

마지막으로 공공부문 부채에 대한 관리계획이 법률에 마련될 필요가 있다. 「국가재정법」 제91조에 따라 수립되는 국가채무관리계획의 경우 국가채무(D1)만이 포함되므로, 일반정부 부채(D2)와 공공부문 부채(D3)는 단지 국가 간 비교자료로서의 활용 수준에 머물 우려가 있다. 따라서 「국가재정법」 등에 별도의 규정을 신설하여 국가채무 외에 일반정부 및 공공부문 부채를 매년 산출하고, 그 결과를 토대로 일반정부 및 공공부문 부채의 관리방안을 함께 작성하여 국회에 제출하는 방안을 마련할 필요가 있다.

참고문헌

국회예산정책처. (2023). 「2024년도 예산안 총괄 분석 Ⅰ」.

________. (2024). 「대한민국 재정 2024」.

________. (2023). 「2023 경제재정수첩」.

국회입법조사처. (2014). 「이슈와 논점: 공공부문 부채 공표의 내용과 향후 과제」.

기획재정부. (2024). 「2023회계연도 국가채무관리보고서」.

________. (2023). 「2023-2027 국가채무관리계획」.

________. (2024). 「월간 재정동향 121월호」.

민관합동작업반. (2011). 「재정통계 개편안」.

OECD. (2023). Economic Outlook

제5절 우리나라 재정의 성질별 분류: 의무지출과 재량지출68)

앞에서 우리나라 재정의 규모, 재정수지와 국가채무 등에 대해서 살펴보았다. 총지출 기준 600조원을 상회하는 방대한 규모의 재정을 분석하는 방법에는 재정 전체의 규모와 그 추이를 살펴보거나, 재정을 구성하는 단위(중앙정부와 지방정부, 예산과 기금 등) 별로 각각 구분하여 파악하는 방법 등이 있을 수 있다. 그러나 이러한 방법들은 재정의 속성이나 성질을 파악하는 데는 일정 부분 한계가 있다. 특히 1980년대 중반 이후부터 비교적 건전하게 운용되어 왔던 우리나라 재정은 1997년 외환위기와 2008년 금융위기, 그리고 2020년 코로나19 위기를 겪으면서 국가채무와 재정적자가 빠르게 증가하고 있고, 저출산·고령화 사회로의 진입, 복지재정의 성숙도 심화, 남북통일에 대비한 재정소요, 세수기반 약화 등을 감안할 때 중장기적인 재정건전성에 대해 낙관할 수만은 없는 실정이다.

따라서 단순히 겉으로 드러난 재정의 규모와 증가 추이만을 고려하기보다는 재정지출의 강제성과 임의성을 기준으로 구분하여 재정을 들여다보는 것도 재정의 건전성이나 지속가능성 등을 파악하기 위한 유용한 방법이라고 할 수 있다.

1. 의무지출과 재량지출의 의의

(1) 정의

의무지출(mandatory expenditure)이란 법령 등에 의해 국가의 지출의무가 명시된 지출이다. 우리나라는 의무지출을 「국가재정법」 제7조제2항제4호의2에서 “재정지출 중 법률에 따라 지출의무가 발생하고 법령에 따라 지출규모가 결정되는 법정지출 및 이자지출”이라고 규정하고 있다. 법령에 의해 지출규모가 결정된다는 것은 법률에서 지출의무가 명시되고, 법령에서 지출대상 및 지출규모 산정을 위한 단가 등이 명시되어야 함을 의미한다. 그러나 사업의 성격, 법적 정비 미비 등에 따라 총리령, 부령, 훈령 또는 고시 등으로 지출규모를 정할 수도 있기 때문에 이러한 경우도 의무지출 사업으로 포함할 수 있다.

68) 제5절의 내용은 김춘순(2012)의 「의무지출 예산의 구조와 정책과제」를 주로 참고하였다.

의무지출과 상대되는 개념으로는 재량지출(discretionary expenditure)이 있다. 재량지출은 재정지출에서 의무지출을 제외한 지출로 규정되어 있다.[69] 재량지출이라 하더라도 지출의 성격에 따라 경직성을 가지는 지출이 있다. 경직적 재량지출의 대표적인 예로 공무원에게 지급되는 인건비를 들 수 있다. 공무원 인건비는 국가와 고용관계로 인해 발생하는 비용으로서, 공무원 수 조정이 쉽지 않아 여타 재량지출보다 지출규모 조정에 어려움이 있기 때문에 경직적 지출의 특성을 보이게 된다. 그렇다 하더라도 전체적인 공무원 인건비 규모는 법령에 의하지 않고 매년 국회 예산심의 과정에서 조정할 수 있다는 점에서 공무원 인건비는 의무지출로 분류되지 않는다.

의무지출과 재량지출은 지출근거, 발생요인 등에서 차이점을 가지고 있다. 이를 정리하면 [표 1]과 같이 구분할 수 있다.

[표 1] 의무지출과 재량지출의 차이

	의무지출	재량지출
지출 구분 근거	국가재정법 제7조제2항제4호의2	국가재정법 제7조제2항제4호의3
지출 발생요인	정부의 지출의무가 명시된 재정수반법률	사업추진 근거법 등
지출 규모	법령에 의해 결정	국회심의에 따라 결정
예산 변경방법	재정수반법령의제·개정(입법과정)	예산심의 과정에서 규모 조정
예산안 심사관점	편성규모의 정확성 등	정책(사업)과 규모의 타당성 등

(2) 의무지출과 재량지출의 구분 필요성

의무지출과 재량지출을 구분하는 것은 두 가지 측면에서 매우 중요하다.

첫째, 의무지출은 중장기 예측이 가능하다. 의무지출은 대상 및 단가 등이 법령에서 규정되므로 관계법령이 제·개정되지 않는 한 국회의 예산 심의 범위는 제한적일 수 있다. 반면, 의무지출은 지출통제가 어렵고 법률의 변경이 없는 한 회계연도에 따라 크게 영향을 받지 않으므로 중장기 예측이 가능하여 이러한 특성을 활용한 예산안심의가 가능하게 된다.

둘째, 의무지출은 중장기 재정건전성 분석 등에 유용하게 이용될 수 있다. 의무지출은 지

69) 「국가재정법」 제7조제2항제4호의3.

출규모가 법령에 의해 결정되기 때문에 경기둔화로 세입여건이 악화되더라도 지출규모를 축소하기 어렵다는 점에서 중장기 재정건전성에 부담을 초래할 수 있다. 따라서 의무지출을 구성하는 항목들의 지출특성 등에 관한 분석은 예산안심의 뿐만 아니라 중장기 재정건전성 분석 등에 유용하게 이용될 수 있다.

(3) 의무지출과 기준선전망

기준선전망(baseline projection)이란 현행법 하에서 수입과 지출(의무지출과 재량지출), 재정수지의 현년도(current year) 수준을 기준으로 하여 해당연도 및 후속연도에 대해 전망한 것을 의미한다. 따라서 기준선전망은 현재의 정책이 그대로 유지된다는 가정 하에 전망하므로 미래의 정책변화에 대해 중립적이게 된다. 기준선은 통상 5년 내지 10년의 시계를 가지고 전망을 하며 예산의 편성 또는 재정지출이 수반되는 법안에 대한 심의를 하는데 유용하게 활용된다.

기준선 전망은 의무지출과 재량지출을 모두 포괄하기는 하나 지출의 성격 및 근거가 상이하기 때문에 전망의 방법에는 차이가 존재한다. 먼저 의무지출의 경우 현행법이 변하지 않는다는 가정 하에 인구구조, 사회구조 또는 경제상황 변화 등을 고려하여 추계한다. 반면 재량지출의 경우 과거년도의 지출추세, 신규사업 도입에 따른 재정지출 여건 변화, 경상경제성장률, 물가상승률 등과 정치·경제·사회적 여건 변화를 반영하여 전망한다. 아래의 [그림 1]을 살펴보면, 기준선 전망의 의미를 보다 명확하게 이해할 수 있다. 현년도 수준(current level: a)과 기존 정책이 그대로 유지된다는 가정 하에 추계되는 기준선(base line: b), 새로운 정책이 추가된다는 가정 하에 추계되는 새 정책수준(policy level: c)이 있다.

기준선 전망이 도입될 경우 현년도와 다음연도의 지출수준을 중심으로 이루어지던 예산편성과 심사방식의 시계를 중장기로 확장하여 새로운 정책도입이나 재정수반 법률의 제·개정에 따른 추가적인 재정소요를 측정할 수 있기 때문에 중·장기적 시각에서 재정규율(또는 준칙)의 확립과 지출에 대한 통제가 가능해진다. 이러한 특성으로 인해 기준선 전망은 의무지출의 새로운 법률 변경으로 인한 중장기 재정 변화 분석에 유용하게 활용될 수 있다.

[그림 1] 기준선과 정책변경의 재정영향분석과의 관계

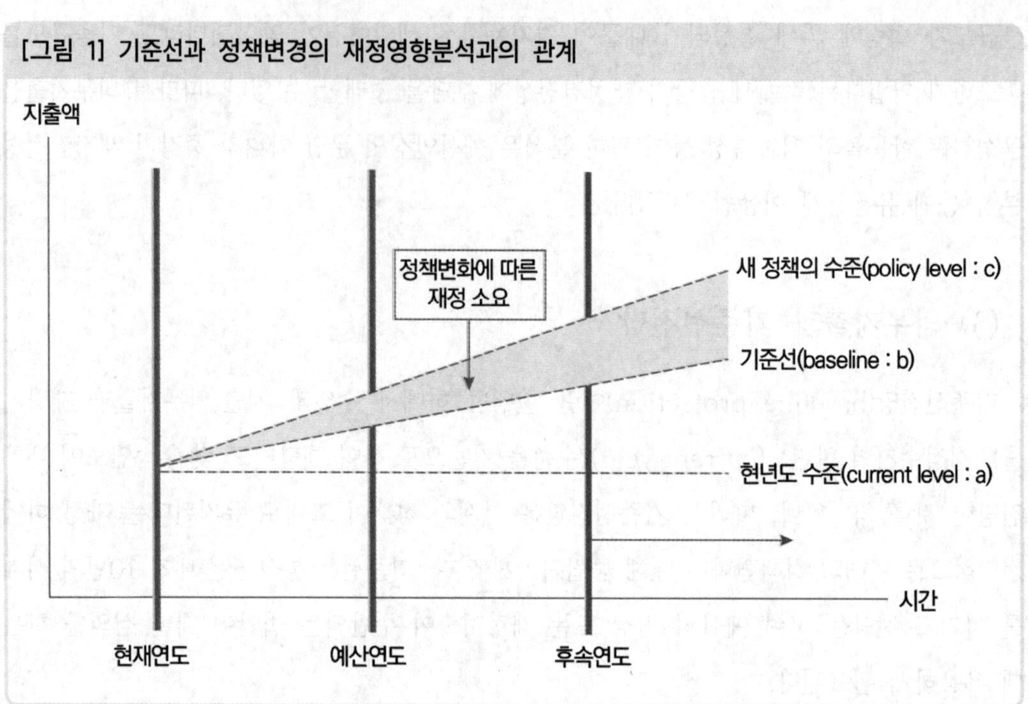

자료: 한국재정정보원, 월간 나라재정 2018년 9월호, 2018

2. 의무지출의 분류기준 및 특징

(1) 의무지출 분류기준

「국가재정법」 제7조제2항제4호의2에 따른 의무지출은 "재정지출 중 법률에 따라 지출의무가 발생하고 법령에 따라 지출규모가 결정되는 법정지출 및 이자지출"로서, 어떤 재정사업이 의무지출에 해당하는지 분류하기 위해서는 '지출의무', '지출규모'에 대한 좀 더 구체적인 분류기준이 필요하다.

지출의무: 명시적인 지출의무

법률에 따라 지출의무가 발생한다는 의미는 "○○○을 ○○한다.", "○○○을 ○○하여야 한다" 등과 같이 법률에서 그 지출의무가 명시되어야 한다. 일반적으로 의무지출 사업의 경우 사업의 근거법률에서 지출의무가 발생하는 대상과 지출의무 규정이 함께 기술되고 있다.

(사례) 국민연금급여

「국민연금법」 제50조에서 "급여는 수급권자의 청구에 따라 공단이 지급한다"라고 규정하고 있으며, 개별 연금급여에 관하여는 "60세가 된 때부터 그가 생존하는 동안 노령연금을 지급한다"(제61조), "장애 정도에 따라 장애연금을 지급한다"(제67조), "그 유족에게 유족연금을 지급한다"(제72조) 등과 같이 명시적인 지출의무를 규정하고 있다.

(사례) 기본형공익집접지불금

「농업·농촌 공익기능 증진 직접지불제도 운영에 관한 법률」 제7조에서 "농림축산식품부장관은 농업·농촌의 공익기능 증진과 농업인등의 소득안정을 위하여 농업인등에게 기본직접지불제도에 따른 기본형공익직접지불금(이하 "기본직접지불금"이라 한다)을 지급하여야 한다"라고 규정하고 있다.

재정지출 사업의 근거 법률에서 "○○○할 수 있다"와 같이 규정된 경우는 지출의무가 부여된 것으로 보기 어렵다. 다만 특정 조건에 부합하는 자의 신청에 따라 지출이 의무화되는 경우에는 법문의 표현이 임의성을 내포하고 있다 하더라도 실제 내용상으로는 국가의 지출의무가 발생하므로 의무지출로 보는 것이 타당하다.

(사례) 국민연금기금의 반환일시금 지급

「국민연금법」 제77조에서 "가입자가 (중략) 각 호의 어느 하나에 해당하게 되면 본인의 (중략) 청구에 의하여 반환일시금을 지급받을 수 있다"와 같이 규정되어 조건을 만족하는 청구자가 지급을 요청하면 국가는 반드시 이를 반환해야 하므로 지출의무가 발생한 것으로 볼 수 있다.

지출규모: 지출대상×지출단가

「국가재정법」에 따른 의무지출은 지출규모가 법령에 따라 결정되어야 한다고 규정하고 있고, 지출규모는 지출대상과 지출단가를 통해 산출되므로 지출대상 또는 지출단가의 주요 사항은 최소한 법률에 규정되어 있어야 한다. 일반적으로 법률에서 지출의무를 명시적으로 규정할 경우 "○○○에게 ○○을 ○○하여야 한다"와 같이 지출대상도 함께 규정하고 있으며, 지출단가에 대하여도 일부 기술적이고 구체적인 사항은 시행령 이하에 위임을 하면서도 주요사항에 대하여는 법률에 규정하고 있다.

(사례) 기초연금

「기초연금법」 제3조는 "65세 이상인 사람 중 기초연금 수급자가 100분의 70 수준이 되도록 한다"고 규정하여 지출의무와 지출대상을 명시하고 있고, 동법 제5조는 "기초연금 수급권자에 대한 기초연금의 금액은 제2항 또는 제5조의2제1항에 따른 기준연금액과 국민연금 급여액 등을 고려하여 산정한다"고 규정하여 지출단가도 법률에 명시하고 있다.

(사례) 무공영예수당

「국가유공자 등 예우 및 지원에 관한 법률」 제16조의2는 "60세 이상 무공수훈자에게는 무공의 영예를 기리기 위하여 무공영예수당을 지급한다"고 규정하고 있어, 지출대상인 "60세 이상 무공수훈자"를 법률에서 명시적으로 규정하고 있고, 지출단가는 동법 시행령 제27조의2에서 월 48만원에서 월 50만원으로 규정하고 있다.

이자지출

「국가재정법」상 의무지출은 법정지출과 이자지출로 구분되고, 이자지출은 국채 및 차입금에 대한 지출 이자이다. 이자지출에서 이자수입을 상계한 순이자지출이 아닌 총이자지출이 의무지출로 분류되며, 한 회계연도에 차입하여 상환하는 일시차입금 이자는 집계되지 않는다. 또한, 중앙정부 재정규모를 용이하게 파악하기 위한 지표인 총지출 산정에 있어 제외되고 있는 신용보증기금 등 8개의 금융성기금[70] 및 외국환평형기금에서의 채권 등에 대한 이자지출은 의무지출 성격을 지니고 있지만, 총지출 항목에 포함되지 않음에 따라 의무지출로 분류되지 않는다.

(2) 의무지출의 특징

의무지출의 경직적 구조 및 인구구조 변화에 따라 그 증가속도가 빠르게 확대되고 있는 가운데 최근 복지분야 재정지출이 크게 증가하면서 재정건전성 측면에서 관리의 필요성이 증대되고 있다. 그러나 의무지출의 상당부분을 차지하는 복지분야 의무지출은 '재정의 자동안정화' 기능을 수행한다. 즉, 경기 침체기에는 조세수입 등 재정수입은 감소하는 반면, 실업자, 국민기초생활보장 대상자 등과 같은 수급자는 증가하고 재정의 의무지출이 증가함에 따라 이들의 소득보전이 이루어진다. 따라서 단기에 있어 새로운 입법적 조치가 없더라도 의무지출로 인해 경기역행적인 재정정책 효과가 나타난다. 또한, 의무지출과 재량지출은 법적근거, 지출규모의 결정, 경제적 효과 등에 있어 차이점을 가지고 있다. 법적 측면에서 지출발생요인은 의무지출의 경우 정부의 지출의무가 명시된 재정법률에 의해, 재량지출은 사

70) 신용보증기금, 기술보증기금, 농림수산업자신용보증기금, 주택금융신용보증기금, 산업기반신용보증기금, 무역보험기금, 예금보험기금채권상환기금, 농어가목돈마련저축장려기금

업추진의 근거법 등에 의해 발생한다. 지출규모는 의무지출의 경우 법령에 의한 사업대상 및 단가에 의해 결정되며, 재량지출은 국회의 심의과정을 거쳐 결정된다. 예산을 변경하는 방법은 의무지출의 경우 관련 법령의 제·개정을 통해서만 예산규모가 변경되는 반면, 재량지출은 국회의 예산심의과정을 통해 변경된다. 마지막으로 국회가 예산을 심의함에 있어 의무지출은 사업대상이 과소 또는 과다 추계되지 않았는지 등 편성규모의 정확성에 맞추어져 있으며, 재량지출은 사업의 타당성, 예산규모의 적정성, 사업효과 등에 맞추어져 심의가 이루어진다.

3. 의무지출의 현황과 구조

(1) 의무지출의 현황 및 추이

2024년도 본예산 656.6조원(총지출 기준)에서 의무지출이 52.9%인 347.4조원 규모이고, 재량지출은 309.2조원으로 47.1%를 차지한다. 의무지출 중 이자지출을 제외한 법정지출은 320.4조원으로 총지출 대비 48.8%이고 이자지출은 27.0조원(총지출 대비 4.1%)이다. 총지출의 47.1%를 점유하는 재량지출 중 인건비 등 경직성 경비는 49.2조원(총지출 대비 7.5%), 국방비는 37.3조원(총지출 대비 5.7%), 국방비와 경직성 경비를 제외한 순수한 재량지출은 222.7조원(총지출 대비 33.9%)이다.

[그림 2] 우리나라 재정지출 구조(2024년도 본예산 기준)

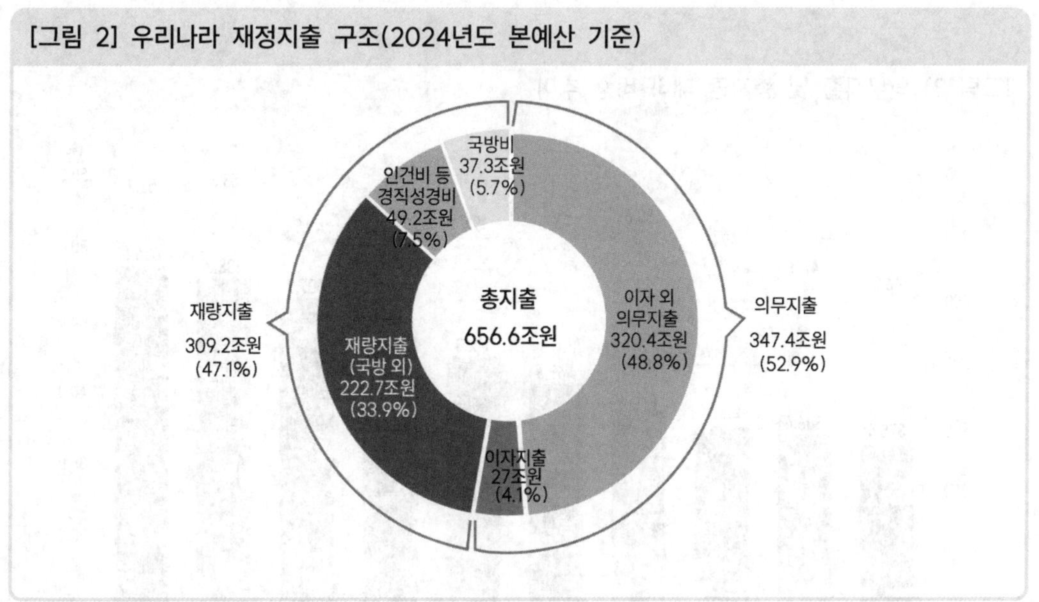

주: 1. 재량지출 중 경직성 경비는 전 부처의 인건비 및 기본경비를 합한 금액
2. 국방비는 경직성 경비를 제외한 국방 분야 재량지출 값
자료: 디지털예산회계시스템 자료를 바탕으로 재작성

2015년 이후 주요 복지제도의 증가와 함께 세입 증가에 따른 지방이전재원 증가로 의무지출이 증가하면서 의무지출이 총지출에서 차지하는 비중이 2015년 46.0%(172.6조원), 2016년 47.3%(182.6조원), 2017년 49.2%(197.0조원)로 지속적으로 높아졌다. 특히 이러한 추세에 더하여 2018년은 아동수당 도입, 기초연금의 월 지급액 상향 등 제도개선 사항이

예산에 반영되면서 의무지출 비중이 최초로 총지출의 절반을 초과하는 50.6%(217.0조원)로 나타났다. 2019년은 포용국가 기반 공고화를 위한 의무지출 소요가 증가하여 의무지출 비중이 전년 대비 소폭 증가한 51.0%로 나타났다. 2020년 이후에도 총지출은 지속적으로 증가하여 2020년 512.3조원, 2021년 558.0조원으로 나타났다. 그러나 내국세 수입 여건이 악화됨에 따라 지방이전재원이 거의 증가하지 못하게 되면서 의무지출 비중도 2020년 49.9%(255.6조원), 2021년 47.7%(266.1조원)로 감소하였다. 다만 2022년 이후에는 복지분야 법정지출의 증가와 함께 지방이전재원 증가 추이에 따라 다시 의무지출 비중이 높아지고 있으며, 특히 2023년 이후에는 재정기조가 건전재정으로 전환되면서 재량지출 중심의 지출 재구조화가 추진되고 있다. 이에 의무지출 비중은 2022년 49.9%(303.2조원), 2023년 53.3%(340.3조원), 2024년 52.9%(347.4조원)으로 나타났다.[71]

[그림 3] 의무지출 및 총지출 대비 비중 추이

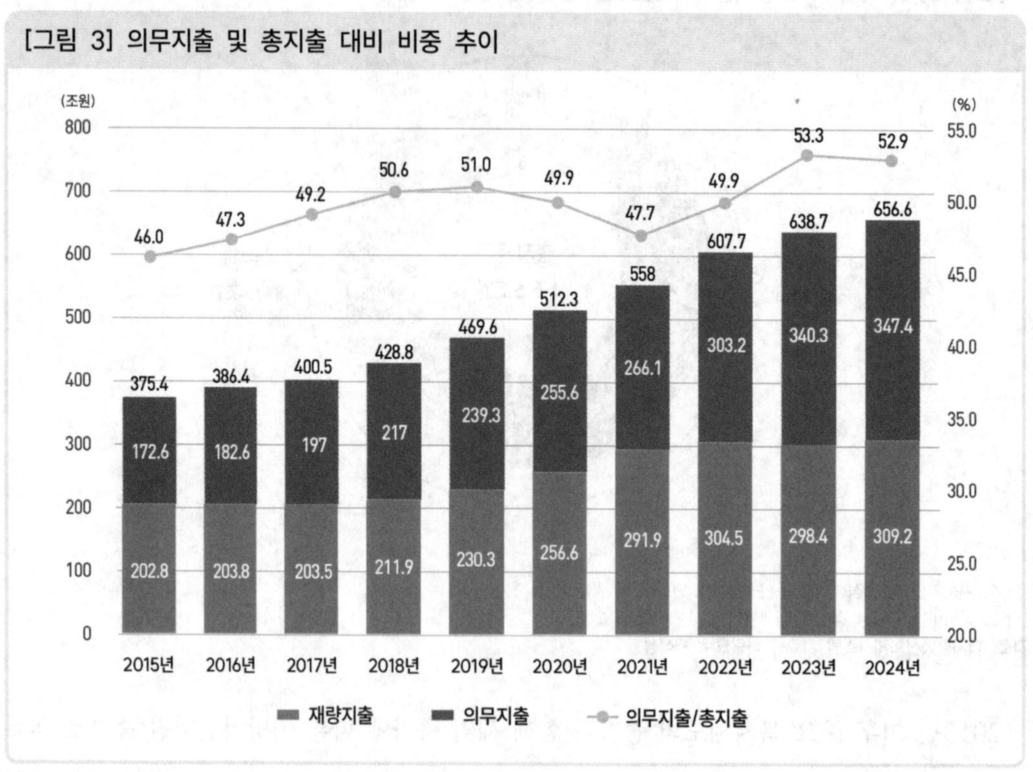

자료: 대한민국정부, 「국가재정운용계획」, 각 연도

71) 의무지출은 한번 증가하면 감소가 어려운 경직적인 지출로, 유승원·김수희(2023)는 의무지출의 비중이 과도해지는 경우 "정부가 예산으로 재정정책을 필요한 곳에 재량껏 펼치는 것은 사실상 어려워지게" 되고, "과도한 의무지출에 대한 부담을 가진 정부는 경제위기 등 외부의 충격에 탄력적으로 대응을 못하고 쉽게 흔들릴 수 있다"고 하였다.

경상GDP 대비 의무지출이 차지하는 비중을 살펴보면, 2017년까지 약 10% 수준으로 유지되다가, 2023년 15.2% 수준까지 매년 증가(2021년 제외)하였으며, 2024년에는 소폭 감소하여 14.8% 수준으로 나타났다.

[표 2] 경상GDP 대비 의무지출 및 총지출 비중 추이 (단위: 조원)

	2015	2016	2017	2018	2019	2020	2021	2022	2023	2024
국내총생산 (명목)	1,658.0	1,740.8	1,835.7	1,898.2	1,924.5	1,940.7	2,080.2	2,161.8	2,236.3	2,348.1
	100%	100%	100%	100%	100%	100%	100%	100%	100%	100%
총지출	375.4	386.4	400.5	428.8	469.6	512.3	558.0	607.7	638.7	656.6
	22.6%	22.2%	21.8%	22.6%	24.4%	26.4%	26.8%	28.1%	28.6%	28.0%
의무지출	172.6	182.6	197.0	217.0	239.3	255.6	266.1	303.2	340.3	347.4
	10.4%	10.5%	10.7%	11.4%	12.4%	13.2%	12.8%	14.0%	15.2%	14.8%

주: 1. 국내총생산은 2023년까지는 확정치, 2024년은 국회예산정책처의 성장률 전망치 적용
2. 총지출 및 의무지출은 연도별 본예산 기준
자료: 한국은행, 국회예산정책처, 대한민국정부 자료를 바탕으로 재작성

[그림 4] 미국의 의무지출 구조 및 추이

미국은 연방재정지출을 의무지출(mandatory spending), 재량지출(discr etionary-spending) 그리고 순이자지출(net interest)로 구분하여 관리하고 있다. 의무지출은 세출예산법(appropriation acts)이 아닌 수권법(authorization acts)에 의해 결정되는 재정지출이며, 재량지출은 세출예산법에 의해 결정되는 재정지출이고, 순이자지출은 정부의 이자지출에서 이자수입을 차감한 순지출을 의미한다. 2024회계연도(2023.10.~2024.9.) 대통령예산안의 연방정부 지출을 성질별로 살펴보면, 총지출 6.9조 달러 중 의무지출이 4.2조 달러로 60.9%를 차지하고, 재량지출이 1.9조 달러로 27.6%, 순이자지출이 0.8조달러로 11.5%를 차지하고 있다.

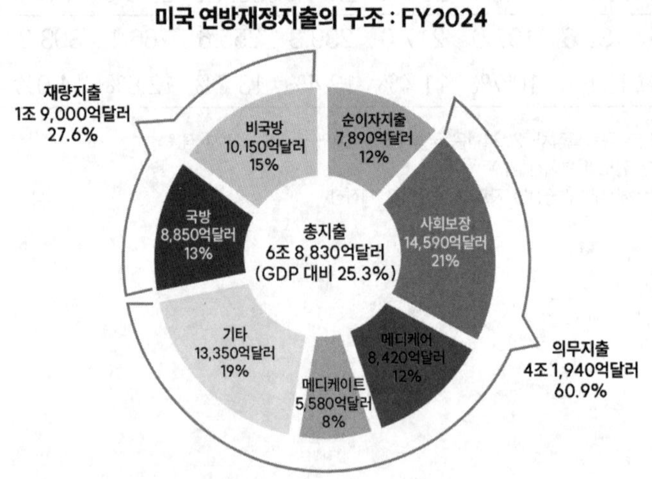

연방정부 총지출에서 의무지출이 차지하는 비중은 1962년 약 25% 수준이었으나, 1975년에는 약 45% 수준까지 증가하였으며, 1980년대 중반부터 1990년까지 안정적인 모습을 보이다가 1990년 이후 점진적으로 증가하기 시작하여 2009년에는 60% 수준까지 확대되었다. 2011년 56% 수준으로 소폭 하락하였던 의무지출 비중은 2024년 다시 61%까지 확대되었으며, 미국은 국방, 국제관계, 과학/우주/기술, 에너지, 천연자원·환경, 농업, 상업/주택융자, 교통, 지역사회/지방발전, 교육/훈련/고용/사회서비스, 보건(의료), 메디케어, 소득보장, 사회보장, 재향군인, 법무행정, 일반정부, 순이자, 할당금, 기타 등 총 20개의 기능별로 예산을 구분하여 관리하고 있다.

자료: 한국조세재정연구원, 「주요국 예산안 - 미국(FY2024 대통령 예산안)」, 2023. 3.

(2) 의무지출 구조

분야별·유형별 의무지출

의무지출은 다양한 성격의 사업들이 혼재되어 있는 구조로, 다음과 같은 여러가지 기준에 따라 분류될 수 있다.

첫째, 프로그램 예산체계[72] 하에서 분류하고 있는 16대 분야별로 2024년도 의무지출 예산을 살펴보면, 사회복지 분야가 161.0조원으로서 전체 의무지출의 46.3%를 점유하고 있다. 다음으로는 일반·지방행정분야 90.4조원(26.0%), 교육분야 73.0조원(21.0%) 순으로 나타나고 있다.

[그림 5] 2024년 기준 16대 분야별 의무지출 비중 분포 (단위: %)

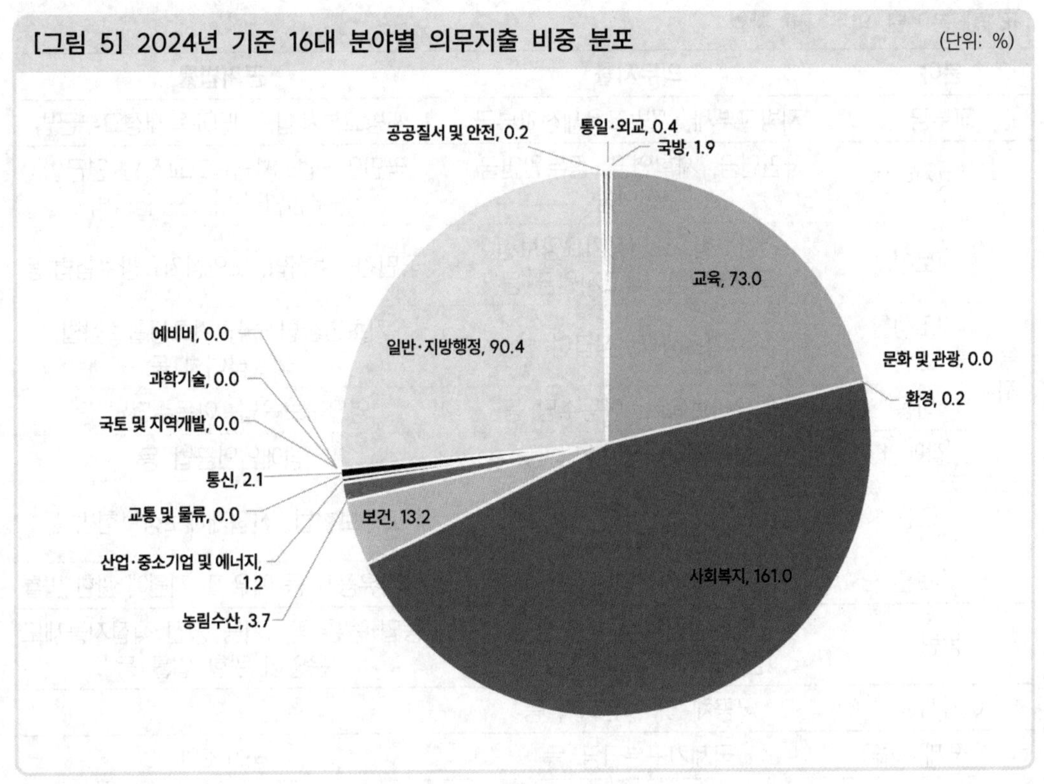

주: 본예산 기준
자료: 디지털예산회계시스템 자료를 바탕으로 재작성

72) 프로그램 예산체계(Program Budgeting System)란 성과지향의 예산체계로 전략적 재원배분과 재정효과의 극대화를 목표로 하며, 성과계획 예산에 반영하고 예산집행의 성과를 측정하기 위한 제도로 사업별로 예산을 운용하는 방식을 의미한다.[열린재정 재정정보공개시스템 (https://www.openfiscaldata.go.kr)]

둘째, 예산은 기본적으로 부처 중심으로 분류되기 때문에 다양한 성격의 사업들이 혼재되어 있는 의무지출 예산의 구조를 일목요연하게 파악하기 어렵다는 문제점에 따라, 김춘순(2012)은 분야별, 성질별 및 주체별로 의무지출 구조를 분석하였다. 이 중 분야별 분석은 의무지출 구조를 ① 교부금, ② 복지, ③ 농림, ④ 이자지출, ⑤ 기타의 5개 분야로 구분하고 있다. 분야별 의무지출 분류 기준은 내국세에 연동되어 지자체에 교부되는 교부금(지방교부세+지방교육재정교부금)과, 연금급여, 저소득층과 장애인, 노인 등에 대한 이전지출, 보육 관련 의무지출을 복지분야로 구분하였다. 농가 소득보전을 위한 직불금 등은 농림분야로 구분하였고, 국채이자는 이자지출분야로, 위에서 열거한 4개 분야에 속하지 않는 의무지출은 기타분야로 구분하였다.

[표 3] 분야별 의무지출 사업

분야		의무지출	근거법률
교부금		지방교부세, 지방교육재정교부금	지방교부세법, 지방교육재정교부금법
복지	공적연금	국민연금, 사학연금, 공무원연금, 군인연금	국민연금법, 사립학교교직원 연금법, 공무원연금법, 군인연금법
	보건	건강보험, 노인장기요양보험 국가부담금, 국고지원금 등	국민건강보험법, 노인장기요양보험법 등
	기초생활 보장	기초생활보장급여	기초연금법, 국민기초생활보장법, 의료급여법 등
	아동	영유아보육료, 아동수당 등	영유아보육법, 아동수당법 등
	장애인	장애연금, 장애수당 등	장애인연금법 등
	고용	구직급여, 육아휴직급여, 산재보험급여 등	고용보험법, 산업재해보상보험법 등
	보훈	보상금, 참전명예수당 등	국가유공자 등 예우 및 지원에 관한 법률
농림		기본형공익직접지불금, 선택형공익직접지불금 등	농업·농촌 공익기능 증진 직접지불제도 운영에 관한 법률 등
이자지출		국공채 및 차관이자 등	
기타	국제분담금	국제기구분담금 등	국제조약
	보상	납북피해자보상 등	군사정전에 관한 협정 체결 이후 납북피해자의 보상 및 지원에 관한 법률 등
	기타	정당보조금, 선거보전금 등	정치자금법, 공직선거법

셋째, 정부의 의무지출 분류를 중심으로 전체 의무지출 대비 유형별 비중을 살펴보면, 2024년 복지 의무지출이 172.4조원으로 전체 의무지출의 49.6%를 차지하고 있고, 그 다음으로 지방이전재원이 139.8조원으로 40.2%를 차지하고 있으며, 이자지출이 27.0조원으로 7.8%, 그리고 기타 의무지출이 8.2조원으로 2.4%를 차지하고 있는 것으로 나타났다. 2020년부터 2024년까지 의무지출의 연평균 증가율은 8.0%로, 같은 기간 총지출 증가율 6.4%보다 1.6%p 높은 것으로 나타났고, 재량지출의 연평균 증가율 4.8%보다는 3.2%p 높다. 특히 주목할 것은 의무지출 중 복지 의무지출 증가율이 같은 기간 9.6%를 기록함으로써 의무지출 증가는 물론 전체 총지출 증가를 주도하고 있다는 점이다.

[표 4] 의무지출 유형별 추이

(단위: 조원, %)

구분	2020년	2021년	2022년	2023년	2024년	연평균 증가율
총지출(C+D)	512.3	558.0	607.7	638.7	656.6	6.4
법정지출(A)	238.7	247.8	284.3	317.4	320.4	7.6
- 지방이전재원	112.3	109.8	134.9	155.4	139.8	5.6
	43.9%	41.3%	44.5%	45.7%	40.2%	
- 복지	119.7	131.3	140.0	154.7	172.4	9.6
	46.8%	49.3%	46.2%	45.5%	49.6%	
- 기타	6.7	6.6	9.5	7.3	8.2	5.2
	2.6%	2.5%	3.1%	2.1%	2.4%	
이자지출(B)	17.0	18.3	18.9	22.9	27.0	12.2
	6.7%	6.9%	6.2%	6.7%	7.8%	
의무지출(C=A+B)	255.6	266.1	303.2	340.3	347.4	8.0
	49.9%	47.7%	49.9%	53.3%	52.9%	
재량지출(D)	256.6	291.9	304.4	298.4	309.2	4.8
	50.1%	52.3%	50.1%	46.7%	47.1%	

주: 1. 각년도 본예산 기준
2. 의무지출(C)과 재량지출(D)의 %값은 총지출 대비 점유 비중, 분야별 의무지출의 %값은 연도별 의무지출(C) 대비 점유 비중임.
자료: 국회예산정책처, 「2024 대한민국 재정」을 토대로 재구성

재원의 성격별 의무지출

의무지출은 다양한 성격의 재원들에 의해 운영되고 있으므로, 다음과 같은 여러가지 기준에 따라 분류될 수 있다.

첫째, 의무지출은 지출되는 재원의 성격에 따라 사회보험형과 재정사업형으로 구분할 수 있다(김춘순, 2012). 사회보험형 의무지출은 연금·보험 가입자의 기여금 또는 사용자의 부담금으로 재원의 일부를 충당하고, 나머지 재원은 재정으로 보전하는 의무지출을 말한다. 재정지출형 의무지출은 재정으로 재원의 전부를 충당하는 의무지출을 의미한다. 사회보험형 의무지출은 가입자가 납부하고 연금 수급시점에 지출이 발생하는 공적연금과 가입자의 보험료 납부와 지출이 동시에 발생하는 고용보험·산업재해보상보험·건강보험·노인장기요양보험 의무지출로 구분할 수 있다. 공적연금 사업에 해당하는 사업은 공무원연금기금·군인연금기금·사립학교교직원연금기금의 퇴직급여, 퇴직수당, 재해보상급여와 국민연금기금의 국민연금 급여지급사업이 있다. 그리고 고용보험·산업재해보상보험·건강보험·노인장기요양보험 사업에 해당하는 의무지출은 조기재취업수당, 구직급여, 모성보호육아지원(육아휴직급여), 산재보험급여, 건강보험 가입자지원, 노인장기요양보험 사업운영 등이 있다.

2024년 본예산 기준으로 보면, 전체 의무지출 대비 재정사업형 의무지출의 점유비중은 66.9%, 사회보험형 의무지출이 33.1%로 재정사업형의 비중이 높게 나타나고 있는데, 이는 의무지출의 대부분이 조세수입 등 일반재원을 기반으로 하는 일반·특별회계에서 지출되고 있기 때문이다. 2019년부터 2024년까지 의무지출의 재원성격별 예산액 추이를 보면, 사회보험형 의무지출은 10.3%의 평균증가율을 보인 반면, 재정사업형 의무지출은 평균증가율이 6.6%인 것으로 나타났다. 이는 국민연금 급여지급 대상자가 본격적으로 증가하는 등 연금재정의 성숙도가 높아짐에 따라 공적연금 지출이 가장 빠르게 증가하고 있기 때문으로 볼 수 있다.

[표 5] 재원의 성격별 의무지출 (단위: 조원, %)

구 분	2019년	2020년	2021년	2022년	2023년	2024년	평균 증가율
(1) 사회보험형(A)	70.3	79.8	87.8	93.5	103.4	115.1	10.3
(비중)	29.4	31.2	33.0	30.8	30.4	33.1	
①공적연금	46.7	51.3	55.8	59.0	67.7	77.6	10.7
②고용/산재/건강보험등	23.7	28.5	31.9	34.5	35.7	37.4	9.6
(2) 재정사업형(B)	169.0	175.8	178.3	209.7	236.9	232.3	6.6
(비중)	70.6	68.8	67.0	69.2	69.6	66.9	
의무지출 합계(A+B)	239.3	255.6	266.1	303.2	340.3	347.4	7.7

주: 1. 사회보험형, 재정사업형의 비중 값은 전체 의무지출 합계에 대한 비중을 의미
2. 연도별 금액은 본예산 기준
자료: 1. 대한민국정부, 「국가재정운용계획」, 각 연도
2. 디지털예산회계시스템 자료를 바탕으로 재작성

둘째, 의무지출 사업의 재원이 지방자치단체에 대한 국고보조금 교부를 통해 마련되는지 여부에 따라서 의무지출 사업을 분류할 수도 있다. 의무지출 중 사회복지 분야 국고보조사업은 모두 13개[73]이며, 2021년 예산 기준으로 35조 1,918억원 규모이다. 이는 사회복지 분야 지방자치단체 국고보조사업 예산(48조 3,949억원)의 72.7%를 차지한다. 이와 같이 의무지출의 규모가 큰 이유는 기초연금지급, 의료급여경상보조, 생계급여, 영유아보육료 지원, 아동수당 지급, 주거급여 지원 등 국고보조금 규모 상위 10대 사업 중 7개 사업이 의무지출로 분류되는 사업들이기 때문이다(국회예산정책처, 2021).

73) 의무지출 국고보조사업에는 지방자치단체지원에 해당하는 지방교부금과 지방교육재정교부금은 제외함.

[표 6] 2021년 사회복지 분야 국고보조 의무지출 사업 (단위: 억원, %)

소관부처	세부사업	본예산	국고 보조금	사회복지 국고보조금 대비 비중	총 국고보조금 대비 비중
교육부	교육급여	1,030	1,011	0.2	0.1
국토교통부	주거급여지원*)	19,879	19,427	4.0	2.6
보건복지부	생계급여	46,079	43,360	9.0	5.8
보건복지부	해산장제급여	333	315	0.1	0.0
보건복지부	의료급여경상보조	76,805	70,021	14.5	9.4
보건복지부	자활사업*)	6,200	5,184	1.1	0.7
보건복지부	장애수당(기초)	800	766	0.2	0.1
보건복지부	장애인연금	8,291	7,858	1.6	1.1
보건복지부	장애인활동지원	15,070	12,596	2.7	1.7
보건복지부	아동수당지급	22,195	22,828	4.7	3.1
보건복지부	영유아보육료지원	33,952	34,162	7.1	4.6
보건복지부	기초연금지급	149,635	131,546	27.2	17.6
여성가족부	한부모가족자녀양육비등지원	3,067	2,543	0.5	0.3
합계		383,335	351,918	72.7	47.0

주: 한부모가족자녀양육비등지원 사업은 양성평등기금을 재원으로 하며, 나머지는 모두 일반회계로 운영
*) 주거급여지원 사업 중 주거급여 지급, 자활사업 중 자활급여 지급만 의무지출 사업임
자료: 국회예산정책처, 「사회복지 분야 지방자치단체 국고보조사업 분석」, 2021.

국고보조사업에 대한 국가와 지방 간의 재정 분담 정도는 1차적으로 기준보조율에 의해서 결정되고 있는데, 의무지출 중 사회복지 분야 국고보조사업 13개 사업에 적용되는 기준보조율은 일반적으로 부문별로 다르게 나타나고 있다.

[표 7] 사회복지 분야 의무지출 지방자치단체 국고보조사업의 부문별 국고보조율 현황 (단위: 개)

부문	지자체 국고보조사업		지방 기준보조율			서울 기준보조율	
	세부사업	내역사업	65	70	80	35	50
합계	13	13	1	4	7	1	11
기초생활보장	6	6	-	-	6	-	6
취약계층지원	3	3	-	3	-	-	3
아동·보육	2	2	1	1	-	1	1
노인	1	1	제외*)	-	-	-	-
여성·가족·청소년	1	1	-	-	1	-	1

주: *) 노인 분야 의무지출 지방자치단체 국고보조사업에 해당하는 기초연금은 차등보조율을 적용하고 있어 지방 기준보조율 및 서울 기준보조율 현황 합계에 포함되지 않음

자료: 국회예산정책처, 「사회복지 분야 지방자치단체 국고보조사업 분석」, 2021.

4. 의무지출 예산의 국회심사 사례

이론적으로 의무지출은 그 지출의무와 지출규모 등이 법률에 규정되어야 하므로 의무지출 예산은 근거법률의 제·개정이라는 국회의 입법과정을 필수로 하고, 이후 관련 예산의 편성 및 심의라는 예산과정을 거치는 것이 일반적이다. 그러나 의무지출의 규정방식을 살펴보면, 지출의무가 법률에 규정되었더라도 지출대상이나 지출단가 등의 주요한 사항은 의무지출의 성격과 내용에 따라 법률, 시행령, 시행규칙, 고시 등과 같이 다양한 방식으로 규정되고 있다. 따라서 행정부의 내부 절차와 규정으로 의무지출의 주요한 사항이 결정되는 경우가 있기 때문에 일부 의무지출의 경우 국회의 입법과정과 예산안심의 과정을 통해 충분히 논의되지 못하고 있다.

특히, 의무지출 예산이 결정되는 형태를 보면 크게 국회의 입법과정을 통해 결정되는 경우와 국회의 예산안심의 과정을 통해 결정되는 경우로 구분할 수 있다. 즉, 입법과정을 통해 의무지출이 결정된다는 것은 의무지출의 근거가 되는 법률의 제·개정을 통해 지출규모나 지출대상 등이 결정되는 것을 의미하며 이 과정에서 예산안 편성이나 심의는 국회의 이러한 입법적 결정을 뒷받침하는 과정이 된다. 반면, 예산안심의 과정을 통해 의무지출이 결정된다는 것은 의무지출의 근거가 되는 법률이 있지만 예산안의 편성과 심의를 통해 의무지출의 대상과 규모가 결정되고 이를 뒷받침할 수 있는 법령의 개정 등이 이루어지는 경우를 말한다.

이하에서는 의무지출 예산이 결정되는 형태를 국회의 입법과정과 예산안심의 과정으로 구분하여 실제 사례를 중심으로 살펴보기로 한다.

(1) 입법과정을 통한 의무지출 결정

기초연금

국회는 「기초연금법」제정[74]으로 기존의 「기초노령연금법」을 폐지하고, 새롭게 도입된 기초연금의 지출근거와 지출대상(제3조) 및 급여액(제5조)을 법률에 규정하였다. 기초연금 지출규모는 법률에 따라 자동적으로 결정되는 체계를 갖추어 지속적으로 발생하는 의무지출에 대한 관리 등은 입법과정을 통해 결정되도록 하였다. 따라서 정부의 예산안편성 과정에

74) 2014. 7. 1. 시행

서는 법률에 의한 수급권자의 범위를 추계하고 이에 따라 의무지출 규모를 결정하여 예산안에 반영하게 될 것이고, 국회는 예산안심의 과정에서 정부의 추계와 예산규모가 적정한지를 심의하게 될 것이므로, 예산안 심의과정에서 의무지출 규모의 급격한 변동은 없게 된다.

[표 8] 기초연금

	지출근거	지출대상	지출단가
법률	「기초연금법」 제3조(기초연금 수급권자의 범위 등)	만 65세 이상 노인 중 소득 하위 70%	기준연금액(2024년 기준 월 최대 334,810원)과 국민연금 급여액 등을 고려하여 산정

기초연금의 연도별 재정소요는 아래의 표와 같다.

[표 9] 기초연금 재정소요 (단위: 조원)

구분	2015	2016	2017	2018	2019	2020	2021	2022	2023	2024
합계	9.7	9.9	10.5	12.0	14.8	16.7	18.9	20.1	22.6	24.4
국비	7.3	7.6	8.1	9.2	11.5	13.1	14.9	16.1	18.5	20.2
지방비	2.4	2.4	2.5	2.8	3.3	3.6	4.0	3.9	4.1	4.2

주: 제도운영비를 제외한 수치이며 2015년부터 2022년은 결산기준, 2023년 및 2024년은 예산 기준
자료: 국회예산정책처, 「기초연금 제도 및 수급자 특성 변화 분석 」, 2023. 9.

아동수당

아동수당은 아동 양육에 따른 경제적 부담을 경감하고 건강한 성장 환경을 조성함으로써 아동의 기본적 권리와 복지를 증진하기 위한 제도로 2018년에 「아동수당법」이 제정됨에 따라 도입되었다. 동 법에 따르면, 8세 미만의 아동에게 매월 10만원을 지급하되, 1세 미만의 아동에게는 매월 100만원을, 1세 이상 2세 미만의 아동에게는 매월 50만원을 추가로 지급하도록 하고 있다. 이 경우, 아동수당 지급의무와 지급규모를 법률로 정하고 있으므로 의무지출로 분류된다.

[표 10] 아동수당

	지출근거	지출대상	지출단가
법률	「아동수당법」 제4조(아동수당의 지급 대상 및 지급액)	8세 미만 아동	1세 미만: 월 110만원 1세 이상 2세 미만: 월 60만원 2세 이상 8세 미만: 월 10만원

(2) 예산안심의 과정을 통한 의무지출 결정

영유아보육료 지원

보건복지부 소관 영유아보육료 지원사업은 만 6세 미만의 취학 전 아동인 영유아의 보육에 소요되는 보육료를 지원하는 의무지출 사업으로서, 「영유아보육법」에 지출근거를 두고 있지만, 지출대상이나 지출단가 등은 법률이 아닌 하위법령에 위임되어 있다. 따라서 국회는 입법과정을 통해서 영유아 보육료의 지원규모를 결정할 수 없고 정부가 예산안편성 과정을 통해 지출규모를 결정하면, 예산안심의 과정을 통해서 지출규모를 조정하게 된다. 영유아보육료가 국회의 예산안심의를 통해 결정되는 과정을 살펴보면, 정부의 예산안편성을 통해 결정된 지출규모가 변경되는 것을 알 수 있다.

[표 11] 영유아보육료 예산 결정 과정

	정부안	국회(최종 예산)
2012년도 예산	0~4세아 소득하위 70% 지원	0~2세아 전소득계층 지원 (3,698억원 증액)
2013년도 예산	0~2세아 상위 30% 양육보조금 미지원, 3~4세아 전소득계층 지원	0~2세아 전소득계층 지원 (4,359억원 증액)
2014년도 예산	보조율 10%p 인상	보조율 5%p 추가 인상 (2,527억원 증액)
2015년도 예산	0~2세아 보육료 단가 동결	0~2세아 보육료 3% 인상 (470억원 증액)
2016년도 예산	0~2세아 보육료 단가 동결	0~2세아 보육료 6% 인상 (1,448억원 증액)
2017년도 예산	0~2세아 보육료 단가 동결	정부안과 동일
2018년도 예산	0~2세아 보육료 7.2% 인상	0~2세아 보육료 9.6% 인상 (912억원 증액)

	정부안	국회(최종 예산)
2019년도 예산	0~2세아 보육료 6.3% 인상	정부안과 동일
2020년도 예산	0~2세아 보육료 7.6% 인상	0~2세아 보육료 7.9% 인상 (109억원 증액)
2021년도 예산	0~2세아 보육료 3.0% 인상	0~2세아 보육료 4.0% 인상 (210억원 감액)
2022년도 예산	0~2세아 보육료 3.0% 인상	0~2세아 보육료 5.2% 인상 (1,925억원 감액)
2023년도 예산	0~2세아 보육료 3.0% 인상	0~2세아 보육료 4.0% 인상 (1,776억원 감액)
2024년도 예산	0~2세아 보육료 5.0% 인상	정부안과 동일

영유아보육사업은 지출추계에 필요한 핵심 정책변수를 시행령 이하로 위임하여 비중 있는 정책변화가 입법과정이 아니라, 예산안심의 과정을 통해 이루어지고 있다.

[표 12] 영유아보육료 지원

근거법령	지출의무	지출대상	지출단가
법률	국가와 지방자치단체는 영유아에 대한 보육을 무상으로 하되, 그 내용 및 범위는 대통령령에서 정함(영유아보육법 제34조)		
시행령		무상보육 지원대상(영유아보육법 시행령 제22조)	무상보육 실시 비용(영유아보육법 시행령 제23조)
고시		양육수당의 지원 대상 및 기준 등에 관한 사항을 정함(양육수당의 지원 대상 및 기준 등에 관한 고시)	

참고문헌

국회예산결산특별위원회. 각 연도. 「예산안 및 기금운용계획안 검토보고서 및 심사보고서」.

국회예산정책처. (2010).「국가재정제도: 원리와 실제」.

____________. (2012).「법안비용추계-원리와 방법: 지출편」.

____________. (2021). 「사회복지 분야 지방자치단체 국고보조사업 분석」

____________. (2022). 「2023년도 예산안 총괄분석 I」.

____________. (2023a). 「기초연금 제도 및 수급자 특성 변화 분석」

____________. (2023b). 「2024년도 예산안 총괄분석 I」.

____________. (2024a). 「2024 경제전망 I」.

____________. (2024b). 「2024 대한민국 재정」.

기획재정부. (2024). 「2024 나라살림 예산개요」.

__________. 디지털예산회계시스템(http://www.neodbrain.go.kr).

김춘순. (2012). "의무지출 예산의 구조와 정책과제."한국의회학회와 국회예산정책처 공동포럼 주제발표(2012. 5. 24).

김춘순·연훈수·박인화. (2012). "의무지출 예산의 추이와 결정과정분석." 「의정논총」 7(2): 105-136

대한민국정부. 각 연도. 「세입·세출결산보고서」.

대한민국정부. 각 연도. 「세입·세출예산보고서」.

대한민국정부. 각 연도. 「국가재정운용계획」

안일환. (2010). 「2010 한국의 재정」. 매일경제신문사.

유승원·김수희. (2023). 「정부예산과 재정관리(제2판)」. 문우사.

하연섭. (2022). 「정부예산과 재무행정(제4판)」. 다산출판사.

한국은행. 경제통계시스템(http://ecos.bok.or.kr).

한국재정정보원. (2018). 「월간 나라재정 2018년 9월호」.

한국조세재정연구원. (2023). 「주요국 예산안 - 미국(FY2024 대통령 예산안)」

제2부

예산의 기초이론

제1장
예산의 의의

사회과학에서 어떠한 용어의 개념에 대해서 정확하게 정의내리는 것은 매우 어려운 작업이다. 이미 본 책의 제1부에서도 재정의 개념을 정의하기 위해 많은 논의를 진행하였고, 그 개념을 보다 명확하게 파악하기 위하여 다양한 학자의 정의, 재정의 기능과 범위, 재정의 특징 등에 대해서도 살펴보았다. 마찬가지로 예산이라는 개념 역시 사용되어지는 조건에 따라서 그 정의는 물론, 범위까지도 달라진다. 따라서 제1절에서는 예산의 개념에 대한 학자들의 다양한 정의, 예산의 특징 등에 대하여 살펴보기로 한다.

1. 재정과 예산

예산의 개념을 보다 명확하고 쉽게 이해하기 위하여 재정과 예산의 개념을 서로 비교하는 것도 하나의 방법이 될 수 있다. 그것은 재정과 예산이 개념적으로나 내포하고 있는 속성 측면에서 서로 유사한 점이 매우 많기 때문이다. 이러한 이유로 재정과 예산의 개념을 명확히 구별하지 않고 사용하는 경우를 쉽게 찾아 볼 수 있다. 물론 재정과 예산을 굳이 구별하지 않고 사용하더라도 전달하고자 하는 내용이 왜곡되어 전달되거나 개념적 혼란으로 인하여 크게 문제가 발생하는 것은 아니다. 예를 들어, 예산제도와 재정제도, 예산절차와 재정절차, 예산운용과 재정운용, 예산집행과 재정집행, 예산사업과 재정사업 등과 같이 재정과 예산을 바꾸어 사용하여도 어색하지 않거나 의미적으로 큰 차이가 없는 경우도 많다. 그러나 누구도 재정의 편성, 재정의 제출, 재정의 심의라고 부르지 않는 것처럼 재정과 예산은 개념적으로 서로 다르고, 그렇기 때문에 양자의 개념을 명확히 이해하여 올바르게 사용할 필요가 있는 것이다.

재정과 예산의 개념적 구분을 위해서는 재정의 범위에 대한 앞에서의 논의를 상기할 필요가 있다. 즉, 정부의 범위와 관련해서 광의의 정부(중앙정부+지방정부+공공기관), 협의의 정부(중앙정부+지방정부), 그리고 최협의의 정부(중앙정부)로 구분했던 것처럼, 재정의 종류를 광의의 재정, 협의의 재정, 그리고 최협의의 재정으로 나눌 수 있을 것이다. 이처럼 재정의 개념은 정부(또는 공공)의 범위를 어떻게 설정하느냐에 따라 포괄하는 개념적 범위가 달라지지만, 예산은 재정보다도 그 개념이 더 다의적이라고 할 수 있다. 그 이유는 재정은 보통의 경우 민간부문에서는 사용되는 용어가 아니지만, 예산은 민간부문 즉, 가계나 기업에서도 흔히 사용하는 용어이기 때문이다.

이상의 논의를 바탕으로 재정과 예산의 개념적 특징을 살펴보면 다음과 같다.

첫째, 재정은 예산을 포괄하는 보다 넓은 개념이다. 「국가재정법」제1조 역시 "이 법은 국가의 예산·기금·결산·성과관리 및 국가채무 등 재정에 관한 사항을 정함으로써 효율적이고 성과 지향적이며 투명한 재정운용과 건전재정의 기틀을 확립하고 재정운용의 공공성을 증진하는 것을 목적으로 한다"고 규정함으로써 예산이 재정의 한 영역이라는 것을 명확히 하고 있다.

둘째, 실체적인 측면에서 재정은 정부가 공공의 욕구를 충족시키기 위해 수행하는 모든 경제적 활동이라고 한다면, 예산은 정부의 재정활동을 뒷받침하기 위한 금전적 활동 계획서라고 할 수 있다.

셋째, 형식적인 측면에서 보면, 예산은 국회의 심의와 의결을 통해 확정된 문서라고 할 수 있으나, 재정은 반드시 국회의 심의·의결을 필요로 하는 것은 아니다. 광의의 재정이나 협의의 재정 범위에 포함되는 공공기관이나 지방정부의 재정(또는 예산)은 국회의 심의·의결을 거치지 않는다.

예산 외로 운용되는 재정활동

한 회계연도의 모든 세입과 세출은 예산에 계상함으로써 재정활동 전체를 투명하게 운용하는 것이 바람직하다. 「국가재정법」은 이러한 '예산총계주의'를 기본원칙으로 규정하되, 일부 예외를 허용하고 있는데, ① 수입대체경비, ② 현물출자, ③ 외국차관의 전대, ④ 차관물자 세입예산 초과분, ⑤ 전대차관 원리금 상환액의 세출예산 초과분 등 5개 사항의 경우에는 세입세출예산 외로 운용할 수 있도록 규정하고 있다.

한편, 국가재정법 이외 기타 개별 법률의 규정에 의해 세입세출예산 외로 관리되고 있는 자금들도 있다. 「국고금관리법」제34조에서는 국고금 통합계정의 자금과 그 운용 수익금을 세입세출예산 외로 운용할 수 있다고 규정하고 있다. 또한, 「정부기업예산법」제13조에서는 특별회계의 경우 세입세출 예산 외에 회전자금을 보유·운용할 수 있도록 규정하고 있다. 그러나 위에서 열거한 사항 이외에도, 개별 법률에 명시적인 근거가 없음에도 국가기관이 부적정하게 세입세출예산 외로 관리하고 있는 자금들이 있다. 예를 들면, 위탁선거관리경비(중앙선거관리위원회 소관)와 전기차 충전요금 수입(환경부 소관), 재정모펀드 회수재원(금융위원회 소관) 등은「국가재정법」의 예산총계주의의 예외로서 예산 외로 운용될 수 있는 법적 근거가 없다.

2. 공공부문의 예산과 민간부문의 예산

가계와 기업을 민간부문, 정부를 포함한 공공기관을 공공부문이라고 구분한다면, 민간부문의 활동에 필요한 재원을 민간부문의 예산(private finance)으로, 공공부문의 활동에 필요한 재원을 공공부문의 예산(public finance 또는 government finance)으로 부를 수 있다. 그러나 공공부문과 민간부문의 영역 구분이 갈수록 불분명해지고 있다는 점을 감안하더라도 공공부문의 예산과 민간부문의 예산은 본질적으로 다음과 같은 차이점을 갖고 있다.[1)]

---

1) 공공부문의 예산과 민간부문의 예산의 차이(difference between public finance and private finance)에 관하여 F. Shiraz의 저서인 「Principles of Public Finance」에서 다음의 8가지 사항으로 설명하고 있다. ⅰ) 수입과 지출의 조정(adjustment of income and expenditure), ⅱ) 시간단위(unit of time), ⅲ) 자기차입의 불가성(an individual cannot borrow from himself), ⅳ) 화폐의 발행(issue of currency), ⅴ) 미래에의 대비(provision for the future), ⅵ) 공공재정의 심대한 변화(big and deliberate change in public finance), ⅶ) 잉여예산편성(surplus budgeting), ⅷ) 개인재정의 불명확성(mystery shrouds individual finance).

(1) 이윤동기 vs 동기의 다양성

민간부문 예산의 가장 큰 목적은 경제주체인 가계나 기업의 효용 또는 이윤의 극대화이다. 반면, 공공부문 예산의 존재 의의는 사회 전체의 효용을 극대화하는 데 있다. 따라서 민간부문은 일반적으로 많은 이익을 얻을 수 있는 확실한 영역에 지출을 집중하는 잉여원칙이 적용되지만, 공공부문은 공공의 목적과 필요에 의하여 이익이 기대되지 않는 영역에도 지출을 하는 정치원칙이 적용되는 경우가 상대적으로 많다.

공공재의 경우 소비에 있어서 비경합성과 배제불가능성이라는 두 가지 본질적인 특성으로 인하여 가격설정과 이윤추구의 가능성이 존재하기 어렵다. 따라서 민간부문에서 가장 중요한 기준인 이윤추구가 공공재를 공급하는 공공부문에서는 그 우선순위가 한참 뒤로 밀리거나 애당초 고려대상에서 제외되는 경우를 흔히 찾아볼 수 있다. 예를 들면, 무상급식 제공이라는 공공서비스를 제공하는 것은 이윤추구와는 전혀 관계없는 것으로 재원의 재분배 또는 사회적 형평성의 제고라는 공공의 목적을 달성하기 위한 것이다.

물론, 공공부문의 예산과정에서 이윤추구가 가장 중요한 기준이 아니라고 해서 공공부문의 예산이 방만하거나 비효율적으로 운용되어도 좋다는 것을 의미하는 것은 아니다. 공공부문에서 제공하는 서비스가 계량화가 가능할 경우 민간부문과 마찬가지로 예산집행의 성과 등을 평가하고 서비스 제공을 지속할지 여부를 결정하기도 하며, 공공부문 예산의 지속가능성을 위해서 과도한 예산을 필요로 하는 경우에는 서비스 지원대상이나 지원규모를 줄이는 등의 조치를 취하기도 한다.

(2) 수지균형 원칙의 적용 여부

민간부문은 수입에 지출을 맞추는 것이 보통이지만, 공공부문은 일반적으로 수입과 지출의 균형을 유지한다. 예를 들면, 정부나 공공기관은 한 회계연도 동안 발생할 총지출액을 먼저 추산한 후, 필요한 만큼의 수입을 확보할 방안을 강구한다. 반면 가계나 기업은 가능한 수입의 범위 내에서 지출을 유지하거나 수입보다 적게 지출하려고 노력한다. 공공부문은 수지균형의 원칙에 의거하여 운영되지만, 민간재원은 지출보다 수입이 많게 유지되도록 하는 것이 일반적이다. 더 나아가 공공부문은 필요한 경우 수입규모보다 지출규모를 더 크게 유지하는 상황이 되거나, 그러한 상황이 요구되는 경우도 있다. 예를 들면, 외환위기나 금융위기 등의 여파로 인해 경제가 과도하게 침체될 경우 수입보다 지출을 늘려서 예산의 경제안정화 기능을 강화하는 것이 허용된다.

또한, 공공부문 예산의 경우 정해진 기간(보통 1년) 동안 수지균형을 유지하지만, 민간부문의 예산은 수지균형을 유지해야 하는 정해진 기간이 특별히 없거나 정해진 기간이 있더라도 공공부문 만큼 강제력이 있는 것은 아니다. 특히 개인의 경우 특정 시점에서는 수입과 지출에 관한 기록을 유지하지 않는 것이 보통이지만, 공공부문의 경우는 회계연도 동안 수지균형을 이루기 위하여 수입과 지출에 관한 모든 회계적 기록을 유지해야만 한다.

(3) 강제성과 독점성

공공부문의 예산은 그 운용에 관한 명확한 규율이 있다. 공공부문 예산의 운용에 관한 규율은 주로 법령의 형식으로 유지되는데, 민간부문 예산의 운용은 공공부문에 비해 훨씬 자유롭고 덜 구속적이다. 특히 공공부문은 관련 규율을 준수하는지 여부에 관하여 엄격한 감시와 통제가 이루어지고 이를 위반하였을 경우 처벌이 부과되는 반면, 민간부문의 경우 설령 규율이 존재한다고 하더라도 준수여부에 관한 감시나 위반 시 처벌의 정도는 공공부문에 크게 못 미친다.

이처럼 공공부문의 예산에 대한 감시와 통제가 이루어지는 대신, 공공부문의 예산은 국민들로부터 강제적으로 징수한 조세수입을 기반으로 하고 있다. 반면 민간부문의 예산은 각 경제주체의 자율적인 생산활동이나 거래를 통해서 얻은 수입을 기반으로 한다. 마찬가지로, 공공부문에서 제공하는 서비스는 독점적으로 공급되는 경우가 많으나, 민간부문에서 제공하는 재화와 용역은 대안적 공급자가 대부분 존재한다.

(4) 예산과정의 참여자와 영향력

민간부문의 예산과정은 참여자가 단 몇 명에 그치거나, 설사 다수의 사람들이 관계한다고 하더라도 이윤추구라는 명확한 목표가 있기 때문에 예산의 우선순위 등에 대해 상대적으로 짧은 시간에 합의에 도달할 수 있다. 그러나 공공부문의 경우 예산과정에 이해관계가 대립되는 수많은 개인과 집단이 참여하여 예산의 우선순위와 예산배분방향에 대한 견해 차이를 조율하여 합의에 도달하는 데 장기간이 소요된다.

물론 거대 글로벌 기업의 출현으로 민간부문 예산의 영향력이 전에 없이 클 뿐만 아니라 국민경제에 미치는 파급효과가 실로 거대한 경우[2)3)]도 있다. 이러한 예외적인 경우라 하더라도, 공공부문의 예산이 국민경제와 국가 전체의 후생에 미치는 영향력은 민간부문의 영향력보다 훨씬 크고 심대하다는 점에는 변함이 없다.

3. 예산의 개념

(1) 예산개념의 변천(예산의 어원)

'예산(budget)'이란 용어는 가죽 가방이나 지갑을 뜻하는 고대 프랑스어 'bougette'에서 유래했다. Burkhead에 의하면, 이 용어는 근대적 예산제도를 처음 정립한 영국에서 재무부장관이 정부가 원하는 사업과 이에 소요되는 재원을 의회에 설명하기 위한 서류를 넣고 다니는 가방을 가리키다가, 1723년경에는 '예산을 제안한다(opening the budget)'는 뜻으로 바뀌었고, 지금은 예산이라는 독립된 개념으로 쓰이고 있다.

'재정(public finance)'이란 말은 예부터 화폐나 자금과 잇대어 쓰였다. 중세 라틴어에서 유래한 이 말은 원래 "법정 판결로 결정한 벌금(fine)"이란 뜻이었다. 이후 독일에서는 고리대금업자에게 화폐를 지불한다는 의미로, 15세기 프랑스에서는 국왕이 부리는 조세징수 청부인을 지칭하는 말로 사용되었다가, 근대에 들어서는 주로 공공기관의 자금과 관련하여 쓰인다.

2) 2007년 당시 핀란드 국내총생산(GDP)의 25%, 전체 고용의 10%를 차지하던 글로벌 기업 노키아(Nokia)가 애플발 '스마트폰 쇼크'에 제대로 대응하지 못해 노키아의 휴대전화 시장점유율이 25% 수준으로 떨어지고, 2009년 노키아의 세금지출은 2007년 13억 유로의 10분의 1에도 못 미치는 1억 유로로 급감하였다. 노키아의 침체가 핀란드 경제 전반에 큰 여파를 주면서 핀란드 국민과 모바일 관련 중소기업들이 많은 피해를 받음으로써, 2009년 핀란드의 GDP는 9.2% 하락하고 실업률은 10.5%까지 치솟게 되었다.

3) 거대 글로벌 기업인 구글(Google)의 최근 발표에 따르면, 구글의 동영상 공유 플랫폼 유튜브는 2020년도 우리나라 GDP에 1조 5,970억원을 기여하였고, 정규직에 준하는 일자리를 86,030개를 창출하는 등 많은 경제적 영향을 미치고 있는 것으로 나타났다.

고전적 예산개념

고전적인 예산개념으로서, Wagner는 “예산은 숫자적인 개관(槪觀)”이라고 정의했고, Heckel은 예산을 “숫자적인 진술과 추계”라고 정의했으며, Stein은 “회계적인 표현”이라고 정의하였다. 그 밖에 Goldscheid는 “예산은 모든 이데올로기의 분식(粉飾)을 벗어던진 국가의 골격”이라고 보았다(박영희·김종희, 2017: 15).

근대적 예산개념

근대적 예산제도 성립 이후의 예산개념을 소개하면, Buck은 “예산은 국가의 재정정책이 수립되고 채택되며 집행되는 과정”이라고 정의하면서 예산을 단순한 숫자가 아닌 정책의 수립·집행이라는 관리적 측면에서 중요한 개념으로 보았으며, Shick은 “예산이란 계획된 목표를 성취할 수 있도록 자금지출을 체계적으로 연관시키는 과정”이라고 정의하였다. 그 후 Dimock은 “예산이란 다음 1년 동안에 정부가 어떤 사업에 얼마를 지출할 것인가를 나타내는 문서이며, 수입과 지출의 균형을 어떻게 이룩할 것인가를 예견하는 문서”라고 정의하였다(윤광재, 2024: 68).

(2) 예산의 법적 개념

예산이란 용어는 「헌법」, 「국가재정법」, 「국회법」, 「지방재정법」 등 많은 법률에서 사용되고 있다. 그러나 각 법률에서 사용되는 예산의 의미는 제각기 다른데, 예산의 개념을 명확히 이해하기 위해서 예산의 법적 개념을 살펴보기로 한다.

먼저 「헌법」은 제54조 내지 제57조에서 예산안, 예산, 지출예산이라는 용어를 사용하고 있는데, 이 개념에는 기금까지도 포함되어 있다. 즉 헌법상의 예산은 일반회계와 특별회계, 그리고 기금을 포함하는 중앙정부의 예산이라는 개념으로 사용된다.

「국가재정법」에서 사용되는 예산 개념은 「헌법」과는 달리 기금을 포함하지 않는다. 「국가재정법」 제2장에서 예산에 관하여 규정하면서, 제4장에서 기금을 별도로 규정하고 있다. 따라서 「국가재정법」에서 가리키는 예산은 기금을 제외한 중앙정부의 일반회계와 특별회계만을 포함하는 개념이다. 「국회법」도 「국가재정법」과 마찬가지로 예산과 기금을 구분하면서,

예산의 개념에 기금을 포함하지 않고 있다. 즉 「국회법」 제84조에서 예산안의 회부 및 심사에 관하여 규정하면서, 제84조의2에서 기금운용계획안의 회부 및 심사에 관하여 별도로 규정하고 있다.

마지막으로, 「지방재정법」 역시 예산이라는 용어를 사용하고 있는데, 여기서의 예산은 기금을 포함하지 않는 지방정부의 일반회계와 특별회계만을 가리킨다. 지방정부의 기금은「지방재정법」과 별도로 「지방자치단체 기금관리기본법」에서 규정하고 있다.

이처럼 「헌법」은 물론 각 법률에서 사용되는 예산의 개념이 서로 다르기 때문에 예산이 기금까지를 포함하는 개념인지 아닌지, 그리고 중앙정부의 예산을 가리키는 것인지 아니면, 지방정부의 예산을 가리키는 것인지에 대하여 명확히 이해한 후 예산이라는 용어를 사용할 필요가 있다.

(3) 예산의 정의

예산(豫算)의 한자어 뜻을 그대로 풀이한다면, “미리 셈한다”는 의미인데, 예산이 재정과 연관되어 사용되는 경우, 예산은 재정 작용을 “미리 셈해본 것” 즉, “재정의 장래 계획”을 의미한다고 할 수 있다. 또한, 예산은 수입에 해당하는 세입 계획과 지출에 해당하는 세출계획으로 나누어진다는 점에서 본다면, 예산은 “국가 또는 공공단체가 한 회계연도의 수입과 지출을 미리 셈하여 정한 계획”으로 정의할 수 있을 것이다.[4]

그러나 예산의 법적 개념에서 살펴본 바와 같이, 「헌법」상 예산이라고 하면, 중앙정부의 일반회계와 특별회계, 기금을 포함하는 개념이지만, 「국가재정법」이나 「국회법」 상의 예산의 의미는 기금을 제외한 중앙정부의 일반회계와 특별회계만을 가리키는 개념임을 명확히 인식할 필요가 있다.

물론, 종전 「예산회계법」에서는 기금은 세입세출예산외로 운영된다고 규정하고 있었고 국회의 심의대상에서 벗어나 있었으나, 2002년 「기금관리기본법」 제정과 함께 기금의 경우도 예산과 동일하게 국회에 기금운용계획안을 제출하여 심의·의결을 받은 후에 집행할 수 있게 되었다. 더 나아가 2007년 제정된 「국가재정법」은 이러한 「예산회계법」과 「기금관리기본

4) 하연섭(2022)은 구체적으로 예산의 속성을 다음과 같이 설명하고 있다. 첫째, 예산은 정부가 추구하는 정책을 보여준다. 둘째, 예산은 정부의 미래 계획을 보여준다. 셋째, 예산은 정보이다. 넷째, 예산은 책무성 확보 기제이다.

법」의 이원적 체계를 예산과 기금을 포괄하는 단일한 법체제로 통합하였다. 따라서 예산과 기금은 법적, 형식적으로 양자를 구별할 실익이 인정되지만, 예산과 기금 모두 국회의 심의·의결 대상이 되고, 「국회법」상 심의·의결 과정에서 양자를 구별하고 있지 않을 뿐만 아니라, 「국가재정법」제31조제3항(예산요구서의 수정·보완), 제35조(국회제출 중인 예산안의 수정), 제38조(예비타당성조사), 제38조의2(예비타당성조사 결과 관련 자료의 공개), 제38조의3(국가연구개발사업 예비타당성조사의 특례), 제39조(대규모 개발사업예산의 편성), 제45조(예산의 목적 외 사용금지), 제49조(예산성과금의 지급 등), 제50조(총사업비의 관리), 제54조(보조금의 관리) 및 제55조(예산불확정 시의 예산집행)의 규정을 기금에 관해서도 준용하고 있다는 점에서 실질적으로는 예산과 기금의 차이점[5]이 크지 않다.

따라서 예산이라고 지칭할 때는 법적인 의미와는 달리 기금을 포괄하는 것으로 이해되고 있다. 물론 일반적으로 예산을 기금까지 포함하는 개념으로 인식한다고 하더라도, 예산은 중앙정부의 재정적 활동만을 의미하는 것으로, 지방정부나 공공기관의 재정적 활동까지 포함하는 보다 넓은 수준에서의 예산 개념과는 포괄범위에서 명확히 구분할 필요가 있다.

지금까지의 논의를 바탕으로 예산을 정의하여 보면, 예산이란 "국회의 의결을 통하여 확정된 중앙정부의 한 회계연도에 걸친 수입·지출 계획"이라고 할 수 있다.

4. 예산의 원칙

「국가재정법」은 제16조에서 예산의 원칙을 천명하면서 정부는 예산의 편성 및 집행에 있어서 이를 준수하여야 한다고 명시하고 있다. 동 조항에 명시된 예산의 원칙은 ① 재정건전성의 확보, ② 국민부담의 최소화, ③ 재정지출 및 조세지출의 성과 제고, ④ 예산과정의 투명성과 예산과정에의 국민참여 제고, 마지막으로 ⑤ 예산이 여성과 남성에게 미치는 효과를 평가하고 그 결과를 예산편성에 반영하는 것이다.

상기의 원칙은 정부가 예산안을 편성하고 예산을 집행하는 과정에서 지켜야 할 기본적인 사항을 법률에 규정한 것이다. 아래에서는 예산의 원칙이 갖고 있는 함의와 그 내용에 대해서 살펴보고자 한다.

---

5) 기금은 재원조달이나, 급부의 대가성, 운용계획의 변경 가능성 등에서 예산과 다른 점이 존재한다.

(1) 예산원칙의 의의

예산의 원칙에 대한 논의는 크게 두 가지 관점에서 이루어져야 한다.

먼저, 첫 번째 관점에서 본 예산의 원칙은 "문서 그 자체로서의 예산"이 어떻게 성립되어야 하는가, 어떠한 형태로 이루어져야 하는가에 관한 일종의 규범이라 할 수 있다. 예를 들면, 명료성의 원칙, 예산총계주의의 원칙, 명세성의 원칙, 정확성의 원칙 등을 말하며, 이들 원칙은 주로 Smith의 전통적 예산원칙에 가깝다고 할 수 있다.

또 다른 관점에서 본 예산의 원칙은 예산제도를 운영하는 과정에서 지켜야 할 일종의 준칙이라고 정의할 수 있다. 「국가재정법」 상의 예산의 원칙이 좋은 예라 할 수 있는데, 동법 제16조는 예산안의 편성 및 집행과정에서 정부가 지켜야할 원칙을 제시하고 있다. 다만, 「국가재정법」에서 제시하고 있는 예산의 원칙은 예산의 심의·의결 및 결산에 관한 사항은 고려하지 않고 있다는 한계가 있다.

이러한 두 가지 관점을 종합하여 보면, 예산의 원칙이란, 예산의 편성, 심의·의결, 집행 및 결산 과정에서 지켜져야 할 규범(rules)[6]이라고 할 수 있다.

(2) 예산의 원칙

가. 전통적 예산원칙

프랑스의 경제학자인 Say는 예산원칙으로 ① 예산은 통일성을 지녀야 하고, ② 1년을 기간으로 해야 하며[7], ③ 의회의 심의의결이 있기 전에 예산안을 편성해야 하고, ④ 예산에 관한 회계책임자를 표시해야 한다는 네 가지 예산의 원칙을 제시하였다(박영희·김종희, 2017: 66). Sundelson(1935)은 이를 보다 체계화하여 예산의 원칙으로서 포괄성·배타성·통일성·명세성·단년성·엄밀성·명료성·공개성 등을 제시하였다. 위의 두 사람이 제시한 원

6) 일찍이 Burkhead(1963)는 예산의 원칙을 예산과정에서 지켜야 할 규범(rules)이라고 했다. 윤광재(2024)는 "예산원칙이란 예산과정에 있는 예산의 편성, 심의·의결, 집행을 담당하는 예산담당자들이 반드시 주수해야 할 규범"이라고 정의하면서, 예산과정에서 결산을 제외하였다. 좁은 의미로서의 예산과정에 결산과정이 제외되지만, 일반적으로 말하는 예산과정에는 결산과정이 포함된다. 즉, 결산은 예산의 한 과정으로서 한 회계연도에 이루어진 국가의 수입과 지출 사무를 마감하고 예산집행의 실적보고서를 작성하여 회계검사기관의 검사와 입법부의 심의를 받는 절차로서, 예산집행의 결과를 정확하게 파악하여 예산이 적법하게 집행되었는가를 검증하고 사업성과를 평가할 수 있게 하여 차기의 예산운용에 반영할 자료를 확보하는 데 그 의의가 있다고 할 것이다.

7) 1년(단년도) 예산원칙의 예외로 이스라엘은 2년주기 예산편성을 채택하고 있다.

칙은 전통적 예산의 원칙에 가깝다고 할 수 있다. 다시 말해 예산이라는 문서가 어떻게 구성되고 내용이 어떻게 이루어져야 하는지를 강조한 것이다.

이후에 Smith(1945)는 8가지의 예산원칙을 제시하였다.[8)]

① 공개(publicity)의 원칙

예산의 편성, 심의·의결, 집행 및 결산의 과정의 주요 사항이 국민에게 공개되어야 한다. 이는 국민의 알권리의 충족과 재정민주주의라는 관점 외에도 조세저항의 최소화, 국민의 지지확보라는 측면에서도 중요한 원칙이라 할 수 있다. 「국가재정법」 제9조는 "국가와 지방자치단체의 재정에 관한 중요한 사항을 매년 1회 이상 정보통신매체·인쇄물 등 적당한 방법으로 알기 쉽고 투명하게 공표하여야 한다"고 규정함으로써, 공개의 원칙을 명시하고 있다.

② 명료성(clarity)의 원칙

예산명료성의 원칙은 예산공개의 원칙에서 파생된 것으로서, 최대한 국민이 이해하기 쉽게 작성되어야 한다는 것이다. 우리나라의 예산은 총지출 기준으로 657조원(2024년 기준)의 방대한 규모일 뿐만 아니라, 8,400여개의 세부사업으로 구성되어 있고, 이들 사업은 다시 수십 개의 회계와 기금으로 재분류되어 예산으로 편성되기 때문에 예산자체가 복잡해지는 것은 불가피한 측면이 있다.

③ 완전성(comprehensiveness)의 원칙

이는 예산총계주의[9)] 또는 예산총액주의 원칙이라고도 한다. 이 원칙은 예산을 매개로 하는 정부의 모든 활동이 빠짐없이 예산에 반영되어야 한다는 것이다. 「국가재정법」 제17조제2항은 "세입세출은 모두 예산에 계상해야 한다"고 규정함으로써 예산총계주의 원칙을 명확히 하고 있다.

---

8) 유훈(2012)은 전통적인 예산의 원칙으로서 가장 많이 인용되는 것이 Neumark의 원칙이라고 설명하고 있다. Neumark의 원칙은 ① 공개의 원칙, ② 명료의 원칙, ③ 사전의결의 원칙, ④ 엄밀의 원칙, ⑤ 한정성의 원칙, ⑥ 단일의 원칙, ⑦ 통일의 원칙, ⑧ 완전성의 원칙을 말한다.

9) 예산총계주의의 반대는 예산순계주의인데, 예산총계주의는 예산순계주의와 달리 수입과 지출의 상계(相計)를 허용하지 않는다. 재정 전반을 파악하는 것이 용이하고, 예산집행의 책임을 명확히 할 수 있다는 점 때문에 우리나라도 예산총계주의를 채택하고 있다. 우리나라는 예산총계주의의 예외로서 수입대체경비제도 등(국가재정법 제53조)을 두고 있고, 미국에서는 예산총계주의의 예외로 지출보증금제도를 두고 있다.

④ 통일성(unity)의 원칙

통일성의 원칙은 모든 세입이 하나의 국고(國庫)에 통합되고 모든 세출은 그 국고에서 나가야 된다는 것이다. 이 원칙은 세입과 세출 간에 직접적인 관련성을 두거나, 특정한 수입이 특정한 지출에 사용되도록 해서는 안 된다는 것이다. 통일성 원칙의 예외로는 특별회계, 기금, 목적세, 부담금 등이 있다.

⑤ 명세성(specifications)의 원칙

명세성의 원칙은 세입세출예산을 항목화해야 하고 이를 구체적으로 세분화해야 한다는 것이다. 이 원칙은 의회가 의결한 예산을 정부가 자의적으로 변경하여 집행하는 것을 금지하는 것을 목적으로 하고 있으며, 예산의 목적 외 사용금지, 예산항목 간의 상호 융통이나 이용의 금지, 예산의 초과지출 등을 내용으로 하고 있다. 「국가재정법」 제45조는 예산의 목적 외 사용금지 원칙을 명시적으로 규정하고 있다.

⑥ 사전의결(prior authorization)의 원칙

회계연도가 시작되기 전에 예산이 의회에서 확정되어야 한다는 원칙이다. 물론 이 원칙에는 의회가 정해진 심의기간을 준수해야 한다는 의미를 내포하고 있지만, 한편으로는 정부도 의회가 충분한 심의기간을 확보하고 원활하게 심의할 수 있도록 예산을 적기에 의회에 제출하고 충실한 보고를 해야 한다는 의미도 포함하고 있다. 「헌법」 제54조는 “국회는 국가의 예산안을 심의·확정한다”, “정부는 회계연도마다 예산안을 편성하여 회계연도 개시 90일 전까지 국회에 제출하고, 국회는 회계연도 개시 30일 전까지 이를 의결하여야 한다”고 규정함으로써 사전의결의 원칙을 명확히 하고 있다.

⑦ 정기성(periodicity)의 원칙

예산은 회계연도 내에서 수입과 지출이 이루어져야 한다는 원칙이다. 이를 회계연도 독립의 원칙 또는 예산단년도의 원칙이라고도 부른다. 다만, 예산집행의 신축성과 예산집행의 효율성을 확보하기 위해서 계속비제도와 같은 예외가 인정된다. 「국가재정법」 제3조는 “각

회계연도의 경비는 그 연도의 세입 또는 수입으로 충당하여야 한다"고 규정함으로써, 회계연도 독립의 원칙을 명확히 하고 있다.

⑧ 정확성(accuracy)의 원칙

예산편성 시 세입·세출의 추계가 최대한 정확하여야 한다. 결산과정에서 세입실적을 과다하게 보여주기 위하여 세입을 일부러 과소하게 추계한다거나, 예산심의 과정에서 논란을 피하기 위하여 적정 세출규모보다 예산을 적게 반영하는 등의 부정확한 편성행위를 하여서는 안 된다는 것이다. 부정확한 예산편성을 추후에 보완하거나, 예상치 못한 급격한 재정환경의 변화에 대응하기 위하여 수정예산이나 추가경정예산제도가 활용되고 있다.

나. 현대적 예산의 원칙

위에서 설명한 전통적 예산원칙들은 예산규모가 크지 않고 예산구조도 매우 단순하던 시기에 고안된 것들로, 오늘날에 이르러서도 이들 원칙은 기본적으로 유효하고 필요한 개념이라고 할 수 있다. 그러나 40~50년 전보다 예산규모가 수백 배 증가하고, 예산구조는 아주 복잡해졌을 뿐만 아니라, 글로벌 경제의 출현으로 인하여 예산운용의 신축성과 탄력성이 중요시되는 현 시점에서 이러한 전통적 예산원칙들을 100% 준수하는 것은 불가능할 뿐만 아니라 바람직하지도 않다. 더욱이 행정부 우위의 예산운용, 통제지향적 예산제도가 당연시되던 시기의 예산원칙들은 입법부의 재정권한이 강화되고 재정민주주의의 확립이 요구되는 현 시점에서 수정될 필요가 있다.

Harold Smith는 전통적 예산원칙은 통제지향의 예산제도 하에서 입법부가 행정부에 대하여 엄격한 재정적 통제를 가하기 위하여 고안된 것이라고 비판하고, 관리지향의 예산제도 하에서 필요로 하는 예산의 원칙을 다음과 같이 제시[10]하였다.

---

10) Smith의 현대적 예산원칙은 전통적 예산원칙을 완전히 대체하는 것이 아니라, 기본적으로는 예산운용의 효율성과 책임성 제고라는 목적을 이루기 위한 일종의 도구로서 상호 보완되고 조화되어야 한다.

① 계획(programming)의 원칙

사업계획과 예산편성은 동전의 양면이라고 할 수 있으므로, 예산은 정부의 재정운용 방향과 계획이 명확히 드러나야 하며, 이러한 재정운용계획이 예산과 일치되어야 한다. 우리나라에서 예산안과 함께 국회에 제출되는 「국가재정운용계획」이 이에 해당한다고 볼 수 있다.

② 책임(responsibility)의 원칙

행정부는 국회가 의결한 예산의 범위 내에서 가장 경제적이고 효과적인 방법으로 국회의 재정의도를 구현할 책임을 진다. 감사원의 회계검사, 국회의 결산심사 등을 통해 예산의 책임성을 확보하고 있다.

③ 보고(reporting)의 원칙

이 원칙은 일차적으로 정부 내에서 이루어지는 예산과정은 각 정부부처와 기관에서 제출·보고되는 재정정보에 기초하여야 한다는 것을 의미한다. 그리고 이차적으로 정부는 국민의 대표기관이 국회에 대하여 「국가재정법」 등에서 규정한 보고사항은 물론 국회가 효율적으로 재정권한을 행사할 수 있도록 각종 재정정보를 수시로 충실하게 국회에 보고하여야 한다는 것을 의미[11]한다.

④ 적절한 예산수단(adequate budget tools)의 원칙

행정부가 예산을 책임 있게 운용하기 위해서는 적절한 수단을 갖고 있어야 한다. 여기서 말하는 적절한 수단은 상당히 포괄적인 의미로서 해석할 수 있는데, 조세를 거둬들일 수 있는 합법적 권한부터 예산관련 각종 법·제도의 구비, 중앙예산기관과 관련 공무원 심지어는 d-Brain과 같은 재정정보시스템의 구축까지도 해당된다.

---

11) 현행 「국가재정법」은 예산안(제33조) 및 기금운용계획안(제68조)의 국회 제출 외에도, 국가재정운용계획(제7조), 국가보증채무관리계획·중장기 재무관리계획·임대형 민자사업 정부지급금추계서(제9조의2), 예산안편성지침(제30조), 예비타당성조사 실시결과(제38조), 타당성재조사결과(제50조의2), 예비비사용명세서(제52조), 국고보조금의 교부실적과 해당 보조사업자의 보조금 집행실적(제54조), 국가결산보고서(제61조), 기금운용계획변경안(제70조) 등을 국회에 제출하거나 보고하도록 규정하고 있다. 국회는 「국가재정법」에서 의무사항으로 규정한 정부의 보고·제출 외에도 상임위원회나 예산결산특별위원회의 활동이나 국정감사활동 등을 통하여 필요한 경우 정부로 하여금 재정에 관계된 사항을 보고하게 할 수 있다.

⑤ 다원적 절차(multiple procedure)의 원칙

예산의 기능은 경제적 영역뿐만 아니라 정치, 행정 등의 분야에까지 그 영향이 미치고, 예산사업의 종류와 그 집행방식 등도 매우 다양해지고 있다. 따라서 문서로서의 예산 그 자체도 복잡해지고 있지만, 예산의 각 과정 역시 더욱 세분화되고 다원화되고 있다.

⑥ 재량(executive discretion)의 원칙

재량의 원칙은 동전의 양면과 같은 성격을 갖고 있다. 그 이유는 예산의 신축성과 융통성의 확보를 통하여 급변하는 재정환경 변화에 능동적으로 대처할 수 있게 한다는 긍정적 측면이 있지만, 예산집행권한을 갖고 있는 행정부에게 과도한 재량을 부여할 경우 오히려 예산의 낭비나 비효율이 발생하고 예산의 민주성이 훼손될 수 있기 때문이다. 따라서 예산집행에 있어서 일정 수준의 재량을 행정부에 부여하는 것은 불가피한 측면이 있기 때문에, 국회의 결산 기능을 더욱 강화하여 예산집행의 합법성, 효율성, 타당성, 효과성 등에 대한 철저한 검사와 평가가 이루어질 수 있도록 할 필요가 있다.

⑦ 신축성(flexibility in timing)의 원칙

예산은 경제상황의 변화에 대처할 뿐만 아니라 예산집행의 계속성이나 효과성을 확보하기 위하여 그 집행시기나 방법은 물론 예산의 유효기간까지도 신축적으로 운용할 필요가 있다. 우리나라에서 실시하고 있는 예산제도 중 시기신축성과 관련된 제도는 계속비제도[12]가 대표적이고 그 밖에 예산의 이월,[13] 회계연도 개시 전 예산배정[14] 등이 있다.

---

12) 「국가재정법」 제23조는 완성에 수년이 필요한 공사나 제조 및 연구개발사업은 그 경비의 총액과 연부액(年賦額)을 정하여 미리 국회의 의결을 얻은 범위 안에서 수년도에 걸쳐서 지출할 수 있되, 그 연한은 그 회계연도부터 5년 이내로 할 수 있도록 규정하고 있다.

13) 매 회계연도의 세출예산은 다음 연도에 이월하여 사용하지 못하는 것이 원칙이지만, 예산집행의 신축성을 위하여 ① 명시이월비, ② 연도 내에 지출원인행위를 하고 불가피한 사유로 인하여 연도 내에 지출하지 못한 경비와 지출원인행위를 하지 아니한 그 부대경비, ③ 지출원인행위를 위하여 입찰공고를 한 경비 중 입찰공고 후 지출원인행위까지 장기간이 소요되는 경우로서 대통령령으로 정하는 경비, ④ 공익사업의 시행에 필요한 손실보상비로서 대통령령으로 정하는 경비, ⑤ 경상적 성격의 경비로서 대통령령으로 정하는 경비 등은 예외로 하고 있다(「국가재정법」 제48조).

14) 「국가재정법」 제43조제3항 및 동법 시행령 제16조제5항은 다음의 경비에 대해서는 회계연도 개시 전에 예산을 배정할 수 있도록 신축성을 부여하고 있다. ① 외국에서 지급하는 경비, ② 선박의 운영·수리 등에 소요되는 경비, ③ 교통이나 통신이 불편한 지역에서 지급하는 경비, ④ 각 관서에서 필요한 부식물의 매입경비, ⑤ 범죄수사 등 특수활동에 소요되는 경비, ⑥ 여비, ⑦ 경제정책상 조기집행을 필요로 하는 공공사업비, ⑧ 재해복구사업에 소요되는 경비

⑧ 예산기구 상호성(two-way budget organizations)의 원칙

예산의 편성·집행 과정에서의 효율성을 확보하기 위하여 예산을 담당하는 각 부처와 기관이 서로 유기적으로 연계되어야 하고 상호 협력하여야 한다는 것이다. 이 원칙은 행정부 내부의 시스템이 체계적으로 구성·운영되어야 한다는 것을 의미하지만, 재정민주주의 관점에서 보면 행정부와 입법부의 상호 원활한 협조까지도 포함하는 개념으로 볼 수 있다.

참고문헌

국회예산정책처. (2010). 「국가재정제도 원리와 실제」.
__________. (2023). 「2024년도 예산안 위원회별 분석(행정안전위원회)」.
__________. (2024). 「2024 대한민국 재정」.
국회정무위원회. (2023). 「2024년도 금융위원회 소관 예산안 및 기금운용계획안 검토보고」.
국회환경노동위원회. (2022). 「2023년도 환경부 소관 예산안 및 기금운용계획안 검토보고」.
박영희·김종희. (2017). 「신재무행정론」. 다산출판사.
박형수·송호신. (2010). 「바람직한 재정건전화 정책과 정책과제」. 한국조세연구원.
신해룡. (2011). 「예산개혁론」. 세명서관.
_____. (2012). 「예산정책론」. 세명서관.
유훈·조택·김재훈. (2012). 「재무행정론」. 법문사.
윤광재. (2024). 「알기 쉬운 재무행정론」. 대영문화사.
하연섭. (2022). 「정부예산과 재무행정(제4판)」. 다산출판사.
Burkhead, Jesse. (1963). Government Budgeting. New York: Hohn Wiley & Sons, Inc.
Harold D. Smith. (1945). Management of Your Government. New York: McGraw-Hill.
Oxford Economics. (2020). 「2022년 한국 내 YouTube의 경제적, 문화적 영향력 평가」
Sundelson, W. (1935). "Budgetary Principles."Political Science Quarterly. June.

제2장

예산의 종류와 구성

제1절 예산의 종류

1. 예산의 종류를 논의하기 위한 전제

이 책의 제2부제1장에서 '예산의 개념'에 대해서 살펴보았듯이, 일반적으로 흔히 사용되는 예산이라는 용어는 재정이라는 용어와 마찬가지로 상당히 다의적인 개념이기 때문에 일반학자들조차도 예산의 개념을 명확히 이해하지 못하고 그릇되게 사용하는 경우를 종종 찾아볼 수 있다. 마찬가지로 예산의 종류를 분류하는 데 있어서도 예산에 대한 개념적 오류로 인하여 예산의 종류를 다르게 설명하는 이론서가 상당수 있다.

기본적으로 재무행정학이나 재정학에서 말하는 예산이란 공공부문의 예산을 말하는 것이고, 특히나 예산의 종류에 대하여 논의할 때는 중앙정부의 예산을 대상으로 하는 것임에 틀림이 없다. 이러한 전제에 근거하여 예산이란 국회의 의결을 통하여 확정된 중앙정부의 한 회계연도에 걸친 수입과 지출의 계획이라고 이미 정의한 바 있다. 다시 말해, 예산은 중앙정부의 일반회계와 특별회계 및 기금을 가리키는 것이다.

그런데 예산의 종류를 일반회계와 특별회계로 구분하는 경우가 있는데,[1] 일반회계와 특별회계는 예산을 구성하는 일종의 단위(또는 요소)라고 할 수 있다. 즉 일반회계, 특별회계 또는 기금은 예산의 구성이나 체계, 또는 예산의 규모를 논의할 때 이를 구분할 실익이 있는

1) 예산의 종류를 일반회계와 특별회계로 구분하는 학자들조차 분류기준에 대하여 제각기 다르다. 유승원·김수희(2023)는 계정의 관점에서 일반회계와 특별회계로 구분하며, 유훈(2012)은 세입의 성질에 따라 일반회계예산과 특별회계예산으로 구분하고, 윤성식(2003)은 예산의 목적에 따라 일반회계예산과 특별회계예산으로 구분하며, 원구환(2024)은 정부가 수행하는 사업의 성질에 따라 일반회계과 특별회계로 구분하고 있다. 반면, 하연섭(2022)은 재정의 구조라는 관점에서 일반회계와 특별회계, 그리고 기금으로 구분하고 있는데, 재정의 구조 또는 예산의 구조로서 일반회계와 특별회계를 구별하는 것이 개념적으로 올바른 접근방법이라 하겠다.

것이지 일반회계 또는 특별회계 그 자체가 독립된 예산이라고는 볼 수 없다. 만약 예산의 종류를 일반회계와 특별회계만으로 설명한다면, 예산의 범위에 기금이 제외된다는 문제점이 있다.

따라서 예산의 종류는 법률적, 형식적 예산개념을 중심으로 논의가 이루어져야 한다. 법률적, 형식적 예산개념에 따라 분류한 예산의 종류는 ① 성립시기에 따라 본예산(本豫算), 수정예산(修正豫算), 추가경정예산(追加更正豫算)으로 나눌 수 있고, ② 예산이 성립되지 않은 경우의 예산운용방식에 따라 잠정예산(暫定豫算), 준예산(準豫算) 등으로 구분할 수 있다.

2. 예산의 성립시기에 따른 예산의 종류

(1) 본예산

본예산(本豫算)은 「헌법」 제54조에 따라 매 회계연도 단위로 정부가 예산안을 편성하여 국회에 제출하면, 국회는 이를 심의·의결함으로써 성립되는 통상적 의미의 예산을 의미한다. 행정부는 회계연도 개시 120일 전까지 예산안을 국회에 제출하고, 국회는 이를 회계연도 개시 30일 전까지 심의·확정하게 되어 있는데, 이렇게 성립된 예산이 본예산이다. 회계연도 개시 30일 전 이후에라도 국회에서 심의·확정되게 되면 이를 본예산이라고 부른다.

(2) 수정예산(안)

수정예산안(修正豫算案)은 정부가 예산안을 편성하여 국회에 제출한 이후, 국회가 이를 심의·확정하기 전에 이미 제출한 예산안을 수정하여 다시 제출하는 것을 의미한다. 예산안 제출 이후에 국내외의 사정변화로 인하여 이미 제출된 예산안을 변경해야 하는 부득이한 사유가 발생한 경우에 수정예산안이 필요하다. 최근의 사례로는 2008년 글로벌 금융위기 발생에 따라 총수입을 당초예산안 대비 1.8% 감액하고 총지출은 당초예산안 대비 10.0% 증액하는 내용으로 제출된 「2009년도 수정예산안」이 존재하며, 그 이전에도 1970년과 1981년에 수정예산안이 제출된 바 있다.

먼저, 1970년도 예산안에 대하여 살펴보면, 정부는 1969년 9월 1일 당초예산안을 국회에 제출하였고, 풍수해 복구비 증액, 세법개정에 따른 세입경정 등을 위하여 같은 해 11월 19일에 수정예산안을 제출하였다. 국회에서는 당초예산안에 대하여는 개헌에 대한 여야의 대립으로 심의가 지연되었고, 수정예산안이 제출된 후 예산안 심의에 착수하여 상임위원회 예비심사, 예결위 종합심사를 거쳐 같은 해 12월 22일 본회의에서 예결위 수정안대로 의결하였다.

다음으로 1981년도 예산안에 대하여 살펴보면, 정부는 당초예산안을 1980년 10월 2일 국회에 제출하였으며 국회가 해산되고 국가보위입법회의가 구성됨에 따라 국가보위입법회의에 같은 해 10월 28일 다시 제출하였다. 그 후 정부는 농업재해대책, 중화학지원 등을 위하여 일반회계(순증) 3,140억원(당초예산안 7조 5,371억원), 자금관리특별회계(순증) 73억원(당초예산안 6,543억원) 규모의 수정예산안을 같은 해 11월 12일 국가보위입법회의에 제출하였다. 국가보위입법회의는 당초예산안에 대하여 소관 상임위원회에서 같은 해 11월 8일부터 13일까지 예비심사를 한 후 예결위에 회부하였고, 같은 해 11월 8일 제출된 수정예산안은 상임위원회의 예비심사 없이 예결위에 회부하였다. 예결위는 수정예산안을 당초예산안에 흡수하여 심의한 후 같은 해 11월 28일 수정의결 하였고, 같은 해 11월 29일 본회의에서 예결위 수정안대로 의결하였다.

2009년도 수정예산안은 수정기금운용계획안과 함께 2008년 11월 7일 제출되었으며, 글로벌 금융위기에 따른 경제성장률 전망 하향 조정과 총수입 감액, 경제위기 극복을 위한 총지출 증액 등을 주요 내용으로 하고 있다. 국회는 수정예산안에 대하여 상임위 예비심사(2008. 11. 14~2008. 12. 5 의결) 및 예결위 종합심사(2008. 11. 19~2008. 12. 13)를 거쳤으며, 총수입을 수정예산안보다 2.2조원 적은 291조원으로, 총지출은 0.7조원 많은 284.5조원으로 의결하였다.

수정예산안 제출의 법적 근거는 「국가재정법」 제35조[2]에 규정되어 있으며, 예산안을 국회에 제출한 후 '부득이한 사유'로 '내용의 일부'를 수정하고자 하는 경우 수정예산안을 제출할 수 있도록 하고 있다. 「헌법」에는 수정예산안 제출에 관한 별도의 규정이 존재하지 않는다.

2) 「국가재정법」 제35조(국회제출 중인 예산안의 수정) 정부는 예산안을 국회에 제출한 후 부득이한 사유로 인하여 그 내용의 일부를 수정하고자 하는 때에는 국무회의의 심의를 거쳐 대통령의 승인을 얻은 수정예산안을 국회에 제출할 수 있다.

수정예산안 제도는 충분한 국회심의를 보장하기 위하여 예산안의 국회 제출시한을 규정하고 있는 「헌법」 조항에 대한 일종의 예외 규정으로 볼 수 있다. 그럼에도 불구하고 「국가재정법」이 수정예산안 제출 제도를 규정하고 있는 것은 '부득이한 사유'가 발생한 경우에 국회심의 과정에서 수정하는 것보다 정부가 수정예산안을 제출하는 것이 체계적이고 효율적인 예산안 심사를 위하여 편리한 점이 있기 때문으로 이해된다.[3] 즉, 국회의 심의과정에서 정부의 동의를 받아 지출예산 증액 등의 수정을 할 수도 있으나 여러 부처에서 추진할 다수의 사업에 관하여 수정할 필요가 있고, 수정의 규모가 큰 경우에는 예산안을 편성한 정부가 종합적으로 조정하여 재편성하는 것이 국회심의의 효율성 등을 제고할 수 있기 때문이다.

한편, 수정예산안 편성의 실체적 요건인 '부득이한 사유'는 포괄적인 개념으로 그에 해당하는지 여부는 국회심의 과정에서 정책적으로 판단될 것이다.[4] 정부가 예산안을 편성하여 국회에 제출한 이후의 정치적·경제적 상황의 변화로 재정수요 및 조달에 차질을 초래할 것이 명백히 예측되어 기제출한 예산안 일부 내용의 수정이 불가피한 경우에 수정예산안 편성이 허용된다고 할 것이다.

3) 회계연도 개시 후에 추가경정예산안을 편성하는 방법도 있지만, 부득이한 사유가 이미 발생한 경우에는 이를 예산안에 반영하는 것이 바람직한 측면이 있다.

4) 수정예산안의 편성 요건은 추가경정예산안에 비해 포괄적으로 규정되어 있다. 이는 추가경정예산안은 국회에서 확정된 예산을 변경하는 것이지만, 수정예산안의 경우에는 국회에서 확정하기 전에 예산안의 일부를 수정하는 것이라는 점을 감안한 것으로 보인다.

[표 1] 수정예산안 규모 및 수정내역 (단위: 억원)

	제출일		예산안 규모			수정내역
	당초 예산안	수정 예산안	당초 (A)	수정 (B)	수정규모 (B-A)	
1969	9.1	11.19	6,553	6,603	50	•지방재정보전(28.9) •재해대책비(5.9) •국회의사당 신축비(6.5) •의무교육 부족시설 확충(5.8) •국세청 정원 증가 등 기타(2.9)
1980	10.2	11.12	94,079	97,292	3,213	•농업재해대책비(1,425) •중화학공업지원(1,000) •토지개발공사 출자(550) •통일주체국민회의 폐지(-24) •전투경찰 증원 등 기타(262)
2008	10.2	11.7	273.8 조원	283.8 조원	10.0 조원	•지방경제활성화(4.6조원) •지방중소기업·영세자영업자·농어업인 지원(3.4조원) •저소득층 복지지원 확대(1.0조원) •청년 등 실업대책(0.3조원) •지방재정 지원 확대(1.1조원) •유가·환율 조정 등(-0.4조원)

주: 1970년 및 1981년 예산안은 세출예산 순계 기준이며, 2009년 예산안은 총지출 기준임.

(3) 추가경정예산(追加更正豫算)

추가경정예산(이하"추경예산")이란 예산이 국회에서 심의·의결되어 확정된 이후에 발생한 부득이한 사유로 인하여 회계연도 중에 예산을 추가하거나 변경하는 것을 의미한다.

수정예산안과 추경예산의 차이점은 수정예산안의 경우 정부가 국회에 예산안을 제출한 후 아직 예산이 확정되기 이전에 예산안을 수정하여 제출하는 것을 의미하는 반면, 추경예산은 국회가 예산안을 최종 확정한 후에 일정 요건 하에서 이를 변경하는 것을 의미한다는 점이다.

추경예산은 본예산과 달리 임시국회에서 짧은 심의기간을 거쳐 의결되는 것이 보통이므로 상대적으로 예산안 심의가 심도 있게 이루어지지 못할 가능성이 크다. 또한, 과거 추경예산이 관행적으로 편성되면서 재정지출 확대를 위한 수단으로 악용된다는 비판도 제기된 바 있다.

이에 「국가재정법」 제89조제1항은 과다한 추경예산 편성을 방지하기 위해 ① 전쟁이나 대규모 재해가 발생한 경우 ② 경기침체, 대량실업, 남북관계의 변화, 경제협력과 같은 대내·외 여건에 중대한 변화가 발생하였거나 발생할 우려가 있는 경우 ③ 법령에 따라 국가가 지급해야 하는 지출이 발생하거나 증가하는 경우에만 추경편성이 가능하도록 엄격하게 제한하고 있다. 여기서 대규모 재해의 범위에는 「재난 및 안전관리 기본법」 제3조에서 정의한 자연재난과 사회재난의 발생에 따른 피해를 포함한다. 기존에는 대규모 재해 범위에 자연재해만을 인정했으나, 2015년 국가재정법이 개정되면서 화재나 감염병 발생 등 사회적 재난으로 인한 피해도 재해의 범위에 포함되게 되었다. 사회적 재난을 이유로 추경을 편성한 사례는 2015년도에 중동호흡기증후군(메르스)의 창궐에 대한 구제책을 마련한 사례와 2020년도부터 2022년도까지 매년 코로나19 전염병 확산에 대한 대응 및 후속조치를 위해 추경을 편성한 사례가 있다.

추경예산의 편성은 이러한 상황의 발생과 아울러 '이미 확정된 예산에 변경을 가할 필요'가 있어야만 허용되며, ① 다음연도 본예산 편성을 기다릴 수 없는 시간적 급박함이 있을 것, ② 예비비사용·세출조정 등 다른 수단을 통한 상황극복이 곤란한 경우일 것, ③ 추경예산의 집행을 통하여 추경편성의 원인이 된 상황을 완화·해소할 수 있도록 목적 적합성이 인정되는 사업이 선정될 것, ④ 연도 내에 집행할 수 있는 사업에 한정하여 추경예산이 편성될 것, ⑤ 추경안 편성사유가 본예산 편성·심사 당시 예측하지 못한 사유일 것 등의 요건들도 함께 요구되는 것으로 볼 수 있다. 추경예산제도의 운용과 실제에 대한 구체적 내용은 제3부에서 소개한다.

3. 예산불성립 시 예산의 종류

회계연도가 개시될 때까지 국회에서 예산이 확정되지 않을 경우 예산 집행이 불가능하여 국정 운영이 마비될 수 있다. 실제 미국의 경우 예산안이 의회에서 처리되지 않아 연방정부가 폐쇄(shutdown)된 사례가 발생[5]하기도 하였다.

5) 미국의 경우 헌법에 예산이 성립되지 않은 경우에 대한 규정이 존재하지 않으며, 예산이 법정기한 내에 확정되지 않을 경우 의회는 임시적인 조치로 계속지출결의안(continuing resolution)을 상·하원 공동결의안(joint resolution) 형식으로 채택하여 정부가 지출을 계속할 수 있도록 하고 있다. 계속지출결의안은 거의 매년 채택되고 있는데, 예산안도 확정되지 않고 계속지출결의안도 채택되지 못할 경우 정부폐쇄(shutdown)

이러한 경우에 대비하여 각국은 임시방편적으로 정부지출이 가능하도록 하는 제도들을 도입하고 있는데 이러한 예산의 종류로는 잠정예산(暫定豫算), 가예산(假豫算), 준예산(準豫算) 등이 있다.[6)]

[표 2] 예산불성립 시 예산제도

구분	영국	미국	독일	일본	대한민국
제도형태	잠정예산 (vote on account)	잠정예산 (continuing appropriation)	준예산	잠정예산	준예산
지출범위	의회인정 경비에 한정	법정지출 경비에 한정	법정시설 운영 및 지출 경비, 연방 정부의 의무사항 등	법정경비(국채 이자, 공무원 봉급, 수감자 급량비 등)	법정경비(법정 시설 운영, 의무 지출, 계속사업)
운영기간	통상 4개월	예산성립 시까지	예산성립 시까지	통상 2~3개월	예산성립 시까지
집행절차	의회의결	상하원 합동의결	예산불성립 시	의회의결	예산불성립 시
운영실태	통상 매년	통상 매년	3차례 (69, 70, 71년)	통상 매년	미실시

(1) 잠정예산

잠정예산은 회계연도 개시 전까지 예산안이 의결되지 못할 경우 일정 기간 예산의 지출을 허용하는 제도로서 의회의 의결을 요하며 영국, 일본, 캐나다, 스페인, 덴마크, 핀란드 등에서 이 제도를 도입하고 있다. 본래의 예산이 성립되는 경우 잠정예산은 자동적으로 본예산에 흡수되어 그 때까지 지출된 항목은 모두 본예산에 의하여 지출된 것으로 인정된다.

각 나라마다 잠정예산의 운용형태가 조금씩 다른데, 미국의 경우에 헌법 제1조제9항은 "국고금은 법률에 따른 지출 승인에 의하여서만 지출할 수 있다"고만 명시하고 있기 때문에, 예산이 법정 기한 내에 통과되지 않는 경우, 미국 의회는 상하원의 공동결의로 임시적인 조치인 잠정결의안(continuing resolution)[7)]을 채택하는 형태로 운영되고 있다. 영국은 통상

가 발생한다(김종면, 2010). 대표적인 예로 1978년 지미 카터 대통령 때 17일, 1995년 빌 클린턴 대통령 때 21일, 2013년 버락 오바마 대통령 때 16일간 정부폐쇄가 있었고, 가장 최근에는 2018년~2019년 트럼프 대통령 때 멕시코 장벽 건설 문제로 역대 최장기간인 총 34일간 정부폐쇄가 발생했다.

6) 예산불성립 시의 예산인 미국의 잠정예산제도, 우리나라의 준예산제도 외에 독일의 비상예산제도, 프랑스의 법률명령 등에 대하여 제3부 재정절차와 재정제도에서 보다 상세히 논의한다.

적으로 회계연도 개시가 임박한 시점에서 정부의 예산안이 제출되고, 회계연도 개시 이후 4개월 정도 지난 시점에서 예산이 의회를 통과하게 되므로 연례적으로 잠정예산을 편성하고 있다. 영국은 미국과 달리 의회에서 심의 없이 투표로써 잠정예산이 채택된다.

(2) 가예산

가예산은 회계연도 개시 전까지 예산안이 의결되지 못할 경우 해당 회계연도의 처음 1개월분을 의결하여 예산 집행이 가능하도록 하는 제도로 1개월 간의 전체 예산이 의결되며 잠정예산과 같이 본래의 예산이 성립하는 경우 본예산에 흡수되게 된다. 프랑스에서 이 제도를 활용하고 있으며(하연섭, 2022: 74), 우리나라의 경우도 제헌헌법 제94조에서 "국회는 회계연도가 개시되기까지 예산을 의결하여야 한다. 부득이한 사유로 인하여 예산이 의결되지 못한 때에는 국회는 1개월 이내의 가예산을 의결하고 그 기한 내에 예산을 의결하여야 한다"고 규정한 바 있다.

이 규정에 근거하여 제3차 개헌(1960. 6. 15)으로 준예산제도가 도입되기 전까지 총 6차례(1949, 1950, 1951, 1952, 1953, 1955년) 가예산이 운용된 바 있으며, 가예산이 성립된 국회의 의결일자는 아래 [표 3]과 같다.

[표 3] 가예산 의결 내역

연도	회계기간	국회의결일
1949	4. 1~3. 31	4. 30
1950	4. 1~3. 31	4. 22
1951	4. 1~3. 31	4. 30
1952	4. 1~3. 31	4. 18
1953	4. 1~3. 31	4. 30
1955	1955. 7. 1~1956. 12. 31	7. 31

자료: 정해방, 「현행 헌법상 준예산제도의 해석 및 입법론」, 일감법학 제20호, 2011

7) 보통 잠정결의안은 특정한 일자에 소멸하거나 일반 세출예산법의 제정으로 대체되는 한시적인 조치이다. 그럼에도 불구하고 일부 잠정결의안은 회계연도 내내 효력이 지속되며, 일반 세출예산의 법제정 수단으로도 이용된다.

(3) 준예산

준예산은 회계연도가 개시될 때까지 국회에서 예산안이 의결되지 못한 경우에 일정 범위 내에서 전년도 예산에 준하여 집행할 권한을 부여하는 제도[8]로서 현재 우리나라가 도입하고 있는 제도이다. 다만, 1960년 동 제도 도입 이후 2024년 현재까지 준예산이 실제 집행된 사례는 존재하지 않는다.

우리 「헌법」 제54조제3항은 헌법이나 법률에 의하여 설치된 기관 또는 시설의 유지·운영, 법률상 지출의무의 이행, 이미 예산으로 승인된 사업의 계속을 위한 경비를 전년도 예산에 준하여 집행할 수 있도록 규정하고 있다. 그런데 「국가재정법」 제55조제2항[9]은 준예산이 일단 집행되고 난 후 본예산이 성립되면, 그 집행금액은 본예산에 흡수되어 본예산에 의하여 집행된 것으로 간주하도록 규정하고 있을 뿐, 준예산으로 집행이 가능한 구체적 범위나 집행 절차 등에 관하여는 규정하고 있지 않은 상황이다. 따라서 준예산 집행가능 경비의 범위, 전년도 예산에 준하는 집행의 의미 등에 관하여 실제 준예산 편성·집행 시 혼란이 발생할 소지가 있으므로 준예산제도의 구체적인 내용 및 편성절차에 대한 세부적인 규율이 필요하다(김춘순·이동규, 2014: 190). 준예산은 예산이 확정되지 못한 상황에서 국가기능을 유지하기 위한 임시방편이므로 부득이하게 준예산이 운용되더라도 가급적 빠른 시일 내에 국회에서 본예산을 의결·확정함으로써 준예산 집행을 최소화할 필요가 있다.

---

8) 스페인의 경우에는 본예산 성립 시까지 전년도 예산을 자동적으로 연장하여 집행할 수 있도록 헌법에서 규정하고 있고, 프랑스에서는 정부의 법규명령으로 정부의 기능을 위한 지출을 허용하도록 헌법에서 명시하고 있다. 독일의 경우는 잠정예산의 범위를 비교적 상세히 규정하여 법정 기관 및 사업의 유지, 전년도 예산에 명시된 기존 사업의 계속을 위한 지출은 물론 필요한 경우 차입도 허용하고 있다(김종면, 2010: 25-26).

9) 「국가재정법」 제55조(예산불확정 시의 예산집행) ① 정부는 국회에서 부득이한 사유로 회계연도 개시 전까지 예산안이 의결되지 못한 때에는 헌법 제54조제3항의 규정에 따라 예산을 집행하여야 한다. ② 제1항의 규정에 따라 집행된 예산은 해당 연도의 예산이 확정된 때에는 그 확정된 예산에 따라 집행된 것으로 본다.

참고문헌

국회. 각 연도. 「추가경정예산안 심사보고서」.

국회도서관. (2010). 「세계의 헌법 : 35개국 헌법 전문」.

국회예산정책처. 각 연도. 「추가경정예산안 분석」.

__________. (2024). 「2024 대한민국 재정」.

김종면. (2010). “준예산 편성의 이슈.”한국조세연구원 재정포럼. 2010. 5.

김춘순·이동규. (2014). “예산불성립시의 임시예산제도의 개선방안에 대한 비교연구.”「한국위기관리논집」제10권제3호.

유승원·김수희. (2023). 「정부예산과 재정관리(제2판)」.

유훈·조택·김재훈. (2012). 「재무행정론」. 법문사.

윤성식. (2003). 「예산론」. 나남출판.

정해방. (2011). “현행 헌법상 준예산제도의 해석 및 입법론.”「일감법학」 제20호.

하연섭. (2022). 「정부예산과 재무행정(제4판)」. 다산출판사.

제2절 예산의 분류

1. 예산분류[10]의 의의

예산을 한 회계연도에 걸친 정부의 활동계획을 숫자로 표현한 것이라고 한다면, 총지출 기준 600조원을 상회하는 방대한 규모의 예산을 체계적으로 기술하는 것은 지난한 작업이 아닐 수 없다. 따라서 Burkhead(1956)는 예산분류란 "정부활동을 분석하고 참조하기 위하여 그 형식과 구조에 관한 정보를 제공하고 관찰하는 수단이 되는 것"이라고 정의하였다. 즉, 예산을 분류하면 예산에 나타나는 기관·조직 등의 상태표시, 사업과 재정자원 투입 간의 인과관계의 설명, 예산관련 의사결정자의 선호나 가치내용을 더욱 뚜렷하게 파악할 수 있다는 것이다(윤광재, 2024: 113).

예산분류의 목적[11]을 가장 체계적으로 설명한 Jacobs(2009)에 의하면, 예산의 분류체계는 ① 정책결정과 성과분석을 위한 기초, ② 부문 간 자원의 효율적 배분, ③ 입법부에서 승인된 예산자원의 합목적적 사용, ④ 예산의 일상적인 관리를 위해 중요한 의미를 지닌다. Jacobs의 설명에 기초를 두고 예산의 분류를 정의하면, 예산의 편성, 심의·의결, 집행 및 회계검사와 결산에 이르는 예산과정을 효율적이고 체계적으로 수행할 수 있도록 일정한 기준에 따라 예산을 유형화하는 것이라고 할 수 있다.

우리나라의 예산분류체계에 관하여 「국가재정법」 제21조는 세입·세출예산은 ① 필요한 때에는 계정으로 구분할 수 있으며, ② 독립기관 및 중앙관서의 소관별로 구분한 후 소관 내에서 일반회계·특별회계로 구분하고, ③ 세입예산은 성질별로 관·항으로, 세출예산은 기능별·성질별 또는 기관별로 장·관·항으로 구분하는 한편, ④ 기획재정부장관이 정하는 바에 따라 세입·세출예산의 세항 및 세출예산 경비의 성질에 따른 비목 등 세부 분류기준을 둘 수 있다고 규정하고 있다.

---

10) 이 책에서는 이 절의 제목을 '예산의 분류'라고 하고 있으나, 「국가재정법」 규정에 따르면 '예산의 구분'이라고도 부를 수 있다. 즉, 법 제21조는 제목을 '세입세출예산의 구분'이라고 함과 아울러, 각 조항에서 사용하는 용어도 '분류'가 아닌 '구분'으로 일관성 있게 사용하고 있다. 다만, '분류'와 '구분'이 의미상 크게 다르지 않고, 지금까지 관행적으로 예산의 분류라고 불러왔기 때문에 이 절에서도 '예산의 분류'라 칭하기로 한다.

11) 하연섭(2022)은 "예산의 분류는 예산이 기록되고 보고되는 방식을 결정하기 때문에 투명하고 건전한 예산관리를 위한 기초가 되는 것"이라고 설명한다.

2. 세입예산의 분류

「국가재정법」 제21조제2항 및 제3항은 세입예산을 소관별로 구분한 후 소관 내에서 일반회계·특별회계로 구분하고, 그 내용을 성질별로 관·항으로 구분하도록 규정하고 있다. 2024년도 세입예산을 기준으로 보면, 57개(4개의 독립기관, 53개의 중앙관서)[12] 소관과 21개의 관[13], 57개의 항으로 구분된다.

[표 1] 2024년도 세입예산의 구분

관(21)	항(57)
01 내국세	11.소득세, 12.법인세, 15.상속세, 16.재평가세, 21.부가가치세, 22.개별소비세, 23.주세, 25.증권거래세, 26.인지세, 27.기타내국세
02 관세	31.관세
03 방위세	32.방위세
04 교통·에너지·환경세	33.교통·에너지·환경세
05 양여세	36.지방교육양여세
06 교육세	34.교육세
07 사회보장기여금	38.사회보장기여금
08 농어촌특별세	37.농어촌특별세
09 종합부동산세	39.종합부동산세
10 기업특별회계영업수입	41.양곡사업수입, 43.우정사업수입, 45.조달사업수입, 49.책임운영기관사업수입
11 재산수입	51.관유물대여료, 52.정부출자수입, 53.전대차관이자수입, 54.기타이자수입 및 재산수입
12 경상이전수입	55.연금수입, 56.벌금, 몰수금 및 과태료, 57.변상금 및 위약금 58.가산금 59.기타경상이전수입
13 재화및용역판매수입	62.병원수입, 63.교도소수입, 64.입장료수입, 65.면허료 및 수수료, 66.입학금 및 수업료, 67.항공, 항만 및 용수수입, 68.실습수입, 69.잡수입
14 수입대체경비수입	

12) 2024년 본예산 기준 부처 수는 61개(이 중 세입이 없는 기관은 5개 기관)지만, 2024.5.27.에 우주항공청이 출범하여 별도의 예산이체 작업(과학기술정보통신부의 기존 사업 인수, 한국항공우주연구원 출연금 사업 인수 등)을 진행하고 있다. 이하에서도 부처 수에 우주항공청을 포함하여 기술(총 62개 부처 기준)하였다.

13) 세입예산은 크게 조세수입과 세외수입으로 나누어진다. 조세수입 부문에서는 내국세, 관세, 교육세, 교통·에너지·환경세, 양여세, 농어촌특별세, 종합부동산세 등을 별도의 관으로 구분하고 있으며, 세외수입 부문에서는 기업특별회계영업수입, 재산수입, 경상이전수입, 재화 및 용역판매수입, 수입대체경비 수입, 관유물매각대, 융자 및 전대차관 원금회수, 차관수입, 정부내부수입 등을 별도의 관으로 구분하고 있다.

관(21)	항(57)
15 관유물매각대	71.고정자산매각대, 72.토지및무형자산매각대, 73.재고자산매각대 및 유동자산
20 융자 및 전대차관 원금회수	75.융자원금 회수, 77.전대차관원금회수, 78.정부출자주식매각대
31 차입금 및 여유자금회수	81.국공채수입, 82.민간차입금, 84.유가증권매각대, 85.정부예금회수
32 차관수입	86.차관수입
33 전년도이월금	88.전년도이월금
34 세계잉여금	89.세계잉여금이입액
40 정부내부수입 및 기타	91.전입금, 92.예탁원금회수, 94.예수금, 95.예탁이자수입, 96.기타

아래의 [표 2]에서 알 수 있듯이, 기획재정부 소관의 2024년도 일반회계 세입은 10개의 관과 22개의 항으로 구분되어 있는데, 다른 소관의 경우에도 소관과 회계의 명칭을 표시한 후, 왼쪽에 관과 항의 명칭을 오른쪽에 예산액을 표시하는 형식으로 세입예산을 구분하고 있다.

[표 2] 2024년도 기획재정부 일반회계 세입예산 (단위: 원)

〈 기획재정부 소관 〉	
일반회계	
관 01 내국세	321,613,600,000,000
항 11 소득세	125,760,500,000,000
항 12 법인세	77,664,900,000,000
항 15 상속세	14,656,600,000,000
항 21 부가가치세	81,406,800,000,000
항 22 개별소비세	10,194,500,000,000
항 25 증권거래세	5,382,900,000,000
항 26 인지세	850,500,000,000
항 27 기타내국세	5,696,900,000,000
관 02 관세	8,906,500,000,000
항 31 관세	8,906,500,000,000
관 04 교통·에너지·환경세	15,325,800,000,000
항 33 교통·에너지·환경세	15,325,800,000,000

일반회계	
관 06 교육세	6,162,500,000,000
항 34 교육세	6,162,500,000,000
관 09 종합부동산세	4,109,800,000,000
항 39 종합부동산세	4,109,800,000,000
관 11 재산수입	2,614,595,000,000
항 52 정부출자수입	982,344,000,000
항 54 기타이자수입및재산수입	1,632,251,000,000
관 12 경상이전수입	12,699,360,000
항 56 벌금,몰수금및과태료	171,000,000
항 57 변상금및위약금	2,000,000
항 58 가산금	1,000,000
항 59 기타경상이전수입	12,525,360,000
관 13 재화및용역판매수입	2,000,000
항 69 잡수입	2,000,000
관 15 관유물매각대	53,354,000,000
항 73 재고자산매각대및유동자산	53,354,000,000
관 40 정부내부수입및기타	82,011,382,000,000
항 91 전입금	334,865,000,000
항 94 예수금	81,676,517,000,000
일반회계 세입합계	440,810,232,360,000

자료: 대한민국 국회, 「2024년도 예산」, 2023.

3. 세출예산의 분류

「국가재정법」 제21조제2항 및 제3항은 세출예산을 먼저 소관별로 구분한 후, 소관 내에서 일반회계와 특별회계로 구분하고, 이를 다시 기능별·성질별 또는 기관별로 장·관·항으로 구분하도록 규정하고 있다. 세입예산과 달리 세출예산은 매우 복잡한 구조로 이루어져 있기 때문에 예산의 분류(구분) 역시 장·관·항으로만 구분하는 것이 아니고, 필요한 경우 예산의 기능 또는 성질에 따라 세출예산을 구분할 수 있다.

이하에서는 국회가 발간한 「2024년도 예산」을 활용하여 ① 소관에 따른 분류, ② 장·관·항에 의한 분류, ③ 기능에 의한 분류, ④ 성질에 의한 분류로 나누어 살펴보기로 한다.

2024년도 중앙정부의 예산은 1개의 일반회계, 21개의 특별회계(기업특별회계 5개, 기타 특별회계 16개) 및 68개의 기금으로 구분되어 있다.

(1) 소관별 분류

소관별 분류(classification by agencies)란 예산을 직접 집행하는 4개의 독립기관과 58개의 중앙관서[14)]별로 예산을 구분하는 방식을 말한다. 소관의 구분은 「정부조직법」 등의 개정으로 정부조직이 변경됨에 따라 부수적으로 이루어지는 것으로서 예산제도적인 측면에서 크게 중요하지는 않으나, 실제 예산의 편성과 집행, 결산 등이 이루어지는 기본적인 단위로서 의미가 있다.

2024년도 세출예산은 대통령비서실 및 국가안보실, 대통령경호처, 국회, 대법원, 헌법재판소, 중앙선거관리위원회, 민주평화통일자문회의, 감사원 등의 순으로 전체 62개 소관별로 구분하고 있다.

---

14) 「국가재정법」 제6조(독립기관 및 중앙관서) ① 이 법에서 "독립기관"이라 함은 국회·대법원·헌법재판소 및 중앙선거관리위원회를 말한다. ② 이 법에서 "중앙관서"라 함은 「헌법」또는 「정부조직법」 그 밖의 법률에 따라 설치된 중앙행정기관을 말한다. ③ 국회의 사무총장, 법원행정처장, 헌법재판소의 사무처장 및 중앙선거관리위원회의 사무총장은 이 법을 적용할 때 중앙관서의 장으로 본다.

[표 3] 2024년도 소관별 세출예산(본예산 기준)

(단위: 백만원, %)

구 분	2023년도 본예산	2023년도 추경예산 (A)	2024년도 예산 (B)	본예산 대비 증감	
				금액 (B-A)	증감률 (B-A)/A
기획재정부	463,297,409	492,143,483	577,064,756	84,921,273	17.3
보건복지부	227,367,234	227,367,234	246,559,177	19,191,943	8.4
국토교통부	141,542,099	141,543,856	145,370,361	3,826,505	2.7
교육부	123,789,255	123,789,255	123,312,822	△476,433	△0.4
행정안전부	80,487,829	80,487,829	72,447,356	△8,040,473	△10.0
고용노동부	50,959,870	50,959,870	53,423,824	2,463,954	4.8
국방부	46,310,897	46,537,942	48,101,510	1,563,568	3.4
금융위원회	37,816,868	35,812,868	37,984,510	2,171,642	6.1
인사혁신처	34,067,834	34,067,834	37,184,249	3,116,415	9.1
농림축산식품부	32,412,607	32,412,607	35,052,671	2,640,064	8.1
산업통상자원부	30,410,455	30,413,951	30,878,977	465,026	1.5
중소벤처기업부	25,603,531	26,093,601	28,461,436	2,367,835	9.1
과학기술정보통신부	24,902,523	24,797,356	25,626,954	829,598	3.3
환경부	19,758,109	19,759,100	21,279,460	1,520,360	7.7
방위사업청	16,916,892	16,916,892	17,653,240	736,348	4.4
경찰청	12,489,438	12,489,438	13,045,599	556,161	4.5
문화체육관광부	9,528,265	9,530,004	9,654,741	124,737	1.3
해양수산부	7,964,324	7,964,324	8,290,545	326,221	4.1
국가보훈부	6,838,008	6,838,008	7,020,908	182,900	2.7
법무부	4,410,828	4,410,828	4,551,161	140,333	3.2
외교부	3,449,338	3,458,277	4,288,556	830,279	24.0
산림청	3,328,152	3,328,152	3,580,363	252,211	7.6
대법원	2,405,346	2,405,346	2,479,127	73,781	3.1
국세청	1,924,078	1,924,078	1,951,242	27,164	1.4
통일부	2,123,728	2,123,730	1,906,141	△217,589	△10.2
해양경찰청	1,810,881	1,810,881	1,896,654	85,773	4.7
여성가족부	1,603,410	1,603,460	1,763,041	159,581	10.0
문화재청	1,358,880	1,358,880	1,376,683	17,803	1.3
농촌진흥청	1,254,668	1,254,668	1,097,374	△157,294	△12.5
국가정보원	852,631	852,631	892,100	39,469	4.6
중앙선거관리위원회	406,700	406,700	857,227	450,527	110.8
조달청	517,227	517,227	802,688	285,461	55.2
특허청	867,220	867,220	792,258	△74,962	△8.6

구 분	2023년도 본예산	2023년도 추경예산 (A)	2024년도 예산 (B)	본예산 대비 증감	
				금액 (B-A)	증감률 (B-A)/A
국회	730,563	730,563	767,653	37,090	5.1
식품의약품안전처	676,510	676,510	718,215	41,705	6.2
질병관리청	2,416,402	2,416,402	672,748	△1,743,654	△72.2
관세청	640,249	640,249	662,375	22,126	3.5
국무조정실 및 국무총리비서실	676,615	676,615	660,550	△16,065	△2.4
기상청	469,672	469,672	448,185	△21,487	△4.6
통계청	393,704	393,704	425,267	31,563	8.0
병무청	333,109	333,109	411,873	78,764	23.6
소방청	308,781	308,781	340,389	31,608	10.2
행정중심복합도시건설청	445,249	445,249	261,099	△184,150	△41.4
공정거래위원회	159,603	159,603	158,429	△1,174	△0.7
감사원	137,381	137,381	146,167	8,786	6.4
원자력안전위원회	143,270	143,270	136,045	△7,225	△5.0
대통령경호처	116,322	116,322	134,096	17,774	15.3
국민권익위원회	94,958	94,958	111,592	16,634	17.5
재외동포청	-	-	106,660	순증	순증
대통령비서실 및 국가안보실	98,523	98,523	103,102	4,579	4.6
개인정보보호위원회	58,924	58,924	65,377	6,453	11.0
헌법재판소	55,492	55,492	56,766	1,274	2.3
방송통신위원회	49,323	49,323	49,118	△205	△0.4
새만금개발청	148,369	148,369	47,702	△100,667	△67.8
법제처	43,728	43,728	45,418	1,690	3.9
국가인권위원회	41,013	41,013	41,303	290	0.7
민주평화통일자문회의	34,033	34,033	34,974	941	2.8
고위공직자범죄수사처	17,683	17,683	20,680	2,997	16.9
진실·화해를위한과거 사정리위원회	19,077	19,077	16,749	△2,328	△12.2
국가교육위원회	-	-	10,279	순증	순증
5·18민주화운동 진상규명조사위원회	13,268	13,268	6,888	△6,380	△48.1
합 계	1,427,098,355	1,454,569,351	1,573,307,410	118,738,059	8.2

자료: 디지털예산회계시스템 자료를 바탕으로 재작성

[표 4] 2024년도 소관별 내역

소관	소관 코드	소관	소관 코드	소관	소관 코드
국가정보원	004	통계청	035	산업통상자원부	094
감사원	005	기상청	036	국토교통부	095
국회	006	경찰청	037	해양수산부	096
대법원	007	공정거래위원회	040	식품의약품안전처	097
헌법재판소	008	민주평화통일자문회의	048	대통령비서실 및 국가안보실	098
중앙선거관리위원회	009	문화재청	052	새만금개발청	099
국무조정실 및 국무총리비서실	010	국가인권위원회	056	행정안전부	101
법무부	013	방위사업청	063	중소벤처기업부	102
국방부	014	행정중심복합도시건설청	065	소방청	103
고용노동부	019	기획재정부	069	해양경찰청	112
통일부	022	문화체육관광부	072	5·18민주화운동 진상규명조사위원회	116
법제처	023	보건복지부	075	개인정보보호위원회	117
국가보훈부	024	여성가족부	076	고위공직자범죄수사처	118
산림청	025	방송통신위원회	078	질병관리청	120
국세청	026	금융위원회	079	진실·화해를위한과거사정리위원회	121
관세청	027	국민권익위원회	080	국가교육위원회	138
병무청	028	원자력안전위원회	083	재외동포청	139
농촌진흥청	029	교육부	086	인사혁신처	146
특허청	031	외교부	087	과학기술정보통신부	162
조달청	033	농림축산식품부	089	대통령경호처	167
환경부	034				

주: 우주항공청의 경우 별도의 예산이체 작업 등이 진행 중임
자료: 디지털예산회계시스템 자료를 바탕으로 재작성

(2) 장·관·항에 의한 분류

정부가 국회에 제출하는 예산서는 장·관·항에 의한 분류 방식을 채택하고 있다. 즉 해당 연도의 세출예산을 세입예산과 마찬가지로 62개 소관을 순서별로 구분한 후, 이를 다시 회계로 구분하고 각 회계마다 장·관·항으로 구분하고 있다. 2024년도 예산에 포함된 국무조정실 및 국무총리비서실의 세출예산을 보면, 소관명이 가장 상단에 표시되어 있고 일반회계와 에너지 및 자원사업특별회계로 구분한 후, 각각의 장(분야)-관(부문)-항(프로그램)과 그 예산액을 차례로 표시하고 있음을 알 수 있다.

[표 5] 국무조정실 및 국무총리비서실 소관 2024년도 세출예산의 구분 (단위: 원)

〈국무조정실 및 국무총리비서실 소관〉			
일반회계			
장(분야) 010	일반·지방행정		648,919,000,000
관(부문) 012	국정운영		648,919,000,000
항(프로그램)	1500	정부출연연구기관 지원(R&D)	524,561,000,000
항(프로그램)	7000	국무총리실 행정지원	124,204,000,000
항(프로그램)	8800	KDI 국제정책대학원 연금기금 국가부담금 지원	154,000,000
일반회계 세출합계			648,919,000,000
에너지및자원사업특별회계 1. 투자계정			
장(분야) 010	일반·지방행정		11,631,000,000
관(부문) 012	국정운영		11,631,000,000
항(프로그램)	1500	정부출연연구기관 지원(R&D)	11,631,000,000
투자계정 세출합계			11,631,000,000
에너지및자원사업특별회계 세출합계			11,631,000,000
소관합계			660,550,000,000

주: 본예산 기준

(3) 기능별 분류

기능별 분류(classification by function)는 정부활동이 추구하는 궁극적인 사회경제적 목적에 따라 예산을 분류하는 방식을 말한다. 소관별 분류가 정부예산의 법적 통제에는 효과적이지만 정부가 어떤 일을 하고 있는가에 대해서는 충분한 정보를 제공하지 못하는 한계가 있다면, 기능별 분류는 분야 간 자원의 배분에 관한 정보를 제공하고 정책형성과 자원배분의 효율성을 평가하는 데 큰 도움을 준다(하연섭, 2022: 78). 기능별 분류를 '시민을 위한 분류'라고도 부르는 이유가 여기에 있다.

아래의 [표 6]은 2024년도 일반회계의 세출예산을 기능별로 분류한 것으로, 일반·지방행정, 공공질서 및 안전, 통일·외교, 국방, 교육, 문화 및 관광, 환경, 사회복지, 보건, 농림수산, 산업·중소기업 및 에너지, 교통 및 물류, 통신, 국토 및 지역개발, 과학기술, 예비비의 16개 기능으로 구성된다.

[표 6] 기능별 일반회계 세출 예산 (단위: 백만원)

16분야 67부문	2023년도 예산		2024년도 예산		증 감	
	금액 (A)	구성비 (%)	금액 (B)	구성비 (%)	금액 (B-A)	증감률(%) (B-A)/A
1. 일반·지방행정	105,936,371	23.7	101,719,441	22.6	△4,216,930	△4.0
1) 입법 및 선거관리	1,137,263	0.3	1,624,880	0.4	487,617	42.9
2) 국정운영	668,390	0.1	652,135	0.1	△16,255	△2.4
3) 지방행정·재정지원	76,541,773	17.2	66,990,427	14.9	△9,551,346	△12.5
4) 재정·금융	23,500,918	5.3	28,241,310	6.3	4,740,392	20.2
5) 정부자원관리	1,077,521	0.2	1,028,357	0.2	△49,164	△4.6
6) 일반행정	3,010,506	0.7	3,182,332	0.7	171,826	5.7
2. 공공질서 및 안전	21,168,355	4.7	22,426,772	5.0	1,258,418	5.9
1) 법원 및 헌재	1,831,290	0.4	1,921,384	0.4	90,094	4.9
2) 법무 및 검찰	4,193,685	0.9	4,314,258	1.0	120,573	2.9
3) 경찰	12,466,404	2.8	13,015,719	2.9	549,315	4.4
4) 해경	1,778,873	0.4	1,880,782	0.4	101,909	5.7
5) 재난관리	898,103	0.2	1,294,629	0.3	396,526	44.2
3. 통일·외교	3,606,899	0.8	4,493,414	1.0	886,515	24.6

16분야 67부문	2023년도 예산		2024년도 예산		증 감	
	금액 (A)	구성비 (%)	금액 (B)	구성비 (%)	금액 (B-A)	증감률(%) (B-A)/A
1) 통일	357,373	0.1	357,001	0.1	△372	△0.1
2) 외교·통상	3,249,526	0.7	4,136,413	0.9	886,887	27.3
4. 국방	57,347,411	12.9	59,836,311	13.3	2,488,900	4.3
1) 병력운영	23,275,162	5.2	24,329,179	5.4	1,054,017	4.5
2) 전력유지	16,822,248	3.8	17,442,019	3.9	619,771	3.7
3) 방위력개선	16,916,892	3.8	17,653,240	3.9	736,348	4.4
4) 병무행정	333,109	0.1	411,873	0.1	78,764	23.6
5. 교육	96,953,244	21.7	91,016,090	20.2	△5,937,154	△6.1
1) 유아 및 초중등교육	80,379,069	18.0	73,370,563	16.3	△7,008,506	△8.7
2) 고등교육	15,919,351	3.6	16,955,456	3.8	1,036,105	6.5
3) 평생·직업교육	501,563	0.1	532,268	0.1	30,705	6.1
4) 교육일반	153,261	0.0	157,803	0.0	4,542	3.0
6. 문화 및 관광	4,576,428	1.0	4,608,344	1.0	31,916	0.7
1) 문화예술	3,066,057	0.7	3,081,042	0.7	14,985	0.5
2) 관광	6,849	0.0	7,201	0.0	352	5.1
3) 체육	5,025	0.0	6,059	0.0	1,034	20.6
4) 문화재	1,187,825	0.3	1,206,701	0.3	18,876	1.6
5) 문화 및 관광일반	310,672	0.1	307,341	0.1	△3,331	△1.1
7. 환경	5,701,644	1.3	5,822,604	1.3	120,960	2.1
1) 해양환경	232,196	0.1	156,875	0.0	△75,321	△32.4
2) 환경일반	5,469,448	1.2	5,665,729	1.3	196,281	3.6
8. 사회복지	78,756,053	17.6	83,429,419	18.6	4,673,366	5.9
1) 기초생활보장	19,135,491	4.3	20,822,507	4.6	1,687,016	8.8
2) 취약계층지원	4,585,437	1.0	5,076,849	1.1	491,412	10.7
3) 공적연금	4,956,713	1.1	5,632,890	1.3	676,177	13.6
4) 보훈	6,029,898	1.4	6,256,190	1.4	226,292	3.8
5) 주택	4,703,056	1.1	3,497,906	0.8	△1,205,150	△25.6
6) 사회복지일반	542,705	0.1	570,645	0.1	27,940	5.1
7) 아동·보육	9,540,526	2.1	10,497,881	2.3	957,355	10.0
8) 노인	22,423,719	5.0	24,835,292	5.5	2,411,573	10.8

16분야 67부문	2023년도 예산		2024년도 예산		증 감	
	금액 (A)	구성비 (%)	금액 (B)	구성비 (%)	금액 (B-A)	증감률(%) (B-A)/A
9) 여성·가족·청소년	599,121	0.1	687,239	0.2	88,118	14.7
10) 고용	5,477,014	1.2	4,763,732	1.1	△713,282	△13.0
11) 노동	140,956	0.0	146,812	0.0	5,856	4.2
12) 고용노동일반	621,417	0.1	641,476	0.1	20,059	3.2
9. 보건	16,230,082	3.6	15,016,160	3.3	△1,213,922	△7.5
1) 보건의료	4,970,352	1.1	2,496,973	0.6	△2,473,379	△49.8
2) 건강보험	10,589,360	2.4	11,804,813	2.6	1,215,453	11.5
3) 식품의약안전	670,370	0.2	714,374	0.2	44,004	6.6
10. 농림수산	9,116,787	2.0	9,332,999	2.1	216,212	2.4
1) 농업·농촌	6,688,657	1.5	6,808,839	1.5	120,182	1.8
2) 임업·산촌	1,946,718	0.4	2,144,531	0.5	197,813	10.2
3) 수산·어촌	481,412	0.1	379,629	0.1	△101,783	△21.1
11. 산업·중소기업 및 에너지	11,335,412	2.5	11,777,607	2.6	442,195	3.9
1) 무역 및 투자유치	864,897	0.2	893,430	0.2	28,533	3.3
2) 에너지 및 자원개발	5,405	0.0	6,350	0.0	945	17.5
3) 산업·중소기업일반	2,060,825	0.5	3,505,012	0.8	1,444,187	70.1
4) 산업혁신지원	5,547,313	1.2	4,711,295	1.0	△836,018	△15.1
5) 창업 및 벤처	733,419	0.2	716,217	0.2	△17,202	△2.3
6) 중소기업 및 소상공인육성	2,123,553	0.5	1,945,303	0.4	△178,250	△8.4
12. 교통 및 물류	14,271,853	3.2	18,110,013	4.0	3,838,160	26.9
1) 도로	2,218,130	0.5	5,186,230	1.2	2,968,100	133.8
2) 철도	7,879,733	1.8	8,127,672	1.8	247,939	3.1
3) 해운·항만	1,685,599	0.4	1,828,267	0.4	142,668	8.5
4) 항공·공항	344,141	0.1	921,227	0.2	577,086	167.7
5) 물류 등 기타	2,144,250	0.5	2,046,617	0.5	△97,633	△4.6
13. 통신	970,580	0.2	902,391	0.2	△68,189	△7.0
1) 방송통신	249,021	0.1	251,489	0.1	2,468	1.0
2) 정보통신	721,559	0.2	650,902	0.1	△70,657	△9.8
14. 국토 및 지역개발	7,561,518	1.7	9,087,625	2.0	1,526,107	20.2

16분야 67부문	2023년도 예산		2024년도 예산		증 감	
	금액 (A)	구성비 (%)	금액 (B)	구성비 (%)	금액 (B−A)	증감률(%) (B−A)/A
1) 수자원	1,568,194	0.4	2,199,411	0.5	631,217	40.3
2) 지역 및 도시	5,992,824	1.3	6,885,314	1.5	892,490	14.9
3) 산업단지	500	0.0	2,900	0.0	2,400	480.0
15. 과학기술	8,109,545	1.8	7,747,517	1.7	△362,028	△4.5
1) 과학기술연구지원	3,498,578	0.8	3,247,169	0.7	△251,409	△7.2
2) 과학기술일반	661,945	0.1	629,021	0.1	△32,924	△5.0
3) 과학기술인력 및 문화	211,039	0.0	125,025	0.0	△86,014	△40.8
4) 과학기술연구개발	3,737,983	0.8	3,746,302	0.8	8,319	0.2
16. 예비비	4,600,000	1.0	4,200,000	0.9	△400,000	△8.7
1) 예비비	4,600,000	1.0	4,200,000	0.9	△400,000	△8.7
합 계	446,242,182	100.0	449,526,707	100.0	3,284,526	0.7

주: 본예산 기준
자료: 기획재정부, 「2024 나라살림 예산개요」

(4) 성질별 분류

세입예산과 세출예산은 각각 성질별로 분류를 할 수 있는데, 세출예산은 성질별로 인건비(100), 물건비(200), 이전지출(300), 자산취득(400), 상환지출(500), 전출금 등(600), 예비비및기타(700)의 7가지로 크게 분류하고 있다. 이렇게 대분류한 예산에 대해서 각각 100, 200, 300, …, 700의 고유성질별로 코드(code)를 부여하고 있으며, 이는 다시 [표 7]과 같이 24개의 목 및 81개의 세목[15]으로 세분류된다. 성질별 분류체계의 최하위 단위인 목에 의한 예산의 분류를 품목별 분류[16]라고도 부른다.

15) 특별회계 및 기금 등에는 일반회계에는 없는 융자금(450), 예치금및유가증권매입(470), 예탁금(480) 등의 목이 존재한다.

16) 품목별 분류는 경제성질별 분류나 소관별 분류의 세부항목으로 사용되는 것이 통상적이며, 일반적으로 정부 전체를 위해 품목별 분류를 활용하지는 않는다.

[표 7] 성질별 일반회계 세출 예산 (단위: 백만원, %)

구분	2023년도 본예산(A)	2024년도 본예산(B)	증 감	
			금액 (B-A)	증감률 (B-A)/A
100 인건비	40,587,703	42,328,148	1,740,444	4.3
110 인건비	40,587,703	42,328,148	1,740,444	4.3
200 물건비	25,468,312	25,416,336	△51,976	△0.2
210 운영비	20,362,018	20,484,675	122,656	0.6
220 여비	564,759	589,577	24,819	4.4
230 특수활동비	124,909	122,836	△2,073	△1.7
240 업무추진비	168,359	174,744	6,385	3.8
250 직무수행경비	1,038,298	1,043,918	5,620	0.5
260 연구용역비	2,238,920	1,965,495	△273,425	△12.2
270 안보비	852,631	892,100	39,469	4.6
280 정부보안비	118,417	142,990	24,573	20.8
300 이전지출	277,470,713	261,604,311	△15,866,402	△5.7
310 보전금	23,832,299	24,344,153	511,854	2.1
320 민간이전	11,238,727	10,792,590	△446,137	△4.0
330 자치단체이전	208,303,955	198,699,241	△9,604,714	△4.6
340 해외이전	1,915,788	2,389,947	474,159	24.8
350 일반출연금	13,539,798	7,969,016	△5,570,782	△41.1
360 연구개발출연금	18,640,145	17,409,363	△1,230,783	△6.6
400 자산취득	21,305,368	22,869,975	1,564,607	7.3
410 건설보상비	338,720	346,104	7,384	2.2
420 건설비	6,728,540	7,046,862	318,322	4.7
430 유형자산	12,787,347	13,815,095	1,027,749	8
440 무형자산	37,260	30,497	△6,763	△18.2
460 출자금	1,393,761	1,631,416	237,655	17.1
490 지분취득비	19,740	-	△19,740	순감
500 상환지출	14,484,321	18,361,215	3,876,894	26.8
510 상환지출	14,484,321	18,361,215	3,876,894	26.8
600 전출금등	62,323,609	74,744,631	12,421,022	19.9
610 전출금등	62,323,609	74,744,631	12,421,022	19.9
700 예비비및기타	4,602,156	4,202,091	△400,065	△8.7
710 예비비및기타	4,602,156	4,202,091	△400,065	△8.7
합 계	446,242,182	449,526,707	3,284,526	0.7

자료: 기획재정부, 「2024 나라살림 예산개요」, 2024

4. 예산의 과목구조: 프로그램 예산제도

예산분류의 근간이 되는 것이 예산의 과목구조로서, 복잡하고 광범위한 예산을 통일적으로 분류하여 그 성질과 내용을 명확히 구별하기 위하여 예산과목은 코드로 표시된다. 「국가재정법」 제21조 및 동법 시행령 제7조에 따르면, 우리나라의 세출예산 과목구조는 장-관-항-세항-목[17]으로 구분된다. 그러나 상기 법령의 규정에도 불구하고, 2007년부터 도입된 프로그램 예산제도[18]에 따라 세출예산의 과목구조를 분야-부문-프로그램-단위사업-세부사업의 5단계로 변화시켰다. 다시 말하면, 현행 법령은 품목별 예산제도에 따른 과목구조를 규정하고 있지만, 실제의 예산과정에서는 프로그램 예산제도에 따른 과목구조를 사용하고 있다. 예산 과목구조의 불일치를 해소하기 위하여 품목별 예산과목과 프로그램별 예산과목을 서로 일치시켜 이해하고 있는데, 이를 알기 쉽게 [표 8]과 같이 나타낼 수 있다.

[표 8] 예산 과목구조의 관계

<table>
<tr><td rowspan="2">품목별예산 과목구조</td><td>장</td><td>관</td><td>항</td><td rowspan="2">세항</td><td rowspan="2">세세항</td><td rowspan="4">목 (예산 편성 비목)</td><td rowspan="4">세목</td></tr>
<tr><td>대기능</td><td>중기능</td><td>소기능</td></tr>
<tr><td rowspan="2">프로그램예산 과목구조</td><td>분야</td><td>부문</td><td>프로그램</td><td rowspan="2">단위사업</td><td rowspan="2">세부사업</td></tr>
<tr><td>대기능</td><td>중기능</td><td>실·국별</td></tr>
</table>

세출예산의 구조가 비교적 단순한 농림축산식품부의 2024년도 일반회계 예산을 현행 프로그램 예산제도에 따른 과목구조로 표시하면, 아래의 [표 9]와 같다.

---

17) 이때 장은 분야, 관은 부문, 항은 프로그램, 그리고 세항은 단위사업을 의미한다. 장·관·항은 입법과목, 세항·목은 행정과목이라고 부르는데, 장·관·항을 입법과목이라 부르는 것은 「국가재정법」 제21조제3항에서 장·관·항까지만 규정하고 있기 때문이다. 입법과목의 변경은 예산의 이용(移用)에 해당하고, 예산의 이용은 국회의 동의를 필요로 하는 반면, 행정과목의 변경은 예산의 전용(轉用)으로 국회의 동의를 필요로 하지 않는다.

18) 재정운용의 초점이 투입중심에서 성과중심으로 변화함에 따라 2004년부터 국가재정운용계획, 총액배분자율편성예산제도, 성과관리예산제도, 디지털예산회계시스템을 도입하는 예산개혁이 추진되었다. 그리고 이러한 예산개혁의 실효성을 확보하기 위한 제도적 기반으로서 프로그램 예산제도가 2007년부터 중앙부처에 도입되었다.

[표 9] 우리나라 예산의 과목구조(2024년도 농림축산식품부)

분야	부문	프로그램	단위사업	세부사업	목	세목
100 농림수산						
	101 농업·농촌					
		5000 국제협력협상				
			5031 국제협력협상			
				300 농업협상대응		
					110 인건비	
						110-03 상용임금
					210 운영비	
						210-01 일반수용비
						210-05 특근매식비
						210-07 임차료
						210-12 복리후생비
					220 여비	
						220-01 국내여비
						220-02 국외업무여비
				530 국제기구분담금		
					340 해외이전	
						340-02 국제부담금

자료: 농림축산식품부, 「2024년도 예산 및 기금운용계획 내역서」, 2023

[표 9]를 보면, 소관은 농림축산식품부이고, 기능별 분류에서 분야(장)은 농림수산이며, 농림수산 분야에서 대분류하는 부문(관)은 농업·농촌이다. 그리고 농업·농촌 부문 내에는 프로그램(항)이 9개가 있는데, 농업인력육성및창업지원(1100), 농업신산업육성(2200), 농업생산기반정비(4000), 국제협력협상(5000), 농림축산검역검사(6200), 종자관리(6400), 농식품공무원교육원교육운영(6500), 농림축산식품행정지원(7000), 회계간거래(8000)가 그것이다. 또한, 각각의 프로그램은 단위사업(세항), 세부사업(세세항), 목, 세목으로 다시 세분화된다. 예를 들면, 프로그램(항) 단위인 국제협력협상(5000) 내에는 단위사업인 국제협력협상(5031)과 세부사업인 농업협상대응(300)으로 나뉘고, 농업협상대응(300)은 인건비(110), 운영비(210) 및 여비(220) 목으로 더욱 세분화된다.

참고문헌

국회예산정책처. (2024). 「2024 대한민국 재정」

기획재정부. (2024). 「2024년도 예산 및 기금운용계획 집행지침」.

________. (2024). 「2024 나라살림 예산개요」

________. 디지털예산회계시스템(http://www.dbrain.go.kr).

농림축산식품부. (2023). 「2024년도 예산 및 기금운용계획 내역서」.

대한민국국회. (2023). 「2024년도 예산」.

하연섭. (2022). 「정부예산과 재무행정(제4판)」. 다산출판사.

Jacobs, Davina. Jean-Luc Helis, and Dominique Bouley. (2009). Budget Classification. International Monetary Fund.

제3절 예산의 구성

「국가재정법」 제19조에서는 예산이 예산총칙, 세입세출예산, 계속비, 명시이월비, 국고채무부담행위로 구성된다고 규정하고 있다. 그리고 동법 제34조[19] 등은 예산안과 함께 국회 심의에 필요한 각종 첨부서류들을 제출하도록 의무화하고 있으며, 임대형민자사업 한도액안 및 정부지급금추계서, 국가재정운용계획 및 그 첨부서류 등도 예산안과 함께 국회에 제출되고 있다.

19) 제34조(예산안의 첨부서류) 제33조의 규정에 따라 국회에 제출하는 예산안에는 다음 각 호의 서류를 첨부하여야 한다.
1. 세입세출예산 총계표 및 순계표
2. 세입세출예산사업별 설명서
2의2. 세입예산 추계분석보고서(세입추계 방법 및 근거, 전년도 세입예산과 세입결산 간 총액 및 세목별 차이에 대한 평가 및 원인 분석, 세입추계 개선사항을 포함한다)
3. 계속비에 관한 전년도말까지의 지출액 또는 지출추정액, 해당 연도 이후의 지출예정액과 사업전체의 계획 및 그 진행상황에 관한 명세서
3의2. 제50조에 따른 총사업비 관리대상 사업의 사업별 개요, 전년도 대비 총사업비 증감 내역과 증감 사유, 해당 연도까지의 연부액 및 해당 연도 이후의 지출예정액
4. 국고채무부담행위 설명서
5. 국고채무부담행위로서 다음 연도 이후에 걸치는 것인 경우 전년도말까지의 지출액 또는 지출추정액과 해당 연도 이후의 지출예정액에 관한 명세서
5의2. 완성에 2년 이상이 소요되는 사업으로서 대통령령으로 정하는 대규모 사업의 국고채무부담행위 총규모
6. 예산정원표와 예산안편성기준단가
7. 국유재산의 전전년도 말 기준 현재액과 전년도말과 해당 연도 말 기준 현재액 추정에 관한 명세서
8. 제85조의7에 따른 성과계획서
9. 성인지 예산서
9의2. 온실가스감축인지 예산서
10. 「조세특례제한법」 제142조의2에 따른 조세지출예산서
11. 제40조제2항 및 제41조의 규정에 따라 독립기관의 세출예산요구액을 감액하거나 감사원의 세출예산요구액을 감액한 때에는 그 규모 및 이유와 감액에 대한 해당 기관의 장의 의견
12. 삭제 〈2010. 5. 17.〉
13. 회계와 기금 간 또는 회계 상호 간 여유재원의 전입·전출 명세서 그 밖에 재정의 상황과 예산안의 내용을 명백히 할 수 있는 서류
14. 「국유재산특례제한법」 제10조제1항에 따른 국유재산특례지출예산서
15. 제38조제2항에 따라 예비타당성조사를 실시하지 아니한 사업의 내역 및 사유
16. 지방자치단체 국고보조사업 예산안에 따른 분야별 총 대응지방비 소요 추계서

[표 1] 예산안 첨부서류 및 관련서류 현황

구 분	서 류 명
예산안 첨부서류	• 세입세출예산사업별설명서 - 총 5권으로 구성(국회 상임위를 기준으로 구분)
	• 예산안 첨부서류 - 세입·세출예산안 총계 및 순계표 - 계속비명세서 - 총사업비 관리대상사업 현황 - 국고채무부담행위 설명서, 명세서 및 총규모 명시 대상 사업 - 예산정원표와 예산안편성기준단가 - 국유재산 명세서 - 회계 상호간 여유재원의 전입·전출 명세서 - 예비타당성조사 면제사업 내역 및 사유 - 지자체 보조사업 분야별 총 대응지방비 소요 추계서 - 세입예산 추계분석보고서
	• 성과계획서
	• 성인지 예산서
	• 온실가스감축인지 예산서
	• 조세지출예산서
	• 국유재산특례지출예산서
	• 독립기관 및 감사원의 세출예산 요구액 감액 규모·이유 및 의견
기금운용계획안 첨부서류	• 기금운용계획안 첨부서류
	• 기금운용계획안 심의참고자료
	• 성과계획서
	• 성인지 기금운용계획서
	• 온실가스감축인지 기금운용계획서
관련 서류 (의안)	• 국가재정운용계획
	• 국가재정운용계획 첨부서류 - 전년도 계획 대비 평가·분석 보고서 - 중장기 기금재정관리계획 - 국가채무관리계획 - 중장기 조세정책 운용계획 - 장기재정전망
	• 임대형 민자사업(BTL) 한도액안
	• 임대형 민자사업 정부지급금추계서
	• 국가보증채무관리계획

자료: 「국가재정법」을 토대로 저자가 작성

국회가 발간한 「2024년도 예산」을 중심으로 예산안의 구성 내역 및 첨부서류 등의 주요 내용을 살펴보면 다음과 같다.

1. 예산

「국가재정법」제19조에 따라 예산총칙, 세입세출예산, 계속비, 명시이월비, 국고채무부담행위로 구성된 예산(안)은 1권의 책으로 편철되어 국회에 제출되는데, 국회에서 심의·확정된 「2024년도 예산」의 표지는 아래의 [그림 1]과 같다.

[그림 1] 2024년도 예산 표지

2024년도 예산

예 산 총 칙
세 입 세 출 예 산
계 속 비
명 시 이 월 비
국 고 채 무 부 담 행 위

대한민국국회

자료: 대한민국국회, 「2024년도 예산」, 2023

(1) 예산총칙

예산총칙은 예산의 일부로서 「국가재정법」제20조제1항에 따라 세입세출예산, 계속비, 명시이월비, 국고채무부담행위에 관한 총괄적 규정, 국채발행과 차입금의 한도액, 재정증권의 발행과 일시 차입금의 최고액, 기타 예산집행에 필요한 사항 등 예산의 총량 및 집행에 관한 주요 내용을 규정하고 있다.

각 회계연도 세입세출예산은 각 중앙관서별·회계·기금별로 구분되어 계수(計數)를 중심으로 작성되기 때문에 전체 예산을 총괄적으로 파악하기 어렵다. 따라서 예산총칙에서는 예산에 대한 전체적인 규율 외에도 가능한 범위 내에서 예산에 관한 총괄적 정보를 수록하고 있다.

2024년도 예산총칙은 총 18개의 조항으로 구성되어 있으며 각 조의 주요 내용은 다음과 같다.

[표 2] 2024년도 예산총칙의 주요 내용(본예산 기준) (단위: 억원)

구 분	2023 예산	2024 예산
제1조 회계별 세입·세출예산 총액[20]		
• 일반회계	4,462,422	4,495,267
• 특별회계	877,266	1,004,875
제3조 계속비		
• 총액	–	–
• 해당연도 연부액	–	–
제5조 명시이월비	–	–
제6조 국고채무부담행위		
• 합계액	1,496	–
• 일반회계	1,496	–
• 특별회계	–	–
제7조 재해복구 국고채무부담행위 한도액	15,000	15,000
제8조 한국은행으로부터의 일시차입 또는 재정증권 발행 최고한도액		
• 통합계정	400,000	400,000
• 양곡관리특별회계	20,000	20,000
• 공공자금관리기금	80,000	80,000
• 국유재산관리기금	2,000	2,000

구 분	2023 예산	2024 예산
제9조 국가의 차입금 한도액 또는 국채발행한도액		
• 주택도시기금	190,000	190,000
• 공공자금관리기금	1,690,000	1,600,000
• 외국환평형기금	27억달러	13억달러
• 외국환평형기금(원화)	-	180,000
제10조 이용의 범위		
제11조 수입금 마련 지출		
제12조 목적예비비	34,000	22,000
제13조 선거경비에 따른 예비비 지출		
제14조 기업특별회계의 전출금		
• 우체국예금특별회계의 우편사업특별회계 전출금	9,794	10,267
• 우체국예금특별회계의 공적자금상환기금 전출금	810	830
• 조달특별회계의 일반회계 전출금	474	2,195
• 책임운영기관특별회계의 일반회계 전출금	1,525	1,154
제15조 기업특별회계의 전입금		
• 양곡관리특별회계의 일반회계 전입금	18,927	21,643
• 책임운영기관특별회계의 일반회계 전입금	3,003	3,151
• 우편사업특별회계의 일반회계 전입금	136	140
• 우편사업특별회계의 우체국보험특별회계 전입금	4,913	5,060
• 우편사업특별회계의 우체국예금특별회계 전입금	9,794	10,267
• 우체국예금특별회계의 우체국보험특별회계 전입금	681	701
제16조 원자력손해배상보상계약금액 합계액	31,159	31,033
제17조 재해복구를 위한 재해대책비 비목의 설치·운영		
제18조 민간투자 사업의 토지보상비 집행		

주: 억원 단위 이하는 반올림
자료: 대한민국국회의 「2023년도 예산」 및 「2024년도 예산」 자료를 바탕으로 재작성

20) 예산총칙에서 정하고 있는 회계별 예산 총액은 회계 간, 또는 회계·기금 간 내부거래 등을 모두 포함하고 있어 총지출이나 통합재정지출보다 크게 나타난다.

(2) 세입세출예산

세입세출예산은 예산총칙 다음에 위치하며, 세입예산과 세출예산 모두 61개 소관별 세입 또는 세출예산을 일반회계와 특별회계로 구분하여 나타낸다. 예산의 일부인 세입세출예산에 대해서 '제2절 예산의 분류'에서 자세히 논의했듯이, 프로그램 예산체계(분야-부문-프로그램-단위사업-세부사업)로 구분하여 각 소관의 예산을 계수로 표시하고 있다.

2024년도 세입·세출예산[21]을 보면, 일반회계의 경우 449.5조원으로 2023년 대비 3.3조원(0.7%)이 증가하였고, 특별회계의 경우 100.5조원으로 2023년 대비 12.8조원(14.5%)이 증가하였다. 19개 특별회계 중 교통시설특별회계의 세입·세출예산이 가장 많은 16조 5,665억원이고, 그 다음으로 고등·평생교육지원특별회계가 15조 7,923억원, 농어촌구조개선특별회계가 15조 5,116억원, 지역균형발전특별회계가 13조 8,689억원, 환경개선특별회계가 7조 476억원의 순이다.

(3) 국고채무부담행위

국고채무부담행위는 국회의 사전 의결을 받아 예산 확보 없이 미리 채무를 부담하는 행위를 말한다. 국고채무부담행위는 해외공관 건축이나 함정 건조 등과 같은 지출원인행위와 지출이 동일 연도에 귀속되지 않는 사업에 주로 허용된다.

「국가재정법」 제25조[22]에 따른 국고채무부담행위는 일반적인 채무부담행위(제1항)와 재해복구를 위한 채무부담행위(제2항)로 구분되며, 제1항에 따른 국고채무부담행위는 사업 및 금액을 특정하여 국회의 의결을 받아야 하지만, 제2항에 따른 행위는 국회의 의결을 얻은 범위 안에서 채무를 부담하는 행위를 할 수 있다.

국고채무부담행위는 성격상 당해연도의 재원형편상 세출예산이나 계속비에 계상하지 못하는 필수불가결한 사업을 수행하기 위하여 예외적으로 운용되어야 하는 제도이므로 필요

---

21) 본예산기준

22) 「국가재정법」 제25조(국고채무부담행위)
① 국가는 법률에 따른 것과 세출예산금액 또는 계속비의 총액의 범위 안의 것 외에 채무를 부담하는 행위를 하는 때에는 미리 예산으로써 국회의 의결을 얻어야 한다.
② 국가는 제1항에 규정된 것 외에 재해복구를 위하여 필요한 때에는 회계연도마다 국회의 의결을 얻은 범위 안에서 채무를 부담하는 행위를 할 수 있다. 이 경우 그 행위는 일반회계 예비비의 사용절차에 준하여 집행한다.
③ 국고채무부담행위는 사항마다 그 필요한 이유를 명백히 하고 그 행위를 할 연도 및 상환연도와 채무부담의 금액을 표시하여야 한다.

최소한의 규모로 운영될 필요가 있다고 보인다.

최근 5년간 국고채무부담행위 현황을 보면, 일반적인 국고채무부담행위는 2019년~2022년동안 편성되지 않았으나, 2023년도는 국제금융 사업에 약 1,496억원이 편성·확정된바 있으며, 2024년도 예산안에는 편성되지 않았다. 재해복구를 위한 국고채무부담행위는 2020년까지 한도액을 매년 1조 3,000억원으로 정하였으나, 2021년부터 1조 5,000억원으로 상향하였다.

[표 3] 최근 5년간 국고채무부담행위 규모: 2020~2024년도 (단위: 억원)

구 분	2020	2021	2022	2023	2024
일반적인 국고채무부담행위	0	0	0	1,496	0
재해복구 국고채무부담행위(한도액)	13,000	15,000	15,000	15,000	15,000
합 계	13,000	15,000	15,000	16,496	15,000

자료: 국회예산정책처, 「2024 대한민국 재정」

(4) 명시이월비

명시이월비는 「국가재정법」 제24조[23]에 따라 세출예산 중 경비의 성질상 연도 내에 지출을 끝내지 못할 것이 예측된 때에는 그 취지를 예산에 명시하여 미리 국회의 승인을 얻은 후 다음연도에 이월하여 사용할 수 있도록 하는 것을 의미한다. 명시이월비는 원칙적으로 승인을 얻은 다음연도에 한하여 집행할 수 있다는 점에서 최대 5년간 집행할 수 있는 계속비와 차이가 있다. 또한, 명시이월은 당초예산편성 시부터 이월에 대한 사전 승인을 얻는다는 점에서 연도 내 지출이 가능할 것으로 예상하였으나 사업 추진 과정에서 불가피한 사유가 있어 이월되는 사고이월과 차이가 있다.

사업의 특성상 연례적으로 연도 내에 지출을 끝내지 못하여 사고이월이 매년 반복되는 사업의 경우는 이를 명시이월비로 편성함으로써 이월에 대한 국회의 사전 승인을 받도록 할 필요도 있으나, 원칙적으로 명시이월비는 '회계연도 독립의 원칙'이라는 예산의 일반원칙에 대한 예외에 해당하므로 가급적 규모를 줄여 나아가는 것이 바람직할 것이다. 명시이월비는

23) 제24조(명시이월비) ① 세출예산 중 경비의 성질상 연도 내에 지출을 끝내지 못할 것이 예측되는 때에는 그 취지를 세입세출예산에 명시하여 미리 국회의 승인을 얻은 후 다음 연도에 이월하여 사용할 수 있다.②·③ (생략)

과거 해외여건 변동으로 인한 외자장비의 도입지연 등으로 인해 국방부 방위사업청의 사업에서 주로 편성되었으나, 2015년부터는 편성되지 않고 있다.

(5) 계속비

계속비란 완성에 수년이 필요한 공사나 제조 및 연구개발사업에 대해 경비의 총액과 연부액을 정하여 미리 국회의 의결을 얻은 범위 안에서 수년도에 걸쳐서 지출할 수 있게 하는 예산을 말한다. 국가가 지출할 수 있는 연한은 당해 회계연도부터 5년 이내이며, 다만, 필요하다고 인정하는 때에는 국회의 의결을 거쳐 그 연한을 연장할 수 있다.

계속비 제도는 사업추진의 일관성과 안정적인 재원 확보를 가능하게 해주고 중장기적인 관점에서 사업을 시행할 수 있는 장점이 있다. 다만, 일부 계속비 사업의 경우 제도의 취지와 달리 당초 계획된 사업기간을 연장하면서 잔여 연도별 연부액을 줄이는 형태로 사업이 지연되고 있으며, 이 과정에서 해당 사업의 계속비 총액이 증가한 것으로 나타나고 있다. 사업이 당초 계획기간 내에 완공될 수 있도록 공정 관리를 철저히 하고 완공위주의 투자를 통하여 사업기간 지연에 따른 비용 증가 등의 문제를 방지할 필요가 있다.

예산총칙에서 규정하고 있는 계속비 총액은 2021년도 2조 4,833억원을 마지막으로 2022년도 이후부터는 편성되지 않고 있다.

[표 4] 계속비 예산 추이

(단위: 억원)

연도	계속비 총액	계속비연부액										
		2007~2012	2013	2014	2015	2016	2017	2018	2019	2020	2021	2022
2015 예산	279,523	115,752	35,120	30,839	41,977	28,722	20,860	5,766	4,872	–	–	–
2016 예산	257,404	98,962	28,222	26,106	43,351	33,773	20,019	6,970	–	–	–	–
2017 예산	246,190	96,662	24,622	22,906	38,353	33,080	17,896	12,139	–	–	–	–
2018 예산	179,230	53,144	18,630	19,082	33,959	28,215	16,382	5,719	2,882	1,218	–	–
2019 예산	48,361	5,299	3,089	5,709	9,450	9,003	7,769	4,009	1,555	1,484	993	–
2020 예산	26,739	–	374	2,300	5,769	5,490	5,719	2,896	1,482	1,008	1,173	528
2021 예산	24,833	–	374	2,300	5,409	5,084	5,059	2,437	2,158	965	1,048	–
2022 예산	–	–	–	–	–	–	–	–	–	–	–	–
2023 예산	–	–	–	–	–	–	–	–	–	–	–	–
2024 예산	–	–	–	–	–	–	–	–	–	–	–	–

자료: 대한민국국회, 「2015~2024년도 예산」

(6) 예산총칙의 기타 규정 사항

위에서 설명한 바와 같이 예산총칙은 예산을 구성하는 세입세출예산의 총액, 국고채무부담행위, 명시이월비 및 계속비 외에도 차입금 및 국채발행 한도액, 목적예비비, 이용의 범위 등에 대해 규율하고 있는데, 2024년도 예산총칙을 기준으로 설명하면 다음과 같다.

차입금 및 국채발행 한도액 등

예산총칙은 제8조·제9조에서 일시차입금 및 재정증권 발행 한도액, 차입금 및 국채발행 한도액 등에 대하여 규정하고 있다. 2024년도 중 한국은행으로부터의 일시차입 또는 재정증권을 발행할 수 있는 최고한도액은 통합계정의 경우 40조원으로 2023년과 동일하며, 양곡관리특별회계, 공공자금관리기금 및 국유재산관리기금의 최고한도액도 2023년과 동일하게 각각 2조원, 8조원, 2,000억원으로 규정되어 있다.

2024년 국민주택기금의 국채발행한도액은 2023년과 동일한 19조원으로 편성되었으며, 공공자금관리기금의 경우 2023년 한도보다 9조원 감소한 160조원으로 편성되었다. 외국환평형기금의 외국환평형기금채권 발행 한도액은 2023년 한도보다 10억달러 감소한 13억달러로 편성되었으며, 원화 외국환평형기금채권 발행 한도액은 2024년 18조원으로 순증하였다.

한편, 「국가재정법」 제20조제1항제1호는 중앙관서의 장이 관리하는 기금의 국채발행 및 차입금 한도액만을 예산총칙에 규정하도록 하고 있으나, 중앙관서의 장이 관리하지 않는 기금에도 차입금 및 채권발행액이 존재하며 그 한도액 규모가 2024년도 계획 기준으로 101조 6,474억원에 이르고 있다. 비록 중앙관서의 장이 관리하지 않는 기금 채무가 국가채무의 포괄범위에서 제외되고는 있으나 이와는 별도로 차입금과 채권 발행은 재정건전성에 직접적인 영향을 미치는 것으로서 국회가 전체 회계·기금의 차입금과 채권 발행 한도를 총괄적으로 파악하고 심의할 필요가 있다는 점 등에 비추어 이를 예산총칙에 규정하는 것이 바람직하다.

[표 5] 중앙관서의 장이 관리하지 않는 기금의 2024년도 차입금 및 채권발행 한도액 (단위: 억원)

기금명	차입금·채권발행 한도액
무역보험기금	5,000
중소벤처기업창업및진흥기금	1,011,474
합 계	1,016,474

자료: 대한민국국회, 「2024년도 기금운용계획」, 2023

이용의 허용 범위

예산의 이용은 예산과목 중 소위 '입법과목'에 해당하는 장·관·항에 해당하는 예산에 변경을 가하는 것으로서 「국가재정법」 제47조제1항[24]은 예산의 이용을 원칙적으로 금지하되, 미리 국회의 의결을 얻은 범위 내에서만 이용을 제한적으로 허용하고 있다.

실제 예산의 이용 가능 범위는 국가재정법 제20조제1항에 따라 예산의 총량 및 집행 규율에 관하여 총괄적으로 규정하는 예산총칙에 명시되어 있고, 국회의 승인을 받은 후, 사업간 이용권한은 기재부장관에게 모두 위임되어 있다. 하지만 입법과목인 이용에 대한 최종 판단은 국회가 하는 것이 제도의 취지에 부합된다고 할 것이므로 각 부처가 사업 간 이용을 하고자 할 때는 국회의 승인을 얻어 집행하도록 제도를 개선할 필요가 있을 것이다(김춘순, 2014: 206).

현행 제도를 유지한다고 해도 방위사업청 소관처럼 대부분의 사업에 대하여 제한 없이 상호 이용이 가능하도록 예산총칙에 규정하고 있는 것은 국회의 재정의지와 다른 예산집행이 이루어질 수 있기 때문에 이용의 범위를 현재보다 제한하고, 대상 사업도 대폭 축소할 필요가 있다.

24) 「국가재정법」 제47조제1항 ① 각 중앙관서의 장은 예산이 정한 각 기관 간 또는 각 장·관·항 간에 상호 이용(移用)할 수 없다. 다만, 다음 각 호의 어느 하나에 해당하는 경우에 한정하여 미리 예산으로써 국회의 의결을 얻은 때에는 기획재정부장관의 승인을 얻어 이용하거나 기획재정부장관이 위임하는 범위 안에서 자체적으로 이용할 수 있다.
1. 법령상 지출의무의 이행을 위한 경비 및 기관운영을 위한 필수적 경비의 부족액이 발생하는 경우
2. 환율변동·유가변동 등 사전에 예측하기 어려운 불가피한 사정이 발생하는 경우
3. 재해대책 재원 등으로 사용할 시급한 필요가 있는 경우
4. 그 밖에 대통령령으로 정하는 경우

[표 6] 2024년도 이용가능 경비 또는 비목

연번	주요 내용
1	공무원의 보수, 기타직 보수, 상용임금, 일용임금
2	공공요금 및 제세, 급식비, 임차료
3	배상금, 국선변호금, 법정보상금, 법정포상금(민간)
4	국공채 및 재정차관원리금 상환금과 금리변동으로 인한 이자지출[1] 경비
5	국제부담금, 환율변동으로 인한 원화경비 부족액
6	국제유가 변동으로 인한 군 및 해양경찰의 유류경비 부족액
7	기업특별회계의 양곡관리비용, 우체국예금 지급이자, 우편운송료
8	재해대책비(전염병 예방·대책비 포함)
9	반환금
10	선거 및 국민투표 관련경비
11	국민기초생활보장급여, 기초연금급여, 장애인연금급여, 아동수당, 부모급여

주: 1) 이자지출은 「국고금 관리법」 제32조 및 같은 법 시행령 제51조에 따른 조달자금에 대한 이자지출 포함
자료: 대한민국국회, 「2024년도 예산」, 2023.12.

목적예비비

예산총칙 제12조는 목적예비비에 관한 규정이다. 2024년도 목적예비비는 2023년 대비 1.2조원 감소한 2.2조원이고, 일반예비비는 2023년 대비 0.8조원 증가한 2.0조원으로 예비비 총액은 4.2조원(본예산 기준)이다.

예비비는 총액으로만 국회의 의결을 받으며 지출과정에서 별도의 사전 승인을 받지 않고 집행되므로 재정민주주의 측면에서 가급적 규모를 축소할 필요가 있다.

[표 7] 예비비 및 재해복구 국고채무부담행위 한도액 변화 추이 (단위: 억원, %)

	2020 본예산	2021 본예산	2022 본예산	2023 본예산(A)	2024 본예산(B)	증감액 (C=B-A)	증감률 (C/A)
일반예비비	14000	16000	29000	12,000	20,000	8,000	66.7
목적예비비	20000	70000	21000	34,000	22,000	△12,000	△35.3
재해복구 국고채무 부담행위 한도액	13000	15000	15000	15,000	15,000	0	0.0
합 계	47,000	101,000	65,000	61,000	57,000	△4,000	6.6

자료: 대한민국국회, 「2020~2024년도 예산」

정부기업특별회계 전입·전출금

「정부기업예산법」 제14조[25]는 기업특별회계의 전입·전출금을 예산총칙에 반영하도록 규정하고 있으며, 이에 따라 2024년도 예산총칙 제14조 및 제15조에서는 우체국예금특별회계, 우편사업특별회계 등 정부기업특별회계의 전입·전출금을 규정하고 있다. 2024년도 예산총칙에 따르면, 전출을 하는 기업특별회계는 우체국예금특별회계, 조달특별회계, 책임운영기관특별회계이며, 전입을 받는 기업특별회계는 양곡관리특별회계, 책임운영기관특별회계, 우편사업특별회계, 우체국예금특별회계이다.

2. 예산안 첨부서류 등

(1) 세입·세출예산안 총계 및 순계

예산안의 전반적인 규모를 파악할 수 있도록 「국가재정법」은 일반회계 및 특별회계의 예산안 규모를 내부거래까지 포함하여 모두 합한 총계와 회계 간 내부거래를 제외한 순계를 예산안과 함께 제출하도록 하고 있다. 2024년도의 경우 일반회계 및 특별회계 예산안 총계는 2023년 예산 대비 14.9조원 증가한 548.9조원 규모이며, 순계는 488.3조원으로 2023년 대비 4.0조원 증가하였다.

[표 8] 세입·세출예산안 총계 및 순계 (단위: 조원)

구 분	총계			세입순계			세출순계		
	2023 예산	2024 예산안	증감	2023 예산	2024 예산안	증감	2023 예산	2024 예산안	증감
합 계	534.0	548.9	14.9	484.4	488.3	4.0	484.4	488.3	4.0
일반회계	446.2	449.6	3.3	445.9	449.1	3.3	405.0	398.4	△6.6
특별회계	87.7	99.3	11.6	38.5	39.2	0.7	79.3	89.9	10.6

자료: 대한민국정부, 「2024년도 예산안 첨부서류」, 2023

25) 「정부기업예산법」 제14조(다른 회계 및 기금으로부터의 전입 또는 전출) 특별회계가 다른 회계 및 기금으로부터 자금을 전입하거나 다른 회계 및 기금으로 자금을 전출하는 경우에는 「국가재정법」 제20조에 따른 예산총칙에 반영하여야 한다

(2) 회계 상호 간 여유재원 전입·전출

「국가재정법」 제13조제1항 본문은 국가재정의 효율적 운용을 위하여 필요한 경우에는 다른 법률의 규정에도 불구하고 회계 및 기금의 목적 수행에 지장을 초래하지 아니하는 범위 안에서 회계와 기금 간 또는 회계 및 기금 상호 간에 여유재원을 전입 또는 전출하여 통합적으로 활용할 수 있다고 규정하고 있다. 그리고 「국가재정법」 제34조제13호는 예산안의 첨부서류로 "회계와 기금 간 또는 회계 상호 간 여유재원의 전입·전출 명세서 그 밖에 재정의 상황과 예산안의 내용을 명백히 할 수 있는 서류"를 제출하도록 명시하고 있다. 여유재원의 전입·전출 규정은 2006년 「국가재정법」제정과 함께 신설된 것으로, 특별회계·기금의 경우 재정의 칸막이식 운용에 따른 비효율이 발생할 수 있으므로 여유재원이 필요 이상으로 존재할 경우 동 재원을 일반회계 등 다른 회계 및 기금에서 사용할 수 있도록 신축성을 부여함으로써 재정 운용의 효율성을 제고하기 위한 것으로 볼 수 있다.

동 규정 신설 이전에는 특별회계·기금 운용을 위한 재원이 부족한 경우 일반회계가 부족재원을 해당 회계·기금에 전출하는 경우는 많았으나, 반대로 일반회계가 세입재원이 부족하여 적자국채를 발행하는 경우에는 일부 기업특별회계를 제외하고는 다른 특별회계나 기금의 여유재원을 거의 활용할 수 없는 실정[26]이었다. 그러나 동 규정이 신설되면서 특별회계나 기금의 여유재원을 다른 회계·기금, 특히 최근 적자국채 발행 규모가 크게 증가한 일반회계에서 이를 활용할 수 있는 제도적 기반이 마련되었으므로, 각 회계·기금에서 필요 이상으로 보유하고 있는 여유재원을 재정건전성 회복과 국가채무 축소를 위하여 적극 활용할 필요가 있을 것이다.

2024년도 예산안에서는 등기특별회계, 조달특별회계 및 책임운영기관특별회계 등 3개 특별회계에서 일반회계로의 전출이 이루어진다. 등기특별회계에서 대법원 소관 일반회계로의 전출금은 2023년 1,702억원 대비 462억원 감액된 1,240억원이고, 조달특별회계에서 기획재정부 소관 일반회계로의 전출금은 2023년 474억원 대비 1,535억원 증액된 2,009억원이며, 특허청의 책임운영기관특별회계에서 기획재정부 소관 일반회계로의 전출금은 2023년 1,525억원 대비 359억원 감액된 1,166억원이 편성되었다.

26) 국회운영위원회의 「국가재정법안 수석전문위원 검토보고」(2005. 4.)를 참조하였다

[표 9] 회계 상호 간 여유재원 전입·전출 내역 (단위: 억원)

전출		2023 예산	2024 예산안	증감 (추경)	전입	
회계 (소관)	과목				회계 (소관)	과목
등기특별회계 (대법원)	일반회계 전출금	1,702	1,240	△462	일반회계 (대법원)	기타특별회계 전입금
조달특별회계 (조달청)	일반회계 전출금	474	2,009	1,535	일반회계 (기획재정부)	기타특별회계 전입금
책임운영기관 특별회계(특허청)	일반회계 전출금	1,525	1,166	△359	일반회계 (기획재정부)	기타특별회계 전입금

자료: 대한민국정부, 「2024년도 예산안 첨부서류」, 2023

2024년도 기금·회계 간 여유재원의 전입·전출을 보면, 문화체육관광부의 국민체육진흥기금에서 문화예술진흥기금으로의 전출금은 1,000억원으로 전년과 동일하게 편성되었으며, 농림축산식품부의 농지관리기금에서 농어촌구조개선특별회계로의 전출금은 1,718억원으로 전년과 동일하게 편성되었다.

[표 10] 기금·회계 간 여유재원 전입·전출 내역 (단위: 억원)

전출		2023 계획	2024 계획안	증감	전입	
기금 (소관)	과목				회계 (소관)	과목
국민체육진흥기금 (문화체육관광부)	기금 전출금	1,000	1,000	-	문화예술진흥기금 (문화체육관광부)	기금 전입금
농지관리기금 (농림축산식품부)	특별회계 전출금	1,718	1,718	-	농어촌구조개선특별회계 (농림축산식품부)	기금 전입금

자료: 대한민국정부, 「2024년도 기금운용계획안 첨부서류」, 2023

(3) 국유재산 증감 현황

예산으로 대표되는 국가의 재정활동에는 국유재산의 증감이 수반되므로, 국유재산의 증감 현황이 예산안 첨부서류로 국회에 제출되고 있다. 기존 예산안 첨부서류의 국유재산 증감 현황에는 도로, 하천, 항만, 댐 등 사회기반시설을 포함한 재산가액 평가가 이루어지지 않았다. 그러나 2011회계연도부터 발생주의·복식부기 방식의 재무제표 작성이 의무화됨에 따라, 예산안 첨부서류의 국유재산 증감 현황에는 전술한 사회기반시설을 포함한 공공용 재산가액 평가를 연도 말 기준으로 작성하여 제출하고 있다.

2023년 6월말 기준 우리나라 국유재산 평가총액 추정치는 1,375조 5,493억원이다. 국유재산의 종류별로는 토지 가액이 629조 8,567억원으로 가장 많고, 공작물 가액이 339조 6,209억원, 유가증권 가액이 320조 1,754억원 순이다. 이들 3개 요인이 전체 국유재산가액에서 차지하는 비중은 93.8%이다. 그 밖에 건물, 입목죽, 선박 및 항공기 등의 비중은 미미한 것으로 나타나고 있다.

[표 11] 최근 국유재산 현재액 (단위: 억원)

구 분	2022년말	2023년 현재(6월말)
토지	6,291,094	6,298,567
건 물	720,070	719,787
공작물	3,392,059	3,396,209
입목죽	78,350	78,300
선박 및 항공기	28,657	32,529
기계기구	7,406	7,464
유가증권	3,155,011	3,201,754
무체재산	19,426	20,883
총 계	13,692,072	13,755,493

자료: 대한민국정부, 「2024년도 예산안 첨부서류」, 2023

(4) 국고채무부담행위 원금 상환계획

국고채무부담행위는 예산 확보 없이 국가가 채무를 지는 행위로서 해당 채무의 상환계획은 재정의 건전성 및 안정적 운용을 위하여 매우 중요한 정보이다. 따라서 국고채무부담행위 원금 상환계획이 매년 예산안 첨부서류로서 국회에 제출되고 있다.

(5) 보조금 예산

보조금은 국가나 지방자치단체가 특정 공익사업을 지원하기 위하여 반대급부 없이 교부하는 금전적 급부를 의미하며, 국고보조금에 관한 일반법인 「보조금 관리에 관한 법률」에서는 보조금을 "국가 외의 자가 행하는 사무 또는 사업에 대하여 국가가 이를 조성하거나 재정상의 원조를 하기 위하여 교부하는 보조금, 부담금, 그 밖에 상당한 반대급부를 받지 아니하고 교부하는 급부금으로서 대통령령으로 정하는 것"으로 규정하고 있다.

국고보조금 교부는 국가가 해당 보조사업자에게 직접 교부하거나(직접교부방식), 국가로부터 보조금을 교부받은 지방자치단체 등이 그 보조금의 교부 목적에 따라 다시 이를 실제 보조사업자에게 교부하는 방식(간접교부방식)으로 이루어진다. 국고보조금은 일반적으로 대상사업과 용도를 구체적으로 지정하여 교부되나, 규모가 영세한 여러 세부사업을 통합하여 교부하거나 지역균형발전특별회계 지역자율계정의 포괄보조금과 같이 용도를 포괄적으로 정하는 경우도 있다.

예산안 첨부서류에는 보조금을 유형별로 구분한 "보조금 예산"과 "지자체 보조사업 분야별 총대응지방비 소요 추계서[27]"가 수록되어 있다. 2024년도 예산안 기준 보조금 예산은 총 92조 7,410억원으로 2023년 대비 6조 1,146억원이 증가하였으며, 회계별 보조금 규모는 일반회계 68조 4,223억원, 특별회계 24조원 3,187억원 수준이다. 2024년도 지자체 보조금 예산안 규모는 88조 2,990억원이며, 이에 따른 대응지방비 규모는 38조 153억원으로 추계된다.

27) 2017년 12월 개정된 「국가재정법」에 따라 2019년도 예산안 편성부터 "지방자치단체 국고보조사업 예산안에 따른 분야별 총 대응지방비 소요 추계서"가 국회에 제출되고 있다.

[표 12] 보조금 예산 내역

(단위: 백만원)

구 분		2023예산(A)	2024예산안(B)	증감(B-A)
민간에 대한 경상보조	일반회계	6,004,936	6,323,218	318,282
	특별회계	3,516,147	3,884,544	368,397
	소 계	9,521,083	10,207,762	686,679
민간에 대한 자본보조	일반회계	466,607	214,794	△251,813
	특별회계	2,515,152	2,744,744	229,592
	소 계	2,981,760	2,959,538	△22,221
자치단체에 대한 경상보조	일반회계	54,327,140	59,299,621	4,972,481
	특별회계	4,605,718	4,109,671	△496,047
	소 계	58,932,858	63,409,292	4,476,433
자치단체에 대한 자본보조	일반회계	1,893,101	2,442,083	548,981
	특별회계	13,198,435	13,579,109	380,674
	소 계	15,091,536	16,021,191	929,655
해외 경상 · 자본이전	일반회계	98,613	142,601	43,988
	특별회계	569	627	58
	소 계	99,182	143,228	44,046
합 계	일반회계	62,790,398	68,422,317	5,631,919
	특별회계	23,836,021	24,318,695	482,673
	소 계	86,626,419	92,741,011	6,114,592

자료: 대한민국정부, 「2024년도 예산안 첨부서류」, 2023

[표 13] 분야별 총 대응지방비 소요 추계서 (단위: 백만원)

분야	금액		
	2024 지자체보조금 예산안(A)	2024 대응지방비 추계(B)	합계 (A+B)
합 계	88,299,014	38,015,275	126,314,289
1. 보건·복지·고용	64,194,302	22,652,156	86,846,458
2. 교육	367,976	915,612	1,283,588
3. 문화·체육·관광	1,794,386	1,658,030	3,452,416
4. 환경	7,469,348	4,722,226	12,191,574
5. R&D	5,358	5,358	10,716
6. 산업·중소기업·에너지	816,794	525,193	1,341,987
7. SOC	3,426,802	2,921,743	6,348,545
8. 농림·수산·식품	7,737,254	2,777,541	10,514,795
9. 국방	1,000	653	1,653
10. 외교·통일	29,140	13,500	42,640
11. 공공질서·안전	1,653,475	1,616,546	3,270,021
12. 일반·지방행정	803,179	206,717	1,009,896

자료: 대한민국정부, 「2024년도 예산안 첨부서류」, 2023

(6) 외화예산

예산은 우리나라 화폐인 원화를 기준으로 편성·집행된다. 그런데 예산지출 항목 중 국외여비나 국외이전금 등과 같이 외화로 지출되는 부분에 대하여는 원화 금액과 별도로 외국화폐단위(보통 미국 달러화 기준) 기준의 금액을 병기하고 있다. 예산이 원화 기준으로 편성·집행되는 관계로 외화예산의 경우 집행 시점의 환율과 예산 편성 기준 환율 차이에 따라 실제 집행액의 과부족이 발생[28]할 수 있다.

2024년도 일반회계 외화예산은 45억 8,361만 달러로, 2023년도 외화예산 대비 1,645만 달러가 증가하였다. 특별회계 외화예산은 2023년 대비 7,941만 달러 증가한 4억 7,611만 달러이다.

28) 환율변동으로 예산이 부족한 경우에는 타 예산으로부터의 이·전용이나 예비비 등을 활용할 수 있다.

[표 14] 2018년도 외화예산 (단위: 달러)

	2023 외화예산(A)	2024 외화예산(B)	증감(B-A)
일반회계	4,567,157,995	4,583,608,126	16,450,131
- 국방부	1,600,477,321	1,595,605,318	△4,872,003
- 방위사업청	1,764,438,136	1,550,131,988	△214,306,148
- 외교부	970,853,702	1,183,837,789	212,984,087
- 교육부	64,093,218	74,370,680	10,277,462
- 인사혁신처	45,265,485	50,773,742	5,508,257
- 농촌진흥청	24,676,105	29,905,306	5,229,201
- 기획재정부	15,567,795	17,008,541	1,440,746
- 해양경찰청	18,800,533	15,048,386	△3,752,147
- 기타	62,985,700	66,926,376	3,940,676
특별회계	396,702,176	476,112,963	79,410,787
- 양곡관리	392,719,260	473,683,300	80,964,040
- 환경개선	2,459,484	954,530	△1,504,954
- 책임운영기관	541,826	524,448	△17,378
- 농어촌구조개선	345,625	276,113	△69,512
- 기타	635,981	674,572	38,591

자료: 대한민국정부, 「2024년도 예산안 첨부서류」, 2023

(7) 임대형 민자사업(BTL) 한도액 등

임대형 민자사업(BTL)은 민간이 자금을 투자하여 사회기반시설을 건설(build)한 후 해당 시설의 소유권을 국가 또는 지방자치단체에 기부채납방식으로 이전(transfer)하고, 민간사업자는 기부채납한 대가로 관리운영권을 획득한 후, 관리운영권에 근거하여 국가·지자체 등에 시설을 임대(lease)하여 투자비를 회수하는 방식이다.

임대형 민자사업은 정부가 초기 건설비를 지출하지 않는 대신 운영단계에서 임대료 및 운영비의 형태로 재정지출이 이루어진다. 무분별하게 추진되면 미래의 과도한 재정부담을 초래하게 되므로 총한도액 등에 대한 국회의결제도를 「사회기반시설에 대한 민간투자법」에 두고 있다. 또한, 다음 연도에 실시할 임대형 민자사업의 총한도액, 대상시설별 한도액 및 사업추진 과정에서의 예측할 수 없는 지출에 충당하기 위한 예비한도액에 대하여 국회의 의결을 받아야 하며, 임대형 민자사업의 국가사업 및 국고보조 지방자치단체사업에 대하여 다음 연도의 정부지급금 규모를 주무부처별·대상시설별 등으로 구분하여 국회에 제출해야 한다.

2024년도 임대형 민자사업의 총한도액은 7,826억원으로 2023년도 2조 5,652억원 대비 69.5% 감소하였다. 총한도액 중 국가사업의 한도액은 6,157억원, 국고에서 보조하는 지방자치단체사업의 한도액은 1,297억원이며, 사업추진 과정에서 예측할 수 없는 지출에 충당하기 위한 예비한도액은 373억원이다.

[표 15] 2024년도 임대형 민자사업(BTL) 총한도액

(단위: 억원, %)

구분	2023 (A)	2024 (B)	증감 (B-A)	증감률 (B-A)/A
총한도액	25,652	7,826	△17,826	△69.5
국가사업	9,201	6,157	△3,044	△33.1
국고보조 지자체사업	15,229	1,297	△13,932	△91.5
예비한도액	1,222	373	△849	△69.5

자료: 대한민국국회, 「2023년도 임대형 민자사업(BTL) 한도액」, 2022.12.
대한민국국회, 「2024년도 임대형 민자사업(BTL) 한도액」, 2023.12.

2024년도 임대형 민자사업의 대상시설별 한도액을 살펴보면, 국가사업의 한도액이 대학시설에 5,226억원, 국방시설에 931억원 편성되었고, 국고보조 지자체사업인 완충저류시설에 487억원, 하수관거시설에 810억원이 편성되었으며, 예비한도액은 373억원이다.

[표 16] 2024년도 임대형 민자사업(BTL) 대상시설별 한도액

(단위: 억원, %)

구분	대상시설	2023 (A)	2024 (B)	증감 (B-A)	증감률 (B-A)/A
국가사업	대학시설	3,597	5,226	1,629	45.3
	국방시설	5,315	931	△4,384	△82.5
	공공보건의료시설	289	0	△289	순감
	소 계	9,201	6,157	△3,044	△33.1
국고보조 지자체사업	완충저류시설	3,736	487	△3,249	△87.0
	하수관거시설	3,915	810	△3,105	△79.3
	교육시설	7,578	0	△7,578	순감
	소 계	15,229	1,297	△13,932	△91.5
예비한도액		1,222	373	△849	△69.5
합 계		25,652	7,826	△17,825	△69.5

자료: 대한민국국회, 「2023년도 임대형 민자사업(BTL) 한도액」, 2022.12.
대한민국국회, 「2024년도 임대형 민자사업(BTL) 한도액」, 2023.12.

정부는 「사회기반시설에 대한 민간투자법」 제24조의2에 따라 임대형 민자사업의 국가사업 및 국고보조 지자체사업에 대한 정부지급금 규모를 전망한 추계서를 작성하여야 하며, 「국가재정법」 제9조의2에 따라 그 결과를 국회에 제출하여야 한다.

정부가 국회에 제출한 추계서에 따르면, 2023년 5월 31일을 기준으로 「사회기반시설에 대한 민간투자법」 제15조에 따라 주무관청으로부터 실시계획을 승인받은 국가사업 및 국고보조 지자체사업에 대하여 국가가 2023년부터 2032년까지 지급할 정부지급금 규모는 18조 1,507억원으로 전망된다.

[표 17] 국고에서 지급되는 임대형 민자사업(BTL) 정부지급금 추계 (단위: 억원)

구 분	2023	2024	2025	2026	2027	2028	2029	2030	2031	2032	합 계
국가사업	12,083	13,106	15,350	15,412	15,463	15,460	15,254	15,062	14,480	13,480	145,151
국고보조 지자체사업	3,645	3,848	3,985	4,015	4,015	4,013	3,988	3,607	2,923	2,317	36,356
합 계	15,728	16,954	19,335	19,427	19,478	19,473	19,242	18,669	17,403	15,797	181,507

주: 1. 국고에서 지급되는 정부지급금만을 대상으로 집계(지자체가 부담하는 정부지급금 제외)
2. 2023년 5월말 기준 실시계획 승인을 받은 BTL 사업 대상
자료: 기획재정부, 「2023~2032년 재정 관련 자료 임대형 민자사업(BTL) 정부지급금추계서」, 2023.9.

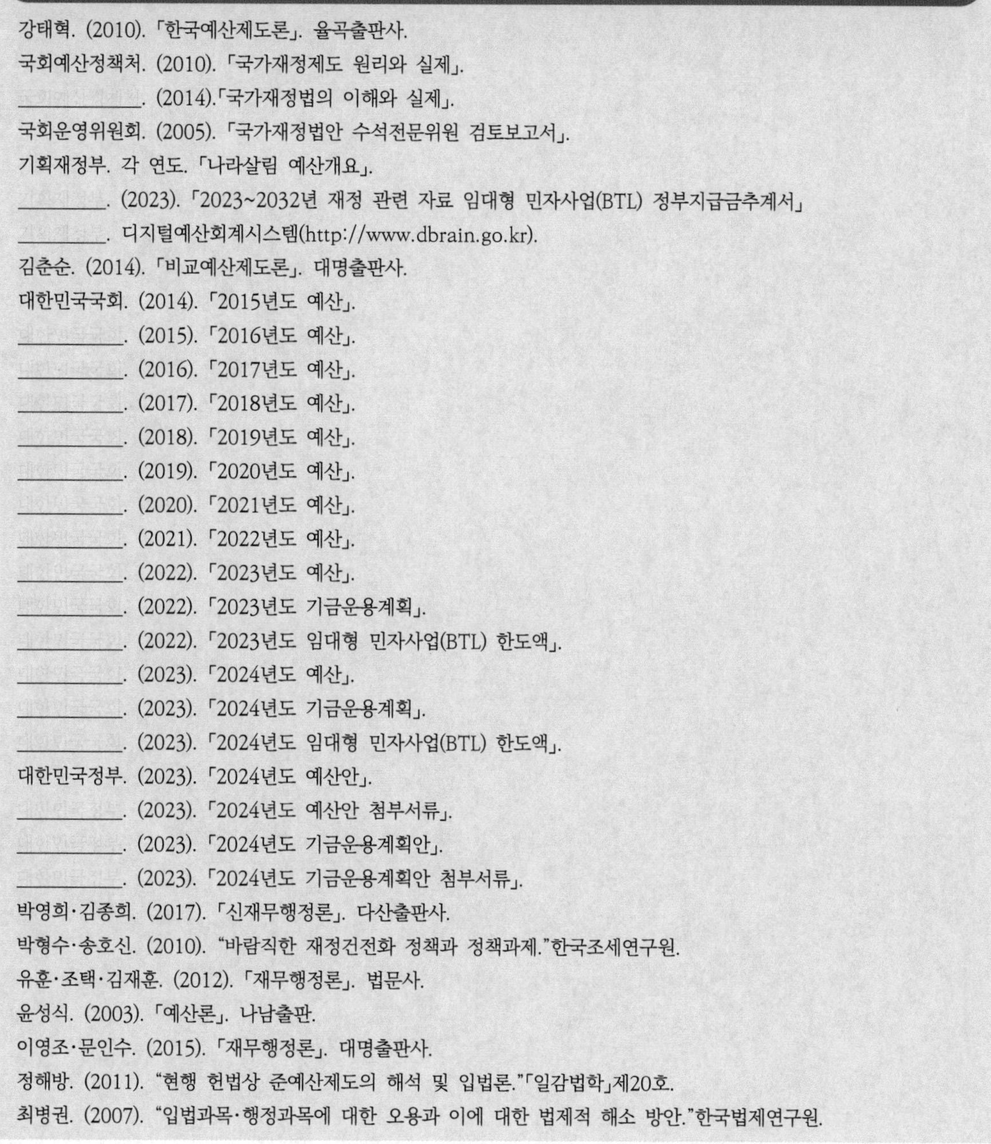

참고문헌

강태혁. (2010). 「한국예산제도론」. 율곡출판사.

국회예산정책처. (2010). 「국가재정제도 원리와 실제」.

______. (2014).「국가재정법의 이해와 실제」.

국회운영위원회. (2005). 「국가재정법안 수석전문위원 검토보고서」.

기획재정부. 각 연도. 「나라살림 예산개요」.

______. (2023). 「2023~2032년 재정 관련 자료 임대형 민자사업(BTL) 정부지급금추계서」

______. 디지털예산회계시스템(http://www.dbrain.go.kr).

김춘순. (2014). 「비교예산제도론」. 대명출판사.

대한민국국회. (2014). 「2015년도 예산」.

______. (2015). 「2016년도 예산」.

______. (2016). 「2017년도 예산」.

______. (2017). 「2018년도 예산」.

______. (2018). 「2019년도 예산」.

______. (2019). 「2020년도 예산」.

______. (2020). 「2021년도 예산」.

______. (2021). 「2022년도 예산」.

______. (2022). 「2023년도 예산」.

______. (2022). 「2023년도 기금운용계획」.

______. (2022). 「2023년도 임대형 민자사업(BTL) 한도액」.

______. (2023). 「2024년도 예산」.

______. (2023). 「2024년도 기금운용계획」.

______. (2023). 「2024년도 임대형 민자사업(BTL) 한도액」.

대한민국정부. (2023). 「2024년도 예산안」.

______. (2023). 「2024년도 예산안 첨부서류」.

______. (2023). 「2024년도 기금운용계획안」.

______. (2023). 「2024년도 기금운용계획안 첨부서류」.

박영희·김종희. (2017). 「신재무행정론」. 다산출판사.

박형수·송호신. (2010). "바람직한 재정건전화 정책과 정책과제."한국조세연구원.

유훈·조택·김재훈. (2012). 「재무행정론」. 법문사.

윤성식. (2003). 「예산론」. 나남출판.

이영조·문인수. (2015). 「재무행정론」. 대명출판사.

정해방. (2011). "현행 헌법상 준예산제도의 해석 및 입법론."「일감법학」제20호.

최병권. (2007). "입법과목·행정과목에 대한 오용과 이에 대한 법제적 해소 방안."한국법제연구원.

제3부

재정절차와 재정제도

제1장

재정절차

제1절 재정절차의 이해

우리나라의 재정절차는 크게 예산안의 편성 → 예산안의 심의·의결 → 예산의 집행→ 결산의 4단계로 이루어진다. 여기서 '재정절차'라는 개념은 '예산절차' 또는 '예산과정'이라는 개념과 내포하는 핵심적 의미는 크게 다르지 않다. 하지만 앞에서 논의한 것처럼 예산과 재정이 각각 함의하는 바와 포괄범위가 약간씩 다르듯이, 이 책에서는 재정절차를 법령에서 정하고 있는 예산절차(예산과정) 외에도, 재정을 운용하는 과정 또는 절차라는 보다 넓은 의미로 이해하고자 한다.

1. 회계연도

예산이란 "국회의 의결을 통하여 확정된 정부의 한 회계연도에 걸친 수입과 지출 계획"이라고 정의한 바 있다. 이러한 예산은 일정한 기간을 정해 놓고 운용되는 것이 원칙인데, 예산이 운용되는 일정한 기간을 가리켜 회계연도라고 부른다. 즉 회계연도는 예산활동의 유효기간(이영조·문인수, 2015: 139), 또는 예산의 유효기간(유훈·신종렬, 2018: 100)이라고 정의할 수 있다. 「국가재정법」도 제2조에서 "국가의 회계연도는 매년 1월 1일에 시작하여 12월 31일에 종료한다"고 규정하고 있다. 회계연도는 인위적인 기간을 설정하여 해당 기간 내에 발생하는 수입과 지출을 명확히 구분하기 위한 목적에서 필요하다. 우리나라의 회계연도는 1957년도부터 매년 1월 1일에 시작하여 12월 31일에 종료하는 단년도 회계주의를 채택하고 있는데, 그 이전에는 4월에 시작하여 다음 해 3월에 종료하는 형태로 운영되기도 하였다.

[표 1] 우리나라 회계연도의 운영

회계연도	기간	비고
1949~1953	4월~익년 3월	12개월
1954	4월~익년 6월	15개월
1955	7월~익년 12월	18개월
1957~현재	1월~12월	12개월

회계연도는 수입과 지출을 구분·정리하여 그 관계를 명확히 하기 위해 설정된 인위적인 기간이다. 따라서 대부분의 나라가 단년도 회계주의[1]를 채택하고 있지만, 그 시기(始期)와 종기(終期)는 나라마다 차이가 있다.

[표 2] 세계 각국의 회계연도

구분	국가
1월~12월	독일, 브라질, 프랑스, 러시아, 이탈리아, 스위스, 오스트리아, 네덜란드, 벨기에, 덴마크, 스페인, 포르투갈, 노르웨이, 핀란드, 그리스, 폴란드, 루마니아, 헝가리, 불가리아, 중국, 멕시코, 알제리, 볼리비아, 칠레, 콜롬비아, 말레이시아, 페루, 시리아, 튀니지, 인도네시아, 아일랜드, 이스라엘, 리비아, 예멘, 스웨덴, 필리핀, 대만, 잠비아, 가나, 니카라과, 수단, 스리랑카, 리베리아, 터키, 룩셈부르크, 사우디아라비아 등
4월~3월	영국, 일본, 캐나다, 인도, 싱가포르, 카타르, 남아프리카공화국, 자메이카, 쿠웨이트, 에스와티니, 뉴질랜드, 미얀마, 브루나이, 말라위 등
7월~6월	호주, 케냐, 이집트, 잠비아, 파키스탄, 방글라데시, 탄자니아, 통가, 우간다, 부탄, 도미니카 연방, 바하마, 카메룬 등
10월~9월	미국, 태국, 아이티, 라오스, 미크로네시아, 팔라우, 트리니다드 토바고 등
기타	이란(3월21일~3월20일), 아프가니스탄(3월21일~3월20일)

자료: Central Intelligence Agency, 미국 중앙정보국 홈페이지(www.cia.gov)의 「The World Factbook」을 바탕으로 재작성

1) 뉴질랜드와 이스라엘의 경우, 2년주기 예산안을 편성하고 있다.

2. 예산의 주기

예산의 편성, 심의, 집행 및 결산 과정은 회계연도를 단위로 이루어지는데, 이를 '예산의 주기' 또는 '예산의 순환(budget cycles)'이라고도 부른다. 다만, 예산은 한 회계연도 동안만 효력을 갖는 것이 원칙이지만, 예산의 주기는 한 회계연도를 넘어서 해당 회계연도 전·후의 회계연도와 서로 중복되는 현상이 일어나게 된다. 예를 들면, 2024회계연도에는 2024년도 예산이 집행되지만, 2024년도 예산의 편성과 심의는 직전 회계연도인 2023년에 이루어지고, 2023회계연도에 대한 결산은 다음 회계연도인 2024년에 이루어지게 된다. 이처럼 한 회계연도 동안에 해당 회계연도의 예산과정은 물론, 다른 회계연도의 예산 과정이 이루어지는 것을 가리켜 예산주기의 중복(overlapping cycles)이라고도 한다. 예산의 편성부터 결산에 이르기까지의 예산의 주기는 3회계연도에 걸쳐 이루어지게 된다.

3. 회계연도 독립의 원칙

회계연도 독립의 원칙이란, 각 회계연도의 경비는 그 연도의 세입 또는 수입으로 충당해야 한다는 것이다(「국가재정법」 제3조). 즉, 그 연도에 지출하여야 할 경비는 그 연도 내의 세입 또는 수입으로 조달되어야 하고, 그 연도에 지출되어야 할 경비가 다른 연도에 지출되어서는 안 된다는 것이다. 국가예산은 민간부문의 예산과 달리 집행할 경비를 먼저 산출하고 이에 따라 수입을 결정하는 시스템이 적용되기 때문에 수입여건을 고려하지 않고 지출을 결정하는 등의 방만한 예산운용을 차단하려는 목적과 예산운용의 성과나 실적을 보다 용이하게 파악하기 위한 목적에서 요구되는 원칙이라고 할 수 있다.

그러나 복잡 방대한 예산의 특성을 고려할 때, 이 원칙을 무리하게 적용할 경우 예산운용의 신축성이나 탄력성을 심하게 제약할 수 있으므로, 「국가재정법」에서는 계속비(제23조), 세출예산의 이월(제48조), 세계잉여금의 다음연도 이입(제90조) 등의 예외를 인정하고 있다.

4. 재정절차 관련 법체계

우리나라의 재정을 규율하고 있는 법체계를 보면, 예산의 편성·심의·집행·결산과 관련된 것뿐만 아니라, 채무관리, 조달·계약, 조세, 국고관리, 지방재정 등 많은 영역에 걸쳐 다양한 법률들이 시행되고 있다. 재정의 다양한 영역에 걸쳐 규율하고 있는 관련 법률을 다음 [그림 1]과 같이 분류할 수 있다.

[그림 1] 우리나라의 재정법률 체계

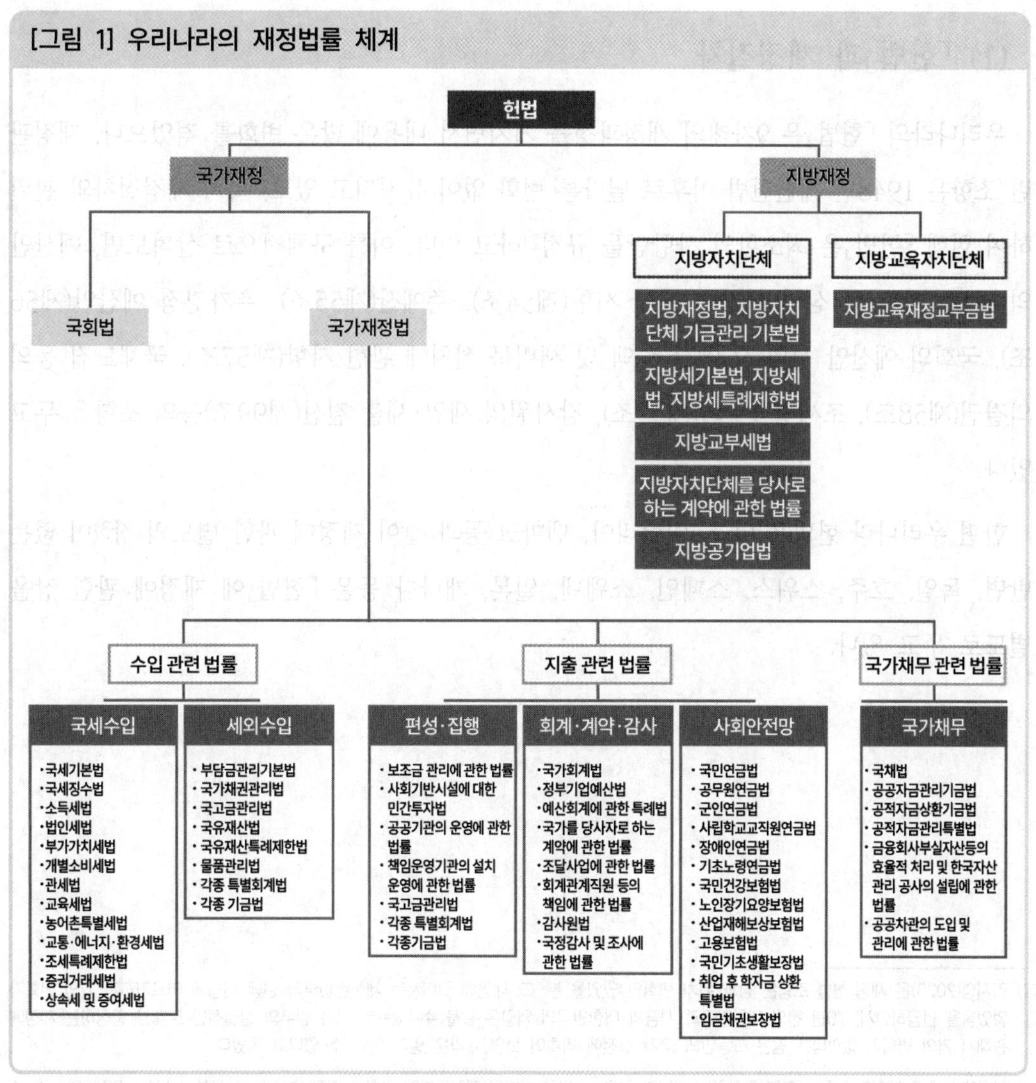

자료: 기획재정부, e재정배움 홈페이지(http://finedu.moef.go.kr)

이렇게 수많은 재정관련 법률 중에서 재정절차와 직접적으로 관련된 주요 법률은 「헌법」, 「국가재정법」, 「국회법」 정도로, 「헌법」은 재정절차 외에도 재정권한의 배분에 관하여 규정하고 있고, 「국가재정법」은 예산안의 편성과 집행, 결산에 관한 절차를, 「국회법」은 예산안의 심의·확정과 결산의 심의에 관한 절차를 규정하고 있다.

이하에서는 「헌법」 ,「국가재정법」, 「국회법」에 규정된 재정절차에 대해서 간략히 살펴보기로 한다.

(1) 「헌법」과 재정절차

우리나라의 「헌법」은 9차례의 개정과정을 거치면서 내용에 많은 변화를 겪었으나, 재정관련 조항은 1948년 제헌헌법 이후로 별다른 변화 없이 유지되고 있고, 특히 재정절차와 관련하여 현행 「헌법」은 최소한의 사항만을 규정[2]하고 있다. 이를 구체적으로 살펴보면, 예산안의 편성, 제출 및 심의·확정에 관한 사항(제54조), 준예산(제55조), 추가경정 예산안(제56조), 국회의 예산안 심의 시 예산 증액 및 새비목 설치에 관한 사항(제57조), 국채모집 등의 의결권(제58조), 조세법률주의(제59조), 감사원의 세입·세출 결산(제99조)등의 조항을 두고 있다.

한편 우리나라 헌법은 미국, 이탈리아, 덴마크 등과 같이 재정에 관한 별도의 장[3]이 없는 반면, 독일, 호주, 스위스, 스페인, 스웨덴, 일본, 캐나다 등은 「헌법」에 재정에 관한 장을 별도로 두고 있다.

2) 김지영(2023)은 재정 헌법 조항은 장과 위치 변화만 있었을 뿐, 그 내용에 있어서는 제헌헌법부터 현행 헌법에 이르기까지 거의 변화가 없었음을 언급하면서, 70년 전의 대한민국과 지금의 대한민국의 역할은 같을 수 없는데, 국가 임무의 실질적인 토대를 형성하는 재정에 관해서 거의 변화가 없었다는 점은 그동안의 국가 발전에 비추어 보면 놀라운 일이 아닐 수 없다고 하였다.

3) 헌법에 별도로 재정의 장을 두자고 주장하는 학자가 있으나, 외국 헌법의 재정조항에 관한 실증적 연구결과(김정훈, 2010: 37-39)를 보면, 재정에 관한 별도의 장의 존재여부와 헌법에서 재정에 관한 조항의 자세한 규정여부는 반드시 일치하는 것은 아니다. 예를 들면, 일본 헌법의 경우 별도로 재정에 관한 장이 있지만 8개 조항에 불과한 반면, 프랑스 헌법은 별도의 재정에 관한 장이 없지만 일본 헌법보다 재정에 대해 더 자세히 규정하고 있다.

[표 3] 현행 헌법의 재정절차 관련 조항

구분	내용	조문
예산안 심의·확정	국회는 국가의 예산안을 심의·확정한다 정부는 회계연도마다 예산안을 편성하여 회계연도 개시 90일 전까지 국회에 제출하고, 국회는 회계연도 개시 30일 전까지 의결하여야 한다.	제54조①,②
준예산	새로운 회계연도가 개시될 때까지 예산안이 의결되지 못한 경우 전년도 예산에 준하여 집행할 수 있다.	제54조③
계속비	한 회계연도를 넘어 계속하여 지출할 필요가 있을 때 연한을 정하여 국회의 의결을 얻어야 한다.	제55조①
예비비	예비비는 총액으로 국회의 의결을 얻어야 한다.	제55조②
추가경정예산안	정부는 예산에 변경을 가할 필요가 있을 때 국회에 제출할 수 있다.	제56조
예산 증액 및 새 비목 설치	국회는 정부의 동의 없이 지출 예산 각항의 금액을 증가하거나 새 비목을 설치할 수 없다.	제57조
국채 모집 등의 의결권	국채 모집, 예산 외 국가의 부담이 될 계약을 체결하려 할 때에는 미리 국회의 의결을 얻어야 한다.	제58조
조세법률주의	조세의 종목과 세율은 법률로 정한다.	제59조
감사원의 세입·세출 검사	감사원은 세입·세출의 결산을 매년 검사하여 대통령과 차년도 국회에 그 결과를 보고하여야 한다.	제99조

(2) 「국가재정법」과 재정절차

「국가재정법」은 국가의 예산·기금·결산·성과관리 및 국가채무 등 재정에 관한 사항을 정하고 있는 재정에 관한 일종의 기본법이라고 할 수 있다. 이 법은 2006년 10월 4일 법률 제8050호로 제정되어 2007년 1월 1일부터 시행되었고, 2023년 8월 8일까지 총 81차례 개정되었다.

「국가재정법」 제1장은 재정운용의 일반원칙에 관하여, 제2장은 예산의 편성·집행에 관하여, 제3장은 결산의 원칙·절차에 관하여, 제4장은 기금관리·운용의 원칙과 기금의 편성·집행에 관하여, 제4장의2는 재정사업 성과관리의 원칙·절차에 관하여, 제5장은 재정건전화를 실현하기 위한 방안에 관하여, 제6장은 재정집행 관리 등에 관하여, 제7장은 벌칙에 관하여 규정하고 있다.

[표 4] 국가재정법의 구성

제1장	총칙	제1조~제15조
제2장	예산	제1절 총칙: 제16조~제27조
		제2절 예산안의 편성: 제28조~제41조
		제3절 예산의 집행: 제42조~제55조
제3장	결산	제56조~제61조
제4장	기금	제62조~제85조
제4장의2	성과관리	제85조의2~제85조의12
제5장	재정건전화	제86조~제92조
제6장	보칙	제93조~제101조
제7장	벌칙	제102조

(3) 「국회법」과 재정절차

「국회법」은 예산안에 대한 심의절차와 결산의 심의절차에 관하여 규정하고 있다. 정부가 국회에 제출하는 예산안이나 결산은 법률안이나 임명동의안과 같은 의안의 일종이다. 따라서 「국회법」은 예산안·결산의 심의절차에 관하여서도 일반 의안의 심의절차를 준용하는 것을 원칙으로 하고 있다. 다만, 일반 의안과 다른 예산안과 결산의 특수성을 고려하여 제84조 등에서 추가적으로 관련 절차를 규정하는 방식을 채택하고 있다.

예를 들면, 일반 의안의 심의절차에 없는 정부의 시정연설, 상임위원회의 예비심사, 시정요구제도, 삭감된 세출예산 각항의 금액 증가나 새 비목 설치 시 소관 상임위원회의 동의제도 등이 그것이다. 특히 결산의 심사기간과 관련해서 「국회법」제128조의2는 정기회 개회 전까지 결산에 대한 심의·의결을 완료하도록 규정하고 있다.

[표 5] 「국회법」의 재정과정 관련 조항

구분	조문
예산결산특별위원회의 설치	§45
의안에 대한 비용추계 자료 등의 제출	§79의2
조세특례 관련 법률안에 대한 조세특례평가 자료의 제출	§79의3
예산 관련 법률안에 대한 예산결산특별위원회와의 협의	§83의2
예산안·결산의 회부 및 심사	§84
기금운용계획안의 회부 등	§84의2
예산안·기금운용계획안 및 결산에 대한 공청회	§84의3
임대형 민자사업 한도액안의 회부 등	§84의4
예산안 등의 본회의 자동 부의 등	§85의3
예산안 등과 세입예산안 부수 법률안에 대한 무제한토론의 실시 등	§106의2⑩
감사원에 대한 감사 요구 등	§127의2
결산의 심의기한	§128의2

자료: 국회예산정책처, 「2024 대한민국 재정」, 2024

5. 재정절차의 개관

재정절차는 예산절차와 결산절차로 구분할 수 있다. 예산절차는 ① 정부의 예산안 편성, ② 국회의 예산안 심의·확정, ③ 정부의 집행으로 이루어지고, 결산절차는 ① 정부의 결산보고서 작성, ② 감사원의 결산 검사, ③ 국회의 결산심사로 이루어진다. 이와 같은 재정절차를 재정과정이라고도 한다.

우리나라의 예산은 '회계연도 독립의 원칙'에 따라 한 회계연도(1년) 동안만 효력을 갖는 것이 원칙이지만, 재정과정은 한 회계연도를 넘어서 해당 회계연도 전후의 회계연도에 걸쳐 3회계연도 내에서 진행된다. 예를 들어 2024년도 예산은 2023년에 예산안의 편성·심의가 이루어지고, 2024년에 예산의 집행, 2025년에 결산이 진행된다. 기금의 경우에도 기금운용계획안의 작성·확정 및 결산 등은 「국가재정법」과 「국가회계법」 등의 규정에 따라 예산과 유사한 과정을 거치게 된다.

[그림 2] 재정절차

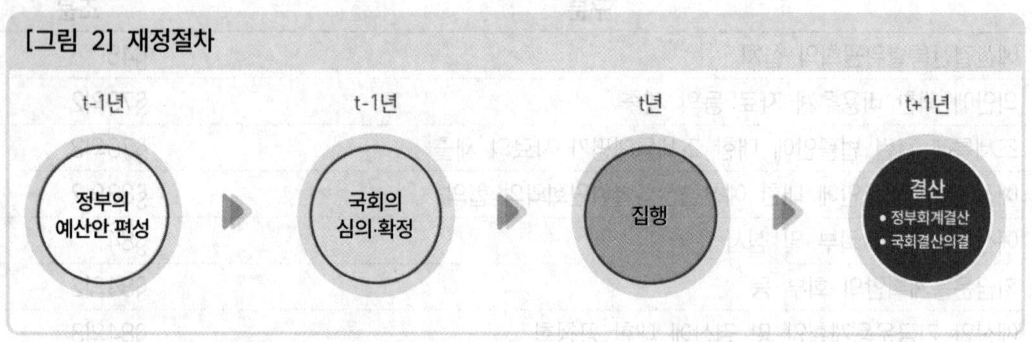

자료: 국회예산정책처, 「2024 대한민국 재정」, 2024

예산과정과 결산과정의 주요 절차와 시기를 개략적으로 살펴보면 아래 표와 같다.

[표 6] 우리나라의 예산절차

과 정	내 용	법정시한	근거규정
중기사업 계획서 제출	각 중앙관서의 장(기금관리주체)은 매년 1월 31일까지 해당 회계연도부터 5회계연도 이상의 신규사업 및 주요 계속사업에 대한 중기사업계획서를 작성하여 기획재정부 제출	매년 1월 31일	「국가재정법」 §28, §66①
예산안편성 지침 통보	기획재정부는 매년 3월 31일까지 다음연도의 예산안 편성지침(기금운용계획안 작성지침)을 각 중앙관서의 장(기금관리주체)에게 통보	매년 3월 31일	「국가재정법」 §29①,§66②
예산요구서 작성 및 제출	각 중앙관서의 장(기금관리주체)은 예산안편성지침(기금운용계획안 작성지침)에 따라 그 소관에 속하는 다음연도의 세입세출예산·계속비·명시이월비·국고채무부담행위요구서(기금운용계획안)를 작성하여 매년 5월 31일까지 기획재정부에 제출	매년 5월 31일	「국가재정법」 §31①,§66⑤
정부예산안 편성	기획재정부는 예산요구서에 따라 예산안을 편성(기금운용계획안을 마련)한 후 국무회의 심의 및 대통령 승인	–	「국가재정법」 §32,§66⑥
예산안 국회제출	정부는 대통령의 승인을 얻은 예산안(기금운용계획안)을 회계연도 개시 120일 전(9.3)까지 국회에 제출	회계연도 개시 120일 전 (매년 9월 3일)	「국가재정법」 §33,§68①
예산안 본회의 보고	국회 본회의에서 예산안에 대한 정부의 시정연설	–	「국회법」§84①
상임위원회 예비심사	국회는 각 상임위원회에 예산안(기금운용계획안)을 회부하여 예비심사를 하고 그 결과를 의장에게 보고, 의장은 예산안(기금운용계획안)에 각 상임위원회의 예비심사 결과보고서를 첨부하여 예산결산특별위원회에 회부	의장이 심사기한을 지정 가능	「국회법」 §84①,②,⑥
예산결산 특별위원회 종합심사	예산결산특별위원회는 상임위원회의 심사결과를 존중하여 예산안(기금운용계획안)을 종합심사하고 본회의에 상정	–	「국회법」 §84③,⑤
예산안 본회의 자동부의	위원회가 매년 11월 30일까지 예산안 심사를 마치지 아니하면 그 다음 날에 위원회에서 심사를 마치고 바로 본회의에 부의된 것으로 봄	–	「국회법」 §85조의3①,②
본회의 심의·확정	본회의 부의 → 예결위원장 심사보고 → 토론 → 표결·확정	회계연도 개시 30일전 (매년 12월 2일)	「대한민국헌법」 §54② 「국회법」 §84의2①

자료: 국회예산정책처, 「2024 대한민국 재정」, 2024

[표 7] 우리나라의 결산절차

과 정	내 용	법정시한	근거규정
출납정리 기한	출납정리기한(해당 회계연도 말일)이 지나면 각급 기관이 소관장부를 정리·마감한 후 이를 기획재정부장관에게 보고하고 기획재정부장관은 매년 2월 10일에 감사원장이 지정하는 감사위원 등이 참여한 가운데 직전 회계연도의 총세입부와 총세출부를 마감	다음 연도 2월 10일	「국고금 관리법」 §4의2① 「국고금 관리법 시행령」 §94③
중앙관서 결산보고서 작성 및 제출	각 중앙관서의 장은 매 회계연도마다 일반회계·특별회계 및 기금을 통합한 중앙관서결산보고서를 작성하여 다음 연도 2월 말일까지 기획재정부장관에게 제출	다음 연도 2월 말일	「국가회계법」 §13② 「국가재정법」 §58①,§73
국무회의 심의 및 대통령의 승인	기획재정부장관은 매 회계연도마다 중앙관서결산보고서를 통합하여 국가결산보고서를 작성하고 국무회의의 심의를 거친 후 대통령의 승인을 얻어 다음 연도 4월 10일까지 감사원에 제출	다음 연도 4월 10일	「국가회계법」 §13③ 「국가재정법」 §59
감사원 결산 검사	감사원은 국가결산보고서를 검사하고 그 보고서를 다음 연도 5월 20일까지 기획재정부장관에게 송부	다음 연도 5월 20일	「대한민국헌법」 §99 「국가재정법」 §60
국가결산 보고서의 국회제출	정부는 감사원의 검사를 거친 국가결산보고서 및 첨부서류를 다음 연도 5월 31일까지 국회에 제출	다음 연도 5월 31일	「국가재정법」 §61
상임위원회 예비심사	정부가 결산을 국회에 제출하면 국회는 각 상임위원회에 회부하여 예비심사를 하고 그 결과를 의장에게 보고, 의장은 각 상임위원회의 보고서를 첨부하여 예산결산특별위원회에 회부	의장이 심사기간을 지정 가능	「국회법」 §84①,②,⑥
예산결산 특별위원회 종합심사	예산결산특별위원회는 각 상임위원회의 심사내용을 참고하여 결산을 종합심사하고 본회의에 상정	–	「국회법」 §84②,③,⑤
본회의 심의·의결	결산은 본회의의 심의를 거쳐 의결하며, 국회는 결산에 대한 심의·의결을 정기회 개회 전까지 완료, 심사 결과 위법·부당한 사항이 있는 때에 국회의 본회의 의결 후 정부 또는 해당기관에 변상 및 징계조치 등 그 시정을 요구	정기회 개회 전	「국회법」 §84②,③ §128의2

자료: 국회예산정책처, 「2024 대한민국 재정」, 2024

이 장에서 의미하는 재정의 범위는 지방재정을 제외한 중앙정부의 재정 즉, 협의의 재정을 말하며, 여기에는 중앙정부의 예산과 기금이 모두 포함된다. 특히 재정절차와 재정제도에 대해서 논의하는 이 책의 제3부에서 사용되는 '예산'이라는 용어는 기금까지도 포함하는 중앙정부의 예산의 의미로 해석하기로 한다. 즉, 예산안의 편성, 예산안의 심의, 예산의 집행 등에서 사용되는 '예산'은 기금까지도 포함되는 것이다.[4)]

이하에서는 우리나라의 재정절차를 ① 예산안의 편성 → ② 예산안의 심의 → ③ 예산의 집행 → ④ 결산의 4단계로 구분하여 개략적으로 살펴보기로 한다.

(1) 예산안의 편성

McGee(2007)가 "예산은 정부의 재정적 의도에 관한 진술"이라고 표현했듯이, 예산안은 최소한 1년 이상의 정해진 기간 동안 정부가 재정을 통하여 이루고자 하는 정책(사업)의 목록(list)과 이에 소요되는 경비를 담고 있다. 즉 예산안 편성은 차기 회계연도에 요구된 계획, 사업의 소요재원과 가용재원의 추계를 단순한 정책방향이 아닌 구체적 화폐단위로 수치화시킨 계획안을 만들어 내는 활동이다(윤광재, 2024; 140).

우리나라의 예산안 편성절차는 「국가재정법」 제2장제2절 '예산안의 편성(「국가재정법」 제28조부터 제41조)'에 규정되어 있다. 이들 규정 중 예산안 편성과 직접적으로 관련된 주요 사항으로는 ① 각 중앙관서의 장의 중기사업계획서 제출(제28조), ② 기획재정부장관의 예산안편성지침 통보(제29조), ③ 각 중앙관서의 장의 예산요구서 제출(제31조), ④ 기획재정부장관의 정부 예산안 편성(제32조) 및 국회 제출(제33조)이다.[5)]

4) 「국가재정법」과 「국회법」에 따른 엄밀한 용어는 '예산안 및 기금운용계획안'의 편성·제출·심의이다.

5) 기금의 경우 「국가재정법」에 기금관리주체의 중기사업계획서 기획재정부 제출(제66조제1항), 기획재정부장관의 기금운용계획안 작성지침 통보(제66조제2항), 기금관리주체의 기금운용계획안 기획재정부 제출(제66조제5항), 기획재정부장관의 기금운용계획안 마련(제66조제6항) 및 국회 제출(제68조제1항) 등 예산안과 유사하게 규정되어 있다.

중기사업계획서 제출

각 중앙관서의 장은 매년 1월 31일까지 해당 회계연도부터 5회계연도 이상의 기간 동안의 신규사업 및 주요 계속사업에 대한 중기사업계획서를 기획재정부장관에게 제출해야 한다. 제출된 중기사업계획서는 국가재정운용계획 수립과 예산안 편성 및 기금운용계획안 작성을 위한 지출한도 설정의 기초자료로 활용된다.

예산안편성지침 통보

기획재정부장관은 국무회의 심의를 거쳐 대통령의 승인을 얻은 다음 연도의 예산안편성지침을 매년 3월 31일까지 각 중앙관서의 장에게 통보하여야 한다. 각 중앙관서의 장에게 통보한 예산안편성지침은 국회 예산결산특별위원회에도 보고하여야 한다. 예산안편성지침에는 중기사업계획서 등을 토대로 예산안 편성 기본방향, 재정운용방식, 분야별 중점투자방향 등이 포함된다. 기획재정부장관은 국가재정운용계획과 예산편성을 연계하기 위하여 예산안편성지침에 중앙관서별 지출한도를 포함하여 통보할 수 있다.

예산요구서 작성·제출

각 중앙관서의 장은 예산안편성지침에 따라 그 소관에 속하는 다음 연도의 세입세출예산·계속비·명시이월비 및 국고채무부담행위 요구서(이하 "예산요구서"라 한다)를 작성하여 매년 5월 31일까지 기획재정부장관에게 제출하여야 한다. 예산요구서에는 ① 세입세출예산사업별설명서 및 각목명세서, ② 국고채무부담행위설명서, ③ 계속비설명서, ④ 세입의 근거가 되는 법령의 내용에 관한 서류, ⑤ 사업계획서, ⑥ 직종별 정원표 및 전년도 정원과의 대비표, ⑦ 국유재산의 관리운용보고서 및 전년도와의 대비표, ⑧ 성인지 예산서, ⑨ 온실가스감축인지 예산서 등의 서류를 첨부해야 한다.

정부예산안 편성 및 국회 제출

기획재정부장관은 제출된 예산요구서에 따라 예산안을 편성하여 국무회의 심의를 거친 후 대통령의 승인을 얻어 다음 회계연도 개시 120일 전(9월 3일)까지 국회에 제출하여야 한다. 이와 같이 우리나라의 예산안 편성은 1월부터 시작해 국회에 제출하는 9월 3일까지 약 8개월 동안 이루어지는 과정이라고 할 수 있다.

한편, 정부가 예산안을 국회에 제출한 후 부득이한 사유로 인하여 그 내용의 일부를 수정하고자 하는 때에는 국무회의의 심의를 거쳐 대통령의 승인을 얻은 수정예산안을 국회에 제출할 수 있다.

[그림 3] 예산안의 편성 및 국회제출 절차

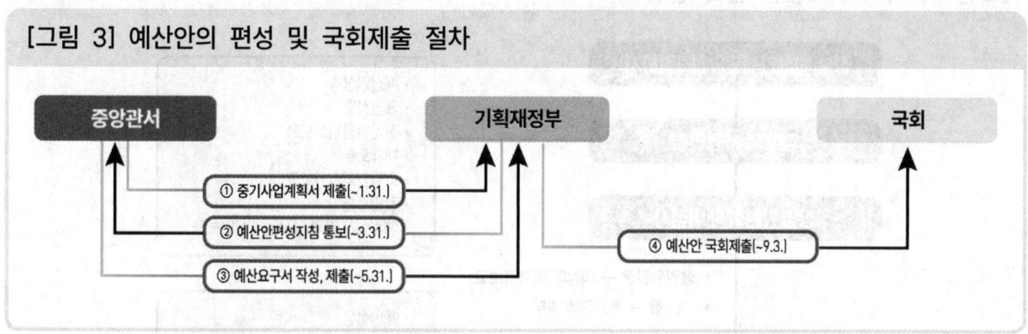

자료: 국회예산정책처, 「2024 대한민국 재정」, 2024

미국의 예산안 편성 절차

미국의 예산안 편성에 해당하는 단계는 행정부 예산(The President's Budget) 과정이다. 미국의 행정부 예산 과정은 보다 분권적(decentralized manner)이다. 각 부처는 예산안을 요구하기 위해 각 부처의 고유한 절차와 지침을 사용한다. 예산편성은 부처의 크기에 따라 대략 8개월에서 10개월 정도 걸린다(Schick, 2007). 매년 2월초에 행정부 예산이 의회로 제출되고 나면[6], OMB는 다음 해 예산을 준비한다. 3월 혹은 4월에 OMB는 행정부 부처들에게 봄 계획안 지침(spring planning guidance)을 발행한다. 지침에는 행정 프로그램의 우선 순위 및 총 예산 수준이 담겨 있다. 각 부처는 상향식(bottom up)으로 예산을 마련한다. 6월 혹은 7월이 되면 OMB는 A-11을 배포하는데, A-11에는 예산 데이터와 관련 문서의 제출에 관한 세부 지시가 담겨 있다. 9월엔 각 부처가 OMB 예산안을 제출하는 마감일이 있다(Dauster, 2008). 따라서 부처 예산 준비는 봄과 여름에 집중되며, OMB는 가을에 부처 요구안을 검토하고 프로그램과 지출안에 대해 권고한다. 각 부처는 OMB가 권고한 것보다 많은 예산을 쓰기 위해 짧은 소명 기간을 갖는다. 관련 문제점이 해결되면, 예산안은 출력되고 의회와 관심이 있는 대중(interested public)에 배포된다(Schick, 2007).

6) 한국의 회계 기준일이 1월 1일인데 반해, 미국의 회계 기준일은 10월 1일이다.

(2) 예산안의 심의

국회의 예산안심의 절차는 주로 「국회법」에서 규정하고 있는데, ① 정부의 시정연설, ② 소관 상임위원회의 예비심사, ③ 예산결산특별위원회의 종합심사, ④ 본회의 심의·확정 등으로 이루어진다.

[그림 4] 국회의 예산안 심의 절차

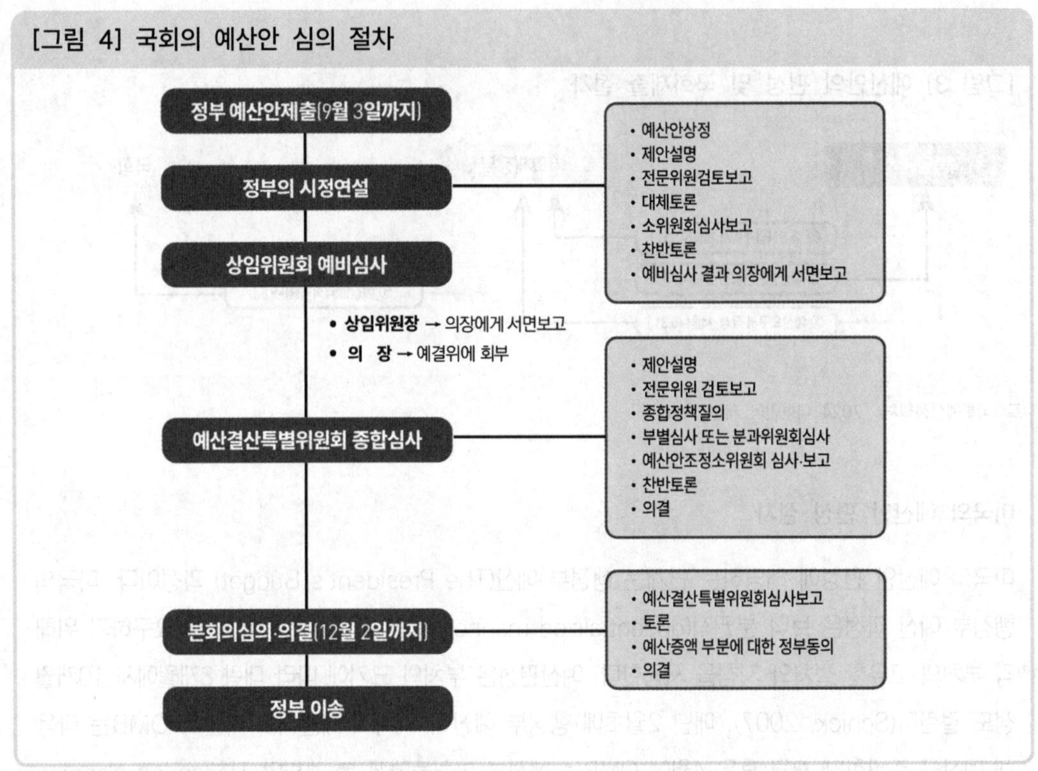

국회의 예산안 심의절차는 정부가 제출한 예산안의 적정성 등을 심사해 국민이 낸 세금이 적절히 배분되도록 나라살림 계획을 확정하는 절차이기도 하지만, 정부의 정책을 국회가 감시하고 통제하는 과정이라고도 할 수 있다. 예산안의 국회 제출시한과 국회 의결시한을 규정한 「헌법」제54조를 제외한 나머지 예산안 심의절차는 모두 「국회법」에서 규정하고 있다.

먼저 상임위원회의 예비심사는 국토교통·국방·교육·행정안전 등의 17개 상임위원회의 소관에 해당하는 예산안이 회부되면, 전문위원의 검토보고, 대체토론7)을 거친 후 이를 다시

7) 의안의 발의자나 제출자에게 위원회의 위원들이 해당 의안의 문제점이나 의문사항 등에 대해 대략적으로 묻고 답하는 것을 대체토론이라고 부른다.

예산안심사소위원회에 회부해 심사한다. 소위원회 심사를 마치면 상임위원회 전체회의에 보고 후 의결하게 되는데, 이러한 심사과정을 가리켜 상임위원회의 예비심사라고 부른다.[8)]

국회의장은 예산안의 예비심사기간을 정할 수 있고, 상임위원회가 이유 없이 그 기간 내에 심사를 마치지 않으면, 이를 바로 예산결산특별위원회에 회부할 수 있다. 각 상임위원회가 그 소관에 속하는 예산안에 대해 의결하면 의장이 예산안에 상임위원회의 예비심사보고서를 첨부해 예산결산특별위원회에 회부하여 예산안 전체에 대해 종합적으로 심사하는 과정을 거치게 된다.[9)]

국회의원 50명이 교섭단체의 의석비율 등에 따라 구성되는 예산결산특별위원회는 대체토론 대신 모든 부처에 대해 질의할 수 있는 종합정책 질의와 경제부처와 비경제부처로 구분하여 질의할 수 있는 부별 심사를 진행하는 점 외에는 상임위원회와 유사한 방식으로 종합심사를 진행한다.

「국회법」상 예산결산특별위원회는 예산안을 심사할 때 상임위원회의 예비심사 결과를 존중해야 한다. 상임위원회가 삭감한 예산을 회복시키거나 상임위원회의 예비심사 결과에는 포함되지 않은 새로운 예산을 반영하고자 할 때에는 소관 상임위원회의 동의를 얻도록 규정하고 있지만, 상임위원회가 증액한 예산을 감액하는 데에는 별도의 제한을 두고 있지 않다.

(3) 예산의 집행

예산의 집행은 국회에서 확정된 예산에 대해 회계연도 개시와 더불어 수입을 조달하고 공공경비를 지출하는 재정활동이다. 이는 단순히 예산으로 정해진 금액을 수납하고 지출하는 것만이 아니라 수입의 조정, 예산 및 자금의 배정, 지출원인행위의 실행, 국채의 발행, 일시차입금의 차입, 세출예산의 이용·전용·이체, 계약의 체결 등을 모두 포함하는 활동이다.

예산집행절차는 크게 ① 예산배정요구서의 제출, ② 예산의 배정, ③ 예산의 재배정, ④ 지출원인행위, ⑤ 지출의 단계로 이루어진다.

8) 예산안의 상임위원회 예비심사 과정은 법안과 같은 다른 의안과 동일한 심사절차를 거치게 된다. 다만, 법안과 같은 일반 의안은 상임위원회의 심사가 해당 의안에 대한 실질적 심사로서 상임위원회의 심사내용이 법제사법위원회나 본회의에서 크게 바뀌지 않지만, 예산안의 경우는 예비심사라는 용어를 사용하고 있는 것에서 알 수 있듯이 상임위원회의 심사결과가 예산결산특별위원회의 심사과정에 크게 반영되지 않는다.

9) 다만, 정보위원회의 경우 비공개가 요구되는 정보 및 보안업무를 소관하는 업무특성상 예결산 심사결과를 예결위에 회부하지 않고, 총액으로 예결위에 통보토록 하며, 정보위원회의 심사는 예결위의 심사로 간주하도록 특례를 두고 있다.(「국회법」 제84조제4항)

[그림 5] 예산집행의 절차

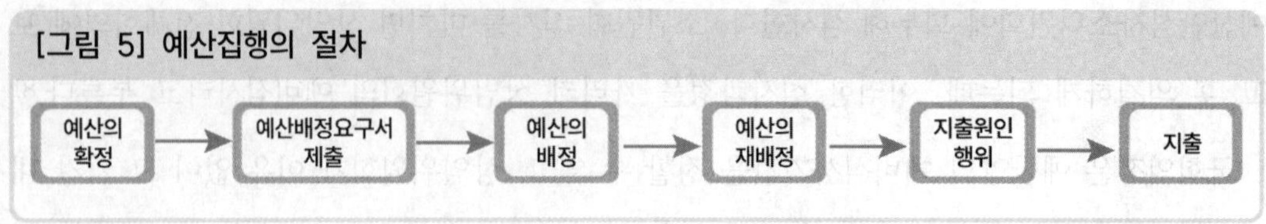

국회에서 예산을 확정함으로써 예산을 지출할 수 있는 권한이 발생하며, 예산의 집행은 각 중앙관서의 장이 해당 관서의 사업운영계획 및 이에 따른 세입세출예산·계속비와 국고채무부담행위를 포함한 예산배정요구서를 기획재정부장관에게 제출함으로써 시작된다.

기획재정부장관이 예산배정요구서를 받게 되면, 이를 참고하여 분기별 예산배정계획을 작성하고 국무회의의 심의를 거친 후 대통령의 승인을 얻어 예산을 배정하게 된다. 기획재정부장관이 각 중앙관서의 장에게 예산을 배정한 때에는 감사원에 이를 통지하여야 한다. 기획재정부장관이 수립한 분기별 예산배정계획은 재정수지의 적정한 관리, 예산의 효율적인 집행관리 등을 위하여 필요한 때에는 계획을 조정하거나 예산배정을 유보할 수 있다. 기획재정부장관은 예산집행에 관한 지침을 매년 1월 말까지 각 중앙관서의 장에게 통보한다.

예산을 집행하는 가장 최종의 단위라고 할 수 있는 중앙관서의 각 사업부서는 예산이 재배정되면 지출원인행위[10]를 통해 예산을 지출하게 된다. 각 중앙관서의 장에게 예산이 배정되면, 각 중앙관서의 장은 세출예산재배정계획서를 작성하고 이에 따라 세출예산을 각 실무부서에 재배정한다.

예산배정은 확정된 예산을 계획대로 집행할 수 있도록 예산집행기관에게 허용하는 일종의 승인이다. 기획재정부장관은 분기별 예산배정계획을 작성하여 국무회의 심의와 대통령 승인 후에 각 중앙관서의 장에게 예산을 배정하며, 배정된 예산은 다시 하급기관에 재배정된다. 예산의 배정은 국가의 예산을 회계체계에 따라 질서 있게 집행되도록 하기 위한 내부통제의 기능을 가지고 있다. 정부는 경기부양이나 경제안정화시책의 추진을 위해 예산의 배정 시기를 조정하기도 한다. 배정된 예산은 「국고금관리법」에 따라 기획재정부장관이 작성·통지한 월별 세부자금계획의 범위 안에서 그 정한 목적과 용도에 따라 소정의 절차에 의하여 집행된다. 세출예산의 경우, 각 수요부서에서 예산집행요구를 하면 재무관이 계약체결

10) 현금의 지급을 수반하는 것이 아니라 지출이 궁극적으로 이루어지게끔 하는 원인행위를 가리켜 지출원인행위라고 하는데, 계약이 대표적인 예이다. 지출원인행위를 할 수 있는 예산규모는 예산재배정 단계에서 허용된 액수를 초과할 수 없다.

등 지출원인행위를 한 후 관계서류를 지출관에게 송부하고, 지출관은 채권자 또는 국고금의 지급사무를 수탁하여 처리하는 자의 계좌로 이체하여 지급하는 절차를 거친다.

예산배정

예산배정은 ① 각 중앙관서의 장이 예산배정요구서를 기획재정부장관에게 제출하고, ② 기획재정부장관이 예산배정요구서에 따라 분기별 예산배정계획을 작성하여 국무회의 심의와 대통령 승인을 거친 후, ③ 분기별 예산배정계획에 따라 각 중앙관서의 장에게 예산을 배정하는 절차로 이루어진다.(「국가재정법」 제42조, 제43조)

그런데 예산의 효율적인 집행관리 등을 위하여 「국가재정법」은 회계연도 개시 전의 예산배정, 수시배정, 예산배정의 유보 등을 규정하고 있다.

회계연도 개시 전에 예산을 배정할 수 있는 경비는 ① 외국에서 지급하는 경비, ② 선박의 운영·수리 등에 소요되는 경비, ③ 교통이나 통신이 불편한 지역에서 지급하는 경비, ④각 관서에서 필요한 부식물의 매입경비, ⑤ 범죄수사 등 특수활동에 소요되는 경비, ⑥ 여비, ⑦ 경제정책상 조기집행을 필요로 하는 공공사업비, ⑧ 재해복구사업에 소요되는 경비로 한정되어 있다(「국가재정법 시행령」 제16조제5항)

수시배정은 사업시행의 점검이 필요한 사업 등에 대하여 분기별 예산배정계획에 관계없이 해당 사업의 추진상황 및 문제점 등을 분석 검토한 후 예산을 배정하는 제도이다. 「국가재정법」 제43조제4항은 기획재정부장관이 예산의 효율적인 집행관리를 위하여 필요한 때에는 분기별 예산배정계획에 불구하고 개별사업계획을 검토하여 그 결과에 따라 예산을 배정할 수 있도록 규정하고 있다.

어떤 사업에 대한 분기별 예산배정계획이 확정되어 있더라도 경제정책이나 재정운용상의 필요에 의하여 예산배정의 유보 등을 할 수도 있다. 「국가재정법」은 기획재정부장관이 재정수지의 적정한 관리 및 예산사업의 효율적인 집행관리 등을 위하여 필요한 때에는 분기별 예산배정계획을 조정하거나 예산배정을 유보할 수 있으며, 배정된 예산의 집행을 보류하도록 조치를 취할 수 있도록 규정하고 있다.(「국가재정법」 제43조제5항)

(4) 결산

결산이라는 용어는 두 가지 의미로 사용되는데, 하나는 결산서를 작성하는 과정의 의미로, 다른 하나는 결산서 또는 결산보고서의 의미로 사용되기도 한다. 예를 들어, 「국회법」 제84조제1항에서 "예산안과 결산은 소관 상임위원회에 회부하고"라고 표현하거나, 제128조의2에서 "국회는 결산에 대한 심의·의결을 정기회 개회 전까지 완료하여야 한다"라고 표현할 때는 '결산서' 또는 '결산보고서'라는 의미로 사용된다. 그러나 「국가재정법」 제56조에서 "정부는 결산이 「국가회계법」에 따라 재정에 관한 유용하고 적정한 정보를 제공할 수 있도록 객관적인 자료와 증거에 따라 공정하게 이루어지게 하여야 한다"라고 할 때는 "결산서를 작성하는 과정"의 의미로 사용된다. 이 책의 제3부에서 사용되는 '결산'은 결산서를 작성하는 과정의 의미로 주로 사용된다. 결산은 크게 정부의 결산절차와 국회의 결산 심의절차로 구분할 수 있다.

정부의 결산절차

정부의 결산절차는 「국가재정법」, 「국가회계법」, 「국고금관리법」 등에서 규정하고 있는데, ① 출납사무 완결, ② 각 중앙관서의 결산보고서 등의 작성 및 제출, ③ 기획재정부의 국가결산보고서의 작성 및 국무회의 심의, ④ 감사원의 결산 검사, ⑤ 국가결산보고서의 국회 제출의 순으로 이루어진다. 그런데 앞서 설명한 것처럼, 예산안편성 및 국회제출일자가 30일 앞당겨졌기 때문에 이에 맞춰 결산절차도 수정이 필요할 것으로 보인다. 국회의 결산 심사 결과가 정부 예산안 편성과정에 효과적으로 반영되도록 하기 위해서는 현재 결산보고서의 국회제출일(5월 31일)을 20일 정도 앞당겨 제출하도록 함으로써 예산심사기간과의 조화가 필요할 것이다.

[그림 6] 정부의 결산절차

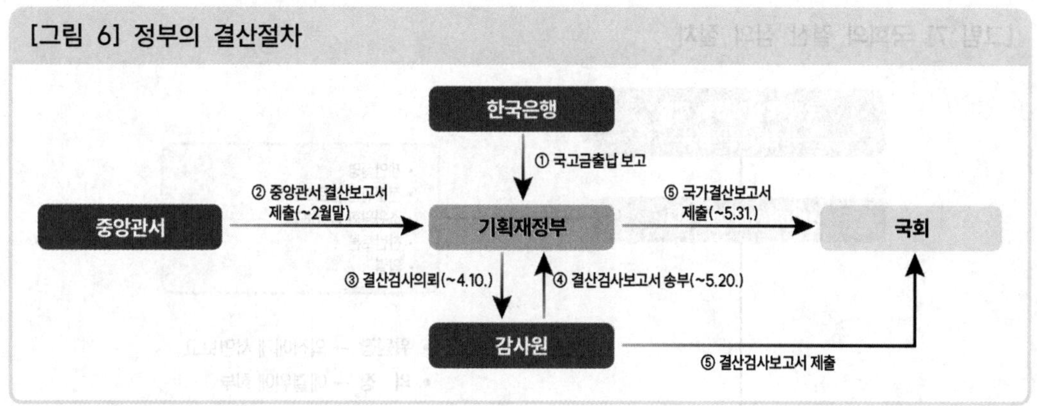

자료: 국회예산정책처, 「2024 대한민국 재정」, 2024

국회의 결산 심의절차

국회의 결산 심의절차는 「국회법」, 「국가재정법」 등에서 규정하고 있는데, 국가결산보고서가 국회에 제출되면 ① 상임위원회 예비심사, ② 예산결산특별위원회 종합심사, ③ 본회의 심의·의결, ④ 정부 이송이라는 절차를 밟게 된다. 결산의 심의 및 의결과정은 예산안 심의절차와 유사하지만, 결산은 사후적으로 이루어지기에 국회가 결산승인권을 갖더라도 결산을 통한 재정통제에는 일정부분 한계가 있을 수 있다. 이러한 문제를 해결하기 위해 「국회법」은 결산의 심사 결과 위법하거나 부당한 사항이 있는 경우에는 정부 또는 해당 기관에 변상 및 징계조치 등 그 시정을 요구할 수 있고, 시정 요구를 받은 사항에 대해 정부 또는 해당 기관은 이를 지체없이 처리하여 그 결과를 국회에 보고하도록 규정하고 있다(제84조).

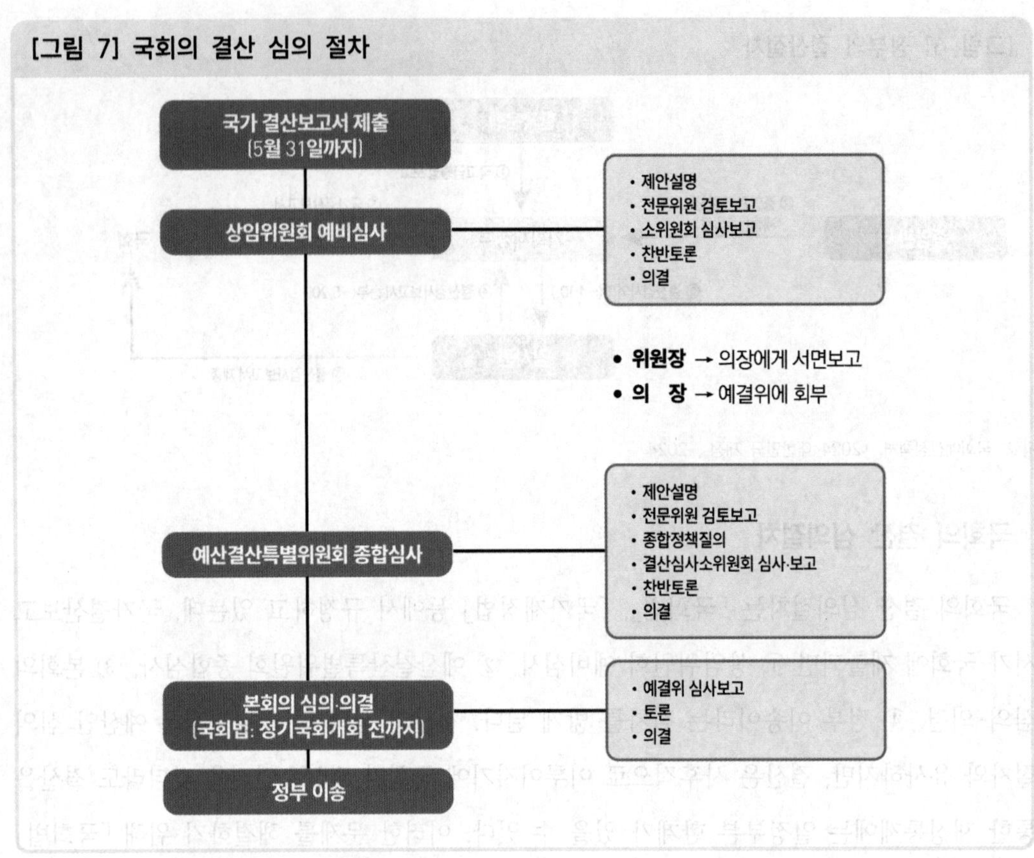
[그림 7] 국회의 결산 심의 절차
국가 결산보고서 제출
(5월 31일까지)
상임위원회 예비심사
• 제안설명
• 전문위원 검토보고
• 소위원회 심사보고
• 찬반토론
• 의결
• 위원장 → 의장에게 서면보고
• 의 장 → 예결위에 회부
예산결산특별위원회 종합심사
• 제안설명
• 전문위원 검토보고
• 종합정책질의
• 결산심사소위원회 심사·보고
• 찬반토론
• 의결
본회의 심의·의결
(국회법: 정기국회개회 전까지)
• 예결위 심사보고
• 토론
• 의결
정부 이송

참고문헌

강경근 외. (2010). 「한국헌법 무엇이 문제인가-헌법의 재인식과 개정방향」. 북마크.
국회기획재정위원회, (2012). 「국가재정법 일부개정안 수석전문위원 검토보고」.
국회예산정책처. (2012). 「국가재정제도 원리와 실제」.
__________. (2014). 「국가재정법의 이해와 실제」.
__________. (2024). 「2024 대한민국 재정」.
김정훈 외. (2010). "헌법과 재정."한국조세연구원.
김지영. (2023). 「재정제도 관련 헌법 개정방안 연구」.
안일환. (2010). 「2010 한국의 재정」. 매일경제신문사.
유훈·신종렬. (2018). 「재무행정론」. 한국방송통신대학교출판문화원.
윤광재. (2024). 「알기 쉬운 재무행정론」.
윤성식. (2003). 「예산론」. 나남출판.
윤영진. (2014). 「새재무행정학 2.0」. 대영문화사.
이영조·문인수. (2015). 「재무행정론」. 대명출판사.
하연섭. (2014). 「정부예산과 재무행정(제2판)」. 다산출판사.
한국법제연구원. (2003). 「재정관련 법령체계의 개편방안에 관한 연구」.
Mcgee, David. (2007). The Budget Process. Univ of Michigan pr..
Schick, Allen. (2007). The Federal Budgeting. Brooking Inst..
Central Intelligence Agency. 미국 중앙정보국 홈페이지(https://www.cia.gov).

제2절 재정절차의 참여자

의회민주주의 국가에서 재정절차는 입법부와 행정부가 서로 견제하는 복잡한 정치적·행정적 상호작용이 이루어지는 장이기도 하지만, 재정절차의 참여자 입장에서는 주어진 예산으로 최대한의 성과를 달성하기 위한 게임의 장이라고 할 수 있다. 특히 예산안 편성 및 심의절차에서 이러한 경향이 두드러지는데, 참여자들은 자신이 의도한 목표를 실현하기 위하여 다양한 전략과 수단을 동원하고, 다른 참여자들의 대응에 따라 협상과 타협 또는 공격을 하게 된다. 이렇게 볼 때 재정절차는 곧 예산게임(budget game) 또는 예산정치(budget politics)라고 부를 수 있다(윤영진, 2021: 266).

재정절차의 참여자는 최대한의 목표를 실현하기 위하여 자신이 동원할 수 있는 수단과 방법을 찾게 되는데, 이 과정에서 각 참여자의 행태는 일정 수준의 경향성 내지 정형성을 띠게 된다. 이러한 재정절차 참여자의 행태에서 비롯되는 규칙성을 역할이론[11])을 통하여 설명하기로 한다. 재정절차 참여자의 정형화된 행태(stylized behavior)를 예산산출 결과와 연계시켜 보면, ① 소비자, ② 절약자, ③ 수문장의 세 유형으로 나눌 수 있다(Wildavsky, 1988; 윤영진, 2021: 266-267).

11) 공공선택론적 연구 중에서 가장 많이 인용되는 Niskanen(1971)의 '관료조직에 의한 공급이론(「Bureaucracy and Representative Government」)'과 Wildavsky(1988)의 점증주의 이론(「The New Politics of the Budgetary Process」)은 재정절차에 참여하는 다양한 참여자의 행태에 대한 연구라기 보다는 관료의 예산결정행태에 국한한 연구라는 한계가 있다. 그리고 재정절차 참여자의 역할 유형을 소비자, 절약자, 수문장으로 구분하는 방법론은 다양한 재정절차의 참여자를 체계적으로 유형화할 수 있다는 장점이 있으나, 예산안 편성과 심의 절차에만 국한된다는 한계 역시 가지고 있다.

1. 재정절차 참여자의 유형

(1) 소비자 유형: 증액 지향적 행태

먼저 재정절차에서의 소비자[12]는 증액 지향적 행태를 띔으로써 수입에 대해서는 크게 신경을 쓰지 않고 지출에 많은 관심을 기울이는 유형이다. 이들의 주된 관심사는 사업에 대한 것으로서 사업 지향적 성향을 보여준다. 가장 대표적인 참여자가 행정부의 각 부처로서 예산안 편성과정에서는 예산규모를 최대한 늘리려는 노력을 기울이고 예산안 심의과정에서는 예산 삭감을 방어하거나 오히려 증액하려는 행태를 보인다.

(2) 절약자 유형: 삭감 지향적 행태

절약자는 지출의 극대화보다 지출의 효과성, 자원배분의 효율성, 재정수입과 지출의 균형유지 등에 더 많은 관심을 기울이는 유형이다. 이들은 사업보다 재정수입에 초점을 맞추는 재정 지향적 성향을 보여준다. 따라서 이들의 예산행태는 한정된 가용재원을 항상 고려하기 때문에 삭감 지향적 행태로 나타난다.

절약자의 대표적 유형으로 중앙예산기관을 들 수 있다. 중앙예산기관은 예산안 편성단계에서는 각 부처가 요구하는 예산의 적정성, 타당성, 시급성 등에 대하여 판단하여 요구보다 적게 예산안에 반영하려는 경향이 강하다. 국회의 예산안 심의단계에서는 정부의 대표자로서 국회의 예산안 조정 의견에 대해 공식적·비공식적 의견을 표명하고, 특히 증액이나 신규사업의 경우에는 정부의 동의여부를 국회에 전달하는 역할을 한다.

(3) 수문장 유형: 균형 지향적 행태

수문장은 증액 또는 삭감의 어느 한쪽 경향에 치우치지 않고, 재정건전성, 재정수지 등의 측면을 모두 고려하는 유형으로 균형 지향적 행태를 보인다. 수문장의 대표적 유형으로 국회 예산결산특별위원회[13]를 예로 들 수 있다.[14]

---

12) 윤영진(2021)은 이를 '주창자'(advocate)라고 부르기도 한다.

13) 이하 "예결위"라 부른다.

14) 윤영진(2021)은 대통령이 수문장으로서의 역할을 수행한다고 설명하고 있다. 중앙예산기관은 대통령의 대리자로서 대통령을 대신하여 사업을

우리나라 재정절차에서 국회 예결위가 참여자로서 역할을 수행하는 것은 주로 예산안 심사단계이다. 즉, 각 상임위원회의 예비심사 결과가 예결위로 송부되면, 예결위는 종합심사를 진행한다. 상임위원회의 예비심사 결과 중 삭감안에 대해서는 대부분 존중하여 반영하는데, 증액안에 대해서는 선별적으로 반영하는 경향을 보이고 있다.

위에서 설명한 세 가지 유형을 표로 정리하면 다음과 같다.

[표 1] 재정절차 참여자의 역할과 행태

역할	성향	행태
소비자	사업 지향적	증액 지향적
절약자	재정 지향적	삭감 지향적
수문장	사업·재정 지향적	균형 지향적

자료: 윤영진(2021)

2. 재정절차 참여자와 역할

우리나라의 재정법률은 예산안 편성권과 예산집행권을 정부에, 예산안의 심의·확정권과 결산심사권을 국회에 각각 부여하고 있다. 따라서 법률상으로 볼 때 우리나라 재정절차의 참여자를 크게 '정부'와 '국회'로 구분할 수 있을 것이다. 그러나 재정절차의 전 과정을 놓고 볼 때, 예산안의 편성권이 정부에 있다고 하더라도 정부 내부의 절차나 행위만으로 예산안 편성이 이루어지는 것이 아니고, 국회는 물론이고 지방자치단체, 공공기관, 언론 및 각종 이익단체 등도 직·간접적으로 예산안 편성절차에 참여하거나 다양한 형태로 영향을 미치고 있음을 상기할 필요가 있다. 마찬가지로 예산안의 심의·확정 절차나 예산 집행 절차, 그리고 결산 절차의 경우에도 다양한 참여자들이 서로 영향을 미치고 상호작용을 하는 과정에서 재정절차가 완성되는 것이다.

결정하고 소요 예산을 결정하는 역할을 하는데, 대통령의 대리인이 되는 것은 단순히 대통령을 대신하는 것이 아니라, 대통령의 국정운영방침을 예산에 투영시키고 정책으로 실현시키기 위하여 예산안 편성은 물론 결산에 이르는 모든 재정절차에 조정자로서, 통제자로서, 관리자로서의 역할을 수행한다는 것이다. 따라서 대통령은 사업지향성과 재정지향성을 동시에 지니고 있고, 자신의 정책의지를 예산에 반영하려고 노력하며 다른 한편으로는 재정수입을 염두에 두고 예산팽창을 늦추는 수문장 역할을 한다고 본다.

그러나 이는 행정수반으로서의 대통령의 능력을 지나치게 확대해석하거나 과대평가한 것으로 보인다. (대통령마다 정도의 차이는 있을 수 있지만) 대통령은 선거에 의해 선출되고, 유권자인 국민에게 정책을 통해 평가받고 신임을 얻는 정치인이라는 본질적 속성으로 인하여 오히려 수문장이나 삭감자 유형보다는 소비자 유형에 더 가까울 가능성이 높다.

아래에서는 재정절차의 주요 참여자로서, ① 중앙예산기관, ② 행정부처, ③ 상임위원회, ④ 예산결산특별위원회, ⑤ 기타(지방자치단체, 국회예산정책처, 일반 국민 등)로 구분하여 살펴보기로 한다.

(1) 중앙예산기관

중앙예산기관(central budget office)은 재정절차에서 가장 중요한 역할을 담당하는 참여자 중의 하나인데, 우리나라는 현재 기획재정부가 중앙예산기관으로서의 기능을 담당하고 있다. 재정절차와 관련하여 기획재정부는 「국가재정법」상 ① 국가재정운용계획의 수립 및 예산배분의 우선순위 결정(제7조), ② 예산안의 편성과 조정(제29조 및 제32조), ③ 예산 집행의 관리(제43조, 제43조의2, 제44조, 제50조, 제51조 등), ④ 결산보고서의 작성(제59조)을 들 수 있다. 그 밖에 「헌법」 제57조의 규정에 따라 국회에서 예산안을 심의할 때 정부의 대표자로서 예산안 심의과정에 대응하고 정부의 의견을 국회에 전달하는 역할을 수행한다.

중앙예산기관의 위치와 중요성

우리나라의 중앙예산기관은 재정계획의 수립기관이면서 예산안 편성의 최종적 실무 부서이고, 예산안의 심의과정에서는 국회에 행정부의 의견을 대변하는 기관이며, 예산의 집행과정에서는 재정의 통제자 및 관리자로서의 역할을 수행하고, 결산과정에서는 결산서를 작성하고 제출하는 과정을 총괄하는 역할을 수행하고 있다. 이러한 중앙예산기관의 막중한 역할에 대해 Pearson(1987)은 대통령제 국가에서의 중앙예산기관은 일종의 대리인으로서 대통령을 대신하여 정책을 결정하고 부처 업무를 통제, 조정하는 역할을 수행함으로써 대통령과 부처 간의 명령과 책임선 상의 가운데에 위치한다고 설명하고 있다.

Schick(2001)은 재정의 중앙통제지휘본부(central command and control post)로서 중앙예산기관이 갖는 장점을 다음과 같이 설명하고 있다.[15] 중앙예산기관은 개별 부처의 이해관계에 얽매이지 않고 정부 전체의 관점에서 예산배분을 할 수 있고, 개별 부처와 비교할

15) 하연섭의 「정부예산과 재무행정」(2022)을 재인용하였다. Schick의 설명은 각 개별 부처는 사업지향성(programmatic orientation)을 갖는 예산소비자 또는 주창자(advocate)로서의 역할을 수행하고, 중앙예산기관은 경제적 합리성에 근거하여 예산절약자로서의 역할을 한다는 인식에 바탕을 두고 있는 것으로 보인다.

때 보다 더 객관적이고 종합적인 관점에서 예산의 우선순위를 설정할 수 있다고 한다. 또한, 주관적인 기준이 아니라 사업의 효과성에 근거하여 예산을 배분할 가능성이 높고 중앙예산기관으로부터의 강한 압력이 없다면, 개별 부처는 새로운 사업을 하기보다는 기존사업들을 계속하려는 유인을 갖는다고 설명하고 있다.

Schick의 중앙예산기관의 장점은 중앙예산기관의 기능 또는 역할이라고도 표현할 수 있는데, 우리나라뿐만 아니라 대부분의 나라에서도 중앙예산기관의 권한이 막중한 것이 일반적이다.[16] 그러나 중앙집중적 예산안 편성제도를 갖고 있고, 국회의 예산안 심의권이 상당한 제약을 받고 있는 우리나라의 재정제도 하에서 중앙예산기관의 예산권한이 지나치게 비대하여 오히려 재정의 효율성이나 민주성을 저해하고 있는 측면이 있다.[17]

중앙예산기관의 기능

① 국가재정운용계획의 수립 및 예산배분의 우선순위 결정: 중앙예산기관인 기획재정부는 매년 당해 회계연도부터 5회계연도 이상의 기간에 대한 국가재정운용계획을 수립한다. 국가재정운용계획에는 재정운용의 기본방향과 목표, 중·장기 재정전망, 분야별 재원배분 계획 및 투자방향 등을 설정한다. 특히, 총액배분자율편성(top-down) 예산제도 하에서는 재정수입의 증가율 및 의무지출·재량지출의 증가율에 대한 전망을 한 후, 이에 기반하여 각 부처의 예산을 조정하는 역할을 담당한다.

② 예산안의 편성과 조정: 기획재정부장관은 매년 예산안 편성지침을 각 부처에 통보하고, 이에 따라 각 부처가 예산요구서를 작성하여 제출하면 이를 조정하여 국회에 제출할 예산안을 편성한다. 중앙예산기관으로서 기획재정부의 가장 중요한 기능이 바로 예산안의 편성이자, 가장 핵심적인 권한이라고 할 수 있다. 중앙예산기관은 예산안의 편성과 조정 권한을 바탕으로 대통령의 핵심적 보좌기구로서, 재정의 통제본부(control tower)로서, 그리고 각 부처보다 우월적 기관으로서의 위치와 기능을 행사하고 있다.

③ 예산안 심의과정에의 대응: 「헌법」제57조는 국회가 지출예산 각항의 금액을 증가하거

16) OECD(2007)와 세계은행(2008)이 실시한 31개 OECD 국가와 66개의 비(non) OECD 국가에 대한 재정제도에 관한 설문조사결과를 보면, 전체의 82.5%인 80개국이 우리나라의 기획재정부와 같은 중앙예산기관을 운영하고 있는 것으로 나타났다.

17) 중앙예산기관의 재정권한 집중화 현상과 문제점은 제5장 예산안 편성과 재정제도, 제4부 재정민주주의와 재정제도에서 보다 상세하게 논의한다.

나 새 비목을 설치할 때는 정부의 동의를 얻도록 규정하고 있기 때문에, 국회의 예산안 심사과정에서 기획재정부는 정부의 대표자로서 예산의 증액이나 새 비목의 설치에 대한 정부의 의견을 개진하는 역할을 수행한다.

④ 예산집행의 관리: 기획재정부장관은 예산배정계획과 예산집행지침을 작성하여 각 부처에 통보하고 예산집행을 통제하며 관리한다. 또한, 예산의 이용·전용의 경우에도 각 부처는 국회의 승인을 얻는 절차와 별도로 기획재정부장관의 승인을 얻어야 하고, 총사업비 대상사업의 경우에도 사업규모와 사업기간을 기획재정부장관과 협의하여야 하며, 예비비도 기획재정부장관이 관리한다.

⑤ 결산보고서의 작성: 중앙예산기관인 기획재정부는 예산안의 편성, 심의 및 예산의 집행뿐만 아니라, 각 중앙관서에서 작성한 결산보고서를 취합하여 국회에 제출할 국가결산보고서를 작성하는 기능을 수행한다.

중앙예산기관의 예산행태

재정절차에서 중앙예산기관은 주로 절약자로서의 역할을 수행하면서 삭감 지향적 행태를 보인다. 중앙예산기관이 예산 '사정(査定)기관'이라고도 불리는 이유가 여기에 있다. 윤영진(2021)은 "예산사정기관의 일반적 삭감 행태를 보면 단순히 '대패질' 정도가 아니라 '도끼질' 또는 '난도질'이라고 할 정도로 냉혹한 삭감 행태를 보여준다. 그러나 예산 총액배분 자율편성제도가 도입[18]된 이후 예산사정기관의 행태가 변화하고 있으며, 부처 지출한도와 같은 거시적 결정은 사정기관이, 지출 한도 내에서 자율적 예산편성은 요구기관이 갖는 구조로 권한 관계가 변화될 것"이라고 예상하고 있다.

그러나 총액배분 자율편성으로 예산안 편성방식을 변경함으로써 중앙예산기관의 삭감지향적 경향은 양적인 관점[19]에서는 다소 완화되었다고 볼 수 있으나, 그 본질적 속성은 크게 변하지 않고 있다고 보는 것이 실제 예산안 편성과정에 더 부합하는 것으로 보인다. 총액배분 자율편성 예산제도 하의 '예산부처의 통제기제 변화와 사업부처의 예산편성 자율성'에

18) 노무현 정부에서 추진한 재정혁신 4대 과제는 ① 국가재정운용계획, ② 총액배분자율편성 예산제도, ③ 성과관리제도, ④ 디지털예산회계시스템의 도입이다.

19) 총액배분 자율편성 예산제도 하에서 과거 부처의 과다요구 예산사정기관의 과다삭감 관행이 줄어들었다는 점에서 양적인 관점에서 중앙예산기관의 삭감지향적 태도가 완화되었다고 표현하였다.

대하여 최종하·양다승(2015)은 "중앙예산기관의 간섭을 줄여 일선 부처의 재정자율성을 향상시키고자 하였던 당초의 목적과 달리 동 제도의 도입 이후 예산과정에서 중앙예산기관인 기획재정부의 영향력은 오히려 증가하였다"고 설명하고 있다. 이는 각 사업부처가 기획재정부로부터 통보된 지출한도(ceiling) 내에서 예산안을 편성하여 제출하더라도, 중앙예산기관인 기획재정부가 사실상 모든 사업에 대해 원점(zero base)에서 재검토하는 수준으로 예산사정을 진행하는 과거의 행태에서 크게 벗어나지 않고 있기 때문이다.

국회 예산안 심의 과정에서도 중앙예산기관은 절약자로서의 전형적인 행태를 보여준다. 각 상임위의 예비심사 단계에서는 각 부처가 상임위의 예산액 조정의견에 대해 개별적으로 대응을 하지만, 예결위의 종합심사 단계에서는 정부를 대표하여 각 부처 예산액의 증액이나 신규반영에 대해 동의여부를 표명하고 무분별한 예산액의 증가를 방지하는 역할을 수행한다.

[표 2] 우리나라 중앙예산기관의 연혁

기관명	시기(연도)	내용
기획처 예산국	1948~1955	1948년 대한민국 정부가 수립되면서 국무총리 직속 기관인 기획처 소속에 예산국을 설치
재무부 예산국	1955~1961	1954년 2차 개헌에서 국무총리제가 폐지되면서, 예산국을 1955년에 재무부로 이관
경제기획원 예산국·예산실	1961~1994	1961년 7월 정부조직법 개정에 따라 경제기획원이 신설되었고, 기획과 예산을 연계하여 경제개발계획에 예산을 효율적으로 운영하기 위해서 예산국은 다시 경제기획원으로 이관되었으며, 이후 1979년 예산국의 기능과 위상을 키우고자 예산실로 승격
재정경제원 예산실	1994~1998	1994년 12월 국가 재정정책과 예산 기능의 연계성 강화를 위해 경제기획원과 재무부를 재정경제원으로 통합하였고 예산실은 재정경제원에 존치
기획예산위원회와 예산청	1998~1999	1998년 국민의 정부에서 실시한 정부조직 개편에 따라 재정경제원을 재정경제부로 축소·개편하였고, 기획과 예산을 분리하여 대통령 직속기관인 기획예산위원회와 재정경제부 외청인 예산청으로 이관. 기회예산위원회는 예산편성지침 작성, 국가정책 기획·조정, 재정 개혁과 행정개혁을 담당하고, 예산청은 예산의 편성·집행·관리를 담당
기획예산처 예산실·재정운용실	1999~2008	기획과 예산 기능을 재통합하여 국무총리 소속의 기획예산처를 설립하고 그 아래에 예산실을 설치하였으며, 2005년 예산과 기금을 통합·운영하고자 예산실을 재정운용실로 개편
기획재정부 예산실	2008~	2008년 정부조직 개편으로 기획예산처와 재정경제부를 통합한 경제정책 총괄부처로 기획재정부를 설립하였고, 예산실이 중앙예산 기능을 담당

(2) 각 부처

법무부, 국토교통부, 문화체육관광부, 기상청, 국가보훈부 등의 각 부처[20] 역시 재정절차에서 핵심적 역할을 수행한다. 예산의 결정에 영향을 미칠 수 있는 변수는 여러 가지가 있을 수 있는데, 구체적이고 기본적인 예산안은 예산분야의 종사자들에 의해 편성되기 때문에 예산편성에 1차적으로 영향을 줄 수 있는 존재는 각 부처의 예산담당자들과 사업담당자들이다(김성철 외, 2005: 133-134).

재정절차에서의 역할

재정절차에서 각 부처의 역할을 구체적으로 살펴보면, 중앙관서의 장은 「국고금관리법」제6조 및 제19조에 따라 그 소관 수입의 징수·수납과 지출에 관한 사무를 관리한다. 중앙관서의 장은 예산안 편성과정에서는 예산요구서를 기획재정부장관에게 제출하고, 예산안 심의과정에서는 국회의 소관 상임위원회에 출석하여 소관 예산안의 증액·삭감 등에 대한 의견을 개진하며, 예산집행과정에서는 예산배정요구서, 결산과정에서는 중앙관서 결산보고서를 통하여 소관 예결산 관련 업무를 수행한다. 독립기관의 경우에는 국회사무총장·법원행정처장·헌법재판소 사무처장 및 중앙선거관리위원회 사무총장이 각각 이러한 역할을 담당한다.

예산행태

재정절차에서 각 부처는 주로 소비자로서의 역할을 수행하면서 증액 지향적, 사업 지향적 행태를 보인다. 각 부처는 기본적으로 예산사업을 수행하는 예산집행기관이다. 따라서 각 부처의 관심은 사업에 집중되며 사업 지향성을 갖는 소비자 또는 주창자로서의 역할을 수행한다.

기획재정부, 국세청, 관세청 등의 일부 부처를 제외하고는 재정 수입에 대해서는 거의 책임이 없기 때문에 균형예산 또는 재정건전도에 대해서는 크게 관심이 없으며(윤영진, 2021: 268), 예산을 최대한 확보하여 많은 사업을 수행하는 것이 자기 부처의 권한과 위신을 높이

20) 세입세출예산은 독립기관(국회·대법원·헌법재판소 및 중앙선거관리위원회) 및 중앙관서의 소관별로 구분 편성되며, 중앙관서의 장이 소관 예산을 각각 집행하게 된다. 여기서 중앙관서란 「헌법」 또는 「정부조직법」 등의 법률에 따라 설치된 중앙행정기관(부·처·청 등)을 뜻 한다. 따라서 각 부처보다는 중앙관서라는 표현이 더 적합할 수 있으나, 여기서는 대표적인 사례로서 행정 각 부처를 들고 있는 것으로 이해하면 될 것이다.

는 방편이라고 생각하는 경향이 강하다.21)

재정절차에서 각 부처가 수행하는 과정을 정확히 이해하기 위해서 ① 예산요구서 작성, ② 중앙예산기관의 예산안 편성, ③ 국회의 예산안 심의 3단계로 구분하여 각 부처의 예산행태를 살펴보자.

먼저 예산요구서 작성단계를 보면, 각 부처 내에서도 담당업무에 따라 예산행태가 다르게 나타난다. 부처의 예산총괄부서(기획조정실 등) 공무원들은 조정자에 가까운 역할을 하고, 각 사업담당부서는 소비자의 역할을 수행한다. 예산총괄부서의 담당자들은 소속 부처의 예산을 최대한 많이 확보해야 하는 임무를 갖고 있는 동시에 부처 내의 각 사업부서가 요구하는 예산을 적정 범위 내로 조정해야 하는 임무를 갖고 있기 때문에 조정자로서의 역할에 가까운 반면, 각 사업부서는 최대한 많은 예산을 확보하기 위해 노력하기 때문이다. 따라서 각 부처 내로 한정하여서 보면 각 부처의 예산총괄부서가 중앙예산기관의 역할을 수행한다고 할 수 있다.

두 번째로, 중앙예산기관의 예산안 편성 단계를 보면, 각 부처의 예산총괄부서와 사업부서 모두 소비자로서의 전형적인 행태를 보인다. 중앙예산기관에서 각 부처가 제출한 예산요구서를 토대로 예산의 사정작업을 진행할 때 삭감을 적극적으로 방어하여 최대한 많은 예산을 예산안에 반영하기 위하여 많은 노력을 기울인다.

마지막으로, 국회의 예산안 심의 단계에서의 각 부처는 사업지향적인 소비자로서의 역할을 수행한다. 상임위의 예비심사 단계에서는 최대한 예산을 확대하려는 노력을 기울이고, 예결위의 종합심사 단계에서는 삭감을 방어하려는 노력을 기울이게 된다.

(3) 국회

개 관

우리나라의 재정절차에서 국회는 핵심적 역할을 수행한다. 특히 2006년 「국가재정법」의 제정과 「국회법」 개정을 통한 재정절차 조항의 강화22)로 국회의 재정권한은 지속적으로 강

21) 각 부처의 공무원 입장에서도 소속 부서의 예산이 많이 확보되도록 최대한 노력하는 것이 자신에 대한 대·내외적 평가를 높이는 효과적 방편이 된다. Downs(1967)에 의하면, 관료는 조직의 예산증가를 통해 고객들에게 제공되는 재화와 서비스를 방어하고 보호함으로써 그들로부터 지지를 확보하고, 그 지지에 힘입어 미래의 예산감축기에 예산삭감을 방지함으로써 조직의 생존을 확보하고자 하는 동기에서 예산증가를 원하게 된다.

화되었다. 특히 2003년 국회예산정책처의 신설은 재정절차에서 차지하는 국회의 역할과 비중이 더욱 커지는 계기가 되었다.

국회에서 이루어지는 재정절차는 주로 「국회법」에 규정되어 있는데, 이를 간략하게 설명하면 다음과 같다. 예산안 및 결산은 예산결산특별위원회의 심사 전에 소관 상임위원회에 회부하여 예비심사를 거친다(제84조제1항). 상임위원회의 예비심사는 예산결산특별위원회의 심사에 앞선 1차적 심사의 성격을 가지므로 예산결산특별위원회를 구속하지는 못하지만, 예산결산특별위원회는 상임위원회의 예비심사내용을 존중하여야 하며, 상임위원회에서 삭감한 세출예산 각 항의 금액을 증가하게 하거나 새 비목을 설치할 경우에는 소관 상임위원회의 동의를 얻어야 한다(제84조제5항).

예산결산특별위원회는 예산안·결산·기금운용계획안 및 기금결산을 심사하는 상설 특별위원회이다. 예산결산특별위원회의 심사는 제안설명과 전문위원의 검토보고를 듣고 종합정책질의, 부별 심사 또는 분과위원회 심사, 예산안조정소위원회 심사 및 찬반토론을 거쳐 표결하는 절차를 거친다(제84조제3항). 예산결산특별위원회는 「국회법」 제84조의3에 따라 예산안 및 기금운용계획안에 대하여 공청회를 개최하여야 한다. 예산결산특별위원회의 심사가 끝난 예산안과 결산은 본회의에 부의하여 심의하게 된다.

본회의는 국회의 의사를 최종적으로 결정하는 회의이다. 예산안의 경우에도 예산결산특별위원회의 심사를 마친 후 본회의에서 심의하게 된다. 예산결산특별위원장의 심사보고를 듣고, 심의·의결하는 절차를 거친다. 예산안이 본회의에서 의결되면, 그 예산안은 예산으로 확정되며 국회의장은 지체 없이 정부에 이송한다. 결산도 마찬가지로 예산결산특별위원회의 심사를 마친 후 본회의에 부의하여 의결한다.

국회예산정책처는 국가의 예산결산·기금 및 재정운용과 관련된 사항에 관하여 연구·분석·평가하고 의정활동을 지원하는 기관으로 국회의장 소속 하에 설치되었다. 행정부와 독립된 시각에서 독립적·중립적으로 조사·연구 및 분석함으로써 국회가 재정통제권을 실질적으로 행사할 수 있도록 지원하는 역할을 한다. 예산안·결산·기금운용계획안 및 기금결산에 대한 분석과 국가 주요사업에 대한 평가를 정기적으로 수행하여 보고서를 발간하고, 법률안

22) 감사원에 대한 감사요구권(2003년), 조기결산제도의 도입(2003년), 결산시정요구권(2003년), 임대형 민자사업의 총한도액 등에 대한 국회 제출 및 의결(2010), 예산안의 국회 제출시기 앞당김(2013년) 등의 도입을 예로 들 수 있다.

등 의안에 대한 비용추계, 세제분석 및 세입추계, 중장기 재정·경제전망, 거시경제동향의 분석 등의 업무를 담당하고 있다. 또한, 위원회 또는 국회의원이 요구하는 사항을 조사·분석하여 제공함으로써 재정관련 의정활동을 지원하고 있다.

상임위원회

각 상임위는 국회의 예산안·결산 심사과정에서 예비심사기관으로서의 역할을 수행한다. 결산의 예비심사기관으로서의 역할은 각 상임위원회가 소관부처에 대해서만 결산심사를 진행한다는 것 외에는 예결위와의 큰 차별성은 없다. 그러나 예산안심사와 관련하여 상임위는 예결위와 뚜렷이 구별되는 특성과 행태를 보인다. 상임위는 기본적으로 소비자의 역할을 수행하고 있는 것으로 나타나는데, 상임위는 매년 예비심사과정에서 정부가 제출한 예산안보다 증액을 하는 사업 지향적인 성격을 일관되게 보여주고 있다.[23)]

상임위의 예비심사가 증액 지향적 행태를 보이는 것은 상임위와 예결위의 관계, 그리고 「국회법」의 규정에서 그 원인을 찾을 수 있다. 국회는 상임위와 예결위의 관계와 관련하여 '예비심사'와 '종합심사'라는 2단계의 예산안심사 절차를 두고 있다. 의회 내에서 2단계 예산안심사 절차를 두는 것은 외국의 사례를 보더라도 이례적인 것은 아니다. 왜냐하면, 양원제 국가의 의회는 물론이고 단원제 국가에서도 우리나라의 상임위에 해당하는 '분과위원회'와 예결위원회에 해당하는 '예산위원회'를 두고 2단계 예산안심사를 진행하는 경우가 많기 때문이다.

그러나 우리나라 국회의 2단계 예산안심사제도의 내용을 보면 1단계인 예비심사 결과 중 감액심사 결과만이 2단계인 종합심사를 구속하고, 증액심사 결과는 구속력이 없는 이중적 방식으로 운용되고 있다. 따라서 상임위는 각 부처 예산안을 심사함에 있어 예결위에 대해 구속력이 있는 감액에 대해서는 신중하고 보수적으로 접근하게 되고, 예결위에 대한 구속력이 없는 증액에 대해서는 적극적인 태도를 취하는 경향이 강하게 된다. 특히 2003년 「국회법」 개정[24)]으로 예결위가 소관 상임위원회가 삭감한 세출예산을 증액하거나 새 비목을 설

23) 다만, 상임위원회 소관기관들의 업무성격이 사업중심이 아닌 정책부서(기재부, 총리실등)의 특징을 띠고 있는 정무위원회와 기획재정위원회 등은 정부가 제출한 예산안보다 감액을 하는 경우가 종종 발생한다.

24) 제84조(예산안·결산의 회부 및 심사) ⑤ 예산결산특별위원회는 소관 상임위원회의 예비심사내용을 존중하여야 하며, 소관 상임위원회에서 삭감한 세출예산 각 항의 금액을 증가하게 하거나 새 비목(費目)을 설치할 경우에는 소관 상임위원회의 동의를 받아야 한다. 다만, 새 비목의 설치에 대한 동의 요청이 소관 상임위원회에 회부되어 회부된 때부터 72시간 이내에 동의 여부가 예산결산특별위원회에 통지되지 아니한 경우에는 소관 상임위원회의 동의가 있는 것으로 본다.

치할 경우에는 반드시 소관 상임위원회의 동의를 얻도록 강제[25]한 이후에는 더욱 이러한 경향이 뚜렷해지고 있다.

예산결산특별위원회

예결위는 예산안 심의 단계에서는 조정자로서의 역할을 하며, 예산안 심의 행태는 균형 지향적이다. 예결위는 상임위와는 달리 예산안 전체를 종합 심사하기 때문에 균형 지향적 행태를 보여주게 된다. 윤영진(2021)은 예결위를 삭감 지향적으로 보고 있는데, 예결위의 종합심사 결과만을 놓고 볼 때는 삭감 지향적인 것으로 보일 수 있다. 예를 들어, 일반회계 세출예산안에 대한 예결위의 종합심사결과를 보면, 1982년 이후 2024년까지 42년 동안 예결위가 정부제출 예산안보다 증액한 경우는 3회(2004, 2005, 2010년도 예산안)에 불과하고, 나머지는 대부분 감액[26]되었기 때문이다. 그러나 그동안 예결위가 총 감액 심사한 경우를 보면, 감액한 예산액(순수정액)이 전체 일반회계 예산의 1%를 초과한 경우가 1990년도 예산안(-1.5%) 심사를 했던 1989년의 사례가 유일하다.

또한, 국회의 예산안심사 실제내역을 살펴보면, 예비비, 국채이자상환과 같이 실제 예산사업이 아닌 부분에서 전체 감액의 상당부분이 이루어졌다는 점이다. 예산안의 예비비 삭감내역을 연도별로 보면 2020년도 3,000억원, 2022년도 1조 1,000억원, 2023년도 6,000억원, 2024년도 8,000억원이 감액되었다. 이와 같은 점을 종합적으로 감안한다면, 예결위는 결과적으로는 삭감 지향적이지만, 내용적으로는 균형 지향적이라고 보는 것이 보다 타당하다고 할 것이다.

25) 제84조제5항은 1991년 처음 신설되었는데, 이때의 규정은 "예산결산특별위원회는 소관상임위원회의 예비심사내용을 존중한다"라는 선언적 규정에 그쳤고, 2002년 「국회법」 개정에서는 삭감한 세출예산 각항의 금액을 증가하게 하거나 새 비목을 설치할 경우에는 소관상임위원회와 협의"하도록 하였으며, 2003년 「국회법」 개정에서는 협의를 동의로 변경하고, 새 비목 설치의 경우 동의기한을 72시간 이내로 한정하여 현재에 이르고 있다.

26) 2014년부터 「국회법」 제85조의3에 따라 예산안 자동부의제도가 시행되었는데, 동 제도의 시행 이후 제출되었던 예산안(2015년도 예산안부터 2024년도 예산안까지)은 모두 예결위 종합심사를 마치지 못하고 12월 1일에 본회의에 자동부의되었다.

국회예산정책처(NABO)

2003년 「국회예산정책처법」의 제정으로 출범한 국회예산정책처도 국회의 예산안·결산 심사절차에서 중요한 역할을 수행하고 있다. 앞서 설명한 것처럼 국회예산정책처는 예산안·결산에 대한 연구·분석, 법안비용추계 및 중장기 재정·경제전망 등을 수행하는 역할에 걸맞게 주로 절약자로서 삭감 지향적 행태를 보인다. 국회예산정책처는 상임위원회나 예결위의 전문위원 검토보고서에 해당하는 「예산안 분석보고서」를 발간하는데, 그 분석기준은 사업의 타당성과 규모의 적정성이다. 보고서 내용의 대부분은 개별 사업의 예산액을 감액해야 한다는 취지로 작성되고, 실제 이러한 감액 필요성을 주장하는 보고서의 내용이 상임위 예비심사나 예결위 종합심사에서 핵심 참고자료로 활용되고 있다.

(4) 지방자치단체

지방자치단체는 행정부의 각 부처와 마찬가지로 소비자로서 증액 지향적 행태를 보인다. 지방자치단체의 경우 2023년도 기준으로 통합재정수입의 49.4%가 의존수입(지방교부세와 국고보조금)이고, 전국 평균 재정자립도가 48.1%에 그치고 있는 현실에서 중앙정부의 예산을 최대한 확보하는 것이 무엇보다 중요하다. 따라서 각 지방자치단체는 정부의 예산안편성 단계는 물론, 국회의 예산안심의 단계에 이르기까지 가급적 많은 예산을 확보하기 위하여 노력한다.

참고문헌

국회예산정책처. (2023). 「2023 대한민국 지방재정」.

김성철·박기묵·윤진훈. (2005). "공공선택론적 예산결정행태에 관한 연구: 예산담당자들의 인식을 중심으로."「한국사회와 행정연구」제16권 제3호.

김춘순. (2014). 「비교예산제도론」. 대명출판사.

윤영진. (2021). 「새재무행정학(제7판)」. 대영문화사.

최종하·양다승. (2015). 「총액배분자율편성제도 도입 이후 부처자율성 제고에 대한 실증적 분석」

Downs, A. (1967). Inside Bureaucracy. Boston: Little, Brown and Company.

Niskanen, Willam A. (1971). Bureaucracy and Representative Government, Chicago: Aldine Atherton.

OECD. http:/webnet.oecd.org/budgeting/Budgeting.aspx.

Shick, Allen. (2001). "The Changing Role of the Central Budget Office."OECD Journal on Budgeting 1(1): 9-26.

Wildavsky, A. (1988). The New Politics of the Budgetary Process. Scott, Foresman & Co.

제3절 재정제도의 이해

1. 재정제도의 의의

이 장의 제1절과 제2절에서 재정절차와 재정절차의 참여자에 대해 간략히 살펴보았다. 재정절차는 재정제도를 동적인 관점에서 표현한 것으로 재정절차의 참여자는 재정제도의 영향을 받고 재정제도의 규율 범위 내에서 활동하는 동시에 재정제도에도 영향을 미치게 된다. 재정절차의 참여자인 행정부와 국회, 지방자치단체, 일반 국민들은 "재정을 운용하는 틀(frame)"이라 할 수 있는 재정제도를 각각의 이해관계와 입장에 따라 유리하게 설정하려는 노력을 기울이게 된다. 이를 통해 재정제도는 재정절차 참여자들의 전략과 상호협력의 가능성뿐만 아니라 궁극적으로 이들이 재정성과에 대해 어느 정도 책임을 지게 될 것인지에 대해서도 영향을 미치게 되는 것이다(Hallerberg, 2009: 19; von Hagen, 2007: 27-29).

따라서 최근에 이루어지는 재정연구의 경향은 재정을 둘러싼 '제도(system)'를 어떻게 설계하고 발전시켜 나갈 것인가에 많은 관심을 기울이고 있는 것이다. 이때 재정제도는 재정절차의 각 단계에서 누가, 언제, 어떤 역할을 할 것인가를 결정할 뿐만 아니라, 재정절차 참여자들 사이의 상호작용의 방식과 재정권한의 배분형태에도 영향을 미치고, 궁극적으로는 재정의 성격과 내용까지도 좌우하는 중요한 기제(mechanism)로 작용한다.

보통의 경우 '재정제도'라는 용어보다는 '예산제도'라는 용어를 많이 사용한다. 그런데 예산제도의 의미는 가장 좁게는 예산안 편성과 관련된 제도로 한정하고, 이보다 넓은 의미로는 '예산안 편성 및 심의'와 관련된 제도로 이해하는 경우가 있다. 배득종(2014)은 예산제도를 "정부의 예산과 관련하여 행위자들 간에 커뮤니케이션 대상과 방법을 미리 정해 놓은 것"이라고 정의하고, 하연섭(2022)은 "예산제도(budgeting institutions)란 행정부와 입법부 내에서의 예산과정을 규율하는 일련의 공식적·비공식적 규칙을 의미하는 것"이라고 정의하는 것을 예로 들 수 있다.

재정절차의 4단계 중에서 예산안 편성과 심의 단계가 일반적으로 연구와 논의의 중심이 되고 있고 상대적으로 더 중요한 단계라고도 할 수 있지만, 정부의 예산안편성과 국회의 예산안심의와 관련된 제도로 재정제도를 한정하는 것은 바람직하지 못하다. 따라서 이 책에서는 예산안의 편성과 심의, 예산의 집행과 결산에 이르는 모든 재정절차와 관련되었다는 의미로 '재정제도'라는 용어를 사용하기로 한다.

재정제도는 국가재정이 보다 효율적이고 성과 지향적으로 운용되게 하는 역할을 하는 한편, 투명성, 민주성, 재정건전성 등이 유지되도록 하는 장치로서의 역할도 한다. 이를 위해서는 일정한 원칙에 따라 예산이 편성되고 집행될 것이 요구된다. 따라서 「헌법」, 「국가재정법」, 「국가회계법」, 「국회법」, 「국고금관리법」, 「국유재산법」 등 많은 법령에서 재정제도에 관하여 규정하고 있다.

2. 우리나라 재정제도 규정체계의 변천[27)]

(1) 제헌헌법

현대적 의미에서 우리나라의 재정제도는 1948년 7월 17일의 제헌헌법으로부터 출발한다(강태혁, 2010: 108).[28)] 제헌헌법의 재정조항은 총 6개 조항에 불과하였는데, 조세법률주의(제90조), 정부의 예산안 편성·제출과 국회의 심의·의결(제91조), 국채 모집 등의 국회의결(제92조), 예비비제도(제93조), 가예산제도(제94조), 심계원의 회계검사 및 국회의 결산심사(제95조)에 대하여 규정하였다.

(2) 1948년 「국회법」

제헌헌법에서는 국회의 예산안심의권을 규정하고 있기 때문에, 국회는 1948년 10월 2일 「국회법」을 제정하여 국회의 예산안심의에 관한 조항을 규정하였다. 총 4개 조항은 각 상임위원회의 예비심사와 재정경제위원회의 종합심사(제54조), 예산안의 심사보고와 전원위원회 회부(제55조), 예산안의 수정동의(제56조) 및 위원회에 대한 재심사 부탁[29)](제57조)으로 구성되었다. 「국회법」 제정 당시에는 결산에 관한 조항이 규정되어 있지 않았고 상임위의

27) 우리나라 재정제도의 규정 체계의 변천은 「국가재정법의 이해와 실제」(국회예산정책처, 2014)를 주로 참고하였다.

28) 우리나라의 근대적 재정제도는 1895년 3월 30일 제정된 대한제국의 「회계법」에서 시작되었고, 이 「회계법」은 1910년 대한제국이 일본에 강점될 때까지 대한제국의 재정제도에 관한 기본법으로서의 역할을 수행하였다는 견해(국회예산정책처, 2014)도 있다.

29) 1948년부터 1953년까지 상임위원회인 재정경제위원회가 지금의 예산결산특별위원회의 역할을 담당하였다. 즉 상임위에서 먼저 예산안을 심사한 후, 재정경제위원회에서 종합하여 심사를 하였는데, 재정경위원회는 분과회의에서 예산심사를 진행했고, 이를 예산회의라 불렀다. 예산회의에서 심사하는 도중 특정한 사항을 상임위에서 다시 심사할 필요가 있을 경우, 해당 상임위에 당해 사항의 심사를 요청할 수 있었다.

예비심사 기간을 7일로 제한하였으며, 지금의 예결위에 해당하는 재정경제위원회의 심사기간도 14일 이내로 정하였다는 점이 특징이라고 할 수 있다.

(3) 1951년 「재정법(財政法)」

제헌헌법은 국회와 행정부의 재정권한 배분에 관한 기본적인 사항만을 규정하고 있고, 「국회법」 역시 예산안심사에 관한 기본적 절차를 규정하는데 머물렀기 때문에, 1951년 제정된 「재정법」이 사실상 우리나라 재정제도의 근간을 체계적으로 규정한 효시라고 할 수 있다. 이 법은 10장 85개조로 구성되어 있으며, 제1장 총칙, 제2장 예산(총칙, 예산의 편성), 제3장 결산, 제4장 수입, 제5장 지출(총칙·지출원인행위·지출·지불), 제6장 계약, 제7장 시효, 제8장 국고금과 유가증권, 제9장 출납공무원, 제10장 잡칙으로 구성되어 있다.

「재정법」의 특징은 수입지출 등 회계절차도 광의의 재정에 포함된다고 하여 법률명을 「재정법」으로 하였으며, 예산안의 편성, 예산의 집행, 결산, 수입·지출, 계약, 국고금 및 유가증권, 출납공무원 등 국가재정에 관한 사항을 모두 망라하고 있다[30]는 것이다.

(4) 1961년 「예산회계법(豫算會計法)」

「예산회계법」은 경제개발 추진과정에서 보다 신축적이고 탄력적인 재정정책 운용의 필요에 따라 1961년 12월 19일 국가재건최고회의의 의결로 제정되었다. 이 법은 당초에 새로운 구상으로 입안된 것이 아니라 '財政法中改正法律案'으로 입안되었으나, 그 심의과정에서 명칭이 「예산회계법」으로 변경되어 결국 기존의 재정법을 대체하는 법률이 된 것이다.

제정 「예산회계법」은 제1장 총칙에서 회계연도(제2조), 국가 세출재원의 근거(제4조) 등을 두고, 제2장에서 예산총계주의(제17조), 국고채무부담행위(제18조), 계속비(제19조), 예산의 내용(제24조), 예비비(제26조), 국회제출중인 예산안의 수정(제30조), 추가경정예산안(제31조), 예산불성립시의 예산집행(제32조), 예산의 목적 외 사용금지(제34조) 등을 규정하였으며, 제3장 결산, 제4장 수입, 제5장 지출, 제6장 계약, 제7장 시효, 제8장 국고금과 유

30) 「재정법」은 그 제정이유로 우리나라의 헌법정신을 토대로 하여 현실에 적합한 재정제도를 확립하며 재정처리의 기본인 예산·결산·회계 등을 종합 · 통일하여 모든 원칙을 정하며, 재정운용을 합리화하고 재정의 민주주의적 발전을 도모하려는 것임을 밝히고 있다(법제처, 국가법령정보센터).

가증권, 제9장 출납공무원, 제10장 기록과 보고, 제11장 잡칙 등 총 97개 조문으로 구성되어 있었다.

이후 이 법은 정책운용상의 필요에 따라 몇 차례의 일부개정을 거쳐 운용되다가 1995년 1월 5일 「예산회계법」 중 계약에 관한 부분을 분리하여 별도로 「국가를 당사자로 하는 계약에 관한 법률」을 제정하면서 「예산회계법」의 일부 규정이 정비되었다. 2002년 12월 30일 「예산회계법」 중 세입·세출과 개별법에 따라 설치된 기금의 수입·지출 등 국고금 관리에 관한 부분을 분리하여 별도로 「국고금관리법」을 제정하면서 「예산회계법」이 다시 대폭적으로 개정되었고, 이후에도 2006년 9월까지 약 25차례의 크고 작은 개정이 이루어졌다.

(5) 2006년 「국가재정법(國家財政法)」

2000년대 들어 재정민주화의 요구 증대, 국가채무의 증가, 정보화의 진전 등 우리나라를 둘러싼 사회적, 경제적 여건이 급속하게 변화하였고, 특히 IMF 외환위기를 겪으면서 재정건전성도 크게 악화되기에 이르렀다. 이에 따라 재정제도 전반에 대한 개혁의 필요성이 크게 대두되었고, 2006년 9월 8일 제262회 국회 정기회 본회의에서 재적 260인 중 찬성 259인, 기권 1인의 압도적 찬성으로 「국가재정법안」이 가결되어 2007년 1월 1일부터 시행되었다.

「국가재정법」은 제정 이후 2024년 4월 현재까지 총 67차례[31]에 걸쳐 개정되었는데, 현행 「국가재정법」의 재정제도에 관한 규정 내용을 표로 설명하면, 아래와 같다.

31) 67차례의 개정 가운데 다른 법률의 개정으로 개정된 43차례를 제외하면 「국가재정법」 본래의 개정 필요에 따라 개정이 이루어진 것은 24차례이다.

[표 1] 국가재정법의 주요 규정 사항

구분			내용
제1장	총칙	제1조~제15조	-회계연도(제2조) -회계연도 독립의 원칙(제3조) -회계구분(제4조) -기금의 설치(제5조) -국가재정운용계획(제7조)
제2장	예산	제1절 총칙	-예산총계주의(제17조) -예산의 구성(제19조) -예비비(제22조) -계속비(제23조) -명시이월비(제24조) -국고채무부담행위(제25조) -성인지예산서(제26조)
		제2절 예산안의 편성	-예산안의 편성(제28조~제41조)
		제3절 예산의 집행	-예산의 집행(제42조~제55조)
제3장	결산	제56조~제61조	-성인지결산서의 작성(제57조) -온실가스감축인지 결산서의 작성(제57조의2) -중앙관서결산보고서의 작성 및 제출(제58조) -국가결산보고서의 작성 및 제출(제59조~제61조)
제4장	기금	제62조~제85조	-기금운용계획의 수립(제66조) 및 국회제출(제68조) -성인지 기금운용계획서의 작성(제68조의2) -온실가스감축인지 기금운용계획서의 작성(제68조의3) -기금운용계획의 변경(제70조) -기금운용심의회(제74조) 및 자산운용위원회(제76조) -기금운용계획의 집행지침(제80조) -기금운용의 평가(제82조)
제4장의2	성과 관리	제85조의2~제85조 의12	-재정사업의 성과관리(제85조의2) -성과계획서 및 성과보고서의 제출(제85조의7) -재정사업 성과관리 결과의 반영(제85조의10) -성과정보의 관리 및 공개(제85조의12)
제5장	재정 건전화	제86조~제92조	-재정수반법령의 제정 및 개정(제87조) -국세감면의 제한(제88조) -세계잉여금 등의 처리(제90조) -국가채무의 관리(제91조)
제6장	보칙	제93조~제101조	-재정업무의 정보화(제97조의2) -예산·기금의 불법지출에 대한 국민감시(제100조)
제7장	벌칙	제102조	
별표	별표 1. 특별회계설치 근거법률	별표 2. 기금설치 근거법률	별표 3. 금융성 기금

3. 재정제도의 분류

재정제도는 재정이 운용되는 과정과 절차를 규정하는 데 그치지 않고 재정절차에 참여하는 국회, 중앙예산기관, 행정 각 부처 등의 권한과 역할을 규정하는 기능을 한다. 이러한 재정제도는 각 나라마다 정치적, 사회적 경험과 재정환경 등에 따라 조금씩 다른 형태로 운용되고 있다. 우리나라도 「헌법」을 비롯하여 「국가재정법」과 「국회법」 등에서 다양한 재정제도를 규정하고 있는데, 이 중 주요한 재정제도를 예산안의 편성, 심의, 집행 및 결산의 4단계로 분류할 수 있다.

이처럼 재정제도를 4단계의 재정절차로 분류하는 것은 주로 「국가재정법」의 편제를 기준으로 한 것이다. 즉, 「국가재정법」 제2장의 제2절(예산안의 편성)에 규정된 재정제도는 '예산안의 편성'과 관련된 재정제도로 분류하고, 제2장의 제3절(예산의 집행)에 규정된 재정제도는 '예산의 집행'과 관련된 재정제도로 분류하며, 제3장(결산)에 규정된 재정제도는 '결산'과 관련된 재정제도로 분류할 수 있다. 그리고 「국가재정법」의 나머지 부분에 규정된 그 밖의 재정제도는 편의상 '재정제도 일반'으로 분류한다.

그 밖에, 「국회법」에 규정된 재정제도 중 의안비용추계제도(제79조의2)는 '예산안심의', 결산시정요구제도(제84조제2항)는 '결산'과 관련된 재정제도로 나누며, 「공공기관의 운영에 관한 법률」에 따른 공공기관제도는 '재정제도 일반'으로 구분한다.

지금까지 설명한 재정절차에 따른 재정제도의 분류를 아래의 [표 2]로 나타낼 수 있다.

[표 2] 재정절차에 따른 재정제도의 분류

구분(재정절차)	제도	
재정제도 일반	- 국가재정운용계획 - 성인지예산제도 - 국가채무관리제도	- 성과관리 예산제도 - 온실가스감축인지예산제도 - 공공기관제도
예산안의 편성	- 총액배분자율편성제도 - 총액계상사업 - 온실가스감축인지예산서 - 성과계획서	- 계속비제도 - 성인지예산서 - 조세지출예산서 - 예비타당성조사
예산안의 심의	- 수정예산안과 추가경정예산안 - 법안비용추계제도 - 재정기준선전망제도	- 부대의견 - 재정소요점검제도
예산의 집행	- 예산의 이용, 전용(조정) 및 불용 - 수시배정제도 - 지방재정조정제도	- 총사업비관리 제도 - 예비비제도 - 민간투자사업
결산	- 감사원의 회계검사 및 결산검사 - 발생주의·복식부기 회계제도 - 성인지 결산서	- 결산시정요구제도 - 성과보고서 - 온실가스감축인지 결산서

주: 1) 재정절차의 단계별로 재정제도를 분류하여 논의하는 경우 재정제도가 전체 재정절차에서 차지하는 위치와 중요성 등을 이해하기 쉽다. 다만, 수시배정제도나 결산시정요구제도, 총액배분자율편성제도 등은 특정한 재정절차와 높은 정합성을 갖고 있으나, 성인지 예산제도, 성과관리예산제도, 민간투자사업과 같이 특정한 재정절차로 분류하기 애매한 경우가 다수 있다. 이 경우 상대적으로 연관성이 높은 재정절차로 분류하거나, 재정제도 일반으로 분류하였다. 따라서 개개인마다의 관점과 기준에 따라 재정절차와 재정제도의 분류는 바뀔 수 있다.

참고문헌

강태혁. (2010).「한국예산제도론」. 율곡출판사.

배득종·유승원. (2014).「신재무행정」. 박영사.

법제처. 국가법령정보센터(https://www.law.go.kr)

하연섭. (2022).「정부예산과 재무행정」. 다산출판사.

제2장
재정제도 일반

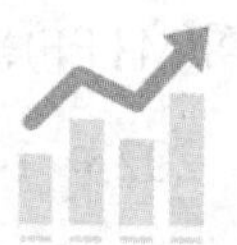

제1절 중기재정계획제도: 국가재정운용계획

1. 의의

(1) 국가재정운용계획의 도입

중기재정계획은 1930년대 예산개혁의 전 세계적인 흐름에서 태동한 것으로, 회계의 원칙을 바꾸는 미시적 개혁[1)]보다는 중장기적인 관점에서 재정운용과 연결된 거시적 개혁의 산물로 탄생한 계획예산제도(PPBS)의 하나로 이해된다(장하진, 2010: 3). 중기재정계획이 본격적으로 도입된 것은 제2차 세계대전이 끝나고 유럽 각국이 복지국가를 실현하는 과정에서 늘어나는 재정수요에 대응하여 종래의 단년도 예산제도의 문제점을 보완하기 위해서였다(김영훈, 1988: 3).

정책 우선순위와 정부예산을 명확하게 연계시켜야 한다는 인식은 오래전부터 있어 왔지만, 이것을 현실적인 제도로 발전시킨 최초의 국가는 호주이다. 1980년대에 호주는 향후 몇 년간의 총량 및 지출부문별 수입 · 지출에 관한 사전예측치(forward estimates)를 발표하였는데, 지출부처들은 이를 예산을 요구하는 기준치로 사용하였고, 예산당국도 이것을 예산편성의 기준자료로 사용하기 시작하였다. 호주에서는 이미 승인된 정책을 수행하는 데 필요한 수입과 지출에 대한 중기(mid-term) 사전예측치를 발표했는데, 이 예측치는 매년 자동 연장되는 연동방식(rolling)으로 작성되었고, 이때 물가, 정책, 수입, 지출상의 변동이 고

1) 미시적 예산개혁의 산물로는 북유럽에서 시작된 복식부기방식의 예산분류방식과 미국에서 도입된 성과주의 예산제도를 들 수 있다.

려되었다. 이 제도는 이후 MTEF(Mid-Term Expenditure Framework)란 이름으로 보통명사화되어 선진국들 사이에 급속히 인기를 끌었다. 현재는 OECD 국가들 전체가 중기재정계획(MTEF)을 사용하고 있고 상당수 개발도상국도 이 제도를 도입하고 있다(유승원 · 김수희, 2023: 144)

우리나라가 중기재정계획을 처음 수립한 것은 1982년인데,[2] 당시 중기재정계획이 도입된 것은 그간의 만성적인 재정적자를 해소하고 중기적 관점에서 재정을 운용하기 위함이었다. 이러한 중기재정계획은 경제개발 5개년 계획이 중단된 이후에도 국가재정의 중장기투자계획을 재정건전성 유지와 조화시키기 위해 추진되었다. 1997년 말 외환위기를 맞아 경제회생과 사회안전망 구축을 위한 재정지출 확대로 재정수지가 급격히 악화되면서 몇 차례에 걸쳐 중기재정계획이 수립된 바 있지만, 현재의 국가재정운용계획과 달리 비정기적으로 작성되었을 뿐만 아니라 외부에 공개하지 않고 단지 예산당국의 참고자료로만 활용되었다(유승원 · 김수희, 2023: 144). 내용면에서도 예측된 거시경제전망을 바탕으로 세입여건을 검토하고 재정지출 규모와 재정수지에 대한 대략적인 정책방향을 제시하는 수준에 머물렀다(신해룡, 2005: 23).

이후 참여정부가 들어서면서 중기적 시계에서 재원을 전략적으로 배분함으로써 국정과제를 보다 체계적으로 추진할 목적으로 새로운 중기재정계획인 '국가재정운용계획'을 수립·운용하였다. 먼저 기획재정부는 2004년 하반기와 2005년 중반기에 각각 「2004~2008년 국가재정운용계획」과 「2005~2009년 국가재정운용계획(시안)」을 발표했다. 이후 2006년 10월 「국가재정법」이 제정되면서 정부는 국가재정운용계획을 수립하여 회계연도 개시 90일 전까지 국회에 제출하도록 의무화하였다. 이후 2013년 「국가재정법」 개정으로 예산안과 함께 회계연도 개시 120일 전까지 제출하고 있다.

(2) 중기재정계획의 필요성

일반적으로 재정운용의 과정에서 중기재정계획의 필요성은 다음의 3가지로 설명될 수 있다.

---

2) 우리나라의 중기재정계획은 1982년 제5차 경제개발계획의 수립과 함께 구 「예산회계법」 제16조를 근간으로 하여 처음 작성되었는데, 당시에는 동 계획이 공공부문투자에 역점을 두었기 때문에 중기재정계획과 경제개발계획의 기간이 일치했다.

첫째, 예산은 본래 1년을 계획기간으로 하는 재정정책의 표현이라고 할 수 있는데, 단년도 예산원칙은 예산이 본질적으로 지니고 있는 법률적 의의와 이를 활용하는 정치적 기능을 확보하기 위한 제도적 장치(김영훈, 1988: 5)라고 할 수 있다. 그러나 1년 단위의 예산은 재정지출의 우선순위를 조정하거나 재정수지의 흐름을 파악하기에는 너무 짧다. 지출의 우선순위를 변화시키기 위해서는 장기적 시계에 따라 체계적으로 예산이 운용되어야 실효를 거둘 수 있다. 이에 Lynch(1979)는 "예산이란 일정기간 국가의 목표를 성취하는 데 필요한 여러 사업(program)을 수행하기 위한 자금계획으로서, 전후 연도의 수요를 감안하면서 소요자원과 가용자원의 추계를 포함하는 것이어야 한다"고 하였다(박영희 · 김종희, 2017: 16)

둘째, 다년도 계획이 없다면, 환경의 변화에 따라 세출이 전면적으로 또는 임기응변식으로 조정되어 재정운용의 합리성이 저하될 수 있다. 이른바 투표자의 합리적 무관심(voter's rational ignorance)에 편승한 인기영합주의가 재정의 건전성을 위협할 수 있다는 것이다. 중기재정운용체계(medium-term fiscal framework: MTFF)는 제시된 각 정책의 재원소요를 중장기적 관점에서 가늠해보고 거시적인 재정운용전략과 부합하는 범위 내에서 정책을 채택함으로써 정책수립의 합리성과 정책추진의 실효성을 높일 수 있는 유용한 재정운용 수단으로 평가되고 있다.

셋째, 재정민주주의 측면에서 재정의 책임성과 투명성 수준을 높이고 국회의 재정권한을 강화하는 데 기여할 수 있다. 국가재정운용계획이 국회에 제출됨으로써 국회는 국가적 차원의 정책방향과 중장기 재정전망을 심도 있게 검토할 수 있게 되었고, 중장기적 관점에서 재정수입, 재정지출, 재정수지 및 국가채무 등에 대한 정보를 확보하여 이를 예산안심의에 활용할 수 있게 되었다.

2. 「국가재정법」과 국가재정운용계획

정부는 2013년 개정된 「국가재정법」에 따라 2016년부터 매년 국가재정운용계획을 회계연도 개시 120일 전까지 국회에 제출하고 있다. 「국가재정법」제7조는 국가재정운용계획에 포함되어야 할 사항과 첨부서류를 규정하고 있고, 계획의 수립을 위한 각종 협의와 자료의 제출, 국회 소관 상임위원회에의 보고 등을 규정하고 있다.

(1) 국가재정운용계획의 수립 절차

① 국가재정운용계획 수립지침의 통보

기획재정부장관은 국가재정운용계획 수립을 위해 당해 회계연도의 전년도 12월 31일까지 「국가재정운용계획 수립지침」을 마련하여 각 부처의 장에게 통보하여야 한다. 지침은 i) 향후 재정운용여건 및 방향, ii) 부처별 중기사업계획서 작성지침, iii) 국가재정운용계획과 재정지출수반 중장기계획 연계, iv) 국가재정운용계획 및 예산·기금 편성 일정, v) 부처별 중기사업계획서 작성 양식으로 구성되어 있다.

② 중기사업계획서의 작성·제출

각 중앙관서의 장은 매년 1월 31일까지 해당 회계연도부터 5회계연도 이상의 기간 동안의 신규사업 및 기획재정부장관이 정하는 주요 계속사업에 대한 중기사업계획서를 기획재정부장관에게 제출하여야 한다. 중기사업계획서의 작성 대상은 각 중앙관서 및 소속기관의 일반회계, 특별회계 및 기금이다. 중기사업계획서에는 수입계획과 지출계획은 물론, 재정운용 성과평가, 재정운용방향, 중점투자사업, 제도개선사항 등이 포함된다.

③ 국가재정운용계획 수립 지원단 운영 및 재정전략회의 개최

각 중앙관서의 장이 중기사업계획서를 제출하면 분야별 재정 전문가가 참여하는 국가재정운용계획 수립 지원단을 구성·운영하여 중기 재정운용 기본방향과 분야별 중점투자방향 등에 대한 검토를 진행한다. 그리고 5~6월경 대통령 주재로 국무위원 등이 참여하는 재정전략회의를 개최하여 중기재정운용전략, 차년도 예산안편성 방향, 각 분야별 재정투자방향 등을 논의한다.

④ 재정정책자문회의 개최

매년 8월에 각 중앙관서와 지방자치단체의 공무원 및 민간 전문가 등으로 구성된 재정정책자문회의를 개최하여 재정전문가 등 각계의 의견을 수렴한다.

⑤ 국가재정운용계획 수립 방향의 보고

기획재정부장관은 국가재정운용계획을 국회에 제출하기 전에 재정규모, 재정수지, 재원배분 등 수립 방향을 국회 소관 상임위원회에 보고하여야 한다. 최근에는 국가재정운용계획을 국회에 제출하기 약 한 달 전에 소관 상임위원회인 기획재정위원회에 보고하고 있다.

⑥ 국가재정운용계획의 확정 및 국회제출

기획재정부장관은 각 중앙관서가 제출한 중기사업계획서를 토대로 국가재정운용계획 작성 작업에 들어가고, 의견수렴을 위한 공청회(또는 토론회), 관계 부처·기관 등과의 협의, 국회의 심의 등을 거쳐 국가재정운용계획을 확정하여 국회에 제출하게 된다. 국가재정운용계획이 국회에 제출된 일자를 보면, 제18대 국회인 2008년부터 예산안과 함께 제출된 것을 알 수 있다.

[표 1] 「국가재정운용계획」 국회 제출 일자

구분	제출자	제출 일자
2023~2027년 국가재정운용계획	정부	2023. 9. 1
2022~2026년 국가재정운용계획	정부	2022. 9. 2
2021~2025년 국가재정운용계획	정부	2021. 9. 3
2020~2024년 국가재정운용계획	정부	2020. 9. 3
2019~2023년 국가재정운용계획	정부	2019. 9. 3
2018~2022년 국가재정운용계획	정부	2018. 9. 3
2017~2021년 국가재정운용계획	정부	2017. 9. 1
2016~2020년 국가재정운용계획	정부	2016. 9. 2
2015~2019년 국가재정운용계획	정부	2015. 9. 11
2014~2018년 국가재정운용계획	정부	2014. 9. 22
2013~2017년 국가재정운용계획	정부	2013. 10. 2
2012~2016년 국가재정운용계획	정부	2012. 9. 28
2011~2015년 국가재정운용계획	정부	2011. 9. 30
2010~2014년 국가재정운용계획	정부	2010. 10. 1
2009~2013년 국가재정운용계획	정부	2009. 10. 1
2008~2012년 국가재정운용계획	정부	2008. 10. 2

[그림 1] 국가재정운용계획 수립절차

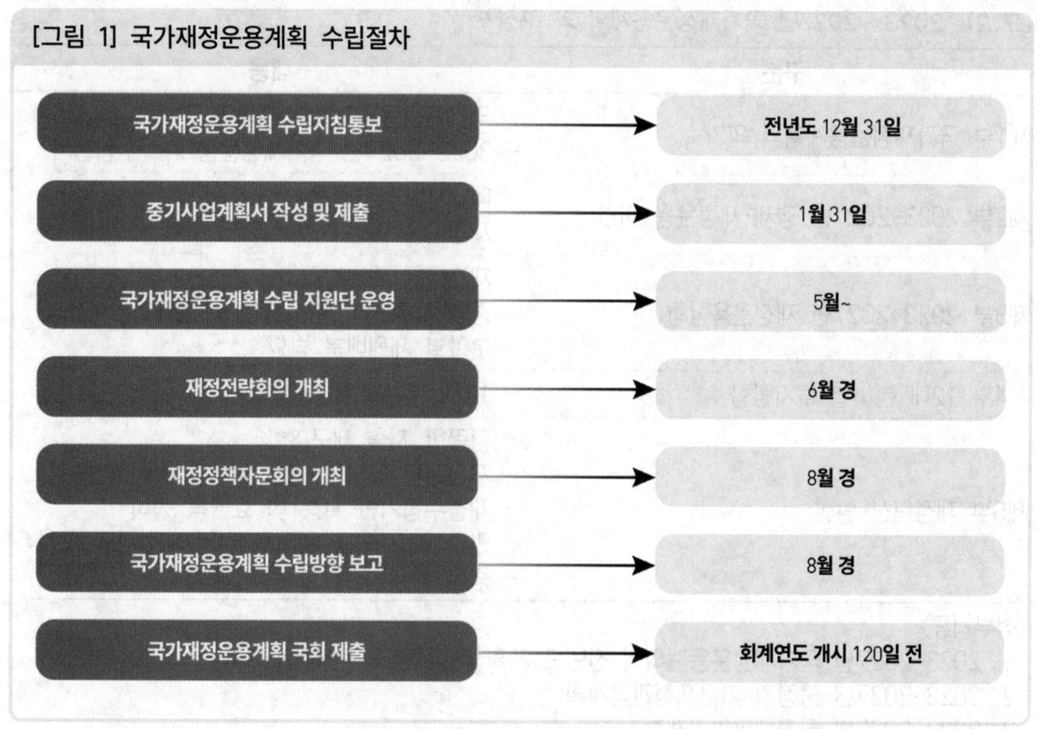

(2) 국가재정운용계획의 구성 서류

「국가재정법」제7조제2항에 따르면, 국가재정운용계획에는 ① 재정운용의 기본방향과 목표, ② 중·장기 재정전망, ③ 분야별 재원배분계획 및 투자방향, ④ 재정규모증가율 및 근거, ⑤ 의무지출의 증가율 및 산출내역과 재량지출[3]의 증가율에 대한 분야별 전망과 근거 및 관리계획, ⑥ 세입·세외수입·기금수입 등 재정수입의 증가율 및 그 근거, ⑦ 조세부담률 및 국민부담률 전망, ⑧ 통합재정수지에 대한 전망과 근거 및 관리계획이 포함되어야 한다고 규정하고 있다.

2023년 국회에 제출된 「2023~2027년 국가재정운용계획」을 보면 다음의 [표 2]와 같이 총 5부로 구성되어 있다.

3) 의무지출이란 재정지출 중 법률에 따라 지출의무가 발생하고 법령에 따라 지출규모가 결정되는 법정지출 및 이자지출을 말하며, 재량지출이란 재정지출에서 의무지출을 제외한 지출을 말한다.

[표 2] 「2023~2027년 국가재정운용계획」의 구성

구분	내용
제1부 국가재정운용계획의 의의	- 국가재정운용계획의 개념과 연혁 - 2023~2027년 국가재정운용계획 수립절차
제2부 2023~2027년 경제·재정운용 여건	- 대내·외 경제여건 - 재정운용 여건
제3부 2023~2027년 재정운용방향	- 재정운용 기본방향 - 중기 재정전망 및 재정운용 목표 - 분야별 재원배분 방향
제4부 12대 분야별 투자방향	- 12대 분야별 투자방향
제5부 재정혁신 방향	- 강력한 지출 재구조화 - 재정사업 타당성 검증 및 성과관리 강화 - 재정수입기반 확충 및 효율적 정비 - 민간 역량 활용 확대를 위한 재정제도 혁신 - 중장기 재정건전성 관리 강화

〈첨부서류〉

1. 2023~2027년 국가재정운용계획의 전년도 계획 대비 평가 · 분석 보고서
2. 2023~2027년 중장기 기금재정관리계획
3. 2023~2027년 국가채무관리계획
4. 중장기 조세정책 운용계획

「국가재정법」제7조제3항은 국가재정운용계획을 국회에 제출할 때 첨부서류로, ① 전년도에 수립한 국가재정운용계획 대비 변동사항, 변동요인 및 관리계획 등에 대한 평가·분석보고서, ② 중장기 기금재정관리계획, ③ 국가채무관리계획, ④중장기 조세정책운용계획, ⑤장기 재정전망 결과를 함께 제출하도록 규정하고 있다.

3. 외국의 중기재정계획제도

중장기 국가재정운용계획은 단년도 예산의 약점을 극복하고 중장기적으로 효율적인 재정계획을 실행하기 위한 청사진을 제시한다. 이를 통해 미래를 고려한 종합적인 예산 편성을 가능하게 하는 것이다. 주요 선진국들도 우리나라와 유사한 제도를 운용하고 있다. 다음에서는 미국, 캐나다, 영국, 프랑스, 독일 등에서의 중장기 국가재정운용계획 운용에 관해 살펴보도록 한다.

(1) 주요국가의 중기재정계획제도

독일

독일은 5년 단위 중기재정계획을 운용 중이며, 이는 1969년 「경제안정 및 성장촉진법」을 통해 도입되었다. 독일의 중기재정계획은 연방 재정부가 작성하여 안정위원회(Stabilitätsrat)의 토론과 내각(Kabinett)의 확인을 거쳐 의회에 제출되며, 이를 기초로 연방예산이 편성된다. 중기재정계획은 해당 연도 예산뿐 아니라 향후 5년간 계속사업들의 재정집행계획을 제시함으로써 예상되는 공공부문의 재정 수입과 지출을 총체적으로 파악하고 장기적인 관점에서 예산사업 우선순위를 결정하는 기초자료로 활용된다(국회예산정책처, 2020). 정부의 중기재정계획은 두 가지로 구분되는데, 변동성이 적은 지출을 대상으로 하는 확정재정계획과 경제상황에 따라 변동되는 지출을 대상으로 하는 유동재정계획으로 구분된다.

독일 연방예산법 제30조는 정부예산법률안 및 예산안을 연방하원의 첫 회기가 시작되는 주 내에 제출하도록 하고 있고, 예산원칙법 제50조는 5개년 재정계획을 정부예산법률안 및 예산안과 함께 제출하도록 하고 있다.

프랑스

프랑스의 중기재정계획은 EU의 「안정성과 성장에 관한 협약」에서 합의한 바에 따라 국가재정건전성을 제고하기 위해 도입되었다. 이를 위해 프랑스는 2008년 7월 헌법을 개정하여 공공재정에 관한 규정을 신설하고, 이를 근거로 2년 주기로 수립하는 3년 단위 중기재정계획(loi de programation)을 별도의 법률로 제정하여 운용하고 있다. 이에 따라 연방 재무부는 2008년 최초로「2009~2012년도 공공재정계획법률안」을 수립하여 2009년도「예산법률안」과 함께 의회에 제출하였으며, 이후 중기재정계획은 재정수지·국가채무 전망, 정부지출계획, 수입계획 및 중기재정계획 실행을 위한 절차·방식에 관한 사항을 담고 있다(한국법제연구원, 2010: 37). 또한, 프랑스 정부는 중기재정계획에서 재정적자 및 국가채무에 대한 중기 감축목표를 설정하고 있다[4]. 이처럼 프랑스는「헌법」에 중기재정계획의 근거를 두고 개별 법률을 통해 이를 수립·운용한다는 점에서 정부에 대해 높은 재정운용 책임성을 요구하고 있는 것으로 평가된다.

미국

미국은 의회가 예산을 편성하기 때문에 행정부가 공식적인 중기재정계획을 운용하지 않는다. 그러나 중기적인 시계에서 재정을 운용하고자 하는 중기재정계획의 정신은 예산과정의 각 단계에 잘 반영되어 있다. 관리예산처(OMB)가 작성하여 의회에 제출하는 대통령의 예산안은 향후 10년간의 수입, 지출, 재정수지, 국채 규모에 대한 전망을 포함한다[5]. 이에 따라 바이든의 2022년도 예산안에도 향후 10년의 재정규모에 대한 전망이 제시되고 있다(Joseph R. Biden Jr, 2021: 37-62). 의회는 대통령 예산안을 참고하여 예산을 편성하는데, 먼저 재정총량을 예산결의안(budget resolution)이라는 형태로 의결한다. 예산결의안에는 예산연도를 포함하여 10년간의 재정총량과 의회의 예산편성방향이 제시된다. 이 재정총량에는 연도별 연방세입, 연방세출, 적자한도, 국채발행한도, 그리고 각 분야의 연도별 예산권한과 지출한도 등이 포함되어 있다(House of Representatives, 2021: 4-46). 이러한 중기적인 재정총량 결정이 이루어진 이후 의회는 비로소 사업별로 예산을 결정하여 이를 12개의 세출법으로 의결한다.

이와 같이 행정부의 중기재정계획(10년 기준선전망)은 구속력이 없지만, 의회 예산결정의 주요지표로서의 의미를 갖고 있으며, 의회 예산결의안에 녹아들어 예산연도는 물론 향후 10년간의 예산편성, 예산관련 법률의 제·개정, 재정규율 형성 등의 과정에서 중요한 기준이 된다.

---

4) 예를 들어 2018~2022년 중기재정법률은 GDP 대비 구조적 재정적자는 2.2%(2017년)에서 0.8%(2022년)로, GDP 대비 국가채무는 96.7%(2017년)에서 91.4%(2022년)로 감축하는 목표를 규정

5) 부시 행정부가 재정전망을 5년으로 단축한 것외에는 모두 10년간의 전망을 작성하였다.

스웨덴

스웨덴의 중기재정계획은 1990년대 경기침체 및 재정적자 급증에 대한 대응으로 도입되었다(한국재정학회, 2012: 11). 스웨덴의 중기재정계획은 「춘계재정정책안(Spring Fiscal Policy Bill)」의 형식으로 정부가 제출하여 의회의 심의·의결을 받는다. 춘계재정정책안은 향후 3~4년간의 경제 전망 및 재정정책의 방향 등을 포함하고 있다. 스웨덴은 예산비법률주의를 채택하고 있고 중기재정계획은 일종의 행정부 지침으로서 법적 구속력은 없으나 이후의 예산편성에 실질적인 구속력을 발휘하며, 각 부처는 중기재정계획을 토대로 예산편성 작업을 진행한다.[6]

영국

영국은 1997년에 집권한 노동당 정부의 재정개혁에 따라 1998년부터 2~4년 주기로 수립하는 3년 단위 중기재정계획을 운용하고 있다.[7] 이 중기재정계획은 '지출계획서(Spending Review: SR)'라고 불리는데, 국가재원이 실제로 '지출계획서'를 통해 배분될 만큼 실효적인 계획으로 평가된다.

지출계획서는 정부의 재정정책 기조, 재정지출에 대한 우선순위, 3년간 부처별 지출총액(Departmental Expenditure Limits: DEL)[8]을 비롯한 지출계획을 포함하고 있다. 부처별 지출한도(DEL)는 천재지변이나 국가적 위기 등 예외적인 경우를 제외하고 증액되지 않으며, 의료·교통 등 장기계획을 요하는 투자지출 분야에 대해서는 재무부의 동의하에 3년을 초과하는 지출계획을 수립할 수도 있다(국회예산정책처, 2020: 92).

영국 정부의 SR(지출계획서) 작성일정을 살펴보면, 전년도 3~8월에 걸쳐 재무부와 각 부처가 작성방침을 협의·확정하고 8~12월에 걸쳐 재무부가 부처별 성과계획서(PSA: Public Service Agreement) 및 자원요구액 등을 검토하여 최종 작성한다(한국재정학회, 2012: 54).

지출계획서는 의회에 대해 정보를 제공할 뿐 의회의 승인을 요하지 않으며 그 이행에 대

6) 스웨덴은 1995년 재정준칙이 도입된 이후 예산 편성 시 해당 회계연도를 기준으로 향후 3년간의 지출한도를 포함하고 있다.

7) 가장 최근 발표된 지출계획서는 2020년 발표된 2020/21회계연도에서 2025/26회계연도까지에 대한 지출계획서이다.

8) 다만, 부처별 지출총액(DEL)에는 경제상황의 영향으로 정부의 직접 통제가 어려운 성격의 지출(사회보장지출, 교부금, 국채이자 등)은 제외되어 있다. 이러한 성격의 지출은 AME(Annual Managed Expenditure)로 개념화되어 별도 관리된다.

해 법적 구속을 받지 않는다. 영국의 경우, 내각과 의회간 관계가 긴밀한 웨스트민스터(Westminster)형 정체(政體)이므로 예산안 심사과정에서 의회의 역할은 미약한 편이다.

캐나다

캐나다는 1979년 '정책·지출관리제도'(PEMS: Policy and Expenditure Management System)가 도입되면서 지출한도가 설정된 5개년의 중기재정계획을 설계하기 시작하였다. '정책·지출관리제도'가 1989년 공식적으로 폐지된 이후, 1995년 도입된 '지출관리제도'(EMS: Expenditure Management System) 하에서는 재정계획기간을 이전의 5개 연도에서 2개 연도로 줄임으로써 지속적으로 예산적자의 폭을 줄이고자 하는 노력을 가시화하였다(한국재정학회, 2012).

캐나다 정부가 매년 작성하는 「Budget」이라는 예산서류에는 정부의 전략적인 우선순위와 부합하는 정부의 재정구조에 관하여 포괄적으로 기술하고 있는데, 당해 연도 및 향후 2개 연도에 대한 예산전망, 정부의 재정 및 경제운용목표, 정책우선순위 등을 제시한다. 이외에도 캐나다 행정부는 11월~12월 경 제출하는 「Economic and Fiscal Update」를 통하여 의회와의 사전협의 과정에 초점을 맞춘 전반적인 재정계획을 제시하고 있다.[9] 국내외적인 경제·재정전망을 제시하고 단기적인 이슈 뿐만 아니라 중장기 정책목표에 따른 예산소요를 재정계획의 관점에서 제시한다. 거시전망, 재정수지, 세입 및 국가채무 등에 대해 5개년 전망을 표로 보여준다.

캐나다에서는 국가 전체의 중기재정계획만이 아니라 각 부처도 소관분야의 중기지출계획(RPP: reports on plans and priorities)을 발표하도록 하고 있다. 이는 약 87개에 이르는 부처별 지출계획으로서, 각 부처의 당해 연도와 향후 2개 연도의 총 3개년 간 지출목표와 정부의 우선순위에 관한 상세한 설명이 제시되어 있다.

9) 최근 사례를 살펴보면, 2021년 12월 14일 캐나다 정부는 향후 5개년(2022~2026년)의 경제 및 재정 전망인 「Economic and Fiscal Update」를 작성하여 의회에 제출하였고, 이후 정부 내 예산 절차를 거쳐 2022년 4월 8일 의회에 「Budget」을 제출한 바 있다.

(2) OECD 국가의 중기재정계획 운용 현황10)

다음의 [표 3]은 우리나라를 포함하여 OECD 국가들이 운영하고 있는 중기재정계획체계의 특징을 비교하고 있다. 먼저, 중기재정계획의 대상 기간(즉, 지출한도의 대상 기간)은 3년이 13개국, 4년이 14개국으로 3~4년이 절대다수를 차지하고 있고, 우리나라, 아이슬란드, 캐나다 등 3개국만 5년임을 알 수 있다. 대부분의 국가는 중기재정계획을 매년 연동계획을 통하여 수정하는 형태로 운영하고 있으나, 핀란드의 경우는 4년 대상 기간 중 계획의 수정을 1회만 허용하고 있다. 스웨덴의 경우에는 연동계획 형태로 운영하고 있으나 대상 기간 동안 지출한도의 수정은 허용되지 않는 것이 특징이다.

[표 3] OECD 국가의 중기재정계획 운용 현황

구 분	대상 기간	계획체계의 유연성	지출한도 수정 빈도
호주	4년	연동계획	매년 1회 이상
오스트리아	4년	연동계획	매년
캐나다	5년	연동계획	매년
칠레	4년	연동계획	매년 1회 이상
체코	3년	기간 고정	매년
덴마크	4년	연동계획	기타
에스토니아	4년	연동계획	매년 1회 이상
핀란드	4년	기간 고정	대상 기간 동안 1회
프랑스	3년	기간 고정	2~3년에 한번
독일	4년	연동계획	매년
그리스	4년	연동계획	매년
헝가리	3년	연동계획	매년
아이슬란드	5년	연동계획	매년
아일랜드	3년	연동계획	매년
이스라엘	3년	연동계획	매년 1회 이상
이탈리아	3년	연동계획	기타
일본	3년	기간 고정	수정 없음

10) OECD(2019)의 분석(Budgeting and Public Expenditures in OECD Countries 2019)을 바탕으로 하연섭(2022)이 작성한 내용을 인용하였다.

구 분	대상 기간	계획체계의 유연성	지출한도 수정 빈도
한국	5년	연동계획	매년
라트비아	3년	연동계획	매년
룩셈부르크	4년	연동계획	매년
네덜란드	4년	기간 고정	기타
뉴질랜드	4년	연동계획	매년
폴란드	3년	연동계획	매년
포르투갈	4년	연동계획	매년
슬로바키아	3년	연동계획	매년
슬로베니아	3년	연동계획	매년
스페인	3년	연동계획	매년
스웨덴	3년	연동계획	수정 없음
스위스	4년	연동계획	매년
터키	3년	연동계획	매년
영국	4년	기간 고정	2~3년에 한번

주: 대상 기간은 다음 회계연도를 포함
자료: 하연섭, 「정부예산과 재무행정」, 2022

참고문헌

국회예산정책처. (2020). 「주요국의 재정제도」.
김영훈. (1988). “예산개혁을 위한 중기재정계획제도의 시도.”「사회과학논집」(19), 연세대학교 사회과학연구소.
박영희 · 김종희. (2017). 「신재무행정론」. 다산출판사.
신해룡. (2005). “국가재정운용계획의 성공 요건과 국회의 역할.”「예산춘추」제2호. 국회예산정책처.
장하진. (2010). “5년 중기재정계획 제도의 문제점과 개선 방안: 국회예산결산특별위원회 정책연구보고서.”
하연섭. (2022). 「정부예산과 재무행정(제4판)」. 다산출판사.
한국법제연구원. (2010). 「주요국의 중기재정계획법제 현황과 시사점」.
한국재정학회. (2012). 「외국의 중기재정계획 내용구성 비교 및 시사점 연구」.
OECD. (2019). Budgeting and Public Expenditures in OECD Countries 2019.
Joseph R. Biden Jr. (2021). Budget of the U.S. Government, Fiscal year 2022.
U.S. House of Representatives. (2021). Concurrent Resolution on the Budget for Fiscal Year 2022.

제2절 성인지 예산제도

1. 성인지 예산제도의 의의

(1) 성인지 예산제도의 배경

일반적으로 정부의 예산은 성 중립적(gender neutral) 또는 몰성적(gender blind)인 것으로 가정하고 있고, 여성과 남성의 경제·사회적 역할과 상황, 수요의 차이를 고려하지 않은 재정운용은 현재의 성 불평등사회를 개선하지 못할 우려가 있다(Budlender & sharp, 1998). 이러한 관점에서 국가 재정운용에 성별영향을 고려하는 성인지 예산(gender sensitive budget)은 양성평등을 구현하는 하나의 도구로서 개발되었다. 해외에서는 1984년부터 성인지 예산제도를 도입한 호주의 사례가 UN과 OECD 등의 국제기구를 통해 여러 국가에 소개되면서 본격적으로 논의되기 시작하였다. 이후 1995년 북경 세계여성대회에서 성 주류화 전략의 주요 의제로 채택되면서 많은 국가들이 다양한 방식으로 도입 · 운용하고 있다(윤영진, 2021).

우리나라도 2006년 「국가재정법」이 제정된 이후 성인지 예산제도의 근거가 마련되었고, 2010년도 예산부터는 성인지 예산제도를 본격적으로 적용하고 있다. 성인지 예산은 여성과 남성을 위한 예산으로 구분하여, 국가예산이 여성과 남성에게 미치는 영향을 분석함으로써 재정운용에 있어서 양성평등에 대한 인식을 제고하고, 양성평등에 대한 정부의 책임성을 강화하며, 양성평등과 여성의 지위 향상을 위한 예산과 정책의 실질적 변화 등을 목적으로 한다(Sharp & Broomhill, 2002).

유엔개발계획(UNDP)에 따르면, 성인지 예산의 구체적인 목표는 ① 예산 및 예산에 의해 뒷받침되는 정책과 프로그램이 여성에게 미치는 영향에 대한 정부부처 내 인식제고, ② 정부의 세입·세출이 여성과 남성에게 갖는 함의에 대한 통찰 제공, ③ 양성평등을 촉진하는 방향으로의 국가자원 배분 등이다.

(2) 성인지 예산제도의 개념

「국가재정법」제26조제1항에 따르면, 성인지 예산서는 "예산이 여성과 남성에게 미칠 영향을 미리 분석한 보고서"로 정의할 수 있고, 제57조제1항에 따르면 성인지 결산서는 "여성과 남성이 동등하게 예산의 수혜를 받고, 예산이 성차별을 개선하는 방향으로 집행되었는지를 평가하는 보고서"로 정의할 수 있다.

성인지 예산제도의 개념은 다양하게 정의되고 있지만, 대표적인 것으로는 다음의 두 가지가 있다. 첫째는 영국 연방 사무국에서 1998년에 발간한 「How to do a gender-sensitive budget analysis: Contemporary research and practice」에서 "성인지 예산활동은 여성과 남성, 다양한 집단에 대한 예산의 차별적 효과를 보여주기 위한 정부 예산 분석이다. 성인지 예산제도는 여성을 특별한 이해 집단으로 보는 것이 아니라 모든 정부정책, 계획, 그리고 프로그램에 젠더이슈를 통합하는 것"으로 정의하고 있다 (Budlender, Sharp & Allen, 1998: 7). 이러한 정의는 예산이 여성과 남성에게 미치는 차별적 효과로 표현되는 성인지적 관점의 예산분석에 초점을 맞추고 있다.

두 번째, 2005년도 유럽회의(Council of Europe)의 성인지 예산 전문가 그룹은 "성인지 예산제도는 예산과정에 대한 성 주류화의 적용이며 예산에 대한 성별영향평가(gender-based assessment)로서 모든 수준의 예산과정에서 젠더 관점을 결합하고 성평등을 위해 세입과 세출을 재구조화하는 것"으로 정의하고 있다. 이러한 정의는 예산분석보다 예산과정에 초점을 맞추고 있다. 이러한 두 가지 정의는 성인지 예산활동은 기본적으로 성인지적 예산분석과 예산과정으로의 젠더 통합이라는 두 가지 요소로 구분될 수 있음을 보여준다.

한편, 국회예산정책처(2023)에 따르면, 성인지 예산제도는 예산분석적 측면의 중요성은 물론이거니와 예산의 각 과정별로 국가재원의 성평등 실현을 위한 충분한 고려가 있어야 함을 강조하고 있다. 요컨대 성인지 예산제도는 예산이 여성과 남성에게 미칠 영향을 미리 분석하여 이를 예산과정에 반영함으로써 여성과 남성이 동등하게 예산의 수혜를 받도록 하고 예산이 성차별을 개선하는 방향으로 집행되었는지를 평가하는 제도라고 정의할 수 있다.

(3) 성인지 예산의 범위

윤영진(2021)에 따르면, 성인지 예산은 이론적으로 모든 수준의 예산이 대상이다. 즉, 예산과 기금, 세입과 세출, 그리고 국가재정운용계획이 포함된다. 또한, 일반정부(중앙정부와 지방정부)뿐만 아니라 공기업 예산도 포함된다. 더 나아가 예산 과정도 성인지 예산의 대상이 될 수 있다. 모든 재정자원은 성별영향평가와 그 결과의 재정운용에의 반영이 필요하기 때문이다. 다만, 성인지 예산서를 작성할 때에는 모든 사업을 대상으로 하지 않고 매년 기획재정부가 여성가족부 및 해당 중앙관서 등과의 협의를 거쳐 선정한 사업을 대상으로 한다.

성인지 예산 대상사업은 직접목적 사업과 간접목적 사업으로 구분한다. 직접목적 사업은 부처 성평등 목표 달성에 직접적으로 기여하는 사업으로서, 여성만을 대상으로 하거나 여성에 대한 적극적 조치를 포함하고 있는 사업을 말한다. 간접목적 사업은 사업 본래의 고유목적이 있고, 성평등을 일차적 목적으로 하지는 않지만, 사업 수행의 결과가 간접적으로 성평등에 영향을 줄 수 있는 사업이다(윤영진, 2021: 123).

2. 우리나라 성인지 예산제도의 도입과 내용

(1) 성인지 예산제도의 도입과정

우리나라의 성인지 예산제도는 1990년대 후반 여성운동단체들이 여성예산에 대한 논의를 시작한 이후 활발한 활동이 있었다. 한국여성단체연합은 1998년부터 매년 전체예산대비 여성관련 예산을 분석하고 정부 부처와 정당에 예산 요구안을 제출하였다. 2002년 한국여성단체연합은 국회에 「성인지적 예산정책마련을 위한 청원」을 제출하였는데, 이를 계기로 국회 여성위원회는 「성인지적 예산편성 및 여성관련자료제출 촉구결의안」[11)]을 채택하였으며, 2002년 11월에 국회 본회의에서 결의안을 의결하였다.

2006년에는 국회예산결산특별위원회 내에 성인지 관련 재정연구를 위한 TF를 구성하고 정부의 2007년 예산안편성지침에 성인지 예산안작성지침을 제시하여 포함토록 하였다. 당

11) 이 결의안은 정부의 예산편성지침 및 예산안편성에 성인지적 관점을 적극 반영하는 것을 주요 내용으로 하고 있으며, 정부의 시정연설 시 여성 관련 예산의 편성지침 및 내용을 명확히 밝히도록 하고 있다.

시 기획예산처의 예산편성지침에는 '성별영향이 중요하다고 판단되는 사업에 대해 성별영향평가 결과를 감안한 예산편성'이라는 내용이 포함되었다(이형우·김규옥, 2011:194). 2006년 9월에는 「국가재정법」에 성인지 예산제도에 관한 사항이 명시적으로 포함되었고 2010회계연도부터 정부는 성인지 예산서와 결산서의 제출이 의무화되었다.

이에 따라 2009년 최초로 「2010년도 성인지 예산서」가 국회에 제출되었다. 「2010년도 성인지 예산서」는 예산(일반회계+특별회계) 사업만을 대상으로 작성되었으며, 「2011년도 성인지 예산서」부터 기금사업이 포함되었다. 그리고 성인지 결산서의 경우, 2011년 5월에 최초로 「2010년도 성인지 결산서」가 국회에 제출되었다. 성인지 예산 시행 첫 해인 2010년도 예산안에 29개 부처가 195개 사업을 대상으로 성인지 예산을 편성하였던 것이 2024년도 예산안의 경우에는 40개 부처, 282개 사업(24.2조원)으로 규모가 크게 확대되었다.

[표 1] 성인지 예산제도 도입배경 및 발전과정

구분	빈도
1990년 후반	• 여성단체 중심으로 성 주류화 전략의 도입을 위한 도구로서 여성 예산에 관한 논의 시작
1998	• 한국여성단체연합은 매년 전체 예산 대비 여성관련 예산분석 및 대안예산 발표
2002	• 한국여성단체연합과 회원단체들이 6개 광역시도 여성정책 및 예산평가 실시 • 국회에 성인지적 예산 정책 마련 청원서 제출
2005	• 당시 기획예산처는 2006년 예산안 작성 지침에 성인지 예산관련 내용 포함
2006	• 1월 국회예산결산특별위원회 내 성인지 예산 관련 재정연구를 위한 TF 구성 • 5월 24일 국회운영위원회 법안심사소위에서 성인지 예산제도 도입을 위한 국가재정법안 의결 • 9월 성인지 예산 관련 조항을 포함한 「국가재정법」 통과
2007	• 성인지 예산제도 시행에 필요한 기초연구를 위해 한국여성정책연구원 내에 성인지 예산센터를 설립
2008	• 기획재정부-여성가족부-성인지예산센터가 공조하여 성인지 예산서 작성지침 및 양식개발 • 성인지 예산 시범사업 수행(25개 중앙부처의 105개 사업을 대상으로 2009년 성인지 예산서 제출)
2009	• 성인지 예산제도 시행 원년(29개 부처의 195개 사업을 대상으로 2010년 성인지 예산서 제출)
2010	• 2011년도 성인지 예산서는 일반회계·기금 세부사업 중 245개 사업, 10조 1,748억원에 대하여 제출

12) 대상사업의 재구조화, 사업 종료 및 통합 등으로 중앙관서의 수, 대상사업 및 전체 예산규모가 2018년도 성인지예산서 대비 축소되었다.

구분	빈도
2011	• 34개 기관 254개 세부사업에 대해 2012년도 성인지 예산서가 작성되어 국회에 제출 • 2012년도 성인지 예산서는 2010년 성별영향분석평가의 총 110개 과제 중 82개를 포함하여 성별영향분석평가와 성인지예산의 연계기반을 마련
2012	• 244개 지방자치단체 7,692개 세부사업에 대해 2012년도 지방자치단체 성인지 예산서 시범작성을 상반기에 실시 • 244개 지방자치단체 13,678개 세부사업에 대해 2013년도 지방자치단체 성인지예산서가 작성되어 지방의회에 제출
2013	• 2012년도 성인지결산서가 작성되어 감사원에 제출
2014	• 42개 기관 342개 세부사업, 26조 626억원에 대해 2015년도 성인지예산서 제출
2015	• 43개 기관 332개 세부사업, 27조 7,602억원에 대해 2016년도 성인지예산서 제출
2016	• 42개 기관 351개 세부사업, 29조 4,563억원에 대해 2017년도 성인지예산서 제출
2017	• 41개 기관 345개 세부사업, 34조 3,961억원에 대해 2018년도 성인지예산서 제출
2018	• 33개 기관 261개 세부사업, 25조 6,283억원에 대해 2019년도 성인지예산서 제출[12)]
2019	• 35개 기관 284개 세부사업, 31조 7,963억원에 대해 2020년도 성인지예산서 제출
2020	• 37개 기관 304개 세부사업, 34조 9,311억원에 대해 2021년도 성인지예산서 제출
2021	• 39개 기관 341개 세부사업, 26조 8,821억원에 대해 2022년도 성인지예산서 제출
2022	• 38개 기관 302개 세부사업, 32조 7,123억원에 대해 2023년도 성인지예산서 제출
2023	• 40개 기관 282개 세부사업, 24조 1,966억원에 대해 2024년도 성인지예산서 제출

[표 2] 성인지 대상사업 현황

(단위: 개, 억원, %)

구분		2022년 예산(A)	2023년 예산(B)	증가 (B-A)	증감률 (B-A)/A
중앙관서 수		39	38	△1	△2.6
회계	예산	109,832 (109,407)	92,122	△17,710	△16.1
	사업 수	244	214	△30	△12.3
기금	예산	163,233	239,696	76,463 (70,626)	46.8 (41.8)
	사업 수	97	88	△9	△9.3
합계	예산	273,065 (278,478)	331,818	58,753 (53,340)	21.5 (19.2)
	사업 수	341	302	△39	△11.4

주: 본예산 기준으로, 괄호 안의 수는 2022년 추경포함 기준임
자료: 국회예산정책처, 「대한민국 재정 2023」, 2023.

(2) 성인지 예산제도의 형식과 내용

성인지 예산서와 성인지 결산서의 작성양식은 [표 3]과 같다. 성인지 예산서에는 부처의 성평등 목표, 성인지 예산사업 총괄표가 포함되어야 하고, 개별사업에서는 사업명, 예산안, 사업목적, 정책대상, 사업내용, 성평등 목표분야, 성평등 기대효과, 성별 수혜분석, 성과목표를 작성하여야 한다.

성인지 결산서는 부처별로 성평등 목표 현황, 성평등 목표 추진결과, 성인지 결산사업 총괄표가 포함되고, 개별사업에서는 사업명, 사업목적, 정책 대상, 성평등 목표, 집행실적, 성평등 효과분석, 평가가 포함된다.

[표 3] 성인지 예산서 및 결산서의 작성 양식

	성인지 예산서	성인지 결산서
개요	1. 의의 2. 전체 규모 및 전년도 예산과의 비교 3. 주요사업 4. 예산안 작성의 특징	1. 의의 2. 성인지 결산 현황 3. 사업 유형별 결산 현황 4. 성인지 결산 주요내용
부처	1. 성평등 목표 2. 성인지 예산 사업총괄표	1. 성평등 목표 2. 성평등 목표 추진결과 3. 성인지 결산 사업총괄표
개별사업	1. 사업명 2. 예산안 3. 사업유형 4. 사업목적 5. 정책대상 6. 사업내용 7. 성평등 목표 8. 성평등 기대 효과 9. 성별 수혜 분석(사업대상자, 사업수혜자, 예산 현황 및 분석 결과) 10. 성과지표	1. 사업명 2. 사업유형 3. 사업목적 4. 정책대상 5. 성평등 목표 6. 집행실적 7. 성평등 효과 분석(사업대상자, 사업수혜자, 예산 및 집행현황) 8. 3개년도 성과목표 달성현황 9. 자체평가

자료: 「2024년도 성인지 예산서」 및 「2022회계연도 성인지 결산서」

3. 성인지 예산제도의 분석 및 평가

(1) 성인지 예산제도의 국회 심사 과정

성인지 예산서와 결산서는 「국가재정법」 상 예산안 및 결산보고서의 첨부서류(부속서류)이지만, 예산안과 결산의 회부 및 심사와 관련된 사항을 규정하고 있는 「국회법」에는 성인지 예산서와 결산서에 관한 규정이 없다. 따라서 기본적으로는 성인지 예산서와 결산서는 국회에 제출되는 공식적인 문서이기는 하지만, 국회가 성인지 예산서와 결산서를 독립적인 안건으로 상정하여 별도의 심사를 진행할 의무는 없다.

이에 따라, 국회는 예산안이나 결산을 심사할 때 첨부서류인 성인지 예산서 및 결산서를 함께 심사할 따름이다. 결국 이론적으로는 성인지 예산서 및 결산서에 대한 국회 심사는 상임위원회의 예비심사 → 예산결산특별위원회의 종합심사 → 본회의 의결이라는 일반적인 예산안 및 결산의 심의 절차를 거친다고 할 수 있지만, 독립적인 안건으로서 다루어지는 것이 아니기 때문에 국회의원 개인의 관심에 따라 질의 및 토론이 임의적으로 이루어지고 있다.

(2) 성인지 예산서 및 결산서의 평가

성인지 예산서 심사

성인지 예산서에 대한 국회 심사는 2009년도에 최초로 이루어졌다. 당시에는 성인지 예산서에 대한 개념이 확실하게 정립되지 않은 상태였고 국회의 심사 경험도 부족한 상태였다. 따라서 『2010년도 성인지 예산서』 심사현황을 살펴보면, 여성위원회 등 5개 상임위원회와 예산결산특별위원회만이 전문위원 검토보고서에 성인지 예산서에 대한 내용을 다루었고, 대체토론은 6개의 상임위원회와 예산결산특별위원회에서만 이루어졌다. 대체토론 과정에서 성인지 예산에 대해 질의·응답이 이루어진 6개 상임위원회의 의원 발언 횟수는 모두 10회이고 의원 수로 보면 8인에 불과하다.

그로부터 4년 뒤인 『2014년도 성인지 예산서』심사 과정에서는 4개 상임위원회에서만 전문위원 검토보고가 이루어졌고, 대체토론은 2개 상임위원회와 예산결산특별위원회에서만 이루어졌으며, 성인지 예산에 대해 발언한 위원 수는 8인으로 4년 전과 동일한 것으로 나타났다.

다시 4년 뒤인『2018년도 성인지 예산서』심사 과정을 보면, 예산결산특별위원회를 포함 6개 위원회에서 성인지 예산에 대한 전문위원의 검토보고가 있었고, 대체토론은 예산결산특별위원회에서만 1명의 의원이 성인지 예산에 대한 발언을 한 것으로 나타났으며,『2022년도 성인지 예산서』심사 과정에서는 마찬가지로 6개 위원회에서 전문위원의 검토보고가 있었으나, 대체토론에서 성인지 예산에 대한 발언을 한 의원은 없었다.

이러한 성인지 예산서에 대한 국회의 심사 결과를 토대로 다음의 세 가지 결론을 도출할 수 있다. 첫째는, 전문위원의 검토보고에서 성인지 예산서에 대한 내용을 다룰 경우 해당위원회의 성인지 예산에 대한 관심도가 높아진다는 점이다. 둘째는, 성인지 예산서에 대한 전문위원 검토보고가 일부 상임위원회에서만 이루어지고 있고, 전문위원 검토보고 여부와 관계없이 성인지 예산에 대한 국회의원의 관심도는 매우 낮은 수준이라는 점이다.[13] 마지막으로, 국회의 성인지 예산에 대한 관심도는 해가 거듭될수록 오히려 감소하는 경향이 발견된다. 예를 들면 2010년 성인지 예산안에 대하여 발언한 의원은 8명이었으나, 2022년 성인지 예산안과 관련해서는 대체토론 과정에서 발언한 위원이 없다는 점이 이를 잘 보여주고 있다. 성인지 예산에 대한 관심은 성 평등에 대한 인식 수준과 병행한다고 할 수 있다. 그러나 이와는 별개로 성인지 예산의 성과지표를 개발한다거나 예산심사 기준을 별도로 마련하는 등의 국회 자체의 노력을 통해 예산배분 과정이 성 평등 수준의 실질적 제고에 기여하도록 하여야 한다.

13) 사실상 성인지 예산서의 주관 위원회라고 할 수 있는 여성위원회조차 대다수의 위원은 예산안 심사과정에서 성인지 예산에 대하여 발언하지 아니하였다.

[표 4] 2022년도 성인지 예산 관련 심사 현황

위원회		보고서 포함		대체토론	
위원회명	심사대상 사업 수	검토보고서	예비심사 보고서	여부	발언위원수
여성가족위원회	23	○	×	×	0
보건복지위원회	34	○	×	×	0
외교통일위원회	13	×	×	×	0
교육위원회	7	×	×	×	0
문화체육관광위원회	17				
기획재정위원회	5	×	×	×	0
국방위원회	6	×	○	×	0
과학기술정보방송통신위원회	10	×	×	×	0
법제사법위원회	6	×	×	×	0
국회운영위원회	3	×	×	×	0
정무위원회	5	○	○	×	0
행정안전위원회	25	○	○	×	0
농림축산식품해양수산위원회	30	○	○	×	0
산업통상자원중소벤처기업위원회	24	×	×	×	0
환경노동위원회	27	×	○	×	0
국토교통위원회	9				
소계	244	5	5		0
예산결산특별위원회	244	○	-	×	0

자료: 국회 예산안 검토보고서, 심사보고서 및 회의록을 참고하여 저자가 재구성, 2021

4. 국내외 성인지 예산제도의 비교

호주에서 성인지 예산제도가 시행된 이후 많은 국가들이 성인지 예산제도를 실시하고 있다. 현재 약 90여 개국이 성인지 예산제도를 시행한 경험이 있는 것으로 알려져 있는데(기획재정부 외, 2022: 61), 개발도상국에서 시행된 성인지 예산은 대부분 유엔개발계획(UNDP)이나 유엔여성개발기금(UNIFEM) 등 국제기구의 재정적, 기술적 지원에 의해 시행되고 있다(윤용중, 2007: 4-5).

각 국의 성인지 예산의 범위는 다양하다. 프랑스, 영국 등은 국가 재정운용 전반에 대해 성인지적 접근을 실시하며, 남아프리카공화국, 스리랑카, 잠비아 등은 단위사업 또는 프로그램에 대한 특정 측면의 성인지적 접근을 실시한다(김윤경, 2008: 178).

OECD 국가를 중심으로 살펴보면, OECD 국가 중 성인지 예산제도를 실시하고 있는 국가의 비율은 2016년 12개국 35%에서 2022년 23개국 61%로 증가 추세에 있다.(OECD, 2023: 10)

[그림 1] OECD 국가 중 성인지 예산제도 실시 국가 추이

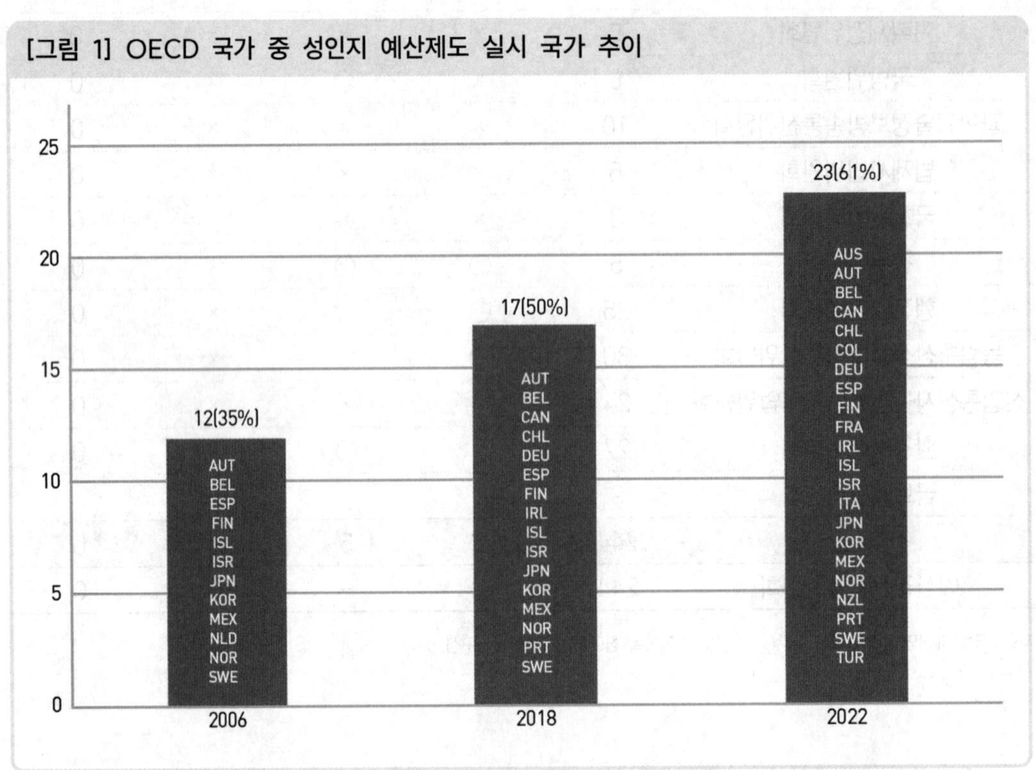

자료: OECD, Gender Budgeting in OECD Countries. 2023

(1) 호주

호주는 1984년부터 성인지 예산분석 내용이 담긴 '여성예산서(Women's budget statement)'를 발표하였고, 1984년부터 발간된 성인지 예산서는 1987년부터 의회에 제출 예산안 첨부서류로서의 공식적인 지위를 가지게 되었다(마경희, 2009: 65). 1990년대 중반 노동당 집권 시기까지 총리실 산하 여성지위청에서 의회에 예산안을 제출하기 전에 각 부처의 예산안을 성인지적 관점에서 점검하는 업무를 수행하였다.

1997~1998회계연도 이후 성인지 예산서는 더 이상 의회에 제출되는 공식문서가 아닌 여성지위청에서 간단히 발표하는 여성관련 소책자로 그 지위가 축소되었고(이형우·김규옥, 2011: 184), 이후 2007~2008회계연도까지 '여성을 위한 예산개요(Maintaining our commitment to women)'나 '여성예산서(Women's budget statement)'와 같은 제목의 간단한 보고서들이 발표되었으며, 2008~2009 회계연도부터는 가족, 노동 등 특정주제를 중심으로 하는 보고서 형식으로 개편되었다(이형우·김규옥, 2011: 185).

호주의 성인지 예산서인 여성예산서(Women's Budget Statement)는 크게 세 가지 특징을 갖는다(마경희, 2009: 65). 첫째, 여성정책기본계획 시행 성과와 목표달성을 위한 재원배분 현황에 상당한 비중을 둔다. 즉, 일반예산이 양성평등에 미치는 효과 분석을 함과 동시에, 양성평등을 최우선 목표로 하는 포괄적인 정책의 중요성을 간과하지 않는 것이다. 둘째, 프로그램 예산제도의 도입과 정책의 목표와 성과를 강조하는 정책평가 전략에 부응하는 양성평등 지표의 도입이다(마경희, 2009: 65-66). 양성평등 지표는 1988년 이후 부록에서 논의되는데 매년 동일한 지표를 반복적으로 측정함으로써 양성평등 목표 달성도를 보여주고 예산 수립을 위한 피드백 기능을 수행 가능하게 하는 도구로 기능한다.

그러나 호주는 성인지 예산에 관한 법적 기반이 없어 집권 정당에 따라 그 중용성이 다르게 취급되는 등 제도의 안정성이 낮다는 한계가 있는데, 2014년 정권 교체 이후에는 여성예산서의 발표가 중단되었고, 2018-19회계연도부터 여성예산서의 발행을 재개하였으나 타 국가처럼 본격적인 예산과정의 공식서류로 기능하지는 못하고 있다.(이택면 외, 2022: 141).

(2) 스웨덴

스웨덴에서는 1987년 처음으로 '정부 양성평등정책 의안(Government' s Gender Equality Policy Bill)'에서 경제정책에서의 성 주류화 논의가 이루어졌고, 이후 재정부는 '양성 간 경제적 자원 배분에 관한 예산서 부록'을 2003-2004 회계연도부터 의회에 제출하였다. 스웨덴은 성인지 예산서에 관한 법률 규정은 없으나, 2003년 의회에서 결의한'정부의 성 주류화 계획(Plan for gender mainstreaming in government office)'을 성인지 예산 제도의 근거로 볼 수 있다.[14] 스웨덴의 성인지 예산은 재정부(Ministry of Finance)와 양성평등처(Division for Gender Equality)의 협력을 통해 진행된다.

한편, 스웨덴의 성인지 예산서는 두 가지 유형으로 구분되는데, 이 중 하나는 각 부처의 일반예산 요구안에 포함되어 제출되는 예산서이며, 다른 하나는 재정부가 의회에 제출하는 예산안 부속서류로서의 보고서이다. 스웨덴의 각 부처 사업담당자들은 여러 양성평등분석 도구를 활용하여 사업의 양성평등 목표 달성 정도를 분석하고 양성평등 목표를 설정하게 된다. 이 때, 분석결과는 각 부처의 일반예산 요구안에 포함되고, 양성평등 목표달성 정도는 차년도 재정부와 의회에 제출하는 각 기관의 재정 및 사업 정보에 대한 연차보고서에 포함되어 그 성과가 점검된다. 재정부에서는 정부 내 모든 양성평등 정책실적을 취합하여, 예산서 부록 형식의 성인지 예산서를 작성하여 매년 국회에 제출한다(이형우·김규옥, 2011: 190).

14) 성 주류화 계획은 6년에 걸쳐 정부의 모든 정책 영역에 성인지적 관점을 통합하기 위해 달성해야 하는 목표와 추진과제 등을 담고 있다. 특히, 예산과정에서의 성 주류화를 강조하는데, 스웨덴은 재정당국이 성인지 예산서를 직접 작성하여 의회에 제출해야 한다(이형우·김규옥,2011: 189)

(3) 오스트리아

오스트리아는 2013년까지 이루어진 2차 재정개혁을 통하여 성인지 예산제도를 도입하였는데, "누가 얼마만큼 받는가"가 아니라, "누가 어떤 재원을 얼마만큼 받아서 어떤 방식으로 사용할 것인가"에 중점을 둔다. 오스트리아는 헌법[15]을 통해 성인지 예산제도를 공공기관 전체에 적용한 최초의 국가이다(조선주, 2011: 75-76).

오스트리아의 모든 정부 부처는 독립된 성인지 예산서를 작성하지 않고 예산서에 성인지 예산에 대한 내용을 포함시킨다. 분야별 예산서에는 성과 목표와 수단 및 산출 등 성과정보가 포함되는데, 성과목표 중 최소 1개 이상이 양성평등과 직·간접적인 연관성을 가져야 한다.

(4) 프랑스

프랑스는 한국과 같이 「재정법」에 명시적인 법적 근거를 두고 성인지 예산제도를 시행하고 있다. 「재정법」에 의하면, 예산안 부록으로 성별분석 보고서(일명 Yellow Paper)를 제출하도록 규정하고 있고, 특히 정부가 매년 예산안 첨부서류로 여성의 권리 증진에 기여하는 재정적 노력에 대한 설명 자료와 성인지 예산서를 작성하여 의회에 제출하도록 명시하고 있다.

그리고 2001 회계연도에 최초로 '여성의 권리 및 양성평등을 위한 분석보고서(Yellow budget paper on women's rights and gender equality)' 가 작성되어 의회에 제출되었다. 이후 2010회계연도부터는 정식으로 의회의 심의대상이 되었는데, 예산서의 성격보다는 양성평등 관련 정책목표와 성과지표로 구성된 성과보고서의 성격이 강하다고 할 수 있다. 즉, 성인지 예산서가 단순한 사업설명 자료가 아니라 의회의 심의를 필요로 하는 정책통합 보고서로서의 성격을 갖고 있다.

15) 「헌법」 제13조는 연방정부와 주정부, 지방자치단체는 예산관리에 있어 양성평등을 위해 노력해야 한다고 규정하고 있고, 제51조는 예산관리의 기본원칙으로 양성평등의 효과를 고려한 성과목표 설정, 투명성, 효율성 등을 포함하고 있다.

[표 5] 국가별 성인지 예산제도의 운영 형태

구분	호주	스웨덴	오스트리아	프랑스	영국	한국
도입시기	1984년	2004년	2009년	2000년	-	2006년
추진주체	여성지위청[16)]	재정부, 성평등부	연방재무부, 연방총리실, 성주류화/성인지예산 부처 간 조정 그룹	재정부, 노동, 사회관계 및 가족유대부	WBG[17)]	기획재정부, 여성가족부
법적근거	별도 규정 없음	별도 규정 없음[18)]	헌법, 예산법	2000년 재정법률	별도 규정 없음	국가재정법
시행범위	연방정부 내 모든 기관[19)]→ 현재: 각 부처의 임의적 협조하에 성인지 예산사업 확인	중앙정부 각 부처	연방정부, 주정부, 지자체	중앙정부 각 부처	-	중앙정부 각 부처, 지자체
예산(안)과 관계	소책자 형식의 단순문서	예산(안) 부속서류	예산(안)의 내용에 포함	예산(안) 첨부서류	_	예산(안) 첨부서류
성인지 예산서의 주요특징	특정의제 한정	경제영역에서의 성별적 영향에 대한 분석 보고서를 병행제출	분야별 예산서, 글로벌 예산서, 세부 예산서 포함 (연방정부)[20)]	과거 사업 성과에 대한 서술식 분석 (부록: 관련 예산 총계표 수록)	여성의 경제적 지위와 관련된 주요 정책에 조점을 맞추어 해당 부처에 논평 제출	사업별예산 및 성별수혜분석

16) 호주의 여성지위청(OSW)은 2004년 10월 정부 조직 개편으로 총리실 산하에서 가족지역부(Department of Family and Community Service)로 이관되었으며, 명칭도 여성청(Office of Women)으로 변경되었다(윤용중, 2007: 11). 그러나 이후 다시 총리실 산하로 조직 개편되면서 조직의 위상이 높아졌다(이택면, 2016: 52-53).

17) WBG는 매년 재무부(HM Treasury)의 사전 예산 보고서와 예산 보고서에 대해서 논평을 제출함으로써, 일련의 사회·경제적 이슈들에 관한 성인지적 분석을 정부의 예산 과정에 반영하고자 한다(박준석, 2008: 248)

18) 스웨덴에서는 성인지 예산서에 관한 법률적 규정은 없으나, 다만 2003년 의회에서 채택된 '성 주류화 계획(2004-2009)(Plan for Gender Mainstreaming in Government Offices)'이 확고한 제도적 기반이 되고 있다(마경희, 2009: 67)

19) 1984-1985회계연도부터 1995-1996회계연도까지 호주 연방정부 내 모든 기관들은 차년도 예산안을 요구할 때, 동 기관의 성인지 예산서를 제출하였다(이형우·김규옥, 2011: 183).

20) 오스트리아의 지방정부 차원에서는 성인지 예산제도의 시행이 아직까지는 매우 산발적이며 정확한 실태 파악이 이루어지고 있지 않은 상황이다(정가원 외, 2011: 23).

5. 성인지 예산제도의 평가

성인지 예산제도의 가장 큰 문제점은 성인지 예산제도를 운영해 나가는 공무원들이 성인지 예산의 필요성에 크게 공감하지 못하며, 예산안편성이나 예산집행과정에서 형식적으로 대응하고 있다는 점이다. 특히, 성인지 예산서 작성 및 집행을 담당하는 공무원들이 수동적인 자세를 취하고 있으며, 성인지 예산제도가 한정된 재원의 효율적인 배분에 기여할 수 있다고 기대하지 않는다(조선주 외, 2019: 242). 그리고 성인지 예산서 작성 담당 공무원들이 성인지 예산서가 예산의 배분에 실질적인 영향을 미치지 못하는 형식적인 문서라고 보면서도, 다른 한편으로는 국회 심사 과정에서 성별 수혜 격차나 성과목표 달성의 미흡 등의 문제로 지적을 받지 않으려는 태도를 취하고 있다.

또한, 성인지 예산서는 「국가재정법」에 명시되어 있는 바와 같이, 예산이 여성과 남성에게 미칠 영향을 미리 분석하는 보고서이다. 그러나 실제 제출된 예산서에는 사업별 성별분리 통계만 제시되어 있는 등 성 평등 관점에서 예산이 적절하게 편성되었는지에 대한 정보가 결여되어 있는 경우가 대부분이다.

대부분의 부처에서 성인지 예산서 관련 업무는 주변적인 업무로 인식되고 있다(마경희 외, 2010). 그리고 성인지 예산서 관련 업무의 양적, 질적 내용을 고려하여 인력을 배치하거나 업무를 분장하는 부처가 거의 없고 중요성도 인정받지 못하고 있다. 행정부처 내에서는 성인지 예산 업무를 단지 의무적으로 '해야 하는 일'로 인식하고 있는 것이다. 성인지 예산제도의 실효성 확보를 위해서 실제로 제도를 운영하는 공무원들의 성인지 예산제도 관련 교육과 전문성 강화가 요구된다.

성인지 예산이 정보화 예산, 일자리 예산, R&D 예산처럼 재원배분에서 우선순위를 차지하는 예산으로 인식되어 예산체계에 통합되지 않는다면 안정적으로 정착되기 어려울 것이다.

끝으로, 정부가 2013년도부터 성별영향분석평가 대상사업 중 예산사업은 성인지 예산서에 반드시 포함되도록 개선함으로써 성별영향분석평가와 성인지 예산서 간 연계가 가능하게 된 것은 성인지 예산제도의 효율적 운영에 기여한 것으로 평가된다.(기획재정부 외, 2017: 10).

참고문헌

국회예산정책처. (2016). 「2017년도 성인지 예산서 분석」.

__________. (2017). 「2018년도 성인지 예산서 분석」.

기획재정부 • 여성가족부 • 한국여성정책연구원. (2022). 「2023년도 성인지 예산서 작성 매뉴얼」.

김영옥 외 10인. (2010). 「성인지 예산 제도화 방안 연구(Ⅳ): 성인지 예산제도 모니터링 및 국가재정운용계획 개선방안」. 한국여성정책연구원.

김윤경. (2008). "우리나라에서의 성인지 예산 도입과 과제: 해외사례 및 기존연구 조사를 중심으로."「여성학논집」25(2): 161-191.

대한민국 정부. (2023a). 「2024년도 성인지 예산서」.

__________. (2023b). 「2022회계년도 성인지 결산서」.

마경희. (2009). "주요 선진국의 성인지 예산서."「젠더리뷰」제12호: 64-70.

마경희·차인순·김효선. (2010). 「성인지 예산제도 시행 모니터링: 『2010년도 성인지 예산서』 국회 심사와 『2011년도 성인지예산서』 작성 과정을 중심으로」. 한국여성정책연구원.

박준석. (2008). "영국의 성인지 예산 활동: 이론과 실제."「동북아법연구」제2권 제2호. 248.

윤성식. (2003). 「예산론」. 나남출판.

윤영진. (2021). 「새재무행정학(제7판)」. 대영문화사.

윤용중. (2007). 「성인지 예산제도의 이해와 과제」. 국회예산정책처.

이택면. (2016). "호주의 성주류화 정책 현황 및 성인지 예산 관련 최신 동향 파악."「젠더리뷰」제42호: 49-55.

이택면·김효주·이태·김정수·이성준·박정수·박노욱. (2022). "OECD 주요국 성인지예산제도 현황과 시사점: 각국 예산제도와 정부조직의 맥락을 고려한 비교연구. 한국여성정책연구원.

이형우·김규옥. (2011). "성인지 예산제도에 대한 고찰: 주요국 사례 및 우리나라 운영현황을 중심으로."「사회과학연구」 18(1):171-210.

조선주. (2011). "오스트리아의 재정개혁과 성인지예산제도."「젠더리뷰」제21호: 74-80.

조선주·이택면·김영숙·김효주·성민정·권도연·김병원·김해람·안주희·김수지. (2019). 성인지예산제도 시행 10년 평가와 과제. 한국여성정책연구원.

Barnett, Kathleen and Grown, Caren. (2004). Gender Impacts of Government Revenue Collection: The Case of Taxation, The Commonwealth Secretariat.

Budlender, Debbie and Rhonda, Sharp (1998). How to Do a gender-sensitive budget analysis: Contemporary research andpractice, The Commonwealth Secretariat.

OECD, (2023) Gender Budgeting in OECD Countries 2023.

Rhonda, Sharp and Ray, Broomhill. (2002). "Budgeting for Equality: The Austrailian Experience."Feminist Economics volume 8, 2002

Schick, A. (ed) (1987). Perspectives on Budgeting, 2nd edition, Sage for Public Administration.

Steger, Gerhard. (2011). Gender Budgeting: The Austrian Federal Experience. Federal Ministry of Finance.

The Council of Europe. (2005). Gender Budgeting : Final Report of the Group of Specialists on Gender Budgeting (EG-S-GB).

WBG: http://www.wbg.org.uk. 2018. 3.검색

호주 여성청: http://www.fahcsia.gov.au/sa/women. 2018. 3.검색

제3절 성과관리 예산제도

1. 의의 및 도입배경

성과관리(performance management)는 조직의 성과를 관리하는 다양한 기법과 제도를 포괄하는 것으로 아래의 [표 1]과 같이 그 정의는 매우 다양하다. 이러한 개념적 정의를 종합하여 보면, "성과관리는 조직의 성과를 향상시키기 위하여 조직의 목표설정, 성과지표개발, 성과평가, 성과정보의 환류 등을 모두 포함하는 일련의 관리과정"이라고 정의할 수 있다.

이러한 성과관리시스템은 정부부문보다 공공기관에서 더 일찍 도입되었는데, 우리나라의 경우 1960년대 정부가 공공기관의 예산이나 사업계획 등을 사전에 통제하고 관리하는 형태로 시작되었고, 이후 1984년 「정부투자기관 관리기본법」의 제정으로 공공기관의 성과관리가 통제중심에서 성과관리체계로 전환되게 되었다.

[표 1] 성과관리 시스템의 개념 정의

연구자	개념
Rubinesak & Bovaird(1999)	관리자가 조직의 성공을 위해 조직의 목표 달성에 초점을 맞춘 하나의 관리시스템
Schwartz(1999)	목표와 기대를 설정하고 이를 이해하고 지속적인 환류를 제공하고 성과고과를 행하는 하나의 관리시스템
Armstrong & Baron(2000)	조직관리자가 조직, 집단, 개인의 성과를 향상시키기 위한 목적으로 하는 하나의 관리과정
Pollitt(2002)	공공부문의 전략적 우선순위를 설정하는 한편 이를 조직 전체와 개개인의 구체적인 성과목표로 변환시키는 과정
이세구(2003)	개인의 성과와 조직의 성과를 상호 약속된 정량적·정성적 지표를 통하여 체계적으로 측정하고 평가함으로써 조직의 활동 및 자원을 효율적, 효과적으로 운용하고자 하는 일련의 과정
Varma et al(2008)	조직의 목표를 설정하고, 기준을 결정하고 업무를 배분하고 평가하는 관리시스템
Bricsoe & Claus(2008)	조직의 목표설정, 성과기준의 결정, 업무의 할당, 성과환류의 제공, 훈련 및 발전 수요를 결정하고 보상하는 하나의 시스템

자료: Debbie Budlender, Diane Elson, Guy Hewitt, and Tanni Mukhopadhyay. Gender Budgets Make Cents. The Commonwealth Secretariat. 2003

우리나라의 경우 성과관리 예산제도(performance budgeting)[21]가 본격적으로 도입되기 이전 정부부문 관리의 초점은 투입(input)된 예산이나 인력 규모의 적정성, 집행의 적법성 등에 맞추어져 있었다. 그 결과 각 정부 부처는 최대한의 예산 확보와 책임회피를 위한 법적·공식적 절차의 준수, 예산집행의 정당성을 확보하기 위한 산출물의 극대화를 위해 노력을 집중하는 경향이 강하였다(이홍재, 2011: 4). 그럼에도 불구하고 목표의 불분명성, 예산배분의 불합리성, 성과측정의 불명확성 등으로 인하여 재정운용의 비효율성이 심화되고 정부부문의 생산성 저하와 불신이라는 문제점에 당면하게 되었다. 1997년 외환위기 이후 기획예산처는 투입위주의 행정이 아닌 결과위주의 행정으로의 패러다임 변화를 위해 미국의 「정부성과 및 결과법」과 성과관리제도를 벤치마킹하였고, 1999년부터 단계적으로 성과관리 예산제도를 도입하기에 이르렀다.

21) '성과관리제도'라는 용어는 공공기관이나 여타 조직에서의 성과관리와 개념적 구분이 모호하다는 점에서, '성과관리 예산제도' 또는 '성과중심 예산제도'라는 용어가 개념적으로 보다 엄밀하고 정확한 표현이라 하겠다.

[표 2] 성과관리 예산제도의 추진현황일자

일자	추진내용
1999. 1~2.	• 성과주의예산제도 도입 및 추진계획 마련(16개 기관을 선정하여 시범사업 실시) • 부처별 성과지표 개발(정부조직 경영진단)
2000. 3~4.	• 16개 시범사업기관의 성과계획서를 기획예산처 홈페이지를 통해 일반 국민에게 공개 • 2001년도 예산과 관련한 시범사업 추진방침을 예산안 편성지침을 통해 통보 (기존의 16개 시범기관 외 12개 기관을 추가로 선정. 총 28개 기관)
2001. 6	• 2002년도 성과계획서 및 2000년도 성과보고서 작성지침 통보 (11개 기관을 시범사업 대상기관으로 추가 선정, 총 39개 기관)
2003. 5	• 성과중심의 재정운영으로 전환하기 위해 재정성과목표관리제도를 도입
2004. 5~11.	• 2004년도 성과관리제도 시행지침 시달, 정책·성과 중심의 프로그램 예산체계 도입
2005	• 성과관리제도의 보완을 목적으로 재정사업자율평가제도 도입
2006	• 「국가재정법」 제정으로 재정사업심층평가제도 도입
2008	• 성과계획서 최초로 국회 제출
2010	• 성과보고서 최초로 국회 제출
2016	• 재정사업자율평가제도를 개선한 통합재정사업평가제도 도입
2018~2019	• 재정사업자율평가에서 자체평가 결과를 확인·점검하는 메타평가 폐지, 재정사업 심층평가에서 핵심사업을 평가하는 방식으로 개선
2021	• 「국가재정법」 개정으로 재정사업 성과관리의 내용을 성과목표관리 및 성과평가로 구분 • 재정사업성과목표관리를 위한 담당 공무원 지정 등 추진체계 마련 • 성과정보의 관리시스템 구축·운영을 통한 성과정보 공개
2022	• 2022~2026년 재정사업 성과관리 기본계획 수립

「정부업무평가 기본법」 제2조제6호에 의하면, 성과관리라 함은 "정부업무를 추진함에 있어서 기관의 임무, 중·장기 목표, 연도별 목표 및 성과지표를 수립하고, 그 집행과정 및 결과를 경제성·능률성·효과성 등의 관점에서 관리하는 일련의 활동"을 말한다. 국회예산정책처(2024)는 성과관리제도를 "기존의 투입·통제 중심의 방식을 벗어나 성과관리를 통해 획득된 성과정보를 바탕으로 정부 업무 수행의 책임성을 높이며, 예산의 편성·심의·집행·결산의 전 과정을 경제성 · 능률성 · 효과성 등의 성과위주로 운용하는 제도"로 정의하고 있다.

2. 법적 근거

우리나라의 성과관리 예산제도는 「정부업무평가 기본법」, 「국가재정법」 및 「국가회계법」에 근거하여 시행되고 있다. 먼저 「정부업무평가 기본법」은 제2조에서 성과관리를 정의하는 외에, 제4조에서 성과관리의 원칙,[22] 제5조에서 성과관리전략계획, 제6조에서 성과관리시행계획에 대한 내용을 각각 규정하면서, 이하의 조문에서는 성과관리제도의 일환인 정부업무평가제도에 대하여 상세히 규정하고 있다.

「국가재정법」은 제4장의2에서 성과관리에 관한 조문들을 두고 있는데, 재정사업 성과관리 기본계획의 수립 의무(제85조의4), 성과계획서 및 성과보고서의 작성(제85조의6), 성과평가(제85조의8) 등을 규정하고 있고, 같은 법 시행령 제39조의2부터 제39조의4까지는 재정성과평가단, 재정사업자율평가 및 재정사업심층평가 등 재정사업의 성과평가를 위한 구체적인 절차 등을 규정하고 있다.

「국가회계법」은 제14조 및 제15조에서 결산보고서 구성서류의 하나로서 성과보고서를 규정하고 있다.

3. 우리나라의 성과관리 예산제도

이상에서 살펴본 바와 같이 성과관리 예산제도와 관련된 주요한 제도는 각 개별 법령을 근거로 ① 재정성과목표관리제도(성과계획서·성과보고서),[23] ② 재정사업자율평가제도, ③ 재정사업심층평가제도로 크게 구분할 수 있다. 재정사업의 성과관리를 위한 이들 3가지 제도는 [그림 1]에서 알 수 있듯이 서로 밀접하게 연관되어 운영되고 있다.

22) 제4조(성과관리의 원칙) ① 성과관리는 정책 등의 계획수립과 집행과정에 대하여는 자율성을 부여하고 그 결과에 대하여는 책임이 확보될 수 있도록 실시한다.

23) '재정성과목표관리'는 '재정사업자율평가', '재정사업심층평가'등과 같은 법적 용어가 아니라, 각 부처의 재정운용 목표를 설정하고 재정운용 결과를 점검하는 것을 가리키는 용어로서, 재정성과목표관리의 일환으로 성과계획서와 성과보고서를 작성하고 있다.

[그림 1] 성과관리 예산제도의 체계

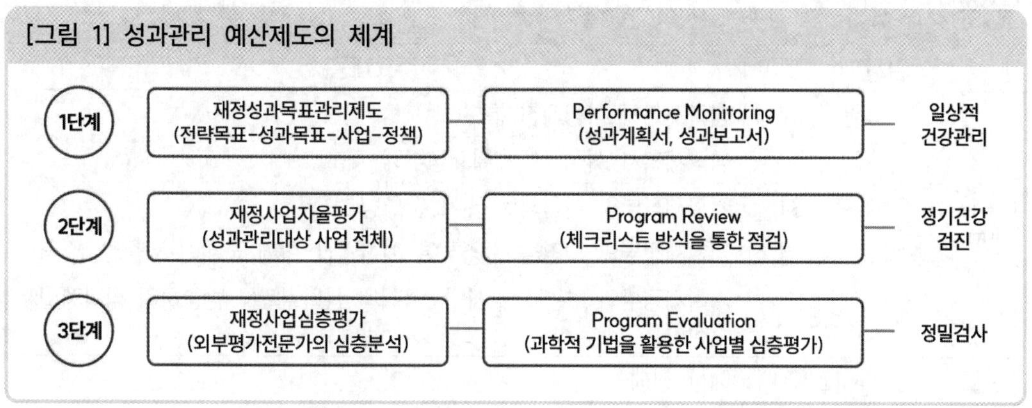

(1) 재정성과목표관리제도

재정성과목표관리제도(performance monitoring)란 성과계획서를 통해 성과목표와 성과지표를 사전에 설정하고, 재정운용 후 성과보고서를 통해 성과목표의 달성여부를 점검하는 제도를 말한다. 성과지표란 당해 재정사업의 목적 달성여부를 가늠하는 척도를 의미하는 것으로, 예를 들어 금연사업의 성과지표는 흡연 감소율이 된다.[24]

이러한 일련의 활동은 재정운용의 효율성 제고와 밀접한 관련을 갖고 있다. 각 부처는 먼저 기관의 임무 및 전략목표를 결정하고 그에 따라 성과목표를 설정한다. 다음으로 성과목표를 달성하기 위한 개별 관리과제와 성과지표를 설정한 후 성과계획서를 작성한다. 매년 정부예산안 국회 제출 시 다음 연도의 성과계획서를 부속서류로 함께 제출하며, 매년 국가결산보고를 국회에 제출할 때에는 전년도의 성과보고서를 부속서류로 제출한다. 재정성과목표관리제도는 각 부처가 제출하는 성과계획서와 성과보고서를 통하여 각 부처 예산사업의 성과관리를 위한 기본적인 정보를 제공하는 역할을 한다. 기획재정부는 2015년도부터 성과관리 작성체계를 개선하여, 성과관리 목표체계와 예산 프로그램체계를 일치시켜 성과계획서를 작성하도록 하고 있다. 또한, 2016년부터는 부처의 평가부담 완화를 위하여 재정사업통합평가서를 성과보고서로 통합하여 성과보고서 작성항목을 재정사업통합평가지표의 내용으로 전환하였고, 2022년부터는 기존에 '단위사업'을 기준으로 작성하던 것을 '프로그램' 기준으로 작성하도록 상향 조정[25]하였다.

24) 성과지표의 달성 여부만으로는 예산집행의 공익성·효과성·경제성, 다른 재정사업과의 유사·중복 여부 등을 파악하기 곤란하여 예산안편성에 활용하기 곤란하다는 문제점이 대두되어, 이에 대한 대응방안으로 각 부처 소관 재정사업을 매년 평가하는 재정사업자율평가제도를 2005년부터 실시하고 있다.

[표 3] 성과계획서 및 성과보고서의 운영절차

일시		주요내용
(n-1)년도	4월 중	성과계획서 작성지침 통보
	~5. 31	성과계획서 작성 및 기획재정부에 제출
	6. 1~7. 31	기획재정부의 사전검토 및 보완요청
	회계연도 120일 전	기획재정부의 의견을 반영하여 예산안과 함께 국회에 제출
	~12. 31	기획재정부의 보완 요구사항, 국회의 심의결과를 반영하여 성과계획서 수정
n년도	1. 1~12. 31	예산 집행
(n+1)년도	1월 중	성과보고서 작성지침 통보
	~2. 29	성과보고서 작성 및 기획재정부에 제출
	~4. 10	감사원 제출
	~5. 20	감사원 검사 및 기획재정부에 송부
	~5. 31	감사원 의견반영 및 결산보고서와 함께 국회제출

(2) 재정사업자율평가제도

재정사업자율평가의 의의

「국가재정법 시행령」 제39조의3에 따르면 재정사업자율평가란, "각 중앙관서의 장과 기금관리주체가 주요 재정사업을 스스로 평가하는 것"을 말한다. 이러한 법령상의 정의를 예산제도의 관점에서 다시 정의하면, 재정사업자율평가란 "각 중앙관서의 장과 기금관리주체가 기획재정부장관이 정하는 바에 따라 주요 재정사업을 스스로 평가하고, 그 결과를 예산안편성 등에 활용하여 재정사업의 효율성을 제고시키기 위한 제도"라고 정의할 수 있다.

이러한 재정사업자율평가제도는 2005년에 법적 근거 없이 시행지침에 따라 처음으로 도입되었고, 2006년에 「정부업무평가 기본법」과 「국가재정법」이 제정됨으로써 법적 근거를 갖추게 되었다.

동 제도를 도입하게 된 가장 큰 이유는, 각 부처가 예산안을 편성할 때에 자율성을 갖되 소관 재정사업의 성과에 대해 책임성을 갖도록 하기 위한 것이다. 즉, 재정사업자율평가를

25) 이와 관련하여 예산안 심사 단위가 세부사업 중심으로 이루어지고 있는 현실을 고려할 때, 세부사업 단위의 성과 정보가 제공될 필요가 있다는 지적이 있다.(국회예산정책처, 2021: 111)

통해 각 부처의 재정사업의 성과도와 책임성을 제고시킴과 동시에 예산주관부처인 기획재정부가 그 평가결과를 예산안 편성과정에 반영하기 위한 목적에서였다.

[그림 2] 성과관리 예산제도의 기본구조

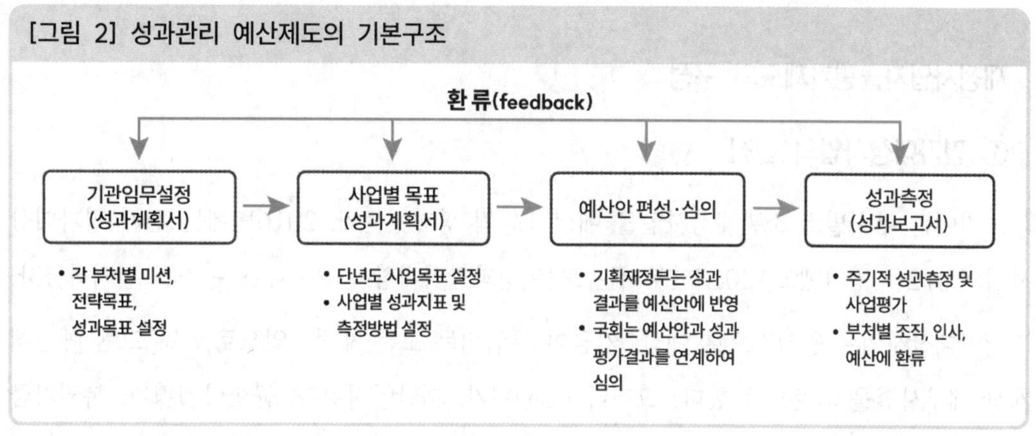

재정사업자율평가제도 평가방식의 변화

재정사업자율평가제도는 성과중심으로 재정을 운용하기 위해 4대 재정개혁[26]의 일환으로 2005년도에 도입되었다. 도입 당시에는 기획재정부가 사업별 평가항목과 평가지침을 사전에 제시하면 해당 지침에 따라 각 부처가 자율적으로 평가한 후 그 결과를 기획재정부가 점검하는 형태로 진행되었다.

그러나 기획재정부의 확인점검, 일률적인 예산삭감, 평가중복으로 인한 비효율성 문제가 지적되면서 2015년에는 부처의 평가를 기획재정부가 확인 후 점수를 확정하는 방식에서 개별사업평가는 부처에 위임하고 부처 평가과정 전반의 적정성을 평가하는 메타평가 방식을 도입하였으며, 2016년부터는 분리되어 실시해 오던 R&D평가와 지역발전사업 평가체계를 통합하여 재정사업통합평가의 형태로 평가수행체계를 일원화하였다.

한편, 2017년 9월에는 여전히 환류구조의 문제, 평가중복으로 인한 비효율성 문제가 해결되지 못했다는 비판이 지속되면서 재정당국은 재정사업 자율평가제도를 전면 개편하여, 2018년부터 메타평가를 폐지하고, 기존의 평가대상사업과 별개로 기획재정부가 직접 선정한 '핵심사업'에 대한 평가를 별도로 시행하는 방식으로 변경되었다.

26) 중기재정계획, 총액배분자율편성(top-down), 성과관리제도, 디지털예산회계시스템(dBrain)

또한, 2023년에는 평가단위를 기존 단위사업에서 세부사업 기준으로 변경하면서, 이에 따른 대상 사업수 증가 등을 고려하여 자율평가 제외 대상인 소액사업의 범위를 확대하였다.(국회예산정책처, 2023: 446)

재정사업자율평가제도의 구성

① 평가대상사업의 선정

초기에는 부처별로 소관재정사업을 매년 1/3씩 평가했는데, 2016년에는 전체 평가대상사업의 1/2을 평가했고, 2017년부터는 모든 성과관리대상사업에 대해 평가를 실시하였다.

평가대상사업은 원칙적으로 예산, 기금이 투입되는 모든 재정사업으로, 프로그램 예산체계상 세부사업을 기준으로 한다. 그러나 R&D평가, 재난안전평가, 균형발전평가, 복권기금평가, 일자리사업평가 및 중소기업지원사업평가의 대상인 사업[27]은 평가중복 최소화를 위해 제외되고, 인건비, 기본경비 및 소액사업 등 평가실익이 없는 사업[28] 또한 평가대상에서 제외되고 있다.

또한, 이미 평가를 받았던 사업이 수정평가를 받을 수 있는데, 그 사유는 성과지표를 보완하였거나 성과달성도 등에 중대한 변경[29]이 있을 경우에는 새로이 평가를 받아 기존의 평가결과를 조정할 수 있다.

② 평가지표의 구성과 특징

평가지표의 단계, 평가항목 및 세부평가지표는 평가체계의 효율성을 높이기 위하여 매년 변경되고 있다. 예를 들면, 2017년에는 관리-결과 2단계의 3개 지표로 운용되었으나, 2023년에는 계획-관리-결과-환류의 4단계로 이루어진 단계별 지표를 운용하고 있으며,

---

27) 기존에는 R&D평가, 재난안전평가, 균형발전평가, 복권기금평가 대상을 자율평가 대상사업에서 제외하였으나, 2023년부터 기존 제외사업에 더하여 일자리사업평가 및 중소기업지원사업평가 대상 사업도 자율평가 대상사업에서 제외하였다.

28) 구체적으로는 신규사업으로 사업 착수 2년 이하(R&D는 3년 이하) 사업, 인건비, 기금운영비, 출연연지원금, 정부내부 지출만으로 구성된 사업, 세부사업 기준으로 30억미만(정보화는 10억미만)의 소액사업 등이 평가 대상에서 제외되고 있다.

29) 사유에는 ① 여타 사업과의 중복·유사성 해소, ② 재원분담 방식 등 사업방식 개선, ③ 성과목표·성과지표 등 성과계획 개선, ④ 사업집행과정 모니터링 체계 구축, ⑤ 사업평가 실시 및 성과분석, ⑥ 사업의 성과달성도 향상 등이 있다.

또한, 각 단계별 평가항목과 세부평가지표의 내용과 배점도 매년 달라진다.(기획재정부, 2023: 5)

[표 4] 부처 자체평가 평가항목

단 계	평 가 항 목
1. 사업계획의 적정성	• 사업목적이 명확하고 사업구성이 적정한가? (10)
2. 집행의 효율성	• 예산이 계획대로 집행되었는가? (30)
3. 성과 달성도	• 계획된 성과지표의 목표치를 달성하였는가? (40)
4. 성과 우수성	• 사업의 성과는 우수한가? (10)
5. 환류 및 개선노력	• 평가결과 및 외부지적사항을 사업구조개선에 환류하였는가? (10)
6. 가감점	• 부처 상황에 따라 가감점 부여 가능(±3점 이내) (예시) 22회계연도 성과계획서 상 프로그램 목표 달성여부 등

구체적인 평가는 각 평가지표별 점수(100점 만점)를 종합하여 상대평가를 통해 평가결과를 산출하는 방식이다. 2023년에는 '사업 수'를 기준으로 '우수, 보통, 미흡' 3단계로 등급화하여 상대평가를 적용하되, 미흡사업은 예산규모 기준(5% 이상)도 준수하도록 하여 상대평가 과정에서 평가의 관대화 경향 및 전략적 왜곡을 방지하고자 하였다.[30] 다만, 평가사업수가 10개 미만인 부처의 경우 별도의 기준을 적용한다.

③ 평가결과의 활용: 예산안편성과의 연계

재정사업자율평가는 궁극적으로 재정당국이 예산안 편성에 활용하기 위한 목적으로 실시되는 것이라고 할 수 있다. 제도 도입 초기에는 '우수', '다소 우수'평가를 받은 사업에 대한 인센티브는 없고, 단지 '미흡'등급 사업에 대해서만 전년 예산 대비 10%를 삭감한다는 원칙을 세웠다(박홍엽, 2009: 13). 그러나 2008년 이후 평가등급을 기존의 4단계에서 5단계로 세분화하면서(2023년 3단계) 평가결과의 예산반영 원칙도 바뀌었다. '매우 우수', '우수'등급을 받은 사업에 대해서는 전년 예산 대비 10%를 증액하고, '미흡'등급을 받은 사업에 대

30) 전략적 왜곡이란 의도적으로 평가결과를 왜곡하려는 것으로, 지출구조조정이 불가능한 사업(완료 사업, 총사업비 사업, 의무지출 사업 등)에 대해 지출구조조정 계획을 마련하거나, 단순 사업 이관 또는 연차별 계획 등에 따라 삭감이 예정되어 있는 사업의 삭감액을 지출구조조정 계획으로 산입한 경우를 의미한다. 예산 규모만을 기준으로 상대평가를 한다면 일부 예산규모가 큰 사업을 미흡사업으로 평가하여 우수 또는 보통 등급에 해당하는 사업의 수를 늘리는 전략적 왜곡이 발생할 수 있다.

해서는 이전과 마찬가지로 전년 예산 대비 10% 삭감, 그리고 '매우 미흡'등급을 받은 사업에 대해서는 10% 삭감 또는 사업폐지 검토라는 예산반영 원칙을 세웠다(기획재정부, 2009: 34-35).

2023년에는 '미흡'등급 세부사업에 대해서 10% 이상 삭감을 원칙으로 지출구조조정방안을 마련하되, 3년 연속 미흡 등급 사업에 대하여는 원칙적으로 폐지하도록 하였다. 또한, 총 지출구조조정 규모는 평가대상사업 총예산의 1% 삭감을 준수하도록 하되, '미흡' 사업만으로 지출구조조정 목표 달성이 어려운 경우 다른 평가등급 사업을 포함할 수 있도록 하였다.

재정사업자율평가 결과 및 예산과의 연계성 평가

재정사업자율평가는 그 결과를 예산안 편성 등 재정운용에 적극적으로 환류(feedback)함으로써 재정운용의 효율성과 책임성을 제고하여야 한다. 이에 따라, 도입 초기 기획재정부는 매년 작성되는 「예산안 편성 및 기금운용계획안 작성지침」에 '미흡' 이하의 평가를 받은 사업에 대하여는 해당 예산을 10% 이상 감액하는 것으로 정하고 이를 각 사업부처에 통보하였다.

그러나 2015년부터는 기존의 일률적인 삭감방식에 대한 비판으로, 기획재정부는 미흡 이하 등급의 사업에 대하여 일률적인 삭감을 진행하지 않고 환류방식을 다양화하였다. 또한, 2016년부터는 미흡 등급이 아닌 보통 등급을 받은 사업도 삭감이 가능하도록 하되, 평가대상 단위사업 예산 총액의 1% 내에서 자율적인 지출구조조정안을 제출하도록 하였다.

2023년의 재정사업자율평가 결과를 보면, 총 52개 부처의 1,749개 사업 중 342개 사업이 '우수'(19.6%), 1,135개 사업이 '보통'(64.9%), 272개 사업이 '미흡'(15.6%)으로 평가되었다.(국회예산정책처, 2023: 448)

그런데 재정사업자율평가 결과 '미흡'을 받은 사업의 경우 원칙적으로 지출구조조정방안을 마련하고 10% 이상 예산을 삭감하여야 함에도 불구하고, 일부 사업의 경우 지출구조조정방안을 마련하지 않거나 2024년 예산안에서 감액되지 않고 오히려 증액 편성된 사례가 발견되었다.

[표 5] 2023년 미흡 사업 중 2024년 예산안에서 감액되지 않은 사례 (단위: 백만원, %)

부처명	세부사업명	2023	지출구조조정계획			2024예산안		
		금액 (A)	금액 (B)	증감액 (B-A)	증감률 (B-A)/A	금액 (C)	증감액 (C-A)	증감률 (C-A)/A
국민권익위원회	종합상담창구운영	11,547	11,387	△160	△1.4	11,910	363	3.1
국토교통부	철도치안관리	3,166	2,804	△362	△11.4	12,407	9,241	291.9
	제주제2공항건설	17,286	15,557	△1,729	△10.0	17,286	-	-
농림축산식품부	정부양곡관리비	348,112	347,835	△277	△0.1	409,078	60,966	17.5
	축산물수급관리	93,920	89,224	△4,696	△5.0	101,949	8,029	8.5
문화체육관광부	동학농민혁명 정신선양	4,106	3,819	△287	△7.0	4,819	713	17.4
보건복지부	정신건강증진시설 확충	8,154	7,441	△713	△8.7	10,885	2,731	33.5
중소벤처기업부	민관협력 중소벤처 스마트 혁신지구 조성	4,000	3,600	△400	△10.0	4,000	-	-
해양수산부	재해등대응 긴급경영 안정자금(융자)	20,000	19,500	△500	△2.5	100,000	80,000	400.0
행정안전부	서해5도종합발전지원	7,484	7,224	△260	△3.5	7,720	236	3.2
합 계		517,775	508,391	△9,384	△1.8	680,054	162,279	31.3

자료: 국회예산정책처, 「2024년도 예산안 총괄분석 Ⅰ」, 2023

[표 6] 재정사업자율평가 결과 지출구조조정계획 수립 현황 (단위: 개, 백만원)

미흡 사업수	2023년 재정사업자율평가 결과						지출구조 조정목표 금액
	지출구조조정계획			성과관리개선계획			
	248			272			
272	미흡	보통	우수	미흡	보통	우수	1,153,339
	179	63	6	269	-	-	

자료: 국회예산정책처, 「2024년도 예산안 총괄분석 Ⅰ」, 2023

272개 미흡 사업 중 179개 사업에 대하여 지출구조조정계획을 마련하였고 대다수의 미흡 사업의 예산이 감액되었다는 점에서 정부는 재정사업자율평가 결과를 예산안 편성에 충실히 반영하려는 노력을 기울인 것으로 일부 평가할 수 있을 것이나, 일부 사업은 지출구조조정계획에서 제외되고 오히려 예산이 증액되는 등, 재정사업자율평가 결과의 예산안으로의 환류 측면에서는 일정부분 한계가 존재하는 것으로 보인다.

(3) 재정사업심층평가제도

재정사업심층평가제도(program evaluation)는 재정운용과정에서 문제가 제기된 주요사업의 운영성과를 심층적으로 분석·평가하여 향후 재정운용에 반영하기 위해 실시되는 것으로, ① 재정사업자율평가 결과 추가적으로 정밀검토가 필요하다고 판단되는 사업, ② 부처 간 유사·중복사업 또는 비효율적인 사업추진으로 예산낭비의 소지가 있는 사업, ③ 향후 지속적 재정지출 급증이 예상되어 객관적 검증을 통해 지출효율화가 필요한 사업, ④ 그 밖에 심층적인 분석·평가를 통해 사업추진 성과를 점검할 필요가 있는 사업이 평가대상이다.[31)] 성과계획서 및 성과보고서, 재정사업자율평가는 각 부처가 스스로 작성하고 평가하는 것인 반면, 재정사업심층평가는 평가대상인 재정사업을 담당하는 해당 부처가 아닌 제3의 기관에서 평가한다는 점에서 서로 구별된다.

기획재정부는 2005년 노인일자리지원사업, 해외취업지원사업, 지역전략산업 진흥사업 등 3개 사업에 대한 심층평가를 시범적으로 실시하였고, 2006년부터 본격적으로 심층평가를 실시하고 있다. 재정위험관리위원회(위원장: 기획재정부장관)에서 심층평가대상을 선정하고, 평가계획이 확정되면, 심층평가자문단을 중심으로 종합평가분석을 수행한다. 최근 5년간 총 34건의 사업군에 대하여 재정사업 심층평가를 실시하였다.

[표 7] 재정사업 심층평가 실시현황 (단위: 개)

연도	2017년 이전	2017년	2018년	2019년	2020년	2021년
사업 수	92	8	6	6	8	6

2009년까지의 심층평가는 개별사업을 대상으로 이루어져 왔으나, 2010년부터는 심층평가 대상을 사업군으로 변경하여 실시하고 있다.[32)] 최근의 심층평가 현황을 살펴보면, 2020년에는 국립대재정지원사업군, 노인의료지원사업군, 전자정부 지원체계, 스마트시티, 고용보험기금 사업군, 농어업정책보험 사업군, 빅데이터 플랫폼 사업군 등이 심층평가 과제로

31) 「국가재정법」 제3조

32) 이는 기존의 심층평가가 재정지출의 효율성 제고 등 나름대로의 성과를 거두어 왔으나 그 대상을 개별 사업으로 한정함에 따라 파급효과 역시 제한적일 수밖에 없다는 점을 고려한 것이다. 또한, 재정사업의 구조가 갈수록 복잡해지고 있고 다수 부처가 관련되어 있는 사업들에 대하여 비교평가를 실시하고 그 결과를 재정운용에 반영할 필요성이 높아지는 점도 그 이유에 해당할 것이다.

선정되었으며, 2021년에는 어촌뉴딜300, 창업지원사업군, 직접일자리 사업군, ICT기금 사업군, 국가연구시설장비 사업군, 군간부 주거지원 사업군 등이 선정되었다.

한편, 기획재정부훈령 「재정사업 심층평가 운용지침」[33]에 따르면 원칙적으로 심층평가 관리기관은 심층평가 결과의 주요내용을 수행기관의 홈페이지 등을 통해 공개하여야 하는데, 실제로는 대부분의 평가결과를 공개하지 않고 있어[34] 국민의 알권리 보장 및 평가결과 환류 등의 측면에서 한계가 있다.

4. 주요국의 성과관리 예산제도

대부분의 OECD 국가에서 재정사업의 성과를 평가하고, 그 결과를 예산편성에 반영하는 것은 당연한 것으로 받아들여지고 있다. OECD에서 발간한 "OECD Performance Budgeting Survey"에 의하면, OECD 국가 중 28개국이 성과관리 예산제도를 시행하고 있다.

[그림 3] OECD 국가들의 성과관리 예산제도 도입 현황

(단위: 개)

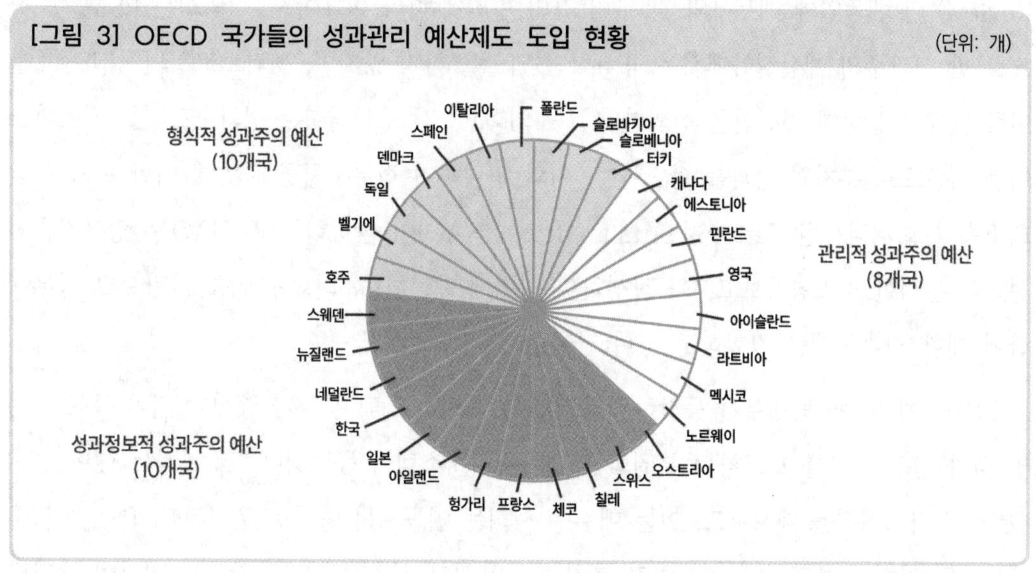

주: 그리스, 룩셈부르크, 포르투갈은 성과주의 예산제도를 채택하고 있지 않고, 이스라엘 및 미국은 데이터 없음
자료: 조현희, OECD 국가들의 성과주의 예산제도 우수 사례, 2019

33) 「재정사업 심층평가 운용지침」 제20조(평가결과의 공개) ① 심층평가 관리기관은 심층평가 결과의 주요내용을 수행기관의 홈페이지 등을 통해 공개 한다.
② 심층평가 관리기관은 제1항의 규정에도 불구하고 평가결과의 주요내용을 대외에 공개할 경우 향후 원활한 재정운용을 저해할 우려가 있는 경우에는 기획재정부장관과 협의하여 비공개 처리할 수 있다.

34) 2017년부터 2021년까지 실시한 34건의 재정사업 심층평가 중 10건의 결과를 공개하였다.

이하에서는 주요국의 성과관리 예산제도 도입현황과 의회에서의 성과정보 활용실태에 대하여 살펴본다.35)

(1) 영국의 성과관리 예산제도

영국은 정부의 성과관리에 관한 운영을 일률적으로 정하는 법률은 없지만, 1998년 「재정안정법」, 2000년 「정부자원 및 회계법」등을 제정하여 재정의 효율성과 생산성 제고를 위한 재정개혁을 추진하였다. 1997년 총선 이후 영국 정부는 1998년 '포괄적 지출검토(Comprehensive spending review: CSR)'를 도입하였고, 그 결과로 만들어진 것이 1998년 12월 발간된 정부부처별 '공공서비스협약(Public service agreement: PSA)'과 '서비스전달협약(Service delivery agreement: SDA)' 등이라 할 수 있다.

CSR에서 도입된 PSA는 3년 동안의 각 부처 활동에 대한 협약으로 각 부처의 부처 목표뿐만 아니라 성과목표를 설정하고 있으며, 중기재정계획을 심사하는 지출검토(Spending Review) 과정 동안에 재무부와 각 부처 간의 합의에 따라 이루어진다. 의회는 PSA를 중심으로 한 성과주의 예산절차에서는 공식적인 역할을 하지 않지만, 성과보고서의 성과정보를 비중 있게 활용하여 예산안을 심의한다. 즉, 의회 내 각 소위원회는 성과보고서를 검토하고 이를 기준으로 부처의 성과를 판단한다. 이와 관련하여 정부부처별 사업에 대한 평가는 의회소속의 회계검사원(National Audit Office: NAO)이 담당하는데, NAO는 정부지출의 성과를 분석한 사업평가보고서를 작성하여 의회에 제출하며, 의회는 이를 바탕으로 정부예산에 대한 사후통제를 강화하고 있다(김춘순, 2013: 260).

2010년에 보수연립정부가 등장하면서 PSA는 폐지하고 각 부처가 중심이 되어 목표 설정 및 성과 달성 여부를 보고하는 분권화된 성과관리시스템이 등장했다. 각 부처는 매년 향후 4년간의 사업계획을 제시하고, 이는 매년 수정되는 연동계획 형태로 운영된다. PSA가 영국 재무부의 강력한 주도하에 이루어져 부처의 자율성과 신축성을 제약한다는 비판이 제기되어, 이를 해결하기 위하여 분권화된 성과관리시스템인 연간사업계획(annual business plan)을 도입하였다고 볼 수 있다(하연섭, 2015: 172).

35) 주요국의 성과관리 예산제도에 관하여는 한국행정연구원의 「주요국 정부업무평가제도 동향 연구」(2016)와 한국조세연구원의 「성과관리 예산제도의 국제비교」(2008)를 주로 참고하였다.

(2) 프랑스의 성과관리 예산제도

프랑스 성과관리의 가장 대표적인 사례는 2006년 1월부터 시행된 「재정법률에 관한 2001년 8월 1일 조직법」(LOLF, loi organique n° 2001-692 du 1 août 2001 relative aux lois de finances)으로 설명할 수 있다.36) LOLF는 프랑스 최초의 성과관리통합법이라고 평가할 수 있는데, 주목할 점은 이 법률이 행정부가 아니라 의회가 스스로 발의하여 확정되었다는 사실이다. 프랑스의 성과평가의 핵심은 부처 스스로 자율적으로 시행하는 자체평가라고 할 수 있지만, 의회가 예산안 확정과정을 통하여 성과관리의 최종확인자가 된다는 점이 특징적이다.

동 법은 제1조에서 "재정법은 경제균형을 염두하고, 법률이 규정한 프로그램의 목표와 결과를 고려한다"고 규정하여 국가예산승인을 프로그램 평가와 결부시키고 있으며, 제7조에서 "프로그램은 하나의 활동 혹은 한 부서의 유사한 활동 전체의 실행 예산을 포함한다."고 규정하여 국가예산과 프로그램 간의 관계를 구체화했다. 또한, 제51조의 재정법 예비법안 부록에는 "각 프로그램의 성과계획서(PAP)를 첨부"하도록 규정하고, 제54조에서 "결산법 예비법안에 해당연도 성과보고서(RAP)를 첨부하고 여기에 프로그램 별로 목적, 예상 · 성취결과, 지표 관련 비용에 관한 해당연도 재정법률의 전망치와 결산법에서 확인된 실현 정도 간의 차이를 분명히 알 수 있게 한다"고 규정하였다.

2006년부터 의회는 정부가 제출한 예산안을 전략목표와 성과달성도를 기준으로 하여 최종적으로 심의·확정하고 있다. 그 결과 정부사업의 성과관리와 관련한 의회의 역할과 권한이 대폭 강화되었는데, 의회는 행정부에 대한 성과관리를 평가하는 기관으로서 정부의 성과계획서, 성과보고서 등을 분석하고 평가하는 기능을 수행한다. 만일 성과계획서와 성과보고서의 내용이 성과관리 가이드라인에 저촉되는 사업목표가 설정되었거나, 목표의 불명확성, 일관성의 결여 등이 지적되었을 경우 의회는 성과계획서 등을 정부에 회송시킬 수 있는 권한이 있다.

36) LOLF는 기존 예산제도의 틀을 제공하고 있던 「1959년 법규명령」을 대체한 프랑스의 새로운 재정적 헌법이라고 할 수 있다. 프랑스는 공공지출의 총규모와 재정적자가 지속적으로 증가하였으나, 의회는 재정의 총량, 예산증가율 등 예산의 양적인 심의에만 치중하여 재정지출의 효과성을 증진시키지 못했다는 반성과 재정지출에 대한 엄격한 통제를 위한 성과측정 수단이 절실히 필요하다는 문제의식이 확산됨에 따라 이러한 재정개혁 법률이 입안되게 되었다.

(3) 캐나다의 성과관리 예산제도

캐나다는 1990년대 중반 이후 약화된 재정사업 성과관리의 강화를 위해 2006년 「Federal Accountability Act」를 제정하였으며, 최근의 글로벌 재정위기에 대응하여 정부지출 삭감과 세출구조조정을 강화할 목적으로 더욱 엄격한 성과관리 적용을 검토 중인 것으로 알려져 있다(기획재정부, 2011a).

또한, 2007년 6월 의회에서 승인된 Expenditure Management System(EMS) 수정안을 계기로 엄격한 재정성과관리를 실시하고 있다. 예를 들면, 정부의 재정사업에 대한 평가를 2007년부터 4년 주기로 수행하고 있는데, 각 부처의 성과목표체계에서 생산되는 성과정보를 활용하여 성과가 미흡한 5%의 재정사업을 선별하여 예산을 재배분한다.

캐나다는 2016년 자유당이 새롭게 집권하면서 재무위원회 성과 정책(Treasury Board Policy on Results)을 새롭게 도입하는 등 성과정보와 결과의 연계성을 강화시키는 노력을 하였다. 각 부처 및 기관들은 사용한 자원과 성과를 연계하여 의회에 보고하는데, 이때 발간하는 보고서는 세 부분으로 구성되어 있다. 첫째, 정부 지출계획서(Government Expenditure Plan)는 연방정부 지출에 대한 전체적인 개요를 설명하는 부분이며, 둘째, 본 예산안(Main Estimates)에서는 개별 부처와 기관에서 요구하는 재원에 관한 설명을 다루고 있다. 셋째, 부처별 지출계획서(Department Expenditure Plans)는 부처별 계획서(Departmental Plans, DP)와 부처별 결과보고서(Departmental Results Reports, DRR)로 구성되어 있다. 부처별 계획서는 부처의 우선순위, 전략성과물, 프로그램에 대한 설명, 기대 결과 등을 담고 있으며 부처별 결과보고서는 계획서에 기재된 우선순위, 전략성과, 기대 결과 등에 실제 사업의 성과가 논리적으로 부합하는지 여부를 판단하는 내용을 담고 있다. 각 부처 및 기관은 캐나다 재무위원회 사무국(Treasury Board Secretariat)에서 발간한 성과관리가이드에 따라 성과보고서를 작성하고 이를 제출하며, 재무위원회 사무국은 이를 바탕으로 부처의 성과를 평가하고 지출내용을 조사하여 이 결과에 따라 예산 및 자원의 배분을 결정하고 있다.

성과관리 및 평가에 관한 모든 내용들은 재무위원회 홈페이지를 통해 구체적으로 제시되고 누구나 쉽게 접근할 수 있도록 되어 있으며, 2012년부터는 Overview of Government Spending and Performance를 발간하여 국민이 각 부처의 성과를 이해할 수 있도록 하고 있다.

(4) 스웨덴의 성과관리 예산제도

스웨덴에서 성과관리에 대한 첫 번째 체계적인 시도는 1970년대 초반에 파일럿 프로젝트의 형태로 이루어졌으나 큰 성과를 거두지는 못하였고, 1990년대에 들어와 경기침체와 재정적자 누적에 따른 정부사업 순위 선정의 체계화와 같은 공공부문의 개혁과 더불어 본격적으로 시행되었다.

스웨덴의 성과관리 예산제도는 「예산법」과 행정규칙에 근거하여 운영되고 있다. 1993년부터는 모든 집행부서(agency)가 성과보고서와 재무제표를 포함하는 연차보고서를 작성하는 것이 의무화되었다.

현재 동 제도는 각 부처에 의해 자율적으로 시행되며, 평가는 국가행정사무처에서 독립적으로 이루어지고 있다. 각 부처의 장은 팀장과 함께 정부지침서를 작성하고 정책 집행 기관에 제공하기 때문에 성과목표에 대한 자의적 해석이 어렵고, 명시된 성과목표는 반드시 달성되도록 하기 때문에 조직적인 성과관리가 이루어진다고 볼 수 있다[37]. 그리고 스웨덴은 예산을 기반으로 구체적인 성과목표를 설정하는 데 있어 효과측정 지표와 포괄적 목표 수치, 결과측정 지표와 구체적 목표 수치, 범위지표와 운용 목표 수치가 어떤 사업을 시행하든지 반드시 연계될 수 있도록 하고 있다. 이는 범정부 차원의 성과관리가 유연하게 진행되도록 하는 기초가 된다.

스웨덴에서는 성과정보가 내년도 예산배분을 결정하기 위해서라기보다는 사업기관의 활동을 모니터링하기 위한 목적으로 사용되며, 사업기관의 활동에 대한 중앙의 개입과 규제를 차단하고 높은 성과를 내고자 하는 유인을 보장해준다(하연섭, 2015: 174).

(5) 미국의 성과관리 예산제도

미국은 1949년 후버위원회(Hoover Commission)가 성과주의 예산제도를 제안한 이래로 성과와 예산을 연계하려는 다양한 시도가 있었다. 1950년에는 「예산회계절차법」(Budget and Accounting Procedure Act)을 제정하였고, 예산서를 기능과 활동 기준으로 작성하여 제출하도록 하였다. 이후 1965년 존슨 대통령이 시행한 계획예산제도(PPBS),

37) 각 부처의 장은 정부업무 성과관리에 있어 상당한 자율성을 부여받지만 그 댓가로 결과에 대한 엄격한 책임을 요구하기 때문에 각 사업에 대한 목표는 반드시 달성될 수 있도록 하고 있다.

1973년 닉슨 대통령 당시 연방정부 관리 효율성을 제고하기 위해 도입된 목표관리제도(MBO), 그리고 1977년 영기준예산(ZBB) 등의 다양한 시도가 있었다.

그러나 1993년 「정부성과결과법」(Government Performance and Result Act:GPRA)[38]이 제정되면서 본격적으로 성과주의 예산제도가 시작되었다고 할 수 있다. 또한, 2001년부터 성과예산서 및 프로그램예산평가체계(Program Assessment Rating Tools: PART)[39]의 추진을 통해서 성과관리와 예산 간의 연계성을 강화하려는 노력을 기울이고 있다. 의회는 GPRA와 같이 입법과정을 통하여 성과주의 예산제도 시스템을 도입함으로써 제도적·법률적 기반을 조성하는 중요한 역할을 수행하였다. 원칙적으로 성과관리제도의 도입은 의회가 정책결정이나 예산안편성, 행정부 통제 등에 필요한 정보를 획득하게 하는 효과를 의도하였는데, 연방기관들이 전략계획서 작성 시 의회와 협의하도록 한 것이 대표적 사례라고 할 수 있다.

2010년에는 PART가 폐지되고 예산안 편성지침에 예산안 검토 시 중앙행정기관이 새 정부의 전략목표와 성과목표를 확인하고, 각 목표 간의 우선순위를 적절히 반영하고 있는지 "점검"하는 과정(전략적 점검)을 포함시켰다. 또한, 각 기관이 2012회계연도 성과예산의 편성 시 성과목표치 중 중점우선목표를 설정하도록 하여 사업의 목적이 정부의 정책목표와 부합되도록 조정하였다(금재덕, 임소영, 2016: 149). 이는 기존의 개별 사업에 대한 사후평가 중심의 PART에서 벗어나 다부처 사업에 대한 성과관리를 하는 동시에 부처가 스스로 최우선 성과목표를 정하도록 하여 분권화된 운영방식으로 전환하고, 정책 집행 단계에서의 성과관리를 강화한 것으로 볼 수 있다(하연섭, 2015: 171).

38) 1993년 제정된 GPRA에 근거하여 성과주의 예산제도가 본격적으로 시작되었다. GPRA는 부시 대통령 집권기에 윌리암 로스 상원의원이 제안한 Federal Program Performance Standards and Goals Act 1990이 그 출발점으로서 2년 동안 수차례의 공청회와 심의를 거쳐서 GPRA로 명칭이 바뀌었다(박노욱, 2008: 70).

39) PART는 GPRA를 보완하기 위해 OMB의 주도 하에 개발된 제도로 이해할 수 있는데, 그 목적은 새로운 성과자료를 생산하는 것 보다는 기본적 성과자료를 바탕으로 예산배정이 엄밀하게 이루어지도록 하는 것이다(박노욱, 2008: 71).

5. 성과관리 예산제도의 평가 및 과제

(1) 성과관리 예산제도에 대한 평가

성과지향 예산제도는 제도의 취지에도 불구하고 본질적으로 몇 가지 중요한 문제점을 내포하게 된다. 먼저, 정부의 성과를 측정하는 데 가장 적합한 지표는 결과라고 할 수 있지만, 결과에 관한 제대로 된 정보를 얻기가 매우 힘들 뿐만 아니라 이를 얻는 데 상당한 비용이 소요된다는 문제점이 있다. 이에 더해 사업추진 부처는 가능한 한 평가의 불이익을 피하기 위해 정량적으로 쉽게 측정될 수 있는 내용에 초점을 맞추고 단기적 관점에서 성과지표를 결정할 유인을 갖게 됨으로써, 정작 해당사업에서 가장 중요한 활동이나 결과는 제대로 측정하지 못하는 경우가 있을 수 있다. 국공립박물관의 운영과 관련된 성과지표를 박물관 입장객 수로만 설정하거나, 조림사업의 성과지표를 조림면적으로만 설정하는 경우를 예로 들 수 있다.

또한, 정부의 사업과 결과 사이에는 상당한 시차(time-lag)가 존재할 수 있다. 예를 들어, 다문화 가정에 대한 사회적 수용도를 높이는 정책을 펴는 경우 사람들의 태도가 변하는 데에는 상당한 시간이 소요되는데, 사업에 대한 평가기간은 통상적으로 1년에 불과하다. 이럴 경우, 수년에 걸쳐서 실질적으로 정부정책이 다문화 가정에 대한 사회적 수용도를 높이는 데 크게 공헌했음에도 불구하고 당해 연도에는 전혀 영향을 미치고 있지 않다는 결론을 내릴 수도 있다(하연섭, 2022: 272).

그리고 Wildavsky(1975)가 성과관리 예산제도가 내포하고 있는 논리상의 한계를 지적한 바와 같이, 예산과정은 권력관계, 문화, 갈등과 합의 등을 포함하며, 누가 얻고 누가 잃는가를 결정하는 과정이므로 근본적으로 정치적일 수밖에 없다. 즉, 성과관리 예산제도는 합리적인 성과측정을 바탕으로 그 결과를 재정운용에 반영하고자 하는 것으로서, 성과관리와 정치적인 속성을 가진 예산과정이 본질적으로 상충할 가능성이 높다. 뿐만 아니라 성과 목표치를 설정할 때 너무 낮거나 너무 높게 설정하는 것도 문제가 된다. 너무 높게 설정하면 동기부여는 되지만 비현실적인 기대를 양산하거나 실패할 가능성이 높다.

뿐만 아니라 OECD(2006)는 성과주의 예산제도를 공식적으로 활용하느냐는 나라마다 서로 다른 정치적·행정적 환경 요인들을 고려해야 한다고 지적하였다. 성과정보와 예산과정을 통합하고 적절하게 연계시키기 위해서는 각 나라마다의 정치적, 행정적 상황을 반영한 성과관리제도를 도입하고 이를 관리하는 것이 무엇보다 중요하다.

(2) 성과관리 예산제도의 개선과제

성과관리 추진 체계 및 법체계 정비

「국가재정법」 제1조와 제4장의2의 성과중심의 재정운용 규정은 기획재정부가 성과주의 예산제도를 운영하도록 하고 있고, 국무총리실 소관의 「정부업무평가기본법」제28조제2항에서는 평가결과를 차년도 예산요구 시 반영하도록 규정하고 있다. 이로 인해 해당 부처에서는 동일한 사업에 대하여 중복된 업무를 매년 반복하고 있어 행정비효율이 발생하고 있다. 또한, 2010회계연도부터 부처 성과계획서와 성과보고서 작성범위에서 주요 정책과제가 제외되어 예산심의에 필요한 성과정보가 축소되었다. 따라서 성과관리 추진체계를 일원화하고 주요 정책과제와 관련한 성과정보를 다시 포함시켜야 할 필요성이 있다.

정부업무 중 재정사업에 대한 평가를 놓고 본다면 총리실에서 수행하는 성과관리는「국가재정법」에서 규정한 성과관리와 뚜렷이 구별되지 않으므로 양자의 관계를 명확히 하여 성과관리 체계를 일원화할 필요가 있다.

2021년 12월 개정된 「국가재정법」 제85조의8[40]은 이와 유사한 취지에서 기획재정부장관 및 관계 중앙관서의 장 등으로 하여금 재정사업 성과평가와 개별 법령에 따라 실시되는 평가의 대상이 중복되지 않도록 노력할 의무를 규정하였다.

40) 「국가재정법」 제85조의8(재정사업 성과평가) ① 기획재정부장관은 대통령령으로 정하는 바에 따라 재정사업에 대한 성과평가를 실시할 수 있다.
② 기획재정부장관 및 관계 중앙관서의 장 등은 제1항에 따라 실시되는 재정사업 성과평가와 개별 법령에 따라 실시되는 평가의 대상 간 중복이 최소화되도록 노력하여야 한다.

재정사업자율평가제도: 예산과의 연계성 강화 필요

재정사업자율평가 도입 초기에는 '미흡' 이하의 평가를 받은 사업은 10% 예산삭감이 이루어지도록 함에 따라 그 평가결과를 예산안 편성에 반영하려는 노력이 있었던 것으로 평가할 수 있다. 그러나, 2015년도 이후 기존 일률적 삭감방식에 대한 문제점 지적에 따라 총액의 일정 비율 범위에서 부처의 자율적인 지출구조조정안을 제출하는 방식을 도입한 바 있고, 2018년도부터는 예산에 대한 직접적인 환류 없이 미흡 등급 사업에 대하여 성과관리대책만을 마련하도록 하는 방식으로 개편되었다.

이러한 평가제도 개편은 부처의 자체평가에 대한 점검 및 평가결과와 예산 간의 연계성을 약화할 수 있다는 점에서 당초 성과중심의 재정운용이라는 목적 달성을 어렵게 만들 수 있다. 즉, 실효성 있는 성과관리를 위해서는 합리적인 인센티브 구조(성과가 우수할 경우 보상, 미흡할 경우 제재)를 바탕으로 한 효과적인 환류제도의 운영이 요구되기 때문이다.

성과관리와 타 재정제도와의 연계성

1. 프로그램 예산제도

프로그램 예산제도는 프로그램을 통해 정책과 예산을 연계하는 예산구조를 의미한다. 즉, 예산의 계획·편성·배정·집행·결산·평가·환류의 전 과정을 프로그램 중심으로 구조화하고 그것을 성과평가체계와 연계시켜 성과를 관리하는 예산기법을 말한다. 프로그램이란 동일한 정책목표를 달성하기 위한 단위사업(Activity)의 묶음을 의미하며, 정책적으로 독립성을 지닌 최소 단위이다. 또한, 프로그램은 예산안편성 단계에서 전략적 배분단위이며, 총액배분자율편성(Top-down)제도의 한도액 설정단위로 사용된다. 프로그램 예산제도는 성과관리를 적절하게 수행하기 위한 하부구조라고 할 수 있다. 프로그램 예산제도는 성과관리 또는 평가대상을 체계적이고 포괄적으로 선정할 수 있는 기준을 제공해준다. 프로그램 예산구조 없이 선택적으로 성과관리 및 평가대상이 선정되는 성과관리제도 하에서는 예산편성과 결산 과정의 연계가 포괄적이고 체계적으로 이루어지기 어렵다. 성과계획서 및 성과보고서 제도가 실질적으로 운영되기 위해서는 각 부처가 제출하는 성과계획서와 예산당국이 예산편성을 위해 활용하는 프로그램 예산체계 사이에 일관성이 확보되어야 한다.

2. 국가재정운용계획

성과관리제도 중 성과계획서가 각 부처의 임무와 비전, 중·장기적 전략목표 등을 설정하는 것이라면,

이러한 성과계획이 실현가능성을 담보하기 위해서는 장기적으로 정부가 어떤 분야에 얼마의 예산을 투입할 것인지에 대한 예측이 가능하여야 한다. 따라서 국가재정운용계획이 중장기적 관점에서 사업운영과 성과관리를 가능하게 함으로써, 예산과 계획과의 연계성을 강화하는 직·간접적 효과를 갖게 된다. 국가재정운용계획 수립지침에서는 부처별 중기사업계획을 작성할 때, 성과계획서상의 성과지표 등을 최대한 활용하도록 하여 성과계획이 반영된 부처별 중기사업계획을 기초로 국가재정운용계획을 수립하도록 유도하고 있다.

3. 총액배분자율편성

예산제도총액배분자율편성 예산제도란 예산당국이 국가재정운용계획에 근거하여 각 부처별 예산한도액(ceiling)을 설정하고, 각 부처는 그 범위 안에서 자율적으로 예산을 편성하는 제도이다. 동 제도의 도입 효과로서 예산에 대한 투명성과 자율성이 제고되고, 예산의 주된 관심이 금액에서 정책으로 전환될 수 있다는 점을 제시하고 있는 바, 이러한 효과가 담보되기 위해서는 예산집행의 성과에 대한 평가 및 환류가 필수적이라는 점에서 성과관리제도와의 연계가 필요하다.

4. 발생주의 회계제도

발생주의 회계제도는 현금의 직접적인 출납 여부와는 관계없이 근원적으로 자산과 부채에 영향을 미치는 사건을 기준으로 거래를 인식하는 회계제도이다. 발생주의 회계방식의 도입은 성과측정 단위별 원가정보를 파악할 수 있게 하여 성과관리제도의 실효성을 향상시킬 수 있다. 과거 원가정보가 없는 경우 객관적인 측정이나 평가가 어려워 성과와 예산의 연계가 쉽지 않았다. 하지만 발생주의 회계제도의 도입으로 인해 단위사업별 또는 성과목표별 원가정보의 산출이 용이해질 것이다. 이를 통해 효과성이 높은 사업에 더 많은 예산을 투입하고, 비효율적인 사업의 경우 제도개선 등을 통해 효율성을 높이도록 유도하거나 예산을 감소 혹은 사업을 폐지하는 것도 가능하다.

현재에는 재정사업 자율평가 결과 '미흡' 등급을 받은 사업에 대하여 원칙적으로 지출구조조정계획을 제출하도록 하는 등 예산과의 연계성을 강화하는 방향으로 재차 개편이 이루어졌으나, 2024년도 정부 예산안의 경우 미흡 이하의 평가를 받은 사업 중 10개 사업에서 예산이 감액되지 않거나 오히려 증액 편성되는 등(국회예산정책처, 2023: 445) 제도 운영에 여전히 한계가 있는 상황이다.

참고문헌

국회예산정책처. (2011a). 「2012년도 정부 성과계획서 평가」.

________. (2011b). 「2010년도 정부성과보고서 평가」.

________. (2021). 「2022년도 예산안 총괄 분석 Ⅰ」.

________. (2023). 「2024년도 예산안 총괄 분석 Ⅰ」.

________. (2024). 「2024 대한민국 재정」.

금재덕, 임소영. (2016). "한국과 미국의 성과주의 예산의 제도화 비교분석."「한국행정연구」제25권 제3호. 2016.

기획재정부. (2001). 「성과주의 예산 2001년 시범사업추진지침」.

________. (2011a). "2012년도 성과계획서 적정성 점검."보도자료(2011. 9. 7).

________. (2011b). "2010년도 재정사업 자율평가 결과."보도자료(2011. 7. 27).

________. (2015). 「2015년도 재정사업 자율평가 지침」.

________. (2016). 「2016년도 통합재정사업 평가지침」.

________. (2017). 「2017년도 통합재정사업 평가지침」.

________. (2017). "재정사업 자율평가제도 전면 개편."보도자료(2017. 9. 28).

________. (2023). 「2023년도 재정사업 자율평가 지침」.

김춘순. (2013). "의회예산제도지수의 구축과 영향요인에 관한 연구."성균관대학교 대학원 박사학위논문.

박노욱. (2008)."성과관리 예산제도와 예결산 분석: 우리나라 성과관리예산제도와 프로그램 예산체계의 연계문제를 중심으로."「재정포럼」제13권 제9호. 한국조세연구원.

________. (2008). "성과관리 예산제도의 국제비교."한국조세연구원.

박홍엽. (2009). "재정사업자율평가 현황과 정책과제." 국회예산정책처.

오영민. (2017). "우리나라 재정사업평가제도 현황과 제도개선을 위한 정책과제."한국조세재정연구원.

오철호. (2011). "정책분석평가와 성과관리."「정책분석평가학회보」제21권 제3호.

유금록. (2010). "재정사업자율평가제도 평가지표의 타당성 및 신뢰성 분석."「정책분석평가학회보」제21권 제1호.

이홍재. (2011). "성과관리와 예·결산 심의의 연계성 제고 방안연구-국회 예·결산 심의 과정을 중심으로."

조현희. (2019). "OECD 국가들의 성과주의 예산제도 우수 사례"

하연섭. (2015). "성과주의 예산개혁의 비교제도분석."「현대사회와 행정」제25권 제1호.

________. (2022). 「정부예산과 재무행정(제4판)」.

한국조세연구원. (2008). "재정사업 자율평가제도의 운영현황 및 발전방안에 관한 연구."

한국행정연구원. (2016). 「주요국 정부업무평가제도 동향 연구」.

________. (2017). "우리나라 정부성과평가제도에 대한 메타평가 연구."

허경선. (2011). "해외 주요국 공공기관의 성과관리와 시사점."한국조세연구원.

OECD. (2006). Modernizing Government. Paris: OECD.

Wildavsky. Aaron. (1975). Budgeting: A comparative Theory of Budgetary Process. Boston: Little, Brown & Company.

제4절 국가채무관리제도

1. 국가채무관리의 의의

국가재정 운용 및 제도에 관한 기본법인 「국가재정법」 제1조는 제정 목적으로 "건전 재정의 기틀 확립"을 명시적으로 규정하고 있다. 또한, 제16조제1호는 예산의 편성 및 집행에 있어 정부가 준수하여야 할 첫번째 원칙으로 재정건전성의 확보를 위하여 최선을 다할 것을 규정하고 있다.

이렇게 「국가재정법」에서 재정건전성을 강조하고 있는 것은 국가경제의 최종 안전판 역할을 수행하는 재정의 건전성이 훼손될 경우 경제위기 발생 가능성이 사전적으로 높아질 뿐 아니라, 사후적으로도 경제위기 등이 발생했을 때 적절한 대응이 어렵게 되기 때문으로 이해된다. 실제로 2010년 전후 그리스, 포르투갈 등 일부 유럽 국가들의 경우 재정건전성이 악화되면서 대외 신인도 저하, 금융시장 불안, 재정운용의 경직성 증가 등에 따라 대내외적으로 경제위기가 심화되는 모습을 보인 바 있다.

우리나라의 경우도 글로벌 금융위기와 이후 이어진 저성장 기조 대응 과정에서 재정수지 적자와 국가채무가 급속하게 증가하는 등 재정건전성이 악화되었으며, 저출산·고령화에 따른 복지지출 증가 및 남북통일과 관련한 재정위험 등을 감안할 때 재정건전성을 조속히 회복할 필요가 있다는 지적에 대하여 폭넓은 공감대가 형성되고 있다. 재정건전성 회복을 위해서는 국가채무 규모를 적정 수준으로 관리하는 것이 무엇보다도 중요하다. 국가채무가 과다하게 되면 국가 경제의 최종 안전판 역할을 수행하여야 할 재정의 위기 대응 여력이 떨어지며, 미래세대에 채무상환 부담을 안겨주는 결과를 초래하기 때문이다.

2. 국가채무 현황

(1) 국가채무의 개념

일반적으로 국가채무는 정부가 정부 이외의 민간이나 해외에 원리금의 상환의무를 지고 있는 채무를 의미한다. 국가채무의 법적 정의는 「국가재정법」 제91조제2항 및 동 시행령

제43조에서 규정하고 있는데, 국가의 회계 또는 기금이 발행한 채권, 국가의 회계 또는 기금의 차입금 및 국고채무부담행위, 정부의 대지급(代支給) 이행이 확정된 국가보증채무를 국가채무에 포함하도록 규정하고 있다. 다만, 중앙관서의 장이 관리·운용하지 않는 회계 또는 기금의 채무는 국가채무에서 제외하고 있으며, 그 밖에 재정증권, 한국은행으로부터의 일시차입금, 채권 또는 차입금 가운데 국가의 다른 회계 또는 기금이 보유하고 있는 경우 등도 국가채무에서 제외하고 있다.

(2) 국가채무의 구분

국가채무는 크게 중앙정부채무와 지방정부채무41)로 구분할 수 있으며, 중앙정부 채무는 다시 국채, 차입금으로 나뉜다. 국가채무를 구성하는 각 항목의 2021회계연도 및 2022년회계연도 결산 기준 규모를 살펴보면 다음과 같다.

[표 1] 국가채무의 구성 및 현황

(단위: 조원, %, %p)

	2021년(A)	2022년(B)	전년대비	
			증감 (C=B–A)	증감률 (C/A)
국가채무 총계	970.7	1,067.4	96.7	10.0
(GDP 대비)	(46.7)	(49.4)	(2.7)	(5.8)
중앙정부채무	939.1	1,033.4	94.3	10.0
• 국채	937.0	1,031.5	94.5	10.1
– 국고채	843.7	937.5	93.8	11.1
– 국민주택채권	82.2	82.2	0.0	0.0
– 외평채	11.2	11.8	0.6	5.4
• 차입금	2.0	1.9	△0.1	△5.0
– 국내차입금	2.0	1.9	△0.1	△5.0
– 해외차입금	–	–	–	–
• 국고채무부담행위	0.1	0.1	0.0	0.0
지방정부순채무	31.5	33.9	2.4	7.6

자료: 기획재정부, 「월간 재정동향(2023년 4월호)」, 2023
기획재정부, 「월간 재정동향(2024년 4월호)」, 2024

41) 국가채무관리보고서는 「국가재정법」에 따른 국가채무에 해당하지 않는다는 이유로 지방정부 순채무를 국가채무에 포함시키고 있지 않다.

국 채

국채는 국가의 재정수지 상의 세입부족액을 보전하고 수지 균형을 도모하기 위해 국가가 발행하는 채권이다. 「국채법」 제4조에 따라 국채는 공공자금관리기금의 부담으로 기획재정부장관이 발행하는 국고채권과 다른 법률에 특별한 규정이 있는 경우 그 법률에 따라 다른 회계·기금 또는 특별계정의 부담으로 기획재정부장관이 발행하는 국채로 구분된다.

현재 발행되고 있는 국채는 국고채권, 국민주택채권(제1종), 외국환평형기금채권(외화표시, 원화표시), 재정증권[42]이 있으며, 제2종 국민주택채권은 더 이상 발행되지 않고 있다.

국채 규모는 2022회계연도 결산 기준 1,033.4조원의 중앙정부 채무 중 99.8%인 1,031.5조원에 이르고 있다.

[표 2] 국채의 종류별 발행조건 및 근거법령

종류	2022년 말 잔액	발행목적	발행방법	소관 회계·기금	근거법령
국고채권	937.5조원	재정자금조달	경쟁 입찰	공공자금관리기금 (기획재정부)	국채법, 공공자금관리기금법
국민주택채권	82.2조원	주택건설촉진 재원조달	첨가 소화	주택도시기금 (국토교통부)	주택도시기금법
외국환평형 기금채권	11.8조원	한국경제홍보 등	경쟁 입찰	외국환평형기금 (기획재정부)	외국환거래법
재정증권	-	일시적 재정부족자금 보전	경쟁 입찰	일반회계 (기획재정부)	국고금관리법
공공용지 보상채권	-	공공용지 수용비 지급	교부	일반회계, 교통시설특별회계	공익사업을 위한 토지 등의 취득 및 보상에 관한 법률

자료: 기획재정부, 「국채 2022」, 2023

42) 재정증권은 세입·세출 간 일시적 자금 불일치로 발생하는 국고 부족금을 충당하기 위해 발행하는 유가증권으로, 발행한 연도 내에 전액 상환하기 때문에 국가채무에는 포함되지 않는다.

차입금

차입금은 정부가 한국은행, 민간기금 또는 국제기구 등으로부터 법정 유가증권의 발행 없이 직접 차입한 금액을 의미한다. 차입대상에 따라 정부가 한국은행 등 국내 금융기관, 민간기금 등으로부터 차입하는 국내차입금과 국제부흥개발은행(IBRD), 아시아개발은행(ADB) 등 국제기구와 외국 정부 등으로부터 차입하는 해외차입금으로 구분되며, 해외차입금은 2016년에 전액 상환한 이후 잔액은 없는 상황이다.

[표 3] 차입금 추이

(단위: 조원)

	2018	2019	2020	2021	2022
차입금	3.2	2.6	3.3	2.0	1.9
- 국내차입금	3.2	2.6	3.3	2.0	1.9
- 해외차입금	-	-	-	-	-

주: 1. 구성항목별 합계 및 차감금액은 소수점 이하 단수조정으로 상이할 수 있음
2. 매 연도말 기준
자료: 대한민국정부, 「2022회계연도 국가채무관리보고서」, 2023

2022년도 결산 기준 국가채무 중 차입금은 1.9조원 규모이다. 해외차입금은 공공자금관리기금의 차관계정을 통하여 관리되며 2016년에 조기상환을 통해 전액 상환됨으로써, 국내차입금이 전체의 100%를 차지한다.

[표 4] 차입금 현황 (단위: 조원, %)

	2020결산		2021결산		2022결산	
	규모	구성비	규모	구성비	규모	구성비
차입금 총계	3.27	100.0	2.04	100.0	1.91	100.0
• 국내차입금	3.27	100.0	2.04	100.0	1.91	100.0
– 한은 일시차입금	0.21	6.4	–	–	–	–
– 공무원연금기금	0.01	0.3	–	–	–	–
– 국민체육진흥기금	0.93	28.4	0.94	46.1	0.88	46.1
– 국제교류기금	0.12	3.7	0.08	3.9	–	–
– 영화발전기금	0.08	2.4	–	–	–	–
– 기술보증기금	0.20	6.1	0.20	9.8	0.20	10.5
– 신용보증기금	0.25	7.6	0.25	12.3	0.25	13.1
– 농림수산업자신용보증기금	0.85	26.0	–	–	–	–
– 주택금융신용보증기금	0.53	16.2	0.53	26.0	0.53	27.7
– 산업기반신용보증기금	0.05	1.5	0.05	2.5	0.05	2.6
– 근로복지진흥기금	0.03	0.9	–	–	–	–
– 근로복지진흥기금 (실업대책사업계정)	0.02	0.6	–	–	–	–
• 해외차입금	–	–	–	–	–	–
공공자금관리기금차관계정	–	–	–	–	–	–

주: 1. 구성항목별 합계 및 차감금액은 소수점이하 단수조정으로 상이할 수 있음
2. 매 연도말 기준

자료 : 대한민국정부, 「2021회계연도 국가채무관리보고서」, 2022
대한민국정부, 「2022회계연도 국가채무관리보고서」, 2023

국고채무부담행위

국고채무부담행위는 「국가재정법」 제25조에 따라 국가가 법률에 따른 것과 세출예산 금액 또는 계속비 총액의 범위 안의 것 외에 채무를 부담하는 행위로서 사전에 국회의 의결을 받은 범위 내에서 이루어진다. 즉, 일반적인 예산사업은 예산확보 후 사업을 집행하는 데 반해 국고채무부담행위는 예산확보 전에 국회의 승인을 얻은 범위 내에서 미리 지출원인행위(계약)를 하고 실제 지출은 이후 수년에 걸쳐 이루어지게 된다. 국고채무부담행위는 해당연도 세출예산에 계상하지 못하는 필수 불가결한 사업을 수행하기 위한 예외적인 제도로서, 해양경찰청의 함정 건조 사업이나 외교부의 재외공관 건축사업 등이 국고채무부담행위로 집행된 바 있다. 현재 이들 사업은 세출예산(계속비 등)으로 편성되고 있다.

[표 5] 국고채무부담행위 현황

(단위: 조원, %)

	2020결산		2021결산		2022결산	
	규모	구성비	규모	구성비	규모	구성비
국고채무부담행위	0.70	100.0	0.06	100.0	0.05	100.0
• 일반회계	0.65	92.9	0.01	15.4	-	-
- 외교부	0.01	1.4	-	-	-	-
- 기획재정부	0.02	2.9	0.01	15.4	-	-
- 행정안전부	0.62	88.6	-	-	-	-
• 특별회계	0.05	7.1	0.05	83.3	0.05	100.0
- 국방부	0.05	7.1	0.05	83.3	0.05	100.0

주: 1. 구성항목별 합계 및 차감금액은 소수점이하 단수조정으로 상이할 수 있음
2. 매 연도말 기준
자료 : 대한민국정부, 「2021회계연도 국가채무관리보고서」, 2022
대한민국정부, 「2022회계연도 국가채무관리보고서」, 2023

지방정부 순채무

지방정부 순채무는 지방정부의 지방채 및 지방교육채 잔액에서 중앙정부에 대한 채무잔액을 차감한 것으로서 「국가재정법」에 따른 국가채무의 범위에 속하지는 않지만, 국제비교 등을 위해 매년 국가채무관리계획에서 1997년 이후 지방정부의 순채무 통계를 국가채무에 포함시키고 있다. 2022회계연도 결산 기준 국가채무 중 지방정부 순채무는 33.9조원이다.

적자성 채무와 금융성 채무

국가채무는 상환재원(대응자산)의 보유 여부에 따라 적자성 채무와 금융성 채무로 구분할 수 있다. 상환재원 보유 여부는 국민부담으로의 전환 여부와 관련되므로 관리의 실익이 있다.

적자성 채무는 국가채무에 대응하는 자산이 없어 향후 조세 등 국민의 부담으로 전환될 가능성이 있는 채무로 일반회계 적자국채, 공적자금 상환용 국채 등이 해당되며, 금융성 채무는 외환, 융자금 등 자체 상환재원을 보유한 채무로 외환시장안정용 국채, 국민주택채권 등이 포함된다. 2022년 결산 기준 지방정부순채무를 제외한 국가채무(1,033.4조원) 중 적자성 채무는 전체의 62.1%(642.1조원), 금융성 채무는 37.9%(391.3조원)를 차지한다.

[표 6] 국가채무 성질별 규모

<table>
<tr><td rowspan="4">국가채무
1,033.4조원
(100.0%)</td><td rowspan="2">적자성 채무
642.1조원(62.1%)</td><td>일반회계 적자보전: 605.8조원</td></tr>
<tr><td>공적자금 국채전환 등: 36.3조원</td></tr>
<tr><td rowspan="2">금융성 채무
391.3조원(37.9%)</td><td>외환시장 안정: 265.7조원</td></tr>
<tr><td>서민주거 안정 등: 125.6조원</td></tr>
</table>

자료: 대한민국정부, 「2022회계연도 국가채무관리보고서」, 2023

(3) 국가채무의 변화 추이 및 전망

GDP 대비 국가채무는 2006년부터 2008년까지는 감소하다가 2010년부터는 지속적으로 증가하고 있다. 특히 2009년 이후 글로벌 금융위기 극복 과정에서 국가채무가 가파르게 증가한 것으로 나타난다. 국가채무는 2008년 최초로 300조원을 돌파한 이후 불과 2년 만인 2010년에 400조원에 근접한 392.2조원 규모로 증가하였다. 이후 2011년에는 전년보다 28.3조원, 2012년에는 12.6조원, 2013년에는 37.2조원 각각 증가하는 등 증가세는 다소 완만한 추세를 보였으나, 2020년 코로나19 위기로 인하여 123.4조원 증가하여 800조원을 돌파하였고, 2021년에는 970.7조원, 2022년에는 1,067.4조원으로 증가하고 있다.

국가채무 규모에 상응하여 GDP 대비 비율도 2012년에는 32.2%이었으나 2020년에 43.6%로 40%를 돌파하였고, 2021년 46.7%, 2022년 49.4%로 계속하여 증가하는 추세이다. 성질별로 살펴보면, 2020년~2023년까지 적자성 채무의 연평균 증가율은 13.7%로, 같은 기간 금융성 채무 연평균 증가율 8.6%는 물론 전체 국가채무 연평균 증가율 11.7%를 상회하고 있다.

[표 7] 국가채무 변화 추이 및 전망

(단위: 조원, %)

	2020 결산	2021 결산	2022 결산	2023 예산	연평균 증가율
국가채무 (GDP 대비)	839.4 (43.6)	970.7 (46.7)	1,067.4 (49.4)	1,134.4 (50.4)	11.7 4.8
적자성 채무 (비중)	511.2 (60.9)	597.5 (61.6)	676.0 (63.3)	721.3 (63.6)	13.7
금융성 채무 (비중)	328.3 (39.1)	373.2 (38.4)	391.3 (36.7)	413.0 (36.4)	8.6

주: 2022년까지 결산 기준, 2023년 예산은 본예산 기준
자료: 대한민국정부, 「2023~2027 국가채무관리계획」, 2023

3. 주요국의 국가채무관리 형태

각 국은 거시적 수준에서의 국가채무 총량의 관리와 미시적 수준에서의 자금 조달 및 운용을 담당하는 국가채무 관리조직을 운용하고 있는데, 국가채무관리청(DMO)과 같이 ① 일반 부처나 중앙은행과 별도의 조직(기관)을 운용하는 경우, ② 재무부와 같은 일반 정부부처에서 국가채무관리 업무를 총괄·전담하는 경우, ③ 중앙은행이 국가채무관리의 중요한 역할을 담당하는 경우의 세 가지 형태로 구분할 수 있다. 이하에서는 OECD 국가를 중심으로 국가채무관리 형태를 살펴보기로 한다.

(1) 영국

영국은 1998년 재무부 산하에 설치한 국가채무관리청(Debt Management Office: DMO)이 중앙은행에서 담당하던 국채시장의 관리업무를 이관받아 실질적으로 전담하고 있다. 영국은 재무부(HM Treasury)가 국가채무관리에 대한 전반적인 책임을 지지만[43], 국가채무관리청은 상당 수준의 자율성을 갖고 국채발행 등의 업무를 수행하고 있다[44]. 즉 재무부 내의 재정 관련 팀들은 국가채무관리, 외환보유고의 관리 등에 관한 정책결정과 최종 책임을 지지만, 이들 팀이 결정하는 각종 재정정책의 수행은 국가채무관리청에 의해 수행된다.

---

43) 재무부는 총 차입액을 결정하고 정부의 차입 방식(composition of the Government's borrowing)을 승인하며, 채무관리기관의 권한 내용과 범위를 설정하고, 채무관리위원의 성과를 감사한다(김세진, 2011: 50)

44) 국가채무관리청은 재무부 소속 집행기관이나 재무부로부터 채무 및 현금관리에 관한 권한을 위임받아 독자적으로 활동한다. 구체적으로 국가채무관리청은 국채와 재무부 단기채권을 발행하고, 채무관리 관련 사안에 자문을 제공하며, 시장을 관리한다(김세진, 2011: 50~53)

(2) 미국

미국의 경우 별도의 국가채무관리청을 설립하지 않고 재무부 내에서 정책부서와 운영부서로 나누어 국가채무를 관리하고 있다. 국채발행 등의 정책결정은 재무부 ODF(Office of Domestic Finance) 내의 OFM(Office of Financial Markets)에서 담당하고, 국채입찰 및 국고자금 융통업무와 같은 운용업무는 재무부 내의 FS(Bureau of the Fiscal Services)에서 담당하고 있다.

(3) 프랑스

프랑스는 2001년에 경제산업고용부 내에 AFT(Tresor Agence France) 를 설립[45)]하여 국가채무관리 및 국고금관리를 전담하게 하고 있다(송호신, 2010: 66). AFT의 의장은 경제산업고용부의 국고 및 경제정책국장이 겸임하며, 사무총장이 AFT를 관리·운용한다. AFT는 전략위원회와 7개의 부서로 구성되어 있는데, 전략위원회는 AFT의 사무총장을 보좌하고 정책적 제언을 하며 1년에 두 번 AFT 의장 주재하에 회의를 개최한다.

(4) 호주

호주는 1999년 재정관리및책임법(Financial Management and Accountability Act)에 근거하여 재무부 산하에 재정관리청(OFM: Office of Financial Management)을 두고 재정자금 조달 및 국고자금관리, 국채시장 참가자·투자자 관리, 위험관리 모니터링, 국가채무 상환관리 등의 업무를 담당하게 하고 있다(곽은경, 2011: 28).

재무부 장관은 채무발행, 투자, 포트폴리오 관리 등 국가채무 관련 권한과 기관 운영에 관한 책임을 청장에게 위임함으로써 국가채무 관리 활동에 있어서 일정 부분 독립성을 보장하고 있다(김세진, 2011: 102~103).

---

45) 2011년 2월 8일 AFT 설립 당시에는 경제산업고용부(Ministry of Economy, Industry and Employment)가 아니고 경제재정산업부(Ministry of Economy, Finance and Industry)였다.

(5) 그 밖의 OECD 국가들의 국가채무관리 형태

OECD 국가들이 가장 많이 채택하고 있는 국가채무관리 형태는 우리나라의 기획재정부에 해당하는 재무부 등이 국가채무관리를 총괄·전담하는 형태로, 벨기에, 체코, 헝가리, 미국, 프랑스, 그리스, 뉴질랜드 등이 이에 해당한다. 그리고 국가채무관리를 위한 전담 기관을 두고 있는 국가로는 영국, 호주, 오스트리아, 핀란드, 독일, 아일랜드, 포르투갈, 슬로바키아, 스웨덴 등이 이에 해당하고, 재무부와 중앙은행이 공조하여 국가채무관리를 수행하는 형태의 국가에는 캐나다, 덴마크, 아이슬란드, 노르웨이, 터키 등이 있다.

DMO와 같은 국가채무관리 전담기관을 두는 것이 국가채무의 효율적 관리 측면에서 다른 형태보다 효과적인 것인지에 대해서는 실증적으로 연구된 바는 없다. DMO와 같은 국가채무관리 전담기관을 둘 것인지의 여부나 DMO를 설치·운용한다고 할 때 재무부나 중앙은행이 갖고 있는 기능을 어느 수준까지 부여할 것인지 등에 대해서도 나라마다 각기 다른 재정적 환경과 정치적·사회적 여건에 따라 달라지기 마련이다.

[표 8] OECD 주요국가의 국가채무관리 현황

국가명	DMO 운영	재무부 주도	재무부+중앙은행	비고
호주	○			Australian Office of Financial Management
오스트리아	○			Austrian Federal Financing Agency
벨기에		○		Treasury에 3개의 부서로 구성된 Financing of the State and Financial Markets에서 관리
캐나다			○	
체코		○		
덴마크			○	
핀란드	○			MOF의 administrative branch인 the State Treasury에서 관리
프랑스		○		
독일	○			German Finance Agency
그리스		○		
헝가리		○		
아이슬란드			○	
아일랜드	○			the National Treasury Management agency
이탈리아		○		
일본		○		
한국		○		
룩셈부르크		○		
멕시코		○		
네덜란드		○		
뉴질랜드		○		
노르웨이			○	
폴란드		○		
포르투갈	○			Portuguese Debt Management

자료: 송호신(2010: 70).

4. 국가채무관리방안

(1) 적정 수준의 문제

국가채무가 과다할 경우 재정의 위험과 비용이 증가하게 되므로 국가채무의 규모가 적정한 수준에서 유지되도록 관리되어야 한다. 국가채무의 수준은 재정적자 등 유량(flow)변수에 의하여 그 규모가 결정되는 저량(stock)변수라고 할 수 있는데, 일반적으로 국가채무의 증가는 유량변수인 재정적자를 보전하기 위해 발생한다(송호신, 2010: 63). 즉, 세입이 세출보다 적은 경우에 정부는 국고채를 발행하거나 해외로부터의 차입 등을 통해 세입 부족분을 충당하게 되는데 이러한 재정적자의 보전은 국가채무를 증가시키는 일차적 요인이 된다.

적정한 국가채무 수준에 관한 논의는 기본적으로는 현재의 국가채무 수준이 재정의 지속가능성을 위협하는지 여부에 귀결되지만, 국가채무의 규모가 어느 정도인지에 대해서도 많은 논쟁을 불러일으키고 있다. 옥동석(2010)에 의하면, 우리나라 국가채무 논쟁은 1999년에 야당 측으로부터 공적자금은 사실상 국가채무와 다르지 않다고 주장하며 채무논쟁을 촉발했던 시기로 거슬러 올라간다.

국가채무 규모가 적정수준인지에 대한 척도가 국제적으로 비교되는 기준은 없으나 주요국가에서는 국가채무에 대한 명시적인 관리목표를 설정하고 있는데, 대표적인 예로는 EU의 마스트리히트조약(Treaty of Maastricht)과 성장과 안정협약(Stability and Growth Pact), 그리고 영국의 재정안정규약(The Code for Fiscal Stability)을 들 수 있다.

EU의 사례

EU의 마스트리히트조약 및 성장과 안정협약에는 EU 회원국들이 준수해야 할 재정준칙으로 두 가지를 제시하고 있는데, 첫 번째 기준은 일반정부의 재정적자가 GDP의 3%를 넘지 않아야 하고, 두 번째 기준으로 일반정부의 채무가 GDP의 60%를 넘어서는 안 된다는 것이다.

이처럼 EU가 재정적자 및 국가채무에 대한 한도를 각각 3% 및 60%로 정한 것은 마스트리히트조약이 합의된 1991년 12월 당시 12개 회원국들의 재정적자 규모는 4.0%(단순평균치)이었고, 국가채무비율은 63.4%였는데, 이보다는 낮은 수준으로 기준을 정할 필요가 있었기 때문이다.[46]

영국의 사례

영국의 경우 재정법(Finance Act 1998) 제155조를 통해 황금률(golden rule)과 지속가능한 투자의 준칙(sustainable investment rule)이라는 2대 재정준칙을 도입하였다(한국계량경제학회, 2012: 28). 황금률은 경기 순환기 전반에 걸쳐 정부차입은 투자재원을 마련하는 데에만 사용되어야 하며 경상지출을 충당하는 데 사용되어서는 아니 된다는 원칙으로, 재정수지를 세분화하여 경상부문의 재정수지가 흑자를 유지하여야 한다는 준칙이다. 지속가능한 투자의 준칙은 경기순환기 전반에 걸쳐 GDP 대비 순국가채무(공공부문 전체 기준)의 비율을 안정적이고 신중한 수준에서 유지하여야 한다는 지속가능한 투자의 준칙으로, 영국정부는 공공부문 순부채의 GDP 대비비율을 40% 이내로 억제한다는 목표를 설정하고 있다.

(2) 우리나라의 현행 국가채무관리제도

「헌법」과 「국가재정법」은 국가의 재정건전성 유지를 위하여 국가채무관리에 관한 여러 사항을 규율하고 있다.

먼저, 국채발행, 차입 및 국고채무부담행위 등의 경우 국회의 사전 의결을 받아야 한다. 또한, 「국가재정법」 제18조는 국가의 세출은 국채·차입금 외의 세입을 그 재원으로 하도록 하며, 부득이한 경우에는 국회의 의결을 받은 금액의 범위 내에서 국채 또는 차입금으로써 충당할 수 있다고 규정함으로써 원칙적으로 세출예산은 세입예산의 범위 내에서 편성되도록 하는 양입제출(量入制出)의 원칙을 규정하고 있다. 동 원칙을 통해 국회가 국채 또는 차입금의 한도를 제한할 수 있으므로 적자보전용 국채발행의 무분별한 증가를 막는 효과가 있다.

다음으로 「국가재정법」 제7조 및 제91조는 국가채무 규모가 증가하여 재정의 건전성 유지와 국가채무의 체계적인 관리 필요성이 대두됨에 따라 국가채무관리계획을 매년 작성하여 국회에 제출하도록 규정하고 있는데 최근 2개연도의 차입 및 상환실적, 5회계연도 이상의 차입 및 상환계획, 채무의 증감에 관한 전망 및 그 근거와 관리계획 등을 포함하도록 하고 있다. 그 밖에 「국가재정법」제86조는 정부에 재정건전성을 유지하고 국가채권을 효율적으로 관리하며, 국가채무를 적정수준으로 유지하도록 노력할 의무를 부여하고 있는데, 이는

46) 당시 EU를 주도했던 국가들의 재정적자 규모는 프랑스 2.8%, 독일 2.9%, 영국 3.1% 수준이었고, 국가채무비율은 프랑스 35.4%, 독일 39.9%, 영국 33.6%였다.

선언적 조항이지만 적정수준의 채무 유지를 위한 원칙을 담고 있다는 점에서 의의가 있다. 또한, 「국가재정법」 제90조는 일반회계 세계잉여금[47]을 교부금 정산, 공적자금 상환, 국채 및 차입금상환에 우선 사용하도록 명시적으로 규정하고 추경 재원으로의 사용을 제한함으로써 재정건전성을 도모하고 있다.

국가채무관리계획

국가채무관리계획은 국가채무관리에 대한 지침으로써 제 역할을 수행하는 데 한계가 있었던 것으로 평가된다(박기영, 2018). 국가채무관리계획은 그 작성 목적에 대해 "국가채무와 관련된 현황 및 분석내용을 충분히 제공함으로써 재정의 투명성을 확보하고, 재정의 건전성과 국가채무관리에 대한 국민의 신뢰를 확보"하기 위한 것이라고 명시하고 있다. 그러나 국가채무관리계획은 채무관리 등에 대한 구체적인 방안을 제시하지 못한 채 2004년부터 수립되어온 「국가재정운용계획」에 포함되고 있는 '통합재정수지 및 국가채무 수치 전망' 수준에서 크게 벗어나지 못하고 있는 실정이다.

아울러 지금까지 작성된 계획을 살펴보면, 2018년에는 국가채무의 GDP 대비 비율을 비슷한 수준에서 유지(5년간 2.1%p 증가)하는 것으로 계획하였으나, 2019년부터 2021년까지는 국가채무의 GDP 대비 비율을 급격하게 증가시킬 것으로 계획하고 있다. 2022년 및 2023년에는 증가폭이 다소 감소하고 있으나, 이러한 점을 고려하더라도 정부의 재정건전성 확보 의지는 강하게 드러나고 있지 않는 것으로 보인다.

47) 결산상 잉여금(초과징수세입 및 세출불용액)에서 다음연도에 사용할 수 있는 세출이월액을 제외한 것을 의미한다.

[그림 1] 「국가채무관리계획」상의 GDP 대비 국가채무 비율 전망

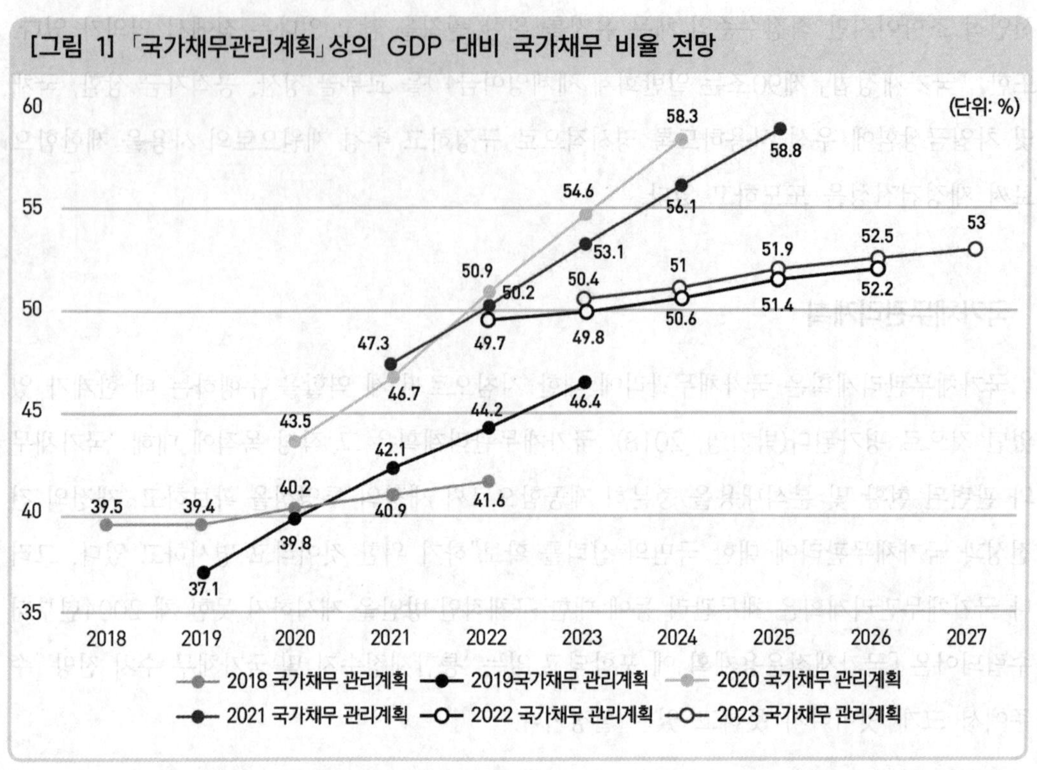

자료: 각 연도 국가채무관리계획

특히, 세계 주요국의 일반정부 부채48) 추이를 살펴보면, 2020년 코로나19 위기로 인하여 대부분의 국가에서 부채 수준이 크게 상승하였는데, 이후 대다수의 선진국과 OECD 국가들은 일반정부 부채의 규모가 점차 하락 추세를 보이고 있음에도 불구하고 우리나라의 일반정부 부채는 여전히 상승하고 있어 현재 운용되고 있는 국가채무관리계획이 국가채무관리 역할을 적절히 수행하고 있는지 다소 의문이 있다.

48) 국가채무에 비영리 공공기관 채무를 합산하여 산정한다.

[표 9] 일반정부 부채 국제 추이

(단위:GDP 대비 비율 %)

구분	2019	2020	2021	2022	2023
선진국	103.9	122.4	116.2	111.2	111.0
유럽	84.1	97.2	94.7	90.8	88.6
미국	108.1	132.0	125.0	120.0	122.1
일본	236.4	258.3	253.9	257.2	252.4
영국	85.7	105.8	105.2	100.4	101.1
한국	42.1	48.7	51.5	53.5	55.2

자료: IMF, FISCAL POLICY IN THE GREAT ELECTION YEAR, 2024

따라서 국가채무관리계획을 현재와 같이 단순한 전망치를 제시하는 수준에서 수립하기보다는 재정지출을 일정한 기준에 따라 통제하는 재정규율이나 미국의 PAYGO 원칙과 같은 중장기적 재정부담관리 원칙과 함께 운영함으로써 총량적 재정규율의 형태로 운영하는 방안을 검토할 필요가 있다.[49)]

국가보증채무관리계획

국가보증채무는 채무자의 채무상환 및 지급의무에 대해 국가가 보증한 채무로서 국가채무에는 포함되지 않으나 이른바 우발채무(contingency liability)로서 특정한 경우 국가의 부담으로 귀착될 수 있다. 지난 외환위기 당시 공적자금 투입을 위한 보증채무가 국가채무로 전환된 사례를 볼 때 보증채무는 재정의 위험요인으로 작용할 수 있으며, 국가채무와 함께 재정건전성 관리를 위하여 면밀한 점검이 필요하다.

이에 국회는 2010년 5월 「국가재정법」 개정을 통해 정부가 매년 「국가보증채무관리계획」을 작성하여 국회에 제출하도록 하였으며, 국가보증채무를 대상별·종류별로 구분하여 향후 전망과 산출근거 및 관리계획 등[50)]에 대해 상세히 작성하도록 하였다.

49) 기획재정부는 「2015년도 예산안 편성지침」에서 "재원대책 없는 세출확대 없다"는 재원연계 지출원칙을 표방하고 있다. 즉, 지출증가·세입감소를 수반하는 법률의 제·개정 또는 계획 수립시 상세한 재원조달방안을 첨부해서 재정당국과 협의 후 추진하도록 요구하였다.

50) 「국가재정법 시행령」 제44조(국가보증채무의 부담 및 관리)

참고문헌

곽은경. (2011). "국가채무와 경제성장 관계분석 및 국가채무 관리방안."「자유기업원 CFE Report」.
국회예산정책처. (2024).「2024 대한민국 재정」.
기획재정부. (2014).「2015년도 예산안 편성 및 기금운용계획안 작성 지침」.
________. (2023).「국채 2022」.
________. (2023).「월간 재정동향(2023년 4월호)」.
________. (2024).「월간 재정동향(2024년 4월호)」.
김세진. (2011).「주요국의 국가채무관리법제 연구」. 한국법제연구원.
대한민국정부. (2022).「2021회계연도 국가채무관리보고서」.
________. (2023).「2022회계연도 국가채무관리보고서」.
________. 각 연도.「국가채무관리계획」.
박기영. (2018).「한국재정」.
송호신. (2010). "주요국 국가채무관리 형태 및 DMO 도입·운영의 효과."조세연구원.
옥동석. (2010). "국가 채무 논쟁: 의의, 과제, 그리고 교훈."자유기업원.
한국계량경제학회. (2012). "주요국 재정준칙의 입법사례 분석: 2011년도 국회연구용역과제 연구보고서."
AFT. (2009). Annual Report 2008.
HM Treasury. (2009). Debt and reserve management report 2009-2010.
IMF. (2024). FISCAL POLICY IN THE GREAT ELECTION YEAR.
OECD. (2009). OECD Outlook.
UK DMO. (2009). Annual Report & Accounts 2008-2009.

제3장
예산안편성과 재정제도

제1절 예산안편성 절차

1. 의의

한 회계연도의 재정절차는 최소한 당해 회계연도 개시 1년 전(D-1년)부터 정부의 예산안 편성과 국회의 의결을 거쳐 예산이 확정되고, 확정된 예산에 따라 집행이 이루어지면(D년), 예산의 집행결과에 대한 결산이 진행되는(D+1년) 과정을 거치게 된다. '예산은 국가재원의 배분계획'이라는 관점에서 볼 때, 재정절차에 대한 논의의 출발점은 예산안편성이 되는 것이 당연하다. 예산안편성 절차는 다음 회계연도에 정부의 특정 조직이 추진하고자 하는 사업을 계획하고 이에 수반되는 지출규모를 확정지어 나가는 과정(하연섭, 2022)으로서, 각 중앙관서의 장이 매년 1월 말 중기사업계획서를 기획재정부장관에게 제출하는 것으로부터 시작하여 예산안을 국회에 제출하기까지의 과정으로 마무리된다.

이러한 예산안편성 작업은 대부분의 국가에서 행정부 주도로 이루어지는데, 의사결정과정의 방향성을 기준으로 크게 두 가지 방식으로 구분된다. 정부의 각급 단위조직들이 소관의 사업들에 재원을 배분하면서 상향적(bottom-up)으로 예산을 결정해 가는 미시적 예산결정(micro-budgeting)방식이 있고, 행정부의 위계적 관료조직을 기준으로 상층부인 대통령과 중앙예산기관이 전반적인 예산정책을 결정하고 하향적(top-down)으로 예산을 결정해 가는 거시적 예산결정(macro-budgeting)방식이 있다. 즉 미시적 예산결정은 각 중앙관서가 예산요구서를 작성하여 중앙예산기관에 제출하면 중앙예산기관이 이를 사정하고 조정하는 방식으로 예산안을 편성하는 것을 말한다. 반면, 거시적 예산결정은 중앙예산기관에서 예산총액을 결정하고 각 중앙관서별로 지출한도를 정하여 통보하면, 각 중앙관서는 지출한도 내에서 예산요구서를 작성하여 제출하고 중앙예산기관이 이를 취합하는 방식으로 예산안을 편성하는 것을 말한다.

대부분의 국가에서는 미시적 예산결정방식과 거시적 예산결정방식을 혼용하고 있고 우리나라의 경우도 예외는 아니다. 우리나라는 2004년부터 총액배분자율편성제도(top-down system)를 도입하여 시행하고 있는데, 중앙예산기관이 부처별로 지출한도를 통보하고 이 범위 내에서 각 부처가 예산요구서를 작성하여 제출하면, 중앙예산기관은 각각의 예산요구서를 사정하여 국가 전체의 예산안을 편성한다. 따라서 우리나라는 거시적 예산결정방식을 중심으로 미시적 예산결정방식을 교차적으로 활용하고 있다고 볼 수 있다(이목훈, 2010). 이러한 예산안편성 과정에 대통령, 중앙예산기관, 각 중앙관서, 정당, 이익집단, 시민단체 등이 공식적, 비공식적으로 참여하게 된다.

이목훈(2010)에 따르면, 예산안편성의 중요성을 내용적 측면과 제도적 측면에서 접근할 수 있다. 내용적 측면에서 볼 때, 예산안편성은 예산의 기본골격을 갖추는 작업이라는 점에서 중요한 의미를 가진다. 우리나라의 경우 국회의 심의과정에서 예산안의 조정은 증액과 감액을 포함하여 총지출 기준으로 3% 내외의 범위에서 이루어지기 때문에(김춘순·박인화, 2012: 21) 예산의 실질적인 모습은 예산안편성과정에서 대부분 결정된다고 볼 수 있다. 제도적인 측면에서 볼 때, 예산안편성은 행정부와 입법부 사이의 견제와 균형을 반영하기 위한 하나의 제도적 요건으로 이해할 수 있다. 대부분 국가는 행정부가 예산안을 작성하여 국회에 제출하는 행정부제출예산제도(executive budget system)를 채택하고 있다. 전문관료(technocrats)들이 특정분야의 정책과 사업계획을 수립하고 이에 필요한 재원을 배분하게 되는데, 행정부가 제안한 예산안에 대해 국민의 대표기관인 입법부가 심의하고 이를 의결하는 권한을 갖는다. 즉 예산안에 집행부의 계획을 반영하고, 국회의 심의과정에서 국민들의 집단적 요구를 다시 반영함으로써 예산이 경제성(economy), 효율성(efficiency), 효과성(effectiveness), 형평성(equity), 투명성(transparency)은 물론 민주성(democracy) 등을 유지할 수 있게 하는 의의가 있는 것이다.

McGee(2007)의 "예산은 의회에 공개한 정책 제안(policy proposals)을 구체화시킨 계획"이라는 표현을 굳이 빌리지 않더라도, 예산안편성이 비합리적으로 이루어진다면 단순히 국가재정의 낭비에 그치는 것이 아니라 국가경쟁력과 국민의 삶의 질까지도 떨어뜨리는 결과를 가져온다는 것은 재정의 적극적 역할이 강조되는 현대국가에서는 당연한 결과일 것이다.

2. 예산안편성제도 개관

재정절차는 재정의 규모와 내용을 확정하고 집행하며 이를 결산하는 과정일 뿐만 아니라, 민주주의 관점에서 재정권력의 분립을 통한 견제와 균형을 통해 재정민주주의를 실현한다는 제도적 취지가 있다. 예산안편성은 미시적 수준에서의 각 정부 부처의 사업계획과 거시적 수준에서의 범정부적 차원의 정책목표는 물론, 다양한 국민의 요구가 예산안에 담겨지는 과정으로서 재정운용의 성패를 좌우하는 매우 중요한 과정이자 절차라고 할 수 있다.[1)]

현대적 의미의 예산안편성제도는 20세기 이후 미국을 중심으로 도입된 품목별 예산제도에서부터 비롯된다고 할 수 있다(윤성식, 2003: 367).

아래에서는 기본적인 예산안편성제도의 개념과 특징에 대해서 개략적으로 살펴보기로 한다.

(1) 품목별 예산제도(line-item budgeting system)

개념

품목별 예산제도는 정부가 사업을 수행하기 위해 필요한 인력과 물품 등의 목록을 표시하기 위한 것으로, 지출항목별(또는 대상별)로 예산을 분류하는 것을 원칙으로 한다. 지출항목은 예산운영체계의 투입→과정→산출→결과라는 인과적 관계에서 투입을 대상으로 분류한 것이다. 또한, 지출항목은 우리나라 예산과목체계인 장·관·항·세항·목에서 목(目)에 해당하는 것으로서 인건비·물건비 등 투입요소별로 분류한 것이다.

1) 이승민(2009)은 예산안을 편성하는 과정에서 대부분의 요구가 조정되어 의사결정이 이루어지고, 이후 입법부에서 이미 편성된 예산의 틀을 벗어나지 못하고 최종 예산이 확정되고 있는 형태를 보이고 있기 때문에 예산안편성이 중요하다고 설명하고 있다. 전체 재정절차에서 예산안편성 절차가 차지하는 중요성에 대해서는 이견이 있을 수 없으나, 예산안편성 이후 국회의 심의는 행정부가 제출한 예산(안)의 틀을 벗어나지 못하고 있다는 주장에 대해서는 재검토가 필요하다. 2014년 예산을 예로 들어 설명하면, 총지출 355.8조원 중 의무지출이 167.3조원으로 47.0%를 점유하고 있고, 재량지출은 188.5조원으로 53.0%를 점유하고 있다. 그런데 의무지출은 법률에 그 근거가 규정되어 있으므로, 사업추진의 필요성을 원점에서 검토할 수 있는 재량지출과 달리 국회 예산안 심의의 재량의 폭이 크지 않다. 특히 법률에 단가 및 대상이 구체적으로 명시되어 있는 경우, 예산안의 수정은 법률개정을 전제로 하여야 하므로 사실상 심의가 이루어지기 어렵다 할 것이다. 또한, 재량지출 중에서도 인건비(29.1조원)나 계속비(3.1조원) 등은 사실상 지출규모를 수정하기 어려운 비경직적 지출이므로, 이를 감안하면 국회 예산안 심의의 대상범위는 더욱 제한된다. 외견상 2014년도 예산안에 대한 국회 수정률은 2.5%에 불과하나, 의무지출 및 경직성 재량지출 등을 감안하면, 실질적인 국회 수정률은 훨씬 높다고 할 것이다.

품목별 예산제도는 1688년 영국의 명예혁명 때부터 국왕의 재정권을 통제하려는 노력에서 연유한 것으로 보며, 미국에서는 행정의 절약과 능률을 증진시키기 위해 1907년 뉴욕시 보건국 예산을 품목별로 편성함으로써 시작되었다(윤영진, 2021). 이러한 품목별 예산제도는 관료들의 부패를 막고 행정의 절약과 능률을 증진시키고자 추진되었는데, 1899년 설립된 미국의 시정연구회(National Municipal League)와 1906년에 설립된 뉴욕시정연구국(New York Bureau of Municipal Research) 등이 주도하였다. 이후 1912년 미국 연방정부가 '능률과 절약을 위한 대통령 위원회(일명 태프트(Taft)위원회)'를 설립하게 되었으며 이 위원회에서 품목별 예산제도 도입을 권장하게 되었다(Lynch, 1979).

특성

품목별 예산제도는 회계책임을 명확하게 하고 세목별 통제와 정부활동의 법규 순응성 및 의회의 예산안심의 편의성을 보장하는 관점에서 효과적이다. 반면, 이러한 방식은 예산의 신축성을 저해하고 정부사업의 윤곽을 파악하기 어렵게 하며, 재정건전성 관리측면에서도 취약한 제도일 수 있는데, 그 이유는 다음과 같다. 첫째, 예산과목 구조는 8단계(장, 관, 항, 세항, 세세항, 목, 세목, 부기)로 구성되어 있고, 그 구조 내에 기능, 부문, 조직, 사업, 경비 성질 등이 혼재되어 다단계 구조에 따른 복잡성이 존재한다. 둘째, 품목별 분류에 기반한 예산운용은 세부적인 사항에만 초점을 맞추기 때문에 중앙예산기관에 의한 미시적 관리(micro-management)와 각 부처 내에서의 위계적인 통제를 낳게 된다(하연섭, 2022). 셋째, 중장기 관점의 예산편성체계가 결여되어 있음에 따라 재원배분의 효과성이 낮을 수밖에 없다.

(2) 계획예산제도(PPBS: Planning-Programing-Budgeting-System)

개념

장기적 기획과 세부적인 사업계획 그리고 예산운영을 하나의 통합된 체계로 운영하는 제도를 계획예산제도(PPBS: Planning Programing Budgeting System)라고 한다. 예산운영에서 장기적 시계를 가지고 장기 및 중기정책을 기획함에 따라 통상 1개년이 아닌 5개년 등 일정기간을 정해 그 기간 동안 기대되는 성과와 예산비용을 고려하게 된다. 그리고 중장기적 관점에서 사업의 세부적 시행계획 또는 일정을 정하게 된다. 이러한 특성으로 인해 하나의 목적을 달성하거나 사업을 수행할 수 있는 여러 대안을 비교·검토하여 효과적이고 능률적인 대안을 선택할 수 있다.

이러한 계획예산제도는 1942년 루스벨트 대통령의 국가방위 전략계획 수립 지시에 따라 국가방위위원회가 마련한 전시(戰時) 물자통제계획(Controlled Material Plan)으로부터 시작되었다(윤영진, 2021: 394).[2] 1961년 국방부가 최초로 계획예산제도를 도입하였고, 1965년 존슨 대통령에 의해 연방정부로 계획예산제도가 확대·도입되었다. 되었으나, 이후 국방부에서만 내부관리차원에서 계획예산제도를 활용하다가 1971년 공식적으로 폐지되었다.

특성

계획예산제도의 도입에 있어서는 정부 또는 행정기관의 임무나 목적에 따른 기능별 분류 구조인 사업(프로그램)이 강조된다. 프로그램사업 분류는 정부기관의 주요 임무로부터 세부사업에 이르기까지의 인과관계를 체계화시킨 것이다. 1960년대 계획예산제도가 실패한 이유는 예산구조가 프로그램 체계로 되어 있지 않았기 때문이다(권민경, 2010).

(3) 영기준 예산제도(ZBB: Zero Base Budgeting system)

개념

영기준 예산제도는 예산기초를 원점으로 돌린 후, 기존의 예산과 사업을 불문하고 완전한 재평가를 거쳐 새롭게 예산을 편성하는 방식을 의미한다.

1970년 11월에 조지아(Georgia)주 주지사에 당선된 카터(Jimmy Carter)는 하버드 비즈니스 리뷰 (Harvard Business Review, 1970)에 발표된 ZBB 성공 사례(1969년 피어(Pyhrr)가 텍사스 인스트루먼트(Texas Instrument)에 ZBB를 적용하여 효과를 거둔 것)에 영향을 받아 1973년 조지아주 예산에 이를 도입하였다. 그 후 1977년 미국 연방정부 대통

2) 이러한 물자통제계획은 목표·대안·비용-편익분석 등 계획예산제도의 특성을 갖추고 있다.

령이 된 카터는 ZBB를 연방정부 예산에 도입하였다. 사기업에서 개발된 영기준 예산제도는 조지아주정부와 연방정부 그리고 대부분의 주정부와 지방정부 등에 보급되었다. 하지만 1981년 대통령에 당선된 레이건(Reagon)은 ZBB를 공식적으로 폐기하였다.

우리나라의 경우 1981년 국무총리 주관 하에 '예산개혁추진위원회'를 구성하여 1982년부터 영기준 예산제도를 부분적으로 시도하였다.

특성

영기준 예산제도는 사업을 영기준에서 재검토함으로써 점증주의적 예산편성 방식을 극복할 수 있고, 예산 낭비와 예산 팽창을 억제할 수 있으며, 대안의 분석 및 평가와 대안의 우선순위 결정 과정을 통해 합리적이고 효율적인 재원 배분을 이룰 수 있다(윤영진, 2021). 그러나 기존의 축적된 예산자료를 배제하고 매년 기초액을 원점으로 돌려 기획과 분석을 강조하여 재평가를 수행함에 따라 시간과 노력이 과중하게 요구된다는 문제점이 있다. 또한, 정책 우선순위 결정이 주관적 가치판단에 의존하게 되어 합리성을 확보하는 것이 어려울 수 있으며, 법률제약, 공공의 기대, 이익집단의 요구, 예산안 편성·심의 관행 등의 요인으로 인하여 예산의 증대를 완전히 억제할 수는 없다.

(4) 성과주의 예산제도(Performance Budgeting System)

개념

성과주의 예산제도의 도입은 1913년 미국 뉴욕시 리치먼드구(區)에서 원가예산제도(cost data budget)를 시도한 것이 계기가 되었다. 리치먼드구는 구의 예산을 먼저 업무 기능별로 분류하고 업무의 원가를 계산해 예산에 적용하는 방식을 채택하였다(윤영진, 2021: 389).[3] 이러한 예산편성방식은 관리지향적인 성과주의예산(performance budgeting)을 의미한다. 성과주의 예산제도는 프로그램의 성과 목표 및 대상을 선정하고 목표달성을 위해 관리자에게 자율성을 부여하되, 달성 결과를 평가하고 그 결과를 바탕으로 사업별 예산배

3) 1934년 연방정부의 농무부가 사업별 예산(project budget)을 편성하였으며 같은 시기에 테네시계곡 개발공사(TVA)가 사업(program)과 세부사업(sub-program)별로 예산을 분류함으로써 성과주의 예산과 유사한 프로그램 예산제도가 시작되었다. 또한, 1946년에 해군이 품목별 예산과 함께 사업예산을 편성하였다(이목훈, 2010: 299).

정, 사업의 설계 및 운영과 관련한 의사결정에 반영하는 순환과정을 의미한다. 이러한 예산안편성제도는 정부사업을 운영하여 얻게 되는 성과 또는 산출물에 중점을 두고 운영하는 예산제도라고 할 수 있다.

특성

성과주의 예산제도는 정부사업을 운영하는 데 있어 필요한 예산을 지출대상보다는 사업을 운영하여 얻게 되는 성과 또는 산출물에 중점을 두고 운영하는 예산제도이다. 따라서 성과주의 예산제도 하에서는 예산안을 작성하는 데 있어 자원과 결과를 직간접적으로 연계할 수 있는 장점이 있다. 먼저, 직접적 연계(direct linkage)는 자원의 할당이 직접적이고 명시적으로 성과단위와 연계된 것을 의미하고, 간접적 연계(indirect linkage)는 예산과 관련된 의사결정을 하기 위해 목표치와 다른 정보를 함께 활용하는 것을 의미한다(OECD, 2006).

또한, 품목별 예산제도가 정부사업 수행을 위한 경비의 지출대상에 초점을 두는 것과 달리 성과주의 예산제도는 사업의 최종 산출물에 중점을 두어야 한다는 것을 강조하게 된다.

이러한 성과주의 예산제도의 목적은 성과정보를 예산안편성과 결산에 활용함으로써, 예산결정이 이루어지는 방식을 개선할 수 있으며, 예산안편성에 참여하는 사람들이 더 많은 정보 하에서 더 나은 결정을 할 수 있도록 뒷받침한다(Melkers et al., 2001).

(5) 프로그램 예산제도(Program Budgeting System)

개념

프로그램 예산제도는 성과지향의 예산체계로 전략적인 재원배분과 재정효과의 극대화를 목표로 하며 궁극적으로 성과계획을 예산에 반영하고 예산집행의 성과를 측정하기 위한 제도이다. 목표달성 여부를 평가한다는 점에서 하향식(top-down) 접근에 의한 예산제도에 부합한다고 할 수 있다. 현재 우리나라에서는 예산제도의 일환으로 프로그램[4] 예산제도를 총액배분자율편성 예산제도와 함께 도입하여 사용하고 있다.

---

4) 프로그램은 정책적으로 독립성을 지닌 최소단위로서 동일한 정책 목표를 달성하기 위한 유사한 사업들의 묶음이다(구 기획예산처, 2005). 프로그램은 단독책임자의 통제 하에 특정 정책의 목적을 달성하기 위하여 자원을 소비하는 활동 또는 프로젝트의 유의미한 결합으로 정의한다(IMF: http://www.imf.org/external/index.htm).

특성

프로그램 예산제도는 인건비, 용역비, 업무추진비 등으로 구분하는 품목별 예산제도와 달리 사업별로 예산을 운용하는 방식이다. 대부분의 OECD 국가에서는 프로그램 예산제도를 운영하고 있다. Schick(2001)은 정책과 예산을 연계시키는 전략적 재원배분단위가 없음을 지적하고 있는데, 프로그램 예산제도는 정책과 예산을 연계하면서 동시에 성과관리를 위한 사업단위로 활용될 수 있다.

(6) 예산안편성제도의 비교

주요 선진국들은 1960~1970년대 계획예산제도의 운영으로 프로그램 예산제도를 도입하기 시작하였고, 1980~1990년대에는 프로그램 예산제도와 하향식 예산제도 및 성과관리제도를 운영하였다. 하향식 예산제도는 중기재정운용계획, 성과관리제도, 프로그램 예산제도 등을 추진하는 데 있어 필요한 시스템이다. 우리나라의 경우 과거 참여정부 시절 국가재정운용계획을 도입하면서 프로그램 예산제도를 통해 국가재정운용계획과 단년도 예산을 동일한 구조로 통일하였다.

[표 1] 예산제도의 형태 비교

구분	개념	특성	비고
품목별 예산제도	지출대상별로 예산을 분류하는 것을 원칙	예산의 신축성을 저해 정부사업의 윤곽 파악 어려움 재정건전성과 관리측면에서 취약한 제도	한계 많음
계획예산제도	장기적 기획과 세부적인 사업계획 그리고 예산운영을 하나의 통합된 체계로 운영	예산사업의 기능별 분류 구조인 사업(프로그램)이 강조	하향식예산제도 관련
영기준 예산제도	기획과 분석을 강조: 계획 예산제도와 유사	시간과 노력이 과중 합리성 전제 어려움	국내 예산제도에 적용된 적 없음
성과주의 예산제도	성과 목표 및 대상을 선정 목표달성을 위해 관리자에게 자율성을 부여 결과에 대한 평가 정보를 근거로 사업별 예산배정 사업의 설계 및 운영 관련하여 의사결정에 반영	성과주의 예산을 작성하는 데 있어 자원과 결과를 직간접적으로 연계	하향식예산제도 관련
프로그램 예산제도	성과지향의 예산체계로 전략적인 재원배분과 재정효과의 극대화를 목표로 하며 궁극적으로 성과계획을 예산에 반영하고 예산집행의 성과를 측정	사업별로 예산을 운용하는 방식	하향식예산제도 관련

참고문헌

강신택. (2006). 「재무행정론」. 박영사.

권민경. (2010). "총액배분 자율편성 예산제도 하의 자율성에 대한 연구: 예산부처의 통제기재 변화와 사업부처의 예산편성 자율성을 중심으로."서울대학교 행정대학원 박사학위논문.

김인철. (2007). 「해설 국가재정법」. 동강출판사.

김춘순·박인화. (2012). "국회 예산과정 분석과 확정예산의 정책적 함의."「재정정책논집」제14집 제2호.

유훈·조택·김재훈. (2003). 「재무행정론」. 법문사.

윤성식. (2003). 「예산론」. 나남출판.

윤영진. (2021). 「새재무행정학(제7판)」.

이목훈. (2010). 「재무행정론」. 대왕사.

이승민. (2009). "예산총액배분 자율편성제도에 대한 교육과학기술부 공무원의 인식조사."연세대학교 교육대학원 석사학위논문.

이영조·문인수. (2015). 「재무행정론」. 대명출판사.

하연섭. (2022). 「정부예산과 재무행정(제4판)」.

Lynch, Thomas D. (1979). Public Budgeting in America, Englewood Cliffs, N.J.:Prentice-Hall Inc.

Melkers, Julia E. & Katherine Willoughby. (2001). "Budgeter's Views of State Performance-Budgeting Systems:Distinctions across Branches."Public Administration Review, 61(1):54-64.

OECD. (2006). Performance Budgeting in OECD Countries: www.bmf.gv.at/Budget/.../OECD_Studie_Performance_Budgeting.

Schick, Allen. (2001). "The Changing Role of the Central Budget Office."OECD Journal on Budgeting, 1(1):9-26.

제2절 총액배분자율편성 예산제도(top-down budgeting)

전통적인 기법의 예산편성 방식에서는 전년도 예산을 인정하고 새로운 사업이나 증액되는 예산부분에 대해서는 엄격한 심사를 통해서 각 사업의 예산을 결정하였다. 총액배분자율편성 예산제도(top-down budgeting: 하향식 예산편성제도)는 연초에 부여한 총액한도라는 전제조건 하에서 예산편성과정에 자율성을 부여하는 제도로서, 성과주의 예산제도나 프로그램 예산제도와 같은 다른 예산제도들과 연동하여 운영할 경우에 그 효과를 높일 수 있다(권민경, 2010).

1. 도입배경 및 연혁

중기재정운용계획이 행정부 안에서 실효성이 있으려면, 동 계획 기간 동안 각 부처가 사용할 수 있는 지출상한(ceiling)이 정해져 있어야 한다. 따라서 이처럼 국가재정운용계획에 근거하여 부처별 지출한도를 먼저 정하고, 각 부처가 지출한도 범위 내에서 자율적으로 예산을 편성하는 방식을 총액배분자율편성 예산제도라 한다(국회예산정책처, 2024).

서구의 주요 국가들은 1970년대 발생한 두 차례의 석유가격 파동에 이어 지속된 경제침체와 이에 수반된 재정적자의 증가라는 문제에 직면하여 총액배분자율편성 예산제도[5]를 도입하였다(윤성식, 2006; 배득종, 2015). 반면에 우리나라의 경우 외부의 자극요인이라기보다는 1997년 찾아온 외환위기를 어느 정도 극복했던 노무현 정부 출범시기에 정부의 핵심가치나 정치적 이념으로부터 출발했다(강태혁, 2006). 왜냐하면 당시 예산편성 과정은 각 부처의 자율과 책임의식이 취약하다는 문제인식이 있었고, 재정당국은 각 부처가 자율적인 정책의지를 최대한 반영할 수 있도록 지출한도와 편성지침만을 제시할 필요성이 제기되고 있었기 때문이다. 참여정부가 출범하던 2003년 1월에 '대통령직 인수위원회'에 대한 기획예산처 업무보고 등을 통해 재정운용시스템 전반에 대한 근본적인 변화가 필요하다는 문제제기가 시작되었다(기획예산처, 2007).

이러한 문제인식을 바탕으로 기획예산처(現 기획재정부)는 '2003년 기획예산처 대통령업

5) 이하 "하향식 예산편성제도"라고 한다.

무보고'에서 하향식 예산편성제도 도입의 필요성을 제기하였다(기획예산처, 2007). 이는 중기재정계획, 성과관리제도, 분야별 하향식 예산편성제도를 단계적으로 도입한다는 계획을 처음으로 언급한 것이다. 이후 2004년 3월 처음으로 예산의 자율편성제도를 시행한 기획예산처는 2005년도 예산안편성지침 통보에 임박하여 우선 대규모 재정투자사업이 없고 예산의 대부분이 인건비와 업무수행에 필요한 일반 경상비 등으로 구성된 4개 기관(국세청, 관세청, 공정거래위원회, 조달청)을 시범시행 대상기관으로 결정하였다.[6]

정부는 4개 기관의 시범실시 결과를 바탕으로 2005년도 예산안편성 시에 53개 중앙관서 중 5개 헌법기관(국회, 대법원, 헌법재판소, 중앙선거관리위원회, 감사원)을 제외한 48개 기관을 대상으로 전면적으로 총액배분자율편성제도를 적용하였다.

2006년 예산안편성부터는 하향식 예산편성제도를 국가재정운용계획과 연계하여 실시하였다. 국가재정운용계획은 향후 5년 동안 국가 총수입과 총지출 규모, 그리고 재정수지관리목표 등이 포함되어 작성되었고, 이를 근거로 마련된 분야별·부처별 지출한도를 기준으로 각 부처는 2006년도 예산요구안을 기획예산처에 2005년 5월말까지 1차로 제출하였다. 2006년도 정부예산안은 7월부터 8월까지 행정부 실무조정을 실시하고 9월에는 예산자문회의, 정당설명회, 국무회의 등을 거쳐 9월 30일에 국회에 제출되었다. 2006년도 예산안부터 국회 심의과정에서도 하향식 예산편성제도를 정착시키기 위해 각 부처가 예산결산특별위원회의 예산안조정소위원회에 직접 참석하여 국회가 제기한 감액 또는 증액 사업에 대해 해당 부처가 직접 소위원회에 부처의견을 제시하게 되었다.

2. 의의

희소한 자원을 배분하기 위한 지출사업의 우선순위를 결정하는 과정을 예산결정이라 한다(Rubin, 2000). 이는 행정부가 세입 및 세출 권한을 승인받기 위한 문서를 작성하여 입법부에 제출하고 이를 입법부가 승인하는 과정을 의미하기도 한다(이강호, 2006).

예산결정방식은 예산결정과정에서 참여자 간에 의사결정을 해 나가는 방식을 의미하며

6) 이들 시범대상기관은 자체 세입으로 운영되는 기관이거나 사업구조가 비교적 단순한 기관 중에서 해당기관과의 협의를 거쳐 결정되었다. 이때부터 부처 자율편성을 바탕으로 총액배분자율편성제도 시험사업이 추진되었다(기획재정부: http://www.mosf.go.kr).

하향식(top-down budgeting) 제도와 상향식(bottom-up budgeting)제도로 구분할 수 있다. 하향식 예산편성제도는 일차적으로 예산의 총규모와 부처별 지출한도가 결정된 다음에 예산의 세부내역이 결정되는 방식이다. 즉 중앙예산기관이 사전적으로 지출총액을 결정하여 전략적 재원배분을 위한 분야별·부처별 지출한도(ceiling)[7]를 설정한 후, 이 범위 내에서 각 정부 부처가 사업별로 재원을 배분하는 것을 의미한다(변양균, 2002; 이강호, 2006).

즉, 하향식 예산편성제도는 중앙예산기관이 예산의 총량(총예산 규모, 국가채무 규모, 지출한도 등)을 우선 결정한 후에 각 부처가 세부 사업별 예산내역을 일정한 재량권을 갖고 결정하는 방식이다. 반면에 Bottom-up 제도는 예산집행기관이 세부 사업별 예산을 중앙예산기관에 요구하면, 중앙예산기관이 사업별로 심사하여 예산 반영 여부를 결정하는 방식이다. 이는 예산결정 과정에서 전년도에 비해 조금씩 증가하는 점증주의와 유사하며(LeLoup, 1998: 23), 예산집행기관이 사업별 예산을 요구하면 중앙예산기관이 이를 심사하는 상향식 의사결정 방식이다.

기획재정부(http://www.mosf.go.kr)의 설명에 의하면, 하향식 예산편성제도는 재정당국이 정해준 예산한도 내에서 부처별로 자유롭게 예산을 편성할 수 있도록 하여 부처의 자율성을 높이는 예산편성제도로서, 국가의 전략적 목표와 우선순위에 따라 재정당국이 5개년 국가재정운용 계획을 수립하고 이를 바탕으로 주요 분야별 및 부처별 지출한도를 먼저 설정하며, 개별부처는 그 한도 내에서 개별사업에 대한 예산을 요구하는 방식이다.

이 제도의 법적 근거는 「국가재정법」 제29조로 볼 수 있는데, "기획재정부장관은 예산안편성지침에 중앙관서별 지출한도를 포함하여 통보할 수 있다"고 규정하고 있다. 국가재정운용계획과 하향식 예산편성제도는 기본적으로는 전략적 재원배분을 가능하게 하고 부처별 예산편성의 자율성과 책임성을 높일 수 있는 제도라고 할 수 있다.

이러한 중요한 특징으로 인해 하향식 예산편성제도는 각 집행부처의 강화된 예산편성권한과 소관업무에 대한 전문적인 지식을 토대로 보다 효율적인 예산편성이 가능해졌다고 일반적으로 설명되고 있다. 이강호(2006) 역시 하향식 예산편성 방식으로 인하여 예산집행기

---

7) 2004년도 처음으로 모든 부처의 지출한도를 부여하는 것으로 결정된 이후, 예산실은 지출한도의 내용을 어떤 양식으로 작성하여 각 부처에 전달할지에 대해서 수차례의 내부 토론 끝에 지출한도를 봉투에 넣어서 각 부처에 전달하는 방식을 적용하게 되었다. 또한, 누구에게 어떻게 전달하는 것이 적당한지에 대해서는 각 부처 기획조정실장들이 참석하는 재정집행점검회의를 마친 후에 그들에게 전달하는 방식으로 결정하였다(기획예산처, 2007).

관은 예산요구 내용이 중앙예산기관과 달라도 지출한도 범위 내에서 재조정할 수 있으므로 예산 삭감의 부담 없이 예산을 편성할 수 있게 되었고, 기획재정부(舊 기획예산처)는 세부적인 사업별 예산을 편성하기 전에 세입·세출 및 재정 수지 등 재정총량을 사전에 결정할 수 있게 되어 재정총량을 적절하게 관리할 수 있는 계기가 되었다고 설명하고 있다.

3. 제도 도입 전후의 비교·분석

(1) 제도 도입 이전

상향식(bottom-up) 예산편성제도는 각 부처가 그 목적에 부합하는 세부사업을 결정하여 필요한 예산을 중앙예산기관에 요구하면, 중앙예산기관은 각 부처 세부사업의 적정성, 비용효과, 비용편익 등을 검토하여 사업내용 및 규모를 조정하고, 그 결과 부처별·분야별 지출규모와 총지출규모가 결정되는 방식이다. 이러한 방식은 중앙예산기관이 각 부처에서 추진하는 사업에 대한 사전적·미시적 조정을 통하여 예산낭비를 억제하고 지출규모를 세입여건에 따라 신축적으로 결정하여 재정의 건전성 확보에 기여할 수 있다는 이점이 있었다(정해방, 2004: 14).

반면에 상향식 예산편성제도는 중요한 문제점을 내포하고 있었다. 첫째, 각 부처는 예산 극대화를 통해 자신의 역할을 강화하고자 했으며, 이에 따른 각 부처의 지나친 예산 요구는 국가의 조달 가능한 재원 규모를 초과하였다(원구환, 2024). 왜냐하면 각 부처는 예산확보가 기본적 입장인 '예산의 소비자'이기 때문이다. 예산의 확보 정도가 장관의 능력을 평가하는 지표로 인식(신무섭, 2014: 412-413)되기도 하였다. 둘째, 중앙예산기관이 각 부처 개별사업의 예산을 사정(budget review)하는 방식은 단년도 사업 예산의 적정성에 치중하기 때문에 중·장기적 국가 계획 또는 중·장기적 재정운용을 저해하는 요인으로 작용한다. 셋째, 부처가 사업추진 의지 및 예산전략과 관련하여 예산액을 과다하게 요구하는 것이 합리적인 예산확보 전략으로 인식되는 경향이 강하다. 그 결과, 역설적으로 각 부처는 사업 및 예산규모의 타당성을 중앙예산기관에 입증해야 하고, 각종 계량적 분석기법을 반복적으로 수행하는 과정에서 각 부처의 업무 부담이 과중될 수 있다. 또한, 각 부처의 예산요구서가 중앙예산기관으로 송부되면 예산사정 작업이 시작되는데 중앙예산기관은 '예산의 절약자' 또는 '예산의 수호자' 입장에서 부처가 요구한 예산을 삭감하는 데 주력하게 된다. 이때의 예산사정 작업은 예산규모의 추계, 예산요구서의 분석 및 심의, 시안작성, 예산참여자들과의 커뮤니케이션 등의 복잡한 과정을 거쳐야 하므로, 정책우선순위에 입각한 거시적 차원의 재정운용을 어렵게 하는 요인으로 작용한다. 넷째, 중앙예산기관이 각 부처의 예산요구에 대해 대폭적인 삭감을 하는 이유는 한정된 가용재원의 제약이 있기 때문이다. 하지만 중앙예산기관의 예산사정 과정에서의 과중한 업무부담은 결국 각 부처의 개별사업에 대한 정보와 전문성이 부족한 상황에서 사업 내용과 규모를 조정할 가능성을 높이게 되고, 이는 각 부처의 책임성과 자율성이 저하되는 결과로 이어지게 된다.

위에서 살펴본 것처럼, 중앙예산기관의 예산사정 과정에서 각 부처의 예산요구는 수정을 거치게 된다. 지난 20년간 각 부처의 예산요구가 중앙예산기관에 의해 조정되어 예산안(일반회계 기준)으로 확정되면서 수정된 비율은 평균 -17.2%이고, 수정비율이 가장 컸던 해는 1988년으로 -22.4%에 달하고 있다(류광준, 2005).

[표 1] 연도별 부처요구 예산액 수정현황(1985년 ~ 2004년도) (단위: 억원)

구분	부처 요구 예산안(A)	행정부 제출 예산안(B)	중앙예산부처 수정액 (C=B-A)	수정비율 (C/A*100)
1985	144,455	122,751	-21,704	-15.0
1986	161,626	138,153	-23,473	-14.5
1987	191,349	155,815	-35,534	-18.6
1988	226,094	175,419	-50,675	-22.4
1989	235,744	193,712	-42,032	-17.8
1990	296,018	230,254	-65,764	-22.2
1991	326,555	271,825	-54,730	-16.8
1992	423,462	335,050	-88,412	-20.9
1993	481,145	380,500	-100,645	-20.9
1994	494,647	432,500	-62,147	-12.6
1995	571,306	501,411	-69,895	-12.2
1996	653,905	580,031	-73,874	-11.3
1997	789,002	677,800	-111,202	-14.1
1998	842,602	703,603	-138,999	-16.5
1999	963,946	805,700	-158,246	-16.4
2000	1,073,134	867,364	-205,770	-19.2
2001	1,187,193	949,300	-237,893	-20.0
2002	1,300,465	1,064,800	-235,665	-18.1
2003	1,320,417	1,116,580	-203,837	-15.4
2004	1,450,831	1,175,429	-275,402	-19.0

(2) 도입 이후

기존의 우리나라 재정운용의 기본 틀은 1961년 제정된「예산회계법」에 기초해 왔다. 재정을 둘러싼 환경도 급변하여 잠재성장률의 하락, 고령화의 진전, 민간주도 경제체제의 정착 등 재정을 둘러싼 여건이 변화함에 따라 재정관리 전략을 전반적으로 재수립할 필요성이 높아졌다. 특히 세수증가율은 둔화되는 가운데 복지지출 등 세출소요가 늘어남에 따라 한정된 재원의 전략적 배분 필요성이 증대되었다.[8]

총액배분자율편성제도가 도입된 이후 지출한도 내에서 부처 자율적으로 예산편성을 해야 하므로, 과거의 상향식 예산편성제도에서보다 각 부처 예산담당자들과 예산담당조직의 역할이 확대되었으며, 행정부 각 부처 내부의 조정 과정이 강화되었다. 부처별로 다소 차이가 있지만, 내부 예산편성심의회를 구성하여 조정 및 협의과정을 거치고 있고, 외부의 의견수렴을 위하여 관련 전문가, 대학교수, 산하 연구소 및 NGO 대표들로 구성된 예산자문회의를 정기적으로 운영하게 되었다.

총액배분자율편성제도의 도입으로 가장 눈에 띄는 가시적인 변화는 기존의 각 부처의 '과다요구'와 중앙예산기관의 '대폭삭감' 패턴이 크게 감소했다는 점이다.

[표 2] 전년대비 예산요구 증가율

(단위: %)

상향식 예산편성제도				하향식 예산편성제도														
'01	'02	'03	'04	'05	'07	'09	'11	'12	'13	'14	'15	'16	'17	'18	'19	'20	'21	'22
25.3	24.5	28.6	24.9	9.4	6.8	7.4	6.9	7.6	6.5	6.6	3.4	3.4	2.1	6.6	6.8	6.2	6.0	6.3

자료: 기재부, 예산정책처 각 연도 예산자료 바탕 재작성

각 부처의 예산 과다요구 관행이 크게 감소한 것과 함께 또 하나의 변화가 있다면, 행정부 내부에서의 예산안편성 일정이 바뀌었다는 점을 들 수 있다. 회계연도 개시 90일 전까지 정부가 예산안을 국회에 제출하도록 규정한「헌법」제54조제2항의 규정은 바뀌지 않았지만,「국가재정법」을 근거로 총액배분자율편성제도가 도입되면서 각 부처에 예산안편성지침

8) 재정규모의 경우 일반회계 재정규모는 459억원(1961년)에서 449조 5,267억원(2024년)으로 약 9,794배 증가하였고, 재정범위는 1961년 일반회계 1개, 특별회계 15개, 기금 3개에서, 2024년에는 일반회계 1개, 특별회계 21개, 기금 68개로 크게 확대되었다.

을 통지하기까지의 절차와 일정, 그리고 각 중앙관서의 장이 소관 세입·세출예산안 요구서를 제출하는 기한 등에서 변화가 있었다. 또한, 2013년에는 「헌법」 규정과 별개로, 「국가재정법」이 개정되어 예산안 제출기한이 회계연도 개시 120일 전으로 30일 앞당겨짐에 따라 예산안 편성절차 역시 변화가 불가피하게 되었다. 이러한 변화를 알기 쉽게 정리하면 다음의 [표 3]과 같다.

[표 3] 예산안편성 절차의 변경

Bottom-up 제도 (근거법령: 「예산회계법」)	구분	Top-down 제도 (근거법령: 「국가재정법」)
신규·주요 계획사업 계획 제출(2월 말) (각 부처 → 舊 기획예산처) 예산안편성지침 통보(3월 말) (舊 기획예산처 → 각 부처)	1/4분기	중기사업계획서 제출(1월 말) (각 부처 → 기획재정부)
각 부처 예산요구(5월 말) (각 부처 → 舊 기획예산처)	2/4분기	예산안편성지침 통보(3월 말) (기획재정부 → 각 부처) 각 부처 예산 요구(5월 말) (각 부처 → 기획재정부)
예산당국 예산편성(6~9월) 예산안 국회제출(10.2)	3/4분기	예산당국 예산편성(7~8월 말) 예산안 국회 제출(9.3): 2016년부터 적용

4. 외국의 하향식 예산편성제도

(1) 미국

미국은 1980년에 기존의 Bottom-up 방식에서 Top-down 방식인 목표기준예산(target base budgeting)을 도입하였다. 이러한 Top-down 제도는 목표를 달성한 기관들이 차년도 성과에 대한 잉여 자원을 배분받을 수 있게 하는 제도이다. 또한, 1990년에 「예산집행법(The Budget Enforcement Act) 」을 제정하여 연방재정적자에 대응하고자 하였다. 이 법은 재량지출(discretionary spending)과 의무지출(mandatory spending)을 구분하여 재량지출에 대해서 지출한도를 설정하여 재량지출한도를 어기는 것을 금지하였으며, 1993년 이후 위반 시에는 해당분야의 재량 사업에 대하여 자동감축관리를 실행하였다. 그리고 의무지출의 경우에는 지출이 증가하면 증가분만큼의 조세수입을 증가시켜 적자중립을 유지하는 방식인 PAYGO 제도를 도입하였다.

한편 1974년 「의회예산 및 지출거부통제법(The Congressional Budget and Impoundment Control Act)」의 제정으로 의회예산과정의 변화가 있었다. 이 법은 의회의 예산편성에 관한 절차적 규정을 두고, 양원에 예산위원회를 설치하고, 의회예산처(Congressional Budget Office)를 설치하게 하며, 위원회를 통과하는 모든 법안에 비용추계를 산정하여 첨부하게 하는 내용을 담고 있다.

미국은 예산편성과 예산결정 권한이 의회에 있다는 것이 가장 큰 특징이다. 미국의 예산과정은 대통령 예산안 작성에서부터 시작되는데, 대통령 예산안 작성을 위해 경제자문회의, 관리예산처, 재무부가 합의한 경제전망치를 근거로 대통령이 예산 상한선을 결정한다. 이에 따라 관리예산처는 예산정책지침과 예산편성지침을 각 부처에 전달하고, 각 부처에서는 예산편성지침 내에서 자율적으로 예산을 편성한다. 관리예산처는 각 부처에서 요구하는 예산을 검토하고 결정하여 각 부처에 통보한다. 이 때 각 부처는 결정된 예산에 대하여 이의신청이 가능하지만, 신청이 받아들여지지 않을 경우에는 대통령이 결정을 하게 된다. 최종적으로 결정된 대통령 예산안은 2월 첫째 월요일까지 의회에 제출된다.

(2) 캐나다

캐나다는 1920~1930년대에 Bottom-up 제도가 시행된 적이 있으나, 연방정부 초기부터 Top-down 제도를 실시하였다. 특히 1960년대 이후 연방정부의 책임과 사업이 증가하자 더욱 그 필요성이 강조되어 왔다. 1979년 정책지출관리제도(Policy and Expenditure Management System: PEMS)가 도입된 이후, 5년 단위로 매년 연동되는 '중기재정계획'을 수립하고 총지출한도를 설정하여 사업별로 예산을 결정하게 되었다. 그러나 정책지출관리제도는 1988년 폐지되었고 현재는 총지출한도만 유지되는 실정이다.[9] 이후 1995년에는 지출관리시스템(Expenditure Management System: EMS)이 도입되어 5년 단위의 중기

9) 정책지출관리제도(PEMS)는 재원의 우선순위에 따라 사업별로 예산 한도를 설정하여, 소모적인 예산 경쟁을 감소시키고, 부처이기주의 문제점의 개선이 가능하며, 지출총액을 관리함으로써 재정적자를 감축할 수 있다. 그러나 각 부처에서는 예산을 감축하는 것이 다른 부처의 지출증가를 야기할 수 있으므로, 지출을 줄이려는 노력을 하지 않는다. 그리고 정책 예비비로 인하여 각 부처에서는 경쟁적으로 신규 사업을 제안하였다. 이러한 문제점들로 인하여 PEMS는 1988년 폐지되었으며, 현재는 총지출한도만 유지되고 있다.

재정계획이 3년 단위로 변경되었고, 정책 예비비(operating reserve)가 우발손실준비금(contingency reserve)과 경제적 대책비(economic prudence)로 변화되었다. 그리고 예산안에는 전년도의 사업성과와 해당연도의 예상성과, 그리고 사업과 부처별 세부지출계획들이 포함된다.

캐나다에서는 예산편성을 위해서 두 차례(6월, 9월)의 내각 비공식회의(Cabinet retreat)를 가진다. 내각 비공식회의에서는 예산에 대하여 결정을 내리지는 않으나, 재무장관이 경제와 재정에 대한 전망치와 재정정책의 목표를 각 부 장관에게 제시하고 예산의 내용을 공식화한다. 또한, 재무부는 정책을 효과적으로 수행할 수 있는 방안에 대하여 연구하고, 재무위원회는 연례재정계획조정(the Annual Reference Level Updates: ARLS)을 통해 예산요구안을 조정한다.

(3) 스웨덴

스웨덴은 1990년대 경제성장이 둔화되고 재정적자 폭이 커지자, 예산개혁을 단행하였다. 스웨덴 정부와 의회는 몇 가지 기본원칙을 제시하고,[10] 중기재정계획과 Top-down 예산편성제도를 기본으로 하는 「예산법」을 1996년에 개정하였다. 이에 따라 중기재정계획인「춘계재정정책법안(the Spring Fiscal Policy Bill: SFPB) 」으로 거시경제전망, 주요정책방향 및 정책우선순위를 제시하고, 재정지출 총액과 분야별 지출상한을 사전에 설정하여 국가 발전전략과 예산을 직접 연계되도록 하였다. 또한, Top-down 예산편성제도를 도입하여 각 부처의 책임성을 제고하고 국가재원배분을 개선하고자 하였다.

스웨덴에서는 지출한도를 개별 사업별로 결정하지 않고, 27개 세출분야별 총지출한도를 설정한 후 그 범위에서 사업별 예산을 결정한다(김춘순, 2014: 158). 총지출한도는 내각회의를 통해 결정되는데, 설정된 총액한도와 27개 세출분야별 지출한도는 거시지표 및 경제전망과 우선순위의 변화에 따라 조정이 이루어지기도 하지만 대체로 지출한도가 준수된다. 불가피하게 재정소요가 발생하게 되면 지출총액의 2%에 이르는 예비비에 의해 충당된다. 내각에서 결정된 지출한도에 따라 예산안이 편성되어 의회에 제출된다. 27개 분야별 지출한도

10) 기본 원칙의 내용으로 첫째, GDP 대비 정부부채비율은 1996년 수준으로 안전화 한다. 둘째, 1997년 정부예산 적자폭은 GDP의 3%를 초과하지 않는다. 셋째, 1998년 재정균형 달성을 이룬다. 이러한 기본 원칙을 바탕으로 하여 1996년 예산법이 개정되었다.

는 9월 의회에 예산안이 제출될 때까지 재무부와 각 부처 간에 지속적인 조정이 이루어진다. 그러나 중기재정계획안에 따라 내각에서 각 분야에 대한 지출한도가 결정되기 때문에 개별 부처의 영향력은 미미하고, 제도도입 이후 중기재정계획에 따른 예산총액에 대한 합의 내용이 달라지는 경우는 드물다. 개별 부처에서는 총지출한도 설정에는 영향력이 작지만, 지출한도 내에서 각 부처 장관은 관할권을 가지고 결정하기 때문에 예산편성 자율성은 큰 편이다. 또한, 예산편성과정에서 각 부처 장관들은 소관 지출을 증가시키는 제안을 할 수 있는데, 이때 재원조달방법에 대해서도 제안하여야 한다. 그리고 재원조달방안으로 각 부처는 당해 부처의 지출 분야 범위 내에서 예산을 다른 목적이나 비목으로 변경하는 것이 가능하다. 각 부처 장관은 예산편성에 대하여 자율성을 갖지만, 법정예산을 재량적 투자예산으로, 또는 계속사업을 임의사업으로 변경하는 것은 불가능하다.

(4) 네덜란드

네덜란드는 1980년대부터 중장기 Top-down 방식을 사용하다가 재정수지 적자와 경제성장 둔화가 발생하자 재정적자 규모와 국가채무를 줄이기 위해 1994년부터 재정수지 관리방식을 재정수지지표 관리방식에서 지출총액 관리방식으로 전환하였다. 이러한 네덜란드 예산제도에 있어서 가장 특징적인 점은 각 정당이 집권 이전에 향후 4년 동안의 재정정책을 설계한다는 것이다. 중앙계획국(Central Planning Bureau: CPB)에서 제공하는 4년간의 경제전망을 토대로 정책을 세우고 선거공약을 중앙계획국에 보내어 미리 재정부담과 경제적 영향을 검토받는다. 그리고 선거에서 승리한 정당은 제안서를 바탕으로 향후 4년 동안의 거시적인 재정정책에 대한 합의서[11]를 마련하여 공표한다.

네덜란드의 예산편성 과정은 재무부에서 연립내각합의서의 내용 준수 여부를 확인하는 작업이라고 할 수 있다. 재무부가 다음 회계연도의 예산을 점검하고, 이에 따라 각 부처는 재무부의 예산편성지침을 기반으로 하여 기존의 정책 변동과 새로운 정책에 대한 내용을 담은 정책서한(policy letters)을 재무부에 송부한다. 예산편성을 위해 3회에 걸쳐 내각회의가 열리는데, 여기서 재정목표, 주요 정책방향, 부처별 지출한도 등이 결정된다. 먼저, 1차 내

11) 합의서의 내용으로 4개년의 재정수지, 연도별 지출총액 및 정책목표 등이 포함된다. 재무부와 각 부처는 정당이 합의서를 작성할 때 적극적으로 협조한다. 단년도 예산은 해마다 합의서를 바탕으로 수립된다.

각회의(4월)에서는 특정분야의 삭감재원에 대한 사용처와 여유재원의 배분기준, 그리고 합의서의 수정 여부를 논의한다. 1차 내각회의 결정사항을 중심으로 예산을 편성한 후, 2차 내각회의(7월)에서 이를 검토한다. 이때 재무부는 부처예산이 총액지침이나 연립내각합의서, 또는 예산편성지침을 준수하였는지를 검토한다. 마지막인 3차 내각회의(8월)에서 최종 예산안을 결정하여 의회에 제출하게 된다. 예산편성 시 재무부는 총액한도 내에서는 부처의 자율권을 우선 인정한다.

(5) 종합비교 및 시사점

총액배분자율편성제도(top-down budgeting)는 중기재정계획에 따른 총지출한도가 준수되어야 그 실효성이 담보된다. 이러한 예산편성 제도를 실행하는 국가에서는 총지출한도를 준수하기 위한 다양한 방안들이 활용되고 있다. 그러나 한국의 국가재정운용계획은 예산안 제출 시에 수반되는 형식적인 성격이 강하기 때문에 계획에 따른 지출한도는 법적 기속력을 갖지 못하는 실정이다. 또한, 행정부가 정한 총지출규모가 국회의 심의과정에서 수정되며, 경제여건이나 재정여건에 따라 추가경정예산을 편성하기 때문에 총지출한도를 지키기가 어렵다. 이러한 특징들로 인하여 부처의 지출한도 준수의무가 다른 국가들에 비해 구속력이 약한 편이다.

그러나 Top-down 예산제도를 시행하는 많은 국가에서는 사전예산제도를 채택하여 두 단계의 의사결정체계를 갖추고 있다. 스웨덴에서는 「춘계재정정책법안(the Spring Fiscal Policy Bill)」을 작성하여 의회에 제출하고 의회에서 이를 의결한다. 네덜란드에서는 선거에서 승리한 정당이 「예산정책에 관한 연립내각 합의서(Coalition Agreement)」를 발표하는데, 중기재정계획은 연립내각 합의서를 기본으로 하여 향후 4년 동안의 지출한도가 설정된 재정목표에 따라 유지되어야 한다. 그 외에도 여러 국가에서 내각과 의회를 통한 중기재정계획을 세우고 세부적인 정부 예산을 최종적으로 확정해서 총지출한도에 대한 실효성을 확보할 수 있다.

그러나 한국의 경우 최근 들어 국회의 예산안심의 절차도 정부의 예산안편성 절차와 마찬가지로 Top-down 시스템으로 바꾸자는 주장이 대두되고 있다. 예를 들면, 2013년 국회예산결산특별위원회의 실무지원을 받아 약 6개월 동안 활동했던 '예산재정제도개혁특별위원회'의

결과보고서에서는 예산결산특별위원회가 재정총량에 대해 먼저 심사를 하고(1단계 심사), 이를 바탕으로 각 상임위원회에서 예비심사를 진행한 후(2단계 심사), 최종적으로 예산결산특별위원회에서 종합(3단계 심사)하는 3단계 심사방식으로 개선할 것을 제안한 바 있다. 그 밖에도 '예산재정제도개혁특별위원회'가 제안했던 예산안 심사방식과 유사한 형태의 Top-down 심사방식을 내용으로 하는 의원입법안이 발의[12)]되기도 하였다. 그러나 국회의 예산안 심사방식을 Top-down 방식으로 변경하기 위해서는 몇 가지 조건이 충족되어야 당초 의도한 목적을 달성할 수 있다. 첫째는 스웨덴과 같이 예산안 편성단계에서 다음 연도 예산안에 관한 각종 재정정보가 국회에 보고되어야 한다. 이를 위해서는 기획재정부가 작성하여 국회에 보고하는 예산안편성지침에 재정총량, 각 부처별 지출한도와 같은 실질적인 재정정보가 포함되어야 한다. 둘째로 예산안과 함께 제출되고 있는 국가재정운용계획을 예산안보다 최소 3-4개월 전에 국회에 제출하여 국회가 거시적이고 총량적인 관점에서 다음 연도 예산안에 대해 미리 논의하여 국회의 의견이 정부에 전달될 수 있어야 한다. 셋째, 상임위별 지출한도 배정 과정에서 발생할 수 있는 정치적 갈등을 최소화하고, 지출한도를 준수케 하기 위한 제도적 정비가 필요하다. 상임위가 수요자 입장에서 감액보다는 증액 위주로 예산안을 심의하는 현 상황에서 상임위별 지출한도가 배정될 경우, 상당수의 상임위는 지출한도보다 증액시킬 가능성을 배제할 수 없다. 넷째, 예산 총량심사를 위한 국회의 심사역량 강화가 필요하다.

5. 총액배분자율편성제도 운영성과에 대한 평가

(1) 총액배분자율편성제도와 부처의 자율성

총액배분자율편성제도의 취지는 재원배분에 대한 의사결정을 집행부처가 전문성을 가지고 할 수 있도록 최대한 자율성을 부여하는 것이라고 할 수 있다. 기획재정부(2007) 역시 제도 도입 취지와 관련하여, "총액배분자율편성제도는 재정당국이 정해준 예산한도 내에서 부처별로 자유롭게 예산을 편성할 수 있도록 하여 부처의 자율성을 높이는 예산편성제도"라고 설명하고 있다. 이강호(2006) 역시 총액배분자율편성제도 하에서 예산집행기관은 예산

12) 이한구의원 외 12인이 Top-down 심사방식을 내용으로 하는 「국회법 일부개정법률안」을 2014. 3. 3. 발의하여 국회운영위원회에 상정되었으나, 19대 국회 임기만료로 폐기되었다(2016. 5. 29).

요구 내용이 중앙예산기관과 의견이 달라도 지출한도 범위 내에서 재조정할 수 있으므로 예산삭감의 부담 없이 예산을 편성할 수 있다고 설명한다. 그러나 실제 예산안편성과정을 살펴보면, 각 부처의 자율성이 총액배분자율편성제도 도입 전과 비교하여 크게 변하지 않은 것으로 보인다. 총액배분자율편성제도의 도입 이후의 성과를 파악하기 위하여 정부혁신지방분권위원회가 2006년 11월경 실시한 설문조사결과를 보면, 부처의 자율성이 증대되었다고 답한 수치가 일반부처보다 기획예산처에서 훨씬 높은 것으로 나타난 바 있고, 국회예산정책처가 2014년 실시한 설문조사에 따르면 총액배분자율편성제도의 도입 이후 예산심사과정에서 기획재정부의 간섭이 증가하였다는 응답이 부 단위에서 60%, 처·청 단위에서 49%를 차지하였다(최종하·양다승, 2015)

이와 같이 총액배분자율편성제도의 도입 이후 사업부처의 예산안편성 자율성 증대 여부에 대하여 중앙예산기관과 사업부처 간의 인식차이가 발생하는 이유를 권민경(2010)은 예산제도의 개혁에 대한 목표가 모호하기 때문으로 설명하고 있다. 즉, 예산개혁 추진 초기 자율성과 효율성이 동시에 개혁의 목표로 설정되었는데, 중앙예산기관은 효율성을 우선적인 목표로 삼았고 각 사업부처는 자율성을 우선적인 목표로 인식하였다는 것이다.

총액배분자율편성제도 도입 이후 행정부 내부에서의 예산안편성 과정을 살펴보면, 중앙예산기관에서 예산안편성지침과 함께 각 부처의 지출한도(ceiling)를 부여한다는 점 외에는 기존의 상향식 예산안편성 제도와 크게 달라진 점이 없다고 볼 수 있다. 당초 제도도입 취지대로라면, 매년 3~4월에 기획재정부가 통보하는 예산안편성지침과 지출한도에 따라 각 부처가 예산안(예산요구서)을 작성하여 제출하면 중앙예산기관은 각 부처가 지출한도를 준수했는지 여부, 예산안편성지침에 따라 부처 예산안을 작성하였는지 여부 등에 중점을 두고 예산사정을 하여야 한다. 그러나 실제로는 상향식 예산안편성 당시와 마찬가지로 중앙예산기관인 기획재정부는 각 부처의 모든 세부사업에 대하여 사업추진 여부, 예산규모의 적정성을 비롯해 단가 및 수량 등에 이르기까지 사실상 모든 사항에 대해 원점에서 재검토하고 있는 실정이다. 총액배분자율편성제도를 추진할 때 새로운 제도 도입을 통해 달성하고자 하는 최우선의 목적이 무엇인지 명확하게 규정하지 않은 채 모든 효과가 달성될 것이라고 막연하게 주장(Pollack, 2002)하였으나, 실제 제도의 운영 측면에서는 제도 도입의 취지와 상당한 괴리가 발생하고 있는 것이다.

(2) 국회의 예산안심의와 총액배분자율편성제도

총액배분자율편성제도의 도입과 관계없이 정부가 제출한 예산안 총지출규모와 예산내역에 대한 국회의 조정이 다른 국가들보다 비교적 크게 이루어지고 있다.[13] 그러나 국회의 예산안심의 과정이 분야별·부처별로 전략적인 재원배분의 틀에 대한 거시적인 수준에서의 논의가 아니라 개별 단위사업에 대한 예산액을 검토하고 조정하는 미시적 방식으로 진행되는 것이 사실이다.

제도 도입 초기 국회예산정책처(2005)는 총액배분자율편성제도가 본격적으로 도입되면, 예산안편성 단계는 총액을 결정하고 이를 부처별로 배분하는 과정에 한정될 가능성이 크고, 이에 따라 국회의 예산안심의의 범위는 상당히 제약될 것으로 예상하였다. 국회예산정책처는 이런 점을 감안하여 국가재정운용계획의 작성과정, 예산총액 배분계획의 작성과정, 혹은 작성 후 협의 및 심의과정에서 국회의 실질적인 참여가 보장될 수 있도록 국회와의 협의를 제도화하거나 최소한 국가재정운용계획의 국회제출시기를 예산안 제출시기보다 훨씬 앞당길 필요가 있다고 지적한 바 있다.

이러한 지적과 같이, 총액배분자율편성제도는 예산안편성 초기 단계에서 재정총량과 부처별 지출한도를 설정하기 때문에, 국회에 예산안을 제출하기 이전부터 차년도 예산에 대한 논의를 진행할 수 있다는 점을 전제로 하고 있다. 따라서 동 제도의 운영으로 국회의 예산안심의 과정이 보다 내실화되고 실질화될 수 있다는 긍정적 측면뿐만 아니라, 국가재정 전체의 관점에서도 행정부의 일방통행식이나 비밀주의에서 탈피하여 국민전체의 의견을 예산안에 수렴할 수 있는 계기를 마련하는 효과를 기대할 수 있다.

그러나 총액배분자율편성제도의 도입과 함께 국가재정운용계획 수립 및 국회제출이 제도화되었음에도 불구하고, 국가재정운용계획의 법적 구속력이 결여되어 있고, 국가재정운용계획을 예산안과 함께 국회에 제출하고 있으며, 예산안편성지침과 함께 각 부처에 통보되는 지출한도나 재정총량을 국회에 보고하지 않는 등의 이유로 국회의 예산안심의는 총액배분자율편성제도 이전과 크게 다르지 않게 운영되고 있다.

13) 의회의 예산 수정률이 1% 이하인 OECD 국가에 비해 한국 국회의 예산안 수정률은 3% 수준으로 높은 수준이다(김춘순·박인화, 2012: 21).

참고문헌

강신택. (2000). 「재무행정론」. 박영사.

강태혁. (2006). "총액배분자율편성(top-down)제도의 비교론적 관점: S공단의 사례."「정부회계연구」. 4(2): 3-33.

권민경. (2010). "총액배분자율편성제도 하의 자율성에 대한 연구: 예산부처의 통제기제 변화와 사업부처의 예산편성 자율성을 중심으로."서울대학교 행정학 박사학위논문.

국회예산정책처. (2005). 「OECD 국가들의 예산개혁동향」.

기획예산처. (2004). 「사전 재원배분 제도 도입: 예산편성 방식의 혁신」.

기획재정부. (2007). 「한국의 재정 어제, 오늘 그리고 내일: 재정혁신백서」.

김춘순. (2014). 「비교예산제도론」. 대명출판사.

김춘순·박인화. (2012). "국회 예산과정 분석과 확정예산의 정책적 함의."「재정정책논집」 제14집 제2호.

대한민국국회. (2013). 「예산재정제도개혁 특별위원회 결과보고서」.

대한민국 정부. (2004). 「2004~2008년 국가재정운용계획」.

__________. (2005). 「2003년 기획예산처 대통령 업무보고」.

류광준. (2005). "탑다운예산편성제도 도입에 관한 연구."서울대학교 행정학 석사학위논문.

변양균. (2002). "한국 재정의 지속가능성 분석과 재원배분의 비최적성 치유에 관한 연구."서강대학교 경제학 박사학위논문.

배득종·유승원. (2015). 「신재무행정」. 박영사.

신무섭. (2014). 「재무행정학」. 대영문화사.

윤성식. (2006). "정부혁신의 이론과 사례: 총액배분자율편성제도."「한국행정과 정책연구」41(2): 95-116.

윤성채. (2001). "OECD 국가의 예산개혁 내용과 방향."「한국행정논집」 제13권 제14호: 843-864.

이강호. (2006). "예산총액배분자율편성제도(Top-down System)의 도입효과에 관한 연구."서울대학교 행정학 박사학위논문.

정부혁신지방분권위원회. (2007). 「참여정부의 혁신과 분권」.

정해방. (2004). "예산총액배분 자율편성(Top-down) 제도의 실태와 현황."「지방재정」4: 13-22

최대용. (2000). "한국정부의 예산관리 개혁에 관한 연구."서울대학교 행정학 석사 논문.

최종하·양다승. (2015). "총액배분자율편성제도 도입 이후 부처자율성 제고에 대한 실증적 분석" 「예산정책연구」 4(2): 176-210

한국행정연구원. (2005). "예산총액배분자율편성(Top-down) 매뉴얼."

Pollack, M. (2002). "Learning from the Americanists (again): Theory and Method in The Study of Delegation."West EuropeanPolitics, 25: 200-219.

Pyhrr, Peter A. (1973). Zero Base Budgeting, New York: John Wiley & Sons.

Schick, Allen. (1966). "The Road to PPB: The Stages of Budget Reform."Public Administration Review 26(6): 243-258.

Wildavsky, Aaron. (1975). Budgeting : A Comparative theory of Budgeting. Boston: Little, Brown & Co.

제3절 예비타당성조사제도

1. 예비타당성조사제도의 의의

(1) 개념 및 연혁

예비타당성조사의 개념은 기획재정부의 '예비타당성조사 운용지침'(이하 "운용지침") 제2조에 정의되어 있다. 운용지침에 따르면, 예비타당성조사는 "「국가재정법」 제38조[14] 및 같은 법 시행령 제13조에 따라 대규모 신규사업[15]에 대한 예산의 편성 또는 기금운용계획의 수립을 위하여 사전적으로 실시하는 타당성 검증·평가"를 말한다. 예비타당성조사제도의 목적은 대규모 재정투입이 소요되는 신규 사업에 대해 객관적이고 중립적인 방법으로 타당성을 평가하여 투자우선순위를 조정함으로써, 국가재원배분에 대한 의사결정을 투명하고 공정하게 하는 한편, 예산낭비를 방지하고 재정운영의 효율성을 제고하기 위한 것이다.

예비타당성조사제도를 처음 도입한 1999년에는 당시의 「예산회계법」이 아닌 동법 시행령(제9조의2)에 근거를 두고 있었으나,[16] 동 규정에서는 예비타당성 대상사업과 단계별 예산편성의무만을 규정하였고, 실제로는 기획예산처의 내부규정인 운용지침에 의하여 운용되었다. 그 후 2006년 10월 「예산회계법」이 폐지되고 「국가재정법」이 제정되면서 예비타당성조사의 법적 근거가 마련되었다.

예비타당성조사제도가 도입되기 이전인 1994년부터 1998년까지 각 부처의 자체 타당성조사 결과를 보면, 총 33건 중 단 1건인 울릉공항 건설사업만 타당성이 없는 것으로 분석되었다. 이것은 예비타당성조사제도 도입 전에는 사실상 기존의 타당성조사가 예산 낭비를 방지하는 기능을 제대로 수행하지 못하고 있었다는 것을 의미한다.

그러나 예비타당성조사제도가 도입된 1999년부터 2023년까지 실시된 총 1,007건(496.3조원)의 예비타당성조사 결과를 보면, 이 중 35.8%인 361개 사업, 금액으로는 190.0조원에

---

14) 「국가재정법」 제38조(예비타당성조사) ① 기획재정부장관은 대통령령이 정하는 대규모 사업에 대한 예산을 편성하기 위하여 미리 예비타당성조사를 실시하고, 그 결과를 요약하여 국회 소관 상임위원회와 예산결산특별위원회에 제출하여야 한다.

15) 예비타당성조사대상이 되는 신규사업이란 타당성조사비, 설계비 등의 국고지원이 없었던 사업을 말한다.

16) 「예산회계법시행령」 제9조의2에서는 예비타당성조사 대상사업을 총사업비가 500억원 이상이면서 건설공사가 포함된 사업으로 규정하고, 사업추총액배분진단계를 예비타당성조사→타당성조사→설계→보상→착공의 순으로 진행하며, 원칙적으로 단계별로 예산을 반영하도록 규정하였다.

해당하는 사업이 타당성이 낮은 것으로 결과가 도출되어 예산낭비를 방지하는 데 일정 역할을 수행하였다고 볼 수 있다.

[표 1] 예비타당성조사제도 추진 경과

연도	주요 추진 내용
1998년	- 공공사업 효율화 추진단 구성(기획예산위원회, 건설교통부)
1999년	- 공공건설사업 효율화 종합대책 수립(건설교통부) - 24개 사업 예비타당성조사 착수(1월) - 일반지침 및 부문별 표준지침 발간(2월) - 예비타당성 조사제도 법제화(예산회계법 시행령 제9조의2)
2000년	- 예비타당성조사에 AHP분석 시범 도입
2001년	- 예비타당성조사에 AHP분석 본격 도입
2004년	- 정보화부문 3개 사업 예비타당성조사 시범사업 착수
2007년	- 예비타당성조사 범위 연구개발사업까지 확대 - 예비타당성조사 및 타당성 재조사의 법제화(국가재정법 제38조제4항)
2008년	- 간이 예비타당성조사(비용 사전심사제) 도입
2010년	- 예비타당성조사 범위 확대(기타 비투자 재정부문사업)
2012년	- 복지부문사업의 예비타당성조사 검증 강화 - 예비타당성조사 면제신청 의무화
2014년	- 예비타당성조사 실시대상 및 면제대상을 법률에 직접 규정(국가재정법 제38조 개정) - 예비타당성조사 면제대상 내역 및 사유의 국회 제출 법제화(국가재정법 제38조의2 신설)
2016년	- 예비타당성조사 신청 횟수 확대(연 2회→연 4회)
2018년	- 국가연구개발사업에 대한 예비타당성조사를 과학기술정보통신부장관에게 위탁할 수 있도록 함(국가재정법 제38조의3 신설)

(2) 유사제도

타당성조사

예비타당성조사는 예산 반영 여부 및 투자 우선순위를 결정하기 위한 개략적인 조사로서 사업의 경제적, 정책적 타당성을 검토하는 데 반해, 타당성조사는 예비타당성조사를 통과한 사업을 대상으로 본격적인 사업 착수를 위한 기술적 타당성을 검토하는 것을 말한다.

예비타당성조사는 상대적으로 단기간(6개월 이내)에 소규모 예산(1억원 미만)으로 기획재정부가 일괄하여 추진하는 데 반해, 타당성조사는 해당 사업의 시행부처가 적정한 예산(10~30억원)을 투입하여 추진한다는 점에서 서로 구별된다. 또한, 예비타당성조사에 소요되는 예산은 예비타당성조사 전문기관인 한국개발연구원(KDI) 등의 출연금으로 편성되나, 타당성조사에 필요한 예산은 각 부처의 개별 사업예산의 기본조사설계비로 편성된다.

[표 2] 예비타당성조사와 타당성조사의 구분

	예비타당성조사	타당성조사
내 용	경제적·정책적 타당성 검토를 위한 개략적 조사	본격적인 사업착수를 위한 기술적 조사
소요예산	1억원 미만	10~30억원
주관기관	기획재정부	시행부처
예산편성	KDI 등 출연금	각 부처 소관 예산

사업계획 적정성 검토(구 간이예비타당성조사)

사업계획 적정성 검토는 예비타당성조사 중 적정 사업규모 및 비용분석만을 간략하게 분석하는 것을 말한다. 이는 예비타당성조사 회피를 위한 의도적인 사업비규모의 축소, 비용검토의 부실 등을 방지하기 위한 제도로서, 그동안 법률적 근거 없이 운용지침에 따라 운용되어 왔으나, 2020년 3월 개정된 「국가재정법」은 제38조제5항에서 지역 균형발전, 긴급한 경제·사회적 상황대응 등을 위하여 국가 정책적으로 추진이 필요한 사유(같은 법 제38조제2항제10호)로 예비타당성조사가 면제된 사업에 대하여 의무적으로 사업계획 적정성 검토를 거치도록 하여 제도의 법률적 근거를 마련하였다.

운용지침에 의하면, 기획재정부장관은 필요한 경우 예비타당성조사 면제 사업에 대하여 예비타당성조사방식에 준하여 재원조달 방안, 중장기 재정소요, 효율적 대안 등의 분석을 통해 적정 사업규모를 검토하고 그 결과를 예산편성 및 기금운용계획 수립에 반영할 수 있도록 규정하고 있다. 사업계획 적정성 검토는 예비타당성조사의 비용추정 방식에 따라 실시하고, 검토기간은 약 2개월 정도가 소요되며, 검토결과 총사업비가 500억원 이상으로 산정된 경우 기획재정부장관은 해당 부처에 향후 예비타당성조사를 거치도록 통보한다.

사업계획 적정성 검토 적용 대상은 토목·건축, 정보화, R&D(순수 R&D 제외) 중 ① 추정

총 사업비가 400억원 이상 500억원 미만의 신규 사업, ② 법정시설이나 국가 정책적으로 추진 여부가 이미 결정되어 예비타당성조사가 면제된 사업, ③ 기타 기획재정부장관이 재정사업평가자문회의 의견수렴을 거쳐 간이 예비타당성조사가 필요하다고 판단한 사업 중 비용검토 필요사업이다.

교통시설투자평가제도

「국가통합교통체계효율화법」은 총사업비 300억원 이상의 공공교통시설 개발사업이 포함된 국가기간교통망계획, 중기투자계획 등을 수립하거나 개발사업을 시행하려는 교통시설개발 사업시행자로 하여금 국토교통부장관이 정한 교통시설 투자평가지침에 따라 교통시설투자의 타당성을 평가하도록 하고 있다.

이때 타당성조사는 ① 교통관련 계획을 수립단계에서 해당 계획에 포함될 예정인 공공교통시설 개발사업을 대상으로 하는 계획 타당성 평가와 ② 개별적인 공공교통시설 개발사업을 본격적으로 착수하기 위해 구체적으로 해당 사업계획을 수립하거나 기본설계를 추진하는 단계에서 해당 개별사업을 대상으로 실시하는 타당성 평가로 구분된다.

2. 예비타당성조사 현황

예비타당성조사제도가 도입되기 전에는 각 부처 주관 하에 타당성조사를 실시하였다. 1994~1998년 중에 완료된 부처의 자체 타당성조사는 총 33건이며, 그 현황은 아래의 표와 같다.

[표 3] 타당성조사 현황 (단위: 건)

결과	계	국토부	철도청	농림부	해수부	문체부	환경부
타당성 있음	32	9	6	1	14	1	1
타당성 없음	1	1	0	0	0	0	0

자료: 국토교통부(1999).

1999년부터는 총사업비 500억원 이상의 대규모 예산이 소요되는 대형투자사업의 신중한 착수와 재정투자의 효율성 제고를 위해 예비타당성조사제도가 도입되었다. 1999~2023년까지 실시된 예비타당성조사는 총 1,007건에 사업비는 496.3조원으로 자세한 현황은 아래의 표와 같다. 예비타당성조사 결과를 보면, 전체 조사 건수 중 64.2%에 해당하는 646건(306.3조원)은 타당성이 있는 것으로 결과가 나왔고, 35.8%에 해당하는 361건(190.0조원)은 중·장기적으로 검토가 필요한 것으로 나왔다.

[표 4] 예비타당성조사 현황

(단위: 건, 조원, %)

연도	조사대상		타당성 있음				중·장기적으로 검토 필요			
	건수	사업비	건수	비율	사업비	비율	건수	비율	사업비	비율
1999	19	27.1	12	63.2	7.3	26.9	7	36.8	19.8	73.1
2000	30	14	15	50.0	6.1	43.6	15	50.0	7.9	56.4
2001	41	19.9	14	34.1	6.5	32.6	27	65.9	13.4	67.4
2002	31	20	14	45.2	10.0	50.1	17	54.8	10.0	49.9
2003	32	17.6	19	59.4	13.6	77.4	13	40.6	4.0	22.6
2004	55	18.6	41	74.5	13.3	71.4	14	25.5	5.3	28.6
2005	30	12.4	19	63.3	8.4	68.0	11	36.7	4.0	32.0
2006	52	21.5	28	53.8	9.3	43.2	24	46.2	12.2	56.8
2007	45	16.7	26	57.8	10.5	62.6	19	42.2	6.2	37.4
2008	43	11	28	65.1	5.2	47.4	15	34.9	5.8	52.6
2009	72	35.4	47	65.3	24.8	70.2	25	34.7	10.6	29.8
2010	81	35.8	60	74.1	23.1	64.5	21	25.9	12.7	35.5
2011	63	24	45	71.4	16.3	68.0	18	28.6	7.7	32.0
2012	48	23.7	37	77.1	17.3	73.1	11	22.9	6.4	26.9
2013	29	7.6	18	62.1	4.8	63.1	11	37.9	2.8	36.9
2014	47	14	35	74.5	10.2	73.1	12	25.5	3.8	26.9
2015	41	8.9	25	61.0	4.6	51.8	16	39.0	4.3	48.2
2016	43	17.9	26	60.5	11.1	62.0	17	39.5	6.8	38.0
2017	44	23.1	20	45.5	10.7	46.3	24	54.5	12.4	53.7
2018	29	13.6	20	69.0	10.1	74.3	9	31.0	3.5	25.7
2019	33	19.4	25	75.8	14.9	76.9	8	24.2	4.5	23.1
2020	24	24.6	18	75.0	9.7	39.4	6	25.0	14.9	60.6

연도	조사대상		타당성 있음				중·장기적으로 검토 필요			
	건수	사업비	건수	비율	사업비	비율	건수	비율	사업비	비율
2021	28	43.8	22	78.6	39.8	90.8	6	21.4	4.0	9.2
2022	26	17.5	21	80.8	16.2	92.6	5	19.2	1.3	7.4
2023	21	8.2	11	52.4	2.5	30.5	10	47.6	5.7	69.5
합계	1,007	496.3	646	64.2	306.3	61.7	361	35.8	190	38.3

자료: 국회예산정책처, 「2024 대한민국 재정」, 2024

3. 예비타당성조사 대상사업의 범위

(1) 대상사업

대상사업의 범위

「국가재정법」 제38조제1항에 따르면 예비타당성조사 대상사업은 ① 총사업비가 500억원 이상이면서 국가의 재정지원 규모가 300억원 이상인 건설사업(토목, 건축 등 건설공사가 포함된 사업), 정보화 사업, 국가연구개발사업과 ② 중기재정지출[17]이 500억원 이상인 사회복지, 보건, 교육, 노동, 문화 및 관광, 환경보호, 농림해양수산, 산업·중소기업 분야의 사업이다. 예비타당성조사는 국가직접시행사업, 국가대행사업, 지방자치단체보조사업, 민간투자사업 등 정부의 재정지원이 포함되는 모든 사업을 대상으로 한다.[18]

여기서 총사업비란, 사업 추진에 소요되는 모든 경비를 합한 금액을 말한다.[19] 다만, 사업기간의 정함이 없이 계속 추진되는 사업의 경우에는 5년간의 사업비 합계를 기준으로 예비타당성조사 대상 여부를 판단한다. 총사업비는 원칙적으로 각 중앙관서의 장이 제시한 금액을 기준으로 하되, 기획재정부장관과의 협의과정에서 총사업비를 변경한 경우에는 해당 금액을 총사업비로 간주한다.

17) 중기재정지출이란, 「국가재정법」 제28조에 따라 제출하는 중기사업계획서에 의한 재정지출로서 신규사업 착수 이후 5년간 소요되는 재정지출을 합한 금액을 말한다. 다만, 10년 이내로 사업기간이 정해진 사업의 경우에는 전체 사업기간동안 소요되는 재정지출을 합한 금액을 말한다(운용지침 제7조제1항).

18) 예비타당성조사 대상사업은 당초 시행령에 위임되어 있었으나, 「국가재정법」 제42차 개정(2014.1.1.)을 통하여 법률에 이를 직접 명시하였다.

19) 총사업비에는 국가 부담분, 지방자치단체 부담분, 공공기관 부담분 및 민간 부담분 등을 포함한다. 예를 들면, 총사업비에는 융자사업비도 모두 포함하며, 기존 국유지를 활용하거나 지자체가 부담하는 부지 관련 비용까지도 모두 포함된다. (운용지침 제16조제2항)

대상사업의 단위

예비타당성조사를 하는 재정사업의 단위는 원칙적으로 현행 예산 및 기금의 과목구조상 '세부사업'을 기준으로 한다. 다만, 세부사업이 독립적인 하위사업들로 구성되어 있고, 이러한 하위사업 중 예비타당성조사 대상사업 요건에 해당하는 사업이 있는 경우에는 해당 하위사업을 예비타당성조사 대상으로 한다.[20] 특히 예산이 총액으로 교부되는 출연연구기관과 특정 연구기관의 경우 당해 기관의 예산에 포함된 독립적인 하위사업이 예비타당성조사 대상사업 요건에 해당할 때 해당 하위사업을 예비타당성조사 대상으로 하고 있다.

다만, 재정사업에 대한 타당성평가 결과는 비용에 대한 인식과 조사대상사업의 단위에 따라 매우 큰 편차를 가져올 수 있다. 선행 투자사업에 대한 투자비용을 매몰비용으로 볼 경우와 그렇지 않을 경우 경제성 평가결과는 차이를 보일 수 있기 때문이다. 뿐만 아니라 개별 세부사업으로 보면 경제성이 낮아 투자의 타당성이 없는 것으로 평가되는 사업의 경우도 관련된 여러 사업을 한 개의 사업으로 묶어서 평가하는 경우에는 경제성이 개선될 수도 있다.

(2) 면제사업

면제 대상사업

「국가재정법」제38조제2항은 불필요한 예산의 낭비와 사업추진 지연을 방지하기 위하여 공공청사, 교정시설, 초·중등 교육시설의 신·증축 사업, 문화재 복원사업, 국가안보에 관계되거나 보안이 필요한 국방 관련 사업 등은 예비타당성조사에서 제외하고 있다. 「국가재정법」 제정 당시 예비타당성조사 실시대상 및 면제대상은 시행령에 규정되어 있었다. 그러나 이를 시행령으로 규정할 경우 예비타당성조사제도 운영과정에서 행정부의 자의적인 집행이 우려된다는 지적이 지속적으로 제기되면서 제42차 「국가재정법」 개정(2014. 1. 1.)을 통해 이를 법률에 직접 명시하게 되었으며, 그 요건 또한 명확하고 엄격하게 개선하였다.

---

20) 예를 들면, 미래기술기반사업(단위사업)-신약개발사업(세부사업)의 독립적인 하위사업인 '질환후보물질발굴사업'이 세부사업 단위가 아님에도 2008년 예비타당성 조사를 실시한 바 있다. 반대로 사업의 특성, 목적, 추진방식 등을 고려하여 2개 이상의 세부사업을 묶어서 평가하는 것이 적절하고 이들 세부사업의 총사업비 합계가 대상요건에 해당할 경우에는 2개 이상의 세부사업을 단일사업으로 묶어서 예비타당성조사를 실시할 수 있다.

[표 5] 예비타당성조사 대상 제외 사업(「국가재정법」 제38조제2항)

구 「국가재정법 시행령」 제13조제2항의 예비타당성조사 면제대상	「국가재정법」 제38조제2항의 예비타당성조사 면제대상
1. 공공청사, 교정시설, 초·중등 교육시설의 신·증축 사업	1. 공공청사, 교정시설, 초·중등 교육시설의 신·증축 사업
2. 문화재 복원사업	2. 문화재 복원사업
3. 국가안보에 관계되거나 보안을 요하는 국방 관련 사업	3. 국가안보에 관계되거나 보안이 필요한 국방 관련 사업
4. 남북교류협력에 관계되거나 국가 간 협약·조약에 따라 추진하는 사업	4. 남북교류협력과 관계되거나 국가 간 협약·조약에 따라 추진하는 사업
5. 도로 유지보수, 노후 상수도 개량 등 기존 시설의 효용 증진을 위한 단순개량 및 유지보수사업	5. 도로 유지보수, 노후 상수도 개량 등 기존 시설의 효용 증진을 위한 단순개량 및 유지보수사업
6. 재해예방·복구 지원, 시설 안전성 확보, 보건·식품 안전 문제 등으로 시급한 추진이 필요한 사업	6. 「재난 및 안전관리기본법」 제3조제1호에 따른 재난(이하 "재난"이라 한다)복구 지원, 시설 안전성 확보, 보건·식품 안전 문제 등으로 시급한 추진이 필요한 사업
	7. 재난예방을 위하여 시급한 추진이 필요한 사업으로서 국회 소관 상임위원회의 동의를 받은 사업
7. 법령에 따라 설치하거나 추진하여야 하는 사업	8. 법령에 따라 추진하여야 하는 사업
8. 삭제〈 2011.12.30 〉	
9. 출연·보조기관의 인건비 및 경상비 지원, 융자 사업 등과 같이 예비타당성조사의 실익이 없는 사업	9. 출연·보조기관의 인건비 및 경상비 지원, 융자 사업 등과 같이 예비타당성조사의 실익이 없는 사업
10. 지역 균형발전, 긴급한 경제·사회적 상황 대응 등을 위하여 국가 정책적으로 추진이 필요한 사업으로서 기획재정부장관이 정하는 사업	10. 지역 균형발전, 긴급한 경제·사회적 상황 대응 등을 위하여 국가 정책적으로 추진이 필요한 사업으로서 다음 각 목의 요건을 모두 갖춘 사업. 이 경우, 예비타당성조사 면제 사업의 내역 및 사유를 지체 없이 국회 소관 상임위원회에 보고하여야 한다. 가. 사업목적 및 규모, 추진방안 등 구체적인 사업계획이 수립된 사업 나. 국가 정책적으로 추진이 필요하여 국무회의를 거쳐 확정된 사업

면제절차

각 중앙관서의 장은 예비타당성조사를 면제하고자 하는 경우에는 기획재정부장관에게 예비타당성조사 면제를 요구하여야 하고,21) 기획재정부장관은 이를 검토한 후 '재정사업평가위원회'의 심의를 거쳐 면제 여부를 결정한다. 각 중앙관서의 장이 예비타당성조사 면제절차를 거치지 않고 사업을 추진하는 경우에는 예산안편성 및 기금운용계획 수립 시 기본경비 삭감 등 불이익 조치를 부과할 수 있다.

4. 예비타당성조사의 추진절차

(1) 대상사업의 선정절차

예비타당성조사 대상사업의 선정은 각 중앙관서의 장의 요구를 토대로 하되, 중앙관서의 장의 요구가 없더라도 예산안의 편성 등을 위해 필요한 경우 기획재정부장관 직권으로 선정할 수도 있다. 중앙관서의 장의 신청에 따른 예비타당성조사 대상사업 선정절차는 크게 예비타당성조사요구와 기획재정부장관의 조사대상사업 선정으로 구분할 수 있다. 먼저, 각 중앙관서의 장은 예비타당성조사 대상에 해당하는 사업을 예산안 또는 기금운용계획안에 반영하고자 하는 경우 예비타당성조사를 기획재정부장관에게 요구하여야 한다. 다만, 2018년 국가재정법의 개정으로 기획재정부장관은 「과학기술기본법」에 따른 국가연구개발사업에 대한 예비타당성조사에 대해서는 과학기술정보통신부장관에게 위탁할 수 있도록 하였다. 기획재정부장관은 각 중앙관서의 예비타당성조사 요구사업을 검토한 후, 재정사업평가위원회의 심의를 거쳐 대상사업을 선정한다.

(2) 대상사업의 선정시기

각 중앙관서의 장은 예비타당성조사 대상에 해당하는 사업을 예산안 또는 기금운용계획안에 반영하고자 하는 경우에는 조사에 소요되는 기간을 감안하여 원칙적으로 사업시행 전전년도까지 예비타당성조사를 요구하여야 하지만, 사업추진이 시급하고 불가피한 사유가 있는 경우 다음 연도 신규 예정사업에 대해서도 예비타당성조사를 요구할 수 있다.

이에 중앙관서의 장은 매년 4회(분기별 1회) 사업계획, 사업 추진의 필요성, 소요자원의 규모와 확보방안, 예상되는 정책효과 등을 명시한 예비타당성조사 요구서를 기획재정부장관

21) 다만, 국가기밀과 관련된 사업의 예비타당성조사 면제는 기획재정부장관과 별도로 협의하여야 한다.

에게 제출하여 예비타당성조사를 요구할 수 있다. 각 중앙관서의 장이 2개 이상의 사업에 대한 예비타당성조사를 요구하는 경우에는 향후 중장기재정운용계획, 국가정책방향, 기타 분야별 형평성 등을 고려하여 사업 간 우선순위를 결정하고 이를 예비타당성조사 요구서에 반영하여야 한다(국회예산정책처, 2014).

도로, 철도 등의 중장기계획과 같이 해당 계획에 포함된 개별사업 간에 상호연계성이 높고 우선순위에 영향을 미칠 가능성이 있는 경우에는 계획에 포함된 개별사업들에 대하여 일괄 예비타당성조사를 실시할 수 있다.

(3) 대상사업의 선정

기획재정부장관은 예비타당성조사 대상사업 선정 시 ① 중장기 투자계획과의 부합성, ② 사업계획의 구체성, ③ 사업추진의 시급성, ③ 국고지원의 요건, ④ 지역균형발전 요인(R&D 사업의 경우는 기술개발 필요성) 등을 종합적으로 고려하여야 한다. 기획재정부장관은 예비타당성조사를 실시하기로 결정한 경우에는 조사대상사업의 경제성 및 정책적 필요성 등을 종합적으로 검토하여 그 타당성 여부를 판단한다.

5. 예비타당성조사 수행체계

(1) 예비타당성조사 수행기관

기획재정부장관은 예비타당성조사를 관련 전문기관에 의뢰하여 실시할 수 있다(「국가재정법」 제8조의2제1항2호[22]). 예비타당성조사의 주관기관은 기획재정부이지만, 실제로는 기획재정부장관의 요청에 의하여 한국개발연구원(KDI), 한국조세재정연구원(KIPF)이 총괄하여 수행한다.

이들 수행기관은 예비타당성조사를 효율적으로 수행하기 위하여 자체의 인력만이 아니라

---

22) 제8조의2(재정사업 평가 등에 대한 전문적인 조사·연구기관의 지정 등)
① 기획재정부장관은 주요 재정사업 평가 등을 적정하게 수행하기 위하여 「정부출연연구기관 등의 설립·운영 및 육성에 관한 법률」에 따라 설립된 한국개발연구원 및 한국조세재정연구원과 전문 인력 및 조사·연구 능력 등 대통령령으로 정하는 지정기준을 갖춘 기관을 전문기관으로 지정하여 다음 각 호의 업무 중 전부 또는 일부를 수행하게 할 수 있다.
2. 제38조제1항 및 제3항에 따른 사업의 조사·연구

개별사업의 특성에 맞춰 PM(Project Manager)을 선정하고, 학계·연구기관·민간 엔지니어링 회사 등 다양한 분야의 전문가로 연구진을 구성하며, 필요한 경우 별도의 자문위원회를 구성하여 활용하기도 한다.

(2) 분석방법

예비타당성조사는 경제성 분석, 정책적 분석, 지역균형발전 분석을 수행한 후, 각 분석결과를 토대로 다기준 분석방법의 일종인 계층화분석(Analytic Hierarchy Process: AHP)기법을 활용하여 종합적인 최종 결론을 내린다. 재정사업에 대해 경제성 분석에만 의존하여 재정사업의 투자 우선순위를 결정하는 경우 재정의 중요한 기능인 지역균형발전 등 경제외적인 요소에 대한 고려가 배제될 우려가 있을 뿐만 아니라, 경제성 분석의 틀로서는 측정할 수 없는 많은 비계량적 요소에 대한 정확한 평가가 불가능하기 때문에 경제성 분석(편익/비용 분석: Benefit/Cost Analysis)의 한계점을 보완하고자 AHP 분석을 추가하는 것이다.

경제성 분석

경제성 분석은 대상사업의 국민경제적 효과와 투자적합성을 분석하는 핵심적 조사과정으로서 비용/편익 분석(Cost/Benefit Analysis)을 하는데, B/C비율이 1 이상이면 경제성이 있다는 뜻이다.

정책적 분석

정책적 분석은 사업시행에 따른 비용 및 편익을 계량화할 수 없어 경제성 분석(B/C 분석)에는 포함되지 않으나, 사업타당성을 평가하는 데 중요한 사업특수 평가항목과 환경영향 등을 평가하며, 지역균형발전(고용유발효과, 지역경제 파급효과, 지역낙후도 개선 등), 정책의 일관성 및 추진의지(관련계획 및 정책방향과의 일치성, 사업추진의지 및 선호도), 사업추진상의 위험요인(재원조달 가능성 등) 등을 분석요소로 하고 있다.

[표 6] 정책적 분석

중 분 류	세부평가항목
지역균형발전	지역낙후도, 지역경제 파급효과
정책의 일관성 및 추진의지	관련계획 및 정책방향과의 일치성, 사업추진의지 및 선호도, 사업의 준비정도
사업추진상의 위험요인	재원조달 가능성, 환경성
사업특수평가항목	추가 평가항목(선택)

종합평가(AHP분석 활용)

종합평가는 경제적 타당성(B/C 비율), 정책적 분석항목과 지역균형발전 분석 결과 등을 종합적으로 고려하여 사업의 타당성을 평가하는 예비타당성조사의 최종 단계이다. 종합평가는 AHP분석을 활용하여 계량화된 수치로 도출하는데, AHP≥0.5이면, 사업 시행이 바람직하다는 의미이다. 이러한 AHP(Analytic Hierarchy Process)분석은 사업에 대한 충분한 지식과 객관성을 확보한 전문가를 참여시킨 후, 이들의 의견을 수렴하여 종합적인 사업타당성을 평가하는 것이다.

[그림 1] 예비타당성조사의 분석방법

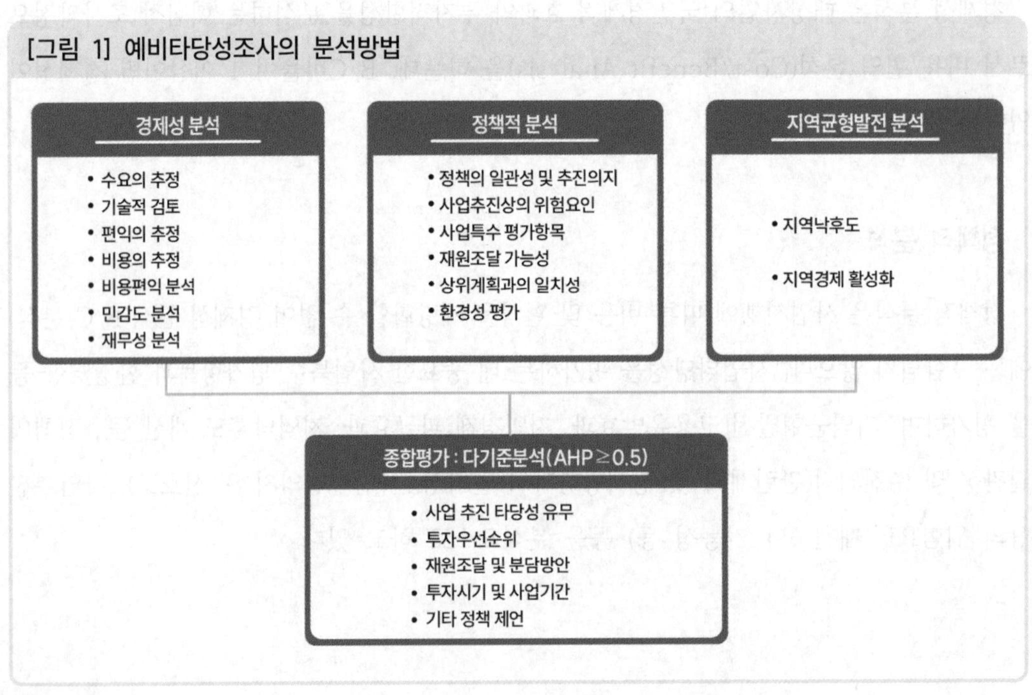

(3) 조사기간 및 조사결과의 활용

예비타당성조사의 수행기간은 6개월을 원칙으로 하되, 대상사업의 성격 등에 따라 조사 수행기간을 따로 정하거나 연장할 수 있다. 예비타당성조사를 의뢰받은 전문기관의 장은 수요예측자료 등 예비타당성조사 결과에 관한 자료를 「공공기관의 정보공개에 관한 법률」 제7조에 따라 공개하여야 한다(「국가재정법」 제38조의2). 예비타당성조사를 거쳐 타당성이 인정된 경우에 한해 본 타당성조사 및 기본계획 수립을 위한 예산을 요구할 수 있다. 일반적으로 경제적 타당성을 나타내는 편익/비용 비율(B/C)이 1이상이거나 지역균형발전, 지역낙후도 등의 정책적 판단사항을 종합한 AHP분석 결과 사업시행지수가 0.5 이상일 경우 사업시행이 바람직함을 의미한다.

예비타당성조사가 이미 실시된 사업은 소요되는 인력·예산 등 행정력 낭비를 막고 무리한 사업 추진을 차단하기 위해 원칙적으로 재조사를 요구할 수 없지만, 이미 수행된 예비타당성조사 결과를 변경할 수 있을 정도로 해당 사업과 관련된 경제·사회적 여건이 객관적으로 변동된 경우 또는 기존 예비타당성조사 결과 반영 등을 통해 전면적으로 사업을 재기획한 경우에는 예비타당성조사를 재요구할 수 있다.

(4) 타당성 재조사

추정 총사업비가 500억원 이상이 될 것이 객관적으로 예상되더라도 예비타당성조사를 면제받기 위해서 사업 계획을 수립할 때 의도적으로 사업비를 축소하는 경우가 발생할 수 있다. 따라서 이런 행위를 방지하는 제도 도입이 필요하다. 이에 따라 기획재정부는 총사업비가 400억원 이상인 사업에 대해서 사업비를 사전에 심사하는 간이예비타당성조사를 2008년부터 도입하여 검토 결과 사업비가 500억원 이상이면, 예비타당성조사를 실시하였고, 「국가재정법」제50조제2항에 따라 총사업비 규모가 예비타당성조사 대상사업 이상으로 증가한 사업은 타당성을 재조사하도록 하고 있다.

「국가재정법」 제50조제2항 및 「국가재정법 시행령」 제22조에 의한 타당성 재조사 대상사업은 ① 예비타당성조사를 실시하지 않았으나 사업추진 과정에서 총사업비와 재정지원 규모가 예비타당성조사 대상 규모로 증가한 사업, ② 예비타당성조사 대상사업인데도 불구하고 예비타당성조사를 거치지 않고 예산에 반영되어 추진 중인 사업, ③ 물가인상분 및 공익사업의 시행에 필요한 토지 등의 손실보상비 증가분을 제외한 총사업비가 기획재정부장관과 협의를 거쳐 확정된 총사업비 대비 일정 비율 이상 증가한 사업, ④ 사업여건의 변동으로 사업의 수요예측치가 30% 이상 감소한 사업 등이다.

(5) 국회의 예비타당성조사 요구제도

「국가재정법」 제38조제4항에 의해서 국회는 예비타당성조사의 실시를 요구할 수 있다. 이 조항에 근거해서 국회는 2008년도 및 2015년도 예산을 심의·확정하면서 부대의견으로 '제주해군기지 사업'과 동두천 국가산업단지 조성사업에 대해서 예비타당성조사를 거쳐 집행하도록 요구한 바 있다. 또한, 「국가재정법」제50조제4항에 의해서 국회가 그 의결로 요구하는 사업에 대하여는 사업의 타당성을 재조사하여야 한다. 국회는 예산 낭비 방지와 재정운용 효율성 제고를 위해서 예비타당성조사 및 타당성 재조사를 적극적으로 활용할 필요가 있다.

참고문헌

국회예산정책처. (2014). 「국가재정법의 이해와 실제」.
__________. (2024). 「2024 대한민국 재정」.
기획재정부. (2023). 「예비타당성조사 운용지침」.
박현. (2004). 「예비타당성조사 제도 현황 및 개선방안」. 국회예산정책처.
성과관리본부. (2006). 「2007년 예비타당성제도」.

제4절 독립기관의 예산편성

1. 의의

「국가재정법」 제6조제1항은 '독립기관'으로 국회, 대법원, 헌법재판소 및 중앙선거관리위원회를 규정하고 있다. 위 기관들은 「대한민국헌법」 제3장(국회), 제5장(법원), 제6장(헌법재판소), 제7장(선거관리)에서 각각 별도로 규정하고 있는 헌법기관들로서 그 독립성 보장을 위해 예산의 편성 및 운용에 대해 어느 정도 자율성을 부여할 필요가 있다. 그러나 과거 행정부 중심의 행정국가화 경향으로 인하여 행정부가 예산안 편성을 독점하면서 독립기관의 특수성을 고려하지 못하고 헌법상 3권 분립 정신을 훼손한 측면이 있다(국회사무처, 2003).

「국가재정법」 제40조는 정부가 독립기관의 예산을 편성할 때 해당 기관장의 의견을 최대한 존중해야 하며, 국가재정상황 등에 따라 조정이 필요한 때에는 미리 해당 독립기관의 장과 협의해야 한다고 규정하고 있다. 이러한 협의에도 불구하고 정부가 독립기관의 세출예산요구액을 감액하고자 할 때에는 국무회의에서 해당 독립기관의 장의 의견을 들어야 하며, 정부가 독립기관의 세출예산요구액을 감액한 때에는 그 규모 및 이유, 감액에 대한 독립기관의 장의 의견을 국회에 제출하여야 한다.

그러나 독립기관의 경우에도 국회·법원 등의 조직 및 기능적 특수성을 고려하지 않고 다른 중앙관서와 동일하게 「국가재정법」상 예산안 편성 과정을 똑같이 적용하고 있고, 세출예산요구액 감액과 관련하여 독립기관의 장이 제시한 의견에 법적 구속력이 없기 때문에 사실상 자율성에 한계가 있다(국회예산정책처, 2024). 이는 예산 편성을 매개로 독립기관에 대한 정부의 간접통제가 이루어짐으로써 「헌법」이 정하고 있는 3권 분립정신을 약화시키고 있다고 볼 수 있다.

영국·미국·프랑스 등 주요국의 경우 행정부가 독립기관의 예산편성과 집행에 관여할 수 없다는 것과 비교하면, 우리나라의 독립기관은 예산안 편성 권한에 있어서는 자율성이 낮은 상태라고 할 수 있다. 이와 관련하여 독립기관에 예산편성의 자율권을 확대·부여할 경우 정부의 예산안 편성권을 규정한 「헌법」제54조제2항에 반하여 위헌이라는 주장과 이는 정부의 예산안 편성권을 규정하고 있는 「헌법」의 취지와 독립기관의 자율성 보장이라는 권력분립 원리 등을 비교·형량하여 결정해야 하는 입법정책상의 문제라는 주장이 대립되는데(김인철,

2007: 318-319 재인용), 이에 대해서는 뒤에서 다시 논의하기로 한다.

2. 예산안편성 절차

「국가재정법」제6조제1항은 "독립기관이라 함은 국회·대법원·헌법재판소 및 중앙선거관리위원회를 말한다"고 규정하고 있다. 그리고 제3항에서는 "국회의 사무총장, 법원행정처장, 헌법재판소의 사무처장 및 중앙선거관리위원회의 사무총장은 이 법의 적용에 있어 중앙관서의 장으로 본다"고 규정하여, 독립기관도 여타 중앙관서와 마찬가지로 「국가재정법」의 적용을 원칙적으로 받는다는 것을 명확하게 규정하고 있다. 따라서 독립기관도 예외 없이 여타 중앙관서와 동일하게 매년 1월 말 중기사업계획서를 기획재정부장관에게 제출하고, 3월 말 기획재정부장관이 통보하는 예산안편성지침에 따라 예산요구서를 작성하여 5월 말까지 제출함으로써 기획재정부의 예산조정을 받게 된다.

다만, 「국가재정법」은 제40조에서 독립기관의 예산을 편성함에 있어 당해 독립기관의 장의 의견을 최대한 존중해야 한다거나, 당해 독립기관의 장과 협의하거나 의견을 구해야 한다는 등의 선언적 규정을 두고 있다. 즉, 독립기관의 자율성과 독립성을 예산안편성과정에서도 최소한 인정하려는 취지라고 할 수 있다.

3. 예산요구액 조정내역

국회에 제출되는 예산안에 포함된 독립기관의 예산은 5월 말까지 기획재정부장관에게 제출하는 예산요구서상의 예산요구액보다 감액되어 편성되고 있다. 2024년 예산안을 기준으로 보면, 국회는 예산요구액 대비 -10.3%(-864억원), 대법원은 -1.6%(-293억원), 헌법재판소는 -1.5%(-9억원), 중앙선거관리위원회는 -4.3%(375억원) 감액되었다.

2017년부터 2024년까지 8년 동안 독립기관 전체의 예산요구액 대비 예산안 반영 결과를 살펴보면, 총 25조 6,064억원을 요구하였고 1조 8,543억원(-7.2%)이 감액된 23조 7,521억원이 예산에 반영되었다. 이를 독립기관별로 살펴보면, 같은 기간(2017~2024년) 예산요구액 대비 감액 비중이 높은 기관은 -10.3%를 기록한 중앙선거관리위원회이고, 가장 낮은 기관은 -6.7%를 기록한 국회로 나타났다.

[표 1] 독립기관 예산요구액 대비 예산안 현황 (단위: 백만원, %)

기관명	구분	2017	2018	2019	2020	2021	2022	2023	2024
국회	예산 요구액(A)	602,692	640,247	692,316	711,786	732,741	745,807	770,550	838,040
	예산안(B)	574,431	598,445	638,084	671,111	698,918	700,288	716,651	751,653
	B-A	-28,261	-41,802	-54,232	-40,675	-33,823	-45,519	-53,899	-86,387
	(B-A)/A	-4.7%	-6.5%	-7.8%	-5.7%	-4.6%	-6.1%	-7.0%	-10.3%
대법원	예산 요구액(A)	1,534,547	1,674,761	1,747,931	1,861,206	1,868,326	1,867,386	1,930,894	1,885,505
	예산안(B)	1,481,829	1,552,090	1,628,937	1,711,679	1,734,495	1,718,235	1,768,956	1,856,162
	B-A	-52,718	-122,672	-118,994	-149,527	-133,831	-149,151	-161,938	-29,343
	(B-A)/A	-3.4%	-7.3%	-6.8%	-8.0%	-7.2%	-8.0%	-8.4%	-1.6%
헌법 재판소	예산 요구액(A)	44,960	50,772	51,612	58,603	57,095	57,569	60,849	57,608
	예산안(B)	42,814	45,490	47,962	53,068	52,991	53,293	55,809	56,742
	B-A	-2,146	-5,282	-3,650	-5,535	-4,104	-4,276	-5,040	-866
	(B-A)/A	-4.8%	-10.4%	-7.1%	-9.4%	-7.2%	-7.4%	-8.3%	-1.5%
중앙 선거 관리 위원회	예산 요구액(A)	650,705	430,709	408,873	833,324	430,505	951,097	487,501	869,932
	예산안(B)	561,950	406,477	347,178	729,846	385,294	871,511	407,297	832,432
	B-A	-88,755	-24,232	-61,695	-103,478	-45,211	-79,586	-80,204	-37,500
	(B-A)/A	-13.6%	-5.6%	-15.1%	-12.4%	-10.5%	-8.4%	-16.5%	-4.3%
전체 독립 기관	예산 요구액(A)	2,832,904	2,796,489	2,900,732	3,464,919	3,088,667	3,621,859	3,249,794	3,651,085
	예산안(B)	2,661,024	2,602,502	2,662,161	3,165,704	2,871,698	3,343,327	2,948,713	3,496,989
	B-A	-171,880	-193,987	-238,571	-299,215	-216,969	-278,532	-301,081	-154,096
	(B-A)/A	-6.1%	-6.9%	-8.2%	-8.6%	-7.0%	-7.7%	-9.3%	-4.2%

한편, 최근 5년간(2018~2022년) 국가기관 전체 예산을 기준으로 예산요구액 대비 반영되는 비율을 보면, 적게는 1.03%에서 많게는 3.0%까지 증액됨으로써, 예산요구액이 최종

예산안에 반영되는 비율은 101.03%~103.0%로 나타나고 있다. 따라서 최근 5년간(2018~2022년) 독립기관의 예산요구액 감액 비율이 평균 -7.2%임을 감안하면 독립기관의 예산요구액 대비 최종 예산안 반영률은 92.8%로서 국가기관 전체 반영률에 비해 낮다는 점을 알 수 있다.

[표 2] 국가기관 전체 예산요구액 대비 증감액 비율(최근 5년) (단위: 조원, %)

구분	2018	2019	2020	2021	2022
예산요구액(A)	424.5	458.1	498.7	542.9	593.2
예산	294.6	322.0	345.7	364.8	400.3
기금	129.9	136.1	153.0	178.1	192.9
예산안(B)	429.0	470.5	513.5	555.8	604.4
예산	295.0	327.3	352.4	370.9	409.2
기금	133.9	143.2	161.0	184.9	195.3
증감액(B-A)	4.5	12.4	14.8	12.9	11.2
증감액률[(B-A)/A]	1.03	2.7	3.0	2.4	1.9

자료: 기획재정부, "예산 요구 현황", 각 연도

정부는 독립기관의 세출예산 요구액을 감액한 때에는 그 규모 및 이유, 감액에 대한 독립기관의 장의 의견을 국회에 제출하여야 한다. 2008년부터 2024년까지 독립기관의 예산요구액을 기획재정부장관이 감액한 것에 대해 의견서를 제출한 사례를 살펴보면, 2011년도와 2017년도 예산안편성 시 국회가 각 1개 사업에 대하여 의견서[23]를 제출한 것 외에는 4개 독립기관 모두 '이견 없음'으로 통보하였다.

한편, 정부는 독립기관의 세출예산 요구액 감액의 규모·이유 및 의견을 예산안과 함께 국회에 제출할 때, 독립기관 외에도 감사원의 세출예산 요구액 감액의 규모·이유 및 의견을 함께 제출하고 있는데, 정부는 그 근거로 「국가재정법」 제41조[24]를 들고 있다. 그러나 「국가재정법」의 해당 규정은 감사원의 세출예산요구액을 감액하고자 할 때에는 국무회의에서

23) 국회는 2011년도 예산안에서 '입법활동지원'사업에 대하여 국회의원의 입법활동비가 1996년 이후 조정되지 않았음을 이유로 당초 요구액을 전액 반영해 달라는 의견서를 제출하였고, 2017년도 예산안에서 '청소용역 관리용역비'에 대하여 청소근로자 처우개선과 청소근로자 직접고용 전환을 요구하는 의견서를 제출하였다.

24) 「국가재정법」 제41조(감사원의 예산) 정부는 감사원의 세출예산요구액을 감액하고자 할 때에는 국무회의에서 감사원장의 의견을 구하여야 한다.

감사원장의 의견을 구하도록 규정하고 있을 뿐이지, 국회에 그 규모나 이유 등을 제출하도록 규정한 것은 아니다. 즉 예산안을 편성하는 단계에서 행정부 내부의 절차를 규정한 것뿐이므로 감사원이 요구한 세출예산을 감액한 규모 등에 대해 국회에 보고할 필요성은 없다고 할 것이다.

예비금 제도

여기서 잠시 독립기관에만 인정되는 예비금제도를 소개한다. 예비금이란 국회, 대법원, 헌법재판소 등 헌법상 독립기관의 예측할 수 없는 경비 충당과 기관의 독립성·자율성 보장을 위하여 개별 법률에 의거 독립기관에 별도로 편성되는 경비를 말한다. 기관별 예비금의 설치근거는 「국회법」, 「법원조직법」, 「헌법재판소법」 등에서 별도로 규정하고 있다[25]. 「국가재정법」에서 정부의 예측할 수 없는 경비 충당을 위해 예비비의 근거를 두고 있는 것과 구별된다. 예비금은 「국가재정법」상의 예비비와는 설치 목적에서 기본적으로 차이가 있다. 예비금도 기관의 예측할 수 없는 경비의 충당을 위한 목적을 가지고 있다는 점에서 예비비적 성격을 갖추고 있으나, 예비금의 근원적 존재이유는 독립기관의 자율성과 독립성을 보장하기 위한 것이기 때문이다.

[2024년 독립기관별 예비금 현황] (단위: 백만원)

구 분	국 회	대법원	헌법재판소	중앙선거관리위원회
금 액	1,300	2,800	25	196

자료: 대한민국국회, 「2024년도 예산」, 2024

4. 외국의 사례

독립기관의 예산편성에 관하여 외국의 사례를 살펴보면, 독립기관의 예산에 관하여 중앙예산기관의 관여를 일체 배제하는 경우와 중앙예산기관의 관여를 허용하는 경우의 두 가지 유형으로 구분할 수 있다. 그리고 후자인 중앙예산기관이 독립기관의 예산편성에 관여하는 경우는 ① 형식적인 승인절차만을 두는 경우, ② 독립기관에 지출한도를 부여하는 경우, ③

25) 국회법(23조): 국회의 경비는 독립하여 국가예산에 계상하되, 예산에는 예비금을 둔다.
법원조직법(82조): 법원의 경비는 독립하여 국가예산에 계상하되, 경비중에 예비금을 둔다.

중앙예산기관의 감액이 가능하지만 실질적으로 독립기관의 자율성을 보장하는 경우로 다시 세분화할 수 있다.

우리나라의 경우는 위의 어느 경우에도 해당하지 않는 것으로 보이며, 독립기관의 예산편성의 자율성은 외국의 경우와 비교할 때 가장 취약하다고 할 수 있다. 결국, 우리나라는 독립기관의 예산안 편성에 있어서 효율성과 민주성의 가치 중 효율성에 치우친 예산안편성제도를 갖고 있다고 할 수 있다.

[표 3] 외국의 독립기관 예산편성 입법례

구분	행정부의 관여 배제	행정부의 관여 허용		
		형식적 승인	독립기관에 지출한도 부여	기타
국가명	미국, 영국, 프랑스, 독일, 이탈리아, 덴마크, 스웨덴, 벨기에, 아이슬란드, 스위스, 이스라엘, 그리스, 인도, 카메룬, 필리핀	캐나다, 핀란드	오스트리아, 사이프러스, 말타, 스완다, 스리랑카, 자이르	일본: 이중예산제도 네덜란드: 대통령과 양원 의장의 협의로 결정 오스트레일리아, 가나, 룩셈부르크, 노르웨이: 감액 불가

5. 독립기관의 예산편성 자율성에 관한 논의

(1) 효율성과 민주성

독립기관의 예산편성과 관련해서 효율성과 민주성(권력분립)의 개념을 염두에 두고 논의를 전개할 필요가 있다. 미국, 영국, 프랑스, 독일 등 주요 국가에서는 독립기관의 예산은 독립기관이 자율적으로 편성한 후, 형식적으로 전체 예산안에 포함시켜 의회에 제출하는 제도를 채택하고 있다. 특히 우리나라와 같이 대통령제를 채택하고 있는 미국의 경우를 보면, 의회와 법원은 예산요구안을 미국 연방정부의 중앙예산기관인 관리예산처(OMB)에 보내지만 OMB는 이들 독립기관의 예산요구안을 "변경없이(without change)" 의회에 제출한다. 이는 대통령이 의회와 법원의 예산을 심사한다면 권력분립의 정신에 위배되는 것이고 이들 독립기관의 독립적 운영에 개입할 소지가 있기 때문이다.

(2) 독립기관의 예산에 대한 거부권

미국의 경우에는 독립기관에게 예산편성권을 최대한 보장하고 있지만, 다른 한편으로 대통령의 예산거부권을 통하여 독립기관의 무분별한 예산 증액이나 낭비를 막을 수 있는 장치를 두고 있다.[26] 결국 미국은 헌법상 권력분립의 원칙을 충실히 지키면서도 예산편성의 효율성을 담보하는 형태로 독립기관의 예산편성제도를 운용하고 있다고 볼 수 있다. 이에 반하여 우리나라의 경우에는 대통령이 예산 거부권을 갖고 있지 않기 때문에 독립기관에게 예산편성의 자율성을 어느 정도까지 부여할 것인지가 문제가 된다. 「헌법」제57조의 규정으로 인하여 국회는 정부의 동의 없이 정부가 제출한 지출예산 각항의 금액을 증가시키거나 새 비목을 설치할 수 없으므로, 국회의 예산안심의 과정에서도 정부는 독립기관 예산의 지나친 증액을 막을 수 있기 때문에 현행보다 독립기관의 예산편성 자율권을 확대할 여지가 있다.

(3) 독립기관의 예산편성권과 「헌법」 제54조와의 관계

독립기관에 예산편성 자율권을 보장할 경우 「헌법」제54조의 규정에 위배되어 위헌소지가 있다는 의견이 있다. 이러한 주장은 「헌법」제54조제2항이 정부에 예산안편성권을 부여하고, 제57조에서 정부가 제출한 지출예산 각 항의 금액을 국회가 증가하거나 새비목을 설치할 때에는 정부의 동의를 받도록 하고 있는 점을 그 근거로 들고 있다(김인철, 2007:318).

이와는 달리, 삼권분립원칙 하에서의 독립기관 예산독립의 필요성을 고려할 때, 헌법에서 정부로 하여금 예산안을 편성하도록 하는 것은 행정부라는 하나의 창구로 모아 국회의 심의의 대상이 되는 하나의 예산안으로 "취합"하는 행위에 불과한 것이며, 정부가 다른 헌법상 독립기관들의 예산요청을 적극적으로 심의하여 변경할 수 있는 것으로 해석하는 것은 무리가 있다는 의견이 있다(한윤옥, 2021). 이러한 의견에 따르면 우리나라의 「헌법」에서 행정부에 예산안편성권을 부여하고 있지만, 이것이 행정부에 배타적·독점적 예산편성권을 부여한 것으로 보기는 어렵다(장선희, 2004: 144; 임종훈, 2010:27). 이는 행정부가 예산을 편성하는 것이 세계적인 추세라고 할 수 있지만(현근, 2006: 158), 이러한 권한의 부여는 「헌법」에서 명문으로 규정하는 경우도 있고 개별 법률에서 규정하는 경우도 있듯이, 이는 입법

26) 의원내각제의 경우에는 집행부에서 예산을 편성할 때, 의회와의 긴밀한 협의를 진행하기 때문에 대통령제 국가의 경우보다 독립기관에게 예산편성의 자율성을 보장할 필요성이 크지 않다고 볼 수 있다.

정책의 문제이지 불변의 헌법적 가치라고 보기 어렵다.

또한, 헌법의 기본원리인 권력분립의 원칙에 따라 독립기관에 예산편성의 자율성을 최대한 보장하는 것과 재정운용의 효율성을 보장하는 것과의 헌법적 가치를 비교·형량할 때 권력분립의 원칙이 재정운용의 효율성이라는 가치보다 가볍다고 볼 수 없다. 이는 대부분의 국가에서 독립기관의 예산편성 자율권을 최대한 보장하고 있다는 점을 통해서도 확인할 수 있다.

(4) 주요 외국의 예산제도로부터의 시사점

의원내각제 국가를 포함한 대부분의 국가에서 행정부(내각)의 예산편성권 보유 여부와 관계없이 독립기관에 대하여는 정도의 차이는 있지만 예산편성의 자율성을 최대한 보장하고 있다는 것을 [표 3]에서 알 수 있다. 유독 우리나라에서 독립기관의 예산편성 자율성이 취약한 이유는 제헌헌법에서 행정부에 재정권한을 과도하게 부여하였고, 이에 더하여 주요 국가에 비해 의회민주주의의 전통이 상대적으로 짧아 행정부 우위의 국가운영 전통에서 비롯된 것으로 보인다.[27] 독립기관에 예산편성의 자율성을 보장하는 것은 권력분립의 원칙이라는 헌법적 가치를 최대한 존중하기 위한 것이다. 특히, 입법부나 사법부는 행정부와 견제와 균형의 관계에 있다는 점을 고려할 때, 예산편성의 자율성은 독립기관 운영의 독립성을 확보하기 위한 차원뿐만 아니라, 행정부(내각)를 견제하고 감시해야 하는 독립기관의 헌법적 사명을 충실히 이행하기 위해서도 필요하다.

이러한 관점에서 볼 때, 우리나라의 독립기관 예산편성 방식은 헌법원리인 권력분립 원칙과 부합하지 않은 측면이 있고, 민주화, 분권화, 자율화 등의 행정환경의 변화에도 제대로 부응하지 못하고 있다는 문제점이 있다(권오성, 2004: 119).

27) 미국, 영국, 프랑스, 독일 등 주요 국가의 경우를 보면, 이들 국가에서는 행정부와 입법부 및 각 독립기관 사이에 대화와 타협의 전통이 확립되어 있는 경우가 대부분이고, 이러한 전통 하에 독립기관과 중앙예산기관과의 긴밀한 이해와 협조가 이루어지고 있다(권오성, 2004: 120-121).

참고문헌

국회예산정책처. (2014). 「국가재정법의 이해와 실제」.

__________. (2024). 「2024 대한민국 재정」.

국회사무처. (2003). 「재정제도 개혁방안」. 국회재정제도개혁실무준비단.

기획재정부. (2017). "2018년도 예산 요구 현황."

__________. (2018). "2019년도 예산 요구 현황."

__________. (2019). "2020년도 예산 요구 현황."

__________. (2020). "2021년도 예산 요구 현황."

__________. (2021). "2022년도 예산 요구 현황."

권오성·김윤수. (2004). 「독립기관 예산편성의 자율성 및 책임성 확보방안」.

김인철. (2007). 「해설 국가재정법」. 동강사.

한윤옥. (2021). "사법부 등 헌법상 독립기관의 예산에 대한 존중의 실질적 의미와 국가재정법 제40조에 대한 비판론적 고찰."

대한민국국회. (2023). 「2024년도 예산」.

임인규. (2008). "예산심의의 실질화를 위한 헌법정책적 연구."

임종훈. (2010). "헌법 제54조의 법적 성격에 대한 고찰: 정부의 예산편성 및 제출 절차 규정에 대한 법적 성격을 중심으로."

현근. (2006). "미국의 예산심의제도에 관한 이론적 고찰."「한국전통상학연구」제20권 제1호.

Shick, Allen. (1987). Perspectives on Budgeting. Washington. DC: The American Society for Public Administration.

제4장

예산안 심의와 재정제도

제1절 일반이론

1. 예산안 심의의 의의

의회는 국민의 뜻을 대표하고(representation), 법안을 만들며(lawmaking), 감독하는(oversight) 3가지 핵심 기능을 수행한다. 이중 의회의 예산안 심의는 세입(revenues)과 지출(expenditure)을 면밀히 검토하고 승인하는 행위로서, 왕권을 통제하기 위한 재정통제의 일환으로 등장한 역사적 제도이다(윤영진, 2021: 212). 최초로 의회의 재정통제권이 명문화된 것은 1215년 Magna Carta이고, 1689년 권리장전(Bill of Rights)에서 재확인된 바 있으며, 이 시기의 의회의 재정권은 조세에 대한 승인이었다. 이후 재정지출에 대한 의회의 승인권은 1776년 오스트리아, 1789년 프랑스 대혁명 이후에 각각 채택된 기록이 있으나, 세출예산에 대한 승인제도가 정착된 것은 1822년이다(Lynch, 1979: 11).

의회의 예산안 심의 기능은 행정부의 정책과 사업계획을 검토하고 재정의 규모를 결정하는 중요한 과정으로서 재정민주주의를 실현하는 중요한 수단이라고 할 수 있다. 더불어 예산안 심의를 통해 의회가 정부가 제출한 예산안에 국민의 의사를 반영하고 납세자들에게 부과될 조세부담의 크기를 정한다는 의미도 있다(김성철·장석영·강여진, 2000; 유훈·신종렬, 2018).

이러한 의의를 갖는 예산안 심의는 행정부로부터 제출된 예산안을 의회가 심의하고 확정하는 과정을 의미함과 동시에, 국민의 대표기관으로서의 행정감독권과 재정감독권을 행사하는 과정이라고 할 수 있다.

2. 정부형태와 의회의 예산안 심의

의회의 예산안 심의 형태는 대통령중심제 국가와 내각책임제 국가에 따라 차이가 있다. 일반적으로 삼권분립이 엄격하게 지켜지는 대통령중심제 국가에서 의회의 예산안 심의권이 강하고, 내각이 의회의 다수당의 위원회와 같은 성격을 갖는 내각책임제 국가에서는 의회의 예산안 심의권이 상대적으로 약하다.

대통령중심제 국가는 제도적으로 국회의원 선거와 대통령 선거가 구분되어, 의회가 정책의제 형성과 결정에서 상당한 권한을 행사할 수 있으며, 의회가 예산안을 제대로 심사하지 못하면 권력분립이 제도로 이루어질 수 없다는 생각이 있어 상대적으로 의회의 예산 삭감 또는 수정을 강하게 하는 경향이 있다(권오성, 2009). 이에 따라 매년 의회가 확정하는 국가 예산에는 세수와 세출에 관한 의회의 정책의지가 담기게 된다. 대통령제의 전형인 미국은 의회가 직접 예산을 편성하거나, 상하 양원이 '대통령이 제안하는 예산(The President's Budget)'에 제약 없이 수정권을 행사한다. 더욱이 의회는 예산과정에 관한 법률을 제정하여 행정부에 대한 예산통제를 강화할 수 있다.

반면, 내각책임제인 영국 의회(이하 "웨스트민스터형"이라 한다)는 미국과 반대의 양상을 보인다. 영국은 집권당 수뇌부인 내각이 예산편성권을 행사하되, 의회는 구체적 예산수정이나 계수조정 등의 '미시적 예산심의'보다, 재정정책을 논의하고 대안을 제시하는 '거시적 예산심의'에 역점을 두며, '예산 결정'이라는 사전통제보다, '집행 감사'라는 사후통제를 통해 의회권한을 행사한다(박찬표, 2001).

의회의 예산권한이 강력한 미국과 내각이 편성한 예산을 의회가 절차적으로 확정하는 영국의 양 극단 사이에, 3가지 유형의 행정부-의회 관계를 상정할 수 있다. 수정대통령제(semi- presidential system)의 프랑스와 핀란드, 공화국형 내각제(parliamentary republics)의 독일과 이탈리아, 입헌군주 내각제의 덴마크, 스웨덴 등으로 구분된다. Lienert(2005), Wehner(2006), OECD(2007)의 연구에 따르면, OECD 국가의 의회 예산 수정권은 국가별로 각각 다르게 나타난다. 이 연구에 의하면 대통령제 국가[1]라고 하여 반드

1) 의원내각제와 구분되는 대통령제의 가장 큰 특징은 대통령을 국민이 직접 선출(의원선거와 별도)하는 제도로서 순수대통령제와 수정대통령제로 구분할 수 있다. 순수대통령제의 주요 특징은 ① 대통령이 국가 원수이자 집행부 수반, ② 장관(내각)을 대통령이 임명, ③ 총리가 없고 부통령이 일반적이라는 점이다. 반면 수정대통령제는 ① 대통령과 총리 모두 존재(총리는 일반적으로 의회에서 선출), ② 대통령과 총리 사이의 권력 배분은 국가별로 다양하게 나타나는 특징이 있다(김춘순, 2014).

시 의원내각제 국가[2]보다 예산수정권한이 강한 것은 아니라는 점이다.

정부형태와 의회의 예산권한에 관한 실증연구(김춘순, 2014)에 따르면, 정부형태별 의회의 예산수정권의 양상을 확인할 수 있다. 김춘순은 정부형태를 대통령제와 의원내각제로 크게 대별한 후 대통령제는 다시 순수대통령제와 수정대통령제로, 의원내각제는 입헌공화제, 입헌군주제, 웨스트민스터형의 3가지 유형으로 각각 구분하였다. 이러한 5가지 정부형태에 따라 재정권한(fiscal power)과 조직역량(organization capacity)의 2가지 지표로 의회의 예산권한을 측정하였는데, 재정권한 범주에 속하는 예산수정권한만을 기준으로 보면, 스웨덴, 독일과 같은 입헌군주제 국가의 의회가 가장 강력한 예산수정권한을 보유하고 있고, 영국, 뉴질랜드와 같은 웨스트민스터형 국가의 의회는 가장 약한 수준의 예산수정권한을 보유한 것으로 나타났다.[3]

3. 예산안 심의의 기능

Burkhead(1956)는 의회의 예산안 심의 기능을 '정책형성'과 '행정의 감독'의 두 가지로 설명하고 있다(윤영진, 2021: 213-214 재인용). 위의 두 가지 기능 외에 의회는 예산안 심의 과정에서 국민의 의견을 수렴하고 이를 예산에 반영하는 '국민가치의 통합' 기능까지도 수행하는 것으로 볼 수 있다.

(1) 정책형성

예산안 심의 기능으로서 정책형성은 ① 재정총량에 대한 결정(예산총액, 국가채무, 재정수지 등), ② 재정운용방향에 대한 결정(거시적 차원), ③ 개별사업의 내용과 수준 결정(미시

---

2) 의원내각제의 주요 특징은 입법부와 행정부 사이의 권력분립이 명확히 구분되지 않으며, 총리가 행정부 수반이라는 특징이 있는데, 입헌공화제(Parliamentary Republic)는 ① 대통령(형식적 국가수반)이 의회에 의해 직접적 또는 간접적으로 선출, ② 행정부 수반은 선거결과(의회제안)에 따라 국가원수가 임명하며, 입헌군주제(Parliamentary monarchy)는 ① 행정부 수반은 선거결과에 따라 군주가 임명, ② 법 초안은 대부분 행정부에서 기안한다. 끝으로 웨스트민스터형은 ① 장관은 반드시 의원(다른 의회시스템의 필수적 요소는 아님), ② 동 체제만 정부가 의회 회기를 결정할 수 있다는 특징이 있다(김춘순, 2014).

3) 예산수정권한을 10점 만점으로 할 때, 덴마크 등 입헌군주형 내각제가 6.9점(13개국), 그리스 등 입헌공화형 내각제가 6.5점(13개국), 한국 등 수정대통령제가 6.2점(13개국), 미국 등 순수대통령제가 4.4점(13개국), 영국 등 웨스트민스터형 내각제가 2.5점(4개국)의 순으로 나타났다.

적 차원)의 세 가지로 나눌 수 있다. 먼저 재정총량에 대한 결정은 총지출과 총수입 규모, 재정수지, 국가채무 등을 예산안 심의과정에서 확정하는 것을 말한다. 2024년도 예산의 경우 국회의 심의과정에서 총지출은 2,332억원 감소(656.9조원 → 656.6조원)하였고, 총수입은 정부안 대비 1,297억원이 증가(612.1조원 → 612.2조원)하였다. 그 결과 관리재정수지는 0.4조원 개선(-92.0조원 → -91.6조원)되었고, 국가채무 역시 0.4조원 감소(1,196.2조원 → 1,195.8조원)하였다.

두 번째로, 예산안 심의 과정에서 거시적 차원에서의 재정운용방향에 대한 결정이 이루어진다. 2024년도 예산의 경우 국회는 예산안 심의 과정에서 일반·지방행정(-0.8조원), 외교·통일(-0.2조원), 국방(-0.2조원), 환경(-0.1조원) 분야에서는 예산을 감액하였고, 산업·중소기업·에너지(+0.7조원), R&D(+0.6조원), SOC(0.3조원) 분야 등의 예산은 증액하였다. 이처럼 의회는 예산안 심의 과정[4]에서 재원배분의 우선순위나 분야별 지출규모를 변경함으로써 재정운용의 큰 틀에 변화를 줄 수 있다.[5]

마지막으로, 미시적 차원에서 개별사업의 사업 내용과 수준이 의회의 예산안 심의 과정에서 결정된다. 2024년도 예산의 경우 국회는 예산안 심의 과정에서 연례적으로 집행이 부진한 사업이나 유사·중복 사업, 집행가능성이 낮은 사업 등에 대해서는 감액을 하고, 교원 인공지능교수학습 역량 강화를 등을 위한 디지털 교육혁신 특별교부금, 지역경제 활성화를 위한 지역사랑상품권 발행지원 사업은 신규 증액하였다.

(2) 행정의 감독

의회의 행정통제기능은 헌법상 삼권 분립에 따른 견제와 균형의 원리에 근거한 것으로서 재정민주주의 관점에서 매우 중요한 기능이다. 행정통제기능은 국민의 대표기관인 입법부가 행정부에 의한 재량권의 남용 여부를 감독하고 더 나아가 입법부의 의지를 구현하는 것으로서, 행정부의 권한이 입법부에 비해 상대적으로 강하다고 평가되는 우리나라에서 더욱 의의

4) 이 책 제4부 제2절의 '재정민주주의와 의회의 재정권한'을 참고하기 바란다.

5) 하연섭(2014)은 정책형성기능으로서 예산총액에 대한 국회의 결정은 기본적으로 행정부에서 이뤄지기 때문에 일반적으로 입법부는 예산결정의 주도자는 아니며 오히려 수동적 역할을 수행함으로써, 입법부의 예산심의는 행정부의 제안에 대한 입법부의 반응이라고 보고 있다. 그러나 이러한 견해는 행정국가 시대의 입법부와 행정부 관계에 대한 고전적 인식에 바탕을 둔 것으로, 미국, 스웨덴, 독일, 프랑스, 네덜란드, 캐나다 등의 주요 국가들의 예산과정을 고찰해 보면, 오히려 예산과정에서 의회의 역할과 비중이 꾸준히 확대되고 있다는 것을 알 수 있다.

가 있다.

일차적으로는 예산안 심의 과정에서 행정부의 예산집행계획을 검토하여 비효율적이고 낭비적인 예산지출을 방지하고, 부적정한 사업에 대해서는 중지시키거나 이를 축소시키는 기능을 수행한다. 또한, 의회는 예산안 심의 과정에서 행정부의 정책에도 일정한 영향을 미칠 뿐만 아니라, 정책적 과오에 대해서는 관련 예산을 감액함으로써 행정부를 통제하기도 한다.

(3) 국민가치 통합

의회는 예산안 심의 과정에서 행정부가 제안한 예산의 계수를 검토하고 이를 조정하는 데 그치지 않고, 국민들의 요구를 예산에 반영하고 각 계층과 집단 간의 이해관계를 통합·조정하는 기능까지 수행한다. 이는 국민의 대표기관인 입법부의 당연한 의무이자 권리이다. 본질적으로 정치인들로 구성되는 의회의 특성상 국민의 의견을 적정하게 수렴하여 이를 예산에 반영하는 것은 필요하지만, 이러한 기능이 지나치게 작용할 경우 인기영합주의로 변질될 위험성이 있다.

4. 예산안 심의 유형

예산안 심의 유형은 다양한 분류방법이 있다. Axelrod(1988)는 적극적 의회(active legislature), 소극적 의회(reactive legislature), 한계적 의회(marginal legislature), 최소의회(minimal legislature)로 구분하고 있고,[6] Premchand(1999)는 의회 지배형, 행정부지배형, 차등형, 총액승인형, 통과형으로 구분하고 있다(이영조·문인수, 2015 재인용). 그리고 입법부와 행정부 간의 권한배분을 결정하는 정치형태에 따라 의회우위형, 행정부우위형, 행정부 관료중심형으로 구분할 수 있다.

6) 적극적 의회 국가에는 미국, 독일 등이 있고, 소극적 의회 국가로는 영국, 영연방국가, 아시아·아프리카의 개발도상국, 카리브해 연안 국가, 한계적 의회 국가로는 프랑스, 일본, 최소 의회국가로는 중국, 중동의 전제군주국가 등을 들 수 있다.

(1) 의회우위형

대통령중심제의 모국인 미국을 의회우위형 국가의 전형적 모델로 들 수 있다. 엄격한 3권 분립을 기본원리로 하는 대통령중심제에서는 행정부의 독주를 막고 국민의 이익을 대변해야 한다는 의회의 존립 이유가 강조된다. 따라서 의회우위형에서는 의회가 예산안 심의 과정에서 실질적인 재정권한을 행사한다. 의회는 행정부가 제안한 예산안에 구속되지 않고, 예산액의 감액과 증액, 항목의 폐지 및 설치 등을 임의로 할 수 있다. 미국에서는 역설적으로 막강한 의회의 재정권한을 견제하기 위하여 의회의 예산안 심의 결과에 대해 대통령이 거부권을 행사할 수 있도록 하고 있다.

(2) 행정부우위형

행정부(내각) 우위형은 의원내각제의 모국인 영국에서 발전되어온 유형이다. 의원내각제 하에서 내각이 제출한 예산안에 대한 전면적인 수정이나 거부는 바로 내각에 대한 불신임의 표시로 간주되기 때문에 의회의 예산안 심의 과정에서 의미 있는 조정이 이루어지는 경우는 흔치 않다. 예산결정의 실질적 주도권은 행정부(내각)에 있기 때문에 의회의 예산안 심의 권한은 상당히 제한적이다.

이러한 행정부우위형의 의회는 야당에 의한 정부비판과 대안제시의 기회를 제공하는 소위 '경합장형 의회'의 형태로 운영되는 경우가 많은데, 호주, 캐나다 등을 예로 들 수 있다.

(3) 행정부 관료중심형

행정부 관료중심형에서의 의회는 예산안 심의 과정에서 제한적인 권한을 행사하는 데 그친다. 이러한 유형에서 예산안의 의회 제출은 법적 절차를 이행하는 것과 민주적 정당성을 획득하는 데에 의미가 있을 뿐이다. 재정민주주의는 물론, 정치적 민주주의가 확고히 뿌리내리지 못한 발전도상국이나 제3세계 국가들에서 이러한 유형을 쉽게 찾아 볼 수 있다. 이들 국가는 강력한 관료제 중심의 행정국가를 통해 단시일에 정치적 안정과 국민경제의 성장을 이루려는 성향을 띠는 것이 보통이다.

이상의 세 가지 유형 중에서 한국 국회의 모델로 미국과 같은 의회우위형이 일반적으로 제시되고 있는데, 정부형태가 같은 대통령중심제라는 점이 그 중요한 근거가 된다. 그러나 한국의 정부형태는 기본적으로 대통령중심제이기는 하지만, 의원의 장관겸직이 허용되는 등 여러 가지 점에서 내각제적 요소를 갖고 있는 것이 사실이다. 더 나아가 국회의 예산안 심의 권한을 크게 제약하고 있는 「헌법」 제57조의 규정[7]으로 인하여 국회의 재정권한을 실질적으로 행사하는 데는 많은 한계가 있는 것이 사실이다. 최근 들어 우리나라의 국회는 법적·제도적 한계에도 불구하고, 예산안 심의 과정에서 행정부에 대한 비판과 통제가 확대되고 있다는 점에서 '경합장형 의회'와도 가깝다고 할 수 있다.

5. 예산안 수정권한과 심사기간

(1) 예산안 수정권한

예산안의 제출권이 행정부에 있다면 예산안의 수정권한은 의회에 두는 것이 통례이다. 그러나 의회가 전체 예산과정에서 어떤 역할을 담당하며 어느 수준에서 권한을 행사하는가는 정부형태에 따라 다르고, 같은 정부형태라고 하더라도 국가마다 서로 다르게 나타난다. 마찬가지로 의회의 예산안 수정권한의 행사 형태도 국가마다 다르다.

OECD가 실시한 34개 OECD 국가에 대한 재정제도에 관한 설문조사(OECD, 2014)에 따르면, 응답 국가(33개국) 대부분이 의회의 행정부 예산안에 대한 수정 권한을 인정하고 있는 것으로 확인되었다. 이 중 17개국(52%)은 의회의 무제한적 수정 권한을 인정하고 있으며, 8개 국가(24%)는 행정부가 제안하는 총액 규모를 바꾸지 않는 한도 내에서 수정이 가능하고 2개 국가(6%)는 의회가 새로운 지출항목을 신설하거나 예산액 증가 없이 기존의 지출과 수입을 감액하는 것이 가능하다. 다만, 그리스와 아일랜드는 의회가 예산안을 수정할 수 없고 이를 승인하거나 거부할 권한만 있는 것으로 나타났다.

우리나라의 경우 의회의 예산안 수정 권한을 인정하지만, 「헌법」 제57조에 근거하여 국회는 정부의 동의 없이 정부가 제출한 지출예산 각항의 금액을 증가시키거나 새 비목을 설치할 수 없다.

7) 「헌법」 제57조 국회는 정부의 동의없이 정부가 제출한 지출예산 각항의 금액을 증가하거나 새 비목을 설치할 수 없다.

[표 1] 입법부의 행정부 예산안 수정 권한 국가별 비교

구 분		해당 국가	국가 수
수정 가능	무제한	뉴질랜드, 노르웨이, 독일, 덴마크, 멕시코, 미국, 룩셈부르크, 벨기에, 스위스, 스웨덴, 슬로바키아, 오스트리아, 일본, 터키, 핀란드, 포르투갈, 헝가리,	17(52%)
	정부 예산안 총액 내 수정	네덜란드, 스페인, 슬로베니아, 에스토니아, 이스라엘, 이탈리아, 체코, 폴란드	8(24%)
	항목에 대한 삭감만 가능	칠레, 영국	2(6%)
수정 불가	전체 승인, 불승인 선택	그리스, 아일랜드	2(6%)
기타		**한국**(정부 동의 시 지출예산 항목별 증액 및 신규 편성 가능), 호주(무제한적 수정권한 있으나 관례적으로 수정 없이 승인), 캐나다(의회 예산안 수정요청에 대해 정부가 동의/비동의), 프랑스(수입 감소, 지출 증가를 초래하는 수정 금지)	4(12%)

주: 조사대상 회원국 34개국 중 1개국(아이슬란드) 무응답으로 총 33개국의 응답 결과에 근거함.
자료: OECD(2014) Budgeting Practices and Procedures in OECD countries」, 김춘순(2018), 한국형 예산법률주의 도입의 주요 쟁점, 「예산춘추」, vol. 50, p.13에서 재인용

(2) 예산안 제출시기와 심사기간

의회의 예산안 심의는 의회의 재정권한 수준(예산안 수정권한 등), 의회의 구성형태(단원제, 양원제), 의원의 전문성, 예산안 심의 제도와 절차(위원회 운영형태, 예산위원회 운영 등), 의회 내 재정전문기관 유무 등에 의해 영향을 받는다. 또한, 적정한 예산안 심사기간의 보장도 예산안 심의가 충실히 이루어지기 위한 기본적인 요건이라고 할 수 있다. 이하에서는 OECD 국가와 우리나라의 예산안 심사기간에 대해 살펴보기로 한다.

OECD 국가의 예산안 심사기간

OECD 국가의 예산안 심사기간은 평균 90일로 21개 국가가 여기에 해당한다. 심사기간이 가장 긴 나라는 미국으로 240일이며, 그리스가 40일로 가장 짧다. OECD 국가 대부분은 회계연도가 매년 1월 1일 개시되는데, 통상적으로 회계연도 개시 3~4개월 전에 예산안이 의회에 제출되고 있다. 대부분의 국가는 회계연도 개시 전에 의회가 예산을 의결하고 있지만, 영국과 캐나다는 회계연도 개시 후에 의회가 예산을 의결하고 있다.

[표 2] OECD 국가의 예산안 심사기간 비교

국가 명	회계연도 개시	예산안 제출 마감	예산안 승인 마감	예산안 심사기간
한국	1월 1일	9월 3일[8]	회계연도 개시 30일전	약 90일
그리스	1월 1일	11월 21일	12월 31일	약 40일
슬로베니아	1월 1일	10월 1일	회계연도 개시 전	약 90일
포르투갈	1월 1일	10월 15일	회계연도 개시 30일전	약 45일
오스트리아	1월 1일	10월 말	11월 말~12월 초	약 60일
칠레	1월 1일	9월 30일	11월 중반	약 45일
에스토니아	1월 1일	10월 1일	회계연도 개시 전	약 90일
멕시코	1월 1일	9월 8일	11월 15일	약 68일
핀란드	1월 1일	9월 중순~말	12월 초	약 75일
프랑스	1월 1일	10월 첫째 주 화요일	12월 중반	약 70일
스위스	1월 1일	9월 말~10월 초	12월 중반	약 75일
터키	1월 1일	10월 중반	12월 31일	약 75일
노르웨이	1월 1일	10월 중	12월 15일	약 75일
덴마크	1월 1일	8월 말	회계연도 개시 전	약 120일
스페인	1월 1일	10월 1일	회계연도 개시 전	약 90일
스웨덴	1월 1일	9월 20일	12월 15일	약 90일
헝가리	1월 1일	9월 30일	회계연도 개시 전	약 90일
네덜란드	1월 1일	9월 셋째 주 화요일	회계연도 개시 전	약 100일
독일	1월 1일	9월 1일	회계연도 개시 전	약 120일
일본	4월 1일	1월 중	회계연도 개시 전	약 70일
캐나다	4월 1일	2월 중	6월 말	약 120일
영국	4월 1일	4월 중	8월 5일 전	약 120일
호주	7월 1일	5월 둘째 주 화요일	회계연도 개시 전	약 50일
미국	10월 1일	2월 첫째 주 월요일	회계연도 개시 전	약 240일

자료: OECD(2014); 김춘순(2013: 29); 주영진(2011) 자료를 바탕으로 재작성.

8) 2016년부터 적용됨.

우리나라 국회의 예산안 심사기간

2013년에 「국가재정법」이 개정되기 전까지 우리나라 국회의 예산안 심사기간은 OECD 국가의 평균 86일보다 짧은 60일이었다. 「헌법」 제54조는 "정부는 회계연도마다 예산안을 편성하여 회계연도 개시 90일 전까지 국회에 제출하고, 국회는 회계연도 개시 30일 전까지 이를 의결"하도록 규정하고 있다.

그러나 국회는 2013년에 「국가재정법」 제33조 규정을 개정하여 회계연도 개시 120일 전까지 예산안을 국회에 제출하도록 하였다. 이에 따라 2018년도 예산안의 경우 기획재정부는 예산안을 편성해 국무회의 심의를 거친 후 대통령의 승인을 얻어 다음 회계연도 개시 122일전인 2017년 9월 1일 국회에 제출하였다. 참고로 우리나라 국회의 예산안 심사기간은 제헌헌법 당시에는 약 100일이었다가, 1957년부터 120일로 증가한 후, 1963년에 90일, 1973년에 60일로 줄어들었다가 2013년 「국가재정법」 개정으로 다시 90일로 늘어나게 되었다.

[표 3] 국회의 예산안 심사기간 변화 내역

연도	헌법 제·개정	예산안 제출 및 의결 시기	회계연도	심사기간
1948	제헌 (1948. 7. 17)	정기회 개회 초 제출, 회계연도 개시 전 의결	4. 1~3. 31	100일
1957	제2차 개헌 (1954. 11. 29)	정기회개회 초 제출, 회계연도 개시 전 의결	1. 1~12.31	120일
1963	제5차 개헌 (1962. 12. 26)	회계연도 개시 120일전 제출, 30일전 의결	1. 1~12.31	90일
1973	제7차 개헌 (1972. 12. 27)	회계연도 개시 90일전 제출, 30일전 의결	1. 1~12.31	60일
2013	국가재정법 개정 (2016년부터 적용)	회계연도 개시 120일전 제출, 30일전 의결	1. 1~12.31	90일
2023	국가재정법 제33조 (예산안의 국회제출)	회계연도 개시 120일전 제출, 30일전 의결	1. 1~12.31	90일

앞서 설명한 것처럼, 헌법(제54조제2항)은 정부 예산안의 국회제출을 회계연도 개시 90일 전까지 완료하도록 규정하고 있는 반면, 「국가재정법」 제33조는 회계연도 개시 120일 전까지 제출하도록 규정함으로써 「국가재정법」 관련조항이 헌법규정과 충돌하는지 여부가 문제될 수 있다. 실제로 예산안 제출시기를 종전보다 30일 앞당기는 내용의 「국가재정법 일부개정안」을 국회 기획재정위원회가 심사할 때, 기획재정부는 "예산안 제출시기에 관한 헌법 규정은 예산에 관한 권한을 정부와 국회에 적정하게 분배한 결과이므로 명시적 위임 없이 법률로 그 시기를 앞당기는 것은 권력분립, 법률유보의 측면에서 헌법에 위배된다"는 의견을 제출한 바 있다.

그러나 실제로 예산안의 국회 제출시기 및 심의기간에 관한 헌법 규정이 1962년 이래 '국회에 관한 장'에 위치하고 있었던 점에 비추어 보면, 헌법에서 정한 '회계연도 개시 90일 전까지'라는 기간은 국회의 예산 심의기간 확보를 위한 최소한의 요건으로 해석하는 것이 타당하므로, 헌법이 규정하고 있는 60일이라는 국회의 예산 심의기간을 법률로 줄이는 것은 명백히 위헌이지만, 그 기간을 법률로 늘리는 것은 그 자체만으로 위헌이라고 보는 것은 무리가 있다. 다만, 예산의 편성권과 심의·확정권을 정부와 국회에 분배하고 있는 헌법의 취지에 비추어 볼 때, 정부의 예산편성기간을 축소함으로써 정부의 예산편성권을 과도하게 제약한다면, 예산안 제출시기를 앞당기는 법률 개정은 입법재량을 일탈한 것으로서 위헌이라고 할 수 있을 것이다.[9)]

그러나 제헌 헌법부터 1972년 유신헌법 전까지 예산안 제출시기[10)]를 연혁적으로 살펴보는 경우에도 법률상 예산안의 국회 제출시기를 '회계연도 개시 120일 전까지'로 개정하는 것이 정부의 예산편성권을 형해화할 정도에 이른다고 보기 어렵다고 할 것이다.

9) 이에 따라 국회는 2014년도에는 100일 전에, 2015년도에는 110일 전에, 2016년도에는 120일 전에 예산안을 제출하도록 부칙에 특례규정을 두는 조치를 취했다.

10) 1948년 제정 시부터 1962년 개정 전까지는 매년 국회의 정기회 개회 초(9월 1일에 정기회 집회)였고, 1962년 개정헌법부터 1972년 유신헌법 전까지는 회계연도 개시 120일 전까지였다.

참고문헌

강인재. (1996). "국회 예산심의의 실태와 문제점." 「한세정책」 제26호. 69-94.

국회기획재정위원회. (2012). 「국가재정법 일부개정법률안 수석전문위원 검토보고」.

국회사무처. (2002). "국회역할 평가 갤럽 여론조사." 「국회보」 2002년 11월 호. 45-55.

국회예산정책처. (2018). 「대한민국 재정 2018」.

김성철·장석영·강여진. (2000). "국회 예산심의의 결정요인에 관한 실증분석."「한국행정학보」 제34권 제2호. 219-237.

김춘순. (2013). "의회예산제도의 지수화를 통한 영향요인 탐색: 유형에 따른 국가별 비교분석." 「의정논총」 제8권제2호. 113-144.

______. (2014). 「비교예산제도론」. 대명출판사.

김춘순·박인화. (2012). "국회 예산과정 분석과 확정예산의 정책적 함의." 「재정정책논집」 제14집 제2호.

박석희. (2009). "국회 예산심의과정의 실태와 특징." 한국행정학회. 267-287.

박찬표. (2001). "의회-행정부 관계의 유형과 변화: 약한 정책적 통제와 강한 정치적 통제의 부조화." 「의정연구」 제7권 제2호. 71-98.

배득종·권오성·강정석. (2009). "의회 예산심의제도의 국제비교를 위한 기초연구: 현황과 연구동향". 한국행정학회. 286-304.

유훈·신종렬 (2018), 「재무행정론」, 한국방송통신대학교출판문화원

윤영진. (2021). 「새 재무행정학」. 대영문화사.

이영조·문인수. (2015). 「재무행정론」. 대명출판사.

주영진. (2011). 「국회법론」. 국회예산정책처.

Burkhead, Jesse. (1956). Government Budgeting. New York: John Wiley & Sons.

Linch, Thomas D. (1979). Publick Budgeting in America. New Jersey: Prentice-Hall.

McGe, David. (2007). The Budget Process: A Parliamentary Imperative. Ann Arbor. MI. Pluto Press.

OECD. (2013). Budgeting Practices and Procedure Questionaire.

______. (2014). Budgeting Practices and Procedure in OECD Countries, OECD Publishing.

Schick, Allen. (2007). The Federal Budget: politics. policy. process. Third Ed. Washington. D.C. Brookings Institution Press.

제2절 예산안 심의 절차

국회의 예산안 심의 절차를 규정하고 있는 「국회법」에 따르면 예산안 심의는 ① 정부의 시정연설, ② 소관 상임위원회의 예비심사, ③ 예산결산특별위원회의 종합심사, ④ 본회의 심의·의결로 구분할 수 있다.

이하에서는 국회의 예산안 심의 절차를 상세히 살펴보기로 한다.

[그림 1] 국회의 예산안 심의 절차

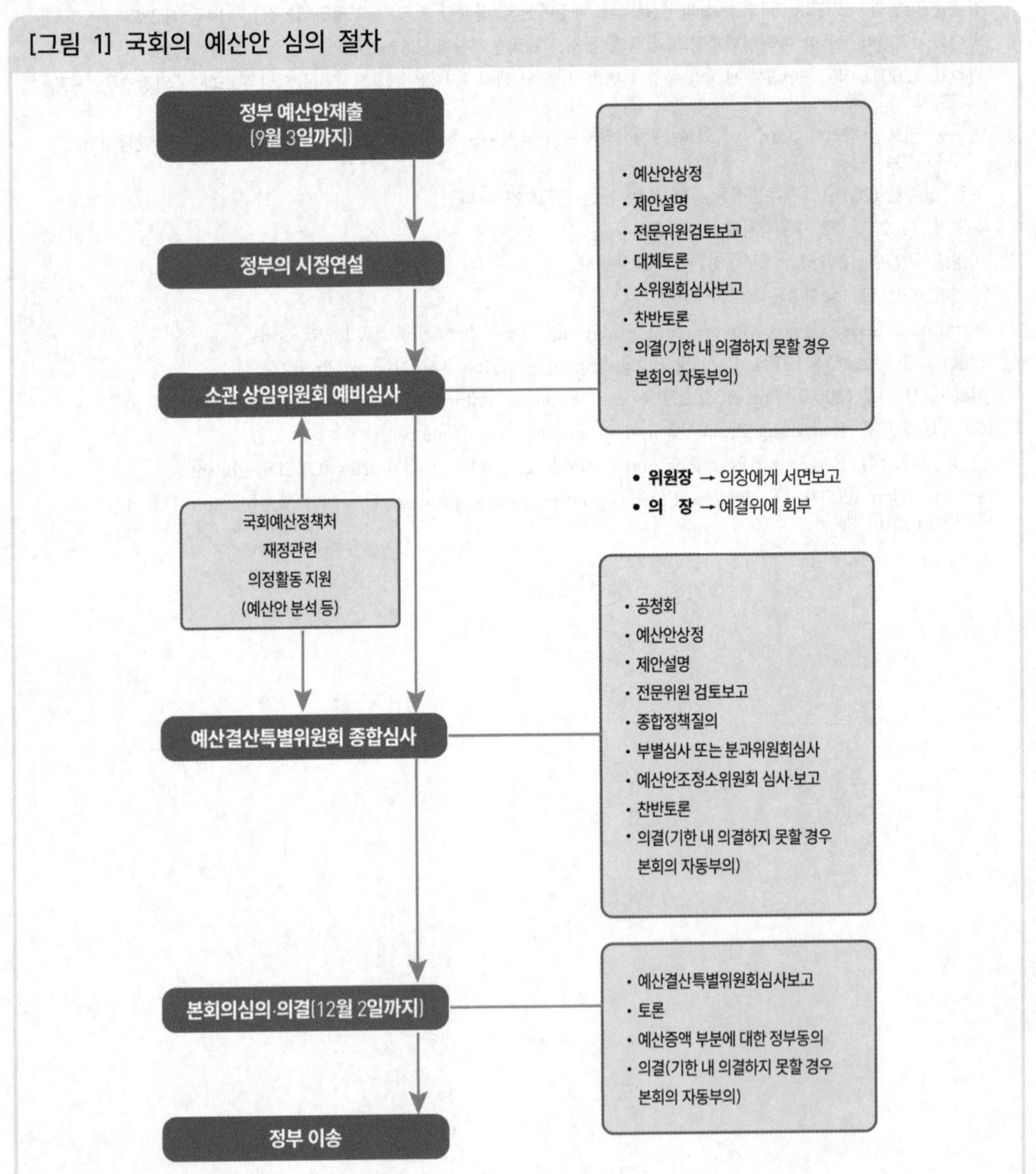

과 정	내 용	법정시한	근거규정
중기사업 계획서 제출	각 중앙관서의 장(기금관리주체)은 매년 1월 31일까지 당해 회계연도부터 5회계연도 이상의 신규사업 및 주요 계속사업에 대한 중기사업계획서를 작성하여 기획재정부 제출	매년 1월 31일	「국가재정법」 §28, §66①
예산안편성 지침 통보	기획재정부는 매년 3월 31일까지 다음연도의 예산안편성지침(기금운용계획안 작성지침)을 각 중앙관서의 장(기금관리주체)에게 통보	매년 3월 31일	「국가재정법」 §29①,§66②
예산요구서 작성 및 제출	각 중앙관서의 장(기금관리주체)은 예산안편성지침(기금운용계획안 작성지침)에 따라 그 소관에 속하는 다음연도의 세입세출예산·계속비·명시이월비·국고채무부담행위요구서(기금운용계획안)를 작성하여 매년 5월 31일까지 기획재정부에 제출	매년 5월 31일	「국가재정법」 §31①,§66⑤
정부예산안 편성	기획재정부는 예산요구서에 따라 예산안을 편성(기금운용계획안을 마련)한 후 국무회의 심의 및 대통령 승인	-	「국가재정법」 §32,§66⑥
예산안 국회제출	정부는 대통령의 승인을 얻은 예산안(기금운용계획안)을 회계연도 개시 120일 전(9.3)까지 국회에 제출	회계연도 개시 120일 전 (매년 9월 3일)	「국가재정법」 §33,§68①
예산안 본회의 보고	국회 본회의에서 예산안에 대한 정부의 시정연설	-	「국회법」§84①
상임위원회 예비심사	국회는 각 상임위원회에 예산안(기금운용계획안)을 회부하여 예비심사를 하고 그 결과를 의장에게 보고, 의장은 예산안(기금운용계획안)에 각 상임위원회의 예비심사 결과보고서를 첨부하여 예산결산특별위원회에 회부	의장이 심사기한을 지정 가능	「국회법」 §84①,②,⑥
예산결산특별위원회 종합심사	예산결산특별위원회는 상임위원회의 심사결과를 존중하여 예산안(기금운용계획안)을 종합심사하고 본회의에 상정	-	「국회법」 §84③,⑤
예산안 본회의 자동부의	위원회가 11월 30일까지 예산안 심사를 마치지 아니하면 그 다음 날에 위원회에서 심사를 마치고 바로 본회의에 부의된 것으로 봄	-	「국회법」 §85조의3①,②
본회의 심의·확정	본회의 부의→예결위원장 심사보고→토론→표결·확정	회계연도 개시 30일전 (매년 12월 2일)	「대한민국헌법」 §54② 「국회법」 §84의2①

자료: 국회예산정책처(2024), 「2024 대한민국 재정」, p.205 재인용

1. 정부의 시정연설

정부는 회계연도 개시 120일 전까지 국회에 예산안을 제출해야 하며, 국회는 회계연도개시 30일 전까지 예산안을 의결해야 한다(「헌법」 제54조, 「국가재정법」 제33조). 정부가 편성한 예산안이 국회에 제출되면 본회의에서 정부의 시정연설을 듣는다(「국회법」 제84조).11)

우리나라는 제2공화국에서 내각책임제를 채택한 경우를 제외하고는 대통령중심제를 채택하여 왔으나, 대통령이 국회 본회의에서 직접 시정연설을 한 사례는 많지 않고 대부분 국무총리가 대통령의 시정연설문을 대독하였다. 그러나 최근에는 대통령의 시정연설이 늘어나고 있어, 현행 헌법에서 2013년도 이전 대통령이 직접 국회 본회의에 출석하여 시정연설을 행한 경우는 1988, 2003, 2008년도였으나 2013년도부터는 2023년 현재까지 매년 대통령이 직접 시정연설을 하고 있다.12)

[표 1] 제17대~제21대 정부 시정연설 내역(2005년~2023년)

회의명	일 자	시정연설 내용	비 고
제21대국회 제410회 제10차 국회본회의	2023.10.31.	2024년도 예산안 및 기금운용계획안	윤석열 대통령
제21대국회 제400회 제10차 국회본회의	2022.10.25.	2023년도 예산안 및 기금운용계획안	윤석열 대통령
제21대국회 제391회 제10차 국회본회의	2021.10.25.	2022년도 예산안 및 기금운용계획안	문재인 대통령
제21대국회 제382회 제10차 국회본회의	2020.10.28.	2021년도 예산안 및 기금운용계획안	문재인 대통령
제20대국회 제371회 제6차 국회본회의	2019.10.22.	2020년도 예산안 및 기금운용계획안	문재인 대통령
제20대국회 제364회 제11차 국회본회의	2018.11.01.	2019년도 예산안 및 기금운용계획안	문재인 대통령
제20대국회 제354회 제11차 국회본회의	2017.11.01.	2018년도 예산안 및 기금운용계획안	문재인 대통령

11) 「국회법」은 "정부의 시정연설을 듣는다"고 규정하고 있을 뿐, 시정연설을 누가 언제 해야 하는지에 해서는 규정하고 있지 않다.

12) 추가경정예산안의 경우도 본예산과 마찬가지로 본회의에서 정부의 시정연설을 들으며, 예산안에 규정이 준용되는 기금운용계획안의 경우에도 시정연설이 실시된다. 단, 2004년 이후 2023년 12월까지 추가경정예산안이 모두 19차례 국회에 제출되었지만 추가경정예산안과 관련하여 대통령이 직접 시정연설을 한 것은 2017년과 2022년 제2회 추가경정예산안 두 차례에 불과하다.

회의명	일 자	시정연설 내용	비 고
제20대국회 제346회 제10차 국회본회의	2016.10.24.	2017년도 예산안 및 기금운용계획안	박근혜 대통령
제19대국회 제337회 제10차 국회본회의	2015.10.27.	2016년도 예산안 및 기금운용계획안	박근혜 대통령
제19대국회 제329회 제6차 국회본회의	2014.10.29.	2015년도 예산안 및 기금운용계획안	박근혜 대통령
제19대국회 제320회 제9차 국회본회의	2013.11.18.	2014년도 예산안 및 기금운용계획안	박근혜 대통령
제19대국회 제315회 제2차 국회본회의	2012.10.04.	2013년도 예산안 및 기금운용계획안	국무총리 대독
제18대국회 제303회 제6차 국회본회의	2011.10.10.	2012년도 예산안 및 기금운용계획안	국무총리 대독
제18대국회 제294회 제5차 국회본회의	2010.10.25	2011년도 예산안 및 기금운용계획안	국무총리 대독
제18대국회 제284회 제4차 국회본회의	2009.11.02	2010년도 예산안 및 기금운용계획안	국무총리 대독
제18대국회 제278회 제4차 국회본회의	2008.10.27	2009년도 예산안 및 기금운용계획안	이명박 대통령
제17대국회 제269회 제4차 국회본회의	2007.10.08	2008년도 예산안 및 기금운용계획안	국무총리 대독
제17대국회 제262회 제8차 국회본회의	2006.11.06	2007년도 예산안 및 기금운용계획안	국무총리 대독
제17대국회 제256회 제3차 국회본회의	2005.10.12	2006년도 예산안 및 기금운용계획안	국무총리 대독

주: 추가경정예산안에 대한 정부의 시정연설은 제외
자료: 국회 회의록시스템(likms.assembly.go.kr/record)

권위주의적 전통이 강한 정치문화에서 우리나라의 역대 대통령들은 「헌법」에 규정되어 있는 대통령의 권한 이상으로 국가정책이나 예산배분에 있어서 막강한 권한을 행사해온 것이 사실이다. 또한, 대통령중심제 국가에서의 대통령은 장기적인 안목에서 국가의 미래와 관련된 비전을 제시하고 이를 실현하기 위한 계획을 수립하며, 이러한 비전과 계획을 뒷받침하는 재원배분계획을 주도하는 전략적 리더이다. 따라서 대통령의 시정연설은 국민의 대표기관인 국회에서 국가의 장기적 발전방향과 국가운영계획을 주어진 재정의 한도 내에서 어떻게 실현할 것인가를 입법부에 설명하는 장일 뿐만 아니라, 국민을 설득하고 이해를 구하는 과정이라고 할 수 있다. 이러한 의미에서 과거 총리가 대독하던 관행을 떨치고 대통령이 직접 시정연설에 나서는 것은 정부의 책임성을 강화하는 차원에서 바람직한 현상이라고 할 수 있다.

한편, 시정연설의 시기는 당해연도 국회 본회의 일정을 고려하여 결정되기 때문에 일정하지 않다. 또한, 국회에 제출된 예산안은 정부의 시정연설을 들은 후 소관 상임위원회에 회부토록 규정되어 있었으나, 제28차 「국회법」개정(1994. 6. 28)으로 시정연설을 듣기 전이라도 소관 상임위원회에 예산안을 회부할 수 있다.

2. 상임위원회의 예비심사

국회에 예산안이 제출되면, 국회의장은 이를 소관 상임위원회에 회부하고, 소관 상임위원회는 예비심사를 하여 그 결과를 의장에게 보고한다. 이때 국회의장은 예산안을 소관 상임위원회에 회부할 때에는 심사기간을 정할 수 있으며, 상임위원회가 이유 없이 그 기간 내에 심사를 마치지 않으면, 바로 예산결산특별위원회에 직권으로 회부할 수 있다. 국회의장은 각 상임위원회가 보고한 예비심사보고서를 예산안에 첨부하여 예산결산특별위원회에 회부함으로써 예비심사 절차는 마무리 된다.

예산안에 대한 상임위원회의 예비심사 절차는 법률안과 같은 일반 안건과 동일한 심사절차를 거치게 된다. 상임위원회의 예비심사 절차는 ① 예산안의 상정, ② 제안설명, ③ 전문위원 검토보고, ④ 대체토론, ⑤ 소위원회 심사, ⑥ 찬반토론 및 의결로 이루어진다.

(1) 예산안의 상정

예산안이 상임위원회에 회부되면, 곧바로 예비심사 절차가 개시되는 것이 아니고 위원장이 간사와 협의하여 의사일정을 정한다. 따라서 위원회에 회부된 예산안의 상정일자는 사실상 의사일정 협의결과에 따라 결정된다고 할 수 있으며, 각 상임위원회별로 의사일정을 작성하므로 예산안의 상정일자도 상임위원회 별로 다르다. 법률안의 경우는 상임위원회에 회부된 후 일정기간[13]이 경과하여야만 의사일정으로 상정할 수 있지만, 예산안은 이러한 제한이 없다. 보통의 경우 국정감사와 전문위원 검토보고 작성에 필요한 시간을 고려하여 위원회 회부일부터 1개월 정도가 경과한 후에 예산안을 상정하고 있다. 각 상임위원회별 2024년도 예산안의 회부일, 상정일 및 의결일자를 보면 [표 2]와 같다.

[표 2] 2024년도 예산안의 상임위원회 예비심사 일정

위원회명	회부일	상정일	의결일
국회운영위원회	2023. 9.1.	2023.11.10.	2023.11.17
법제사법위원회		2023.11.02.	2023.11.09.
정무위원회		2023.11.09.	–
기획재정위원회		2023.11.07.	2023.11.13.
교육위원회		2023.11.08.	2023.11.21
과학기술정보방송통신위원회		2023.11.01.	–
외교통일위원회		2023.11.09.	2023.11.15.
국방위원회		2023.11.01.	2023.11.09.
행정안전위원회		2023.11.01.	2023.11.09.
문화체육관광위원회		2023.11.09.	2023.11.20.
농림축산식품해양수산위원회		2023.11.08.	2023.11.13.
산업통상자원중소벤처기업위원회		2023.11.09.	2023.11.20.
보건복지위원회		2023.11.09.	2023.11.14.
환경노동위원회		2023.11.09.	2023.11.16.
국토교통위원회		2023.11.09.	2023.11.15.
정보위원회		2023.11.23.	2023.11.24.
여성가족위원회		–	–

주: 정무위원회, 여성가족위원회, 과학기술정보방송통신위원회는 예산안 의결에 이르지 못했으며, 국방위원회는 예비심사에서 국방부 및 방위사업청의 예산안에 대해 의결하지 않음.
자료: 국회 의안정보시스템 및 각 상임위원회의 2024년도 예산안 및 기금운용계획안 예비심사보고서 재인용

13) 일부개정법률안의 경우에는 15일, 제정법률안 및 전부개정법률안의 경우에는 20일(법제사법위원회의 체계·자구심사의 경우에는 5일)을 경과하지 않으면, 해당 법률안을 의사일정으로 상정할 수 없다. 다만 긴급하고 불가피한 사유가 있는 때에는 위원회의 의결로 기간이 경과하지 않더라도 상정할 수 있다(「국회법」 제59조).

(2) 전문위원의 검토보고

상임위원회에 소관 예산안이 상정되면, 예산안을 담당하는 부처의 장(장관 등)이 그 취지를 설명하고, 이어서 전문위원의 검토보고를 듣는다. 예산안에 대한 전문위원 검토보고는 해당 부처의 예산안 개요, 사업별 또는 예산 성질별 의견 등이 포함되며, 상임위원회의 소속 의원들에 심사와 관련된 정보를 제공함으로써 예비심사가 보다 효율적으로 진행되도록 하는 데 그 목적이 있다. 전문위원의 검토보고는 특별한 사정이 없는 한 예산안 상정일 48시간 전까지 소속위원들에게 배부하여야 하며,[14] 예산안에 대한 정부의 제안설명이 있은 후, 전문위원이 검토의견을 구두로 위원들에게 보고한다.

(3) 대체토론

전문위원이 검토보고를 마치면, 예산안에 대한 대체토론(general debate)을 진행한다. 대체토론은 예산안의 전반적인 문제와 쟁점에 관하여 질의·답변 형식으로 행하는 일반적인 토론을 말한다. 상임위원회가 예산안을 소위원회에 회부하고자 하는 때에는 대체토론을 반드시 끝마쳐야만 한다.[15] 대체토론에서의 질의·답변은 주로 부처의 공무원(국무위원이나 정부위원)을 대상으로 한다.

(4) 소위원회 심사

각 상임위원회는 소관 예산안 및 결산 등을 심사하기 위하여 예산안심사소위원회를 설치하여 운영하고 있다. 예산안심사소위의 위원장은 정당의 의석수에 비례하여 선정하고, 위원장은 소위의 위원 중에서 선출한다. 소위원회의 회의는 비공개를 의결하지 않는 한 공개하는 것이 원칙이다.

14) 「국회법」 제58조제8항

15) 「국회법」
제58조(위원회의 심사) ③ 위원회는 제1항에 따른 대체토론이 끝난 후에만 안건을 소위원회에 회부할 수 있다.

(5) 찬반토론 및 의결

예산안심사소위가 소관 예산안에 대한 심사를 마치면, 소위원장이 그 결과를 상임위원회 전체회의에서 보고한다. 예산안심사소위의 심사결과를 보고받은 상임위원회의 전체 위원들은 이에 대해 찬반토론을 진행하고, 이를 상임위원회의 전체 의사로 채택할 것인지에 대해 결정한 후 의결함으로써 예비심사를 끝마치게 된다. 예산안심사소위의 심사결과가 대부분 해당 상임위원회의 예비심사결과로 채택되는 것이 보통이다. 상임위원회의 예비심사가 완료되면 심사경과와 결과 기타 필요한 사항을 서면으로 작성한 보고서(예비심사보고서)를 의장에게 보고하여야 한다.

3. 예산결산특별위원회 종합심사

국회의장은 예비심사보고서를 예산안에 첨부하여 예산결산특별위원회(이하 "예결위")에 회부하고 그 심사가 끝난 후 본회의에 부의한다. 상임위원회의 예비심사가 종료되지 않더라도 국회의장은 예비심사보고서를 첨부하지 않고 해당 상임위원회의 예산안만을 예결위에 회부할 수 있다. 의장은 소관 상임위원회에 예비심사기간을 정할 수 있으며, 상임위원회가 이유 없이 그 기간 내에 심사를 마치지 아니한 때에는 이를 바로 예결위에 회부할 수 있다.

예결위의 예산안심사를 종합심사라고 부르는데, 예결위의 종합심사는 상임위원회의 예비심사와 유사한 절차로 이루어진다. 즉, 정부의 제안설명과 전문위원의 검토보고를 듣고 종합정책질의, 부별심사 또는 분과위원회심사 및 찬반토론을 거쳐 표결한다. 여기서 부별심사와 분과위원회의 심사를 모두 진행하는 것은 아니고, 둘 중에 하나의 절차만 진행하여야 하는 선택사항으로 실제로는 부별심사로 운영되고 있다. 예결위의 경우는 상임위원회와 달리 예산안 심사에 있어서는 반드시 공청회를 개최하여야 한다.16)

16) 「국회법」 제84조의3에 의하면, 추가경정예산안, 기금운용계획변경안 또는 결산의 경우에는 의결로 공청회를 생략할 수 있다.

(1) 종합정책질의와 부별심사

예결위 종합심사가 상임위 예비심사와 구별되는 점은 대체토론 대신 종합정책질의와 부별심사를 진행한다는 점이다. 종합정책질의는 모든 부처에 대해 예결위 위원들이 예산안에 대하여 질의하고 정부 측의 답변을 듣는 절차를 말하고, 부별심사는 경제부처와 비경제부처로 나누어 부처의 소관 예산안에 대하여 질의하고 답변을 듣는 절차를 말한다. 종합정책질의와 부별심사를 진행할 때 위원장은 간사와 협의하여 각 교섭단체별 질의시간 등의 진행방법을 정한다.

제14대 국회의 국회법 개정 전에는 예결위의 심사절차가 따로 명시되어 있지 않아 일반안건의 심사절차에 준하여 심사하면서 종합정책질의 및 부별심사를 관례적으로 실시하였다. 이후 제14대 국회에서 국회법 개정(1994. 6. 28)에 따라 예산안 및 결산의 효율적 심사를 위하여 종합정책질의 및 부별심사를 시행하게 되었다. 다만, 부별심사의 경우 분과위원회 심사로 대체할 수 있다.[17)]

한편 종합정책질의와 부별심사를 관례적으로 진행하고 있는데, 종합정책질의와 부별심사 일수 및 순서는 국회법에서 정하고 있지 않기 때문에 예결위에서 의결로 이를 정하고 있으며, 관례적으로 종합정책질의를 먼저 진행한 후 부별심사를 진행하고 있다. 2024년도 예산안 심사의 경우를 보면, 2일간(11월 9일~10일) 종합정책질의를 먼저 진행한 후 4일간(11월 3일~8일) 경제부처 · 비경제부처의 부별심사를 진행하였다.

(2) 예산안조정소위원회

예결위는 종합정책질의와 부별심사를 마치면 예산안조정소위원회[18)]를 구성하여 상임위원회의 예비심사결과를 참고하여 예산안에 대한 심사를 진행하게 된다. 예산안조정소위원회는 통상적으로 11~15명 정도의 위원으로 구성되며, 소위원장은 통상적으로 예결위원장이 맡고, 간사는 교섭단체별로 각 1명의 대표위원이 맡는다.

---

17) 「국회법」 제84조 ③ 예산결산특별위원회의 예산안 및 결산의 심사는 제안설명과 전문위원의 검토보고를 듣고 종합정책질의, 부별심사 또는 분과위원회심사 및 찬반토론을 거쳐 표결한다.

18) 예결위 소위원회의 명칭은 제10대 국회 이전에는 '예산안계수조정소위원회'라고 불렀으나, 제11대 국회 이후에는 '예산안조정소위원회'로 명칭을 변경하였고, 2001년도부터는 기금운용계획안도 국회의 심의대상이 됨에 따라 '예산안 및 기금운용계획안조정소위원회'로 다시 변경하였다.

예결위 위원 전체가 참여하는 종합정책질의나 부별심사에서는 행정부의 국무위원을 대상으로 각 위원별로 약 10분씩 질의를 하고 답변을 듣는 형태로 진행되기 때문에 예산안 자체에 대한 구체적인 심사가 이루어지기 어렵다. 따라서 예결위의 실질적인 예산안 심사는 예산안조정소위원회에서 이루어지게 된다. 통상적으로 예산안조정소위원회는 감액심사를 먼저 진행한 후, 증액심사를 진행한다. 이때 감액심사 진행상황은 대개의 경우 공개적으로 진행되고 속기가 이루어지기 때문에 추후에 회의록을 통해 회의상황을 확인할 수 있는 데 반해, 증액심사 상황은 비공개로 진행하고 있다.

예산안조정소위원회의 감액심사는 소위원장을 비롯한 모든 소위원들이 참석한 회의에서 진행되는데, 증액심사는 위원장과 간사에게 위임하는 것이 지금까지의 심사관례이다.[19] 증액심사를 위원장과 간사에게 위임하는 이유는 증액심사의 효율성을 고려한 것이다. 모든 소위원들이 참석한 회의에서 증액심사를 진행할 경우, 각 위원들의 증액에 관한 의견을 효율적으로 조정하는 것이 곤란하기 때문에 여야를 대표하는 간사위원이 대표성을 갖고 증액심사를 진행하는 것이다. 이처럼 소수의 위원만이 증액심사에 관여[20]하게 됨으로써 심사의 효율성은 확보될 수 있는 반면, 비공개적으로 심사가 진행됨에 따라 쪽지예산, 밀실예산 등의 비판을 받고 있다.

한편 국회는 정부가 제출한 예산안을 감액할 수는 있으나, 정부의 동의 없이 증액하거나 새 비목을 설치할 수 없다. 따라서 예산안조정소위원회는 예산액을 증액시키거나 새 비목을 설치할 경우 사안별로 정부를 대표하는 기획재정부(차관)의 구두동의를 얻는다.[21] 예산안조정소위원회의 예산안 수정안은 전체회의에서 예결위 안으로 채택되는 것이 관례이다. 다만, 2014년에 도입된 예산안의 본회의 자동부의제도[22]로 인하여, 2015년도 예산안부터 예결위가 심사기한(11월30일)을 지키지 못할 경우 심사권이 박탈됨에 따라 예결위 수정안을 채택하지 못하는 사례가 계속 발생하고 있다. 2024년도 예산안에 대한 심사 역시 예산안등조정소위원회에서 2023년 11월 13일부터 11월 24일까지 9회에 걸쳐 심사를 진행하였으나

19) 표면상으로 위원장과 간사에게 증액심사를 위임하지만, 실제는 여야 간사들이 각 당을 대표하여 심사를 진행하는 것이 보통이다.

20) 증액심사에는 여야 간사와 국회(예결위 수석전문위원실)와 기획재정부(예산실)의 일부 관계자만이 참석한다.

21) 원칙적으로는 중앙예산기관의 장인 기획재정부장관의 동의를 얻어야 하나, 실제로는 기획재정부 차관이 소위원회에 참석하여 동의 여부에 관하여 의사를 표명한다.

22) 예산안 자동부의제도란, 매년 11월 30일까지 예산안에 대한 위원회(예결위) 심의가 종료되지 못할 경우, 그 다음날인 12월1일에 예산안이 본회의에 자동으로 부의되는 것으로 간주되는 제도를 말한다.

11월 30일까지 예산안을 의결하지 못함에 따라 예산안이 본회의에 자동 부의되었다.

국회가 예산안 심의과정에서 세출예산안 각 항의 금액을 증액하거나 새 비목을 설치할 경우에는 예결위 전체회의와 본회의에서 차년도 예산을 의결하기 전에 기획재정부장관으로부터 구두로 동의를 받는다. 예산이 국회 본회의에서 최종적으로 의결되면, 예산을 정부에 이송하고, 정부는 국무회의의 심의와 대통령의 재가를 얻어 공식적으로 세출예산 각항의 금액 증액과 새 비목 설치에 대한 동의여부를 국회에 통보한다.

(3) 예비심사내용의 존중

예결위는 소관 상임위원회의 예비심사내용을 존중하여야 하며, 소관 상임위원회에서 삭감한 세출예산 각항의 금액을 증가하게 하거나 새 비목을 설치할 경우에는 소관 상임위원회의 동의를 얻어야 한다. 다만, 새 비목의 설치에 대한 동의요청이 소관 상임위원회에 회부되어 그 회부된 때부터 72시간 이내에 동의여부가 예결위에 통지되지 아니한 경우에는 소관 상임위원회의 동의가 있는 것으로 본다.

예결위가 예비심사내용을 존중하도록 규정하고 있음에도 불구하고, 선언적 규정에 머물고 있는 실정이다. 「국회법」의 규정내용을 살펴보면, 예비심사 과정에서 삭감한 사항을 원상회복하는 경우에 한하여 소관 상임위원회의 동의를 얻도록 함으로써 상임위원회가 삭감한 사항에 대해서만 사실상 예결위를 구속한다고 할 수 있고, 증액한 내용에 대해서는 예결위가 전적으로 권한을 행사할 수 있도록 되어 있기 때문이다. 실제 예결위의 예산안조정소위 과정을 보면, 상임위원회가 감액한 사항은 대부분 받아들여지지만, 상임위원회의 증액사항은 예결위의 참고사항에 그치고 있다.

(4) 정보위원회 예비심사의 특례

정보위원회 이외의 다른 상임위원회의 예산안 예비심사결과는 세부항목별로 보고되나, 정보위원회 소관의 예산안에 대한 예비심사결과는 해당 부처별 '총액'으로 하여 의장에게 보고하고, 의장은 이를 총액으로 예결위에 통보하도록 하고 있다.[23] 따라서 다른 상임위원

23) 「국회법」
제84조 ④ 정보위원회는 제1항 및 제2항의 규정에 불구하고 국가정보원 소관예산안과 결산, 「국가정보원법」제3조 제1항제5호에 규정된

회의 예비심사는 예결위 심사에 앞선 예비심사로서의 성격을 갖고 있으나, 정보위원회의 예비심사는 그 자체가 예결위의 심사로 간주된다. 정보위원회의 예산안심사 결과를 수정하기 위해서는 「국회법」 제95조의 규정에 따라 의장에게 수정동의안(수정안)을 제출하여 본회의에서 처리하여야 한다.

4. 본회의 심의·의결

예산안의 본회의 심의절차는 상정 → 예결위원장의 심사보고 → 질의 및 찬반토론 → 예산안증액 및 새 비목 설치 동의 → 표결 → 의결의 순으로 진행된다. 예산은 법률과 달리 대통령에 의한 공포를 효력발생 요건으로 하지 않으며, 대통령의 거부권도 인정되지 않기 때문에 국회 본회의 의결로 예산이 확정된다. 본회의에서 예산안에 대한 수정동의는 의원 50인 이상의 찬성[24)]이 있어야 하지만, 1970년부터 자동부의제 도입 전 해인 2013년까지는 본회의 수정동의에 의해서 예산안이 의결된 경우는 단 1회에 불과하고, 나머지는 예결위안대로 통과되었다. 다만, 자동부의제가 도입된 2015년도 이후 예산안의 경우, 예결위가 기한 내 심사를 마치지 못하게 됨에 따라 본회의에서 정부안에 대한 수정동의를 거쳐 예산안을 의결한 바 있다.

국회는 헌법 제54조에 따라 회계연도 개시 30일 전까지 국회 본회의에서 예산안을 의결하여야 한다. 2000년 이후 본회의 의결일자를 보면 2003년을 제외하고는 회계연도 개시 30일 전이라는 헌법 제54조의 규정을 준수하지 않았다. 심지어 2013년도 예산안과 2014년도 예산안은 새로운 회계연도가 개시된 이후인 1월 1일 의결되기도 하였다.

그러나 예산안 본회의 자동부의제가 적용된 2015년부터는 국회(본회의)의 예산안 의결일자가 이전보다 약 20~30일 앞당겨졌다. 이처럼 본회의 예산안 의결일자가 앞당겨진 것은 예결위 심사기한이 만료되면 예산안이 자동으로 본회의에 부의되기 때문이다.

정보 및 보안업무의 기획·조정 대상부처 소관의 정보예산안과 결산에 대한 심사를 하여 그 결과를 해당 부처별 총액으로 하여 의장에게 보고하고, 의장은 정보위원회에서 심사한 예산안과 결산에 대하여 총액으로 예산결산특별위원회에 통보한다. 이 경우 정보위원회의 심사는 예산결산특별위원회의 심사로 본다.

24) 예산안을 제외한 일반 의안의 경우에는 30인 이상의 찬성자가 연서하여야 한다.

[표 3] 각 연도 예산안 본회의 의결일(1980년~2024년)

회계연도	의결일	회계연도	의결일	회계연도	의결일
1980	1980.11.29	1995	1994.12.02	2010	2009.12.31
1981	1980.11.29	1996	1995.12.02	2011	2010.12.08
1982	1981.12.02	1997	1996.12.31	2012	2011.12.31
1983	1982.12.02	1998	1997.11.18	2013	2013.01.01
1984	1983.12.02	1999	1998.12.09	2014	2014.01.01
1985	1984.12.01	2000	1999.12.18	2015	2014.12.02
1986	1985.12.02	2001	2000.12.27	2016	2015.12.03
1987	1986.12.02	2002	2001.12.27	2017	2016.12.03
1988	1987.10.30	2003	2002.11.08	2018	2017.12.06
1989	1988.12.02	2004	2003.12.30	2019	2018.12.08
1990	1989.12.19	2005	2004.12.31	2020	2019.12.10
1991	1990.12.18	2006	2005.12.30	2021	2020.12.02
1992	1991.12.03	2007	2006.12.27	2022	2021.12.03
1993	1992.11.20	2008	2007.12.28	2023	2022.12.24
1994	1993.12.07	2009	2008.12.13	2024	2023.12.21

자료: 국회 의안정보시스템(likms.assembly.go.kr/bill)

5. 예산안 등 본회의 자동부의 제도

(1) 제도의 의의

예산안 등[25] 본회의 자동부의(이하 "예산안 자동부의") 제도는 예산안, 기금운용계획안 및 임대형 민자사업 한도액안과 세입예산안 처리에 부수하는 법률안에 대한 예결위와 해당 상임위원회 심사기한을 매년 11월 30일 자정까지로 정하고, 기한 내에 위원회 심사가 종료되지 아니하는 경우에는 12월 1일에 자동으로 본회의에 부의하는 것으로 간주하는 제도로서 「국회법」 제85조의3에 근거를 두고 있다.[26]

25) 「국회법」에 따르면, "예산안 등"은 예산안, 기금운용계획안, 임대형 민자사업 한도액안 및 세입예산안 부수 법률안을 의미한다.

26) 「국회법」
제85조의3(예산안등 본회의 자동부의 등) ① 위원회는 예산안, 기금운용계획안, 임대형 민자사업 한도액안(이하 "예산안등"이라 한다)과 제4항에 따라 지정된 세입예산안 부수 법률안의 심사를 매년 11월 30일까지 마쳐야 한다.

이 제도는 매년 예산안이 헌법상 의결기한인 12월 2일까지 의결되지 않아 국정운영에 차질이 되고 있는 문제점을 개선하기 위한 것으로, 18대 국회 말인 2012년 5월 2일 '국회선진화법'으로 불리는 국회법 개정안의 내용에 포함되어 의결되었다. 이는 그동안 예산안 심의를 둘러싸고 연례적으로 반복되어 온 심의 교착상태의 장기화에 따라 법정기한이 준수되지 못하는 잘못된 관행을 개선하기 위한 노력의 결과물이라 할 수 있다. 이 제도는 정부의 예산안 국회 제출 시한을 한 달 앞당기는 국가재정법 개정(회계연도 개시 90일 전 → 120일 전)과 연계하여 2014년 5월 30일부터 시행되었다.

이하에서는 본회의 자동부의제도를 세출예산 부의제도인 '예산안 자동부의제도'와 세입예산 부의제도인'세입부수법안 자동부의제도'로 구분하여 살펴보고 제도 도입효과와 쟁점에 대하여 논의한다.

(2) 예산안 자동부의 제도

예산안에 대한 예산결산특별위원회의 심사기한은 11월 30일 자정까지이다. 이에 따라 본회의에서는 법정기일(12월 2일) 이전까지 최소 2일의 심의기간을 원칙적으로 확보할 수 있게 되었다. 만약 예산결산특별위원회가 11월 30일 자정까지 예산안 심사를 마치지 아니한 경우에는 해당 의안은 12월 1일 본회의에 부의된 것으로 간주된다. 예컨대, 예산안이 기한 내 예산결산특별위원회의 심사를 마치지 못할 경우, 정부가 국회에 제출한 예산안이 원안 그대로 본회의에 부의되며, 이 경우 국회는 본회의 심사 과정에서 수정안 발의를 통하여 정부 예산안의 내용을 수정할 수 있다.

앞에서 설명한 것처럼 본회의에서 정부예산안에 대한 수정동의(修正動議)를 위해서는 의원 50인 이상의 찬성이 있어야 한다[27]. 이처럼 예산안에 대한 수정은 일반의안의 수정안보다 가중된 찬성자를 요구하기 때문에 복수의 수정안이 제출되는 것은 쉽지 않다. 실제로 자

② 위원회가 예산안등과 제4항에 따라 지정된 세입예산안 부수 법률안(체계·자구심사를 위하여 법제사법위원회에 회부된 법률안을 포함한다)에 대하여 제1항에 따른 기한 내에 심사를 마치지 아니한 때에는 그 다음 날에 위원회에서 심사를 마치고 바로 본회의에 부의된 것으로 본다. 다만, 의장이 각 교섭단체대표의원과 합의한 경우에는 그러하지 아니하다.
③ ~ ⑤ (생 략)

27) 「국회법」
제95조(수정동의) ①의안에 대한 수정동의는 그 안을 갖추고 이유를 붙여 의원 30인이상의 찬성자와 연서하여 미리 의장에게 제출하여야 한다. 그러나 예산안에 대한 수정동의는 의원 50인이상의 찬성이 있어야 한다.
② ~ ⑤ (생 략)

동부의제도가 시행된 후 본회의에 제출된 수정안은 모두 여야가 합의한 단일안이었다.

한편, 국회의장이 각 교섭단체대표의원과 합의한 경우에는 예외적으로 예산안 자동부의 조항이 적용되지 않을 수 있도록 함으로써 제도 운영에 탄력성을 두었다. 자동부의 제도 도입 이후 동 예외조항은 적용된 사례가 없었으나, 2018년도 예산안 심사 시 국회의장과 각 교섭단체대표의원의 합의(2017년 11월 30일)로 예산안 등의 자동부의 시점을 12월 1일 자정에서 12월 2일 정오로 변경한 바 있다.

또한, 본회의에 부의된 예산안 등과 세입예산안 부수 법률안에 대하여 「국회법」제106조의2에 따른 무제한 토론[28)]을 실시할 수 있다. 다만, 이들 의안에 대한 무제한 토론은 헌법상 예산안 의결 기한을 고려하여 12월 1일 자정까지만 가능하도록 규정하고 있는데, 아직 예산안과 관련한 무제한 토론이 이루어진 예는 없다.

(3) 세입예산안 부수 법률안 본회의 자동부의 제도

세입예산안 부수 법률안의 의의

세입예산안 부수 법률안(이하 '세입부수법안'이라 함)은 다음 회계연도 세입예산안의 증감에 영향을 미치는 법률안으로서 국회법 제85조의3 제4항에 따라 국회의장에 의해 세입부수법안으로 지정된 법률안을 말한다.[29)] 의원 발의 또는 정부 제출 법률안이 세입부수법안으로 지정되면 소관 상임위원회는 11월 30일까지 그 심사를 마쳐야 하며, 기한 내 심사를 마치지 못할 경우 해당 법안은 본회의에 자동 부의된다(동법 제85조의3). 이처럼 세입부수법안을 세입예산안과 함께 심사하고 처리하는 것은 헌법 제59조의 조세법률주의 원칙[30)]에 따라 조세의 종목(세목)과 세율을 법률에 의하지 않고 세입예산안 심사만으로 결정할 수 없기 때문이다.[31)]

28) 무제한토론은 의회안에서 다수파의 독주를 막기 위해 이뤄지는 합법적 의사진행 방해행위로서 흔히 filibuster라고 불린다. 「국회법」 제106조의2 제10항에 따르면 예산안등 및 제85조의3제4항에 따라 지정된 세입예산안 부수 법률안에 대하여는 제1항부터 제9항까지의 규정을 매년 12월 1일까지 적용하고, 같은 항에 따라 실시 중인 무제한 토론, 계속 중인 본회의, 제출된 무제한 토론의 종결동의에 대한 심의절차 등은 12월 1일 자정에 종료해야 한다.

29) 이에 반해, 다음 회계연도 예산안 중 법률의 제·개정을 전제로 편성되어 세출예산안의 증감에 영향을 미치는 법률안, 즉 세출예산안 부수 법률안에 대한 지정은 현행 국회법상 명확한 근거가 없다.

30) 헌법 제59조 조세의 종목과 세율은 법률로 정한다.

31) 이는 세입예산안이 국회에서 심의·확정되더라도 관련된 세입부수법안이 처리되지 않는다면, 법적 근거 없는 세입예산안만으로 징세할 수 없기 때문이다. 현행 국회법에서도 이러한 점을 감안하여 세목 또는 세율과 관계있는 법률, 즉 세입부수법안의 제·개정을 전제로 하여

세입부수법안은 기본적으로 '세입예산안'에 부수하는 법률안이지만, 적용과정에서는 기금운용계획안의 수입에 영향을 미치는 법률안이 세입부수법안에 포함되는지에 대한 검토가 필요하다. 국회법과 국가재정법에서는 세입예산안과 기금운용계획안을 명확히 구분하여 서로 달리 규정하므로 관련 규정을 문리적(文理的)으로 해석할 경우에는 '기금운용계획안'은 '세입예산안'과 다른 개념으로서 기금수입계획안에 부수하는 법률안은 세입부수법안에 포함되지 않는 것으로 볼 수도 있다. 하지만, 국가재정의 총수입은 조세수입 등으로 구성되는 세입예산안 외에도 개별 법률의 근거하에 부과[32]되는 부담금수입 등을 재원으로 하는 기금운용계획안을 포괄한다. 그리고 기금운용계획안도 예산안과 함께 회계연도개시 30일전까지 심의·확정하도록 하는 등(국회법 제84조의2) 대부분의 규정이 예산안 관련 규정을 준용하고 있는 점을 감안하면, 기금수입에 영향을 미치는 법안도 세입부수법안에 포함시키는 것이 보다 합리적이라 할 것이다.

또한, 현재 국회의 세입부수법안 지정제도 운영 현황을 보면, '세입예산안'은 물론 기금운용계획안 등 국가 재정수입에 영향을 미치는 법안이 포괄적으로 세입부수법안으로 지정되고 있다. 실제 국회에서 지정된 세입부수법안에는 조세수입과 관련된 법률안 외에도 부담금, 교부금 등 재정수입에 영향을 미치는 법률안이나 특별회계·기금을 신설하는 법률안 등 다양한 형태의 법률안이 포함되어 있다.

세입부수법안의 지정 및 본회의 자동부의 절차

세입부수법안으로 지정되기 위해서는 우선 발의 또는 제출된 법안에 세입부수법안 여부가 표시되어야 하며, 국회의장은 세입부수법안 여부가 표시된 법안에 대해 국회예산정책처의 의견을 들어 세입부수법안으로 지정하게 된다(국회법 제85조의3 제4항)[33]. 국회의장에 의하여 세입부수법안으로 지정되면, 소관 상임위원회는 지정된 세입부수법안을 예산안 등과 함께 11월 30일까지 심사를 마쳐야 하는 의무가 발생하게 되며, 만일 기한 내에 심사를 마

제출된 세입예산안은 이를 미리 심사할 수 없도록 하고 있다(제84조제8항)

32) 「부담금관리 기본법」 제3조(부담금 설치의 제한) 부담금은 별표에 규정된 법률에 따르지 아니하고는 설치할 수 없다.

33) 현재 세입부수법안 여부의 판단기준에 대한 관련 규정은 마련되어 있지 않으나, 크게는 해당법안의 내용이 다음 회계연도 세입의 증감에 영향을 미치는지 여부와 정부의 다음 회계연도 예산안에 반영되어 있는지 여부에 따라 판단할 수 있다. 이러한 기준 외에도 조세의 기본원칙이나 조세 도입목적과의 부합성 등이 종합적으로 고려될 수 있을 것이다.

치지 아니한 때에는 다음 날(12월 1일)에 위원회 심사를 마치고 바로 본회의에 부의(이를 '자동부의'라 한다)된 것으로 본다. 다만, 국회의장이 각 교섭단체대표의원과 합의한 경우에는 심사기한을 연장하고 자동부의 날짜를 달리 할 수 있다. 만일, 동일 제명의 법률안이 복수로 지정된 경우에는 국회의장은 소관 위원회 위원장의 의견을 들어 일부만 본회의에 부의할 수 있다. 기한 내 심사를 마치지 못하여 자동 부의되거나 동일 제명의 여러 법률안 중 소관위원회 위원장 의견을 들어 부의된 법률안은 본회의 상정을 거쳐 표결 절차에 들어가는데, 관례상 본회의에 부의된 동일 제명의 법률안이 여러 건일 경우에는 한 건만 상정된다.

[그림 2] 세입부수법안 지정 및 자동부의 절차

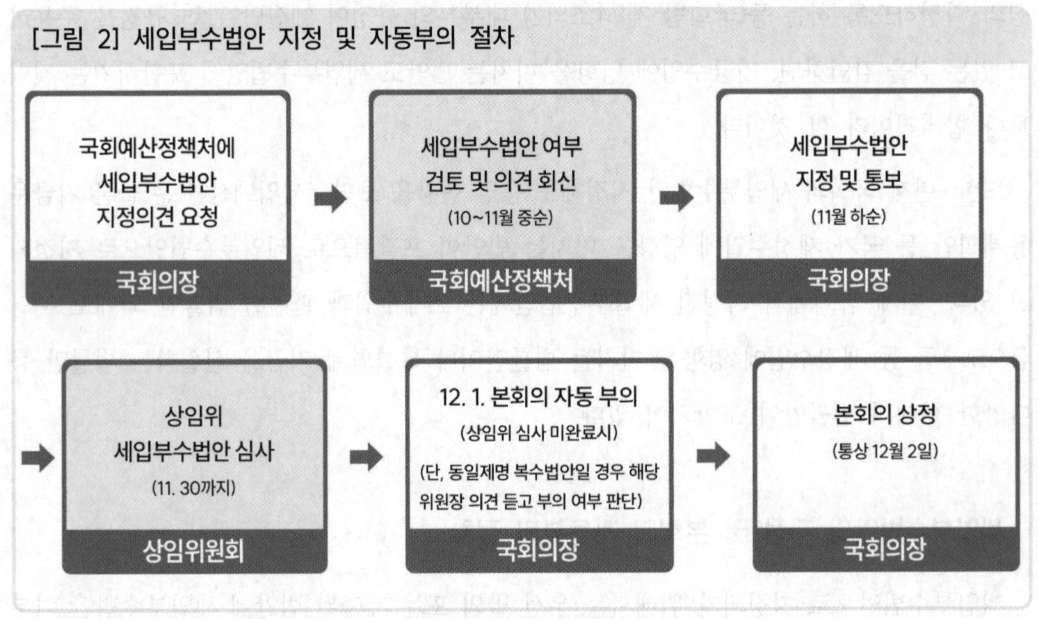

자료: 국회법과 관련규정을 근거로 작성.

(4) 예산안 자동부의 제도 도입의 효과와 쟁점

예산안 자동부의 제도가 가져온 가장 명확한 효과는 국회의 예산안 처리시점을 앞당겨 예산심의의 효율성을 제고했다는 점이다. 예산안 자동부의 제도가 도입되기 이전에는 앞서 살펴본 것처럼 정부 예산안이 해를 넘겨 의결되는 등 처리시점이 헌법상 의결기한을 훌쩍 넘기는 경우가 대부분이었다. 그러나 제도 도입 이후의 예산안 처리시점을 살펴보면, 제도 도입 첫해인 2014년에는 12월 2일에 2015년도 예산안이 의결되어 국회가 12년 만에 최초로 법정기한을 준수하였다. 이후 의결 시점을 보면 비록 헌법상 의결기한을 넘기는 사례가 있기는 하나 과거보다 확연히 앞당겨진 것은 분명하다.

[표 4] 본회의 자동부의 제도 도입 전후 각 회계연도 예산안에 대한 의결 시점

회계연도	2013	2015	2018	2020	2022	2024
의결일	2013.1.1	2014.12.2	2017.12.6	2019.12.10	2021.12.3	2023.12.21

자료: 국회 의안정보시스템(likms.assembly.go.kr/bill)

이처럼 예산안 자동부의 제도가 국회의 예산안 처리시점을 앞당기는 효과를 가져 온 이유는 크게 두 가지로 설명할 수 있다. 첫째, 예결위가 예산안을 11월 30일까지 의결하지 못하면, 정부 원안이 자동으로 본회의에 상정된다는 점이다. 정부 원안이 본회의에 유일한 안으로 상정될 뿐만 아니라 예결위의 예산안 심사권한 또한 사라지기 때문이다. 둘째, 예산안 심의를 법정기일 안에 완결하지 못했을 경우에 국회는 여론의 강한 비판에 직면하게 된다는 점이다. 이러한 여론의 압력이 국회로 하여금 예산안 심사를 재촉하는 요인이 됨은 물론이다.

그러나 예산안 처리시점이 앞당겨진 긍정적 효과 이면에는 부정적 측면 또한 내재되어 있는 것이 사실이다. 우선 11월 30일이라는 정해진 일자에 쫓겨 상임위와 예결위의 심사가 부실하게 이루어질 가능성이 있다. 또한, 상임위와 예결위의 예산안 심사과정에서 정부는 기존과 달리 소극적으로 대응하는 경향이 있다는 점 또한 국회 안팎에서 지적된 바 있다. 예산안 처리 법정기일이 임박할수록 정부보다는 국회가 상대적으로 여론의 비판에 더 직면하게 되기 때문이다.

다음으로, 예산안이 본회의에 자동부의 될 경우 정부 원안이 부의되는데, 기존에 상임위와 예결위에서 심사했던 내용들을 정리하여 본회의에 수정안을 상정할 주체를 명확히 정할 필요가 있다. 국회법 제95조는 의원 50인 이상의 찬성에 의해서만 수정안 제출이 가능하도록 하고 있으므로 이론적으로는 정부 원안에 대해 여러 건의 수정안이 제출될 수 있다는 점이 우선 고려되어야 한다. 각 교섭단체간 협의가 원만하게 이루어져 출석 과반수의 찬성을 얻을 수 있는 수정안이 마련될 경우에는 문제가 없겠으나, 이러한 협의가 이루어지지 않고 여러 건의 수정안이 제출되었을 경우에는 문제가 될 수 있다.

더 나아가 예결위에서 의결되지는 못했지만, 각 상임위가 의결했고 예결위에서 부분적으로 심사가 완료된 사항이 본회의 수정안에 반영될 수 있는 방안 또한 마련될 필요가 있다. 이를 위하여 예산안이 자동부의된 이후에도 예결위 또는 특정 주체가 상임위와 예결위 심사안들을 종합·조정하여 본회의 수정안을 만들 수 있도록 제도개선이 필요하다고 할 것이다.

6. 예산안 심의제도 개선에 관한 최근 논의

행정부가 예산안을 편성하고 국회가 예산안을 심의·확정하는 과정은 한 회계연도의 수입과 지출의 규모를 결정하는 과정이자, 국가의 다양한 영역에 재원을 어떻게 배분할 것인가를 결정하는 과정으로서 국가재정 운용과 사회후생 극대화를 위해 매우 중요한 기능을 수행한다(김상현, 2013:5-6; 정창수, 2019).

행정부는 예산편성과정의 개선을 위해 예산총액배분자율편성(top-down예산제도), 국가재정운용계획제도 등을 도입하여 착근해왔으며 이를 통해 재정운용의 효율성과 재정건전성 제고에 기여했다는 평가를 얻고 있다(배득종, 2018). 입법부인 국회 역시 예산안·결산 심사의 투명성 확보와 국회의 재정통제권 강화를 위해 특별위원회 활동 등을 통해 예산심의제도에 대한 개선안을 제안한 바 있으나 실제 제도화되지는 않았다.

일례로 국회는 2013년 3월 「예산·재정개혁 특별위원회」(이하 "특위")가 채택한 결과보고서에서는 예산결산특별위원회를 현재의 특별위원회에서 상임위원회인 예산결산위원회로 전환하는 방안[34]과 예산안 심사방식을 현행 2단계의 상향식 심사방식(상임위원회 예비심사 → 예산결산특별위원회 종합심사)을 3단계의 하향식 심사방식(총량심사 → 예비심사 → 종합심사)으로 전환할 것을 제안하였다. 이를 통해 기존의 세부사업 중심의 미시적 심사에서 탈피하여 재정총량, 재정수지 및 국가채무, 분야별·부처별 지출한도 등을 논의함으로써 국회의 거시적 예산안 심의 역량을 제고하고자 한 것으로 해석된다. 2017년에도 국회헌법개정특별위원회를 구성하여 헌법개정을 위한 심의활동을 전개하였는데 당시 자문위원회는 예산법률주의의 채택과 국회의 예산안 증액에 대한 정부의 동의권 축소 등을 제안했다(대한민국국회, 2017). 또한, 개헌특위 자문위원회는 국회가 예산심의 시 특정사업을 증액하려는

34) 해당 결과보고서에서는 상임위원회인 예산결산위원회 위원의 임기는 2년으로 하고, 타 상임위원회 위원 겸직을 금지하되, 위원정수는 현행 50명에서 30명으로 줄이는 것으로 의견을 정리하였다.

경우 정부의 동의를 구하도록 하고 있는 헌법규정[35]을 일부 완화하는 안을 논의한 결과 다수의견으로 국회가 감액한 예산 범위 내에서는 정부의 동의없이 증액할 수 있도록 하자는 의견이 제시되었고, 증액동의권을 제한하는 경우 항목별 거부권(line item veto)을 부여하자는 소수의견도 함께 제시되었다.

이러한 노력에도 불구하고 국회의 예산심의제도의 개선과 실천은 더디게 이루어지고 있으며 예산심사의 충실화를 위해 제도적 변화가 필요하다는 지적이 지속적으로 제기되고 있다(박정수, 2019; 박재현, 2022).

재정·예산제도 개혁방안의 하나로 언급되는 '예산법률주의의 채택'은 대통령 개헌안으로 제출되기도 했던 문제이다. 2018년에 제출된 대통령 개헌안은 우리나라 정부는 정부의 증액동의권을 유지하되 예산법률주의를 채택하는 것을 골자로 하고 있다. 예산법률주의는 정부가 예산법률안이 아닌 예산안을 제출하면, 국회가 예산안을 심의하여 예산법률로 확정하는 방식이다.[36] 그에 따라 예산안과 예산법률의 관계, 예산법률안의 발의 주체 등이 불명확하여 이에 대한 추가적 논의가 필요할 것으로 보인다. 참고로 예산법률주의를 채택하고 있는 영국, 프랑스, 독일 등 주요국에서는 국회 예산심사를 위하여 정부가 예산법률안을 제출하도록 하고 있다. 또한, 대통령에게 예산법률안 제출권이 없는 미국의 경우에도 대통령 예산서의 부록(appendix)에 예산법률안을 포함시켜 의회에 제출하고 있다. 예산법률주의에 대한 자세한 내용과 그에 따른 국회심의절차에 대한 논의는 이 책의 제4부에서 전개한다.

35) 헌법(제57조) 국회는 정부의 동의없이 정부가 제출한 지출예산 각항의 금액을 증가하거나 새 비목을 설치할 수 없다.

36)

현행	대통령 개정안
제54조 ① 국회는 국가의 **예산안을 심의·확정**한다. ② 정부는 회계연도마다 예산안을 편성하여 회계연도 개시 **90일전**까지 국회에 제출하고, 국회는 회계연도 개시 30일전까지 이를 의결하여야 한다.	제58조 ① 국회는 국가의 **예산안을 심의하여 예산법률로 확정**한다. ② 정부는 회계연도마다 예산안을 편성하여 회계연도 개시 **120일전**까지 국회에 제출하고, 국회는 회계연도 개시 30일 전까지 **예산법률**안을 의결해야 한다.

참고문헌

국회예산·재정개혁특별위원회. (2013).「활동결과보고서」.
국회예산정책처. (2024).「2024 대한민국 재정」.
국회헌법개정특별위원회. (2017).「자문위원회결과보고서」.
권오성, (2009), 의회의 예산심의 과정 및 운영에 대한 해외사례 연구, 한국행정연구원 기본연구과제, pp.1-64.
김상현. (2013). "국회 예산심의제도의 개선에 관한 연구."
박영희·김종희. (2017).「신 재무행정론」. 다산출판사.
박정수. 2013. 국회 예산심사제도 평가와 개선방안. 사회과학연구논총. pp.301-332.
박재현. (2022). 우리나라 예산심의의 문제점과 개선방향(프랑스 제도를 중심으로), 홍익법학,
유훈·신종렬 (2018),「재무행정론」, 한국방송통신대학교출판문화원.
배득종. (2018). 한국 국회의 예산심의제도 개선방안. 정부회계연
윤영진. (2021).「새 재무행정학」. 대영문화사.
한국정당학회. (2002). "국회 역할 평가 갤럽 여론조사."「국회보」통권 433호. 44-58.
OECD. (2014). Budgeting Practices and Procedure in OECD Countries. OECD Publishing.
의안정보시스템(http://likms.assembly.go.kr/bill/main.do) 대한민국국회. 2024.01.16.검색
국회회의록시스템(https://likms.assembly.go.kr/record), 대한민국국회. 2024.01.22.검색

제3절 독립 재정전문기관

1. 독립 재정전문기관의 의의

독립 재정전문기관(independent fiscal institutions: IFIs)은 전문적이고 객관적인 경제·재정 전망, 재정운영계획 및 성과에 대한 평가, 재정 관련 위험관리 등의 기능을 수행함으로써 정부 재정정책과 성과에 대해 비판적으로 평가하고 정책적 조언을 제공하는 기관이다. 이는 2009년 금융위기 이후 주요 국가들이 재정적자와 국가부채 증가라는 문제에 직면하여 재정건전성 확보방안의 하나로 제시되어 왔다.[37)]

OECD와 EU는 회원국의 재정건전성을 제고시켜 나가기 위한 제도적 장치로서, 정부의 영향으로부터 독립적으로 업무를 수행하는 재정전문기관의 설립을 권고하고 있으며, 실제 지난 10년 동안 OECD의 독립재정전문기관 수는 3배 이상 증가했고 계속해서 증가하고 있다(Trapp&Nicol, 2017; Sánchez et al., 2024).

대부분의 유럽 국가가 재정자문기구(fiscal council)를 두고 있지만, OECD는 정치적 영향을 최소화할 수 있는 독립적인 기관에서 재정 전망, 권고 및 감시를 수행함으로써, 정부가 재정준칙을 더욱 잘 준수할 수 있을 것으로 보고 있다. 그 이유는 정부는 경제성장률, 물가상승률, 세입 등 예산편성에 전제가 되는 주요 변수를 전망할 때, 과도하게 낙관적으로 전망할 위험이 있지만, 독립기관이 이를 수행할 경우 이러한 편향성을 배제할 수 있기 때문이다. 특히 재정건전성 도모를 위해서는 재정운용 목표를 설정하고 준칙을 세우는 것만으로는 불충분하다는 점이 재정감시자(fiscal watchdog)로서 독립 재정전문기관의 필요성을 더욱 부각시키고 있다. 즉, 재정준칙의 준수, 효율적인 재원배분 등의 바람직한 재정적 결과물(good fiscal outcomes)은 예산을 편성·확정하고 집행하며, 감시하는 과정에 달려있는데(R. Allen, 2009), 이 과정에서 재정전문기관의 역할이 중요하다는 인식이 높아지는 추세이다.

각 나라마다 감사원을 두고 있지만 독립 재정전문기관과는 그 기능과 성격 등에서 차이가 있다. 감사원은 국가, 지방자치단체, 정부투자기관 및 기타 법으로 정한 단체의 회계검사, 행정기관의 사무, 공무원의 직무감찰을 주업무로 하는 데 반해, 독립 재정전문기관은 경제

37) 실제 최근 유럽 국가들을 대상으로 다년도 데이터(2000-2019년)를 분석한 연구(Căpraru et al., 2022) 역시 독립재정전문기관이 EU회원국의 재정적자 감소와 재정준칙 준수에 긍정적인 영향을 미쳤다는 실증자료를 제시하고 있다.

및 재정전망, 예산안에 대한 분석 등을 통해 국가재정의 투명성과 건전성을 제고시켜 나가는 데 주력한다는 점에서 서로 구별된다.

2. 주요 국가의 독립 재정전문기관(IFIs)

(1) 독립 재정전문기관(IFIs) 운영 현황

독립 재정전문기관은 신중하고 투명한 재정관리를 가능하게 하는 주요 요인으로 인식되어 벨기에(1936), 네덜란드(1945), 덴마크(1962), 오스트리아(1970), 미국(1974) 등 일부 국가를 중심으로 수십여 년간 존재해왔다. 특히 글로벌 금융 위기 이후에는 OECD국가를 중심으로 이러한 기관의 수가 상당히 증가했으며 현재 OECD 회원국을 중심으로 약 40개의 독립 재정전문기관이 있는 것으로 파악된다(Andrián et al., 2022; Sánchez et al., 2024).

지난 20여년 간 독립 재정전문기관의 설립이 증가한 데 대해 재정학자들은 자국 내 민주화, 국가 간 상호모방(demonstration effect), 그리고 투명성과 책임성에 대한 대내외의 요구 증대 등을 주요 원인으로 설명한다(Johnson and Stapenhurst, 2008). 특히 글로벌 금융위기 여파로 여러 OECD국가가 더 높은 재정적자와 국가부채에 직면하면서 정책 입안자들은 재정투명성과 책임성을 강화하고 국민의 신뢰를 확보하기 위한 방안으로 독립 재정전문기관의 신설을 선택했다. 많은 경제학자는 보다 독립적인 위치에서 재정전망과 예산분석 등을 통해 정부의 재정책임성을 확보하고 정부에 대한 감시기능을 할 수 있도록 기존 정부기관 외 의회소속 또는 독립기관 형태의 재정전문기구의 필요성을 주장했고 실제 이러한 기관의 설립이 보다 가속화되었다고 볼 수 있다(김춘순·윤주철, 2013:56; Dăianu, 2023; EU IFIs, 2022).

최근 OECD 보고서(Sánchez et al.,2024)에 의하면 회원국의 독립 재정기관 들은 국가별 정치·경제적 상황과 가용가능한 재원, 정책우선순위 등에 따라 해당 기구가 상당히 이질적으로 설계되어 있는 것을 알 수 있다. 기능적 측면에서는 대부분 거시경제 및 재정예측에 대한 평가, 그리고 재정의 지속가능성에 대한 분석을 하고 있으며 이에 더해 전체의 60%

내외가 재정준칙 준수에 대한 모니터링을 하는 것으로 나타났다. 더불어 기관들의 절반은 정책의 비용편익에 대한 분석과 직접 거시경제 예측 기능을 수행하는 것으로 확인된다.

이러한 독립 재정전문기관의 기능은 인력규모 및 운영 예산과 밀접하게 연관되어 있다. 즉, 기관별로 평균 10~30여 명의 인력을 운영하는 것으로 보고되고 있는데 해당 얼마나 많은 기능을 수행하는지도 중요하지만, 어떠한 기능을 수행하는지 역시 기관의 규모를 결정한다. 즉, 장기 재정의 지속가능성에 대한 분석만 수행하는 기관은 직접적 경제·재정 예측 및 정책 비용분석 기능을 수행하는 기관과 해당 기능의 수행을 위한 인적자원 관리의 측면에서 차이가 있으며, 후자의 기능을 수행하는 기관의 경우 상대적으로 규모가 더 크고 인력에 요구되는 전문성도 높은 경향이 나타난다.

특히 정부 예산분석(정책의 비용·편익 분석)을 수행하는 기관이 더 많은 직원을 보유하는 경향이 있으며, 미국, 한국, 네덜란드가 대표적인 사례이다. 조직규모 측면에서 미국이 총원 265명으로 가장 크고 한국이 138명, 네덜란드가 125명으로 뒤를 잇는다. 대조적으로 일부 국가는 매우 적은 직원과 적은 권한을 가지는데, 일례로 에스토니아의 기관은 5인의 비상근 위원을 포함해 총 9명이 거시 경제·재정 예측에 대해 평가하는 기능만을 수행하며 칠레 역시 비상근직 8인이 이사회를 통해 지속가능성 분석과 재정준칙 준수 여부 확인이라는 기능을 수행하는 것에만 중점을 두고 있다.

한편, 설립연도를 보면 벨기에가 1936년에 가장 먼저 독립 재정전문기관을 설립하였고 네덜란드가 1945년, 덴마크가 1962년, 미국이 1974년에 이를 설립하였다. 주목할 점은 21개 기관이 2010~2015년도에 설립되었는데, 이는 2009년 금융위기에 따른 재정위기를 겪은 후 많은 국가가 재정건전성 제고를 위한 방안으로 재정전문기관 설립을 경쟁적으로 추진한 데 기인한다. 특히 EU 국가들은 광범위한 예산·재정개혁의 일부로 독립적인 재정기관 설립을 선택했다(Kopits, 2023; Trapp and Nicol, 2023).

[표 1] OECD 회원국의 독립재정전문기관 (단위: US Dollars, 명)

국가명	기관명	설립 연도	예산액($)	규모
그리스	Parliamentary Budget Office	2011	490	12
	Hellenic Fiscal Council	2015	1,078	20
네덜란드	Netherlands Bureau for Economic Policy Analysis(CPB)	1945	16,758	125
덴마크	Danish Economic Councils	1962	3,718	72
독일	Independent Advisory Board to the Stability Council	2013	147	10
라트비아	Fiscal Discipline Council	2014	196	9
룩셈부르크	National Council of Public Finances(CNFP)	2014	98	9
리투아니아	Budget Policy Monitoring Department, National Audit Office	2015	240.1	8
멕시코	Center for Public Finance Studies(CEFP)	1998	2,560	60
미국	Congressional Budget Office(CBO)	1975	57,292	265
벨기에	Federal Planning Bureau of Belgium(FPB)	1959	5,096	46
	High Council of Finance(HCF)	1936	비공개	15
스웨덴	Swedish Fiscal Policy Council(FPC)	2007	911	11
스페인	Independent Authority of Fiscal Responsibility(AIReF)	2014	8,682	58
슬로바키아	Council for Budget Responsibility(CBR)	2012	1,372	18
슬로베니아	Slovenian Fiscal Council	2017	490	7
아이슬란드	Icelandic Fiscal Council	2016	280.1	6
아일랜드	Irish Fiscal Advisory Council(IFAC)	2011	817.36	11
	Oireachtas Parliamentary Budget Office(PBO)	2017	862	11
에스토니아	Fiscal Council of Estonia	2014	80,458	9
영국	Office for Budget Resposibility(OBR)	2010	3,713	37
	Scottish Fiscal Commission(SFC)	2014	2,293	25
오스트리아	Fiscal Advisory Council(FISK)	1970	비공개	14
	Parliamentary Budget Office(PBO)	2012	882	8
이탈리아	Parliamentary Budget Office(PBO)	2014	5,880	28
체코	Czech Fiscal Council(CFC)	2018	946.7	15
칠레	Autonomous Fiscal Council	2019	391	8
캐나다	Parliamentary Budget Office(PBO)	2008	5,122	42
	Financial Accountability Office of Ontario(FAO-ON)	2015	2,810	20

국가명	기관명	설립연도	예산액($)	규모
포르투갈	Portuguese Public Finance Council(CFP)	2012	2,646	23
	Parliamentary Budget Office(PBO)	2006	비공개	7
프랑스	High Council of Public Finance(HCFP)	2013	1,081	15
핀란드	Independent Monitoring and Evaluation of Fiscal Policy Function	2013	652.68	5
	Finnish Economic Policy Council(EPC)	2014	303.8	7
한국	National Assembly Budget Office(NABO)	2003	15,094	138
헝가리	Fiscal Council	2011	455.7	6
호주	Commonwealth Parliamentary Budget Office(PBO)	2018	5,202	40
	Victorian Parliamentary Budget Office(PBO)	2012	2,079	14

주 1: 기관별 예산액 및 규모(총원)은 2020년과 2021년도 기준
2: 기관 설립연도는 근거법 제정이 아닌 실제 운영 시점 기준
3: 캐나다 온타리오주, 영국 스코틀랜드 등 지방정부의 독립 재정전문기관 포함
자료: Sánchez et al.(2024), Independent fiscal institutions: A typology of OECD institutions and a roadmap for Latin America, OECD Economics Department Working Papers(no.1789), OECD.

(2) 독립 재정전문기관의 유형과 영향요인

독립 재정전문기관의 유형

독립 재정전문기관의 유형은 주로 소속과 인력규모, 주요 기능을 기준으로 범주화하는 것이 일반적이다(김춘순 외, 2013; Jankovics and Sherwood, 2017). 최근 유럽연합과 OECD, 세계은행 등 주요 국제기구들은 법적 지위에 따라 행정부 소속 혹은 별도의 위원회 조직인 경우, 의회 소속기관인 경우, 기타 별도의 헌법기관으로서 설립된 조직으로 유형화하기도 한다. 이에 따른 유형별 특성을 살펴보면 다음과 같은 특성을 확인할 수 있다(Trapp and Nicol, 2017).

먼저, 유럽국가들을 중심으로 가장 일반적인 것이 재정심의회(fiscal council model) 유형으로, 이 유형에 속하는 기관의 과반이 행정부 소속이거나 독립기관으로서 법적 권한을 갖는다. 일부는 영국 예산책임국(OBR)과 같이 행정부와 입법부 공동 소속기관으로 있기도 한다. 이 유형은 다시 두 가지 형태로 나뉘는데 스웨덴, 아일랜드와 같이 소규모의 조사·분석 중심의 조직으로 운영하는 형태가 있는 반면, 입법가와 이해관계자, 이익집단들을 중심

으로 하여 조합주의적 전통에 따라 상당 규모로 운영되는 기관도 상당하다. 오스트리아, 벨기에, 프랑스 등의 재정전문기관이 이에 해당한다. 또한, 재정심의회 유형은 국가별 특성에 따라 어느 정도 독립성이 보장되는지 여부도 상당히 이질적으로 나타난다. 일부는 공식적으로 재무부 장관이 의장을 맡고 행정부 산하에 사무국을 가지는 형태로 운영되고 있으며, 일부는 자체 감독 위원회를 가지고 운영되기도 한다.

미국과 우리나라, 캐나다를 포함하여 선진국의 독립 재정전문기관 중 1/3은 입법부에 소속된 예산조직(parliamentary budget office model)의 형태로 운영되고 있으며, 이들은 의회의 예산에 대한 감독·심사 기능을 지원하는 데 보다 중점을 둔다는 특징이 있다.

기타 유형으로는 입법부와 행정부 어디에도 소속되지 않는 별도의 기관으로 설립되는 경우인데, 이들은 주로 높은 정치적 신뢰성을 가지고 있는 감사원이나 중앙은행에 연계된 조직으로 운영되고 있다. 일례로 핀란드(NAOF)는 헌법기관인 감사원과 연계한 독립적 기구로서 재정전문기관을 운영하고 있으며, 슬로바키아와 같이 위원회 형태로 운영되지만 중앙은행과 연계한 기관으로 운영되는 사례도 존재한다.

제도적 유형	국가명
재정위원회 (Fiscal Council) (행정부 소속 포함)	오스트리아(PBO), 벨기에, 칠레, 체코. 덴마크, 에스토니아, 핀란드, 프랑스, 독일, 그리스(HFC), 헝가리. 아일랜드, 라트비아, 룩셈부르크, 포르투갈(CFP), 슬로바키아, 슬로베니아, 스웨덴, 영국
의회 소속 (Parliamentary Budget Office)	미국, 아일랜드, 오스트리아(FISK), 그리스(PBO), **한국**, 호주, 이탈리아, 멕시코, 캐나다, 포르투갈(PBO)
기타 정책기구 소속	핀란드(NAOF), 리투아니아
기타	벨기에(FPB), 네덜란드, 스페인

자료: OECD Independent Fiscal Institutions Database (2021). (http://www.oecd.org/gov/bud-geting/OECD-Independent-Fiscal-Institutions-Database.xlsx, 자료검색일:2024.02.19.)

독립 재정전문기관의 유형에 영향을 미치는 요인

재정전문기관을 독립적으로 설치할 것인가, 그 소속을 의회 또는 행정부에 둘 것인가, 인력규모를 어느 수준으로 정할 것인가 등에 영향을 미치는 요인으로 ① 정부형태, ② 의회의 예산수정권한, ③ 예산심사기간을 들 수 있다(김춘순 외, 2013: 65-71).

먼저 정부형태 요인과 관련해서는 대통령제 국가의 경우 관련 기관 대부분 의회소속인 반면, 의원내각제 국가의 경우는 의회 소속과 행정부 소속이 비슷한 비중을 차지한다. 의원내각제 국가는 권력융합적 관점에서 의회-행정부의 관계가 밀접하기 때문에 행정부에 대한 견제 차원에서 의회에 별도의 독립적인 재정전문기관을 설치할 필요성이 적으나, 대통령제 국가에서는 권력분립 차원에서 의회 소속의 재정전문기관을 두어 행정부가 제출한 예산안에 대한 독자적인 분석을 수행하는 것으로 해석할 수 있다.

다음으로 의회의 예산수정권한 요인과 관련해서는 의회의 예산수정권한[38]의 정도에 따라 의회 소속의 재정전문기관의 업무 범위와 기능이 달라질 수 있다. 의회의 예산수정권한이 약할수록 의회 소속으로 재정전문기관을 두는 경향이 강하고, 의회의 예산수정권한이 강할수록 일부 국가(미국, 오스트리아 등)를 제외하면 행정부 소속으로 두는 경향이 강하다. 의회의 예산수정권한이 약할수록 그 기능을 보완하기 위하여 의회 소속으로 재정전문기관을 둔다는 것을 유추할 수 있다.

한편 예산심사기간[39]과 관련해서 오스트리아, 호주 등 예산심사기간이 짧은 국가일수록 의회 소속으로 재정전문기관을 두는 경향이 있는 것으로 나타났다. 이는 상대적으로 짧은 심사기간을 보완하기 위해 의회 소속의 재정전문기관을 두는 것으로 해석할 수 있다.

(3) 주요 국가의 독립 재정전문기관

최근 재정전문기관 관련 문헌을 보면 세계적으로 높은 자원과 독립·중립성을 보유한 재정전문기관으로 미국의 CBO, 네덜란드의 CPB, 그리고 한국의 NABO를 제시하고 있다(Trapp and Nicol, 2017). 그리고 OECD는 관련 기구를 신설하려는 라틴아메리카 국가들이 참고할 수 있는 대표 사례로 정치·문화적 유사성이 높은 칠레의 CFA, 유럽 독립재정기구 중 가장 광범위한 권한을 지닌 것으로 평가받는 스페인의 AIReF과 함께 한국의 NABO

---

38) 의회의 예산수정권한이 강하다는 것은 의회가 예산안을 자유롭게 수정할 수 있거나 총지출 한도 내에서 재량껏 증액 또는 감액 수정할 수 있다는 것을 의미한다. 반대로 기존 예산을 삭감 혹은 일부 수정만 가능하거나 예산안 전체를 승인하거나 거부만 할 수 있는 경우는 예산수정권한이 약하다고 본다.

39) 예산심사기간이란 행정부가 예산안을 의회에 공식적으로 제출한 날부터 법적으로 의회가 예산안심사를 마감해야 하는 날까지의 기간을 말한다.

를 선정하고 있다(Sánchez et al., 2024). 이 절에서는 대표적 사례로서 미국, 한국, 네덜란드의 관련 기관을 살펴보도록 한다.

미국의 의회예산처(CBO: Congressional Budget Office)[40]

미국의 경우 1921년에 행정부 예산편성제도(executive budgeting)가 확립된 이후 예산심의과정에서 의회의 역할은 매우 소극적이었다(이겨례·함성득, 2008: 170). 의회는 예산에 관련된 필수적인 정보는 관리예산처(OMB) 등의 행정부 소속 기관에 의존하였고, 행정부의 정보통제, 왜곡된 정보의 제공에 효과적으로 대응할 수단을 갖고 있지 못하였다. 이에 따라, 의회는 OMB가 대통령에게 제공하는 수준의 정보를 의회에 제공할 수 있는 전문적인 기관의 필요성을 크게 인식하게 되었다(박병식·이준호, 2005). 그 결과 「1974년 의회예산 및 집행거부통제법(Congressional Budget and Impoundment Control Act of 1974)」에 따라 의회예산처(이하 "CBO")를 설립하였다.

CBO의 설립목적은 의회가 효과적인 예산과 경제정책을 수립할 수 있도록 객관적·비당파적인 재정·경제 정보를 제공하는 데 있다. 이에 따라 CBO는 예산 및 경제전망, 입법과정 지원(비용·편익 추정치 제공 등) 및 세입·세출에 영향을 미치는 의회의 조치 기록, 비용추계, 장기재정(10년) 전망, 대통령 공약예산 분석, 데이터·통계자료 제공, 기타 관련 연구보고서 작성 및 예산검토 등의 업무를 수행하고 있다. 단, 공공정책에 대한 선택은 가치판단이 필연적으로 수반되므로 정책 권고는 하지 않는다(CBO, 2024).

CBO의 조직은 처장실과 9개의 주요부서(예산 분석, 재정 분석, 보건분야 분석, 노동·소득 및 장기전망 분석, 거시 경제 분석, 미시경제 연구, 국가 안보 및 세제 분석, 총무·행정)로 구성되어 있다.

처장은 상·하원 예산위원회의 추천에 따라 상·하원의장에 의해 공동으로 임명되고 임기는 4년이며 연임에는 제한이 없으나, 상·하원 어느 쪽의 결의에 의해서도 해임이 가능하다. 예산법(The Budget Act)은 CBO 처장은 정치적 소속과 관계없이 선출되어야 한다고 명시하고 있으며, 국장 역시 당적과 관계없이 오직 전문성에 기초하여 임명된다.

40) 이는 미국 의회예산처 공식홈페이지(https://www.cbo.gov)와 조직개요에 대한 보고서(https://www.cbo.gov/system/files/2024-01/59687-Intro-to-CBO.pdf.)를 요약한 것이다(자료검색일:2024.03.07.).

[그림 1] 미국 의회예산처 조직도

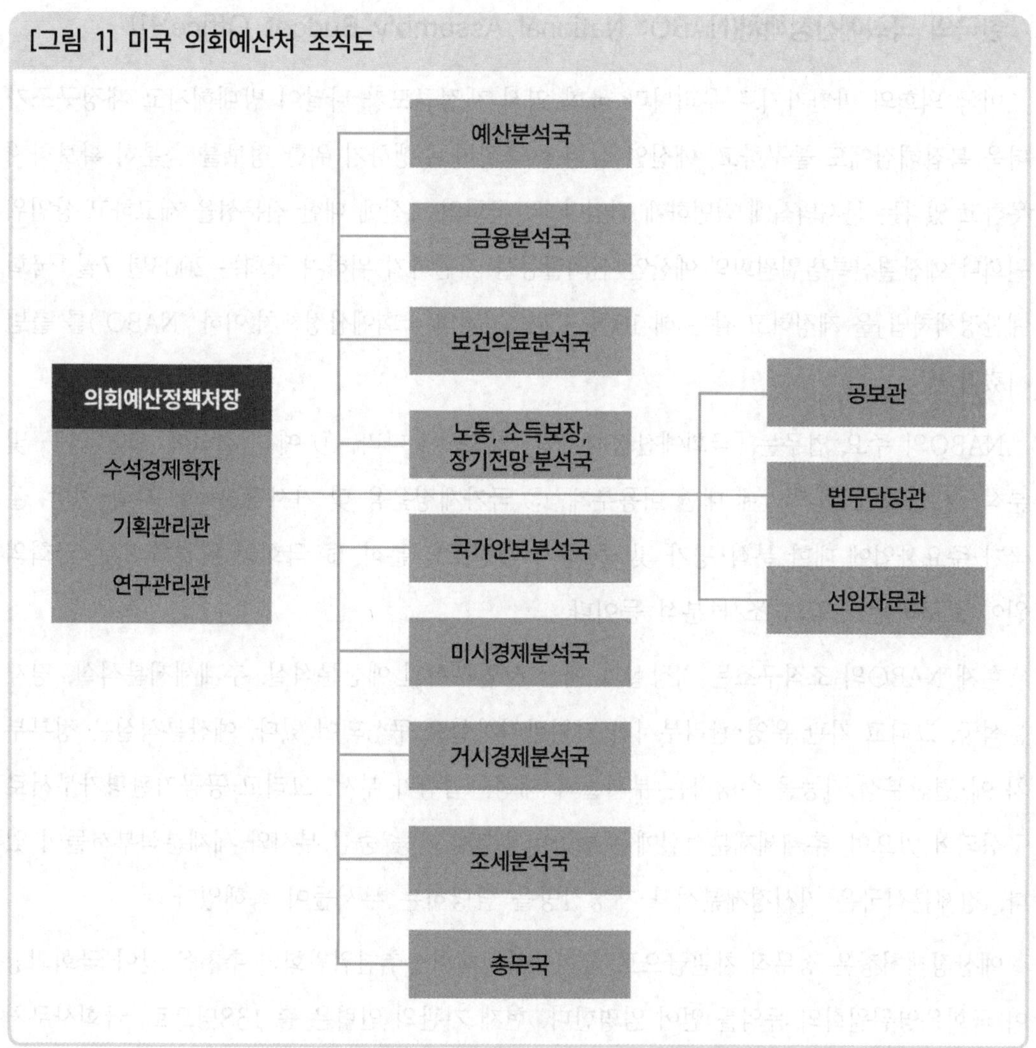

자료: 미국 의회예산처 홈페이지(https://www.cbo.gov: 자료검색일:2024.03.06.)에서 발췌

현재 기관에는 10여 명의 국장(대행)급 인사를 포함하여 경제학자 또는 공공정책 분석가를 중심으로 한 약 270명의 직원이 있으며 이들 중 80%는 해당 분야의 석·박사 학위를 보유하고 있다. 이외에도 변호사, ICT 전문가 등 각 분야의 전문가들이 소속되어 있다. 이들을 중심으로 수평적 조직구조하에 부서 간 또는 부서 내 활발한 협업 중심으로 기능을 수행하도록 하고 있다.

한국의 국회예산정책처(NABO: National Assembly Budget Office)[41]

미국 의회와 마찬가지로 우리나라 국회 역시 재정규모가 나날이 방대해지고 재정구조가 더욱 복잡해짐에도 불구하고, 예산안 심의를 충실히 수행하기 위한 정보를 충분히 확보하지 못하고 있다는 문제의식에 직면하게 되었다.[42] 국회의 예산에 대한 전문성을 제고하고 상임위원회나 예산결산특별위원회의 예산안 심의활동을 지원하기 위하여 국회는 2003년 7월 「국회예산정책처법」을 제정하고 같은 해 10월, 92명 정원의 국회예산정책처(이하 "NABO")를 출범시켰다.[43]

NABO의 주요 업무는 「국회예산정책처법」 제3조에 따라, ① 예산·결산에 대한 연구 및 분석, ② 법률안 등 의안에 대한 비용추계, ③ 국가재정운용 및 거시경제동향 분석·전망, ④ 국가 주요사업에 대한 분석·평가 및 중·장기 재정소요 분석, ⑤ 국회의 위원회 또는 국회의원이 요구하는 사항의 조사·분석 등이다.

현재 NABO의 조직구조는 처장실과 핵심 사업부서인 예산분석실, 추계세제분석실, 경제분석국, 그리고 기관 운영·관리부서인 기획관리관실로 구성되어 있다. 예산분석실은 정부부처 예·결산분석 기능을 수행하는 부서들과 재정사업평가 부서, 그리고 공공기관평가부서로 구성되어 있으며, 추계세제분석실에는 법안비용추계 기능 중심 부서와 세제분석부서들이 있다. 경제분석국은 거시경제분석과 재정전망을 담당하는 부서들이 속해있다.

예산정책처장은 정무직 차관급으로 국회예산정책처장추천위원회의 추천을 받아 국회의장이 국회운영위원회의 동의를 얻어 임명한다. 현재 기관의 인력은 총 138명으로, 국회사무처로부터 파견받은 일반직공무원과 임기제공무원 및 연구직공무원(연구관)으로 구성되어 있으며, 연구부서의 경우 관련분야 박사학위소지자 50여명과 회계사 2명이 포함되어 있다.

---

41) 국회예산정책처(2024), 「국회예산정책처 20년」 및 내부자료를 참고하여 작성하였다.

42) 국회예산정책처의 신설 이전에 국회는 국회예산정책처의 전신이라고 할 수 있는 '법제예산실'을 설립·운영하였다. 그러나 전문인력의 부족, 법제와 예산기능의 혼합에 따른 재정분석기능의 약화, 국회도서관 입법조사분석실과의 업무분장 등의 문제점이 노정되기도 하였다(이겨레·함성득, 2008: 172).

43) 2002년 10월 7일 당시 박관용 국회의장은 「한국의정연구원법안」을 국회에 제출하였는데, 국회운영위원회의 심사과정에서 예·결산 심사활동의 지원에 한정하자는 다수 의견에 따라 위원회 토론과 전문가 공청회 등을 거쳐 「국회예산정책처법안」으로 방향을 바꾸어, 2003년 7월 1일, 국회 본회의에서 의결되었다.

[그림 2] 국회예산정책처 조직도

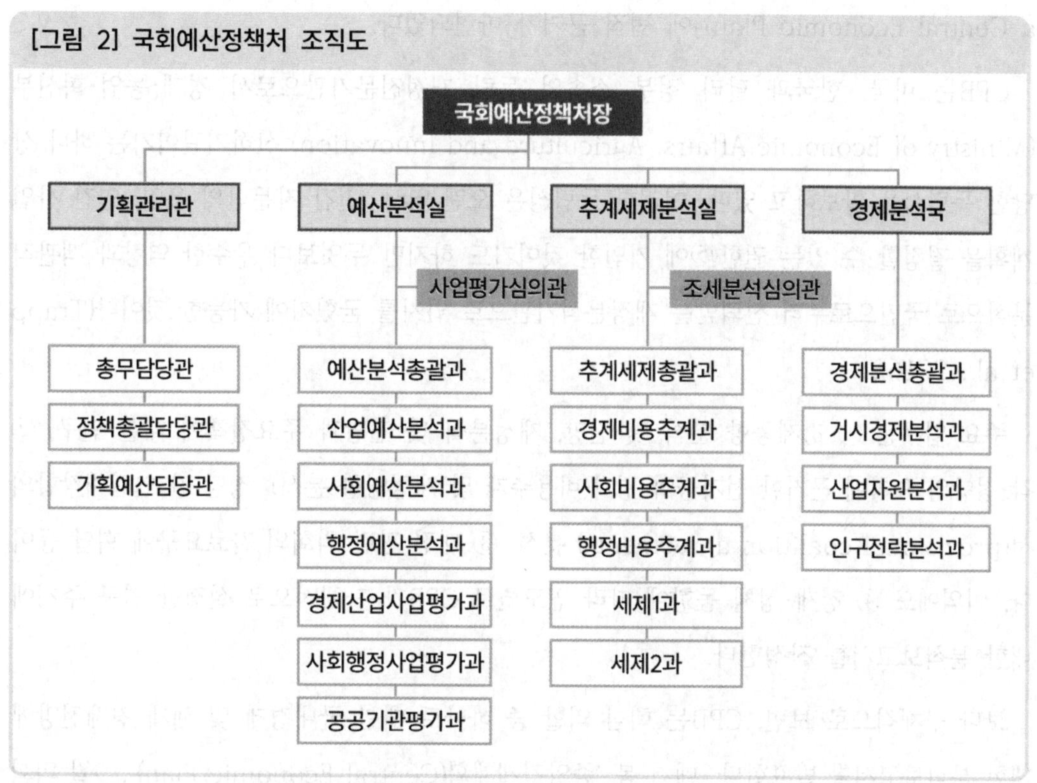

자료: 국회예산정책처(2024.03.), 「국회예산정책처 20년사」에서 발췌

네덜란드 경제정책분석국(CPB: Netherlands Bureau for Economic Policy Analysis)[44]

네덜란드 경제정책분석국(이하 "CPB")은 1945년에 사회부 장관의 제안으로 설립되었다. 당시 네덜란드는 제2차 세계대전 이후 국가 재건, 특히 고용 확대를 통한 경제회복이 절실한 상황이었으며, CPB는 적극적 경제정책에 필요한 과학적 지식과 통찰력을 정부에 제시할 수 있는 새로운 경제분석기구가 필요하다는 판단하에 신설된 기관이라고 할 수 있다. 저명한 경제학자인 Jan Tinbergen이 비상정부의 재무부 장관이었던 Hein Vos의 요청으로 작성했던 계획서에 의하면 이 기관은 국가 경제규모와 구성을 구체화하고 장기적 경제 발전에 필요한 정책적 조치를 분석하는 역할에 중점을 두고 있으며, 이에 Hein Vos와 위정자들의 의견을 반영하여 CPB는 거시경제 평가 및 전망에 중점을 둔 기구로 출발하였다. 그리고 이로부터 1년 반 후인 1947년 「중앙경제계획준비법(Law Concerning the Preparation of

44) 네덜란드어 기관명은 'Centraal Planbureau'이며 관련 내용은 공식홈페이지(https://www.cpb.nl/en)에 게시된 기관 소개글을 정리·요약한 것이다(자료검색일;2024.03.10.)

a Central Economic Plan)」에 법적 근거가 마련되었다.

CPB는 미국, 한국과 달리 정부 소속의 독립 재정전문기관으로서 경제·농업·혁신부(Ministry of Economic Affairs, Agriculture and Innovation) 산하기관이기는 하나 상당한 독립성을 확보하고 있다. 이러한 독립성은 오랜 역사, 민간 자문단의 운영, 연간 사업계획을 결정할 수 있는 권한[45]에 기인한 것이기도 하지만 무엇보다 우수한 역량과 객관적 분석으로 국민으로부터 신뢰받는 재정분석기관으로 입지를 굳혔기에 가능한 것이다(Trapp et al., 2016).

주요 업무는 ① 경제동향 분석 및 전망, 재정분석 및 전망과 주요정책에 대한 연구, ② 각 정당의 요청에 근거한 선거공약 평가(비용추계 및 재정영향 분석), 정당 간 연립내각합의서(provisional coalition agreements) 분석, ③ 재정 관련 의회의 자료요구에 회답 등이다. 이외에도 ④ 경제·정책 동향에 따라 연도별로 CPB가 자체적으로 설정한 연구 주제에 대한 분석보고서를 작성한다.

보다 구체적으로 보면, CPB는 핵심 역할 중 하나로 매년 국내경제 및 세계 경제전망에 대한 분석보고서를 발표한다. 매년 봄 '중앙경제계획(Central Economic Plan)', 9월 의회연도 개시 시점에 발표하는 거시경제전망(Macro Economic Outlook), 그리고 하반기에 앞선 보고서의 갱신 사항을 간략하게 담은 보고서가 대표적이며 이들은 정부 예산 편성 시 공식적 근거가 된다. 또한 매 총선 주기가 시작될 때마다 발표하는 4년 기준의 중기전망(Verkening Middellange termijn, MLT)은 각 정당의 정책결정뿐만 아니라 총선 이후 연립정부 협상에서도 활용된다.

CPB의 역할 중 특징적인 것 중 하나는 각 정당의 선거공약 비용을 산출하고 분석한다는 것이다. 이는 1986년부터 정당들의 요청에 따라 이어져 온 것으로 점점 더 많은 정당이 선거공약 비용분석을 요청함에 따라 해당 평가의 범위가 크게 확대되어 왔다. 총선 후에는 연립정부 구성과정에서 작성된 정책안과 연립정부 합의서에 포함될 정책안을 분석하여 제공하고 있는데, 제안사항이 경제성장과 공공재정에 미치는 단기적 영향분석 뿐만 아니라 장기

45) 네덜란드의 정책평가기관의정서(Aanwizzingen voor de Planbureaus)에는 각료나 국무장관은 정책평가기관이 사용할 연구방법, 발간하는 보고서의 내용 등에 대해 지침을 내리지 않는다고 명시함으로써 이들 기관들의 독립성과 자율성을 보장한다. 또한, 「중앙경제계획준비법」은 독립적인 외부자문기구인 중앙계획위원회(CPC)를 두도록 규정하는데, 매년 2회 이상 회의를 개최하고 업무와 작업방식에 대한 자문을 받아야 한다.

적 영향과 소득분배, 실업에 미치는 영향도 평가한다. 이러한 분석에 근거하여 부문별 정책에 관한 비용 산출이 이루어지고 이는 각 정당의 공약을 구체화하여 유권자들이 정당의 공약을 객관적으로 비교할 수 있게 한다.

현재 CPB는 2개의 행정부서와 5개의 연구분석 부서(재정·세제, 국제·거시경제, 노동·지식산업, 규제·보건, 기후·환경)로 구성된 체제로 운영되고 있다. 원장은 내각에서 경제부 장관의 추천을 받아 임명되며 임기는 7년이고 1회 연임이 가능하다. CPB의 국장은 재무장관이 임명하는 공무원이지만, 업무에 있어서 독립적인 지위를 인정받는다. 2023년 연차보고서에 의하면 총예산은 약 2,140만 유로이고 국장 등 3명의 관리자를 포함하여 총 150여명의 직원으로 구성되어 있어 우리나라 국회예산정책처와 유사한 것으로 나타난다.

[그림 3] CPB 조직도

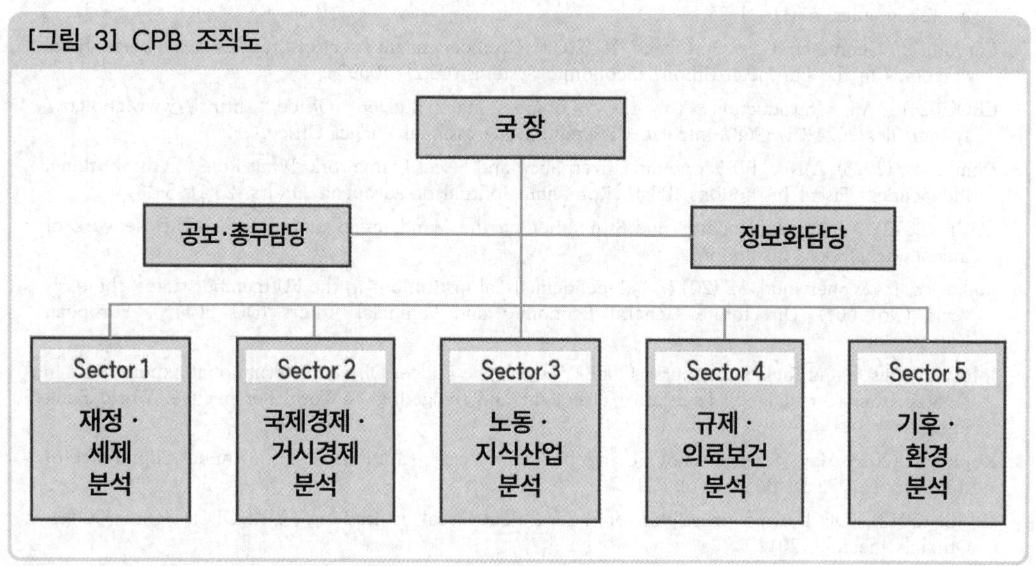

자료: 네덜란드 경제분석국 홈페이지(https://www.cpb.nl: 자료검색일: 2024.03.10.)에서 발췌

다만, CPB는 법에 근거하여 자문위원회인 중앙계획위원회(CPC:Central Planning Commission)를 운영하고 있다. 중앙계획위원회는 운영진에게 사업계획에 대한 조언을 제공하며, 중앙계획위원회 위원들은 저명한 경제정책 및 공공재정 분야 전문가로서 내각과의 논의를 거쳐 경제부 장관이 공식 임명한다. 위원 임기는 3년이고 1회 연임 가능하며 현재는 9명의 위원이 있다. CPB 운영진은 위원회의 제안을 최대한 수용하며 중앙계획위원회가 지정한 외부 감사위원회에 CPB의 결과물의 품질과 정책 관련성에 대한 평가를 3-5년 주기로 받고 있다.

참고문헌

국회예산정책처. (2024).「국회예산정책처 20년」, 서울:명문인쇄공사.

권오성·강정석. (2009). "의회의 예산심의 과정 및 운영에 대한 해외사례 연구."「KIPA 연구보고서」. 한국행정연구원.

김춘순·윤주철. (2013). "독립 재정전문기구의 확산 및 유형에 관한 연구."「한국거버넌스학회보」 제20권 제3호.

박병식·이준호. (2005). "국회의 국정평가기능 제고를 위한 국회예산정책처의 역할 정립방안."「한국사회와 행정연구」 제15권 제4호. 203-225.

이겨레·함성득. (2008). "국회예산정책처의 제도적 발전과정 분석: 미의회예산처와 비교를 통하여."「행정논총」 제46권 제2호.

이안 리너트·정무경. (2007). "OECD 국가 예산체계의 법적 구조에 관한 국제비교." 한국조세연구원.

Allen, R. (2009). The challenge of reforming budgetary institution in developing countries. International Monetary Fund.

Ardanaz, M., Cavallo, E. A., & Izquierdo, A. (2023). Fiscal rules: Challenges and reform opportunities for emerging markets. Inter-American Development Bank, Department of Research and Chief Economist.

Andrián, L., Hris, J., Urrea, I., & Valencia, O. (2022). Quality of Fiscal Rules and Their Impact over Debt Sustainability. Documento de Trabalho, Banco Interamericano de Desenvolvimento, Washington, DC.

Barnes, S. (2022). EU Fiscal Governance Reforms: A Perspective of Independent Fiscal Institutions. Intereconomics, 57(1), 21-25.

Căpraru, B., Georgescu, G., & Sprincean, N. (2022). Do independent fiscal institutions cause better fiscal outcomes in the European Union?. Economic Systems, 46(2), 100973.

CBO(2024) An Introduction to the Congressional Budget Office, https://www.cbo.gov/system/files/2024-01/59687-Intro-to-CBO.pdf., Congressional Budget Office.

Dăianu, D. (2023). A New EU Economic Governance and Fiscal Framework: What Role for the National Independent Fiscal Institutions (IFIs)?. Romanian Journal of European Affairs, 23(1), 5-17.

EU IFIs(2022). Minimum Standards and Strengthening the Mandates of national IFIs, The Network of Independent Fiscal Institutions.

Jankovics, L., & Sherwood, M. (2017). Independent fiscal institutions in the EU member states: the early years (No. 067). Directorate General Economic and Financial Affairs (DG ECFIN), European Commission.

John K, Johnson and Rick Stapenhurst. (2008). "Legislative Budget Offices: International Experience." in R. Stapenhurst et al. ,(ed.) Legislative Oversight and Budgeting: A World Perspecitve. World Bank Institute.

Kopits, G. (2023, May). Strengthening EU Independent Fiscal Institutions. In Fifth Annual Conference of the European Fiscal Board (Vol. 11).

OECD. (2012). "OECD Draft principles for Independent Fiscal Institutions." 33rd OECD Senior Budget Officials meeting, 2012.

______. (2023). IFI Database.

Reiner Eichenberger and Mark Schelker. (2007). "Independent and Competing Agencies: An Effective Way to ControlGovernment." Public Choice, Vol. 130, No. 1/2, 79-98.

Richard Allen. (2009). "The Challenge of Reforming Budgetary Institutions in Developing Countries." IMF Working Paper. Fiscal Affairs Department.

Sánchez, A. C., Garda, P., Pandiella, A. G., Maravalle, A., Rodriguez, D., & Rovenskaya, E. (2024). Independent fiscal institutions: A typology of OECD institutions and a roadmap for Latin America.

von Trapp, L., I. Lienert and J. Wehner (2016), "Principles for independent fiscal institutions and case studies", OECD Journal on Budgeting, vol. 15/2, https://doi.org/10.1787/budget-15-5jm2795tv625.

Von Trapp, L. and Nicol, S. (2017). Designing effective independent fiscal institutions. URL: http://www.oecd. org/gov/budgeting/ designing-effective-independent- fiscal- institutions-report.htm.

미국의회예산처 홈페이지(https://www.cbo.gov(자료검색일:2024.03.06.)

네덜란드경제분석국 홈페이지 https://www.cpb.nl(자료검색일:2024.03.10.)

제4절 법안비용추계제도

1. 법안비용추계제도의 도입배경 및 의의

(1) 도입배경

일반적으로 현대 복지국가는 산업화, 도시화의 부작용과 시장의 한계를 치유하고 더 나아가 국민의 인간다운 생활을 보장하고 공공복리를 증진시키기 위한 각종 정책을 수립함으로써 국민들의 모든 생활영역에 개입하고 있다. 그리고 이러한 공적 목표를 실현하기 위한 국가의 정책은 대부분이 법의 형태로 표현되고, 이러한 법정책의 효과적 실현을 위하여 많은 경우 '재정'이라는 수단을 필요로 한다. 특히 사회보장과 관련된 입법조치는 향후 정부의 지속적인 재정지출을 유발하기 때문에 법안비용추계는 자원의 효율적 배분 및 분배의 형평성이라는 적극적인 목적 달성 수단으로서 관심과 연구의 대상이 되었다.

법안비용추계제도는 미국이 1974년에 「의회예산 및 집행거부통제법(Congressional Budget and Impoundment Control Act)」을 제정하면서 최초로 제도화하였고, 스위스, 독일, 오스트리아 등 주요 유럽연합 회원국들도 최근 법안비용추계를 일부 포함하는 입법평가제도를 도입하여 시행 중이다. 미국을 비롯한 선진국들이 법안비용추계제도에 관심을 갖게 된 것은 1970~1980년대 자원난 등으로 초래된 재정적자를 경험하면서부터이다. 재정적자를 적절히 관리하기 위해서는 무엇보다도 재정지출의 증가를 초래하는 무분별한 입법에 대한 통제가 필요했고, 이를 위한 효과적인 제도로 법안비용추계의 필요성이 대두되었다(홍완식, 2009: 36).

(2) 법안비용추계의 의의

법안비용추계[46]는 "재정수반법률(budget-related bills)에 대해 당해 법안이 시행될 경우 발생할 것으로 예상되는 국가 및 지방자치단체의 재정 수입 또는 지출의 변화를 각종 추계기법을 활용하여 추산하는 것"을 말한다.

즉, 이는 의안 또는 법률에 수반되는 비용을 사전에 검토함으로써 해당 의안이나 법률 시

46) Shick(2007)은 법안비용추계를 "새로운 법의 도입이나 법 개정 때문에 예상되는 비용의 증가분을 예측하는 것"이라고 정의하고 있다.

행 시 발생할 것으로 예상되는 재정소요를 확인하기 위해 도입되었다. 이는 단기적으로 국회 심사 과정에서 의안의 재정 영향을 고려할 수 있도록 정보를 제공하며, 장기적으로는 재정지출 및 재정수입을 안정적으로 관리할 수 있도록 지원하는 역할을 한다. 우리나라의 경우 법안의 발의단계에서 비용추계서를 작성하므로 법안비용추계는 해당 법안의 의결에 소요되는 기간 및 해당 법안시행에 필요한 예산 확보 기간 등을 고려하여 통상적으로 발의된 다음 연도 이후 5년에 걸친 소요비용을 추계한다. 비용추계의 개념적 특징을 대상과 내용, 목적의 관점에서 구체적으로 보면 다음과 같다(국회예산정책처. 2012).

첫째, 재정지출의 순증가 또는 재정수입의 순감소를 수반하는 의안만을 대상으로 한다. 의안의 개념에 대해서는 명확한 규정이 없으나 일반적으로 국회에서 통용되는 개념으로는 "헌법, 국회법, 그 밖의 법률에 따라 국회의 의결을 필요로 하는 안건 중에서 특별한 형식적·절차적 요건을 갖추어 국회에 발의·제안 또는 제출된 것"을 말한다. 물론 모든 의안이 비용추계의 대상이 되는 것은 아니며 예산 또는 기금상의 조치를 수반하는 의안에 한해서만 비용추계의 대상이 된다.[47)]

물론, 재정상 조치를 수반하는 의안으로서 비용을 유발한다고 하여 모두 비용추계가 가능하거나 필요한 것은 아니다. 국가안전보장에 관한 사항이나 군사기밀에 관한 사항은 관련 정보의 유출 우려가 있으므로 「의안의 비용추계 등에 관한 규칙」에서 추계서를 첨부하지 않을 수 있도록 규정하고 있다. 또한, 소요비용이 미미[48)]하여 재정에 미치는 영향이 거의 없는 경우 역시 추계의 효율성 측면을 고려하여 추계대상에서 제외하며, 기술적으로 추계하기 어려운 경우[49)]도 비용추계의 예외 대상이 된다.

47) 현실적으로 법안을 제외한 다른 의안이 재정을 수반하는 경우는 많지 않다는 점과 「국가재정법」 제87조에서는 법률안에 대하여만 비용추계서를 첨부하도록 규정하고 있다는 점을 고려할 필요가 있으며, 이를 감안하여 대부분 '법안' 비용추계라고 명시한다.

48) 「의안의 비용추계 등에 관한 규칙」에서는 예상되는 비용이 연평균 10억원 미만이거나 한시적인 경비로서 총 30억원 미만인 경우를 추계의 예외 사유로 하고 있다.

49) 법안의 내용이 선언적·권고적인 형식으로 규정된 경우, 내용의 구체성이 크게 결여된 경우, 관련 정보의 확보가 불가능한 경우, 미래의 불확실성이 너무 커서 예측이 어려운 경우 등이 이에 해당한다.

[그림 1] 법안비용추계의 대상

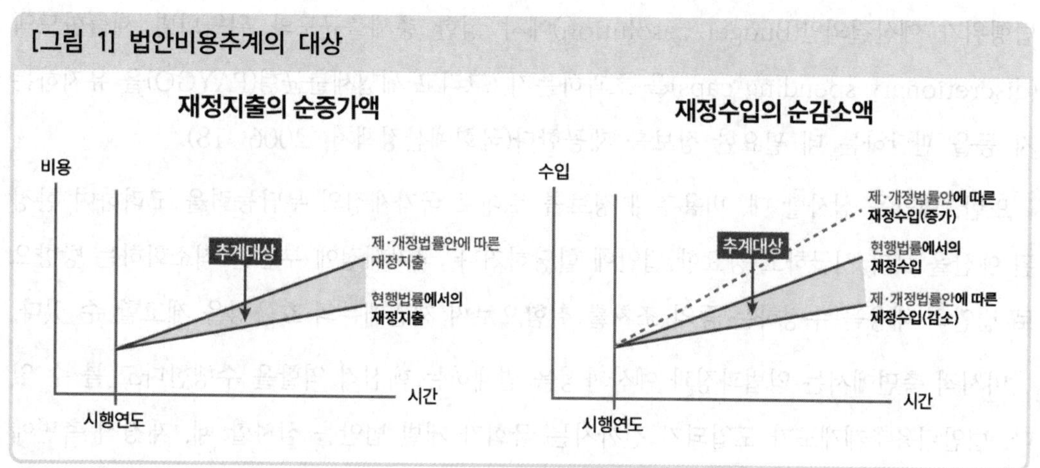

자료: 국회예산정책처(2022).「2022 법안 비용추계 이해와 사례」에서 발췌

둘째, 의안이 재정에 미치는 직접적 영향만을 추계하며, 의안의 시행으로 인하여 간접적, 부수적, 이차적으로 발생하는 재정적 영향은 추계의 대상에서 제외된다. 국회에서 심의·의결되는 법안이 가져오는 영향은 크게 재정적 영향과 비재정적 영향으로 구분할 수 있다. 재정적 영향은 해당 법안이 재정에 미치는 영향[50]을 의미하는 반면, 비재정적 영향은 법안이 정치, 경제, 행정, 사회 등에 미치는 영향을 의미한다.

셋째, 법안이 시행되기 전에 추계한다. 법안비용추계는 시기를 기준으로 사전추계와 사후추계로 나눌 수 있다. 우리나라의 법안비용추계는 재정수반법안이 국회에 발의·제안 또는 제출될 때 동 법안이 시행되는 경우 향후 5년간 발생할 재정수입과 재정지출의 증감액에 대하여 추계를 하여 사전추계에 해당한다.

(3) 법안비용추계의 기능

법안비용추계의 거시적 기능은 국가재정의 합리적 운용과 관련된 것으로, 국가재정의 건전성과 합리적 재원배분에 유용한 제도라고 할 수 있다. 특히 예산법률주의 국가인 미국에서는 법안비용추계제도가 연방정부의 재정적자를 통제하는 유용한 수단으로 인식되고 있다. 비용추계결과를 토대로 한 재정소요점검(scorekeeping) 정보는 의회로 하여금 특정한 입

50) 재정적 영향이란 법안의 시행에 소요되는 모든 재정적 비용을 부담주체별로 누가 얼마만큼 부담하는지를 평가하는 것으로, 회계장부상 현금주의에 입각한 비용의 변화를 의미한다.

법행위가 예산결의안(Budget resolution)에서 정한 총세출규모와 위원회별 세출한도액(discretionary spending caps)을 초과하는지, 그리고 세입세출균형(PAYGO)을 유지하는지 등을 판단하는 데 필요한 정보를 제공한다(국회예산정책처, 2006: 18).

또한, 법안을 심사할 때, 비용추계 정보를 토대로 국가재정의 부담능력을 고려하여 한정된 예산을 보다 시급하고 중요한 법안에 할당하거나, 국가재정에 부담을 최소화하는 방향으로 법안의 내용을 수정하는 등의 조치를 취함으로써 재원배분의 효율성을 제고할 수 있다.

미시적 측면에서는 입법과정과 예산과정을 연계하는 핵심적 역할을 수행한다고 볼 수 있다. 법안비용추계제도가 도입되기 전까지는 국회가 개별 법안을 심사할 때, 재정적 측면에서의 타당성을 검토하거나 장래 국가재정의 부담을 고려하기 어려웠다. 법안비용추계제도가 도입된 이후에는 해당 법안이 비용 대비 효과적인지 여부와 지나친 재정부담을 유발하는지 여부 등에 대해 파악할 수 있게 되었다.

2. 법안비용추계제도의 운용

(1) 법안비용추계서의 작성 주체 및 처리 절차

의원·위원회 및 정부가 재정을 수반하는 법률안을 제출하려면 「국회법」 및 「국가재정법」에 따라 비용추계서를 첨부해야 한다. 그동안 비용추계서의 작성주체에 대해서는 구체적인 규정이 없었으나, 2014년 3월 「국회법」이 개정되어 2015년 3월부터는 의원이 재정수반법안을 발의할 때 국회예산정책처의 비용추계서를 제출하여야 한다. 또한, 수정안과 대안에 대해서도 국회예산정책처의 비용추계서를 첨부하도록 규정하고 있다.[51] 한편, 정부는 국회와 같이 법안비용추계서 작성 전문기관이 없고, 대부분의 경우 법안을 담당하는 각 부처의 사업부서에서 비용추계서를 직접 작성하여 법안에 첨부하고 있다.

---

51) 「국회법」 제66조제3항 및 제79조의2제2항에 따르면, 위원회는 수정안 또는 대안에 대해 국회예산정책처가 작성한 추계서를 첨부하여야 하나, 긴급한 사유가 있는 경우 위원회의 의결로 생략할 수 있다.
「국회법」 제66조(심사보고서의 제출) ③ 제1항의 안건이 예산 또는 기금상의 조치를 수반하고 위원회에서 수정된 경우에는 제1항의 보고서에 그 안건의 시행에 수반될 것으로 예상되는 비용에 대하여 국회예산정책처가 작성한 추계서를 첨부하여야 한다. 다만, 긴급한 사유가 있는 경우 위원회의 의결로 이를 생략할 수 있다.
「국회법」 제79조의2(의안에 대한 비용추계 자료 등의 제출) ② 위원회가 예산 또는 기금상의 조치를 수반하는 의안을 제안하는 경우에는 그 의안의 시행에 수반될 것으로 예상되는 비용에 대한 국회예산정책처의 추계서를 아울러 제출하여야 한다. 다만, 긴급한 사유가 있는 경우 위원회의 의결로 이를 생략할 수 있다.

국회의 법안비용추계의 요구 및 처리 절차는 크게 ① 법안비용추계의 요구, ② 법안비용추계서의 작성, ③ 법안비용추계서의 회답, ④ 법안비용추계서의 첨부 및 제출의 네 단계를 거친다(국회예산정책처, 2022:5).

[표 1] 법안비용추계의 요구 및 처리 절차

단계	비용
비용추계 요구	• 국회종합입법지원시스템*을 이용하여 국회예산정책처장에게 비용추계요구 (의원, 위원회 → 국회예산정책처장) * 국회종합입법지원시스템(https://nals.assembly.go.kr)
비용추계서 작성	• 요구된 비용추계에 대하여 "비용추계서", "비용추계서 미첨부사유서", "비용추계서 미대상사유서"로 구분하여 작성
비용추계서 회답	• 국회예산정책처는 요구된 의안에 대한 비용추계서를 작성하여 국회종합입법지원시스템을 통하여 국회의장 및 의원·위원회에 회답 (국회예산정책처장 → 의장(의안과), 의원/위원회)
비용추계서 첨부 및 제출	• 재정수반 의안에 비용추계서를 첨부하여 발의(의원, 위원회) • 이미 발의된 의안의 경우 비용추계서만 제출

자료: 국회예산정책처(2022), 「법안 비용추계 이해와 사례」, pp.6. 에서 발췌

이때 요구된 의안에 대한 회답은 '비용추계서', '비용추계서 미첨부 사유서', '비용추계 미대상 사유서'로 구분하여 처리된다. 비용추계가 가능할 경우에만 의안 시행 시 소요될 것으로 예상되는 재정지출의 순증가액 및 재정수입 순감소액을 제시한 비용추계서가 시스템을 통해 국회의장 및 의원·위원회에 회답되며, 해당 추계서를 첨부하여 의안이 발의된다.

[표 2] 법안비용추계 처리결과 유형

구분		내용
비용추계서		• 의안이 시행될 경우 소요될 것으로 예상되는 국가와 지방자치단체 재정지출의 순증가액 또는 재정수입의 순감소액[1]에 대한 추계서
미첨부 사유서	1호	• 소요비용이 적어 재정에 미치는 영향이 미미한 경우 (예상되는 비용이 연평균 10억원 미만이거나 한시적인 경우로서 총 30억원 미만인 경우)
	2호	• 국가안전보장이나 군사기밀에 관한 사항인 경우
	3호	• 의안의 내용이 선언적·권고적인 형식으로 규정되어 있거나 구체적인 내용이 시행령 등에 위임되어 있어 기술적으로 추계가 어려운 경우
미대상사유서		• 의안이 시행될 경우 소요될 것으로 예상되는 국가 및 지방자치단체의 재정규모에 대한 영향이나 변화가 없는 경우 • 의안이 시행될 경우 국가와 지방자치단체 재정지출의 순감소 또는 재정수입의 순증가가 예상되는 경우

주: 1) 다만, '세입' 관련 법안의 경우 통과 여부뿐만 아니라 예산편성에도 중대한 영향을 미친다는 점에서 국회예산정책처는 세입의 '감소' 외에 '증가' 부분에 대해서도 비용추계서를 제공

자료: 국회예산정책처(2022), 「법안 비용추계 이해와 사례」에서 발췌

(2) 비용추계 연혁 및 현황

우리나라의 법안비용추계제도는 1973년 「국회법」 개정[52]으로 시작되었으며, 이에 따라 재정을 수반하는 의원발의 의안에 대하여 예산명세서를 첨부하도록 하였다. 하지만 실제 비용추계서가 첨부되기 시작한 것은 1988년부터이고, 제13대 국회(1988.5.30~1992.5.29)부터 제16대 국회(2000.5.30~2004.5.29)까지 예산명세서 첨부가 필요한 전체 의안(3,171건)의 3.8%(121건)만이 예산명세서가 첨부될 정도로 법안비용추계제도는 유명무실하게 운영되었다. 실제 동 제도가 활성화된 것은 제17대 국회(2004.5.30.~2008.5.29.)부터이며, 정부가 제출하는 법률안에 대해 비용추계서 역시 이 시기부터 첨부된 것을 확인할 수 있다.

52) (구) 「국회법」제73조 (의안의 발의 또는 제출) ① 의원은 20인 이상의 찬성으로 의안을 발의할 수 있다. 다만, 예산상의 조치가 수반하는 법률안 기타 의안은 50인 이상의 찬성으로 발의할 수 있다. ② 의안을 발의하는 의원은 그 안을 갖추고 이유를 붙여 소정의 찬성자와 연서하여 이를 의장에게 제출하여야 한다. 다만, 제1항 단서의 경우에는 예산명세서를 아울러 제출하여야 한다.

[표 3] 비용추계제도 연혁

일자	주요 내용
1973.02.07.	「국회법」 제73조제2항을 개정하여 예산명세서제도 도입
1988.07.18.	예산명세서를 첨부한 최초의 법안(「국회사무처법 일부개정법률안」(김덕규의원 대표발의)) 제출
2003.07.18.	국회예산정책처 설치를 위한 「국회법」 및 「국회예산정책처법」 제·개정
2005.07.28.	「국회법」 제79조의2를 신설하여 비용추계제도 도입
2006.10.04.	「국가재정법」 제정. 동법 제87조에서 정부가 제출하는 재정수반법안에 비용추계서를 첨부하도록 함
2011.07.14.	「지방자치법」 제66조의3을 신설하여 지방자치단체가 재정수반법안을 발의할 경우 비용추계서를 첨부하도록 함
2014.03.18.	「국회법」 제58조제7항을 개정하여 위원회 심사 시 의안의 시행에 수반될 예상비용에 관하여 국회예산정책처의 의견을 들을 수 있도록 함 「국회법」 제66조제3항을 신설하여 위원회 수정안에 대한 국회예산정책처의 비용추계서를 첨부하도록 함 「국회법」 제79조의2를 개정하여 의원 및 위원회 제안 법률안에 대한 비용추계 주체를 국회예산정책처로 일원화함(시행일 2015. 3. 19.)
2021.03.12.	「국회법」 제79조의2 개정으로 의원이 비용추계서를 첨부하여 의안을 발의한 경우, 국회예산정책처는 해당 의안에 대한 비용추계서를 의장과 의원에게 제출하도록 함.

자료: 국가법령정보센터(https://law.go.kr)를 바탕으로 재작성

비용추계서의 첨부 현황을 보면, 제17대 국회에는 1,634건, 제18대 국회에는 4,428건, 제19대 국회에는 4,431건, 제20대 국회에는 4,725건, 제21대 국회에는 2022년 말 기준 5,357건의 비용추계서가 재정수반법안에 첨부되었다. 이처럼 비용추계제도가 제17대 국회에 이르러 활성화된 것은 2003년 7월 「국회법」 개정으로 국회예산정책처가 신설되어, 2004년 6월부터 국회예산정책처가 법안비용추계를 시작한 것이 계기가 되었다. 발의안에서 첨부 발의안이 차지하는 비중 역시 이 시기부터 크게 증가하여 제18대 국회에서 31.8%로 가장 높았으며 이후 감소 추세를 보이다가 제21대 국회에서는 다시 29%를 상회하는 수준으로 나타난다.

[표 4] 법안발의 및 비용추계서 첨부 현황 (단위: 건, %)

	의원발의		위원회제안		정부제출		합 계	
		첨부		첨부		첨부		첨부
제17대 국회 ('04.5.30~'08.5.29)	5,728	1,372 [24.0]	659	17 [2.6]	1,102	245 [22.2]	7,489	1,634 [21.8]
제18대 국회 ('08.5.30~'12.5.29)	11,191	3,897 [34.8]	1,029	9 [0.9]	1,693	522 [30.8]	13,913	4,428 [31.8]
제19대 국회 ('12.5.30~'16.5.29)	15,444	4,080 [26.4]	1,285	23 [1.8]	1,093	328 [30.0]	17,822	4,431 [24.9]
제20대 국회 ('16.5.30~'20.5.29)	21,594	4,122 [19.1]	1,453	353 [24.3]	1,094	250 [22.9]	24,141	4,725 [19.6]
제21대 국회 ('20.5.30~'22.11.30 기준)	16,719	5,015 [30.0]	733	197 [26.9]	573	145 [25.3]	18,025	5,357 [29.7]

주: 1. 발의안 합계는 재정수반이 포함되지 않은 법률안도 포함된 수치
2. 첨부건은 비용추계서 및 미첨부사유서가 첨부된 경우를 의미
3. [ ]안은 각 제안종류별 발의안에서 첨부 발의안이 차지하는 비중
4. 법률안만 포함한 현황으로 결의안, 국회규칙안 등의 의안은 제외

자료: 의안정보시스템(https://likms.assembly.go.kr/)을 바탕으로 작성

또한, 2014년 3월 「국회법」이 개정되어 의원발의 및 위원회 제안 법률안에 대한 비용추계의 작성주체가 국회예산정책처로 일원화된 이후 국회예산정책처의 법안비용추계 회답 건수가 급격한 증가세를 보인다. 2005년 168건, 2014년 556건이던 회답건수는 2015년 1,994건으로 급증했으며, 2023년 12월말 기준으로 4,950건에 달하는 것으로 나타난다.

[그림 2] 국회예산정책처의 법안비용추계 현황 (단위: 건)

자료: 국회예산정책처(2023). 「국회예산정책처 20년사」를 바탕으로 재작성

한편, 정부가 제출하는 법률안에 대한 비용추계는 「법제업무운영규정」(1999.10.30) 및 동 시행규칙(1999.11.30)의 개정으로 그 근거가 마련되었으며, 이 역시 실제로 비용추계서가 첨부된 것은 제17대 국회부터이다. 이후 2005년 7월에는 「국회법」 관련 규정을 개정[53)]하여 정부가 재정수반의안을 제출할 경우 비용추계서 외에 재원조달방안에 관한 자료가 첨부되도록 하였다. 또한, 「국가재정법」 제정(2006.10.4)으로 정부가 제출하는 재정수반법안에 대하여 재정수입·지출의 증감액에 대한 추계자료와 이에 상응하는 재원조달방안을 첨부하도록 하였다.

지방자치단체의 경우, 2011년 7월 14일 개정된 「지방자치법」에서 제66조의3을 신설하면서 지방자치단체의 장으로 하여금 예산 또는 기금상의 조치를 수반하는 의안을 발의할 경우 비용추계서를 의안에 첨부하도록 하고 있다.

53) 비용추계의 근거 규정인 제79조제2항의 단서를 삭제하고 제79조의2를 신설함으로써 의원발의 의안 외에 위원회제안 의안과 정부제출 의안도 비용추계서를 첨부하도록 하였다.

3. 입법영향평가제도와 외국의 비용추계제도

(1) 개념 구분

1980년대 재정압박에 처한 선진국들이 작은 정부의 구현을 기치로 내건 신자유주의적 사조가 유행하면서 입법의 효율성 문제가 관심사로 크게 대두되었고, 그러한 관심이 제도적으로 표출된 것이 바로 입법영향평가제도라고 할 수 있다(임명현, 2004: 12). 입법영향평가제도는 "법률의 시행으로 말미암아 초래될 재정적 및 비재정적 영향을 효과성, 효율성, 형평성 등의 측면에서 분석하는 것"으로 정의될 수 있다. 따라서 평가의 목적에 따라서 비용편익분석(cost benefit analysis), 비용효과분석(cost effectiveness analysis), 비용분석(cost analysis), 통계분석(statistical analysis) 등의 여러 가지 분석방법이 활용될 수 있다. 입법영향평가제도는 정책학 분야에서 이론화·체계화되고 있는 정책평가(programming evaluation)의 이론을 입법학의 분야에 응용·도입한 것으로, 사전평가, 과정평가 및 사후평가의 3단계로 나누어진다.

법안비용추계제도가 입법영향평가제도와 구별되는 개념적 특징은, ① 재정지출의 순증가 또는 재정수입의 순감소를 수반하는 법안을 대상으로 하고, ② 직접적으로 재정에 미치는 영향만을 추계하며, ③ 법안이 시행되기 전에 추계한다는 점을 들 수 있다.

[표 5] 입법영향평가제도와 법안비용추계제도의 비교

구분	입법영향평가제도	법안비용추계제도
평가 대상	모든 법안	재정수반법안
평가 내용	재정적, 비재정적 영향	재정적 영향
평가 시기	사전적·과정적·사후적 평가	주로 사전적 평가

(2) 외국의 법안비용추계제도

법안비용추계는 기본적으로 재정의 효율적 사용을 위한 목적에서 비롯된 것으로(김민주, 2019) 미국에서 처음 도입되었으나, 캐나다, 호주 등에서도 비용추계제도를 실시하여 법안 제·개정에 따른 재정소요를 점검하고 있다. 또한, 영국, 독일, 오스트리아 등 일부 국가들은 입법영향평가를 실시하면서 내용적 측면에서 해당 법안의 재정적 영향이나 경제적 효과를 평가함으로써 비용추계가 이루어지도록 한다는 특징을 보인다.

[표 6] 주요 국가별 비용추계제도 운영 현황

국가명	주 요 특 징
미국	• 「의회예산 및 집행거부통제법(Congressional Budget and Impoundment Control Act)」에 근거 • 행정부 관리예산처(OMB)와 의회 의회예산처(CBO)에서 추계 담당 • 연방정부 등 지출에 영향을 미치는 모든 법안에 대해 일정기간 소요비용을 연도별로 추계
캐나다	• 「캐나다 의회법(Parliament of Canada Act)」에 근거 • 의회예산처(PBO)에서 추계 담당 • 의회에서 논란이 될 수 있는 입법에 대해서만 비용추계 실시 • 정부 법안에 대한 추계는 의회의 요청이 있는 경우에만 실시
호주	• 의회예산처(PBO)에서 추계 담당 • 의원의 별도 요청이 있을 때 정책에 대한 비용 추계, 법률안에 대한 비용추계는 실시하지 않음 • 정부가 발의하는 법률안의 경우 재무부(Department of the Treasury and Finance)에서 추계하는 것이 일반적

자료: 전주열 외(2017). 「외국의 비용추계 제도 비교연구」를 바탕으로 재작성

우리나라 법안비용추계제도의 벤치마킹 대상 사례라고 할 수 있는 미국의 법안비용추계제도는 「의회예산 및 집행거부통제법(Congressional Budget and Impoundment Control Act)」(이하 "의회예산법") 제403조에 근거하며 "연방정부 등[54]의 지출에 영향을 미치는 모든 법안에 대해 당해연도 및 향후 일정기간 소요비용을 연도별로 예측·계산하는 것"으로 정의된다. 여기서 '모든 법안'이란, 원칙적으로 하원이나 상원 위원회 전체회의(full committee)를 통과하고, 본회의에 심사 보고된 법안과 직접 지출이나 수입에 영향을 미치

54) '연방정부 등'이라 함은 연방정부를 포함하여 주 및 지방정부 그리고 민간부문을 의미하는데, 연방정부 부담을 추계하는 것이 일차적인 목적이나 주 및 지방정부 그리고 민간에 영향을 미치는 조항이 있을 경우 이를 전담하는 각각의 추계팀에서 소요비용을 전망한다.

는 법률을 말한다. 다만, 세출법안은 비용추계의 대상이 아니기 때문에 연방의회 상·하원의 입법위원회 중에서 세출위원회를 제외한 각종 위원회가 승인한 법률안 및 결의안이 비용추계의 대상이다(강장석, 2016).

미국에서 비용추계를 실시하는 가장 중요한 목적은 연방의회의 입법절차에서 재정건전성을 확보하는 것으로, 재정준칙의 효과적인 시행을 위해 법안들의 수반 비용에 대한 정확한 파악이 필요하여 비용추계를 도입하고 해당 법안에 비용추계서를 첨부할 의무를 부과하였다. 즉, 비용추계는 재정상황이 허락하지 않으면 법안의 내용과 무관하게 입법이 불가능하도록 제도를 설계하고자 한 것이었고 이를 위해 과학적이고 객관적인 비용추계가 중요해졌다고 볼 수 있다(하연섭 외, 2021). 이에 더해 미국의 법안비용추계제도는 연방정부의 법률안이 주정부, 지방정부, 민간부문에 과도한 재정부담을 지우는 것을 방지하고자 하는 목적도 가지고 있다. 따라서 실제 의회예산처는 해당 법안이 시행되었을 때 연방예산에 어떤 영향을 미치는지를 추계할 뿐만 아니라 해당 법안이 주정부, 지방정부, 부족정부, 민간부문에 '위임명령'을 부과하는지의 여부도 분석한다.

미국 의회예산과정의 핵심 과정인 합동예산결의안의 작성, 조정지침의 제정과 시달, 세출(소)위원회에서의 지출한도 준수 여부 점검, 입법위원회에서의 의무지출 조정, 세입위원회에서의 세법조정 등의 기반이 되는 작업이 의회예산처의 재정소요점검이며 재정소요점검을 위한 기초작업이 바로 비용추계라고 할 수 있다. 따라서 미국에서 법안비용추계는 의회예산과정의 본질적 부분이 되었다고 평가된다(하연섭 외, 2022).

의회예산처가 작성하는 비용추계서의 내용을 보면 다음과 같다. 먼저 재량지출에 영향을 미치는 법률안의 경우 해당 법률안 실행을 위해 필요한 지출 규모를 추정하고 5년 간 지출액 정보에 근거한 표를 포함하여 제시한다. 의무지출에 영향을 미치는 법률안의 경우에는 법률안 제정에 의해 특정 의무지출 프로그램에 대해 발생 혹은 변경되는 예산권한과 지출규모를 예산 기준선과 비교하여 추정한다. 이 때에는 직접지출의 증가 또는 감소를 보여주는 10년 기간의 표가 추계서에 포함된다. 마지막으로 수입에 영향을 미치는 법률안의 경우에도 수입의 증감이 미치는 영향을 예산 기준선과 비교하여 추정하나, 특정 법안이 수입에 미치는 영향에 대한 추계는 합동조세위원회(The joint Committee on Taxation)에서 작성할 수 있다. 더불어 본회의와 양원협의회 등에서 수정이 많이 발생한 경우에는 의회를 통과한 법안에 대해서도 비용추계를 실시하기도 한다는 것 역시 미국 비용추계제도의 특징이라고 할 수 있다.

4. 법안비용추계제도의 개선과제

현재 우리나라의 법안비용추계제도는 제도의 정착기에 들어섰다는 평가를 받지만 실질적 활용도 제고에 한계를 보이고 있다. 실제 제20대 국회를 대상으로 활용 현황을 분석한 실증연구(하연섭 외, 2022)에서도 여전히 비용추계서를 제출해야 하는 의무가 있음에도 불구하고 비용추계서가 제출되지 않거나 실제로 제출된 비용추계서를 활용하지 않는 현상이 여전히 만연해 있는 것으로 나타난다. 이러한 문제점을 개선하기 위해 다음과 같은 방안들을 고려할 필요가 있다.

먼저, 현재의 비용추계제도는 법안 발의 측면에 초점이 맞추어져 있다. 상임위원회에서 법안을 심사하는 과정을 보면, 재정수반법안과 비재정수반법안 모두 동일한 절차와 과정을 거치고 있고 재정수반법안이라고 하여 비용추계의 적정성 등에 대한 별도의 논의 절차를 거치는 경우는 찾아보기 힘들다. 이는 의원들에게 보고되는 전문위원 검토보고서에 비용추계의 적정성이나 타당성, 재정에 미치는 영향 등에 대한 언급이 충분하지 않은 데에 그 원인이 있다. 현재 위원회별 법안심사과정을 살펴보면, 법안비용추계서의 인용 빈도가 낮고 인용되는 내용도 비용추계 내용을 단순하게 인용하는 수준에 그치고 있다. 따라서 비용추계서가 심사과정에서 활용될 수 있도록 전문위원 검토보고서에서 비용추계에 대한 내용이 지금보다 충실히 분석·소개될 필요가 있다.

더불어, 법률안 심사 시 재정수반법안에 대한 비용추계를 효과적으로 활용하기 위해서는 국회예산정책처가 작성한 비용추계서의 첨부를 활성화할 필요가 있다. 이와 관련하여 일부에서는 현재 의원이 법안을 발의할 때 비용추계서를 첨부하도록 되어 있는 제도를 수정하여 미국 의회와 같이 상임위에서 본 회의로 상정하는 법안에 대해서만 비용추계를 실시하도록 할 필요가 있다는 의견도 제시된 바 있다(하연섭 외, 2022). 이같이 대상을 좁히면 비용추계서 대신 비용추계요구서로 내용이 갈음되거나 미첨부를 허용하는 여러 예외 규정의 폭을 줄일 수 있어 실질적 활용도가 높아질 것으로 예상된다. 이외에도 법안비용추계 미첨부 사유서의 비율이 상당한데 그 중 기술적으로 추계가 어렵다는 이유로 미첨부하는 제3호 사유의 사용을 지양할 수 있도록 하고, 위원회 심사과정에서 「국회법」 제58조제7항에 규정된 국회예산정책처 의견청취 조항을 적극 활용하도록 하는 제도적 장치를 모색할 필요가 있다는 의견도 있다(박정환, 2015; 류도암·임동완, 2015). 한편, 최근 정부 법안에 대한 비용추계서를 분석한 연구(윤주철, 2022)에서는 실제 정부발의 법률안에 첨부되는 재원조달방안이 매우 형식적으로 작성되고, 재정부담이 발생함에도 지출대상의 광범위성, 단가정보 부족 등을 이유로 비용추계서를 미첨부한 사례가 많다는 것을 지적하고 있다. 이러한 점을 개선하기 위해서는 비용추계의 대상을 재정의 변화를 포괄하는 방식으로 명확화하고 미첨부사유의 금액 기준을 낮춰 보다 많은 비용정보가 법률안에 첨부될 수 있도록 하는 방안 등을 모색할 필요가 있을 것으로 보인다. 더불어 일부 전문가들은 국회의 경우 국회예산정책처라는 별도의 전담기구에서 비용추계를 실시하는 반면 정부는 자체 작성을 하는 데서 오는 한계가 있으므로, 정부발의안 비용추계 과정에서 국회예산정책처와 정보 및 자원공유 등을 통해 이를 보완할 필요가 있다(이완영, 2014).

참고문헌

국회예산정책처. (2012). 「법안비용추계: 원리와 실제(지출편)」.

__________. (2021). 「법안비용추계 활용현황 및 개선방안 연구」

__________. (2022). 「법안 비용추계 이해와 사례」.

국회의안정보시스템. (http://likms.assembly.go.kr/bill/main.do). 대한민국국회. 2018.3.10. 검색

김민주. (2019). 「재무행정학」. 박영사.

류도암·임동완. (2015). 법안비용추계제도의 변화과정에 대한 제도주의적 접근, 「국가정책연구」, 29(2), pp.101-124.

신해룡·이남수. (2000). "예산부수법안의 법안비용추계에 관한 연구." 국회사무처 예산정책국.

윤주철. (2022). 정부제출 법률안에 대한 비용추계의 특징과 개선 방안에 관한 연구: 제21대 국회를 중심으로, 「의정논총」, 17(2), pp.95-121.

이완영. (2014). 재정건전성 확보를 위한 법안비용추계제도의 강화, 「예산춘추」, 34, pp.70-75.

임동완·허형조.(2023). 「비용추계 특성 정보분석을 통한 비용추계 효율화 방안 연구」. 국회예산정책처 연구용역보고서.

전주열 외. (2017). "외국의 비용추계 제도 비교연구." 법제연구원.

하연섭·류철·장유미(2021). "비용추계 활용현황 및 개선방안 연구", 국회예산정책처 연구용역보고서.

하연섭·장유미·류철(2022). "왜 우리 국회에서는 비용추계가 제대로 활용되지 않는가? -재정제도주의적 해석-", 「한국정책학회보」, 31(3), pp.257-281.

현성수 외 역. (2005). 「미국연방예산론」. 알렌 쉬크 지음. 한울아카데미.

홍완식. (2009). "정부제출 법률안에 대한 국회의 법안비용추계 기능 강화 방안에 관한 연구."

Schick, Allen. (2007). "Can National Legislatures Regain an Effective Voice in Budget Policy?." 「OECD Journal on Budgeting」, 1(3): 15-42.

제5절 성과계획서와 예산안 심의

1. 성과계획서의 의의

성과중심의 재정운용을 위해 2006년 제정된 「국가재정법」에 따라 정부 각 부처는 2008년에 처음으로 「2009년도 예산안」에 첨부하여 성과계획서를 국회에 제출하였다. 성과계획서는 각 중앙관서의 장이 기관의 전략목표와 성과목표를 제시하고 목표 달성 여부를 판단할 수 있는 지표와 지표별 목표치를 기술한 연도별 시행계획이다.

이러한 성과계획서의 의의는 정부차원과 국회차원으로 구분하여 살펴볼 수 있다. 먼저 정부차원에서 보면, 예산담당 부처 및 소관 부처는 성과계획서에 제시된 성과지표의 목표치와 집행 후 실적치를 비교·분석하여 해당 사업의 집행방식을 개선하고 예산규모를 조정함으로써 예산안 편성 과정에 그 결과를 환류시킬 수 있다. 국회차원에서는 성과계획에 제시된 각 기관의 전략목표, 성과목표, 관리과제, 성과지표 등을 통해 해당 기관이 추진하는 업무에 대한 이해를 높일 수 있을 뿐만 아니라 예산안 심의에 성과정보를 활용할 수 있다. 또한, 정부와 국회 사이의 재정정보의 비대칭 문제를 해소하는 데에도 성과계획 정보가 유용하게 쓰일 수 있다. 이를 종합하여 보면, 성과계획서는 예산안 심의 시 참고자료로 활용될 뿐만 아니라 각 부처가 사업수행 실적, 성과달성 여부 등을 토대로 작성하는 성과보고서 및 재정사업 자율평가보고서의 기초자료로도 활용될 수 있다는 데 의의가 있다.

[그림 1] 정부 재정성과관리 체계

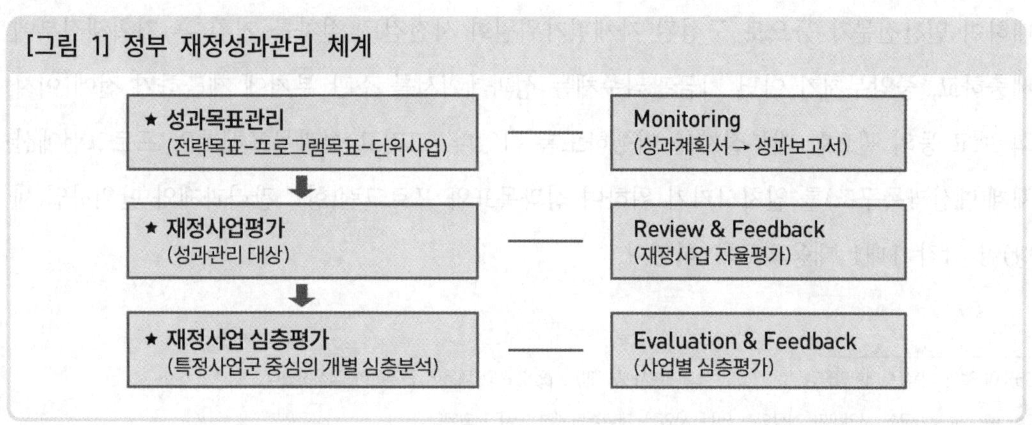

자료: 대한민국정부(2024). 「성과계획서(총괄편)」

이처럼 성과계획이 정부의 예산안 편성 근거 및 국회의 예산안 심의 참고자료로 활용되기 위해서는 우선 성과계획의 신뢰성이 확보될 필요가 있다. 비합리적인 성과계획에 근거하여 성과달성 여부를 판단하고, 이를 예산안 편성과정과 심의과정에 활용할 경우 재정지출의 효율성과 효과성을 높이고자 하는 제도도입의 취지를 달성하기 어렵기 때문이다.

2. 계획수립 대상기관 및 대상업무 등[55)]

「국가재정법」 제34조제8호에 따라 예산안의 첨부서류로 국회에 제출되는 성과계획서는 「2009년도 예산안 및 기금운용계획안」부터 작성·제출되었다. 성과계획수립 대상기관은 「국가재정법」에 따라 기획재정부장관에게 예산요구서를 제출하는 모든 중앙관서이며, 대상업무는 당해기관이 임무달성을 위해 추진하고자 하는 재정사업(일반재정, R&D, 정보화 포함)[56)]이다. 다만, 관련법령이나 업무의 특수성 등을 감안하여 대외공개가 곤란한 사항, 인건비·기본경비 등 성과관리 실익이 없는 사업은 제외[57)]가 가능하다. 2024년도 성과계획서 작성 대상기관은 「국가재정법」 제4장의2에 따라 예산요구서를 제출하는 모든 중앙관서의 장과 기금관리주체로서 60개 중앙관서가 이에 해당한다[58)].

2011년도 성과계획서 작성부터는 성과계획서의 적정성에 대한 자율적 검증절차를 강화하고, 성과목표체계와 프로그램예산체계(예산과목구조)의 일치화를 추진하였다. 이를 자세히 살펴보면, 먼저 자율적 검증절차를 강화하기 위하여 각 부처에서는 성과계획서 최종안에 대하여 민간전문가 등으로 구성된 자체평가위원회 사전검토 절차를 거친 후 기획재정부에 제출하고, 중앙부처가 아닌 기금관리주체는 성과계획서를 소관 부처에 제출하기 전에 이사회 보고 등의 필요한 내부절차를 이행하도록 하였다. 그리고 성과목표체계와 프로그램예산체계(예산과목구조)를 일치시키기 위하여 성과목표와 프로그램(항), 관리과제와 단위사업(세항)이 각각 1대1 대응되도록 하였다.

55) 이 절의 내용은 대한민국정부(2024), 「성과계획서(총괄편)」, pp.2~8의 내용에 근거하여 작성하였다.

56) 예산이나 기금에 사업비가 계상되지 않는 사업은 계획수립 대상에서 제외된다.

57) 기획재정부. 「2024년도 성과계획서 작성지침」

58) 중앙관서는 62개이지만 제출 대상이 아닌 국정원과 회계연도 개시 후에 출범한 우주항공청(24년 5월)이 제외된다.

2022년도부터는 성과기반의 재정운용 및 거시적·전략적 성과관리 강화를 목적으로 성과계획서 작성단위를 기존 '단위사업' 기준에서 '프로그램' 기준으로 상향조정하였다. 이는 사업 담당 실무자보다는 국민의 입장에서 정부 재정지출의 효과를 체감할 수 있는 단위를 기준으로 함으로써 성과관리를 강화한다는 의미를 가지고 있다. 또한, 2024년도부터는 부처의 성과를 보다 쉽게 파악할 수 있도록 '1프로그램 1지표'를 원칙으로 성과지표를 설정하고 있다.

3. 성과계획서의 현황과 특징

2024년도 성과계획서 작성대상 60개 부처의 성과관리체계는 전략목표 187개, 프로그램목표 475개로 구성된다. 전년 대비 대상 중앙관서는 2개 증가하였고 전략목표 수는 6개 증가하였으며, 프로그램 목표는 전년과 동일한 수준이다.

[표 1] 2024년도 성과목표 관리체계

(단위: 개)

회계연도	부처	전략목표	프로그램목표
2024 (a)	60	187	475
2023 (b)	58	181	475
증감(a-b)	+2	+6	0

주: 예산기준(기금변경 포함)
자료: 대한민국 정부(2024), 「성과계획서(총괄편)」

[표 2] 부처별 프로그램목표 현황

(단위: 개)

연번	부처	전략목표		프로그램목표	
		2023	2024	2023	2024
1	대통령비서실 및 국가안보실	1	1	1	1
2	대통령경호처	1	1	1	1
3	국회	2	2	5	5
4	대법원	2	2	2	2
5	헌법재판소	1	1	1	1
6	중앙선거관리위원회	1	1	2	2

연번	부처	전략목표		프로그램목표	
		2023	2024	2023	2024
7	민주평화통일자문회의	1	1	2	2
8	감사원	1	1	1	1
9	국무조정실 및 국무총리비서실	1	1	1	1
10	기획재정부	4	4	15	15
11	교육부	4	4	20	20
12	과학기술정보통신부	6	6	34	33
13	외교부	6	6	13	12
14	통일부	2	2	8	8
15	법무부	5	5	8	8
16	국방부	5	5	10	10
17	행정안전부	6	6	16	16
18	국가보훈부	5	5	9	9
19	문화체육관광부	6	6	33	33
20	농림축산식품부	5	5	6	16
21	산업통상자원부	6	6	23	25
22	보건복지부	4	4	25	25
23	환경부	6	6	16	16
24	고용노동부	4	4	9	9
25	여성가족부	4	4	5	5
26	국토교통부	6	6	34	34
27	해양수산부	3	3	13	13
28	중소벤처기업부	5	5	11	11
29	인사혁신처	5	5	7	7
30	법제처	1	1	1	1
31	식품의약품안전처	5	5	10	10
32	고위공직자범죄수사처	1	1	1	1
33	국가인권위원회	1	1	1	1
34	국가교육위원회	0	1	0	1
35	방송통신위원회	2	2	4	4
36	공정거래위원회	3	3	4	4
37	금융위원회	4	4	12	11
38	국민권익위원회	1	1	1	1

연번	부처	전략목표		프로그램목표	
		2023	2024	2023	2024
39	원자력안전위원회	2	2	3	3
40	개인정보보호위원회	1	1	1	2
41	국세청	5	5	6	6
42	관세청	4	4	6	6
43	조달청	1	1	2	2
44	통계청	3	3	5	5
45	재외동포청	0	1	0	2
46	병무청	4	4	4	4
47	방위사업청	3	3	7	7
48	경찰청	3	4	10	10
49	소방청	1	1	1	1
50	문화재청	3	3	8	7
51	농촌진흥청	2	2	7	7
52	산림청	3	5	7	7
53	특허청	2	2	5	5
54	질병관리청	3	4	9	9
55	기상청	4	4	7	7
56	행정중심복합도시건설청	1	1	2	2
57	새만금개발청	3	3	3	3
58	해양경찰청	5	5	5	5
59	5·18민주화운동 진상규명조사위원회	1	1	1	1
60	진실·화해를위한과거사정리위원회	1	1	1	1
합 계		181	187	475	475

자료: 대한민국 정부(2024), 「성과계획서(총괄편)」

2024년도 성과관리대상 60개 소관의 총지출 655조 9,569조원 중 성과관리대상 설정액은 374조 8,826억원이다. 총지출 대비 성과관리대상 설정액 비율은 57.2%로 전년 대비 해당 비율이 2.5%p 증가한 수준이다.

[표 3] 총지출 대비 성과관리대상 단위사업 설정 (단위: 억원)

회계연도	총지출(A)	성과관리대상 사업 금액 (B)	성과관리대상 사업설정비율(B/A)
2024 (a)	6,559,569	3,748,826	57.2%
2023 (b)	6,378,750	3,487,175	54.7%
증감(a-b)	180,819	261,652	2.5%p

주: 예산기준(기금변경 포함)
자료: 대한민국정부, 「2024년도 성과계획서(총괄편)」

4. 성과계획서의 문제점 및 예산안 심의 시 활용방안

(1) 관리과제(단위사업) 설정의 형식화

정부가 매년 성과계획서를 작성하여 국회에 제출하는 것은 국회의 예산안 심의 과정에서 성과계획서를 활용하여 각 재정사업의 성과에 기반한 심의를 하기 위한 것이다. 따라서 「국가재정법」 제8조제9항에서도 "예산안과 그에 따라 작성된 성과계획서는 사업내용 및 사업비 등이 각각 일치하도록 노력하여야 한다"고 성과계획서의 취지를 명확히 규정하고 있다. 또한, 기획재정부의 성과계획서 작성지침에서도 "재정사업은 원칙적으로 모두 관리과제로 설정"하도록 명시하고 있다. 그럼에도 불구하고 정부가 국회에 제출한 예산안의 관리과제 작성실태를 보면, 2018년도의 경우 예산액 기준으로 전체 총지출 대비 약 52%만을 관리과제로 설정하였다. 이는 전술한 것처럼 2017년보다도 10.1% 감소한 규모로, 국회가 정부의 성과계획서를 활용하여 예산안 심의를 진행하더라도, 예산액 기준으로 전체 재정사업의 절반은 성과계획서 없이 예산안 심의를 하여야 한다는 것을 의미한다.

이와 같이 전체 재정사업을 아우르는 성과계획서가 작성되지 못하는 주요한 원인 중 하나는 '성과계획서 작성지침'에 문제가 있기 때문으로 보인다. 2018년 지침을 보면, 재정사업은 원칙적으로 모두 관리과제로 설정하도록 규정[59]하면서도 관련법령이나 업무 특수성 등을 감안 대외공개가 곤란한 업무, 소규모 전산운영경비, 기관운영 출연금사업, 기금의 운용을 위한 기금운영비, 직원 정보화교육 경비, 10억 미만의 소액사업(단위사업기준) 등과 기타

59) 다만, 성과관리의 실익이 없는 경우는 구체적 사유를 제출하도록 규정하고 있으나, 구체적 사유의 타당성에 대한 검증절차가 없기 때문에 요식행위에 그칠 가능성이 높다.

성과관리의 실익이 적다고 판단되는 경우로서 공공기관 혁신도시 이전사업 등을 성과계획서 대상에서 제외함으로써 다른 해보다 예외대상 사업범위가 확대되었다. 이는 과거 예외범위가 포괄적으로 규정되어 범위설정이 모호한 부분을 명확히 하는 과정에서 다수의 사업이 예외대상에 포함되었기 때문이다.

그러나 예외대상에 포함된 10억 미만의 소액사업, 기금운영비, 기관운영 출연금 등에는 성과관리가 필요한 사업들도 포함될 수 있다. 사업의 규모가 작더라도 재정투입에 따른 성과 관리의 필요성이 큰 사업이 있을 수 있고, 기금운영비 및 기관운영 출연금의 경우에도 인건비 및 경상경비 등 간접비로 수행되는 정책의 성과를 분석할 필요가 있기 때문이다.[60] 따라서 합리적인 기준에 따른 사업별 검토를 통해 성과관리가 불필요한 사업들만 예외적으로 대상에서 제외시키는 것이 '모든 재정사업의 원칙적 성과관리'라는 성과계획의 기본 취지에 보다 부합할 것이다.

(2) 국회 예산안 심의에의 활용방안

성과계획서는 해당 사업의 목표 및 내용과 밀접한 관련성을 지니고 있어야 국회의 예산안 심의에 중요한 참고자료로 활용될 수 있으며, 향후 결산 시에도 그 이행 여부를 검증하여 사업구조를 개선하고 차년도에 적정 규모의 예산을 반영하는 데 도움이 될 것이다. 그러나 다수의 성과지표가 실질적인 사업내용과 연계성이 낮아 사업의 성과를 적절히 반영하지 못하는 문제가 있다. 이에 따라 성과주의 예산제도가 형식적으로 운영되고 있다는 비판이 제기되고 있으며, 성과계획서가 국회 예산안 심의에 제대로 활용되지 못하고 있는 실정이다.

따라서 성과계획서 상 성과지표가 사업의 핵심적인 내용과 실질적인 성과를 나타낼 수 있도록 지표체계를 개선할 필요가 있으며, 이를 통해 예산심의와 성과계획이 서로 연계되어 성과주의 예산제도를 도입한 당초 취지가 충실히 이행되도록 할 필요가 있다.

이를 전제로 국회에서도 예산안 심의 과정에서 성과계획서를 활용하는 법적·제도적 방안을 적극 모색할 필요가 있고, 이를 바탕으로 예산결산특별위원회와 각 상임위원회는 성과계

60) 기획재정부는 2006년 성과관리대상을 26개 부처, 주요 재정사업에서 모든 부처, 모든 재정사업으로 확대하면서, 재정이 직접 투입되는 재정사업만을 성과관리대상으로 할 경우 사업과 연계되어 수행되는 정책, 제도, 규제 등에 대한 정보 부족으로 사업의 성과목표 달성정도, 원인 등에 대한 종합적인 분석·판단에 한계가 있다고 설명하였다. 또한, 인건비, 경상경비 등 간접비로 수행되는 정책, 규제 등도 재정사업과는 별도로 정책사업으로 분류하여 성과관리대상에 포함할 필요가 있다고 밝힌 바 있다.

획서를 충실히 분석·평가한 내용들을 예산안심사에 반영해 나가야 할 것이다. 또한, 관리과제(단위사업)로 설정할 재정사업 대상을 확대하되, 설정 대상에서 제외할 경우 제외사항을 명확하면서도 예외적으로 허용하고, 제외사유를 기획재정부는 물론 국회의 소관 상임위원회에 제출하도록 제도를 개선할 필요가 있을 것이다.

참고문헌

국회예산정책처. (2024).「2024 대한민국 재정」.

기획재정부. (2023).「2024년도 성과계획서 작성지침」.

_________. (2024).「2024년 성과관리 시행계획」.

대한민국 정부. (2023).「2024년도 정부 성과계획서(총괄편)」.

제6절 부대의견

1. 의의

국회는 기본적으로 회의체 기관이기 때문에 그 의사를 결정하기 위하여 의결절차를 따른다. 이러한 의회의결주의는 위원회뿐만 아니라 본회의에도 적용된다. 그런데 국회가 의결을 한다는 것은 법안이나 예산안과 같은 일정한 의안[61]을 전제로 하는 것으로서, 위원회나 본회의에 상정된 의안에 대한 의사를 결정하면서 이에 보충적으로 의견을 표명하는데 이를 '부대의견'이라고 부른다.

부대의견이라는 개념은 현행 「국회법」에는 규정되어 있지 않음에도 불구하고, 법률안이나 예산안과 같은 의안을 처리할 때 부대의견 제도를 널리 활용하고 있다. 그 이유는 국회의 의결은 주로 표결절차를 거치게 되는데, 표결은 가부(可否) 어느 한쪽의 의사를 표시하는 것으로 이에 조건을 붙일 수 없다.[62] 그러나 의결행위는 안건에 대한 찬성과 반대라는 두 가지 의사만을 표명하는 행위로서 전체 의사결정에는 승복하지만, ① 부대의견을 통하여 소수의 의견을 명확히 밝힐 필요가 있는 경우, ② 의결의 취지를 보다 명확하고 상세하게 정할 필요가 있는 경우, ③ 국회가 안건과 관련하여 정부로 하여금 일정한 사항을 희망·권고·요구할 필요가 있을 경우에 부대의견을 채택할 필요성이 있다.

국회에서 부대의견이 채택되기 시작한 시점을 정확하게 알 수는 없으나, 2002년 무렵부터 부대의견 채택 건수가 급격하게 증가하고 있다(김세진, 2011: 281). 특히 예산안의결 과정에서 부대의견이 가장 많이 채택되고 있는데, 이는 우리나라가 예산법률주의를 채택하고 있지 않은 상황과 밀접한 관련이 있다. 즉, 국회가 특정 예산사업의 규모뿐만 아니라 집행과 관련된 재정의지를 표명하는 수단으로 부대의견을 활용하고 있는 것이다. 김세진(2011)은 "부대의견이 가장 많이 등장하는 예산 및 결산의 경우 국회가 예산안의 의결과는 별도로 의결된 예산의 구체적인 운용방식에 대한 조건을 붙이기 위하여 법적으로 정해진 예산안의 의

61) 의안(bills)의 개념에 대하여는 명확한 규정이 없으나, 일반적으로 "헌법, 국회법, 그 밖의 법률에 따라 국회의 의결을 필요로 하는 안건 중에서 특별한 형식적·절차적 요건을 갖추어 국회에 발의·제안 또는 제출된 것"을 말한다(국회 의안정보시스템). 이러한 의안의 종류에는 국회에서 심의하는 법률안·예산안·결산·동의안·감사요구안·징계요구안·선출안 등이 있다.

62) 이를 조건부 의결(표결) 금지의 원칙이라고도 부른다.

결과는 별도로 부대의견을 채택함으로써 예산의 집행에 보다 깊이 관여"하고 있다고 설명한다. 또한, 어떠한 안건에 대해 다수의 의사대로 의결되었지만, 소수의 이견이나 의견을 공식적으로 표명할 필요가 있을 때에도 부대의견을 채택하거나 정부로 하여금 일정한 행위를 하도록 요구·권고하기 위하여 부대의견을 채택하기도 한다.

이처럼 부대의견의 인정배경이 다양하고, 그에 따라 부대의견의 내용과 방식 또한 상당한 차이를 보이고 있다. 아래에서는 국회가 채택하는 부대의견에 관한 일반이론(법적 성격과 기능 등)을 간략하게 살펴본 후, 예산안과 관련된 부대의견에 대하여 상세히 논의하고자 한다.

2. 부대의견의 법적 성격과 기능

(1) 법적 성격

우리나라는 예산법률주의를 채택하고 있지 않으므로, 국회가 특정 예산사업의 집행과 관련된 의지를 표명하는 별도의 수단으로 부대의견이 활용되고 있다고 볼 수 있다(국회예산정책처, 2024). 그리고 이러한 부대의견의 개념이나 법적 성격 등에 관하여 「국회법」이나 「국가재정법」 등에서도 별도로 규정하고 있지 않기 때문에 부대의견의 법적 성격이 문제가 된다. 부대의견의 법적 성격은 부대의견에 구속력 내지 강제력을 인정할 수 있는가의 문제로 귀결된다고 할 수 있다. 현재까지 부대의견의 법적 성격에 대한 유일한 연구라고 할 수 있는 문헌(김세진 외, 2009)에서는 이것이 법적 구속력을 갖지 않고, 국회의 공식적 의견으로 보기도 어렵다고 평가하기도 한다.

부대의견은 법률에 명시적인 근거가 없고, 예산의 일부를 구성하지 않기 때문에 정부에 대한 구속력 여부에 관하여 논란이 있는 것이 사실이다. 그러나 부대의견이 수정안에 포함(첨부)되어 국회 본회의에서 심의·의결된다는 점을 고려할 때, 부대의견의 구속력을 부인하는 것은 예산의 심의·확정권을 국회에 부여하고 있는 「대한민국헌법」 제54조의 취지에 반하는 측면이 있다. 특히 부대의견의 내용이 예산의 집행시기 및 집행조건 등을 정한 경우에는 예산의 효력에 준하는 구속력을 인정하는 것이 「대한민국헌법」의 취지에 부합한다고 볼 수 있다(국회예산정책처, 2024).

더불어 실제 의안심사 과정을 살펴보면, 부대의견은 의안과 함께 위원회와 본회의의 의결 대상이 되고 있으며 공식적 절차와 방법 외에도 국회에서 정부가 부대의견을 준수했는지 그 결과를 자료로 제출하게 하거나, 국정감사 및 각종 회의에서 그 준수여부에 관하여 질의·비판하고 있다. 더불어 국회예산정책처나 위원회 전문위원실에서도 준수 결과에 대해 검토보고하는 등의 방법으로 부대의견의 구속력과 강제력을 높이기 위해 노력하고 있다. 이러한 점을 감안하면 법적 구속력은 갖지 못하더라도 의회의결주의에 기반하여 사실상의 구속력이나 정치적 기속력을 가진다고 보는 것이 타당하다.

(2) 부대의견의 기능

부대의견은 크게 세 가지 기능을 가진다고 볼 수 있다. 먼저, 국회의 의사표시 수단으로서 국회는 이를 통해 의안에 포함시키기 어려운 세부사항을 첨부하여 정부로 하여금 이를 이행하도록 요구할 수 있다. 예를 들면, 국회는 법률안의 제·개정안을 의결하면서 관련 예산을 확보하도록 촉구한다거나, 기한을 정하여 정부로 하여금 특정 사안에 대하여 국회에 보고하도록 하는 등의 내용을 부대의견으로 채택하기도 한다. 특히 예산안과 결산을 처리할 때 함께 의결되는 부대의견은 제도를 개선한다거나 예산의 지원조건을 설정하는 등의 내용이 대부분을 차지하고 있다. 예를 들어, 국회의 2024년 예산안 심의결과 채택된 부대의견을 보면, '정부는 청년도약계좌 사업을 추진함에 있어 기정 예산하에서 청년들의 수요가 충분히 충족될 수 있도록 필요 시 지원대상 확대, 상품구조 조정 등 조치를 마련하여 시행한다.', '정부는 전세사기 피해자에 대한 실질적 지원이 이루어질 수 있도록 관련 지방자치단체 및 피해자와 소통하며 지역 및 피해 유형에 따른 대책을 마련한다' 등 관련 제도개선 및 정책안 재설계에 대한 요구가 주를 이루는 것을 알 수 있다.

더불어 부대의견은 국회의 권한과 기능을 강화하는 데 기여하는 측면이 있다. 의안을 심의하는 과정에서 국회는 정부 측과 공식적·비공식적 의견을 교환하고 때로는 정부가 특정한 사항을 약속하기도 하는데, 이 중에서 중요한 사항을 부대의견 형식으로 의결할 경우 정부에 대하여 일정한 구속력을 갖게 된다. 따라서 국회는 국회의 의지나 의견을 정부로 하여금 이행하게 하는 유효한 수단으로 부대의견을 활용하고 있다.

마지막으로, 부대의견은 숫자중심의 예산서에 법률형태로 국회의사를 표시함으로써 재정의 책임성을 높이는 유용한 수단이다. 우리나라와 같이 예산법률주의를 채택하고 있지 않은 경우 국회가 예산안을 의결하면서 예산집행과 관련된 조건을 부과하거나 예산지원 조건을 설정하는 등의 구체적 사항을 예산안과 함께 의결함으로써 예산집행 주체인 정부로 하여금 책임을 부과할 수 있게 된다.

3. 부대의견 현황 및 유형

국회는 예산안만이 아니라 법률안, 결산, 임명동의안 등의 모든 의안을 의결할 때 부대의견을 첨부하여 같이 의결할 수 있다. 이하에서는 예산안과 관련된 부대의견에 한정하여 의결 현황 및 그 유형에 대해 살펴보기로 한다.

(1) 부대의견 현황

국회의 2023년도에 실시한 예·결산 심의 결과를 보면, 2022년 회계연도에 대한 결산심사 시 시정요구와 별도로 채택된 부대의견은 총 26건이며 2024년도 예산안에 첨부하여 의결한 부대의견은 총 53건이다. 최근 10년간 국회에서 채택한 부대의견 수의 추이를 보면 결산과 관련해서는 유사한 수준에서 연도별로 소폭의 증감을 반복하는 것으로 나타난다. 예산의 경우에는 2018회계연도 심의결과 부대의견이 74개로 가장 많았으며 이후 감소 추이를 보이다가 2023회계연도 예산안 심의부터 다시 50개를 상회하는 수준을 나타낸다.

[표 1] (2015~2024년도) 예·결산 심사결과 부대의견 추이 (단위: 건)

구분	2015	2016	2017	2018	2019	2020	2021	2022	2023	2024
결산	27	25	19	23	19	21	21	26	-	-
예산안	46	47	57	74	52	50	47	45	53	53

주: 1. 국회 심의대상 회계연도 기준
자료: 각 년도 예산결산특별위원회의 「결산심사보고서」 및 「예산안에 대한 수정안」·「기금운용계획안에 대한 수정안」을 바탕으로 재작성

(2) 부대의견의 유형

부대의견은 그 내용에 따라 '제도개선', '국회보고', '집행조건설정', '집행유보'의 4가지 유형으로 구분할 수 있다.

'제도개선'은 정부에 정책방향을 제시하거나 제도개선방안을 마련하도록 요구하는 것을 말하고, '국회보고'는 제도개선사항 또는 사업수행 내용에 대한 국회보고를 의무화하는 것을 말한다. '집행조건설정'은 예산의 지원기간, 대상 등을 구체적으로 제시하는 것을 말하고, '집행유보'는 부대의견에서 정한 기준을 충족하는 경우에만 예산을 집행하도록 하는 것을 말한다.

2015~2024년 예산의 부대의견 총 524건 중 65.3%에 해당하는 342건이 제도개선 유형으로 가장 많은 비중을 차지하고, 다음으로 집행조건설정 유형이 94건(17.9%), 국회보고 유형이 57건(10.9%), 집행유보 유형이 31건(5.9%)을 차지하고 있다.

[표 2] (2015~2024년도 예산) 부대의견의 유형별 구분 (단위: 건)

구 분	2015	2016	2017	2018	2019	2020	2021	2022	2023	2024
제도개선	31	32	34	42	17	34	31	37	43	41
국회보고	1	0	5	11	14	8	7	5	1	5
집행조건설정	11	12	12	14	20	6	5	2	7	5
집행유보	3	3	6	7	1	2	4	1	2	2
합 계	46	47	57	74	52	50	47	45	53	53

자료: 국회예산정책처(2024), 「2024 대한민국 재정」을 바탕으로 재구성

4. 부대의견의 기타 쟁점

부대의견은 법률에 명시적인 근거가 없고 예산의 일부를 구성하지 않지만, 예산결산특별위원회의 수정안에 포함(첨부)되어 국회 본회의에서 심의·의결된다는 점과 예산의 심의·확정권을 국회에 부여하고 있는 「헌법」제54조의 취지를 감안할 때, 부대의견의 대정부 구속력을 인정하는 것이 타당하다. 특히, 부대의견의 내용이 예산의 집행시기 및 집행조건 등을 정한 경우에는 예산의 효력에 준하는 구속력을 인정하는 것이 이러한 「헌법」의 취지에 부합한다 할 것이다. 실제로도 국회의 예산안 심의·확정권한과 이에 따른 행정부와의 관계에 따라 부대의견 구속력이 사실상 인정되고 있다.

다만, 예산의 집행시기 및 집행조건 등에 관한 국회의 재정의지를 예산에 반영시키고자 할 경우 부대의견이 아닌 예산총칙에 규정하거나 더 나아가 부대의견의 근거, 효력 등에 대한 법적 근거를 마련하는 방안에 대한 검토가 필요할 것이다. 구체적 방법으로는, 먼저 예산집행에 관하여 필요한 사항 즉, 집행조건 설정 및 집행유보의 경우는 예산총칙에 규정하는 방안을 검토할 필요가 있다. 「국가재정법」 제20조는 "예산집행에 관하여 필요한 사항"을 예산총칙에 규정하도록 하고 있으며, 예산총칙은 예산의 일부로서 예산안과 함께 의결되고 형식적으로도 법률의 형식을 가지고 있으므로 현행 예산비법률주의 체제하에서 국회의 재정의지를 반영할 수 있는 유용한 수단이 될 것이다. 다음으로 부대의견의 법적 근거를 명시적으로 마련하는 방안으로 「국회법」에 근거조항을 두거나 「국가재정법」 등에 규정을 하는 방법이 논의될 수 있으나, 「국회법」 개정을 통해 부대의견의 법적 근거를 마련하는 것이 가장 현실적인 대안이 될 것이다.

또한, 예산안 부대의견의 구속력과 관련하여 상임위원회에서 의결하였으나, 국회 본회의 의결사항이 아닌 경우 그 효력의 유무에 대한 논란이 있을 수 있다. 해당 부대의견이 국회 본회의 의결을 거치지 않은 이상 국회 전체의 재정의지라고 볼 수는 없을 것이다. 그러나 상임위원회의 심사·의결을 거쳐 부대의견이 확정되었다는 점을 감안할 때, 해당 상임위원회 소관 부처의 예산 집행에 대하여 일정한 구속력을 인정하는 것이 필요할 수 있다.

실제 2024년도 예산안에 대한 17개 상임위원회(정보위원회 제외)의 부대의견은 432건에 달하였으나 예산결산특별위원회에서 최종 채택된 부대의견은 53건에 불과했다.[63]. 그러나 해당 상임위 소속기관들은 예산을 집행함에 있어 각 상임위의 부대의견을 존중하여 처리방향을 모색하고 차년도 국회에 그 결과를 보고하는 것이 관례화되어 있다.

참고문헌

국회예산결산특별위원회. 각 연도,「결산심사보고서」.

______________. 각 연도.「예산안 및 기금운용계획안 심사보고서」.

국회예산정책처. (2024).「2024년도 대한민국 재정」.

__________. (2024).「2024년도 예산안 심의결과」.

국회의안정보시스템. http://likms.assembly.go.kr/bill/main.do 2024.3.15. 검색

국회회의록시스템. http://likms.assembly.go.kr/record/ 2018.3.15. 검색

김세진·장영수·차진아(2009). "국회 부대의견의 법적 성격에 관한 연구." 한국법제연구원.

63) 다만, 상임위원회와 예산결산특별위원회 의견이 명백히 상반되는 경우에는 상임위 부대의견이 실행되기 어렵다고 할 것이다. 예컨대, 상임위원회에서 사업예산의 증액을 전제로 채택된 부대의견에 대해 예산결산특별위원회가 감액하려고 할 경우를 들 수 있다.

제7절 수정예산안과 추가경정예산안

1. 수정예산안

(1) 의의 및 법적 근거

수정예산안이란, 정부가 예산안을 국회에 제출한 이후 예산이 의결되기 전에 이미 제출한 예산안을 수정하여 국회에 다시 제출하는 예산안을 말한다. 정부는 국회에 예산안을 제출한 이후에 국내외의 사정변화로 인하여 이미 제출된 예산안을 변경해야 하는 부득이한 사유가 발생할 수 있다. 최근 사례로는 2008년 글로벌 금융위기 발생에 따라 재정지출을 확대하여 경제에 활력을 불어넣는 대신 경제위기로 인하여 세입이 줄어들 것으로 예상됨에 따라 총수입 규모를 줄이기 위하여 수정예산안을 제출한 것을 들 수 있다.

수정예산안을 제출하기 위해서는 본 예산안과 마찬가지로 국무회의의 심의를 거쳐 대통령의 승인을 얻어야 한다. 수정예산안은 본 예산안을 변경하는 것이기 때문에 본 예산안의 정부 내 절차를 거치도록 한 것이다.

수정예산안과 추가경정예산안은 예산안이 편성된 이후 이를 변경하기 위한 제도라는 점에서는 동일하나, 추가경정예산안은 국회에서 예산이 확정된 이후에 이를 변경하기 위하여 국회에 제출된 예산안을 말하고, 수정예산안은 예산안이 국회에서 확정되기 전에 이를 변경하기 위해 제출되는 예산안을 말한다.

수정예산안은 '예산수정안'과도 개념적으로 구분할 필요가 있다. 예산수정안은 「국회법」상 의원 50인 이상의 찬성으로 본회의에 직접 제출되는 예산안에 대한 수정안을 말한다. 즉, 수정예산안은 국회의 심의와 관계없이 정부가 당초 제출한 예산안을 수정하기 위하여 정부가 다시 제출하는 예산안을 말하고, 예산수정안은 국회의 심의과정에서 정부가 제출한 예산안을 수정하기 위한 안을 말한다.

[표 1] 수정예산안과 예산수정안의 비교

구분	수정예산안	예산수정안
성립시기	예산안 국회제출 이후	예산안 국회제출 이후
주체	정부	국회
절차	국무회의 심의→대통령승인→국회제출	예비심사→종합심사→본회의 보고
특징	수정예산안이 당초 예산안을 대체	예산수정안이 당초 예산안을 대체

수정예산안의 법적 근거는 「헌법」이나 「국회법」에 규정되어 있지 않고, 「국가재정법」에 규정되어 있다. 「국가재정법」 제35조는 정부가 예산안을 제출한 이후 '부득이한 사유로 내용의 일부를 수정'하고자 하는 때에는 국무회의의 심의를 거쳐 대통령의 승인을 얻은 수정예산안을 국회에 제출할 수 있도록 규정하고 있다. 「국가재정법」이 제정되기 이전의 「예산회계법」도 동일한 내용의 규정을 두고 있었다.

(2) 수정예산안의 편성요건과 국회의 예산안 심의

「국가재정법」 제35조는 수정예산안의 편성요건을 '부득이한 사유'로만 규정하고 있다. 수정예산안을 제출하게 된 사정변경이 「국가재정법」에서 규정하고 있는 '부득이한 사유'에 해당하는지에 대한 판단은 정부의 재량사항이라고 보는 것이 타당하다. 정부가 국회에 예산안을 제출한 이후에 예산안을 수정할 필요가 있다고 판단하여 수정예산안을 국회에 다시 제출할 경우, 국회가 수정예산안의 심의를 거부하기 어렵기 때문이다. '부득이한 사유'가 불확정적인 개념이기 때문에 정부가 수정예산안을 제출한 사유가 이에 해당하는지 여부를 판단하기는 사실상 곤란하다.

수정예산안의 편성요건이 이처럼 매우 포괄적이고 불확정적으로 규정되어 있는 것과는 달리 추가경정예산안의 편성요건은 「국가재정법」 제89조에서 상세하고 명확하게 규정하고 있다. 즉, 추가경정예산안은 ① 전쟁이나 대규모 재해가 발생한 경우, ② 경기침체, 대량실업, 남북관계의 변화, 경제협력과 같은 대내·외 여건에 중대한 변화가 발생하였거나 발생할 우려가 있는 경우, ③ 법령에 따라 지급하여야 하는 지출이 발생하거나 증가하는 경우에 편성할 수 있다.

실제 편성사례를 보면, 정부는 1970년도 예산안, 1980년도 추가경정예산안, 1981년도 예산안 및 2009년 예산안 등 총 4차례에 걸쳐 수정예산안을 국회에 제출하였다.[64] 먼저, 1970년도 예산안의 경우 정부는 1969년 9월 1일 당초예산안을 국회에 제출하였으나, 풍수해 복구비 증액, 세법개정에 따른 세입경정 등을 위하여 같은 해 11월 19일 수정예산안을 제출하였고, 국회는 그해 12월 22일 수정예산안을 의결(수정의결)하였다. 두 번째 수정예산안은 1980년도 예산이 국회에서 확정된 다음 해인 1980년 10월 28일 추가경정예산안을 국가보위입법회의[65]에 제출하면서, 동시에 추가경정예산안에 대한 수정예산안도 함께 제출하였고, 같은 해 11월 3일 불과 6일 만에 수정예산안이 의결(수정의결)되었다. 주목할 만한 것은 1980년도 추가경정예산안과 그 수정예산안을 제출한 동일한 일자에 1981년도 예산안과 그 수정예산안까지 함께 국가보위입법회의에 제출되었다는 점이다. 이와 같이 예산안을 제출하면서 동시에 수정예산안까지 함께 제출하는 것은 수정예산안의 본래 취지에 부합하지 않는다. 이처럼 수정예산안을 비정상적으로 운용하였던 가장 큰 이유는 당시 신군부에 의해 해산된 국회를 대신한 국가보위입법회의가 예산안을 심의할 전문성과 의지가 부족하였고, 정부가 사실상 국회의 예산안 심의 역할까지 수행했기 때문인 것으로 보인다.

마지막으로 2009년도 예산안의 경우 정부는 2008년 10월 2일 당초예산안을 국회에 제출하였으나, 당시 미국 서브프라임 모기지 부실, 리먼브라더스 사태 등 국제금융시장 불안으로 인한 경기침체가 전 세계적으로 확산되면서 우리나라 또한 재정 측면에서 경제위기 극복 대책이 요구되었다. 특히 정부는 경상성장률 7.4%, 실질성장률 5.0%를 전제로 당초예산안을 편성하였으나, 악화된 경제상황으로 인하여 재정수입 및 지출의 변경 필요성이 제기되었다. 이에 따라 정부는 '경제난국 극복과 지방살리기'를 위한 재정지출 확대를 위하여 같은 해 11월 7일 수정예산안 및 수정기금운용계획안을 국회에 제출하였고 같은 해 12월 13일 의결되었다.

64) 추가경정예산안에 대한 수정을 위하여 제출한 예산안도 수정예산안으로 보는 것이 타당하다. 그 이유는 수정예산안의 편성요건과 관련하여 「국가재정법」 제35조는 "예산안을 국회에 제출한 후"로 시기를 정하고 있기 때문이다. 즉, 추가경정예산안도 동법 제35조에서 일컫는 '예산안'에 포함되기 때문이다.

65) 국회가 해산되고, 이를 대신하여 국가보위비상대책위원회에서 의결된 「국가보위입법회의법」에 따라 국가보위입법회의가 1980년 10월 28일 설치되었다. 국가보위입법회의는 제11대 국회가 개원하기 전날인 1981년 4월 10일까지 존속하였다.

(3) 수정예산안과 재정민주주의

「헌법」 제54조는 예산안 심의·확정권을 국회에 부여하면서, 정부로 하여금 회계연도 개시 90일 전까지 예산안을 국회에 제출하도록 하고, 국회는 회계연도 개시 30일 전까지 이를 의결하도록 하고 있다. 수정예산안을 예산안 심의라는 관점에서 보면, 국회가 예산안을 심의하는 중간에 정부가 새로운 예산안을 국회에 제출하여 국회에 심의를 다시 요청하는 것이라고 할 수 있다. 따라서 「헌법」과 「국회법」의 규정대로라면, 국회는 정기국회 기간 중에 제출되는 수정예산안의 심의는 회계연도 개시 30일 전까지 완료하여야 하지만, 예산이 확정된 이후에 제출되는 추가경정예산안에 대한 수정예산안의 심의기간은 그 제한이 없게 되는 일종의 모순현상이 발생하게 된다. 이러한 현상은 단지 제도 운용상의 문제점이나 법과 실제 현실 간의 괴리현상으로만 이해되는 것이 아니라, 「헌법」이 부여한 국회의 예산안 심의·확정권의 침해 또는 재정민주주의의 훼손으로도 볼 여지가 있다.

국회는 수정예산안과 추가경정예산안도 본 예산안과 마찬가지로 상임위원회의 예비심사와 예산결산특별위원회의 종합심사, 본회의 의결이라는 동일한 심의절차를 거쳐 확정하게 된다. 국회는 「국회법」이 정한 예산안 심의절차를 거치기 위해 일정한 심사기간을 필요로 하게 되는데, 수정예산안의 경우는 길지 않은 국회의 예산안 심의기간을 더욱 단축시키는 부작용을 초래하게 된다. 왜냐하면, 예산안을 국회가 심의하고 있는 도중에 정부가 예산안을 다시 제출하여 심의를 요청하더라도, 「헌법」 규정에 따라 국회는 여전히 회계연도 개시 30일 전까지 수정예산안을 의결해야 되기 때문이다. 예를 들면, 지난 2008년 정부는 수정예산안을 11월 7일 국회에 제출함으로써 예산안 심의기간이 25일로 줄어들게 되는 결과를 초래하였다.

수정예산안이라는 제도 자체가 도입된 것은 1961년 「예산회계법」을 제정한 이후로, 수정예산안 제도는 「헌법」상의 제도가 아닐 뿐더러 앞에서 살펴본 것처럼 국가보위입법회의라는 비헌법적 기구에 의해 삼권분립이 훼손되었던 역사적 경험과, 「헌법」에 규정된 추가경정예산안제도를 충분히 활용할 수 있다는 점 등을 고려하면 수정예산안제도의 필요성에 의문을 갖게 된다. 더구나 예산안을 심의하는 도중에 이를 수정할 중대한 사유가 발생한 경우 정부는 예산안의 수정의견을 국회에 제출하여 국회의 예산수정안에 반영할 수 있는 여지가 있다. 또한, 국회가 확정한 예산의 내용을 추가적으로 변경해야 할 부득이한 사유가 있는 때에는 「국가재정법」 제89조의 규정에 의한 추가경정예산안을 다시 국회에 제출하면 된다.

수정예산안제도가 처음 시행된 1960년대 초반 무렵에는 국회와 정부 간 재정정보의 불균형, 전문성의 격차가 존재했고, 재정민주주의에 대한 관념이 희박했던 시기였기 때문에 "행정부 예산안 제출, 입법부 예산안 심의·확정"이라는 재정권한의 기본적 배분원리를 훼손할 여지가 있는 이러한 제도가 도입될 수 있었던 것으로 보인다. 더구나 수정예산안의 편성요건이 '부득이한 사유'라는 대단히 포괄적이고 불확정적인 표현으로 규정되었고, 지금까지도 수정되지 않고 있는 것은 재정민주주의 관점에서 개선되어야 할 필요가 있다. 추가경정예산안의 경우도 구 「예산회계법」에서는 '예산성립 후에 생긴 사유로 인하여 이미 성립된 예산에 변경을 가할 필요가 있는 경우'로 매우 포괄적으로 규정되어 있었으나, 「국가재정법」을 제정하면서 구체적으로 편성요건을 규정하였다. 이처럼 「헌법」에 근거를 두고 있는 추가경정예산안 조차 하위 법규인 「국가재정법」에서 그 편성요건을 명확하고도 제한적으로 규정하고 있음에도 불구하고, 「헌법」적 근거가 없는 수정예산안제도의 편성요건을 불확정적이고 포괄적으로 운용하고 있다는 것은 문제가 아닐 수 없다. 따라서 「헌법」이 부여한 국회의 예산안 심의권의 보장이라는 측면과 재정운용의 효율성과 효과성이라는 측면을 비교·형량하여 수정예산안 제출제도의 존치 여부를 검토할 필요가 있다.

2. 추가경정예산

(1) 의의 및 법적 근거

예산은 장래의 일정기간에 대한 정책의지를 계수적으로 추산한 것이기 때문에 필연적으로 예산의 편성·확정시기와 실제 집행시기 사이에는 시간적 간격이 있게 된다. 따라서 국회의 예산안 심의 당시 예측할 수 없었던 천재, 지변 등의 사태나 국제관계 또는 국내외 경제·사회적 여건의 변화 등에 의하여 이미 성립된 예산에 변경을 가해야 할 필요성이 생기게 된다.

「국가재정법」의 전신인 「예산회계법」은 "예산성립 후에 생긴 사유로 인하여 이미 성립된 예산에 변경을 가할 필요가 있는 경우"에 추가경정예산안을 국회에 제출할 수 있도록 포괄적으로 규정하고 있었다. 이에 따라 추가경정예산안(이하 "추경예산")이 과다하게 편성되어 재정건전성을 해치고 있다는 지적이 많았다(국회예산정책처, 2014). 이에 따라 「국가재정법」을 제정하면서 추가경정예산을 편성할 수 있는 경우를 구체적으로 규정하였다.

일반적으로 추가경정예산은 단일개념으로 이해하고 있으나, 추가경정예산은 추가예산(追加豫算)과 경정예산(更正豫算)의 두 가지 의미가 결합된 개념으로서 양자는 본예산 성립 후의 사정 변화에 따른 예산의 보정(補正)이라는 점 이외에는 그 성격을 달리한다(강영소, 1986). 즉, 추가예산은 비목을 신설하거나 기존비목의 금액을 추가·증액하는 것이다. 그러나 경정예산은 확정예산의 범위 내에서 금액은 물론 예산총칙·계속비, 국고채무부담행위, 명시이월비 등도 수정할 수 있는 것으로서 수정할 수 있는 범위는 상대적으로 넓지만, 예산총액의 절대액을 증가시키는 것은 포함되지 않는 것으로 해석된다. 이와 같이 양자는 그 성격이 다르지만, 보통의 경우는 추가예산과 경정예산의 필요성이 동시에 발생하기 때문에 추가경정예산으로 통칭하여 부르고 있다.

추경예산은 본예산과 달리 임시국회에서 짧은 심의기간을 거쳐 의결되는 것이 보통이므로 상대적으로 예산안 심의가 심도 있게 이루어지지 못할 가능성이 있다. 또한, 과거 추경예산이 관행적으로 편성되면서 재정지출 확대를 위한 수단으로 활용된다는 비판도 제기된 바 있다.

우리나라는 추경예산의 법적 근거를 「헌법」과 「국가재정법」에 두고 있다. 제헌 이후 1962년까지는 「헌법」상 추경예산에 관한 명문규정이 없이 「재정법」 또는 「예산회계법」에 의하여 추가경정예산을 운용하다가, 1962년 12월 26일 제5차 「헌법」개정시 구 「예산회계법」상의 추가경정예산에 관한 규정을 최초로 규정하여 현재에 이르고 있다.[66]

추가경정예산안에 대한 법률의 근거는 1951년 9월 24일 「재정법」을 제정하고 동법 제23조에 추가예산과 경정예산으로 구분[67]되는 추가경정예산에 관한 법적 근거와 요건을 최초로 명문화하였다. 그 후 1961년 12월 19일 「예산회계법」을 제정하여 동법 제31조에 종전

66) 제5차 개정(1962년) 「헌법」에서는 제52조에, 제8차 개정(1980년) 「헌법」에서는 제92조에, 그리고 현행 「헌법」인 제9차 개정(1987년)에서는 제56조에 추경예산에 관한 규정을 두고 있다.

67) 「재정법」제23조 제1항에는 "政府는 豫算編成 후에 生한 事由로 因하여 必要不可缺한 經費, 國庫債務負擔行爲나 法律上 또는 契約上 國家의 義務에 屬하는 經費에 不足이 生한 경우에 限하여 豫算編成의 節次에 따라 追加豫算을 編成하여 國會에 提出할 수 있다"고 규정하였으며, 동조제2항에는 "政府는 前項의 경우에 豫算成立 後에 生한 事由로 因하여 旣히 成立된 豫算에 變更을 加할 必要가 있을 때에는 그 更正豫算을 編成하여 國會에 提出할 수 있다"고 규정하였다.

의 추가예산과 경정예산을 통합한 추가경정예산에 관한 규정을 명문화하였다. 예산회계법의 동 규정은 1962년 12월 7일 제1차 개정 시 종전의 '이미 성립된 예산안에'를 '이미 성립된 예산에'로 자구수정이 있었다. 그리고 2006년 10월 4일 「예산회계법」을 대체하는 현행 「국가재정법」을 제정하면서 동법 제89조에 추경예산의 근거를 규정하였다.

(2) 추경예산의 편성요건

「국가재정법」 제89조제1항은 ① 전쟁이나 대규모 재해가 발생한 경우, ② 경기침체, 대량실업, 남북관계의 변화, 경제협력과 같은 대내·외 여건에 중대한 변화가 발생하였거나 발생할 우려가 있는 경우, ③ 법령에 따라 국가가 지급하여야 하는 지출이 발생하거나 증가하는 경우를 추경예산의 편성요건으로 규정하고 있다.

첫 번째 조건의 경우 전쟁이나 대규모 재해가 발생한 후에야 추경예산을 편성할 수 있으므로, 전쟁 등이 발생될 것이라고 예상되는 경우나 전쟁이 임박한 상황에서는 추경예산을 편성할 수 없다. 대규모 재해의 범위에는 「재난 및 안전관리 기본법」 제3조에서 정의한 자연재난과 사회재난의 발생에 따른 피해를 포함한다. 기존에는 대규모 재해 범위에 자연재해만을 인정했으나, 2015년 「국가재정법」이 개정되면서 화재나 감염병 발생 등 사회적 재난으로 인한 피해도 재해의 범위에 포함되게 되었다. 사회적 재난을 이유로 추경을 편성한 사례는 중동호흡기증후군(메르스)의 창궐에 대한 구제책을 담은 2015년도 추경이다. 2007년 이전에는 자연재해 등을 이유로 추경예산을 편성한 사례가 많았으나, 2008년 이후에는 경기침체에 대한 대응으로 경기활성화와 일자리 창출 등을 목적으로 한 추경편성이 대부분을 이루고 있으며, 2020년도에는 코로나19대응을 위해 4회에 걸쳐 추경편성이 이루어졌다.

둘째, 경기침체 및 대량실업 등은 '대내·외 여건의 중대한 변화 또는 변화가능성'의 예시에 해당하기 때문에 제89조제1항제2호에 예시된 사유가 아니더라도 대내·외 여건의 중대한 변화에 해당할 경우 추경예산을 편성할 수 있다고 할 것이다. 다만, 중대한 변화에서 '중대한'을 해석함에 있어 어느 정도의 변화를 중대하다고 판단할 것인지는 논란이 있을 수 있다. 실제로 최근 국회의 추경예산심의 시 추경요건 해당성에 대한 여야 간 논란이 발생한 바 있다. 2016년, 2017년, 2018년도 3년간 추경예산안의 주된 편성방향은 일자리지원을 위한 것이었는데, 동 추경편성이 경기침체로 인한 대내외 여건의 중대한 변화에 해당하는지 등 추경요건에 대한 여야 간 공방이 치열했고, 추경요건 해당 여부에 대한 논란은 앞으로도 계속될 것으로 전망된다.

마지막으로 지금까지 의무지출의 발생 및 증가만을 사유로 추경예산이 편성·제출된 사례는 없으나, 의무지출 사업 자체를 편성한 예는 존재한다. 연례적 예산부족으로 집행이 다음연도로 이월되고 있는 의료급여 경상보조사업은 최근 추경편성을 통한 지원을 계속하고 있다. 또한, 추경의 세입경정 과정에서 지방교부세법과 지방교육재정교부금법에 근거한 지방교부세 및 지방교육재정교부금 정산을 추경편성 시에 함께 시행함으로써 의무지출의 변동에 따른 조정을 추경안에 포함하고 있다.

또한, 이와 같은 법적 요건 외에도, '이미 확정된 예산에 변경을 가할 필요'를 충족할 때 편성이 허용된다. 즉, ① 다음연도 본예산 편성을 기다릴 수 없는 시간적 급박함이 있을 것, ② 예비비사용·세출조정 등 다른 수단을 통한 상황극복이 곤란한 경우일 것, ③ 추경예산의 집행을 통하여 추경편성의 원인이 된 상황을 완화·해소할 수 있도록 목적 적합성이 인정되는 사업이 선정될 것, ④ 연도 내에 집행할 수 있는 사업에 한정하여 추경예산이 편성될 것 등의 요건들을 추경예산 편성의 요건에 포함시킬 수 있다.

추경편성요건을 포괄적으로 규정할 것인가 아니면 제한적으로 정할 것인가의 문제는 정책 선택의 문제로 보인다. 외국의 예를 보면, 미국, 일본은 추경요건을 법에서 포괄적으로 규정하고 있고, 영국의 경우 법적 근거 없이 정부의 판단에 따라 추경을 편성하고 있었다. 이에 따라 미국, 영국, 일본의 경우 추경예산을 매년 관례적으로 편성하고 있다. 요컨대 2006년 국가재정법을 제정하면서 추경요건을 법에 명시적으로 규정한 이유는 구 「예산회계법」에서 추경요건을 포괄적으로 규정함으로써 추경이 연례적으로 편성되고 그로 인한 재정지출의 비효율이 발생하고 재정수지 등이 악화하는 부작용을 막기 위함이었다. 하지만 최근 들어 추세적 경기침체와 청년실업률 급등에 따른 제반 문제 대응을 위해 다음 연도 예산편성 전에 재정의 적극적 역할이 요구되고 있는 것이 사실이다. 현행 규정상 대량실업과 경기침체가 아주 큰 폭으로 발생하지 않는 한 추경편성 요건(국가재정법 제89조제1항)제2호에 부합하기 어려운 상황에서 정부가 재정적 처방을 내놓기는 어렵다. 이러한 점을 고려할 때, '재정의 건전한 운용'과 '재정의 적극적 역할'이라는 두 가치가 국민경제의 활력소로 균형있게 자리매김 할 수 있는 방안에 대한 진지한 논의가 필요해 보인다.

(3) 추경예산 운용 현황

우리나라의 추경예산 편성 횟수를 보면, 추경예산이 편성되지 않은 경우는 정부수립 이후 단 11차례에 불과할 정도로 추경예산 편성은 연례적으로 이루어지다가 2006년 국가재정법의 제정으로 추경의 편성요건이 엄격해지면서 2012년까지는 편성 횟수가 줄어들었다. 실제로 2007년 이후 2012년까지 6년 동안 추경예산의 편성은 2회에 그쳤으나, 2015년부터 2022년까지는 다시 매년 추경예산을 편성했으며 2020년에는 1961년 이후 처음으로 총 4회의 추경예산이 제출되었다. 이후 2023년도에는 9년 만에 처음으로 정부에서 건전재정 기조로 추경예산을 편성하지 않았다.

[표 2] 연도별 추경예산 편성 횟수 (단위: 회)

연도	'48	'49	'50	'51	'52	'53	'54	'55	'56	'57	'58	'59	'60
횟수	-	3	7	3	2	2	3	2	-	-	1	-	2
연도	'61	'62	'63	'64	'65	'66	'67	'68	'69	'70	'71	'72	'73
횟수	4	3	3	1	3	2	2	3	3	1	1	3	-
연도	'74	'75	'76	'77	'78	'79	'80	'81	'82	'83	'84	'85	'86
횟수	1	1	1	1	1	1	1	1	1	-	1	1	-
연도	'87	'88	'89	'90	'91	'92	'93	'94	'95	'96	'97	'98	'99
횟수	1	1	1	2	2	1	-	1	1	1	1	2	2
연도	'00	'01	'02	'03	'04	'05	'06	'07	'08	'09	'10	'11	'12
횟수	1	2	1	2	1	1	1	-	1	1	-	-	-
연도	'13	'14	'15	'16	'17	'18	'19	'20	'21	'22	'23		
횟수	1	-	1	1	1	1	1	4	2	2	-		

자료: 각년도 예산결산특별위원회 「추가경정예산안 심사보고서」를 바탕으로 재구성

추경예산은 본예산 이외의 추가적인 예산지출을 담는 경우가 일반적이므로 이를 위해서는 재원의 조성이 필요하다. 과거의 추경예산 편성 사례를 보면, 주로 세계잉여금과 국채발행 또는 한은잉여금을 통한 차입으로 재원을 조달하여 왔다. 최근의 추경예산 편성 재원을 보면, 2016년과 2017년만 예상 초과세입이 많은 비중을 차지하고 2019년부터는 주로 국채발행을 통한 재원 조달이 이루어졌다. 2019년에는 5.8조원 중 3.6조원이 국채발행에 의한 것이었고, 2020년의 경우 1회(10.9조원), 3회(15.8조원) 4회(7.8조원) 추가경정예산을

위해 총 41.6조원의 국채발행이 있었다.

한편 최근 추경예산에 대한 국회 심의결과를 보면, 총 12차례 이루어진 추경예산 모두 국회에서 예산 규모가 변동된 것을 알 수 있다. 이중 추경예산 규모가 국회에서 증가한 것은 5차례이고 나머지는 정부안 대비 소폭 감소한 규모로 확정된 것을 알 수 있다.

[표 3] (2016~2022년) 추경예산 편성 규모·재원 및 사유 (단위: 조원)

연도	제출일 의결일	추경규모 정부안 (A)	국회확정 (B)	증감 (B-A)	정부안 편성 내역	추경(정부안) 재원	
2016 1회	7.26. 9.2.	12.2	12.1	△0.1	• 구조조정 지원(1.9) • 일자리 창출 및 민생안정(1.9) • 지역경제 활성화(2.3) • 지방 재정 보강(3.7) • 국가채무 상환(1.2)	세수실적 개선	9.8
						세계잉여금	1.2
2017 1회	6.7. 7.22.	10.6	9.6	△1.0	• 일자리 창출(4.2) • 일자리 여건 개선(1.2) • 일자리 기반 서민생활 안정(2.3) • 지방 재정 보강(3.5)	예상 초과세입	8.8
						세계잉여금	1.1
						기금 여유자금	1.3
2018 1회	4.6. 5.21.	3.9	3.8	△0.02	• 청년 일자리 대책(2.9) • 구조조정지역·업종 대책(1.0)	세계잉여금	2.0
						한은잉여금	0.6
						기금 여유자금	1.3
2019 1회	4.25. 8.2.	6.7	5.8	△0.9	• 미세먼지 대응 등 국민안전(2.2) • 경기회복·민생경제 지원(4.5)	세계잉여금	0.06
						한은잉여금	0.3
						특별회계 재원	0.4
						기금 재원	2.3
						국채발행	3.6
2020 1회	3.4. 3.17.	8.5 (11.7)	10.9 (14.1)	2.4	• 감염병 대응체계 강화 등(2.3) • 중소기업·소상공인 회복지원(2.4) • 민생·고용안정 지원(3.0) • 지역경제 회복지원(0.8)	한은잉여금	0.7
						기금 여유자금	0.3
						기금차입금	0.4
						국채발행	10.3
						세입결손	△3.2
2회	4.16. 4.30.	4.0	8.0	4.0	• 긴급재난지원금 지원 사업(7.6) • 지출구조조정(△3.6)	기금 여유자금	1.2
						외평기금 자산매입 축소	2.8
3회	6.3. 7.3.	16,0 (27.4)	15.8 (27.2)	△0.2	• 금융지원 패키지(5.0) • 고용·사회안전망 확충 및 경기보강 대책(18.9) • 지출구조조정(△9.2)	기금 재원	2.3
						국채발행	23.8
						세입결손	△11.4

연도	제출일 의결일	추경규모 정부안 (A)	 국회확정 (B)	 증감 (B-A)	정부안 편성 내역	추경(정부안) 재원	
4회	9.11. 9.22.	7.8	7.8	△0.03	• 소상공인 등 긴급 피해지원(3.8) • 긴급 고용안전 패키지(1.4) • 저소득층 긴급 생계지원(0.4) • 긴급돌봄 지원 등(2.2)	기금차입금	0.3
						국채발행	7.5
2021 1회	3.4. 3.25.	15.0	14.9	△0.1	• 소상공인 긴급 피해지원(6.9) • 긴급 고용대책(2.8) • 고용취약계층 등 긴급 피해지원(1.0) • 방역대책(4.1) • 국고채 이자 등(0.2)	국채발행	9.9
						세계잉여금	2.6
						한은잉여금	0.8
						기금재원 활용	1.7
2회	7.2. 7.24.	31.8	32.0	0.2	• 코로나19 피해지원(15.7) • 백신·방역 보강(4.4) • 고용 및 민생안정 지원(2.6) • 지역경제 활성화(12.6)	초과세수	31.5
						세계잉여금	1.7
						기금재원 활용 등	1.8
2022 1회	1.24. 2.21	14.0	16.6	2.6	• 소상공인(13.5) • 백신·방역 보강(2.8) • 예비비 보강(0.6)	국채발행(초과세수)[1]	11.3
						공자기금 여유자금	2.7
						(특별회계) 세계잉여금· (기금)여유자금	2.9
2회	5.13. 5.29.	52.4	55.2	2.8	• 소상공인 지원(26.3) • 방역 보강(6.1) • 민생·물가안정(3.1) • 예비비 보강(1.0) • 법정 지방이전지출(23.0)	초과세수	44.3
						지출구조조정	7.0
						세계잉여금 및 기금 여유재원 등	8.1

주: 1) 초과세수는 2021회계연도 국가결산보고서 승인 이후 활용가능하므로 우선적으로 국채발행을 통해 2022년 제1회추경 편성 재원을 확보
1. 추경규모는 총지출 기준 직전예산보다 증가된 규모이며, 기금운용계획변경안을 포함
2. 괄호 안의 추경 규모는 세입감액 경정(세입결손)을 포함한 추경규모를 의미
3. 정부안 편성 내역과 정부안 재원은 총계 기준

자료: 기획재정부, 각 연도 「추가경정예산서」 및 「추가경정예산안 심사보고서」를 바탕으로 재구성

(4) 주요 국가의 추가경정예산제도

미국

미국은 「연방법전 31 USC 1107」에서 추경예산 편성요건을 '예산이 제출된 이후 법률 제정에 따른 경우'와 '공공의 이익을 위하여 필요하다고 판단할 경우'의 두 가지로 포괄적으로 규정하고 있다. 추경예산은 긴급 상황이나 예측하지 못한 상황의 성격에 따라 규모와 범위가 달라질 수 있으며, 재난 구호, 군사 작전, 기반 시설 수리, 의료 계획 또는 기타 긴급소요를 위한 예산이 포함될 수 있다(국회예산정책처, 2020).

대통령이 추가경정예산안을 편성하고자 하는 경우 편성 이유와 함께 추경예산안의 내용이 본예산에 포함되지 못한 이유를 포함한 추경예산안 설명서를 첨부하여야 한다(국회예산정책처, 2020). 미국정부는 연평균 2~3회씩 추경예산을 의회에 제출하고 있는데 자연재해로 인한 추경 횟수가 늘고 있으며, 2020년에는 코로나19 대응을 위해 6차에 걸친 추가경정예산 편성이 이루어졌고, 2022년과 2023년에는 우크라이나 지원을 위한 추경예산이 편성되었다.

[표 4] 최근 5년간(2019~2023년) 추경예산 편성 규모·재원 및 사유 (단위: 억달러)

연도	편성	주요 내용	예산규모
2023	1회	•「우크라이나 긴급지원자금 (The Additional Ukraine Supplemental Appropriations Act, 2023)」 - 농업 농촌 개발, 식품의약품안전청 및 관련 기관, 에너지 및 수력 발전, 관련 기관, 노동, 보건 및 인적 서비스, 교육 및 관련 기관 등 지원	449
	2회	•「자연재해 긴급지원자금 (Disaster Relief Supplemental Appropriations Act, 2023)」 - 상업, 사법, 과학 및 관련 기관 지원 - 국방부 및 국토 안보, 군 건설, 보훈 및 관련 기관 지원 - 보건복지부, 환경 관련 기관 지원 - 교통, 주택 및 도시개발 및 관련 기관 지원	406
2022	1회	•「우크라이나 긴급지원자금 (The Ukraine Supplemental Appropriations Act)」 - 난민들에 대한 인도적 지원 - 우크라이나와 동유럽 동맹국 안보 및 경제 지원 등	136
2021	1회	•「긴급 안보 추가지출법안 (Emergency Security Supplemental Appropriations Act, 2021)」 - 1.6 미국 국회의사당 점거 폭동 사건으로 인한 비용 해결 - 아프가니스탄 주둔 미군 철수로 인한 비용 해결 - 코로나 19 팬데믹으로 인한 의사당 관리비용 해결	171.6

자료: 미국 의회 홈페이지(https://www.congress.gov. 자료검색일: 2024.04.22.) 및 한국은행 각 연도 『(현지정보) 미국 의회의 「회계연도 예산법안」 의결 내용』, 『Ukraine Supplemental Summary FY2023』, 『 Disaster Relief Summary FY2023』, 『CONSOLIDATED APPROPRIATIONS ACT, 2021』, 『Emergency Security Supplemental Appropriations Act, 2021 Summary』를 바탕으로 작성

일본

일본에서는 추경예산이 보정예산이라고 불리는데, 그 법적 근거를 「재정법」 제29조에 두고 있다. 추경예산의 편성요건은 ① 법률상 또는 계약상 국가의 의무에 속하는 경비의 부족을 보충하는 경우와 예산편성 후에 발생한 사유로 특히, 긴요한 경비의 지출(당해 연도의 국고 내의 전출입을 포함한다) 또는 채무부담을 행하기 위하여 필요한 예산을 추가하는 경우, ② 예산작성 후에 생긴 사유에 의하여 예산에 추가 또는 변경을 가하는 경우로서 편성요건을 포괄적으로 규정하고 있다.

일본 정부는 2010년 이후 매년 추경을 1회 이상 편성하고 있는데, 코로나19 대응으로 2019년에는 3회를 편성하기도 했으며 2022년에도 경제 대응을 위해 2회 이상 편성한 것으로 확인된다.

[표 5] 최근 3년간 (2019~2023년) 추경예산 편성 규모·재원 및 사유 (단위: 백만엔)

연도	편성	주요 내용	예산규모
2023	1회	•「디플레이션 완전 탈각을 위한 종합경제대책」 소요예산 마련 - 고물가로부터 국민생활 보호 및 국민안전 확보 - 지방·중견·중소기업 포함 임금 인상 및 지방 성장 실현 - 국내 투자 촉진, 인구감소 문제 극복, 사회변혁 추진 등	13,199,164
2022	1회	•「코로나 사태의 '유가·물가 급등 등 종합긴급대책」 - 원유가격 급등 대응 - 예비비 및 기타 등	2,700,917
	2회	•「고물가 극복·경제 재생 실현을 위한 종합 경제 대책」 - 고물가 대처 및 지역 경제 강화,'새로운 자본주의' 가속화 - 방재·감재, 외교·안보 등 국민안전 확보 등	28,922,227
2021	1회	•「코로나 극복·신시대 개척을 위한 경제 대책」 - 신종 코로나 바이러스 확대 방지: 18,605,915 - '위드 코로나' 사회경제 활동재개와 위기대비: 1,768,709 - '새로운 자본주의' 기동: 8,253,153 - 국토 강인화, 방재·감재(減災) 등 국민안전 확보: 2,934,892	35,989,511
2020	1회	•「신종 코로나바이러스 감염증 긴급경제대책」 - 신종 코로나19 긴급경제대책 관련 경비 (감염확산 방지, 의료체제 정비 및 치료제 개발 등) - 국채정리기금 특별회계 이월 등	25,691,354
	2회	• 1차 추경예산 소요경비 증액	31,911,371
	3회	•「국민의 생명과 생활을 지키는 안심과 희망을 위한 종합경제대책」 - 신종 코로나 바이러스 확산 방지책 및 지방교부세 교부금 증액 - 포스트코로나 경제구조 전환 등	15,427,072

자료: 일본 재무성(財務省) 홈페이지(https://www.mof.go.jp/policy/budget/budger_workflow/budget/index.html. 자료검색일: 2024.04.08.) 및 각 연도『補正予算等の説明』를 바탕으로 재작성

영국

영국의 경우 추경예산편성에 대한 법적 근거가 마련되어 있지 않으며, 일종의 관례에 따라 추경예산이 편성된다. 통상 재무부장관이 새로운 지출이 필요하다고 판단할 때 추경예산안을 제출한다. 영국의 본 예산안이 통상 회계연도 개시 이후에 의회에 제출되기 때문에 타 국가에 비해 추경예산의 편성 필요성이 더 클 수 있다. 종래에는 추경예산(supplementary estimates)을 통상 3회까지 제출하였으나, 2011년 이후 2월에 1회 정기적으로 제출하는 것으로 변경되었다(U.K. House of Commons, 2012: 15). 영국의 추경예산은 연도 중 부

족 예산을 보완하기 위한 것으로 사실상 추가예산과 유사하다고 볼 수 있는데, 정부가 기준으로 삼고 있는 추경예산의 제출요건으로 ① 신규사업의 실시, 예비비의 부족 등을 위해 예산이 필요하게 된 경우, ② 새로운 업무에 대한 지출에 대하여 의회의 승인을 구하려고 하는 경우, ③ 특정 목적을 위해서 의결된 경비를 그 밖의 목적에 사용하려고 하는 경우 등이다(국회예산정책처, 2020).

(5) 추가경정예산제도의 효용성 논의

우리나라에서는 재정의 경기조절기능으로 추가경정예산제도가 적극적으로 사용되어 왔다. 우리나라는 1950년 이후 2023년 말까지 추경예산을 106차례에 걸쳐 편성하였는데, 2006년도까지는 거의 매년 추경이 편성되었다고 볼 수 있다. 전술한 바와 같이 예기치 못한 경기변동이나 국내외 여건의 변화로 추경예산을 불가피하게 편성할 수 있고 그 필요성이 더 커질 수도 있다. 하지만 추경예산제도는 의도하지 않게 재정적자를 구조적으로 심화시키는 결과를 초래할 수 있으며, 이는 곧 국가채무의 증가로 연결된다. 특히 2000년 이후 편성된 추경예산의 재원을 보면, 대부분이 세계잉여금이나 한은잉여금을 활용하고 있는데, 당초 예상 밖으로 발생한 세계잉여금을 국가채무 상환 등에 사용하지 않고 바로 추경예산의 재원으로 활용한다면, 국가의 재정건전성 측면에서는 개선이 어렵게 된다. 세계잉여금의 규모와 추경예산의 규모를 실증 분석한 한국채권연구원의 연구결과에 의하면(2004), 세계잉여금의 규모가 증가하면 다음 회계연도의 추경예산규모 역시 증가한다고 한다. 즉 동 연구에 의하면, 추경예산은 전년도 세계잉여금 규모와 무관하게 편성되는 임의성 내지 예측 불가능성을 갖는 것이 아니라 재원이 있기 때문에 추경예산을 편성하는 경향이 한국 재정에서 발견된다는 것이다.[68] 실제로 일반회계 세계잉여금이 발생한 2015~2018년도 4년간 연속하여 추경예산이 제출된 바 있다.

더구나 추경예산이 경기부양 등의 경기조절 목적으로 편성되는 경우 사업내용 등이 본예산에 비해 부실하게 편성될 수 있다. 이렇게 제출된 추경예산에 대한 국회의 심의기간도 본

68) 우리나라에서 추가경정예산이 '예측 불가능성' 및 '집행의 시급성'이라는 조건을 충족시키지 못하고 있다고 한다면, 재정이 경기동향적(procyclical)인 성격을 갖게 되어 재정의 경기안정 및 조절기능에 역행할 가능성이 있다. 전년도 세계잉여금과 조세수입의 예산 초과액은 모두 호경기일 때 그 규모가 커지는 경향이 있기 때문에 세계잉여금이나 조세징수액의 증가에 근거하여 지출을 증가시킨다면, 경기동향적인 성격을 갖게 된다(한국채권연구원, 2004: 97)

예산에 비해 짧은 것이 보통이므로, 추경예산의 편성 필요성, 추경규모의 적정성, 개별사업 예산의 타당성 등에 대한 심의가 충실히 이루어지기 어려울 수 있다. 이는 곧 재정지출의 확대에도 불구하고 당초 의도한 경기조절정책으로서의 추경예산의 효용성을 저하시키는 요인으로 작용할 수 있으므로 추경목적에 맞도록 사업을 구성하고 집행가능성을 감안하여 추경편성이 이루어져야 할 것이다.

참고문헌

강영소. (1986). 추가경정예산제도운영에 관한 고찰, 「입법조사월보」 151(1986. 4).
전주열. (2022). 국가재정법 예산구조의 문제점과 개선방안, 「재정법연구」, 제6권, pp.63-87.
국회예산결산특별위원회. 각 연도. 「추가경정예산안 심사보고서」.
국회예산정책처. (2014). 「국가재정법의 이해와 실제」.
__________. 각 연도. 「대한민국 재정」
__________. (2020). 「주요국의 재정제도」
국회의안정보시스템. http://likms.assembly.go.kr/bill/main.do. 2024.3.10. 검색
대한민국정부. 각 연도. 「추가경정예산안」.
배득종·유승원. (2014). 「신재무행정」. 박영사.
이영. (2010). 「재정건전성의 중요성과 거시정책적 시사점」. 한국채권연구원.
일본재무성. 각 연도. 「補正予算等の説明」
한국은행. 각 연도, 「(현지정보) 미국 의회의 「회계연도 예산법안」 의결 내용」
한국조세재정연구원. (2012). 「주요국의 재정제도」.
U.K. House of Commons. (2012). Financial Scrutiny Uncovered: A Guide for Members by the Committee Office Scrutiny Unit, 2nd Edition.
OECD 데이터센터 (http://webnet.oecd.org/budgeting/Budgeting/aspx)
일본재무성 홈페이지((https://www.mof.go.jp/policy/budget/budger_workflow/budget)
미국 의회 홈페이지 (https://www.congress.gov)

제8절 재정건전성과 국회의 예산안 심의

1. 문제제기

최근 세계 주요국은 지속되고 있는 경기침체 부양 및 코로나19 대응을 위한 확장적 재정정책, 인구구조 변화 등으로 재정적자와 국가부채가 크게 증가하고 있다(유금록, 2023). 특히 코로나19 극복을 위한 적자재정정책으로 인해 야기된 재정건전성 약화의 문제는 유사한 정책을 채택한 대부분의 OECD 국가들에게서 공통적으로 발견되는 것이지만 우리나라는 그중에서도 가장 높은 증가율을 보이기도 했다(김재훈, 2023). 2022년 말 기준 38개 OECD 국가의 일반정부 총국가부채(D2) 평균은 국내총생산(GDP) 대비 73.1%로 상당히 높고, 일본의 경우 부채비율이 261.3%에 달하면서(IMF, 2023) 각국의 재전건전성 확보 방안에 대한 관심이 다시 높아지고 있다.

우리나라 재정은 1997년 외환위기 이전 GDP 대비 국가채무비율이 10% 수준이었으나 이후 지속적으로 증가해왔으며, 2022년에는 49.4%로 345%의 증가율을 보였다. IMF는 당시 향후 5년간 GDP 대비 국가채무비율의 상승폭이 IMF 기준 선진국 35개 국가 가운데 가장 빠를 것으로 예상하면서 우리나라의 급속한 국가채무 증가율에 대해 우려를 나타내었다. 이같이 국가채무가 빠르게 증가하고 있고, 향후 급속한 고령화의 진전에 따른 사회복지 지출 수요의 급증과 소득양극화 해소를 위한 재정지출수요의 증가와 함께 연금제도의 성숙, 통일비용 등 미래의 지출수요와 연금의 책임준비금 부족액 등을 고려할 때, 국가채무 및 재정건전성에 대한 보수적 관점의 관리가 필요하다는 주장이 제기되고 있다.

최근 행정부에서도 이를 고려하여 재정운영에 있어 '재정건전성 확보' 기조를 강화하고 있는데, 국회의 예산안 심의 과정에서도 이를 위한 제도적 기반과 구체적인 예산안 심의 기법 등에 대한 논의가 이루어질 필요가 있다. 이 절에서는 현행 재정절차 내에서 재정건전성의 개념이 어떻게 적용되고 있는지를 파악하고, 의원내각제 국가인 영국, 스웨덴과 대통령중심제 국가인 미국 등의 예산안 심의 과정에서 어떻게 재정건전성을 관리하고 있는지, 그리고 우리나라에서 법제화를 준비하고 있는 재정준칙에 대하여 논의하고자 한다.

2. 재정건전성의 개념 및 주요 지표

「국가재정법」 제86조는 “정부는 건전재정을 유지하고 국가채권을 효율적으로 관리하며 국가채무를 적정수준으로 유지하도록 노력하여야 한다”고 규정하고 있다.[69] 여기서 건전재정은 다소 추상적인 용어로서 이에 대한 명확한 정의를 내리기는 어려우나, 사전적으로는 ‘온전하고 탈이 없이 튼튼한 상태의 재정’을 의미한다. 재정건전성 역시 매우 다양하게 정의되고 있으며, 「국가재정법」에서도 그 정의와 지표를 명시하고 있지 않다. 다만, 일반적으로 이는 세입과 세출이 균형에 근접하도록 재정을 안정적으로 운용하며, 장기적으로 정부부채를 적정수준으로 관리하여 그 상환능력을 안정적으로 유지할 수 있는 재정의 지속가능성을 달성하는 것으로 정의된다(대한민국 정부, 2020; 이진수 외, 2020; 유금록, 2023). 즉, 단기적 관점에서의 재정건전성이란 지출이 수입의 범위 내에서 충당되어 국채발행이나 차입이 없이 재정운용이 가능한 상태라고 정의할 수 있으며, 장기적 관점에서는 국가채무가 적정 수준으로 관리되어 국가부채를 상환할 충분한 능력이 있는 상태로 정의할 수 있다.

물론 2010년도 남부유럽의 재정위기에서 알 수 있듯이 낮은 수준의 부채에서도 재정위기가 발생할 수 있다. 재정위기가 발생하면 투자자들은 국제금융시장의 외곽(periphery)에서부터 자금을 회수하는 경향이 있다. 재정건전성이 취약한 GIIPS(Greece, Ireland, Portugal, Spain) 국가들과 같이 우리나라는 국제금융시장의 외곽에 위치하고 있어 재정을 건전화하기 위한 지속적인 노력이 필요하다. 특히 2008년 글로벌 금융위기는 총수요의 과도한 팽창으로 부채를 증가시켜 결국 국가재정의 파국을 초래할 수 있음을 확인할 수 있었다. 건전재정을 운용하기 위해서는 재정건전성을 나타내는 각종 지표의 변화 추이를 면밀히 살피고 선제적으로 관리해 나가는 것이 중요하다. 재정건전성을 측정할 수 있는 여러 가지 지표 중에서 재정수지와 국가채무 지표가 대표적이다.

먼저, 재정의 기준이 되는 지출과 수입의 범위는 현재 통합재정으로 볼 수 있으며, 통합재정범위 기준으로 나타나는 재정수지는 통합재정수지와 관리재정수지가 있다. 통합재정수지는 일반회계·특별회계 및 기금을 모두 포괄하는 수지로서, 회계·기금 간 내부거래 및 차입·채무상환 등 보전거래를 제외한 실질적 의미의 수입·지출의 차이를 나타낸다. 이는 재정적

69) 「국가재정법」은 건전재정을 위한 규정으로, 재정부담을 수반하는 법령의 제·개정 시 추계자료와 재원조달방안을 첨부하도록 하는 규정(제87조), 국세감면의 제한 규정(제88조), 추가경정예산안의 편성 요건에 관한 규정(제89조), 세계잉여금 등의 처리에 관한 규정(제90조), 국가채무 관리에 관한 규정(제91조), 국가보증채무의 부담 및 관리에 관한 규정(제92조)을 두고 있다.

자 혹은 흑자에 대한 보전재원을 차감한 순수 재정활동으로 인한 재정수지를 나타내므로 당해 연도 재정활동의 건전성을 파악할 수 있는 지표로 유용하게 활용될 수 있다.

관리재정수지는 통합재정수지에서 4개 사회보장성 기금 수지를 제외한 재정수지로서, 재정건전성을 보다 정확히 판단하기 위하여 2000년부터 집계하기 시작하였다. 그동안 국민연금기금·사립학교교직원연금기금·고용보험기금·산업재해보상보험및예방기금 등 4개 사회보장성기금은 연금수급자 수가 본격적으로 증가하지 않은 사유 등으로 전체적인 규모에서 흑자가 발생하여 왔으며, 이는 통합재정수지를 양호하게 하는 요인으로 작용하였다. 사회보장성 기금의 장기적인 재정소요를 고려하면 이러한 사회보장성 기금의 흑자를 통합재정수지에서 제외하는 관리재정수지가 재정건전성을 판단하는 유용한 재정지표라고 할 수 있다 (국회예산정책처, 2024).

2000년 이후 재정수지의 변화 추이를 보면 통합재정수지는 2009년과 2015년을 제외하고는 2001년부터 2018년까지 결산 기준으로 매년 흑자를 기록하였으나, 2019년부터 적자로 전환된 것을 알 수 있다. 반면, 관리재정수지는 정부가 이를 발표하기 시작한 2001년 이후 흑자를 기록한 해는 2002~2003년 및 2007년 등 3개 연도에 불과했으며, 2008년부터는 결산 기준으로 지속적인 적자를 기록하고 있다.

[그림 1] 재정수지 추이(2001~2024년) (단위: 조원)

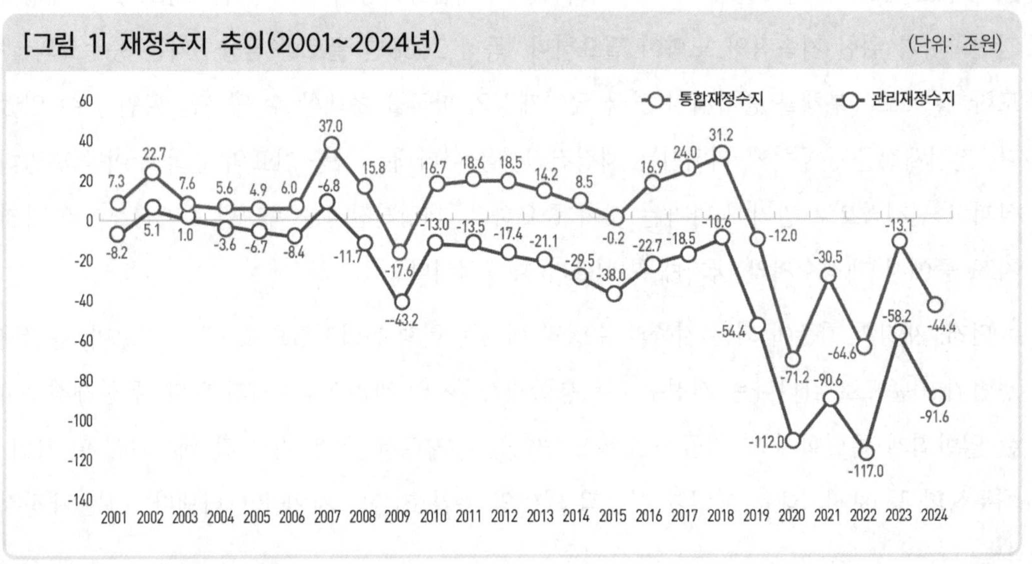

주: 2022년까지는 결산기준, 2022년 이후 예산 기준
자료: 기획재정부 자료를 바탕으로 재작성

다음으로 재정건전성을 나타내는 다른 지표로서 국가채무는 정부가 민간이나 해외에 원리금의 상환 의무를 지고 있는 채무를 의미한다. 「국가재정법」 제91조 및 같은 법 시행령 제43조는 국가채무에 국가의 회계 또는 기금의 '발행채권', '차입금', '국고채무부담행위'와 '정부의 대지급(代支給) 이행이 확정된 국가보증채무[70]를 포함하도록 규정하고 있다. 그러나 IMF가 정의하는 국가채무의 기준을 감안하여 실제 공기업 채무 등 '중앙관서의 장이 관리·운용하지 않는 회계 또는 기금의 금전채무'는 국가채무에서 제외하고 있으며, '재정증권 또는 한국은행으로부터의 일시차입금'과 '발행 채권 중 국가의 회계 또는 기금이 인수 또는 매입하여 보유하고 있는 채권' 및 '차입금 중 국가의 다른 회계 또는 기금으로부터의 차입금'도 국가채무에서 제외하고 있다(통계청, 2019).

2011년부터 2022년까지 결산 기준 최근 10년간 국가채무는 지속적으로 증가하고 있다. 같은 기간 동안 GDP 대비 국가채무 비율은 2017년과 2018년을 제외하고는 전년 대비 상승하였으며, 2022년 말 기준 GDP 대비 국가채무 비율은 49.4%이다.

[그림 2] 국가채무 추이(2011~2024년)

(단위: 조원, %)

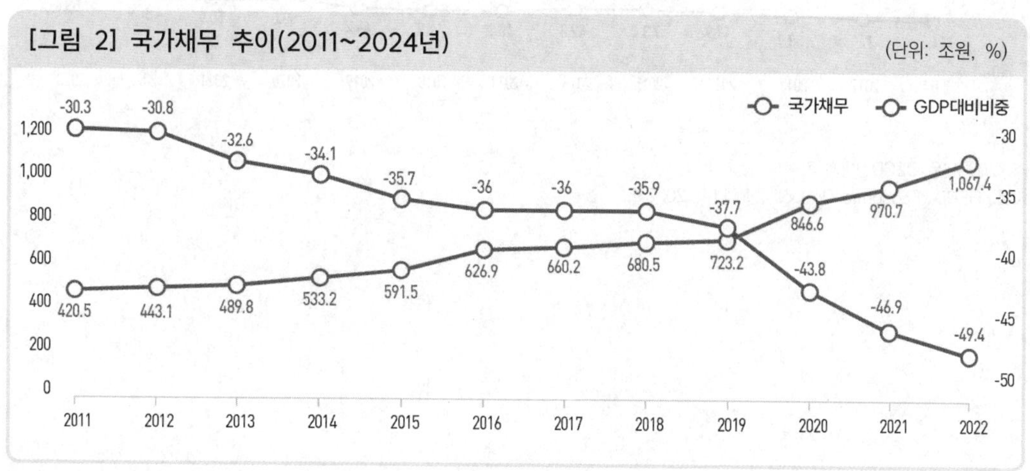

주: 2022년까지는 결산기준, 2022년 이후 예산 기준
자료: 기획재정부 자료를 바탕으로 재작성

70) 국가보증채무란 정부가 주채무자의 채무이행을 보증한 채무를 말하는 것으로서 정부의 채무이행 의무가 확정되기 전까지는 국가채무에 포함되지 않는다. 정부가 이러한 채무를 보증하기 위해서는 「대한민국헌법」 제58조와 「국가재정법」 제92조에 따라 국회의 의결을 먼저 거쳐야 한다.

OECD 통계에 따르면[71], 2023년 우리나라의 일반정부 총금융부채(General Government Gross Financial Liabilities)는 GDP 대비 58.4%로 예상되며, 이는 OECD평균(85.4%) 대비 낮은 수준이라고 할 수 있다. 그러나, 주요 OECD 국가의 지난 10년간(2011~2021년) 일반정부 총부채 증가율을 보면 우리나라가 연평균 3.1%의 증가율을 보여 다른 회원국 대비 상대적으로 높은 수준이다.

[그림 3] 주요 OECD국가 국가채무 비율 추이 비교(2011~2023년)

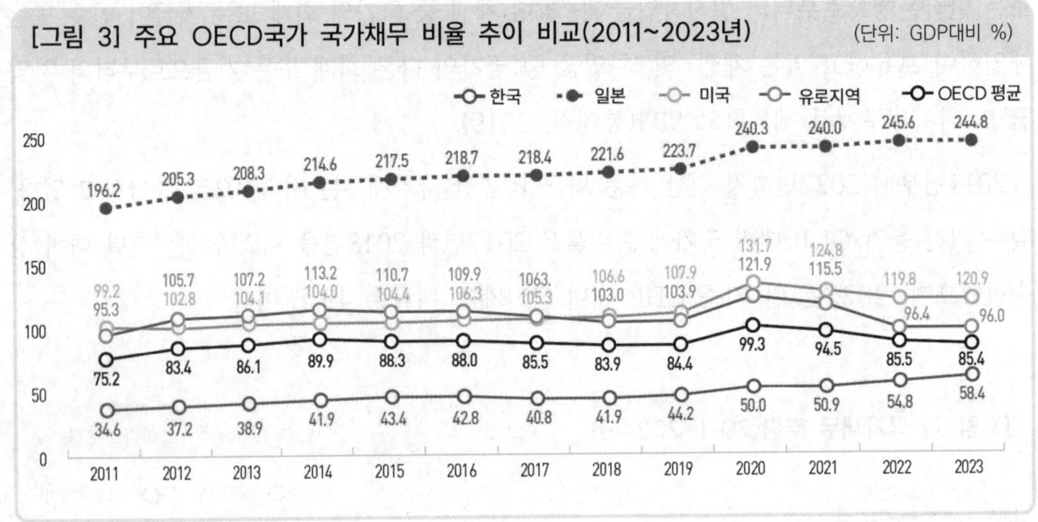

주: 2023년은 OECD전망치 기준

자료: OECD, Economic Outlook, No.114, 2023.11.

71) 주요 국제기구들의 국가부채 지표는 「공공부문 부채 작성지침」(2013)에 따라 대부분 일치하나, 일부 포괄범위의 차이로 인해 차이가 있다. 또한, OECD의 국가채무 지표는 국가채무(D1)에 비영리공공기관 부채를 합산한 일반정부 부채(D2)를 사용함으로써 우리나라 기준(D1)보다 포괄범위가 넓다.

[그림 4] 주요 OECD국가 국가채무 증가속도 비교(2011~2021년) (단위: GDP대비 %)

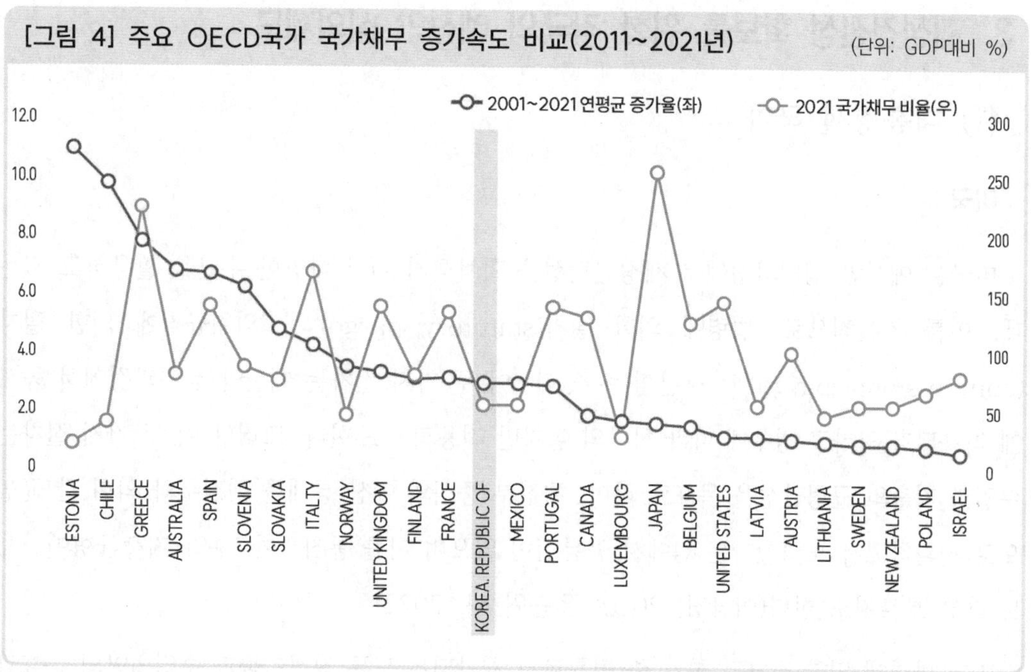

자료: OECD, Economic Outlook, No.114, 2023.11.

3. 재정건전성 확보를 위한 각국의 예산안 심의제도

(1) 대통령제 국가

미국

미국은 예산안 심의과정에서 재정건전성을 확보하기 위한 다양한 수단을 활용하고 있는데, 이를 기본적으로 '법령에 의한 절차(statutory paygo)'와 '의회규칙에 의한 절차(congressional paygo)'로 구분할 수 있다. 이 두 가지 절차는 예산안 심의과정에서 동시에 적용되기도 하고 경우에 따라 하나의 절차만 적용되기도 한다. 그러나 이 두 가지 절차는 수입과 지출의 균형달성을 목표로 하며, 행정부 중심의 예산 통제를 행정부와 의회 간 균형으로 전환하고자 노력했다는 점에서 공통점이 있으며 이를 통칭하여 '수입·지출균형예산제도'라고 부르기도 한다(이상경, 2010; 유승원 외, 2022).

먼저 법령에 의한 절차로 회기 중 법률로서 제안되는 모든 직접지출과 수입법안의 순효과가 수입·지출균형예산 추계서(scorecard)에 비용손실(cost)을 유발하지 말 것을 내용으로 하는 「1990년 예산집행법」[72]을 들 수 있다. 이 법은 매년 세출예산절차(annual appropriations)에 의해 통제되는 재량지출과 실체적 입법(substantive legislation)에 의해 통제되는 직접지출(의무지출)을 구분하고, 재량지출에 대한 상한선을 제정하였으며, 조세감면이나 직접지출의 증대를 가져오는 어떠한 조치도 상쇄방법을 포함하도록 요구하였다.

그리고 의회규칙에 의한 절차로서, 재정소요점검제도(scorekeeping)와 비용추계제도(cost estimates)를 들 수 있다. 미국 의회예산처(CBO)는 상임위원회가 향후 세입이나 세출에 영향을 줄 수 있는 새로운 법안을 본회의에 심사 보고할 때마다, 그 법안이 재정에 미치는 영향을 추계한 비용추계서를 해당 상임위원회 및 예산위원회에 제공한다. 또한, CBO는 재정소요점검표(scorekeeping table)를 작성하여 예산위원회에 제공하는데, 이 재정소요점검표는 개별 법안에 대한 비용추계서를 상임위원회별로 묶은 것이다(국회예산정책처, 2010:26). 예산위원회는 이 재정소요점검표를 토대로 상임위원회나 세출위원회에서 심사한 세출법안이 예산결의안과 지출상한을 위배하고 있는지를 감시한다.

이러한 제도에 근거한 정부예산의 편성 과정은 다음과 같다. 먼저 세출예산의 경우 대통

72) 이 법은 1985년의 균형예산과 긴급적자통제법(the Balanced Budget and Emergency Deficit Control Act of 1985)의 수정법이다.

령 예산안은 2월 첫 번째 토요일에 의회에 제출되며 이와 동시에 의회의 공식적인 예산 편성 절차도 시작된다. 의회의 공식적 예산 편성 절차는 예산위원회가 담당하는 예산공동결의안을 시작으로 조정지침 마련, 세출위원회의 예산심사를 거쳐 최종적으로 상·하원의 의결을 통해 세출예산법이 확정되는 방식으로 진행된다. 세입 심의도 세출예산과 마찬가지로 대통령 예산안이 의회에 제출되면서 시작되며 이 때 의회예산처는 합동조세위원회와 함께 대통령 예산안의 세입 영향 추계를 시작한다. 예산위원회가 그 결과를 바탕으로 세출 예산을 포함한 재정적자 및 세입예산에 관한 예산결의안을 작성하며 이는 세출예산 입법 과정과 유사한 과정으로 세입 입법이 완료된다(Saturno et al., 2020). 엄격한 삼권분립 하에서 예산법률주의를 채택한 미국은 의회가 행정부 예산안에 대해 항목 폐지, 삭감 및 증액도 가능하다는 등 의회의 재정권한이 광범위하게 적용된다고 볼 수 있다(송경호 외, 2023)

[표 1] 미국 정부 세출예산안과 확정예산 규모 비교(2018~2023년) (단위: 십억달러)

회계연도	대통령예산안(A)	확정예산(B)	증감액(B-A)
2021	1,446	1,401	-45
2022	1,668	1,702	-32
2023	1,748	1,715	-33

주: 추경 예산 및 의무지출을 제외한 세출예산안의 재량지출만을 대상으로 비교
자료: 영국 법령정보 홈페이지(https://www.legislation.gov.uk, 자료검색일:2024.04.02.) 각 연도 의회예산처 「An Analysis of the President's Budget」 자료 및 송경호 외(2023), 「국가별 정부·의회 예산 편성 및 심의과정 비교분석」 바탕으로 재작성

더불어 미국은 1986년 재정수지준칙을 도입하였으며, 1990년에는 지출준칙을 추가도입하였다. 재정수지준칙은 1985년 제정된 「균형예산과 긴급적자통제법(the Balanced Budget and Emergency Deficit Control Act)」의 내용이 기준이 되었는데 여기는 5년간 달성해야 할 균형예산과 연간 적자 목표치를 구체적으로 명시했으며, 입법이 된 정책이 적자 목표 수치를 달성하지 못하면 자동적으로 강제삭감 조치를 적용하는 것이 핵심 내용이다. 강제삭감 원칙은 「2011년 예산통제법」과 2020년 제정된 PAYGO원칙에도 명시되어있으며 여전히 유효한 규정이다(이정희, 2016).

[표 2] 미국 재정준칙 개요

구분	개정연도	주요 특징
재정수지준칙 (Budget Balance Rule)	1986	• 정부 외부기관의 감독 • 법적 근거 및 미준수 시 강행 절차 명시 • 예외조항 없음 • 국가채무 등과 관련하여 공공투자 축소 규율 없음 • 적용대상은 연방정부에 한정
지출준칙 (Expenditure Rule)	1990, 2011	

자료: Davoodi et al.(2022)를 바탕으로 재작성

한편, 지출준칙은 1991년부터 「1990년 예산집행법(the Budget Enforcement Act of 1990)」에 근거하여 재량적 지출에 대한 연간 한도를 설정하는 방식으로 규율되었으며 2002년 말에 소멸되었다. 그런데 2003년 이라크 전쟁 이후 재정수지가 악화되기 시작하고 2008년 세계금융위기로 재정 상황이 더욱 나빠지자 2011년에 의회는 「2011년 예산통제법(the Budget Control Act of 2011」을 제정하여 2021년까지 약 9,000억 달러를 절감하는 재량 지출에 대한 법정 상한을 설정했다. 더불어 동 법에서는 2012~2030년 동안 직접 지출에 대한 한도 역시 명시하고 있다. 이외에도 미국은 절차적 규정으로서 페이고원칙(Pay-As-You-Go Rule)도 설정하고 있는데 이는 재정중립성을 유지하기 위해 법률로 제정한 보장적 지출(entitlement spending)또는 과세 변경 시에 적용이 된다(송경호 외, 2023).

브라질

브라질은 연간 1,000%가 넘는 인플레이션을 1995년 이후 연간 10% 이하로 유지하는데 성공하였으나, 인플레이션의 진정으로 인해 인플레이션 조세(inflation tax)가 급격히 감소하였고, 그 결과 재정수입은 크게 줄어든 반면 재정지출은 큰 변동 없이 유지됨에 따라 국가채무가 급속하게 증가하는 부작용을 겪게 되었다. 이에 따라 브라질은 2000년에 「재정책임법」을 제정하여 과도한 국가채무를 줄이고 재정건전성을 달성하기 위한 재정개혁을 추진하였다.

재정건전성을 달성하기 위한 「재정책임법」의 가장 핵심적인 수단은 정부로 하여금 매년 4월 15일까지 「예산편성지침법(Budget Guideline Law)」을 의회에 제출하도록 함으로써

사실상 사전예산제도와 같이 운용되는 효과를 얻고 있다. 브라질의 예산안 심의절차를 보면, 정부가 예산안을 의회에 제출하기 약 4개월 전에 「예산편성지침법」을 의회에 제출하고, 의회는 정부의 예산안 편성 방향과 총량 등에 대해 약 75일 동안 충분한 시간을 갖고 논의를 한 후 의결한다. 「예산편성지침법」에는 향후 3년간의 연도별 재정흑자 달성을 위한 목표치와 재정수입 및 재정지출에 대한 전망과 의무지출과 같은 경직성 지출의 성격을 띠고 있는 지출내역을 포함하여야 하며,[73] 정부가 공적금융기관으로부터 차입한 채무액을 포함하도록 하고 있다(홍승현 외, 2014).

브라질의 재정준칙 역시 PAYGO를 포함한 지출준칙과 채무준칙으로 구성되며, 미국과는 달리 동 법에 따른 준칙을 연방정부뿐만 아니라 주정부, 기초자치단체 역시 준용해야 한다는 점이다. 물론 기준 한도의 엄격성 등에 있어서는 차이가 있다. 지출준칙은 인건비를 경상순수입 대비 %로 한도를 설정해 제한하는 내용과, 의무지출이 계속해서 발생하는 경우 예산지침법안에서 설정한 재정총량에 영향을 끼치지 않고 향후 몇 년간 영구적 수입 증가나 지출감소로 인한 예산상의 영향이 상쇄되어야 한다는 PAYGO 원칙을 주요 내용으로 한다. 채무준칙에서는 주정부, 기초자치단체의 통합채무와 연방정부, 주정부, 기초자치단체의 신용거래 및 보증을 순경상수입 대비 %로 한도를 설정해 제한하도록 하고 있다. 이외에도 'Golden Rule'이 있는데, 이는 자본지출의 총량을 초과하는 신용거래를 금지해 경상지출의 자금조달을 위한 차입을 금지하는 규정이다. 단, 입법부 절대 과반수의 찬성을 얻은 특별한 목적이 있는 부채는 허용된다.

이러한 재정건정성 회복 노력으로 브라질은 적자였던 기초재정수지를 흑자로 전환하였으며, 공공부문 통합채무 역시 2002년 GDP 대비 60.4%에 달하던 것이 10년 만에 35.1%까지 낮아지는 성과를 보였다(Nunes, S. 2013). 그러나 2014년부터 다시 기초재정수지가 적자로 돌아섰으며, 2016년 재정준칙 개정과 2017년 실질 재정지출 동결 및 행정·세제개혁 등의 노력에도 불구하고 2020년 코로나19 대응을 위한 재정지출 증가와 조세수입 감소로 기초재정수지 적자가 역대 최고인 GDP의 9.5%를 기록했으며, 부채비율이 89% 수준을 보이기도 했다(Medez et al., 2020; 박미숙, 2021).

2024년 3월 30일 룰라정부는 이러한 문제점을 감안하여 새로운 재정준칙을 공개했다.

73) 이는 우리나라의 국가재정운용계획과 유사하지만, 국가재정운용계획은 구속력이 없다는 점에서 구별된다.

새로운 재정준칙은 정부 지출에 세 가지 제약요건을 갖는데, 이에 따르면 정부는 재정수지의 연도별 목표 달성률에 따라 지출 및 투자 계획을 조정해야 하고, 정부 지출은 12개월 누적 순수입 실질 증가분의 70%까지만 추가적으로 증가시킬 수 있다. 또한, 정부 지출의 연간 증가율은 0.6~2.5% 내로 제한해야 한다. 이는 2024년에 국내총생산(GDP) 대비 기초재정수지가 지난해 0.5% 적자에서 올해 균형 수지를 달성하고, 내년과 2026년 각각 0.5%, 1.0% 흑자를 달성할 수 있도록 한 것이다. 만약 이러한 기초재정수지 목표를 달성하지 못하면 정부는 전년도 재정지출 증가율의 50%까지만 증가시킬 수 있는 등 지출액 설정에 제약이 생긴다. 이러한 신 재정준칙은 정부 지출이 지나치게 경기상황에 따라 변화하는 것을 일부 조정해 줄 수 있어 재정의 지속가능성에 더욱 긍정적인 영향을 미칠 것으로 보고 있다(IMF, 2023).

(2) 의원내각제 국가

영국

예산법률주의를 채택하고 있는 영국에서는 예산안이 하원에 제출되면 하원에서 심의를 거쳐 결의안(Budget Resolution)이 채택되고, 이후 결의안이 법적 효력을 갖기 위해 법안으로 제출된다. 상원은 이를 변경 혹은 거부할 권한이 없어 의례적 심의를 거친 후 국왕의 재가를 받아 법률로 제정된다(House of Commons Library, 2023).

영국의 예산편성 과정의 특징 중 하나는 세입측면에 초점을 둔 재정법안(Finance Bill)과 세출 측면에 초점을 둔 세출예산법안(Supply and Appropriation Bill)이 별도로 작성되고 심의 절차가 진행된다는 점이다. 세입예산과정의 경우 재무장관이 의회에서 경제 상황 및 정부 조세계획에 대한 연설 후 예산안을 하원에 제출하면 하원에서 4일간 토론을 거쳐 세입예산결의안에 동의하면 재정법안이 상정된다. 상정된 재정 법안에 대해 상원에서 수정은 이루어지지 않으며 국왕 재가 이후 재정법(Finance Act)가 발효된다. 한편, 세출예산안은 재무부가 2-3년마다 중기재정계획인 지출계획서를 작성하고 매 회계연도마다 본세출예산안(Main Estimates)을 편성하여 내각의 최종승인을 거쳐 의회에 제출하며, 의회는 이를 심의하여 7월에 세출예산법으로 제정한다. 이러한 예산 심사과정에서 영국 의회는 예산액 삭감만 가능하고 예산 증액 및 신규 비목 설치 권한은 없다. 세출예산안은 예산액을 줄이는 수정은 가능하나 지출의 특정 항목만 감액 가능하고 수정 규모도 매우 미미한 형식적 삭감에 불과하다. 다만, 세입예산안의 경우에는 정부가 제안한 조세 변경을 의회가 거부할 수 있고 정부안에 비해 조세를 낮추는 방향으로는 수정이 가능하다(송경호 외, 2023).

[표 3] 영국 본세출예산안과 확정예산 규모 비교(2018~2023년) (단위: 백만파운드)

회계 연도	총지출 (Total Resource and Capital in Estimates)			예산소요 (Total Net cash requirement)		
	예산안(A)	확정예산(B)	증감액(B-A)	예산안(A)	확정예산(B)	증감액(B-A)
2018-2019	601,813	601,813	0	503,467	503,467	0
2019-2020	629,787	629,891	104	518,929	519,033	104
2020-2021	813,134	813,134	0	697,133	697,133	0
2021-2022	869,439	869,439	0	735,337	735,337	0
2022-2023	897,055	897,055	0	717,749	717,749	0

자료: 영국 법령정보 홈페이지(https://www.legislation.gov.uk, 자료검색일:2024.04.02.) 각 연도 「Supply and Appropriation(Matin Estimates) Act」 및 각 연도 HM Treasury, 「Central Government Supply Estimates: Main Supply Estimates」 자료를 바탕으로 재작성

이는 영국이 하원 다수당의 당수가 수상이 되고 수상이 내각 위원들을 임명하는 의원내각제 국가로서 전통적으로 행정부 우위의 예산결정제도를 가지고 있으며, 영국 의회는 미국 의회와 달리 정부예산에 대한 사전적 통제보다 예산지출의 효과성 분석 등 사후적인 통제에 중점을 두는 경향이 있다(전진영, 2013; ICAEW, 2017).

따라서 의회 심의과정에서 재정건전성을 확보하도록 하는 방식보다는 재정준칙과 채무준칙을 설정하고 행정부가 이를 준수하도록 하는 방향으로 제도가 설계되어 왔다. 영국은 1998년부터 「재정법」에 근거를 둔 재정준칙("재정안정화규율(the Code of Fiscal Stability")을 중심으로 2007년 재정적자가 GDP의 약 3% 수준일 만큼 비교적 양호한 재정수지를 유지하고 있었다. 그러나 2009년 금융위기를 겪으면서 재정적자가 급속히 악화되어 2009년 재정적자가 GDP의 10%를 넘어서는 수준을 기록했다. 재정악화 문제가 심각해지자 2010년 「재정책임법(the Fiscal Responsibility Act」을 통해 재정건전성을 회복하고자 했으며, 재정준칙 감시기구라고 할 수 있는 영국의 예산책임청(Office for Budget Responsibility: OBR)을 설립했다. 2011년에는 「예산책임 및 회계감사법(Budget Responsibility and National Audit Act 2011」을 제정하여 법률에 간략한 근거를 두면

서도 구체적인 목표들은 「예산책임헌장」을 별도로 제정하여 명시하도록 하는 재정준칙의 체계가 마련되었다(김세진, 2011; 양태건, 2020).

2016년 개정된 영국의 재정준칙의 핵심은 3개년에 걸친 '복지지출 상한선의 설정'을 통해 사회복지지출에 대해 그 영역 내에서의 우선순위 결정과 지출합리화를 도모하고 있다는 점이다(하연섭, 2016). 「예산책임헌장」에 따르면 복지상한선의 준수 상태를 모니터링하고 평가하는 예산책임청이 복지상한이 위반되었다고 공식 평가한 경우 정부는 복지지출을 상한선 범위 내로 줄일 수 있는 정부 정책을 제안하는 문서를 하원에 제출하거나, 복지상한의 위반이 정당한 것으로 간주되어야 할 이유를 하원에 설명해야 한다. 이 헌장에서는 재정수지준칙, 채무준칙, 지출준칙의 3가지 종류를 규정하면서 공공부문의 경기순환 조정 재정적자(cyclically-adjusted public sector net borrowing) 2020-2021년까지 GDP 2%이하로 감축, 공공부문 순채무 GDP대비 비율 감소, 복지지출이 지속 가능할 수 있도록 하기 위해 복지지출은 2020-2021년에도 2016년 가을에 재무부가 설정한 상한과 한계 내로 제한한다는 목표를 설정하였다.

2019년에 개정된 새로운 준칙은 코로나19 팬데믹 발현으로 2020년 3월 예산 이후 곧바로 유예되었으나, 2021년 10월 영국 정부는 포스트-코로나 재정계획의 일부로 재정준칙을 복구시켰다. 이 준칙에 의하면 5개년도 세 번째 연도까지 경상예산의 균형을 맞춰야 하고, 공공부문 순투자가 5개년 평균 GDP의 3%를 초과할 수 없다. 더불어 공공부문의 순채무가 5개년도 기준 세 번째 연도까지 감축되어야 한다(황인욱, 2022).

[표 4] 영국 재정준칙 개요

구분	개정연도	주요 특징
재정수지준칙 (Budget Balance Rule)	1997, 2010 2014, 2015 2017, 2019 2021	• 정부 외부기관의 감독 • 법적 근거 존재 • 강행 절차는 명시하지 않으며 예외조항을 둠 • 공공부문 순투자규모에 대한 상한선 존재 • 적용대상은 공공부문 전체
채무준칙 (Debt Rule)	1986, 2020 2021	

자료: Davoodi et al.(2022)를 바탕으로 재작성

스웨덴

스웨덴은 1990년대에 들어서면서 경제성장이 둔화함에 따라 재정적자 폭이 점점 커져, 1993년에는 경제성장률이 -2.1%, 재정수지가 -11.3%로 급락하였다. 이에 따라 1996년에 정부부채가 GDP 대비 79.6%까지 증가하자 재정개혁을 단행하였다.

재정개혁의 핵심 내용은 탑다운(Top-Down) 예산편성, 봄 예산(Spring Budget) 심의, 중기재정목표 설정(3년)이라고 할 수 있다. 1996년 중기재정계획과 top-down 예산편성제도를 도입하였다. 즉, 스웨덴 정부는 예산안 편성 전 3년 기간에 대해 매년의 지출 상한과 재정수지 흑자목표치를 설정한다. 중기재정목표의 지출 한도 내에서 다음 해 예산 총액이 결정되면, 각 부처 예산 배분액이 정해진다. 그러면 각 부처는 정해진 규모 내에서 구체적인 사업 예산을 편성하게 된다(김태일, 2022). 2002년부터는 이에 더해 4월에 '춘계재정정책안(Spring Fiscal Policy Bill: 사전예산서)을 제출하고, 9월 20일에 총지출 및 27개 분야별 지출한도를 제출하는 예산안(Budget Bill)을 제출하도록 하였다.

이러한 절차는 Schick(2002)가 제안한 2단계 예산과정 중의 첫 번째 단계로 정부가 본예산(full-budget)을 편성한 후 의회에 제출하기 이전에 거시예산인 중기재정운용계획을 의회에 제출하여 승인 또는 자문을 받는 사전예산(pre-budget)제도에 해당한다(이덕만, 2019).

정부는 춘계재정정책안을 4월 15일까지 의회에 제출하는데, 여기에는 거시경제 변수 및 재정수입, 재정지출 등 재정변수들에 대한 중기적 전망이 포함되어 있다. 아울러 스웨덴 정부는 수상을 비롯한 각료들이 참여하는 재정전략회의에서 결정한 향후 3년 동안 각 연도의 27개 분야별 재정지출 규모를 춘계재정정책안에 포함하여 의회에 제출한다. 스웨덴 정부는 이를 통해 향후 3년 후의 총 재정지출 규모를 의회에 처음으로 제시하며 3년 후의 총 재정지출 규모를 당해연도 의회에서 의결하여 결정하므로 스웨덴 정부는 3년 후 회계연도의 예산을 편성할 때 이 지출 규모를 반드시 준수해야 한다(Gustafsson 2004). 이후 이러한 거시예산을 기초로 본예산을 편성하여 예산안을 9월에 의회에 제출한다.

의회는 예산안의 심의결과에 따라 11월에 중앙정부의 총지출 상한, 27개 지출 분야별 예산규모, 중앙정부의 세입에 대해 의결하고, 12월에는 27개 지출 분야에 포함된 개별항목에 대한 지출규모를 의결하여 본예산을 확정한다.

[표 5] 스웨덴의 예산안 심의 절차

일 정	내 역
1월-3월	• 재무부, 각 부처 제출 예산안을 기반으로 중장기재정계획 수립 • 재무부장관이 3년간 예산안 국무회의 제출 • 국무회의 의결
4월 15일	• 정부 「춘계재정정책안」 의회에 제출
4월-5월	• 각 부처가 재정지출 영역 내에서 사업별 지출규모 확정
6월 15일	• 의회 「춘계재정정책법」 의결
9월 20일	• 정부 「예산안」 의회에 제출
11월 30일	• 의회 정부 총지출 상한, 27개 분야별 지출 규모, 세입규모 의결
12월 15일	• 의회 27개 지출 분야에 포함된 개별항목에 대한 지출규모 의결

자료: Blöndal(2001), Riksdag(2019)을 바탕으로 재구성

이러한 예산심의절차를 보면 스웨덴은 현재 뉴질랜드, 캐나다 등 사전예산제도를 실시하고 있는 국가 중 정부가 거시예산을 법률안으로 의회에 제출하면 의회가 법률로 확정하는 과정을 통해 가장 엄격하게 거시예산을 통제한다고 볼 수 있다(이덕만, 2019). 이러한 방식은 의회로 하여금 「춘계재정정책안」을 심의하면서 거시경제전망, 주요정책방향 및 재원배분의 우선순위 등 거시예산에 대한 심의에 집중하고, 가을에는 「예산법」의 형식으로 제출되는 예산안을 총지출한도와 27개 세출분야로 나누어 세부적인 심의를 진행함으로써 보다 심도 있는 예산심사를 행할 수 있게 한다(김춘순, 2014).

실제 스웨덴의 재정현황을 보면 재정제도 개혁 이전인 1990년 중반까지 재정적자가 11%를 상회하는 수준이었으나 1990년대 후반에 균형예산으로 복귀하였다. 그리고 2000년에는 GDP대비 3.7%의 흑자를 달성하였으며, 이후로도 지속적으로 재정수지 흑자를 기록하고 있다. GDP 대비 국가채무 비중 역시 1998년 83.2%에서 2008년 52.6%로 감소했으며 2021년에는 58.8% 수준이다. 글로벌 금융위기와 코로나19 등의 대외환경 요인으로 소폭 증가하기도 했지만, 전반적으로 감소 추세를 보이고 있음을 알 수 있다(김태일, 2022).

4. 우리나라의 재정준칙 도입과 과제

(1) 우리나라 재정준칙(안)의 진단

우리나라는 2023~2027년 국가재정운용계획에서 미래세대의 부담 완화, 대외 신인도 제고, 재정의 지속가능성 확보를 위해 건전재정 기조를 견지한다는 재정운용방향을 제시하고 있다. 이와 더불어 재정준칙 법제화를 지속적으로 추진하여 건전재정기조를 뒷받침하겠다고 밝혔다.

2020년「한국형 재정준칙」도입 추진 후, 2022년 국가재정전략회의(7. 7.)를 거쳐 비상경제장관회의(9. 13.)에서 재정준칙 도입방안을 수정하여 발표하였다. 2022년 9월 재정준칙 도입방안은 관리재정수지 적자 GDP 대비 △3%, 국가채무 GDP 대비 60%를 한도로 설정하고, 국가채무 비율이 60%를 초과할 경우 관리재정수지 한도를 △2%로 축소하는 내용으로 구성된다.

[표 6] 우리나라의 재정준칙 도입방안 비교

2020년				2022년
국가채무비율 60%	x	통합재정수지비율 △3%	≤ 1.0	관리재정수지 한도: GDP의 △3% 국가채무비율이 GDP 대비 60% 초과 시 관리재정수지 한도를 GDP의 △2%로 축소

주: 1. 통합재정수지: 총수입 – 총지출
2. 관리재정수지: 통합재정수지 – [4개 사회보장성 기금(국민연금기금·사립학교교직원연금기금 ·고용보험기금·산업재해보상보험및예방기금) 수지]

자료: 기획재정부 보도자료(2022. 9. 13.)를 바탕으로 재작성

재정건전성의 확보를 위하여 재정준칙의 법제화를 추진하는 것은 그 자체로 긍정적인 평가가 가능하다. 그러나 국가 재정의 역할에 대한 다양한 전망과 시각차가 존재하므로 제시된 재정준칙(안)의 타당성에 대해서는 국가채무, 재정수지 등 주요 지표를 중심으로 동태적·상태적 측면의 검토가 수반되어야 한다(국회예산정책처, 2023).

우선, 재정준칙(안)이 제시하고 있는 국가채무 관리목표(GDP 대비 60% 초과 시 관리재정수지 한도를 GDP의 △2%로 축소)는 사실상 재량지출의 조정을 통해 이행되어야 하는데 현실적 한계가 있다.

우리나라의 국가채무 증가는 주로 일반회계 적자보전을 포함한 적자성 채무의 증가에 기인하는 것으로 나타난다. 적자성 채무 증가가 지속되는 것은 고령화 등에 따른 구조적·경직적 지출 소요 증가에 기인하는 측면이 큰 것으로 보이는 바, 이는 복지지출 및 이자지출 등 의무지출 규모가 지속적으로 증가하는 상황에서 재량지출 관리만으로는 재정 건전성 확보에 한계가 있다는 점을 의미한다.

이러한 상황에서, 재정준칙(안)과 같이 국가채무 비율이 60%에 도달하는 경우 즉시 관리재정수지 적자 한도를 △2%로 낮추는 방향은 실효성이 떨어질 수 있다. 법령에 따라 지출해야 하는 의무지출이 지속적으로 증가하고 있는 상황에서 긴축적 재정기조에 따라 재량지출을 급격히 축소해야 하는데 재정이 경제에 미치는 영향 등을 감안할 때 실제 이행 가능 여부가 불명확하기 때문이다.

다음으로, 재정준칙(안)이 계획하고 있는 관리재정수지(GDP의 △3%)는 정부의 낙관적 전망, 의무지출(복지, 이자지출 등)의 증가 등의 관점에서 실현가능성을 검토할 필요가 있다.

정부는 「2023~2027 국가재정운용계획」에서 2025년부터 관리재정수지를 GDP 대비 △3% 이내로 관리하는 등 재정준칙을 준수하고, 이를 바탕으로 중기 국가채무 증가 억제 등 중장기 재정건전성 관리 노력을 병행할 계획이라고 밝혔다. 그러나 지난 국가재정운용계획에서 지속적으로 총수입 및 총지출의 실적치가 전망치와 차이가 났던 것을 감안하면, 계획의 달성을 위해서는 정부의 추가적인 노력이 필요할 것으로 보인다. 실제로 정부는 2023회계연도의 관리재정수지를 GDP 대비 △2.6%로 계획하였으나 대규모 세수결손 발생 및 당초 전망 대비 경제성장률 하락 등에 따라 적자폭은 GDP대비 △3.9%로 확대되었다.

의무지출 중 복지지출 외에도 이자지출이 크게 증가하고 있는 반면, 2024년 이후 국세수입 대비 의무지출이 90% 이상을 차지하는 것으로 계획하고 있어, 재정의 지속가능성 확보를 위해 중장기적인 의무지출 관리 방안을 검토할 필요가 있다. 복지분야 법정지출은 생계급여·주거급여 등 저소득층 대상 사회안전망 제도로 인해 축소하기는 쉽지 않은 지출이다. 이자지출의 경우 2023~2027년 연평균 증가율은 11.0%인데, 이는 정부의 재정활동에서 비롯된 지출이 아니므로 실질적 재정활용분은 아니나, 국가채무의 증가 및 조달금리의 인상 등에 기인하여 증가하고 있고, 이 또한, 국가채무 감소 및 조달금리 인하 등이 아니면 축소하기 어려운 지출이다. 의무지출이 재정지출에서 차지하는 비중이 지속적으로 증가하고 있으며 이미 국세수입과 유사한 규모로 의무지출이 증가한 상황임을 감안할 때 향후 재량지출 관리만으로는 재정건전성 관리에 한계가 있을 것으로 보인다. 따라서 재량지출뿐 아니라 의무지출의 효율화 방안에 대하여도 지속적 관심과 검토가 필요할 것으로 보인다.

(2) 우리나라 재정준칙 도입의 과제[74)]

재정준칙은 재정 수입 및 지출, 재정수지, 국가채무 등 총량적 재정지표에 대한 항구적 재정 운용 목표다. IMF에 따르면 재정준칙이 법제화된 경우를 포함하여 최소 3년 이상의 의무적 이행이 수반된 경우를 재정준칙으로 간주하고 있다.[75)] 이와 더불어 각 국가의 경제 및 재정 환경을 바탕으로 바람직한 재정준칙의 성립을 위해서는 적절한 법적 토대를 바탕으로 총량적 재정지표에 대한 명확한 목표와 이에 대한 모니터링 및 예산 반영 과정의 명시, 외부 충격에 대한 예외 조항 등이 포함되어야 한다.

학계에서는 경기 침체 등 외부 충격에 의한 재정건전성 악화를 고려하여 단기적 재정 상태의 건전성 논의 중심에서 점차 중·장기적인 시점의 재정 지속가능성을 평가하는 것으로 논의의 흐름이 발전해왔다. 일반적으로 경기순환주기는 다년도에 걸쳐 있기에 단년도 중심의 균형예산과 같은 재정준칙은 경직적으로 운영될 경우 재정의 경기 대응 기능을 저해할 수 있으며, 또한, 많은 국가의 사례에서 볼 수 있듯이 빈번한 재정준칙 예외 적용 사례로 이어지게 되어 실효성이 떨어질 수 있기 때문이다.

실제로 코로나19 기간 동안 많은 국가가 경기 부양을 위한 확장적 재정정책 운영을 위해 재정준칙 예외 사유를 적용하였으며, 그로 인해 국가채무 비율(D2)이 급증한 상황이다. 2020~2021년 동안 약 90%의 국가에서 재정수지 적자가 목표치보다 증가하였으며, 국가채무 또한 재정준칙 도입 국가 중 절반 이상의 국가에서 목표치를 초과하였다는 점을 볼 때, 재정준칙의 도입 자체가 재정건전성 및 지속가능성을 담보하지는 않는다는 사실을 방증한다.

74) 이하의 내용은 국회예산정책처(2023), 「2024 재정 총량 분석」을 발췌하여 정리하였다.

75) Davoodi, H. R., Elger, P., Fotiou, A., Garcia-macia, D., Han, X., Lagerborg, A., Lam, W. R., & Medas, P. (2022). Fiscal Rules and Fiscal Councils. IMF Working Paper, 11

[그림 5] 2004 - 2021년 재정준칙 도입 국가들의 적용 예외 현황

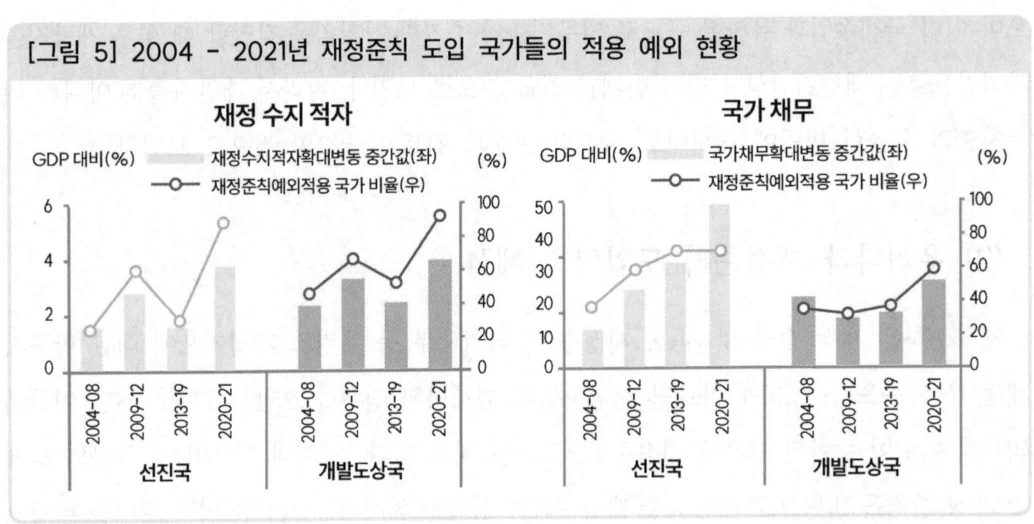

자료: IMF, The Rutern to Fiscal Rules, 2022.

기획재정부가 주관한 '재정의 지속가능성을 위한 재정준칙 컨퍼런스(22.8.18)'에서 논의된 전문가들의 의견을 살펴보면 재정준칙의 방향성을 가늠할 수 있다. 재정준칙의 기능은 "바람직한 재정준칙은 필요한 재정 수단의 활용을 제한하는 게 아니라 안정적인 활용을 지원하는 것(고려대학교 김태일)", 재정준칙의 기준 및 예외적용에 대해서는 "중장기적 경제전망과 인구구조 변화를 고려한 실질적 기준 설정이 필요하며, EU 등은 코로나-19 대응을 위해 재정준칙을 예외적으로 운영하였고 Allen Shick도 비상사태에서는 재정준칙의 일반적 적용에 한계가 있다고 인정한 바 있으므로 재정준칙 입안 때 명확한 기준 마련이 필요할 것(순전향대학교 김춘순)" 등이 대표적이다.

앞선 논의들은 IMF(2022)가 코로나-19 대응 기간 이전에 재정준칙을 도입했던 국가들에 주문했던 개선사항들과 잇닿아 있다. 그 방향은 현재의 재정준칙의 형태에 대해 재고하고, 정부가 위기대응을 포함, 재정의 지속가능성을 훼손하지 않으면서 재정정책의 경기대응력을 높이는 쪽으로 개선할 수 있는 기회로 삼아야 한다는 것이다. 보다 구체적으로 제시하면 실현가능하고 신뢰할만한 중기재정운용계획을 근간[76]으로, 경제·재정충격에 대응하는 유연성[77]을 확보하며, 투명한 재정지표에 근거하여 재정위험을 고려한 위험관리 프레임[78]을 포

76) 특히 독립적인 예측을 사용하여 경제·재정전망의 신뢰성을 강화할 것을 제시하고 있다. IMF(2022)는 재정목표 미달성(Slippages) 국가들의 경우 중기적으로 유사한 재정수지 경로를 보이는 국가들 중에서 상대적으로 부채가 더 빠르게 축적되는 경향을 보이며, 국채의 CDS 스프레드 및 이자율이 더 높은 경향을 보여 같은 국가채무 규모에서 더 높은 이자비용을 지불하는 경향을 보인다는 점을 제시하고 있다.

77) 경기 변동 등 외부 충격이 발생하여 재정적자 및 국가채무가 급증한 경우, 향후 재정적자 및 국가채무 감축 방안과 관련하여 비현실적인

함하는 형태로 재정준칙이 수정·보완되어야 한다는 것이다.

우리나라의 재정준칙(안)에 IMF의 주문을 반영하기 위해서는 다음과 같은 고민이 필요하다. 우선, 정부는 경제·재정전망의 근거를 투명하게 제시하고, 관련된 재정지표 등에 대한 정보를 명확하게 공개하여 정부의 국가재정운용계획이 신뢰할만한 중기재정운용계획으로 자리매김할 수 있도록 노력할 필요가 있다. 특히, 독립적인 주요 전망 기관의 전망치를 참고하는 등 정부의 전망에 대한 신뢰도 제고 및 편차(bias)를 줄이려는 노력을 기울일 필요가 있다. 다음으로, 정부는 국가재정운용계획 기간 내 총수입과 총지출에 대한 무리한 평탄화(smoothing)가 야기하는 재정운용의 불확실성 증대를 해소하고, 명확한 재정운용 목표를 제시하며 매년 목표와의 차이를 투명하게 계상하여 그에 따라 중기적으로 재정운용목표를 수정, 반영할 필요가 있다. 마지막으로, 정부는 우리나라의 국가부채의 세부 항목을 투명하게 공개하고, 이를 국제 비교가 가능한 지표에 근거하여 산출하며, 각 항목별 비중의 변화 등을 고려하여 국가부채를 관리할 필요가 있다.

참고문헌

국회예산정책처. (2010). “재정소요점검제도(Scorekeeping) 도입방안 연구.”

________. (2014). 「국가재정법 이해와 실제」.

________. (2023). 「2024년도 재정총량 분석」.

________. (2024). 「2024 대한민국 재정」.

기획재정부(2024), 「E-나라지표」

김철회 외. (2011). “재정건전성 관리를 위한 국회의 역할 강화방안: 해외사례 및 예산안 심의과정을 중심으로.” 국회예산정책처연구용역.

김춘순. (2014). 「비교예산제도론」. 대명출판사.

김태일. 2022. 스웨덴의 재정개혁, 「나라재정」, 2022.11월호. 한국재정정보원.

대한민국 정부(2020). 대한민국 정책브리핑:국가재정건전성

박미숙. (2021). 브라질, 재정악화에 대한 우려 증가. 대외정책연구원 동향세미나자료.

송경호 외(2023). 국가별 정부·의회 예산편성 및 심의과정 비교분석(기획재정부 연구용역보고서). 한국조세재정연구원.

유금록. (2023). 재정거버넌스가 재정건전성에 미치는 영향 분석: OECD국가를 중심으로. 한국행정학보, 제57권 4호, pp.125-171.

속도의 부채 감소 규정을 수정하여, 4~7년 등 중기적으로 국가의 포괄적인 부채가 현실적인 감축 경로(a plausible debt reduction path)에 있는지를 평가하는 방식으로 수정할 것을 제시하고 있다.

78) 일례로 EU의 부채 지속가능성 보고서(Debt Sustainability Report)에서 활용하고 있는 부채 지속가능성 분석(Debt Sustainability Analysis, 이하 DSA) 기법을 들 수 있다. EU는 DSA 분석을 통해 각 회원국의 부채 증가요인을 기초재정수지, 이자지출, 저량 - 유량 조정분 등의 부분으로 구분하여 분석, 세부적으로 점검하여 발표하고 있다.

유승원.김수희.신가희. 2022. 한국정책연구 제22권 1호, pp.79-98.

유훈·조택·김재훈. (2012).「재무행정론」. 법문사.

윤성식. (2003).「예산론」. 나남출판.

윤영진. (2014).「새 재무행정학 2.0」. 대영문화사.

이덕만. (2019). 재정건전성 확보를 위한 거시예산의 효율성 제고방안 연구. 국회 예산심의를 중심으로, 의정논총, 제14권 2호, pp.43-65.

이상경. (2011). "미국의 수입·지출균형예산제도의 규범적 재조명."「세계헌법연구」 제17권 2호, pp.328-352.

이영조·문인수. (2015).「재무행정론」. 대명출판사.

이진수·김재훈·최승필·임현. (2020).「재정건전성의 법적 개념과 기준」. 한국법제연구원 연구보고서.

한국은행. (2023).「영국경제 및 재정 관련 주요 이슈」. 한국은행 국외사무소 동향분석보고서.

홍승현·이지혜·한혜란. (2014). 주요국의 재정준칙 운용사례. 한국조세재정연구원 정책분석 보고서.

황인욱. (2022). 해외 주요국의 재정준칙 시행 현황과 시사점. 외국 입법·정책분석 제22호, 국회입법조사처

Blöndal, J. & Goretti. C & Kristensen, J.K. (2003). "Budgeting in Brazil" OECD Journal on Budgeting. vol. 3(1). pp.97-131.

Blöndal, J. (2001), Budgeting in Sweden, OECD Journal on Budgeting, Vol.1(1), pp.25-56.

OECD. (2012). OECD Draft principles for Independent Fiscal Institutions, 33rd OECD Senior Budget Officials meeting, 2012.

Downes, R., Moretti, D., & Shaw, T. (2017). Budgeting in Sweden. OECD Journal on Budgeting, 16(2), 9-74.

Davoodi, H. R., Elger, P., Fotiou, A., Garcia-Macia, D., ... & Medas, P. (2022). Fiscal rules and fiscal councils. Recent trends and Performance during the COVID-19 Pandemic. International Monetary Fund.

House of Commons Library. (2023). The Budget and the annual Finance Bill. (https://commonslibrary.parliament.uk/research-briefings/sn00813).

International Monetary Fund,(2023). "BRAZIL'S FISCAL FRAMEWORK: CHALLENGES AND OPTIONS FOR REFORM", Fiscal Monitor Report.

Kopits, G.(2001). Fiscal Rules: Useful Policy Framework or Unnecessary Ornament?, International Moneytary Fund.

Medas, P., R. Perrelli, and F. Gonzalez, 2020, "Brazil, Strengthening Fiscal Responsibility at the Subnational Level," July 2020 Technical Assistance Report (Washington: International Monetary Fund).

Medas, P., Hong, G. H., Nguyen, A., Goncalves, C., Yoo, J., Lagerborg, A., Caselli, F., & Davoodi, H.(2022). The Return to Fiscal Rules, IMF Staff Discussion Notes.

Nunes, S. 2013. The Brazilian Fiscal Responsibility Law: Rules, Results and Challenges (https://www.joserobertoafonso.com.br/attachment/15925)

Saturno, J. V., Heniff, B., Lynch, M., & Tollestrup, J. (2020). Introduction to the federal budget process. Congressional Research Service: Report, 1-38.

Vazquez, D. A., & Schlegel, R. (2023). From the Brazilian Income Transfer Program to the Fiscal Framework: perspectives on the social agenda of Lula's third Government. Cadernos de Saúde Pública, 39, e00108623.

제9절 재정기준선전망과 재정소요점검

1. 재정기준선전망

(1) 도입배경 및 의의

재정기준선 전망제도는 1974년 미국에서 처음 도입된 재정관리제도(fiscal management)이다. 이 제도가 도입된 1970년대 초 미국은 대통령과 의회가 증세와 적자재정의 규모를 둘러싸고 자주 대립하였다. 특히, 의회가 지출을 의결하여도 대통령이 집행을 거부(impoundment)하는 경우도 발생하면서 예산과정에서 의회와 행정부의 갈등이 깊어졌다. 이러던 중 행정부의 집행거부를 방지하기 위해 1974년 미국에서는 「의회예산법」[79]이 도입되었고, 대통령과 별도로 의회 스스로 예산안을 작성할 수 있는 예산결의안(budget resolution)제도를 도입하였다. 대통령이 제출하는 예산안(president's budget)과 별도로 의회가 예산안을 만드는 것이다.

미국 의회는 전 세계 어느 나라에서도 찾아보기 힘든 막강한 재정권한을 보유하게 되었지만, 행정부에 비해 상대적으로 취약한 재정정보와 전문성으로 인해 의회가 직접 예산안을 편성하기 위해서는 인적·물적 토대가 필요했다. 경기예측을 통한 세수전망, 물가수준 등의 기초경제 전망을 통해 세입과 세출 규모가 결정되기 때문에, 미 의회는 「의회예산법」을 제정하면서 의회의 예산과정을 지원할 의회예산처(CBO: Congressional Budget Office)를 설립하기에 이른다. 이러한 일련의 과정을 통해 미국에서는 ① 대통령 예산안이 의회에 제출되면, ② 의회는 예산결의안을 의결하고, ③ 예산심의 후 「지출승인법」을 의결하는 현재의 의회예산과정이 성립되었다.

(2) 재정기준선 전망의 의의

재정기준선(baseline)이란 이미 성립된 법(현행법)에 기초하여 예산권한, 지출, 수입 그리고 해당 연도의 재정수지를 기준으로 한 해당 연도와 다음 연도에 대한 전망치를 의미한다(정문종, 2007). 기준선은 향후 발생할 정책변화에 대해서 중립적으로 10년 후의 재정상태

79) 정식명칭은 「의회예산 및 지출거부통제법」(The Congressional Budget and Impoundment Control Act, 이하 "의회예산법"이라 부름).

(여유재원 혹은 부족재원)를 보여준다. 따라서 재정기준선을 작성하기 위해서는 먼저 현행 법률에 따른 지출규모를 파악해야 한다.

이 과정에서 재정소요가 발생하는 지출은 법령에 따라 지출규모가 결정되는 의무지출과 매년 의회의 심의에 따라 지출규모가 결정되는 재량지출로 구분할 수 있다. 따라서 재정기준선 역시 이러한 지출의 유형에 따라 상이한 전망을 하게 된다. 의무지출은 법률에 따라 지출의무가 발생하므로, 현행 법률에 변동이 없다는 가정하에서 인구구조변화와 경제상황을 고려하여 추계하고, 재량지출은 주로 과거의 지출수준과 추세, 새로운 재정소요, 경상경제성장률, 물가상승률 등과 정치·경제·사회적 여건변화 등을 감안하여 예측한다.

미국 역시 재정기준선전망 시 의무지출과 재량지출을 구분하여 서로 다른 방법을 사용하고 있다. 재량지출의 경우 향후에도 현 수준의 예산권한이 부여될 것으로 전제한 후, 인플레이션 지수와 연방 근로자들에 대한 생계비 조정지수 등을 고려하여 추계한다.

[그림 1]은 의무지출의 재정기준선 전망 예시이다. 그림의 각 선은 기준연도의 지출수준(current level), 기존 정책이 미래에도 지속된다는 가정하에서 추계되는 기준선(baseline) 및 새로운 정책이 추가된다는 가정하에서 새 정책수준(policy level)을 보여주고 있다.

[그림 1] 재정기준선 전망

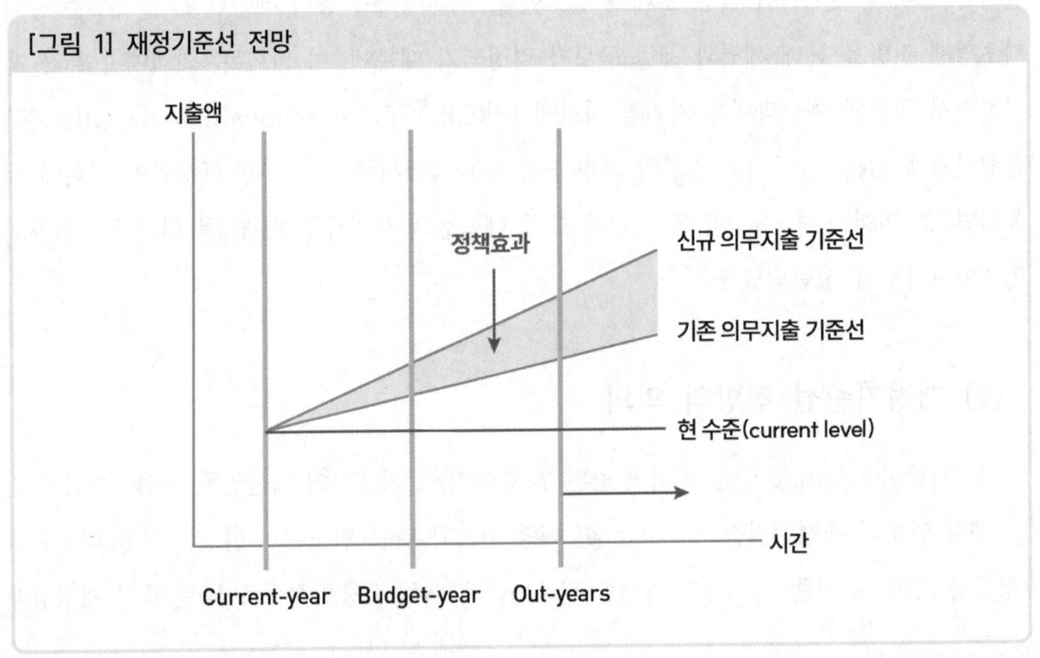

경제·사회적 여건변화에 따라서 일정하게 변화하는 기준선전망은 정책적 요인인 현행 법률과 제도가 그대로 유지되고, 기타 경제사회적 변수 등 지출에 영향을 미치는 변수가 예측한 대로 변한다는 가정하에 예상되는 수입과 지출을 추정하는 것이므로, 현행 법률과 정책은 상수(constant)로서 정책 변화요인은 최대한 배제하되, 경제·사회적 요인은 변수(variable)로서 예측할 수 있는 한 최대한 가정에 포함시켜야 한다. 또한, 기준선전망은 장래 재정상태에 대한 진단을 가능하게 하고, 정책변화의 효과를 측정하는 중립적인 기준 역할을 하며 장래의 재정상태(재정적자, 국가채무)를 파악하도록 함으로써 재정정책의 방향설정을 지원하는 등의 기능이 있다.

재정기준선은 현행 법률에 따른 수입과 지출정책에 따라 추계되는 것이므로 예산상의 변화나 정책의 변화를 확인하는 데에도 유용하다. 따라서 재정기준선은 현재의 재정정책이 유지될 때 향후 지출규모, 수입규모, 재정수지 변화, 국채의 변동에 대하여 사전에 알려주는 고지효과가 있다. 또한, 재정기준선은 정책중립적인 비교기준(benchmark)으로서 대통령 예산서나 다른 예산안에 따른 변화의 정도를 알 수 있게 해준다(정문종, 2007).

(3) 미국의 기준선전망 발전과정 및 실제

「의회예산법」에서는 의회예산처(CBO)와 관리예산처(OMB)가 기준선 예산전망을 작성하도록 하고 있다. 이에 따라, CBO와 OMB 모두 예산연도를 포함하여 총 10년에 걸친 기준선전망을 하고 있다. 상하원의 예산위원회는 매년 4월 15일까지 심의대상이 되는 해(budget year) 및 후속하는 4년에 대해 수입·지출 및 재원배분을 잠정적으로 결정하는 예산결의안 초안을 작성하여 본회의의 승인을 받는다(Schick, 2007). 의회가 예산결의안을 작성하기 위해서는 일정한 기준이 필요했는데, 1974년 이전에는 논의의 기준이 되는 예산규모를 대통령의 예산요구(대통령 예산안)나 전년도 예산규모와 비교하여 논의하였으나, 이 기준만으로는 불충분하였다. 따라서 예산위원회(budget committee)는 기존 사업에 따른 지출과 새로운 사업에 의하여 증가되는 지출을 구분할 필요가 생겼으며, 기존 사업 중에서도 이미 제정된 법률에 의하여 의회의 심의와는 무관하게 직접 지출이 결정되는 지출(direct spending; 의무지출)과 의회의 매년 지출승인에 따라 결정되는 지출(discretionary spending; 재량지출)을 구분하여야 했다. 즉 의회는 법률이 바뀌지 않는 한 자신이 통제할 수 없는 지출(기존

사업 중 의무지출사업), 현실적으로 통제하기 어려운 지출(기존 사업 중 재량지출사업)과 증감을 조절할 수 있는 사업(신규입법 및 기존 사업의 확대 부분)에 대한 구분이 필요했다. 이에 따라 기존 결정에 의한 지출과 새로운 결정에 의한 지출을 구분하여, 정책결정자들은 예산결의안[80] 작성기준이 되는 중립적인 지표로서 기준선(baseline)을 설정하였고, CBO와 OMB가 기준선전망(baseline budget projection)을 작성하도록 하여 이를 예산안 심의에 참고하고 있다.

실제 미국의 의회예산처(CBO)가 매년 초 발행하는 「재정·경제전망(The Budget and Economic Outlook)」을 보면, 경제전망과 함께 현행 예산 관련 법률을 기준으로 한 예산 전망인 기준선전망(Baseline Budget Projections)을 포함하고 있다. 이는 정부지출에 영향을 미치는 법과 정책이 변동이 없다는 전제하에 향후 10년간 예산에 대한 추계치를 만드는 것으로, 현행법 경제기준선(current-law economic baseline)이라고도 부른다. CBO의 기준선은 수입, 지출, 재정수지, 그리고 국가채무에 대하여 총 10년 동안의 절대 예상액과 GDP 대비 비율을 중심으로 작성되고 있다.

[표 1]은 CBO에서 2024년 2월에 발표한 실제 기준선전망 개요를 나타낸다. 수입, 지출, 재정수지, 국가채무에 대해 2023년 실적치부터 2034년 전망치까지 표시되고 있으며, 아래 패널에는 위의 패널과 동일한 항목에 관한 같은 기간 동안의 GDP 대비 비중이 기재되어 있다. 이에 따르면, CBO는 향후 10년간의 재정수지 적자 규모를 20조 160억달러로 전망하고 있으며, 이는 GDP 대비 –5.7%에 해당하는 수준이다.

80) 예산결의안은 상하원 예산위원회의 심의를 거쳐 양원합동결의안의 형태로 상원과 하원을 통과함으로써 확정된다. 예산결의안은 법률이 아니므로 법률적인 의미의 기속력을 갖는 것은 아니지만, 이후의 의회 예산과정에서 하나의 기준으로 작용하고 있다. 일례로, 예산결의안의 한도를 넘어서는 지출안이 발의되면, 상황에 따라서는 의사진행상 이의(point of order)가 제기되고 해당 위원회의 심의가 정지될 수 있다.

[표 1] CBO의 재정기준선 전망(2024~2034년)

(단위: 10억달러, %)

	Actual 2023	2024	2025	2026	2027	2028	2029	2030	2031	2032	2033	2034	Total 2025-2029	Total 2025-2034
In Billions of Dollars														
Revenues	4,439	4,935	4,996	5,351	5,683	5,870	6,147	6,414	6,656	6,890	7,168	7,474	28,046	62,649
Outlays	6,135	6,442	6,768	7,042	7,323	7,715	7,870	8,331	8,710	9,128	9,724	10,054	36,718	82,665
Total Deficit	-1,695	-1,507	-1,772	-1,692	-,1640	-1,844	-1,723	-1,917	-2,054	-2,238	-2,556	-2,579	-8,672	-20,016
On-budget	-1,669	-1,414	-1,643	-1,528	-1,441	-1,602	-1,439	-1,588	-1,680	-1,813	-2,087	-2,066	-7,653	-16,888
Off-budget1)	-26	-93	-129	-164	-200	-242	-284	-328	-374	-425	-469	-513	-1,019	-3,128
Debt Held by the Public	26,240	27,897	29,749	31,515	33,233	35,141	36,916	38,868	40,945	43,201	45,739	48,300	n.a.	n.a.
As a Percentage of Gross Domestic Product														
Revenues	16.5	17.5	17.1	17.5	17.9	17.8	17.9	17.9	17.9	17.8	17.9	17.9	17.6	17.8
Outlays	22.7	22.9	23.1	23.1	23.1	23.3	22.9	23.3	23.4	23.6	24.2	24.1	23.1	23.5
Total Deficit (-)	-6.3	-5.3	-6.1	-5.5	-5.2	-5.6	-5.0	-5.4	-5.5	-5.8	-6.4	-6.2	-5.5	-5.7
On-budget	-6.2	-5.0	-5.6	-5.0	-4.5	-4.8	-4.2	-4.4	-4.5	-4.7	-5.2	-5.0	-4.8	-4.8
Off-budget1)	-0.1	-0.3	-0.4	-0.5	-0.6	-0.7	-0.8	-0.9	-1.0	-1.1	-1.2	-1.2	-0.6	-0.9
Debt Held by the Public	97.3	99.0	101.7	103.3	104.7	106.3	107.4	108.7	110.2	111.9	114.0	116.0	n.a.	n.a.

주: 1. n.a. = not applicable.
1) The revenues and outlays of the Social Security trust funds and the net cash flow of the Postal Service are classified as off-budget.
자료: Congressional Budget Office(2024.2), 「The Budget and Economic Outlook:2024 to 2034」,p.10.

(4) 재정기준선전망과 국회의 예산안 심의

재정기준선 전망은 기준선전망을 수행하는 프로그램에 물가지수, 지출률 등의 지수를 입력하면 자동적으로 전망이 계산되기 때문에 간단하면서도 실용적인 거시예산 전망법일 수 있다(백웅기·정문종, 2008).

그러나 이처럼 일정한 프로그램을 사용하여 전망을 수행할 수 있는 것은 기준선 전망 그 자체가 어떤 정책적인 의미를 갖는 것도 아니고, 거시적·총량적 재원배분을 가능하게 하는 지표도 아니며, 수입·지출·국가채무 등 재정수지의 건전성을 판단하는 직접적인 지표도 아니다. 또한, 재해대책비나 보상금과 같이 가변적이고 변동성이 높은 지출과 의료보험, 연금제도 등과 같이 정책적 파급효과가 큰 재정지출의 경우에는 기준선 전망이 복잡하고 어려울 뿐만 아니라 그 유용성도 상대적으로 떨어질 수 있다는 기본적인 한계가 있다. 이러한 한계에도 불구하고 국회의 예산안 심의에 도입할 경우 거시적, 총량적 관점에서의 예산안 심의를 가능하게 하고 궁극적으로는 국회의 재정권한 실질화를 통한 재정민주주의 강화에 도움이 될 수 있는 것이 사실이다.

특히, 「국가재정법」 제30조에 따라 국회에 보고되는 예산안편성지침에는 지출총액이나 중앙관서별 지출한도가 포함되어 있지 않기 때문에, 지금까지 국회는 정부가 예산안을 제출하는 때에 이르러서야 다음 연도 예산의 총액에 대해 알 수 있다. 또한, 동법 제7조의 규정에 따라 국회에 제출되는 국가재정운용계획도 예산안을 제출할 때 함께 제출되기 때문에 국회로서는 재정운용의 기본방향과 목표, 중·장기 재정전망, 분야별 재원배분방향 등에 대해 심의할 충분한 시간적 여유를 갖기 어렵다.

이러한 상황에서 재정기준선 전망제도는 국회로 하여금 재정건전성을 고려한 거시적 차원의 예산안 심의를 가능하게 하는 유용한 수단이 될 수 있다. 재정기준선전망제도가 도입될 경우 한 회계연도의 지출수준을 중심으로 이루어지던 예산안 편성과 심사방식의 시계를 중장기로 확장하여 새로운 정책도입이나 재정수반법안의 제·개정에 따른 추가적인 재정소요를 측정하여 이를 예산안 심의에 활용할 수 있기 때문에 중·장기적 시각에서 재정규율의 확립과 지출에 대한 통제가 가능해진다. 더욱이 미국의 의회예산처(CBO)에 해당하는 국회예산정책처가 설립·운영 중이고, 2012년부터 국가재정운용계획에 의무지출과 재량지출의 증가율 및 산출내역 등을 포함하여 국회에 제출해야 하기 때문이다. 다만, 위에서 언급한 것처럼 국가재정운용계획이 현행보다 최소 3~4개월 이른 시점에 국회에 제출되어야만 예산안 심의에 앞서 재정운용의 기본방향과 재정총량의 적정성, 재정수지 및 국가채무 등에 대한 국회의 심도 있는 논의가 가능할 것이다.

(5) 우리나라 재정기준선 전망의 실제

최근 국회예산정책처가 수행한 향후 10년간 기준선전망(2023~2032년)의 내용은 재정기준선 전망의 실제를 보여준다. 이 전망은 수입과 지출에 대하여 각각 전망하고, 그 결과를 재정수지와 국가채무로 나타내고 있다. 재정수입은 주요한 세금과 부담금 등에 대하여 각각 전망하는 방법을 사용하며, 재정지출은 의무지출과 재량지출로 나누어 의무지출은 대상항목별 예상치를 기준으로, 재량지출은 경상성장률과 같은 수준으로 증가한다고 가정하여 전망한 결과에 근거하고 있다.

[표 2] 국회예산정책처 기준선전망: 2023-2032년도

(단위: 조원, %. %p)

	2023	2024	2025	2026	2027	2028	2029	2030	2031	2032	연평균 증가율
총수입	571.2	604.5	649.4	683.4	716.8	749.6	783.0	816.7	851.2	886.8	5.0
총지출	607.6	655.2	689.3	724.2	756.6	787.8	820.3	853.4	887.1	921.4	4.7
- 의무지출	321.3	346.5	373.8	401.8	427.4	451.7	477.2	503.4	530.1	557.3	6.3
- 재량지출	286.2	308.7	315.5	322.4	329.2	336.1	343.2	350.0	357.0	364.2	2.7
통합재정수지	-36.4	-50.6	-39.9	-40.9	-39.8	-38.2	-37.3	-36.7	-35.9	-34.7	
(GDP 대비 비율)	(-1.6)	(-2.2)	(-1.6)	(-1.6)	(-1.5)	(-1.4)	(-1.3)	(-1.2)	(-1.2)	(-1.1)	
관리재정수지	-86.2	-99.9	-85.7	-83.3	-79.1	-76.6	-72.9	-69.3	-64.6	-59.2	
(GDP 대비 비율)	(-3.9)	(-4.3)	(-3.5)	(-3.3)	(-3.0)	(-2.8)	(-2.5)	(-2.3)	(-2.1)	(-1.8)	
국가채무	1,128.8	1,203.2	1,292.4	1,379.3	1,463.2	1,555.0	1,647.4	1,736.6	1,821.6	1,901.8	6.0
(GDP 대비 비율)	(51.1)	(52.2)	(53.4)	(54.3)	(55.2)	(56.4)	(57.5)	(58.4)	(59.0)	(59.4)	

자료: 국회예산정책처(2023.10), 「2023-2032년 중기재정전망」을 바탕으로 재구성

그 결과 2023~2032년 동안 연평균 총수입은 5.0%, 총지출은 4.7%(의무지출은 6.3%, 재량지출은 2.7%) 증가하여 통합재정수지는 지속적으로 적자를 나타낼 것으로 전망되었다. 통합재정수지에서 사회보장성 기금수지를 제외한 관리재정수지는 GDP 대비 비율이 2024년 -4.3%에서 2032년 -1.8%로 수준으로 변화할 것으로 예상되며 이에 따라 국가채무는 GDP 대비 비율이 2024년 51.1%에서 2032년 59.4%로 8.3%p 증가할 것으로 전망되었다.

더불어 국회예산정책처는 매년 국회의 예산안 심의를 지원하기 위해 해당연도 예산안 등에 포함된 정책 변화의 영향으로 재정전망이 어떻게 변할 것인지도 전망하고 기준선과의 차이를 분석하여 발표하고 있다. 일례로, 2024년도 예산안에 대한 분석결과[81] 중 통합재정수지와 국가채무 부문을 보면 [표 3]과 같이 요약할 수 있다.

81) 실제 국회예산정책처의 관련 보고서에서는 총수입, 총지출, 재정수지, 국가채무 모두 기준선전망과 정부 예산안 및 중기재정계획을 반영한 재정전망의 차이를 분석하여 제시하고 있다.

[표 3] 기준선전망과 정책변화를 반영한 중기재정전망 비교(2023-2032년) (단위: 조원, %. %p)

	2023	2024	2025	2026	2027	2028	2029	2030	2031	2032
통합재정수지										
중기재정전망(A)	-36.4	-50.6	-39.9	-40.9	-39.8	-38.2	-37.3	-36.7	-35.9	-34.7
기준전망(B)	-36.4	-47.8	-37.0	-37.7	-36.4	-34.5	-33.4	-32.1	-31.0	-29.4
차 이(A-B)	0.0	-2.8	-3.0	-3.2	-3.4	-3.6	-3.9	-4.6	-4.9	-5.2
관리재정수지										
중기재정전망(A)	-86.2	-99.9	-85.7	-83.3	-79.1	-76.6	-72.9	-69.3	-64.6	-59.2
기준전망(B)	-86.2	-97.3	-83.1	-80.6	-76.1	-73.4	-69.5	-65.2	-60.3	-54.6
차 이(A-B)	0.0	-2.6	-2.6	-2.7	-3.0	-3.2	-3.4	-4.1	-4.3	-4.6
국가채무										
중기재정전망(A)	1,128.8	1,203.2	1,292.4	1,379.3	1,463.2	1,555.0	1,647.4	1,736.6	1,821.6	1,901.8
기준전망(B)	1,128.8	1,200.9	1,287.8	1,372.0	1,453.0	1,541.7	1,630.6	1,715.8	1,796.4	1,872.1
차 이(A-B)	0.0	2.3	4.6	7.3	10.2	13.3	16.8	20.8	25.1	29.7

자료: 국회예산정책처(2023.10), 「2023-2032년 중기재정전망」을 바탕으로 재구성

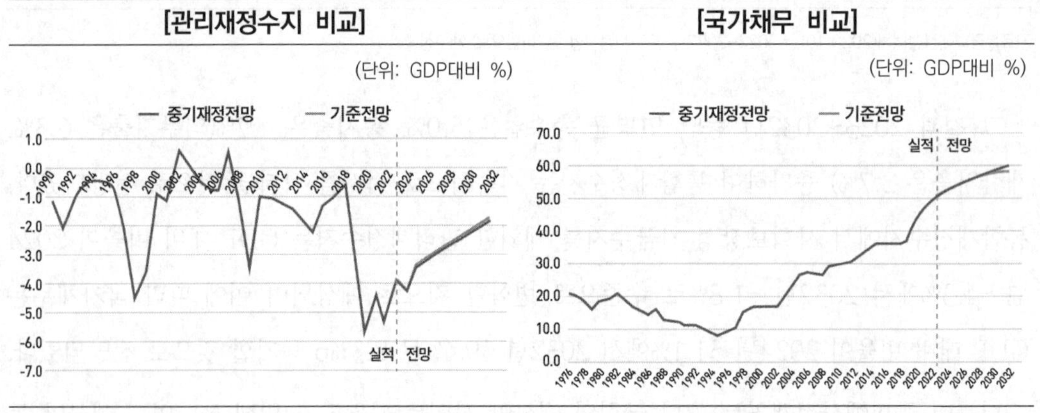

2. 재정소요점검제도(Scorekeeping)

(1) 의의

재정소요점검(scorekeeping)이란 새로이 제·개정되는 법률이 재정에 미치는 영향을 점검하는 재정관리제도이다. 미국에서 시작된 재정소요점검제도는 기준선전망, 법안비용추계에 바탕을 두고 운용되는 것으로서, 의회가 정한 예산결의안 수준을 강제하기 위한 제도적 장치로 운용된다(국회예산정책처, 2010). 우리나라 역시 국회 본회의에서 가결된 법률(이하 "가결 법률")이 시행될 경우 예상되는 국가 또는 지방자치단체의 5년간의 재정변화를 추계하여 입법이 재정에 미치는 영향을 분석하고 있다. 입법의 재정영향을 분석한다는 점에서 의안비용추계와 유사하나, 재정소요점검은 법률안 가결 후 확정된 재정수반요인과 재정환경 변화를 반영하여 재정수반요인을 '재추계'한다는 점에서 구별된다(국회예산정책처, 2022).

미국 CBO는 예산점검(Scoring)과 재정소요점검(Scorekeeping)으로 구분하기도 한다. 이때 예산점검은 현행 법률과 새로 통과된 법률이 예산에 미치는 효과를 종합적으로 제공하여 채무를 관리하는 것이고, 재정소요점검은 기준선을 기준으로 심의되고 있는 법률안이 수입과 지출에 영향을 주는 정도를 점검하는 것이라고 볼 수 있다(Schick, 2008). CBO와 양원합동조세위원회(Joint Committee on Taxation, 이하 "JCT")는 예산안과 의회에서 심의 중인 법률안의 향후 5년 동안의 지출과 수입에 변화를 주는 정도를 추계한다.

예산 심의 과정의 일부로서 우리나라에도 위원회별, 소관별 또는 분야별로 지출한도를 할당하는 제도가 도입된다면, 각 상임위원회에서 심사한 법안에 부수하는 재정소요가 해당 상임위원회에 할당된 지출한도를 초과하는지 여부를 점검하고 이를 초과하는 경우에는 이의를 제기하는 제도로서 재정소요점검제도의 도입이 필요할 수 있다. 이하에서는 미국의 재정소요점검제도를 살펴보고, 우리나라 국회의 예산안 심의과정에의 도입가능성 등에 대하여 논의하기로 한다.

(2) 미국의 재정소요점검제도

미국의 재정소요점검제도를 올바르게 이해하기 위해서는 미국 의회의 예산과정과 이에 관계되는 기관들에 대한 이해가 전제되어야 한다. 이를 간략하게 나타내면 [표 4]와 같다.

[표 4] 미국의 예산과정과 예산기구의 역할

예산과정 및 예산기구		주요 내용
1월	• CBO	• 재정·경제 전망 제출
2월 첫 월요일	• OMB → 의회	• 대통령 예산안 의회 제출
대통령 예산안 의회제출 이후	• CBO → 양원 예산위원회	• 기준선과 대통령 예산안을 비교·분석, 재추계
대통령예산안 제출 후 6주 이내	• 각 상임위원회 → 예산위원회	• 위원회별 소견 및 추계 제출
4월 1일	• 예산위원회	• 예산공동결의안(Concurrent Resolution)발표
4월 15일	• 상·하원 예산위원회	• (양원협의회 조정 후) 조정지침을 포함한 예산공동결의안 채택
5월 15일	• 상·하원 세출위원회	• 세출위원회는 예산결의안에 따라 12개의 소위에 한도액 할당 • 상임위원회는 예산결의안에 따라 재정수반법안 심사 • 예산위원회는 세출위원회 및 상임위원회의 예산·법안 심사과정이 예산결의안을 준수하는지 감시, 위배할 경우 본회의에서 이의제기
6월 10일	• 하원 세출위원회	• 연간 세출예산법안 심의 완료
6월 15일	• 상임위원회 및 세입위원회	• 조정법안(Reconciliation Act)통과 (세입법안, 의무지출 관련 법안 포함)
6월 30일	• 하원(세출위원회→본회의)	• 연간 세출예산법 제정 완료 • 상·하원이 불일치할 경우 양원협의회 개입 후 조정
9월 30일	–	• 세출예산법 미제정 시 임시예산안 의결
10월 1일	–	• 회계연도 개시

자료: Saturno et al.(2020), 「Introduction to the federal budget process」를 바탕으로 재구성

이러한 예산심의 과정에서 재정소요점검제도는 미국 의회의 예산과정의 근간을 형성할 정도로 중요한 제도라고 할 수 있다(국회예산정책처, 2010). 미국 연방예산과정에서 재정소요점검제도는 계류 중인 재정수반법률안과 현행 법률에 따른 예산상의 영향 즉, 연방 세출과 세입 및 적자규모를 점검하는 장치이다. 이를 통해 의회에 제출된 법률안이 예산결의안에서 정한 한도를 준수하고 있는지(재량지출), PAYGO준칙(의무지출, 세입)을 준수하는지 여부 등을 확인한다(CBO, 2021).

또한, 미국 의회는 거시재정계획으로서 예상 총계, 세출의 기능별 배분, 예산조정지침으

로 구성된 '예산결의안'을 작성하는데, 예산결의안이 확정된 이후 의회에 제출되는 재정수반법률안은 예산결의안의 한도 수준과 예산규칙을 준수해야 한다. 이를 준수하지 않으면 예산위원회 위원들은 본회의에서 의사진행상 이의를 제기할 수 있으며, 해당 법안의 심사를 중지하거나 수정하도록 할 수 있다. 예산심사가 종료된 후 집행한도를 넘는 지출이 결정되면 OMB(The Office of Management and Budget: 관리예산처)는 재정소요점검을 통해 해당 재정소요에 대한 일괄삭감조치도 취할 수 있다(국회예산정책처, 2022).

그 밖에 재정소요점검제도는 의회와 대통령 간의 영수예산회담에서 합의되는 적자축소 규모를 계산하거나 조정법안을 만들 때 준거점으로 사용되고, 예산이 확정된 이후에도 한도를 넘는 지출결정에 대하여 일괄적인 삭감이 가능하도록 하는 역할을 한다.

(3) 우리나라의 재정소요점검제도

재정소요점검제도는 법률에 의해 이미 발생한 재정소요에 새롭게 발생하는 재정소요를 점검하는 제도로서, 법안비용추계제도와 재정기준선 전망제도라는 두 축으로 운영된다고 할 수 있다. 즉, 이는 중기적 관점에서 가결법률의 재정영향을 분석하여 국가재정건전성 관리에 유용한 정보를 제공할 수 있고, 국회의 의안심사과정에서 수정된 재정수반요인과 재정환경 변화를 반영하여 재추계한 재정정보를 제공할 수 있다.

우리나라에서도 이러한 관점에서 본다면, 국회 예산안 심의과정에 이미 법안비용추계제도를 도입하였고, 2004년 설립된 국회예산정책처가 미국의 CBO처럼 기준선전망을 시행할 수 있다는 점에서 재정소요점검을 위한 인적·제도적 토대는 상당 부분 갖추고 있다고 평가할 수 있다.

그러나 미국의 재정소요점검제도가 의회 예산과정의 핵심기능으로서 역할을 할 수 있는 것은, 예산법률주의를 채택하고 있으면서 의회중심의 예산제도가 정착되었기 때문이다. 특히 예산결의안 제도를 통하여 예산총액과 위원회별 예산할당을 하고, 이를 통해 재정집행과정까지도 통제할 수 있는 예산제도가 확립되어 있기 때문에 재정소요점검제도가 제기능을 발휘할 수 있다는 점 역시 주목할 필요가 있다. 우리나라의 경우 예산법률주의를 채택하고 있지 않은 데다가 상임위 예산심사 이전에 예산총액을 결정하고 위원회별로 할당하는 제도가 마련되어 있지 않은 상황을 종합적으로 고려할 때, 재정소요점검 제도가 국회 예산과정에 도입되면 제도와 실제의 불일치 현상이 발생할 수 있다.

이러한 점을 고려하여 우리나라에서는 '재정소요점검'이 제도화되지는 않았으며, 다만 국회예산정책처에서는 2012년 「2011년도 국회 의결 재정수반법률 분석」(2012년 9월 발간) 보고서를 시작으로, 2018년부터 수입법률과 지출법률을 구분하여 가결 법률의 예산에 대한 영향을 분석하는 보고서를 매년 발간하고 있다. 가장 최근에 발간된 재정소요점검을 보면 2022년도 재정수반법률 156건에 대한 분석 결과, 2023년부터 2027년까지 5년 동안 연평균 16조 3,994억원의 수입 감소와 1조 9,533억원의 지출 증가가 예상되는 것으로 나타난다.

[그림 2] 국회예산정책처 재정소요점검 예시 및 결과

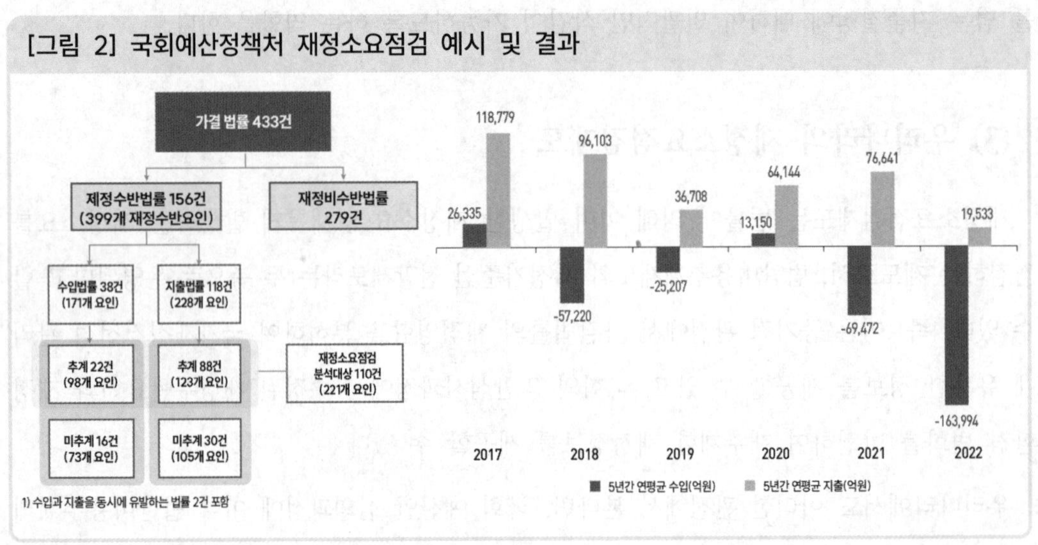

주: 조세지출 적용기한 연장으로 인한 효과를 제외할 경우, 수입법률로 인한 재정감소 효과는 2022년 기준 연평균 12조 8,871억원으로 예상
자료: 국회예산정책처(2023.5), 「2022년 가결법률 재정소요점검」에서 발췌

참고문헌

국회예산정책처. (2010). “재정소요점검제도(scorekeeping) 도입방안 연구”.

____________. (2022). 「2022년 가결 법률의 재정소요점검」.

____________. (2023). 「2023-2032년 NABO 중기재정전망」.

백웅기·정문종. (2008). “예산과정에서 기준선 전망의 필요성, 시사점 및 방법.”

정문종. (2007). “미국 기준선전망의 의의와 우리 예산과정에 대한 시사점.”「경제현안분석」 제15호. 국회예산정책처.

최유. (2014). 미국의 재정소요점검과 세입세출균형준칙에 관한 법제분석. 한국법제연구원.

CBO. (2024). The Budget and Economic Outlook: 2024 to 2034.

Saturno, J. V., Heniff, B., Lynch, M., & Tollestrup, J. (2020). Introduction to the federal budget process. Congressional Research Service: Report, 1-38.

Schick, A. (2008). The federal budget: Politics, policy, process. Brookings Institution Press.

제5장
예산안 집행과 재정제도

제1절 예산집행의 일반이론

1. 예산집행의 의의

예산집행(budget execution)은 행태적 관점, 재무적 관점, 정책적 관점에서 각각 정의할 수 있다. 행태적 관점에서 보면 예산집행이란 예산의 배정, 자금의 공급, 사업수행으로 이루어지는 일련의 과정이라고 할 수 있다. 재무적 관점에 따르면, 예산집행은 국회 본회의에서 성립된 예산대로 행정부와 기타 기관이 국가의 수입과 지출을 관리하고 실행하는 행위를 말한다(박영희·김종희, 2017; 배득종·유승원, 2022). 여기에는 예산의 배정과 재배정, 지출원인행위, 국고의 수납, 국고채무부담행위 등의 활동이 포함된다. 대부분의 학자는 예산집행의 개념을 재무적 측면에서만 파악하는 경향이 있는데, 이 경우 예산집행의 합법성에 중점을 두고 집행과정에 대한 관리와 통제, 집행 결과에 대한 검사와 감사에 치중하는 경향이 강하게 된다. 예산집행의 관리와 통제는 법 규정에 근거하여 주로 행정부 내부에서 이루어지며,[1] 예산집행결과가 재무적 기준이나 법규정을 위배하였을 경우 법적 책임을 추궁받기도 한다.

반면, 정책적 측면에서의 예산집행은 국회가 확정한 예산대로 수입과 지출을 실행하되, 당초 국회에서 확정된 각 예산사업의 정책목표가 집행과정에서 최대한 달성되도록 하는 행위를 말한다. 이 경우 예산집행의 효과성, 경제성 등에 중점을 두게 되고, 주로 국회의 국정감사나 결산심사 과정에서 집행결과에 대해 평가하게 된다. 예산집행결과가 정책적 관점에서 미흡하거나 부적정한 경우 주로 정치적 책임을 지게 된다.

1) 예산집행심의회, 예산배정, 계속비제도, 총사업비관리제도와 같은 집행과정에서의 통제와 감사원의 회계검사와 같은 사후적 통제 등이 행정부 내부에서 이루어진다.

행태적 측면, 재무적 측면, 정책적 측면을 모두 고려할 경우, 예산집행은 "국회가 확정한 예산대로 행정부와 기타 기관이 국가의 수입과 지출을 관리함으로써 예산에 담긴 정책목표를 구현하는 행위"라고 정의할 수 있다. 이러한 예산집행은 행정부는 물론 입법부와 사법부에서도 이루어진다.

2. 예산집행의 원칙

예산집행의 일차적 목표는 국회가 확정한 예산의 계수대로 수입과 지출을 관리하는 것이지만, 예산집행의 궁극적 목표는 수입과 지출의 관리행위를 통해 한 회계연도 동안의 정책목표를 충실히 구현하는 것이라고 할 수 있다. 따라서 국회에서 확정된 예산의 내용과 방향에 부합되도록 예산을 집행하는 것이 재정민주주의 관점에서 무엇보다 중요하지만, 예산안의 편성이나 심의 과정에서 예상하지 못했던 사정변화에 효율적으로 대처하는 것도 중요하다. 따라서 예산집행의 규범성, 투명성 외에 집행의 신축성 및 효과성 등도 예산집행의 중요한 원칙[2)]으로 다루어진다.

(1) 규범성

예산집행의 규범성이란 예산을 집행함에 있어서 「국가재정법」, 「국가회계법」, 「국가를 당사자로 하는 계약에 관한 법률」 등의 관련 법규정을 준수하고, 예산에 투영된 입법부의 의도를 충실히 구현하는 것을 말한다. 법규범을 준수하여 예산을 집행하는 것은 예산집행의 가장 기본적인 원칙으로서 이를 위반할 경우 법적 처벌을 받을 수도 있다.

예산집행의 규범성을 확보하기 위하여 「국가재정법」은 예산·기금의 불법지출에 대한 국민감시를 규정하고 있다(제100조). 이 규정에 의하면, 국가의 예산 또는 기금을 집행하는 자, 재정지원을 받는 자, 각 중앙관서의 장 등이 법령을 위반함으로써 국가에 손해를 가하였음이 명백한 때에는 누구든지 집행에 책임 있는 중앙관서의 장 또는 기금관리주체에게 불법

2) 대부분의 재정학 교과서는 '재정집행의 목적'이라는 제목 하에 ① 입법부의 의도구현, ② 신축성의 유지로 구분하여 설명하고 있다(유훈 외, 2018; 하연섭, 2022; 윤영진, 2021). 이 책에서는 입법부의 의도구현이나 예산집행의 신축성 유지를 예산집행의 투명성 및 효과성과 함께 예산집행의 원칙으로 설명한다.

지출에 대한 증거를 제출하고 시정을 요구할 수 있다. 이 경우 시정요구를 받은 중앙관서의 장 또는 기금관리주체는 그 처리결과를 시정요구를 한 자에게 통지해야 하며 재정수입 증대나 지출절약에 기여한 경우 예산성과금을 지급할 수 있다.

(2) 투명성

정부는 예산의 편성 및 집행에 있어서 예산과정의 투명성과 예산과정에의 국민참여를 제고하기 위하여 노력하여야 한다(「국가재정법」 제16조제4호). 예산집행의 투명성은 재정민주주의 관점에서 국민이 자신이 납부한 세금이 어떻게 사용되는지를 감시한다는 의미와 함께 국민의 대표기관인 국회가 정부의 예산집행과정을 통제하고 관리한다는 의미도 내포하고 있다.

예산집행의 투명성에 기여하는 가장 핵심적인 내용은 예산공개의 원칙과 예산명료성의 원칙, 그리고 예산총계주의의 원칙(강주영, 2007: 21)으로 이 중 「국가재정법」에 명시적으로 규정되어 있는 것은 예산공개의 원칙(제9조, 제9조의2 등)과 예산총계주의의 원칙(제17조)이다. 재정민주주의 국가에서 예산공개의 원칙은 입법부가 재정권한을 행사하기 위한 바탕이 되는 가장 기본적인 원칙이라 할 수 있으며, 예산공개의 원칙이 실효성 있게 보장되기 위해서는 가능한 한 이해하기 쉬운 형태로 공개되어야 한다(이계탁, 1998: 125). 이에 따라 「국가재정법」은 "예산, 기금, 결산, 국채, 차입금, 국유재산의 현재액 및 통합재정수지 그 밖에 대통령령이 정하는 국가와 지방자치단체의 재정에 관한 중요한 사항을 매년 1회 이상 정보통신매체·인쇄물 등 적당한 방법으로 알기 쉽고 투명하게 공표하여야 한다"고 규정하고 있다(제9조).

예산총계주의란 한 회계연도에 발생하는 모든 수입을 세입으로 하고 모든 지출을 세출로 하며, 세입과 세출은 빠짐없이 예산에 계상하여야 한다는 원칙이다. 예산총계주의는 외부에서 재정 전반을 투명하게 파악할 수 있게 하고 예산집행의 책임을 명확하게 하기 위한 것이다.

(3) 신축성

위에서 살펴본 예산집행의 규범성과 투명성의 원칙은 예산집행의 신축성의 원칙과 서로 상충관계에 있다고 할 수 있다. 예산집행의 신축성은 예산안의 편성이나 심의 당시에 예상하지 못했던 사정변경에 대응하기 위한 것으로서 예산집행의 효율성이라고도 부른다. 「국가재정법」상 예산집행의 신축성을 유지하기 위한 제도로는 예산의 전용(제46조), 예산의 이용·이체(제47조), 세출예산의 이월(제48조), 예비비(제51조) 등이 있다. 예산의 이용이나 전용과 같이 예산집행상의 유연성, 탄력성 확보방안은 예산집행의 효율성은 물론, 예산집행실무상으로도 필요한 제도이다.

(4) 효과성

예산집행의 효과성은 재정집행의 결과가 재정건전성을 확보하고 국민부담을 최소화하면서도 각 예산사업의 목적이 최대한 실현될 수 있도록 예산이 집행되어야 한다는 것이다. 예산집행의 효과성을 위해서 성과관리예산제도, 예비타당성조사 등의 제도를 운영하고 있다.

3. 예산집행절차

국회에서 승인된 예산이 집행되는 절차[3]는 크게 예산집행의 준비절차와 실행절차로 나눌 수 있다.

(1) 예산집행의 준비절차: 예산배정

예산집행의 전 단계로 예산을 중앙관서별로 배정하는 것을 예산집행의 준비절차라고 한다. 예산은 국회에서 통과되었다고 하여 아무런 계획이나 절차 없이 바로 집행될 수 있는 것이 아니다. 먼저 중앙예산기관이 면밀한 계획을 세워 분기별로 할당하는 '예산배정'이라는

3) 예산이 집행되는 절차는 수입의 집행(징수)절차와 지출의 집행절차로 구분할 수 있으나, 통상적으로 예산집행절차라고 하면 지출의 집행절차를 말하며, 이 책에서 논의되는 예산집행절차는 지출의 집행절차를 말한다. 「국가재정법」 역시 '제3절 예산의 집행'에서 지출의 집행에 관하여 규정하고 있다.

절차를 반드시 거쳐야만 예산을 집행할 수 있다. 즉, 예산배정은 지출원인행위(계약 등)를 할 수 있도록 하기 위한 조치이며, 이와 별도의 자금배정을 거쳐야 실제 집행이 이루어진다.

이와 같은 예산배정 제도는 우리나라를 비롯하여 많은 나라에서 적용하고 있는데 그 목적은 주로 다음과 같다. 첫째는 각 부처가 연도 초부터 지나치게 자금을 많이 집행함으로써 초래될 수 있는 후반기의 자금부족 상태를 미연에 방지하고자 하는 데 있고, 둘째는 불경기 등으로 인해 세수(稅收)가 예상 외로 부진하여 세입이 세출보다 적을 경우를 대비하여 자금지출을 조정하려는 데 있으며, 셋째는 예산집행 실적을 점검하면서 집행 가능한 수준만큼의 자금을 배정하고 집행을 독려하기 위해서이다. 이처럼 계획적이면서도 신축적인 예산집행을 위하여 기획재정부장관은 예산배정계획을 분기별로 작성하는데, 예산의 효율적인 집행관리, 재정수지의 적정한 관리 및 예산사업의 효율적인 집행관리를 위하여 예산배정계획에도 불구하고 예산배정계획을 조정하거나 예산배정을 유보하는 등의 조치를 취할 수 있다.

「국가재정법」에 규정되어 있는 예산배정 절차를 구체적으로 살펴보면 다음과 같다.

① 예산이 성립되면 각 중앙관서의 장은 사업운용계획에 의거한 예산배정요구서와 세입예산 월별 징수계획서 및 세출예산 월별 지출계획서를 기획재정부장관에게 제출하여야 한다.

② 기획재정부장관은 예산배정요구서에 따라 분기별 예산배정계획을 작성하여 국무회의의 심의를 거친 후 대통령의 승인을 얻어야 한다. 예산배정계획을 변경하고자 할 때에도 국무회의의 심의를 거쳐야 한다.

③ 기획재정부장관은 예산집행의 효율성을 높이기 위하여 매년 예산집행에 관한 지침을 작성하여 각 중앙관서의 장에게 통보하여야 한다.

④ 대통령의 승인이 난 예산배정계획서에 따라 기획재정부장관은 각 중앙관서의 장에게 예산을 배정한다. 이때 필요한 경우 개별사업계획을 검토한 후 그 결과에 따라 예산을 배정하거나 배정된 예산의 집행을 보류하도록 조치할 수 있다.

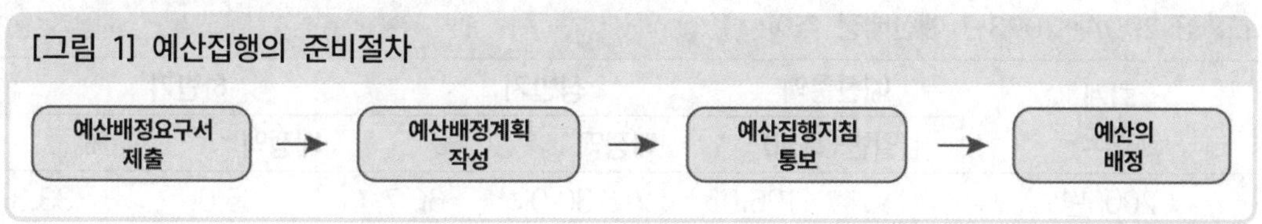

지난 20년간 예산배정 추이를 보면 하반기(3~4/분기)보다 상반기(1~2/분기)에 더 많은 예산을 배정하고 있으며, 연도별로 증감이 상이하게 나타나지만 전반적으로 보면 상반기 예산배정 비중이 매년 높아지는 추세이다. 특히 2009년 글로벌 금융위기를 기점으로 상반기 예산배정 비중이 70%로 높아졌으며, 이후 다시 소폭 감소추세를 보이다 2012년과 2013년에는 다시 전체 세출예산의 70%를 상반기에 집중 배정하였다. 2014년에는 이례적으로 상반기 배정이 57.1% 수준까지 감소했으나 코로나19 팬데믹 시기이던 2019년을 기점으로 상반기 배정이 다시 70%를 상회하는 수준으로 나타난다. 또한, 이후에도 상반기 배정 비중은 지속적으로 증가하여 2023년과 2024년 모두 75% 수준으로 나타난다.

이와 같이 상반기에 하반기보다 더 많은 예산을 배정하는 것은 예산의 효율적 집행을 위한 목적도 있지만, 경기안정과 경제활력 제고를 위한 목적이 크다.[4)]

---

4) 정부는 「2024년도 예산배정계획」을 확정(2023.12.26.)하면서 "사회적 약자에 대한 지원과 양질의 민간 일자리 창출투자에 대한 조기 배정에 중점을 두고, 배정된 예산은 자금배정 절차 등을 거쳐 연초부터 적기에 집행이 이루어지도록 사전준비를 철저히 할 것"이라고 밝히고 있다(기획재정부, 2023).

[표 1] 2004~2023년 예산배정 추이 (단위: 조원)

회계연도	예산총액 (일반+특별)	상반기 배정액	상반기 %	하반기 배정액	하반기 %
2005년	196.0	130.0	66.7	65.0	33.3
2006년	202.1	125.6	62.2	76.5	37.8
2007년	200.9	131.2	65.3	69.7	34.7
2008년	219.9	137.3	62.4	82.6	37.6
2009년	248.0	173.6	70.0	74.3	30.0
2010년	255.3	178.3	69.8	76.9	30.2
2011년	255.3	177.6	69.6	86.5	32.7
2012년	282.7	198.0	70.0	84.7	30.0
2013년	298.4	213.6	71.6	84.7	28.4
2014년	299.4	170.8	57.1	128.6	42.9
2015년	322.8	219.7	68.0	103.1	32.0
2016년	330.7	224.9	68.0	105.8	32.0
2017년	339.7	230.9	68.0	108.8	32.0
2018년	368.6	250.8	68.0	117.9	31.9
2019년	399.8	281.4	70.4	118.4	29.6
2020년	427.1	305.0	71.4	122.1	28.6
2021년	459.9	333.1	72.4	126.8	27.6
2022년	497.7	363.5	73.0	134.2	27.0
2023년	534.0	400.5	75.0	133.5	25.0
2024년	550.0	412.5	75.0	137.5	25.0

주: 세출예산(일반+특별회계)은 총계 규모

자료 : 기획재정부, 각 연도「예산배정계획」을 바탕으로 재구성

(2) 예산집행의 실행절차

각 중앙관서에 예산이 배정되면 예산을 실제로 집행하게 되는데, 그 절차는 ① 예산의 재배정, ② 지출원인행위, ③ 예산의 지출로 나눌 수 있다.

먼저, 예산의 재배정이란 각 중앙관서의 장이 각 사업부서에게 예산을 지출할 수 있도록 권한을 부여하는 것을 의미하며, 각 사업부서는 예산의 재배정이 있어야만 비로소 지출할 수 있다. 따라서 예산의 재배정은 자금의 배정 또는 자금의 공급이라고도 부르며, 이러한

자금의 공급은 주로 월별로 이루어지나, 비목의 성격에 따라 분기별로 이루어지기도 한다.

예산의 재배정에 관한 사항은 「국가재정법 시행령」 제17조에 규정되어 있다. 동 조항에 따르면, 각 중앙관서의 장은 재무관[5]으로 하여금 지출원인행위를 하게 할 때는 배정된 세출예산의 범위 안에서 재무관별로 세출예산재배정계획서를 작성하고 이에 따라 세출예산을 재배정하여야 하며, 예산집행 상 필요하다고 인정할 때는 이를 지출관과 기획재정부장관에게 통지하여야 한다. 이는 예산배정과 자금의 공급을 일치시키기 위해서이다.

예산의 재배정이 이루어지면 지출원인행위가 있게 된다. 예산의 집행은 현금 지급을 수반하는 것이 아니라 지출이 궁극적으로 이루어지게끔 하는 원인행위 즉, 계약의 체결이나 재화의 주문이라는 형태를 통해 이루어지는데, 이를 가리켜 지출원인행위라고 부른다. 재무관이 지출원인행위를 할 때는 회계연도 소속 확인, 세입세출 혼동금지, 예산의 목적 외 사용금지, 자의적 과목전용 금지, 경제성 원칙에 합당한 지출 등의 원칙을 준수하여야 한다(이영조·문인수, 2015: 215). 지출원인행위를 할 수 있는 예산규모는 예산배정과 예산재배정 단계에서 승인된 액수 한도 내에서만 가능하다.

마지막으로 지출이란 국가가 부담한 채무를 이행하기 위하여 세출예산 및 기금운용계획의 집행에 따라 국고에서 현금 등이 지급(outlays)되는 것을 말한다(박영희·김종희, 2017: 220). 세출은 한 회계연도의 지출(기간적 개념으로서의 지출)을 의미하지만, 지출은 원인행위에 따른 채무를 이행하는 행위(행위적 개념으로서의 지출)를 의미한다. 박영희·김종희(2017)는 지출을 지출행위와 지급행위로 구분하고 있는데, 전자는 지출원인행위에 따라 지출의사를 결정하고 이것을 이행하기 위해서 지급명령을 하는 행위이며, 후자는 지급명령에 의하여 직접 현금을 지급하는 행위(지출원인행위 청산)를 말한다. 지출관은 재무관으로부터 지출원인행위 관계서류를 송부받아 채무를 확인한 후, 지출관이 채권자의 예금계좌 또는 지로계좌로 직접 이체한다. 다만 정보통신장애 등 계좌이체가 불가능한 경우 예외적으로 현금 등을 채권자에게 직접 지급할 수 있다. 이상의 예산집행의 실행절차를 그림으로 나타내면 다음과 같다.

5) 재무관이라 함은 중앙관서의 장이 지출원인행위를 할 수 있도록 위임한 공무원을 말한다(「국고금관리법」 제22조제1항).

[그림 2] 예산집행의 실행절차

4. 예산집행의 규범성 확보 제도

국회에서 확정된 예산을 집행할 때 이를 규율하는 것은 실질적으로 예산총칙과 부처별로 개별사업과 금액을 정리한 세입세출예산뿐이다. 예산총칙은 예산의 총액, 국고채무부담행위액, 계속비, 목적예비비 등에 관해 규정하고 있지만, 실제 예산집행의 개별사항과는 큰 관련성이 없다. 또한, 세입세출예산의 경우도 행정과목인 세항과 목에 대해서는 기획재정부장관의 승인을 얻어 전용할 수 있고,6) 행정과목 내에서는 집행기관의 재량으로 금액을 조정하여 집행할 수 있다(「국가재정법」 제46조).

이처럼 우리나라는 예산법률주의 국가가 아닐 뿐만 아니라, 예산집행의 신축성을 「국가재정법」에서 비교적 폭넓게 규정하고 있다. 실제로 97개국의 행정부 예산집행 신축성제도를 분석한 자료에서도 한국정부의 예산집행 신축성 제도는 프랑스, 체코 등 10개국과 함께 가장 강한 수준으로 나타나 있다(OECD, 2007; 김춘순, 2014). 이처럼 예산집행의 신축성을 위해 정부에 광범위한 권한이 위임되어 있기 때문에 예산집행의 규범성을 확보하는 것이 무엇보다 중요하다. 예산집행의 규범성을 확보하기 위해서는 집행과정에 대한 통제와 집행결과에 대한 감사가 효과적으로 이루어져야 한다.

각 예산집행기관은 예산을 집행함에 있어서 세출예산이 정한 목적 외로 경비를 사용할 수 없다(「국가재정법」 제45조). 이러한 예산의 목적 외 사용금지 원칙은 예산집행 전반에 적용되는 일반원칙이라 할 수 있는데, 예산집행을 통제함으로써 규범성을 확보하고자 하는 제도를 아래에서 살펴보기로 한다.

---

6) 입법과목인 장·관·항 간에 금액을 변경하는 것을 가리켜 이용(移用)이라고 한다. 예산의 이용은 원칙적으로 허용되지 않으나, 미리 국회의 의결을 얻은 때에는 기획재정부장관의 승인을 얻는 등의 방법으로 이용할 수 있다(「국가재정법」 제47조제1항).

(1) 행정부 내부의 통제

예산의 배정(appointment)과 재배정(allotment)

위에서 살펴본 것처럼, 예산배정은 회계연도 개시와 함께 예산을 집행할 수 있도록 허용하는 의미를 갖고 있지만, 다른 한편으로 사업수행의 완급을 조절하고 사업이 효과적으로 수행될 수 있는지를 확인하는 등의 예산집행통제의 기능도 함께 갖고 있다. 긴급배정·조기배정 등의 예산배정 유형도 있지만, 배정유보나 수시배정, 감액배정 등의 방법으로 재정운용여건이나 사업진행상황 등을 검토하여 배정을 유보하기도 한다.

배정을 유보할 수 있는 경우는 ① 예산 편성 시 전제조건이 이행되지 않을 경우, ② 기획재정부장관과 사전 협의 없이 총사업비를 증액한 경우, ③ 지방비 분담 또는 민간부담 내용이 예산상 또는 기타 객관적인 방법으로 입증되지 못할 경우, ④「공기업·준정부기관 경영실적평가」결과가 저조한 경우, ⑤ 세입징수실적이 당초 세입예산과 현저한 차이가 발생하여 집행관리가 필요하다고 인정되는 경우, ⑥ 집행점검 및 예산낭비신고사례 검토 등을 통해 사업이 효율적으로 추진되지 않거나 예산낭비 소지가 있다고 판단되는 경우, ⑦ 수시배정 대상 사업으로 기획재정부장관이 사전에 지정한 사업, ⑧ 기타 재정집행의 효율성 및 예산절감 등을 위해 기획재정부장관이 정하는 경우이다(기획재정부, 2024).

예산의 재배정은 각 중앙관서의 장이 각 사업부서에게 예산을 지출할 수 있도록 권한을 부여하는 것을 의미하는데, 이 과정을 통해서 각 중앙관서의 장은 사업부서의 예산집행 상황을 감독·통제하고 예산의 한계를 준수하게 한다.

재정집행의 관리

예산의 효율적인 운용과 낭비방지를 위하여「국가재정법」은 사업집행보고서 제도를 규정하고 있다. 즉, 각 중앙관서의 장과 기금관리주체가 사업집행보고서, 예산 및 기금운용계획에 관한 집행보고서를 기획재정부장관에게 제출하면, 기획재정부장관은 집행상황과 낭비실태를 확인·점검한 후 필요한 조치를 각 중앙관서의 장과 기금관리주체에게 요구할 수 있다(제97조). 기획재정부장관은 예산 및 기금의 집행상황과 낭비실태의 확인·점검을 위하여 회의체 등[7])을 운영하고 있다.「국가재정법」에서는 예산의 효율적인 운용과 낭비방지를 재정집행점검의 목적으로 규정하고 있지만, 실제는 예산의 조기집행상황을 파악하고 이를 독려하기 위한 목적으로 운용되고 있다. 예를 들어, 2024년 3월에 제14차 재정집행 점검회의가 개최[8]되었으며, 이를 통해 관계부처 합동으로 재정운용의 효율화 및 상반기 집행실적 점검 등을 논의한 바 있다.

한편, 재정집행의 관리를 위하여 각 중앙관서의 장이 기획재정부장관에게 제출하는 사업집행보고서와 예산 및 기금운용계획에 관한 집행보고서를 국회의 각 상임위원회와 예산결산특별위원회에도 제출할 필요가 있다. 예산집행권은 행정부의 전속적인 권한이 아니라, 재정민주주의 관점에서 국민의 대표기관인 국회가 확정한 예산을 대리하여 집행하는 것일 뿐이다. 따라서 예산의 심의·확정권과 결산심의권을 갖고 있는 국회에 사업과 예산의 집행상황을 보고하는 것은 당연한 절차이자 예산집행기관의 의무로 해석하는 것이 타당하다.

내부통제

각 중앙관서의 장은 재정관리·재원사용의 적정 여부와 집행과정에서 보고된 자료의 신빙성을 분석·평가하기 위하여 소속 공무원으로 하여금 필요한 사항에 관하여 내부통제를 하게 하여야 한다(「국가재정법」 제98조). 이를 가리켜 예산집행과정의 내부통제라고 부른다. 각 중앙관서의 장은 내부통제의 적정을 기하기 위하여 소속 관계 공무원 및 예산회계에 관한 학식과 경험이 풍부한 자로 구성되는 예산집행심의회[9]를 설치·운영하여야 한다(「국가재정법시행령」 제49조).

또한, 기획재정부장관은 예산 및 기금운용계획의 집행 또는 결산의 적정을 기하기 위하여 소속 공무원으로 하여금 확인·점검하게 하여야 하며, 필요한 때에는 각 중앙관서의 장에게 관련 제도의 개선을 요구하거나 국무회의 심의를 거친 후 대통령의 승인을 얻어 예산 및 기금운용계획의 집행과 결산에 관한 지시를 할 수 있다(「국가재정법」 제99조).

---

7) 기획재정부(구 기획예산처)는 2001년 7월 예산집행특별점검단을 구성하여 재정집행점검을 실시하였고, 「국가재정법」제정 이후에는 동 규정을 근거로 재정관리점검단을 설치·운영하다가 2010년 6월 재정관리점검회의로 명칭을 다시 변경하여 운영하고 있다. 「2024년도 예산 및 기금운용계획 집행지침」에도 기획재정부 재정관리점검회의를 운영하여야 한다고 기재되어 있으나, 실제로는 2023년부터 '재정집행점검회의'라는 명칭 하에 운영 중인 것으로 확인된다.

8) 기획재정부차관(단장), 각 부처의 기획조정실장 및 공기업 부사장 등으로 구성된 회의체로 월 1~2회 개최되고 있다(기획재정부, 2024).

9) 기획재정부의 '예산집행심의위원회 운영규정'을 보면, 위원회의 위원장은 기획조정실장이 되며, 위원은 기획재정담당관, 운영지원과장 등 각 부서의 총괄과장들로 구성된다.

(2) 외부의 통제

예산집행에 대한 외부통제는 크게 국회 및 국민에 의한 통제, 감사원에 의한 통제로 구분할 수 있다. 먼저 예산집행에 대한 국회의 통제는 예산의 이용에 대한 사전승인, 예비비 사용에 대한 사후승인, 명시이월 및 국고채무부담행위에 대한 사전승인, 국채모집 및 국가부담이 될 계약 체결에 대한 동의, 결산심의, 국정감사 등의 방법을 통해 예산집행을 통제한다. 특히, 국회는 결산심의를 통해 예산집행 전반에 걸쳐 합법성, 타당성, 효율성 등에 대해 심사하고, 그 결과 위법 또는 부당한 사항이 있으면 정부 또는 해당 기관에 변상 및 징계조치 등 그 시정을 요구하고, 필요한 경우 감사원에 감사를 요구할 수 있다.

감사원은 「감사원법」에 따라 국가의 세입·세출의 결산검사를 하고, 국가·지방자치단체 등에 대한 회계검사를 수행한다. 회계검사는 검사 시기에 따라 사전적 회계검사와 사후적 회계검사로 나눌 수 있으며, 검사범위에 따라 필요적 검사와 선택적 검사로 구분한다. 회계검사는 개별 사업단위 또는 사항의 예산집행에 대한 합법성 및 적절성을 판단하는 것이므로 예산집행의 통제수단으로서 기능하며 예산집행의 규범성을 확보하는 데 기여한다.

「국가재정법」은 예산집행에 대한 국민의 감시와 시정요구제도를 규정하고 있다. 국가의 예산 또는 기금을 집행하는 자, 재정지원을 받는 자, 각 중앙관서의 장 또는 기금관리주체와 계약 또는 그 밖의 거래를 하는 자가 법령을 위반함으로써 국가에 손해를 가하였음이 명백한 때에는 누구든지 집행에 책임 있는 중앙관서의 장 또는 기금관리주체에게 불법지출에 대한 증거를 제출하고 시정을 요구할 수 있다(「국가재정법」 제100조).

5. 예산집행의 신축성 유지 제도

국회에서 심의·확정된 예산은 소관별·사업별·대상별로 금액이 정해져 있고, 「국가재정법」은 회계연도 독립의 원칙, 예산총계주의 원칙, 목적 외 사용금지 원칙 등을 규정하여 예산집행의 규범성과 책임성을 확보하고 있다. 그러나 현대 복지국가가 성숙될수록 국가의 재정활동은 방대해지고 복잡해지며 예측하기 어려운 재정상황에 노출되기 쉬우므로 탄력적이면서도 신축적인 예산집행 활동이 필요하다. 따라서 「국가재정법」은 예산안의 편성이나 심의 당시에 예상하지 못했던 사정변경에 대응하기 위하여 예산집행의 신축성 유지를 위한 제도를 폭넓게 규정하고 있다.

(1) 예산의 전용(轉用)

예산의 전용이란, 예산이 정한 각 세항 또는 목의[10] 금액을 상호 융통하는 것을 말한다. 이러한 예산의 전용제도는 예산의 목적 외 사용금지 원칙의 예외로서, 예산집행에 자율성을 부여하여 사업의 효율적인 추진을 도모하기 위한 제도이다. 「국가재정법」 제46조에 의하면, 각 중앙관서의 장은 예산의 목적범위 안에서 재원의 효율적 활용을 위하여 대통령령이 정하는 바에 따라 기획재정부장관의 승인을 얻어 각 세항 또는 목의 금액을 전용할 수 있다. 기획재정부장관이 전용을 승인했을 때는 그 전용명세서를 그 중앙관서의 장 및 감사원에 각각 송부하여야 한다.

예산의 전용과 유사한 개념으로 예산의 조정이 있다. 예산의 조정은 법적 용어가 아니지만, 예산 실무적으로 ① 목의 범위 내에서 세목 간에 예산을 상호 융통하는 것과 ② 동일한 세항(단위사업) 내에서 동일 목을 세세항(세부사업) 간에 상호 융통하여 사용하는 것을 예산의 조정으로 이해하고 있다. 즉, 예산의 조정은 예산의 전용보다 한 단계 낮은 예산 단위 사이에서 금액을 상호 융통하는 것을 의미하며, 예산집행지침에서는 예산 조정을 '세목 간 조정', '내역변경' 등의 용어로 표현하고 있다.

(2) 예산의 이용·이체

예산의 이용이란, 예산이 정한 각 장·관·항에 편성된 예산금액을 상호 융통하는 것을 말하며 예산의 목적 외 사용금지 원칙의 예외로서 예산집행에 신축성을 부여하기 위한 제도이다. 예산의 이용은 예산집행 상 필요에 따라 미리 예산으로써서 국회의 의결을 얻은 경우에 한하여 예외적으로 허용되고 있다.

「국가재정법」은 예산 이용의 단위로 명시하고 있는 장·관·항의 의미를 명확하게 정의하

10) 「국가재정법」은 예산 전용의 단위로 규정하고 있는 '각 세항 또는 목'의 의미를 명확하게 정의하고 있지 않지만, 실무적으로는 프로그램 예산체계(분야-부문-프로그램-단위사업-세부사업) 중 세항은 단위사업을 의미하며, 목은 기획재정부가 작성하는 예산안편성지침이나 예산 집행지침에서 구분하고 있는 목을 의미하는 것으로 해석하고 있다.

고 있지 않지만, 예산 실무적으로 장은 프로그램 예산체계 중 가장 상위의 항목인 분야를, 관은 부문을, 항은 프로그램을 의미하는 것으로 해석한다. 따라서 예산의 이용은 프로그램 예산체계에서 상위 항목에 해당하는 분야·부문·프로그램 배분 예산에 변경을 가하는 것이라고 할 수 있다.

예산의 이용에 대한 국회의 의결은 예산총칙에 이용의 허용범위를 규정하는 방식으로 이루어진다. 「2024년도 예산 및 기금운용계획 집행지침」에서는 아래에 규정된 경비 또는 비목에 부족이 생겼을 경우 당해 소관 내의 타 비목으로부터 이용할 수 있음을 명시하고 있다. "공무원의 보수, 기타직보수, 상용임금, 일용임금과 공공요금 및 제세, 급식비, 임차료, 배상금, 국선변호금, 법정보상금, 민간법정포상금, 국공채 및 재정차관원리금 상환금과 금리변동으로 인한 이자지출 경비, 원화경비 부족액, 군 및 해양경찰의 유류경비 부족액, 기업특별회계의 양곡관리비용, 우체국예금 지급이자, 우편운송료, 재해대책비, 반환금, 선거 및 국민투표 관련경비, 국민기초생활보장급여, 기초연금급여, 장애인연금급여, 아동수당, 부모급여," 가 그것이다. 다만, 방위사업청 소관 지휘정찰사업·기동화력사업·함정사업·항공기사업·유도무기사업은 긴급소요, 정산결과 증액 등 사전에 예측할 수 없는 사정변경이 발생한 경우에 한해 상호 간 이용할 수 있다. 또한, 「국가재정법」 제47조제2항은 정부조직의 변동이 있는 경우에는 그 예산을 상호 이용할 수 있도록 하고 있다.

한편, 예산의 이체는 정부조직 등에 관한 법령의 제·개정 또는 폐지로 인하여 그 직무와 권한에 변동이 있는 경우 관련되는 예산의 귀속을 변경하여 예산집행의 신축성을 부여하는 제도이다. 예산의 이체는 사업내용이나 예산규모 등에 변경을 가하지 않고 해당 예산의 귀속만 변경하는 것으로서, 「국가재정법」 제47조제2항은 기획재정부장관이 중앙관서 장의 요구에 따라 예산을 이체할 수 있도록 규정하고 있다.

(3) 예비비

예비비는 예산의 집행과정에서 예산안의 편성 및 심의 당시에는 예측할 수 없는 예산 외의 지출 또는 예산초과지출에 충당하기 위하여 총액으로 국회의 승인을 얻어 세입세출예산에 계상하였다가 필요할 때 사용하는 금액을 말한다. 예산 성립 후 변화된 여건에 대응하여 예산집행의 신축성을 유지하기 위한 수단인 예비비는 일반회계 예산총액의 100분의 1 이내의 금액을 세입세출예산에 계상할 수 있다(「국가재정법」 제22조).

예비비는 일반예비비와 목적예비비로 구분할 수 있는데, 일반예비비는 특정한 목적 없이 예산안 편성 및 심의 당시에 예측할 수 없는 지출수요를 충당하기 위한 것으로, 여기에는 「예산회계에 관한 특례법」 제2조[11]가 규정하고 있는 국가 안전보장을 위한 활동에 소요되는 경비도 포함된다. 목적예비비는 그 사용목적이 예산총칙을 통하여 제한되는 예비비로서, 일반적으로 재해대책비, 인건비, 환율상승에 따른 원화부족액 보전 등의 목적으로 편성되고 있다. 이러한 목적예비비는 구체적인 목적, 금액, 집행주체 등을 정하지 않고 총액으로 의결하여 예측할 수 없는 용도에 사용하도록 한 예비비 설치의 본래 취지에는 엄격한 의미에서 어긋난다고 할 수 있지만, 예산총칙에서 정할 경우 예외적으로 허용된다(국회예산정책처, 2012).

6. 예산집행의 투명성 확보제도

예산집행의 투명성은 예산집행과 관련된 모든 정보가 적시에 제공되는 것을 말하며, 국민이 납부하는 조세를 바탕으로 형성된 예산의 집행이 정당성을 확보하기 위해서 투명성이 요구된다. 「국가재정법」 제16조는 정부는 예산과정의 투명성과 예산과정에의 국민참여를 제고하기 위하여 노력하여야 한다고 규정하고 있으며, 예산공개의 원칙(「국가재정법」 제9조 및 제16조), 예산총계주의 원칙 (「국가재정법」 제17조) 등과 같은 예산집행의 투명성 확보를 위한 방안을 두고 있다.

예산집행의 공개

정부는 국가 및 지방자치단체의 중요한 재정정보를 매년 1회 이상 정보통신매체·인쇄물 등 적당한 방법으로 알기 쉽고 투명하게 공표하여야 한다(「국가재정법」 제9조). 공표되는 재정정보에는 예산집행에 관한 정보도 포함되며, 이는 예산집행의 투명성과 관련하여 가장 중요하면서도 핵심적인 사항이라고 할 수 있다. 예산집행정보가 알기 쉽고 투명하게 공표될 경우 국회가 예산집행에 대한 감독과 통제를 용이하게 할 수 있다.

11) 「예산회계에 관한 특례법」 제2조(예비비) 국가의 안전보장을 위한 활동에 소요되는 예비비의 사용과 결산은 「국가재정법」의 규정에도 불구하고 총액으로 하며 기획재정부소관으로 한다.

동 조항은 재정정보를 공표해야 한다는 상징적인 의미가 크지만 실제로 얼마만큼 실효성을 가지고 있는지에 대해서는 의문이 있다. 「국가재정법 시행령」 제5조는 공표되는 중요한 재정정보를 열거하고 있는데, 국가채권의 현황 및 변동내역, 국가재정운용계획, 주요재정사업에 대한 평가 결과, 조세지출예산서, 국가채무관리계획, 조세지출보고서 등이다. 이들 재정정보는 이미 「국가재정법」의 다른 조항에서 국회에 제출·보고하도록 규정하고 있는 정보들로서, 동법 제9조의 재정정보 공표 의무부과를 통한 추가적인 실익은 사실상 없다고 간주해도 무방하다. 특히, 예산집행과정에 대한 정보가 국회와 일반 국민에게 수시로 공개되어야 부적정하고 낭비적인 예산집행을 방지할 수 있는데, 재정정보의 공표 대상에는 예산집행에 관한 내용이 포함되어 있지 않다. 최근에 와서 기획재정부가 월별로 전체 예산 대비 집행률에 대해서는 공표를 하고 있지만, 이는 사업별 혹은 회계별 정보를 확인할 수 없고, 해당 월의 총 집행액 규모와 예산 대비 비중을 확인할 수 있는 수준이다.

참고로 OECD이 회원국을 대상으로 실시한 가장 최근 조사(2018년)에 따르면, 우리나라를 포함한 응답 국가 29개국 중 79%가 매월 집행 정보를 발표한다고 응답하였고, 9%가 분기별로 발표한다고 응답하였다.

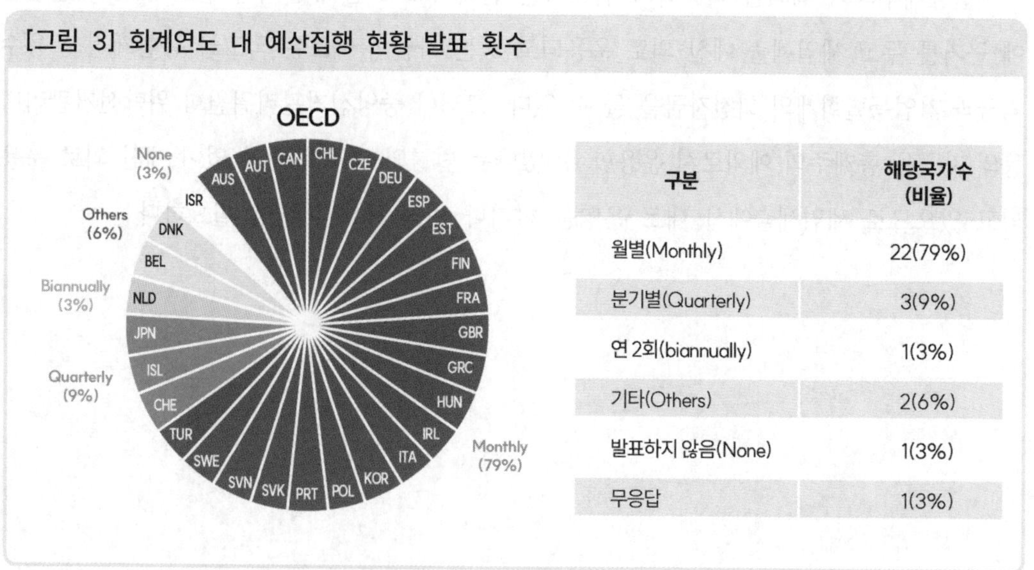

구분	해당국가수 (비율)
월별(Monthly)	22(79%)
분기별(Quarterly)	3(9%)
연 2회(biannually)	1(3%)
기타(Others)	2(6%)
발표하지 않음(None)	1(3%)
무응답	1(3%)

[그림 3] 회계연도 내 예산집행 현황 발표 횟수

주: "회계연도 중 얼마나 자주 수입과 지출 관련 정보를 발표합니까?(How frequently do you published information on actual revenues and expenditures during the fiscal year?)라는 질문에 대한 회원국 응답을 나타냄.
자료 : OECD (2018), 「OECD Budget Practices and Procedures Survey」에서 발췌

예산총계주의 원칙

예산총계주의 원칙은 예산공개의 원칙과 함께 예산집행의 투명성을 확보하는 중요한 원칙이자 제도이다. 「국가재정법」[12]은 재정의 투명성과 책임성을 제고하기 위하여 재정활동으로 발생하는 수입과 지출은 모두 예산에 계상하도록 하는 예산총계주의 원칙을 규정하고 있다. 즉, 예산총계주의란 한 회계연도의 모든 수입과 지출을 예산에 계상함으로써 국가기관이 예산서에 명시되지 않은 자금을 임의로 운용하는 것을 제한하며, 모든 국가 재정활동은 원칙적으로 국회에서 심의·확정된 예산을 근거로 이루어지는 것을 말한다. 국가재정에서 들어오고 나가는 모든 자금을 예산에 담음으로써 외부에서 재정 전반을 투명하게 파악할 수 있고, 그 결과 예산집행의 책임을 명확하게 할 수 있으며, 궁극적으로 국회와 국민이 정부의 재정활동을 효과적으로 파악하고 통제할 수 있도록 하기 위함이다.

「국고금관리법」 제7조 및 제20조에서도 국가 재정활동의 투명성과 책임성을 확보하기 위하여 예산총계주의와 유사한 취지로 수입의 직접 사용 금지원칙과 지출원인행위의 준칙을 규정하고 있다. 수입의 직접 사용 금지원칙에 따라 각 중앙관서의 장은 소관 수입을 직접 사용하지 못하고 이를 반드시 국고에 납입하여야 한다.

예산총계주의의 예외를 적용하기 위해서는 원칙적으로 법적 근거가 필요하다. 개별법률에 근거를 두고 세입세출 예산 외로 운용되고 있는 자금의 예로는 국고금 통합계정 운용수익금과 기업특별회계의 회전자금을 들 수 있다. 그러나 중앙선거관리위원회 위탁선거관리비 등의 자금은 총계주의 예외로서 운용할 수 있다는 법률의 명시적 근거 없이 예산 외로 운용되고 있으므로 세입세출예산 내로 운영을 하거나 법적 근거 마련이 필요하다.

12) 제17조(예산총계주의) ① 한 회계연도의 모든 수입을 세입으로 하고, 모든 지출을 세출로 한다. ② 제53조에 규정된 사항을 제외하고는 세입과 세출은 모두 예산에 계상하여야 한다.

[표 2] 예산총계주의의 예외 사례 예시

국가재정법	개별 법률	법률적 근거가 없는 경우
1. 수입대체경비 초과지출 2. 현물출자 3. 외국차관의 전대 4. 차관물자대 세입이 예산을 초과하는 때 5. 전대차관 원리금 상환액이 세출예산을 초과하는 때	1. 국고금 통합계정 운용수익금 2. 기업특별회계 회전자금	1. 중앙선거관리위원회 위탁선거관리비

예산집행의 투명성과 신축성

예산집행의 일차적 목표는 국회에서 확정한 대로 충실하게 예산을 집행하는 것이지만, 아무리 치밀하고 정교한 예산이라고 하더라도 그것이 성립된 이후에 발생하게 되는 여러 가지 경제·사회·정치적 여건 변화에 의해 부득이하게 수정해야만 하는 경우가 발생할 수 있다. 예산집행과정에서 이 같은 여건 변화에 적절히 대응할 수 있어야만 예산의 효율성과 효과성을 제고할 수 있다. 따라서 대부분의 국가는 예산집행의 신축성 유지수단을 두고 있으며, 우리나라도 예외는 아니다.

그러나 예산집행의 신축성 유지수단들은 그 필요성에도 불구하고 편법적 운용으로 인해 국회가 심의하고 확정한 예산을 사실상 변경하는 경우가 생길 수 있으며, 재정에 관한 의회의결주의를 침해하는 결과를 초래할 수 있다. 이는 곧 재정에 관한 국회의 권한이 침해됨을 의미한다. 특히 우리나라는 예산집행의 신축성 유지수단을 매우 광범위하게 운용하고 있는데, 이는 재정제도 운용에 있어서 행정부의 재정권한이 상대적으로 입법부보다 우위에 있음을 뜻한다(이영조·문인수, 2015: 216).

실제 국회의 결산심사 결과를 보면, 행정부가 예산집행과정에서 국회의 예산 심의과정에서 증액된 사업의 경우 이용·전용 및 조정을 통해 감액하거나, 감액된 사업의 경우는 오히려 유사한 방법으로 증액시키는 사례가 쉽게 발견되고 있다. 이러한 현상은 행정부 우위의 재정제도가 지속되어 온 전통과 「국가재정법」이 예산집행의 신축성을 광범위하게 인정하는 등의 원인이 복합적으로 작용한 데 기인한다.

「국가재정법」은 예산집행의 신축성을 허용하는 각종 수단을 규정하면서도 그 절차적·내용적 한계와 국회의 통제권한을 동시에 규정하여 예산집행의 투명성과 규범성이 유지되도록 하고 있다. 그러나 「국가재정법」의 규정을 자세히 살펴보면, 이용·전용, 예비비 등과 같은 신축성 유지수단의 한계를 불명확하게 규정하거나, 집행기관의 재량을 지나치게 인정하는 경우가 많다. 예를 들면, 「국가재정법」 제46조제1항은 전용의 내용적 요건으로 ① '예산의 목적범위 안', ② '재원의 효율적 활용'을 규정하고 있고, 절차적 요건으로 ③ '기획재정부장관의 승인'을 요구하고 있다. 재원의 효율적 활용이라는 요건은 용어 그대로 전용에 관한 사실상의 전권을 행정부에 부여했다고 해도 지나치지 않는다. 예산의 목적범위 안에서라는 요건 역시 대단히 포괄적이고 불명확한 개념이기는 마찬가지이다.

7. 주요국의 예산집행제도

(1) 미국

미국은 「결손방지법(Antideficiency Act)」에 따라 예산배정을 대통령의 권한으로 두고 있는데, 이러한 예산배정권을 대통령이 관리예산처장에게 위임하기 때문에 세출법안이 승인된 후, 각 연방기관은 관리예산처에 예산배정을 요구한다. 이것으로 미국의 당해연도 예산집행이 시작된다고 볼 수 있다. 관리예산처는 예산배정요구서를 종합하여 세출예산을 부처별·분기별로 배정한다.

이때 정부기관들은 의회가 승인한 지출한도 이상의 금액을 지출할 수 없으며, OMB의 허가 없이 예산집행을 보류하거나 거부할 수 없다. 「1974년 의회예산 및 지출거부통제법」에 의거하여 연방기관들의 지출 보류 및 지연은 여건변화에 따른 절약 또는 더 효과적인 활동을 위한 경우이거나 법에 의해 규정된 경우에만 허용되며, 예산정책의 변경을 위한 지연 및 보류는 불가능하다. OMB가 집행을 보류할 때에는 대통령이 의회에 '특별교서(special message)'를 제출하여야 한다.

관리예산처는 실제로 의회가 의결한 예산내용이 변질되지 않도록 하기 위해 예산집행 보류 등 여러 가지 제한을 가한다. 일례로, 대통령이 지출을 연기하거나 지출을 하지 않고자 할 때는 이 법에서 허용하는 사유 내에서 의회의 승인을 받아야 하고, 의회가 이를 45일

이내에 승인하지 않으면 당초에 정해진 목적과 범위 내에서 지출해야 한다. 또한, 관리예산처는 행정부가 이 법을 제대로 준수하고 있는지 감독해야 한다(국회예산정책처, 2020).

집행되지 않은 예산은 연말에 재무부로 반환되고 특정기관의 임금 및 비용의 50%까지는 의회의 승인을 통해 이월이 가능하다. 이월된 예산은 당해 회계연도로부터 5년에 걸쳐 집행될 수 있으나, 의무지출의 경우는 의회가 승인하는 경우 그 이상 이월이 가능하다(국회예산정책처, 2016).

한편, 예산이 성립한 후에도 법률에 의해 추가적인 지출이 필요하게 된 경우나 예산을 변경하는 것이 공공의 이익에 부합한다고 판단될 때 대통령은 의회에 추가경정예산안(supplementary appropriations)을 제출[13]할 수 있으며, 당초 예산의 처리절차와 동일한 절차를 거치게 된다.

(2) 영국

영국은 1998년 공공서비스협정(public service agreements)을 도입하면서 지출에 대하여는 지출총액(total expenditure limits: TME), 부처별 지출한도(departmental expenditure limits: DEL), 법정지출(annual managed expenditure: AME) 개념을 도입하였다(조달청, 2008).

예산집행 전체 과정을 통제할 수 있는 권한을 갖고 있는 영국 재무부는 각 부처에 집행권한을 위임하기 위해 지출결정의 기준, 사업관리 및 사후평가 방법 등에 대해 해당 부처와 합의해야 하며, 부처 내 재정집행 권한 위임방식의 결정은 회계관(accounting officer)이 담당한다. 즉, 각 부처가 일정 조건하에서 자원요구명세(RfR)내의 항목(section) 간 지출권한의 변경 및 차년도 이월 등이 가능하도록 허락하고 있다.

다만, 신규지출, 논란의 소지가 있는 지출, 합의된 예산한도를 초과하는 지출, 현재 계획되지 않은 향후 지출에 대한 계약, 기획 입법이 필요한 지출 등은 재무부에서 각 부처로 집행 권한을 위임할 수 없도록 규정하고 있다(홍승현, 2010; 국회예산정책처, 2020).

---

13) 대통령이 추가경정예산안을 제출하고자 하는 경우 그 제출 이유와 추가되거나 변경된 부분이 이전 예산안에 포함되지 않은 이유 등을 서면으로 설명하여야 한다.

(3) 프랑스

프랑스 예산집행구조의 가장 큰 특징은 '지출명령관과 회계관 분리'라는 원칙으로 설명되는데, 이 원칙은 1962년 '공공회계에 관한 일반적 규정' 제10조에서 "명령관(ordonnateur)[14]과 공회계관(comptable)[15]의 역할은 양립할 수 없다"라고 규정한 데서 비롯되었다. 즉 동일한 1인의 공무원이 수입과 지출을 결정하거나 마찬가지로 집행할 수 없도록 한 것으로, 두 종류의 공무원이 상호 간 통제를 함으로써 부정을 방지하기 위한 목적에서 도입되었다. 이때 공회계관은 독립성을 보장받기 위해 파견부처에 관계없이 경제재정부 소속으로 공공기금유지, 회계장부의 담당, 자금 결재 등의 책임만 맡는 형식이다(김상헌 외, 2002).

프랑스는 여기서 나아가 새로운 재정법 체계정비와 함께 이를 회계제도에도 구현하기 위해 2012년도에 새로운 규정을 도입하였다. 2012년 규정에서는 기존과 달리 재정집행의 주체로서 명령권자와 공회계관에 더해 '운영주체(Les acteurs de la gestion)'[16]를 예산운영의 한 조직으로 규정하고 있으며 이는 예산을 '성과' 중심으로 수립하고 집행하기 위한 노력이 반영된 것으로 평가된다. 더불어 변경된 규정하에서는 명령권자에게 업무와 권한이 추가되어 있는데, 명령권자는 해당 기관의 수입액을 확정하며 채권집행 명령, 프로그램 예산 분배와 실행계획 수립을 시행해야 하며, 이때 주명령권자는 각 부처의 장관이고 장관은 기능별 혹은 지역별로 부명령권자를 임명하여 권한을 위임할 수 있다. 마지막으로 공회계관에 대해서도 기존 제도에 비해 업무가 확대되고 권한이 강화되었는데 대표적인 것이 재정집행 결정에 대해 규칙위반사항을 발견했을 때 이전에는 이를 명령권자에게 먼저 알려야 했으나 달라진 제도하에서는 직권으로 집행내역을 수정할 수 있다. 이러한 변화 외에도 '예산감독관 제도'를 신설하여 기존 공회계관이 부처별 예산감독관으로서 재정집행 감독권한, 자문권한, 사후적 감독 권한을 갖도록 하고 있다(전주열, 2016).

한편, 집행의 신축성 유지제도의 하나로 프랑스 「재정조직법(LOLF)」 제7조제4항에서는 예산을 원칙적으로 「재정법(LF)」에 의해서만 변경될 수 있다고 규정하고 있으며, 제12조에

---

14) 지출명령관은 재정영역에서 특별한 기관에 속하지 않고 각 부처 및 기관을 감독하며 수입과 지출을 명령하고 법적으로 사업의 집행을 회계관에게 허용하는 역할을 한다.

15) 회계관은 모든 수입과 지출을 실행하고 국고활동을 집행하는 역할을 담당한다.

16) 운영주체에는 부처별 재정기능책임자, 프로그램 운영 책임자, 프로그램 실행예산 책임자 등이 규정되어 있다. 부처별 재정기능 책임자는 부처별 프로그램 예산사용계획을 승인하는 권한, 프로그램별 예산 할당 권한을 행사할 수 있고, 프로그램 운영 책임자는 프로그램 내 세부 예산인 실행예산과 실행예산을 구성하는 단위별 책임자를 지정하고, 각 실행예산액을 편성할 수 있다(전주열, 2016).

서는 동일한 부처의 프로그램 사이에서만 전용이 허용되고 있다. 다만, 인건비 목(目)으로의 전용과 이용은 허용되지 않으며, 전용과 이용을 통해 새로운 프로그램을 설치할 수 없다. 전용과 이용은 양원의 재정위원회와 관련 위원회에 보고된 후에 재정부장관의 보고서를 근거로 한 시행령(le décret)에 의해 실행된다(이순우·김지영, 2009: 144).

마지막으로 예산집행에 관하여 의회의 권한과 역할은 다음과 같다. 의회의 상·하원 재정위원회는 3개월마다 각 부처로부터 세출 집행 상황과 내역을 보고받으며, 상원은 회계연도 내 예산집행에 관한 광범위한 통제 권한을 갖는다. 하원 역시 2018년 이후 5월 말부터 6월 초까지 '평가의 봄(Printemps de l'évaluation)'이라 불리는 절차를 통해 모든 상임위원회가 주요 정책미션을 중심으로 하여 예산 집행 내역을 검토하고 통제한다. 더불어 상원의 경우 사회상임위원회가 특권을 갖는 '사회보장 평가 및 통제단(mission d' évaluation et de contrôle de sécurité sociale(MECSS))'을 만들어 운영하며, 하원 재정상임위원회는 특별보고위원과 '평가 및 통제단(Missions d'evaluation et de controle)'을 운영하면서 정부의 예산 집행의 효율성 확보 등을 도모하려는 노력을 기울이고 있다. 특히 의회 재정위원회는 각 부처 장관들을 소집하여 전년도 예산집행에 대한 심의회를 개최하는데, 이러한 제도적 장치를 통해 예산집행에 있어 법령을 준수했는지 여부, 세수오차에 대한 확인, 집행 시 수정집행 사항(이·전용 등) 등에 대해 검토하는 것으로 알려져 있다(국회예산정책처, 2020).

(4) 독일

예산이 법률로 의회를 통과하게 되면, 연방재무부는 예산집행지침에 해당하는 「최종예산과 경제운용에 관한 시행규칙」을 공표하는데(「연방예산법」 제5조), 이 규칙은 예산 운용에 관한 세부적인 설명과 기준을 담고 있다. 독일의 예산집행에 있어 가장 중요한 원칙은 연방예산법 제7조 및 제34조에 명시된 '적법성(Rechtmaässigkeit)'과 '경제성(Wirtschaftlichkeit)' 원칙으로 해당 조항에서는 예산에 사용되는 재원은 효율적이고 경제적으로 집행되어야 함을 명시하고 있다(국회예산정책처, 2020).

독일의 중앙예산기관인 연방재무부는 소관 예산뿐만 아니라 연방예산 전체의 운용에 대해서 책임을 지고 각 부처의 집행행위를 통제하는 역할을 담당한다. 만약 부처의 지출이 예산을 초과하거나 예산 외 지출이 발생할 경우 반드시 연방재무부의 동의를 구해야 한다. 예산이 성립되면 연방재무부장관이 각 부처 장관에게 예산배정을 하는데, 각 부처 장관은 해당 소관의 월별 운영자금계획서를 매월 20일까지 연방 재무부장관에게 제출하여야 한다. 예산배정이 이루어지면, 각 부처 장관은 해당 부처의 소관예산이 아닌 것을 제외하고 부처 내 소속기관에 예산을 재배정한다.

독일의 예산법제에 있어서 우리의 이·전용과 유사한 제도로는 「연방예산기본법」 제20조의 규정에 따른 연방예산의 유연화제도를 들 수 있다(강주영, 2007: 78). 이 규정에 따르면, 사업목적이 서로 밀접한 관련성이 있는 경우나 예산의 경제적 사용을 위한 경우에는 비목 상호 간 보전될 수 있다.

참고문헌

강주영. (2007). "예산집행상의 투명성 제고를 위한 법제개선방안: 예산 이용·전용·예비비를 중심으로." 한국법제연구원.

국회예산정책처. (2012). 「국가재정법의 이해와 실제」.

____________. (2016). 「주요국의 재정제도」.

____________. (2020). 「주요국의 재정제도」

기획재정부. 각 연도. 「예산배정계획」

기획재정부. (2024). 「예산 및 기금운용계획 집행지침」

김상헌·김유찬·김진욱.(2010). 「주요국의 재정제도」. 기획예산처 연구용역보고서.

김춘순. (2014). 「비교예산제도론」. 대명출판사.

박영희·김종희. (2017). 「신재무행정론」. 다산출판사.

배득종·유승원. (2014). 「신재무행정」. 박영사.

____________(2022). 「실용재무행정」. 오래.

유승원·김수희. (2023). 「정부예산과 재무관리」. 문우사.

유훈·신종렬. (2018). 「재무행정론」. 박영사.

윤영진. (2021). 「새 재무행정학」. 대영문화사.

이계탁. (1998). 「재무행정학」. 나남출판.

이순우·김지영. (2009). 「프랑스 재정법」. 한국법제연구원.

이영조·문인수. (2015). 「재무행정론」. 대명출판사.

이오. (2011). "미국·영국의 부적정지출 관리체계 비교." 감사연구원.

조달청. (2008). "예산편성 및 집행단계에서 예산낭비요인 제거방안."

하연섭. (2022). 「정부예산과 재무행정(제4판)」. 다산출판사.

홍승현. (2011). 「영국의 재정제도」, 한국조세재정연구원 정책분석보고서.

OECD (2018), 「OECD Budget Practices and Procedures Survey」

제2절 우리나라 예산집행의 신축성 유지제도

1. 예산의 이용과 전용

우리나라 예산의 과목 분류체계는 장(분야)·관(부문)·항(프로그램)·세항(단위사업)·세세항(세부사업)·목(비목)의 계층구조로 이루어져 있다. 이 중 장(분야)·관(부문)·항(프로그램) 상위 3개 과목을 '입법과목'이라고 하고, 세항(단위사업)·세세항(세부사업)·목(비목) 하위 3개 과목을 '행정과목'이라고 한다.

「국가재정법」은 예산의 집행과정에서 지출사업별로 실제 소요되는 재원에 과부족이 발생하는 경우 해당 예산 과목 상호 간에 재원을 융통하여 사용할 수 있도록 하고 있는데, 이를 예산의 이용·전용 제도라 한다(제46조·47조). 입법과목의 예산을 변경하여 집행하기 위해서는 국회의 의결이 필요한 반면, 행정과목은 일정한 기준 하에 한정된 범위 내에서 행정부의 재량으로 자체적인 변경집행이 가능하다. 이처럼 입법과목의 예산을 국회에서 의결된 당초의 내용 및 금액과 달리 집행하는 것을 예산의 이용(移用)이라 하고, 행정과목의 예산을 당초의 내용 및 금액과 달리 집행하는 것을 예산의 전용(轉用)이라 한다.

국회는「헌법」이 부여한 예산 심의·확정권을 갖고 있고, 국회의 심의를 통해 확정된 예산은 집행과정에서 최대한 존중되고 지켜져야 한다. 이와 같은 대원칙에도 불구하고 예산의 이·전용 제도를 운용하는 것은 예산안 편성 및 심의 시점과 예산 집행 시점 사이에 존재하는 시차와 사정변경의 가능성, 예측오차의 발생 등 현실적인 제약을 고려하여 예산운용에 신축성을 부여하기 위한 것이다.

그러나 예산의 이·전용은 예산 집행과정에서 국회가 의결한 예산의 내용에 사실상 변경을 초래하는 것이므로, 그 사유와 범위는 최소한으로 제한하는 것이 바람직하다. 이를 위하여 「국가재정법」, 「예산총칙」, 「예산 및 기금운용계획 집행지침」등은 집행부처가 준수하여야 할 예산 변경의 요건과 범위를 규정하고 있다.

(1) 이용(移用)

예산의 이용(移用)은 예산이 정한 각 기관, 각 장(분야)·관(부문)·항(프로그램) 등 입법과목 사이에 상호 융통하는 것으로서 원칙적으로 허용되지 않으나, 예산집행상 필요에 의하여 미리 예산으로서 국회의 의결을 얻은 경우[17]와 정부조직 등에 관한 법령의 제정·개정 또는 폐지로 인하여 그 직무와 권한에 변동이 있을 때,[18] 기획재정부 장관의 승인을 얻어 이용할 수 있도록 하는 제도이다. 다만, 기획재정부 장관의 위임이 있는 경우, 각 중앙관서의 장은 위임의 범위 안에서 자체적으로 이용할 수 있는데, 이를 자체이용이라고 한다.

따라서 각 중앙관서의 장이 소관 예산의 일부에 대하여 이용하고자 하는 경우는 미리 예산에 반영하여 국회의 의결을 얻어야 하며, 국회의 의결을 얻은 경우에도 집행과정에서 중앙예산기관인 기획재정부장관의 승인을 얻어야 한다. 다만, 기획재정부장관의 위임이 있는 경우, 그 범위 안에서 자체적으로 이용할 수 있으며, 중앙관서의 장은 이용을 한 경우에 분기별로 그 이용 내역을 국회에 보고하여야 한다.[19] 현재, 예산의 이용은 예산총칙에 규정되어 국회의 심의·의결을 거치고 있으며, 2024년도 「예산총칙」 제10조에서는 특정 경비 또는 비목에 부족이 생겼을 경우 「국가재정법」 제47조제1항 단서규정에 의하여 당해 소관 내의 타 비목으로부터 이용할 수 있다고 하여 예산 이용이 가능한 경비와 비목을 정해 놓고 있다. "공무원의 보수, 기타직보수, 상용임금, 일용임금과 공공요금 및 제세, 급식비, 임차료, 배상금, 국선변호금, 법정보상금, 민간법정포상금, 국공채 및 재정차관원리금 상환금과 금리변동으로 인한 이자지출 경비, 원화경비 부족액, 군 및 해양경찰의 유류경비 부족액, 기업특별회계의 양곡관리비용, 우체국예금 지급이자, 우편운송료, 재해대책비, 반환금, 선거 및 국민투표 관련경비, 국민기초생활보장급여, 기초연금급여, 장애인연금급여, 아동수당, 부모급여"가 이에 해당한다. 그리고 방위사업청 소관 지휘정찰사업·기동화력사업·함정사업·항공기사업·유도무기사업도 이용을 허용하되, 긴급소요, 정산결과 증액 등 사전에 예측할 수 없는

---

17) 「국가재정법」 제47조 ① 각 중앙관서의 장은 예산이 정한 각 기관 간 또는 각 장·관·항 간에 상호 이용할 수 없다. 다만, 예산집행상 필요에 따라 미리 예산으로써 국회의 의결을 얻은 때에는 기획재정부장관의 승인을 얻어 이용하거나 기획재정부장관이 위임하는 범위 안에서 자체적으로 이용할 수 있다.

18) 「국가재정법」 제47조 ② 기획재정부장관은 정부조직 등에 과난 법령의 제정·개정 또는 폐지로 인하여 중앙관서의 직무와 권한에 변동이 있는 때에는 그 중앙관서의 장의 요구에 따라 그 예산을 상호 이용하거나 이체할 수 있다.

19) 「국가재정법」 제47조(예산의 이용·이체) ④ 각 중앙관서의 장이 제1항 또는 제2항에 따라 이용 또는 이체를 한 경우에는 분기별로 분기만료일이 속하는 달의 다음 달 말일까지 그 이용 또는 이체 내역을 국회 소관 상임위원회와 예산결산특별위원회에 제출하여야 한다.

사정변경이 발생한 경우에 한해 상호 간 이용할 수 있도록 제한하고 있다.

위에 열거된 경비나 비목들은 대부분 법령이나 계약에 따라 정부에게 지급의무가 있는 법정경비 등으로서 예산부족으로 당해연도에 지급이 이루어지지 않는 경우에는 정부의 기능 수행에 차질을 가져오거나 정부의 부담이 오히려 가중될 수 있는 경직성 경비들이다. 이처럼 경직성 경비 등에 대하여 국회가 예산의 이용을 승인하는 취지는, 비록 국회의 의결이 필요한 입법과목이라고 하더라도 행정부에 의한 신축적인 변경을 허용함으로써 재정운용의 효율성을 제고하기 위한 것으로 해석할 수 있다.

위에서 살펴본 것처럼, 예산의 이용은 예산과목 중 입법과목(장·관·항)에 해당하는 예산에 변경을 가하는 것으로서 원칙적으로 이를 금지하되, 미리 국회의 의결을 얻은 범위 내에서만 제한적으로 허용되는 제도이다. 이는 예산의 이용 제도 자체가 국회의 예산안 심의·확정권에 중대한 변경을 가하는 행위로서, 예외적이고 불가피한 경우에 한하여 허용되어야 하며, 그렇지 않을 경우, 국회의 재정권한 중 가장 핵심이라고 할 수 있는 예산안 심의·확정권을 형해화할 수 있기 때문이다.

이러한 문제점에도 불구하고, 현행 「국가재정법」은 예산의 이용 요건과 한계를 명시하지 않고 있다. 그 결과, 예산총칙에서 규정된 비목의 범위 내에서는 예산의 이용이 무제한적으로 가능한 것으로 해석될 수 있다. 또한, 예산총칙에 따른 예산의 이용범위를 확대해석하여 실질적으로 이용범위에 해당하지 않는 예산항목에 대해서도 이용을 통해 예산을 충당할 우려가 있다.

따라서 「국가재정법」에서 예산 이용의 허용 요건과 범위에 대해서 명확히 규정한 뒤, 정부가 해당 요건과 범위에 따라 예산총칙에 이용 내역을 규정할 필요가 있고, 국회는 예산안 심의과정에서 이를 심도 있게 논의할 필요가 있다. 나아가 부처가 실제로 사업 간 이용을 하려할 때, 현재 기획재정부장관의 승인을 받아 이용집행을 하고 있으나, 앞으로 외국사례[20]에서 보는 바와 같이 일정 기준을 초과하는 사업에 대해서는 사업별로 국회의 승인을 얻도록 이용제도 개선을 검토할 필요가 있다.

20) 미국, 덴마크, 오스트리아, 아이슬란드, 베네수엘라 등을 들 수 있다.

(2) 전용(轉用)

예산의 전용(轉用)은 예산이 정한 각 세항(단위사업)·세세항(세부사업)·목(비목) 등 행정과목 사이에 상호 융통하는 것으로서, 각 중앙관서의 장은 예산의 목적범위 안에서 재원의 효율적 활용을 위하여 대통령령이 정하는 바에 따라 기획재정부장관의 승인을 얻어 각 세항 또는 목의 금액을 전용할 수 있다(「국가재정법」 제46조제1항). 이 경우 사업 간의 유사성이 있는지, 재해대책 재원 등으로 사용할 시급한 필요가 있는지, 기관운영을 위한 경비의 충당을 위한 것인지 여부 등을 종합적으로 고려하여야 한다. 각 중앙관서의 장이 소관 예산의 일부에 대해서 전용하고자 하는 경우는 기획재정부장관의 승인을 얻어야 한다. 그러나 기획재정부 장관의 위임범위 내에서는 부처에서 자체적으로 전용할 수 있는데(「국가재정법」 제46조제2항), 이를 자체전용이라 부른다. 각 중앙관서의 장은 전용을 한 경우에 「국가재정법」 제46조제4항에 따라 전용내역을 국회 소관 상임위원회와 예산결산특별위원회에 제출하여야 한다. 기획재정부는 매 회계연도 「예산 및 기금운용계획 집행지침」에서 지출경비의 성질에 따라 비목별로 각 중앙관서의 장이 자율적으로 전용하여 집행할 수 있는 예산의 범위를 정해 놓고 있는 바, [표 2]는 「2024년도 예산 및 기금운용계획 집행지침」(이하 "「예산집행지침」")에 제시된 비목별 전용권 위임 현황을 보여준다.

[표 1] 「2024년도 예산 및 기금운용계획 집행지침」상 비목별 전용권 위임현황

총비목 (25개)		자체전용대상	자체전용제외
100 (인건비)	110 (인건비)	상호간 자체전용 가능	* 타 비목에서 110-02목(기타직보수), 110-03목(상용임금), 110-05목(연가보상비)으로의 전용은 자체전용에서 제외
200 (물건비)	210 (운영비) 220 (여비) 230 (특수활동비) 240 (업무추진비) 250 (직무수행경비) 260 (연구용역비)	상호간 자체전용 가능	* 타 비목에서 230목, 240목, 250-03목(특정업무경비), 210-12목(복리후생비)로의 전용은 자체전용에서 제외 * 주요사업비 내 210-08목(유류비)에서 타 비목으로의 전용은 자체전용에서 제외

총비목 (25개)		자체전용대상	자체전용제외
300 (이전지출)	310 (보전금)	상호간 자체전용 가능 **예산성과금 규정에 따른 예산성과금 및 정부업무평가 우수기관 포상금으로 사용하기 위한 포상금 등(310-03목)은 모든 비목으로부터 자체전용 가능	* 320목, 330목, 340목, 350목, 360목은 자체전용에서 제외 - 단, 320-09목(고용부담금)은 인건비(110목)로부터의 자체전용 허용 - 340-03목(해외자본이전), 360-03목(연구개발건축비), 360-04목(연구개발장비·시스템구축비),360-05목(연구개발 활동비 등)은 자체전용 허용
	320 (민간이전)		
	330 (자치단체이전)		
	340 (해외이전)		
	350 (일반 출연금)		
	360 (연구개발 출연금)		
400 (자산취득 및 운용)	410 (건설보상비)	상호간 자체전용 가능 * 410목(건설보상비), 420-03목(공사비), 420-04목(감리비)로의 자체전용은 현행 총사업비 범위 내에 있는 경우에 한함	* 420-01목(기본조사설계비), 420-02목(실시설계비), 420-05목(시설부대비), 490목(지분취득비)는 자체전용에서 제외
	420 (건설비)		
	430 (유형자산)		
	440 (무형자산)		
	450 (융자금)		
	460 (출자금 등)		
	470 (예치금 및 유가증권매입)		
	480 (예탁금)		
	490 (지분취득비)		
500 (상환지출)	510 (상환지출)	상호간 자체전용 가능	* 710-01목(예비비), 710-02목(예비금)은 자체전용에서 제외
600 (전출금등)	610 (전출금등)		
700 (예비비 및 기타)	710 (예비비 및 기타)		

자료: 기획재정부, (2024).「2024년도 예산 및 기금운용계획 집행지침」

「국가재정법」 제46조제1항에서는 전용의 한계에 대하여 '예산의 목적 범위 안'으로 규정하고 있다. 예산의 목적 범위라는 문구 자체가 다소 불명확한 측면이 없지 않으나, 동법 제45조의 '예산의 목적 외 사용금지 원칙'의 연장선상에 있는 것으로 해석된다. 또한, 예산의 전용 요건으로는 「국가재정법」 제46조제1항은 세 가지를 제시하고 있는데, ① 사업 간 유사성, ② 시급한 필요성, ③ 기관운영 경비의 충당이 그것이다. 이러한 예산 전용의 한계 및 요건은 예산집행과정에서 발생하는 사정변경으로 인하여 불가피하게 예산을 전용하더라도, '예산의 목적 범위'를 벗어나지 말아야 하며, 전용으로 인하여 예산액이 증가하거나 감소하는 사업 간 유사성과 시급성 등이 인정되어야 한다는 것을 의미한다.

아래 표는 최근 5년간 예산의 이·전용 현황을 나타낸다. 이용액은 2018년 3,351억원에서 2020년 1조 2,889억원으로 증가했다가 2022년 1조 836억으로 감소하였다. 반면 전용액은 2018년 1조 8,790억원 수준에서 이후 1조 7,000억원대로 소폭 감소하여 유지되다가 2022년에는 2조 1,404억원으로 증가하였다. 2022년도의 이용 사유를 확인해보면, 전체 이용액의 59.9%는 재해대책 재원 등 시급한 필요에 따른 것이었으며 환율 및 유가변동 등을 사유로 이용한 금액이 전체의 21.8%, 기타 공공요금. 배상금 등 부족분 충당을 위한 이용이 18.3%로 나타난다. 한편, 전용의 경우는 예산과목 중 목을 기준으로 운영비(4,644억원), 민간이전(3,965억원), 보전금(2,908억원) 등의 순으로 전용을 통한 증액이 많이 이루어진 것을 알 수 있다.

이러한 이·전용은 구체적 항목까지 규정되는 예산 확정이 갖는 단점을 보완하고 예산집행의 탄력성과 신축성을 제고하기 위한 합법적 집행이다(주기완·윤성식, 2020; 유승원·김수희, 2023). 그러나 부정확한 지출수요 추계로 이·전용액이 확대되는 것은 부적절하며, 이는 예산액이 당초 국회가 예산을 심의·의결한 의사와 다르게 활용되는 규모가 증가하는 것이므로 그 비중이 과도하게 확대되지 않도록 관리할 필요가 있다(국회예산정책처, 2023).

[표 2] 2018년~2022년 예산 이·전용 현황 (단위: 억원, %)

구분		2018년	2019년	2020년	2021년	2022년
이용	금액(A)	3,351	5,285	12,889	10,677	10,836
	비중(A/C)	0.09	0.13	0.28	0.21	0.19
전용	금액(B)	18,789	17,678	17,858	17,168	21,405
	비중(B/C)	0.51	0.44	0.39	0.34	0.37
예산액(C)		3,712,672	4,041,056	4,599,635	5,067,215	5,735,415

주: 1. 예산액은 일반회계, 특별회계, 기금의 총계 규모
자료: 국회예산정책처(2023).「2022회계연도 결산 총괄분석 I」

2. 예산의 이월

(1) 개념

예산의 이월이란 특정한 예산(경비)을 다음 연도에 넘겨서 사용하는 것으로, 이월이 허용되면 해당 사업은 다음 회계연도에 집행될 기회를 다시 부여받는다(주기완·윤성식, 2020). 회계연도 독립의 원칙[21]에 따라 매 회계연도의 세출예산은 다음 연도에 이월하여 사용할 수 없는 것이 원칙이다. 그러나 「국가재정법」 제48조제2항은 국가재정의 연속성을 고려하여 세출예산 이월금지에 대한 예외사유를 규정하고 있다.

구 「예산회계법」에서도 원칙적 이월금지와 예외적 허용사유를 규정하고 있었으나, 「국가재정법」에서는 이들 규정을 그대로 받아들이면서 추가적으로 이월액을 다른 사업에 사용할 수 없도록 명문화하였으며, 연도 내에 지출원인행위를 하고 불가피한 사유로 인하여 연도 내에 지출하지 못한 경비와 지출원인행위를 하지 아니한 그 부대경비 역시 재이월할 수 없다는 규정을 추가적으로 규정하였다.

이월할 수 있는 경비는 다음과 같다(하연섭, 2022). 먼저, 명시이월비는 세출예산 중 경비의 성질상 연도 내에 지출을 끝내지 못할 것이 예상될 때, 그 취지와 항목, 금액을 명시하여 미리 국회의 승인을 얻어 다음연도에 이월하여 사용할 수 있도록 허용되는 예산이다. 각 중앙관서의 장은 명시이월비에 대하여 예산집행상 부득이한 사유가 있을 경우 그 사유와 금액을 명백히 하여 기획재정부장관의 승인을 얻은 범위 안에서 다음 연도에 걸쳐서 지출하여야 할 지출원인행위를 할 수 있고, 기획재정부장관은 해당 지출원인행위를 승인한 때에는 감사원에 통지하여야 한다(「국가재정법」 제24조). 명시이월비는 과거 해외여건 변동으로 인한 외자장비의 도입지연 등으로 인해 국방부, 방위사업청의 사업에서 주로 편성되었으나, 2015년부터는 편성되지 않고 있다(국회예산정책처, 2024).

명시이월과 대비되는 제도인 사고이월(「국가재정법」 제48조제2항제2호 및 제5호)은 연도 내에 지출원인행위[22]를 하였으나, 재해 또는 공사기간 부족 등으로 공사 등이 연도 내에

21) 「국가재정법」 제3조(회계연도 독립의 원칙) 각 회계연도의 경비는 그 연도의 세입 또는 수입으로 충당하여야 한다.

22) 중앙관서의 장 또는 지출원인행위에 관한 사무의 위임을 받은 자가 법령에 따라 배정된 예산 또는 기금운용계획의 금액 범위 안에서 국고금 지출의 원인이 되는 계약 그 밖의 행위를 하는 것을 말한다. 지출의 원인이 되는 계약행위는 상호 간에 대립하는 2개 이상의 의사표시가 합치되어 성립하는 법률행위로 당사자 간에 지출금액 등을 확정하는 행위라 할 수 있으며, 그 밖의 행위는 당사자 간의 계약 외의 행위로서 최소한 예산지출의 대상자, 지출금액 및 지출시기 등을 확정하는 행위라 할 수 있다.

완성되지 못하여 지출할 수 없는 경우 등 불가피한 사유로 연도 내에 지출을 하지 못한 경비 등을 다음 연도에 이월하여 사용할 수 있는 제도를 말한다(국회예산정책처, 2014).

사고이월이 허용되는 경비로 「국가재정법」 제48조제2항에서 모두 4가지를 규정하고 있는데, ① 연도 내에 지출원인행위를 하였으나, 불가피한 사유로 인하여 연도 내에 지출하지 못한 경비와 지출원인행위를 하지 아니한 그 부대경비, ② 입찰공고 후 지출원인행위까지 장기간이 소요되는 경우로서 대통령령이 정하는 경비, ③ 공익사업의 시행에 필요한 손실보상비로서 대통령령이 정하는 경비, ④ 경상적 성격의 경비로서 대통령령이 정하는 경비[23]가 이에 해당된다. 사고이월이 가능한 경비의 구체적인 사항은 대통령령인 「국가재정법 시행령」 제20조에 상세히 규정되어 있다.

한편, 신축성 유지제도의 하나인 계속비(「국가재정법」 제48조제3항)는 완성에 수년이 소요되는 대형 사업에 대해 총 투자액과 매년 연간 투자예정액(연부액)을 미리 국회의 의결을 얻어 지출하는 제도이다. 계속비는 예산 단년도 원칙에 대한 예외로서, 총사업비와 연부액이 국회의 의결로 미리 확정되기 때문에 수년간의 예산이 안정적으로 집행될 수 있게 되어 재정투자의 효율성을 높일 수 있다는 장점이 있는 반면, 분산투자로 인하여 신규사업이 남발됨으로써 오히려 재정투자의 효율성을 저해할 수 있다는 문제점도 동시에 가지고 있다.

「국가재정법」 제23조는 완성에 수 년도를 요하는 공사나 제조 및 연구개발사업은 그 경비의 총액과 연부액을 정하여 미리 국회의 의결을 얻은 범위 안에서 지출할 수 있는데, 그 연한은 그 회계연도부터 5년 이내로 한정[24]하고 있다.

(2) 이월의 처리 및 한계

본래 당해연도의 모든 세출은 국회의 심의를 거쳐 확정되어야 하나, 이월된 예산은 다음 연도 예산에 배정된 것으로 보아 국회의 심의를 거치지 않고 다음 연도 예산으로 배정된 것으로 본다. 그리고 결산상 잉여금이 발생하는 경우는 세출예산 이월에 상당하는 금액을 다음 연도 세입에 우선적으로 이입하여야 한다.

23) 이러한 기본경비는 대통령령으로 정하는 바에 따라 기본경비 예산총액의 100분의 15 범위 내에서 다음 회계연도로 이월하여 사용할 수 있다. 기본경비의 이월한도는 「국가재정법 시행령」 제정 당시(2006.12.29.)에는 기본경비 예산총액의 100분의 5였으나, 2009년에는 100분의 10으로, 2013년에는 100분의 15로 개정되는 등 지속적으로 그 한도가 확대되었다.

24) 다만, 필요하다고 인정하는 때에는 국회의 의결을 거쳐 그 연한을 연장할 수 있다.

각 중앙관서의 장은 예산을 이월하는 때에는 이월명세서를 작성하여 다음연도 1월 31일까지 기획재정부장관 및 감사원에 송부하여야 한다. 「국가재정법 시행령」 제20조는 ① 이월을 필요로 하는 과목별 경비의 금액(제1호), ② 제1호의 경비의 금액 중 지출액 또는 지출추정액, ③ 제1호의 경비의 금액 중 다음 연도에 이월할 금액 및 당해 경비의 현 연도와 다음 연도의 예산과목, ④ 제1호의 경비의 금액 중 불용액을 예산명세서에 명시하도록 규정하고 있다.

[표 3] 최근 5년간(2019~2023년) 예산 이월 및 계속비(연부액) 규모 (단위: 억원, %)

구분		2019년	2020년	2021년	2022년	2023년
이월	금액(A)	29,395	25,038	42,500	48,968	39,591
	비율(A/B)	0.3	0.2	0.3	0.4	0.3
계속비	지역간선국도건설	1,008	219	214	-	-
	익산-대야복선전철	684	360	296	-	-
	군장산단인입철도건설	466	386	538	-	-
예산규모(조원)		1,018.9	1,242.7	1,333.2	1,389.1	1,427.0

주: 1. 예산규모는 일반회계, 특별회계, 기금의 총계 규모
2. 2022년까지는 결산(집행액) 기준, 2023년은 본예산 기준
자료: 열린재정(https://www.openfiscaldata.go.kr) 및 NABOSTATS(https://www.nabostats.go.kr)

이같이 예산의 이월은 단년도 예산주의의 예외에 해당하는 제도이므로, 재정상황 등을 고려하여 제한될 수 있는 것으로 해석된다. 그러나 현행 규정은 "세입징수상황 등을 감안하여 필요하다고 인정되는 때"로 이월사용 제한 조치의 요건을 다소 불명확하게 규정하고 있을 뿐만 아니라, 이월사용의 제한 조치가 무엇인지에 대하여도 특정하고 있지 않다는 점에서 제한조치의 요건과 내용에 대하여 보다 명확하게 규정할 필요가 있다.

3. 예비비

(1) 개념

예산을 편성할 때에는 최대한 정확하게 경비 견적을 세워서 작성하지만, 실제 집행단계에서 당초 예기할 수 없었던 사태의 발생이나 사정의 변경 등에 의해 경비의 부족이 생기거나(예산초과지출) 새로운 경비(예산 외의 지출)의 지출을 피할 수 없는 경우가 발생한다. 이런 경우에는 추가경정예산을 제출하여 국회의 의결을 거치는 것이 바람직하다. 그러나 국회의 의결과정을 거칠 시간적 여유가 없는 긴급사태에 대비한 예산집행제도가 바로 예비비제도이다.[25)]

이처럼 예비비는 예측할 수 없는 예산 외의 지출 또는 예산초과지출에 충당하기 위한 것으로서, 「헌법」 제55조제2항 및 「국가재정법」 제22조에 따라 총액으로 일반회계 예산총액의 100분의 1 이내의 금액을 세입세출예산에 예비비로 계상할 수 있다. 다만, 예산총칙 등에 따라 미리 사용목적을 지정해 놓은 예비비(이하 "목적예비비")[26)]는 이와 별도로 세입세출예산에 계상할 수 있다.

예산집행의 목적은 크게 국회의 예산확정 의도와 재정적 한계를 엄수하도록 재정을 통제하는 것과 예산 성립 후 여건 변화에 대응할 수 있도록 신축성을 유지하는 것(신해룡, 2012)이라고 할 수 있다. 따라서 예비비제도는 예산 성립 후 변화된 여건 또는 정세변동에 대응하여 예산집행의 신축성을 유지하기 위한 수단으로 이해할 수 있다.

(2) 예비비 사용요건 및 절차

예비비의 성격이나 제도 도입의 취지를 고려할 때, 예비비를 사용하기 위하여는 ① 예산안의 편성이나 심의 당시 예측할 수 없었고(예측불가능성), ② 다음 연도 예산편성이나 심의

25) 여기서 예비비제도를 활용할 것인지, 아니면 추가경정예산제도를 활용할 것인지 선택의 문제가 대두된다. 기본적으로는 예비비 또는 추가경정예산의 선택은 정부의 재량사항이라고 할 수 있다. 그러나 예비비 사용의 요건인 '예측할 수 없는 예산 외의 지출 또는 예산초과지출'은 확정예산보다 지출을 증가시키거나 새로운 지출을 필요로 하는 경우에 한정되는데 반해, 추가경정예산은 그 요건인 '확정된 예산에 변경을 가할 필요'의 경우는 문리해석 상 확정예산의 초과지출이나 새로운 지출은 물론 확정예산의 감소 내지 폐지도 포함된다는 점에서 양자는 구별된다. 또한, 확정예산의 변경 범위로 양자는 구별되는데, 추가경정예산의 경우가 예비비보다 확정예산의 변경 범위 내지 폭이 더 크다고 할 수 있다. 또한, 추가경정예산안의 경우는 「국가재정법」 제89조에 편성요건을 명확히 규정하고 있는 데 반해, 예비비는 주로 예산총칙에 규정하여 국회의 의결을 얻어 집행된다는 점에서 구별이 가능하다.

26) 단, 「국가재정법」 제22조는 공무원의 보수인상을 위한 인건비 충당을 목적으로 목적예비비를 계상할 수 없도록 제한하고 있다.

를 기다릴 수 없을 정도로 시간적으로 긴박하며(시급성), ③ 확정된 예산으로 충당할 수 없는 불가피한 초과지출에 충당(불가피성)하기 위한 것이라는 요건을 충족하여야 한다.

그러나 예비비 사용의 이러한 요건이 충족된다고 하여 곧바로 예비비를 사용할 수 있는 것이 아니라, 이미 확보된 예산을 먼저 활용한 후 부족분에 대하여 예비비를 사용하여야 한다(보충성의 원칙). 따라서, 예산 성립 전부터 존재하던 사태, 연도 중 계획이나 여건변동에 따른 대규모 투자소요, 예산편성이나 심의 시 부결된 용도, 그리고 이·전용을 통하여 필요재원을 충당할 수 있을 경우 등에는 예비비 사용이 제한된다.

「국가재정법」 제51조는 예비비 관리주체를 기획재정부장관으로 명시하고 있는데, 이는 총액으로 국회의 의결을 받아 확정되는 예비비의 특징을 고려하여 예비비 사용의 책임소재를 명확하게 하기 위한 것이다. 또한, 각 중앙관서의 장이 예비비의 사용이 필요할 때는 그 이유 및 금액과 추산의 기초를 명백히 한 명세서를 작성하여 기획재정부장관에게 제출하면[27] 기획재정부장관은 이를 심사한 후 필요하다고 인정하는 때에는 이를 조정하고 예비비 사용계획명세서를 작성한 후 국무회의의 심의를 거쳐 대통령의 승인을 얻어야 한다. 예비비 사용에 관한 대통령의 승인을 얻은 때에는 기획재정부장관은 이를 세출예산으로 배정하여야 한다(「국가재정법 시행령」 제23조). 특별회계는 대부분 각 근거법에 따라 개별적으로 예비비를 두고 있는데, 예비비 규정이 없는 경우에는 일반회계 예비비를 전입받아 그 특별회계의 세출로 사용할 수 있다.

더불어 예비비 운영이 자칫 정부의 임의적인 재량지출을 확대하고, 입법부의 예산 심의·확정권을 우회하는 수단이 되는 것을 방지하고자 「국가재정법」은 예비비의 사용절차와 예비비 사용의 사후승인 절차를 함께 규정하고 있다(국회예산정책처, 2024). 이에 따르면 예비비를 사용한 경우, 각 중앙관서의 장은 예비비사용명세서를 작성하여 다음 연도 2월 말까지 기획재정부장관에게 제출하여야 하고, 기획재정부장관은 제출된 명세서에 따라 사용된 금액의 총괄명세서를 작성한 후, 국무회의의 심의를 거쳐 대통령의 승인을 얻어야 한다. 기획재정부장관은 대통령의 승인을 얻은 총괄명세서를 감사원에 제출하고, 정부는 예비비로 사용한 금액의 총괄명세서를 다음 연도 5월 31일까지 국회에 제출하여 그 승인을 얻어야 한다(「국가재정법」 제52조).

---

27) 다만, 대규모 자연재해에 따른 피해의 신속한 복구를 위하여 필요할 때에는 재난상황보고를 기초로 복구에 필요한 금액을 개산하여 신청할 수 있다.

그러나, 「국가재정법」에서 규정한 국회의 예비비 지출승인권은 예비비 사용에 대한 사전 승인이 아니라 사후승인으로서 그 특성상 이미 집행한 것을 취소하거나 무효화할 수 없으며, 「국회법」에 따라 변상·징계조치 등의 시정요구와 감사원 감사요구가 가능할 뿐이다. 이러한 한계가 있어 예비비의 경우에도 '예비비 사용계획명세서' 등의 부속서류를 대통령의 승인 즉시 소관 상임위원회 및 예결위에 제출하도록 하여 국회의 예비비 지출승인을 위한 심사자료를 조기에 확보하고, 정부 스스로 예비비 사용 여부를 보다 엄격하게 판단할 수 있도록 개선할 필요가 있다는 의견이 제기되고 있다.

(3) 예비비 운용현황

최근 예비비 편성 내역을 보면, 2020년도 이전까지 일반회계 기준 3조원 수준으로 편성되던 것이 2020년 5.6조원 수준으로 증가했으며 코로나19 팬데믹의 영향으로 불확실한 대·내외 환경적 요인을 반영하여 2021년에는 9.7조원으로 규모가 확대되었다. 이후 다시 감소하는 추세로 2024년에는 4.2조원 규모로 확정되었으며 이러한 예비비의 증감은 특히 목적예비비 규모의 변화에 따른 것임을 알 수 있다.

예비비 집행률 역시 일반예비비는 매년 유사한 집행률(예산액 대비 70%)을 보이는 반면 목적예비비는 그 해 자연발생 여부와 피해 규모, 해당연도의 추가경정예산 편성 등에 따라 연도별 편차가 크게 나타난다. 일례로, 2017년에는 풍수해 피해가 크지 않았고 추가경정예산 편성에 따른 예산 증액도 이루어져 집행률이 13% 수준이었던 반면, 코로나19팬데믹과 집중호우, 태풍 피해가 컸던 2020년과 2021년도에는 예비비 편성액이 크게 증가했음에도 불구하고 97%를 상회하는 집행률을 보인다. 이후 팬데믹 종료가 선포된 2022년도에는 다시 집행률이 36% 수준으로 감소하였다.

[표 4] 최근(2020년~2024년) 일반회계 예비비 예산 편성 현황 (단위: 억원, %)

연도	일반회계 세출(A)	예비비 합계	일반예비비		목적예비비	
			금액(B)	비중(B/A)	금액(C)	비중(C/A)
2020	3,891,191	56,100	14,000	0.36	42,100	1.08
2021	4,244,413	97,000	16,000	0.38	81,000	1.90
2022	4,364,319	55,000	18,000	0.41	37,000	0.85
2023	4,462,422	46,000	12,000	0.27	34,000	0.76
2024	4,495,267	42,000	20,000	0.44	22,000	0.49

주: 2019~2022년 예산은 각 회계연도 마지막 추경예산 기준
자료: 대한민국국회, 각 연도. 「예산총칙

[표 5] 2017~2022년도 목적예비비 편성 및 집행현황 (단위: 억원, %)

구 분	2017	2018	2019	2020	2021	2022
편성액(A)	18,000	18,500	18,000	42,100	81,000	37,000
지출결정액	2,741	11,909	15,925	42,056	81,000	15,527
지출액(B)	2,380	11,236	15,887	41,228	78,713	13,575
편성액 대비 지출액 (B/A)	13.2	60.7	88.3	97.9	97.2	36.7

주: 2019~2022년 예산은 각 회계연도 마지막 추경예산 기준
자료: 대한민국국회, 「예산총칙」, 각 연도

한편, 일반회계 외에 일부 특별회계도 자체 예비비를 편성하고 있는데, 2010년 이후 예비비를 편성한 특별회계 중 등기특별회계를 제외한 6개 회계[28]는 지출재원이 부족할 경우 일반회계 등으로부터 필요 재원을 전입 받을 수 있도록 개별 법률에서 규정하고 있다는 점에서 별도 편성의 필요성 문제가 제기되어 예비비가 편성되지 않고 있다. 등기특별회계에 편성된 예비비 역시 매년 감소하여 2019년까지는 10억원이 편성되다가 2020년도 5억원, 2021년도 3억원이 편성되었으며 2022년부터 2024년도에는 매년 2억원이 편성되고 있다.[29]

28) 교도작업특별회계, 우체국보험특별회계, 우편사업특별회계, 우체국예금특별회계, 조달특별회계, 책임운영기관특별회계가 이에 해당한다.

29) 국회예산정책처 재정경제통계시스템 참고(https://www.nabostats.go.kr/portal/stat/directStatPage/ T181283002005689, 자료검색일:2024.04.21.)

4. 총사업비관리제도

(1) 개념

예산의 낭비를 방지하기 위해서는 사업의 착수를 신중하게 하는 것도 필요하지만, 사업이 시작된 이후 예산이 올바르게 사용되도록 관리하는 것도 중요하다. 정부의 대규모 사업은 예상치 못한 변수들로 인해 변동이 생길 수 있는데, 계획된 예산 이외의 추가 예산이 투입되어야 하는 사안은 재정 부담을 가중시킬 수 있으며, 보다 근본적으로는 재정지출의 효율성과도 관련된다. 따라서 국가의 예산 또는 기금으로 시행하는 대규모 재정사업에 대해 사업 추진 단계별로 변경요인이 발생한 경우 사업시행 부처와 기획재정부가 협의하여 총사업비를 조정하는 총사업관리제도가 운영되고 있다(김민주, 2019; 하연섭, 2022).

(2) 대상사업의 요건 및 관리절차

총사업비관리대상사업은 「국가재정법」 제50조 및 같은 법 시행령 제21조에 근거하여, 완성에 2년 이상이 소요되는 사업으로 총사업비가 500억원 이상이고 국가의 재정지원 규모가 300억원 이상인 건설공사가 포함된 사업, 정보화 사업 등이며 총사업비가 200억원 이상인 건축사업, 연구개발사업을 포함한다. 총사업비관리대상사업은 사업규모, 총사업비, 사업기간에 대하여 기획재정부와 협의하여야 하며, 이를 변경하고자 하는 때에도 기획재정부와 협의하여야 한다. 예외적으로 국고에서 정액으로 지원하는 사업으로서 사업추진 과정에서 국가의 재정지원 규모가 증가하지 않는 사업, 국고에서 융자로 지원하는 사업, 민간투자사업, 단순 개량·유지·보수 사업, 시설 또는 장비 구축을 포함하지 않는 연구개발사업 등은 총사업비관리대상사업에서 제외하고 있다.(기획재정부, 2024).[30]

「총사업비관리지침」(기획재정부, 2024)에 따르면, 총사업비 관리절차는 건설사업 및 연구기반구축 R&D 사업의 경우 사업구상, 예비타당성조사, 타당성조사 및 기본계획 수립, 기본설계, 실시설계, 발주 및 계약, 시공 등 7단계로 구성되어 있고, 정보화사업의 경우 예비타당성조사, 정보 시스템 마스터 플랜(ISMP), 분석, 설계, 발주 및 계약, 개발, 운영 및 유지관리 등 7단계로 구성된다.[31] 중앙관서의 장은 각 단계별로 총사업비 한도 내에서 사업을

30) 제도의 법적 근거는 「국가재정법」 제50조에 명시되어 있으며, 상세한 대상사업 내역은 「국가재정법 시행령」 제21조에서 확인할 수 있다.

추진하고 필요할 경우 기획재정부장관과 협의하여 조정하거나 자율적으로 조정할 수 있도록 하고 있다.

[그림 1] 총사업비 관리절차(일반절차)

일반 절차	추진내용
사업구상	• 중앙관서의 장이 유사사업의 예 등을 참조하여 사업규모, 총사업비 및 사업기간 등을 적정하게 책정
예비타당성조사(총사업비관리시작)	• 중앙관서의 장은 사업구상 단계의 추정 총사업비가 500억원 이상인 사업에 대해 기획재정부장관에게 예타조사 시행 요청
타당성조사 및 기본계획 수립	• 중앙관서의 장이 시설물의 생애주기 전체를 대상으로 기술·환경·사회·재정·용지·교통 등 필요한 요소를 고려하여 타당성조사 시행 • 중앙관서의 장이 관련 법령 등에 의해 기본계획 수립 결과 예타 또는 타당성 조사 결과와 차이가 있는 경우 기본계획 고시 이전에 기획재정부장관에게 총사업비 등의 변경 협의
기본설계	• 중앙관서의 장은 시공과정에서 조사부실로 인한 설계변동이 발생하지 않도록 기본설계에 필요한 충분한 용역기간 및 용역비를 부여해야 하고 기본설계 완료 후 실시설계 용역 의뢰 전에 기획재정부 장관과 협의
실시설계	• 중앙관서의 장은 환경영향평가, 교통영향평가, 지자체협의결과 등을 반영, 관계전문가에 의한 설계내용 검토 1회 이상 시행 • 조달청장에게 설계결과에 대한 단가의 적정성 검토 의뢰 • 기획재정부장관과 사업규모, 총사업비 및 사업기간 등을 협의
발주 및 계약(실질적인 총사업비 관리)	• 중앙관서의 장은 기획재정부장관과의 협의를 거친 총사업비 내역서를 첨부하여 조달청장에게 계약 의뢰 • 중앙관서의 장은 계약일로부터 90일 이내에 낙찰차액을 자율조정
시공	• 중앙관서의 장은 총사업비 조정기준(제54조~제111조)에 의해 총사업비 조정이 필요한 경우 기획재정부장관과 협의하여 공사비, 보상비, 시설부대경비 등을 조정

이러한 일반절차와 함께 특수한 경우에 시행하는 재조사 절차도 있다. 그 대상에 대해서는 시행령에서 규정하고 있었으나 2020년 3월 「국가재정법」을 개정하면서 이를 법률에서 직접 규정하게 되었다.

이 규정에 따르면 총사업비관리대상 사업 중 사업추진 과정에서 예비타당성조사 대상규모로 총사업비와 국가 재정지원 규모가 증가한 사업, 예비타당성조사 대상사업이나 예비타

31) 기존에는 건설사업 및 연구기반구축 R&D사업과 정보화사업의 사전절차 구성이 별도로 구분되지 않았으나, 2021.7.21. 개정된 「총사업비관리지침」은 정보화 부문 특성에 맞춰 정보화사업의 사업추진절차를 재정립하였다.

당성조사를 거치지 않고 추진 중인 사업, 총사업비가 대통령령으로 정하는 규모 이상으로 증가하거나 사업여건의 변동 등으로 수요예측치가 대통령령으로 정하는 규모 이상 감소한 사업 등에 있어서 그 타당성을 재조사하도록 하고 있다. 다만, 사업의 상당 부분이 이미 시공되어 매몰비용이 차지하는 비중이 큰 경우, 타당성재조사의 실익이 없는 때와 지역균형발전, 긴급한 경제·사회적 상황에 대응하는 사업, 재해예방·복구 지원 등 시급한 추진이 필요한 사업 등의 경우에는 타당성재조사를 실시하지 않을 수 있다.

타당성재조사는 기본적으로 사업추진과정에서 사업의 타당성을 다시 검토하는 작업으로, 원칙적으로 예비타당성조사의 사업부문별 조사방법론을 동일하게 적용하여 분석을 수행한다. 「총사업비관리지침」 제51조는 타당성재조사의 조사내용으로 사업의 개요 및 재조사의 쟁점 파악, 사업계획의 적절성 검토, 경제성 분석, 정책적 분석, 지역균형발전 분석 등 수행단계별로 제시된 내용을 조사하고, 이를 종합하여 사업의 타당성 및 대안을 제시하는 것으로 규정하고 있다. 더불어, 「예비타당성조사 운용지침」에서는 타당성재조사 면제사업에 있어서 사업계획 적정성 재검토를 실시할 수 있다고 규정하고 있다. 사업계획 적정성 재검토는 타당성재조사 방식에 준하여 재원조달방안, 중장기 재정소요, 효율적 대안 등의 분석을 통해 적정 사업규모를 재검토하고 그 결과를 예산편성 및 기금운용계획 수립에 반영하는 것을 말한다.

총사업비 관리지침은 총사업비 조정의 기본원칙으로 안전시공, 법령개정 등 불가피한 사유가 있는 경우를 제외하고는 공사물량 증가를 초래하는 설계변경은 인정되지 않는다고 규정하고 있다. 다만, 전문기관의 검토를 거쳐 필요성이 객관적으로 검증된 경우에는 경비유형별·사업추진단계별·세부공정유형별로 구체적인 조정기준을 두어 총사업비의 변경을 허용하고 있다.

각 중앙관서의 장은 총사업비 조정을 요구하고자 하는 경우, '총사업비 조정요구서'를 기획재정부장관에게 제출하여야 한다. 총사업비 조정요구서를 제출하는 경우에는 설계와 시공과정 등에서 총사업비가 변경된 원인과 책임소재를 명확히 하고 담당자의 의견서를 첨부하여야 한다. 또한, 중앙관서의 장은 용역·시공계약 상대자가 고의 또는 중대한 과실로 총사업비를 적정하게 산정하지 아니한 경우에는 정부사업 입찰참가 제한 등의 제재조치 실적 및 조치계획을 첨부하여 제출토록 함으로써 총사업비관리 제도의 실효성을 담보하고 있다.

(3) 총사업비 운용 현황

총사업비관리 대상 사업은 2002년 602개 사업, 총 183조원 규모에서 2023년 985개 사업, 305조원 규모로 증가하였다. 대상사업 종류는 크게 토목·건축·정보화·R&D사업으로 구분되며, 2023년의 경우 토목사업이 445건으로 전체의 45.2%(비용은 86.2%)를 차지하고 있고, 다음으로 건축사업(496건), R&D사업(31건), 정보화사업(13건) 순으로 나타난다. 2010년도부터 총사업비 증가율을 보면, 기획재정부 내 담당조직 신설 및 예비타당성조사 도입 등 관리강화 조치에 따라 총사업비 증가율은 1% 내외로 유지되는 경향을 보였으나 2023년도에는 대외 경제여건 등의 변화로 4.1% 수준으로 증가한 것을 알 수 있다.

[표 6] 총사업비 관리대상 사업 추이

(단위: 건, 조원)

연도	합계		토목사업		건축사업		정보화사업		R&D사업	
	사업수	총사업비	사업수	총사업비	사업수	총사업비	사업수	총사업비	사업수	총사업비
2002	602	183	517	176	85	7	0	0	0	0
2003	668	205	570	198	98	7	0	0	0	0
2004	698	206	586	198	112	8	0	0	0	0
2005	718	221	567	208	151	13	0	0	0	0
2006	733	211	606	201	127	10	0	0	0	0
2007	734	214	605	202	129	12	0	0	0	0
2008	1,113	237	859	220	254	17	0	0	0	0
2009	1,268	251	932	227	336	24	0	0	0	0
2010	1,002	265	730	238	270	26	2	0.9	0	0
2011	962	264	698	237	262	27	2	0.9	0	0
2012	956	263	669	231	284	31	3	1.1	0	0
2013	939	263	633	230	304	32	2	0.4	0	0
2014	917	259	633	227	282	31	2	0.4	0	0
2015	908	254	581	220	296	29	3	0.9	28	3.2
2016	911	249	565	219	317	26	3	1.2	26	2.9
2017	856	237	501	210	330	23	2	1.0	23	2.7
2018	803	227	464	201	317	22	2	1.4	20	2.5
2019	757	226	417	200	319	21	5	2.2	16	2.5
2020	773	235	380	205	355	23	9	3.1	29	3.6

연도	합계		토목사업		건축사업		정보화사업		R&D사업	
	사업수	총사업비	사업수	총사업비	사업수	총사업비	사업수	총사업비	사업수	총사업비
2021	808	249	381	215	385	26	12	3.8	30	4.7
2022	940	274	446	236	452	29	12	3.8	30	5.9
2023	985	305	445	263	496	32	13	3.9	31	4.9

주: R&D 사업은 2015년부터 건축사업에서 분리하여 별도 통계 작성
자료: 국회예산정책처(2024), 「2024 대한민국 재정」

[표 7] 총사업비 변경 추이 (단위: 조원, %)

구 분	2010	2011	2012	2013	2014	2015	2016
총사업비총액(A)	265	264	263	263	259	254	249
변경액(B)	4.1	0.9	0.9	0.2	0.5	2.3	-0.9
B/A	1.5	0.3	0.3	0.1	0.2	0.9	-0.4
구 분	2017	2018	2019	2020	2021	2022	2023
총사업비총액(A)	237	227	226	235	249	274	305
변경액(B)	1.8	2.9	4.9	3.3	3.3	4.9	12.5
B/A	0.7	1.3	2.2	1.4	1.3	1.7	4.1

자료: 국회예산정책처(2024), 「2024 대한민국 재정」

이러한 총사업비관리제도는 사업시행 당국이 관리대상사업의 최초 총사업비를 추정하는 단계에서, 일정 수준의 품질을 확보하기 위해 필요한 비용정보를 산출하기보다는 예산확보를 의식하여 재정당국의 요구단가에 맞추어 부적절한 비용정보를 산출할 유인이 있다. 또한, 총사업비 추정의 기초가 되는 수요예측이 정확하게 이루어지지 않거나, 중요한 전제조건 등에 대한 충분한 검토가 이루어지지 않아 최초 총사업비가 합리적으로 설정되지 못하는 경우 총사업비 관리·조정의 실효성이 저하될 수 있다.

실제 최근 국회의 분석보고서(국회예산정책처, 2023)에 의하면 일부 대상 사업의 경우 총사업비가 20% 이상 증액되는 양상을 보여 보다 면밀한 계획 수립에 근거한 사업 추진이 필요하다고 지적되었다. 더불어 2022년의 경우 대상사업들의 평균 집행률이 78%로 일부 사업은 예산 집행실적이 전혀 없거나 부진한 것으로 확인되는데, 사업추진 지연은 사업기간 연장과 함께 총사업비가 증가할 가능성이 있으므로 해당 사업들에 대한 사업관리에도 개선이 필요한 것으로 보고되었다.

이 같은 문제를 해결하기 위해서는 최초 예산이 승인된 이후 타당성조사 및 실시설계를 보다 내실 있게 수행할 필요가 있다. 그리고 시공 과정에서 발생하는 증액 원인 가운데 당초 실시설계의 부실에서 발생하는 것이 없는지를 추적하여 책임을 규명하는 노력이 필요하다. 이를 위해서는 「총사업비관리지침」에서 규정하고 있는 설계자 등에 대한 제재규정이 실효성을 가질 수 있도록 '설계용역을 부실하게 수행한 자'의 여부를 판단할 수 있는 기준을 제시할 필요가 있다.

더불어 정부는 「국가회계법」에 따라 국회에 제출하는 「총사업비관리대상사업 사업별 집행명세서」에 사업의 내용, 총사업비 및 사업기간의 변경 현황과 사유 등 보다 자세한 내용을 포함하여 작성·제출함으로써, 국회가 총사업비관리대상사업에 대하여 충실하게 결산심사를 할 수 있도록 적극 지원할 필요가 있다. 현재 정부가 국회에 제출하는 「총사업비관리대상사업 사업별 집행명세서」는 연부액과 지출예정액 중심으로만 작성되어 있고, 사업의 개요, 최초 계획 대비 연도별 총사업비 및 사업기간 조정 규모, 총사업비 및 사업기간 조정 사유 등에 대한 정보를 제공하지 않아 해당 명세서를 제출하도록 한 근본 취지가 제대로 달성되고 있다고 보기 어렵다. 따라서 해당 자료를 통해 국회에 정확한 관련 정보가 제공되도록 하여 총사업비대상사업의 정보가 보다 체계적이고 투명하게 관리되도록 개선할 필요가 있다.

참고문헌

강주영. (2007). "예산집행상의 투명성 제고를 위한 법제개선방안: 예산 이용·전용·예비비를 중심으로." 한국법제연구원.

국회예산정책처. (2014). 「국가재정법의 이해와 실제(개정판)」.

______. (2020). 「주요국의 재정제도」

______. (2023). 「2022회계연도 결산 총괄분석 Ⅰ」

기획재정부. 각 연도. 「예산배정계획」

기획재정부. (2024). 「예산 및 기금운용계획 집행지침」

김민주.(2019). 「재무행정학」

김상헌 외.(2010). 「주요국의 재정제도」, 기획재정부

김춘순. (2014). 「비교예산제도론」. 대명출판사.

대한민국국회. (각 연도). 「예산총칙」

박영희·김종희. (2017). 「신재무행정론」. 다산출판사.

배득종·유승원. (2022). 「실용재무행정」. 오래.

유승원·김수희. (2023). 「정부예산과 재무관리」. 문우사.

유훈·신종렬. (2018). 「재무행정론」. 박영사.

윤영진. (2021). 「새 재무행정학」. 대영문화사.

이영조·문인수. (2015). 「재무행정론」. 대명출판사.

조달청. (2008). 「예산편성 및 집행단계에서 예산낭비요인 제거방안」, 조달청 연구용역보고서.

하연섭. (2022). 「정부예산과 재무행정(제4판)」. 다산출판사.

OECD (2018). 「OECD Budget Practices and Procedures Survey」

기획재정부 열린재정재정정보공개시스템(https://www.openfiscaldata.go.kr)

국회예산정책처 재정경제통계시스템(NABOSTATS(https://www.nabostats.go.kr)

제3절 지방재정조정제도

1. 지방재정조정제도의 의의

(1) 개념

중앙정부와 지방자치단체로 이루어지는 정부운영 구조하에서 개별 지방자치단체는 중앙정부에 비해 일반적으로 재정규모나 재정능력이 취약하다. 또한, 지방자치단체 간에도 인구규모, 지역산업 특성 등에 따라 재정 불균형이 발생한다. 이러한 환경에서 중앙정부는 국가균형발전과 주민복지를 위하여 일정 범위 내에서 개별 지방자치단체에 재원을 이전하여 중앙정부와 지방자치단체, 또는 지방자치단체 상호 간에 재정 불균형을 해소할 필요가 있다. 지방재정조정제도는 이러한 목적하에 중앙정부가 지방자치단체의 재정부족분을 지원하고 지방자치단체 상호 간 재정력의 불균형을 조정해줌으로써 지방자치단체의 바람직한 역할과 정책 수행을 뒷받침하기 위한 제도적 장치이다(류영아, 2023; 한국지방행정연구원, 2018).

이처럼 재정조정이 필요하게 된 이론적 근거는 다음과 같다(윤광재, 2024; 이재원, 2019). 첫째, 수직적 재정불균형의 시정을 위한 것으로, 지방재정조정방식은 오랜 연원을 갖고 있는데 이는 중앙정부와 지방자치단체의 세입세출에 대한 권한과 기능의 구조적 차이에서 비롯된다. 전통적으로 세입행위는 통일된 조세의 부과와 강제적 세수확보가 용이한 중앙정부의 주된 책임 분야였다. 반면에 세출행위는 사회보장비 지출, 구호사업 등 지역주민의 민생에 대한 직접적인 문제를 해결해야 하는 지방정부의 몫이었다. 따라서 세수확보에 비교우위를 갖는 중앙정부가 재원을 확보하고 이를 집행 주체인 지방자치단체에 배분하는 지방재정조정 방식이 나타난 것이다. 경제성장 및 도시화로 사회서비스 공급 등에 있어 지방자치단체의 역할은 점차 확대되는 반면 이를 위한 재원 확보에는 한계가 있는데, 지역주민이 상·하수도, 도로, 사회복지, 교육 등 요구되는 최소 수준 이상의 행정서비스를 제공하기 위하여 일차적으로는 해당 지방자치단체가 소요 재원을 충당하여야 하지만, 그렇지 못할 경우 중앙정부나 상급자치단체의 지원이 필요하다.

둘째, 지역 간의 재정 격차를 완화하기 위해 이전재원이 활용된다. 동일 국가 내에서도 지역별로 소득 수준이나 산업구조가 상이하여 자체재원 확보의 용이성이 상이하며, 사회경제적 약자와 노령인구의 비중, 지리적 위치에 따라 재정수요도 달라진다. 그런데 전술한 바와 같이 중앙정부는 국가 내 모든 지역의 공공서비스 최소 수준을 유지할 책임이 있으며, 서비스 수혜 지역 간의 수평적 공평성이 필요하다.

셋째, 외부효과의 내부화를 통해 지방공공재를 적정수준으로 공급하기 위해 필요한 제도이기도 하다. 일부 지방공공재는 행정구역과 서비스의 수혜지역 및 비용부담 지역이 일치하지 않을 수 있으며, 혜택이 어느 한 지역에 국한되지 않고 다른 지역으로 전해지는 외부성의 문제가 있기에 중앙정부는 지방정부로 하여금 사회적으로 가장 적합한 공공재의 수준을 자발적으로 선택할 수 있도록 재원을 이전할 필요가 있다(이정국, 2019).

(2) 지방재정조정제도의 유형

지방재정조정제도는 크게 중앙정부와 지방자치단체 간의 수직적 재정불균형을 시정하기 위한 수직적 재정조정제도와 지방자치단체 간의 수평적 재정불균형을 시정하기 위한 수평적 재정조정제도로 구분할 수 있다(국회예산정책처, 2023a).

수직적 재정조정이란 중앙정부가 지방자치단체에게 그리고 광역지방자치단체가 기초지방자치단체에게 재원을 공여하거나, 지방자치단체 간의 재원불균형을 조정해주는 재원 재배분 방식이다. 우리나라의 수직적 조정제도에는 지방교부세, 국고보조금, 지방교육재정교부금, 조정교부금(자치구 조정교부금, 시·군 조정교부금)이 있다.

지방교부세는 지역 간 재정·경제력 격차에 따른 세원의 편재 및 재정불균형을 해소하는 재정력균등화 기능과 지방자치단체들이 일정 수준의 행정운영에 필요한 재원을 확보할 수 있도록 하는 재원보장 기능을 수행하는 것으로 법정교부율(보통교부세의 경우 내국세액의 19.24%에 해당하는 금액)에 따라 교부된다. 그리고 지방교육재정교부금은 지역 간 균형 있는 교육 발전을 위해 지방자치단체가 교육기관 및 교육행정기관을 설치·경영하는 데 필요한 재원의 전부 또는 일부를 국가가 교부하는 것으로 내국세액의 20.79%에 해당하는 금액을 재원으로 한다. 이와 달리 자치단체 국고보조금의 경우에는 지방자치단체가 수행하는 사무 또는 사업에 대해 국가가 이를 조성하거나 재정상 원조하기 위해 교부하는 것으로 정의하며, 지방교부세와 달리 사업별로 용도와 조건이 지정되어 특정 목적으로 집행해야 하고 일정한 지방비 부담을 요한다(국회예산정책처, 2023). 마지막으로, 위와 같은 중앙-지방정부

간 조정제도와 별개로 자치단체 간에도 광역자치단체와 기초자치단체 간 수직적 재정조정 제도인 시·도비 보조금, 조정교부금이 존재한다.

[표 1] (수직적) 지방재정조정제도 현황

[중앙정부 지방재정조정제도]

구분	지방교부세	국고보조금	지방교육재정교부금 유아교육지원특별회계 고등·평생교육지원특별회계
근거 법령	「지방교부세법」	「보조금 관리에 관한 법률」	「지방교육재정교부금법」 「유아교육지원특별회계법」
재원 구성	• 내국세의 19.24% • 부동산교부세: 종합부동산세 전액 • 소방안전교부세: 담배에 부과하는 개별소비세의 45%1)	국가의 일반회계 또는 특별회계 예산으로 계상	내국세의 20.79% + 교육세 일부 - 교육세 일부 - 중앙정부 일반회계 전입금 등
용도	• 보통·부동산교부세: 용도지정 없이 자치단체 일반예산으로 사용 • 특별교부세: 용도지정·조건부여 가능 • 소방안전교부세: 특수수요는 용도 지정 가능(소방분야에 75% 이상 사용 규정)	용도와 조건이 지정되어 특정목적 재원으로 운용	- 보통교부금: 용도지정 없음 - 특별교부금:용도지정·조건부여 가능 - 누리과정 지원

[자치단체 간 지방재정조정제도]

구분	시·도비 보조금	자치구 조정교부금 시·군 조정교부금	교육청 전출금
근거 법령	• 「지방재정법」 제23조제2항[1]	• 「지방재정법」 제29조의2 • 「지방재정법 시행령」 제36조의2 • 「지방재정법」 제29조 • 「지방재정법 시행령」 제36조	• 「지방교육재정교부금법」 제11조
재원	• 시·도의 일반회계 또는 특별회계	• 특별·광역시의 보통세 중 조례로 정하는 일정액 서울 22.6% 부산 23.0% 대구 22.3% 인천 20.0% 광주 23.9% 대전 23.0% 울산 20.0% • 일반조정교부금(90%),특별조정교부금(10%)	• 지방교육세 전출금 • 담배소비세 전출금 • 시·도세 전출금 • 학교용지 일반회계 부담금 • 지방교육재정교부금 보전금 • 교육급여 보조금 • 기타 전출금

<table>
<tr><th rowspan="2">구분</th><th rowspan="2">시·도비 보조금</th><th>자치구 조정교부금</th><th rowspan="2">교육청 전출금</th></tr>
<tr><th>시·군 조정교부금</th></tr>
<tr><td></td><td></td><td>• 광역시세·도세(화력·원자력발전·특정 부동산에 대한 지역자원시설세 및 지방교육세 제외) 총액 및 지방소비세의 27%(인구 50만 이상의 시와 자치구가 아닌 구가 설치되어 있는 시는 47%)에 해당하는 금액
• 일반조정교부금(90%), 특별조정교부금(10%)</td><td></td></tr>
<tr><td>용도</td><td>• 특정한 지원 대상사업 재정 수요 충당 (용도 지정)</td><td>• 일반조정교부금은 용도지정 없이 자치단체의 일반재원으로 사용
• 특별조정교부금은 교부 시 부과된 조건이나 목적에 맞게 사용</td><td>• 지방의 교육·학예에 드는 경비</td></tr>
</table>

자료: 행정안전부(2023.6), 「2023년도 지방자치단체 통합재정 개요」 및 교육부 자료

한편, 수평적 재정조정은 재정력이 강한 지방자치단체가 재정력이 약한 지방자치단체에게 지원하는 동급 지방자치단체 상호 간의 재원 재배분방식으로, 독일의 주(州) 간 재정조정에서 그 예를 볼 수 있다. 우리나라의 경우에도 지역상생발전기금을 운영 중인데, 이는 수도권 3개 광역자치단체(서울특별시, 인천광역시, 경기도)가 재원을 출연하여 17개 광역자치단체 간 재정격차를 완화하기 위한 제도로서 수평적 재정조정제도라고 볼 수 있다(김성주·윤태섭, 2019).

2. 지방이전재원의 현황

(1) 지방이전재원의 연도별 추이와 특징

지방이전재원의 연도별 추이와 정부 총지출에서 차지하는 비중을 살펴보면 다음과 같다. 정부 총지출은 2016년 398.5조원에서 2024년 656.6조원으로 동 기간에 연평균 5.7% 증가하였지만, 지방이전재원은 2016년 128.4조원에서 2024년 225조원으로 연평균 6.4% 증가하여, 지방이전재원의 증가율이 총지출 증가율을 상회한다.

[표 2] 지방이전재원 예산 추이(2016~2024년) (단위: 조원, %)

구분	2016	2017	2018	2019	2020	2021	2022	2023	2024
지방이전재원(a)	128.4	134.9	146.1	169.2	172.5	175.9	234	234.2	225
지방교부세	38.0	42.4	46.0	52.3	50.3	57.6	75.0	75.3	66.8
지방교육 재정교부금	43.1	44.7	49.5	55.2	35.5	59.6	76.0	75.8	68.9
국고보조금	47.3	47.8	50.6	61.7	86.7	58.7	83.0	83.1	89.3
정부총지출(b)	398.5	410.1	432.7	475.4	554.7	604.9	679.5	638.7	656.6
비중(a/b)	32.2	32.9	33.8	35.6	31.1	29.1	34.4	36.7	34.3

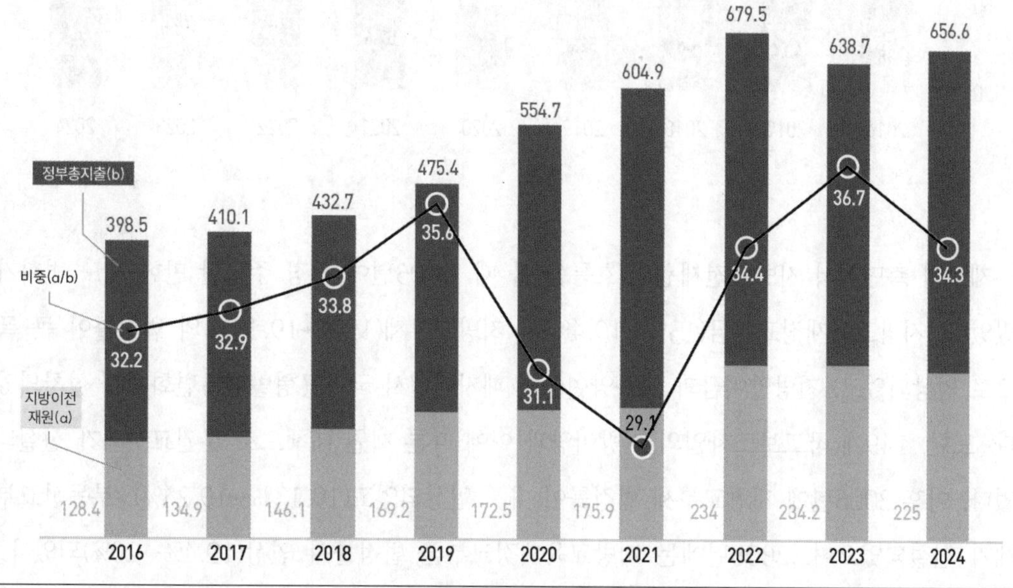

주: 2022년까지는 결산액 기준, 2023년과 2024년은 본예산 기준
자료: 기획재정부 열린재정재정정보공개시스템(https://www.openfiscaldata.go.kr)자료를 바탕으로 재작성

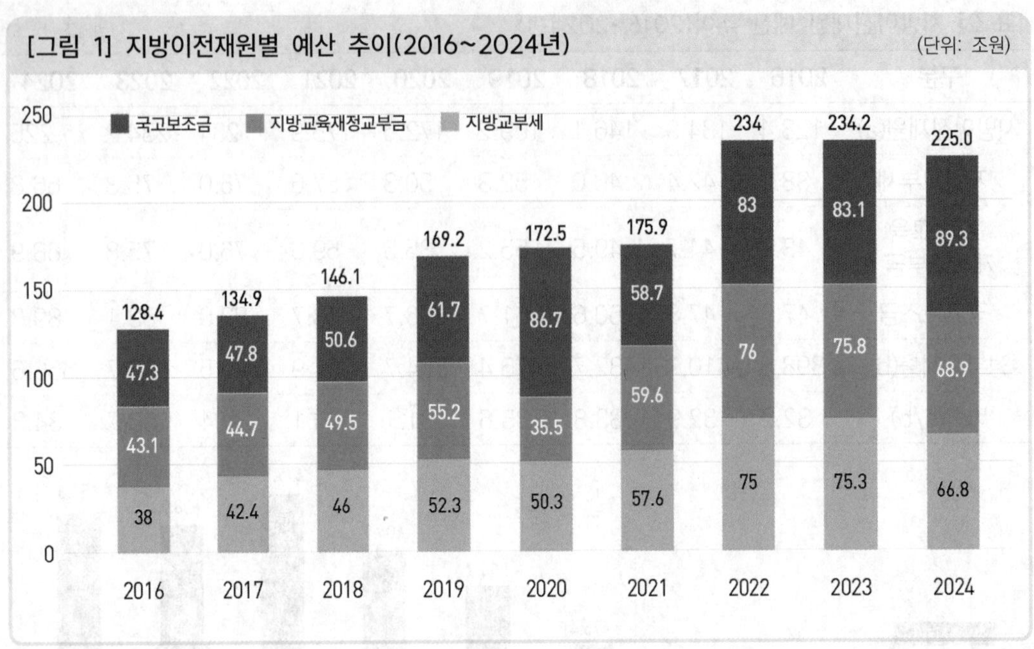

[그림 1] 지방이전재원별 예산 추이(2016~2024년)

제도적 측면에서 지방이전재원의 흐름을 볼 때, 2005년에 가장 주목할 만한 제도 변화가 있었다. 지방교육재정교부금(13%→19.4%)과 지방교부세(15%→19.13%)의 법정률이 큰 폭으로 인상되었고, 지방양여금과 교육양여금이 폐지되면서 국가균형발전특별회계가 설치되었다. 또한, 149개 국고보조사업의 지방이양과 이에 따른 재원 대책으로 분권교부세가 신설되었다. 이후 2006년에 지방교부세 법정률이 다시 인상되었고(19.13%→19.24%), 부동산교부세가 신설되었으며, 2008년에는 지방교육재정교부금 법정률이 인상(19.4%→20%)되었다.

2009년에는 국가균형발전특별회계가 광역·지역발전특별회계로 개편되었고, 2010년에는 지방소비세 도입으로 인해 지방교육재정교부금 내국세분[32] 감소를 보전하기 위해 지방교육재정교부금의 법정률이 다시 인상(20%→20.27%)되었다. 2013년에는 취득세율 영구적 인하(다주택자 차등세율 폐지)에 따른 세수 감소분을 보전하는 등 지방재정 확충을 위하여 지방소비세 전환율을 5%에서 11%로 인상하는 조치를 취하였다.

2014년에는 광역·지역발전특별회계가 지역발전특별회계로 개편되었고, 분권교부세 대상 3개 지방이양사업(정신·장애인·노인양로시설 운영사업)이 국고보조사업으로 환원되었다.

32) 지방소비세는 부가가치세의 일정 비율을 지방세인 지방소비세로 이전시키는 제도로서 부가가치세의 일정 비율 만큼 지방교육재정교부금의 내국세분이 감소하게 되었고, 이를 보전하기 위해 지방교육재정교부금의 내국세 법정률을 인상하게 되었다.

2015년에는 분권교부세(내국세 0.94%)가 운영 종료(2015.1.1.)되었으며, 소방안전교부세(담배에 부과하는 개별소비세의 20%)가 신설되었다. 2018년에는 지역발전특별회계가 다시 국가균형발전특별회계(2019년 시행)로 명칭이 변경되고, 국가시책특별교부세가 국가지방협력특별교부세로 개칭되었다.

2019년에도 상당한 제도적 변화가 있었다. 먼저, 지방소비세 세율이 기존 11%에서 15%로 인상되었으며, 지방교육재정교부금의 법정률이 내국세액의 20.46%로 인상되었다. 더불어 이때 재정분권 추진방안이 발표되었는데 이에 따라 2020년도에 지방소비세 세율이 21%로 인상되고, 소방안전교부세 세율 역시 기존 20%에서 45%로 인상되었다. 더불어 이러한 재정분권 추진에 따른 내국세 감소를 감안하여 지방교육재정교부금의 법정률이 20.79%로 인상되었다.

또한, 2021년에 발표된 재정방안 2단계 추진방안이 이행되어 2023년에는 지방소비세율이 25.3%까지 인상되었고, 신설된 지방소멸대응기금의 운용이 시작되었다. 또한, 국가균형발전특별회계가 지역균형발전특별회계로 변경되고, 평생고등교육특별회계가 신설되는 등의 변화가 있었다.

[표 3] 연도별 지방이전재원 확충을 위한 주요 제도변화

연도	주요내용
2005	• 지방교육재정교부금 법정률 인상: 13%→19.4% • 지방교부세 법정율 인상: 15%→19.13%(분권교부세 0.83% 포함) • 지방양여금, 교육양여금 폐지→국가균형발전특별회계 설치 • 149개 국고보조사업 지방이양, 분권교부세(2005~2009년) 신설
2006	• 지방교부세 법정률 인상: 19.13%→19.24%(분권교부세 0.94% 포함) • 부동산교부세(종합부동산세 총액) 신설
2008	• 지방교육재정교부금 법정률 인상: 19.4%→20%
2009	• 국가균형발전특별회계→광역·지역발전특별회계(포괄보조)로 개편
2010	• 지방교육재정교부금 법정률 인상: 20%→20.27% (지방소비세 도입과 그로 인한 지방교육재정교부금 감소분 보전) • 분권교부세 기한 연장(2014년까지)
2013	• 지방세 영구인하조치에 따른 지방소비세 6% 인상: 5%→11%
2014	• 광역·지역발전특별회계→지역발전특별회계로 개편 • 분권교부세 대상 3개 지방이양사업 국고보조사업으로 환원
2015	• 분권교부세(내국세 0.94%) 운영 종료(2015.1.1.) • 소방안전교부세(담배에 부과하는 개별소비세의 20%) 신설
2018	• 국가시책특별교부세→국가지방협력특별교부세 명칭변경 • 지역발전특별회계→국가균형발전특별회계로 개편
2019	• 지방소비세 세율 15%로 인상 • 지방교육재정교부금 법정률 20.46%로 인상
2020	• 지방소비세 세율 21%로 인상, 소방안전교부세율 45%로 인상 • 지방교육재정교부금 법정률 20.79%로 인상
2021	• 지방소멸대응기금 신설
2023	• 지방소비세율 25.3%로 인상, 지방소멸대응기금 운용 • 국가균형발전특별회계→지역균형발전특별회계로 명칭변경 • 평생고등교육특별회계 신설

(2) 지방이전재원별 특징

지방교부세

지방교부세는 「지방교부세법」에 근거하여 중앙정부가 광역 및 기초자치단체(자치구제외)에 교부하는 재원으로서, 전술한 바와 같이 재원보장기능과 재정형평화 기능을 수행한다. 지방교부세는 국가가 그 용도를 제한하거나 조건을 달지 않기 때문에 자치단체가 자율적으

로 사용할 수 있는 일반재원이자 무조건부 교부금이라고 할 수 있다(국회예산정책처, 2023; 윤광재, 2024).

지방교부세의 종류는 크게 보통교부세, 특별교부세, 분권교부세, 부동산교부세 등으로 분류되며, 이 중 가장 규모가 큰 보통교부세는 지방교부세 총액의 97%에 해당하는 금액으로서 지방자치단체가 기본적인 행정을 수행하는 데 소요되는 경비의 부족분을 보전하는 일반재원으로 활용된다. 이는 매년 산정공식에 따라 정해지는 기준재정수입액이 기준재정수요액에 미달하는 자치단체에 대하여 그 미달액, 즉, 산정된 재정부족액을 교부하는 것이 원칙이나,[33] 매년 산정된 재정부족액 총규모보다 당해연도 교부세 총액이 작기 때문에 재정부족액에 조정률을 적용한 액수를 보통교부세로 교부한다.

특별교부세는 지방교부세 총액의 3%에 해당하는 금액으로서 보통교부세 산정방법으로는 확인할 수 없는 특별한 재정수요나 연도 중 발생한 재난 및 안전관리를 위한 수요 및 국가적 장려사업 등과 같은 시책수요에 대해 교부하는 일반재원이다. 분권교부세는 지방에 이양된 국고보조사업에 소요되는 재원을 합리적으로 보전하기 위해 2005년에 도입된 제도로서 내국세 총액의 0.94%에 해당하는 규모였는데, 2015년부터 보통교부세에 편입되었다. 이같이 보통교부세와 특별교부세의 재원이 되는 지방교부세의 내국세 대비 법정교부율은 2000년 15.0%에서 2005년 19.13%, 2006년 19.24%로 증가하였다.

한편, 부동산교부세는 국세인 종합부동산세 신설에 따른 자치단체 재원감소분 보전을 위해 종합부동산세 전액을 부동산교부세로 교부하며, 소방안전교부세는 담배에 부과되는 개별소비세의 45%에 해당하는 금액을 재원으로 하여 교부한다.

최근 3년간 지방교부세 규모를 보면 2022년에는 75.0조원이었으나 2023년은 경기침체에 따른 세수 결손으로 법정교부금이 전년 대비 약 6조원 감소하면서 총 67.1조원이 교부되었다. 2024년 예산은 전년도 결산 대비 보통교부세와 특별교부세 1,578억원 증액되고 소방안전교부세도 856억원 증액 편성되었으나, 부동산 경기침체로 부동산교부세가 3조 이상 감액 편성되어 총 지방교부세 역시 전년 대비 더욱 감소한 것으로 나타난다.

33) 「지방교부세법」 제6조 제1항

[표 4] 2022~2024년도 지방교부세 예산 내역 (단위: 억원, %)

	내국세 법정률	2022년 결산	2023년 결산(A)	2024년 예산(B)	증감	
					(B-A)	(B-A)/A
법정교부금	19.24% (100%)	675,435	615,369	616,947	1,578	2.6
보통교부세	(97%)	655,171	594,757	598,439	3,682	0.6
특별교부세	(3%)	20,264	20,612	18,508	△2,104	△10.2
부동산교부세	종합부동산세 전액	65,513	74,133	41,098	△33,035	△44.6
소방안전교부세	담배 개별소비세 (45%)	8,648	8,692	9,548	856	9.8
총액	-	749,594	671,194	667,593	△3,601	△0.5

자료: 기획재정부 열린재정재정정보공개시스템(https://www.openfiscaldata.go.kr)자료를 바탕으로 재작성

국고보조금(지역균형발전특별회계 포함)

국고보조금은 국가위임사무와 시책사업 등 목적사업의 범위를 한정하여 경비의 전부 또는 일부를 지방자치단체(혹은 법인과 개인)에 보조하는 것으로, 조건부교부금제도라고 할 수 있다. 국고보조의 대상은 각 개별 법령에 근거를 두지만, 그 예산과 관리는 「보조금의 예산 및 관리에 관한 법률」을 따른다. 지방자치단체 국고보조금의 운용체계는 보조금 예산의 편성 - 보조금의 교부신청 및 교부결정 - 사업의 수행 - 보조금의 정산 단계로 구분할 수 있으며, 구체적인 사항들은 「보조금 관리에 관한 법률」에 규정되어 있다(국회예산정책처, 2023).

국고보조금의 집행을 위해서는 대개 지방자치단체의 재원분담을 필요로 하는데, 정책 주도권이 중앙에 있는 국고보조사업에 따른 지방비 부담은 자치단체에 부과되는 일종의 재정 의무인데, 이러한 부담이 가중되면 자치단체가 가치 있다고 생각하는 사업을 수행하기 어렵게 된다. 특히 인구구조의 변화로 사회복지 관련 의무지출이 증가하는 가운데 관련 국고보조사업 규모도 증가하여 지방자치단체 재정운영의 어려움이 예상된다(한재명·정세희, 2022; 홍성익, 2023).

최근 지방자치단체 국고보조금 규모 추이를 보면 2017년도 44.1조원에서 지속적으로 증가하여 2023년도에는 77.8조원 수준을 나타내며, 지방재정 수입에서 국고보조금이 차지하는 비중 역시 22.8%에서 25.5%로 증가한 것을 알 수 있다.

[표 5] 자치단체 국고보조사업 추이와 증가율 (단위: 조원, %)

구분	2017	2018	2019	2020	2021	2022	2023
국고보조금(A)	44.1	48.0	55.0	60.7	69.5	73.2	77.8
지방재정 총수입(B)	193.1	210.7	231.0	253.2	263.1	288.3	305.4
지방재정 총수입 대비 국고보조금 비중(A/B)	22.8	22.8	23.8	24.0	26.4	25.4	25.5

주: 지방재정 당초예산 순계 기준
자료: 행정안전부(2023).「2023년도 지방자치단체 통합재정개요」

한편, 우리나라는 지방교부세 및 국고보조금과 달리 중앙에서 지방자치단체로 이전하는 또 다른 형태의 재원으로 지역 균형발전을 위한 특별회계를 운용하고 있다. 이는 지역 간의 불균형을 완화하고 균형발전을 달성하기 위하여 중앙정부가 지방자치단체를 재정적으로 지원하기 위한 것으로, 이 특별회계의 신설(2005년)과 함께 이전에 국고보조사업 지방양여금 사업 등으로 분산 추진되고 있던 균형발전 관련 사업들을 통합해 지원하는 방식으로 변하였다(국회입법조사처, 2023).

즉, 지역균형발전특별회계는 균형발전을 목적으로 하는 중앙정부의 지방이전 재원이나, 지역사정에 맞는 사업들을 자치단체가 자발적으로 기획·집행하도록 하는 포괄보조금을 포함한 재원으로 설계되어 2004년 신설되었다. 이후 두 차례 개편이 있었으며 2023년에 '국가균형발전특별회계'에서 '지역균형발전특별회계'로 명칭이 변경되었고 현재 4개 계정, 8개 사업군으로 구성되어 있고, 2023년 당초예산 기준으로 11.7조원 규모이다.

[표 6] 지역균형발전특별회계 구조

<table>
<tr><th colspan="2">계정 / 편성방식</th><th>지역자율계정</th><th>지역지원계정</th><th>세종특별자치시계정</th><th>제주특별자치도계정</th></tr>
<tr><td rowspan="2">지자체 자율 편성</td><td>시·도</td><td>① 시·도 자율편성 사업</td><td>-</td><td rowspan="2">③ 시·도, 시·군·구 자율편성사업</td><td rowspan="2">④ 시·도, 시·군·구 자율편성사업
⑤ 특별지방행정기관 이관사무수행경비</td></tr>
<tr><td>시·군·구</td><td>② 시·군·구 자율편성 사업</td><td>-</td></tr>
<tr><td colspan="2">부처직접편성</td><td>-</td><td>⑥ 부처직접편성사업</td><td>⑦ 부처직접편성사업</td><td>⑧ 부처직접편성사업</td></tr>
</table>

주: 세종특별자치시계정과 제주특별자치도계정의 자율편성사업은 시·군·구 기반구축사업 등 포함
자료: 행정안전부(2023.6),「2023년도 지방자치단체 통합재정개요」

지방교육재정교부금

지방교육재정교부금은 교육의 균형 있는 발전을 도모하기 위하여 중앙정부에서 지방자치단체로 이전되는 재원이다. 동 재원은 「지방교육재정교부금법」에 따라 지방자치단체의 교육기관과 교육행정기관의 설치 및 경영에 필요한 자금을 조달하는 데 사용된다. 지방교육재정교부금은 각 17개 시·도교육청에서 운영하는 교육비특별회계의 주된 세입항목이며, 재원은 당해연도 내국세 총액의 20.27%와 「교육세법」에 의한 교육세 총액으로 조성된다.

지방교육재정교부금은 보통교부금과 특별교부금으로 구성되며, 「지방교육재정교부금법」에 의하여 2018년부터 지방교육재정교부금 총액의 97%가 보통교부금, 3%가 특별교부금[34]으로 교부된다. 보통교부금은 지방자치단체가 교육기관의 운영 등 교육행정을 통상적으로 수행하는 데 소요되는 경비의 부족분을 보전해 주는 일반재원이고, 특별교부금은 보통의 지방교육재정교부금 산정방법으로는 포착할 수 없는 특별한 재정수요나 연도 중 발생한 재해로 인한 수요 및 국가적 장려사업 등과 같은 시책수요에 대해 교부하는 일반재원이다.

지방교육재정교부금의 내국세 대비 법정교부율은 2000년 13%에서 2005년 19.4%, 2007년 20%, 2010년 20.27%, 2020년에는 20.79%로 조정되었다. 더불어, 2023년 고등평생교육자원특별회계가 신설되어 보통교부금에 편입되던 교육세를 일부가 특별회계로 전입되었다.[35]

34) 2017년까지 지방교육재정교부금 총액의 96%가 보통교부금, 4%가 특별교부금으로 구성되었으나 2017년 12월 「지방교육재정교부금법」이 개정되어 2018년부터 그 비율이 97%와 3%로 각각 변경되었다.

35) 다만, 지방교육재정교부금 재원 배분 및 특별교부금의 교부에 관한 특례 조항(제5조의3)을 내용으로 하는 「지방교육재정교부금법 일부개정법률」이 시행(2024년 1월 1일)되어, 현행 3%인 특별교부금 비율을 2024~2026년까지 3년간 한시적으로 3.8%로 조정한다. 인상한 0.8%p에 해당하는 특별교부금(디지털 교육혁신 특별교부금 2024년 5,333억원)을 교원에 대한 인공지능 기반 교수학습 역량 강화 사업 등 디지털 기반 교육혁신을 위한 특별한 재정수요, 초등학교·중학교·고등학교 방과후학교 사업 등 방과후 교육의 활성화를 위한 특별한 재정수요, 디지털 기반 교육혁신 또는 방과후 교육 활성화 성과가 우수한 지방자치단체에 대한 재정지원 등에 한정하여 사용하도록 하고 있다.

[표 7] 자치단체 국고보조사업 추이와 증가율 (단위: 억원)

구 분	2022 결산	2023 결산	2024 예산
지방교육재정교부금	760,450	653,637	688,732
보통교부금	738,554	634,165	663,385
- 내국세분	707,952	618,966	641,793
- 국세교육세분	30,602	15,199	21,592
특별교부금	21,896	19,472	25,347

주: 2024년 특별교부금에는 '디지털교육혁신' 5,333억원 포함
자료: 국회예산정책처(2024). 「2024 대한민국 재정」

3. 재정분권 논의

(1) 재정분권에 관한 정책 기조와 논리

재정분권(fiscal decentralization)은 중앙정부가 세입과 세출에 관한 재정 권한과 기능을 지방정부에 이양하는 것으로, 재정분권의 수준은 중앙-지방 간 재정 권한 배분뿐 아니라 지방이 중앙정부의 간섭이나 통제를 받지 않고 권한을 행사할 수 있는 정도를 의미한다(하능식, 2017).

이론적으로, 재정분권 강화 논리는 자주재원주의와 일반재원주의로 대비되는데, 이는 각각 지방세 확충과 지방교부세 인상이 주된 정책 수단이다(김재훈 외, 2022; 정재진, 2011). 지방세 확충(국세의 지방세 이양/전환, 지방세 신세원 발굴 등) 방안은 직접적인 지방세 비율을 확대하므로 중앙·지방 간 재정 갭을 완화하고 재정 책임성을 강화할 수 있다. 직접적인 지방세 비율 확대를 통해 중앙·지방 간 재정 갭 완화와 재정 책임성 강화가 가능하다. 그러나 권역이나 지역 간 지방세 세원이 불균형한 우리나라 현실에서 오히려 지역 간 재정력 격차를 확대할 우려가 있다. 반면 지방교부세 인상은 지방의 일반재원 확충을 통해 재정 자율성을 강화하고 재정력 격차를 완화시킬 수 있지만, 중앙정부에 대한 의존성을 높이고 도덕적 해이를 초래할 수 있다.

[표 8] 자주재원주의와 일반재원주의 비교

	자주재원주의	일반재원주의
개념	지방정부로 하여금 자체세원을 통해 지출해야 할 경비를 스스로 조달	용도가 지정된 특정보조금을 용도가 지정되지 않은 지방교부세 등 일반재원으로 대체
정책 방안	지방세 확충(국세의 지방세 이양(전환), 신세원 발굴 등)	지방교부세 인상 (법정률 상향)
장점	세입자치의 신장 중앙에 의존 없이 자율적 재정운영	세출자치의 신장 지역 간 재정력 격차 완화
단점	재정형평성을 고려하지 않을 경우 지역간 재정력 격차 확대	중앙정부에 대한 의존성을 높이고 도덕적 해이를 초래

이와 같이 각각 장단점이 뚜렷한 지방세 확충과 지방교부세 인상에 대해 많은 논의가 있었으며, 이들의 정책적 조합을 고려한 결과로서 2018년 「재정분권 추진방안」이 발표되었다. 이후 2019년부터 2020년까지 재정분권 추진방안 1단계 내용이 이행되어 지방소비세율이 21%로 인상되고 소방안전교부세율이 45%로 인상되었다. 1단계 이행 목표 중 하나로 국세와 지방세비율을 기존 75:25에서 74:26로 변화시키고자 했으나 이는 이루지 못했다. 「재정분권 2단계 추진방안」은 2021년도에 구체적 계획이 수립되었으며, 2022년부터 이행하여 지방소비세율이 2023년 25.3%까지 인상되었다.

(2) 재정분권 현황

중앙정부와 지방정부 간에 재정분권 수준을 확인하기 위한 자료로서 여러 가지 지표가 활용되고 있으나, 가장 많이 활용되는 것은 국세와 지방세의 상대적 비율, 지방정부의 재정자립도 등이 주로 사용되어왔다. 이들을 중심으로 재정분권 현황을 확인하면 다음과 같다.

첫째, 중앙정부 세입의 근간인 국세와 지방정부 세입의 근간인 지방세를 비교하면, 2014년 국세는 205.5조원, 지방세는 61.7조원으로, 총조세에서 차지하는 국세 대 지방세의 비중은 76.9% 대 23.1%였다. 이후 지방세의 비중은 유사한 수준에서 소폭 증감을 반복하다가 2020년과 2021년의 경우 재정분권 추진에 따른 지방소비세율 인상과 부동산 경기활성화에 의한 지방세수 증가로 국세 대 지방세 비율이 73:27이 되기도 했다. 그러나 이후 다시 감소하여 2022년과 2023년 모두 지방세의 비율이 22%대 수준에 머무는 것으로 나타난다.

[표 9] 최근 10년간(2014~2023년) 국세 대 지방세 비율 (단위: 억원, %)

구분	2014	2015	2016	2017	2018	2019	2020	2021	2022	2023
국세(A)	205.5	217.9	242.6	265.4	293.6	293.5	276.3	304.6	396.6	400.5
지방세(B)	61.7	71.0	75.5	80.4	84.3	90.5	102.0	112.8	112.4	115.3
총조세(A+B)	267.2	288.9	318.1	345.8	377.9	383.9	378.3	417.4	509.0	515.7
국세비율	76.9	75.4	76.3	76.7	77.7	76.4	73.0	73.0	77.9	77.6
지방세비율	23.1	24.6	23.7	23.3	22.3	23.6	27.0	27.0	22.1	22.4

주: 2021년까지는 결산액, 2022년은 최종결산액, 2023년은 당초예산액 순계 기준
자료: 행정안전부(2023.6), 「2023년도 지방자치단체 통합재정 개요」

둘째, 「재정분권 추진방안」 이행이 완료된 2023년도 지방정부의 재원 구성 현황을 살펴보면 자체재원과 이전재원의 비율이 49.4%로 동일한데, 2018년에 자체재원 비율이 53.2%였던 것과 비교하면 오히려 이전재원 비율이 더욱 증가한 것으로 확인된다.

[표 10] 2023년도 지방자치단체 재원별 통합재정수입 규모 (단위: 억원, %)

구분		일반회계	특별회계	기금	합계	구성비
자체재원	지방세	1,152,644	-	-	1,152,644	40.3
	세외수입	101,992	144,510	13,938	260,440	9.1
이전재원	지방교부세	628,646	6,259	-	634,905	22.2
	국고보조금	665,063	112,910	556	778,529	27.2
융자회수 등		20,578	1,449	10,518	32,545	1.1
합계		2,568,923	265,127	25,012	2,859,062	100.0

자료: 행정안전부(2023.6), 「2023년도 지방자치단체 통합재정 개요」

이에 따라 지방자치단체의 통합재정수입 중 자체수입의 비중으로 산정하는 통합재정자립도 (지방재정운영의 자율성을 나타내는 지표)는 매년 감소하는 추세이다. 2023년 전국 평균 통합재정자립도는 48.1%로 2018년 53.4%와 비교하면 △5.3%p 감소하였다.

[표 11] 연도별(2018~2023년도) 지방자치단체 통합재정자립도 추이 (단위: %)

연도	전국 평균	특별시·광역시 특별자치시	도·특별자치도	시	군	자치구
2017	54.2	66.6	38.0	41.5	15.0	29.2
2018	53.4	65.3	37.5	39.9	14.8	27.8
2019	51.3	62.6	35.9	38.2	14.0	27.0
2020	50.6	60.5	38.2	35.8	14.7	26.5
2021	49.2	59.2	35.9	34.0	13.8	26.4
2022	49.6	59.1	39.1	33.4	13.4	26.2
2023	48.1	57.4	35.7	33.4	13.6	26.4

자료: 행정안전부, 각 연도.「지방자치단체 통합재정개요」를 바탕으로 작성

참고문헌

국회예산정책처. (2023).「2023 대한민국 지방재정」

________. (2024).「2024 대한민국 재정」

국회입법조사처. (2023). 지역균형발전특별회계의 투명성과 자율성 제고 과제.「NARS 이슈와 논점」, 제2136호,

기획재정부. 각 연도.「나라살림개요」.

김재훈, 금재덕, & 김석민. (2022). 자주재원주의와 일반재원주의 검증: 기초자치단체의 행정운영경비를 중심으로. 한국지방재정학회 세미나자료집, 65-89.

서정섭·조기현. (2007).「지방재정조정제도의 개선방안」. 한국지방행정연구원.
「재정논집」 제18권제2호, 한국재정·공공경제학회, 2004.2.

윤광재. (2024).「지방재정론」, 윤성사.

정재진. (2011). 재정분권 정책의 추진과 지방자치단체의 재정 건전성. 한국지방재정학회 세미나자료집, pp.95-116.

하능식. (2017). 재정분권 수준의 평가와 정책적 시사점. 지방세포럼, 31, 12-27.

한재명·정세희. (2022). 국고보조사업의 재원분담 관리체계 개선 방안 모색-해외제도 조사 중심으로. 한국지방세연구원 정책연구보고서, 제7호, pp.1-127.

행정안전부. 각 연도.「지방자치단체 통합재정개요」

홍성익. (2023). 지방자치단체 재정자율성 강화를 위한 공동세 도입에 관한 연구. 조세연구, 23(3), 63-89.

기획재정부 열린재정재정정보공개시스템(https://www.openfiscaldata.go.kr)

제4절 공공기관 관리와 예산제도

1. 공공기관의 개념 및 역할

일반적으로 공공기관(公共機關, public institution)은 공익을 제고하기 위하여 정부가 위임한 권한과 책임하에서 사업을 수행하는 기관으로 정의할 수 있다. 한국전력공사, 한국가스공사, 한국마사회, 한국산업은행 등이 대표적인 공공기관이다. 우리나라는 공공기관에 대한 일반법인 「공공기관의 운영에 관한 법률」(이하 "공운법")을 두고 있다. 「공운법」에 따르면, 공공기관은 국가나 지방자치단체가 아닌 법인, 단체 또는 기관으로 정부의 투자, 출자 등 재정지원을 통하여 설립·운영되는 기관 중 일정한 기준에 따라 기획재정부장관이 지정한 기관을 말한다.[36]

공공기관의 필요성은 기관의 유형에 따라 다양하므로 일률적으로 말할 수는 없으나, 크게 몇 가지로 구분하여 보면 다음과 같다. 첫째, 국가의 기간산업을 육성하기 위하여 공공기관을 설립한다. 특히 경제발전 초기 단계에서 국가 경제성장을 촉진하기 위해서는 사회간접자본(SOC)의 확충에 막대한 비용이 소요되므로 한국철도공사, 한국도로공사, 한국수자원공사와 같은 공공기관을 설립하여 철도, 도로, 항만, 상수도 등 사회간접자본을 형성하기 위한 역할을 담당하게 한다. 둘째, 국민의 공공수요를 충족시키기 위하여 공공기관을 설립한다. 전기, 가스 등의 재화는 국민경제에서 일상적으로 사용되는 필수 재화의 성격을 띠고 있으므로, 한국토지주택공사, 한국전력공사 등의 공공기관이 공공재를 안정적으로 공급하는 역할을 수행하도록 한다. 셋째, 정부의 재정적 수요를 충족시키기 위하여 설립하기도 한다. 특정 산업 분야에서 독점적 수입을 국가재정으로 흡수하기 위하여 공공기관을 설립하는데, 한국마사회, 국민체육진흥공단 등이 유사한 역할을 수행하고 있다.

---

36) '일정한 기준'은 「공공기관 운영에 관한 법률」 제4조에 상세히 규정되어 있다. 동 법률에 따른 공공기관은 가장 좁은 의미의 공공기관이라고 할 수 있다. 가장 넓은 의미의 공공기관에는 국가 또는 지방자치단체까지도 포함된다. 한편, '공공기관'의 법률적 개념(범위)은 개별 법률에 따라 각기 다르다. 예를 들면, 「개인정보보호법」에 따른 '공공기관'에는 국회, 법원, 헌법재판소, 중앙선거관리위원회의 행정사무를 처리하는 기관, 중앙행정기관(대통령 소속 기관과 국무총리 소속 기관을 포함한다) 및 그 소속 기관, 지방자치단체까지도 포함된다. 본 장에서 '공공기관'이라 함은 「공공기관 운영에 관한 법률」 제4조에 따른 공공기관을 말한다.

[그림 1] 공공기관의 역할

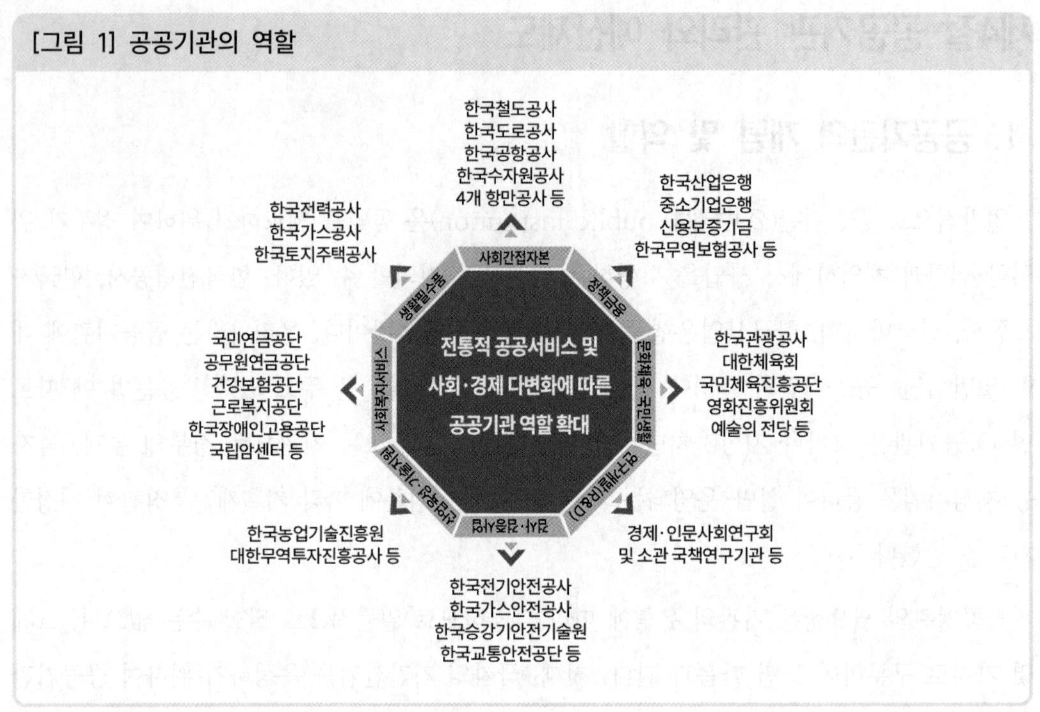

자료: 2024 대한민국 공공기관을 바탕으로 재작성

2. 공공기관의 지정 및 관리

(1) 공공기관의 분류 및 지정

공공기관은 ① 공기업, ② 준정부기관, ③ 기타공공기관 등 세 가지 유형으로 분류된다. 「공운법」 제5조에 따르면, 기획재정부장관은 공공기관을 인적·자산규모 등의 기준에 따라 공기업(시장형, 준시장형), 준정부기관(기금관리형, 위탁집행형) 및 기타공공기관으로 분류하여 지정하도록 규정하고 있다.

[표 1] 공공기관 지정 및 분류기준

유형		분류기준	기관 예시	운영방향
공기업 (32개)	시장형 (14개)	• 자산규모 2조원 이상 • 자체수입이 총수입의 85% 이상	• 한국가스공사 • 한국전력공사 • 인천국제공항공사	• 민간기업 수준 자율보장 • 내부견제시스템 강화
	준시장형 (18개)	• 시장형 공기업이 아닌 공기업 • 자체수입이 총수입의 50% 이상	• 한국토지주택공사 • 한국마사회 • 한국철도공사	• 자율성 확대하되, 공공성 감안하여 외부감독 강화
준정부기관 (55개)	기금관리형 (12개)	• 「국가재정법」에 따라 기금 관리 또는 위탁관리	• 신용보증기금 • 국민연금공단 • 중소기업진흥공단	• 기금운용 이해관계자의 참여 보장
	위탁집행형 (43개)	• 정부업무의 위탁집행	• 한국농어촌공사 • KOTRA • 한국장학재단	• 주무부처 정책과 연계성 확보
기타공공기관 (240개)		• 공기업과 준정부기관을 제외한 공공기관	• 한국산업은행 • 출연연구기관 • 국립대학교병원 • 경제인문사회연구회 및 소관 출연연구기관37)	• 성과관리, 업무효율성의 중시
총 327개				

자료: 공공기관의 운영에 관한 법률」 및 동법 시행령, 기획재정부 보도자료(2024.1.)를 바탕으로 재작성

다만, 위의 요건에 해당하더라도 구성원 상호 간의 상호부조·복리증진·권익향상 또는 영업질서 유지 등을 목적으로 설립된 기관(예: 교직원공제회 등), 지방자치단체가 설립하고 운영에 관여하는 기관, 또는 한국방송공사와 한국교육방송공사 등에 대해서는 공공기관으로 지정하지 않고 있다.

---

37) 「공공기관운영법」 제5조제5항에 따라 기획재정부장관은 기관의 성격 및 업무 특성 등을 고려하여 기타공공기관 중 일부를 연구개발을 목적으로 하는 기관 등으로 세분하여 지정할 수 있다. 연구개발을 목적으로 하는 기관은 다음과 같이 3가지로 분류된다(「공공기관운영법 시행령」).

① 「정부출연연구기관 등의 설립·운영 및 육성에 관한 법률」에 따라 설립된 정부출연연구기관 및 경제·인문사회연구회

② 「과학기술분야 정부출연연구기관 등의 설립·운영 및 육성에 관한 법률」에 따라 설립된 과학기술분야 정부출연연구기관 및 국가과학기술연구회

③ 그 밖에 연구개발을 목적으로 하는 기관으로서 공공기관운영위원회의 심의·의결을 거쳐 정하는 기관

이에 따라 기획재정부는 경제·인문사회연구회 및 소관 연구기관 25개(경제·인문 분야), 부처 직할 연구원 등 기타기관 24개 등 총 49개 기관을 연구개발목적기관으로 분류하고 있다. R&D 관리체계의 자율성 및 책임성을 강화하고자 과학기술분야 국가과학기술연구회 및 소속 연구기관은 2024년 1월 31일 기타공공기관에서 지정해제되었다.

(2) 공공기관 지정 현황

「공운법」 제6조에 따르면, 기획재정부장관이 정기적으로 회계연도 개시 후 1개월 이내에 공공기관을 신규 지정하거나, 지정을 해제하거나, 구분(유형)을 변경하여 지정하도록 규정하고 있다. 다만, 기관 신설, 민영화, 기관의 통합·폐지·분할 등에 따라 같은 법의 적용을 받을 필요가 없게 되거나 그 지정을 변경할 필요가 발생한 경우에는 회계연도 중이라도 수시로 공공기관을 신규 지정, 지정 해제 또는 변경 지정하는 것이 가능하다.

이러한 구분기준에 따라 최근 5년간 지정된 유형별 공공기관 현황은 [표 2]와 같다. 2024년 1월 현재 우리나라 공공기관은 전년 대비 20개 기관이 감소한 총 327개로, 공기업이 32개, 준정부기관이 55개, 기타공공기관이 240개이다. 공공기관 수는 2020년부터 2022년까지 증가하는 추세를 보이다가 2023년과 2024년에는 감소세를 나타내고 있다.

[표 2] 공공기관 현황 (단위: 개)

구분	2020년	2021년	2022년	2023년	2024년	전년 대비 증감
① 공기업	36	36	36	32	32	-
• 시장형	16	16	15	13	14	1
• 준시장형	20	20	21	19	18	△1
② 준정부기관	95	96	94	55	55	-
• 기금관리형	13	13	13	11	12	1
• 위탁집행형	82	83	81	44	43	△1
③ 기타공공기관	209	218	220	260	240	△20
합계	340	350	350	347	327	△20

자료: 기획재정부 각 연도 보도자료

[표 3] 2024년도 공공기관 지정현황

(단위: 개)

구분	기관수	(주무기관) 공공기관명
계	327	
① 공기업	32	
시장형	14	(산업부) 한국가스공사, 한국남동발전㈜, 한국남부발전㈜, 한국동서발전㈜, 한국서부발전㈜, 한국석유공사, 한국수력원자력㈜, 한국전력공사, 한국중부발전㈜, 한국지역난방공사, ㈜강원랜드 (국토부) 인천국제공항공사, 한국공항공사, 한국도로공사
준시장형	18	(기재부) 한국조폐공사 (문체부) 그랜드코리아레저㈜ (농식품부) 한국마사회 (산업부) ㈜한국가스기술공사, 대한석탄공사, 한국광해광업공단, 한국전력기술㈜, 한전KDN㈜, 한전KPS㈜ (환경부) 한국수자원공사 (국토부) 제주국제자유도시개발센터, 주택도시보증공사, 한국부동산원, 한국철도공사, 한국토지주택공사, 주식회사 에스알 (해수부) 해양환경공단 (방통위) 한국방송광고진흥공사
② 준정부기관	55	
기금관리형	12	(문체부) 국민체육진흥공단 (산업부) 한국무역보험공사 (복지부) 국민연금공단 (고용부) 근로복지공단 (중기부) 기술보증기금, 소상공인시장진흥공단, 중소벤처기업진흥공단 (금융위) 신용보증기금, 예금보험공사, 한국자산관리공사, 한국주택금융공사 (인사처) 공무원연금공단
위탁집행형	43	(교육부) 한국장학재단 (과기부) (재)우체국금융개발원, 우체국물류지원단, 한국방송통신전파진흥원, 한국연구재단, 한국인터넷진흥원, 한국지능정보사회진흥원 (외교부) 한국국제협력단 (행안부) 한국승강기안전공단 (보훈부) 한국보훈복지의료공단 (문체부) 한국관광공사 (농식품부) 축산물품질평가원, 한국농수산식품유통공사, 한국농어촌공사 (산업부) 대한무역투자진흥공사, 한국가스안전공사, 한국산업기술진흥원, 한국산업기술기획평가원, 한국산업단지공단, 한국석유관리원, 한국에너지공단, 한국원자력환경공단, 한국전기안전공사, 한국전력거래소 (복지부) 건강보험심사평가원, 국민건강보험공단, 한국사회보장정보원 (환경부) 국립공원공단, 국립생태원, 한국환경공단, 한국환경산업기술원 (고용부) 한국고용정보원, 한국산업안전보건공단, 한국산업인력공단, 한국

구분	기관수	(주무기관) 공공기관명
		장애인고용공단 (국토부) 국가철도공단, 국토안전관리원, 한국교통안전공단, 한국국토정보공사 (해수부) 한국해양교통안전공단 (공정위) 한국소비자원 (경찰청) 도로교통공단 (산림청) 한국산림복지진흥원
③ 기타 공공기관	240	한국수출입은행, 한국산업은행, 한국국제교류재단, 경제·인문사회연구회 및 소관 연구기관 등

자료: 기획재정부 보도자료(2024.1.)를 바탕으로 재작성

2024년 정부부처별 공공기관 현황을 살펴보면, 에너지·산업·통상 분야 등을 담당하는 산업통상자원부 소관 공공기관이 41개로 가장 많고, 이어 문화체육관광부 31개, 보건복지부와 국토교통부가 각 28개인 것으로 나타났다.

산업통상자원부 소관 주요 공기업으로는 한국가스공사, 한국전력공사, 한국수력원자력 등이 있으며, 준정부기관은 한국무역보험공사, 대한무역투자진흥공사, 한국에너지공단 등이 지정되어 있다. 문화체육관광부 소관 주요 공기업은 그랜드코레아레저(주)가 있으며, 준정부기관은 국민체육진흥공단, 한국관광공사 등이 있다. 국토교통부 소관 주요 공기업은 인천국제공항공사, 한국도로공사, 한국철도공사 등이 있으며, 준정부기관은 국가교통안전공단, 국가철도공단 등이 지정되어 있다.

[표 4] 2024년 부처별 공공기관 현황 (단위: 개)

부처명	공공기관수	부처명	공공기관수
산업통상자원부	41	국방부	3
문화체육관광부	31	행정안전부	3
보건복지부	28	국가보훈부	3
국토교통부	28	기상청	3
국무조정실	25	원자력안전위원회	3
교육부	22	외교부	2
과학기술정보통신부	21	통일부	2

부처명	공공기관수	부처명	공공기관수
해양수산부	17	방위사업청	2
고용노동부	12	방송통신위원회	2
농림축산식품부	12	공정거래위원회	2
중소벤처기업부	11	인사혁신처	1
환경부	11	관세청	1
금융위원회	7	통계청	1
특허청	6	재외동포청	1
여성가족부	5	경찰청	1
식품의약품안전처	5	소방청	1
산림청	5	국가유산청	1
기획재정부	4	농촌진흥청	1
법무부	3	계	327

자료: 기획재정부 보도자료(2024.1.)를 바탕으로 재작성

(3) 공공기관 변동현황

2023년 대비 2024년 공공기관 변동현황을 살펴보면 신규지정 3개, 해제 23개, 유형 변경 2개 기관이다.

한국마약퇴치운동본부, 한국치산기술협회, (재)한국통계정보원 등 3곳이 「공운법」 제4조 제1항제2호[38]에 따라 기타공공기관으로 신규 지정되었다. 국가과학기술연구회와 소관 국책연구기관 등 22개 기관은 R&D 관리체계의 자율성과 책임성을 강화한다는 취지로 2024년 1월부로 공공기관 지정해제되었다. 또한, 공기업·준정부기관의 분류기준에 근거하여 한국도로공사가 총수입 중 자체수입 비율이 85% 이상에 해당함에 따라 준시장형 공기업에서 시장형 공기업으로 공공기관 유형이 변경되었고, 소상공인시장진흥공단은 위탁집행형 준정부기관에서 기금관리형 준정부기관으로 유형 변경되었다.

38) 제4조(공공기관) ①기획재정부장관은 국가·지방자치단체가 아닌 법인·단체 또는 기관(이하 "기관"이라 한다)으로서 다음 각호의 어느 하나에 해당하는 기관을 공공기관으로 지정할 수 있다.
2. 정부지원액(법령에 따라 직접 정부의 업무를 위탁받거나 독점적 사업권을 부여받은 기관의 경우에는 그 위탁업무나 독점적 사업으로 인한 수입액을 포함한다. 이하 같다)이 총수입액의 2분의 1을 초과하는 기관

[표 5] 2024년 공공기관 변동 현황

구 분	주무부처	기관명	지정 결과
신규 (3)	식약처	한국마약퇴치운동본부	기타공공기관
	산림청	한국치산기술협회	기타공공기관
	통계청	(재)한국통계정보원	기타공공기관
해제 (23)	환경부	수자원환경산업진흥(주)	지정 해제 (과기부 소관 공공기관의 경우 연구개발 관리체계의 자율성 및 책임성 강화 취지)
	과기부	국가과학기술연구회	
		한국과학기술연구원	
		한국기초과학지원연구원	
		한국천문연구원	
		한국생명공학연구원	
		한국과학기술정보연구원	
		한국한의학연구원	
		한국생산기술연구원	
		한국전자통신연구원	
		한국건설기술연구원	
		한국철도기술연구원	
		한국표준과학연구원	
		한국식품연구원	
		한국지질자원연구원	
		한국기계연구원	
		한국항공우주연구원	
		한국에너지기술연구원	
		한국전기연구원	
		한국화학연구원	
		한국원자력연구원	
		한국재료연구원	
		한국핵융합에너지연구원	
유형 변경 (2)	국토부	한국도로공사	지정 변경 (준시장형 공기업 → 시장형 공기업)
	중기부	소상공인시장진흥공단	지정 변경 (위탁집행형 준정부기관 → 기금관리형 준정부기관)

자료: 기획재정부 보도자료(2024.1.)를 바탕으로 재작성

(4) 공공기관의 관리체계

공공기관에 관한 일반법이라 할 수 있는 「공운법」은 공공기관의 지정, 운영 및 관리체계는 물론 예산회계, 경영평가와 감독에 관한 사항을 상세히 규정하고 있다. 한 가지 유의할 것은 「공운법」의 규정 모두가 전체 공공기관에 공통으로 적용되지는 않는다는 점이다. 이를 명확히 이해하기 위해서는 우선 「공운법」의 체계를 살펴볼 필요가 있다. 우선 제1장(총칙), 제2장(공공기관운영위원회), 제3장(공공기관의 경영공시 등)은 모든 공공기관에 공통 적용되지만, 제4장(공기업·준정부기관의 운영)은 정관, 이사회, 임원, 예산회계, 경영평가와 감독에 관한 사항을 규정하고 있는 바, 이 내용은 기타공공기관에는 적용되지 않는다.

이처럼 공공기관의 실제 운영, 감독 및 예산회계 등에 관한 사항을 기타공공기관에는 적용하지 않는 이유는 각 공공기관의 특성에 부합하는 효율적인 관리체계를 구축하는 한편, 기관 경영에 자율성을 부여하고자 함이다. 공공기관 유형별 운영 및 관리체계는 아래의 표와 같다.

[표 6] 「공운법」 상 공공기관 유형별 관리체계

<table>
<tr><th rowspan="2">구 분
(주요 규정)</th><th colspan="2">공기업</th><th rowspan="2">준정부기관</th><th rowspan="2">기타
공공기관</th></tr>
<tr><th>시장형</th><th>준시장형</th></tr>
<tr><td>통합공시(§12),
고객만족도조사(§13),
기능조정(§14),
경영혁신(§15)</td><td colspan="4">공통 적용</td></tr>
<tr><td>이사회의장(§18②)</td><td>선임
비상임이사</td><td>선임비상임이사
(자산규모 2조원
미만 기관장)</td><td>기관장</td><td rowspan="7">미적용
(규정 없음)</td></tr>
<tr><td>감사위원회(§20②)</td><td>필수</td><td>필수
(자산규모 2조원
미만 임의)</td><td>임의</td></tr>
<tr><td>임원 임면(§25, §26)</td><td colspan="2">- 기관장: 대통령
- 상임이사: 기관장
- 비상임이사: 기재부장관
- 감사 대통령</td><td>- 기관장 : 주무기관장
- 상임이사 : 기관장
- 비상임이사 : 주무기관장
- 감사 : 기재부장관</td></tr>
<tr><td>예산안 확정(§40)</td><td colspan="2">이사회 의결</td><td>주무기관장 승인</td></tr>
<tr><td>결산서 제출(§43)</td><td colspan="3">기재부장관·주무기관 승인, 감사원 검사 후 국회 제출</td></tr>
<tr><td>경영실적평가(§48),
경영지침(§50)
감사원 감사(§52)</td><td colspan="3">공통 적용</td></tr>
<tr><td>감독(§51)</td><td colspan="2">- 기재부장관: 경영지침 이행
- 주무기관장: 소관업무</td><td>주무기관장</td></tr>
</table>

3. 공공기관 예산제도

[표 6]에서 보듯이 예산편성과 관련한 「공운법」 제40조는 공기업과 준정부기관에만 적용되고 기타공공기관에는 적용되지 않는다. 또한, 제40조는 예산편성에 관한 기본적 사항만 간략하게 규정하고 있을 뿐이고, 실제로는 기획재정부장관이 매년 고시하는 「공기업·준정부기관 예산편성지침」에 의거하여 예산편성이 이루어진다. 동 지침에 따르면 기타공공기관도 예산편성에 관하여는 이를 준용하도록 하고 있다.

공기업·준정부기관의 회계연도는 정부의 회계연도에 따른다. 공기업·준정부기관의 예산은 예산총칙·추정손익계산서·추정대차대조표와 자금계획서로 구성된다. 공기업·준정부기관의 장(이하 “기관장”)은 경영목표와 경영지침에 따라 다음 회계연도의 예산안을 편성하여, 다음 회계연도 개시 전까지 이사회에 제출하여야 하고, 동 예산안은 이사회의 의결로 확정된다.[39] 다만, 다른 법률에서 공기업·준정부기관의 예산에 관하여 주주총회나 출자자총회 등 사원총회의 의결이나 제23조의 규정에 따른 기금운용심의회의 의결 등 별도의 절차를 거치도록 한 경우에는 이사회 의결 후 이를 거쳐 확정하고, 준정부기관의 예산에 관하여 주무기관의 장의 승인을 거쳐 확정하도록 한 경우에는 이사회 의결을 거친 후 주무기관의 장의 승인을 얻어야 한다. 공기업·준정부기관의 예산이 확정되면 기획재정부장관, 주무기관의 장 및 감사원장에게 그 내용을 보고하되, 주무기관의 장의 승인을 얻은 기관의 경우에는 주무기관의 장에게 보고된 것으로 간주하도록 규정하고 있다.

(1) 공공기관 예산현황

공공기관 예산은 총수입과 총지출로 구분하여 살펴볼 수 있다. 총수입은 해당 공공기관의 독점수입, 차입금 등으로 구성된 자체수입과 정부로부터 출자금, 보조금, 부담금 등으로 지원받는 정부순지원수입으로 구성된다. 총지출은 공공기관 사업추진을 위한 인건비와 경상운영비, 사업비, 차입상환금 등으로 구성된다.

2023년 기준 전체 공공기관의 예산은 918조 2,817억원으로 2022년도 942조 8,136억원(결산 기준) 대비 24조 5,319억원(2.6%) 감소한 규모다. 이를 공공기관 유형별로 살펴보면, 시장형 공기업이 295조 599억원으로 전체의 32.1%를 차지하고 있고, 다음으로 기금관리형 준정부기관이 211조 9,988억원(23.1%), 위탁집행형 준정부기관이 167조 7,524억(18.3%), 기타공공기관이 160조 4,830억원(17.5%) 순이다.

최근 5년간 공공기관 유형별로 전체 공공기관 예산에서 차지하는 비중의 변화 추이를 보면 아래의 [표 7]과 같다. 최근 5년 동안 공공기관 예산규모는 연평균 9.9% 증가한 것으로 나타나는데, 시장형 공기업의 연평균 예산은 15.1% 증가하여 평균 예산증가율을 상회하였으나, 기금관리형 준정부기관(9.5%), 기타공공기관(7.9%), 준시장형 공기업(6.8%), 위탁집행형 준정부기관(6.3%)은 평균 예산증가율을 밑돌았다.

39) 「공공기관의 운영에 관한 법률」 제40조(예산안의 편성)

[표 7] 공공기관 예산규모 변화 추이 (단위: 억원, %)

		2019	2020	2021	2022	2023	연평균 증가율
공기업	시장형	1,681,918	1,627,409	1,822,668	2,727,792	2,950,599	15.1%
		(26.7)	(22.7)	(24.5)	(28.9)	(32.1)	–
	준시장형	638,851	660,160	742,638	802,508	829,877	6.8%
		(10.2)	(9.2)	(10.0)	(8.5)	(9.0)	–
준정부 기관	기금관리형	1,473,370	1,820,220	1,858,887	2,067,360	2,119,988	9.5%
		(23.4)	(25.4)	(25.0)	(21.9)	(23.1)	–
	위탁집행형	1,314,970	1,447,660	1,577,999	1,727,374	1,677,524	6.3%
		(20.9)	(20.2)	(21.2)	(18.3)	(18.3)	–
기타공공기관		1,182,490	1,604,225	1,423,810	2,103,103	1,604,830	7.9%
		(18.8)	(22.4)	(19.2)	(22.3)	(17.5)	–
계		6,291,598	7,159,674	7,426,001	9,428,136	9,182,817	9.9%

주: 1. 2019년부터 2022년까지는 결산 기준, 2023년은 예산 기준
2. 수입과 지출 규모의 차이가 있는 기관의 경우 지출을 기준으로 정리
자료: 공공기관 경영정보 공개시스템(www.alio.go.kr) 자료를 바탕으로 작성

(2) 공공기관 정부지원 예산 규모

정부 예산에 포함되는 공공기관(기타공공기관 포함) 예산은 「국가재정법」상 정부 예산의 편성·심의절차를 준수하여 주무부처 예산 요구, 기획재정부 예산안 편성, 국회의 정부 예산안 심의·의결 등의 절차를 거쳐 확정된다.

공공기관 정부지원 예산 규모는 2019년 73.7조원에서 2023년 109.6조원으로 연평균 10.4% 증가한 것으로 나타났다. 이는 같은 기간 정부 총지출 연평균 증가율 7.7%를 크게 상회하는 것으로, 그 결과 정부 총지출에서 차지하는 공공기관 지원예산의 비중은 2019년 15.5%에서 2023년 17.2%로 크게 증가하였다.

[표 8] 공공기관 정부지원 예산 규모 (단위: 조원)

구분		2019	2020	2021	2022	2023	연평균 증가율
정부	총지출(A)	475.4	554.7	604.9	679.5	638.7	7.7%
	공공기관(B)	73.7	92.6	97.8	107.0	109.6	10.4%
공공기관 지원 비율 (B/A)		15.5%	16.7%	16.2%	15.7	17.2	-
공공기관 총지출		629.1	715.9	742.6	942.8	918.3	9.9%

주: 정부 총 지출은 본예산 기준이며, 공공기관 총지출은 2019년부터 2022년까지는 결산 기준, 2023년은 예산 기준
자료: 기획재정부 예산안 개요와 공공기관 경영정보 공개시스템(www.alio.go.kr) 자료를 바탕으로 작성.

2023년 기준 공공기관 정부지원 예산 규모를 공공기관 유형별로 살펴보면 기금관리형 준정부기관(42.5%), 위탁집행형 준정부기관(37.1%), 기타공공기관(14.4%), 준시장형 공기업(4.3%), 시장형 공기업(1.7%) 순으로 나타났다.

기금의 위탁관리나 정부 업무의 위탁집행을 주로 담당하는 준정부기관이 정부지원 예산 규모의 79.6%를 차지하고 있고, 자체사업을 통하여 수익활동을 하는 공기업의 비중은 6.0%로 매우 낮은 편이다.

[표 9] 공공기관 유형별 정부예산 지원 규모 (단위: 억원, %)

구분		2019	2020	2021	2022	2023
공기업	시장형	14,958 (2.0)	18,270 (1.9)	23,092 (2.4)	25,280 (2.4)	18,159 (1.7)
	준시장형	38,992 (5.3)	42,376 (4.6)	54,950 (5.6)	53,736 (5.0)	47,041 (4.3)
준정부 기관	기금관리형	291,792 (39.6)	371,954 (40.2)	385,048 (39.4)	444,360 (41.5)	465,953 (42.5)
	위탁집행형	288,669 (39.1)	339,936 (36.7)	372,198 (38.0)	398,426 (37.2)	406,575 (37.1)
기타공공기관		103,196 (14.0)	153,940 (16.6)	143,157 (14.6)	148,520 (13.9)	158,071 (14.4)
합계		737,607 (100.0)	926,476 (100.0)	978,445 (100.0)	1,070,323 (100.0)	1,095,799 (100.0)

주: 1. 2019년부터 2022년까지는 결산 기준, 2023년은 예산 기준
2. ( ) 안은 해당 연도의 총계 중 각 유형이 차지하는 비중을 의미함
자료: 공공기관 경영정보 공개시스템(www.alio.go.kr) 자료를 바탕으로 재작성

4. 공공기관 경영실적 평가제도

(1) 공공기관 경영실적 평가제도 의의

공공기관 경영실적 평가제도는 공기업·준정부기관의 자율·책임경영체계 확립을 위해 매년도 경영 노력과 성과를 공정하고 객관적으로 평가하는 제도이다. 공공기관 경영실적 평가를 통해 기관의 공공성 및 경영효율성을 높이고, 경영개선이 필요한 사항에 대해 전문적인 컨설팅을 제공함으로써 궁극적으로 대국민서비스 품질 개선을 목적으로 한다.

(2) 공공기관 경영실적 평가절차

기획재정부장관은 「공공기관운영에 관한 법률」 제48조[40]에 근거해 기관 경영목표와 경영실적보고서를 기초로 하여 공기업 및 준정부기관의 경영실적을 평가한다. 2023년도 실적에 대한 평가대상 공공기관은 총 87개로 공기업 32개 기관, 준정부기관 55개 기관이 해당한다(기획재정부, 2023a; 2024).

공공기관 경영실적 평가는 다음의 절차로 진행된다. 먼저, 평가대상 공공기관은 매년 3월 20일까지 전년도의 경영실적에 대한 보고서를 작성하여 기획재정부장관과 주무기관의 장에게 제출한다. 둘째, 기획재정부장관 또는 경영실적 평가단[41](공기업·준정부기관경영평가단)은 공기업·준정부기관이 제출한 실적 보고서 및 관련 자료를 기초로 하여 경영실적을 평가한다. 경영실적 평가단은 평가를 위해 필요한 경우 공기업과 준정부기관에 관련 자료의 제출을 요청할 수 있고, 현장방문, 평가대상 기관 임직원의 인터뷰 등을 할 수 있다. 마지막으로 매년 6월 20일까지 공기업·준정부기관의 경영실적 평가를 마치고, 공공기관운영위원회(공운위)의 심의·의결을 거쳐 그 결과를 확정한다.

40) 「공공기관 운영에 관한 법률」 제48조(경영실적평가) ①기획재정부장관은 제24조의2제3항에 따른 연차별 보고서, 제31조제3항 및 제4항의 규정에 따른 계약의 이행에 관한 보고서, 제46조의 규정에 따른 경영목표와 경영실적보고서를 기초로 하여 공기업 · 준정부기관의 경영실적을 평가한다. 다만, 제6조의 규정에 따라 공기업 · 준정부기관으로 지정(변경지정은 제외한다)된 해에는 경영실적을 평가하지 아니한다.

41) 기획재정부장관은 경영실적 평가의 효율성과 객관성을 제고하기 위해 대학교수, 공인회계사 등으로 평가단을 구성하여 경영실적 평가를 위탁할 수 있다.(공공기관운영법 제48조 ⑥)

(3) 공공기관 유형 및 유형구분 기준

공공기관에 대한 경영실적은 공공기관의 산업별·기능별 유형 구분기준에 따라 평가유형을 구분하여 평가한다.

[표 10] 2024년도 공공기관 유형구분

<table>
<tr><th colspan="3">유형</th><th>유형구분 기준</th></tr>
<tr><td rowspan="3">공기업</td><td colspan="2">SOC</td><td>법률 제4조 내지 제6조에 따라 지정된 공기업 중 사회기반시설(SOC)에 대한 계획과 건설, 관리 등을 주요 업무로 하는 기관</td></tr>
<tr><td colspan="2">에너지</td><td>법률 제4조 내지 제6조에 따라 지정된 공기업 중 에너지의 생산·공급 및 자원개발 등을 주요업무로 하는 기관</td></tr>
<tr><td colspan="2">산업진흥·서비스</td><td>법률 제4조 내지 제6조에 따라 지정된 공기업 중 특정 분야 산업 진흥 및 대국민 공공서비스 제공을 주요 업무로 하는 기관</td></tr>
<tr><td rowspan="4">준정부기관</td><td colspan="2">기금관리형</td><td>법률 제4조 내지 제6조에 따라 지정된 준정부기관 중 기금을 관리하거나 기금의 관리를 위탁받은 기관으로서 「국가재정법」에 따라 기금운용평가를 수행하는 기관</td></tr>
<tr><td rowspan="3">위탁집행형</td><td>SOC·안전</td><td>법률 제4조 내지 제6조에 따라 지정된 준정부기관 중 SOC 및 안전 관련 업무를 주요업무로 하는 기관</td></tr>
<tr><td>산업진흥</td><td>법률 제4조 내지 제6조에 따라 지정된 준정부기관 중 특정 산업 진흥을 주요업무로 하는 기관</td></tr>
<tr><td>국민복리증진</td><td>법률 제4조 내지 제6조에 따라 지정된 준정부기관 중 국민복리 증진을 위한 대국민 공공서비스 제공을 주요업무로 하는 기관</td></tr>
</table>

자료: 기획재정부(2023a)

(4) 공공기관 경영실적 평가지표 체계

공공기관 경영실적 평가지표는 평가대상 공공기관의 경영실적을 체계적이고 종합적으로 평가할 수 있도록 '경영관리'와 '주요사업'의 2개 범주로 구성되며, 각 평가범주는 다시 단위 평가지표와 단위 평가지표별 복수의 세부평가지표로 구성될 수 있다. 평가지표는 평가목적과 대상 범위를 규정하는 지표정의와 세부평가내용으로 구성된다. 평가대상 기관별 특성에 적합한 맞춤 평가를 위해 각 범주 내 지표별 가중치를 조정하여 설정할 수 있다.

[표 11] 공공기관 경영실적 평가 범주별 주요 평가내용

평가범주	주요 평가내용
경영관리	지배구조 및 리더십, 안전 및 책임경영, 재무성과관리, 조직 운영 및 관리
주요사업	공공기관의 주요사업별 계획·활동·성과 및 계량지표의 적정성을 종합적으로 평가

자료: 기획재정부(2023a)

공공기관 경영실적 평가는 '비계량지표'와 '계랑지표' 등 두 가지 방법을 통해 이뤄진다. 비계량지표는 지표별 세부평가내용 전체를 대상으로 전반적인 운영실적과 전년 대비 개선도를 고려하여 등급을 부여한다. 등급은 'C등급(보통)'을 기준으로 A부터 E까지 5개 등급으로 구분하고, 각각의 기본 등급보다 우수한 성과를 낸 경우 + 점수를 부여하여 9등급으로 평가한다.

[표 12] 비계량지표의 등급 설정과 평점

등급	A^+	A^0	B^+	B^0	C	D^+	D^0	E^+	E^0
평점	100	90	80	70	60	50	40	30	20

자료: 기획재정부(2023a)

계량지표는 개별지표의 특성에 따라 기관별 편람에서 별도로 정한 경우를 제외하고는 '목표부여(편차)', '목표부여', '글로벌실적 비교', '중장기 목표부여', 'β분포', '추세치', '목표 대 실적' 의 방법 등으로 평가하되, 목표부여(편차) 방법과 글로벌실적 비교 방법 및 중장기 목표부여 방법의 적용을 원칙으로 한다[42].

공공기관 경영실적 평가는 종합평가결과와 범주별 평가결과로 구분하여 산출되는데, 종합평가결과에 따라 기관 유형별로 6등급(탁월(S), 우수(A), 양호(B), 보통(C), 미흡(D), 아주 미흡(E))으로 구분하여 제시된다. 지표별 평가점수는 지표별 평점에 지표별 가중치를 곱하여 산출되고, 비계량지표와 계량지표 평가점수를 합산하여 기관의 종합평가결과가 산출된다.

공공기관 경영실적 평가결과에 따른 후속조치로써 종합평가결과에 따라 성과급이 지급되며, 우수 기관에 대해서는 기획재정부장관 표창 등을 시행할 수 있다. 경영실적이 부진한

42) 단, 불가피한 경우(기관 설립 3년 미만 등)에 한해 다른 평가방법을 적용할 수 있다.

기관의 기관장·상임이사에 대하여 공공기관운영위원회의 심의·의결을 거쳐 임명권자에게 해임을 건의할 수 있다. 또한, 기획재정부장관 또는 주무부처의 장은 경영평가 결과 부진기관 등에 대해 경영개선계획을 당해연도 9월까지 제출받아 그 이행상황을 점검하고 그 결과를 평가에 반영할 수 있다. 2년 이상 연속으로 우수등급 이상(A+, A0)을 받은 지표는 해당 지표에 한해 다음연도 평가 시 우수등급 이상(A+, A0)을 부여하도록 하고 있다.(기획재정부, 2023a)

2023년도 공공기관 경영실적 평가결과

2023년도 공공기관 경영실적 평가결과 주요사업에서 뛰어난 성과를 거둔 한수원·KOTRA, 직무급 도입 등 공공기관 혁신에서 두각을 나타낸 국립공원공단과 재무실적이 개선된 한전KPS, 인천국제공항공사 등이 우수(A) 등급을 받았다. 반면 안전사고 발생 등 공공기관이 준수해야 하는 사회적 책임을 소홀히 하거나, 당기순손실이 발생한 기관들은 미흡 이하(D·E)의 평가를 받았다.

우수(A) 등급인 기관은 2022년도 평가에서 19개였으나 2023년도 평가에서 15개 기관으로 4개 감소하였고, 2023년도 평가결과에서 아주미흡(E) 기관은 2개로 작년에 비해 2개 기관이 감소하였다. 기획재정부는 아주미흡(E)이거나 2년 연속 미흡(D) 평가를 받은 기관 중 '23년말 기준 재임기간 6개월 이상 기관장 1명에게 해임 조치를 건의하였다.

[표 13] 공기업 경영실적 평가결과

단위: 개

구분		탁월 S	우수 A	양호 B	보통 C	미흡 D	아주미흡 E	합계
'23년도	합계	-	15	30	29	11	2	87
	공기업	-	6	10	11	4	1	32
	준정부기관	-	9	20	18	7	1	55
'22년도	합계	-	19	48	46	13	4	130
	공기업	-	5	13	13	4	1	36
	준정부기관	-	14	35	33	9	3	94

자료: 기획재정부(2023b; 2023c)

[표 14] 기관별 경영실적 평가결과

등급	공기업	준정부기관	
탁월(S)	-	-	
우수(A)	인천국제공항공사 한국남동발전(주) 한국남부발전(주) 한국수력원자력(주) 한국지역난방공사 한전KPS(주)	국립공원공단 기술보증기금 대한무역투자진흥공사 중소벤처기업진흥공단 한국교통안전공단 한국산림복지진흥원	한국에너지공단 한국연구재단 한국환경공단
양호(B)	㈜ 한국가스기술공사 한국도로공사 한국동서발전(주) 한국부동산원 한국수자원공사 한국전력공사 한국전력기술(주) 한국조폐공사 한국중부발전(주) 해양환경공단	건강보험심사평가원 국립생태원 국민연금공단 신용보증기금 예금보험공사 축산물품질평가원 한국가스안전공사 한국농수산식품유통공사 한국무역보험공사 한국사회보장정보원	한국산업기술기획평가원 한국산업기술진흥원 한국산업안전보건공단 한국석유관리원 한국소비자원 한국승강기안전공단 한국인터넷진흥원 한국장학재단 한국전력거래소 한국환경산업기술원
보통(C)	강원랜드(주) 그랜드코리아레저(주) 대한석탄공사 제주국제자유도시개발센터 주식회사 에스알 한국광해광업공단 한국마사회 한국서부발전(주) 한국석유공사 한국토지주택공사 한전KDN(주)	공무원연금공단 국가철도공단 국민건강보험공단 국민체육진흥공단 근로복지공단 우체국금융개발원 우체국물류지원단 한국관광공사 한국국제협력단 한국농어촌공사 한국보훈복지의료공단	한국산업인력공단 한국자산관리공사 한국장애인고용공단 한국전기안전공사 한국주택금융공사 한국지능정보사회진흥원 한국해양교통안전공단
미흡(D)	주택도시보증공사 한국가스공사 한국공항공사 한국철도공사	국토안전관리원 도로교통공단 소상공인시장진흥공단 한국국토정보공사	한국방송통신전파진흥원 한국산업단지공단 한국원자력환경공단
아주 미흡(E)	한국방송광고진흥공사	한국고용정보원	

자료: 2022년도 공공기관 경영실적 평가결과 및 후속조치(2023.6.16.)를 재구성하여 재작성

(5) 공공기관 경영실적 평가제도 개선방향[43)]

① 공공기관 경영평가 제도 주요 연혁

공공기관 경영평가 제도는 국민과 이해관계자들에게 공공 정보를 공개함으로써 공공기관의 '공적 책임성(Public Accountability) 강화'와 '경영성과(Performance) 개선'의 두 가지 측면에서 긍정적 효과를 가져 온다고 할 수 있다[44)]. 공공기관 경영실적 평가를 통해 피평가기관의 사업실적을 평가하고 개선방안을 제시하는 것뿐만 아니라, 피평가기관 차원에서 미달성 목표에 대한 원인과 대책을 마련하고, 환류(feedback) 과정을 통해 자체적인 개선 노력이 이루어질 수 있도록 한다는 데 평가의 의의가 있다.

공공기관 경영평가 제도는 지난 1983년 「정부투자기관관리기본법」 제정을 통해 시행된 정부투자기관 경영평가제도(기관평가)가 모태라 할 수 있다[45)]. 이후 2003년 「정부산하기관관리기본법」 제정에 따라 '정부산하기관(준정부기관) 평가'가 새롭게 실시되었다(2005~2007년). 당시 공기업은 기획재정부가 경영평가를 관리하였고, 산하기관은 부처별로 경영평가를 실시하였으나, IMF 이후 556개 공공기관 중 87개 기관을 경영평가 대상으로 선정하여 기획재정부가 공기업과 함께 경영평가를 실시하는 '산하기관 경영평가제도'가 도입되었다. 2007년 「공공기관의 운영에 관한 법률」 이 제정됨에 따라 공공기관 경영실적에 대한 평가제도가 통합·일원화되었다. 이에 따라 2008년 투자기관과 산하기관 평가단이 통합되면서 '공공기관 경영평가단'이라는 비영리 단체가 설립되어 지금까지 운영되고 있다.

1984년 공공기관 경영평가 제도가 도입된 이래 지속적인 제도개선 노력이 이루어져 왔다. 2010년 하반기 '2011년 기관경영평가지표체계'를 전면 개편하는 과정에서 기관평가와 기관장 평가를 통합하였다[46)]. 또한, 2011년 공공기관의 경영성과를 글로벌 우수기업과 직접 비

---

43) 본 절은 공공기관 경영평가 관련 전문가 의견과 '조세재정연구원(2015)의 공공기관 경영평가30년, 회고와 전망' 등을 참조하여 작성하였다.

44) McDavid&Hawthorn(2013)은 결과에 초점을 둔 성과의 측정(Results-Focused Performance Measurement)을 통한 공공 정보의 공개(Public Reporting)는 공공 책임성과 성과의 개선을 가져온다고 했고, 이 둘 간에도 상호 작용을 하는 것으로 보았다.

45) 한국에서 공공기관 경영성과에 대한 평가는 1968년 처음 시도된 것으로 알려졌으나 당시만 하더라도 대부분의 공공기관이 정부의 강한 경영통제 아래 놓여 있어 지금의 제도와는 상당 부분 거리가 있었다. 본격적인 의미의 공공기관 경영평가제도의 도입과 운영은 1984년 「정부투자기관관리기본법」 제정 이후부터로 보는 것이 옳을 것이다(최한수·홍우영, 2016)

46) 2009년 기관평가제도와 연계·운영해 왔던 기관장평가 제도를 기관평가로부터 완전히 분리하여 평가지표체계를 독자적으로 설계하였으나 2011년 기관평가와 기관장 평가를 통합하였다. 그러나 2014년 제도개편을 통해 기존에 1년 단위로 실시하던 기관장평가를 3년 임기 중 1회만 평가하는 '기관장 경영성과협약 이행실적평가제도'로 개편함에 따라 2014년부터 다시 기관평가와 기관장 평가는 이원적 모델로 분리되었다.

교평가하는 '글로벌 경쟁력 지표'를 도입하였다. 글로벌 경쟁력 지표는 인천공항공사, 한국가스공사, 한국관광공사, 한국공항공사, 한국도로공사, 한국전력공사 등 16개 기관에 적용되었는데, 당시 글로벌 경쟁력을 갖추지 못한 기관에 적용하는 불합리성이 한계로 지적되기도 하였다. 같은 해 기존 공공기관 고객만족도 조사의 문제점을 보완하기 위해 공공기관에 대한 국민 체감도 조사를 실시하여 평가에 반영하였으며, 기존 기관장평가단과 기관평가단을 통합하여 '경영평가단'으로 명칭하고, 185명의 평가단 수도 150여 명으로 축소하였다.

2012년에는 중장기적 시각에서 공공기관을 관리할 필요성이 제기되며 '중장기 미래지표'를 개발하여 인천국제공항공사('국제 항공여객 환승객 수' 지표), 한국철도공사('철도 안전성' 지표), 국민체육진흥공단('국민 1인당 체육시설 면적 확대' 지표) 등 21개 기관에 21개 지표를 도입·적용하였다. 또한, 같은 해 자산 2조원 이상인 공기업·준정부기관 41개 기관은 매년 의무적으로 국회에 중장기 재무관리계획을 제출하게 함으로써 부채규모, 부채비율, 금융부채 등이 국회 제출 계획대로 추진되고 있는지를 평가받도록 제도를 개선하였다.

2018년에는 공기업과 준정부기관의 평가체계와 지표를 차별화하여 평가에 적용하였으며, 조직 및 인적자원관리와 재무예산관리를 통합하고, '혁신'과 '소통' 지표를 별도로 신설하였다. 2019년도에는 공기업과 준정부기관의 '사회적 가치 구현' 지표에 대한 배점을 전년도 대비 2점 상향조정하여 공공기관의 사회적 가치 구현을 위한 경영실적에 보다 중점을 두었다. 2020년도에는 '코로나19 대응'지표를 도입하여 공공기관의 코로나19 위기극복을 위한 공공기관의 대응노력을 평가에 반영하였다. 2022년도에는 '재무관리' 항목과 '업무효율' 항목을 '재무성과관리' 항목으로 통합하고 배점을 대폭 확대(10점→20점)하였으며, '사회적 가치 구현' 항목은 '사회적 책임'으로 명칭 변경하고, 배점을 축소(25점→15점)하는 등 배점과 지표체계에 대한 전반적인 개편을 시행하였다. 또한, 공공기관의 혁신계획 실행 노력과 성과를 평가하기 위한 가점(5점)을 신설하였다.(국회예산정책처, 2024)

② 공공기관 경영평가 제도 개선방향

지난 40년간 정부의 경영평가제도를 통해 공공기관의 효율성과 책임성이 고양되고 이를 바탕으로 국민 편익 제고에도 많은 진전이 있었던 것이 사실이다. 경영평가는 긴 여정 동안 크고 작은 문제점들을 보완하며 공공기관 발전의 촉매로서 그 역할을 충실히 수행해 왔다.

그간 제기된 문제들로는 단기 실적 평가의 중시, 한시적 평가단 운영, 기관 특성이 고려되지 않은 일률적 기준의 적용, 자율성을 담보하지 않은 책임성 강조 등을 꼽을 수 있고, 이들 대부분은 지금도 풀어야 할 숙제로 남아 있다. 경영평가는 기관의 성과측정과 인센티브 지급의 매체가 아니다. 오히려 공공기관이 나가야 할 길을 함께 모색하고 도와주는 조력자에 가깝다. 이하에서는 경영평가 과정에서 제기되고 발현된 세부적 이슈들을 중심으로 몇 가지 개선과제를 제안한다.

경영평가단의 전문성, 독립성 및 팀워크

공공기관 경영평가가 성공적으로 이뤄지기 위해서는 무엇보다 경영평가단의 전문성과 독립성, 팀워크가 중요하다. 또한, 평가결과에 따른 인사와 인센티브가 확실히 반영되어야 할 것이다.

이와 함께 평가의 분명한 비전과 실행수단이 되는 평가지표의 적절성 확보가 중요하다. 공공기관 평가의 주요한 목적 중 하나는 경영성과를 향상하는 것이므로 경영성과를 무엇으로 정의할 것인지, 설립 목적과 환경이 다른 평가대상 기관을 어떻게 분류하여 그 차이를 조정할 것인지에 대한 지속적인 검토와 개선이 요구된다.

공공기관 경영평가 거버넌스 체계의 명확화

공공기관 경영평가 거버넌스 체계를 명확하게 확립할 필요가 있다. 공공기관 경영평가의 주무부처는 기획재정부이다. 그러나 주무부처가 직접 평가할 경우 발생할 수 있는 공정성·객관성 문제를 방지하고 독립성을 확보하기 위해 민간위원으로 구성된 경영평가단을 운영하고 있다. 2017년부터는 한국조세재정연구원(조세연)의 공공기관연구센터가 평가 지원업무를 수행함에 따라 공공기관 경영실적 평가 거버넌스는 '기획재정부- 조세연 공공기관연구센터 - 경영평가단'으로 분화되었다.

평가의 전문성·객관성을 제고하고 평가결과의 수용성을 확보하기 위해서는 우선적으로 엄격한 기준과 철저한 검증을 통해 평가단을 구성하고 운영해야 한다. 기획재정부는 전문성 있는 평가위원을 선정하여 평가의 효율성을 높이고, 투명한 절차에 따른 평가위원 선정을 통해 평가결과의 객관성을 확보해야 하며,[47] 평가과정 전반에 걸쳐 객관성·투명성이 확보되도록 지속해서 모니터링·관리해야 한다. 기획재정부는 관계 규정에 따라 '공공기관의 운영 및 경영관리에 관한 전문지식과 경험이 풍부하다고 인정되는 자'로 평가단을 구성하며, 평가기관으로부터의 경제적 대가 수령을 금지하고 이를 위반한 자는 경영평가단 참여를 제한하고 있다.

평가단이 효율적으로 평가를 진행하기 위해서는 안정적인 실무지원이 매우 중요하고 필수적이다. 보고서 취합, 평가자료 공급, 피평가기관과의 업무 연락, 현장 실사 지원 등 평가 진행에 필요한 제반 실무가 원활하게 지원되어야 평가단의 전문성이 제고되고 평가의 일관성을 확보할 수 있다.

공공기관 경영평가 관리의 통일성 제고

경영평가단이 평가지표로 삼는 '경영관리'와 '주요사업 지표'의 비중은 대체로 절반씩이며 두 지표 모두 비등한 계량지표와 비계량 지표로 구성된다. 경영관리는 비계량평가단과 계량팀이 분리돼 있고, 주요사업은 평가단이 계량·비계량을 모두 평가한다. 비계량 지표는 평가단이 실제 점수를 부여하지만, 계량지표는 기관이 제출한 점수와 근거자료(지표의 산식에 포함되는 원자료 등)를 대조하여 오류 여부를 확인하고 점수를 반영한다.

여기서 짚고 넘어가야 할 것은 평가의 주체는 평가단이 맞지만, 정부 각 부처도 상당 부분 평가에 참여하고 있다는 점이다. 특히 경영관리 분야의 일자리, 안전, 윤리, 상생협력 등의 지표들은 정부가 직접 기관별로 평가한 지표별 점수를 평가단에 보내오면 평가단은 이 점수를 해당 지표 점수로 반영한다. 이에 따라 경영관리 지표 비중 중 25% 정도는 정부가 평가한 내용이 그대로 반영된다. 이는 다수 부처의 평가결과를 투입함으로써 다양한 평가의견을 반영할 수 있는 장점도 있으나 평가방식이 복잡해지고 평가관리의 통일성이 떨어지는 문제도 있다.

실제로 각 부처가 소관하는 지표별로 피평가 기관에 부여하는 점수의 편차가 다르면 경영평가 결과가 왜곡될 수 있다. 일례로 A부처의 평가지표는 성과달성도에 따른 득점 격차가 적은 데 비하여 B부처의 지표는 과도한 득점 격차가 나타나는 경우, 기관에 따라서 지표별

---

47) 2023년 '공공기관 경영평가제도 운영실태'에 대한 감사원 감사 결과 평가위원이 임기 중 피평가기관으로부터 경제적 대가를 받는 것을 금지하고 있음에도, 위원 후보자 검증 과정에서 과거 임기 중 경제적 대가를 수령한 자가 재위촉된 사례가 지적된 바 있다.

성과달성도 수준은 유사한데 평가결과에는 보다 큰 차이가 발생할 가능성이 있다. 경우에 따라서 이러한 지표별 득점 격차의 차이로 인하여 지표 간 가중치를 차등화하여 평가하는 의미가 퇴색될 우려도 있다

따라서 평가의 통일성을 기하기 위해 정부 평가지표의 숫자를 줄이고, 정부 평가지표 간의 득점 격차를 균등하게 유지할 필요가 있다.

공공기관 경영평가 지표 개선 방향

좋은 지표는 기관의 체질을 바꾸고 국가도 발전시킨다. 그러므로 정부와 평가단 그리고 공공기관은 끊임없는 소통을 기반으로 평가의 공공성 강화와 피평가기관의 사업적 특성, 기관의 성장정도·규모 등을 고려한 차별화된 지표를 지속적으로 개발·보완해 나가야 한다[48]. 이렇게 마련된 지표에 맞춰 기관 구성원들이 평상 업무에 매진하면서 경영실적도 자연스럽게 쌓아갈 때 업무의 효율화뿐만 아니라 평가의 효율성도 제고할 수 있을 것이다. 경영평가 지표개선은 크게 네 가지 측면에서 살펴볼 수 있다.

첫째, 기관의 핵심업무 내용을 정확히 측정할 수 있는 이상적 평가지표의 개발은 기관의 미래성장동력으로 자리매김할 수 있다. 이를 위해 시대 상황에 맞고, 중장기 성과측정이 가능하며 대외요인을 최소화할 수 있는 지표설계가 필요하다.

둘째, 사업집행 실적 평가지표를 개선할 필요가 있다. 사업비 집행률의 경우, 연말기준 사업비 집행률에 따라 계량 점수가 부여되는 데, 공공기관의 예산은 소비진작, 중소기업 지원 등 시장 상황에 영향을 미치므로 조기집행률을 보조지표로 신설함으로써 공공기관의 적극적 조기 예산집행을 유도할 필요가 있다.

셋째, 경영평가 지표의 득점 포화도가 높은 경우 기관 간·사업 간 변별력을 저하시키므로 개선 방안 마련이 필요하다. 특히, 준정부기관의 주요사업 계량지표들은 거의 만점에 가까운 득점 포화도를 보이는 경우가 많다. 수년간 만점을 받은 계량지표는 지표로서 이미 수명을 다했다고 볼 수 있으므로 지표의 도전성을 확보하고 기관 간 상대 평가를 위한 변별력 제고 방안 마련이 요구된다.

48) 경영평가가 공공기관의 울타리에 머물지 않고 외연을 확장하여 주무부처의 업무평가와 연계해 추진하는 것도 기관의 업무 효율성을 높이는 데 도움이 될 수 있을 것이다. 공공기관의 주요사업은 대부분 주무부처의 재정사업(출연, 출자, 보조, 위탁 등)과 밀접하게 연계되기 때문이다.

넷째, 비계량지표별 평가점수의 중심화 경향의 문제가 제기된다. 피평가기관 비계량지표의 대부분은 B, C 등급을 받아 점수분포가 중앙집중화 경향이 발생한다. 특히, 이 현상은 지표의 가중치가 높을수록 심화되는 경향이 있다. 사업 성과 간 변별력을 높이기 위해 가중치가 높은 지표(예컨대 가중치 5점 이상)들에 대한 평가 등급의 세분화(예컨대 B+,B, B-)를 검토할 필요가 있다.

다섯째, 민간부문과 비교할 수 있는 경영지표 개발과 외국정부의 성과와 비교할 수 있는 지표 신설을 통해 기관의 경쟁력을 높일 수 있을 것이다(한국조세재정연구원, 2015). 독점성, 법적 보호막 등 공공기관 특성상 발생하는 기관의 비효율성 문제와 관련해 민간부문과 비교 평가하는 것은 공공기관의 효율성 제고 차원에서 좋은 동기부여가 될 수 있다. 예컨대 대기업군의 임금 수준, 총자산이익률(ROA), 예산집행 효율성 등이 방안으로서 검토될 수 있을 것이다.

이상으로 경영평가제도와 평가지표 개선에 대한 내용을 살펴 보았다. 전술한 것처럼 그동안 정부의 경영평가제도를 통해 공공기관의 효율성과 책임성이 고양되고 상당수준의 업무성과가 이루어진 것이 사실이다. 하지만 공공기관 발전을 위한 또 하나의 주요가치인 자율성의 신장은 정부의 노력에도 불구하고 상대적으로 부족한 것으로 평가된다. 특히, 인력운영, 총액인건비, 관련 요금의 결정 등에서 기관의 자율성 확대가 필요하다는 의견이 제시되었다(박한준 외, 2024). 「공공기관의 운영에 관한 법률」에서는 기관의 책임경영체제 확립을 위해 자율성을 보장하도록 규정하고 있음을 고려할 때 기관의 자율성 제고를 위한 제도적 노력이 요망된다.

(6) 공공서비스 혁신 논의와 방향[49]

정부의 공공서비스 혁신 노력

공공기관은 정부 정책의 최일선 집행기관으로 경제발전, 사회간접자본(SOC), 사회·문화 등 각 분야에서 국민 생활과 밀접한 공공서비스를 제공해 왔으나, 국민의 재정수요 다변화, 인공지능(AI)·디지털 기술의 급속한 발달 등 대내외 환경이 급변함에 따라 공공서비스 품질 제고와 양적 확대 등의 혁신 과제를 안게 되었다.

기획재정부는 이를 위해 국민 여가생활 증진·일상생활 편의성 증가 등 4개 분야 12개 유형의 대국민 서비스 개선과제를 마련하여 발표[50]하였다(2024. 2. 2). 또한,「2024년 공공기관 경영평가편람」(2023. 12)에서 「새정부 공공기관 혁신 가이드라인[51]」에 따른 공공기관의 서비스 혁신 실행 방안을 평가하여 우수기관 가점 부여방안을 제시하는 등 공공서비스 혁신을 위한 정책을 적극 추진하고 있다.

[표 15] 2024년 공공기관 경영평가: 공공기관 혁신노력과 성과 가점

평가지표	세부평가내용	
공공기관 혁신가점	지표정의	공공기관 혁신방안의 실행을 위한 노력과 성과를 평가한다
	적용대상(배점)	공기업 및 준정부기관(5점)
	세부평가내용	국정과제 등 핵심정책 이행을 위한 노력과 성과(2점)

자료: 2024년도 공공기관 경영평가편람

기획재정부는 '공공기관 혁신가점'의 세부평가 내용으로 국정과제 등 핵심정책 이행을 위한 노력과 성과로서 정부정책의 적극수행과 대국민 홍보, 청년 등 신규채용 확대, 업무혁신을 통한 공공서비스 국민체감도 대폭 향상 등을 제시하였다.

특히, 공공서비스 국민체감도와 관련해 그동안 대다수의 공공서비스는 공급자 중심의 전

49) 이 절은 기획재정부 「2024년 공공기관 경영평가편람」, 「새정부 공공기관 혁신가이드라인」, 박용성 외(2020) 등을 토대로 작성하였다.

50) 기획재정부는 2024년 2월 2일 경제부총리 주재 비상경제장관회의에서 국민 여가생활 증진·일상생활 편의성 증가, 교통·안전 관리 강화, 국민건강 보호 강화, 서류 간소화 등 4개 분야 12개 유형의 대국민 체감형 서비스 개선방안을 발표하였다.

51) 정부는「새정부 공공기관 혁신가이드라인」('22.7.29)을 통해 공공기관의 기능, 조직·인력, 예산, 자산, 복리수행 등 5대 분야의 생산성·효율성 제고를 중점 추진하기로 하였다. 특히 공공기관의 생산성 제고와 관리체계 개편, 그리고 기술·특허, 빅데이터 분야 등에서 민간부문과의 협력을 강화하는 혁신과제를 중점적으로 추진한다고 밝혔다.

달체계로 구축되어 있어 공공서비스 수혜자인 국민들의 체감도는 여전히 낮은 수준이라는 지적이 제기되어 왔다. 기획재정부가 공공서비스에 대한 국민체감도 향상을 공공기관 혁신의 주요 성과로 제시한 것은 공급자 중심의 공공서비스 전달체계를 '수요자 중심'으로 개선하여 공공서비스 품질 제고와 양적 확대를 도모하려는 강한 정책의지를 나타낸 것이라고 볼 수 있다.

공공서비스 혁신의 모색

① 첨단기술의 발전과 공공서비스 혁신

4차 산업혁명의 물결은 산업·경제, 문화, 교육, 복지 등 모든 영역에 첨단기술을 확산시켜 어느 때보다 급격한 사회적 변화를 끌어내고 있다. 4차 산업혁명으로 대변되는 인공지능(AI), 디지털 기반 기술, 빅데이터 등 지능정보기술[52]의 발달은 우리 실생활에 영향을 줄 뿐만 아니라, 각 영역의 산업 전반에 확산하고 산업 간 융합도 더욱 가속화시킬 것으로 전망되고 있다.

공공부문 역시 민간부문 못지않게 이러한 기술 발전의 파급력에 큰 영향을 받고 변화될 수 있는 영역이다. 정부가 주요 정보를 독점하고, 공급자 중심의 공공서비스를 제공해 왔던 과거와 달리, 국민 개개인의 정보 보유량과 데이터 활용수준이 높아진 가운데, 공공서비스는 첨단기술 적용을 통해 수요자가 손쉽게 이용할 수 있고, 나아가 수요자가 요구하는 정보를 맞춤형으로 제공해 줄 정도의 혁신적 수준까지 변화해야 할 필요성이 높아졌다.

이렇듯 첨단기술의 발전은 다양한 영역에 걸친 공공서비스의 혁신적 변화를 추동하게 되는데, 대표적으로 인공지능(AI) 등에 기반한 '새로운 공공서비스'의 형태로 나타나게 된다. 여기서 '새로운 공공서비스'는 혁신적 아이디어에서부터 목표, 수단, 프로그램과 같은 넓은 범위의 요소까지도 포함하게 된다.

---

52) 지능정보기술은 인공 지능(AI)에 데이터 활용 기술인 사물 인터넷(IoT), 빅데이터(Big data), 클라우드(Cloud), 모바일(Mobile)이 결합되어 AI+IBCM으로 표현된다. 지능정보기술은 다양한 제품과 서비스를 지능화하여(예: 자율 주행 자동차, 지능형 로봇 등) 제4차 산업혁명의 원동력이 된다(한국정보통신기술협회, 2024)

② 공공서비스 전달 체계 혁신

서비스 전달 체계 혁신의 관점에서 공공서비스 혁신은 첫째, '통합프로젝트 전달체계(Integrated Project Delivery: IPD) 기반 혁신모형'을 통해 논의할 수 있다(박용성 외, 2020). IPD 혁신 모형에 따르면 공공서비스 전달 체계 혁신은 서비스 공급자와 수요자가 서비스 전달의 전 과정에 함께 참여하는 통합된 형태가 구축되었을 때 가능하며, 10가지 원칙[53]하에 수요자에 초점을 둔 서비스 공급이 가능하다고 보았다(AIA, 2014). 수요자 중심 공공서비스는 정책중단이나 실패의 위험을 감소시키고 불필요한 거래비용 등을 줄여줌으로써 정책효과를 극대화할 수 있게 된다.

둘째, '공공서비스 통합 수준모형'은 공공서비스 접근의 단일접점(채널) 구축을 위한 기관 간 협력·협업 수준의 개념적 틀을 제공하고 있다(Nova Scotia Health Research Foundation, 2012). 이 모형은 기관 간 공유 정보의 정도에 따라 가장 낮은 수준인 의사소통형(communication)부터 가장 높은 수준인 통합형(integration)으로 분류하고 있는데, 공공서비스 혁신을 위해서는 의사결정 공유와 프로그램 연계가 이뤄지는 '협업형'과 '통합형'으로 나아갈 필요가 있다고 제안한다.

[그림 2] 공공서비스 통합 수준모형: 공공서비스 통합 수준

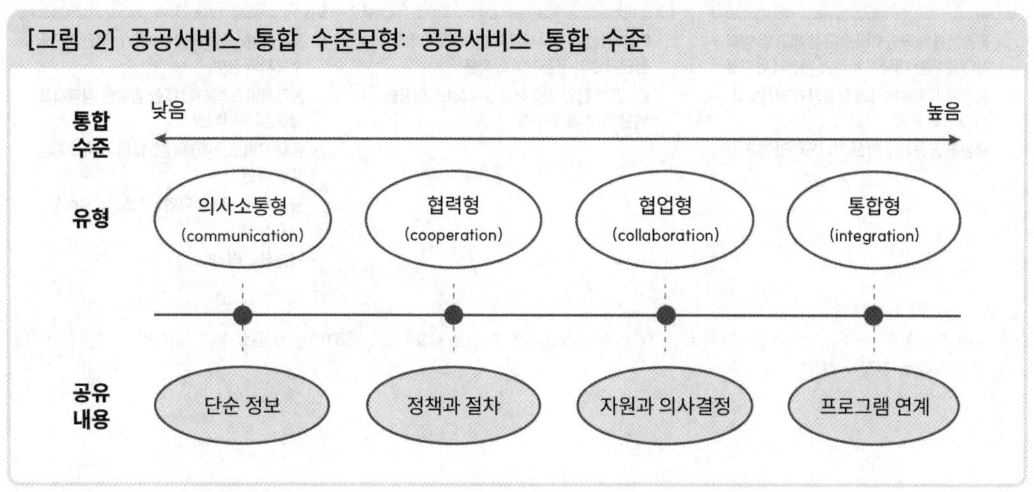

자료: Nova Scotia Health Research Foundation(2012)을 토대로 저자가 재작성

53) ① 개인이 아닌 전체의 최적화(Optimize the Whole, not the parts), ② 초기단계 명확한 목표 정의(Early and Clear Goal Definition), ③ 지속적이고 밀접한 협업(Collaboration), ④ 사람과 시스템의 통합(Integration: people and systems), ⑤ 참여자 공동 소유권(Joint Ownership), ⑥ 참여자간 존중(Respect)과 신뢰(Trust), ⑧ 투명성(Transparency), ⑨ 리스크와 보상의 공유(Shared Risk and Reward), ⑩ 훌륭한 기술(Good Technology)

셋째, Peppers & Rogers(2010)는 공공서비스 수요자·공급자, 서비스 전달체계 등으로 구성된 '공공부문 생태계'의 혁신을 위해서는 공공부문의 혁신이 일상화되는 '공공부문 혁신생태계'의 유지가 선행되어야 한다고 보았다. 공공부문 혁신의 일상화를 위해 '혁신생태계의 인식', '구조(역량)', '프로세스(협업)', '리더십' 등 4가지 영역에서 혁신의 제약이 최소화되고, 각 영역에서 지속적인 혁신이 추진될 때 성과 창출이 가능하다고 하였다(Christian Bason, 2018).

이상의 논의를 종합하여 공공서비스 혁신의 핵심 요소를 제안하면 다음과 같다.

[그림 3] 공공서비스 혁신의 핵심 요소

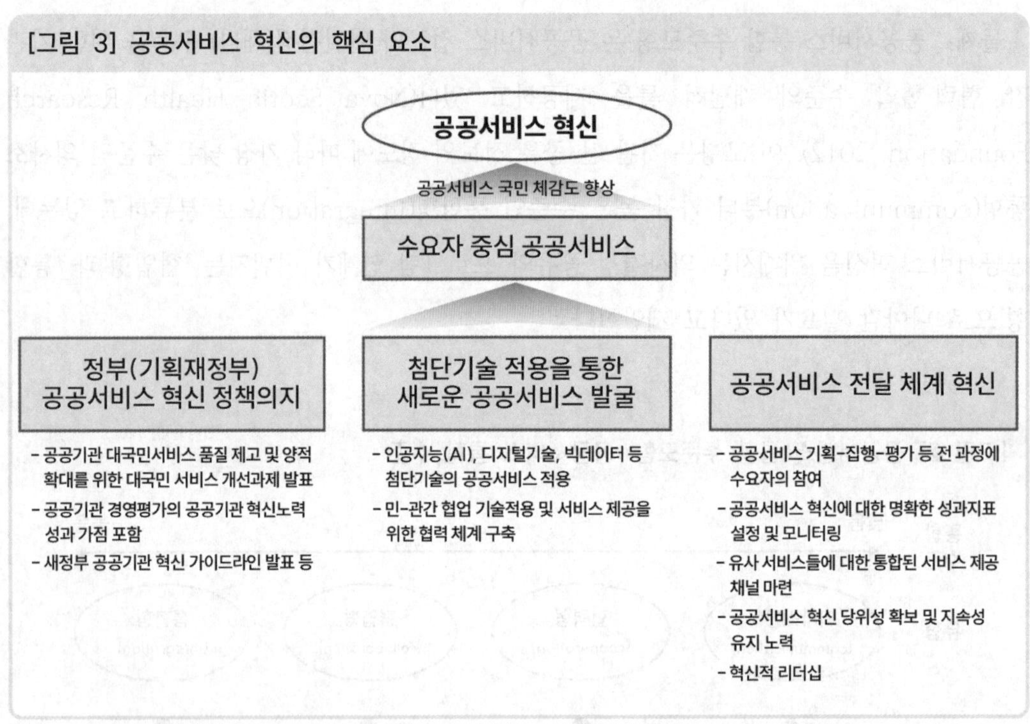

자료: AIA(2014), Nova Scotia Health Research Foundation(2012), Peppers & Rogers(2010), 기획재정부 '공공서비스 혁신 관련 자료' 등을 토대로 저자가 작성

공공서비스 혁신 방향

공공서비스 혁신 핵심 요인을 토대로 한 공공서비스 혁신 방향을 제시하면 다음과 같다.

첫째, 인공지능(AI), 디지털기술, 빅데이터 등 첨단기술을 적용한 수요자 중심의 새로운 공공서비스를 발굴·개발하기 위해 적극적인 노력을 기울일 필요가 있다. 첨단기술을 적용한 공공서비스는 수요자의 편의성을 향상시키고 서비스 품질을 제고시킴으로써 결국 공공서비스의 국민체감도를 높일 수 있게 된다.[54] 첨단 기술을 적용한 공공서비스의 혁신이 성과를 도출하기 위해서는 민관이 상호 신뢰와 소통을 바탕으로 AI기반 서비스 도입 단계에서부터 협업하는 선순환 구조 창출이 필요할 것이다.[55]

둘째, 공공서비스 기획 단계에서부터 집행, 평가 단계 등 전 과정에 걸쳐 공공서비스 수요자의 참여가 이뤄질 수 있는 방안마련이 요구된다. 공공서비스 관련 전 과정에 수요자가 함께 참여해 수요자의 니즈나 개선사항을 직접적으로 반영시킴으로써, 궁극적으로는 국민체감형 공공서비스를 개발할 수 있게 된다. 이를 통해 수요자의 저항이나 실패위험을 최소화하여 불필요한 행정비용 등을 줄여줌으로써 공공서비스의 효과를 극대화할 수 있게 된다.

셋째, 안정적이고 지속가능한 공공서비스 혁신업무의 추진을 위해 명확한 혁신 성과지표를 설정하고 주기적인 성과평가와 모니터링 체계를 구축해야 한다. 기획재정부가 공공기관의 혁신노력을 평가하기 위해 2024년 공공기관 경영실적 평가에 '공공기관 혁신 가점'을 포함한 것이 대표적이라고 할 수 있다.

넷째, 수요자의 공공서비스 접근 편의성을 제고하기 위해 유사한 서비스들을 유형화하고, 통합된(integrated) 서비스 제공 채널마련이 필요하다. 유사한 성격의 파편화된 공공서비스는 수요자로 하여금 접근을 어렵게 하여 공공서비스에 대한 만족도를 저하시키는 주요 요인으로 작용한다. 공공서비스 통합 수준모형에서 제시한 바와 같이, 의사결정과 프로그램에 대한 기관 간 정보공유가 이뤄지는 '협업형'과 '통합형'으로의 기관 간 소통의 방식 변화가 요구된다.

---

54) 한국도로공사는 교통정보 제공 품질향상을 위해 'AI 보이스봇' 등 AI콜센터를 구축해 긴급신고 연결체계를 개선한바 있으며, 국민연금공단은 약자복지증진, 일하는 방식 개선, 노후소득 보장 등 업무분야에 대한 빅데이터 분석을 통해 기초연금 신청률 제고 등 업무 효율성을 높이고 서비스 편의를 위한 과제를 발굴하고 있다.

55) 강원랜드는 '정부-대기업-중소기업-공공기관' 협업 추진체계를 구축하여 'AI 레스토랑'을 조성함으로써 고객편의 증대와 업무개선, 인력효율화 등을 달성하였다.

다섯째, 공공부문에서 혁신이 일상화될 수 있는 환경을 조성하고 혁신의 당위성을 확보하고 혁신의 지속성을 유지하기 위해 노력할 필요가 있다. 공공부문 혁신생태계 모형에서 제시하듯이 공공부문에서의 혁신이 일상화될 때 혁신업무의 지속적인 추진과 성과 창출이 가능해 진다. 현재의 공공서비스에 대한 수요자의 의견을 주기적으로 수렴하여 공공서비스 혁신의 당위성을 확보하고, 그 결과를 데이터화하여 지속적인 혁신의 근거로서 활용할 수 있다.

여섯째, 혁신에 대한 저항과 위기상황을 타개하면서 혁신을 추진하기 위한 기관의 강력하고 합리적인 리더십이 요구된다. 기관장의 공공기관과 공공서비스를 개선하기 위한 혁신적인 비전과 목표 제시는 기관의 혁신을 추진하고 달성하는 가장 중요한 요인이 될 것이다.

참고문헌

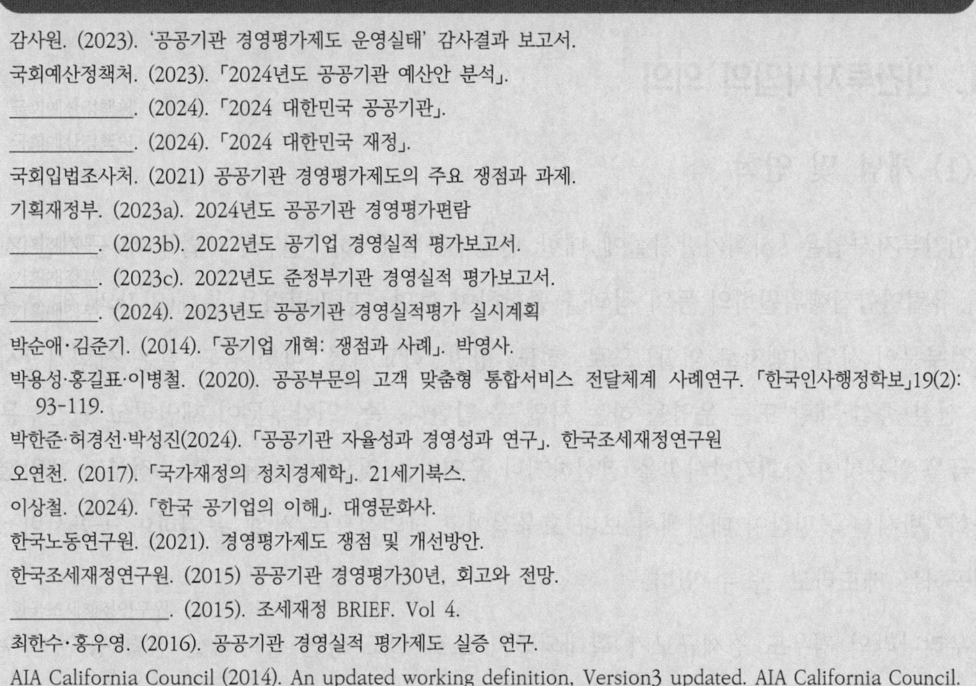

감사원. (2023). '공공기관 경영평가제도 운영실태' 감사결과 보고서.

국회예산정책처. (2023). 「2024년도 공공기관 예산안 분석」.

________. (2024). 「2024 대한민국 공공기관」.

________. (2024). 「2024 대한민국 재정」.

국회입법조사처. (2021) 공공기관 경영평가제도의 주요 쟁점과 과제.

기획재정부. (2023a). 2024년도 공공기관 경영평가편람

________. (2023b). 2022년도 공기업 경영실적 평가보고서.

________. (2023c). 2022년도 준정부기관 경영실적 평가보고서.

________. (2024). 2023년도 공공기관 경영실적평가 실시계획

박순애·김준기. (2014). 「공기업 개혁: 쟁점과 사례」. 박영사.

박용성·홍길표·이병철. (2020). 공공부문의 고객 맞춤형 통합서비스 전달체계 사례연구. 「한국인사행정학보」19(2): 93-119.

박한준·허경선·박성진(2024). 「공공기관 자율성과 경영성과 연구」. 한국조세재정연구원

오연천. (2017). 「국가재정의 정치경제학」. 21세기북스.

이상철. (2024). 「한국 공기업의 이해」. 대영문화사.

한국노동연구원. (2021). 경영평가제도 쟁점 및 개선방안.

한국조세재정연구원. (2015) 공공기관 경영평가30년, 회고와 전망.

________. (2015). 조세재정 BRIEF. Vol 4.

최한수·홍우영. (2016). 공공기관 경영실적 평가제도 실증 연구.

AIA California Council (2014). An updated working definition, Version3 updated. AIA California Council.

Christian Bason. (2018). "Leading Public sector innovation 2nd edition". Policy press.

McDavid, J. C., Huse, I., & Hawthorn, L. R. L. (2013). Program Evaluation and Performance Measurement: An Introduction to Practice (2nd ed.). Thousand Oaks, CA: Sage Publications.

Nova Scotia Health Research Foundation. (2012). Collaborative Service Delivery. Jurisdictional Review January 2012.

Peppers & Rogers Group. (2010). Integrated Public Service Delivery: Achieving Effciency While Delivering Exceptional Constituent Experiences. Peppers & Rogers Group White paper.

제5절 임대형 민간투자사업

1. 민간투자사업의 의의

(1) 개념 및 연혁

민간투자사업은 「사회기반시설에 대한 민간투자법」(이하 "민간투자법") 에 근거한 것으로, 유럽연합집행위원회의 등의 정의를 종합하여 보면, "민관협력을 통해(민간의 제안 혹은 민간부문이 사업시행자로 역할) 도로, 철도, 항만, 학교시설, 하천 등과 같은 사회기반시설을 신설·증설·개량 또는 운영을 하는 사업"을 말한다. 즉, 민간부문이 제안하고 민간부문의 자금을 활용하여 사회기반시설을 건설하거나 운영하는 것으로, 전통적으로 정부가 책임졌던 사회기반시설을 민간이 대신해서 보다 효율적이고 창의적으로 건설, 운영하여 공공서비스를 제공하는 제도라고 볼 수 있다.

우리나라의 경우도 경제규모가 확대되면서 도로·철도·항만·공항시설·전력·용수·하수처리시설 등 인프라시설의 부족문제가 발생하였다. 인프라시설의 부족은 물류비 증가와 국가 경쟁력 저하라는 악영향을 초래하였다. 더욱이 1990년대부터는 국민들의 소득수준이 향상하면서 여가 등 복지수요가 급속하게 증가하였고, 지방화·개방화도 급속히 진행되었다. 개발시대의 성장정책에 밀려 소홀히 취급되었던 복지, 교육, 환경 등에 대한 투자수요도 급증하였다. 정부는 이 같은 문제들을 해결하기 위한 대책을 수립하였으나 가장 중요한 것은 투자비를 어떻게 마련하느냐 하는 것이었다. 지속적인 경제성장이 이루어지고는 있었지만 세수를 늘려 필요한 투자비를 마련하는 데에는 한계가 있었다. 정부는 이와 같은 투자재원 부족문제를 해결하기 위한 방안으로서 사용자부담원칙의 적용이 가능한 사업들을 중심으로 민간자본의 유치방안을 모색하였다(한국개발연구원, 2023).

이러한 배경 하에서 1994년 「사회간접자본시설에 대한 민간자본유치촉진법」이 제정되었으며, 1998년 외환위기 상황에서 민간투자 활성화를 위해 동 법률을 수정 및 보완하여 「사회간접자본시설에 대한 민간투자법」으로 개정(1998. 12.)하였다. 주요 개정 사항은 사회기반시설들에 대한 정부의 지원과 위험분담 장치 강화, 민간투자지원센터설립, 민간제안방식의 도입, 최소운영수입보장제도(Minimum Revenue Guarantee: MRG) 등이다(연가연,

2011).

이후 2005년 1월 「사회기반시설에 대한 민간투자법」으로 개정되면서, 기존에 주로 시행되었던 도로, 항만 철도 뿐만 아니라 학교시설 및 군주거시설 등 사회적 인프라시설을 대상으로 하는 임대형 민자사업(BTL) 방식이 도입되었고 공모 형태의 인프라펀드를 통해 투자자의 저변을 확대하는 내용이 담겼다.

그러나 민간투자사업의 급증으로 인해 정부의 재정건전성 악화 및 사업추진과정에서의 투명성 확보 문제가 지속적으로 제기됨에 따라 2010년도에 추진하는 사업부터는 민자사업 한도액에 대한 국회의 심의·의결을 의무화하였다. 또한, 일정 규모 이상의 사업에 대해서는 타당성 분석결과와 추진실적 등에 관한 보고서를 국회 소관 상임위원회와 예산결산특별위원회에 제출하도록 규정하였다. 또한, 최소운영수입보장(MRG)제도가 2009년에 폐지되어 투자 리스크가 큰 BTO 사업이 위축됨에 따라, 정부는 2015년에 위험분담 또는 손익공유로 BTO의 단점을 보완할 수 있는 BTO-rs(위험분담형)와 BTO-a(손익공유형)를 도입하였다.

이후 2016년에는 BTL 활성화를 위하여 기존 정부고시와 함께 민간제안방식을 허용하고, 민자사업 대상시설에 공공청사, 화장시설 등을 추가하였다. 또한, 2020년에는 민자 대상시설 확대를 위해 포괄주의를 도입하고 제안보상 합리화를 통해 창의적인 사업제안을 촉진하는 등 신규 민자사업 활성화를 도모하고 있다(국회예산정책처, 2024).

[표 1] 민간투자사업의 연혁

구 분	주요 내용
도입 (1994.8.)	•「사회간접자본시설에 대한 민간자본유치 촉진법」 제정 • 정부 주도의 사회간접자본시설 투자에 따른 재원부족 보완 등을 위해 민자제도 도입, 수익형 민자사업(BTO) 중심
전면 개정 (1998.12.)	•「사회간접자본시설에 대한 민간투자법」으로 개정 • 제도를 국제기준에 맞게 전면 개편하고 수익성 제고 등 적극적 유인체계를 제공함으로써 외국자본 등 민간투자를 적극 활성화하는 한편 이를 통해 경제 활성화·국가경쟁력 강화·성장잠재력의 확충을 도모
MRG 도입 (1999.7.)	•「민간투자사업기본계획」 - 최소운영수입 보장 및 초과수입 환수의 기준과 절차 마련

구 분	주요 내용
BTL 도입 (2005.1.)	•「사회기반시설에 대한 민간투자법」으로 개정 • 임대형 민자사업(BTL) 방식 도입(민간제안 미허용) • 민간투자사업 대상시설에 학교시설, 군 주거시설, 공공임대주택, 아동보육시설, 노인의료·복지시설, 공공보건의료시설, 문화시설 등 추가
MRG 폐지 및 축소 (2006.6.)	•「민간투자사업기본계획」 - 민간제안사업의 운영수입보장제도 폐지 - 정부고시사업의 운영수입보장 수준 축소 ◦ 보장기간: 15 → 10년 ◦ 보장수준: 90% 상한으로 5년 경과시 10%씩 축소
관리 강화 (2008.12.)	• 임대형 민자사업(BTL) 한도액에 대한 국회 심의절차 신설 • 민간투자사업 실적보고서, BTL 정부지급금추계서 등 국회 제출
MRG 폐지 (2009.3.)	•「민간투자사업기본계획」 - 정부고시사업의 운영수입보장제도 폐지
방식 확대 (2015.4.)	• BTO-rs(위험분담형)와 BTO-a(손익공유형) 도입
대상 확대 등 (2016.3.)	• 임대형 민자사업(BTL)에 대한 민간제안 허용 • 민간투자사업 대상시설에 중앙행정기관의 소속기관 청사(경찰청의 지방청 및 경찰서 제외), 화장시설, 아동복지시설, 택시공영차고지 포함
대상 확대 (2018.3.)	• 민간투자사업 대상시설에 지방경찰청 및 경찰서 포함
전문기관 등도 민간제안 사업 제안서 검토 허용 (2019.5.)	• 총사업비가 2천억원 미만이고, 예타 대상이 아닌 사업은 기획재정부장관이 지정하는 전문기관에서 제안서 검토 수행 • 민간투자사업에 대해 산업기반신용보증기금이 신용보증할 수 있는 일반 금전채무 한도를 4천억원에서 5천억원으로 상향
민자사업 다원화, 활성화 (2020.2.)	• BTO+BTL 혼합형 민자방식을 도입하는 등 민자사업 다원화 • 제안보상 합리화를 통해 창의적인 사업제안을 촉진하는 등 신규 민자사업 활성화
포괄주의 도입 (2020.3.)	• 민간투자사업 대상시설을 민간투자법에 열거된 53개 시설 유형에서 공익 침해 우려가 없는 경제·사회기반 시설 및 공용·공공용시설로 변경
사업대상 사전확정 (2022.7.)	• 사업유형별 상위계획 수립시 민자 물량 배정 등을 통해 민간투자 사업대상 사전확정 추진

자료: 국회예산정책처, 「2024 대한민국 재정」

2. 민간투자사업의 추진방식

(1) 추진유형 및 사업현황

현행 「민간투자법」 제4조와 기획재정부는 「민간투자사업기본계획」에서는 민간투자사업의 방식을 아래와 같이 열거[56]하고 있다.

[표 2] 추진방식에 의한 민간투자사업 분류

추진방식	주요내용
BTO방식 (Build-Transfer-Operate)	사회기반시설의 준공과 동시에 당해 사실의 소유권이 국가 또는 지방자치단체에 귀속되며, 사업시행자에게 일정기간의 사실관리운영권을 인정하는 방식
BTL방식 (Build-Transfer-Lease)	사회기반시설의 준공과 동시에 당해 시설의 소유권이 국가 또는 지방자치단체에 귀속되며, 사업시행자에게 일정기간의 사실관리운영권을 인정하되, 그 시설을 국가 또는 지방자치단체 등이 협약에서 정한 기간 동안 임차하여 사용·수익하는 방식
BOT방식 (Build-Own-Transfer)	사회기반시설의 준공 후 일정기간 동안 사업시행자에게 당해시설의 소유권이 인정되며, 그 기간의 만료시 시설소유권이 국가 또는 지방자치단체에 귀속되는 방식
BOO방식 (Build-Own-Operate)	사회기반시설의 준공과 동시에 사업시행자에게 당해시설의 소유권이 인정되는 방식
BTO-rs방식 (Build-Transfer-Operate -risk sharing)	정부가 사업시행에 따른 위험을 분담(예: 50%)함으로써 민간의 사업위험을 낮추는 방식
BTO-a방식 (Build-Transfer-Operate -adjusted)	시설의 건설 및 운영에 필요한 최소사업운영비만큼 정부가 보전함으로써(초과이익 발생 시 공유) 사업 위험을 낮추는 방식
BLT방식 (Build-Lease-Transfer)	사업시행자가 사회기반 시설을 준공(신설·증설·개량)한 후 일정기간 동안 타인에게 임대하고 임대 기간 종료 후 시설물을 국가 또는 지방자치단체에 이전하는 방식

주: 「민간투자사업기본계획」에서는 혼합형/결합형/개량운영형 방식도 제시
자료: 기획재정부(2023). 「민간투자사업기본계획」(기획재정부공고 제2023-84호)를 바탕으로 작성

56) 「민간투자법」제4조는 [표 2]에서 제시하고 있는 추진방식(BTO, BTL, BOT, BOO) 외에도 민간투자시설사업기본계획에 제시된 방식(BLT, ROT, ROO, RTL)도 민간투자사업의 추진방식으로 인정하고 있다.

민간투자법 제4조(민간투자사업의 추진방식)에 따라 민간투자사업은 BTO, BOT, BOO, BTL 방식 등으로 추진될 수 있으나, 대부분 BTO 방식과 BTL 방식으로 추진되었다. 추진 방식별 실적을 보면 1994년부터 2022년간 협약이 체결되어 추진 중인 818건의 민간투자 사업 중 BTO(수익형)는 276건(33.7%), BTL(임대형)은 542건(66.3%)이다. 2022년 말 기준으로 완공되어 운영 중인 사업은 BTO 200개, BTL 484개로 총 684개 사업이며, 시공 중인 사업은 BTO 17개, BTL 19개로 총 36개, 시공 준비 중인 사업은 BTO 18개, BTL 26개로 총 44개이다. 2022년까지 민간투자사업에 투자된 금액은 137.4조원이며, 민간이 투자한 금액은 98.9조원이다.

[표 3] 민간투자사업 추진 단계별 투자비 실적('94~'22) (단위: 개, 조원)

구 분	사 업 수					투 자 비			
	합 계	운영중	시공중	준비중	종 료	합 계	민간 투자비	건설 보조금	토지 보상비
BTO (수익형)	276	200	17	18	41	102.1	64.3	23.7	14.0
BTL (임대형)	542	484	19	26	13	35.3	34.6	0.7	0.02
합 계	818	684	36	44	54	137.4	98.9	24.4	14.0

자료: 기획재정부(2023), 「2022년도 민간투자사업 운영현황 및 추진실적 등에 관한 보고서」

대상시설별 민간투자사업 현황을 살펴보면, 민간투자사업 총 818건 중 교육사업이 278건으로 가장 많고, 그 다음으로 환경사업(221건), 국방사업(93건), 도로사업(66건), 문화관광사업(42건) 등의 순으로 나타났다. 총투자비 기준으로 민간투자사업 총투자비 125.7조원 중 도로사업이 47.5조원으로 가장 크고, 그 다음으로 철도사업(28.5조원), 환경사업(17.5조원) 등의 순으로 나타났다. 사업당 평균투자비 기준으로 보면 철도사업이 15,839억원으로 가장 크고, 도로사업이 7,192억원으로 다음 순위를 차지하고 있다.

[표 4] 대상시설별 민간투자사업 현황('94~'22)

(단위: 건, 억원, %)

구 분	사업수		투자비		평균 투자비
		비중		비중	
교육	278	34.0	117,964	9.4	424
환경	221	27.0	175,472	14.0	794
국방	93	11.4	68,228	5.4	734
도로	66	8.1	474,650	37.8	7,192
도로(주차장)	31	3.8	3,582	0.3	116
도로(휴게소)	3	0.4	654	0.1	218
문화관광	42	5.1	23,115	1.8	550
항만	17	2.1	72,159	5.7	4,245
복지	20	2.4	8,015	0.6	401
철도	18	2.2	285,101	22.7	15,839
공항	14	1.7	8,256	0.7	590
유통	6	0.7	12,114	1.0	2,019
정보통신	8	1.0	7,532	0.6	942
주택	1	0.1	237	0.0	237
합 계	818	100	1,257,079	100	1,537

자료: 한국개발연구원(2023), 「2022년도 KDI 공공투자관리센터 연차보고서」

(2) BTL방식과 BTO방식의 비교

민간투자사업은 BTL, BTO, BOO(Build·Own·Operate, 건설 소유 운영), BOT 등의 다양한 방식으로 추진이 가능하지만, 우리나라의 민간투자사업은 수익형 민간투자자사업(BTO)과 임대형 민간투자사업(BTL)이 주를 이룬다. BTL방식과 BTO방식을 비교하면 [표 3]과 같다.

[표 5] BTL과 BTO 사업추진방식 비교

추진방식	임대형 민간투자사업(BTL)	수익형 민간투자사업(BTO)
시설성격	• 최종이용자에게 사용료부과로 투자비 회수가 어려운 시설(서비스 구입형)	• 최종이용자에게 사용료 부과로 투자비 회수 가능한 시설(수익형)
대상시설	• 교육, 국방, 복지, 주택, 문화시설 등	• 고속도로, 항만, 경전철, 지하철, 환경시설 등
투자비회수	• 정부의 시설임대료(정부 재정부담)	• 최종 이용자의 사용료(수익자 부담원칙)
사업리스크	• 민간의 수요위험 배제	• 민간이 수요위험 부담 (수요에 따라 수익률 변동)
사용료선정	• 총 민간투자비 기준(시설의 준공시점 가격) • 임대료 산정 후, 균등분할 지급	• 총 사업비 기준(고시, 협약체결시점 가격) • 기준사용료 산정 후 물가변동분을 별도 반영
재정지원	·토지 무상제공 등(필요시 재정지원 가능)	• 건설기간 중 건설 부담금 • 용지 보상비 등
제안방식	·정부고시사업	• 정부고시사업 • 민간제안사업
추진유형	• BTL(Build-Transfer-Lease)	• BTO(Build-Transfer-Operate) • BTO-rs(Build·Transfer·Operate-risk sharing: 위험분담형) • BTO-a(Build · Transfer Operate-adjusted:손익공유형)

자료: 국회예산정책처(2024), 한국개발연구원(2023)을 바탕으로 재작성

3. 임대형 민간투자사업(BTL)

(1) 의의 및 현황

임대형 민간투자사업(Build-Transfer-Lease, BTL)은 국가재정으로 건설·운영해 왔던 도로·철도·항만 등 사회기반시설을 민간의 재원으로 건설하고 민간이 운영하는 민간투자사업의 한 종류이다. 이는 민간이 사회기반시설을 건설(Build)한 후 시설 소유권을 주무관청인 국가와 지방자치단체로 이전(Transfer)하면, 민간이 관리운영권을 획득하여 주무관청인 국가나 지방

자치단체로부터 시설임대료(Lease)를 받아 투자비를 회수하는 방식으로 추진된다. 임대형 민간투자사업은 학교·병원·군생활관 등 수익성이 낮은 시설에 대하여 주로 활용되는 민간투자 방식으로, 이들 시설의 경우 사용료 징수를 통해 투자비를 회수하기 곤란하여 민간투자사업 중 사용료 징수를 통해 투자비를 회수하는 수익형 민자사업(Build-Transfer-Operate, BTO)으로는 추진이 어렵기 때문이다(국회예산정책처, 2023).

[그림 1] BTL 사업의 구조

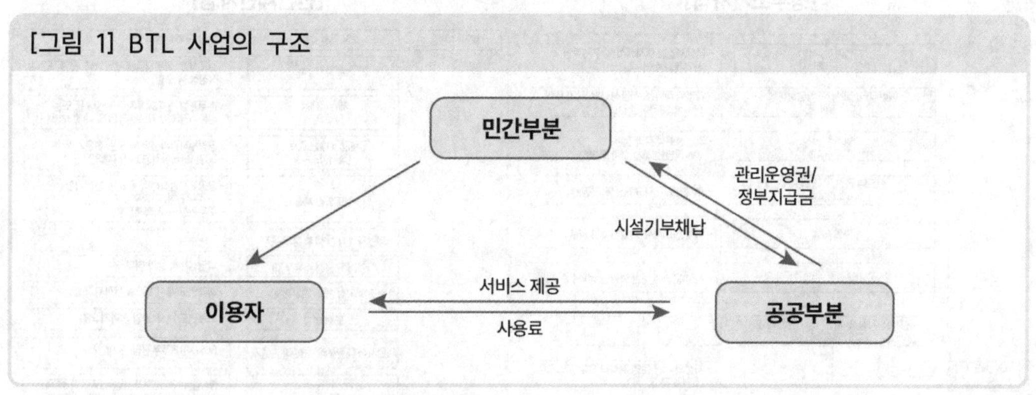

임대형 민간투자사업은 정부고시사업과 민간제안사업으로 분류할 수 있으며, 각 사업의 성격에 따라 절차도 다소 상이하다. 먼저, 정부고시사업은 주무관청의 사업계획 수립으로부터 사업이 시작되며, 사업계획을 바탕으로 타당성분석과 민간투자사업 적격성조사(제안서검토)를 거친 후 기획재정부에 사업계획을 신청한다. 기획재정부는 주무관청의 신청을 바탕으로 임대형 민간투자사업 한도액안을 작성하고, 이를 국회에 제출한다. 국회에서 해당 안건을 의결하여 임대형 민간투자사업 한도액이 확정되면 주무관청에 의하여 시설사업기본계획 고시, 사업계획평가 및 협상 대상자 지정, 실시협약 체결, 사업자의 실시계획 승인 절차가 진행되며, 실시계획 승인 후 공사 착공이 이루어진다.

반면 민간제안사업의 경우 민간의 제안서 제출로부터 사업이 시작된다. 제출된 제안서는 주무관청의 검토의뢰에 따라 한국개발연구원(Korea Development Institute, KDI) 공공투자관리센터 등 전문기관의 검토절차를 거치게 되며, 주무관청은 그 검토결과를 바탕으로 기획재정부에 사업계획을 신청한다. 기획재정부는 주무관청의 신청을 바탕으로 임대형 민간투자사업 한도액안을 작성하고, 이를 국회에 제출하여 국회 의결절차를 거친다. 국회 의결 후에는 주무관청이 제안내용을 공고하여 사업시행자가 지정되면 실시계획 승인을 거쳐 착공한다. 단, 이 때 다른 제안이 없을 경우 최초 제안자를 협상 대상자로 지정하며, 다른 제안이 있을 경우에는 제안서 검토·평가를 거쳐 협상 대상자를 지정한다(한국개발연구원, 2022).

[그림 2] BTL 사업의 추진절차

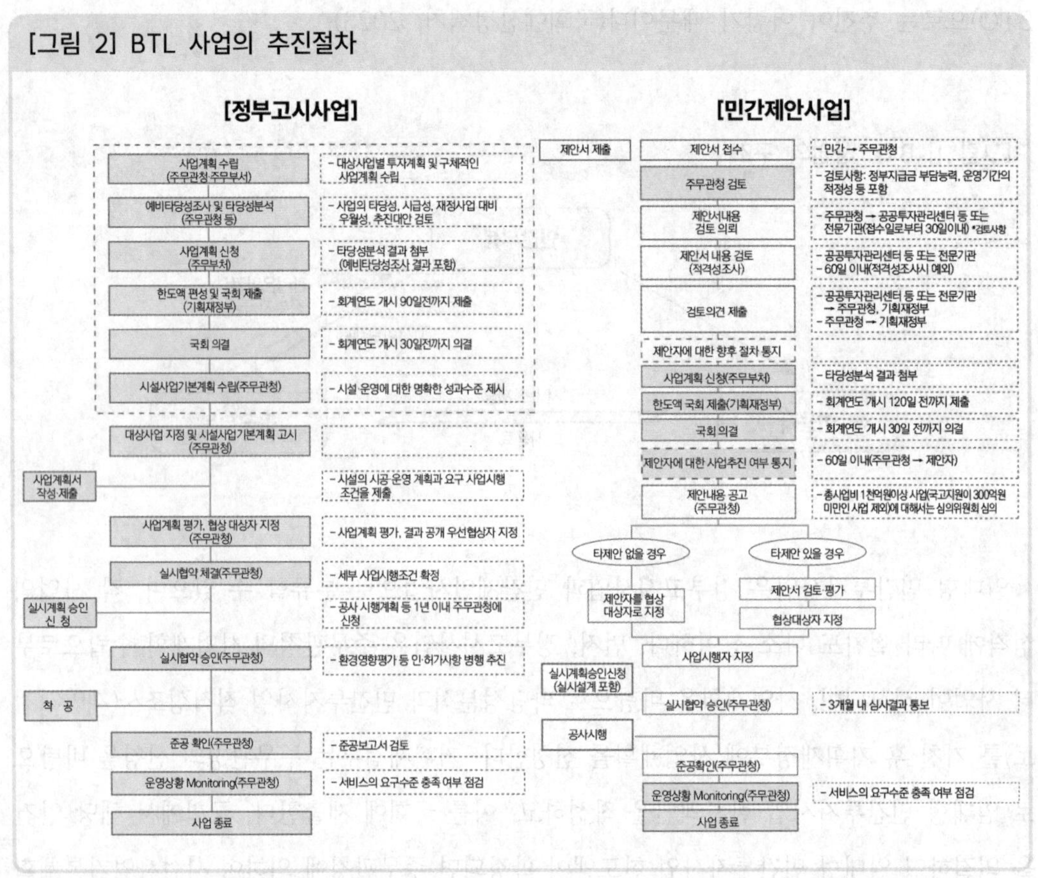

자료: 한국개발연구원(2022).「KDI공공투자관리센터 연차보고서」

(2) BTL 한도액

임대형 민간투자사업 사업의 특성상 정부지급금이 장기간에 걸쳐 지출된다는 특성이 있다. 기획재정부가 최근 제출한「2023~2032년 임대형 민자사업(BTL) 정부지급금추계서」에 따르면, 2023년 5월말 기준 실시계획을 승인받은 국가사업 및 국고보조지방자치단체사업에 대하여 국가가 2023년도부터 2032년도까지 지급할 정부지급금 규모는 18조 1,507억원으로 전망하고 있다.

[표 6] 2023~2032년도 임대형민자사업(BTL) 정부지급금추계 (단위: 억원)

구 분	합 계	2023	2024	2025	2026	2027	2028	2029	2030	2031	2032
합 계	181,507	15,728	16,954	19,335	19,427	19,478	19,473	19,242	18,669	17,403	15,797
국가사업	145,151	12,083	13,106	15,350	15,412	15,463	15,460	15,254	15,062	14,480	13,480
- 임대료	119,178	10,146	10,987	12,733	12,732	12,721	12,669	12,399	12,211	11,708	10,872
- 운영비	25,973	1,937	2,119	2,617	2,681	2,742	2,791	2,855	2,851	2,772	2,609
국고보조	36,356	3,645	3,848	3,985	4,015	4,015	4,013	3,988	3,607	2,923	2,317
- 임대료	36,356	3,645	3,848	3,985	4,015	4,015	4,013	3,988	3,607	2,923	2,317
- 운영비	-	-	-	-	-	-	-	-	-	-	-

자료: 기획재정부.(2023).「2023~2032년 재정 관련 자료 임대형 민자사업(BTL) 정부지급금추계서」

이러한 점을 감안하여 「사회기반시설에 대한 민간투자법」은 정부지급금 부담이 과도해지는 것을 방지하기 위해 2008년부터는 매년 다음 연도에 실시할 BTL 사업의 총한도액과 시설별 한도액 등을 국회에 제출하여 심의받도록 규정하고 있다. 즉, BTL 한도액은 BTL 사업의 추진에 필요한 총사업비의 추정치를 말하는 것으로, 2024년 임대형 민간투자사업 한도액을 보면, 2024년도 총한도액은 전년 대비 1조 7,826억원(69.5%) 감소한 7,826억원으로 편성되었다.

[표 7] 2024년 임대형 민간투자사업 한도액 (단위: 억원)

구분	2023(A)	2024예산안	확정예산(국회의결)
총한도액	25,652	7,826	7,826
국가사업	9,201	6,157	6,157
국고보조 지자체 사업	15,229	1,297	1,297
예비한도액	1,222	373	373

자료: 국회예산결산특별위원회(2023)「2024년도 임대형 민자사업(BTL) 한도액안에 대한 수정안」을 바탕으로 작성

4. 민간투자사업의 평가

민간투자사업이 필수공공시설을 조기에 확충하여 국가결제활성화에 기여했다는 순기능은 분명하지만 높은 사용료, 재정부담 증가 등의 사유로 부정적인 인식도 여전히 존재한다. 일찍이 국민권익위원회(2009)가 지적했던 일부 대형건설업체의 로비와 담합 관행을 통한 업체 간 '나눠 먹기', 실시협약 비공개에 따른 운영비 지출규모의 적정성 논란, 감리제도의 실효성 미흡 등의 문제는 많이 개선되었지만 일소되었다고 보기는 어려울 것이다.

사실 민간투자사업의 연혁을 살펴보면 시기별로 많은 쟁점들이 제기되었고 정부는 이를 해결하기 위하여 여러 차례 법령 개정 및 계획을 변경하였다. 이러한 변화는 문제가 제기되었을 당시에는 효과적이지만 시간이 흐르면서 예기치 못한 부작용으로 제도개선을 필요로 하는 경우가 왕왕 있다. 일례로 민간투자사업 대상시설을 열거주의에서 포괄주의로 전환하는 것은 민간투자를 활성화하는 효과는 있지만 민간제안의 남발, 정부고시사업의 소외 등과 같은 문제를 낳기도 한다.

현재 시행되고 있는 민간투자사업 제도를 기준으로 재정효율성, 공공성 그리고 투명성을 제고하기 위하여 고민해 볼 수 있는 과제를 몇 가지 짚어보면 다음과 같다(경기연구원, 2021).

우선, 재정사업대비 높은 사용료 부과로 인한 사용자들의 민원이 다수 발생하고 있으므로 중앙정부가 주무관청인 국가관리 사업을 중심으로 사용료 인하를 위한 사업재구조화, 자금재조달 등을 위한 효율적 방안을 모색할 필요가 있다. 사용료는 사업자의 수익률을 결정하는 핵심요소인데, 비교적 초기(1995~2005년)에 추진된 사업들의 세후협약수익률은 8~10% 수준으로 2007년도 이후 사업의 수익률 6% 수준 보다 높게 나타난다.

다음으로, 민간투자사업 및 제도가 도입되고 20년이 경과하면서 관리운영권이 만료되는 사업이 다수 발생하고 있으나 해당 사업의 후속 관리에 대한 고민이 부족한 편이다. 2019년을 기점으로 2032년까지 관리운영권이 만료되는 사업이 다수 발생하게 되는데 이들에 대한 관리이행계획을 검토한 사례가 매우 적고, 대상 시설유형도 토목 · 건축 · 환경으로 범위가 협소하다. 민간투자사업의 대상사업이 열거주의에서 포괄주의 전환되면서 추후 다양한 유형의 시설이 완료사업으로 전환될 것이므로 보다 구체적이고 세부적인 후속 관리방안을 마련할 필요가 있다.

또한, BTL사업은 건설 이후 장기간(보통 20년)에 걸쳐 민간사업자에게 임대료와 운영비를 보전하게 되므로 건설뿐만 아니라 이후 운영단계 등 사업의 전 생애에 걸쳐 철저하게 사업관리를 하는 것이 중요하다. 이러한 맥락이 일부 반영되어 2020년 3월 민간투자법이 개정되면서 주무관청의 실시협약 정보 공개가 의무화 되었지만, 정보가 주무관청별로 분절화 되어있고 제공되는 정보도 사업수익률·사용료 등이 제외되는 등 사업을 정확히 파악하고 관리하는 데 한계가 있다. 따라서 설계-건설-운영 등 전 단계에 걸친 생애주기비용에 대한 자료나 정보를 통합(정부부처, 지자체 등 일괄)하여 DB화하는 등 운영비 산정 및 검토체계를 구축하고, 운영단계에 진입한 사업이 증가하는 만큼 종합적인 사후관리시스템을 마련할 필요가 있다.

마지막으로 정부는 민간투자 적격성 분석(이하 'VfM(Value for Money) 분석')[57]의 실효성을 확보하기 위한 노력을 기울이고, 국회는 중장기적 관점의 재정여력 등을 고려하여 보다 꼼꼼하게 BTL 한도액안을 심사할 필요가 있다. 국회예산정책처(2023)는 이와 관련하여 두 가지 지적을 하고 있다. 우선, 민간투자 적격성 분석과 관련해서는 적용되는 현행 할인율, 재원조달가정 등의 기준이 재정지출에 비하여 국고채 혹은 민간투자 조달이 유리하다는 결론이 나오기 쉽다는 것이다. 다음으로, 정부가 제출한 BTL한도액안이 국회에서 신규로 반영된 경우는 있지만, 제외되거나 감액된 사례가 없음을 지적하면서 심사 내실화를 위한 국회차원의 주의 환기와 검토에 필요한 타당성 및 적격성 검토 등의 참고자료를 정부가 제출할 필요가 있다는 것이다.

57) VfM 분석은 해당 사업을 민간투자대안(Private Finance Initiative, PFI)으로서 임대형 민간투자사업으로 추진하는 방식과 정부가 정부실행대안(Public Sector Comparator, PSC)으로서 재정사업으로 추진하는 방식 중 어떤 경우가 적격한지 여부를 판단하는 절차로, 정량적 VfM 및 정성적 VfM 평가 결과를 종합적으로 분석하여 최종적으로 민간투자대안의 적격성 유무를 판단하게 된다.

BTL 적격성조사

적격성조사는 정부실행대안(PSC: Public Sector Comparator)과 민간투자대안(PFI: Private Finance Initiative)을 비교·분석하여 재정사업으로 추진하는 것보다 민간투자사업으로 추진하는 것이 적격한지 여부를 판단하는 것이다. 사업시행조건을 합리적으로 결정하고 경쟁에 의해 민간사업자를 선정함으로써 사업추진절차의 투명성 제고를 하는 데 목적이 있다. 타당성조사의 범위는 모든 건설공사 또는 모든 BTL 단위사업이나, 「건설기술관리법 시행령」 제38조에 따라 총공사비 500억원 미만으로 예상되는 건설공사로서 해당 중앙관서의 장이 당해 건설공사의 특성상 타당성조사를 실시할 필요가 없다고 인정하는 경우에는 제외된다.

수행절차를 보면, 먼저 1단계로 사업의 특성을 고려하여 경제성·정책적 분석을 통해 사업 추진의 당위성을 평가하는 사업추진의 '타당성판단'을 실시한다. 2단계로, 민간투자의 '적격성판단'을 실시하는데, 이때 정량적, 정성적 분석을 모두 시행한다. 3단계로, 적격성이 있는 사업으로 판명되면 예상 정부지급금 규모, 운영비 및 시설임대료를 산출하는 재무분석을 실시한다.

참고문헌

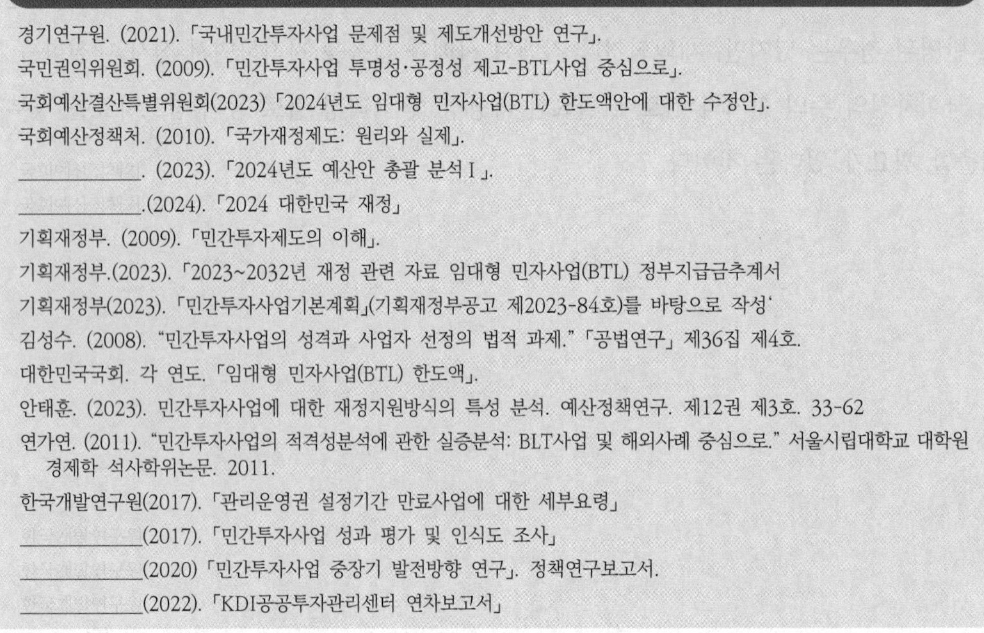

경기연구원. (2021). 「국내민간투자사업 문제점 및 제도개선방안 연구」.

국민권익위원회. (2009). 「민간투자사업 투명성·공정성 제고-BTL사업 중심으로」.

국회예산결산특별위원회(2023) 「2024년도 임대형 민자사업(BTL) 한도액안에 대한 수정안」.

국회예산정책처. (2010). 「국가재정제도: 원리와 실제」.

________. (2023). 「2024년도 예산안 총괄 분석 I」.

________.(2024). 「2024 대한민국 재정」

기획재정부. (2009). 「민간투자제도의 이해」.

기획재정부.(2023). 「2023~2032년 재정 관련 자료 임대형 민자사업(BTL) 정부지급금추계서

기획재정부(2023). 「민간투자사업기본계획」(기획재정부공고 제2023-84호)를 바탕으로 작성'

김성수. (2008). "민간투자사업의 성격과 사업자 선정의 법적 과제." 「공법연구」 제36집 제4호.

대한민국국회. 각 연도. 「임대형 민자사업(BTL) 한도액」.

안태훈. (2023). 민간투자사업에 대한 재정지원방식의 특성 분석. 예산정책연구. 제12권 제3호. 33-62

연가연. (2011). "민간투자사업의 적격성분석에 관한 실증분석: BLT사업 및 해외사례 중심으로." 서울시립대학교 대학원 경제학 석사학위논문. 2011.

한국개발연구원(2017). 「관리운영권 설정기간 만료사업에 대한 세부요령」

________(2017). 「민간투자사업 성과 평가 및 인식도 조사」

________(2020) 「민간투자사업 중장기 발전방향 연구」. 정책연구보고서.

________(2022). 「KDI공공투자관리센터 연차보고서」

제6장
결산과 재정제도

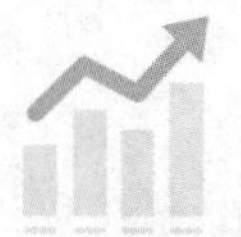

제1절 결산 일반이론

1. 결산의 의의

한 회계연도의 예산집행이 완료되면 수입과 지출을 확정하는 결산절차가 이어진다. 결산은 세입과 세출의 결과를 확정된 계수로 표기하는 행위로 예산과정의 마지막 단계이다([그림 1] 참조). 예산이 한 회계연도에서의 '수입·지출의 예정적 계수'임에 반해 결산은 예산집행결과에 의한 '수입·지출의 확정적 계수'라고 할 수 있다.

결산과 예산은 입법부와 행정부 간의 권한배분이라는 측면에서 중요하다(이영조·문인수, 2015). 예산안 심의가 의회의 행정부에 대한 사전통제수단이라면, 결산은 행정부에 대한 사후통제수단으로서의 성격을 갖고 있다. 예산과 결산은 원칙적으로 일치해야겠지만, 실제로는 서로 일치하지 않는 것이 오히려 당연하다. 예산은 수입과 지출에 대한 사전적 계획인데 비해 결산은 사후적인 기록이기 때문이다(하연섭, 2022). 수입의 경우 추정액에 불과해 실제의 징수액과는 차이가 있고, 지출의 경우에도 예산의 이월, 예비비 사용, 이용 및 전용, 불용액 등으로 인해 예산액과 결산액 간에 차이가 발생하기 때문이다.

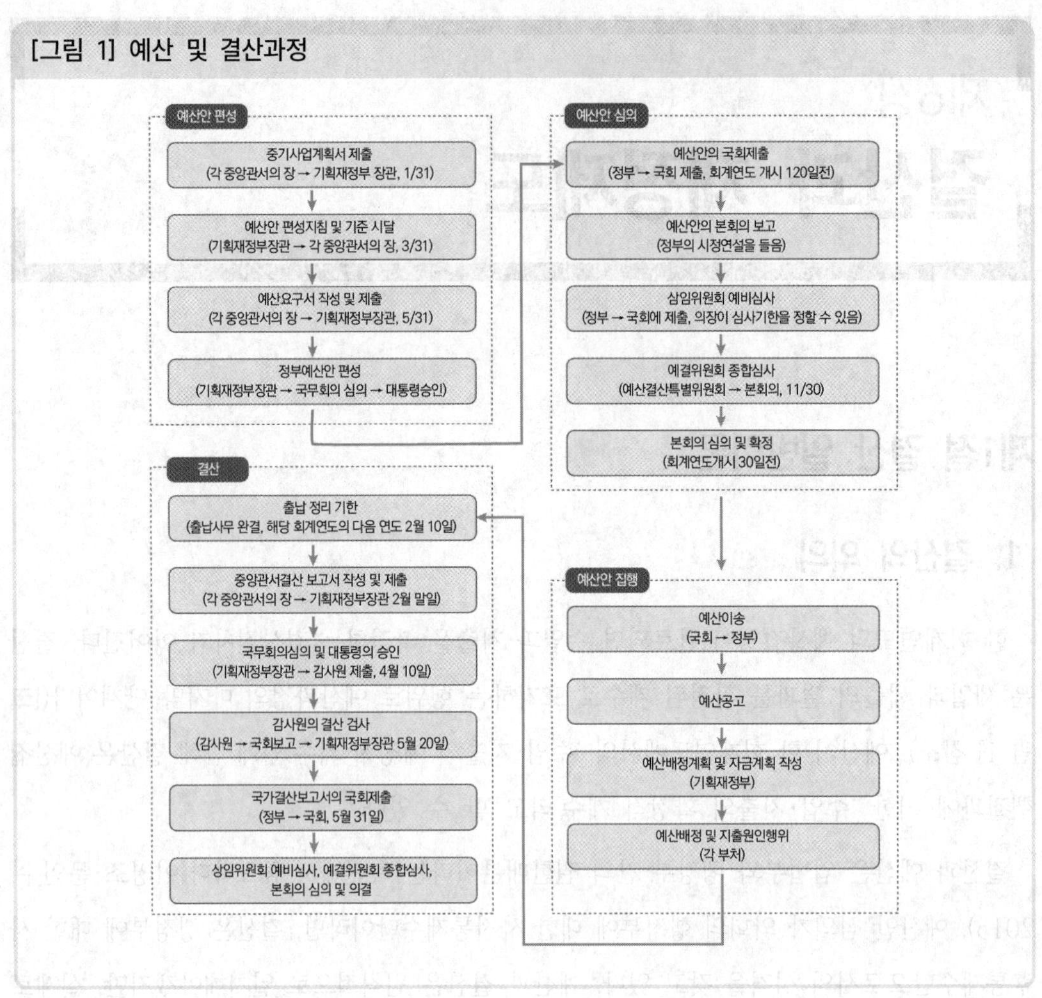

[그림 1] 예산 및 결산과정

(1) 결산의 개념

예산과 마찬가지로 결산의 개념도 혼란스럽게 사용되는 경향이 있다. 즉, 예산은 상황에 따라서 ① 중앙정부의 일반회계, ② 중앙정부의 일반회계와 특별회계, ③ 중앙정부의 일반회계, 특별회계 및 기금으로 그 개념이 각각 다르게 사용되는 것처럼, 결산도 ① 세입과 세출 실적을 확정적 계수로 표현하는 것과 ② 수입과 지출 실적을 확정적 계수로 표현하는 것으로 다르게 사용되고 있다.

「국가재정법」[1]에서도 결산에 관하여 다소 모호하게 규정하고 있다. 제56조는 "정부는 결

1) 국가재정법에서의 결산은 정부 내에서의 결산절차와 국회에서의 결산절차로 구분할 수 있다. 국가재정법에서 일컫는 결산은 정부 내에서 국가결산보고서를 작성하여 감사원과 국회에 제출하기까지의 과정만을 말한다.

산이 「국가회계법」에 따라 재정에 관한 유용하고 적정한 정보를 제공할 수 있도록 객관적인 자료와 증거에 따라 공정하게 이루어지게 하여야 한다"고 규정하고 있다. "재정에 관한 유용하고 적정한 정보"라는 문구만을 놓고 보면 결산은 세입·세출에 관한 정보가 아닌 기금 수입·지출에 관한 정보까지도 포함하는 것으로 해석된다. 그런데, 같은 법 제73조에서는 기금 결산에 관하여 "각 중앙관서의 장은 「국가회계법」에서 정하는 바에 따라 회계연도마다 소관 기금의 결산보고서를 중앙관서결산보고서에 통합하여 작성"할 것을 규정함으로써, 결산이 포괄하는 범위에 관하여 일관성이 결여된 상태를 유지하고 있다.[2] 반면, 「국가회계법」은 제3조에서 "중앙관서의 장은 회계연도마다 그 소관에 속하는 일반회계·특별회계 및 기금을 통합한 결산보고서를 작성하여야 한다"고 규정하여 결산의 범위에 세입·세출예산은 물론 기금의 수입·지출도 포함됨을 명백히 하고 있다.

여러 문헌의 정의를 종합해보면, 결산(settlement of account)이란 한 회계연도 내에 발생한 모든 수입과 지출, 자산 및 부채 등의 증감내역을 확정적 계수로 표시하는 행위로 정의할 수 있다. 결산은 예산과정의 마지막 단계로서 단순히 재정을 운영한 결과와 실적에 대한 사후적 보고로서의 의미만 갖는 것이 아니다. 결산과정은 재정집행의 결과 입법부의 의도가 충실히 실현되었는가에 대한 사후적 확인과정일 뿐만 아니라, 앞으로의 재정운영에 필요한 각종 정보를 국민의 대표기관인 국회에 제출하고 재정집행결과를 추인받음으로써 정부의 책임이 해제되는 효과[3]까지도 갖고 있다.

(2) 결산의 성격

결산은 재정운용결과가 쉽게 파악되고 이에 대한 평가를 통해 차기연도의 예산안 편성 및 재정운용에 환류(feedback)될 수 있도록 객관적인 자료와 증거에 따라 공정하게 이루어져야 한다. 결산이 갖고 있는 사후적 특성으로 인해 집행된 내용을 무효로 하거나 취소할 수는 없지만, 위법·부당한 지출이 발견되는 경우 변상 또는 징계조치를 하거나 책임을 물을 수 있다. 그리고 국회는 그 의결로 사안을 특정하여 감사원에 감사를 요구[4]할 수 있다(「국회

2) 이처럼 「국가재정법」이 결산에 관하여 불분명하게 규정하고 있는 것은 2006년 10월 「예산회계법」과 「기금관리기본법」이 「국가재정법」으로 통합되는 과정에서 각 조문의 용어나 규정체계에 관하여 충분한 검토가 이루어지지 않았기 때문으로 보인다.

3) 결산이 종료되었다고 하여 관계 공무원의 부정이나 위법행위에 대한 변상책임이나 법적 책임까지 해제되는 것은 아니다.

4) 이 경우 감사원은 감사요구를 받은 날부터 3월 이내에 감사결과를 국회에 보고하여야 한다.

법」 제127조의2). 이러한 내용을 바탕으로 결산은 다음과 같은 성격을 갖는다(심재권·주명종, 2021; 주기완·윤성식, 2020).

첫째, 예산안 편성 및 심의, 예산집행의 단계를 거친 예산은 국회에서 결산의 심사·의결을 거침으로써 예산과정이 마무리된다. 국회가 결산에 대한 심사·의결을 완료한다는 것은 국회가 정부의 예산집행에 대해 최종 승인을 한다는 것을 의미한다. 다만, 국회에서 결산이 심사·의결됨으로써 예산과정이 종결되는 것과 위법·부당한 예산집행에 대한 책임이 해제되는 것과는 구별해야 한다.

둘째, 재정정보의 산출 과정이라고 할 수 있다. 결산은 한 회계연도 내에 이루어진 수입과 지출 실적을 당초 예산과 비교하고 결과를 일정한 형식에 따라 회계적으로 정리하여 이를 일정한 형식의 보고서로 작성하는 과정을 포함하고 있다.[5] 이러한 결산보고서는 수입과 지출의 결과뿐만 아니라, 채무와 자산의 변동, 재정운용의 성과 등에 대한 종합적인 정보를 담고 있다. 또한, 국회의 결산심의 과정에서는 상임위원회 및 예산결산특별위원회의 전문위원 검토보고서, 국회예산정책처의 결산분석보고서와 같은 재정운용결과에 대한 평가정보가 생산되기도 한다.

셋째, 국회의 통제와 환류 과정이라는 의미를 갖는다. 결산은 단순히 재정집행결과를 보고서로 작성하는 과정만이 아니라, 재정집행 결과에 대해 사후적으로 국회의 심의를 받는 과정인 동시에 결산심의 결과를 다음 연도 예산안 편성과 심의에 반영하는 환류과정이라고 할 수 있다. 국회는 결산과정을 통해 예산의 낭비, 부당한 지출이나 위법한 지출이 있는 경우 국회의 의결로 정부 또는 해당기관에 대해 시정 또는 처벌을 요구하거나 감사원에 감사를 요구할 수 있다. 또한, 결산결과를 예산과 대비·검토하는 과정에서 예산 편성이나 집행의 불합리성과 미비점을 발견할 수 있고, 이를 추후 예산안 편성과 심의, 예산집행에 환류시킬 수 있다.

5) 「국가재정법」은 기획재정부장관으로 하여금 회계연도마다 국가결산보고서를 작성하여 대통령의 승인을 받은 후 감사원에 제출하고, 다음연도 5월 31일까지 국회에 제출하도록 규정하고 있다(제59조 내지 제61조).

(3) 결산의 원칙

위에서 살펴본 것처럼 결산은 예산과정의 가장 마지막 단계로서 재정정보의 산출과정이자 통제 및 환류과정으로서의 의의와 중요성이 있기 때문에 「국가재정법」은 제56조에서 결산의 원칙을 규정하고 있다. 제56조[6]는 결산의 원칙으로서 ① 유용성, ② 적정성, ③ 객관성, ④ 공정성을 제시하면서 결산이 「국가회계법」에 따라 이루어질 것을 요구하고 있다.

2. 결산보고서의 종류 및 내용

일반적으로 결산보고서는 예산을 집행하고 난 후에 그 결과를 「국가재정법」 및 「국가회계법」에 따라 각 중앙관서의 장이 작성하는 '중앙관서결산보고서'와 기획재정부장관이 작성하는 '국가결산보고서'를 의미하는 것으로 이해하고 있다. 이는 좁은 의미의 결산보고서 개념이라고 할 수 있다. 왜냐하면, 결산과정은 정부의 결산서 작성으로 완료되는 것이 아니라, 감사원의 결산검사와 국회의 결산심의 절차를 모두 마쳤을 때 종료되는 것이기 때문이다. 따라서 결산은 ① 정부의 결산서 작성, ② 감사원의 결산검사, ③ 국회의 결산심의라는 3가지 절차를 거치게 된다. 이러한 각각의 절차를 거치는 동안 개별 법령에 따라 작성되는 결산에 관한 보고서도 역시 결산보고서로 보아야 한다. 즉, 정부가 감사원과 국회에 제출하기 위하여 작성하는 결산보고서 외에 감사원의 결산검사보고서와 국회 상임위원회·예산결산특별위원회 전문위원회 검토보고서와 예산정책처의 결산분석보고서도 넓은 의미의 결산보고서에 해당된다. 이하에서는 정부, 감사원 및 국회에서 작성되는 각각의 결산보고서의 종류 및 내용 등에 대해 살펴보기로 한다.

6) 제56조(결산의 원칙) 정부는 결산이 「국가회계법」에 따라 재정에 관한 유용하고 적정한 정보를 제공할 수 있도록 객관적인 자료와 증거에 따라 공정하게 이루어지게 하여야 한다.

(1) 정부의 결산보고서

결산은 「국가회계법」에 따라 재정에 관한 유용하고 적정한 정보를 제공할 수 있도록 객관적인 자료와 증거에 따라 공정하게 이루어져야 한다. 국가재정의 투명성 확보와 체계적인 관리를 위하여 2011회계연도부터 「국가회계법」에 따라 국가결산보고서에 발생주의·복식부기 재무제표가 추가로 수록[7]되고 있다.

「국가회계법」 제13조에 따르면 결산보고서는 중앙관서결산보고서와 국가결산보고서로 구분된다. 중앙관서결산보고서는 각 중앙관서의 장이 회계연도마다 그 소관에 속하는 일반회계·특별회계 및 기금을 통합한 결산보고서를 말한다. 다만, 중앙관서의 장이 아닌 자가 관리하는 기금의 결산보고서는 해당 기금관리주체가 작성하며 이를 소관 중앙관서의 장에게 제출하여 중앙관서결산보고서에 포함시킨다. 국가결산보고서는 각 중앙관서의 장이 제출하는 중앙관서결산보고서를 하나로 통합하여 작성한 결산보고서를 말한다. 「국가재정법」 제61조에서는 다음 연도 5월 31일까지 국가결산보고서를 국회에 제출하도록 규정하고 있다.[8]

「국가회계법」 제14조(결산보고서의 구성)는 결산보고서가 ① 결산 개요, ② 세입세출결산, ③ 재무제표(재정상태표, 재정운용표, 순자산운영표, 순자산변동표), ④ 성과보고서로 구성된다고 규정하고 있다. 또한, 같은 법 제15조의2에서 규정하고 있는 결산보고서의 부속서류 및 기타서류가 결산보고서의 세입세출결산에 첨부되어야 하고, 국회에 제출되는 결산보고서에는 이들 부속서류와 기타서류가 첨부된다. 따라서 엄밀한 의미에서의 결산보고서는 중앙관서결산보고서와 국가결산보고서만을 가리키지만, 실제 결산과정을 기준으로 보면 결산보고서에 첨부되는 부속서류와 기타서류도 결산보고서의 일부로 간주하는 것이 타당하다.

---

7) 2009회계연도 결산부터 재무제표가 포함된 결산보고서를 국가회계기준에 따라 복식부기·발생주의 방식으로 작성하고 있지만, 국회에 제출되는 것은 2011회계연도 결산부터이다.

8) 제61조(국가결산보고서의 국회제출)에 따르면, 정부는 국회에 국가결산보고서를 제출할 것만을 규정하고 있으므로, 반대해석에 따르면 중앙관서결산보고서는 국회에 제출하지 않아도 무방한 것이 된다. 그러나 실제로는 매년 국가결산보고서와 중앙관서결산보고서가 같이 국회에 제출되고 있다.

[표 1] 결산보고서의 구성

구분		서류의 종류	근거
결산보고서		1. 결산개요 2. 세입세출결산 3. 재무제표 가. 재정상태표 나. 재정운용표 다. 순자산변동표 4. 성과보고서	제14조
부속 서류	세입세출 결산서	1. 계속비 결산명세서 1의2. 세입세출결산 사업별설명서 2. 총액계상 사업집행명세서 3. 수입대체경비 사용명세서 4. 이월명세서 5. 명시이월비 집행명세서 6. 정부기업특별회계회전자금운용명세서 7. 성인지(性認知) 결산서 8. 예비금 사용명세서 8의2. 「국가재정법」 제50조에 따른 총사업비 관리대상 사업의 사업별 집행명세서 9. 「국가재정법」 제53조제2항에 따른 현물출자명세서 10. 「국고금관리법」 제32조제1항에 따른 재정증권의 발행 및 한국은행 일시차입금의 운용명세서 11. 「국가재정법」 제90조에 따른 전년도 세계잉여금의 처리 명세서 12. 통합재정수지표 13. 통합계정자금 운용 및 수익금 사용명세서 14. 그 밖에 대통령령으로 정하는 서류	제15조의2 제1항 및 제3항
	기금의 수입지출 결산서	1. 재원조성실적표 2. 성인지 기금결산서 3. 그 밖에 대통령령으로 정하는 서류	제15조의2 제2항
	재무제표	1. 국가채무관리보고서 2. 「국가채권관리법」 제36조에 따른 국가채권현재액보고서 3. 「국유재산법」 제69조에 따른 국유재산관리운용보고서 4. 「물품관리법」 제21조에 따른 물품증감과 현재액의 총계산서 5. 그 밖에 대통령령으로 정하는 서류	제15조의2 제4항

결산 개요는 결산의 내용을 요약하여 예산 및 기금의 집행결과, 재정의 운용내용, 재무상태를 파악할 수 있도록 작성한다. 세입·세출결산의 경우는 세입·세출예산 또는 기금운용계획과 같은 구분에 따라 그 집행결과를 종합하여 작성하여야 하며, 이 경우 구체적인 작성사항은 대통령령으로 정한다. 2011회계연도부터 새로 도입되는 재무제표는 「국가회계기준」에 따라 작성하여야 하며 재정상태표, 재정운용표 및 순자산변동표로 구성된다. 이는 민간의 대차대조표, 포괄손익계산서, 자본변동표와 유사한 기능과 구성을 갖추고 있다.

성과보고서는 「국가재정법」 제8조에 따른 성과계획서에서 정한 성과목표와 그에 대한 실적을 대비하여 작성하여야 한다. 이는 2007년 1월 「국가재정법」 시행으로 성과중심의 재정운용이 법제화되어 각 중앙관서의 장 및 기금관리주체(위탁관리기금 제외)는 성과계획서와 이에 따른 성과보고서를 작성하고 있다. 2009회계연도까지는 「정부업무평가기본법」의 성과관리 시행계획과 「국가재정법」의 성과계획서·성과보고서가 통합·운영되었으므로, 성과보고서에 인건비·기본경비가 반영된 비재정사업과 주요사업비 예산이 반영된 재정사업이 모두 포함되었지만, 2010회계연도부터는 비재정사업이 제외되고 재정사업에 대해서만 성과보고서를 작성하는 변화가 있었다.

(2) 감사원의 결산검사보고서

「헌법」 제99조는 "감사원은 세입·세출의 결산을 매년 검사하여 대통령과 차년도 국회에 그 결과를 보고하여야 한다"고 규정하고 있다. 또한, 「국가재정법」 제59조 및 제60조는 기획재정부장관이 제출한 국가결산보고서를 다음 연도 4월 10일까지 감사원에 제출하면 감사원은 5월 20일까지 검사보고서를 작성하여 기획재정부장관에게 송부하도록 규정하고 있다. 또한, 「감사원법」 제41조는 「헌법」 제99조에 따라 작성하는 검사보고서에 포함될 사항에 대하여 규정하고 있다. 이에 감사원은 매년 예산집행의 적정성과 결산보고서 잔액의 정확성을 검사하여 검사결과를 결산검사보고서에 정리하여 국회에 제출하고 있다.

감사원의 결산검사보고서에는 ① 국가 세입·세출의 결산 확인, ② 국가 세입·세출의 결산 금액과 한국은행이 제출하는 결산서의 금액과의 부합 여부, ③ 회계검사의 결과 법령 또는 예산에 위배된 사항 및 부당 사항의 유무, ④ 예비비의 지출로서 국회의 승인을 받지 아니한 것의 유무, ⑤ 유책(有責) 판정과 그 집행상황, ⑥ 징계 또는 문책 처분을 요구한 사항 및 그 결과, ⑦ 시정을 요구한 사항[9] 및 그 결과, ⑧ 개선을 요구한 사항 및 그 결과, ⑨ 권고 또는 통보한 사항 및 그 결과, ⑩ 그 밖에 감사원이 필요하다고 인정한 사항이 포함되어야 한다.

(3) 국회의 결산보고서

국회가 법령에 근거하여 작성하는 결산관련 보고서는 국회 상임위원회와 예산결산특별위원회의 전문위원 검토보고서와 국회예산정책처의 결산분석보고서가 있다.

전문위원 검토보고서는 「국회법」 제42조 및 제58조에 근거하고 있다. 제42조에 의하면 "위원회에 위원장 및 위원의 입법활동을 지원하기 위하여 의원 아닌 전문지식을 가진 위원(이하 "전문위원")과 필요한 공무원을 두고, 전문위원은 위원회에서 의안과 청원 등의 심사, 국정감사, 국정조사 기타 소관사항과 관련하여 검토보고를 행한다"고 규정하고 있다. 또한, 제58조는 "위원회는 안건을 심사함에 있어서 먼저 그 취지의 설명과 전문위원의 검토보고를 들어야 한다"고 규정하고 있다.

즉, 결산을 포함한 모든 안건을 위원회(상임위원회와 예산결산특별위원회)에서 심사(예비심사와 종합심사)할 때에는 반드시 전문위원의 검토보고를 들어야 하며, 이를 위하여 전문위원은 결산검토보고서를 작성한다. 결산검토보고서는 각 상임위원회에 소속된 전문위원이 작성하는 결산검토보고서와 예산결산특별위원회에 소속된 전문위원이 작성하는 결산검토보고서가 있다. 상임위원회의 결산검토보고서는 각 상임위원회별로 소관에 속하는 중앙관서결산보고서에 대하여 검토하고 그 결과를 보고서로 작성한 것을 말하고, 예산결산특별위원회의 결산검토보고서는 국가결산보고서에 대하여 검토하고 그 결과를 보고서로 작성한 것을 말한다.

국회에서 작성되는 결산보고서는 전문위원 검토보고서 외에 국회예산정책처의 결산분석보고서가 있다. 결산분석보고서는 「국회법」과 「국회예산정책처법」에 근거를 두고 있는데, 「국회법」 제22조의2제1항은 "국가의 예산결산·기금 및 재정운용과 관련된 사항에 관하여 연구분석·평가하고 의정활동을 지원하기 위하여 국회예산정책처를 둔다"고 규정하고 있고,

9) 여기서 말하는 '시정을 요구하는 사항'은 「국회법」제84조제2항의 규정에 의한 시정요구가 아닌, 감사원의 회계검사의 결과 감사원이 해당부처에 시정을 요구하는 사항을 가리킨다.

「국회예산정책처법」 제3조제1호는 예산정책처의 직무로 “예산안·결산·기금운용계획안 및 기금결산에 대한 연구 및 분석”을 명시하고 있다. 전문위원 검토보고서는 해당 위원회에 검토보고를 하기 위하여 작성되는 데 반해, 결산분석보고서는 국회의원 전원에게 보고되기 위하여 작성된다는 점에서 차이가 있다. 또한, 상임위 또는 예결위에 소속된 전문위원의 검토보고서는 「국회법」에 따라 결산심사를 위한 회의에서 공식적으로 각 위원에게 보고하는 절차를 거치지만, 국회예산정책처의 분석보고서는 공식적인 보고절차를 두고 있지 않다는 점에서 상호 구별된다.

참고문헌

박영희·김종희. (2017). 「신재무행정론」. 다산출판사.

배득종·유승원. (2014). 「신 재무행정」. 박영사.

심재권·주명종. (2021). 「재무행정 강의」. 윤성사.

주기완·윤성식, (2020). 「재무행정학」. 법문사

하연섭. (2022). 「정부예산과 재무행정(제4판)」. 다산출판사.

제2절 결산의 절차

1. 정부의 결산절차

결산의 절차는 [그림 1]과 같이 크게 정부의 결산절차와 국회의 결산절차로 나눌 수 있다.

[그림 1] 결산의 절차

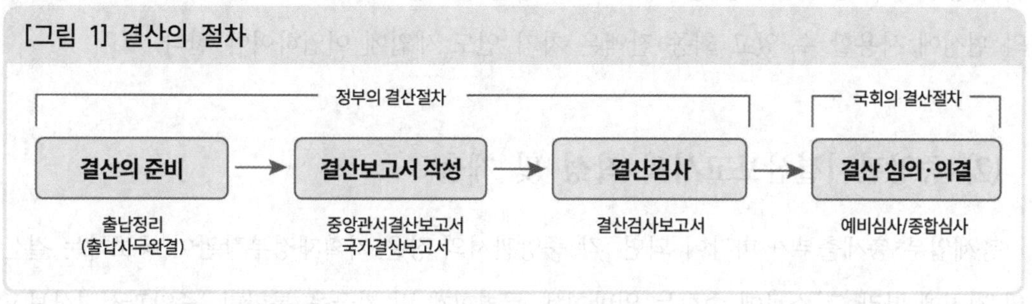

(1) 출납사무의 완결

결산은 예산집행의 최종단계이므로 먼저 '출납사무'의 완결이 있어야 한다. 출납사무의 완결이란 수입금의 수납행위와 지출금의 지급행위를 종료하고 국고금 출납장부(세입부와 세출부)를 마감하는 것을 말한다. 「국고금관리법」 제4조의2는 "한 회계연도에 속하는 세입세출의 출납에 관한 사무는 다음 연도 2월 10일까지 완결"하도록 규정하고 있는데, 이를 출납기한 또는 출납정리기한[10]이라고 부른다. 이러한 출납기한은 일종의 장부 마감 기한으로 볼 수 있으며, 세입징수관 및 지출관의 보고를 집계·정리하여 총세입부 및 총세출부를 마감하는 데 필요한 기한이다.

총세입부와 총세출부는 국가 세입·세출의 출납사무 일체를 회계별, 소관별, 계정 과목별 및 집행 월별로 구분 정리하여 기획재정부가 관리하고 있는 주된 장부를 의미한다. 따라서, 기획재정부장관이 매 회계연도 2월 10일(출납정리기한)까지 감사원장이 지정하는 감사위원과 그 밖의 공무원의 참여하에 직전 회계연도의 총세입부와 총세출부를 마감하게 된다. 총세입·세출부의 마감에 의해 결산 금액은 확정되며, 그 후의 정정은 인정되지 않는다.

10) 다만, 「국고금관리법시행령」 제5조 및 제6조에 의하면, 수입금의 수납기한과 지출금의 지급기한은 다음 회계연도 1월 15일까지로 규정되어 있다.

이러한 회계장부를 마감한다는 것은 한 회계연도의 세입세출 출납사무를 완결하고 정부 전체의 세입세출 실적과 세계잉여금 규모가 확정됨을 의미하는 것이기도 하다. 결산 결과 발생하는 일반회계의 세계잉여금은 지방교부세와 지방교육재정교부금 정산에 우선 사용되고, 정산액을 제외한 세계잉여금의 30% 이상은 공적자금상환기금에 우선적으로 출연되어야 한다. 이상의 정산액과 상환액을 제외한 나머지 금액의 30% 이상은 국가채무를 상환하는 데 사용되어야 한다. 이러한 용도에 따라 사용한 금액을 제외한 세계잉여금은 추가경정예산의 편성에 사용할 수 있고 최종 잔액은 차기 연도 세입에 이입하여야 한다.[11]

(2) 중앙관서결산보고서의 작성 및 제출

총세입부·총세출부가 마감이 되면, 각 중앙관서의 장은 기획재정부장관이 통보하는 결산의 지침에 따라 그 소관에 속하는 일반회계·특별회계 및 기금을 통합한 '중앙관서결산보고서'를 작성한다. 또한, 중앙관서의 장이 아닌 기금관리주체는 매 회계연도마다 기금에 관한 결산보고서(기금결산보고서)를 작성하여 소관 중앙관서의 장에게 제출하여야 한다. 중앙관서결산보고서는 다음 연도 2월 말까지 기획재정부장관에게 제출해야 한다. 결산보고서 작성은 일반회계예산, 특별회계예산, 그리고 기금을 모두 망라한다.

(3) 국가결산보고서의 작성 및 제출

기획재정부장관은 회계연도마다 중앙관서결산보고서를 통합하여 '국가결산보고서'를 작성한 후 국무회의의 심의를 거쳐 대통령의 승인을 받은 후, 다음 연도 4월 10일까지 감사원에 제출해야 한다.

(4) 감사원에 의한 결산검사

감사원은 「헌법」 제99조에 근거하여 기획재정부장관으로부터 결산에 관한 서류(국가결산보고서)를 제출받으면 결산에 대한 검사·확인을 한다. 결산의 검사·확인과정은 감사원이 작성한 결산검사확인액표와 기획재정부장관이 송부한 세입세출 결산 및 한국은행이 제출한

11) 「국가재정법」 제90조

국고금출납계산서를 대조해 3자 간의 부합 여부를 확인하는 방식으로 진행된다(이경섭, 1997). 감사원은 매월 또는 분기로 각 세입징수관 등 계산증명 책임자가 제출한 계산증명 서류를 근거로 이를 전산에 의해 검사하고 있다. 또한, 회계검사 결과 발견된 위법부당한 사항을 근거로 결산검사확인액표를 작성한다.

감사원의 검사보고서는 세입의 경우 예산과 수납비율, 불납결손비율·미수납액 등과 예산액과의 대비 분석을 주된 내용으로 하고 있다. 세출의 경우에는 예산액·이월액·예산현액·불용액 등을 분석하고, 예산의 기능별·성질별 추세를 분석한다. 또한, 회계검사결과 발견되어 처분이 요구된 위법·부당한 예산집행의 내용과 이에 관련된 공무원들에 대한 처분 요구 사항이 포함되어 있다.

감사원은 국가결산보고서를 검사하고 그 보고서를 다음 연도 5월 20일까지 기획재정부장관에게 다시 송부하여야 한다. 그리고 정부는 감사원의 검사를 거친 국가결산보고서를 다음 연도 5월 31일까지 국회에 제출[12]하여야 한다.

2. 국회의 결산절차

(1) 결산보고서의 국회 제출

정부는 감사원의 검사를 거친 정부결산을 다음 연도 5월 31일까지 국회에 제출하여야 한다. 국가결산보고서가 국회에 제출되면, 국회는 예산안심의와 거의 유사한 절차를 거쳐 결산을 심의·의결한다. 즉, 상임위 예비심사, 예결위 종합심사, 그리고 본회의 의결이라는 절차를 밟게 된다.

결산의 심의 및 의결과정은 예산안심의 절차와 유사하지만, 결산은 사후적으로 이루어지기에 국회가 결산승인권을 갖더라도 결산을 통한 재정통제에는 일정부분 한계가 있을 수 있다. 이러한 문제를 해결하기 위해 「국회법」은 결산의 심사결과 위법 또는 부당한 사항이 있

12) 2013년 「국가재정법」 개정으로 인하여 예산안 국회제출 기한이 30일 앞당겨졌으나, 국가결산보고서 국회제출 기한은 5월 31일로 변동이 없다. 「국회법」 제128조의2는 "국회는 결산에 대한 심의·의결을 정기회 개회 전까지 완료하여야 한다"고 규정하고 있기 때문에, 국가결산보고서의 국회 제출 기한을 조정하지 않은 상태에서 예산안 제출 기한만을 30일 앞당김으로써 국회의 결산심사 기간이 사실상 30일 단축되는 결과가 발생하였다고 볼 수 있다. 예산안 제출 기한을 앞당기는 조치와 병행하여 국가결산보고서의 국회 제출 기한도 앞당기는 것이 충실한 결산심사를 위하여 필요하다고 할 것이다.

는 경우에는 정부 또는 해당 기관에 변상 및 징계조치 등 그 시정을 요구할 수 있고, 시정요구를 받은 사항에 대해 정부 또는 해당 기관은 이를 지체없이 처리하여 그 결과를 국회에 보고하도록 규정하고 있다(제84조). 또한, 「국회법」 제127조의2는 국회가 특정 사안에 대하여 감사원에 감사를 요구할 수 있도록 규정하고 있다. 실제 결산결과 집행상 문제가 있는 특정 사안에 대해서는 매년 감사원에 감사요구를 하고 있다.

「국가재정법」과 「국가회계법」는 2009년 회계연도 결산부터 국회에 제출하는 국가결산보고서에 전년도 예산의 성과보고서를 포함하도록 규정하고 있다. 2011회계연도 결산부터 국가결산보고서에 재무제표를 포함하여 국회에 제출하고 있으며, 이에 따라 국가결산보고서는 결산개요, 세입세출결산(기금은 수입지출결산), 재무제표, 성과보고서로 구성된다. 국회의 결산심사가 집행실적점검, 회계검사 위주에서 성과보고서와 재무제표에 근거한 성과중심의 심사로 변화할 기초가 마련되었다고 할 수 있다.

(2) 국회의 결산심의

국회는 소관 상임위원회의 예비심사, 예산결산특별위원회의 종합심사, 본회의의 심의와 의결을 거쳐 행정부의 예산집행에 대한 책임을 검토하게 된다. 「국회법」 제128조의2에서 국회는 결산에 대한 심의·의결을 정기회 개회 전까지 완료하여야 한다고 규정하고 있다. 국회가 결산을 심의한 결과 정부에 대한 어떠한 책임추궁을 결정하더라도 국회의 정부에 대한 정치적·법적 효과만 발생하게 되며, 감사원의 회계검사에 의해 확인된 결산이 변동되는 것은 아니다.

국회의 결산심의 과정은 다음과 같다. 국회에 제출된 세입세출결산 및 첨부서류를 바탕으로 상임위원회에 회부 → 상임위원회 예비심사 → 예산결산특별위원회 종합심사 → 본회의 심의 → 의결 → 정부 이송 순으로 진행된다.

제3절 감사원의 회계검사와 결산검사

「감사원법」 제20조에 따르면, 감사원은 국가의 세입·세출의 결산검사를 하고, 「감사원법」 및 다른 법률에서 정하는 회계를 상시 검사·감독하여 그 적정을 기하고 행정기관 및 공무원의 직무를 감찰하여 행정운영의 개선과 향상을 기하는 것을 임무로 하고 있다.

1. 회계검사

(1) 회계검사의 의의와 범위

윤영진(2014)은 회계검사를 "국가기관이 그 활동으로 인하여 발생한 재정활동의 결과와 회계기록을 독립된 기관인 감사원이 체계적으로 검토하여 그 내용에 대한 비판적인 의견을 제시하는 것으로서 예산집행의 합법성과 타당성 여부에 대한 검사활동"으로 정의하고 있고, 감사교육원(2006)은 회계검사를 "조직의 재정활동 및 그 수입과 지출의 결말에 관한 사실을 확인·검증하고, 더 나아가 그 결과를 보고하기 위하여 장부, 기타의 기록을 체계적으로 검사하는 행위"로 정의하고 있다. 또한, 「감사원법」 제22조제2항에 따르면, 회계검사에는 수입과 지출, 재산(물품·유가증권·권리 등을 포함)의 취득·보관·관리 및 처분 등의 검사가 포함된다.

감사원의 회계검사는 횡령, 유용 등 회계경리상의 비위와 위법·부당한 회계경리행위를 적발하는 소극적인 기능뿐만 아니라 효율성·경제성·효과성(3Es: Efficiency, Economy, Effectiveness) 등의 측면에서 사업의 성과, 경영실적 등을 평가하여 시정, 개선을 요구하는 적극적인 기능을 동시에 수행한다(감사교육원, 2006). 또한, 회계검사는 결산검사 또는 결산 심의를 위해 정보와 자료를 제공하는 등 상호 유기적으로 작동하고 상호 보완적인 성격을 갖는다(강주영, 2008).

(2) 회계검사의 범위

「감사원법」에서는 감사원의 권한 일탈 및 남용을 방지하기 위해 회계검사대상을 필요적 검사사항과 선택적 검사사항으로 구분하고, 이를 검사사항별로 세분하여 검사대상을 규정한다.

「감사원법」 제22조제1항은 감사원의 필요적 검사사항으로 ① 국가의 회계, ② 지방자치단체의 회계, ③ 한국은행의 회계, ④ 국가 또는 지방자치단체가 자본금의 절반 이상을 출자한 법인의 회계, 그리고 ⑤ 다른 법률에 의해 감사원의 회계검사를 받도록 규정된 단체 등의 회계를 규정하고 있다.

「감사원법」 제23조에 의하면, 감사원은 필요하다고 인정하거나 국무총리의 요구가 있는 경우에 다음의 사항(① 현금·물품 또는 유가증권의 출납 관련, ② 교부 및 재정원조 관련, ③ 재교부 관련, ④ 자본금 출자 관련, ⑤ 자본금 재출자 관련, ⑥ 채무 보증 관련, ⑦ 법률에 의해 설립되거나 국가 또는 지자체에 의해 임명·승인된 단체, ⑧ 계약 상대방, ⑨ 기금관리단체, ⑩ 기금출연 및 보조단체)을 감사할 수 있다.

(3) 외국의 회계검사제도

입법부 소속형

회계검사기관을 입법부 소속으로 두고 있는 국가로는 미국, 영국, 오스트리아, 캐나다, 벨기에, 스웨덴, 덴마크, 이스라엘 등이 있다(윤영진, 2014). 미국의 경우 의회의 요구에 따라 실시하는 감사가 85%에 이르고 있고, 덴마크의 경우는 의회의 공공회계위원회와 회계검사계획을 협의하고 동 위원회의 회계검사요구를 감사원이 거부할 수 없다.

본래 민주주의 국가에서는 행정부가 예산편성과 집행을 담당하고, 입법부가 예산심의와 회계검사를 담당하는 것이 이상적 모델이라고 할 수 있다. 그 이유는 회계검사가 행정부의 예산집행에 대한 비판적 검토를 뜻하는 것으로서, 이를 행정부가 아닌 입법부가 담당하는 것이 바람직하다고 보기 때문이다. 그러나 입법부 소속 형태로 운영된다고 하더라도 직무상으로는 독립적으로 운영되는 경우가 대부분이다.

회계검사기관을 입법부에 소속시킬 경우 정부형태에 따라 다소 차이가 있지만, 일반적인 장단점은 민주성과 독립성 및 효과성을 기준으로 살펴볼 때 다음과 같다. 입법부형 감사통제의 장점은 의회의 예산안·결산심의, 입법활동 등에 대한 보좌기능을 통하여 의회의 대행정부 통제기능을 실효성 있게 할 수 있고, 행정부로부터 감사기구의 독립성을 확보할 수 있다는 점이다. 반면, 단점으로는 감사의 정치적 중립성이 저해될 우려가 있으며, 감사기능을 수행하는 데 있어서 행정부의 충분한 협조를 받지 못할 가능성이 있다는 점이다.

행정부 소속형

회계검사기관이 행정부에 소속되어 있는 형태로서, 중국, 한국, 스위스 등이 이에 속한다. 행정부 소속 형태의 장점은, 효과성 측면에서 행정수반의 강력한 권력적 지원을 받을 수 있기 때문에 감사에 필요한 정보와 자료의 수집이 용이하고, 의회로부터의 정치적 독립성을 확보할 수 있다는 점이다. 반면, 단점으로는 예산집행권을 갖고 있는 행정부에 그 집행결과를 검사하는 회계검사기관을 둔다는 것은 분립과 견제의 기본원칙에 부합하지 않으며, 재정민주주의의 관점에서도 행정부의 재정권한을 강화하는 대신 입법부의 재정통제기능을 약화시킬 수 있다는 점을 들 수 있다.

독립형

회계검사기관이 입법부·사법부·행정부 중 어느 것에도 속하지 않는 독립기구로 운영되는 형태로, 일본, 캐나다, 독일, 프랑스, 스페인 등이 해당된다. 독립형의 장점은, 회계검사기관의 직무상 독립과 정치적 중립성을 최대한 확보함으로써 검사의 공정성 및 객관성을 높일 수 있다는 점이다. 단점으로는 회계검사기관의 책임을 묻기 어렵고, 행정부로부터의 자료나 정보의 수집이 어려우며, 정치적 지원을 받기 어려워 검사결과의 적절한 처리가 이루어지지 않을 가능성이 있다는 점이다.

2. 결산검사

(1) 결산검사의 의의

결산검사는 기획재정부장관이 「국가회계법」에 따라 회계연도마다 작성하여 대통령의 승인을 받은 국가결산보고서를 검사 및 확인하는 행위로서, 감사원은 회계검사의 결과에 따라 국가의 결산을 확인한다. 「헌법」상 '감사원의 결산검사'는 결산개요, 세입·세출결산, 재무제표, 성과보고서로 구성되는 국가결산보고서의 검사를 의미하는 것으로 해석된다. 그리고 「감사원법」상 국회에 대한 '검사보고'의 내용에는 "회계검사의 결과 법령이나 예산에 위배된 사항 및 부당 사항의 유무, 예비비의 지출로서 국회의 승인을 받지 아니한 것의 유무, 유책 판정과 그 집행상황, 징계 또는 문책 처분을 요구한 사항 및 그 결과, 시정을 요구한 사항 및 그 결과, 개선을 요구한 사항 및 그 결과, 권고 또는 통보한 사항 및 그 결과, 그 밖에 감사원이 필요하다고 인정한 사항"이 포함되므로, 단순 확인이 아니라 국가결산보고서의 면밀한 조사를 통해 위법하고 부당한 사항을 시정하도록 하는 과정으로 볼 수 있다(방동희, 2010: 209).

그리고 국가결산보고서에 재무제표가 포함되므로 재무제표에 대한 법규적합성 및 경제성, 효율성, 효과성에 근거한 확인 작용까지 포함하는 것으로 해석될 수 있다. 즉, 감사원의 결산검사는 검사의 결과에 의해 국가의 결산금액과 내용의 당부를 결정하는 작용으로서 검사의 최종단계라고 볼 수 있다.

(2) 관계 법령

「헌법」 제99조에서 "감사원은 세입·세출의 결산을 매년 검사하여 대통령과 차년도 국회에 그 결과를 보고하여야 한다"고 명시하고 있다. 이에 근거하여 「감사원법」 제21조에서는 "감사원은 회계검사의 결과에 따라 국가의 세입·세출의 결산을 확인한다"고 규정하며, 「국가재정법」에서는 "감사원은 국가결산보고서를 검사하고 그 보고서를 다음 연도 5월 20일까지 기획재정부장관에게 송부하여야 한다"고 규정하고 있다.

이상의 내용을 살펴보면, 「헌법」에서는 '결산을 검사(제99조)한다', 「감사원법」에서는 '결산을 확인한다(제21조)', 「국가재정법」에서는 '국가결산보고서의 검사'로 각각 다르게 명시하고 있으나(제60조), 이는 동일한 의미를 다르게 표현하고 있을 뿐 모두 같은 의미로 해석된다(방동희, 2010: 209).

(3) 결산검사보고서의 구성

감사원은 기획재정부장관이 제출한 국가결산보고서를 검사하고 그 보고서를 다시 기획재정부장관에게 송부하여야 한다(「국가재정법」 제60조). 이는 정부가 국가결산보고서를 국회에 제출하기 전에 감사원의 검사를 거치도록 함으로써 국가결산보고서가 관련 법령에 따라 적정하면서도 정확하게 작성되도록 하기 위한 목적이다.

따라서 감사원이 기획재정부 장관에게 송부하는 국가결산보고서에 대한 검사보고서[13]는 정부의 결산이 「국가회계법」에 따라 재정에 관한 유용하고 적정한 정보를 제공할 수 있도록 객관적인 자료와 증거에 따라 공정하게 이루어졌는지를 검사한 최종 결과뿐만 아니라, 검사과정 전반에 대한 상세한 정보까지도 담고 있어야 한다. 실제 국회에 제출되는 감사원의 검사보고서는 총 2권으로 구성되어 있는데, 제1권은 결산개요, 세입세출결산, 감사활동, 기타 등으로 구성되어 있고, 제2권은 재무제표 분야와 성과보고서 분야로 구성되어 있다.

이와 관련하여 감사원의 검사보고서가 국회의 결산심의 과정에서 보다 유용하게 활용되기 위해서는 「국가회계법」 제15조의2에 규정된 결산보고서의 부속서류에 대한 검사를 한층 강화할 필요가 있다. 현재는 이들 부속서류를 1~2페이지 수준으로 요약한 내용만을 검사보고서에 담고 있는데, 이들 부속서류도 결산보고서와 마찬가지로 객관적이고 정확하게 작성되었는지를 검사하고 그 결과를 검사보고서에 상세히 반영하는 것이 바람직할 것이다.

3. 회계검사와 결산검사의 비교

감사원은 국가의 세입과 세출의 결산검사를 하고, 법률에서 정하는 회계를 상시 검사·감독하며, 행정기관 및 공무원의 직무를 감찰하는 것을 임무로 한다. 특히 결산과 관련한 임무로서 감사원의 회계검사 임무와 결산검사 임무가 있다.

회계검사는 국가와 지방자치단체, 기타 공공단체 등의 조직의 재정활동 및 수입·지출의 결말에 관한 사실을 확인·검증하고, 그 결과를 보고하기 위해 장부 및 기타 기록을 체계적으로 상시 검사하는 행위이다. 회계검사와 비교하여, 결산검사는 기획재정부장관이 「국가회계

13) 이하 "검사보고서"라 한다

법」에 따라 회계연도마다 작성하여 대통령의 승인을 받은 국가결산보고서를 검사 및 확인하는 행위로서, 감사원은 회계검사의 결과에 따라 국가의 결산을 확인하게 된다. 감사원의 회계검사와 결산검사는 각각 고유의 의의를 가진다. 회계검사는 횡령, 유용 등 회계경리상 비위와 위법·부당한 회계경리행위를 적발하고 비위 등의 원인을 규명하여, 재발방지대책을 강구하고 사업의 성과 및 경영실적을 평가하여 시정·개선을 요구하는 것이다(감사교육원, 2006: 76). 반면, 결산검사는 집행된 예산의 합법성과 적합성 판정에 그 의의가 있으며, 결산검사 내용은 추후 국회의 결산심의 자료로 제출되고 활용된다는 데 의의가 있다.

관계 법령으로는 공통적으로 「감사원법」이 있다. 특히 동법 제20조는 감사원의 임무를 규정하고 있으며, 회계검사와 결산검사의 내용을 포함하고 있다. 또한, 제22조, 제23조는 회계검사의 범위를 규정하고 있는데, 먼저 제22조에서는 국가 및 지방자치단체의 회계, 한국은행과 지방자치단체가 자본금의 2분의 1 이상을 출자한 법인의 회계, 타 법률에서 감사원의 회계검사를 받도록 규정된 단체의 회계 등을 대상으로 하는 감사원의 필요적 검사사항을 명시하고 있고, 제23조에서는 국가 또는 지방자치단체를 위하여 국가 또는 지방자치단체의 현금·물품 또는 유가증권의 출납 사항, 국가 또는 지방자치단체의 직·간접적인 보조금 등의 교부 행위 및 재정원조 제공 사항, 국가 또는 지방자치단체의 자본금 출자 등의 사항에 대하여 감사원이 필요하다고 인정하거나 국무총리의 요구가 있는 경우에 검사할 수 있음을 규정하고 있다.

한편, 결산검사의 경우에는 「헌법」 제99조에서 감사원은 세입·세출의 결산을 매년 검사하여 대통령과 차년도 국회에 그 결과를 보고해야 함을 명시하고 있다. 이에 근거하여, 「감사원법」 제41조에서는 결산검사 이후 검사보고 사항에 대하여 규정하고 있다. 또한, 동법 제21조에서는 감사원이 회계검사의 결과에 따라 국가의 세입·세출의 결산을 확인해야 할 것을 명시한다. 그리고 「국가재정법」 제60조에서는 감사원이 동법 제59조에 따라 제출된 국가결산보고서를 검사하고 다음연도 5월 20일까지 기획재정부장관에게 송부할 것을 적시하고 있다.

[표 1] 감사원의 회계검사 및 결산검사의 비교

구분	회계검사	결산검사
개념	국가, 지방자치단체, 기타 공공단체 등의 조직의 재정활동 및 수입·지출의 결말에 관한 사실을 확인·검증하고, 그 결과를 보고하기 위해 장부 및 기타 기록을 체계적으로 검사하는 행위	기획재정부장관으로부터 제출된 정부결산에 대하여 검사·확인하는 행위. 감사원은 회계검사의 결과에 따라 국가의 결산을 확인
의의	횡령, 유용 등 회계경리상 비위와 위법·부당한 회계경리 행위를 적발하고, 비위 등의 원인을 규명하여 재발방지대책을 강구, 사업의 성과 및 경영실적을 평가하여 시정·개선을 요구	결산검사는 집행된 예산의 합법성과 적합성 판정에 있음. 추후 국회의 결산심사 자료가 됨
관계 법령	감사원법 제20조, 제22조, 제23조	대한민국 헌법 제99조 국가재정법 제60조 감사원법 제20조, 제21조, 제41조

참고문헌

강주영. (2008). “재정통제제도의 공법적 검토: 회계검사와 결산을 중심으로.”「법학연구」 16(2): 83-106.
국회예산정책처. (2010).「국가재정제도: 원리와 실제」.
박영희·김종희. (2017).「신재무행정론」. 다산출판사.
윤영진. (2014).「새재무행정학」. 대영문화사.
이영조·문인수. (2015).「재무행정론」. 대명출판사.

제4절 발생주의·복식부기 정부회계제도

1. 의의 및 도입 효과

(1) 의의

회계란 회계정보이용자의 의사결정대상이 되는 경제적 실체의 재무상태와 재무성과를 측정하여 보고하기 위해 고안된 정보생산체계를 말한다. 이러한 회계는 기록방법에 따라 단식부기와 복식부기로 구분되며, 회계사건의 인식시점에 따라 현금주의와 발생주의로 구분된다.

발생주의는 경제적 거래가 발생하는 시점에 거래를 기록하는 방식을 말하는 것으로 현금의 변동이 있을 경우에 거래를 기록하는 현금주의와 상대되는 기록 방식을 말하며, 복식부기는 거래 발생과 동시에 기록을 두 번(차변과 대변) 하는 방식을 말하는 것으로 단식부기와 상대되는 기록 방식을 말한다. 따라서 발생주의·복식부기 정부회계란 경제적 거래가 발생하는 시점에 차변과 대변에 동시에 회계처리하는 방식을 의미한다. 반면 현금주의·단식부기 정부회계는 현금의 유출입에 따라 세입과 세출을 나열하여 기록·보고하는 정부회계제도를 말한다.

2008년까지 우리나라 중앙정부의 일반회계·기타특별회계에 대한 결산서는 현금주의·단식부기 방식으로 작성되어 왔으며, 현금주의·단식부기 정부회계는 우리나라의 예산제도와 같은 구조로 되어 있어 예산과 결산의 비교를 용이하게 하는 장점이 있다. 그러나 IMF 외환위기 이후 1998년 5월 정부는 발생주의·복식부기 정부회계의 도입방침을 공식적으로 발표하였고, 2007년 「국가회계법」의 제정을 통해 발생주의·복식부기 회계를 도입하게 되었다. 그 결과 2009회계연도부터 우리나라 중앙정부는 발생주의·복식부기 정부회계제도에 따라 결산 및 재무보고를 시행하고 있으나, 기획재정부는 2010회계연도 결산까지 2년간 시범운영을 하였으며, 2011회계연도 결산부터 국가통합 재무제표를 국회에 제출하게 되었다.

(2) 도입 효과

우리나라의 발생주의 국가회계 도입 효과는 다음과 같다(한국조세재정연구원,2023).

첫째, 연금충당부채 등 향후 재정지출 가능성이 있는 부채를 계상하게 되면서 이에 대응하는 재정부담능력을 예측하여 재정을 운영할 수 있게 되었다. 종전의 세입세출 결산의 경우 계약에 의한 국가채무를 관리하기 때문에 이런 채무만을 관리하다 보면 지출시기와 금액이 확정되지는 않았지만 국가가 지급할 가능성이 있는 잠재적 부채(충당부채)를 고려할 수 없다. 그러나 발생주의 회계 도입으로 인해 미래재정부담능력도 확인할 수 있게 되면서 재정건전성 관리가 강화되었다고 볼 수 있다.

둘째, 발생주의·복식부기 회계제도에 따른 자산 관리 체계에서는 국가가 활용가능한 모든 자원을 결산에 포함하여 관리하므로 보다 체계적인 관리가 가능해졌다. 기존에는 사회기반시설과 건설 중인 자산을 대부분 내부적으로만 관리하고 결산에서는 제외하여 상대적으로 관리가 소홀한 측면이 있었다. 그러나 회계제도 변경에 따라 공사가 완료되기 전인 건설 중인 자산도 투입된 자원의 가치만큼 자산으로 기록하여 관리가 강화되었으며, 도로·공항·항만·철도 등 사회기반시설도 재무제표에 포함되어 관리되고 있다.

셋째, 국가재정 전반에 대한 종합적 관리가 가능해졌다. 이전의 세입세출 결산 방식은 개별법에 따른 보고서 작성 및 제출로 전체 국가 자산과 부채 규모의 파악이 어려웠다. 그러나 발생주의·복식부기 방식으로 재무제표를 작성하면서 재정상태표에서 자산·부채 종류별로 금액을 한 번에 확인할 수 있으며, 이에 따라 국가자산과 부채규모 등 국가재정의 전체 현황을 종합적으로 파악할 수 있게 되었다. 더불어 재정운영표를 작성하게 되면서 정확한 사업원가 정보와 수익정보를 파악할 수 있게 되었다.

넷째, 회계제도의 변경과 함께 국가재정법이 제정(2007년)되어 품목별 예산제도를 프로그램 예산제도로 전환하면서 국가가 운영하는 수백 개 프로그램에 소요되는 원가의 통제 및 관리가 수월해져, 재정사업 효율성 제고 기반을 마련하였다는 평가를 받는다.

이외에도 미국, 영국, 캐나다, 호주 등 주요국은 물론 OECD를 비롯한 국제기구들이 우리나라보다 일찍 발생주의·복식부기 방식으로 재무제표를 작성해오고 있었기 때문에 이들과의 재정상태를 비교하는 데에도 효과적이며, 국제기준 재정통계의 산출이 가능해지면서 대외신뢰도가 제고되었다는 장점도 있다.

2. 국가회계제도의 이해

(1) 발생주의 국가회계법령의 체계

발생주의·복식부기 정부회계의 도입은 2007년에 제정된 「국가회계법」에 규정되어 있다. 「국가회계법」은 결산보고서의 체계, 구성 등을 규정하고 있고, 「국가회계법 시행령」에서는 결산보고서 중 세입세출결산에 명시할 사항 및 부속서류의 제출 및 작성 등을 규정하고 있다. 그러나 「국가회계법」과 동법 시행령은 발생주의·복식부기 회계제도 도입과 이와 관련된 제출 서류 등에 관하여만 규정하고 있고, 재정부문의 실제 회계처리를 위해 필요한 회계기준에 관하여는 「국가회계기준에 관한 규칙」에서 규정하고 있다.

동 규칙에서는 일부 회계처리를 기획재정부장관에게 위임하여 정하도록 하고 있으며, 이에 따라 회계처리준칙, 재무제표 계정과목별 회계처리지침 및 주요 사항별 회계처리지침 등이 제정·운용되고 있다.

[그림 1] 국가회계법령체계

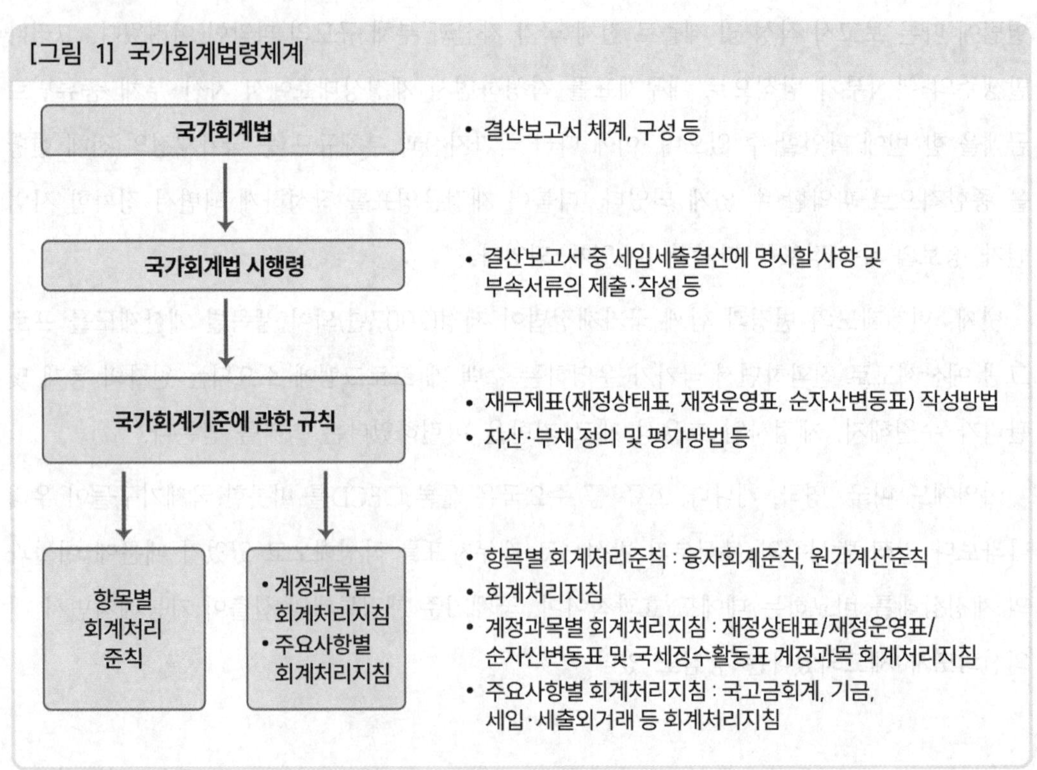

(2) 「국가재정법」과 「국가회계법」의 관계

종전의 「국가재정법」은 결산서의 작성·제출 일정과 결산서의 구성·내용을 모두 규정하고 있었다. 2007년에 제정된 「국가회계법」은 「국가재정법」과 별도로 발생주의·복식부기 방식의 재무보고서를 도입하였다. 이에 따라 「국가재정법」에 따른 현금주의·단식부기 방식의 결산보고서와 「국가회계법」에 따른 발생주의·복식부기 방식의 재무보고서를 각각 별도의 법률에 근거하여 따로 작성해야 하는 이원적인 법률체계에 놓이게 되었다. 이처럼 결산에 관한 보고서가 「국가재정법」과 「국가회계법」에 분산되어 있던 것을 체계적으로 정비하는 법개정이 2008년 말에 이루어졌다.

국가재정의 운용에 관한 기본법인 「국가재정법」은 재정운용의 일반원칙 및 예산안 편성·예산집행·성과관리·결산·국가채무관리 등에 관한 사항을 규정하고 있다. 특히, 결산과 관련해서는 결산보고서의 작성·제출절차 및 일정 등을 규정하고 있다.

국가재정의 체계적인 관리를 위한 발생주의 회계시스템을 구축하고 재정 운영의 투명성과 책임성을 제고하기 위해 제정된 「국가회계법」은 결산서의 구성·내용 및 작성방법 등을 규정하고 있다.

[표 1] 국가재정법과 국가회계법 간 결산관련 규정

구분	내용
국가재정법	• 결산보고서의 작성·제출 절차 및 일정 규정 중앙관서결과보고서(2월말) → 국가결산보고서(4월10일) → 감사원검사(5월20일) → 국회제출(5월31일)
국가회계법	• 결산보고서의 구성·내용, 작성방법 등을 규정

3. 주요국 발생주의기준회계와 결산보고서 특징

최근 IFAC(국제회계사연맹)과 CIPFA(공공부문회계사협회)가 발표한 최근 자료(IFAC·CIPFA, 2021)에 의하면[14] 2020년 기준으로 165개국 중 49개국(30%)이 발생주의를 적용하고 있는 것으로 나타났으며 이는 이전 조사기간인 2018년 대비 6% 증가한 수준이다. 더불어 부분적 발생주의를 적용하는 국가를 포함하면 115개국(70%)이 이를 도입한 것으로 확인된다.

OECD, IMF 등 주요 국제기구에서도 정부효율성 및 재정투명성 강화를 위한 노력의 일환으로 발생주의 회계제도의 도입을 권장하고 있다. OECD는 1990년대 초에 재정개혁 권고의 하나로서 현금주의기준 회계의 문제점과 발생주의회계의 도입 필요성에 대한 보고서를 발간한 이후, 관련 회의를 개최하고 회원국의 경험사례를 소개하는 등 발생주의회계 도입에 관한 논의를 이끌어 오고 있다. IMF도 각국의 재정통계를 관리함에 있어 숫자의 신뢰성을 높이고 다양한 재정정보를 산출하기 위하여 발생주의회계제도를 권고하여 오고 있다.

특히, 2001년부터는 발생주의에 기초한 정부재정통계(Government Finance Statistics: GFS) 편람을 작성하고 발생주의회계를 기반으로 정부통합재정보고서를 작성하도록 권고하고 있다. 국제회계사 협회는 민간부문의 회계뿐만 아니라 공공부문의 회계에도 관심을 가지고 공공부문위원회(현 국제공공회계기준위원회)를 만들어 공공부문의 회계, 감사 및 재무보고 등에 대하여 지속적으로 연구를 하고 있다.

전술한 바와 같이 미국, 호주, 캐나다 등 주요국에서는 이미 20여 년 전부터 발생주의 국가회계제도를 운용하고 있으며 최근까지 지속적인 개선을 통해 재무보고 체계를 발전시켜 오고 있다. 이들의 결산보고서는 세부 내역에 있어 차이가 있지만 기본적으로 발생주의 정보를 중심으로 보고되며, ① 책임서한(재무부 장관 서한 또는 회계책임보고서), ② 감사보고서, ③ 결산개요, ④ 재무제표, ⑤ 관련 주석, ⑥ 현금주의 정보 등으로 구성되어 있다(한국조세재정연구원, 2022).

---

14) 보다 상세한 내용은 (https://www.ifac.org/knowledge-gateway/supporting-international-standards/ discussion/international-public-sector-financial-accountability-index-2020)에서 확인할 수 있다.

[표 2] 주요국 결산보고서 구성 비교

구분		미국	호주	영국	뉴질랜드	한국
책임서한	재무부장관서한	○	○	X	○	×
	회계책임보고서	×	×	○	○	×
감사보고서		○	○	○	○	×
결산개요		○	○	○	○	○
재무제표		7종	4종	5종	7종	3종
현금주의 정보		×	×	×	×	○

자료: 한국조세재정연구원(2022). 「국가재정 재정통계」를 바탕으로 작성

(1) 미국

미국의 발생주의회계 도입과정은 제도 도입을 주장하는 의회 및 감사원(GAO)과 이를 반대하는 관리예산처(OMB)의 갈등과 대립으로 점철된다. 이를 간략하게 살펴보면, 1949년 제1차 후버위원회(The First Hoover Commission)는 성과주의 예산제도와 기업회계원리에 따른 회계방법을 정부부문에 도입하기 위하여 재무부 내에 회계국장을 둘 것을 제안하였고, 1950년 의회는 예산회계절차법을 제정하여 감사원에 연방정부기관에 적용할 회계기준과 원칙을 공표할 권한을 부여하였다(Chan, 2002: 203-204).

이후 1956년 제2차 후버위원회는 발생주의라는 용어를 명백하게 사용하고 행정 부처의 자산, 부채, 비용을 나타내기 위하여 발생주의회계를 채택하도록 하였으나, 특별한 제재조항이 없어 이를 따르는 연방정부는 없었다(이경섭, 2000: 58-59). 또한, 감사원은 각 부처의 반발에도 불구하고 1972년 연방정부회계기준을 발표하였고(편호범, 2004: 18), 의회는 1982년에 「회계검사법」을 개정하여 「재무청렴법」을 제정하여 각 연방부처 및 기관의 장들은 내부통제시스템을 평가하고, 감사원장이 요구하는 회계기준, 원칙 등을 충족하는지를 평가하고 그 결과를 대통령과 의회에게 보고하도록 하였으나 관리예산처를 포함한 각 부처들은 이를 준수하지 않았다(임동완, 2008: 47).

의회예산처는 1985년 3월 '재무관리 및 회계목표(financial management and accounting objectives)'라는 문서를 통해, 현재의 재무보고를 통해서도 재정보고의 목적이 충분히 달성될 수 있음을 근거로 감사원의 발생주의회계 도입 주장을 반박하기도 하였다. 이후 1990년 10월 의회, 행정각부 등이 필요로 하는 재정 및 예산정보를 검토하여 회계

기준을 권고하는 권한을 갖는 독립적인 연방정부 회계기준자문위원회를 발족시켰고, 1991년부터는 단계적으로 발생주의회계를 도입하였다. 1992년에는 67개의 정부기관 및 24개의 정부기업들이 처음으로 회계검사를 받은 재무제표를 작성하였고, 1997-1998회계연도부터 연방정부의 통합재무제표를 작성하였다.

현재 「미국 연방정부 재무보고서(FINANCIAL REPORT OF THE UNITED STATES GOVERNMENT」를 보면 재무부 장관 서한, 결과요약(Result in Brief), 개요(Executive Summary), 경영진단의견서(MD&A), 미국 감사원의 성명서, 재무제표 및 재무제표 주석으로 구성된다. 재무제표는 총 7종으로 순원가표, 운영 및 순자산변동표, 순운영원가 및 예산적자조정표, 예산 및 기타활동에 의한 현금변동표, 재정상태표, 장기재정전망표, 사회보험표, 사회보험금액변동표로 구성된다. 더불어 29개의 추가 정보가 주석의 형태로 제공되며, 필수보충정보와 기타정보 등이 함께 기재되어 있다(Department of Treasury. 2023).

(2) 호주

호주의 정부개혁이 본격적으로 이루어진 것은 1983년 집권한 노동당의 Hawke 정부가 "호주정부 개혁(Reforming the Australian Public Service)"이라는 백서를 발표하면서부터이다(Funnell & Cooper, 1998: 139-149; 임동완, 2008: 33-34). 1982년 연방합동공공회계위원회(Joint Committee of Public Accountants: JCPA)는 의회에 대한 책임성 제고를 위해서 발생주의회계의 도입이 필요함을 제언한 이후, 1989년 개정된 「감사법(Audit Act, 1901)」에서는 현금기준 보고서뿐만 아니라 부처의 자산과 부채를 포함하는 재정상태보고서를 제출하도록 하였다.

그 결과 1992년 시험적으로 재무부에 발생주의와 현금주의를 동시에 적용하였고, 1994-1995회계연도부터 모든 연방 부처에 대한 발생주의회계 도입이 이루어졌다. 또한, 1997년 4월 연방정부는 1999~2000회계연도부터 발생주의에 기초한 산출예산제도를 도입하기로 하였다. 이를 위해 1998년 11월 모든 부처와 산하기관이 달성하여야 할 성과와 이를 달성하기 위한 산출에 대해 장관과 합의를 하였다. 그리고 1999년 초 각 부처와 산하기관은 성과에 대해 발생주의에 기초한 가격(예산)을 할당하였고, 그 결과 1999~2000회계연도에 발생주의 예산과 발생주의 재무보고를 포함하는 완전한 발생주의에 기초한 성과·산출

체제(full accrual-based outcomes and outputs framework)로의 전환이 이루어졌다(GAO, 2000: 118~119).

호주의 최근 결산서(「Consolidate Financial Statements for the year ended 30, June 2023」)를 보면, 재무부 장관의 서한, 재무재표에 대한 요약(Commentary on the Consolidated Financial Statements), 감사보고서, 종합재무제표 및 부문별 재무제표, 주석으로 구성되어 있다. 재무제표는 총 4종이 포함되는데 재정운영표, 재정상태표, 현금흐름표, 순자산변동표가 명시되어 있다. 더불어 이와 관련하여 보충 설명으로 49종의 정보를 제공한다(Australian Government Department of Finance).

(3) 영국

영국에서 재정개혁의 일환으로 발생주의를 적용하는 자원회계예산제도(resource accounting and budgeting: RAB)가 처음으로 공식화된 것은 1993년 11월 재무부장관이 의회에 예산안을 제출하면서 3-5년 후에 자원회계를 시행할 계획을 밝히면서이다. 이후 1997년 7월 최초로 자원회계지침서(resource accounting manual: RAM)가 발간되었고,[15] 이후 매년 개정된 지침서가 발간되고 있다(IFAC/PSC, 2002: 6).

이에 따라 1997-1998회계연도에 중요 부서에 자원회계가 시범적으로 실시되었고, 다음 회계연도부터 모든 부서에 적용되게 되었다. 그리고 자원회계가 실시된 이후 개혁의 완성을 위해서 발생주의회계와 예산제도의 도입이 필요하였다. 이에 따라 2001-2002 예산서부터 자원예산[16]을 도입하고, 결산보고서를 복식부기·발생주의기준으로 작성하였으며, 2003-2004회계연도부터 중앙정부의 통합 재정보고서를 작성하였다.

최근 영국의 결산보고서인 「공공부문 통합결산서(Whole of Government Accounts)」를 보면, 이는 중앙정부, 지방정부, 학교 및 공기업 등 1만 개 이상의 공공부문을 모두 포함하여 발생주의 정보를 중심으로 작성되어 있다. 여기는 성과보고서(결산요약 및 결산 개요

15) 허명순(2003)은 영국에서 발생주의회계가 도입될 수 있었던 이유 중의 하나는 공공재정회계사가 있었기 때문으로 설명하고 있다. 영국에서는 1800년대 후반부터 공공재정회계협회(Charted Institute of Public Finance Accountancy)가 존재했는데, 이 협회에서 공공부문의 회계분야의 전문가를 양성하여 공공재정회계사 자격증을 부여하여 왔고, 이들이 회계분야 직위에 유입되어 왔다고 한다(임동완, 2008: 41 재인용).

16) 자원예산 제도는 자원회계를 바탕으로 운영되는데, 영국은 예산을 경상예산인 자원예산과 투자예산인 자본예산으로 구분한다. 이는 단기적인 자원예산에 장기적인 자본예산의 우선순위가 밀려서 장기자본투자가 바람직한 수준에 이르지 못하는 것을 방지하기 위한 것이다. 자원예산과 자본예산은 각각 부처지출한도와 연간관리지출로 구분된다(임동완, 2008: 44).

포함), 회계책임보고서, 거버넌스 확인서, 재무제표 및 주석, 감사원장 서한이 포함되며 국민계정과의 비교표를 별도로 제시한다는 점에서 다른 국가들과 차별성이 있다. 영국의 재무제표는 총 5종으로 손익계산서, 포괄손익계산서, 재정상태표와 자본변동표, 현금흐름표로 구성되며 이들에 대한 추가적인 설명을 위해 총 36종의 정보를 주석 형태로 제공한다(한국조세재정정보원, 2023).

(4) 뉴질랜드

뉴질랜드는 발생주의회계와 예산제도 도입에 있어서 선구자적인 나라이다(임동완, 2008: 26). 1950년대 중반까지만 해도 1인당 GNP가 세계 5위 수준의 부국이었던 뉴질랜드는 1973년 농축산물 최대 수입국인 영국의 EEC 가입으로 인한 수출감소와 1970년대 두 차례의 석유위기 등으로 인해 커다란 경제위기를 맞게 되었다. 특히 뉴질랜드의 정부회계제도개혁은 재정법이 제정되기 오래 전부터 진행되어 온 공무원, 학자, 그리고 민간전문가의 공동노력에 의해 이루어졌다.

구체적으로 살펴보면, 뉴질랜드 중앙정부에 대한 재무관리개혁의 필요성이 제기된 것은 1978년 뉴질랜드 회계검사원장(Controller and Auditor-General)의 보고서(Shailes Report)에 기원한다. 이 보고서에서 회계검사원장은 공공부문 관리자들이 자원의 효율적, 효과적 관리보다는 예산 및 법률에 순응하는 것에 관리의 초점을 맞추고 있음을 지적하고, 정부에서의 원가와 자원사용에 대한 책임을 보장하기 위해 발생주의회계의 도입이 필요함을 주장하였다(Pallot, 1996: 332).

그 후, 뉴질랜드 공인회계사회(the New Zealand Society of Accountants: NZSA)가 공공부문에 발생주의회계제도를 도입하는 데 결정적인 견인차 역할을 하였는데, 1982년 NZSA는 공공부문연구그룹(Public Sector Study Group)을 출범시켜 공공부문 회계기준의 사전 시안(pre-expose draft)을 발표하고, 1985년에는 첫 번째 공공부문 회계기준 시안을 발표하였으며, 1987년에는 공공회계 개념서와 공공회계기준을 발표하는 등 공공기관으로 하여금 발생주의회계의 재무제표를 작성하는 데, 기술적 도움을 주었다(이경섭, 2000: 168). 그 결과 1988년 의회에서 「공공부문법」이, 1989년에는 「재정법(Public Finance Act)」이 제정됨으로써, 공공부문의 모든 재무제표는 뉴질랜드 공인회계사회의 회계기준인 일반회계원칙(generally accepted accounting principle: GAAP)에 따라 작성되도록 하였다. 그 결과 1989년 7월 1일부터 각 부처는 발생주의회계에 의한 재정보고서를 작성하였으며, 1991년부터는 각 부처와 의회를 포함한 정부 전체의 통합재무제표를 작성하였다(임동완, 2008: 27).

뉴질랜드 의회는 재정제도 개혁의 일환으로 1993년 「재정보고법(Financial Reporting Act)」을 제정하여 일반회계원칙에 대한 정의를 명확히 하였고, 1994년 「재정책임법(Fiscal Responsibility Act)」을 제정하여 정부의 재정 목표와 달성도를 의회에 보고하도록 하였다. 이를 통해 재정의 투명성과 책임성을 제고하고 장기적인 관점에서 재정이 운용될 수 있도록 하였다(Pallot, 1996: 326).

이러한 발전과정을 거쳐 현재의 뉴질랜드 정부 재무보고서(Financial Statement of the Government of New Zealand)에는 재무부 장관의 서한, 회계책임보고서, 재무제표에 대한 요약, 독립감사보고서의 내용이 기재되고 있다. 재무제표는 총 7종으로 다른 주요국들에 비해 추가적인 내용을 담고 있는데 이는 재무성과표, 기능별 비용분석, 재정운영표, 순자산변동표, 현금흐름표, 재정상태표, 부문별 명세서를 제공한다. 더불어 추가적인 30종의 정보를 주석의 형태로 제공하고 있으며 보충설명과 추가재무정보 역시 함께 제공하고 있다.

4. 발생주의·복식부기 회계제도의 발전 과제

(1) 예산과 회계의 연계 강화 필요

발생주의 회계정보가 예산과정에 적절히 환류(feedback)되기 위해서는 결산자료를 충분히 활용해야 한다. 예를 들면, 예산안심의 과정 중에 수선유지비가 과연 재무제표에 계상된 유형자산의 내용연수와 장부가액에 비추어 볼 때 합리적인지 확인해 보는 것이 중요하다. 즉, 내용연수와 장부가액 구간별로 얼마만큼의 수선유지비가 집행되었는지 상당기간의 시계열 자료를 바탕으로 벤치마크 대상 금액을 만들어 이 금액과 예산을 비교하여 예산액이 타당한지를 살펴보는 것이다.

또한, 발생주의 회계 결산자료를 각종 재정사업이나 사업수행자의 평가에 활용할 필요가 있다. 국회에서 승인된 예산을 효율적으로 사용한 사업에 대해서 인센티브를 준다든지, 시설비 목으로 지출된 사업 중에서 장기적으로 사용되는 자산화 비율이 높은 사업에 대해서는 향후 사업비 증액을 적극적으로 고려해 보는 것도 한 방법이 될 수 있다. 현재의 예산제도 하에서는 예산에서 불용이 발생되면, 한정된 자원의 효율적 배분의 측면에서 좋은 평가를 받지 못한다. 즉, 예산을 잘 편성했으면 예산이 남지 않았을 것이고, 이 경우 다른 분야에 예산을 사용할 수 있었던 기회를 잃어버리게 한 결과를 가져온 것으로 판단하기 때문이다. 그 결과 예산을 효율적으로 집행하여 예산액이 절약된 측면이 제대로 평가되지 못하는 관계로 오히려 불필요한 예산을 집행하는 역효과를 낳기도 하므로, 발생원가와 성과를 비교하여 예산을 효율적으로 사용한 사업에 대해서는 정당한 평가를 하려는 노력이 필요하다. 새로운 제도가 정착되고 신뢰할 수 있는 발생주의 회계정보가 많이 산출될 것임을 감안하면, 앞서 설명한 몇 가지 사례만이 아니라, 국회의 예산안 심의와 결산 심의 과정에서 발생주의 회계정보의 활용 폭이 넓어질 것은 분명하다.

(2) 재무정보의 신뢰성 제고

재무정보의 신뢰성에 대한 인식부재 문제는 앞서 설명한 것처럼 발생주의·복식부기에 따라 제공되는 정보가 예산으로 환류되고 정책결정에 활용되면 자연스럽게 해소될 수 있겠지만, 이를 위해서는 결산정보의 신뢰성이 전제되어야 한다. 즉, 신뢰성 있는 발생주의 결산정보가 산출되고 있다는 확신이 없다면, 이러한 정보가 예산안심의 과정에서 적극적으로 활용되거나 정책결정에 참고 되기는 어려울 것이다. 따라서 「국가회계기준에 관한 규칙」에 따라 현재 각 기관이 보유하고 있는 자산과 부담하고 있는 부채를 적절히 분류하고 평가하여 재무제표에 표시하는 것이 무엇보다 중요하고 기본이 된다는 인식이 공유될 필요가 있다.

(3) 프로그램별 원가정보 및 성과정보의 연계 강화

현행 「국가회계기준에 관한 규칙」에 따라 마련된 지침서 중 원가계산지침에는 향후 원가계산제도가 정착된 이후 자원의 효율적 활용 여부 평가, 원가회수율 파악을 통한 사업성과 측정 등 국가회계 실체가 통제나 의사결정을 위해 개별 측정이 필요한 단위로 원가집계 대상을 설정하도록 명시하고 있다. 재정운영표 작성 및 정확한 원가계산이 정착되고 나면, 향후에는 이러한 원가정보를 정책적 의사결정에 유용하게 활용할 수 있어야 하는데, 이를 위해서는 예산체계와 성과관리체계가 유기적으로 연결되도록 예산이나 성과계획서가 보다 정교하게 작성되어야 한다.

성과관리에 활용할 수 있는 원가정보 산출이 가능한 체계를 마련하기 위해서는 예산체계상 프로그램이나 단위사업이 성과 또는 산출물의 유형에 따라 재편성되고, 성과관리체계가 이러한 예산체계와 일치하는 것이 가장 바람직하다.

참고문헌

국회예산정책처. (2010).「국가재정제도 원리와 실제」.

한국조세재정연구원. (2022). 영국 공공부문 통합결산서 소개,「국가회계 재정통계」, 제33호, pp.34-47.

____________.(2023).「알기 쉬운 국가회계」

이경섭. (2000).「정부회계개혁」. 감사원.

임동완. (2008). "외국의 발생기준 회계와 예산제도 개혁과 시사점."「국회예산정책처 예산현안분석」제17호.

편호범. (2004). "정부회계의 복식부기 및 발생주의 수용요인에 관한 연구." 성균관대학교 박사학위 논문.

허명순. (2003). "영국의 회계제도개혁과 회계관련기구".「정부회계연구」. 제1권제1호.

Austrailian Government Department of Finance(2023).「2022-2023 Commonwealth Consolidated Financial Statements」

Chan. James L.. (2002). "Government Budgeting and Accounting Refrom in the United State". OECD Journal on Accounting. Vol.2 No.1.

Funnell, Warwick and Kathie Cooper. (1998). Public Sector Accounting and Accountability in Australia. Sydney. UNSWPress.

General Accounting Office. (2000). Accrual Budgeting: Experiences of Other Nations and Implications for the United States. Washington, D.C.: U.S. GAO.

IFAC·CIPFA. (2021).「International Public Sector Financial Accountability Index 2021 Status Report」.

IFAC/PSC. (2002). Occasional Paper 5: Resource Accounting. Framework of Accounting Standard Setting in the UKCentral Government Sector. New York. IFA.

Pallot, June. (1996). "Innovation in National Government Accounting and Budgeting in New Zealand." Research in Government and Nonprofit Accounting. Vol.9.

(U.S.)Department of the Treasury(2023).「Financial Report of the United States Government」.

The Treasury NewZealand(2023).「Financial Statements of the Government of New Zealand for the Year Ended 30 June 2023」.

제5절 성과보고서와 국회의 결산심사

1. 성과보고서의 의의 및 추진체계

우리나라의 재정성과관리제도는 기존의 투입·통제 중심의 방식을 벗어나 성과관리를 통해 획득된 성과정보를 바탕으로 정부 업무 수행의 책임성을 높이며, 예산의 편성·심의·집행·결산의 전(全) 과정을 경제성·능률성·효과성 등의 성과관리 관점에서 운영하는 제도이다(국회예산정책처, 2024).

1990년대 이후 미국, 캐나다 등 주요국 위주로 효과적 재정사업 성과관리를 위한 제도적 장치를 확보하려는 노력이 시작되었으며, 2000년대부터 OECD, 세계은행을 비롯한 국제기구들에서 프로그램을 기준으로 예산을 나누어 성과정보를 바탕으로 재정을 관리할 것을 강조하기 시작했다. 우리나라 역시 이러한 국제적 환경 변화를 인식하여 2006년 4대 재정개혁(국가재정운용계획, 총액배분자율편성예산, 재정성과관리, 디지털예산회계시스템)을 통해 프로그램 예산제도를 근간으로 하는 재정사업 성과관리제도를 정착시켜 운영 중에 있다(심혜인, 2023).

[그림 1] 우리나라 재정사업 성과관리제도 개요

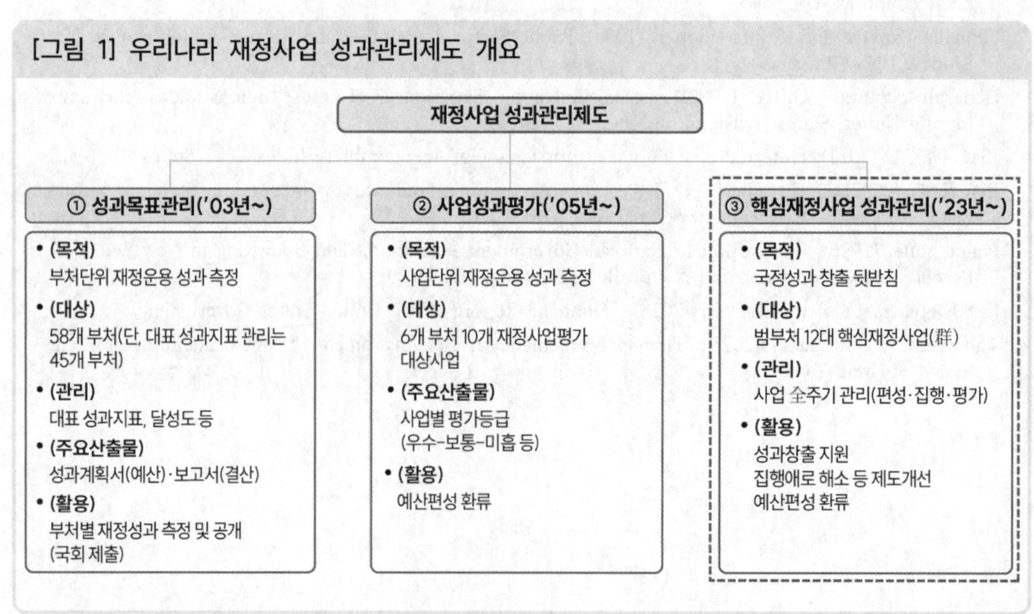

자료: 심혜인(2023), 「핵심재정사업 성과관리」

재정사업 성과관리제도의 기본이라고 할 수 있는 성과목표관리를 위해서는 정부의 성과계획에 따라 실제 어느 정도의 실적을 달성했는지에 대한 정보가 관리되어야 하며, 이를 위해 「국가회계법」 제15조제4항에는 「국가재정법」 제8조에 따른 성과계획서에서 정한 성과목표와 그에 대한 실적을 대비하여 성과보고서를 작성해야 한다고 명시하고 있다.

정부의 성과보고서는 성과계획서에 설정된 목표에 대응한 각종 실적을 측정하여 재정운용에 활용하기 위한 보고서로서, 성과계획서가 전년도(Y-1)에 해당 연도(Y)의 성과목표, 성과지표, 성과지표의 목표치 등을 미리 설정하는 것인데 비해, 성과보고서는 다음 연도(Y+1)에 해당 연도(Y)의 사업실적을 토대로 성과목표의 달성 여부, 미흡원인 등을 분석·보고하는 것이다.[17]

성과보고서의 작성 및 활용은 재정성과 목표관리체계의 핵심이라고 할 수 있다. 성과보고서에 나타난 재정사업의 성과정보는 예산안 편성 과정뿐만 아니라, 국회의 예산안 심의 과정과 결산심의 과정에도 적극적으로 활용될 수 있기 때문이다. 또한, 예산집행과정, 성과달성과정 등에서 발생하는 문제점을 조기에 발견하고 이를 개선하기 위한 방안을 도출할 수 있기 때문이다. 각 중앙관서의 장 및 기금 관리주체는 재정사업 성과목표관리를 위하여 매년 예산 및 기금에 관한 성과목표·성과지표가 포함된 성과계획서 및 성과보고서를 작성하여야 한다. 성과목표는 기관의 임무 및 상위·하위 목표와 연계되어야 하며, 성과지표를 통하여 성과목표의 달성 여부를 측정할 수 있도록 구체적이고 결과 지향적으로 설정되어야 한다. 성과지표는 명확하고 구체적으로 설정되어야 하며, 성과목표의 달성을 객관적으로 제때 측정할 수 있어야 한다. 정부는 2022년도 예산안부터 성과계획서 작성 단위를 '단위사업 및 프로그램' 기준에서 '프로그램' 기준으로 상향하였다(국회예산정책처, 2024).

17) 예를 들어 기준 연도(Y)가 2024년이라고 가정하면, 성과계획서는 기준 연도인 2024년보다 1년 앞선 2023년(Y-1)에 작성되고, 성과보고서는 기준 연도인 2024년보다 1년 뒤인 2025년(Y+1)에 작성된다.

2. 성과보고서 현황

「국가재정법」 및 「국가회계법」에 근거하여 각 중앙관서의 장은 예산요구서를 제출할 때 다음 연도 예산의 성과계획서 및 전년도 예산의 성과보고서를 함께 제출하여야 하며, 기금관리주체는 기금운용계획안을 제출할 때 다음 연도 기금의 성과계획서 및 전년도 기금의 성과보고서를 함께 제출하여야 한다. 더불어 결산보고서 구성서류의 하나로 성과보고서를 작성하여 국회에 제출하여야 한다.

가장 최근에 국회에 제출된 성과보고서를 보면, 2022회계연도 성과보고서 작성 대상기관은 총 58개 중앙관서이며, 179개 전략목표, 473개 프로그램목표(프로그램 성과지표: 1,047개)로 구성되어 있다. 총 1,047개 성과지표 중 달성 704개, 초과달성 107개로 총 811개(77.5%)가 달성되었고, 236개(22.5%)가 미달성된 것으로 보고되었다.

[표 1] 최근 5년간(2018~2022년) 프로그램목표 달성현황 (단위: 개, %,)

구분	2018결산	2019결산	2020결산	2021결산	2022결산
전체 프로그램목표 성과지표수(A)	698	677	676	680	1,047
달성 지표수(B)	538	517	468	521	811
달성률(B/A)	77.1	76.4	69.2	76.6	77.5

자료: 대한민국정부, 각 회계연도 「국가결산보고서」를 바탕으로 재작성

[표 2] 2022회계연도 중앙관서별 프로그램목표 달성현황 (단위: 개, %)

중앙관서명	전략목표	프로그램 목표				
		목표수	지표수(A)	달성(B)	초과달성(C)	달성율((B+C)/A)
총계	179	473	1,047	704	107	77.5
대통령비서실 및 국가안보실	1	1	3	3	0	100.0
대통령경호처	1	1	1	1	0	100.0
국회	2	5	12	8	1	75.0
대법원	2	2	2	2	0	100.0
헌법재판소	1	1	1	1	0	100.0

중앙관서명	전략 목표	프로그램 목표				
		목표수	지표수 (A)	달성 (B)	초과달성 (C)	달성율 ((B+C)/A)
중앙선거관리위원회	1	2	4	0	1	25.0
민주평화통일자문회의	1	2	4	3	0	75.0
감사원	1	1	3	2	1	100.0
국무조정실 및 국무총리비서실	1	1	3	2	0	66.7
기획재정부	4	14	26	20	3	88.5
교육부	4	20	44	28	7	79.5
과학기술정보통신부	6	35	76	55	12	88.2
외교부	6	13	26	18	6	92.3
통일부	2	8	21	12	2	66.7
법무부	5	8	18	11	2	72.2
국방부	5	10	22	17	0	77.3
행정안전부	6	17	42	26	3	69.0
문화체육관광부	6	33	83	48	16	77.1
농림축산식품부	5	16	38	36	1	97.4
산업통상자원부	6	22	47	33	6	83.0
보건복지부	4	25	42	25	3	66.7
환경부	6	16	35	28	3	88.6
고용노동부	4	9	27	19	1	74.1
여성가족부	4	5	12	10	0	83.3
국토교통부	6	34	71	43	5	67.6
해양수산부	3	13	24	16	4	83.3
중소벤처기업부	5	10	24	11	3	58.3
국가보훈부	5	9	20	17	1	90.0
인사혁신처	5	7	18	15	0	83.3
법제처	1	1	3	3	0	100.0
식품의약품안전처	4	9	17	14	1	88.2
국가인권위원회	1	1	3	3	0	100.0
방송통신위원회	2	4	7	7	0	100.0
공정거래위원회	3	4	9	7	0	77.8
금융위원회	4	12	33	16	6	66.7

중앙관서명	전략 목표	프로그램 목표				
		목표수	지표수 (A)	달성 (B)	초과달성 (C)	달성율 ((B+C)/A)
국민권익위원회	1	1	2	0	0	0.0
원자력안전위원회	2	3	7	6	0	85.7
개인정보보호위원회	1	1	2	2	0	100.0
국세청	5	6	14	8	2	71.4
관세청	4	6	12	9	2	91.7
조달청	1	2	5	2	1	60.0
통계청	3	5	12	7	1	66.7
병무청	4	4	9	6	1	77.8
방위사업청	2	6	13	8	1	69.2
경찰청	3	11	25	12	1	52.0
소방청	1	1	2	1	0	50.0
문화재청	3	8	16	7	2	56.3
농촌진흥청	2	7	16	15	1	100.0
산림청	3	7	15	9	1	66.7
특허청	2	5	11	10	0	90.9
질병관리청	3	9	19	12	2	73.7
기상청	4	7	17	10	0	58.8
행정중심복합도시건설청	1	2	4	3	1	100.0
새만금개발청	3	3	5	2	1	60.0
해양경찰청	5	5	15	13	1	93.3
5·18민주화운동 진상규명조사위원회	1	1	2	2	0	100.0
진실화해를위한 과거사정리위원회	1	1	1	0	0	0.0
고위공직자범죄수사처	1	1	2	0	1	50.0

자료: 대한민국정부, 「2022회계연도 국가결산보고서」

3. 성과보고서의 문제점 및 평가

성과보고서 작성은 성과중심의 재정운용을 통해 성과지향적이고 투명한 재정운용과 건전재정의 기틀을 마련하고자 하는 「국가재정법」의 취지를 반영한 것이다. 이를 위해서는 성과관리체계의 논리적 구성, 성과지표의 타당성 확보, 실적치 측정의 진실성·타당성, 예산편성 등 재정활동에 대한 성과정보의 환류가 적정하게 이루어질 필요가 있다. 이를 위해 성과보고서는 재정사업의 목표달성 여부를 가장 잘 보여줄 수 있는 타당성 있는 성과지표를 설정하고, 보수적인 성과목표를 설정하지 않도록 주의하는 한편, 성과지표 달성 여부를 객관적이고 투명하게 평가함으로써 재정사업의 성과를 합리적으로 판단할 수 있는 정보를 제공하여야 한다.

성과보고서 제도의 성공적 운영을 위해서는 크게 세 가지 관점에서 노력이 집중될 필요가 있다. 즉, 성과지표의 대표성과 성과측정의 진실성 확보 및 국회에서의 적극적인 활용이 이루어져야 한다. 만약 성과지표가 사업내용의 핵심사항을 반영하지 못한다면 결국 성과정보의 왜곡을 가져오게 된다. 성과지표가 지나치게 포괄적이고 추상적이라면 성과측정이 정확하게 이루어질 수 없게 되고 성과보고서 자체의 신뢰성에 결함이 발생하게 된다.

또한, 성과보고서가 아무리 충실하게 작성된다고 하더라도 국회에서 이를 효율적으로 활용하려는 노력이 전제되지 않으면 그 의의는 축소될 수밖에 없다. 국회는 사실상 성과보고서를 결산심사과정에서 거의 활용하고 있지 않다. 국회 예산안·결산심사과정에서 성과보고서가 실질적으로 활용되기 위해서는 국회 각 상임위원회와 예산결산특별위원회의 노력이 중요하다. 먼저 성과보고서 검토결과를 위원회 전문위원실의 검토보고서에 반영하여 위원들에게 제공할 필요가 있고, 위원들은 심사과정에서 성과보고서에 대한 질의 등을 통하여 각 관서의 성과관리의 적정성 등에 대해 확인하는 과정을 거치는 것이 바람직하다. 이와 아울러, 예산결산특별위원회에서는 성과보고서에 대한 심사기준 등을 마련하여 각 상임위원회에 제시한 후, 상임위원회의 성과보고서 심사결과를 취합하여 결산시정요구사항 채택에 반영하는 것도 고려할 수 있을 것이다.

참고문헌

국회예산정책처. (2024). 「2024 대한민국 재정」.
금재덕. (2011). "성과주의 결산의 정착을 위한 과제." 「NABO예산춘추」 Vol. 23.
심혜인(2023). 핵심재정사업 성과관리. 「FIS ISSUE&FOCUS」, 23-2호, 한국재정정보원
대한민국정부. (2023). 「2022회계연도 국가결산보고서」.

제6절 결산시정요구제도

1. 의의

결산은 예산과정의 마지막 단계로서 단순히 재정을 운용한 결과와 실적에 대한 사후적 보고로서의 의미만 갖는 것이 아니다. 특히 국회의 결산심의는 예산집행 결과가 적법성, 타당성, 효과성, 경제성 등의 관점에서 문제점은 없는지, 예산을 심의·확정한 입법부의 의도가 충실히 구현되었는지 등에 대한 사후적 확인과정일 뿐만 아니라, 예산집행 결과를 추인하여 정부의 책임을 해제하는 의미를 갖고 있다.

결산심의는 예산안 심의와 마찬가지로 상임위원회의 예비심사와 예산결산특별위원회의 종합심사 및 본회의 의결과정을 거치게 된다. 그러나 결산 심의는 그 방식에 있어서 예산안 심의와 구별되는 본질적이고 내재적인 특성을 갖고 있다. 즉, 예산안 심의는 예비심사와 종합심사를 거치면서 정부 제출 예산안의 내용이 수정되어 본회의에서 최종 확정되지만, 결산 심의는 예비심사와 종합심사를 거치더라도 결산의 내용이 바뀌거나 수정되지 않고 정부가 제출한 원안 상태로 가결된다는 점이다. 이는 결산이 갖고 있는 사후적인 특성에서 비롯되는 것으로, 국회가 결산 심의 및 승인권을 통해 이미 집행된 예산을 무효로 하거나 취소할 수 없다는 한계를 갖고 있기 때문이다.

따라서 국회의 결산 심의 권한은 일정부분 한계가 있을 수 있기 때문에, 이러한 문제를 해결하기 위해 「국회법」은 결산의 심사결과 위법 또는 부당한 사항이 있는 경우에는 정부 또는 해당 기관에 변상 및 징계조치 등 그 시정을 요구할 수 있고, 시정요구를 받은 사항에 대하여는 정부 또는 해당 기관은 이를 지체 없이 처리하여 그 결과를 국회에 보고하도록 규정하고 있다(제84조). 이러한 결산시정요구제도는 2003년 2월 「국회법」을 개정할 때 처음 도입되어 국회는 2002회계연도 결산에 대한 심의부터 결산시정요구사항을 채택하여 오고 있다. 한편, 「국회법」 제127조의2는 국회가 특정 사안에 대하여 감사원에 감사를 요구할 수 있도록 규정하고 있다. 여기서 결산시정요구제도와 감사원 감사요구권의 관계를 살펴볼 필요가 있다. 왜냐하면, 국회는 매년 결산을 의결할 때 결산시정요구사항은 물론, 감사원 감사요구안도 함께 의결하고 있기 때문이다. 「국회법」 제84조제2항의 규정 중 "정부 또는 해당기관에 변상 및 징계조치 등 그 시정을 요구하고"라고 규정하여 결산시정요구는 직접 정부나 해당기관에 하도록 규정하고 있으나, 제127조의2제1항은 "감사원의 직무범위에 속하는 사항 중 사안을 특정하여 감사를 요구"할 수 있도록 규정함으로써 양 제도는 별개의 독립적인 제도라는 것을 알 수 있다. 또한, 시정요구제도는 결산 심의와 관련하여서만 가능한 제도인데 반해, 감사요구권은 ① 감사원의 직무범위에 속하는 특정사안이라는 내용적 요건과 ② 국회의 본회의 의결이라는 절차적 요건을 갖추기만 하면, 시기에 관계없이 국회가 권한을 행사할 수 있다는 점에서 서로 구별된다.

2. 결산시정요구 유형과 현황

(1) 결산시정요구 유형

결산시정요구의 유형에 관해서는 「국회법」 제84조제2항은 변상 및 징계만을 규정하고 있지만, 현재 국회에서 운용하고 있는 결산시정요구 유형은 ① 변상, ② 징계, ③ 시정, ④ 주의, ⑤ 제도개선의 5가지인데, 이 5가지 유형은 2003회계연도 결산 심의부터 활용되고 있다. 결산시정요구제도가 처음 적용되었던 2002회계연도 결산심의에서는 ① 예산편성에 관한 사항, ② 집행부진에 관한 사항, ③ 위법 또는 부적절한 집행에 관한 사항, ④ 회계처리의 오류 등에 관한 사항 및 ⑤ 기타 사항으로 유형을 구분하기도 하였다.

결산시정요구 유형은 결산 종합심사를 담당하는 예산결산특별위원회가 예비심사를 담당하는 각 상임위원회에 유형과 적용기준을 매년 통보하는 형태로 운영되고 있으며, 그 자세한 사항은 [표 1]과 같다.

[표 1] 결산시정요구 유형(5개 기준) 및 조치대상 기관

시정요구유형	적용기준	조치대상기관
변상	고의 또는 중대한 과실로 법령을 위반하여 국가재산상 금전적 손실을 가한 경우	소속장관, 감독기관장 또는 소속기관장
징계	국가공무원법 또는 기타법령에 규정된 징계사유에 해당하는 경우	소속장관 또는 임용권자
시정	위법 또는 부당한 사실이 있어 이를 바로잡기 위하여 추징, 회수, 원상복구, 사업추진방식 변경 등의 조치가 필요한 경우	소속장관, 감독기관장 또는 소속기관장
주의	위법 또는 부당한 사실이 있으나 그 정도가 경미한 경우 향후 동일한 사례가 재발하지 않도록 해당기관이나 책임자에게 주의를 줄 필요가 있는 경우	소속장관, 감독기관장 또는 소속기관장
제도개선	법령상 또는 제도상 미비하거나 불합리한 사항이 있어 이에 대한 개선이 필요한 경우	소속장관, 감독기관장 또는 소속기관장

자료: 예산결산특별위원회, 「2023 예산결산특별위원회 업무가이드」.

(2) 결산시정요구 현황

2017회계연도 결산부터 2021회계연도 결산까지 국회가 의결한 결산시정요구 현황을 살펴보면, 시정요구 건수는 매년 증감을 반복하고 있으며, 유형별로는 시정, 주의 및 제도개선에 해당하고, 변상이나 징계 요구 건수는 매우 적다는 것을 알 수 있다.

[표 2] 최근(2017~2022년) 연도별 국회 결산 시정요구 유형별 현황 (단위: 건)

회계연도		2017	2018	2019	2020	2021	2022
합계	시정요구	1,810	1,356	1,647	1,881	1,416	1,916
	부대의견	19	23	19	21	21	26
	감사요구	4	4	4	4	0	1

주: 정보위원회 결산 심사결과 시정요구한 사항은 별도로 함

자료: 예산결산특별위원회, 각 연도 「결산 심사보고서」 및 「예비비 지출 승인의 건 심사보고서」를 바탕으로 작성

[표 3] 최근 5년간 연도별 국회 결산 시정요구 유형별 현황 (단위: 건)

회계연도	변상	징계	시정	주의	제도개선	중복	합계
2017	0	2	315	554	979	(40)	1,810
2018	0	1	198	414	800	(57)	1,356
2019	0	1	234	518	1,006	(112)	1,647
2020	0	2	220	534	1,197	(72)	1,881
2021	0	0	79	457	944	(64)	1,416
2022	0	2	213	612	1,198	(109)	1,916

주: 1. '중복'은 하나의 시정요구 건에 대하여 두 가지 이상의 시정요구 유형이 복수 적용된 경우 (예: 시정 및 제도개선)이며, 합계에서 중복은 제외함
2. 정보위원회 결산 심사결과 시정요구한 사항은 별도로 함
자료: 예산결산특별위원회, 각 연도 「결산 심사보고서」 및 「예비비 지출 승인의 건 심사보고서」를 바탕으로 작성

3. 결산시정요구에 대한 조치

「국회법」 제84조제2항은 국회가 본회의 의결로 정부 또는 해당기관에 변상 및 징계조치 등 그 시정을 요구하면, 정부 또는 해당기관은 시정요구를 받은 사항을 지체없이 처리하여 그 결과를 국회에 보고하도록 규정하고 있다. 통상적으로 기획재정부에서 각 부처와 기관의 시정요구사항에 대한 조치결과를 취합하여 결산이 의결된 해의 12월에 「결산심사 결과 시정요구사항에 대한 조치결과」라는 제목의 보고서를 국회에 제출한 후, 다음 연도 5월 31일에 「시정요구사항에 대한 후속 조치결과」를 국가결산보고서와 함께 제출하는 것으로 보고를 갈음하고 있다.

국회의 결산시정요구사항에 대해 조치를 하고 국회에 보고하도록 하는 것은, 정부나 해당기관이 국회의 시정요구사항을 충실히 이행하고 조치를 취했는지를 확인하고 점검하기 위한 것이다. 따라서 정부가 국회에 시정요구사항에 대한 조치결과를 보고하면, 국회는 조치가 적정하게 이루어졌는지, 결과보고가 사실에 근거하고 있는지 등에 대해서 면밀하게 검토하고 논의한 후, 조치결과가 미흡한 경우 조속하고 실효성 있는 조치를 취할 것을 요구하여야 한다.

그러나 국회는 매년 1,000건을 상회하는 시정요구를 의결하여 정부로 하여금 조치하도록 요구하면서도 정부가 제출한 조치결과 보고서를 상임위원회나 예산결산특별위원회에서 충

분히 검토하고 있지 않아 예산집행의 위법, 부당한 사항에 대한 시정제도로서의 기능을 충분히 발휘하지 못하고 있는 것이 현실이다. 다만, 예산결산특별위원회의 보고서에서 정부의 조치결과를 검토하여 전문위원 검토보고서에 반영하거나, 국회예산정책처에서 정부가 제출하는 조치결과를 분석하여 「결산시정요구사항 조치결과 분석」이라는 보고서를 발간하고는 있지만, 이 역시 상임위원회 등에서 적극 활용되지 못하고 있다는 문제점이 있다.

일례로, 2021회계연도 결산 시정요구 중 직전 2회계연도(2019회계연도 또는 2020회계연도) 결산 시에 동일하거나 유사한 내용으로 한 번 이상 시정요구를 받은 적이 있는 반복시정요구 사항은 193건으로 확인되었고, 이 중 64건은 최근 3년간 연속으로 시정요구되었다. 반복적인 시정요구는 주로 정부의 시정요구 조치가 적기에 이행되지 않았거나 조치내용이 미흡하여 시정요구 요인이 해소되지 않는 데 기인한다. 더불어 정부는 후속 조치결과 기준으로 전체 시정요구 1,416건 중 241건(17.0%)은 조치 중이라고 보고하였으며, 2017~2018회계연도 결산 후속 조치결과에 있어 결산 시정요구 사항에 대한 조치미완료 비율은 10~13% 내외 수준이다가, 2019회계연도 16.4%, 2020회계연도 18.4%로 증가하였고, 2021회계연도는 17.0%로 다소 감소하였다.

[표 4] 최근 5년간 연도별 국회 결산 시정요구현황 (단위: 건, %)

구분	2018 회계연도	2019 회계연도	2020 회계연도	2021 회계연도	2022 회계연도
반복 지적된 시정요구	137	186	240	193	228
전체 시정요구	1,356	1,667	1,881	1,416	1,916
반복 시정요구 비율	10.1	11.2	12.8	13.6	11.9

[표 5] 최근 5년간 국회 결산 시정요구에 대한 정부 조치결과 현황 (단위: 건, %)

구분	시정요구 (A)	조치완료	조치미완료 (B)	조치미완료 비율 (B/A)
2018회계연도 결산	1,356	1,171	185	13.6
2019회계연도 결산	1,647	1,377	270	16.4
2020회계연도 결산	1,881	1,534	347	18.4
2021회계연도 결산	1,416	1,175	241	17.0
2022회계연도 결산	1,916	1,582	334	17.4

주: 정보위원회 소관 시정요구 조치결과를 제외한 수치임[18]
자료: 국회예산정책처. 각 연도 「결산 국회 시정요구사항에 대한 정부 조치결과 분석」을 바탕으로 재작성

결산시정요구제도가 보다 실효성 있게 운영되기 위해서는 우선적으로 각 상임위원회와 예산결산특별위원회가 정부가 보고한 결산시정요구사항에 대한 조치결과를 정식 안건으로 채택하여 충분히 검토하고 논의하는 것을 제도화할 필요가 있으며, 제도의 실효성을 높이기 위해서 조치결과가 이루어지지 않거나 미흡한 경우에는 시정조치를 명령하거나 합리적 사유가 없이 이를 위반할 경우 예산상의 조치나 제재를 취하는 방안, 예산 심의 시 적극 반영하는 방안 등을 강구할 필요가 있다(김춘순, 2011: 23, 국회예산정책처, 2023).

18) 「국회법」
제84조(예산안·결산의 회부 및 심사)
④ 정보위원회는 제1항과 제2항에도 불구하고 국가정보원 소관 예산안과 결산, 「국가정보원법」 제4조제1항제5호에 따른 정보 및 보안 업무의 기획·조정 대상 부처 소관의 정보 예산안과 결산에 대한 심사를 하여 그 결과를 해당 부처별 총액으로 하여 의장에게 보고하고, 의장은 정보위원회에서 심사한 예산안과 결산에 대하여 총액으로 예산결산특별위원회에 통보한다. 이 경우 정보위원회의 심사는 예산결산특별위원회의 심사로 본다.

참고문헌

국회예산결산특별위원회. 각 연도.「결산심사보고서」.

국회예산정책처. 각 연도.「결산시정요구사항 조치결과 분석」

김춘순. (2011). "2010회계연도 결산에 대한 평가와 시사점."「NABO Budget & Policy」vol. 23, 19-23.

대한민국정부. 각 년도.「결산 심사결과 시정요구사항에 대한 조치결과」.

제4부

재정민주주의와 재정제도

제1절 재정민주주의의 의의

1. 재정민주주의의 개념

국가의 본질적인 의의와 기능에 대해서는 매우 다양한 논의가 전개되고 있지만, 현대 국가의 최종적인 지향점이 민주주의를 확대하고 실질적으로 구현하는 것에 있다는 점에 대해서는 이론의 여지가 없다. 이러한 민주주의 이념은 우리나라 헌법의 이념적 기초인 동시에 헌법을 지배하는 기본원리로서 국가의사의 형성 및 국가권력의 행사를 정당화하는 근거가 된다. 따라서 헌법적 의미에서의 민주주의는 국가권력 내지 통치권을 정당화하는 근거이면서, 다른 한편으로 국가권력의 행사가 국민의 의사에 따라 정당화될 것을 요구하는 것이다.[1] 이처럼 국가의사결정과 국가권력행사의 정당화 근거가 되는 민주주의 이념은 재정의 영역에서도 핵심적인 원리로서의 위치를 차지하고 있다. 왜냐하면, 재정은 국가 또는 공공단체가 공공의 목적을 달성하기 위하여 수행하는 회계적, 재무적, 정책적 활동을 뜻하는데, 이러한 재정활동은 기본적으로 국민의 부담을 통해서 이루어지기 때문이다.

'재정민주주의'라는 용어는 최근에 들어 많이 사용되고 있지만, 그 개념에 관하여는 명확하게 정의되어 있지 않다. 최병권(2023)은 재정민주주의는 재정에 대한 민주주의 이념의 구현으로 국민의 뜻을 재정운영에 실질적으로 반영하는 것이라 하였다. 정극원(2020)은 재정민주주의를 국가재원 마련에 있어 국민부담에 대한 민주성의 확보와 정부의 재정지출에 대한 합리적 통제라고 설명하고 있다. 이덕연(2005)은 재정민주주의를 국민의 재정적 부담을 덜어 주기 위하여 민주주의 원리를 재정적 결정에 충실히 실현하는 목적을 갖는다고 설명함으로써, 조세법률주의를 재정민주주의와 같은 의미로 보고 있다.[2] 역사적으로 조세법률주의의 출발점이 바로 재정민주주의가 태동한 시기인 것은 사실이지만, 조세법률주의는 재정수입에 적용되는 것으로 재정민주주의의 핵심내용이라 할 수 있는 재정의 기능 및 통제 등을 포괄하지 못한다는 한계[3]가 있다.

---

1) 헌법재판소는 "국민주권의 원리는 일반적으로 어떤 실천적인 의미보다는 국가권력의 정당성이 국민에게 있고, 모든 통치권력의 행사를 최후적으로 국민의 의사에 귀착시킬 수 있어야 한다는 등 국가권력 내지 통치권을 정당화하는 원리로 이해되고, 국민주권주의는 국가권력의 민주적 정당성을 의미하는 것이기는 하나, 예외적으로 국민이 주권을 직접 행사하는 경우 이외에는 국민의 의사에 따라 통치권의 담당자가 정해짐으로써 국가권력의 행사도 궁극적으로 국민의 의사에 의하여 정당화될 것을 요구하는 것이다"라고 판시하고 있다(헌재 2009.03.26., 2007헌마843).

2) 이와 유사한 관점의 문헌으로는 장용근, 「예산의 법적 성격 및 예산통제에 관한 연구」(한국법제연구원, 2005)가 있다.

학자들은 재정민주주의를 재정입헌주의[4]와 같은 의미로 이해하기도 한다(차인순, 2018: 265, 강주영, 2010: 48; 서보건, 2009: 17). 재정입헌주의란 재정과 관련된 중요사항은 국회의 의결·동의·승인 등을 받아야 한다는 것을 의미한다. 즉, 국민을 위해서 국민의 부담이 되는 조세 등은 국민의 대표인 의회의 동의를 받아야 하고 국민을 위한 지출도 국민의 대표인 의회가 결정한 바에 따라 이뤄져야 한다는 것이다(장용근, 2023). 이는 우리 「헌법」이 통치의 기본원리로 국민주권원리[5]를 채택하고 있음을 고려한 것으로 보인다.[6] 실제로 「헌법」은 예산안의 심의·확정권(제54조제1항), 계속비와 예비비의 의결 및 지출승인권(제55조), 국채모집 및 예산 외 국가부담계약 체결시의 국회 동의권(제58조), 조세법률주의(제59조) 등의 규정을 통하여 우리나라가 재정입헌주의에 입각하고 있음을 명확히 하고 있다.

그러나 윤영진(2021)은 재정민주주의를 협의와 광의로 구별하면서 재정입헌주의를 협의의 재정민주주의 개념으로 분류하는 한편, 광의의 재정민주주의는 납세자 주권으로 해석하고 있다. 즉, 재정민주주의 개념을 납세자 주권으로 확대해석할 때, 국민은 이제 더이상 과세와 공공서비스 수혜의 대상이라는 수동적 객체가 아니고, 예산과정에 국민의 의사를 반영하고 예산운영을 감시하며, 잘못된 부분의 시정을 요구할 수 있는 능동적 주체가 될 수 있다는 것이다. 재정에 관한 중요 사항이 국민의 대표기관인 의회에 의해 결정되는 것은 재정민주주의의 기본적 전제이자 핵심인 것은 당연한 명제라고 할 수 있다. 그러나 재정입헌주의(또는 재정의회의결주의) 그 자체가 재정민주주의의 목적이 될 수 없고, 재정민주주의를 반드시 담보하는 것은 아니라는 점에서 재정입헌주의를 재정민주주의와 동일시하는 것은 "부분적"이고 "제한적"인 해석이라고 평가할 수 있다.

이상의 논의를 종합하면, 재정민주주의는 조세법률주의와 재정입헌주의를 그 핵심내용으로 하면서, 국민주권 원리에 입각하여 국가의 재정지출 작용에 대한 민주적 통제와 책임성 확보를 그 내용으로 한다는 것을 알 수 있다. 따라서 재정민주주의는 조세법률주의와 재정

3) 본질적으로 조세는 반대급부를 예정하지 않은 공법상의 채무(헌재 2004.11.25, 2002헌바66)로서, 재산권 보호가 재정지출에 대한 통제의 기준이 될 수 없다는 한계가 있다(전광석, 2007: 4).

4) 김철수(2013)는 재정입헌주의를 "재정이 국민에게 미치는 영향의 중대성에 비추어 국민이 부당한 부담을 받는 일이 없도록 국가의 재정활동을 국민의 대표자인 국회의 의결에 기하여 행하도록 하려는 것"으로 정의하고 있다.

5) 「헌법」 제1조 ② 대한민국의 주권은 국민에게 있고, 모든 권력은 국민으로부터 나온다.

6) 장선희(2008)는 "국민주권이념에서는 그 직접적인 대표자인 국회야말로 국민의 재정권을 신탁받을 수 있는 유일한 존재"이므로, "의회주의를 토대로 한 민주주의와 법치주의의 요구가 재정의 영역에서 재정민주주의로 구체화"된다고 설명하고 있다

입헌주의를 기반으로 국민의 의사에 따라 재정이 집행되고, 재정작용에 대한 통제와 책임성 확보가 원활하게 이루어지는 것으로 정의할 수 있다. 이러한 재정민주주의 개념은 실질적이고도 넓은 의미의 개념이라고 할 수 있다. 재정민주주의 개념을 처음으로 소개한 Wicksell(1896)은 재정민주주의를 국가가 시민으로부터 세금을 거두어 그것으로 시민의 재정선호(fiscal preference)를 반영한 예산을 집행할 때 성립되는 개념으로 보았고, 옥동석(2004) 역시 "국가가 재정을 통해 국민들의 의사에 순응하는 행동을 하고 그에 따른 책임을 지는 것"으로 재정민주주의를 정의한 바 있다.

2. 재정민주주의 기원과 발전

(1) 조세법률주의와 예산법률주의의 확립

위에서 논의한 바와 같이, 재정민주주의는 조세법률주의와 재정입헌주의라는 양대 축을 근간으로 하고 있다. 특히 재정입헌주의의 구현과 관련하여 대부분의 국가에서 재정지출 작용에 대한 민주적 통제와 책임성 확보를 위하여 예산법률주의를 채택하고 있다는 점에서 조세법률주의와 예산법률주의가 역사적으로 어떻게 태동되고 확립되었는지를 영국, 미국 및 프랑스 사례를 통해 살펴보기로 한다.

일반적으로 재정민주주의의 기원은 영국 의회가 왕권을 통제하려는 목적에서 비롯된 1215년의 대헌장(Magna Carta)까지 거슬러 올라간다. 당시 영국에서 과세 승인권을 둘러싸고 국왕과 대립했던 의회가 대헌장 제12조[7]를 통하여 "국회의 승인없이 과세할 수 없다"라는 조세법률주의를 채택하였다는 것에서 그 의의를 찾을 수 있다. 그러나 의회의 가장 큰 관심은 국왕의 전횡으로부터 귀족을 보호하는 것에 있었으므로 귀족에게만 과세 동의권을 인정하였고, 조성된 자금의 지출목적과 방법에 대해서는 관심이 없었다. 대헌장은 국왕을 바꾸는 대신에 국왕(국가)이 할 수 있는 일과 할 수 없는 일을 문서화하여 국왕(국가)의 권력에 제동을 걸기 시작했다는 점에서 역사적 의의가 있다(옥동석, 2023). 이후 의회는 국민으로부터 징수된 세금을 국왕이 함부로 낭비한다면 과세동의권은 무의미한 것이 되어 버린다

7) 제12조 왕국의 평의회(the common council)에 의하지 않고는 왕국 내에서 어떠한 군역대납금(scutage) 또는 공과금(aid)을 부과하지 않는다.

는 인식을 갖게 되었다. 이에 따라 1655년 네덜란드와의 전쟁을 위한 특별세에 전쟁 목적으로만 사용하도록 하는 조항이 도입되었고, 1688년 명예혁명(Glorious Revolution)과 다음 해에 국왕의 권한과 의무를 규정하기 위해 제정된 권리장전(the Bill of Rights)[8]을 통하여 특정 목적에 자금을 승인하는 원칙이 확립되기 시작하였다. 이는 의회가 정부에 대해 법적 구속력을 가지고 세금의 사용처를 지정하기 위해 법률이라는 형식을 채용한 것이다. 이 과정에서 예산(지출)법률제도가 1706년 하원의 「의사규칙」에 제정되었다. 이에 따르면, 정부가 제출한 예산인 「지출승인법안」(Appropriation Bill)을 의결하면, 국왕의 재가를 얻어 「지출승인법」(Appropriation Act)으로 변경된다. 이로써 영국은 조세법률주의와 예산법률주의를 모두 포괄하는 근대적 재정제도의 틀을 갖추게 되었다.

미국은 1776년 독립선언[9] 후 1787년 헌법 제정 당시부터 조세법률주의와 예산법률주의를 도입하였다. 즉, 미국 헌법은 "수입 징수를 위한 모든 법안은 하원이 발의하고, 연방의회는 미국의 채무를 지불하고, 조세, 관세, 공과금 및 소비세를 부과·징수한다"는 규정[10]을 둠으로써 조세법률주의를 명확히 하였다. 또한, "법률로 규정된 지출승인에 의하지 않고는 재무부로부터 어떠한 금전도 인출될 수 없다"고 규정하고 있다. 즉, 헌법은 의회에게 과세권한을 부여하고, 그 자금을 법률에 의한 지출승인(Appropriation made by Law)[11]에 따라서만 지불할 수 있다고 규정하는 예산법률주의를 채택하였다.

프랑스는 1789년 프랑스 혁명을 통하여 조세법률주의를 확립하였다. 왕실의 과도한 지출로 인해 루이 14세 때부터 프랑스 재정은 어려워지기 시작했고, 영국의 미국 진출을 견제하려는 미국 독립전쟁의 참전과 7년에 걸친 영국과의 전쟁으로 파산 직전에 이르게 되었다. 파산 직전에 이른 재정을 보충하려고 제3신분에게 부과되는 세금에이 점점 과중해지고 귀족

---

8) 권리장전은 "이제부터는 어떠한 국민도 의회의 법률에 의한 동의가 없이는 어떠한 증여, 융자 또는 조세를 납부하도록 강요되지 않는다' 규정함으로써 근대적 재정의 핵심 원칙인 조세법률주의를 재확인하였다.

9) 영국은 1763년 프랑스와 미 대륙 지배권을 다툰 7년 전쟁이 승리로 끝나자 1764년 '설탕조례', 1765년 '인지조례', 1767년 '타운젠트 관세조례'등의 세금을 대폭 강화하였다. 이에 미국은 영국이 자의적으로 각종 조세를 부과하는 것에 반발하게 되었고, 1776년 버지니아 권리장전에서 '대표 없이 과세 없다'(No taxation without representation)라는 슬로건을 걸고 독립혁명을 전개하였다.

10) 미국 헌법 제1장 중 제7조제1항과 제8조제1항, 제9조제7항의 규정 내용을 요약하여 인용하였다.

11) 미국의 예산관련 문헌에서 'Appropriation'은 다양한 의미를 갖고 있다(옥동석, 2017: 21-22). 첫째, 'Appropriation'은 지출승인(authorization to spend)으로서 공적 금전을 보관하는 국고에서 금전이 인출되어도 좋다는 승인이 법률로 이루어지는 것을 의미한다. 둘째, 'Appropriation'은 사전적(辭典的) 의미로서 할당금, 충당금이란 뜻을 갖고 있는데, 이는 특정한 용도로 지정된 일정한 금전자원을 의미한다. 따라서 'Appropriation'은 우리나라의 예산항목에 상응하는 의미를 갖고 있다. 셋째, 'Appropriation'은 당해 지출에 부여한 특정한 제한을 의미하기도 한다. 따라서 'Appropriation'은 그 전체 금액이 반드시 지출되어야 하는 것을 의미하지 않고 그 범위 내에서 당해 예산항목의 내용을 완수하는 데 필요한 만큼 지출되어야 한다는 것을 의미한다.

의 면세 등으로 인한 조세제도의 결함, 조세청부제도, 궁정의 낭비 등으로 인하여 재정이 파탄지경에 이르자 1614년 이후 처음으로 삼부회의[12]가 소집(1788년 8월)되었으나, 재정 위기문제를 해결하지 못하자 혁명으로 이어지게 된다. 혁명 후 「인간과 시민의 권리선언」(1789년)에서 "모든 시민은 자신 또는 그의 대표자에 의하여 조세의 필요성을 확인하고, 자유로이 승인한 조세에 대하여 그 용도를 감시하고, 그 분담액·과세기준·징수기간을 결정하는 권리를 가지고 있다"고 규정(제14조)하여 조세법률주의를 도입하였다. 프랑스에서 예산법률주의는 미국과 달리 헌법 제정 당시부터 도입된 것이 아니다. 1791년 헌법 제45조에서 "재정에 관한 의회의결주의"를 명문화하였으나, 지출에 대한 의회통제의 실효성을 확보하는 것은 단순히 의회의 의결을 통해서만 달성하기 어렵다는 문제점을 인식하고, 1875년 제3공화국 헌법에서 국가의 모든 세입·세출예산을 의회의 의결을 거쳐 1년 한시법인 예산법으로 정하는 예산법률주의를 도입하였다.

(2) 재정민주주의와 의회, 그리고 재정제도

재정민주주의란 재정운용 과정에서의 민주주의를 의미하는데 국민의 의사를 재정운용에 실질적으로 구현하기 위한 제도의 수단과 방법은 역사적으로 변천을 거듭해 왔다. 영국 등 군주국가에서 의회의 1차적 관심은 국왕의 전횡으로부터 귀족 계층을 포함한 납세자들을 보호하는 것이었고, 권리장전(Bill of Rights)의 내용을 구체화하는 과정에서 비로소 의회는 국왕이 결정하는 지출에 대한 실질적 승인권한을 가질 수 있었다. 또한, 근대 이전의 재정은 기본적으로 국왕의 재산으로 충당되었으나, 절대 군주가 보유하고 있는 재정 능력만으로는 근대 국가 성립시기의 제반 문제들을 해결하고, 늘어만 가는 군대유지를 위한 비용을 충족시키기에 부족했다. 1789년 프랑스 대혁명을 유발한 삼부회의 소집 이유가 프랑스 왕이 필요한 재원 획득을 위함이었음은 주지의 사실이다. 이처럼 재정민주주의는 의회가 왕의 조세 징수권을 통제하려는 목적에서 태동했다고도 할 수 있다.

이와 더불어 같은 시기에 왕권신수설로부터 사회계약설로 변화된 민권의식의 성장 또한,

---

12) 루이 16세라는 강력한 왕의 등장과 구체제(Ancien Regime)하에서 인구의 2% 정도밖에 안 되는 제 1신분(추기경 등의 로마 가톨릭 고위 성직자)과 제2신분(귀족)은 면세 등의 혜택을 누리면서 주요 관직을 독점하였다. 인구의 약 98%를 차지하던 제3신분(평민)은 무거운 세금을 부담해야 했지만 제3신분이 정치참여를 할 수 있는 삼부회의가 1788년 소집되기 건 175년이나 소집되지 않은 것에서 알 수 있듯이 제3신분은 정치 과정에서 배제되었다(안창남, 2009).

재정민주주의의 형성에 큰 기여를 하였다. 즉, 국왕은 국민들의 대리인에 불과하고 국가의 힘을 통해 국민을 지켜준다는 계약을 수행하기 위해 조세가 필요하다는 인식은 조세의 결정 및 사용에 관한 국왕의 행동을 감시하기 위해 의회의 통제와 감시를 요구하였다. 이는 미국 독립 혁명의 "대표 없이 과세 없다"는 원칙으로 이어졌다. 이는, 국민에게 재정적 부담을 지우는 결정은 국민의 대표가 참여하여 결정하여야 한다는 사고로서, 이러한 사고가 바로 재정민주주의의 사상적 기원이자 의회의 중요성을 보여주는 것이다. 이와 같이 초기 재정민주주의 실현을 위한 중심적 역할을 국민의 대표인 의회가 담당하였다.

그러나 산업화의 급속한 진전과 국민 생활수준의 향상으로 인해 국가의 재정규모가 비약적으로 팽창하고, 재정의 적극적 역할이 요구됨에 따라서 점차 의회보다는 행정부의 재정권한이 더욱 커지게 되어 행정부 중심의 재정운용이 보편화되기도 하였다. 이러한 맥락에서 전광석(2007)은 재정민주주의의 구체화 작업에서 핵심적인 쟁점은 재정민주주의의 선도적 기능이 입법부에 있는가, 아니면 행정부에 있는가의 문제라고 보면서도, 입법부와 행정부 중 어느 일방에 우월적인 지위가 예정되어 있는 것은 아니라고 설명한다. 보다 중요한 것은 입법부와 행정부 간의 기능분담을 어떻게 할 것이며, 입법부와 행정부가 자신에게 부여된 과제를 수행하기 위하여 어떠한 실체법적, 절차법적, 조직법적 형성이 필요한가의 문제가 재정민주주의 구현에 있어서 더욱 중요한 과제라는 점이다. 특히, 재정거버넌스(예산거버넌스)적 관점에서 Santiso(2005)는 대의민주주의 체제에서 헌법에 의한 공식적 제도권으로서의 의회와 행정부의 통치 양식에 대한 논의라고 설명하고, 의회와 행정부의 권한의 균형점을 지향한다고 보았다. 따라서 재정민주주의의 본질은 재정권한을 행정부와 의회 중 어느 주체가 더 많이 행사할 것인가에 있는 것이 아니라 각 나라마다의 정치·사회적 여건과 재정상황에 부합하는 민주적이고 효율적인 재정제도를 만들어 낼 것인가에 있다.

제도란 공식적·비공식적인 규칙과 과정들의 집합으로서(Thelen & Steinmo, 1992), 사회생활의 기본이 되며, 공식적인 혹은 비공식적인 규칙일 수도 있으며, 감시와 통제체계일 수도 있고, 개인 간 기업 간 국가 간 혹은 다른 조직 간의 운영과 상호작용의 맥락을 규정하는 의미체계이기도 하다(Campbell, 2004). 일단 성립된 제도는 행위자들의 행위를 제약하며 안정성을 가지고 쉽게 변화하지 않는 특징이 있다. 따라서 재정민주주의와 같은 특정 이념의 실행 혹은 공고화를 위해서 재정제도의 형성은 매우 중요하다. 일단 형성된 재정제도는 국가의 재정체계 전반을 직·간접적으로 규율하고 특정한 계기(critical juncture)가 없는 한, 안정성을 띠며 쉽게 변하지 않기 때문이다.

3. 재정제도개혁과 재정민주주의

(1) 재정제도개혁의 의의

학자들에 따라서 예산개혁, 재정개혁, 재정제도개혁이라는 용어를 다르게 사용하고 있다. 재정과 예산의 개념을 서로 혼용하여 사용하고 이를 구별하지 않는 경향이 있는 것처럼, 예산개혁과 재정개혁의 용어도 상황에 따라 동일한 개념으로 쓰이거나 서로 다른 의미로 사용하는 것으로 보인다.[13] 마찬가지로, 재정개혁과 재정제도개혁은 개념적으로 명확히 구분되지 않고 사용되고 있는데 사실상 동일하거나 유사한 개념으로 보아도 무방하다. 즉, 재정개혁이 재정운용과정에서 의도하였던 성과를 거두지 못하거나 새로운 환경에 처했을 때, 이를 해결하거나 대처하기 위하여 재정제도를 의식적으로 고안하거나 개선하는 것(황윤원·김성철, 2005: 368)이라는 점에서,[14] 재정제도개혁은 재정개혁의 수단이나 방법 정도의 형식적 구분이 가능할 뿐이다. 실질적으로나 내용적으로는 재정개혁의 본질적인 부분이 재정제도개혁이고 재정제도개혁이 곧 재정개혁이라는 점에서 양자를 개념적으로 구분할 실익은 크지 않다.

재정개혁이라고 하면 통상 얼마나 새로운 재정제도를 만들어 내느냐에 관심을 집중하게 되나, 그것보다는 재정제도가 본래 갖고 있는 기능 중에서 어느 쪽에 강조점을 두느냐의 차이로 보아야 한다는 견해(강신택, 2000)가 있다. 재정개혁은 당시의 주어진 상황에 따라 새로운 제도 및 운영방식을 도입하거나 개선하는 것이므로 개혁의 강조점은 당시의 상황에 따라 바뀌게 되기 때문이다. 또한, 재정제도는 재정을 담는 그릇이자 재정을 운용하는 수단이라는 점에서, 어떠한 재정제도를 구축하고 어떻게 운영하는가에 따라 재정의 건전성, 효율

13) 윤성식(2003), 황윤원·김성철(2005), 배득종·유승원(2014), 윤영진(2021), 신해룡(2011), 하연섭(2011) 등은 '예산개혁'이라는 용어를 사용하고 있고, 임병인(2007), 박정수(2007), 이효선·배기수(2008) 등은 재정개혁이라는 용어를 사용하고 있다.

14) 장병완(2007)은 재정개혁을 "예산 및 기금운용계획의 편성, 의결, 집행 및 회계감사로 이루어지는 예산 및 기금운용 과정의 일부 또는 전부를 의미 있게 개선하는 것"으로 정의하고 있다.

성, 투명성, 민주성, 투명성 등이 결정된다고 할 수 있다. 따라서 이 절에서는 재정제도의 관점에서 재정개혁과 재정민주주의의 관계에 대하여 살펴보기로 한다.

(2) 재정제도개혁의 이행단계

재정제도는 근본적으로 통제·관리·기획이라는 기능을 동시에 가지고 있으며 최근에는 결과지향의 기능이 중요시 되고 있다. Schick은 재정의 기능이 재정제도의 발달과 더불어 변해왔다고 하면서 미국의 경우 재정개혁의 강조점이 통제지향, 관리지향, 기획지향의 순서로 발전해 왔다고 한다(장병완, 2007 재인용). 각 나라는 자국을 둘러싼 대내외 재정환경 변화에 적절히 대응하기 위해 재정관련 제도와 법령을 정비함으로써 개혁을 추진해 오고 있다. 따라서 재정제도개혁의 방향과 중점은 나라마다 처한 정치·사회적 환경과 재정의 규모나 건전도 등에 영향을 받기 때문에 재정제도개혁의 양태는 차이를 보이고 있다.

여기서는 재정제도개혁의 중점과 방향이 어떻게 단계적으로 변해왔는지를 ① 통제지향(control orientation), ② 관리지향(management orientation), ③ 기획지향(planning orientation), ④ 결과지향(performance orientation)의 4가지 단계로 구분하여 설명하기로 한다.[15)]

통제지향적 재정제도개혁

1920년대 초기 재정개혁기에는 행정의 기능과 예산의 규모가 복잡·다양하지 않았기 때문에 재정지출의 합법성에 중점을 둔 통제지향적 재정제도의 도입이 재정개혁의 주관심사였다. 미국에서 1920년대에 도입된 품목별 예산제도가 통제지향의 재정개혁의 대표적 사례라고 할 수 있다(강신택, 2000: 8). 품목별 예산제도는 투입요소인 지출의 구체적 항목을 기준으로 예산을 편성함으로써 지출의 정확성과 합법성을 확보할 수 있고 회계책임을 명확히 할 수 있다.

15) 재정제도개혁의 4가지 이행단계는 주로 장병완(2007)을 참고하였다.

관리지향적 재정제도개혁

1930~40년대에 들어서 재정의 규모가 크게 증가하고 재정의 적극적 역할이 점차 강조됨에 따라 지출의 합법성이나 정부의 부패방지보다는 사업의 성과와 예산의 효과성에 더 많은 관심을 두게 되었다. 이에 따라 각 정부기관은 사업계획(program)에 초점을 맞추어 예산을 편성하고 이를 집행한 후 실적을 비교하는 것을 중요시했다. 이러한 관리지향의 재정개혁은 1950년대에 성과주의 예산제도가 도입됨으로써 절정에 달하게 되었다(장병완, 2007). 이 시기는 재정운용과정에서 다소의 낭비가 발생하더라도 성과가 비용을 상쇄시킬 수 있다면 용인되었고, 품목별 통제보다는 사업의 성과와 능률에 더 큰 관심을 두게 되었다.

기획지향적 재정제도개혁

기획은 예산지출을 위해 사전적으로 계획을 수립하고 그에 따라 예산을 지출하는 것이다. 1930년대 후반의 미국 대공황 이후 정부가 적극적 역할을 통해 유효수요를 창출하여 경제적 불황을 극복해야 한다는 요구가 대두됨에 따라, 사전에 치밀한 중장기적인 계획 하에 예산을 지출하는 기획지향적 재정제도개혁이 이루어지게 되었다. 가장 대표적인 제도가 계획예산제도(PPBS)라고 할 수 있으며, 이후 중기재정계획이 각 나라마다 도입되어 운용되는 등 기획은 예산과정에서 필수적인 제도로서 자리를 잡게 되었다.

결과지향적 재정제도개혁

결과지향적 재정제도개혁은 1980년대 이후 세계경제의 불안정성 확대와 자원난 등으로 재정적자가 확대되자 공공부문 개혁차원에서 재정지출의 효율성을 확보하고자 노력하는 과정에서 강조되었다(윤성채, 2001). 결과지향적 재정제도개혁을 추진함에 있어서 시장에서 수행 가능한 기능의 민간이양과 정부조직 내부에 시장의 경쟁원리도입, 재정운용에 있어서 중장기적 시계의 확장, 성과와 결과에 따른 사후적 책임과 통제 등이 강조되었다.

한편, 2000년대 이후 경제·사회적 환경 변화로 인해 재정지출의 효율성 확보 중심의 결과지향적 재정제도개혁을 넘어서는 재정제도개혁의 논의 필요성이 증가하고 있다. 저출산·고령화로 인한 생산가능인구 감소와 인구절벽, 세계침체 장기화 등 대내외적으로 어려움에 직면하고 있다. 잠재성장률의 저하와 소득불평등의 심화, 수도권 집중현상과 지방자치 이슈, 가계부채 및 청년실업의 증가와 함께 제조업과 자영업의 위기가 동시에 진행됨에 따른 복합적 위기가 진행되고 있다. 다양한 국면에서 복합적으로 발생하고 있는 경제·사회적 이슈에 대응하기 위해서는 지속적인 성장과 사회양극화 완화, 인구문제의 실효적 대응을 위한 재정제도개혁이 필요한 시점이다.

(3) OECD의 재정개혁

중기재정계획과 보수적인 경제전망

OECD 국가들은 1990년대 재정적자가 확대[16]되는 등의 재정적 위기를 겪게 되자 재정건전화의 기초를 형성하기 위하여 중기재정계획제도를 도입하였다. 이 계획은 총수입, 총지출, 적자 또는 흑자, 국가채무 등 총량수준을 명확히 제시하고 다년간의 개별 부처 또는 사업에 대해 엄격한 예산제약을 설정하여 자원을 정책목표에 부합되도록 일관되게 배분하는 역할을 한다. 아울러 재정위험은 정확하지 못한 경제전망으로 인해 발생하기 때문에 초당적이고 객관적인 재정전문기구를 설립하여 신중하고 보수적인 경제전망을 수행하였다.

하향식 예산편성제도와 예산당국의 투입규제(central input control)

하향식 예산편성제도는 총액 수준에서의 지출상한을 전략적으로 결정한 후 이를 부처 간 지출 액수로 배분하면, 부처는 주어진 지출한도 내에서 예산을 자율적으로 편성하는 제도를 말한다. 이는 각 부처의 지출 수준에 대해서는 엄격한 통제를 하지만, 세부사항에 대해서는 자율성을 부여하는 것을 말한다. 투입에 대한 규제완화는 일선 기관의 장이 가장 효율적으로 기관을 운영할 수 있도록 자율권을 부여하는 것으로 공공부문의 규제완화를 의미한다. 과거 정부기관의 낮은 성과가 너무 세부적으로 편성된 예산 및 예산당국의 통제로 인해 발생했다는 반성에서 비롯되었다.

16) OECD 전체 국가들의 GDP 대비 재정적자는 1990년 -2.9%에서 1995년에는 -4.0%로 크게 증가하였다.

예산의 투명성(budget transparency)

예산의 투명성 증대는 1980년대 후반에서 1990년대 초반에 걸쳐 중요한 이슈였다. 이 기간 동안 높은 재정적자와 국가채무 등으로 대부분의 OECD 국가는 재정적 어려움을 겪게 되었고, 이를 해결하기 위하여 재정정보의 공개, 의회에 대한 성실한 보고, 언론과 비정부조직 등을 통한 시민사회와의 협력을 추진하였다.

4. 우리나라 재정민주주의 구현방안에 대한 논의

재정민주주의는 행정-입법-사법의 삼권분립 정신을 국가재정의 운용과정에서 구현하는 것으로, 입법부와 행정부 간 견제와 균형을 위한 재정권한의 배분방법과 제도를 구축하는 것이 재정민주주의 논의의 핵심이라고 할 수 있다(최병권, 2023).

우리나라는 코로나19 팬데믹 대응, 공공·사회복지 분야의 재정지출 증가, 저출산·고령화로 인한 인구구조 변화와 에너지·기후변화 등의 과제에 직면해 있고, 이러한 이슈에 대비하기 위한 국가재정의 운용 방향과 정책에 대한 국민의 관심이 증가하였다. 국가재정의 책임성을 강화하기 위해 국회의 실질적인 재정권한 확보가 보다 중요해졌다.

우리나라는 국회의 재정통제권 강화를 위한 방안을 논의해 오고 있으며[17], 2022년 구성된 국회정치개혁특별위원회[18]는 국회 예산안 심의권한 강화를 위한 개정안을 심사하였다. 우리나라 재정민주주의 구현을 위한 방안을 논의해보면 다음과 같다.

행정부 예산편성단계에서 국회 기능 강화 방안

국회의 재정권한 및 예산심의권을 실질적으로 강화하기 위해서는 국정감사 및 결산심사를 조기에 실시하고, 시정요구된 사항을 다음 회계연도 예산안에 반영하도록 의무화할 필요가 있다. 이를 통해 국회가 국가적 재원배분의 방향 설정 단계부터 관련 정보를 파악하고 검토할 수 있도록 하고, 결산심사 결과의 예산안 반영을 의무화하여 재정권한의 견제와 균

17) 예산·재정개혁특별위원회(2013), 헌법개정 자문위원회(2009·2014·2022), 헌법개정특별위원회(2017~2018)

18) 「국가재정법」, 「국회법」, 「국회예산정책처법」 개정안

형을 도모할 필요가 있다.

국회는 관행적으로 8월에 결산심사를 본격적으로 진행하고 그 이후에 심사결과가 의결됨에 따라 결산 심사결과를 정부 예산안 편성과정에 반영하기 곤란한 상황이 매년 반복되고 있다. 또한, 「국회법」 제128조의2에 따르면 국회는 정기회 개회 전까지 결산 의결을 완료하여야 하나, 통상적으로 정기회 기간 중에 의결되고 있다[19]. 따라서 결산 조기심사 체계를 마련해 국회 결산 시정요구사항을 다음 연도 정부 예산안 편성과정에 반영할 수 있도록 해야 할 것이다. 또한, 결산 시정요구사항에 대한 이행의 실효성을 강화할 필요가 있다. 국회 결산 시정요구사항에 대해 정부는 결산 의결 후 2 ~ 4개월 내에 '조치결과'를 제출하고, 국가결산보고서를 제출하는 다음연도 5월말에 조치결과를 재점검하여 '후속 조치결과'를 제출하고 있다. 정부는 국회 시정요구사항에 대한 조치결과를 '조치완료'와 '조치중'으로 구분하여 작성하고 있으나, '조치중' 건에 대해서는 추후에 이행여부를 보고하지 않고 있어 국회가 후속 조치결과를 확인하기 곤란한 문제가 발생하고 있다. 국회가 '조치중'(조치 미완료) 건의 이행여부를 지속적으로 확인할 수 있도록 조치 미완료 건 후속 조치결과를 국가결산보고서 부속서류에 포함하여 국회에 제출하도록 하는 등의 제도개선을 해나갈 필요가 있다.

이에 예산법률주의의[20]를 도입하여 예산안 편성과정에서 작성한 주요 자료를 국회에 제출하도록 함으로써 국회와 정부 간의 예산 관련 정보비대칭성을 완화[21]하여 국회 예산안 심의권의 내실화를 꾀할 필요가 있다. 현재 우리나라는 예산비법률주의를 채택하고 있어 행정부가 편성·제출한 예산안에 대해 국회는 법률의 형식을 갖추지 않고 심의·의결하고 있다. 예산법률주의는 국민의 대표기관인 국회가 예산에 대해 법률의 형식으로 심의·의결하여 예산심의의 투명성을 확보하고 예산집행에 대한 정부의 책임성을 강화한다는 점에서 의의가 있다.

---

19) 최근 4회계연도 결산 의결일자

구 분	2017년도 결산	2018년도 결산	2019년도 결산	2020년도 결산
의결일자	2018.12.8	2019.10.31	2020.11.19	2021.12.2

20) 예산법률주의는 미국, 영국, 독일 등에서 채택하고 있으며 예산이 법률의 형식을 갖도록 해야 한다는 것이다.

21) 현재 예산안 제출(9월 3일) 이전까지 국회에 예산안 편성 관련 자료가 제출되지 않아 방대한 예산안에 대한 심도 있는 분석 및 재정총량·분야별 재원배분 검토 등에 대한 물리적 시간의 제약이 존재하는 실정이다. 예산요구서, 다음연도 재정총량 및 부처별 지출한도 등 예산 편성과정에서 각 부처 및 기획재정부가 작성한 주요 자료를 국회가 제출받아 정부와 국회 간 정보비대칭성을 최소화해 나갈 필요가 있다.

의회의 예산안 심의의 실질화 방안

의회의 예산심의권을 실질화하는 방안으로 행정부의 예산편성 과정에서 의회와 행정부의 협의제도를 마련함으로써 예산심의를 실질화 하는 방안을 고려할 수 있다. 행정부의 예산편성 단계에서 국가재정전망, 예산편성 방향, 국가정책의 운선순위 등에 대해 의회에 설명을 하고, 의회의 의견을 수렴하는 절차를 가진다면 예산심의단계에서 행정부와 의화간의 갈등을 사전에 예방할 수 있고, 행정부는 의회 관심 사안을 검토하여 예산에 반영할 수도 있다. 현재 국회 상임위원회 예비심사와 예산결산특별위원회 종합심사 모두 개별사업에 대한 미시적 심사 중심으로 진행되어 국가재정 전반에 대한 전략적·거시적 심사가 미흡한 실정이다.

이를 위한 제도적 개선방안으로 '사전예산제도(Pre-budget system)'를 들 수 있다. 사전예산제도는 예산안 편성 단계의 재정총량 관련 정보가 투명하게 공개됨으로써 국회의 예산안 심사에 대한 합리성을 제고하는 등 재정총량에 대한 국회의 통제권을 확보하는 근본적인 방안이라고 할 수 있다. 정부가 사전에 제출한 예산 편성 관련 주요 자료를 바탕으로 재정총량 및 분야별 재원배분에 대한 사전 분석·연구를 실시하여 국회의 재정총량 심의기능을 제고시켜 나갈 필요가 있다. 특히, 국회가 각 중앙관서의 예산요구 사업들을 검토할 수 있도록 각 중앙관서의 장은 예산요구서를 기획재정부장관에게 제출[22]하기 전에 국회 소관 상임위원회에 우선 제출하는 방안을 검토해 볼 필요가 있다.

의회의 예산안 수정권한 확대 방안

재정민주주의 구현 방안으로서 의회의 예산수정권한 확대를 검토해 볼 수 있다. 우리나라 헌법(제57조)에서 '국회는 정부의 동의 없이 정부가 제출한 지출예산 각항의 금액을 증가하거나 새비목을 설치할 수 없다'고 규정하고 있다. 이로 인해 국회는 모든 사업예산의 증액에 대해 정부의 동의가 필요하다. 국회는 예산안에 대해 감액만 할 수 있으며, 사업별 예산을 조정하기 위해서는 정부의 동의를 얻어야 함에 따라 국회의 예산안 심의·의결이 형식적이라는 지적도 제기된다[23]. 국회의 예산수정권한을 제한하고 있는 헌법 제57조의 개정이 근본

22) 현행 「국가재정법」은 예산안편성지침에 따라 각 중앙관서가 예산요구서를 작성하여 매년 5월 31일까지 기획재정부에 제출하도록 규정하고 있다.

23) 국회 '헌법개정특별위원회 자문위원회 보고서(2018)'

적인 방안이 될 수 있다. 동시에 국회의 예산안 심의 과정에서 과도한 증액의 우려로 인해 재정준칙의 법제화 등 재정건전성 확보를 위한 방안도 함께 논의될 필요가 있다.

[표 1] 의회가 정부 예산안 편성과정에 관여하는 국가 사례

구분	주요 내용
프랑스	- 정부는 공공재정의 다년 간 전략, 다음연도의 예산 기본방향 등을 포함한 「경제 동향 및 공공재정의 방향에 대한 보고서」를 매년 6월 의회에 제출하고, 하원과 상원의 재정 관련 위원회는 매년 7월 10일 이전에 해당 보고서에 대한 질문서를 정부에 송부하며, 정부는 이에 대해 서면으로 답변 - 의회는 매년 7월 중 공공재정정책방향 토론회를 개최하고, 정부는 토론회에서 다음 연도 예산법안에 반영될 미션, 주요 정책방향 등에 대해 설명하며, 의회는 토론회를 통해 정부 예산안 편성과정에 간접적으로 의견 제시 - 정부는 10월 초에 예산안을 의회에 제출(1월부터 회계연도 개시)
캐나다	- 1994년부터 관행적으로 정부가 매년 10월 중순에 하원 재정위원회 공청회에서 예산안의 주요 내용을 보고하며, 공청회 후 재정위원회는 예산안에 포함될 사항에 대한 권고안을 작성하여 본회의 토론을 거쳐 정부에 이송 - 정부는 의회에 예산안을 2월 초에 제출(4월부터 회계연도 개시)
뉴질랜드	- 정부는 향후 3년 간 재정운영 방침과 5년 간 경제·재정전망, 재정전력(前歷) 및 예산우선순위 등을 담은 '예산정책서(Budget Policy Statement)'를 매월 3월 의회에 제출하고, 의회 재정지출위원회는 이를 심의 후 그 결과를 본회의에 보고 - 이후 정부가 예산안을 최종 확정하는 7월 31일까지 본회의에서 예산정책서와 재정지출위원회의 보고서에 대한 논의를 진행(7월부터 회계연도 개시)
스웨덴	- 정부는 매년 4월 15일까지 거시경제전망, 중장기 재정방향, 주요 정책분야별 개선사항, 세법개정안 등을 포함하는 '춘계재정정책안(Spring Fiscal Policy Bill)'을 의회에 제출 - 춘계재정정책안이 제출되면 의회의 재정위원회는 해당 춘계재정정책안과 각 정당들의 대안, 각 상임위원회 검토 결과를 심의한 후 본회의에 보고하며, 본회의에서 재정위원회의 보고를 바탕으로 토론을 거쳐 6월에 의결 - 정부는 의회에 예산안을 9월 20일까지 제출(1월부터 회계연도 개시)

자료: 「2020 주요국의 재정제도」(국회예산정책처, 2020), 저자(2018)

참고문헌

강주영. (2010). "지방자치와 재정민주주의-지방재정법을 중심으로." 「지방자치법연구」 통권 제26호 제10권. 47-63.

김철수. (2013). 「헌법학신론」. 박영사.

배득종·유승원. (2014). 「신재무행정학」. 박영사.

서보건. (2009). 「주요국가의 재정법제 연구(IV)-일본의 재정관련 헌법조항을 중심으로」. 한국법제연구원.

신해룡. (2011). 「예산개혁론」. 세명서관.

안창남. (2009). 「주요국의 조세제도 – 프랑스편」. 한국조세연구원.

옥동석. (2004). 「재정민주주의와 지출승인법」. 한국조세연구원.

_____. (2017). "예산법률주의와 재정사업의 책임성」. 예산정책연구. 제6권제1호. 1-39.

윤영진. (2021). 「새재무행정학」. 대영문화사.

이덕연. (2005). "재정과 헌법: 재정헌법개정의 필수성." 「헌법판례연구」. 제7권.

장병완. (2007). "한국의 재정개혁정책 특성에 관한 연구." 중앙대학교 대학원 행정학박사 학위논문.

장선희. (2008). "재정민주주의 원칙과 재정에 대한 헌법적 통제-국가재정법상 환경적응적 재정제도 및 결산에 대한 통제를 중심으로." 「토지공법연구」 제41집.

장용근. (2016). 미래 재정 위협요인을 고려한 재정개혁 과제에 관한 연구 – 법리적 검토를 중심으로. 「국회예산정책처 연구용역보고서」.

_____. (2023). "재정민주주의적 관점에서 본 국회의 재정권한헌법개정에 대한 연구". 홍익법학. 제24권 제3호. 199-234.

전광석. (2007). "국가재정운영에 있어서 정부와 국회의 기능분담." 「법학연구」. 제17권. 제3호. 1-39.

정극원. (2020). "헌법상 재정의회주의의 규범내용." 「영남법학」. 제50권. 33-56.

최병권. (2023). "재정민주주의와 예산제도" 「예산춘추」. Vol 70. 6-13.

황윤원·김성철. (2005). 「재무행정론」. 법문사.

Campbell, John. (2004). Institutional Change and Globalization. Princeton. NJ: Princeton University Press.

North, Douglas. (1990). Institutions, Institutional Change, and Economic Performance. NewYork: Cambridge UniversityPress.

Schick, Allen. (2007). The Federal Budget: politics, policy, process. Third Ed. Washington, D.C. Brookings Institution Press.

Thelen, K. and Steinmo, S. (1992). Historical Institutionalism in Comparative Politics. in Structuring Politics: Historical Institutionalism in Comparative Analysis. New York: Cambridge University Press. 1-32.

Wicksell, K. (1986). Ein neues Prinzip der gerechten Besteuerung, Finanztheoretische Untersuchungen, Jena, Germany.

제2절 재정민주주의와 의회의 재정권한

1. 예산과정과 의회의 재정권한

대부분의 국가가 행정부의 예산안편성 → 의회의 예산안심의 → 행정부의 예산집행 → 의회의 결산·감사로 이어지는 예산과정을 운용하고 있다. 그러나 국가별로 역사, 정치, 사회, 문화 및 제도 운영을 둘러싼 환경이 다르기 때문에 재정권한의 배분 및 행사양상은 각기 다른 모습을 띠고 있다. 특히, 모든 국가의 의회는 헌법과 법률에 의하여 일정한 재정권한을 부여받고 있지만 자신의 권한을 효율적으로 행사하는 의회가 있는 반면, 재정권한을 제대로 행사하지 못하고 행정부의 고무도장(rubber stamp) 수준에 머물러 있는 의회도 있다.

[그림 1] 예산과정과 의회

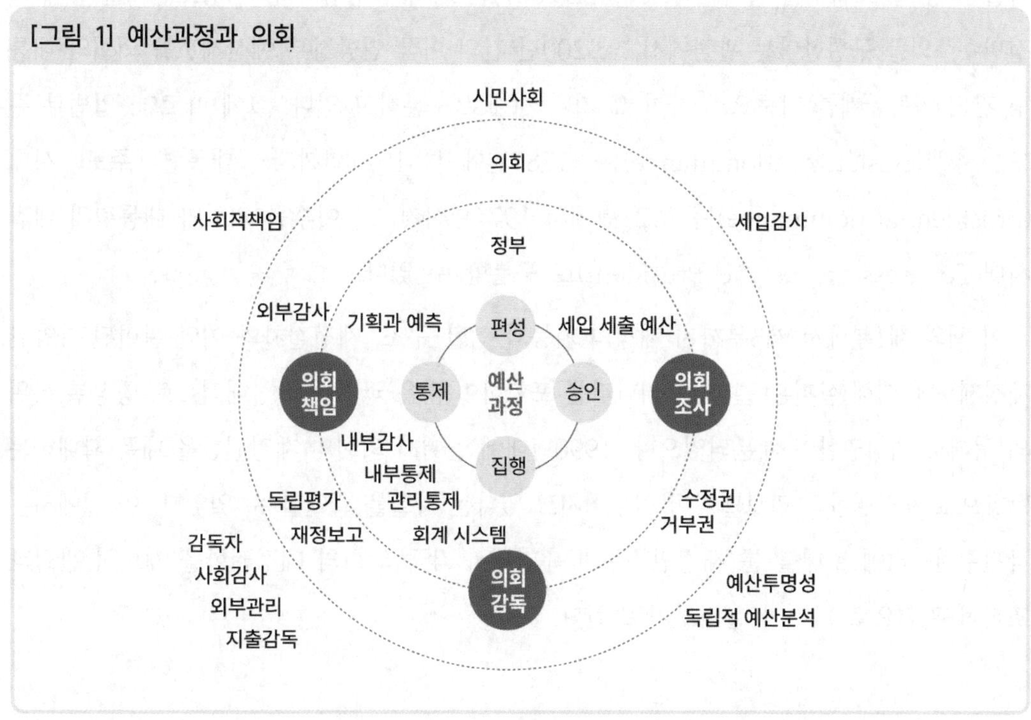

자료: Santiso(2005)을 토대로 재구성.

재정의 영역에서 의회의 권한과 역할을 강화하는 것은 국민의 합의와 지지를 도출하기 위한 하나의 비용(cost)으로 인정해야 한다는 입법부 적극주의(Wehner, 2006)를 기반으로 의회의 재정권한을 제도적으로 강화시키려는 노력이 각국에서 등장하고 있다. 일례로, 의회의 예산심사기간을 늘리기 위해서는 헌법 개정 등의 제도적 한계에도 불구하고, 몇몇 국가들은 다각적인 방법으로 예산심사기간을 조정하고 있다. 이를테면, 세출예산을 예산총액과 거시경제전망과 부문별 세출예산 심사로 구분하여 2단계로 심사하는 방법의 고안이다. 반면, 공공선택론의 관점에서 볼 때 의회를 구성하는 의원들의 최우선 목표는 당선을 위한 표의 획득이므로, 의회는 정책적 관점보다는 정치적 관점에서 자신의 재정권한을 행사할 가능성이 높다는 견해 또한, 존재하는 것이 사실이다.

재정민주주의의 구체화 과정에서 핵심적인 쟁점은 재정민주주의 주요한 기능[24]이 의회와 행정부의 어느 일방에 위임된 것은 아니라는 점에서, 의회와 행정부에 재정권한을 어떻게 배분할 것인가의 문제와 배분된 권한을 이들 주체가 실체적·절차적으로 어떻게 수행하는가의 문제가 실질적으로 중요하다. 미국은 재정민주주의와 재정권한의 배분에 관한 이러한 맥락을 가장 잘 보여주는 국가이다. Schick(2007)은 의회와 행정부 간의 상호견제를 통해 재정민주주의를 구현한다는 관점에서, 약 200년 간의 미국 연방정부 예산제도를 의회와 대통령 간의 역학관계를 기준으로 하여 세 가지 시대로 구분하고 있다. 그에 따르면, 입법부 주도 시대(legislative dominance)는 1789년에서 1921년까지, 대통령 주도 시대(presidential dominance)는 1921년에서 1974년까지, 그 이후를 의회와 대통령의 대립시대(Congress versus the President)로 구분할 수 있다.

이 책의 제1부에서 제3부까지 재정의 기능과 역할·구조, 재정절차와 이와 관련된 다양한 재정제도에 대해 살펴본 결과, 우리나라를 포함하여 많은 국가에서 상대적으로 행정부 우위의 형태로 재정권한이 배분되었으나, 1990년대에 들어서 의회의 재정권한을 대폭 확대하는 방향으로 재정권한의 리모델링이 이루어지고 있다는 사실을 확인할 수 있었다. 이 절에서는 국민주권원리에 토대를 둔 재정민주주의 측면에서 각국 의회의 재정권한을 제도적 관점과 조직적 관점으로 나누어 살펴보기로 한다.

---

24) 예산안 편성 및 심의 권한, 예산집행 권한과 이에 대한 통제·관리권, 회계 감사권 등의 기능(권한)을 말한다.

2. 선행연구와 의회재정권한의 지수화 방법

의회예산제도와 재정권한에 관한 연구를 가장 먼저 시작한 Von Hagen(1992)은 의회의 예산수정권한을 지수화하여 분석하였고, Alesina 외(1996, 1999)는 예산과정을 지수화하여 의회와 행정부 간의 상대적 지위를 측정하였다. Gleich(2003)는 예산편성단계에서 4개 지수, 예산승인단계에서 5개 지수, 예산집행단계에서 4개 지수로 구성된 총 13개 하위지수를 통합하여 예산제도지수를 측정하기도 하였다. 한편, Wehner(2006)는 국가 간 비교연구를 위하여 예산수정권한(amendment power), 예산집행 시 행정부의 집행유연성, 심사에 소요되는 기간, 위원회 역량, 예산정보에 대한 접근성으로 구성된 6가지 요소를 활용하여 이를 지수화 하였다.

그러나 기존의 연구는 소수의 국가만을 대상으로 사례연구에만 치중하였고, 계량연구는 일부에 불과하며(Coombes 1976; LeLoup 2004), 공통의 분석 틀을 통한 체계적인 분석(systemic analysis)은 부족했다는 비판을 받아왔다(김춘순·문지은, 2012). 이들 연구의 대상도 미국 의회에 집중되어 있어 의원내각제 국가나 개발도상국가에 대한 연구는 미흡하다는 한계를 갖고 있다(Oppenheimer, 1983). 또한, 예산과정에서 의회의 역할이 왜 국가마다 근본적으로 다르게 나타나는지를 명쾌하게 설명해주는 연구는 많지 않고, 단지 국가 간 비교연구를 위해 의회의 예산제도를 설명변수로 설정하고 있을 뿐이다.

김춘순(2014)은 예산제도지수(legislative budget institution index)를 재정권한지수와 조직역량지수의 하위지수로 구분[25]한 후, 다시 6개의 평가요소로 세분화하였다. 6가지 세부평가요소는 ① 예산수정권한(amendment powers), ② 잠정예산범위(reversionary budget), ③ 예산심사기간(time for scrutiny), ④ 예산기간동안 행정부의 집행유연성(executive flexibility during implementation), ⑤ 위원회역량(committee capacity), ⑥ 예산정보에 대한 접근성(access to budgetary information)으로 구성된다. 이들 6개 요소는 모두 최저 0점에서 최고 10점까지로 지수화하였는데, 0점은 의회의 재정권한이 가장 취약한 경우를 나타내고, 10점은 의회의 재정권한이 가장 강력한 경우를 나타낸다. 각

25) 이 절의 내용은 김춘순의 「비교예산제도론」(2014)을 주로 참고하였다. 김춘순의 연구는 의회의 예산제도지수를 측정하기 위하여 예산제도를 '재정권한지수'와 '조직역량지수'의 2가지 요소로 구분하였는데, '의회예산제도지수'는 '의회가 실체적·절차적으로 행사하는 권한의 정도'를 지수화한 것으로 이해할 수 있고, 하위지수인 '재정권한지수'는 '헌법이나 법률 등에 의해 의회에 부여된 재정권한'을 의미하는 것으로 이해할 수 있다.

요소별 측정방법은 아래의 [표 1]과 같다.

다음 절에서는 김춘순(2014)이 제시한 예산제도지수 구축 및 측정 모델을 기반으로 '2014년 예산제도지수'와 '2024년 예산제도지수'를 각각 개관하고 비교한다. 우선 '2014년 예산제도지수'는 각국의 예산제도에 대하여 OECD와 World Bank가 공동조사하여 구축한 2007년도 기준의 Database(OECD 34개국 포함 총 60개국)[26]와 2013년에 재정전문가(세계 각국의 재정경제부처 고위공직자, OECD IFI 및 의회예산기구 구성원 등)를 대상으로 실시한 AHP 설문으로 도출된 하위지수별 가중치를 활용하였다. 다음으로 '2024년 예산제도지수'는 2018년 OECD에서 구축한 의회 예산제도 Database를 활용하여 2014년에 비하여 대상 국가가 34개국으로 축소되었지만 변화된 정치·경제적 환경 등을 반영하기 위하여 전문가 AHP를 통해 하위지수별 가중치를 재산정하였다.

26) 본 조사는 2003년 OECD 조사 이후, World Bank가 합류하여, 아시아, 아프리카 등의 자료가 합해진 것이다. Database에 포함된 조사들은 2007 OECD Survey of budget practices and Procedures, 2008 World Bank/OECD Survey of budget practices and procedures in Asia and other regions, 2008 CABRI/OECD survey of budget practices and procedures in Africa이다.

[표 1] 예산제도지수의 구성

예산제도지수	주요내용	
예산수정권한	행정부가 제출한 예산안을 의회가 어느 정도 수정할 수 있는가를 측정	• 의회가 예산안을 자유롭게 수정:10점 • 총지출 범위 내에서 예산 아이템만 수정 가능: 7.5점 • 세입확보를 전제로 증액가능: 5점 • 기존 예산을 삭감 혹은 의미 있는 수정만 가능할 경우: 2.5점 • 예산안에 대한 승인과 거부만 가능: 0점
잠정예산범위	의회가 예산안을 승인하지 않았을 때, 행정부가 어느 정도의 예산을 임시로 편성·운용할 수 있는가를 측정	• 지출이 불가능: 10점 • 의회가 일정 기한을 투표로 결정: 7.5점 • 전년예산이 일정 기간 효력발생: 5점 • 정부예산안이 일정 기간 효력 발생: 2.5점 • 정부예산안이 효력발생: 0점
예산집행의 신축성	의회의 예산승인 이후 행정부가 예산집행의 신축성 유지수단을 어느 정도 가지고 있는가를 측정	• 신축성있는 예산집행이 불가능한 경우: 3.3점 • 신축성 있는 예산집행이 가능할 경우: 0점 ※ ①예산의 이·전용, ②예비비지출, ③예산의 이월의 3개 변수를 합하여 10점 부여
예산심사기간	의회가 예산안을 심사할 충분한 시간을 확보하고 있는가를 측정	• 7개월 이상: 10점 • 5~6개월: 6.7점 • 3~4개월: 3.3점 • 2개월 이하: 0점
위원회 역량	의회를 지원하는 전문성 있는 위원회 조직이 구비되어 있는가를 측정	• 단일의 예산위원회 및 상임위원회가 함께 예산안 심의에 개입하는 경우: 10점 • 상임위원회가 예산위원회에 참여하는 경우: 7.5점 • 예산위원회가 예산을 단독으로 처리하는 경우: 5점 • 예산위원회 없이 상임위원회만으로 예산안을 심의·확정하는 경우: 2.5점
재정정보의 독자적 생산능력	의회가 독자적 재정정보를 생산할 수 있을 정도의 전문가 조직을 갖고 있는가를 측정	• 전문가 50인 이상의 전문조직: 10점 • 26~49인: 7.5점 • 11~25인: 5점 • 10명이하: 2.5점 • 전문가 조직이 없는 경우: 0점

3. 각국의 의회 예산제도지수 측정 결과

(1) 2014 예산제도지수

위에서 설명한 6가지 세부평가요소를 활용하여 김춘순은 60개 국가 의회의 예산제도지수를 측정하여 재정권한지수와 조직역량지수로 구분하였다. 특히 60개 국가의 예산제도지수를 두 번의 과정을 거쳐 측정하였는데, 각 세부지표별로 정해진 기준에 따라 측정하여 이들을 합산한 지수가 예산제도지수(BI)이고, 이 지수에 가중치를 적용한 것이 가중치가 부여된 예산제도지수(BIω)이다.[27]

[표 2] 예산제도지수 항목별 점수와 국가별 순위

순위	국가명	재정권한						조직역량						예산제도지수 (BI vs BIw)	
		예산수정권 (Amend)		잠정예산 (Reversion)		집행유연성 (Flexibility)		심사기간 (Time)		위원회구조 (committee)		정보접근성 (Research)			
		a	aw	v	vw	f	fw	t	tw	c	cw	r	rw	BI	BIw
1	미국	10.0	15.5	10.0	8.2	7.7	7.9	8.0	3.0	10.0	10.3	10.0	12.0	92.8	94.8
2	스웨덴	10.0	15.5	10.0	8.2	6.7	6.8	4.0	1.5	10.0	10.3	1.3	1.6	70.1	73.3
3	덴마크	10.0	15.5	5.0	4.1	10.0	10.2	4.0	1.5	5.0	5.2	3.8	4.6	63.0	68.4
4	노르웨이	10.0	15.5	10.0	8.2	3.3	3.4	4.0	1.5	10.0	10.3	0.0	0.0	62.2	64.8
5	벨기에	10.0	15.5	5.0	4.1	3.3	3.4	2.0	0.8	10.0	10.3	2.5	3.0	54.7	61.7
6	멕시코	2.5	3.9	10.0	8.2	3.3	3.4	4.0	1.5	10.0	10.3	7.5	9.0	62.2	60.5
7	네덜란드	10.0	15.5	7.5	6.2	3.3	3.4	4.0	1.5	2.5	2.6	5.0	6.0	53.8	58.5
8	불가리아	10.0	15.5	5.0	4.1	3.3	3.4	2.0	0.8	10.0	10.3	0.0	0.0	50.5	56.7
9	스위스	10.0	15.5	10.0	8.2	3.3	3.4	4.0	1.5	5.0	5.2	0.0	0.0	53.8	56.2
10	브라질	7.5	11.6	10.0	8.2	3.3	3.4	6.0	2.3	7.5	7.7	0.0	0.0	57.2	55.3
11	아이슬란드	10.0	15.5	5.0	4.1	6.7	6.8	4.0	1.5	5.0	5.2	0.0	0.0	51.2	55.2
	인도네시아	10.0	15.5	5.0	4.1	6.7	6.8	4.0	1.5	5.0	5.2	0.0	0.0	51.2	55.2
13	룩셈부르크	10.0	15.5	10.0	8.2	2.2	2.2	4.0	1.5	5.0	5.2	0.0	0.0	52.0	54.4
14	**한국**	2.5	3.9	5.0	4.1	0.0	0.0	4.0	1.5	10.0	10.3	10.0	12.0	52.5	53.0
15	오스트리아	10.0	15.5	5.0	4.1	2.2	2.2	2.0	0.8	7.5	7.7	0.0	0.0	44.5	50.6

27) 예산제도지수는 다층적으로 구성되는데, 상층부는 재정권한지수와 조직역량지수로 구분되며, 그 하위에 각각 세 가지 지표들로 구성된다. 표는 가중치 지수BIω기준으로 순위별로 작성되었기 때문에 가중치 부여 전 지수(BI)는 순위가 다를 수 있다.

순위	국가명	재정권한						조직역량						예산제도지수 (BI vs BIw)	
		예산수정권 (Amend)		잠정예산 (Reversion)		집행유연성 (Flexibility)		심사기간 (Time)		위원회구조 (committee)		정보접근성 (Research)			
		a	aw	v	vw	f	fw	t	tw	c	cw	r	rw	BI	BIw
16	베네수엘라	7.5	11.6	5.0	4.1	6.7	6.8	6.0	2.3	5.0	5.2	0.0	0.0	50.3	50.0
17	독일	10.0	15.5	5.0	4.1	3.3	3.4	4.0	1.5	5.0	5.2	0.0	0.0	45.5	49.4
18	핀란드	10.0	15.5	2.5	2.1	4.4	4.5	4.0	1.5	5.0	5.2	0.0	0.0	43.2	47.8
19	우간다	2.5	3.9	2.5	2.1	5.5	5.6	2.0	0.8	10.0	10.3	5.0	6.0	45.8	47.7
20	캄보디아	7.5	11.6	5.0	4.1	6.7	6.8	2.0	0.8	5.0	5.2	0.0	0.0	43.7	47.5
	이탈리아	10.0	15.5	5.0	4.1	2.2	2.2	4.0	1.5	5.0	5.2	0.0	0.0	43.7	47.5
22	체코	7.5	11.6	5.0	4.1	0.0	0.0	4.0	1.5	10.0	10.3	0.0	0.0	44.2	45.9
23	리트비아	5.0	7.7	5.0	4.1	3.3	3.4	4.0	1.5	10.0	10.3	0.0	0.0	45.5	45.1
24	터키	7.5	11.6	7.5	6.2	0.0	0.0	4.0	1.5	7.5	7.7	0.0	0.0	44.2	45.0
25	헝가리	7.5	11.6	2.5	2.1	1.1	1.1	4.0	1.5	10.0	10.3	0.0	0.0	41.8	44.4
26	포르투갈	10.0	15.5	5.0	4.1	0.0	0.0	4.0	1.5	5.0	5.2	0.0	0.0	40.0	43.8
27	루마니아	7.5	11.6	5.0	4.1	3.3	3.4	4.0	1.5	5.0	5.2	0.0	0.0	41.3	42.9
28	필리핀	7.5	11.6	5.0	4.1	4.4	4.5	0.0	0.0	5.0	5.2	0.0	0.0	36.5	42.3
29	그리스	7.5	11.6	5.0	4.1	3.3	3.4	2.0	0.8	5.0	5.2	0.0	0.0	38.0	41.7
	세르비아	7.5	11.6	5.0	4.1	3.3	3.4	2.0	0.8	5.0	5.2	0.0	0.0	38.0	41.7
31	폴란드	7.5	11.6	0.0	0.0	1.1	1.1	4.0	1.5	10.0	10.3	0.0	0.0	37.7	40.9
32	슬로베니아	7.5	11.6	5.0	4.1	0.0	0.0	4.0	1.5	5.0	5.2	1.3	1.6	38.0	39.9
33	캐나다	2.5	3.9	2.5	2.1	3.3	3.4	2.0	0.8	10.0	10.3	2.5	3.0	38.0	38.9
34	스페인	7.5	11.6	5.0	4.1	3.3	3.4	4.0	1.5	2.5	2.6	0.0	0.0	37.2	38.6
	우루과이	2.5	3.9	5.0	4.1	3.3	3.4	4.0	1.5	10.0	10.3	0.0	0.0	41.3	38.6
36	피지	10.0	15.5	5.0	4.1	0.0	0.0	2.0	0.8	2.5	2.6	0.0	0.0	32.5	38.2
37	슬로바키아	10.0	15.5	0.0	0.0	0.0	0.0	4.0	1.5	5.0	5.2	0.0	0.0	31.7	36.9
38	아르헨티나	2.5	3.9	5.0	4.1	6.7	6.8	4.0	1.5	5.0	5.2	0.0	0.0	38.7	35.8
39	케냐	2.5	3.9	7.5	6.2	2.2	2.2	2.0	0.8	5.0	5.2	2.5	3.0	36.2	35.3
40	홍콩	5.0	7.7	7.5	6.2	1.1	1.1	2.0	0.8	5.0	5.2	0.0	0.0	34.3	34.9
41	이스라엘	0.0	0.0	5.0	4.1	5.5	5.6	2.0	0.8	10.0	10.3	0.0	0.0	37.5	34.7
42	알바니아	2.5	3.9	5.0	4.1	6.7	6.8	2.0	0.8	5.0	5.2	0.0	0.0	35.3	34.6
	스와질란드	2.5	3.9	5.0	4.1	6.7	6.8	2.0	0.8	5.0	5.2	0.0	0.0	35.3	34.6
44	모로코	2.5	3.9	0.0	0.0	2.2	2.2	2.0	0.8	10.0	10.3	2.5	3.0	32.0	33.7
45	러시아	5.0	7.7	5.0	4.1	1.1	1.1	4.0	1.5	5.0	5.2	0.0	0.0	33.5	32.7
46	페루	7.5	11.6	0.0	0.0	1.1	1.1	4.0	1.5	5.0	5.2	0.0	0.0	29.3	32.3

순위	국가명	재정권한						조직역량						예산제도지수	
		예산수정권 (Amend)		잠정예산 (Reversion)		집행유연성 (Flexibility)		심사기간 (Time)		위원회구조 (committee)		정보접근성 (Research)		(BI vs BIw)	
		a	aw	v	vw	f	fw	t	tw	c	cw	r	rw	BI	BIw
47	타지키스키탄	0.0	0.0	5.0	4.1	3.3	3.4	4.0	1.5	10.0	10.3	0.0	0.0	37.2	32.2
48	파나마	2.5	3.9	5.0	4.1	3.3	3.4	4.0	1.5	5.0	5.2	0.0	0.0	33.0	30.0
49	일본	2.5	3.9	2.5	2.1	5.5	5.6	2.0	0.8	5.0	5.2	0.0	0.0	29.2	29.1
50	남아프리카 공화국	0.0	0.0	5.0	4.1	6.7	6.8	2.0	0.8	5.0	5.2	0.0	0.0	31.2	28.1
51	대만	2.5	3.9	0.0	0.0	0.0	0.0	4.0	1.5	10.0	10.3	0.0	0.0	27.5	26.2
52	영국	2.5	3.9	5.0	4.1	1.1	1.1	0.0	0.0	2.5	2.6	2.5	3.0	22.7	24.5
53	가나	2.5	3.9	7.5	6.2	1.1	1.1	2.0	0.8	2.5	2.6	0.0	0.0	26.0	24.2
54	아일랜드	0.0	0.0	5.0	4.1	6.7	6.8	2.0	0.8	2.5	2.6	0.0	0.0	27.0	23.8
55	말라위	0.0	0.0	5.0	4.1	3.3	3.4	2.0	0.8	5.0	5.2	0.0	0.0	25.5	22.3
56	뉴질랜드	2.5	3.9	3.3	2.7	3.3	3.4	2.0	0.8	2.5	2.6	0.0	0.0	22.7	22.1
57	프랑스	2.5	3.9	0.0	0.0	0.0	0.0	4.0	1.5	7.5	7.7	0.0	0.0	23.3	21.9
58	호주	2.5	3.9	2.5	2.1	3.3	3.4	2.0	0.8	2.5	2.6	0.0	0.0	21.3	21.0
59	태국	0.0	0.0	5.0	4.1	1.1	1.1	4.0	1.5	5.0	5.2	0.0	0.0	25.2	19.8
60	칠레	2.5	3.9	0.0	0.0	0.0	0.0	4.0	1.5	5.0	5.2	0.0	0.0	19.2	17.6

주: 표에서 제시된 가중치 부여 전후 국가별 예산제도지수의 순위는 60개 국가를 대상으로 가중치 부여 전의 예산제도지수와 가중치 부여 후의 예산제도지수를 취합하여 재정리한 것으로, 세부자료는 김춘순(2014)의 「비교예산제도론」 참조

60개 국가 의회의 예산제도지수를 재정권한지수와 조직역량지수로 구분하여 국가별 순위를 도식화하면 [그림 2]와 같다.

[그림 2] 재정권한지수와 조직역량지수의 국가별 순위

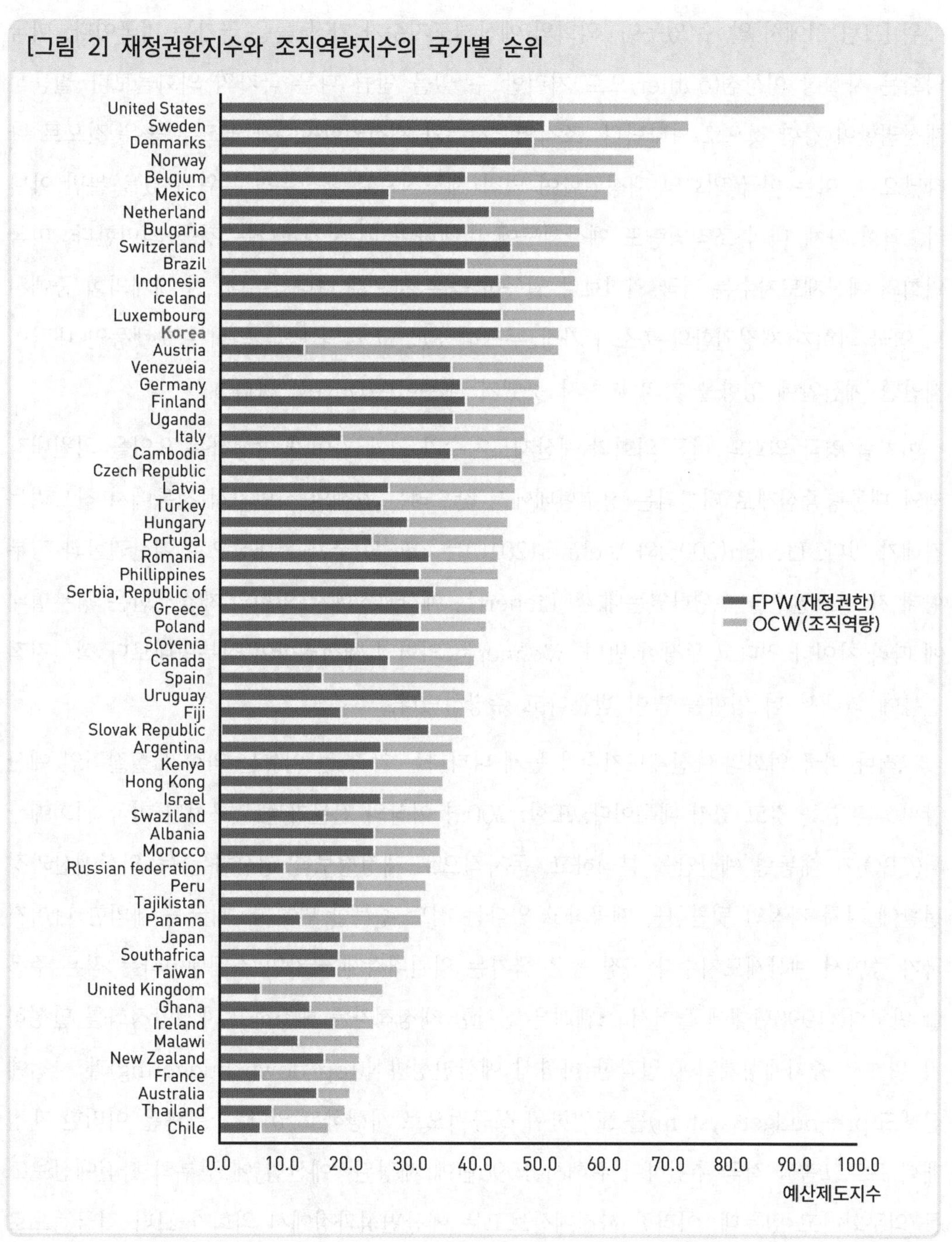

자료: 김춘순(2014), 「비교예산제도론」

위 [그림 2]에서 알 수 있듯이, 의회의 예산제도지수가 가장 높은 국가는 미국이다. 미국 의회는 사실상 이상점(outlier)으로 처리할 수 있을 만큼 다른 국가의 의회들보다 월등히 재정권한이 강한 것으로 나타난다. 조직역량지수와 재정권한지수가 골고루 높은 것으로 나타났으며, 이는 미국 의회의 재정권한이 법적·제도적으로 행정부의 우위에 있을 뿐만 아니라, 의회 자체 내의 조직역량도 예산제도에 비례하여 매우 강하다는 것을 의미한다. 미국 의회의 예산제도지수는 영국 의회보다 월등히 높은 것으로 나타났는데, 전 세계의회 중에서도 영국 의회가 재정권한의 축소가 가장 두드러졌고, 그 결과 영국 의회는 오랫동안 내각이 제안한 예산안에 영향을 거의 미치지 못했기 때문이다(Davey, 2000).

이처럼 영국 의회와 미국 의회의 예산제도지수가 크게 차이가 발생하는 요인을 의원내각제와 대통령중심제로 대별되는 정부형태에서 찾으려는 견해와 식민지적 전통에서 찾으려는 견해가 있다. Lienert(2005)와 Wehner(2010)는 OECD 국가를 대상으로 예산권한과 정부형태 간 비교연구를 수행하였는데,[28] Lienert는 예산과정에서 의회의 재정권한은 정부형태에 따라 차이가 있다고 주장한 반면, Wehner는 의회의 재정권한이 정부형태보다 식민지적 전통에 의해서 더 영향을 많이 받는다고 주장하였다.

그러나 미국 의회의 예산제도지수가 높게 나타나는 가장 큰 이유는 의회가 실질적인 예산안편성 권한을 갖고 있기 때문이다. 또한, 200명 이상의 전문가들로 구성된 미국 의회예산처(CBO)가 대통령 예산안을 분석하고, 독자적으로 재정정보를 생산하는 등 의회예산과정 전반에 걸쳐 지적인 뒷받침을 제공하고 있다는 점도 주목할 만하다. 미국을 제외한 나머지 국가 중에서 예산제도지수가 가장 높은 국가는 의원내각제 국가인 스웨덴이라는 점은 주목할 만하다. 1990년대에 들어서 스웨덴은 심각한 재정적자를 해소하고 재정안정화를 달성하기 위해서 중기재정계획에 입각한 하향식 예산편성방식(top-down budgeting)과 사전예산제도(pre-budget system)를 도입하여 성공적으로 시행하고 있다. 스웨덴은 이러한 재정개혁 프로그램을 적극 추진하기 위해서 1996년에 제정된 「예산법」에 정부의 사전예산보고를 의무화하고 있는데, 이러한 사전예산보고는 예산편성과정에서 의회가 보다 적극적으로 재정권한과 그 역할을 확대한 결과이다(김춘순, 2011).

한편, 재정권한지수가 낮은 그룹에 속한 국가들은 영국을 비롯한 아일랜드, 호주, 캐나다

---

28) 두 연구가 OECD 국가만을 대상으로 하여, 대통령제 국가 사례가 3개국으로 상대적으로 적은 점을 감안한다면, 대통령제 국가의 사례를 좀더 확보하여 분석할 필요가 있다. 이 점은 Wehner(2010) 역시 지적하고 있다.

등 영연방 국가들이다. 이는 Wehner(2006, 2010)의 연구와도 일맥상통한 결과이다. 의원내각제 국가 중 의회의 영향력이 가장 약한 국가로 지목되는 영국[29]은 이른바 영연방 식민지 전통을 통해 Westminster 국가들의 재정제도화에 영향을 준 것으로 보인다(Wehner, 2006). 한국 국회의 경우, 예산제도지수가 60개국 중 상위인 14위에 속한 것으로 나타나지만, 그 하위지수들의 순위는 사뭇 차이가 있다. 먼저, 재정권한지수는 54위에 불과한 반면, 조직역량지수는 미국 의회 다음인 2위에 랭크되어 있다. 재정권한지수는 전술한 것처럼 예산수정권한, 잠정예산범위 등의 지표로 구성되는데, 이들은 대부분이 헌법에 그 근거규정이 있고, 제헌헌법이후 오랜 세월동안 변함없이 유지되어 온 지표들이다. 반면, 위원회역량이나 재정정보의 독자적 생산능력 등의 지표로 구성되는 조직역량지수는 국회법 등에 근거를 두고 있다는 점에서 양자는 근거규범에서부터 차이를 나타낸다. 즉, 한국 국회는 경성헌법 하에서 오랜 세월동안 헌법의 재정조항들을 개정하는 데 한계에 직면하면서 국회법 등 법률 수준의 지표들을 개선시키며 국회의 재정권한을 확대해 온 것으로 해석할 수 있다. 이상의 논의를 기초로 판단할 때, 우리 국회는 조직역량 면에서 재정권한을 적극적으로 행사할 수 있는 능력과 여건을 갖추고 있으나, 법·제도적 한계로 인하여 재정권한을 충분히 행사하고 있지 못하다는 의미로도 해석할 수 있을 것이다.

국가 간 비교분석: OECD 국가 여부 vs 정부형태

정부형태에 따라 의회의 재정권한의 정도가 통계적으로 유의미한 차이가 있는지 여부에 대해 상반된 연구결과(Lienert 2005; Wehner 2006, 2010)가 존재한다. 일반적으로 대통령중심제 국가의 의회가 의원내각제 국가보다 행정부를 견제하기 위해 정치과정뿐만 아니라 예산과정에서도 보다 많은 권한과 영향력을 갖고 있는 것으로 알려져 있다.

의회의 예산제도지수 측정 대상 60개국을 정부형태별로 구분하면, 대통령제와 의원내각제 국가가 각각 30개이다. 대통령제 국가 중 순수대통령제는 13개, 수정대통령제는 17개이며, 의원내각제 형태는 입헌군주제형 13개, 입헌공화제형 13개, 웨스트민스터형 4개이다. 대통령제 국가는 의원내각제 국가에 비해 재정권한은 약하나, 조직역량은 높은 것으로 나타났다. 이러한 특징은 정부형태를 세부적으로 볼 경우에도 마찬가지인데, 재정권한은 입헌군

29) Schick(2002) 역시 "의회예산과정의 쇠퇴를 가장 잘 확인할 수 있는 국가는 영국이다"라고 인용한 바 있다.

주제가 가장 높으며, 강한 조직역량은 대통령제 전반의 특징으로 나타났다.

[표 3] 정부형태(세부)와 재정권한, 조직역량, 예산제도지수(평균)

	순수대통령제	수정대통령제	입헌공화제	입헌군주제	웨스트민스터
재정권한(FP)	24.6	19.0	25.4	28.4	14.3
조직역량(OC)	18.9	19.3	15.4	17.9	11.9
예산제도지수(BI)	43.5	38.2	42.8	46.3	26.2

자료: 김춘순(2014), 비교예산제도론

한편, OECD 국가 여부와 정부형태를 기준으로 각 의회의 재정권한, 조직역량, 그리고 예산제도지수를 비교하면, 아래의 [표 4]와 같다. 대통령제 국가가 재정권한이 강하게 나타나는 것은 비OECD 국가의 경우에 해당하고, 조직역량의 경우는 OECD국가의 여부와 관계없이 대통령제 국가에서 높은 것으로 나타난다.

[표 4] OECD 소속 여부와 정부형태에 따른 예산제도지수 비교

정부형태	비OECD		OECD	
	대통령제	의원내각제	대통령제	의원내각제
재정권한(FP)	21.8	20.9	20.6	26.8
조직역량(OC)	16.6	14.6	23.5	16.5
예산제도지수(BI)	38.4	35.5	44.1	43.3

자료: 김춘순(2014), 비교예산제도론

하위지수별 국가분포와 유형 분류

60개 국가들을 하위지수인 재정권한지수와 조직역량지수의 평균으로 구분하여 4가지 유형(G1, G2, G3, G4)으로 분류할 수 있다(김춘순, 2014). 즉, G1유형은 재정권한과 조직역량 점수가 모두 높은 집단으로 미국, 스웨덴 등 9개국이 포함되어 있고, G2 유형은 재정권한은 크고 조직역량은 작은 집단으로 스페인, 이탈리아 등 17개국을 포함하고 있다. G3 유형은 재정권한과 조직역량이 모두 작은 집단으로 영국, 호주 등 영연방 국가들이 대부분 속해 있으며, G4 유형은 재정권한은 작고 조직역량은 큰 집단으로 한국, 멕시코 등이 포함되었다.

[표 5] 4분면 분포에 따른 60개국 유형분류

재정 권한 지수	[G1: 9개국]	[G2: 17개국]
	벨기에, 브라질, 불가리아, 덴마크, 네덜란드, 노르웨이, 스웨덴, 터키, 미국	오스트리아, 캄보디아, 피지, 핀란드, 독일, 그리스, 아이슬란드, 인도네시아, 이탈리아, 룩셈부르크, 필리핀, 포르투갈, 루마니아, 세르비아, 스페인, 스위스, 베네수엘라
	[G3: 19개국]	[G4: 15개국]
	알바니아, 아르헨티나, 호주, 칠레, 가나, 홍콩, 아일랜드, 일본, 말라위, 뉴질랜드, 파나마, 페루, 러시아, 슬로바키아, 슬로베니아, 남아프리카공화국, 스와질란드, 태국, 영국	캐나다, 체코, 프랑스, 헝가리, 이스라엘, 케냐, **한국**, 라트비아, 멕시코, 모로코, 폴란드, 대만, 타지키스탄, 우간다, 우루과이
	조직역량지수	

아래의 [그림 3]은 60개국을 조직역량지수와 재정권한지수에 따른 분포형태를 알기 쉽게 그림으로 나타낸 것이다.

[그림 3] 재정권한과 조직역량에 따른 60개국 유형분류

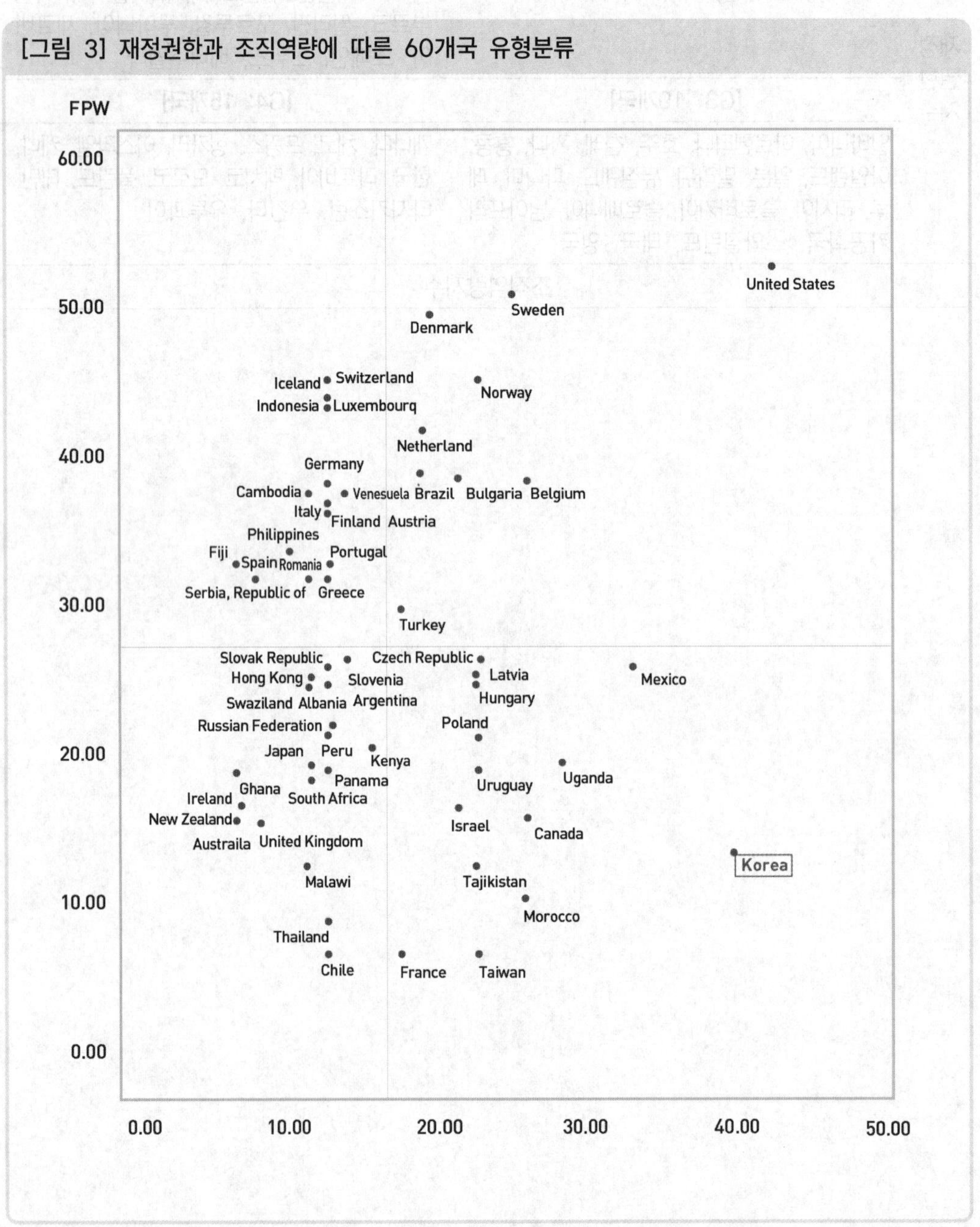

(2) 2024 예산제도지수

2024년 예산제도지수는 김춘순(2014)과 동일한 절차를 거쳤으나 분석표본의 규모에 차이가 있다. 지수의 산출은 독립재정기구 및 위원회의 전문가를 대상으로 설문조사를 하여 예산제도지수를 구성하는 하위지수 간의 가중치를 구하고 OECD의 국가별 데이터를 입력하여 이루어졌다. 한편, 2014년 예산제도지수의 조사 대상국가는 60개국이었던 반면, 2024년 예산제도지수는 34개 OECD 국가를 대상으로 하였다.

[표 6] 예산제도지수 항목별 점수와 국가별 순위

순위	국가명	재정권한						조직역량						예산제도 지수	
		예산수정권 (Amend)		잠정예산 (Reversion)		집행유연성 (Flexibility)		심사기간 (Time)		위원회구조 (committee)		정보접근성 (Research)		(BI vs BIw)	
		a	aw	v	vw	f	fw	t	tw	c	cw	r	rw	BI	BIw
1	미국	10	15.8	10	8.4	7.7	8.1	8	3	10	10.1	10	11	93.1	96.3
2	스웨덴	10	15.8	10	8.4	6.7	7.4	4	1.4	10	10.1	1.3	1.5	71.2	76.4
3	노르웨이	10	15.8	10	8.4	3.3	3.6	4	1.4	10	10.1	0	0	63.1	68.4
4	덴마크	10	15.8	5	4.5	10	11	4	1.4	5	5.1	3.8	4.3	62.9	64.8
5	벨기에	10	15.8	5	4.5	3.3	3.6	2	0.7	10	10.1	2.5	2.8	60.1	63.8
6	네덜란드	10	15.8	7.5	6.5	3.3	3.6	4	1.4	2.5	2.5	5	5.5	59.8	61.7
7	브라질	7.5	12.6	10	8.4	3.3	3.6	6	2.3	7.5	7.6	0	0	58.2	60.4
8	스위스	10	15.8	10	8.4	3.3	3.6	4	1.4	5	5.1	0	0	53.7	58.8
9	룩셈부르크	10	15.8	10	8.4	2.2	2.4	4	1.4	5	5.1	0	0	52.1	56.7
10	아이슬란드	10	15.8	5	4.5	6.7	7	4	1.4	5	5.1	0	0	51.2	55.2
11	오스트리아	10	15.8	5	4.5	2.2	2.4	2	0.7	7.5	7.6	0	0	47.8	54.1
12	**한국**	2.5	4.1	5	4.5	0	0	4	1.4	10	10.1	10	11	51.4	53.2
13	독일	10	15.8	5	4.5	3.3	3.6	4	1.4	5	5.1	0	0	46.1	50.1
14	이탈리아	10	15.8	5	4.5	2.2	2.4	4	1.4	5	5.1	0	0	43.7	47.9
15	핀란드	10	15.8	2.5	2.3	4.4	4.8	4	1.4	5	5.1	0	0	43.2	47.8
16	체코	7.5	12.6	5	4.5	0	0	4	1.4	10	10.1	0	0	43.2	46.1
17	튀르키예	7.5	12.6	7.5	6.5	0	0	4	1.4	7.5	7.6	0	0	44.2	45
18	리트비아	5	7.7	5	4.5	3.3	3.6	4	1.4	10	10.1	0	0	46.2	44.8
19	헝가리	7.5	12.6	2.5	2.3	1.1	1.2	4	1.4	10	10.1	0	0	42	43.9
20	포르투갈	10	15.8	5	4.5	0	0	4	1.4	5	5.1	0	0	40	42.7
21	그리스	7.5	12.6	5	4.5	3.3	3.6	2	0.7	5	5.1	0	0	37.9	41.6

순위	국가명	재정권한						조직역량						예산제도 지수	
		예산수정권 (Amend)		잠정예산 (Reversion)		집행유연성 (Flexibility)		심사기간 (Time)		위원회구조 (committee)		정보접근성 (Research)		(BI vs BIw)	
		a	aw	v	vw	f	fw	t	tw	c	cw	r	rw	BI	BIw
22	폴란드	7.5	12.6	0	0	1.1	1.1	4	1.4	10	10.1	0	0	37.5	40.7
23	슬로베니아	7.5	12.6	5	4.5	0	0	4	1.4	5	5.1	1.3	1.5	38.1	40.1
24	스페인	7.5	12.6	5	4.5	3.3	3.6	4	1.4	2.5	2.5	0	0	37.1	38.8
25	슬로바키아	10	15.8	0	0	0	0	4	1.4	5	5.1	0	0	31.8	37.3
26	캐나다	2.5	4.1	2.5	2.3	3.3	3.6	2	0.7	10	10.1	2.5	2.8	37	37.1
27	이스라엘	0	0	5	4.5	5.5	5.8	2	0.7	10	10.1	0	0	36.4	35.6
28	일본	2.5	4.1	2.5	2.3	5.5	5.8	2	0.7	5	5.1	0	0	28.8	28.9
29	영국	2.5	4.1	5	4.5	1.1	1.2	0	0	2.5	2.5	2.5	2.8	23.6	25.5
30	아일랜드	0	0	5	4.5	6.7	7	2	0.7	2.5	2.5	0	0	26.8	22.9
31	뉴질랜드	2.5	4.1	3.3	2.8	3.3	3.6	2	0.7	2.5	2.5	0	0	22.7	22.1
32	호주	2.5	4.1	2.5	2.3	3.3	3.6	2	0.7	2.5	2.5	0	0	20.3	20.9
33	프랑스	2.5	4.1	0	0	0	0	4	1.4	7.5	7.6	0	0	22.1	20.8
34	칠레	2.5	4.1	0	0	0	0	4	1.4	5	5.1	0	0	18.8	16.6

정부형태 분류

2014년과 2024년 조사의 가장 큰 차이점은 조사대상 국가의 정부형태이다. 2014년 조사에서는 대통령제 중심의 비OECD국가가 다수 포함되어 대통령제와 의원내각제가 각각 50%씩 차지하였다. 반면 OECD 국가들(34개국)만을 대상으로 한 2024년 조사에서 정부형태별 비중은 대통령제 8개국(준대통령제 2개국), 의원내각제 26개국으로 조사대상 국가의 76.5%가 의원내각제의 정부형태를 가지고 있었다.

2024 예산제도지수 결과

2024년 조사를 바탕으로 한 예산제도지수 측정결과 미국이 가장 높은 것으로 나타났으며, 2007년 예산제도지수와 동일하다. 재정권한지수와 조직역량지수 모두 가장 높은 것으로 나타났는데, 미국 의회가 실질적인 예산안 편성권을 가지고 있고, 의회예산국(CBO), 의회조사국(CRS), 연방회계감사원(GAO) 등 미 의회를 지원하는 지원기관의 역할과 영향력도 여전히 상당한 수준임을 확인하게 한다. 조사대상 국가 중 정부의 예산안에 대해 의회가 자유롭게 수정이 가능한 국가는 모두 15개국이었는데, 이중 8개 국가(53%)가 10위 내 포함되어 있는 것으로 나타났다. 반면 하위그룹에 속한 주요 국가로는 영국과 캐나다, 호주, 뉴질랜드 등 영연방국가인 것으로 나타남에 따라 2007년 예산제도지수와 큰 차별성을 보이지는 않았다.

우리나라는 국회 상임위원회·예산결산특별위원회를 비롯해 국회예산정책처 등 지원기관의 역량과 중요성이 증가함에 따라 조직역량지수는 미국 다음으로 높은 것으로 나타났다. 반면 재정권한지수는 여전히 법제도적 한계로 인해 하위권에 머물러 있는 것으로 분석됐다.

예산제도지수의 변화: 2014년 vs 2024년

2024년 예산제도지수의 하위지수(재정권한지수, 조직역량지수) 간의 가중치가 2014년과 다르게 나타났다. 재정권한지수의 하위지수(예산수정권, 잠정예산, 집행유연성)에 대한 가중치가 대체적으로 증가한 것으로 나타난 반면 조직역량지수를 구성하고 있는 심사기간 지수, 위원회구조 지수, 정보접근성 지수에 대한 가중치는 다소 감소한 것으로 조사되었다.

2014년도 예산제도지수와 비교하면 행정부가 제출한 예산안을 의회가 어느 정도 수정할 수 있는가와 관련된 '예산수정권한지수', 의회가 예산안을 승인하지 않았을 때 행정부가 어느 정도의 예산을 임시로 편성·운영할 수 있는가와 관련된 '잠정예산범위지수', 의회의 예산 승인 이후 행정부의 예산 집행 신축성 유지수단 여부와 관련된 '예산집행의 신축성 지수'에 대한 가중치가 증가한 것이다.

이러한 변화는 다양한 방향으로 해석이 가능하다. 특히 2024년 예산제도지수는 조사대상이 OECD 가입국가로 변경되었는데 이들의 대부분이 심사기간, 정보접근성 등 조직역량 측면에서 상당히 성숙했음을 주목할 필요가 있다. 동시에 코로나19 팬데믹을 포함해 재정환경의 대내외적 불확실성이 증가함에 따라 국가의 재정운용에 있어서 의회 역할의 중요성이 보다 커졌다는 측면에서 원인을 찾아볼 수 있을 것이다.

먼저, 세계 각국은 코로나19 팬데믹이라는 전무후무한 비상사태에 대응하기 위해 큰 폭의 재정지출을 단행하였는데, 이 과정에서 의회의 예산안·법안 심사를 통한 재정의 관리·통제 기능의 중요성이 더욱 부각되었다. 2007년에 이어 2024년 예산제도지수 측정결과에서도 가장 높게 나타난 미국의 경우 코로나 상황이 가장 심각했던 2020년 이동제한조치 기간에도 의회의 핵심업무인 대정부질의를 통한 행정부 활동의 통제와 비상사태와 관련된 필수적 위급 법안의 검토는 계속되었다[30]. 같은 해 우리나라 정부도 코로나19의 급격한 확산에 따라 4차례에 걸쳐 66.8조 규모의 추가경정예산이 편성됨에 따라 국회의 심사가 진행되었다.

한편으로 코로나19 팬데믹을 계기로 급속하게 증가한 공공·사회복지 등 분야의 정부지출과 그에 따른 의회의 관리감독 강화 필요성을 들 수 있다. OECD 주요국들의 사회복지지출 규모는 큰 폭으로 증가하였는데, 2023년 기준 GDP 대비 공공·사회복지지출 규모에 대한 OECD 통계[31]에 따르면 프랑스(34.9%), 일본(24.8%), 미국(24.5%), 영국(22.6%), 스웨덴(25.9%) 등이 OECD의 평균 규모를 상회하는 것으로 나타났다. 한국의 2020년 GDP 대비 공공사회복지지출 비율은 14.4%로 OECD 평균보다 낮은 수준이지만, 1990년과 대비해 4.7배 상승하여 OECD 회원국 중 가장 빠른 속도로 지출이 증가하고 있는 것으로 나타났다.

또한, 글로벌 금융위기, 테러리즘, 기후 및 환경 등 복합위기에 대응하는 과정에서 국제적 이슈가 국내정치와 국민의 일상에 큰 영향을 미치게 됨에 따라 안보 중심의 전통적 대외정책이 국내 다양한 정책분야로 확대되면서 대외정책에서의 의회의 역할에 대한 수요가 증대하고 있다(국회미래연구원, 2021: 1-3). 미국은 9.11 테러 이후 국가안보와 관련한 신속한 대응이 중요해지면서 행정부 대외정책에 대한 의회의 통제력이 약화되었으나, 이후 미국 의회는 지속적으로 경제제재, 해외원조, 통상 등 대외경제정책의 영역에서 강력한 영향력을 행사하고 있다. 독일 의회의 경우 관행적으로 연방정부의 대외정책을 승인해 왔으나, EU 차원의 정책결정이 독일 국내정치와 국민에게 큰 영향을 미치게 되면서 독일 의회는 적극적인 유럽 대외정책의 형성자로서 참여하고 있다. 핀란드는 러시아와 접경하여 안보위협이 상존하는 가운데 전통적으로 대외정책은 대통령이 주도해 왔으나 냉전의 종식과 준대통령제에서 의회제로의 정치개혁 이후 대외정책 영역에서 의회의 역할이 지속적으로 확대되고 있다.

바야흐로 각국은 공공·사회복지지출 등 자국 내 재정수요의 증가로 인해 재정의 지속가능성을 확보하고, 코로나19 등 예외적 비상사태, 글로벌 공급망의 변화, 안보위협의 증가 등 재정환경 변화에 대응해 나가야 하는 현실에 직면해 있다. 정부형태나 이념을 넘어서서 정부-의회관계를 재정립하고 의회의 기능 및 역할 강화에 주목해야 할 것이다.

30) 미 하원의장은 "코로나19 팬데믹과 같은 예외적 비상상태 발생시에도 '의회는 정부활동에 대한 통제로부터 시작하여, 민주주의의 기본인 입법 권한을 지속적으로 행사'하여야 한다"고 발표하였다(하원의장 언론발표, '20.3.17).

31) OECD 공공·사회복지지출 통계(Social Expenditure database, SOCX)

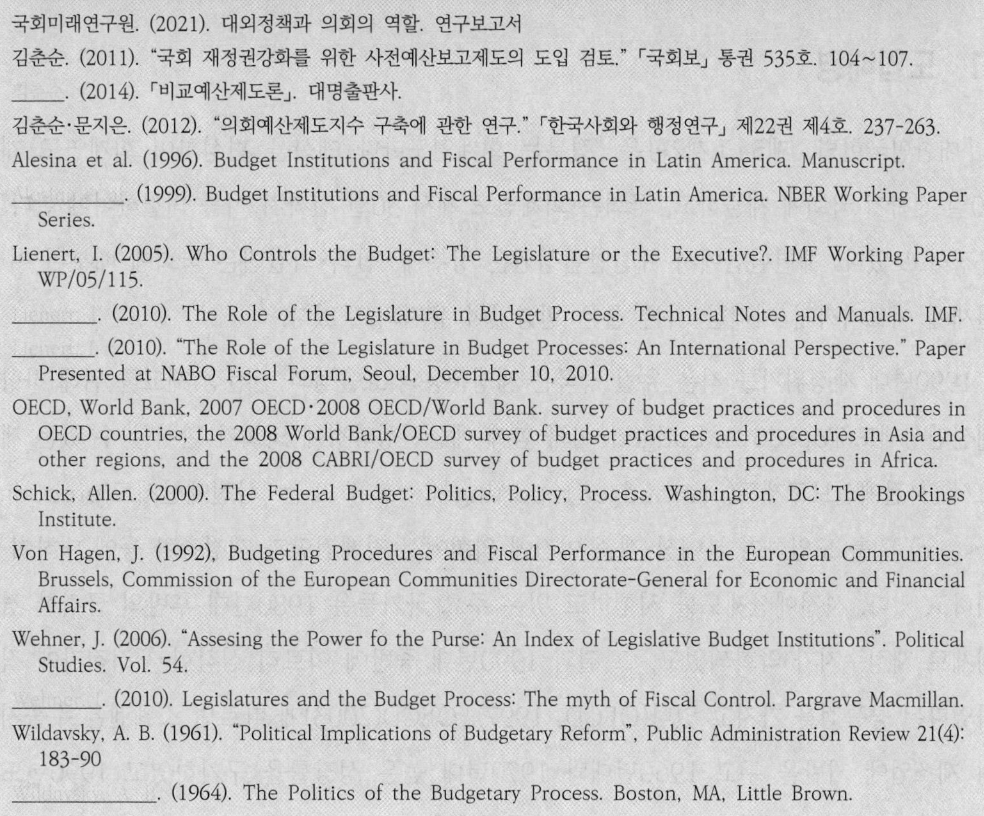

참고문헌

국회미래연구원. (2021). 대외정책과 의회의 역할. 연구보고서

김춘순. (2011). "국회 재정권강화를 위한 사전예산보고제도의 도입 검토."「국회보」통권 535호. 104~107.

______. (2014).「비교예산제도론」. 대명출판사.

김춘순·문지은. (2012). "의회예산제도지수 구축에 관한 연구."「한국사회와 행정연구」제22권 제4호. 237-263.

Alesina et al. (1996). Budget Institutions and Fiscal Performance in Latin America. Manuscript.

______. (1999). Budget Institutions and Fiscal Performance in Latin America. NBER Working Paper Series.

Lienert, I. (2005). Who Controls the Budget: The Legislature or the Executive?. IMF Working Paper WP/05/115.

______. (2010). The Role of the Legislature in Budget Process. Technical Notes and Manuals. IMF.

______. (2010). "The Role of the Legislature in Budget Processes: An International Perspective." Paper Presented at NABO Fiscal Forum, Seoul, December 10, 2010.

OECD, World Bank, 2007 OECD·2008 OECD/World Bank. survey of budget practices and procedures in OECD countries, the 2008 World Bank/OECD survey of budget practices and procedures in Asia and other regions, and the 2008 CABRI/OECD survey of budget practices and procedures in Africa.

Schick, Allen. (2000). The Federal Budget: Politics, Policy, Process. Washington, DC: The Brookings Institute.

Von Hagen, J. (1992), Budgeting Procedures and Fiscal Performance in the European Communities. Brussels, Commission of the European Communities Directorate-General for Economic and Financial Affairs.

Wehner, J. (2006). "Assesing the Power fo the Purse: An Index of Legislative Budget Institutions". Political Studies. Vol. 54.

______. (2010). Legislatures and the Budget Process: The myth of Fiscal Control. Pargrave Macmillan.

Wildavsky, A. B. (1961). "Political Implications of Budgetary Reform", Public Administration Review 21(4): 183-90

______. (1964). The Politics of the Budgetary Process. Boston, MA, Little Brown.

제3절 사전예산제도

1. 도입배경

「대한민국헌법」 제54조제2항은 "정부는 회계연도마다 예산을 편성하여 회계연도 개시 90일 전까지 국회에 제출하고, 국회는 회계연도 개시 30일 전까지 이를 의결하여야 한다"고 규정하고 있다. 제헌헌법에서 예산안편성권은 정부에, 심의·의결권은 국회에 배분된 이래, 현재에 이르기까지 이러한 기본 틀은 변함없이 유지되고 있다.

1990년대 재정위기를 겪은 유럽 각국은 재정운용의 효율성과 건전성 제고를 위해 하향식 예산편성제도(Top-down budgeting)와 함께 예산편성과정에 의회가 관여할 수 있는 제도로서 '사전예산보고제도(pre-budget reporting system)' 또는 '사전예산제도(prebudget system)'[32]를 도입하여 본예산 제출 이전에 의회에서 경제전망과 재정총량 등에 대하여 논의하고 있다. 사전예산제도를 시행하고 있는 주요 국가들은 1980년대 후반의 급격한 경기침체로 재정수지가 악화되었고, 그 결과 1990년대 중반에 이르러 심각한 재정적자에 직면하였다는 공통점을 가지고 있다(OECD, 1997). OECD(2003)에 따르면 스웨덴은 수출지향형 제조업에 기반을 두고 1960년대와 1970년대 높은 성장률을 구가하였고 1990년도에 GDP의 3.7%에 해당하는 재정흑자를 기록했다가, 이후 경제침체와 높은 실업률로 인해 1994년도에 이르러서는 GDP의 10.5%에 이르는 큰 폭의 재정적자를 기록하였다(한국조세재정연구원, 2017). 영국, 뉴질랜드, 캐나다의 경우도 스웨덴과 유사한 상황을 겪은 바 있는데, 이들 국가 역시 1990년대에 들어서 재정적자가 확대되었고 그 결과 GDP 대비 국가채무비율이 1995년에 이르러 최소 60%에서 최대 100%를 초과하기도 하였다.

따라서 이 국가들은 심각한 재정적자를 극복하고 건전 재정을 달성하기 위해서 정부의 재정운용을 엄격히 통제하는 법령이나 기준을 제정하면서, 사전예산제도 또는 사전예산보고를 제도적으로 의무화하였다. 예를 들어, 스웨덴은 1994년 재집권한 사민당 정권에이 1995년 EU가입을 맞아 강력한 '재정준칙(fiscal rule)'을 도입하여 재정건전성을 회복하여 1998년부터 재정흑자 기조를 유지하고 경제성장세를 회복하였다. 뉴질랜드는 1994년에 「재정책

---

32) '사전예산제도'는 '사전예산보고제도', '2단계 예산심의제도'로도 불린다. 본예산을 의회에 제출하기 전에 의회가 예산편성을 담당하는 행정부(내각)로부터 재정운용의 기본원칙, 경제전망, 재정수지, 재정총량 등에 대한 보고(report)를 듣고 이에 대해 의회 내에서 논의(또는 심의)절차를 거쳐 행정부(내각)에 의견을 전달하거나 의결하여 통보하는 것을 통칭하여 이 절에서는 사전예산제도로 부르기로 한다.

임법(Fiscal Responsibility Act)」을, 영국은 1998년에 「재정안정화준칙(The Code for Fiscal Stability)」을 제정하였고, 브라질도 2000년에 「브라질재정책임법(The Brazilian Fiscal Responsibility Law)」을 제정하였다.

우리나라의 경우도 「국가재정법」에 따라 정부는 매년 3월 말까지 '예산안편성지침'을 국회예산결산특별위원회에 보고하고, 중기재정계획 성격의 '국가재정운용계획'도 국회에 제출하고 있다. 그러나 현재 국회에 보고되는 '예산안편성지침'에는 총지출한도 및 부처별 지출한도 등 핵심적인 재정정보가 제외되고 있으며, 국가재정운용계획도 예산안과 함께 국회에 제출되고 있는 상황이다. 결국 우리나라는 '총액배분자율편성제도'라고 부르는 하향식 예산편성제도를 시행하고 있으면서도 동 제도를 시행하고 있는 다른 나라들과는 달리 국회에 대한 사전예산보고는 이루어지지 않고 있다.

2. 주요 국가의 사전예산보고제도 운영 사례

하향식 예산편성제도 도입 이후에는 의회가 사전에 재정총량을 결정하고 이를 바탕으로 본예산이 편성·제출되는 등 예산안에 대한 의회의 사전적 통제가 강화되고 있다. OECD도 '예산투명성을 위한 모범사례'에서 예산총량이 경제상황에 미치게 되는 영향을 논의할 수 있도록 사전예산보고서를 제출하도록 권고하면서, 사전예산보고서에는 "정부의 장기경제정책과 재정정책 목표와 경제 및 재정정책 의도를 포함하여야 하고, 의회가 본 재정보고서를 효과적으로 검토할 수 있도록 해야 할 것"을 권고하고 있다(이안 리너트·정무경, 2008).

(1) 뉴질랜드

뉴질랜드는 과도한 국가채무를 줄이고 재정운용의 투명성과 책임성을 제고하기 위한 노력으로 1994년 「재정책임법」을 제정[33]하였다. 「재정책임법」은 '책임 있는 재정운용 원칙'

33) 「재정책임법」의 제정 과정에는 1994년 당시 재정지출위원회(FEC) 위원장이었던 리차드슨(Richardson)의원의 영향이 컸던 것으로 알려져 있다(옥동석, 2012). 1993년 이전까지 재무부 장관으로 재직한 리차드슨 의원은 정부의 중장기 재정운용이 단기적인 정치적 압력에 지나치게 좌우되고 있다는 점을 우려하고, 정부가 유지가능한 채무수준을 감안하여 신뢰할 수 있는 중기재정정책을 시행하는 것이 가장 시급하다고 판단하였다. 또 다른 제정 배경으로는 선거기간 동안 국민들이 미래 국가재정에 대한 정보가 충분하지 않다는 문제의식하에 유권자 이해에 부합하지 않는 결과를 낳는 재정적 편견을 제거하고자 제정되었다고 할 수 있다.

을 명문화하여 국채잔고가 건전한 수준에 이를 때까지 매 회계연도마다 총경상지출이 총경상수입보다 적도록 의무화하고 있고, 정기적인 정부 재정상황에 대한 상세한 보고, 재정정책 평가를 위한 목표제시의 의무화, 투명한 예산결정과정 및 공개 등을 포함하고 있다. 동 법률에 의하면, 법안과의 일치 여부를 보여주는 재무부 보고서를 정규적으로 의회에 제출하도록 규정하고 있는데, 정부는 향후 3년간 재정운영의 방침과 재정의 장기적 목표 등을 담은 '예산정책서(Budget Policy Statement)',를 매년 3월 말까지 의회에 제출한다[34]. 재정지출위원회(Finance and Expenditure Committee, FEC)는 예산정책설명서를 심의한 후, 그 결과를 본회의에 보고한다. 재정지출위원회는 이후 정부가 예산안을 최종 확정하는 7월 31일까지 '예산정책서'와 재정지출위원회의 보고서에 대한 토의를 지속적으로 진행한다. 8월~9월 상임위원회의 예산안 심의를 거쳐 10월 말 본회의에서 예산안을 의결한다.

2023년도 뉴질랜드 예산정책서의 주요내용(2022.12.14)[35]

경제·재정전망: 해당연도 포함 5년(2022-2027)간 전망 제시
예산우선순위(budget priorities): 예산의 목적 제시
국가 웰빙 전망(Wellbeing outlook)
재정전략(Fiscal Strategy): 국가채무 감축 방안 등 제시
2023년 예산의 중점 사업 제시
비용, 자산 및 부채 관리방안: 지출구조조정, 국유재산 및 인프라 투자방안
예산수준설정(setting budget allowance): 2022년 및 향후 3년간 예산수준에 관한 약속(commitment) 제시

(2) 영국

영국은 사전예산보고제도를 운용한 바 있는 대표적인 국가로 거론되는데, 1998년 제정된 「재정안전화준칙(The Code for Fiscal Stability)」은 재정정책 원칙의 명확한 설정, 재정

34) 이 외에도 지출예산안(Appropriation Bill)이 제안되는 시점에는 재정전략보고서(Fiscal Strategy Report), 경제 및 재정동향보고서(economic and fiscal update, 연말 및 선거전), 재무관의 재정보고서(fiscal update)를 제출하도록 하고 있다.

35) Government of New Zealand, Budget Policy Statement 2023, 2022.12.4.

보고 의무의 강화 등을 통해 정부의 재정정책을 개선한다는 목적을 가지고 있다(홍승현, 2010). 재정안정화 준칙은 재정정책의 목표 설정·집행과 회계정보 공개의 투명성 확보, 재정정책이 경제에 미치는 영향의 안정성 확보, 재정운영의 책임성 담보, 세대 간을 포함한 재정정책의 공정성 확보, 재정운영의 효율성 확보 등 다섯 가지 원칙을 제시하고 있다.

「재정안전화준칙(The Code for Fiscal Stability)」에 따라 정부는 예산 확정 3개월 전까지 '사전예산보고서(Pre-Budget Report)'를 하원에 제출하고, 하원 재정위원회는 동 보고서에 대하여 3일간의 일정으로 청문회를 개최하여 심의한 후, 그 결과를 담은 보고서[36]를 정부로 이송하였다. 사전예산서는 봄에 제출되는 세입예산안 이후로 경제 · 재정 전망 변화, 새로운 정책의 소개, 세율 변동에 대한 사전 공개 등을 포함한다.

그러나 영국은 2010년도 보수당의 집권 이후, 과거 노동당 정부에서 시행하던 동 제도를 폐지하였고, 예산책임처(OBR)의 경제·재정전망 보고서의 주요 내용을 중심으로 이루어지는 재무장관의 '가을보고서(Autumn Statement)'로 이를 대체하고 있다(김춘순, 2014). 또한, 2017년부터는 예측가능성을 제고하기 위하여 예산순기를 조정하여 전년도 가을에 예산책임처(Office for Budget Responsibility, OBR)의 경제·재정전망을 포함한 '가을예산안(Autumn Budget)[37]'을 의회에 제출하고, 봄에 예산책임처(OBR)의 수정 경제·재정전망을 중심으로 한 '봄보고서(Spring Statement)'를 재무장관이 제출하도록 제도를 개편하였다.[38]

(3) 캐나다

캐나다는 정부가 의회에 사전예산보고서를 보고할 것을 법률로 규정하지 않았으나, 1994년부터 관행적으로 예산안 제출 전인 매년 10월 중순에 '가을경제동향(Fall Economic Statement)' 을 하원 재정위원회 공청회[39]에서 보고하고 있다.

1994년 가을, 이 제도가 도입되기 이전에는 캐나다 재무장관이 의회를 구성하는 각 정당

36) 영국 정부가 의회에 제출하는 '사전예산보고서'명칭은 'Pre-Budget Report'이고, 하원 재정위원회가 심의결과를 정부로 이송하는 보고서명칭은 'the Pre-Budget Report'이다.

37) 영국 정부는 2023/24 회계연도 가을예산안을 2023년 11월 24일 발표하였다.

38) HM Treasury, Spring Statement, 2024.3.6.

39) 공청회에서는 예산안의 주요 내용을 정부가 직접 보고한다.

과 개별적인 당정협의를 통해 예산편성에 대한 자문을 구하였다. 그러나 이러한 형태의 자문에 대한 비판이 점차 강해지자, 의회를 통해 정부가 예산편성에 대한 공개적인 자문을 얻는 절차를 도입하였다. 캐나다 정부는 이 절차를 활용하여 국민에게 국가 재정상황에 대한 정보를 제공하고, 국가의 재정정책방향에 대한 동의를 구하고 있다.

가을경제동향은 경제·재정동향(Economic and Fiscal Update) 및 그 동안의 경제·재정정책 성과를 담고 있다. 2023년 가을경제동향에는 구체적으로 중산층(Middle Class Canadians)에 대한 지원을 강화하고, 인플레이션 대응, 금리하락 정책 추진, 건축시장 활성화를 주요 정책기조로 발표하였다[40].

11월 하순까지 사전예산과 관련한 재정위원회의 전국 순회 공청회를 마치면 12월 초 재정위원회는 사전예산자문에 대한 보고서를 작성한다. 이후 차년도 2월 하순 정부의 예산안이 의회에 제출되며 재정위원회는 예산안에 포함될 사항에 대해서 권고안을 작성하여 본회의 토론을 거쳐 정부에 이송한다.

(4) 스웨덴

스웨덴은 1996년 「예산법(State Budget Act)」을 제정하면서 정부가 의회에 봄·가을 두 차례 예산법안을 보고하고 승인받는 '2단계 예산과정'을 도입하였다.[41] 정부는 매년 4월 15일까지 예산안편성을 위한 예산정책의 기본지침, 경제전망 등을 담은 '춘계재정정책안(Spring Fiscal Policy Bill)' 을 의회에 제출한다. 정부는 춘계재정정책안을 제출할 때 당해 연도의 수정 예산안[42]도 함께 제출한다.

의회는 15일 정도 이에 대한 의견개진 준비기간을 가진 후, 야당이 경제전망에 대한 입장 및 경제 및 재정정책방향에 대한 대안을 제시하는 등의 과정을 거쳐 6월 중순까지 본회의에서 경제·재정정책에 대한 공식적인 가이드라인을 결정한다.

---

40) Government of Canada, Fall Economic Statement 2023, 2023.11.22.

41) 스웨덴은 1980년대 후반까지 유럽 최대 재정흑자국이었으나, 1990년대 초반 OECD 국가 중 재정적자 규모가 가장 큰 나라가 되었으며, 이에 대응하기 위한 재정개혁의 일환으로 1996년 다년도 예산과정과 하향식 예산제도 및 2단계 예산과정을 도입하였다.

42) 스웨덴 정부는 통상적으로 연 2회 수정예산안을 제출한다. 1차는 4월 춘계재정정책안 관련 내용이고 2차는 9월 예산안에 관한 내용으로 구성된다. 수정 예산안은 통상적으로 일부 예산은 필요한 만큼 증액하되 다른 예산은 증액된 예산만 큼 삭감한다는 의미를 갖으며 이는 예산의 총량을 준수한다는 것을 의미한다(국회예산정책처, 2020).

춘계재정정책안은 거시경제전망, 경제·재정정책 가이드라인으로 구성되며, 대부분의 경우 추가경정예산안이 함께 제출되고 있다. 먼저 거시경제전망에는 재무부가 전망한 향후 3개년도 주요 경제변수, 재정수지 및 국가채무가 포함되어 있다. 한편 경제·재정정책 가이드라인에는 기본정책방향, 주요 정책분야별 세부 개선사항, 중장기 재정방향, 재정의 지속가능성, 세법 개정안 등의 내용이 포함되어 있다. 당초 춘계재정정책안에는 향후 3년간 총지출 한도 및 27개 분야별 지출한도가 포함되었으나 연 2회 예산결정과정의 비효율성이 지적되면서 2002년 이후 재정정책의 가이드라인만을 의회에 제시하고, 3년간 총지출 한도와 27개 분야별 지출한도는 정부의 본예산안에 포함되어 9월 20일까지 의회에 제출된다.[43]

43) 의회에서의 본예산안 심의는 2단계로 진행되는데, 우선 재무위원회의 심의를 거쳐 본회의에서 총지출 한도와 분야별 지출 한도를 결정(법적 구속력이 없는 결의안 형식)하면, 이후 상임위원회별로 소관 분야별 한도 내에서 세부 내역을 심사한다.

2023년 스웨덴 춘계재정정책안 경제·재정정책 가이드라인 주요 내용[44)]

인플레이션 대응정책 마련과 가계지원 및 복지정책

- 물가상승 억제
- 고물가 부담의 공정한 분배
- 인플레이션 영향 최소화와 해고 방지를 위한 지역의 추가자금 지원
- 의료체계의 구조적 개선
- 가계의 구매력 회복

근로-우선원칙 재도입

- 더 나은 직업훈련 및 교육 계획 수립
- 복지자격요건 강화
- 자국내 취업을 위한 이민자들 대상 자국어 교육 강화

더 강력한 성장을 위한 구조개혁

- 생산성 향상과 장기적 성장을 위한 구조개혁
- 사회 기반시설, 기후변화, 연구, 에너지 생산 등 투자 초점
- 관료주의 행정 개혁
- 기업의 규제부담 및 행정비용 감소 노력
- 조세정책 개혁
- 건설 가능 토지에 대한 접근성 향상

※ 연립 여당과 야당이 내용을 합의하여 제출

(5) 브라질

대통령제 국가인 브라질은 1988년 「헌법」 개정과 「예산지침법(Law of Budgetary Guidelines)」, 「예산법(the Budgeting Law)」의 제정을 통하여 2단계 예산승인과정을 운영하고 있다. 즉 행정부는 매년 4월 15일까지 '예산편성지침법'을 의회에 제출하고 의회는 6월 말까지 예산총량, 의무지출 성격의 지출규모 및 정부채무액 등을 결정한다. 행정부는 의회가 승인한 「예산편성지침법」에 따라 예산안을 편성하여 8월 30일까지 「예산법안(the

44) Government Offices of Sweden, Guidelines for economic and budget policy, 2023.4.

Budget Bill)」[45]을 의회에 제출하면, 의회는 상하원 예산합동위원회의 검토·승인을 거쳐 본회의에서 이를 표결로 확정한다.

(6) 프랑스

프랑스는 「재정조직법」에 따라 매년 「예산법」[46]을 제정하여 의회의 심의・의결을 거쳐 예산을 확정한다. 이에 따르면, 정부는 공공재정의 다년간 전략, 차년도(t+1)의 전체적인 예산 기본방향(미션, 프로그램, 목표 목록 등)과 전년도 성과보고서(t-1) 등을 담은 국가경제의 진전과 공공재정의 방향에 대한 보고서(rapport sur l'evolution de l'economie nationale et sur les orientations des finances publiques)를 전년도 6월에 의회에 제출하여야 한다. 의회는 '사전예산토론회(budget policy debate)'를 개최하여 7월 10일까지 사전예산보고서에 대한 질문서를 정부에 이송하며, 정부는 10월 첫째 화요일(예산안 제출시한)부터 8일 이내에 답변서를 의회에 제출하여야 한다.

3. 시사점

앞에서 살펴 본 6개국 예산제도의 공통적인 특징은 아래의 그림과 같이 사전예산보고제도를 중심으로 하는 2단계 예산결정과정을 거친다는 점이다. 이러한 2단계 예산결정과정이 우리나라와 같은 1단계 예산결정과정보다 효과적이라는 것은 이론적으로도 입증된 바 있다.[47]

45) 브라질은 예산법률주의를 채택하고 있다.

46) 프랑스는 예산법률주의를 채택하고 있다.

47) McCubbins과 Schwartz(1984)는 3개의 정당이 2개 지출항목에 투표하는 경우, 예산총액에 대해 먼저 투표를 한 다음, 각각의 지출항목에 대해 찬반투표를 하도록 하였다. 이차원 투표절차를 도입할 때, 파레토모형과 같이 안정적인 결론을 도출할 수 있음이 확인되었고, 이 아이디어를 실제 예산제도에 도입한 것이 스웨덴의 2단계 예산결정제도이다.

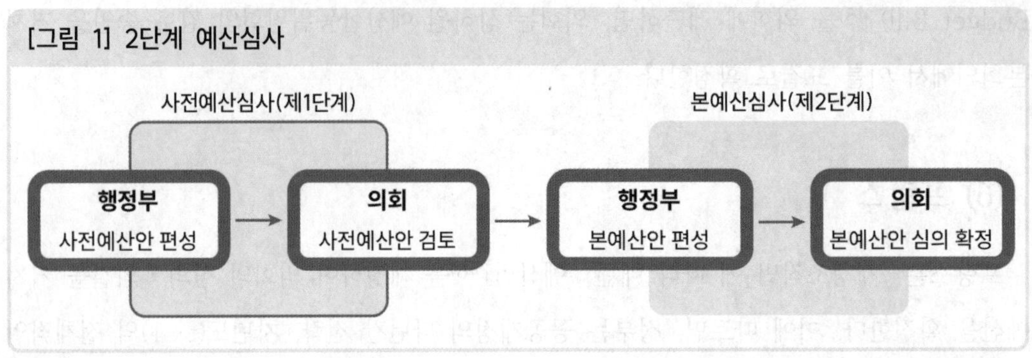

자료: 김춘순(2011).

이들 국가의 공통점은 총액배분예산제도(하향식 예산편성제도)와 사전예산보고제도를 함께 도입·운영하고 있다는 점이다. 두 제도가 함께 운영되면서 한 해 가용할 세입과 세출규모, 분야별 재원배분 계획이 본예산 편성 전에 결정됨에 따라 의회 역시 본예산 심사 전에 거시적인 관점에서 재정전략과 재정총량 등에 대해 심사하게 되는 것이다.

또한, 영국, 캐나다의 재정운용 방식에 대해 평가한 OECD(2001) 보고서에 따르면 의회의 사전예산안 검토과정은 국민에게 가능한 한 이른 시간 내에 재정정보를 제공함으로써, 정부의 재정정책에 대한 공개적인 토론을 촉진하고 국민 스스로 재정정책에 기여할 수 있다는 생각을 갖게 하는 단초를 제공했다며 긍정적인 평가를 내리고 있다. 한편에서는 사전예산제도의 도입으로 인해 예산심의 과정이 일 년 내내 이루어짐에 따라 국회의 부담이 커지고, 재정운용의 신축성이 떨어지게 된다는 비판이 제기되기도 한다.(Frank, 2004)

마지막으로, 이들 국가는 재정위기의 전략적 방편으로서 예산제도 개혁을 단행하였는데, 그 주요 내용이 '총액배분예산제도'와 '사전예산보고제도'의 도입이라는 점은 최근의 국가채무 증가 및 급격한 저출산·고령화 등에 따라 재정건전성 확보가 중요한 정책과제로 대두되고 있는 우리나라에 시사하는 바가 크다. 재정건전성 확보를 위해서는 총량에 대한 통제가 요구되며, 이를 국회가 심의하기 위해서는 '사전예산보고제도'의 도입이 필수적이기 때문이다.

이를 위하여 먼저 예산안심의에 앞서 재정총량과 재원배분방향 등에 대하여 국회가 심의할 수 있도록 '국가재정운용계획'의 조기 제출 및 심의를 제도화할 필요가 있다. 특히 최근 재정건전성 관리 강화를 위한 「국가재정법」 개정으로 동 계획의 내용이 대폭 확충되었으므로 이에 대한 충분한 심의기간이 확보되어야 할 것이다. 다음으로, 과거와 같이 재정전략회의가 열리는 상반기 중에 국가재정운용계획 수립 및 재원배분방향 등에 대한 국회 보고 및 논의 절차를 공식화할 필요가 있다. 이러한 절차를 통하여 국회가 예산안 및 중기 재정운용 방향에 관한 공개적인 논의를 주도함으로써 재정민주주의를 보다 강화할 수 있을 것이다.

참고문헌

국회예산정책처. (2020). 2020 주요국의 재정제도.

강영철·박경돈·이민호. (2008).「우리나라 재정개혁에 대한 평가와 향후 전망」. 한국행정연구원.

국회예산정책처. (2014).「국가재정법 이해와 실제」.

__________. (2016).「주요국의 재정제도」.

김은경. (2012).「프랑스의 재정」, 한국조세재정연구원.

김춘순. (2011). 국회 재정권강화를 위한 사전예산보고제도의 도입 검토.「국회보」. 통권 535호. 104-107.

_____. (2014).「비교예산제도론」. 대명출판사.

옥동석. (2012). 외국의 재정책임 강화 사례 연구. 한국재정학회.

이덕만. (2010).「사전예산(pre-budget)제도 운영실태 분석 및 도입 필요성」. 국회예산정책처.

이안 리너트·정무경. (2008). "OECD 국가 예산체계의 법적 구조에 관한 국제비교."「OECD 예산저널 특별호」Vol. 4 No. 3.

홍승현 외. (2010). 영국의 재정제도. 정책분석 10-02, 재정분석센터, 한국조세재정연구원.

한국조세재정연구원. (2017). 재정정책과 조세부담의 관계 국제비교. 세법연구 17-2.

Frank, N. (2004). "The Swedish Budget Process: Expenditure Targets and Top-down Decisions," mimeo, presented at a Joing Conference of World Bank and KDI, Seoul, Korea.

Government of Canada. (2023). Fall Economic Statement 2023.

Government of New Zealand. (2023). Budget Policy Statement 2023.

Government Offices of Sweden. (2023). Guidelines for economic and budget policy.

Mathew D. McCubbins and Thomas Schwartz. (1984). "Congressional Oversight Overlooked: Police Patrols versus Fire Alarms." American Journal of Political Science. Vol. 28, No. 1 (Feb. 1984). 165-179.

OECD. (2001). "OECD Best Practices For Budget Transparency" 2001.

U.K. HM Treasury. (2023). Spring Statement.

제4절 예산법률주의

1. 예산법률주의의 의의

예산은 회계연도의 국가 세입과 세출에 관한 계획서이다. 우리나라는 「헌법」 제54조에 따라 정부가 예산안을 국회에 제출하면 국회는 이를 심의하여 의결하는데, 이렇게 확정된 결과가 바로 예산이다. 예산이 가지는 규범적 효력과 공익상의 중요성에도 불구하고 예산은 정부가 제출하여 국회에 의해 확정되는 정부 계획으로 그 자체가 법률은 아니다. 이는 「헌법」 제59조에서 '조세의 종목과 세율은 법률로 정한다'라고 규정함으로써 명백하게 조세법률주의를 채택하고 있는 것과는 다르다.48) 다만, 우리 헌법은 예산의 규범적 효력과 민주적 정당성을 부여하기 위한 제도적 장치로서, 법률과 유사한 심의·의결 절차를 마련하고, 그 밖에 국회법과 국가재정법 등의 법률을 통해 관련 규정을 두고 있다.

법적 성격과 형식을 떠나 내용적 측면에서 예산의 특징을 법률과 비교해 보면 다음의 [표 1]과 같다.

[표 1] 예산과 법률의 비교

구 분	예 산	법 률
제출권자	행정부	국회, 행정부
제출기한	회계연도 개시 120일 전	없음
심의기한	회계연도 개시 30일 전	없음
심의범위	증액 및 신비목 설치시 정부의 동의 필요	제한 없음
대통령거부권	적용되지 않음	적용됨
효력발생요건	대통령의 서명 및 공포 불필요	대통령의 서명 및 공포 필요
시간적 효력	원칙적으로 단년도	원칙적으로 다년도
대외적 효력	국가기관 내부적 관계	국가기관, 국민에 대한 효력

48) 우리나라가 대다수의 국가들과 달리 예산비법률주의를 채택하고 있는 것은 1948년 제헌 헌법 제정시 예산제도에 대한 근본적인 연구·검토 없이 일본의 헌법 규정을 도입한 결과로 보고 있다(권해호, 1995; 김세진, 2010).

예산법률주의는 예산이 법률의 형식을 갖도록 해야 한다는 것이다. 예산법률주의가 재정민주주의를 위한 핵심 제도로 논의되어 왔는데, 이는 국회가 법률의 형식으로 예산을 확정함으로써 정부의 예산에 대한 책임성과 국회의 재정통제의 실효성이 확보될 수 있기 때문이다.

예산을 법률과 별개의 형식으로 할 것인가 아니면 법률의 형식으로 할 것인가에 관한 각국의 입법례는 서로 다르다. 영국, 미국, 프랑스, 독일 등은 우리나라와 달리 세입과 세출 모두를 법률로 운영하는 '예산법률주의'를 채택하고 있다. 반면 우리나라는 일본, 스웨덴 등과 함께 세입은 조세법률주의를 취하면서도 세출은 법률로 운용하지 않는 '예산비법률주의 국가'라 할 수 있다.[49]

예산비법률주의와 예산법률주의를 채택하고 있는 국가 간 헌법규정을 비교하면 다음의 [표 2]와 같다.

49) 예산제도에 관한 헌법의 태도를 예산비법률주의와 예산법률주의라고 하는 단순한 이분론으로 분석한 뒤 현행 헌법상의 태도를 예산비법률주의라고 단정하여 이것의 문제점을 극복하기 위해서 예산법률주의로 전환해야 한다는 접근방법은 매우 도식적인 형태로서, 현행 헌법이 채택하고 있는 예산제도의 의미를 왜곡할 가능성이 있다는 비판이 있다(정종섭 외, 2006). 이러한 의견은 헌법 개정 없이도 예산법률주의의 도입이 가능하다는 인식에서 비롯된 것으로 보인다.

[표 2] 각국 헌법규정 비교

예산비법률주의	예산법률주의
대한민국 **(세입) 제59조** 조세의 종목과 세율은 법률로 정한다. **(세출) 제54조** ① 국회는 국가의 예산안을 심의 · 확정한다. ② 정부는 회계연도마다 예산안을 편성하여 회계연도 개시 90일전까지 국회에 제출하고, 국회는 회계연도 개시 30일전까지 이를 의결하여야 한다.	**미국** **(세입) 제1조** ⑧ 연방의회는 공동방위와 일반복지를 위하여 조세, 관세, 공과금 및 소비세를 부과 징수한다. **(세출) 제1조** ⑨ 국고는 법률에 따른 지출승인에 의하여서만 지출할 수 있다. **독일** **(세입) 제105조** 연방은 관세 및 재정전매에 관한 전속적 입법권을 가진다. **(세출) 제110조** ① 연방의 모든 수입과 지출은 예산안으로 편성되어야 한다. ② 예산안은 그 연한에 따라 1년 또는 다년의 회계연도로 나누며, 제1차 회계연도의 개시 전에 예산법률에 의하여 확정되어야 한다.
일본 **(세입) 제84조** 새로운 조세를 부과하거나 현행 조세를 변경할 경우에는 법률 또는 법률이 정하는 조건에 따라야 한다. **(세출) 제86조** 내각은 매 회계연도의 예산을 작성하여 국회에 제출하고, 그 심의와 의결을 거쳐야 한다.	**프랑스** **(세입, 세출)** 제34조 국가의 수입과 지출을 결정하는 예산법은 조직법이 정하는 바대로 의결된다. 제47조 의회는 조직법에서 정하는 바에 따라 예산법안을 의결한다.

주: 대한민국 국가법령정보센터, 「세계의 헌법」(국회도서관, 2013), 재정제도 관련 헌법 개정방안 연구(국회예산정책처, 2023)에서 해당 국가 내용 발췌 정리

최근 국회의 재정통제 기능 강화 및 국민에 대한 정보제공 내실화를 통한 재정민주주의 제고의 효과적 방안으로 제시되는 것이 바로 예산법률주의의 채택이다. 일반적으로 예산법률주의라 함은 예산이 법률의 형식으로 제안되고 국회에서 의결되어 법률과 같은 효력을 갖는 것을 말한다. 예산법률주의와 예산비법률주의를 구별하는 가장 두드러진 차이점은 그 의

결형식이 법률인지 아닌지의 여부인 것은 사실이다. 하지만 예산비법률주의에서도 예산은 일정한 규범력을 지니는 것으로 해석되는 것이 마땅하기 때문에 예산법률주의는 단지 예산을 법률의 형식으로 의결하는 것 이상의 의미를 갖는 것으로 파악하여야 하고,[50] 이것은 행정부와 입법부의 역할과 책임의 배분과도 연계시켜 이해되어야 한다. 왜냐하면 예산안의 편성, 심의 및 의결, 집행 그리고 결산 등 예산과정을 순차적으로 볼 때, 예산안 편성은 행정부의 권한이지만, 예산안 심의 및 의결과정에서 국민의 대표기관인 국회가 수정권한을 어느 수준까지 행사하며 그 권한을 어떠한 절차와 시스템에 따라 행사하는지, 그리고 결산에서는 행정부의 예산집행 결과에 대한 책임성을 어떻게 확보하는지가 논의의 핵심이기 때문이다.

2. 예산법률주의의 기대 효과와 문제점

예산법률주의 도입이 재정민주주의를 강화하는 가장 효과적인 방안이라고 단정할 수는 없다. 예산이 국회의 법률 제정 형식을 거쳐 민주적 정당성을 확보한다는 외양적 관점에서는 이를 수긍할 수 있으나, 그 자체가 예산상의 모든 문제를 해결해 주는 것은 아니며, 구체적인 발현형태 또한 나라마다 서로 다르기 때문이다.

그러나 일반적으로 예산법률주의의 핵심적인 요건에 비추어 볼 때, 아래와 같은 사항들이 장점으로 거론되고 있다.

(1) 재정민주주의 이념의 실질적 보장

현행 헌법은 예산을 법률과 별도의 형식으로 의결하도록 규정하고 있어 예산의 법적 성격이 명확하지 않다. 그러나 국가의 예산이 국민의 삶 전반과 공익에 미치는 영향력이 법률에 결코 뒤떨어지지 않기 때문에 예산의 규범력을 명확히 하여 법치주의 원리에서 비롯된 법률유보원칙[51]을 예산에 적용하는 것이 재정민주주의 원칙에 더욱 부합하는 것이라고 평가할

50) 예산의 성질과 관련하여 i) 훈령설, ii) 승인설, iii) 법형식설(법규범설), iv) 예산법률설 등 다양한 견해가 있으며, 헌법재판소는 "국회가 의결한 예산 또는 국회의 예산안 의결은 헌법소원의 대상이 된다고 볼 수 없다. 예산도 일종의 법규범이고 법률과 마찬가지로 국회의 의결을 거쳐 제정되지만 예산은 법률과 달리 국가기관만을 구속할 뿐 일반국민을 구속하지 않는다"고 판시한 바 있다(헌재 2006. 4. 25 선고, 2006헌마409).

51) 법률유보의 원칙(das Prinzip des Gesetzesvorbehalts)은 "일정한 행정권의 발동은 법률에 근거하여 이루어져야 한다"라는 것을 의미한다.

수 있다.[52)]

또한, 예산비법률주의에서는 예산이 법률이 아니기 때문에 예산내용에 대한 정보가 충분히 국민과 국회에 제공되기 어렵다는 문제점이 있다. 정부가 제출하는 예산서는 숫자의 집계에 가깝기 때문에 국회가 예산사업 각각의 정보를 충분히 파악하기가 쉽지 않고, 이는 국회의 예산안 심의를 제약하는 요인으로 작용한다. 예산법률에 지출항목별로 지출용도, 지출한도, 지출기한 등을 상세히 규정할 경우 현재보다 높은 수준의 재정정보가 국회에 제공되어 보다 효율적인 예산 심사가 가능할 뿐 아니라 이 과정에서 국민의 참여도 확대될 것으로 예상된다.

(2) 예산집행에 대한 책임성 확보

현재 우리나라 예산서는 사업의 명칭과 금액만을 열거하고 있고 사업의 집행방식 등에 대한 설명이 없다. 이에 따라 국회는 예산안 의결 시 "부대의견"의 형태로 집행방식 등을 규율하고 있으나, 법적 강제력이 없어 불이행 시 책임소재가 불분명하다. 예산법률주의를 도입할 경우에는 정부 각 기관의 예산집행이 예산법에 근거하여 이루어지기 때문에 사후에 집행책임을 엄정하게 물을 수 있으며, 예산 집행과정에서 발생한 집행주체의 자의적 변경이나 수정 현상도 현저히 줄어들 것이다. 이로 인해 재정운용에 있어 투명성, 효율성을 강화하고 예산과 관련한 문제들을 사전에 방지할 수 있을 것으로 예상된다.

(3) 예산과 법률의 불일치 해소

예산법률주의를 도입함으로써 기대할 수 있는 실질적인 장점은 예산과 법률의 불일치를 해소할 수 있다는 것이다. 즉, 재정지출을 의무화하고 있는 법률이 제정되어도 예산이 성립되지 않으면 법 집행이 불가능하고, 반대로 예산이 성립되어도 집행의 근거가 되는 법률이 마련되지 않았다면 예산집행이 불가능한 경우가 발생할 수 있다.

여기에서의 법률은 국회가 제정·공포한 "형식적 의미에서의 법률"을 뜻한다(강주영, 2010).

52) 옥동석(2004)은 예산과정에서 지출법률주의를 채택하는 것은 재정민주주의를 확립하기 위한 필수적 과제이자 재정민주주의를 확립하기 위한 가장 중요한 요소라고 주장하면서, 지출법률주의가 도입되면 예산을 집행하는 행정부로서는 지출승인법을 충족하기 위해 모든 주의를 기울이게 되고, 이에 따라 예산의 효율성, 투명성, 합리성은 크게 제고될 수 있다고 본다.

이와 같은 문제는 예산과 법률이의 형식과 성립절차가 서로 다르기 때문에 발생할 수 있으나, 우리나라와 같은 대통령중심제 국가에서 여·야 간의 극한적 대립으로 인해 입법적 해결수단을 찾지 못한 경우에도 예산과 법률의 불일치가 발생할 수 있다.[53] 그러나 예산법률주의를 채택하는 경우에는 예산법은 지출을 위해 스스로 법적 효력을 갖기 때문에 예산과 법률의 불일치 문제가 해소될 수 있다.

다만, 예산법률과 타 법률이 서로 상충되는 내용을 규율할 경우 법 해석과 집행에 혼란이 야기될 수 있다. 미국의 경우 이를 방지하기 위해 ① 예산법률(지출승인법)에 수권 사항(조직, 사업의 근거)을 규정할 수 없도록 하고, ② 예산법률이 아닌 타 법률로 예산을 편성할 수 없도록 하는 등의 의사규칙을 정하고 있으며, 타 법률과 예산법률 간 충돌이 발생한 경우에는 신법(또는 후법) 우선의 원칙[54], 특별법 우선의 원칙 등 다양한 원칙의 상호 조화로운 해석을 통해 조정하고 있다.

한편, 예산법률주의 도입에 따른 문제점으로 지적될 수 있는 것은, 예산집행의 경직성이 증가될 수 있다는 점과 예산법률의 대국민적 효력을 인정할 경우 소송 남발 우려가 있다는 점 등을 들 수 있다.

(4) 국가 예산정보의 공개를 통한 대국민 투명성 강화

예산정보에 대한 공개는 국가 예산에 대한 민주적 통제라는 관점에서 가장 기초적이고 필수적인 사항이라고 할 수 있다. 예산이 기본적으로 국민의 세금에 의해 조성된다는 점을 감안할 때 예산정보에 대한 접근이 어렵다는 것은 재정민주주의에 반하는 것이 된다. 따라서 예산이 법률로 제정이 되면, 법률의 형식으로 국회에 제출된 예산내용을 사전에 파악하고, 국회의 심의과정에서 국민의 참여가 가능해질 것으로 예상된다.

53) 김종면(2006, 31면)은 예산과 법률을 일치시켜야 한다는 논리는 "예산제도에 대한 이해가 부족한 데 기인하는 것 같다. 법리적으로는 지출결정이 수권법에 포함되지 않도록 해야 하며, 이에 따라 예산에 대한 의사결정 없이 지출의 법적 근거만 명시한 수권법의 사례도 외국에서는 어렵지 않게 찾을 수 있다"라고 주장한다. 외국은 물론 우리나라에서도 예산과 근거 법률이 서로 일치하지 않는 사례를 쉽게 찾아 볼 수 있지만, 이러한 사례나 현상이 발생한다고 하여 이를 당연한 것으로 간주하거나 인정하는 태도 역시 바람직한 것은 아니다. 어떠한 예산사업에 대한 법적 근거와 이에 대한 적정한 예산배정은 민주적 재정제도의 근간이라고 할 수 있기 때문이다.

54) 동 원칙은 "One Congress may not bind a future Congress"라는 대원칙에 기반한다.

3. 주요 국가에서의 예산법률주의 도입형태

예산법률주의의 핵심적 요소는 예산을 법률의 형식으로 입법화하는 것인데 나라마다 정치제도, 재정제도 등에 따라 다양한 형태를 취하고 있다.

(1) 미국

미국 헌법은 "법률로 규정된 지출승인에 의하지 않고는 국고로부터 어떠한 금전도 인출될 수 없다"[55]라고 하여 예산법률주의를 선언하고 있다. 미국에서의 예산법률주의의 구체화 형식은 영국에서와 마찬가지로 「지출승인법(Appropriation Act)」과 「의회예산법」으로 요약할 수 있다. 예산은 크게 「지출승인법」과 기타의 예산서류로 구성되며, 다양한 예산서류가 의회의 심의 대상이지만 예산서류 자체가 법률의 형식으로 확정되는 것은 아니고 「지출승인법」을 통해 재량지출(의무지출 일부 포함)에 대한 승인을 받는 형식으로 운영된다.

「지출승인법」은 다시 연례지출승인(annual appropriation)과 항구지출승인(permanent appropriation)으로 구분할 수 있다(정창훈 외, 2013). 연례지출승인은 주로 재량지출에 한하며, 항구지출승인은 주로 '사회보장 프로그램(entitlement program)' 등 법률에 그 지출의 대상, 혜택 정도 등이 구체적으로 정해져 있는 사업을 대상으로 한다. 연방예산 전체의 약 60%를 차지하는 항구지출승인은 지출이 법적으로 의무화되어 반드시 지출해야 하므로 지출승인법은 주로 연례지출승인을 규정하고 있다고 보아야 할 것이다.

그러나 정부가 예산안을 편성하고 의회에 제출하면, 의회가 심의·의결하여 확정짓는 대부분의 경우와 달리 미국은 1974년 의회예산법의 제정을 통해 의회가 직접 예산을 편성하는 독특한 제도를 취하게 되었다[56]. 물론 대통령도 의회의 참조자료 중 하나로서 '대통령 예산안'을 편성하여 의회에 제출하며, 통상적으로 세입, 세출(재량지출+의무지출 프로그램), 차입 및 부채에 대한 추계, 입법권고, 연방부처 및 의무지출프로그램 운영에 대한 상세한 추계, 경제상황 및 전망, 기타 참고자료 등으로 구성된다(한국은행, 2021).

55) No money shall be drawn from the treasury, but in consequence of appropriation made by law.

56) 정부 각 부서의 모든 예산안이 포함된 단일 예산안을 통과하는 우리나라와 달리 미국의 경우 각 부처 관련 예산은 별도 세출예산법으로 통과되어야 하기에 새 회계연도가 시작될 때 일부 부처 관련 세출예산은 통과되어 집행되지만 그렇지 못한 부처의 예산은 집행할 수 없는 상황이 발생할 수 있고, 이 경우 본예산이 의결될 때까지 의회에서 승인한 잠정예산(continuing resolution)에 의지해야 한다.

이와 같이 미국은 예산과정에서 의회가 주도하여 지출승인법을 의결하며 의회의 예산수정범위에 대한 제한은 없으나, 대통령은 의회에서 의결된 지출승인법에 대한 거부권을 보유한다. 거부된 법안이 의회 양원에서 3분의 2 이상의 찬성으로 재의결되면 대통령의 거부권 행사는 무효가 되지만, 그렇지 못한 경우 의회는 수정안을 마련하여 정부에 재송부하여야 하고. 대통령이 이를 받아들이면 법률로서 효력을 발휘하게 된다. 만약 수정안에 대한 합의가 이뤄지지 못하고, 의회가 임시예산에 대해서도 통과시켜주지 않으면 정부의 기능이 정지되는 '정부 셧다운(government shutdown)'이 발생한다[57]. 민주당과 공화당은 자신들에게 조금이라도 더 유리한 예산안을 통과시키려 하기 때문에 새 회계연도 시작 전에 12개 지출승인법안을 모두 다 통과시키는 때가 그리 많지 않다.

미국의 지출승인법은 특정한 지출항목의 지출방법과 목적, 내용, 제약, 권한과 책임 등에 관하여 구체적으로 규정하고 있으며, 필요한 경우 예산과 직접 관련 있는 사항에 대해서는 다른 법률을 직접 개정할 수도 있다.

(2) 프랑스

프랑스 헌법 제34조제5항은 "예산법률(Les lois de finances)은 조직법률, 즉 헌법에 의하여 정해진 조건과 그 유보 하에 국가의 재원과 부담을 정한다"고 규정하여 예산법률주의의 근거를 제시하고 있다. 또한, 헌법 제437조제1항은 "의회는 조직법률이 정하는 조건내에서 예산법률안을 결정한다"고 규정하고 있어 예산을 법률의 형식으로 하는 예산법률주의에 기초하여 운영할 것을 명시하고 있다. 프랑스 국가예산(Le budget de l'Etat)은 한 회계연도의 수입과 지출을 예측하고 승인하는 행위를 통해 나타나는 정부의 결의가 담긴 문서라고 할 수 있다(정창훈 외, 2013). 프랑스 정령(우리나라의 시행령) 제2조는 예산법률의 개념을 "경제·재정적 균형을 고려하여 국가의 세입·세출의 성질, 금액, 배당을 정하는 것"으로 규정하고 있다.

예산법률은 구성되는 내용에 따라 '예산 전반에 대한 사항'과 '법률에 따른 의무지출 사

57) 빌 클린턴 정부에서 저소득층 의료 보장제도의 보험료 인상문제(1995. 10.5~10.9)와 지출삭감과 세금인상 문제(1995.12.15.~1996.01.06.) 등 두 차례, 버락 오바마 정부의 오바마 케어 문제(2013.09.30.~10.17)로 한차례 셧다운이 있었다. 최근 도널드 트럼프 정부에서는 세 차례의 셧다운이 있었는데 DACA(불법체류청년 추방유예프로그램)·멕시코 장벽·국방비 증액 문제 등으로 두 차례(2018. 01.20~01.22, 2018.02.09.), 멕시코 장벽 문제 포함 예산안 투표 연기(2018.12.22.~2019.01.25.)로 인한 한 차례 셧다운이 있었다.

항'으로 구성된다. 예산 전반에 대한 구성사항은 일반예산(le budget general), 부속예산(les budgets annexes), 특별계정예산(les comptes speciaux du Tresor)으로 구성된다. 법률에 따른 의무지출사항은 지자체 및 공공기관에 배당된 세금 징수 승인의 건, 수입과 조세에 대한 평가, 지출상한선 결정, 차입금(emprunts)과 관련 필요 조치들이 포함된다.

예산법률(les lois de finances)은 유형에 따라 연간예산법률(la LF de l'annee), 수정예산법률(les LF dites rectificatives: LFR), 결산법률(la loi de reglement)과 같이 3가지로 구분된다(정창훈 외, 2013: 178). 연간예산법률은 일반적으로 당초예산법률(loi de finances initiale)을 말하는 것으로 매 회계연도 국가 세입·세출을 예상하고 승인하는 법률이다. 수정예산법률은 국가경제적 상황에 따라 당초예산승인의 내용을 회계연도내 수정할 수 있도록 하는 근거법률이다[58]. 결산법률은 매년 예산집행 결과를 확인하고 연간예산법률의 예상치와 결과의 차이를 확인·검토하여 승인하기 위한 법률이다. 결산 법률은 국가재정에 대한 의회 통제의 중요한 근거가 된다.

예산법률은 정부만 제출할 수 있으며, 그 작성과정에서 재정장관이 중요한 역할을 수행한다. 예산과 관련된 타 부처 장관의 모든 행위에 재정장관의 부서(서명)가 있어야 하며, 타 부처 장관의 준비 법안일지라도 재정과 관련하여서는 재정장관의 동의가 필요하다. 또한, 법률안이 총리에게 제출되기 전에 재정장관은 수입과 지출 등에 대한 예산정책을 명확히 결정할 권한이 있다.

의회는 국고수입의 감소나 국고지출의 신설 또는 증가를 초래하는 내용으로 예산을 수정할 수 없고, 원칙적으로 정부의 예산법률안 제출 이후 70일 이내에 처리하여야 한다.

(3) 독일

독일은 헌법인 기본법과 기본법에 근거한 법률에서 예산과 관련한 사항을 규정하고 있다.

독일은 예산의 확정을 국회의 예산권이라는 이른바 예산고권(豫算高權)의 개념으로 표현하는데, 독일 기본법(GG) 제109조부터 115조에 예산 관련 원칙과 법적 규율의 기초에 관한 조항이 포함되어 있다[59]. 기본법 제110조에서 연방예산을 법률로서 확정하도록 함으로

58) 수정예사법률은 우리나라의 추가경정예산과 유사한 성격을 가진다.

59) 따라서 이를 재정헌법과 구분하여 예산헌법이라고 부르기도 한다.

써 예산법률주의를 규정하고 있다. 동조 제2항과 제3항에서 예산안은 그 연한에 따라 1년 또는 다년도로 나누며 제1차 회계연도의 개시 전에 예산법에 의하여 확정되어야 하고, 그 법안이 상원과 하원에 동시에 제출하도록 하여 의회에 예산고권이 있음을 명백히 하였다.

반면, 독일의 예산계획은 매년 연방의회에서 의결되는 법률의 형식으로 확정되는데, 이때 예산법안 제출권은 오직 연방정부에게만 있음을 규정하고 있다(기본법 제110조 제3항, 제113조 제1항)

한편, 연방정부가 제안한 예산안의 지출을 증액하거나 수입을 감소하는 법률은 연방정부의 동의가 필요(기본법 제113조제1항)하며, 만일 연방의회가 동의 없이 예산법률을 의결한 경우에는 재의를 요구할 수 있다(기본법 제113조제2항). 하지만, 연방정부가 연방의회의 다수의견에 대하여 동의하지 않은 사례는 실제로 없다.

기본법 이외 예산을 규율하고 있는 법제[60]로서 경제안전 및 성장촉진법(StWG)은 기본법 제109조제2항에서 규정하고 있는 사항에 반영된 법률로서, 정부의 경제운영 및 재정수단은 시장경제질서에 부응해야 하며, 물가안정과 고용제고, 무역수지 균형 실현 및 지속적이고 안정적인 경제성장 도모 등의 내용을 규정하고 있다.

예산원칙법(HGrG)은 제1조에서 연방과 주의 예산 입법 시 준수해야 할 원칙을 제시하며, 각 정부는 이 원칙에 따라 예산안을 편성해야 할 의무가 있음을 규정하고 있다. 또한, 제2조는 예산은 재정수요를 결정하고 이를 충당하며, 회계기간 동안 연방과 주의 임무를 수행하는 데 필요한 지출을 결정한다고 규정하여 예산안의 의미를 구체화하고 있다.

연간예산법(HG)은 연방정부가 제출한 세출예산은 의회에서 검토하고 의결과정을 거쳐야만 법률화된 예산으로 효력이 발생함을 명시하고 있다. 매년 연간예산법과는 별도로 그 해의 재정정책상 중요한 다른 법률들의 개정 사항들은 '예산동반법'의 명칭으로 하나의 법률 형태로 제정된다[61].

독일의 예산법률은 조직법적 성격을 갖기 때문에 권한쟁의심판(Organstreit)의 대상이며 추상적 규범통제가 가능하다. 다만, 개인의 권리의무 관계에는 직접적인 영향을 미치지 않

60) 연방정부와 주정부가 예산과 관련해 지켜야 할 원칙을 명시한 법률로는 예산원칙법(HGrG), 연방예산법((BHO) 및 각종 행정규칙 등이 있다.

61) 예를 들어 각종 세법의 개정, 각종 사회보장제도 관련 법률의 개정 사항 등은 하나로 묶어 단일 법률로 제정한다.

아(연방예산법 제3조제2항) 구체적 규범통제나 헌법소원심판의 대상에서는 제외된다.(김세진, 2010: 89)

독일 내각 재무부는 예산안을 편성하여 의회(상원·하원)에 제출하는데, 상원은 6주 이내 예산안에 대한 의견을 제출해야 한다. 하원에서 예산안에 대한 심사와 의결이 이루어지며, 예산안은 의회에서 '예산법'의 형태로 의결된다.

4. 예산법률주의 도입에 관한 논의 경과

예산법률주의는 미국과 같은 실질적 예산법률주의에서부터 프랑스와 같은 행정부 우위의 예산법률주의, 독일의 형식적 예산법률주의까지 그 스펙트럼이 다양하다. 만약 우리나라가 미국식의 실질적 예산법률주의를 따른다면, 우리나라 입법체계 자체가 대대적으로 변경되어야 하기 때문에 이는 단순히 헌법 개정만의 문제를 의미하지는 않는다. 반면, 독일식의 형식적 예산법률주의를 따른다면, 확정된 예산의 형식만 법률의 형태로 바꾸면 되므로[62] 예산법률주의로의 이행은 상대적으로 용이할 것이다.

'예산비법률주의'에 대한 최초의 비판적 연구로서 권해호(1995)는 예산비법률주의가 일본 제국주의의 유산임을 지적한 바 있고, 옥동석(2004)은 '예산비법률주의'가 예산의 규범력뿐만 아니라 국회의 재정통제권을 크게 약화시킨다는 점을 본격 제기하였다. 반대로 예산법률주의 도입에 대한 찬성의 논의로서 국회가 예산법률안을 작성할 경우 국회가 예산에 대한 주도적인 권한을 가지게 되고, 세입·세출의 근거가 되는 법률 간 규범형식과 위상을 통일시킴으로써 예산법률의 규범력을 정상화하여 국회의 재정통제권을 실질화하는 기초가 된다(전진영 외, 2018)고 하였다. 또한, 예산에 명시적인 구속력을 부여하여 국회가 예산집행을 보다 엄격하게 통제할 수 있어 재정민주주의 원칙에 보다 부합된다고 할 수 있다.

62) 헌법 제54조의 '예산안'이라는 용어를 '예산법'으로 변경하는 것을 말한다.

(1) 헌법연구 자문위원회(2009.8)·국회 헌법개정 자문위원회(2014.5) 논의 경과

다수의 법학자를 중심으로 예산법률주의에 대한 논의가 이어지다가, 2009년과 2014년에 국회의장 자문기구로 출범한 '헌법연구 자문위원회'와 '국회 헌법개정 자문위원회'가 예산법률주의의 도입 필요성을 공식적으로 제기하기에 이르렀다.

헌법연구 자문위원회는 예산법률주의의 채택이 필요한 이유로서 세출에 대한 국회통제가 실제적으로 가능하게 된다고 보았다. 지출근거법률과 지출예산의 이원화로 인한 예산과 법률의 불일치 문제가 해소될 수 있고, 예산정보의 공개가 완벽하게 이루어져 정부의 '예산처분의 자유'에 대한 제어가 가능해짐을 제시하였다. 다만, 예산집행의 신축성을 위해 그동안 예산비법률주의를 채택해 온 점을 감안했을 때 예산법률주의를 채택할 경우 예산의 전용이 어렵게 되고, 사실상 예산집행이 경직적으로 이루어질 우려를 나타내었다. 이에 따라 지출승인법 제정 또는 세출위원회 설치 등 부대적인 제도적 장치를 마련하면서 예산법률주의를 채택하는 것이 바람직하다는 의견을 제시하였다.

국회 헌법개정 자문위원회는 예산의 사업목적 및 집행기준을 법 조문 형식으로 명확히 하는 등 예산의 규범력을 강화하고, 재정투명성과 예산사업에 대한 국민의 이해도를 제고하며, 예산과 법률의 불일치 해소 등을 위하여 예산법률주의의 도입이 필요하다고 하였다. 다만, 예산법률안의 제출권은 정부가 예산안을 편성하여 온 연혁과 정보접근성 및 집행주체 측면을 고려하여 현행대로 정부에게 부여하는 방안을 제시하였다. 새로운 회계연도 개시 전까지 예산안이 의결되지 못하는 경우에 대비하여 준예산 제도 존치 안을 제시하였다.

(2) 국회헌법개정특별위원회 자문위원회(2018.1) 및 '헌법개정 및 정치개혁 특별위원회(2018.6) 논의 경과

국회는 2016년 12월, 헌법개정특별위원회를 구성하였는데, 각계 전문가로 구성된 자문위원회가 11개월에 걸친 활동을 마치고 2018년 1월 특위에 제출한 보고서에서도 예산법률주의 도입을 제안하고 있다. 보고서에 따르면, "정부는 회계연도마다 예산안을 편성하여 회계연도 개시 120일 전까지 국회에 제출하고, 국회는 회계연도 개시 90일 전까지 예산법률안을 발의한 후 회계연도 개시 30일 전까지 이를 의결·확정"하여야 한다.[63] 또한, "새로운 회계연도가 개시될 때까지 예산법률안이 의결되지 못할 경우 정부는 전년도 예산법률에 준하여 집행"하도록 하는 등 준예산 제도의 존치도 제언하였다. 자문위원회는 예산법률주의 제안 취지를 다음과 같이 밝히고 있다.

첫째, 정부가 편성한 예산안을 국회가 특수형식으로 의결하는 것으로 규정할 경우, 예산에 대한 주도적인 역할은 정부에게 있는 것으로 인식되지만, 예산법률안을 위한 기초자료로서 정부가 예산안을 편성한다고 규정할 경우, 예산에 대한 주도적인 권한과 역할은 국회에게 있다는 점이 분명해진다.

둘째, 정부가 편성한 예산안을 법률형식으로 규정함으로써 비록 일반국민에 대해 직접적 구속력을 갖는 것으로 바뀌는 것은 아니지만, 예산법률과 세입 및 세출의 근거가 되는 법률간 규범 형식과 위상을 통일시켜 마치 예산이 세입 및 세출의 근거법률보다 규범적인 위상과 효력이 낮은 것으로 오해되는 것을 방지하고 예산법률의 규범력을 정상화하여 국회의 재정통제권을 실질화하는 기초가 된다.

셋째, 예산법률주의로 전환함으로써 예산법률의 집행에 관한 국회의 통제를 보다 실질화할 수 있는 근거가 된다.

이후 2018년 6월 헌법개정 및 정치개혁특별위원회[64] 결과보고서에서 예산법률주의 도입 필요성에 대해 예산 편성권의 국회 이관의 문제는 국민의 시각에서 필요성이 인식되어야 한다고 하였다. 예산법률주의는 예산결정의 중요성 강화, 신뢰도 제고에 의미가 있으며, 도입에 따른 실무적 문제는 하위법률에 경과조치, 적용례 등을 두어 대비함으로써 해결이 가능하다는 의견도 제시되었다(2018.03.21, 제13차 헌법개정소위원회).

(3) 대통령 헌법개정안 발의

대통령이 2018년 3월 26일 발의하여 국회에 제출한 헌법개정안에서는 정부가 예산안을 편성하여 회계연도 개시 120일 전까지 제출한 예산안을 국회에서 심의하여 회계연도 개시

63) 소수의견은 "정부는 회계연도 개시 120일 전까지 예산법률안을 제출하고, 국회는 회계연도 개시 30일 전까지 이를 의결"하도록 하였다.

64) 제10차 헌법 개정에 필요한 사항을 논의하기 위해 2016년 12월 29일 '헌법개정 특별위원회'가 구성되었고, 이후 선거제도 개선 등을 논의하기 위해 2017년 6월 구성된 '정치개혁특별위원회'와 통합한 '헌법개정 및 정치개혁 특별위원회'가 구성되었다.

30일 전까지 예산법률안을 의결함으로써 예산안을 확정하도록 하고 있다.65)

대통령 개헌안은 예산안을 예산법률로 확정하도록 함으로써 기본적으로 예산법률주의를 도입한 것으로 평가할 수 있다. 다만, 국회에서의 심의대상을 정부가 제출한 예산안으로 하는 한편, 의결대상은 예산안이 아닌 예산법률안으로 하고 있다는 점과 예산법률안 발의 주체를 명시하고 있지 않은 점은 헌법개정특별위원회 자문위원회가 제시한 안이나 예산법률주의를 도입한 다른 국가들과는 다른 점이다.

이밖에도 김진표 전 국회의장은 국회의 재정권한 및 예산심의권의 실질적 강화를 위해 2022년 8월 31일 「국가재정법 일부개정안」을 발의하였다.

현행법은 기획재정부장관이 각 중앙관서의 장에게 통보한 예산안편성지침을 국회 예산결산특별위원회에 보고하도록 하고 있고, 각 중앙관서의 장은 예산안편성지침에 따라 예산요구서를 작성하여 매년 5월 31일까지 기획재정부장관에게 제출하도록 하고 있다. 그런데 다음 회계연도 예산안 및 국가재정운용계획은 9월 초에야 국회에 제출되어 예산안 편성의 기초자료가 예산안 심의 단계 이전에 국회에 충분히 공유되지 못하고, 재원배분의 중요방향이 정부 내에서 결정됨에 따라 재정권한이 정부에 편중되는 문제를 지적하였다.

개정안에는 국회가 국가적 재원배분의 방향 설정 단계부터 관련 정보를 파악하고 검토할 수 있도록 하고, 결산심사 결과의 예산안 반영을 의무화하는 안을 제시하고 있다.

(4) 헌법개정 및 정치제도 개선 자문위원회 논의 경과(2023.1)

2023년 1월부터 각계 전문가들로 구성된 '헌법개정 및 정치제도 개선 자문위원회'는 헌법개정과 정치제도 개선 논의를 포괄하여 논의하기 위해 '헌법개정 분과위원회'와 '정치제도 개선 분과위원회'를 설치하였다.

자문위원회 공청회66)에서 정부의 권한 분산을 위하여 개헌을 통한 예산법률주의로의 전환을 검토할 필요가 있다는 의견이 제기되었다. 재무부처가 독점하고 있는 예산편성 단계부

65) 제58조 ① 국회는 국가의 예산안을 심의하여 예산법률로 확정한다.
② 정부는 회계연도마다 예산안을 편성하여 회계연도 개시 120일 전까지 국회에 제출하고, 국회는 회계연도 개시 30일 전까지 예산법률안을 의결해야 한다.

66) 국민공감 개헌 시민공청회(경남권) 자료(2023.9.25.)

터 국회의 관여가 시작되어, 예산편성·심의의 모든 단계에 국회와 국민의 민주적 통제의 필요성을 제시하였다.

5. 예산법률주의 도입 관련 주요 쟁점사항

예산법률주의 도입은 현행 예산서를 단순히 법률의 형태로 전환하는 것을 의미하는 것이 아니라, 국가의 재정권한을 입법부와 행정부 간에 '얼마나', 그리고 '어떻게' 적정하고도 조화롭게 배분할 것인가의 문제까지 포함하는 복합적인 사안이다. 지금까지는 예산법률주의를 "도입할 것인가" 여부를 중심으로 논의가 이루어졌으나, 이제부터는 예산법률주의를 "어떠한 형태로 설계할 것인가"를 중심으로 구체적 논의가 이루어질 필요가 있다.

(1) 현행 헌법 하에서의 도입 가능성

현행 「헌법」은 예산관련 규정(제53조 내지 제58조)에서 '예산법' 또는 '예산법률'이라는 용어를 사용하지 않고 '예산안'[67]이라고 표현하고 있다. 그럼에도 불구하고, 이를 예산법률주의를 부정하는 논거로 보기보다는 헌법상의 예산관련 규정을 예산에 관한 추가적 규범사항으로 파악하여 정부가 예산안을 법률의 형태로 제안하고, 국회도 법률제정 절차에 따라 의결함으로써 예산법률주의로의 전환이 가능하다는 견해가 있다.[68] 다만 국회가 예산안을 법률의 형태로 제안할 경우 일반 법률과 마찬가지로 예산 관련 법률에 대해서도 의회의 무제한적 권한이 인정되어야 하는지, 일반 법률의 의결과 동일한 절차가 예산 관련 법률에도 적용되어야 하는지 등의 심도 있는 논의가 필요하다(옥동석, 2023). 일례로 일반법률의 경우 정부 형태에 따라 차이가 있기는 하지만 의원 또는 정부의 법률안 제출, 의회의 심의·의결, 대통령의 공포 절차를 거쳐 시행되는 반면 예산 법률은 행정부가 예산안을 편성하여 의

67) 미국과 영국 등에서는 매년 '지출승인법(appropriation act)'를 제정하여 정부지출을 법률의 형식에 따라 기술하고 있는 반면, 프랑스와 독일에서는 '예산'이라는 용어에 법률이라는 명칭을 붙여 '예산법'이라고 부른다.

68) 현행 「헌법」상의 예산관련 규정들을 살펴 볼 때, 예산은 법률의 특수한 형태로 이해하는 것이 가능하다. 이것은 현행 헌법이 예산비법률주의를 채택하고 있다는 것을 말하는 것이 아니다. 따라서 현행 헌법은 예산법률주의의 큰 틀 내에서 다만 예산의 특수성을 감안한 별도의 부가적인 혹은 특수한 절차를 마련하고 있는 것으로 해석하는 것이 필요하므로, 다음과 같은 해석론을 전개할 수 있다. 첫째, 행정부는 예산안을 법률안의 형태로 제안하여야 하고, 국회도 법률√제정의 형태로 의결해야 한다. 둘째, 이 경우 예산법률안의 의결은 사업승인과 지출승인의 두 가지를 포괄√승인한 것으로 해석한다. 셋째, 예산안이 법률안의 형태로 제안되고 의결되는 경우에는 예산법률안에 대한 위반은 법률위반의 문제로 해결할 수∧밖에 없다. 넷째, 예산법률안도 법률안과 마찬가지로 공포되어야 한다(정종섭 외, 2006).

회에 제출하면, 제출된 예산안을 의회가 심의·의결한다. 일반 법률은 일반적·추상적 사항을 정하고 폐지되기 전까지 규범력이 인정되지만, 예산 법률은 국가의 세입·세출 승인을 내용으로 하고, 특별한 경우를 제외하고는 법의 효력이 1년 동안만 제한된다.

반면, 현행 「헌법」(제54조), 「국가재정법」(제30조, 제32조 내지 제36조), 「국회법」(제84조 내지 제84조의3)에서 '예산안'이라는 명칭을 일관되게 사용하고 있고, 「국회법」에서 정하는 예산안의 심의·의결 절차가 일반 법률과는 다르며, 공포절차가 불필요하고, 대통령의 거부권이 인정되지 않으며, 국회를 통과한 예산은 법률과 달리 헌법재판소의 위헌심사대상이 되지 않는다는 점 등을 종합적으로 고려할 때, 현행 「헌법」의 개정 없이는 예산법률주의를 도입할 수 없다고 보는 견해가 대립하고 있다(강주영, 2010).

(2) 예산법률안 제출권

예산법률주의를 도입하게 되면 예산도 법률의 형식으로 제안되고 법률과 같은 절차로 성립되므로, 예산안 편성권 또는 예산법률안 제출권 역시 입법부인 국회에 부여하는 것이 바람직하다는 의견이 제기될 수 있다. 즉 예산법률주의를 도입하면, 예산안 편성 과정에 국회가 참여하는 범위에는 다소 차이가 있을 수 있지만, 실질적으로 예산안 편성권이 국회로 이관되어야 한다는 주장이다.

외국의 사례를 보면, 예산법률주의를 채택하고 있는 주요국 중에서 입법부가 예산법률안을 제출하는 경우는 미국 외에는 찾아보기 어렵다.69) 그 밖에 예산법률주의를 채택하고 있는 국가들은 예산안 편성 및 예산법률안 제출은 행정부가 담당하고 있다. 그 이유는 예산의 집행을 담당하고 있고 세부 예산사업의 내용과 소요비용을 잘 알고 있는 집행부에서 최종적인 의결권한을 갖고 있는 입법부에 예산을 의결해 줄 것을 요청하는 것이 보다 합리적이며, 삼권 분립의 취지에도 부합한다고 인식되는 것이다.

의회는 예산을 집행하는 기관이 아니기 때문에 거시적이고 전략적인 관점의 정책논의에서 더 많은 장점을 가지고 있다(옥동석, 2023). 따라서 의회는 전략적 관점에서 거시예산(총

69) 미국은 형식적인 측면에서는 편성권이 의회에 있으나, 예산의 내역을 정하는 실질적 편성에서는 달리 해석할 여지가 있다. 미국의 의회예산처(CBO)가 유능하기는 하나, 의회가 CBO의 도움만으로 자체적으로 예산을 편성할 수는 없으며, 결국 대통령 예산서를 기반으로 의회도 예산편성을 하고 있다(김종면, 2010).

량규모 및 분야별 자원배분) 심사에 주력하고, 미시예산(세부사업)에 대해서는 집행부인 행정부의 예산편성권을 존중하여 사후점검과 감독에 주력하는 것이 바람직할 수 있다.

(3) 정부의 증액동의권

현행 헌법 제57조에 따르면, 국회는 정부가 제출한 지출예산 각항의 금액을 증액하거나 새 비목을 설치할 경우에는 정부의 동의를 얻도록 하고 있다. 동 조항에 대하여 헌법개정특별위원회의 자문위원회에서는 다수의견으로 예산안에 없는 새로운 지출예산과 예산총액의 증액에 대해서만 정부의 동의를 얻도록 함으로써 증액동의의 요건을 완화하는 반면, 대통령이 제안한 헌법개정안에서는 현행 증액동의 요건을 그대로 유지하고 있다.

현행 헌법의 증액동의 요건에 의하면 국회는 정부가 편성한 예산안에 대해 자유롭게 증액할 수 없고 감액만 허용되므로 국회의 예산 심의·의결권을 매우 형식적인 것으로 전락시킨다는 비판이 있다(국회헌법개정특별위원회, 2014: 163). 국회의 심의권이 지나치게 제약될 경우 예산법률주의가 형해화될 우려가 있으므로 정부의 증액동의권 수정에 대한 논의는 헌법 재정조항의 핵심이 될 것으로 보인다.

우선, 정부의 증액동의를 유지하되, 국회의 심의권을 확대하는 방안으로는 증액동의요건 또는 범위를 현재의 "각항의 금액을 증액하는 경우"에서 "총액을 증가시킬 경우" 또는 "분야별 총액을 증가시킬 경우"로 완화하는 것을 생각해 볼 수 있다. 또 다른 방안으로는 정부의 증액동의권 행사방식을 변경하는 것이다. 예를 들어, 현행 헌법은 정부의 동의 없이는 증액을 할 수 없도록 함으로써 증액동의권을 정부의 절대적 권한으로 하고 있으나, 독일의 예[70]와 같이 정부의 동의 없이도 표결은 허용하되 정부로 하여금 표결 연기나 재의를 요구를 할 수 있도록 하는 등 상대적 권한으로 전환하는 것이다. 국회 헌법개정특별위원회 자문위원회에서는 다수의견으로서 예산편성권은 정부에, 예산법률안 제출권은 국회에 두면서 예산법률안거부권은 인정하지 않고, 현행 헌법상의 '증액동의권'을 '예산총액증액동의권'으로 변경하자는 견해가 제시되었다.

70) 독일 기본법 제113조에 따르면 연방정부의 동의 없이 연방정부가 제출한 예산안의 지출을 증액하거나 수입을 감소하는 법률안을 의결하고자 하는 경우, 연방정부는 연방의회(이하 "하원"을 지칭)에 표결 연기 요청과 함께 6주 이내에 연방정부의 입장을 전달할 수 있다. 그럼에도 연방의회에서 해당 법률안을 가결하였을 경우에는 4주 이내에 재의결을 요구할 수 있다. 이러한 연방정부의 동의권 행사에는 일정한 제한이 있는데, 구체적으로 연방정부는 표결연기 요청 및 입장제출, 재의요구 등 절차를 거친 경우에 한하여 기본법 제78조에 따라 법안이 법률로 성립된 후부터 6주간만 동의권을 가지며, 6주의 기간이 지나면 동의가 있는 것으로 간주된다.

한편, 정부의 증액동의권을 폐지 또는 축소하는 경우에는 국회의 예산심사과정에서 과도한 증액으로 이어져 재정건전성을 해칠 우려가 있으므로 다음과 같은 방안을 검토할 수 있다. 첫째, 대통령제를 전제할 경우 미국과 같이 예산법률에 대한 대통령의 거부권을 부여하는 안, 둘째, 정부가 제출한 총지출 규모를 국회가 증가시키는 경우 정부 동의를 얻도록 하는 방식으로 정부의 증액동의권 범위를 축소하는 방안, 셋째, 국회가 지출총량, 재정수지, 국가채무 등 재정건전성 유지에 필요한 사항을 사전에 의결하고 그 범위 내에서 예산심사가 이루어지도록 규율하는 안 등을 검토할 수 있을 것이다.

[표 3] OECD 회원국 의회의 예산안 수정권한

<table>
<tr><th colspan="3">구 분</th><th>해당 국가</th><th>국가 수
(비율)</th></tr>
<tr><td rowspan="5">수정
가능</td><td rowspan="3">무제한적 수정가능</td><td>의원
내각제
(13)</td><td>벨기에, 체코, 덴마크, 독일[71], 헝가리, 이스라엘, 일본, 룩셈부르크, 네델란드, 노르웨이, 슬로바키아, 스웨덴, 라트비아</td><td rowspan="3">18
(53%)</td></tr>
<tr><td>기타
(4)</td><td>오스트리아(이원정부제), 핀란드(이원정부제), 포르투갈, 스위스(의원내각제의 연방공화국)</td></tr>
<tr><td>대통령제
(1)</td><td>멕시코</td></tr>
<tr><td colspan="2">정부 예산액 총액 내 수정가능</td><td>에스토니아, 프랑스, 아이슬란드, 이탈리아, 폴란드, 슬로베니아, 스페인</td><td>7
(21%)</td></tr>
<tr><td colspan="2">예산안 항목에 대한 삭감만 가능</td><td>칠레</td><td>1
(3%)</td></tr>
<tr><td>수정
불가</td><td colspan="2">예산안 전체 승인 또는 불승인만 가능</td><td>캐나다, 아일랜드</td><td>2
(6%)</td></tr>
<tr><td colspan="3">기 타</td><td>- 오스트레일리아 : 관례적으로 의회는 연도별 세출 법률안을 수정없이 승인하나, 별도의 신규 세출법률안을 정부가 제출할 경우에는 의회가 무제한적인 수정권한을 보유
- 그리스 : 의회는 정부제출안의 총수입·총지출을 변화시키지 않는 한에서 수정 가능
- 한국 : 정부가 동의하는 경우에만 증액 가능
- 뉴질랜드 : 의회는 정부의 재정총량에 경미한 영향을 미치는 예산에 대한 수정안을 제안할 수 있으며, 행정부는 이 수정안에 대해 거부권을 행사할 수 있음
- 튀르키예 : 예산기획위원회에서는 예산 수정이 가능하나 본회의에서는 지출을 늘리거나 수입을 감소시킬 수 없음
- 영국 :
(세입) 조세 변경 자체를 거부하거나 신규 조세 또는 기존 조세에 대한 감세는 가능
(세출) 형식적으로 의회는 수정안을 제안할 수 있으나 관례상 수정안을 채택하지 않고 세출예산법안을 거부 또는 승인 중 양자선택함</td><td>6
(18%)</td></tr>
<tr><td colspan="4">합 계</td><td>34
(100%)</td></tr>
</table>

주: 조사대상 국가는 총 34개국임(미국은 제외)

자료: OECD(2018), 「2018 International Budgeting Practice and Procedures Database」를 바탕으로 재작성

71) 독일의 경우 연방헌법 제113조에 연방정부가 제안한 예산안의 지출을 증액하거나 새로운 지출을 포함하거나 또는 향후 새로운 지출을 수반하는 법률은 연방정부의 동의를 요하도록 규정되어 있다. 다만, 실제로 연방정부가 연방의회의 다수의견에 대하여 동의하지 않은 사례는 없다.(김세진, 2010: 77). 이러한 점을 고려하여 OECD는 독일 의회가 실질적으로 무제한적 수정권한을 가졌다고 분류한 것으로 여겨진다(2018 International Budgeting Practice and Procedures Database).

(4) 예산법률에 대한 거부권

예산법률주의를 도입할 경우 예산도 법률이 되므로 국회에서 통과된 예산법률에 대한 거부권을 인정할 것인가의 문제가 대두된다. 그러나 예산법률주의를 채택하고 있더라도 의원내각제 국가에서는 예산법률에 대한 거부권이 큰 의미가 없다. 그 이유는 예산법률에 대한 거부권의 문제만이 아니라 주요한 정치적, 정책적 사안에 대해 의회와 내각의 견해가 심각하게 충돌하거나 대립하게 된다면, 이는 그 자체가 내각의 불신임으로 간주되어 내각이 총사퇴를 하거나 의회를 해산하고 총선거를 실시해야 하기 때문이다.[72] 또한, 정부 또는 대통령에게 증액동의권을 부여할 경우 이미 증액동의를 거쳐 의결된 예산법률에 대해 대통령이 거부권을 행사한다는 것은 논리적으로 맞지 않은 측면도 있다. 따라서 예산법률에 대한 거부권 역시 미국식 예산제도를 도입하는 경우에 한하여 논의의 여지가 있다고 할 것이다. 미국 이외의 OECD 주요국에서는 예산법률주의와 관련하여 의회가 통과시킨 예산법률에 대한 행정부의 거부권은 크게 이슈가 되기 어려움을 알 수 있다. 예산법률에 대한 거부권 문제는 결국 미국식 예산법률주의 또는 예산제도를 채택할 것인지의 여부와 연관되는 것이지, 예산법률주의에 논리적으로 함의된 본질적 문제는 아니라는 점이다.

2018년 3월 26일 대통령이 발의한 헌법개정안에서는 국회로 하여금 예산안을 심의하여 예산법률로 확정하도록 함으로써 대통령의 재의요구 대상이 아님을 간접적으로 확인할 수 있다.

(5) 국회 심의기구 간 권한 배분

예산법률주의를 도입할 경우 일반 법률과 예산(법률)의 연계성을 확보하고 재정권한의 견제와 균형을 위해서는 소관 법률안과 예산안을 심사하는 상임위원회와 전체 예산안을 종합 심사하는 예산결산특별위원회 등 국회 내 심의기구들 사이에 재정권한이 적절히 배분될 필요가 있다.

우선, 예산법률주의가 채택되면, 재정에 영향을 미치는 법률은 크게 수입을 결정하는 세법 등과 의무지출에 영향을 미치는 일반법률(또는 수권법률), 그리고 재량지출을 최종 결정

72) 대통령제 하에서 대통령과 국회의 예산갈등은 일반적인 법률절차처럼 '대통령거부권'과 '의회의 재의결'의 상호작용에 의해 해소될 수 있는데, '대통령거부권'을 인정하지 않을 경우 대통령과 국회의 예산갈등은 크게 증폭될 수 있다(옥동석, 2012).

하는 예산법률로 구분되는데, 각각의 법률 유형을 어느 한 기구에서 결정하기 보다는 세법에 대한 심사는 기획재정위원회(지방세의 경우 행정안전위원회), 의무지출법안은 소관 법안을 담당하는 각 상임위원회, 재량지출 관련 예산법률은 상임위원회의 예비심사를 거쳐 예산결산특별위원회가 주로 심사하는 등 재정권한을 적절히 배분할 필요가 있다.

2009년 헌법연구 자문위원회 결과보고서에서도 세출위원회 설치 등 전문적이고 심도있는 재정심사를 위한 부대적인 제도적 장치 마련의 필요성을 제시한 바 있다.

한편, 형식적 관점에서 일반법률과 예산법률은 모두 법률의 형식을 갖추어 법적 효력에 있어서 동등하다고 하더라도, 각각의 주도적인 심의기관이 서로 다를 경우 규율내용이 서로 충돌하거나 부조화가 발생할 수 있다. 혹은 예산이 법률의 형식으로 의결되어 예산법이 성립하여도, 이렇게 성립한 예산법은 입법과정, 효력에 있어서는 일반법과는 다를 수밖에 없다. 예산법을 의결하는 대부분의 나라에서는 일반법과 구분되는 입법 절차로 예산과정을 헌법상 명문으로 규정하고 있으며, 예산법의 효력에 관한 특별한 규정을 헌법상 규정하고 있다.

따라서 양 법률 간 상호 충돌이 일어나지 않도록 그 기능과 역할을 적절히 구분 지을 필요가 있다. 우선, 예산법률의 대외적 효력을 인정할 것인지를 결정하여야 한다. 이를 인정할 경우 일반법률과 예산법률의 충돌은 불가피할 것이며, 상호 모순되는 규정이 포함될 경우 법 집행에 있어서 혼란이 우려된다. 이와 관련하여 독일이나 프랑스에서는 예산법률에 의해 개인적 청구권, 채무가 성립되거나 소멸되지 않는 것으로 규정함으로써 예산법률의 미집행 등으로 행정소송이나 헌법소원을 제기할 수 없도록 하고 있다. 다음으로, 두 법률의 충돌을 방지하기 위해서는 각각의 규율사항, 특히 예산법률의 규율사항을 명시적으로 제한하는 방안을 생각해 볼 수 있다. 독일의 경우 기본법 제110조제4항에서 예산법률에는 연방의 수입과 지출, 예산법률이 의결되는 기간에 관련된 규정만이 포함되도록 하고 있다. 미국 연방의회에서도 상하원 의사규칙에 ① 예산법률(지출승인법)에 수권 사항(조직, 사업의 근거)을 규정할 수 없도록 하고, ② 재량지출의 경우 예산법률이 아닌 타 법률로 예산을 편성할 수 없도록 하는 한편, 이를 위반할 경우에는 개별 의원이 이의를 제기(point of order)할 수 있도록 하고 있다.

6. 예산법률주의 도입방안: 방향과 실제

살펴본 바와 같이 예산법률주의는 재정권한을 어떻게 설계하고 배분할 것인가에 따라 그 양상이 달라지게 된다. 재정민주주의라는 측면에서 입법부의 권한을 실질적으로 보장하고 확대할 것인가, 아니면 재정의 효율성과 건전성관점에서 행정부의 권한을 최대한 유지시킬 것인가는 예산법률주의 도입에서 매우 본질적이고 핵심적인 고려사항이자 해결해야 할 과제임이 분명하다.

한편 예산법률주의를 도입했을 경우 예산법률의 규정 방식과 범위를 어떻게 할 것인지, 예산법률안을 국회가 어떻게 심의하고 의결할 것인지, 국회가 의결한 예산법률에 대한 효력을 어느 수준까지 인정할 것인지와 같은 실질적이고도 실천적인 문제도 아울러 검토할 필요가 있다.

(1) 예산법률의 형식과 내용

예산법률의 형식에 대해서는 예산법률에 세입을 포함할 것인지와 모든 예산을 하나의 법률에 규정할 것인지, 내용에 대해서는 예산법률의 조문단위를 어느 수준으로 할 것인지 등에 관한 검토가 필요하다.

미국의 경우 예산법률에 세입은 포함되지 않고, 분야별로 12개의 지출승인법(Appropriation Act)[73]을 작성하는데, 다만, 일부 분야 또는 전 분야를 통합한 통합지출승인법의 형태로 작성하기도 한다. 지출승인법은 전문(enacting clause), 계정별 세출, 일반조항[74]으로 구성되어 있는데, 지출승인법상 최소단위인 '계정'[75] 내의 지출항목에 대해서도 의회의 심사결과를 법률에 직접 규정한다. 지출승인법 규정사항 중에는 사업의 대상이나 지역을 특정하여 일정 금액을 할당하는 내용(earmark)이 포함되기도 한다. 지출승인법에 직접 규정되지 않더라도

73) 서구 민주주의 국가들에게서는 다음 회계연도 세출을 세입과 대비하여 정리한 통계표를 예산(budget)이라 하는데, 이를 뒷받침하기 위하여 필요한 제반 사항들을 법률로 규정한다. 영국과 미국 등에서는 매년 '지출승인법(appropriation act)'을 제정하여 정부지출을 법률의 형식에 따라 기술하고 있다. 영국과 미국 등에서 'budget'과 별개로 사용하는 'appropriation'은 국고로부터의 '지출승인(authorization to spend)', 특정한 용도로 재정된 일정한 금전자원으로서의 '예산항목', 지출에 부과되는 특정 제한 등을 포함한 '집행내용'을 의미한다. 'appropriation'으로 표현되는 예산항목은 지출승인의 금액으로의 표시와 집행기관, 방법, 의무, 제한 등의 실질 조항으로 구성된다(옥동석, 2023: 170)

74) 전문은 지출이 이루어지는 회계연도와 지출예산법의 목적 등을, 계정별 세출은 각 지출항목별 지출목적과 지출규모, 계정에 대한 부대의견을, 일반조항은 여러 계정과 관련되는 예산 사용에 대한 제한 등을 규정한다.

75) 지출승인법은 1,500여개의 계정을 포함하고 있고, 이 중 규모가 큰 200개 계정이 연방지출의 90% 이상을 차지하고 있다.

사실상 영향력을 발휘하는 위원회 보고서(Committee report)에서 자금의 용도 등을 지정(money earmarked)하기도 한다(Allen Shick, 2005: 310). 다만, 특정목적의 지정(earmark)이 행정부의 집행재량권을 침해한다는 문제제기에 따라 미국 의회 상하원에서는 2007년부터 이어마크 항목과 해당 의원명 등을 공개하도록 의사규칙을 정하였으며, 2011년 이후부터는 사업의 장소, 목적과 함께 금액까지 명시하는 경우(hard earmark)는 의회 스스로 자제하기로 하고 현재는 금액을 명시하지 않고 사업의 대상이나 장소를 정하는 방식(soft earmark)만 활용하고 있다.

독일은 예산법률과 예산계획에 세입·세출을 모두 편성한다. 예산법률은 예산 총규모, 차입권한, 담보제공권한 및 지출용도의 제한과 관련된 사항을 규정하고 부록의 형태로 부처별 수입·지출액 등 통계표를 수록하며, 예산계획은 부처별로 각 사업의 예산금액과 내역사업, 이월권한 등에 대하여 표의 형태로 규정한다. 예산계획은 매년 연방의회에서 의결되는 법률의 형식으로 확정되는데, 예산법률의 부속물로서 예산법률과 결합하여 구속력을 가진다.[76] 예산계획에 규정된 최소단위에 속한 내역사업에 대한 사업설명과 그 집행 방법에 대해서도 의회의 심의결과를 직접 규정하고 있다.

예산법률의 형식은 세입을 제외하고 분야별로 별도의 법률을 제정하는 방안(미국)보다는 하나의 법률에 세입과 세출을 포괄하는 방식(독일)이 현재와 유사하다. 또한, 미국의 경우 분야별 세출위원회 및 세출위원회 소위원회의 위원들은 세출위원회에서 다년간 해당 분야의 지출승인법 검토를 통해 전문성을 축적하고 있음을 고려할 때, 하나의 예산법률에 세입과 세출을 모두 포함하여 규정하는 방식이 국가재정의 전체 규모를 파악하기 위해 바람직할 것으로 보인다.

예산법률의 내용은 현행 예산총칙과 부대의견은 조문으로 규정하되, 사업의 조문단위는 적정단위에 대한 검토가 필요하다. 현행 예산서 단위인 프로그램(항) 단위, 실제 국회심사단위인 세부사업(세세항) 단위[77], 그 중간단위인 단위사업(세항) 중 선택이 가능한데, 예산법률의 조문단위를 어떻게 규정하든지 하위 단위에 대한 사항은 예산법률에 대한 첨부서류로 제출하도록 하고 하위 단위에 관한 사항이라도 국회 심의를 통해 수정된 부분은 법률조문에

76) 김세진, 예산법률주의에 관한 비교법적 연구, 한국법제연구원, 2010, 87~99쪽.

77) 현재 미국 지출예산법의 계정 수는 약 1,200개로, 한국의 항 796개와 세항 3,084개의 중간 수준

규정할 필요가 있다.

다만, 현행 정부제출 예산서와 동일한 항(프로그램) 단위로 할 경우 현행보다 국회의 심사범위가 축소될 우려가 있고, 반대로 국회의 실제 심사단위인 세세항(세부사업) 단위까지 확대할 경우 예산집행의 탄력성이 저하될 우려가 있다. 이를 고려하여 현행 제도를 존중하는 방향으로 제도를 설계한다면, 현행 예산총칙과 사업별 조항(프로그램(항) 단위)을 조문으로 규정하고, 사업별 조항은 현재 정부가 제출하는 예산안의 최소단위인 프로그램(항)[78]을 단위로 각 프로그램(항)의 사업개요, 예산액 등을 예산법률에 조문화하며, 프로그램(항)보다 하위 단위에 대한 사항은 예산법률에 대한 첨부서류에 규정하되 하위 단위에 대한 사항이라도 국회심의를 통해 수정된 부분은 예산법률에 직접 규정하는 방식이 가능하다. 아래 표는 정부가 프로그램 단위로 예산법률안을 조문화하여 제출하고 국회가 이를 수정했을 경우의 예산법률형식을 보여주고 있다.

78) 2024년 기준 예산분류단위 체계: 분야(장)-16개, 부문(관)-69개, 프로그램(항)-796개, 단위사업(세항)-3,084개, 세부사업(세세항)-7,540개

[표 4] 예산법률안 편성 및 심사 사례

<table>
<tr><th colspan="3" rowspan="2">현행</th><th colspan="5">예산법률주의 도입시</th></tr>
<tr><th colspan="3">정부제출</th><th colspan="2">국회수정안79)</th></tr>
<tr><td rowspan="4">예산서</td><td colspan="2">〈 법무부 소관 〉
일반회계</td><td rowspan="4">예산법률안</td><td colspan="2" rowspan="3">제16편 법무부
제1장 일반회계

제1절 공공질서 및 안전(020)

제1관 법무 및 검찰(022)</td><td rowspan="6">예산법률</td><td rowspan="6">제16편 법무부
제1장 일반회계
제1절 공공질서 및 안전(020)
제1관 법무 및 검찰(022)

제120조(법무활동)
① 법무부장관은 법무활동 프로그램(1000)에 1,191억 7,400만원을 집행할 수 있다.
② 법무부장관은 변호사 제도의 선진화(1038-303)에 총 10억 8,500만원을 집행할 수 있다. 이 경우 변호사시험 합격자 실무연수를 지원하기 위하여 대한변호사협회에 보조금 3억 4,000만원을 집행할 수 있다.
③ 제2항 후단을 적용할 때 변호사시험 합격자 실무연수 비용의 자부담률을 매년 25%p씩 상향하여 2020년부터는 실무연수 지원보조금을 지급하지 아니한다.</td></tr>
<tr><td>장(분야) 020
공공질서 및 안전</td><td>3,235,561
백만원</td></tr>
<tr><td>관(부문) 022
법무 및 검찰</td><td>3,235,561
백만원</td></tr>
<tr><td>항(프로그램) 1000
법무활동</td><td>119,174백만원</td><td colspan="2">제120조(법무활동) 법무부장관은 법무활동 프로그램에 1,191억 7,400만원을 집행할 수 있다.</td></tr>
<tr><td rowspan="2">첨부서류</td><td>세항(단위사업) 1038
법률서비스 산업의 선진화</td><td>3,086
백만원</td><td rowspan="2">첨부서류</td><td>세항(단위사업) 1038
법률서비스 산업의 선진화</td><td>3,086
백만원</td></tr>
<tr><td>세세항(세부사업) 303
변호사 제도의 선진화</td><td>1,085
백만원</td><td>세세항(세부사업) 303
변호사 제도의 선진화</td><td>1,085
백만원</td></tr>
</table>

자료: 국회 헌법개정특별위원회, 국회예산정책처장 보고(2017.2.21.)자료 중 발췌

79) 2017년도 예산안에 대한 국회예결위 심사시 부대의견으로 채택된 내용을 법조문화한 것이다.

(2) 기금운용계획안의 편성 방식

현행 헌법은 국회의 재정권과 관련하여 예산에 대해서만 규정하고 있고, 기금의 편성·집행 등에 대해서는 「국가재정법」에서 예산과 유사하게 규정하고 있다. 「국가재정법」은 기금을 세입세출예산 외로 운영하는 것으로 규정[80]하여, 정부는 기금운용계획안을 예산안과 별도로 국회에 제출하고 있다.[81] 그러나 기금이 국가재정에서 차지하는 비중[82]을 고려할 때, 우선 기금의 심의·확정에 관한 헌법적 근거를 마련하는 것이 타당하다. 이와 함께 예산법률주의를 도입할 경우 기금운용계획안에 대해서도 같은 법률형태의 편성방식을 적용할 것인지에 대한 검토가 필요하다.

외국의 사례를 살펴보면, 미국의 경우 연방정부예산은 연방펀드(federal funds)[83]와 신탁펀드(trust funds)[84]를 포함하여 통합예산(consolidated budget)으로 작성하면서 예외적으로 노령·장해·유족연금기금과 우정서비스기금을 예산 외(off-budget) 항목으로 운영하고 있다. 독일도 일반기금을 포함하여 단일예산으로 작성하면서 예외적으로 연방, 주, 기초자치단체의 예산 외에 예산의 사용목적이 명시적으로 구별된 특별기금(유럽부흥기금, 전쟁분담기금 등)을 운영하고 있다.

기금운용계획안의 편성방식으로 다음의 세 가지 방안을 고려해 볼 수 있다. 첫째, 예산법률안과 기금운용계획법률안을 별도 편성하는 방안이다. 이는 현행과 같이 예산과 기금을 별도로 편성하여 각각 법률화하는 방안으로, 예산·기금 구분 체계의 큰 변경 없이 도입이 가능하다. 둘째, 예산법률안(기금총칙 포함)과 기금운용계획안으로 별도 편성하는 방안이다. 기

---

80) 「국가재정법」 제5조(기금의 설치) ① 기금은 국가가 특정한 목적을 위하여 특정한 자금을 신축적으로 운용할 필요가 있을 때에 한하여 법률로써 설치하되, 정부의 출연금 또는 법률에 따른 민간부담금을 재원으로 하는 기금은 별표 2에 규정된 법률에 의하지 아니하고는 이를 설치할 수 없다.
② 제1항의 규정에 따른 기금은 세입세출예산에 의하지 아니하고 운용할 수 있다.

81) 다만, 「국가재정법」 제68조제1항에 따라 중앙관서의 장이 관리하는 기금의 기금운용계획안에 계상된 국채발행 및 차입금의 한도액은 예산총칙에 규정하고 있다.

82) 2024년 기준, 총 68개의 기금이 총지출의 33.2%인 218.4조원을 차지한다.

83) 연방펀드는 일반펀드(general funds)와 특별펀드(special funds), 회전펀드(revolving funds)로 구성된다. 일반펀드는 특정목적에 지정되지 않은 자금을 재원으로 연방정부의 일반목적을 위해 사용되는 자금이며, 사실상 거의 모든 소득세와 소비세를 포함한다. 특별펀드는 특정목적을 위해 사용되도록 법률로 정해져 있는 수입계정과 지출계정으로 구성된다. 우리나라의 경우와 비교하면 일반펀드는 일반회계, 특별펀드는 특별회계, 회전펀드는 기업특별회계에 해당된다.

84) 신탁펀드는 일반신탁펀드(general trust funds)와 회전신탁펀드(trust revolving funds)로 구성된다. 신탁펀드는 우리나라의 기금에 해당되며 특정목적 수행을 위해 수입과 지출이 정해져 있으며, 법률에 기금으로 명시되어 있는 사업 또는 정부가 수익자인 신탁계약을 수행하기 위한 계정이다. 회전신탁펀드는 기업 성격의 활동을 관리하기 위해 법으로 지정된 수입이 존재하는 펀드이다.

금운용계획의 신축성 및 예산과의 차이를 고려하여 기금집행의 일반적인 사항만 예산법률로 규정하고 기금운용계획은 현행과 같이 법률 외의 형식으로 편성하는 방안이다. 셋째, 기금을 포함한 예산법률안을 편성하는 방안이다. 미국·독일의 사례와 같이 기금을 포함한 단일의 예산법률안을 작성하는 방안으로, 현행 예산과 기금이 항 단위의 프로그램을 중심으로 통합 운용되고 있음을 감안할 때, 프로그램 중심의 국회 심의를 가능하게 하는 효과가 예상된다. 이 방식의 도입을 위해서는 예산과 기금을 구분하고 있는 「국가재정법」 체계의 전반적인 수정이 필요하다.

기금은 특정 목적을 위하여 특정 자금을 신축적으로 운용하기 위해 설치함을 감안하여 예산과 별도로 규정할 필요[85]가 있다. 그러나, 기금도 국가재정의 일부로 그 지출규모와 용도를 법률의 형식으로 기술하여 규범성을 명확히 할 필요가 있으므로 "예산법률안"과 "기금운용계획법률안"으로 별도 편성하는 것이 바람직할 것이다.

(3) 예산법률의 효력

예산이 법률의 형식으로 확정되면, 이렇게 확정된 예산법의 규범적 효력의 문제가 발생한다. 예산과 법률을 구분하고 있는 우리나라에서도 예산을 법규범으로 인식하고 있다는 점에 비추어 예산법률주의를 도입할 경우 예산법률의 효력과 관련하여 다음 사항들이 검토되어야 한다.

우선, 일반 법률 위반과 마찬가지로 예산법률을 위반할 경우 이를 처벌의 대상으로 할 것인지 여부다. 미국의 경우 정부부채를 증가시킬 수 있는 의무지출을 제한하기 위해 제정된 「1982년 결손방지법」(Anti-Deficiency Act of 1982)[86]이 있다. 관리예산처가 예산을 배분하고 지출을 감독하도록 하고 각 부처는 지출예산 규모 이상을 집행할 수 있도록 규정하고 있다. 만약 예산집행담당자가 지출승인법상 한도액을 초과하여 집행하거나 지출승인을 받기 전에 계약 등 지출원인행위를 할 경우 직무정지, 5천달러 이하의 벌금 또는 2년 이하의 징역에 처할 수 있다고 규정하고 있다. 한편 독일과 프랑스 모두 예산의 대외적 구속력은

85) 다만, IMF는 우리나라의 일반회계·특별회계·기금 구조를 일반회계와 일부 신탁기금(국민연금, 건강보험 등)으로 단순화할 필요가 있다고 권고하였다.(2001)

86) 다만, 실제로는 다음 해 예산삭감 등 정치적 책임추궁이 일반적이다.

판례 또는 법률에 따라 부인되며, 우리나라에서도 예산은 국가기관만을 구속할 뿐, 국민의 권리·의무는 영향을 미치지 않는다.

다음으로, 예산법률로 다른 법률을 개정하는 효과를 인정할 것인지 여부이다. 미국의 경우 예산법률에 포함된 실체적 내용도 일반법률과 같은 법적 지위를 갖는다. 그 결과 예산법률에서 기존 수권법률의 내용과 상충되는 입법적 사항을 규정할 경우 후법(신법) 우선의 원칙 등에 따라 기존 법률을 개정하는 효과가 인정되기도 한다(Allen Schick, 2007: 205). 예산법률을 통한 다른 법률의 개정은 국회 내에서 상임위위원회와 예산결산특별위원회의 권한배분 측면과 예산법률안의 경우 심사기한이 한정되어 있다는 점에서 예산법률을 통한 타법 개정 방식이 남용될 우려가 있음을 감안할 필요가 있다.

끝으로, 예산법률에 대해서도 일반 법률과 같은 대외적 효력을 인정할 것인지 여부다. 독일과 프랑스의 경우는 예산과 관련된 기본법에서 예산법률의 대국민적 효력은 인정하지 않는다고 명시하고 있다. 그 결과 개인이 예산법률에 대해 또는 예산법률의 집행 또는 미집행에 대하여 국가를 상대로 헌법소원을 제기하거나 행정소송을 제기할 수 없다.

(4) 예산집행의 탄력성 확보 방안

외국의 사례를 살펴보면, 미국[87]의 경우 계정(account) 간 이동인 자금이전(transfer)[88]은 원칙적으로 허용되지 않으며, 수권법이나 지출승인법에서 사전 승인(transfer authority)한 경우에 한하여 가능하다. 반면, 계정 내 지출항목 간 이동인 항목재설정(reprogramming)-[89]은 지출승인법 등에서 금지하지 않는 한 원칙적으로 허용된다. 다만, 최근에 지출승인법에 항목재설정이 필요한 경우 의회에 사전 보고하도록 하는 등 제한규정을 두는 경향이 있는데, 정부의 사전보고가 있을 경우 의회가 이에 대해 명시적인 반대표시를 하지 않는 한 승인으로 간주된다. 독일은 예산법률에 총칙 또는 사업별로 승인규정을 두

87) 지출승인법은 예산수권의 기본단위라고 할 수 있는 계정(account)을 중심으로 지출 한도액을 설정하되, 계정 내 프로그램(programs)과 프로그램을 구성하는 사업(projects)과 세부활동(activities)에 관하여 필요한 사항을 규정한다.

88) transfer는 예산수권의 기본단위라고 할 수 있는 계정(account)간 자금이동이며 사전에 의회의 승인이 있는 경우에만 자금이동이 가능하다는 점에서 우리나라 예산제도에서 이용에 해당한다고 볼 수 있다.

89) reprogramming은 입법과목이라 할 수 있는 계정(account) 내의 프로그램간이나 프로그램 내 사업 및 활동(project, activity)들 간의 자금이동 또는 비목(object class)간의 조정을 의미하며 특별히 금지하고 있지 않는 한 원칙적으로 집행 재량이라는 점에서 우리나라 예산제도의 전용이나 조정에 해당된다고 볼 수 있다.

고 있고, 기본법 제112조는 예견할 수 없고 불가피한 수요에 대한 예산의 초과지출 및 예산 외 지출에 대해 연방재무부의 동의로 가능하도록 하고 있다.

집행의 탄력성을 확보하기 위하여 관련 사항을 법률에서 직접 규정하거나 의회의 승인 절차를 거치도록 하는 등 입법부의 통제 내에 두고 있는 미국과 독일의 사례를 참고할 수 있을 것이다. 따라서 예산법률의 조문단위 간 이전은 예산법률에 개별적으로 규정하고, 하위 단위 간 이전에 대해서는 현행과 같은 일반규정을 마련하되, 국회가 필요하다고 인정하는 경우 이전 범위나 규모 등을 예산법률에 규정하고 일반규정을 배제하는 방식도 가능하다. 기금의 경우 자금의 신축적 운용이 설치목적이라는 점과 기금별로 재원규모나 사업내용 등에 있어 차이가 크다는 점을 감안하여 기금별로 총칙에 관련 규정을 두는 방안을 검토할 수 있을 것이다.

참고문헌

강주영. (2010). “예산의 공법적 함의”. 예산법률주의를 중심으로. 동아법학 제48호.

국회도서관. (2010). 세계의 헌법.

국회사무처법제실. (2014). 헌법개정 자문위원회 헌법개정안.

______. (2008). 헌법연구 자문위원회 보고서.

______. (2007). 프랑스 예산법률주의에 관한 연구.

국회헌법개정자문위원회. (2014). 국회헌법개정자문위원회 보고서.

국회헌법개정특별위원회 자문위원회. (2018). 국회헌법개정특별위원회 자문위원회 보고서.

헌법개정 및 정치개혁특별위원회. (2018). 헌법개정 및 정치개혁특별위원회 활동결과보고서.

국회예산·재정개혁 특별위원회, (2013) 활동결과보고서.

헌법개정 및 정치제도 개선 자문위원회. (2023). 국민공감 개헌 시민공청회(경남권) 자료집

권해호. (2006). 예산법률주의로의 헌법개정.

______. (1995). “예산법률주의에 관한 연구.” 부산대학교 법학학사 학위논문.

김세진. (2010). 예산법률주의에 관한 비교법적 연구. 한국법제연구원.

김종면. (2010). 예산법률주의를 생각하다. 한국조세재정연구원, 재정동향 제1권 제2호.

______. (2006). 다년도 예산제도 고찰. 한국조세재정연구원, 재정포럼 2006년 1월호.

곽채기. (2004). “예 · 결산을 둘러싼 정부-국회 간 권한의 합리적 조정”. 국가재정 관련법제의 현안과 과제(II). 한국법제연구원. 2004.

옥동석. (2012). 예산법률주의: 의회와 행정부의 관계.

______. (2010). “국회 재정권한 및 절차의 체계성 및 실효성 제고방안 연구”. 국회법 및 국회예산법(가칭)을 중심으로.

______. (2004). 재정민주주의와 지출승인법. 한국조세재정연구원.

______. (2023). 예산법률주의의 쟁점과 과제. 2023 한국지방재정학회 동계학술대회 및 한일지방재정학회 정기교류 학술세미나. 167-192.

이원희. (2011). 예산법률주의의 도입 및 적용방안 연구. 국회예산정책처.

이창수 예승우(2012). 예산법률주의 쟁점과 과제. 국회예산정책처.

임명현. (2007). 의회중심 예산시대, 가능하고 바람직한가?. 예산춘추 제8호.

정종섭 외. (2006). 국회의 예산법률안·결산의 심사에 관한 법률 입법방안에 관한 연구.

정창훈 외. (2013). 지출승인법의 운영에 관한 연구(미국, 영국, 프랑스를 중심으로). 한국조세재정연구원

홍성방. (2021). 독일 기본법상의 재정제도. 서강법학, 11(1): 293-325.

한국은행. (2021). 미국 「2022년도 대통령예산안」의 주요 내용. 현지보고서.

Allen Shick. (2007)「The Federal Budget」, 3rd Edition. THE BROOKINGS INSTITUTION.

Index

찾아보기

찾아보기

찾아보기

찾아보기

찾아보기

저자 김춘순

| 학력 및 주요 경력 |

- 대전 보문고 졸
- 연세대학교 행정학과 졸
- 미국 코넬대학교 대학원 석사(MS, Labor Relations)
- 성균관대학교 대학원 행정학 박사

- 순천향대학교 연구산학부총장·특임부총장
- 순천향대학교 산학협력단장
- 순천향대학교 미래융합대학원장 겸 교수
- 기획재정부 공공기관경영평가단 단장
- 국무총리 사행산업통합감독위원회 위원장(장관급)
- 국회예산정책처장(차관급)
- 국회 예산결산특별위원회 수석전문위원
- 국회예산정책처 예산분석실장
- OECD 독립재정기관(IFI) 회의 공동의장
- 국회사무처 기획예산담당관·총무과장·국제국장
- 제8회 입법고시 합격

| 상 훈 |

- 홍조근정훈장
- 근정포장
- 국회의장 표창
- 불자대상(대한불교조계종)

| 주요 연구 및 사회활동 |

- 한국의정연구회 의정논총 편집위원장
- (사)한국규제분석평가원 원장
- 감사원 정책자문위원
- 교육부 대학규제개혁협의회 위원
- 동국대 석좌교수
- 국회홍보출판위원
- 예산정책연구 편집위원
- 불교미래포럼 공공부문 대표
- 롯데하이마트·종근당홀딩스·디와이피엔에프 사외이사

| 주요 저서 및 논문 |

- 「국가재정 이론과 실제」. 도서출판 북마을. 2024.
- 「국가재정 이론과 실제」. 도서출판 동연. 2018.
- 「비교예산제도론」. 대명출판사. 2014.
- 「국가재정 이론과 실제」. 박영사. 2012.
- 「의회예산제도지수의 구축과 영향요인에 관한 연구」, 성균관대학교 박사학위 논문, 2013.
- 「한미 공공부문 고충처리 효과성 분석에 관한 비교연구」, 코넬대학교 석사학위 논문, 1997.
- 「A study on compilation and improvement of indices for legislative budgetary institutions-with focus on comparative analysis of current institutions in 60 countries, OECD Journal on Budgeting, vol.2014/3.

외 다수.

국가재정 | 이론과 실제 | [최신개정판]

2012년 7월 01일 · 초판발행
2014년 8월 20일 · 개정판발행
2015년 1월 15일 · 개정판2쇄발행
2018년 6월 01일 · 전면개정판발행
2018년 9월 03일 · 전면개정판2쇄발행
2024년 7월 16일 · 최신개정판인쇄
2024년 7월 18일 · 최신개정판발행

저 자 김 춘 순
발행인 류 긍 선
발행처 도서출판 북마을
서울시 중구 마른내로6길 12-14, 201호
등록 2021년 3월 31일(제2021-000044호)
구매문의 02)2263-9262 팩스 02)945-9265
이메일 bookmaeul3@naver.com

정가 49,000원 ISBN 979-11-974460-6-1

이 도서의 국립중앙도서관 출판예정도서목록(CIP)은 서지정보유통지원시스템 홈페이지(http://www.seoji.nl.go.kr)와 국가자료공동목록시스템(http://www.nl.go.kr/kolisnet)에서 이용하실 수 있습니다.